U0941673

资治通鉴精选新绎

（四）

张大可 选绎

目　录

卷第一百八十八　唐纪四

唐高祖武德二年至四年（619—621）

【起屠维单阏（己卯,619）十一月，尽重光大荒落（辛巳,621）二月，凡一年有奇】

【大事提要】

本卷记事起唐高祖武德二年（619）十一月，讫武德四年（621）二月，仅一年有奇而跨三年。这一时期是唐王室秦王李世民建功最得意之时，先是平灭了北方劲敌刘武周，沉重打击了梁师都，随后率领大军东出，与王世充激战东都，唐军连战皆捷，河南郡县大多降唐。王世充告急于窦建德，为了生存，王、窦化敌为友，联手对抗唐军。李世勣脱离窦建德，重归唐室。萧铣政权在唐军打击、内部叛离的情况下日益削弱。李子通割据江东。

【原文】

高祖神尧大圣光孝皇帝中之上

武德二年（己卯，619）

十一月己卯[①]，刘武周寇浩州[②]。

秦王世民引兵自龙门乘冰坚渡河，屯柏壁[③]，与宋金刚相持。时河东[④]州县，俘掠之馀，未有仓廪，人情恇[⑤]扰，聚入城堡，征敛无所得，军中乏食。世民发教[⑥]谕民，民闻世民为帅而来，莫不归附，自近及远，至者日多，然后渐收其粮食，军食以充。及休兵秣[⑦]马，唯令偏裨[⑧]乘间抄掠，大军坚壁不战，由是贼势日衰。

世民尝自帅轻骑觇[⑨]敌，骑皆四散，世民独与一甲士登丘而寝。俄而贼兵四合，初不之觉，会有蛇逐鼠，触甲士之面，甲士惊寤[⑩]，遂白世民俱上马，驰百馀步，为贼所及，世民以大羽箭射殪[⑪]其骁将，贼骑乃退。

李世勣欲归唐，恐祸及其父，谋于郭孝恪。孝恪曰："吾新事窦氏，动则见疑，宜先立效[12]以取信，然后可图也。”世勣从之。袭王世充获嘉[13]，破之，多所俘获，以献建德，建德由是亲之。

初，漳南[14]人刘黑闼[15]，少骁勇狡狯[16]，与窦建德善，后为群盗，转事郝孝德、李密、王世充。世充以为骑将，每见世充所为，窃笑之。世充使黑闼守新乡[17]，李世勣击虏之，献于建德。建德署为将军，赐爵汉东公，常使将奇兵东西掩袭，或潜入敌境觇视虚实，黑闼往往乘间奋击，克获而还。

十二月庚申[18]，上猎于华山。

于筠说永安王孝基[19]急攻吕崇茂[20]，独孤怀恩请先成攻具，然后进，孝基从之。崇茂求救于宋金刚，金刚遣其将善阳[21]尉迟敬德[22]、寻相[23]将兵奄至[24]夏县。孝基表里受敌，军遂大败，孝基、怀恩、筠、唐俭及行军总管刘世让皆为所虏。敬德名恭，以字行。

上征裴寂入朝，责其败军，下吏[25]，既而释之，宠待弥厚[26]。

尉迟敬德、寻相将还浍州[27]，秦王世民遣兵部尚书[28]殷开山[29]、总管秦叔宝等邀之于美良川[30]，大破之，斩首二千馀级。顷之，敬德、寻相潜引精骑援王行本于蒲反，世民自将步骑三千从间道夜趋安邑[31]，邀击，大破之。敬德、相仅以身免，悉俘其众，复归柏壁。

诸将咸请与宋金刚战，世民曰：“金刚悬军深入，精兵猛将，咸聚于是，武周据太原，倚金刚为扞蔽[32]。军无蓄积，以虏掠为资，利在速战。我闭营养锐以挫其锋，分兵汾[33]、隰[34]，冲其心腹，彼粮尽计穷，自当遁走。当待此机，未宜速战。”

永安壮王孝基谋逃归，刘武周杀之。

李世勣复遣人说窦建德曰：“曹[35]、戴[36]二州，户口完实，孟海公窃有其地，与郑[37]人外合内离[38]；若以大军临之，指期[39]可取。既得海公，以临徐、兖，河南可不战而定也。”建德以为然，欲自将徇[40]河南，先遣其行台曹旦等将兵五万济河，世勣引兵三千会之。

（以上为第一段，写唐秦王李世民率众讨刘武周。）

【注释】

①己卯：十一月十四日。　②浩州：州名。唐武德元年（618）以西河郡改置，治所在今山西汾阳市。　③柏壁：城名。在今山西新绛县西南柏壁村。　④河东：此河东

泛指黄河以东，非专指河东一郡。 ⑤恇（kuāng）：害怕，惊慌。 ⑥教：王的命令为教或教令。 ⑦秣（mò）：喂牲口。 ⑧偏裨（pí）：副将。 ⑨觇（chān）：窥视。 ⑩惊寤：惊醒。 ⑪殪（yì）：杀死。 ⑫立效：立功效。 ⑬获嘉：县名。县治在今河南获嘉县。 ⑭漳南：县名。县治在今河北故城县东北。 ⑮刘黑闼：隋末农民起义领袖。清河漳南人。传见《旧唐书》卷五十五、《新唐书》卷八十六。 ⑯狡狯（kuài）：狡诈。 ⑰新乡：县名。县治在今河南新乡市。 ⑱庚申：十二月二十五日。 ⑲孝基：即李孝基，唐高祖叔伯兄弟。武德元年封永安王。传见《旧唐书》卷六十、《新唐书》卷七十八。 ⑳吕崇茂：夏县（今山西夏县）人。武德二年杀县令，举兵反，自称魏王。唐军攻之，崇茂求救于刘武周、宋金刚。事迹见《旧唐书》卷六十、卷一百八十三。㉑善阳：县名。县治在今山西朔州市朔城区。 ㉒尉迟敬德（585—658）：唐初大臣。名恭，字敬德，朔州善阳人。传见《旧唐书》卷六十八、《新唐书》卷八十九。 ㉓寻相：武将名。寻为其姓。 ㉔奄至：突然到。 ㉕下吏：下之于吏，亦即命法司鞫讯之。㉖弥厚：益厚。 ㉗浍州：州名。治所在今山西翼城县。 ㉘兵部尚书：官名。兵部为尚书省六部之一，长官为兵部尚书。主管中央及地方武官的选用、考查，以及兵籍、军械、军令等事务。 ㉙殷开山：鄠（hù）县（今陕西西安市鄠邑区北）人。名峤，以字行。高祖兵起，召补大将军府掾。从太宗征平薛仁果，讨王世充，有功，终吏部尚书。传见《旧唐书》卷五十八、《新唐书》卷九十。 ㉚美良川：在今山西夏县北。 ㉛安邑：县名。县治在今山西运城市东北。 ㉜扞（hàn）蔽：防御遮蔽。扞，同捍。保卫、防御。 ㉝汾：州名。治所在今山西汾阳市。 ㉞隰（xí）：州名。治所在今山西隰县。㉟曹：州名。治所在今山东曹县。 ㊱戴：州名。治所在今山东成武县。 ㊲郑：王世充的国号。 ㊳外合内离：即貌合神离。 ㊴指期：可以指出期限，为期不远。㊵徇：经略。

【译文】

高祖神尧大圣光孝皇帝中之上

唐高祖武德二年（己卯，619）

十一月十四日，刘武周侵犯浩州。

秦王李世民率军从龙门乘着冰面坚硬的时机渡过黄河，驻扎在柏壁，与宋金刚对峙。当时黄河以东的州县遭到战乱和抢劫之后，仓库没有蓄粮，人心惊恐，进入城堡聚居。唐军向民众征收，收不到粮食，军队缺粮。李世民发布告示晓谕百姓，百姓听说李世民前来担任统帅，全都来归顺，由近及远，前来的人日益增加，然后逐渐能征收到粮食，军粮得以充足。李世民休兵养马，只命偏将的部队乘隙外出抄掠，大军则坚守壁垒不外出作战，这样就使宋金刚的势力日益衰弱。

李世民曾经亲自率领轻骑兵外出侦察敌情，随从的骑兵四处分散，李世民只和一名穿铠甲的士卒登上山丘睡觉。不久，敌人从四面包围过来，开始二人毫不知觉，正好此时有蛇追逐老鼠，碰到了甲士的脸，甲士惊醒，于是向李世民报告，二人一起上马，骑马奔驰一百余步，被敌人追上，李世民用大羽箭射死敌人的骁将，敌人骑兵于是退回。

李世勣想归顺唐，又怕害了他父亲，便和郭孝恪谋划。郭孝恪说："我们新近才归附窦建德，动辄受到怀疑，应当先立功以取得信任，然后就可以谋划归唐了。"李世勣听从这一建议。于是袭击王世充的获嘉城，攻下城池，有许多俘获，拿来献给窦建德，窦建德由此对李世勣亲近。

当初，漳南人刘黑闼年轻时骁勇而又狡猾，与窦建德是好友，后来叛乱为盗，先后投奔过郝孝德、李密、王世充。王世充任命他为骑将，刘黑闼看到王世充的所作所为，暗地里嘲笑他。王世充让刘黑闼守卫新乡，李世勣袭击并俘虏了刘黑闼，献给窦建德。窦建德任命刘黑闼为将军，赐予汉东公的爵位，常常派他率奇兵四处偷袭，有时也潜入敌人境内侦察敌方的虚实，刘黑闼往往乘机奋击，攻克而有俘获之后就返回。

十二月二十五日，唐高祖在华山围猎。

于筠劝说永安王李孝基急攻吕崇茂，独孤怀恩请求先准备好攻城器械，然后进攻，李孝基听从了这一建议。吕崇茂向宋金刚求援，宋金刚派遣手下将领善阳人尉迟敬德、寻相带兵迅速赶到夏县。李孝基腹背受敌，于是大败，李孝基、独孤怀恩、于筠、唐俭以及行军总管刘世让都被宋金刚俘虏。尉迟敬德名恭，人们只称他的字，不称名。

唐高祖征召裴寂回到朝廷，责备他率军作战失败，交给有关部门审问，不久又放了他，对他的宠遇更加优厚。

尉迟敬德、寻相将要返回浍州，秦王李世民派兵部尚书殷开山、总管秦叔宝等人在美良川截击，大败尉迟敬德，斩首两千多人。不久，尉迟敬德、寻相秘密率领精骑前往蒲反援救王行本，李世民自己率领三千步兵骑兵从小路连夜赶往安邑，截击尉迟敬德，大败他的军队。尉迟敬德、寻相只能只身逃脱，其部下全部被俘获，李世民又返回柏壁。

各位将领都请求与宋金刚交战，李世民说："宋金刚率领军队深入我方境内，手下的精兵猛将，都聚齐在此。刘武周占据太原，依仗宋金刚作为屏障。宋金刚的军队没有粮食储备，靠掠夺作为军资，利于速战。我们关闭营门养精蓄锐，以此来挫败他的锐气，又分兵攻击汾州、隰州，冲击他的心腹要害之地，他们粮食吃光就会无计可施，自然就会逃走。应当等待这个机会，不宜速战。”

永安壮王李孝基谋划逃归，被刘武周杀死。

李世勣又派人游说窦建德：“曹、戴二州，户口完备充实，孟海公窃据此二州的地盘，与郑国貌合神离；如果发大军进攻他，指日可待。俘获孟海公之后，再率兵逼近徐州、兖州，黄河以南可不战而定。”窦建德认为这一计策很好，便准备亲自领兵攻取河南，先派他的行台曹旦等人率五万兵马渡过黄河，李世勣率兵三千与他们会合。

【原文】

三年（庚辰，620）

春，正月，将军秦武通攻王行本于蒲反。行本出战而败，粮尽援绝，欲突围走，无随之者，戊寅[①]，开门出降。辛巳[②]，上幸蒲州，斩行本。秦王世民轻骑谒上于蒲州。宋金刚围绛州。癸巳[③]，上还长安。

李世勣谋俟[④]窦建德至河南，掩袭其营，杀之，冀得其父并建德土地以归唐。会建德妻产[⑤]，久之不至。

曹旦，建德之妻兄也，在河南，多所侵扰[⑥]，诸贼羁属[⑦]者皆怨之。贼帅魏郡[⑧]李文相，号李商胡，聚五千馀人，据孟津[⑨]中潬[⑩]。母霍氏，亦善骑射，自称霍总管。世勣结商胡为昆弟[⑪]，入拜商胡之母。母泣谓世勣曰：“窦氏无道，如何事之[⑫]！”世勣曰：“母无忧，不过一月，当杀之，相与归唐[⑬]耳！”世勣辞去，母谓商胡曰：“东海公[⑭]许我共图此贼，事久变生，何必待其来，不如速决。”是夜，商胡召曹旦偏裨二十三人，饮之酒，尽杀之。旦别将高雅贤、阮君明尚在河北未济[⑮]，商胡以巨舟四艘济河北之兵三百人，至中流，悉杀之。有兽医游水得免，至南岸，告曹旦，旦严警为备。商胡既举事，始遣人告李世勣。世勣与曹旦连营[⑯]，郭孝恪劝世勣袭旦，世勣未决，闻旦已有备，遂与孝恪帅数十骑来奔。商胡复引精兵二千北袭阮君明，破之。高雅贤收众去，商胡追之，不及而还。

建德群臣请诛李盖，建德曰：“世勣，唐臣，为我所虏，不忘本朝，乃忠臣也，其父何罪？”遂赦之。

甲午[17]，世勣、孝恪至长安。曹旦遂取济州，复还洺州。

二月庚子[18]，上幸华阴。

刘武周遣兵寇潞州[19]，陷长子[20]、壶关[21]。潞州刺史郭子武不能御，上以将军河东王行敏助之。行敏与子武不叶[22]，或言子武将叛，行敏斩子武以徇。乙巳[23]，武周复遣兵寇潞州，行敏击破之。

壬子[24]，开州蛮[25]冉肇则陷通州[26]。

甲寅[27]，遣将军桑显和等攻吕崇茂于夏县。

初，工部尚书[28]独孤怀恩攻蒲反，久不下，失亡多，上数以敕书诮让[29]之，怀恩由是怨望。上尝戏谓怀恩曰：“姑之子皆已为天子[30]，次应至舅之子乎[31]？”怀恩亦颇以此自负，或时扼腕[32]曰：“我家岂女独贵乎[33]？”遂与麾下元君宝谋反。会怀恩、君宝与唐俭皆没[34]于尉迟敬德，君宝谓俭曰：“独孤尚书近谋大事，若能早决，岂有此辱哉？”及秦王世民败敬德于美良川，怀恩逃归，上复使之将兵攻蒲反。君宝又谓俭曰：“独孤尚书遂拔难得还[35]，复在蒲反，可谓王者不死[36]!”俭恐怀恩遂成其谋，乃说尉迟敬德，请使刘世让还与唐连和，敬德从之，遂以怀恩反状闻[37]。时王行本已降，怀恩入据其城，上方济河幸怀恩营，已登舟矣，世让适至。上大惊曰：“吾得免，岂非天也？”乃使召怀恩，怀恩未知事露，轻舟来至，即执以属吏，分捕党与。甲寅，诛怀恩及其党。

（以上为第二段，写李世勣设谋脱离窦建德回归唐室，独孤怀恩谋反被诛。）

【注释】

①戊寅：正月十四日。　②辛巳：正月十七日。　③癸巳：正月二十九日。　④俟（sì）：等待。　⑤产：生产。　⑥侵扰：侵略骚扰。　⑦羁属：羁縻附属。　⑧魏郡：郡名。治所在今河南安阳市。　⑨孟津：地名。在今河南洛阳市孟津区东北，为历代兵事要地。　⑩中潬：城名。东魏所筑。在今河南孟州市西南黄河沙洲上。　⑪昆弟：兄和弟的合称，也包括近房的和远房的堂兄弟。　⑫如何事之：如何侍奉他。　⑬相与归唐：一起归附唐朝。　⑭东海公：即李世勣。　⑮未济：未渡河。　⑯连营：营寨相连接。　⑰甲午：正月三十日。　⑱庚子：二月初六日。　⑲潞州：州名。治所在今山西长治市。　⑳长子：县名。县治在今山西长子县。　㉑壶关：县名，县治在今山西壶关县西。　㉒不叶（xié）：不和洽。　㉓乙巳：二月十一日。　㉔壬子：二月

十八日。　㉕开州蛮：开州的少数民族。开州，州名。治所在今重庆开州区。蛮，我国古代对南方各族的泛称。旧时也用以泛指四方的少数民族。　㉖通州：州名。治所在今四川达州市达川区。　㉗甲寅：二月二十日。　㉘工部尚书：官名。工部为尚书省六部之一，长官为工部尚书。其主管全国工程、工匠、屯田、水利、交通、营造等事务。　㉙诮（qiào）让：斥责。　㉚姑之子皆已为天子：你姑姑的儿子都已是天子（指隋炀帝和唐高祖本人）。隋炀帝与唐高祖之母为姊妹，皆独孤氏。　㉛次应至舅之子乎：依次该轮到舅舅的儿子了吧（怀恩为独孤皇后弟弟的儿子）。　㉜扼腕：用一手握另一手腕，表示惋惜等情绪。　㉝我家岂女独贵乎：我们独孤氏家族难道只有女子显贵吗？周明帝后、隋文帝后及唐高祖之母皆独孤氏。　㉞没：陷没。　㉟拔难得还：于难中拔出。　㊱王者不死：谓天命使为王者，决不会中途而死。　㊲闻：报告皇帝，使皇帝得知。

【译文】

唐高祖武德三年（庚辰，620）

春季，正月，唐将军秦武通在蒲反攻打王行本。王行本出城作战而战败，粮草已尽，救援也断绝，打算突围逃走，但无人跟随他，正月十四日，王行本打开城门出来投降。正月十七日，唐高祖临幸蒲州，斩王行本。秦王李世民乘轻骑到蒲州谒见唐高祖。宋金刚包围绛州。正月二十九日，唐高祖返回长安。

李世勣谋划等窦建德到了河南，就偷袭他的营地，杀死窦建德，希望救回自己的父亲并且占据窦建德的地盘，然后回归唐朝。正好此时窦建德的妻子生孩子，窦建德很久也没有来到河南。

曹旦是窦建德妻子的哥哥，在河南，掠夺骚扰了很多地方，归附的各路人马都怨恨他。贼军首领魏郡人李文相，号称李商胡，聚集了五千多人，占据孟津中潬城，他的母亲霍氏也善于骑马射箭，自称霍总管。李世勣和李商胡结为兄弟，入室拜见李商胡的母亲。霍氏流着泪对李世勣说："窦氏没有道德信义，如何侍奉他？"李世勣说："母亲不要担忧，不过一个月，当会杀了他，我们一起归顺唐朝！"李世勣告辞离去，霍氏对李商胡说："东海公答应与我们共同杀死窦建德这个贼子，时间长了会发生变化，何必等他来，不如速战速决。"当晚，李商胡招来曹旦手下的二十三位偏将，给他们喝酒，然后把他们全部杀死。曹旦的别将高雅贤、阮君明还在黄河北岸没有过河，李商胡用四艘大船运送黄河北岸的三百士兵过河，船到河中心，将三百人全部杀死。有一位兽医游水逃脱，来到南岸，向曹旦报告，曹旦严加警戒进行防备。李商胡起事之后，才派人通知李世勣。李世勣与曹旦的军营相互连接，郭孝恪劝李世勣袭击曹旦，李世勣未下决心，听说曹旦已有防备，便和郭孝恪率数十骑兵前来投奔唐军。李商胡又带两千精兵袭击北面的阮君明，打败了他。高雅贤收拾部队退去，李商胡追赶，没有追上而返回。

窦建德的诸位大臣请求杀掉李盖，窦建德说："李世勣是唐朝大臣，被我俘虏，不忘唐朝，这是忠臣，他父亲有什么罪呢？"于是赦免了李盖。

正月三十日，李世勣、郭孝恪到达长安。曹旦于是攻取济州，然后又返回洺州。

二月初六日，唐高祖临幸华阴。

刘武周派兵侵犯潞州，攻陷长子、壶关二县。潞州刺史郭子武抵抗不住刘武周，唐高祖派将军河东人王行敏援助郭子武。王行敏与郭子武不和，有人说郭子武将要反叛，王行敏就杀了郭子武传首示众。二月十一日，刘武周又派兵侵犯潞州，王行敏击退刘武周。

二月十八日，开州蛮族冉肇则攻陷通州。

二月二十日，唐派遣将军桑显和等人在夏县攻打吕崇茂。

当初，工部尚书独孤怀恩攻打蒲反，很久不能攻克，伤亡很多，唐高祖数次发布敕书责备他，于是独孤怀恩心生怨恨。唐高祖曾对独孤怀恩开玩笑说："你姑姑的儿子都做了天子，下一个应该轮到我舅舅的儿子了吗？"独孤怀恩颇以此自负，有时扼着手腕说："我家难道只有女人尊贵吗？"于是就和手下元君宝谋反。正好此时独孤怀恩、元君宝和唐俭都被尉迟敬德俘虏，元君宝对唐俭说："独孤尚书近来谋划大事，如果能早些决定，哪里会有这次的屈辱？"等到秦王李世民在美良川打败尉迟敬德，独孤怀恩逃回唐朝，唐高祖又让他率兵攻打蒲反。元君宝又对唐俭说："独孤尚书终于从死难中逃脱而得以回到唐朝，又来到蒲反，可以说是王者不死！"唐俭恐怕独孤怀恩完成其阴谋，于是劝说尉迟敬德，请让刘世让回去与唐朝讲和，尉迟敬德听从了他的意见，于是就上报独孤怀恩谋反的情况。当时王行本已经降唐，独孤怀恩进驻蒲反城，唐高祖正要渡过黄河前去独孤怀恩的营地，已经登上了渡船，刘世让恰好赶到。唐高祖大惊说："我能够免除灾祸，岂非天意？"于是派人召见独孤怀恩，独孤怀恩不知道事情已经败露，就乘小船来到唐高祖处，唐高祖当即逮捕了他交给有关官员，分头搜捕他的同党。二月二十日，诛杀独孤怀恩及其同党。

【原文】

窦建德攻李商胡，杀之。建德至洺州劝课农桑[①]，境内无盗，商旅野宿。

突厥处罗可汗迎杨政道[②]，立为隋王。中国士民在北者，处罗悉以配之，有众万人。置百官，皆依隋制，居于定襄[③]。

三月乙丑[④]，刘武周遣其将张万岁寇浩州，李仲文击走之，俘斩数千人。

改纳言为侍中，内史令为中书令，给事郎为给事中[⑤]。

甲戌[⑥]，以内史侍郎封德彝[⑦]为中书令[⑧]。

王世充将帅、州县来降者，时月相继[⑨]。世充乃峻其法[⑩]，一人亡叛，举家无少长就戮，父子、兄弟、夫妇许相告而免之。又使五家为保，有举家亡者，四邻不觉[⑪]，皆坐诛。杀人益多而亡者益甚，至于樵采[⑫]之人，出入皆有限数。公私愁窘[⑬]，人不聊生[⑭]。又以宫城为大狱，意所忌者[⑮]，并其家属收系宫中。诸将出讨，亦质其家属[⑯]于宫中，禁止者常不减万口，馁死者日有数十。世充又以台省官为司、郑、管、原、伊、殷、梁、凑、嵩、谷、怀、德等十二州营田使[⑰]，丞、郎[⑱]得为此行者，喜若登仙。

（以上为第三段，写王世充倒行逆施，暴虐军民。）

【注释】

①劝课农桑：鼓励督导耕种蚕桑。 ②杨政道：隋炀帝第二子齐王杨暕的遗腹子。与萧后同入突厥，处罗可汗立为隋王。突厥灭，归于唐，授员外散骑侍郎。传见《隋书》卷五十九。 ③定襄：郡名。治所在今内蒙古和林格尔县西北土城子。 ④乙丑：三月初二日。 ⑤给事中：官名。隋、唐时属门下省。隋初称给事中为给事郎，侍从皇帝左右，掌献纳得失，驳正文书。唐高宗时一度改给事中为东台，旋复旧。其职掌，为封还驳正诏书之违失，纠正审理不当之刑狱，权势颇重。 ⑥甲戌：三月十一日。 ⑦封德彝（568—627）：观州蓨（今河北景县）人。名伦，以字显。初事隋，为杨素所赏识，妻以从妹，擢内史舍人。太宗时，累拜尚书右仆射。传见《旧唐书》卷六十三、《新唐书》卷一百。 ⑧中书令：官名。中书省的长官，为宰相之一。 ⑨时月相继：每季每月相继不绝。 ⑩峻其法：从严执法。 ⑪不觉：不觉察。 ⑫樵采：打柴采薪。 ⑬愁窘：愁苦困窘。 ⑭人不聊生：人们没有东西赖以生活。 ⑮意所忌者：心有猜忌的。

⑯质其家属：以其家属为人质。 ⑰以台省官为司、郑、管、原、伊、殷、梁、凑、嵩、谷、怀、德等十二州营田使：胡注云“世充以洛州为司州，汜水为郑州，管城为管州，沁水为原州，襄城为伊州，获嘉为殷州，睢阳为梁州。凑州，阙；《九域志》：郑州古迹有凑水，当置凑州于此。嵩阳为嵩州，大榖为榖州，河内为怀州，武德为德州”。营田，谓经营屯田之一切事务。 ⑱丞、郎：尚书左右丞及诸曹郎。

【译文】

窦建德攻打李商胡，杀死了他。窦建德在洺州督促、鼓励农民从事农业与纺织，境内没有盗贼，商贾旅客可以在野外住宿。

突厥处罗可汗迎接杨政道，立他为隋王。中原的士人与民众逃难到北方的，处罗将他们全部配给杨政道管理，共有一万人。杨政道设置文武百官，全部依照隋朝制度，居住在定襄郡。

三月初二日，刘武周派遣他的将领张万岁侵犯浩州，李仲文击退了他，杀伤和俘虏数千人。

唐把纳言改为侍中，内史令改为中书令，给事郎改为给事中。

三月十一日，任命内史侍郎封德彝为中书令。

王世充手下的将领、州县前来投降唐朝的，络绎不绝。王世充于是实行严刑峻法，一人叛逃，全家无论老少全部杀死，父子、兄弟、夫妻相互告发的可以免死。又把五家编为一保，有举家逃亡的，四邻不曾察觉，都要连坐诛杀。杀人越多而逃亡者也更多，以至于出城砍柴的人，出城入城都有人数限制。官府与个人都愁怨窘迫，民不聊生。王世充又把宫城改为大监牢，把他心里忌恨的人，连其家属都逮捕囚禁在宫中。诸将如要出城作战，也要把家属留在宫中当人质。囚禁的人经常不下一万人，每天都有几十人饿死。王世充任命中央台省的官员充当司州、郑州、管州、原州、伊州、殷州、梁州、凑州、嵩州、榖州、怀州、德州共十二州的营田使，台省的丞、郎等官得到这种任职出行的，欢喜得如同登天做神仙。

【原文】

甲申[①]，行军副总管张纶败刘武周于浩州，俘斩千馀人。

西河公张纶、真乡公李仲文引兵临石州[②]，刘季真[③]惧而诈降。乙酉[④]，以季真为石州总管，赐姓李氏，封彭山郡王。

蛮酋冉肇则寇信州，赵郡公孝恭[5]与战，不利。李靖将兵八百，袭击，斩之，俘五千馀人；己丑[6]，复开、通二州。孝恭又击萧铣[7]东平[8]王阇提，斩之。

夏，四月丙申[9]，上祠华山。壬寅[10]，还长安。

置益州道[11]行台，以益、利、会、鄜、泾、遂[12]六总管隶焉。

刘武周数攻浩州，为李仲文所败。宋金刚军中食尽，丁未[13]，金刚北走[14]，秦王世民追之。

罗士信围慈涧[15]，王世充使太子玄应救之，士信刺玄应坠马，人救之，得免。

壬子[16]，以显州道行台杨士林为行台尚书令。

甲寅[17]，加秦王世民益州道行台尚书令。

秦王世民追及寻相于吕州[18]，大破之，乘胜逐北，一昼夜行二百馀里，战数十合[19]。至高壁岭[20]，总管刘弘基执辔谏曰："大王破贼，逐北至此，功亦足矣，深入不已，不爱身乎[21]？且士卒饥疲，宜留壁于此[22]，俟兵粮毕集，然后复进，未晚也。"世民曰："金刚计穷而走，众心离沮。功难成而易败，机难得而易失，必乘此势取之。若更淹留[23]，使之计立备成，不可复攻矣。吾竭忠徇国，岂顾身乎？"遂策马而进，将士不敢复言饥。追及金刚于雀鼠谷，一日八战，皆破之，俘斩数万人。夜，宿于雀鼠谷西原，世民不食二日，不解甲三日矣，军中止有一羊，世民与将士分而食之。丙辰[24]，陕州总管于筠自金刚所逃来。世民引兵趣介休，金刚尚有众二万，出西门，背城[25]布陈[26]，南北七里。世民遣总管李世勣与战，小却[27]，为贼所乘，世民帅精骑击之，出其陈后，金刚大败，斩首三千级。金刚轻骑走，世民追之数十里，至张难堡[28]。浩州行军总管樊伯通、张德政据堡自守，世民免胄[29]示之，堡中喜噪且泣。左右告以王不食，献浊酒、脱粟饭[30]。

尉迟敬德收馀众守介休，世民遣任城王道宗、宇文士及往谕之，敬德与寻相举介休及永安[31]降。世民得敬德，甚喜，以为右一府统军[32]，使将其旧众八千，与诸营相参。屈突通[33]虑其变，骤以为言[34]，世民不听。

刘武周闻金刚败，大惧，弃并州走突厥。金刚收其馀众，欲复战，众莫肯从，亦与百馀骑走突厥。

世民至晋阳，武周所署仆射杨伏念以城降。唐俭封府库以待世民，武周所得州县皆入于唐。

未几，金刚谋走上谷，突厥追获，腰斩之。岚州总管刘六兒从宋金刚在介休，秦王世民擒斩之。其兄季真，弃石州，奔刘武周将马邑[35]高满政，满政杀之。

武周之南寇也，其内史令苑君璋谏曰："唐主举一州[36]之众，直取长安，所向无敌，此乃天授，非人力也。晋阳以南，道路险隘，县[37]军深入，无继于后[38]，若进战不利，何以自还？不如北连突厥，南结唐朝，南面称孤，足为长策。"武周不听，留君璋守朔州[39]。及败，泣谓君璋曰："不用君言，以至于此。"久之，武周谋亡归马邑，事泄，突厥杀之。突厥又以君璋为大行台，统其馀众，仍令郁射设督兵助镇。

庚申[40]，怀州[41]总管黄君汉击王世充太子玄应于西济州[42]，大破之。熊州[43]行军总管史万宝邀之于九曲[44]，又破之。

辛酉[45]，王世充陷邓州[46]。

上闻并州平，大悦。壬戌[47]，宴群臣，赐缯帛，使自入御府[48]尽力取之。复唐俭官爵，仍以为并州道安抚大使；所籍独孤怀恩田宅资财，悉以赐之。

世民留李仲文镇并州，刘武周数遣兵入寇，仲文辄击破之，下城堡百馀所。诏仲文检校并州总管。

五月，窦建德遣高士兴击李艺于幽州，不克，退军笼火城[49]。艺袭击，大破之，斩首五千级。建德大将军王伏宝，勇略冠军中，诸将疾之[50]，言其谋反，建德杀之，伏宝曰："大王奈何听谗言，自斩左右手乎？"

初，尉迟敬德将兵助吕崇茂守夏县，上潜遣使赦崇茂罪，拜夏州刺史，使图敬德[51]，事泄，敬德杀之。敬德去，崇茂馀党复据夏县拒守。秦王世民引军自晋州还攻夏县，壬午[52]，屠之[53]。

辛卯[54]，秦王世民至长安。

是月，突厥遣阿史那揭多献马千匹于王世充，且求婚，世充以宗女妻之，并与之互市。

（以上为第四段，写秦王李世民讨灭刘武周，突厥转而助王世充，继续扰边。）

【注释】

①甲申：三月二十一日。　②石州：州名。治所在今山西吕梁市离石区。　③刘季真：初附刘武周，自号太子王。迭为边害。张纶、李仲文讨之，季真降。诏以为石州总管。赐姓李。封彭山郡王。传见《旧唐书》卷五十六、《新唐书》卷八十七。　④乙酉：三月二十二日。　⑤孝恭（591—640）：李孝恭，高祖从父兄子，封河间王。贞观初为礼部尚书。传见《旧唐书》卷六十、《新唐书》卷七十八。　⑥己丑：三月二十六日。　⑦萧铣（583—621）：隋末割据者。隋炀帝以外戚擢为罗川令。大业十三年（617）于巴陵（今湖南岳阳市）自称梁王，次年称帝，迁都江陵（今湖北江陵县）。后兵败降唐，于长安被杀。传见《旧唐书》卷五十六、《新唐书》卷八十七。　⑧东平：郡名。治所在今山东东平东。　⑨丙申：四月初三日。　⑩壬寅：四月初九日。　⑪益州道：道，唐始置，高于州的行政域。益州道共辖六州，道所在益州。　⑫益、利、会、鄜、泾、遂：益州，州名。治所在今四川成都市。利州，州名。治所在今四川广元市。会州，州名。治所在今甘肃靖远县。鄜（fū）州，治所在今陕西富县。泾州，治所在今甘肃泾川县北。遂州,州名。治所在今四川遂宁市。　⑬丁未：四月十四日。　⑭走：败逃。　⑮慈涧：地名。在今河南新安县东三十里。　⑯壬子：四月十九日。　⑰甲寅：四月二十一日。　⑱吕州：州名。治所在今山西霍州市。　⑲战数十合：数十次交锋。　⑳高壁岭：又名韩壁岭。在今山西灵石县南。　㉑不爱身乎：不爱性命吗？　㉒留壁：留营。　㉓淹留：长期逗留。　㉔丙辰：四月二十三日。　㉕背城：城在背后。　㉖陈：同阵。　㉗小却：稍退。　㉘张难堡：在今山西平遥县西南。张难，盖人姓名，筑堡自守，因以名之。㉙免胄（zhòu）：脱去帽子。胄,古代打仗时所戴保护头部的帽子。　㉚脱粟饭：粟仅脱去壳糠，饭很粗粝。　㉛永安：县名。县治在今山西霍州市。　㉜右一府统军：秦王府统军右面第一队。　㉝屈突通（557—628）：长安（今陕西西安市西）人。仕隋累迁左骁卫大将军。高祖时，授兵部尚书。从秦王平王世充，论功第一，拜右仆射。贞观初进左光禄大夫。传见《旧唐书》卷五十九、《新唐书》卷八十九。　㉞骤以为言：很快把顾虑说出来。　㉟马邑：郡名。治所在今山西朔州市朔城区。　㊱举一州：以一州。㊲县：通悬。　㊳无继于后：后继无援。　㊴朔州：州名。治所在今山西朔州市朔城区。　㊵庚申：四月二十七日。　㊶怀州：州名。治所在今河南沁阳市。　㊷西济州：州名。治所在今河南济源市。　㊸熊州：州名。治所在今河南宜阳县西。　㊹九曲：地名。在今河南宜阳县西北。　㊺辛酉：四月二十八日。　㊻邓州：州名。治所在今河南邓州市。　㊼壬戌：四月二十九日。　㊽御府：宫廷中掌管府藏宝货的机构。唐代御府盖属内侍省内府局。长官为内府令。凡遇朝会，皇帝赐予五品以上官绢綵及金银器物，

皆内御府供给。 ㊾笼火城：城名。在今北京市大兴区西北。 ㊿疾：嫉妒。 ⑤①图：图谋。 ⑤②壬午：五月二十日。 ⑤③屠：屠杀。 ⑤④辛卯：五月二十九日。

【译文】

三月二十一日，唐行军副总管张纶在浩州打败刘武周，俘虏、斩首一千多人。

西河公张纶、真乡公李仲文带兵来到石州城下，刘季真害怕从而假称投降。三月二十二日，唐任命刘季真为石州总管，赐姓李，封为彭山郡王。

蛮族首领冉肇则侵犯信州，赵郡公李孝恭与冉肇则作战，失利。李靖率兵八百，袭击冉肇则，杀死了他，俘虏五千多人；三月二十六日，唐收复开州、通州。李孝恭又袭击萧铣的东平王阇提，杀死了他。

夏季，四月初三日，唐高祖祭祀华山。初九日，返回长安。

唐设置益州道行台，以益州、利州、会州、鄜州、泾州、遂州的六位总管隶属于益州道行台。

刘武周数次进攻浩州，都被李仲文打败。宋金刚的军队粮食吃光了，四月十四日，宋金刚向北逃走，秦王李世民追击他。

罗士信围攻慈涧，王世充派太子王玄应救援慈涧，罗士信把王玄应刺下马，有人救了王玄应，（玄应）才得以逃脱。

四月十九日，唐任命显州道行台杨士林为行台尚书令。

四月二十一日，加封秦王李世民为益州道行台尚书令。

秦王李世民在吕州追上寻相，将他打败，乘胜追击逃敌，一昼夜走了二百多里，数十次与敌军作战。到了高壁岭，总管刘弘基抓住马缰绳规劝说："大王打败贼军，追击逃敌到了这里，功劳也足够了，不断深入，不爱惜自己吗？况且士兵饥饿疲惫，应当在此停留筑壁垒，等到兵马粮草都齐备了，然后再进攻也不晚。"李世民说："宋金刚无计可施才逃跑，军心涣散，功劳难立却容易失败，机会难得却容易失去，一定要趁此机会消灭他。如果再做停滞驻扎，让他确立了对策，完成了防备，就不可以再进攻他了。我要竭尽忠诚以身殉国，怎能顾惜自身？"于是鞭策坐骑继续前进，将士们也不敢再说饥饿。唐军在雀鼠谷追上宋金刚，一天作战八次，都打败宋金刚，杀死、俘虏了数万人。当夜，住宿在雀鼠谷西面的高地上，李世民已经两天没吃东西，三天没有解开战袍了，全军只有一只羊，李世民与将士们分着吃了这只羊。四月二十三日，唐陕州总管于筠从宋金刚军中逃脱回来。李世民率兵奔赴介休，宋金刚还有两万人，从西门出城，背对城墙排开战阵，南北长达七里。李世民派总管李世勣与宋金刚作战，稍有退却，被宋金刚乘势反攻，李世民率领精锐骑兵攻击宋金刚，出现在宋金刚的阵后，宋金刚大败，唐军斩首三千人。宋金刚以轻骑逃走，李世民追赶数十里，追到张难堡。唐浩州行军总管樊伯通、张德政占据堡垒防守，李世民摘下头盔向他们示意，堡中守军看到后欢呼呐喊并且流下泪来，李世民的随从告诉守军秦王没有吃饭，守军就献上浊酒、粗米饭。

尉迟敬德收拾残部守住介休，李世民派任城王李道宗、宇文士及前去劝降，尉迟敬德于是和寻相率介休、永安二县投降唐朝。李世民得到尉迟敬德，非常高兴，任命尉迟敬德为右一府统军，并让他仍然统领八千旧部，与各营并列。屈突通担心尉迟敬德叛变，急切地提醒李世民，李世民不听。

刘武周听说宋金刚战败，大为恐惧，放弃并州逃到突厥。宋金刚收拾残部，准备再战，但众人都不肯听从他，于是宋金刚也和一百多骑兵逃到突厥。

李世民到达晋阳，刘武周任命的仆射杨伏念率晋阳城投降。唐俭封存了刘武周的仓库等待李世民处理，刘武周占据的州县全部并入唐朝。

不久，宋金刚计划逃向上谷，突厥追上俘获了他，腰斩了宋金刚。唐岚州总管刘六兒自投降之后就跟随宋金刚在介休，此时秦王李世民活捉并杀了他。刘六兒的哥哥刘季真，放弃石州，投奔刘武周的将领马邑人高满政，高满政杀了他。

刘武周向南侵犯时，他的内史令苑君璋曾经规劝说："唐主以一个州的军力起兵，直接夺取了长安，所向无敌，这是上天授天命给他，不是人力所能成功的。晋阳以南，道路狭窄险要，孤军深入，后无援军跟进，假如进军攻战不利，靠什么返回？不如北面联合突厥，南面与唐结交，在此一方称王称霸，才是长久之策。"刘武周不听，留下苑君璋守卫朔州。等到刘武周失败，哭着对苑君璋说："没有采纳你的意见，以至于到了现在的地步。"很久之后，刘武周策划从突厥逃到马邑，事情泄露，突厥杀了刘武周。突厥又任命苑君璋为大行台，统领刘武周的余部，仍然令郁射设督兵协助镇守。

四月二十七日，唐怀州总管黄君汉在西济州袭击王世充的太子王玄应，大破王玄应的部队。唐熊州行军总管史万宝在九曲又对王玄应进行截击，又打败了王玄应。

四月二十八日，王世充攻陷邓州。

唐高祖听说平定了并州，非常高兴。四月二十九日，唐高祖宴请群臣，赐给缯帛，让群臣自己进入皇家仓库，尽力拿取。又恢复了唐俭的官爵，仍然任命他为并州道安抚大使；将没收的独孤怀恩的田地房屋物品财富，全部赏赐给唐俭。

李世民留下李仲文镇守并州，刘武周数次派兵侵入并州境内，李仲文都将他们击退，攻下城堡一百多座。唐朝下诏任命李仲文为检校并州总管。

五月，窦建德派高士兴在幽州袭击李艺，未能取胜，撤军到笼火城。李艺袭击高士兴，大败高士兴军，斩首五千人。窦建德的大将军王伏宝，勇猛谋略为全军第一，众将领嫉妒他，说他谋反，窦建德处死王伏宝，王伏宝说："大王为什么听信谗言，自己砍断左右手呢？"

当初，尉迟敬德带兵帮助吕崇茂守卫夏县，唐高祖暗中派人赦免吕崇茂的罪，封他为夏州刺史，让他杀死尉迟敬德，事情泄露，尉迟敬德杀了吕崇茂。尉迟敬德离开夏县后，吕崇茂的余部又占据夏县抗拒唐朝。秦王李世民率军从晋州回来进攻夏县，五月二十四日，屠城。

五月二十九日，秦王李世民回到长安。

这个月，突厥派遣阿史那揭多向王世充献马一千匹，并要求通婚，王世充以同宗族的女儿嫁给突厥可汗为妻，并与突厥相互贸易。

【原文】

六月壬辰[①]，诏以和州总管、东南道行台尚书令楚王杜伏威为使持节、总管江淮以南诸军事、扬州刺史、东南道行台尚书令、淮南道安抚使，进封吴王，赐姓李氏。以辅公祏[②]为行台左仆射，封舒国公。

丙午[③]，立皇子元景为赵王，元昌为鲁王，元亨为酆王。

显州[④]行台尚书令楚公杨士林，虽受唐官爵，而北结王世充，南通萧铣，诏庐江王瑗[⑤]与安抚使李弘敏讨之。兵未行，长史田瓒为士林所忌，甲寅[⑥]，瓒杀士林，降于世充，世充以瓒为显州总管。

秦王世民之讨刘武周也，突厥处罗可汗遣其弟步利设帅二千骑助唐。武周既败，是月，处罗至晋阳，总管李仲文不能制；又留伦特勒，使将数百人，云助仲文镇守，自石岭[⑦]以北，皆留兵戍之而去。

上议击王世充，世充闻之，选诸州镇骁勇皆集洛阳，置四镇将军，募人分守四城[⑧]。秋，七月壬戌[⑨]，诏秦王世民督诸军击世充。陕东道行台屈突通二子在洛阳，上谓通曰："今欲使卿东征，如卿二子何？"通曰："臣昔为俘囚，分当就死[⑩]，陛下释缚，加以恩礼。当是之时，臣心口相誓，期以更生[11]馀年为陛下尽节[12]，便恐不获死所耳。今得备先驱，二儿何足顾乎？”上叹曰：“徇义之士，一至[13]此乎！”

癸亥[14]，突厥遣使潜诣[15]王世充，潞州总管李袭誉邀击，败之，虏牛羊万计。

骠骑大将军可朱浑定远[16]告：“并州总管李仲文与突厥通谋，欲俟洛阳兵交，引胡骑直入长安。”甲戌[17]，命皇太子镇蒲反以备之，又遣礼部尚书唐俭安抚并州，暂废并州总管府，征仲文入朝。

壬午[18]，秦王世民至新安。王世充遣魏王弘烈镇襄阳[19]，荆王行本镇虎牢，宋王泰镇怀州，齐王世恽检校南城[20]，楚王世伟守宝城[20]，太子玄应守东城[20]，汉王玄恕守含嘉城[20]，鲁王道徇守曜仪城[20]，世充自将战兵，左辅大将军杨公卿帅左龙骧二十八府骑兵，右游击大将军[21]郭善才帅内军[22]二十八府步兵，左游击大将军跋野纲帅外军[23]二十八府步兵，总三万人，以备唐。弘烈、行本，世伟之子。泰，世充之兄子也。

梁师都引突厥、稽胡兵入寇，行军总管段德操击破之，斩首千馀级。

罗士信将前军围慈涧，世充自将兵三万救之。己丑[24]，秦王将轻骑前觇[25]世充，猝与之遇，众寡不敌，道路险厄[26]，为世充所围。世民左右驰射，获其左建威将军燕琪，世充乃退。世民还营，尘埃覆面，军不复识[27]，欲拒之，世民免胄自言，乃得入。旦日[28]，帅步骑五万进军慈涧；世充拔慈涧之戍，归于洛阳。世民遣行军总管史万宝自宜阳南据龙门[29]，将军刘德威[30]自太行东围河内[31]，上谷公王君廓自洛口断其饷道[32]，怀州总管黄君汉自河阴[33]攻迴洛城。大军屯于北邙，连营以逼之。世充洧州[34]长史繁水[35]张公谨[36]与刺史崔枢以州城来降。

八月丁酉[37]，南宁[38]西爨[39]蛮遣使入贡。初，隋末蛮酋爨翫反，诛，诸子没为官奴，弃其地。帝即位，以翫子弘达[40]为昆州[41]刺史，令持其父尸归葬；益州刺史段纶[42]因遣使招谕其部落，皆来降。

己亥[43]，窦建德共州[44]县令唐纲[45]杀刺史，以州来降。

邓州土豪执王世充所署刺史来降。

癸卯[46]，梁师都[47]石堡[48]留守张举[49]帅千馀人来降。

甲辰[50]，黄君汉[51]遣校尉张夜叉以舟师袭迴洛城[52]，克之，获其将达奚善定，断河阳南桥[53]而还，降其堡聚[54]二十馀。世充使太子玄应[55]帅杨公卿等攻迴洛，不克，乃筑月城[56]于其西，留兵戍之。

世充陈于青城宫[57]，秦王世民亦置陈当之。世充隔水谓世民曰："隋室倾覆，唐帝关中，郑帝河南，世充未尝西侵，王忽举兵东来，何也？"世民使宇文士及应之曰："四海皆仰皇风[58]，唯公独阻声教[59]，为此而来！"世充曰："相与息兵讲好，不亦善乎？"又应之曰："奉诏取东都，不令讲好也。"至暮，各引兵还。

上遣使与窦建德连和，建德遣同安长公主[60]随使者俱还。

乙卯[61]，刘德威袭怀州，入其外郭，下其堡聚。

九月庚午[62]，梁师都将刘旻[63]以华池[64]来降，以为林州[65]总管。

癸酉[66]，王世充显州总管田瓒[67]以所部二十五州来降；自是襄阳声问[68]与世充绝。

史万宝进军甘泉宫[69]。丁丑[70]，秦王世民遣右武卫将军王君廓[71]攻轘辕[72]，拔之。王世充遣其将魏隐等击君廓，君廓伪遁，设伏，大破之，遂东徇地，至管城[73]而还。先是，王世充将郭士衡[74]、许罗汉[75]掠唐境，君廓以策击却之，诏劳之曰："卿以十三人破贼一万，自古以少制众，未之有也。"

世充尉州刺史时德叡[76]帅所部杞、夏、陈、随、许、颍、尉七州[77]来降。秦王世民以便宜命州县官并依世充所署，无所变易，改尉州为南汴州[78]，于是河南郡县相继来降。

（以上为第五段，写秦王李世民率大军东出讨王世充，王世充所属河南郡县纷纷归降。）

【注释】

①壬辰：六月初一日。　②辅公祏（shí）（？—624）：隋末江淮地区农民起义领袖。齐郡临济（今山东济南市章丘区西北）人。隋末从杜伏威起义。伏威称总管，他任长史。传见《旧唐书》卷五十六、《新唐书》卷八十七。　③丙午：六月初三日。　④显州：州治在今山西孝义市西。　⑤瑗：即李瑗，高祖从父兄子。字德圭，封庐江王。累迁山南东道行台右仆射。后坐罪被诛。传见《旧唐书》卷六十、《新唐书》卷七十八。　⑥甲寅：六月二十三日。　⑦石岭：石岭关，即今山西阳曲县东北关城。　⑧四城：指洛阳四城。⑨壬戌：七月初一日。　⑩分当就死：本该被杀戮。　⑪更生：再生。　⑫尽节：尽自己的节操。　⑬一至：竟至。　⑭癸亥：七月初二日。　⑮潜诣：暗通。　⑯可朱浑定

远：可朱浑为三字姓，定远为名。 ⑰甲戌：七月十三日。 ⑱壬午：七月二十一日。 ⑲襄阳：郡名。治所在今湖北襄阳市。 ⑳南城、宝城、东城、含嘉城、曜仪城：据《唐六典》卷七及胡注，东都洛阳皇城在都城之西北隅。皇城又称宝城。以皇城为准，盖南城在皇城之南，东城在皇城之东，曜仪城在东城之东；含嘉城，即含嘉仓城。 ㉑游击大将军：官名。汉代设游击将军，统兵专征，职权颇重。唐代为武散官。 ㉒内军：唐李密自卫之军队。 ㉓外军：作战之军队，与近卫军相对而言。 ㉔己丑：七月二十八日。 ㉕觇（chān）：窥视，观察。 ㉖险厄：险阻困厄。 ㉗军不复识：军士都不认识（他）。 ㉘旦日：明日。 ㉙龙门：在今河南洛阳市南二十五里。 ㉚刘德威（582—652）：隋末官吏，后归李密。随李密降唐，授左武候将军，封滕县公，后改彭城县公。贞观中官至刑部尚书。传见《旧唐书》卷七十七、《新唐书》卷一百零六。 ㉛河内：县名。县治在今河南沁阳市。 ㉜饷道：运粮饷之道。 ㉝河阴：县名。县治在今河南洛阳市东北。 ㉞洧（wěi）州：州名。治所在今河南鄢陵西北。 ㉟繁水：县名。县治在今河南南乐县西北。 ㊱张公谨（594—632）：字弘慎。繁水人。贞观初为代州都督，后改襄州都督。传见《旧唐书》卷六十八、《新唐书》卷八十九。 ㊲丁酉：八月初七日。 ㊳南宁：州名。治所在今云南曲靖市西。 ㊴西爨（cuàn）：中国古代地域名与民族名。系魏晋南北朝时，由今云南东部地区统治集团爨氏大姓演变而成。晋宋至隋唐时，爨氏分为东西二部，均在云南东部，大抵以今曲靖市至建水县一带为界。 ㊵弘达：南宁西爨蛮酋长爨翫之子。隋朝没为奴。入唐，高祖以其为昆州刺史。事迹见《新唐书》卷二百二十二。 ㊶昆州：州名。治所在今云南昆明市西郊马街附近。 ㊷段纶：隋兵部尚书段文振之子。唐初为工部尚书、杞国公，尚高祖女高密公主。 ㊸己亥：八月初九日。 ㊹共州：州名。治所在今河南辉县市。 ㊺唐纲：据胡注，唐纲当是共城县令。共城县即今河南辉县市。 ㊻癸卯：八月十三日。 ㊼梁师都（？—628）：隋末地方割据者。隋朔方（治今陕西靖边北白城子）人。传见《旧唐书》卷五十六、《新唐书》卷八十七。 ㊽石堡：在今陕西靖边县东。 ㊾张举：曾为梁师都大将。其事迹见《旧唐书·梁师都传》。 ㊿甲辰：八月十四日。 (51)黄君汉：原为隋官吏，后归唐，任行军总管。事迹见《旧唐书》卷六十七。 (52)迴洛城：在今河南洛阳市孟津区东。 (53)河阳南桥：一名河桥，在今河南孟州市西南，是大河南北的交通要津。 (54)堡聚：城堡聚落。 (55)玄应（？—621）：王玄应，王世充子。世充称帝，立为太子。武德四年王世充败，归唐。玄应谋叛，被杀。事迹见《旧唐书》卷五十四。 (56)月城：因城如月牙形而得名。 (57)青城宫：宫殿名。在东都洛阳城西禁苑之中。 ㊿皇风：指唐天子而言。 59声教：声威与教化。60同安长公主：高祖同母妹。黎阳之破，没于窦建德。传见《新唐书》卷八十三。61乙卯：八月二十五日。 62庚午：九月初十日。 63刘旻（mín）：曾为梁师都大将。后降唐，授夏州长史。事迹见《旧唐书》卷五十六。 64华池：县名。县治在今甘肃华池县东南。 65林州：州名。治所在今甘肃华池县东南。 66癸酉：九月十三日。67田瓒：淮安郡（今河南泌阳）人。原为朱粲部将。后叛附于王世充，署为显州总管。武德三年降唐。事迹见《新唐书》卷八十五。 68声问：音信。 69史万宝：唐初将领。历任右翊卫将军、行军总管，封原国公。事迹见《旧唐书》卷六十。甘泉宫：又名林光宫、云阳宫。秦置。在今陕西淳化县西北甘泉山上。按，史万宝由新安进军洛阳，不应至甘泉宫。胡三省认为史万宝应至河南寿安县之显仁宫，史误为甘泉宫。 70丁丑：九月十七日。 71王君廓：并州石艾（今山西平定县南）人。隋末，初随李密。后率众归唐，历迁右武卫将军，累封彭国公。从战有功。庐江王李瑗反，君廓执之，以功授幽州都督。传见《旧唐书》卷六十、《新唐书》卷九十二。 72轘辕：关名。在今河南偃师县东南轘辕山上。 73管城：县名。县治在今河南郑州市。 74郭士衡（？—621）：隋末地方割据者王世充的部将。武德四年，世充败，被杀。事迹见《旧唐书》卷五十四。75许罗汉：王世充部将。 76时德叡：隋末群雄之一，起兵尉氏（今河南尉氏县）。归王世充，署为尉州刺史。武德三年八月降唐。事迹见《新唐书》卷一。 77杞、夏、陈、随、许、颍、尉七州：据胡注，王世充盖置杞州于雍丘（今河南杞县）；夏州于阳夏（今河南太康县）；陈州于宛丘（今河南周口市淮阳区）；随州无所考，疑洧州（今河南鄢陵西北）之误；许州于长社（今河南长葛市东北）；颍州于汝阴（今安徽阜阳市）；尉州于尉氏（今河南尉氏县）。 78南汴州：州名。治所在今河南尉氏县。

【译文】

六月初一日，唐下诏任命和州总管、东南道行台尚书令楚王杜伏威为使持节、总管江淮以南诸军事、扬州刺史、东南道行台尚书令、淮南道安抚使，并晋升封为吴王，赐姓李。任命辅公祏为淮南道行台尚书左仆射，封为舒国公。

六月初三日，唐立皇子李元景为赵王，李元昌为鲁王，李元亨为酆王。

显州行台尚书令楚公杨士林，虽然接受唐的官爵，却向北交结王世充，向南与萧铣来往，唐下诏命庐江王李瑗与安抚使李弘敏讨伐杨士林。军队还未出发，长史田瓒受到杨士林的猜忌，六月二十三日，田瓒杀死杨士林，投降王世充，王世充任命田瓒为显州总管。

秦王李世民讨伐刘武周时，突厥处罗可汗派他的弟弟步利设率两千骑兵协助唐军。刘武周失败后，当月，处罗可汗到晋阳，唐并州总管李仲文不能辖制处罗；处罗又留下伦特勒，让伦特勒统领数百人，声称帮助李仲文镇守，从石岭关以北，都留下突厥兵戍守，然后离去。

唐高祖商议攻打王世充，王世充闻讯，选拔各州镇的骁勇士兵都集中到洛阳，设置四镇将军，又招募人分别守卫洛阳四城。秋季，七月初一日，唐高祖下诏命秦王李世民统率诸军攻打王世充。唐陕东道行台屈突通的两个儿子都在洛阳，唐高祖对屈突通说："现在想让你东征洛阳，你的两个儿子怎么办？"屈突通回答道："臣过去作为俘虏囚犯，理当处死，陛下松绑释放了我，还赏赐了很多恩惠。那时，臣的内心和嘴上都发誓，希望在有生之年为陛下尽忠效力，只怕没有机会尽节捐躯罢了。如今能有机会效力，两个儿子又有什么可顾惜的呢？"唐高祖赞叹说："为义而献身的士人，竟能达到这个地步！"

七月初二日，突厥派使者暗中前往王世充处，唐潞州总管李袭誉率兵截击，打败了突厥使者，虏获牛羊数以万计。

唐骠骑大将军可朱浑定远报告："并州总管李仲文与突厥勾结密谋，准备等洛阳交战，引导突厥骑兵直驱长安。"七月十三日，唐高祖命令皇太子镇守蒲反进行防备，又派礼部尚书唐俭安抚并州，暂时废除并州总管府，征召李仲文入朝。

七月二十一日，秦王李世民到达新安，王世充派遣魏王王弘烈镇守襄阳，荆王王行本镇守虎牢，宋王王泰镇守怀州，齐王王世恽指挥南城的防务，楚王王世伟防守宝城，太子王玄应防守东城，汉王王玄恕防守含嘉城，鲁王王道徇防守曜仪城，王世充亲自统率作战军队，左辅大将军杨公卿统率左龙骧二十八府骑兵，右游击大将军郭善才统率内军二十八府步兵，左游击大将军跋野纲统率外军二十八府步兵，总计三万人，以防备唐军的进攻。王弘烈、王行本是楚王王世伟的儿子。王泰是王世充哥哥的儿子。

梁师都引来突厥、稽胡军队入侵唐朝，唐行军总管段德操打败入侵之敌，斩首一千多级。

罗士信率领前锋部队包围慈涧，王世充亲自带领三万兵马救援慈涧。七月二十八日，秦王李世民亲自带领轻骑兵前去侦察王世充军情，突然与王世充部队遭遇，李世民兵力太少，无法与王世充部队对抗，加上道路艰险，被王世充包围。李世民驰马左右拉弓射箭，敌兵都随着弓弦之声而被射倒，又抓获王世充的左建威将军燕琪，王世充于是退军。李世民返回营地，灰尘覆盖了面孔，部下都认不出他，要将他拒之门外，李世民摘下头盔说话，才得以进入军营。第二天，李世民率领五万步兵骑兵进军慈涧；王世充撤除慈涧的防守，返回洛阳。李世民派遣行军总管史万宝自宜阳向南占据龙门，派将军刘德威自太行向东包围河内，派上谷公王君廓从洛口切断王世充军队的运粮道路，派怀州总管黄君汉从河阴进攻迴洛城。唐的主力大军驻扎在洛阳北面的北邙山，将军营连成一片进逼洛阳。王世充的洧州长史繁水人张公谨与洧州刺史崔枢率洧州投降唐朝。

八月初七日，南宁西爨蛮派遣使节入朝进贡。当初，隋朝末年西爨蛮首领爨翫反叛，被朝廷诛杀，几个儿子被捉去做官府的奴仆，抛弃了他们的领地。唐高祖即位后，任命爨翫的儿子爨弘达为昆州刺史，命他携带父亲的尸骨回乡安葬；唐益州刺史段纶于是派使节招降西爨蛮的各个部落，各部落都来降唐。

八月初九日，窦建德的共州县令唐纲杀死刺史，率共州降唐。

邓州当地的豪强捉住王世充任命的刺史，前来降唐。

八月十三日，梁师都的石堡留守张举带领一千多人前来降唐。

八月十四日，唐怀州总管黄君汉派校尉张夜叉用水军袭击迴洛城，攻克城池，捉住王世充的守将达奚善定，拆断了河阳南桥，然后回军，并且降服了二十余处堡垒聚落。王世充命太子王玄应率领杨公卿等人进攻迴洛城，未能攻克，于是在城西修筑月城，留兵戍守。

王世充在青城宫列阵，秦王李世民也布置阵势与之对垒。王世充隔着河水对李世民说："隋朝倾覆灭亡，唐在关中称帝，郑在河南称帝，世充未曾向西侵犯，秦王您忽然率军东来侵犯，这是什么原因？"李世民让宇文士及回应说："四海都尊仰唐朝皇帝的声威，只有你独自隔阻皇帝的政令教化，就是为此而来！"王世充说："我们相互息兵讲和，不也是好办法吗？"宇文士及又回应说："遵奉诏命来取东都，不令讲和。"到了傍晚，双方各自率兵回营。

唐高祖派出使节与窦建德讲和，窦建德送唐高祖同母妹妹同安长公主随使者一同返回长安。

八月二十五日，唐将军刘德威袭击怀州，进入怀州外城，攻下城外的堡垒聚落。

九月初十日，梁师都部将刘旻率华池县前来降唐，唐朝任命他为林州总管。

九月十三日，王世充显州总管田瓒以所管辖的二十五个州前来降唐；从此以后，襄阳的王弘烈就与洛阳王世充之间中断了联系。

唐行军总管史万宝进军甘泉宫。九月十七日，秦王李世民派遣右武卫将军王君廓攻打轘辕，攻克此城。王世充派将领魏隐等人攻击王君廓，王君廓伪装逃跑，设下埋伏，大败魏隐等人，于是又向东扩展地盘，直到管城才回军。在此之前，王世充的将领郭士衡、许罗汉进入唐境攻掠，王君廓设计击退郭、许，唐高祖下诏慰问王君廓说："你率领十三人打破敌人一万，自古以来以少胜多，从未有过啊。"

王世充的尉州刺史时德叡率领所管辖的杞州、夏州、陈州、随州、许州、颍州、尉州共七个州前来降唐。秦王李世民根据具体情况任命新来归附的州县官吏，都用王世充任命的官员，无所变动，把尉州改为南汴州，于是王世充所属的河南地区的郡县相继前来投降。

【原文】

刘武周降将寻相[①]等多叛去。诸将疑尉迟敬德[②]，囚之军中，行台左仆射屈突通、尚书殷开山言于世民曰："敬德骁勇绝伦[③]，今既囚之，心必怨望，留之恐为后患，不如遂杀之。"世民曰："不然，敬德若叛，岂在寻相之后邪？"遽命释之，引入卧内[④]，赐之金，曰："丈夫意气相期[⑤]，勿以小嫌[⑥]介意，吾终不信谗言以害忠良，公宜体[⑦]之。必欲去者，以此金相资，表一时共事之情也。"辛巳[⑧]，世民以五百骑行战地[⑨]，登魏宣武陵[⑩]。王世充帅步骑万馀猝至，围之，单雄信[⑪]引槊[⑫]直趋世民，敬德跃马大呼，横刺雄信坠马，世充兵稍却，敬德翼[⑬]世民出围。世民、敬德更帅骑兵还战，出入世充陈，往反无所碍[⑭]。屈突通引大兵继至，世充兵大败，仅以身免。擒其冠军[⑮]大将军陈智略，斩首千馀级，获排矟兵[⑯]六千。世民谓敬德曰："公何相报之速[⑰]也？"赐敬德金银一箧，自是宠遇日隆。

敬德善避矟，每单骑入敌陈中，敌丛矟刺之，终莫能伤，又能夺敌矟返刺之。齐王元吉以善马矟自负，闻敬德之能，请各去刃相与校胜负，敬德曰："敬德谨当去之，王勿去也。"既而元吉刺之，终不能中。秦王世民问敬德曰："夺矟与避矟，孰难？"敬德曰："夺矟难。"乃命敬德夺元吉矟。元吉操矟跃马，志在刺之，敬德须臾三夺其矟。元吉虽面相叹异[⑱]，内甚耻之。

叛胡陷岚州[⑲]。

初，王世充以邴元真为滑州行台仆射。濮州[20]刺史杜才幹，李密故将也，恨元真叛密，诈以其众降之。元真恃其官势，自往招慰，才幹出迎，延入就坐[21]，执而数之[22]曰："汝本庸才[23]，魏公置汝元僚[24]，不建毫发之功，乃构滔天之祸，今来送死，是汝之分[25]！"遂斩之，遣人赍其首至黎阳祭密墓。壬午[26]，以濮州来降。

突厥莫贺咄设寇凉州，总管杨恭仁击之，为所败，掠男女数千人而去。

丙戌[27]，以田瓒为显州总管，赐爵蔡国公。

冬，十月甲午[28]，王世充大将军张镇周来降。

甲辰[29]，行军总管罗士信袭王世充硖石堡[30]，拔之。士信又围千金堡[31]，堡中人骂之。士信夜遣百馀人抱婴儿数十至堡下，使儿啼呼，诈云"从东都来归罗总管"。既而相谓曰："此千金堡也，吾属误矣。"即去。堡中以为士信已去，来者洛阳亡人[32]，出兵追之。士信伏兵于道，伺其门开，突入，屠之。

（以上为第六段，写唐军连战皆捷，紧逼东都。秦王李世民不听谗言，保护了尉迟敬德，立效得报。）

【注释】

①寻相：武将名。寻为其姓。初为刘武周部将。武德三年降唐，不久复叛。事迹见《旧唐书》卷六十八。　②疑尉迟敬德：怀疑尉迟敬德叛逃。　③绝伦：独一无二，没有可以相比的。　④卧内：寝室之内。　⑤意气相期：以意气互相期勉。　⑥小嫌：小嫌疑。　⑦体：体会，知道。　⑧辛巳：九月二十一日。　⑨行战地：巡视战地。　⑩魏宣武陵：好景陵。在洛阳北邙山。魏世宗元恪，谥宣武帝。　⑪单雄信（？—621）：济阴（今山东曹县西北）人。李密将。后降王世充，为大将。传见《旧唐书》卷五十三、《新唐书》卷八十四。　⑫引槊：持槊。　⑬翼：帮助，辅佐。　⑭无所碍：没有阻碍。　⑮冠军：将军名号。唐置冠军大将军，为武散官。　⑯排矟（shuò）兵：谓整排执矟的兵士。矟同"槊"。　⑰公何相报之速：您报答我为什么这么快。"相"为语助，无意。　⑱面相叹异：表面称赞。　⑲岚州：州名。治所在今山西岚县北。　⑳濮州：州名。治所在今山东鄄（juàn）城县北旧城镇。　㉑延入就坐：请他入坐。　㉒执而数之：逮捕并责备他。　㉓庸才：平庸之才。　㉔魏公置汝元僚：谓李密以你为长史。　㉕是汝之分：是你分所当然，命该如此。　㉖壬午：

九月二十二日。㉗丙戌：九月二十六日。㉘甲午：十月初五日。㉙甲辰：十月十五日。㉚硖石堡：在今河南洛阳市孟津区西。㉛千金堡：在今河南洛阳东北。㉜亡人：逃亡的人。

【译文】

刘武周将领寻相等人降唐之后又多背叛而去。唐军诸将怀疑尉迟敬德也会叛逃，就把他囚禁在军中，行台左仆射屈突通、尚书殷开山对李世民说："尉迟敬德骁勇绝伦，现在已被囚禁，内心必然怨恨，留着恐怕会成为后患，不如干脆杀了他。"李世民说："不是这样，敬德如果叛逃，怎会在寻相之后呢？"马上下令释放尉迟敬德，把他带入卧室内，赐给他黄金，说："大丈夫以意气相互期许，不要因为小的嫌隙而有所介意，我终究不相信谗言而杀害忠良，你应当体会我的心意。如果一定要走，拿这点金子作为路费，以表明我们曾经一时共过事的情意。"九月二十一日，李世民率五百骑兵巡视战场地形，登上北魏宣武帝的陵墓。王世充率领一万多步兵骑兵突然来到，包围了李世民，王世充的将领单雄信挺着长枪直接冲向李世民，尉迟敬德跃马大声呼喊，从一旁刺中单雄信使他坠下战马，王世充的军队稍微后退，尉迟敬德护卫着李世民冲出包围。李世民、尉迟敬德又率骑兵返回作战，冲进王世充的阵列，来来往往无人能阻挡。屈突通也率领大军随后赶到，王世充军队大败，王世充只身逃脱。唐军活捉了王世充的冠军大将军陈智略，斩首一千多人，俘虏六千多名排矟兵。李世民对尉迟敬德说："你的回报何其快啊！"赐给尉迟敬德一箱金银，从此以后尉迟敬德的宠遇日益隆盛。

尉迟敬德善于躲避对方的长矛，常常单枪匹马冲入敌阵，敌人密集的长矛来刺他，始终没能刺伤他，尉迟敬德又能夺取敌人长矛反刺过去。齐王李元吉以擅长骑马使用长矛自负，听说尉迟敬德的才能，请求各自去掉矛刃较量胜负，尉迟敬德说："敬德自当去掉矛刃，王不用去掉。"然后李元吉用长矛刺尉迟敬德，始终不能刺中。秦王李世民问尉迟敬德："夺矛和避矛，哪个更难？"尉迟敬德说："夺矛更难。"于是秦王又命尉迟敬德夺取李元吉手上的长矛。李元吉手持长矛跃马冲来，志在一定刺中尉迟敬德，尉迟敬德转眼之间就把李元吉的长矛夺下来三次，李元吉虽然脸上表示赞叹惊异，内心却深以为耻辱。

反叛的胡人攻陷岚州。

当初，王世充任命邴元真为滑州行台仆射。濮州刺史杜才幹是李密的旧将，恨邴元真背叛李密，假意率其部下投降邴元真。邴元真仗着他的官位权势，自己前往濮州招降慰问，杜才幹出门迎接，请他入内就座，于是逮捕邴元真列数他的罪行说："你本来是个庸才，魏公让你担任身边的要职，你不建立一丝一毫的功劳，却构成了滔天大祸，今天来送死，这是你应得的命运！"于是斩杀邴元真，派人带着邴元真的首级到黎阳祭奠李密的陵墓。九月二十二日，杜才幹率濮州前来降唐。

突厥莫贺咄设侵犯凉州，唐总管杨恭仁反击他，被突厥人打败，突厥人掠夺几千名唐朝百姓然后离去。

九月二十六日，唐任命田瓒为显州总管，赐给蔡国公的爵位。

冬季，十月初五日，王世充的大将军张镇周前来降唐。

十月十五日，唐行军总管罗士信袭击王世充的硖石堡，攻克城堡。罗士信又包围千金堡，堡里的人咒骂罗士信。罗士信夜间派一百多人怀抱几十个婴儿到千金堡下，让婴儿啼哭呼叫，诈称"从东都来投奔罗总管"。然后又互相说："这是千金堡啊，我们搞错了。"马上离去。堡里的人以为罗士信已经离去，来的人是从洛阳逃亡出来的，派兵出堡追赶。罗士信在途中设下埋伏，等千金堡门一开，突然冲进堡中，屠杀全堡之人。

【原文】

窦建德之围幽州[①]也，李艺[②]告急于高开道[③]，开道帅二千骑救之，建德兵引去[④]，开道因艺[⑤]遣使来降。戊申[⑥]，以开道为蔚州[⑦]总管，赐姓李氏，封北平郡王。开道有矢镞在颊，召医出之，医曰："镞深，不可出。"开道怒，斩之。别召一医，曰："出之恐痛。"又斩之。更召一医，医曰："可出。"乃凿骨，置楔其间，骨裂寸馀，竟出其镞；开道奏妓进膳不辍[⑧]。

窦建德帅众二十万复攻幽州。建德兵已攀堞[⑨]，薛万均、万彻[⑩]帅敢死士百人从地道出其背，掩击[⑪]之，建德兵溃走，斩首千馀级。李艺兵乘胜薄[⑫]其营，建德陈于营中，填堑[⑬]而出，奋击，大破之，建德逐北，至其城下，攻之不克而还。

李密之败也，杨庆归洛阳，复姓杨氏。及王世充称帝，庆复姓郭氏，世充以为管州[⑭]总管，妻以兄女。秦王世民逼洛阳，庆潜遣人请降，世民遣总管李世勣将兵往据其城。庆欲与其妻偕来，妻曰："主上使妾侍巾栉[15]者，欲结君之心也。今君既辜付托[16]，徇利求全[17]，妾将如君何？若至长安，则君家一婢耳，君何用为？愿送至洛阳，君之惠也[18]。”庆不许。庆出，妻谓侍者曰：“若唐遂胜郑，则吾家必灭；郑若胜唐，则吾夫必死。人生至此，何用生为[19]？”遂自杀。庚戌[20]，庆来降，复姓杨氏，拜上柱国、郇[21]国公。

时世充太子玄应镇虎牢，军于荥、汴之间[22]，闻之，引兵趣管城，李世勣击却之。使郭孝恪为书说荥州[23]刺史魏陆，陆密请降。玄应遣大将军张志就陆[24]征兵，丙辰[25]，陆擒志等四将，举州来降。阳城[26]令王雄帅诸堡来降，秦王世民使李世勣引兵应之，以雄为嵩州[27]刺史，嵩南之路始通。魏陆使张志诈为玄应书，停其东道之兵，令其将张慈宝且还汴州，又密告汴州刺史王要汉使图慈宝，要汉斩慈宝以降。玄应闻诸州皆叛，大惧，奔还洛阳。诏以要汉为汴州总管，赐爵郳[28]国公。

王弘烈[29]据襄阳，上令金州[30]总管府[31]司马泾阳[32]李大亮[33]安抚樊、邓[34]以图之。十一月庚申[35]，大亮攻樊城镇[36]，拔之，斩其将国大安，下其城栅[37]十四。

萧铣性褊狭[38]，多猜忌。诸将恃功恣横，好专诛杀，铣患之，乃宣言罢兵营农，实欲夺诸将之权。大司马董景珍弟为将军，怨望，谋作乱；事泄，伏诛。景珍时镇长沙[39]，铣下诏赦之，召还江陵[40]。景珍惧，甲子[41]，以长沙来降，诏峡州刺史许绍出兵应之。

云州[42]总管郭子和[43]，先与突厥、梁师都相连结，既而袭师都宁朔城[44]，克之。又诇[45]得突厥衅隙[46]，遣使以闻，为突厥候骑[47]所获。处罗可汗[48]大怒，囚其弟子升。子和自以孤危[49]，请帅其民南徙，诏以延州故城处之。

张举、刘旻之降[50]也，梁师都大惧，遣其尚书陆季览[51]说突厥处罗可汗曰：“比者中原丧乱，分为数国，势均力弱，故皆北面归附突厥。今定杨可汗[52]既亡，天下将悉为唐有。师都不辞灰灭[53]，亦恐次及[54]可汗，不若及其未定，南取中原，如魏道武[55]所为，师都请为乡导。”处罗从之，谋使莫贺咄设[56]入自原州[57]，泥步设与师都入自延州[58]，突利可汗与奚、霫、契丹、靺鞨[59]入自幽州，会窦建德之师自滏口[60]西入，会于晋、绛[61]。莫贺咄设者，处罗之弟咄苾也；突利者，始毕之子什钵苾也。

处罗又欲取并州[62]以居杨政道[63]，其群臣多谏，处罗曰："我父失国，赖隋得立，此恩不可忘。"将出师而卒。义成公主[64]以其子奥射设丑弱[65]，废之，更立莫贺咄设，号颉利可汗。乙酉[66]，颉利遣使告处罗之丧，上礼之如始毕之丧[67]。

戊子[68]，安抚大使李大亮取王世充沮、华二州[69]。

是月，窦建德济河击孟海公[70]。

初，王世充侵建德黎阳，建德袭破殷州[71]以报之。自是二国交恶，信使[72]不通。及唐兵逼洛阳，世充遣使求救于建德。建德中书侍郎刘彬说建德曰："天下大乱，唐得关西[73]，郑得河南，夏得河北，共成鼎足之势。今唐举兵临郑，自秋涉[74]冬，唐兵日增，郑地日蹙[75]，唐强郑弱，势必不支，郑亡，则夏不能独立矣。不如解仇除忿，发兵救之，夏击其外，郑攻其内，破唐必矣。唐师既退，徐观其变，若郑可取则取之，并二国之兵，乘唐师之老[76]，天下可取也！"建德从之，遣使诣世充，许以赴援。又遣其礼部侍郎[77]李大师[78]等诣唐，请罢洛阳之兵，秦王世民留之，不答。

十二月辛卯[79]，王世充许、亳[80]等十一州皆请降。

壬辰[81]，燕郡王李艺[82]又击窦建德军于笼火城，破之。

辛丑[83]，王世充随州[84]总管徐毅举州降。

癸卯[85]，峡州刺史许绍[86]攻萧铣荆门镇[87]，拔之。绍所部与梁、郑邻接[88]，二境得绍士卒，皆杀之，绍得二境士卒，皆资给遣之。敌人愧感[89]，不复侵掠，境内以安。

萧铣遣其齐王张绣[90]攻长沙，董景珍[91]谓绣曰："'前年醢[92]彭越，往年杀韩信'，卿不见之乎，何为相攻？"绣不应，进兵围之，景珍欲溃围走，为麾下所杀，铣以绣为尚书令。绣恃功骄横，铣又杀之。由是功臣诸将皆有离心，兵势益弱。

王世充遣其兄子代王琬、长孙安世诣窦建德报聘[93]，且乞师[94]。

突厥伦特勒在并州，大为[95]民患，并州总管刘世让[96]设策擒之。上闻之，甚喜。张道源[97]从窦建德在河南，密遣人诣长安，请出兵攻洺州以震山东。丙午[98]，诏世让为行军总管，使将兵出土门[99]，趣洺州。

己酉[100]，瓜州[101]刺史贺拔行威[102]执骠骑将军达奚暠[103]，举兵反。

（以上为第七段，写王世充与窦建德化敌为友，联合对抗唐军。）

【注释】

①窦建德之围幽州：是年五月，建德兵攻幽州。　②李艺（？—627）：李艺即罗艺。唐初将领。字子延，襄州襄阳（今湖北襄阳）人。隋大业中，以军功官至虎贲郎将。武德元年，以地归唐，赐姓李，封燕郡王。累建战功。后率兵反唐，兵败为部下所杀。传见《旧唐书》卷五十六、《新唐书》卷九十二。　③高开道（？—624）：隋末河北义军首领。沧州阳信（今山东阳信西南）人。传见《旧唐书》卷五十五、《新唐书》卷八十六。　④兵引去：率兵离去。　⑤因艺：凭借李艺（的关系）。　⑥戊申：十月十九日。　⑦蔚州：州名。治所在今山西灵丘县。　⑧奏妓进膳不辍：招来妓女奏歌且进食不停。　⑨堞（dié）：城墙上矮墙。　⑩薛万均、万徹：两兄弟，均为唐初将军。咸阳（今陕西咸阳）人。隋大将薛世雄之子。万均与万徹在唐初战争中屡立战功。万均官至左屯卫大将军，累封潞国公而卒。万徹官右卫将军。高宗初期（652），因参与谋反被杀。传见《旧唐书》卷六十九、《新唐书》卷九十四。　⑪掩击：袭击。　⑫薄：迫、近。　⑬填堑：填塞营外的沟堑。　⑭管州：州名。治所在今河南郑州市。　⑮侍巾栉：侍候盥沐。《旧唐书·列女杨庆妻王氏传》作，“郑国以妾奉箕帚”。奉箕帚谓洒扫。二者皆为妇女侍夫所为之事。　⑯辜付托：辜负托付。　⑰徇利求全：因利寻求安全。⑱君之惠也：算是你的恩惠。　⑲何用生为：活着有何用。　⑳庚戌：十月二十一日。　㉑郇（xún）：音旬。　㉒荣、汴之间：胡注，“荣”当作“荥”。言军于荥泽、汴水之间。荥泽，在今河南郑州市西北古荥镇北。　㉓荣州：当作荥州。章校，十二行本正作“荥”。荥州，州名。治所在今河南荥阳西北汜水镇。　㉔就陆：至魏陆处。㉕丙辰：十月二十七日。　㉖阳城：县名。县治在今河南登封东南告成镇。　㉗嵩州：州名。治所在今河南登封市东南告成镇。　㉘郳：同兒，读（ní）。　㉙王弘烈：王世充兄世伟之子。世充称帝，封弘烈为魏王。世充败后，归唐。事迹见《旧唐书》卷七十五《苏世长传》。　㉚金州：州名。治所在今陕西安康市。　㉛总管府：官署名。北周始于地方州治设总管府，掌数州之军政。隋初因之，大业中废。唐初复置，后改为都督府。　㉜泾阳：县名。县治在今陕西泾阳县。　㉝李大亮（586—644）：泾阳人。太宗时累官剑南道巡省大使。以讨吐谷浑功，拜右卫大将军兼右卫率、工部尚书。传见《旧唐书》卷六十二、《新唐书》卷九十九。　㉞樊、邓：樊城、邓城县。樊城，即今湖北襄阳市；邓城县，县名，县治在今河南邓州市。　㉟庚申：十一月初一日。　㊱樊城镇：在今湖北襄阳市北。　㊲栅（zhà）：以木所为之营寨。　㊳褊（biǎn）狭：气量狭小。

㊴长沙：县名。县治在今湖南长沙市。 ㊵江陵：县名。县治在今湖北江陵县。 ㊶甲子：十一月初五日。 ㊷云州：州名。治所在今山西大同市。 ㊸郭子和：即李子和。同州蒲城（今属陕西）人。隋大业十三年在当地起兵，称永乐王，年号正平。武德元年降唐，历任郡守、总管、都督等职，赐姓李，封夷国公。传见《旧唐书》卷五十六、《新唐书》卷九十二。 ㊹宁朔城：宁朔城盖在宁朔县。宁朔县，县治在今陕西靖边县东。 ㊺诇（xiòng）：刺探。 ㊻衅隙：间隙。 ㊼候骑：放哨的骑兵。 ㊽处罗可汗：西突厥可汗。603—611年为汗。泥利可汗子。大业七年（611）率部降隋，后从炀帝至江都。唐初，回长安，唐高祖封他为归义郡王。 ㊾孤危：孤单危险。 ㊿张举、刘旻之降：是年八月，张举降。九月，刘旻降。 (51)陆季览：梁师都部将，署为尚书。曾受命勾结和怂恿突厥南侵。事迹见《旧唐书》卷五十六《梁师都传》。 (52)定杨可汗：刘武周附于突厥，突厥始毕可汗立他为定杨可汗。 (53)不辞灰灭：不怕牺牲。 (54)次及：依次而殃及。 (55)魏道武：指北魏的建立者魏道武帝，即拓跋珪（371—409）。魏道武所为，指率兵南侵，到中原称帝建国。 (56)莫贺咄设：即颉利可汗（？—634）。620—630年为汗。传见《旧唐书》卷一百九十四、《新唐书》卷二百一十五。 (57)原州：州名。治所在今宁夏固原市。 (58)延州：州名。治所在今陕西延安市城东。 (59)奚（xī）、霫（xí）、契丹、靺（mò）鞨（hé）：均为中国古代民族名。奚在南北朝时称库莫奚。分布在饶乐水（今西拉木伦河）流域，营游牧生活。霫在隋唐时居潢水（今西拉木伦河）以北，以射猎为生，风俗与契丹略同。契丹源于东胡，北魏以来，在今辽河上游一带游牧。靺鞨北魏时称勿吉，隋唐时称靺鞨，分布在松花江、牡丹江流域及黑龙江中下游，东至日本海。 (60)滏口：滏水之口。"太行八陉"之一，在今河北磁县西北鼓山。 (61)晋、绛：皆州名。晋州治所在今山西临汾市。绛州治所在今山西绛县。 (62)并州：州名。治所在太原（今山西太原市西南）。 (63)杨政道：隋炀帝之孙，窦建德封为郧公，其时居于定襄。 (64)义成公主（？—630）：隋朝宗室女。开皇十九年（599），突厥颉利可汗南奔入隋，隋文帝封他为启民可汗，以义成公主嫁启民。启民死后，又连嫁启民可汗子始毕可汗、处罗可汗、颉利可汗。贞观四年（630），唐李靖灭突厥，被杀。事迹见《旧唐书》卷一百九十四《突厥传》。 (65)丑弱：丑陋孱弱。 (66)乙酉：十一月二十六日。 (67)礼之如始毕之丧：其葬礼和上年四月始毕可汗死后一样。 (68)戊子：十一月二十九日。 (69)沮、华（huà）二州：沮州，治所在今湖北南漳县。华州，治所在今陕西渭南市华州区。 (70)孟海公（？—621）：隋末农民起义领袖。济阴（今山东曹县西北）人。事迹见《旧唐书》卷五十三、《新唐书》卷八十四。 (71)殷州：州名。治所在今河南新乡市西南。 (72)信使：古称使者为"信"或"使"，合

言之为信使。 ⑦③关西：关中及其以西之地。 ⑦④涉：历。 ⑦⑤蹙（cù）：缩削。⑦⑥老：衰竭、疲怠。 ⑦⑦礼部侍郎：官名。礼部为尚书省六部之一。长官为礼部尚书，副长官为礼部侍郎。主管典章法度、典礼、祭祀、学校、科举、接待宾客等事务。⑦⑧李大师：字君威。相州（今河南安阳市）人。先从窦建德，署为礼部侍郎。后归唐。事迹见《新唐书》卷八十五。 ⑦⑨辛卯：十二月初三日。 ⑧⓪许、亳（bó）：均为州名。许州治所在今河南许昌市。亳州治所在今安徽亳州市。 ⑧①壬辰：十二月初四日。⑧②李艺：即罗艺。唐高祖赐姓李，以示恩宠。 ⑧③辛丑：十二月十三日。 ⑧④随州：州名。治所在今湖北随县。 ⑧⑤癸卯：十二月十五日。 ⑧⑥许绍：安陆（今湖北安陆市）人。隋末为夷陵（今湖北宜昌市西北）人，后归唐，授陕州刺史。传见《旧唐书》卷五十九、《新唐书》卷九十。 ⑧⑦荆门镇：镇名。在今湖北荆门市。 ⑧⑧与梁、郑邻接：峡州北境接郑之襄州，东境接梁之荆门。 ⑧⑨愧感：又羞愧又感激。 ⑨⓪张绣：沔州（今湖北武汉）人。隋末地方割据者萧铣的部属。萧铣称帝，拜为尚书令。因专恣被杀。事迹见《旧唐书》卷五十六。 ⑨①董景珍：隋末地方割据者萧铣的部属。萧铣称帝，封为晋王。后因谋叛，被杀。"前年醢彭越，往年杀韩信"：彭越、韩信均为汉初诸侯王，后为刘邦、吕后所杀。董景珍引汉高祖杀功臣事，以劝诫张绣。事迹见《旧唐书》卷五十。 ⑨②醢（hǎi）：剁成肉酱。 ⑨③报聘：他国来聘，遣使酬答。 ⑨④乞师：请求派军队支援。 ⑨⑤大为：甚为、深为。 ⑨⑥刘世让：字元钦。雍州醴泉（今陕西礼泉县）人。原为隋官吏。入唐，拜通议大夫。历安定道行军总管、并州总管等。刘世让忧国忘身，屡次立功，后因突厥施反间计被杀。传见《旧唐书》卷六十九、《新唐书》卷九十四。 ⑨⑦张道源（？—624）：并州祁（今山西祁县）人。名河，以字显。少以孝义著称。唐初遣道源抚慰山东，各地争来款附。累封范阳郡公，后拜大理卿、太仆卿、相州都督等。传见《旧唐书》卷一百八十七、《新唐书》卷一百九十一。 ⑨⑧丙午：十二月十八日。 ⑨⑨土门：即井陉口。在今河北井陉北井陉山。 ⑩⓪己酉：十二月二十一日。⑩①瓜州：州名。治所在今甘肃敦煌市西。 ⑩②贺拔行威（？—622）：瓜州少数民族首领。唐初署为瓜州刺史。武德三年拥兵叛乱，被凉州总管杨恭仁击败，部众执之降唐。事迹见《新唐书》卷一百《杨恭仁传》。 ⑩③达奚暠：少数民族人。唐初署为骠骑将军，驻守瓜州。

【译文】

窦建德包围幽州时，李艺向高开道告急，高开道率两千骑兵救援幽州，窦建德的军队撤退，高开道通过李艺派遣使者前来降唐。十月十九日，唐任命高开道为蔚州总管，赐他姓李，封为北平郡王。有一枚箭头射在高开道的脸颊上，他找来大夫拔出箭头，大夫说："箭头射得太深，拔不出来。"高开道发怒，斩杀了大夫。另外又找来一位大夫，大夫说："拔出箭头恐怕很痛。"高开道又杀了这个大夫。又找来一位大夫，大夫说："能拔出来。"于是凿开颊骨，在中间钉入一枚楔子，骨头裂开一寸多宽，最终拔出了箭头；在大夫拔箭头时，高开道让妓女奏乐，自己吃饭，并没有停止。

窦建德率领二十万人马又来攻打幽州。窦建德的士兵已经登上城上堞垛，薛万均、薛万徹率领一百多人的敢死队从地道中出城，从窦建德军背后突袭，窦建德军溃败逃走，被唐军斩首一千多人。李艺的军队乘胜逼近窦建德营地，窦建德在营中列阵，填平壕沟出营，奋力还击，大败李艺军，又追击败军，直到幽州城下，不能攻克城池，于是撤军。

李密失败时，杨庆返回洛阳，恢复旧姓杨氏。等到王世充称帝，杨庆又恢复姓郭，王世充任命他为管州总管，并把哥哥的女儿嫁给他为妻。秦王李世民进逼洛阳，郭庆暗中派人请求投降，李世民派遣总管李世勣带兵前往占据了管州城。郭庆打算和妻子一同归唐，他妻子说："主上让妾来服侍你，是想拉住你的心。如今你既然辜负了主上的托付，追逐名利以求保全自己，妾能对你怎么办呢？假如到了长安，妾不过是你家的一个婢女罢了，对你又有什么用处？希望送我回洛阳，就是你对我的恩惠了。"郭庆不同意。郭庆出去，妻子对侍女说："如果唐最终胜了郑，则我家必然灭族；郑如果胜了唐，则我丈夫必然要死。人生到这个地步，还要活着干什么？"于是自杀。十月二十一日，郭庆前来降唐，又恢复姓杨，唐封他为上柱国、郇国公。

当时王世充的太子王玄应镇守虎牢，驻军在荥泽与汴水之间，听说杨庆降唐，带兵开赴管城，李世勣击退王玄应。李世勣让郭孝恪写信劝说荥州刺史魏陆，魏陆秘密请求归顺。王玄应派大将军张志到魏陆处征兵，十月二十七日，魏陆活捉张志等四员将领，率全州前来投降。阳城县令王雄率领诸堡垒前来降唐，秦王李世民派李世勣带兵接应，任命王雄为嵩州刺史，到此时才打通嵩山以南的道路。魏陆让张志伪造王玄应的信，命王玄应的东路兵马停止前进，命令将领张慈宝暂且返回汴州，又秘密通知汴州刺史王要汉让他杀掉张慈宝，王要汉斩杀张慈宝然后投降唐朝。王玄应听说各州都已反叛，大为惊恐，逃回洛阳。唐下诏任命王要汉为汴州总管，赐爵郳国公。

王弘烈占据襄阳，唐高祖命金州总管府司马泾阳人李大亮安抚樊州、邓州，以便伺机攻取襄阳。十一月初一日，李大亮攻樊城镇，攻克樊城，将王弘烈的大将国大安斩首，李大亮又攻下当地十四座城寨。

萧铣性格偏颇狭隘，多有猜忌。他的诸位将领依仗有功而恣意横行，喜好专擅杀人，萧铣对此十分担心，于是宣称将要罢兵而经营农业，实际上想夺取诸将的兵权。大司马董景珍的弟弟也是将军，心中怨恨愤懑，谋划反叛；事情泄露，被杀死。董景珍当时镇守长沙，萧铣下诏赦免董景珍，召他返回江陵。董景珍感到害怕，十一月初五日，率长沙前来降唐，唐诏令峡州刺史许绍出兵接应。

云州总管郭子和，此前与突厥、梁师都相互联合，之后袭击梁师都的宁朔城，攻下宁朔。又刺探到突厥内部出现裂隙矛盾，派人报告唐朝，结果被突厥巡逻骑兵查获。突厥处罗可汗大为愤怒，就囚禁了郭子和的弟弟郭子升。郭子和因为自己孤立危险，就向唐请求率领所辖民众向南迁徙，唐下诏用延州故城安置他们。

张举、刘旻降唐，梁师都大为恐惧，派遣尚书陆季览游说突厥处罗可汗："近来中原丧乱不止，分裂成几个国家，他们的势力相当，但都力量弱小，因此都面向北对突厥称臣归附。如今定杨可汗刘武周已经败亡，天下将全部被唐朝据有。师都不怕覆灭，但恐怕按次序下一个就会轮到可汗，不如趁唐还未平定天下，南下夺取中原，如北魏道武帝所做的那样，师都请求做您的向导。"处罗可汗听从了他的建议，谋划派莫贺咄设从原州入侵，泥步设和梁师都从延州入侵，突利可汗与奚、霫、契丹、靺鞨从幽州南下，会合窦建德的军队，从滏口西进，在晋州、绛州会合。莫贺咄设是处罗可汗的弟弟咄苾，突利可汗是始毕可汗的儿子什钵苾。

处罗可汗又打算夺取并州来让杨政道居住，他的群臣大都劝谏以为不可，处罗说："我父亲失去了国家，靠隋朝得以再次立国，这个大恩不可忘记。"处罗可汗将要出兵时却去世了。义成公主认为处罗的儿子奥射设貌丑而且身体虚弱，就废掉奥射设，改立莫贺咄设，号称颉利可汗。十一月二十六日，颉利派遣使者向唐通报处罗可汗去世的消息，唐高祖用礼节对待他的丧事，就像对待始毕可汗的丧事一样。

十一月二十九日，唐安抚大使李大亮攻取王世充的沮州、华州两个州。

这个月，窦建德渡过黄河攻击孟海公。

当初，王世充侵犯窦建德的黎阳，窦建德袭击攻破殷州来报复王世充。从此郑、夏两国关系恶化，不再互派信使。等到唐军逼近洛阳，王世充派遣使节向窦建德求救。窦建德的中书侍郎刘彬劝他说："天下大乱，唐得关西，郑得河南，夏得河北，共同构成三足鼎立之势。如今唐起兵攻郑，从秋到冬，唐军日见增多，郑国地域日益缩小，唐强郑弱，郑势必不能支撑，郑灭亡，则夏不能单独存立。不如放弃仇怨，发兵救郑，夏从外袭击，郑自内反攻，一定能打败唐军。唐军退兵后，再慢慢观察形势的变化，如果可以攻取郑就顺势攻取郑，将两国的兵力合并为一，趁唐军疲劳之机，就可以夺取天下了！"窦建德听从这一建议，派人去见王世充，答应出师援救。窦建德又派遣礼部侍郎李大师等人赶赴唐朝，请求罢除进攻洛阳的军队，秦王李世民留下使者，不给予回答。

十二月初三日，王世充境内的许州、亳州等十一州都请求降唐。

十二月初四日，唐燕郡王李艺再次在笼火城攻打窦建德的军队，打败了夏军。

十二月十三日，王世充的随州总管徐毅率全州降唐。

十二月十五日，唐峡州刺史许绍进攻萧铣的荆门镇，攻取了该镇。许绍所辖的峡州与王世充的郑、萧铣的梁相邻接壤，郑、梁抓获许绍的部下，把他们全部杀死，而许绍抓获郑、梁的士兵，却给他们发放路费全部遣返。敌人羞愧并且感动，不再侵犯骚扰，峡州境内得以安定。

萧铣派齐王张绣攻打长沙，董景珍对张绣说："（汉高祖）'前年醢彭越，往年杀韩信'，你没有见到吗？为什么要互相攻杀呢？"张绣不作回答，进兵包围长沙，董景珍打算突围逃走，被部下杀死。萧铣任命张绣为尚书令。张绣仗着有功而骄傲蛮横，萧铣又杀了张绣。因此梁国的功臣及众将领都有了叛离之心，兵力也日益衰弱。

王世充派遣他哥哥的儿子代王王琬及长孙王安世前往窦建德处回访，并且请求出师救援。

突厥的伦特勒在并州，对百姓造成很大祸害，唐并州总管刘世让设计捉住伦特勒。唐高祖听说了，非常高兴。张道源跟随窦建德在河南，派人秘密赴长安，请唐出兵攻打窦建德的都城洺州，以震慑山东地区。十二月十八日，唐下诏任命刘世让为行军总管，让他统领军队出土门关，向洺州进军。

十二月二十一日，瓜州刺史贺拔行威逮捕骠骑将军达奚暠，起兵反叛。

【原文】

是岁，李子通渡江攻沈法兴，取京口①。法兴遣其仆射蒋元超②拒之，战于庱亭[3]，元超败死，法兴弃毗陵，奔吴郡[4]。于是丹阳、毗陵等郡皆降于子通。子通以法兴府掾[5]李百药为内史侍郎、国子祭酒。

杜伏威遣行台左仆射辅公祏将卒数千攻子通，以将军阚稜、王雄诞为之副。公祏渡江攻丹阳，克之，进屯溧水[6]，子通帅众数万拒之。公祏简精甲[7]千人，执长刀为前锋，又使千人踵其后，曰："有退者即斩之。"自帅馀众，复居其后。子通为方陈而前[8]，公祏前锋千人殊死战，公祏复张左右翼以击之，子通败走，公祏逐之，反为所败，还，闭壁不出。王雄诞曰："子通无壁垒，又狃[9]于初胜，乘其无备，击之可破也。"公祏不从。雄诞以其私属[10]数百人夜出击之，因风纵火，子通大败，降其卒数千人。子通食尽，弃江都，保京口，江西之地尽入于伏威，伏威徙居丹阳。

子通复东走太湖[11]，收合亡散，得二万人，袭沈法兴于吴郡，大破之。法兴帅左右数百人弃城走，吴郡贼帅闻人[12]遂安遣其将叶孝辩迎之，法兴中途而悔，欲杀孝辩，更向会稽[13]。孝辩觉之，法兴窘迫，赴江溺死。子通军势复振，徙都馀杭[14]，尽收法兴之地，北自太湖，南至岭[15]，东包会稽，西距宣城[16]，皆有之。

广、新二州[17]贼帅高法澄、沈宝徹杀隋官，据州，附于林士弘[18]，汉阳太守冯盎[19]击破之。既而宝徹兄子智臣复聚兵于新州，盎引兵击之。贼始合，盎免胄大呼曰："尔识我乎？"贼多弃仗肉袒而拜[20]，遂溃，擒宝徹、智臣等，岭外[21]遂定。

窦建德行台尚书令恒山[22]胡大恩请降。

（以上为第八段，写李子通割据江东。）

【注释】

①京口：为长江下游军事重镇，即今江苏镇江市。　②蒋元超：隋末江南割据者沈法兴部属。事迹见《新唐书》卷八十七。　③庱（chěng）亭：在今江苏丹阳县东。　④吴郡：郡名。治所在今江苏苏州市。　⑤府掾（yuàn）：府内属官。掾为古代属官的通称。　⑥溧水：县名。县治在今江苏南京市溧水区。　⑦简精甲：选精兵。　⑧为方陈而前：排方阵进兵。陈，通阵。　⑨狃（niǔ）：因袭，拘泥。　⑩私属：指私属亲兵不在大军名籍者。　⑪太湖：湖名，在今江苏南部。　⑫闻人：复姓。　⑬会稽：郡名。治所在今浙江绍兴市。　⑭馀杭：郡名。治所在今浙江杭州市。　⑮岭：五岭，我国江西湖南南部一带山脉，泛称五岭。　⑯宣城：郡名。治所在今安

徽宣城市。　⑰广、新二州：广州，治所在今广州市。新州，治所在今广东新兴县。⑱林士弘（？—622）：隋末江西农民起义领袖。鄱阳（今江西鄱阳）人。传见《旧唐书》卷五十六、《新唐书》卷八十七。　⑲冯盎（？—646）：高州良德（今广东高州东北）人。字明远，隋末任左武卫大将军。隋亡，奔还岭表。贞观中累平洞寇，封越国公。传见《旧唐书》卷一百零九、《新唐书》卷一百一十。　⑳肉袒而拜：脱去上衣而拜，以示伏罪。　㉑岭外：五岭以南，今福建、广东一带。　㉒恒山：在今河北曲阳县西北，与山西接壤处。

【译文】

这一年，李子通渡过长江攻打沈法兴，夺取京口。沈法兴派遣他的仆射蒋元超抵抗李子通，在毗陵西北的庱亭交战，蒋元超战败身亡，沈法兴放弃毗陵，逃奔吴郡。于是丹阳、毗陵等郡都向李子通投降。李子通任命沈法兴的府掾李百药为内史侍郎、国子祭酒。

杜伏威派行台左仆射辅公祏率数千士卒攻打李子通，任命将军阚稜、王雄诞为辅公祏的副将。辅公祏渡过长江攻打丹阳，攻克丹阳后进军驻扎溧水，李子通率数万兵马抵抗。辅公祏挑选了一千名精兵手持长刀作前锋，又命一千人跟随在后，说："有退却的人当即斩首。"自己带领其余的兵马，又跟在这一千人的后面。李子通列方阵前进，辅公祏的前锋部队殊死战斗，辅公祏又张开左右翼来攻击李子通，李子通兵败逃跑，辅公祏追逐他，反被李子通打败，辅公祏返回军营，坚守壁垒不再出战。王雄诞说："李子通没有筑壁垒，又满足于小胜，我们乘他不加防备进行袭击，就可以打败他。"辅公祏不听。王雄诞便带自己的私人部队数百名士兵在夜晚出动袭击李子通，乘着风势放火，李子通大败，营中有数千名士卒向王雄诞投降。李子通粮食吃光了，放弃江都，退到京口进行防守，于是江西地区全部为杜伏威占据，杜伏威迁到丹阳。

李子通又向东逃往太湖，聚合逃亡的散兵，获得两万人，在吴郡袭击沈法兴，大败沈法兴。沈法兴率几百名亲随放弃吴郡郡城逃走，吴郡的叛贼首领闻人遂安派他的将领叶孝辩迎接沈法兴，沈法兴走到半路又后悔，想杀死叶孝辩，改逃会稽。叶孝辩发觉了沈法兴的阴谋，沈法兴处境窘迫，于是投江溺死。李子通的兵势重新强盛起来，于是率领他的群臣，将都城迁到馀杭，全部接收了沈法兴的地盘，北从太湖，南到五岭，东面包括会稽，西面占据宣城，全部据为己有。

广州、新州的叛贼首领高法澄、沈宝徹杀死隋朝任命的州官，占据二州，归附林士弘，隋朝的汉阳太守冯盎打败高、沈二人。之后沈宝徹哥哥的儿子沈智臣又在新州纠集兵力，冯盎率兵攻打沈智臣。叛军刚刚与冯盎的军队对阵，冯盎就脱下头盔大声呼喊说："你们认识我吗？"叛贼兵士大都放弃兵器赤膊下拜，于是叛军溃散，冯盎活捉了沈宝徹、沈智臣等人，岭南地区于是平定。

窦建德的行台尚书令恒山人胡大恩请求降唐。

【原文】

四年（辛巳，621）

春，正月癸酉[①]，以大恩为代州[②]总管，封定襄郡王，赐姓李氏。代州石岭之北，自刘武周之乱，寇盗充斥，大恩徙镇雁门[③]，讨击，悉平之。

稽胡[④]酋帅[⑤]刘企[⑥]成部落数万，为边寇；辛巳[⑦]，诏太子建成统诸军讨之。

王世充梁州总管程嘉会以所部来降。

杜伏威遣其将陈正通、徐绍宗帅精兵二千，来会[⑧]秦王世民击王世充，甲申[⑨]，攻梁，克之。

丙戌[⑩]，黔州[⑪]刺史田世康攻萧铣五州、四镇，皆克之。

秦王世民选精锐千馀骑，皆皂衣玄甲[⑫]，分为左右队，使秦叔宝、程知节、尉迟敬德、翟长孙分将之。每战，世民亲被[⑬]玄甲帅之为前锋，乘机进击，所向无不摧破，敌人畏之。行台仆射屈突通、赞皇公[⑭]窦轨引兵按行营屯[⑮]，猝与王世充遇，战不利。秦王世民帅玄甲[⑯]救之，世充大败，获其骑将葛彦璋，俘斩六千馀人。世充遁[⑰]归。

李靖说[⑱]赵郡王孝恭以取萧铣十策[⑲]，孝恭上之[⑳]。二月辛卯[㉑]，改信州为夔州[㉒]，以孝恭为总管，使大造舟舰，习水战[㉓]。以孝恭未更军旅[㉔]，以靖为行军总管，兼孝恭长史，委以军事。靖说孝恭悉召巴、蜀酋长子弟，量才授任[㉕]，置之左右，外示引擢[㉖]，实以为质。

王世充太子玄应将兵数千人，自虎牢运粮入洛阳，秦王世民遣将军李君羡[㉗]邀击，大破之，玄应仅以身免。

世民使宇文士及奏请进围东都，上谓士及曰："归语尔王[㉘]：今取洛阳，止于息兵，克城之日，乘舆法物[㉙]，图籍器械，非私家所须者，委汝收之[㉚]；其馀子女玉帛，并以分赐将士。"

辛丑[31]，世民移军青城宫[32]，壁垒未立，王世充帅众二万自方诸门[33]出，凭故马坊垣堑[34]，临穀水[35]以拒唐兵，诸将皆惧。世民以精骑陈于北邙，登魏宣武陵以望之，谓左右曰："贼势窘[36]矣，悉众而出，徼幸[37]一战，今日破之，后不敢复出矣！"命屈突通帅步卒五千渡水击之，戒通曰："兵交则纵烟。"烟作[38]，世民引骑南下，身先士卒，与通合势力战。世民欲知世充陈厚薄[39]，与精骑数十冲之，直出其背，众皆披靡[40]，杀伤甚众。既而限以长堤[41]，与诸骑相失，将军丘行恭独从世民，世充数骑追及之，世民马中流矢而毙。行恭回骑射追者，发无不中，追者不敢前。乃下马以授世民[42]，行恭于马前步执长刀[43]，距跃大呼[44]，斩数人，突陈而出，得入大军。世充亦帅众殊死战，散而复合者数四，自辰[45]至午[46]，世充兵始退。世民纵兵乘之，直抵城下，俘斩七千人，遂围之。骠骑将军段志玄[47]与世充兵力战，深入，马倒，为世充兵所擒，两骑夹持其髻[48]，将渡洛水，志玄踊身而奋[49]，二人俱坠马，志玄驰归，追者数百骑，不敢逼[50]。

初，骠骑将军王怀文为唐军斥候[51]，为世充所获，世充欲慰悦[52]之，引置左右。壬寅[53]，世充出右掖门[54]，临洛水为陈，怀文忽引槊刺世充，世充衷甲[55]，槊折不能入，左右猝出不意，皆愕眙[56]不知所为。怀文走趣[57]唐军，至写口[58]，追获，杀之。世充归，解去衷甲，袒示[59]群臣曰："怀文以槊刺我，卒[60]不能伤，岂非天所命乎[61]？"

先是御史大夫郑颋不乐仕世充[62]，多称疾不预事[63]，至是谓世充曰："臣闻佛有金刚不坏身[64]，陛下真是[65]也。臣实多幸[66]，得生佛世[67]，愿弃官削发为沙门[68]，服勤精进[69]，以资[70]陛下之神武。"世充曰："国之大臣，声望[71]素重，一旦入道[72]，将骇物听[73]。俟兵革休息[74]，当从公志。"颋固请，不许。退谓其妻曰："吾束发从官[75]，志慕名节[76]，不幸遭遇乱世，流离至此，侧身[77]猜忌之朝，累足[78]危亡之地，智力浅薄，无以自全，人生会[79]有死，早晚何殊[80]，姑从吾所好，死亦无憾。"遂削发被僧服。世充闻之，大怒曰："尔以我为必败，欲苟免邪[81]？不诛之，何以制众！"遂斩颋于市。颋言笑自若，观者壮之[82]。

诏赠王怀文上柱国、朔州刺史。

并州安抚使唐俭密奏："真乡公李仲文[83]与妖僧志觉[84]有谋反语，又娶陶氏之女以应桃李之谣[85]。谄事可汗[86]，甚得其意，可汗许立为南面可汗[87]；及在并州，赃贿狼籍[88]。”上命裴寂、陈叔达、萧瑀杂鞫[89]之。乙巳[90]，仲文伏诛。

庚戌[91]，王泰弃河阳走[92]，其将赵夐等以城来降。别将单雄信、裴孝达与总管王君廓相持于洛口，秦王世民帅步骑五千援之，至轘辕，雄信等遁去，君廓追败之。

壬子[93]，延州总管段德操击刘仚成，破之，斩首千馀级。

乙卯[94]，王世充怀州刺史陆善宗以城降。

秦王世民围洛阳宫城。城中守御甚严，大炮飞石重五十斤，掷二百步，八弓弩箭如车辐[95]，镞[96]如巨斧，射五百步。世民四面攻之，昼夜不息，旬馀不克。城中欲翻城者凡十三辈[97]，皆不果发[98]而死。唐将士皆疲弊思归，总管刘弘基等请班师[99]，世民曰：“今大举而来，当一劳永逸[100]。东方诸州已望风款服[101]，唯洛阳孤城，势不能久，功在垂成[102]，奈何弃之而去？”乃下令军中曰：“洛阳未破，师必不还，敢言班师者斩！”众乃不敢复言。上闻之，亦密敕世民使还[103]，世民表称洛阳必可克，又遣参谋[104]军事封德彝入朝面论[105]形势。德彝言于上曰：“世充得地虽多，率皆羁属[106]，号令所行，唯洛阳一城而已，智尽力穷，克在朝夕。今若旋师[107]，贼势复振，更相连结，后必难图！”上乃从之。世民遗世充书，谕以祸福[108]；世充不报[109]。

戊午[110]，王世充郑州司兵[111]沈悦遣使诣左武候大将军李世勣请降。左卫将军王君廓夜引兵袭虎牢，悦为内应，遂拔之，获其荆王行本及长史戴胄。悦，君理[112]之孙也。

窦建德克周桥[113]，虏孟海公。

（以上为第九段，写王世充作困兽之斗，秦王李世民劝降王世充，未果。）

【注释】

①癸酉：正月十五日。 ②代州：州名。治所在今山西代县。 ③雁门：隋唐代州皆治雁门，治所在今山西代县。 ④稽胡：步落稽之简称，为胡之一种。 ⑤酋帅：此称由酋长、渠帅凝合而成。 ⑥仚（xiān）：读仙。 ⑦辛巳：正月二十三日。⑧会：联合。 ⑨甲申：正月二十六日。 ⑩丙戌：正月二十八日。 ⑪黔州：州

名。治所在今重庆彭水苗族土家族自治县。　⑫皂衣玄甲：皂、玄皆为黑色。即穿黑衣黑甲。　⑬被：披。　⑭赞皇公：爵位。窦轨封赞皇县公。　⑮引兵按行营屯：率兵按例巡行营地。　⑯帅玄甲：率领玄甲兵。　⑰遁：悄悄地溜走。　⑱说：游说。⑲十策：十条计策。　⑳上之：上奏给皇帝。　㉑辛卯：二月初三日。　㉒夔（kuí）州：州名。治所在今重庆奉节县东。　㉓习水战：操习水战技术。　㉔未更军旅：不懂军事。　㉕授任：授以官职。　㉖引擢（zhuó）：提拔。　㉗李君羡：洺州武安（今河北武安市）人。初为王世充骠骑。后归唐，太宗引为左右，从讨刘武周、王世充有功。累迁华州刺史，封武连郡公。后坐罪被杀。传见《旧唐书》卷六十九、《新唐书》卷九十四。　㉘归语尔王：回去报告你们的王。　㉙乘舆法物：车马大驾、卤簿仪式。㉚委汝收之：委任你负责收封。　㉛辛丑：二月十三日。　㉜青城宫：在洛阳城西禁苑之中。　㉝方诸门：东都城西连禁苑，方诸门盖自都城出而至禁苑之门。　㉞凭故马坊垣堑：依凭旧马坊的墙堑。　㉟穀水：水名。流经今河南三门峡市渑池县，至洛阳西南入洛水。　㊱窘：困窘。　㊲徼幸：侥幸。　㊳烟作：浓烟升起。　㊴欲知世充陈厚薄：要知道世充的阵容（兵力）有多少。陈同阵。　㊵披靡：溃散。　㊶限以长堤：为长堤所阻隔。　㊷下马以授世民：下马以自己的马授予世民。　㊸步执长刀：步行而执长刀。　㊹距跃大呼：跳跃着大喊。距（jù），雄鸡脚爪后面突出像脚趾的部分。㊺辰：旧式计时法指上午七点到九点钟的时间。　㊻午：指中午十一点至下午一点。㊼段志玄（？—642）：临淄（今山东淄博市东北）人。从太宗有战功，累迁右骁卫大将军，封褒国公。传见《旧唐书》卷六十八、《新唐书》卷八十九。　㊽髻（jì）：在头顶或脑后盘成各种形状的头发。　㊾踊身而奋：身躯一挺而奋力抗拒。　㊿逼：逼近。51斥候：侦察（敌情），也指侦察敌情的士兵。　52慰悦：使之高兴。　53壬寅：二月十四日。　54右掖门：东都城南面三门，中曰端门，左曰左掖门，右曰右掖门。　55衷甲：内着铠甲。　56愕眙（chì）：惊愕相顾而视。　57走趣：奔往。趣，趋向，奔赴。　58写口：地名。据胡注，因洛阳城中水流至此处，突然倾泻而得名。写，倾注、倾泻。此义后来写作“泻”。　59袒示：光身展示。　60卒：副词，终于。　61岂非天所命乎：这不是天命吗。所，使如此。　62不乐仕世充：不愿出任王世充的官。　63不预事：不参与政事。64金刚不坏身：指佛身。喻佛身如金刚不坏。　65真是：当真是金刚身。　66多幸：甚为幸运。　67得生佛世：能生在佛的世界。　68削发为沙门：削发，断发。沙门，一作桑门，译作勤息、止息。即勤修众善止息诸恶之义。为出家修佛道的通称。　69服勤精进：努力服务。　70资：资助。　71声望：声誉威望。　72入道：皈依佛门。　73将骇物听：将会惊骇人们的观听。　74兵革休息：战争停止。　75束发从官：谓从成童时起就做官。束发，古代男孩成童时束发为髻，因以为成童的代称。 ⑯名节：名誉节操。⑰侧身：置身于。 ⑱累足：即重足。两足相迭，不敢正立。 ⑲会：必然，一定。⑳早晚何殊：早死晚死有什么不一样。 ㉁欲苟免邪：想要免去灾祸吗。 ㉂观者壮之：观看的人称赞他的勇壮。 ㉃真乡公李仲文（？—621）：唐初将领。拜太常少卿、行军总管，封真乡县公。事迹见《旧唐书》卷五十五、《新唐书》卷八十六。 ㉄志觉：唐初太原尼。《新唐书》卷三十六载，“武德四年，太原尼志觉死，十日而苏”。 ㉅桃李之谣：盖指“桃李不言，下自成蹊”的谚语。比喻实至名归，尚事实不尚虚声。仲文姓李，娶陶氏。陶与桃谐音。故以应“桃李之谣”。 ㉆可汗（kè hán）：古代柔然、突厥、回纥、蒙古等族最高统治者的称号。 ㉇南面可汗：因位置在南，故称南面可汗。㉈赃贿狼籍：赃货很多。赃贿，贪污受贿的物品；狼籍，杂乱不堪。 ㉉杂鞫（jū）：共同审问。 ㉊乙巳：二月十七日。 ㉋庚戌：二月二十二日。 ㉌王泰弃河阳走：去年七月，世充使泰守河阳。 ㉍壬子：二月二十四日。 ㉎乙卯：二月二十七日。㉏八弓弩箭如车辐：八张弓箭围连一起，如车的辐辏一样。车辐，车轮中联结车毂和轮圈的一条条直棍儿。 ㉐镞（zú）：箭头。 ㉑辈：放在数字后面，表示同类的人或物的多数。 ㉒果发：举动成功。 ㉓班师：调回出去打仗的军队，也指出征的军队胜利归来。 ⑩一劳永逸：一举平之，而求永远安逸。 ⑩款服：纳诚降服。 ⑩垂成：将近成功。 ⑩使还：使其还师。 ⑩参谋：官名。唐代节度使的幕僚有参谋之官，掌参议谋划。又，唐代天下兵马元帅之幕僚有行军参谋。胡注：“参谋之官，盖始于此。” ⑩面论：当面奏论。 ⑩羁属：羁縻附属。 ⑩旋师：还师。 ⑩谕以祸福：告诉其利害。此处为劝其投降。 ⑩不报：不回信。 ⑩戊午：二月三十日。 ⑪司兵：官名。唐制，主管军防、门禁、田猎、驿传、仪仗等事。在府称兵曹参军，在州称司兵参军，在县称司兵。 ⑫君理：沈君理仕陈为仆射。 ⑬周桥：即今山东菏泽市定陶区。隋大业九年（613）孟海公起义于此。

【译文】

唐高祖武德四年（辛巳，621）

春季，正月十五日，唐朝任命胡大恩为代州总管，封为定襄郡王，赐姓李。代州石岭以北，自从刘武周起兵叛乱后，到处都是强盗乱兵，李大恩将州的治所迁到雁门，出兵征讨，全部平定了各处的强盗乱兵。

稽胡族的酋长刘仚成部落有数万人，在唐朝边境劫掠为寇；正月二十三日，唐高祖下诏命太子李建成统领各军讨伐稽胡。

王世充的梁州总管程嘉会带领部下前来降唐。

杜伏威派遣他的将领陈正通、徐绍宗带领两千精兵前来，与秦王李世民会合，攻打王世充，正月二十六日，攻击梁县，攻下了县城。

正月二十八日，黔州刺史田世康攻打萧铣的五个州、四个镇，全部攻克。

秦王李世民挑选一千多精锐骑兵，全部穿黑衣黑甲，分为左右队，让秦叔宝、程知节、尉迟敬德、翟长孙名分别统领。每次作战，李世民亲自披上黑甲率领他们作为先锋，乘机进击，他所攻击之处，所有的敌军全被攻破摧毁，敌人非常畏惧这支部队。行台仆射屈突通、赞皇公窦轨率兵巡视军营的驻扎布防，突然与王世充的部队遭遇，交战失利。秦王李世民带领黑甲部队救援他们，王世充的部队大败，（秦王李世民）俘获王世充的骑将葛彦璋，斩首俘虏六千多人。王世充逃跑回城。

李靖游说赵郡王李孝恭，提出平定萧铣的十条计策，李孝恭将十条计策上报朝廷。二月初三日，把信州改名为夔州，任命李孝恭为夔州总管，命他大造船舰，练习水战。因为李孝恭没有带军作战的经验，任命李靖为行军总管，兼任李孝恭的长史，把军事事务都交给李靖负责。李靖劝说李孝恭征召巴蜀地区酋长的子弟，根据他们的才能授以不同的官职，安置在自己的身边，对外显示引用提拔，实际上是以这些人作为人质。

王世充的太子王玄应率领几千士兵，从虎牢运粮进入洛阳，秦王李世民派遣将军李君羡拦截伏击，大败王玄应的运粮军，王玄应仅仅只身逃脱。

李世民派宇文士及上奏请求进军包围东都洛阳，唐高祖对宇文士及说："回去告诉你们的秦王：这次攻取洛阳，目的在于制止战乱而不再用兵，攻陷东都之日，隋朝皇室的车驾仪仗、图书簿籍以及各类器械，不是私人各人所需要的，委托你全部收管起来；其余的男女、玉器、丝帛，都用来分赐给将士。"

二月十三日，李世民转移军队驻扎到青城宫，壁垒尚未建好，王世充率两万兵马从方诸门出城，凭借以前马坊的墙垣沟堑，临近穀水以抵御唐军，唐军诸将都惊惧起来。李世民让精锐骑兵在北邙山列阵，自己登上北魏宣武帝的陵墓观察郑军，对身边的人说："贼军的处境已经非常窘迫了，集中全部兵马出城，想侥幸进行一次决战，今日打败他，以后他们就不敢再出城了！"李世民命屈突通率领五千步兵渡过穀水攻击王世充，并告诫屈突通说："军队刚一交锋就点燃烟火。"看到起烟，李世民带领骑兵向南冲击，身先士卒，与屈突通合并兵力奋勇作战。李世民想知道王世充的兵力有多少，就和几十名精锐骑兵冲击敌阵，一直冲出到敌阵背后，王世充的兵士都吓得跑开，不敢阻挡，李世民所杀伤的敌兵非常多。之后又因长堤隔开，李世民和随从的骑兵失去联系，只有将军丘行恭一人跟着李世民，王世充的几名骑兵追踪赶到，李世民骑的马被流箭射中倒毙。丘行恭回马用箭射追赶的敌兵，每射一箭都射中一人，追兵不敢向前。丘行恭于是下马让李世民乘坐，自己在马前手执长刀步行前进，大步跳跃，大声呼喊，斩杀数名敌兵，突围冲出敌阵，得以返回唐朝大军。王世充也率领部下殊死战斗，军队打散又重新集合，如此反复数次，从上午七八点钟一直打到中午，王世充的军队才开始撤退。李世民挥军乘势追击，一直抵达东都城下，俘虏斩首七千人，于是包围了洛阳。唐骠骑将军段志玄与王世充的士兵奋力交战，深入敌阵，骑的马倒下了，段志玄被王世充的士兵俘获，两名骑兵一边一个抓着他的发髻，将要渡过洛河，段志玄跃身奋起，两名骑兵都从马上坠下来，段志玄骑上马奔驰返回，追他的人有数百名骑兵，却不敢逼近。

当初，骠骑将军王怀文为唐军担任侦察，被王世充俘获，王世充想笼络他，将他安排在自己身边。二月十四日，王世充从右掖门出师，面对洛水列阵，王怀文忽然端起长矛刺向王世充，王世充外衣里面还穿有一层护甲，长矛折断却不能刺进身体，王世充左右的人没有料到突然出现刺杀，都惊愕而不知所措。王怀文向唐军方向逃走，走到写口，被追兵赶上俘获，杀死了他。王世充回城，脱下衣内护甲，袒露身体给群臣看，说："王怀文用长矛刺我，终没能伤我，难道不是上天归命于我吗？"

在此之前，御史大夫郑颋不乐意在王世充手下做官，经常称病不参与政事，到这时，他对王世充说："我听说佛有金刚不坏之身，陛下真是金刚不坏之身。我实在是幸运，能够生于佛的时代，我愿意放弃官爵削发为僧，勤于修行，精进佛道，以协助陛下的神武。"王世充说："你是国家大臣，声望一向很高，一旦进入佛门，必将惊世骇俗。等到天下战乱停止，当遵从你的志向。"郑颋一再请求，王世充不允许。郑颋退朝后对他妻子说："我自幼就跟随隋帝，志向就是追慕名誉节操，不幸遭遇乱世，流落到如此地步，现在身处互相猜忌的朝廷，立足于时刻都要危亡的国家，可我的智力有限，无法保全自身。人生在世总有一死，死得早或晚又有什么差别？姑且顺从我的爱好和心愿，死了也没有遗憾。"于是他剃发穿上僧服。王世充听说了，大为震怒地说："你以为我必然失败，想侥幸免除灾祸吗？不杀你，用什么来制服众人！"于是在市街上将郑颋斩首。郑颋临刑时谈笑自如，观看的人称赞他的勇壮。

唐下诏赠王怀文上柱国、朔州刺史。

并州安抚使唐俭秘密奏报："真乡公李仲文与妖异和尚志觉有谋反的言论，李仲文又娶陶氏女子以合乎桃李的谣言。他谄媚突厥可汗，非常合乎可汗的心意，可汗答应把他立为南面可汗；另外李仲文在并州，贪赃枉法收受贿赂，声名狼藉。"唐高祖命裴寂、陈叔达、萧瑀用各种办法审讯李仲文。二月十七日，李仲文被诛杀。

二月二十二日，王泰放弃河阳逃跑，他的将领赵敻等人率河阳城降唐。王世充的别将单雄信、裴孝达和唐总管王君廓在洛口对峙，秦王李世民率五千步骑兵援助王君廓，走到轘辕，单雄信等人逃走，王君廓追击并打败了他们。

二月二十四日，唐延州总管段德操攻击刘佡成，打败了他，斩首一千多人。

二月二十七日，王世充的怀州刺史陆善宗率怀州降唐。

秦王李世民包围洛阳宫城。城中的防御十分严密，大炮可射出五十斤重的石头，投掷到二百步之外，又有八弓并连的强弩，箭像车辐条，箭镞像大斧一样大，可以射到五百步。李世民四面攻城，昼夜不停，十几天未能攻克。城中人们先后十三次想倒戈降唐，都还没有真正动手就被发现处死。唐军将士都疲惫不堪，想回关中，总管刘弘基等人请求班师回朝，李世民说："如今军队大举而来作战，应当取得成功以求一劳永逸。洛阳以东的各州都已望风归服，唯有洛阳这座孤城，其势不能持久，功在垂成之际，怎能放弃而离开呢？"于是下令全军说："洛阳不破，军队决不返回，再有敢说班师的人一律斩首！"众人于是不敢再说班师。唐高祖听说了，也下密诏命李世民撤军，李世民上表说明洛阳必定可以攻克，又派参谋军事封德彝回朝向唐高祖当面说明战争形势。封德彝对唐高祖说："王世充得到的土地虽然多，但都是名义上服从，号令所能施行的地方，只有洛阳一城而已，他智谋已尽，军力也已穷尽，克城之日就在朝夕之间。现在如果撤军，贼军的势力就会重新变强，再与各地互相联合，以后必定难以消灭他！"唐高祖于是听从李世民的建议。李世民写信给王世充，晓以祸福利害；王世充不回信。

二月三十日，王世充的郑州司兵沈悦派人来见唐左武候大将军李世勣，请求投降。唐左卫将军王君廓夜里带兵偷袭虎牢，沈悦做内应，于是夺取了虎牢，俘获王世充的荆王王行本及其长史戴胄。沈悦是沈君理的孙子。

窦建德攻克周桥，俘虏了孟海公。

【评析】

本卷评析几个西北割据政权的覆灭，着重评说刘武周。

隋炀帝大业十三年，全国农民大起义如火如荼，隋朝的一些地方官僚镇将，看到隋朝大势已去，也纷纷起兵割据称雄。西北地区，太原留守李渊、朔方鹰扬郎将梁师都、马邑鹰扬府校尉刘武周、金城府校尉薛举、武威鹰扬府司马李轨应时而起。李渊起兵，一路顺风进入关中，攻克长安，抢得先机，建立了唐朝。梁师都割据雕阴、弘化、延安等郡，占有今陕北、陇东地区。刘武周拥兵马邑，占有山西北部。薛举割据金城，占有陇右，李轨据有河西。梁师都和刘武周都勾结突厥，侵扰北方，成为唐室大患。刘武周、梁师都、薛举、李轨四个割据者中，以刘武周势力最大，一度占有今山西全境，直接威胁唐王室的安全。唐军要大举东出，逐鹿中原，必须消除背后之忧，扫荡这几个割据政权，是唐初发展优先考虑的问题。

刘武周，隋河间景城人。刘武周随父迁居马邑，在今山西朔州。刘武周为人骁悍，擅长骑马射箭，他应征入伍打辽东，有战功，任建节校尉，回到马邑任鹰扬校尉。大业十三年，刘武周杀马邑太守王仁恭，走上割据之路，前后六年，是北方沿边最大的一支封建割据势力。

刘武周起兵马邑，随后攻占雁门、楼烦、定襄，以及隋炀帝行宫汾阳宫。刘武周奉送汾阳宫美女珍宝给突厥始毕可汗，突厥回赠以马匹，并授以“定扬可汗”的封号。于是刘武周自称皇帝，年号天兴。不久，割据上谷的宋金刚被窦建德打败，宋金刚率残部投靠刘武周，刘武周的势力大增。

唐武德二年四月，刘武周引突厥之众，以宋金刚为前锋，大举南犯，连克榆次、石州、浩州、介州，又打败唐军晋州道行军总管裴寂，占领晋州（今山西临汾），齐王李元吉弃并州（今山西太原）逃回长安。此时夏县人吕崇茂杀其县令响应刘武周，隋河东守将王行本也配合刘武周。山西全境告急，关中大震。李渊计划放弃太原河东诸地。刘武周成了唐朝统一的一大障碍。

秦王李世民认为“太原，王业所基，国之根本，河东富实，京邑所资”，决计大举讨伐刘武周。是年十一月，李世民率领精兵三万，从龙门乘坚水渡过黄河，屯于柏壁与宋金刚对峙。武德三年四月，宋金刚“军中粮尽”而退逃，李世民乘势猛追，在雀鼠谷（今山西灵石一带），一日八战，大败宋金刚，又穷追宋金刚到介州，杀得宋金刚片甲不留，落荒逃走，率领一百余骑逃入突厥。此时唐军又收复了蒲州（今山西永济），刘武周全线败退，也率领五百余残兵逃依突厥，后被突厥所杀。至此，盛极一时的刘武周覆灭。薛举、李轨先于刘武周被唐军讨灭。最后只有一个梁师都在突厥保护下暂时存在，已无碍大局。一年以后，李世民率领唐军大举东出，扫荡中原，统一华夏提上了议事日程。

卷第一百八十九　唐纪五

唐高祖武德四年（621）

【起重光大荒落（辛巳，621）三月，尽十二月，不满一年】

【大事提要】

本卷记事起唐高祖武德四年（621）三月，讫十二月，凡十个月。是年，秦王李世民建立了盖世之功，他以少击众，连破河北窦建德之军和王世充东都之众，消灭了窦建德、王世充这两个枭雄，河南、河北悉平。唐军乘胜扩大战果，江南萧铣授首，淮南、江东为杜伏威所平，北方突厥犯边屡败。唐王室已基本统一了天下。可惜李世民和唐高祖未能宽大处理窦建德、萧铣、孟海公的部属众将，又收捕窦建德部属过急，以至逼反刘黑闼、徐圆朗，于是战火又起于河北、山东。特别是窦建德优抚唐降将，李世勣、李神通皆不杀，而唐高祖不赦窦建德等人，大为失策。罪大恶极的王世充却被赦免，而为仇家所杀，殊不可解。

此时李世民已功高震主，又大力网罗文武之才，设文学馆，会聚房玄龄、杜如晦等十八学士，极一时之盛。

【原文】

高祖神尧大圣光孝皇帝中之中

武德四年（辛巳，621）

三月庚申[①]，以鞑靼[②]渠帅[③]突地稽为燕州[④]总管。

太子建成获稽胡千馀人，释其酋帅数十人，授以官爵，使还，招其馀党，刘仚成亦降。建成诈称增置州县，筑城邑，命降胡年二十以上皆集，以兵围而杀之，死者六千馀人，仚成党变，亡奔梁师都。

行军总管刘世让攻窦建德黄州[⑤]，拔之。洺州严备，世让不得进。会突厥将入寇，上召世让还。

窦建德所署普乐[⑥]令平恩[⑦]程名振[⑧]来降，上遥除[⑨]名振永宁[⑩]令，使将兵徇河北。名振夜袭邺[11]，俘其男女千馀人。去邺八十里，阅妇人乳有湩者[12]，九十馀人，悉纵遣[13]之，邺人感其仁，为之饭僧[14]。

突厥颉利可汗承父兄之资[15]，士马雄盛[16]，有凭陵[17]中国之志。妻隋义成公主[18]，公主从弟善经[19]，避乱在突厥，与王世充使者王文素[20]共说颉利曰："昔启民为兄弟所逼，脱身奔隋，赖文皇帝[21]之力，有此土宇[22]，子孙享之。今唐天子非文皇帝子孙，可汗宜奉杨政道[23]以伐之，以报文皇帝之德。"颉利然之[24]，上以中国未宁，待突厥甚厚，而颉利求请无厌[25]，言辞骄慢。甲戌[26]，突厥寇汾阴[27]。

唐兵围洛阳，掘堑筑垒[28]而守之。城中乏食，绢一匹直[29]粟三升，布十匹直盐一升，服饰珍玩，贱如土芥[30]。民食草根木叶皆尽，相与澄取浮泥[31]，投米屑[32]作饼食之，皆病，身肿脚弱[33]，死者相枕倚于道。皇泰主之迁民入宫城[34]也，凡三万家，至是无三千家。虽贵为公卿，糠覈[35]不充，尚书郎[36]以下，亲自负戴[37]，往往馁死。

窦建德使其将范愿[38]守曹州，悉发孟海公[39]、徐圆朗[40]之众，西救洛阳。至滑州，王世充行台仆射韩洪[41]开门纳之。己卯[42]，军于酸枣[43]。

壬午[44]，突厥寇石州，刺史王集击却之。

（以上为第一段，写突厥既受唐室羁縻，又不断扰边，援助反唐的割据势力，刘武周败亡后，突厥又策应王世充。）

【注释】

①庚申：三月初二日。　②靺鞨：古族名。北魏时称勿吉，隋唐时称靺鞨。分布在今松花江、牡丹江流域及黑龙江中下游，东至日本海。　③渠帅：大帅、首领。④燕州：州名。治所在今辽宁朝阳市。　⑤黄州：州名。治所在今湖北武汉市新洲区。⑥普乐：县名。县治在今河北鸡泽县南。　⑦平恩：县名。治所在今河北曲周县东南。⑧程名振（？—662）：洺州平恩人。隋大业末仕窦建德为普乐令，归唐，授永宁令。历洺州刺史、平壤道行军总管等，号为名将。事迹见《旧唐书》卷八十三、《新唐书》卷一百一十一。　⑨除：任。　⑩永宁：县名。县治在今河南洛宁县东。　⑪邺：县名。县治在今河南安阳市。　⑫乳有湩（dòng）者：乳有乳汁，即可哺乳其婴儿者。湩，乳汁。　⑬纵遣：释放并遣归。　⑭饭僧：设斋祈福。　⑮颉利可汗承父兄之资：颉利为启民可汗之子，始毕、处罗可汗之弟，故曰承父兄之资。　⑯士马雄盛：士兵战马非常强盛。　⑰凭陵：仗势侵犯。　⑱义成公主（？—630）：隋朝宗室女。文帝时以她

嫁突厥启民可汗。启民死，又连嫁始毕、处罗、颉利可汗。贞观四年，李靖灭突厥，被杀。事迹见《隋书》卷八十四。 ⑲善经：杨善经，义成公主叔伯兄弟。 ⑳王文素：王世充部属。曾被世充遣往突厥，怂恿突厥南侵。事迹见《新唐书》卷二百一十五上。 ㉑文皇帝：即隋朝开国皇帝杨坚（541—604），弘农华阴（今陕西华阴）人。581至604年在位。传见《隋书》卷一。 ㉒土宇：疆土。 ㉓杨政道：隋炀帝之孙。当时与萧后同在突厥，事迹见《隋书》卷五十九。 ㉔然之：同意。 ㉕求请无厌：贪求不足。 ㉖甲戌：三月十六日。 ㉗汾阴：县名。县治在今山西万荣县西南。 ㉘掘堑筑垒：挖沟堑筑墙垒。 ㉙直：通值。 ㉚土芥：泥土草芥。 ㉛浮泥：浮在水上的泥。 ㉜投米屑：掺以米屑。 ㉝身肿脚弱：身体肿胀而两脚软弱。 ㉞迁民入宫城：隋义宁元年（617）四月，皇泰主迁民入宫城。 ㉟糠覈（hé）：麦糠中的粗屑。 ㊱尚书郎：官名。尚书省各曹的侍郎、郎中等官，通称为尚书郎。 ㊲负戴：负，以肩背；戴，用头顶。 ㊳范愿：窦建德将领。 ㊴孟海公（？—621）：隋末农民起义军首领。济阴（今山东曹县西北）人。事迹见《旧唐书》卷五十四《窦建德传》。 ㊵徐圆朗（？—623）：隋末农民起义军首领。兖州（今山东济宁市兖州区）人。传见《旧唐书》卷五十五、《新唐书》卷八十六。 ㊶韩洪：王世充行台仆射。事迹见《旧唐书》卷五十四。 ㊷己卯：三月二十一日。 ㊸酸枣：县名。县治在今河南延津县。 ㊹壬午：三月二十四日。

【译文】

高祖神尧大圣光孝皇帝中之中

唐高祖武德四年（辛巳，621）

三月初二日，唐任命鞣鞨人的首领突地稽为燕州总管。

唐高祖的太子李建成俘获稽胡一千余人，释放了他们的首领数十人，并且授予他们官爵，让他们返回，招降他们的余党，刘仚成也向唐投降。李建成欺骗他们说增加设置州县，要修筑城邑，命投降的胡人年龄在二十岁以上的都来筑城，然后用军队包围并杀死他们，杀死六千余人。刘仚成发觉事情有变，就逃亡依靠梁师都。

唐行军总管刘世让攻打窦建德的黄州，攻克此城。洺州严加防备，刘世让无法前进。正好这时突厥将要入侵，唐高祖把刘世让召回。

窦建德任命普乐县令平恩人程名振前来降唐，唐高祖任命程名振为永宁令，让他率兵攻占河北地区。程名振夜里偷袭邺城，俘获城中男女一千余人。离开邺城八十里处，发现被俘的妇女中，有九十余人的乳房有奶渍，就将她们全部释放遣送回家。郫城人为他的仁爱感动，就施饭佛僧，为程名振求福。

突厥的颉利可汗继承父兄的基业，士马强盛，有了入侵欺凌中原的志向。他的妻子是隋朝的义成公主，公主的堂弟名叫杨善经，在突厥避乱，与王世充派来的使者王文素一起劝说颉利："从前启民受到兄弟的逼迫，脱身逃奔隋朝。依靠隋文帝的力量，才占了这片土地，子孙后代得以享用。现在唐朝天子不是隋文帝的子孙，可汗应该遵奉隋朝的杨政道去讨伐他们，以报答隋文帝的恩德。"颉利同意这个建议。唐高祖因为中原尚未平定安宁，对待突厥非常优厚，但颉利可汗不断向唐朝提出要求，而且言辞傲慢。三月十六日，突厥侵犯汾阴。

唐兵包围洛阳，挖掘堑濠筑起壁垒进行围堵。洛阳城中缺乏粮食，一匹绢价值三升粟，一匹布价值一升盐，精美的服饰和珍宝器玩，贱得如土中的芥草。民众把草根树叶都吃光了，然后就筛选细泥，放进米屑做成饼子吃，人们都得了病，身体肿胀，腿脚软弱无力，饿死的人相互靠着枕着堆积在道路上。皇泰主当初迁徙民众进入宫城时，一共迁了三万户，到这时剩下的不到三千户。虽然是高贵的公卿，也连麦糠都吃不上，尚书郎以下的官员，亲自去背送东西，饿死不计其数。

窦建德让他的将领范愿守卫曹州，然后把孟海公和徐圆朗的军队全部征发，西进救援洛阳。到达滑州，王世充的行台仆射韩洪打开城门让他们进城。三月二十一日，驻军在酸枣。

三月二十四日，突厥侵犯石州，唐刺史王集击退了他们。

【原文】

窦建德陷管州，杀刺史郭士安；又陷荥阳[①]、阳翟[②]等县，水陆并进，泛舟运粮[③]，溯河[④]西上。王世充之弟徐州行台世辩遣其将郭士衡将兵数千会之，合十馀万，号三十万，军于成皋[⑤]之东原，筑宫板渚[⑥]，遣使与王世充相闻[⑦]。

先是，建德遗秦王世民书，请退军潼关[⑧]，返郑侵地[⑨]，复修前好。世民集将佐议之，皆请避其锋，郭孝恪曰："世充穷蹙，垂将面缚[⑩]，建德远来助之，此天意欲两亡之[⑪]也。宜据武牢[⑫]之险以拒之，伺间而动，破之必矣！"记室[⑬]薛收[⑭]曰："世充保据东都，府库充实，所将之兵，皆江、淮精锐，即日之患[⑮]，但乏[⑯]粮食耳。以是之故[⑰]，为我所持[⑱]，求战不得，守则难久。建德亲帅大众，远来赴援，亦当极其精锐[19]，若纵之至此，两寇合从[20]，转[21]河北[22]之粟以馈[23]洛阳，则战争方始，偃兵[24]无日，混一[25]之期，殊未有涯[26]也。今宜分兵守洛阳，深沟高垒，世充出兵，慎勿与战，大王亲帅骁锐，先据成皋，厉兵训士[27]，以待其至，以逸待劳[28]，决可克也。建德既破，世充自下，不过二旬，两主就缚[29]矣！”世民善之。收，道衡[30]之子也。萧瑀、屈突通、封德彝皆曰：“吾兵疲老，世充凭守坚城，未易猝拔[31]，建德席胜[32]而来，锋锐气盛，吾腹背受敌，非完策也，不若退保新安[33]，以承其弊[34]。”世民曰：“世充兵摧[35]食尽，上下离心，不烦力攻[36]，可以坐克。建德新破海公，将骄卒惰[37]，吾据武牢，扼其咽喉。彼若冒险争锋，吾取之甚易。若狐疑[38]不战，旬月之间[39]，世充自溃。城破兵强，气势自倍，一举两克，在此行矣。若不速进，贼入武牢，诸城新附，必不能守；两贼并力[40]，其势必强，何弊之承[41]？吾计决矣！”通等又请解围据险以观其变，世民不许。中分麾下[42]，使通等副齐王元吉围守东都，世民将骁勇[43]三千五百人东趣武牢。时正昼[44]出兵，历北邙，抵河阳，趋巩[45]而去[46]。王世充登城望见，莫之测也，竟不敢出。

癸未[47]，世民入武牢；甲申[48]，将骁骑五百，出武牢东二十馀里，觇[49]建德之营。缘道[50]分留从骑，使李世勣、程知节、秦叔宝分将之，伏于道旁，才馀四骑，与之偕进[51]。世民谓尉迟敬德曰：“吾执弓矢，公执槊相随，虽百万众若我何[52]？”又曰：“贼见我而还，上策也。”去建德营三里所，建德游兵遇之，以为斥候[53]也。世民大呼曰：“我秦王也。”引弓[54]射之，毙其一将。建德军中大惊，出五六千骑逐之，从者咸失色[55]。世民曰：“汝弟前行[56]，吾自与敬德为殿[57]。”于是按辔徐行，追骑将至，则引弓射之，辄毙[58]一人。追者惧而止，止而复来，如是再三，每来必有毙者，世民前后射杀数人，敬德杀十许人，追者不敢复逼。世民逡巡[59]稍却以诱之，入于伏内[60]，世勣等奋击，大破之，斩首三百馀级，获其骁将殷秋、石瓒以归。乃为书报建德，谕以“赵、魏之地，久为我有，为足下[61]所侵夺。但以淮安见礼，公主得归[62]，故相与坦怀释怨。世充顷与足下修好，已尝反覆[63]，今亡在朝夕，更饰辞[64]相诱，足下乃以三军之众，仰哺他人[65]，千金之资，坐供外费[66]，良非[67]上策。今前茅[68]相遇，彼遽崩摧[69]，郊劳未通[70]，能无怀愧？故抑止锋锐，冀闻择善[71]，若不获命[72]，恐虽悔难追。”

（以上为第二段，写窦建德倾巢出动救王世充。）

【注释】

①荥阳：县名。县治在今河南荥阳市。　②阳翟：县名。县治在今河南禹州市。③泛舟运粮：用船只运粮。　④溯河：逆流而上。　⑤成皋：县名。县治在今河南荥阳市西北汜水镇。　⑥板渚：古津渡名。为板城渚口的简称。在今河南荥阳市汜水镇东北黄河侧。　⑦相闻：互通消息。　⑧潼关：关名。在今陕西潼关县境。　⑨返郑侵地：返还所侵占的郑的土地。　⑩面缚：双手反缚于背后。　⑪两亡之：灭亡他们两位。　⑫武牢：唐讳虎，改虎牢为武牢。　⑬记室：官名。掌书记之官。　⑭薛收（591—624）：唐官员。字伯褒。唐初为秦王府主簿，为李世民掌管书檄文令事。又授天策府记室参军。参与平刘黑闼有功，封汾阴县男。传见《旧唐书》卷七十三、《新唐书》卷九十八。　⑮即日之患：目前之患。　⑯但乏：只缺。　⑰以是之故：因为这个原因。　⑱为我所持：才被我军把握住。　⑲极其精锐：尽其精锐。　⑳合从：联合在一起。　㉑转：转运。　㉒河北：此泛指黄河以北。　㉓馈：以物送人。　㉔偃兵：息兵。　㉕混一：同一，即统一。　㉖殊未有涯：没有边际。殊同犹。　㉗厉兵训士：训练士卒。　㉘以逸待劳：逸，安闲；劳，疲劳。指养精蓄锐，痛击远来进犯的疲惫之敌。　㉙两主就缚：谓世充、建德将被活捉。　㉚道衡（540—609）：即薛道衡，隋朝大臣，后为炀帝所杀。传见《隋书》卷五十七。　㉛猝拔：骤然夺取。　㉜席胜：借胜利之势。　㉝新安：郡名。治所在今河南新安。　㉞以承其弊：趁着其衰败。　㉟兵摧：兵败。　㊱不烦力攻：不需要并力攻击。　㊲将骄卒惰：将校骄傲，士卒怠惰。㊳狐疑：犹豫。　㊴旬月之间：一个月之间。　㊵并力：合力。　㊶何弊之承：有何疲弊可乘。　㊷中分麾下：平分部下。麾下,将帅的部下。　㊸骁勇：勇敢之士。　㊹正昼：大白天。　㊺巩：县名。县治在今河南巩义市东北。巩县在东都之东，时世民大军据都城西北以临世充而围之，故出兵向武牢，历北邙，抵河阳（今河南孟州市）而趋巩。　㊻趋巩而去：急向巩县而去。　㊼癸未：三月二十五日。　㊽甲申：三月二十六日。　㊾觇（chān）：偷看，侦察。　㊿缘道：沿途。　51偕进：同行，俱进。52若我何：能将我怎样。　53斥候：侦察敌情的士兵。　54引弓：拉开弓。　55咸失色：都惊骇而无人色。　56汝弟前行：你只管往前走。弟，副词，只管。　57殿：行军走在最后的。　58辄毙：便毙。　59逡（qūn）巡：有顾虑而徘徊或退却。　60入于伏

内：进入埋伏区。 ⑥①足下：对人的敬称。 ⑥②淮安见礼，公主得归：武德二年，窦建德尽取赵魏，虏淮安王神通及同安公主，待淮安以客礼，次年八月，遣公主归。 ⑥③世充顷与足下修好，已尝反覆：王世充近来与您结好，过去曾反复无常。 ⑥④饰辞：花言巧语。 ⑥⑤仰哺他人：仰首而受他人之哺。意为受制于人。 ⑥⑥千金之资，坐供外费：《兵法》云，“兴师十万，日费千金”。外费，兴师在外之费。全句意为：大量的钱财在兴师中耗费。 ⑥⑦良非：实在不是。 ⑥⑧前茅：这里指先头部队。 ⑥⑨彼遽崩摧：他们立即就会败亡。 ⑦⓪郊劳未通：郊劳，到郊外迎接、慰劳，古时，诸侯相见有郊劳之礼。此指建德来救世充，阻于唐兵，使命不得通。 ⑦①冀闻择善：欲使之择善而从。 ⑦②若不获命：如果不能得到回报听从的音讯。

【译文】

窦建德攻下管州，杀死刺史郭士安；又攻陷荥阳、阳翟等县，水中陆上齐头并进，用舟船运送粮食，顺着黄河逆流西进。王世充的弟弟徐州行台王世辩派遣他的将领郭士衡率兵数千与窦建德会合，共有兵十余万，号称三十万，驻军在成皋的东原，在板渚建筑宫殿，派遣使节与王世充互通信息。

在此之前，窦建德送给秦王李世民一封书信，请求撤军回到潼关，返还受侵的郑国地盘，修复以前的友好关系。李世民召集将佐商议此事，诸将都请求避让窦建德的势头，只有郭孝恪看法不同，他说：“王世充的形势已经走投无路非常蹙迫，即将被当面捆缚，窦建德远道而来救援他，这是天意让他们两家同时灭亡。我军应该占据武牢关的险要之地阻截窦建德，伺机而动，打败他们就是必然的了！”记室薛收也说：“王世充据守东都，府库中的物资比较充足，所率领的士兵，都是江、淮地区的精锐，当前的忧患只是缺乏粮食罢了。因为这个缘故，被我军困在此地，求战不得，守城则难以持久。窦建德亲自率领大军，远道而来进行救援，也当会集中其全部精锐兵力，与我展开死战。如果放他到此地，两股敌军会合起来，转运河北的粮食送到洛阳，战争就会拖长，现在只算是开始，就永远不会有停息兵乱之日，统一天下的日期，就更遥遥无期了。现在应该分兵守着洛阳，挖深沟壕，建高壁垒，王世充如果出兵挑战，我们一定要小心不与他作战，大王亲自率领骁勇精锐兵力，先去占据成皋，精心训练士兵，以等待窦建德的到来，我们以逸待劳，一定可以战胜他们。击败窦建德之后，王世充自然会出城投降，不出二十天，这两个叛贼就会束手就擒。”李世民认为这个方案非常好。薛收是薛道衡的儿子。萧瑀、屈突通、封德彝都说：“我们的士兵已经疲惫，王世充凭据坚固城池进行防守，不易短期内攻克，窦建德乘胜而来，兵锋强锐，士气很盛。我们腹背受敌，不是完美的策略，不如退军守住新安，等待他们出现漏洞。”李世民说：“王世充的军队被打败，粮食已吃光，上下已不能同心协力，不用我们用力强攻，可以坐待胜利到来。窦建德刚打败孟海公，将领骄傲，士卒懈惰，我占据武牢，扼住他的咽喉。他如果冒险前来争锋作战，我击败他非常容易。如果他狐疑犹豫而不来挑战，一个月之间，王世充自然崩溃。那时洛阳城破，我们兵势强盛，气势自然加倍增长，战胜两股敌人，就在此一举了。如果不尽快进军，贼军进入武牢，各地的城池都是刚刚降附的，必不能守住；而两股敌军的力量合并起来，其势头必定强盛，有什么漏洞可以利用的？我的计划已经定了！”屈突通等人又请求撤除包围占据险要以观形势的变化，李世民不允许。将部下军队分为两部，让屈突通等人辅佐齐王李元吉围住东都洛阳，李世民率骁勇士兵三千五百人向东进军武牢。当时是在正午出兵，经过北邙山，直抵河阳，向着巩县进军。王世充登上城墙望见唐军行动，无法估计唐军的目的，最终也不敢出城。

三月二十五日，李世民进入武牢；二十六日，率领骁骑士兵五百人，出兵到武牢以东二十余里，侦察窦建德的营地。沿路分兵留下跟从的骑兵，让李世勣、程知节、秦叔宝分头率领，埋伏在道旁，最后只剩下四个骑兵，与李世民一同前进。李世民对尉迟敬德说：“我手执弓与箭，你手执长矛跟着我，虽有百万敌兵，又能拿我怎么办？”又说：“贼兵看见我就退回，这是上策。”离窦建德的营地约三里远，窦建德的游兵遇到李世民，以为是唐军的侦察兵。李世民大声呼喊说：“我是秦王。”拉弓向他们射去，射死其中一个将领。窦建德的军中大为惊恐，出动五六千骑兵追赶李世民，李世民的随从都吓得变了脸色，李世民说：“你们只管前进，我自会与尉迟敬德殿后。”于是拉住马缰徐徐而行，追赶的骑兵就快追上时，李世民就拉弓射他们，每箭都能射死一人。追兵害怕，于是停止，停一会又来追赶，反复了多次，每次追来必有人被射死，李世民前后射死数人，尉迟敬德杀死十几人，追兵于是不敢再来逼近。李世民来回走动稍稍退却以引诱追兵，等追兵进入埋伏圈内，李世勣等人奋起攻击，大破敌军，斩首三百余人，俘获其骁将殷秋、石瓒后返回军营。于是写信给窦建德，开导他说：“赵、魏之地，长久以来为我所有，被你侵占夺去。只是因为淮安王李神通受到你的礼遇，同安公主也得以回归，所以相互坦诚胸怀以解怨仇。王世充近年与你改善关系，也已多次反复改变态度，现在他的灭亡就在旦夕之间，又用虚伪的言辞引诱你，你就率三军之众，仰赖他人的饭食，每日需要千金费用，白白地为外人所用，实在不是上策。现在我们的前锋部队已经相遇，你方瞬间崩溃，你来救援王世充而不能在郊外相见致礼，就不惭愧吗？所以我暂时停止前锋部队的行动，希望听到你能选择正确的方案，如果不能听到你的正确选择，恐怕虽是后悔也难追救了。”

【原文】

立秦王世民之子泰为卫王。

夏，四月己丑①，丰州总管张长逊②入朝。时言事者③多云，长逊久居丰州，为突厥所厚，非国家之利④。长逊闻之，请入朝，上许之。会⑤太子建成北伐稽胡⑥，长逊帅所部会之，因入朝，拜右武候将军。益州行台左仆射窦轨帅巴、蜀兵来会秦王击王世充，以长逊检校益州行台右仆射。

己亥⑦，突厥颉利可汗寇雁门，李大恩击走之。

壬寅⑧，王世充骑将杨公卿、单雄信引兵出战，齐王元吉击之，不利，行军总管卢君谔战死。

太子还长安。

王世充平州⑨刺史周仲隐以城来降。

戊申⑩，突厥寇并州。初，处罗可汗与刘武周相表里⑪，寇并州，上遣太常卿郑元璹往谕以祸福⑫，处罗不从。未几，处罗遇疾卒，国人疑元璹毒之，留不遣⑬。上又遣汉阳公瓌⑭赂颉利可汗以金帛，颉利欲令瓌拜，瓌不从，亦留之。又留左骁卫大将军⑮长孙顺德⑯。上怒，亦留其使者。瓌，孝恭之弟也。

甲寅⑰，封皇子元方⑱为周王，元礼⑲为郑王，元嘉⑳为宋王，元则㉑为荆王，元茂㉒为越王。

窦建德迫于武牢不得进，留屯累月㉓，战数不利，将士思归。丁巳㉔，秦王世民遣王君廓将轻骑千馀抄其粮运㉕，又破之，获其大将军张青特。

凌敬㉖言于建德曰：“大王悉兵济河㉗，攻取怀州、河阳㉘，使重将守之，更鸣鼓建旗，逾太行，入上党㉙，徇汾、晋，趣蒲津㉚，如此有三利：一则蹈㉛无人之境，取胜可以万全；二则拓地㉜收众，形势益强；三则关中震骇，郑围自解。为今之策，无以易此㉝。”建德将㉞从之，而王世充遣使告急相继于道，王琬、长孙安世㉟朝夕涕泣，请救洛阳，又阴以金玉啖㊱建德诸将，以挠其谋。诸将皆曰：“凌敬书生，安知战事，其言岂可用也？”建德乃谢敬曰：“今众心甚锐[37]，天赞[38]我也，因之决战，必将大捷，不得从公言。”敬固争之，建德怒，令扶出[39]。其妻曹氏谓建德曰：“祭酒之言[40]不可违也。今大王自滏口[41]乘唐国之虚，连营渐进以取山北[42]，又因突厥西抄关中，唐必还师自救，郑国何忧不解？若顿兵[43]于此，老师费财[44]，欲求成功，在于何日？”建德曰：“此非女子所知！吾来救郑，郑今倒悬[45]，亡在朝夕[46]，吾乃舍之而去，是畏敌而弃信也，不可。”

（以上为第三段，写窦建德初战不利而恼羞成怒，拒谏不纳善策，表现了政治上的不成熟。）

【注释】

①己丑：四月初二日。　②张长逊（？—637）：栎阳（今陕西西安市临潼区北）人。隋五原太守。入唐，累官遂、夔二总管，政以惠称。传见《旧唐书》卷五十七、《新唐书》卷八十八。　③时言事者：指当时议论政事的人。　④非国家之利：对国家没有好处。　⑤会：正赶上。　⑥稽胡：中国古代民族名。源于南匈奴。南北朝时居今山西、陕西北部山谷间。隋唐以来渐与汉族相融合。　⑦己亥：四月十二日。　⑧壬寅：四月十五日。　⑨平州：州名。治所在今河南洛阳市东北。据胡注，“洛州河阴县，古平阴也。王世充当于此置平州”。　⑩戊申：四月二十一日。　⑪相表里：表指外，里指内。相表里，谓相互配合，内外相应。　⑫郑元璹（？—646）：郑州荥泽人。字德芳。隋末为郡守。归唐拜太常卿、鸿胪卿。多次充使入蕃，有干略。后为宜州刺史，封沛国公。传见《旧唐书》卷六十二、《新唐书》卷一百。谕以祸福：告诉其利害。　⑬留不遣：滞留不遣回。　⑭汉阳公瓌：李瓌，高祖从父兄子。武德元年，封汉阳郡公。五年，进爵为王。出使突厥，抚慰岭南，皆有功。贞观四年拜宣州刺史，加散骑常侍，卒。传见《旧唐书》卷六十、《新唐书》卷七十八。　⑮骁卫大将军：将军名号。隋唐置左右骁卫府，置上将军各一人，大将军各一人，将军各二人。　⑯长孙顺德：太宗文德皇后之族叔。素为高祖所亲厚。从征累有战功，高祖拜左骁卫大将军，封薛国公。传见《旧唐书》卷五十八、《新唐书》卷一百零五。　⑰甲寅：四月二十七日。　⑱元方（？—629）：唐高祖第九子。　⑲元礼（？—672）：高祖第十子。　⑳元嘉（617—688）：高祖第十一子。　㉑元则（？—651）：高祖第十二子。以上传均见《旧唐书》卷六十四、《新唐书》卷七十九。　㉒元茂：《旧唐书》《新唐书》不见其传。　㉓留屯累月：扎营连月。　㉔丁巳：四月三十日。　㉕抄其粮运：抄掠其运粮队。　㉖凌敬：窦建德谋臣，

署为国子祭酒。建德救王世充，凌敬陈解围之策，建德不纳，遂致败。事迹见《旧唐书》卷五十四。 ㉗悉兵济河：全军渡河。 ㉘河阳：县名。县治在今河南孟州市南。 ㉙上党：县名。县治在今山西长治市。 ㉚蒲津：古关名。本临晋关，汉武帝改名，简称蒲关。在今陕西大荔县朝邑镇东黄河上。 ㉛蹈：踏。 ㉜拓地：拓辟土地。 ㉝无以易此：无策可以与此相比。即此为唯一之良策。 ㉞将：将要，打算。 ㉟长孙安世（？—621）：长孙无忌堂兄。仕王世充，署为内史令。东都平，死于狱中。事迹见《旧唐书》卷六十五。 ㊱啖（dàn）：以利益引诱人。 ㊲甚锐：很锐利。 ㊳赞：助。 ㊴令扶出：下令强行扶出。 ㊵祭酒之言：指窦建德国子祭酒凌敬之言。 ㊶滏（fǔ）口：古隘道名。"太行八陉"之一。在今河北磁县西北石鼓山。 ㊷山北：据胡注，建德都洺州，时在山南。并、代、汾、晋，皆属山北。此指今山西一带。 ㊸顿兵：停留军队。㊹老师费财：军队疲怠，财物消耗。老，衰竭，疲怠。 ㊺倒悬：比喻处境的痛苦和危急，像人被倒挂着一样。 ㊻亡在朝夕：以言时间之紧迫。

【译文】

唐高祖册立秦王李世民的儿子李泰为卫王。

夏季四月初二日，丰州总管张长逊来京朝见。当时议论政事的人大多说，张长逊长期住在丰州，受到突厥的优厚待遇，对于国家有所不利。张长逊听说这种议论，就请求来京朝见，唐高祖允许了他的请求。正好此时太子李建成北伐稽胡，张长逊率领其部下与太子会合，于是来京朝见，朝廷拜他为右武候将军。益州行台左仆射窦轨率领巴、蜀地区的兵士前来与秦王会合以攻击王世充，唐任命张长逊为益州行台检校右仆射。

四月十二日，突厥颉利可汗侵犯雁门，李大恩击退他们。

四月十五日，王世充骑兵将领杨公卿、单雄信率兵出城挑战，齐王李元吉攻击他们，但作战不利，行军总管卢君谔战死。

太子李建成回到京城长安。

王世充的平州刺史周仲隐率领全城投降唐朝。

四月二十一日，突厥侵犯并州。当初，处罗可汗与刘武周一里一外，相互配合侵犯并州，唐高祖派遣太常卿郑元琇前往突厥，对他说明祸福利害关系，处罗不听。不久，处罗得病而死，突厥人怀疑郑元琇下毒害死处罗，留住郑元琇不让他返回唐朝。唐高祖又派遣汉阳公李瓌用黄金丝帛贿赂颉利可汗，颉利想让李瓌下拜，李瓌不肯，颉利也把他留下不让返回。又留住左骁卫大将军长孙顺德。于是唐高祖发怒，也扣留了突厥的使者。李瓌是李孝恭的弟弟。

四月二十七日，唐封皇子李元方为周王，李元礼为郑王，李元嘉为宋王，李元则为荆王，李元茂为越王。

窦建德被唐军在武牢逼住而不能前进，停留驻扎了好几个月，多次作战也都失利，将士们都想回家。四月三十日，秦王李世民派遣王君廓率领轻骑一千余人偷袭他的运粮部队，又击败了他们，俘虏了他的大将军张青特。

凌敬对窦建德说："大王现在应该率全部兵马渡过黄河，攻取怀州、河阳，派重将进行防守，再敲响战鼓，树起军旗，越过太行山，进入上党地区，攻占汾州、晋州，向蒲津进军。这样做有三个好处：第一是进军无人之境，取得胜利，乃是万无一失的；第二是扩张地盘，扩大兵力，力量就会更加强大；第三可使关中的唐朝廷受到震动惊骇，郑国的包围自会解除。对目前而言，没有能取代这一方案的策略。"窦建德将要听从这一方案，但王世充不断派遣使节前来告急，在路上络绎不绝。为王世充出使的王琬、长孙安世从早到晚都向窦建德哭泣，请求援救洛阳，又暗中用黄金玉器贿赂窦建德的诸位将领，以求阻挠窦建德听从凌敬的计谋。诸将都说："凌敬是个书生，哪里懂得战争之事，他的建议岂可采用？"窦建德于是谢绝凌敬，说："现在军心盛而斗志高，是上天在帮我，利用这种气势进行决战，必将大捷，所以不能听从你的话。"凌敬坚持与之争论，窦建德发怒，令人把凌敬扶出去。窦建德的妻子曹氏对窦建德说："凌祭酒的话不可不听。现在大王从滏口出击，利用唐国的空虚，将营地联结起来，逐步前进，夺取山北，又通过突厥在西方侵扰关中，唐军必定撤军自救，郑国的包围还担心不能解除吗？如果把军队停顿在此地，使军队疲劳，又浪费钱财，想求成功，究竟会在哪一天啊？"窦建德说："这种事情不是女人所懂得的！我来援救郑国，郑国现在就像被头朝下脚朝天倒挂起来一样危险，灭亡就在旦夕之间，我却抛弃它而离开，这是畏惧敌人而抛弃信用，不能这样做。"

【原文】

谍者①告曰："建德伺唐军刍②尽，牧马于河北③，将袭武牢。"五月戊午④，秦王世民北济河，南临广武⑤，察敌形势，因留马千馀匹，牧于河渚⑥以诱之，夕还武牢。己未⑦，建德果悉众而至，自板渚出牛口⑧置陈，北距大河⑨，西薄⑩汜水⑪，南属鹊山⑫，亘⑬二十里，鼓行而进⑭。诸将皆惧，世民将数骑升高丘⑮而望之，谓诸将曰："贼起山东，未尝见大敌，今度险而嚣[16]，是无纪律，逼城而陈[17]，有轻我心；我按甲[18]不出，彼勇气自衰，陈久卒饥，势将自退，追而击之，无不克者。与公等约，甫过[19]日中，必破之矣！”建德意轻唐军，遣三百骑涉汜水，距唐营一里所止。遣使与世民相闻曰：“请选锐士数百与之剧[20]。”世民遣王君廓将长槊二百以应之，相与交战，乍进乍退，两无胜负，各引还。王琬[21]乘隋炀帝骢马[22]，铠仗甚鲜[23]，迥出陈前以夸众[24]。世民曰：“彼所乘真良马也！”尉迟敬德请往取之，世民止之曰：“岂可以一马丧猛士。”敬德不从，与高甑生、梁建方三骑直入其陈，擒琬，引其马驰归，众无敢当[25]者。世民使召河北马，待其至乃出战。

建德列陈，自辰至午[26]，士卒饥倦，皆坐列[27]，又争饮水，逡巡[28]欲退。世民命宇文士及将三百骑经建德陈西，驰而南上，戒之曰：“贼若不动，尔宜引归，动则引兵东出。”士及至陈前，陈果动，世民曰：“可击矣！”时河渚马亦至，乃命出战。世民帅轻骑先进，大军继之，东涉汜水，直薄其陈。建德群臣方朝谒，唐骑猝来，朝臣趋就建德，建德召骑兵使拒唐兵，骑兵阻朝臣不得过，建德挥朝臣令却[29]，进退之间，唐兵已至，建德窘迫，退依东陂[30]。窦抗[31]引兵击之，战小不利。世民帅骑赴之，所向皆靡。淮阳王道玄[32]挺身陷陈，直出其后，复突陈而归，再入再出，飞矢集其身如猬毛[33]，勇气不衰，射人，皆应弦而仆。世民给以副马，使从己。于是诸军大战，尘埃涨天[34]。世民帅史大柰[35]、程知节、秦叔宝、宇文歆等卷旆[36]而入，出其陈后，张唐旗帜，建德将士顾[37]见之，大溃，追奔三十里，斩首三千馀级。建德中槊，窜匿[38]于牛口渚。车骑将军白士让、杨武威逐之，建德坠马，士让援槊欲刺之，建德曰：“勿杀我，我夏王也，能富贵汝[39]。”武威下擒之，载以从马[40]，来见世民。世民让之曰：“我自讨王世充，何预汝事[41]，而来越境，犯我兵锋[42]！”建德曰：“今不自来，恐烦远取。”建德将士皆溃去，所俘获五万人，世民即日散遣之，使还乡里。

封德彝入贺，世民笑曰：“不用公言，得有今日。智者千虑，不免一失乎！”德彝甚惭。

建德妻曹氏与左仆射齐善行将数百骑遁归洺州。

（以上为第四段，写秦王李世民大破窦建德军。）

【注释】

①谍者：侦探消息的人，即侦探、间谍。 ②刍（chú）：喂牲口用的草。 ③牧马于河北：指唐军言。唐军牧草已尽，必须牧马于河北。 ④戊午：五月初一日。⑤广武：古城名。故址在今河南荥阳东北广武山上。有东、西两城，相距约二百步，中隔广武涧。此为西广武。 ⑥渚（zhǔ）：水中的小块陆地，小洲。 ⑦己未：五月初二日。 ⑧牛口：即牛口渚。在今河南荥阳市西北汜水镇附近黄河南岸。 ⑨北距大河：北到黄河。 ⑩薄：靠近。 ⑪汜水：水名。发源于河南巩义市东南，北流经荥阳汜水镇西，注入黄河。 ⑫南属鹊山：南连接鹊山。鹊山：地名。在今河南荥阳市西南。 ⑬亘（gèn）：横贯，延续不断。 ⑭鼓行而进：击鼓进军。 ⑮升高丘：登上高丘。 ⑯嚣：喧哗。 ⑰逼城而陈：接近城池布阵。 ⑱甲：甲兵，武装的军队。 ⑲甫过：刚过。 ⑳与之剧：与之游戏。剧同戏。 ㉑王琬：王世充兄子。世充称帝，封为代王。武德四年被李世民所擒。事迹见《旧唐书》卷五十四、《新唐书》卷八十五。 ㉒骢（cōng）马：青白色的马。 ㉓甚鲜：鲜丽而光彩夺目。 ㉔迥出陈前以夸众：远立在阵前以夸示众卒。 ㉕当：抵挡。 ㉖自辰至午：从早晨到正午。辰为早七时至九时，午为十一时至下午一时。 ㉗坐列：队伍都坐在地上。㉘逡（qūn）巡：有所顾虑而徘徊或不敢前进。 ㉙挥朝臣令却：指挥朝臣，令其后退。 ㉚陂（bēi）：山坡，斜坡。 ㉛窦抗（？—621）：字道生。在隋以帝甥早贵，累迁幽州总管。高祖时曾为左武候大将军等。传见《旧唐书》卷六十一、《新唐书》卷九十五。 ㉜道玄（603—622）：李道玄，高祖从父兄子，封淮阳王。传见《旧唐书》卷六十、《新唐书》卷七十八。 ㉝如猬毛：像刺猬的毛一样。比喻中箭之多。 ㉞涨天：满天。 ㉟史大柰（？—638）：本西突厥特勤（特勤为可汗子弟的官衔）。入隋事炀帝，署为金紫光禄大夫。后隶唐高祖，以功多赐姓史。秦王时封窦国公，官至右武卫大将军。事迹见《旧唐书》卷一百九十四下、传见《新唐书》卷一百一十。 ㊱旆（pèi）：古时末端形状像燕尾的旗。 ㊲顾：回头看。 ㊳窜匿：逃窜藏匿。 ㊴我夏王也，能富贵汝：我是夏王，若将我献上，你们可以得到富贵。 ㊵从马：跟随的马。 ㊶何预汝事：干你什么事。 ㊷兵锋：兵士之锋锐。

【译文】

侦察消息的唐军士兵报告说："窦建德伺探唐军粮草吃完，在黄河以北牧马，将要袭击武牢。"五月初一日，秦王李世民向北渡过黄河，再向南临近广武，观察敌方形势，于是留下一千余匹马，在河边放牧以引诱窦建德，晚上则返回武牢。五月初二日，窦建德果然率领全部军队赶到，从板渚经牛口出来布下军阵，北面以黄河为限，西面逼近汜水，南面连到鹊山，绵延二十里，击鼓出动进军而来。唐军诸将都害怕了，李世民率数名骑兵登上高丘观望形势，对诸将说：“贼军自山东兴起，未尝见过强大的敌军。现在越过险要，甚嚣尘上地行军，这是没有纪律的军队。逼近城池摆开阵势，这表明他们有轻视我方之心。我军按兵不出，对方的勇气自会衰减，排阵久了，士卒就会饥饿，其势头将会自行消退，这时我军再追赶而攻击他们，就会战无不克。我与你们约定，一过中午，就必定大破敌军！”窦建德心中轻视唐军，派遣三百名骑兵跋涉渡过汜水，在距离唐营一里处停止。派遣使节向李世民表示说：“请选出精锐战士数百人，让我方与他们做游戏。”李世民派遣王君廓率领持长矛的士兵二百人出来应战，双方相互交战，互有进退，双方没有分出胜负，各自引兵返回。窦建德的将领王琬骑着隋炀帝的骢马，铠甲兵器甚为鲜艳，迥然出现在阵前，向唐军将士夸耀。李世民说：“他乘的马真是一匹好马！”尉迟敬德请求前去夺来，李世民制止他说：“怎可为了一匹马丧失一位猛士？”尉迟敬德不听，与高甑生、梁建方三匹战骑径直冲入敌阵，生擒王琬，牵着他的马返回唐军，窦建德军中无人敢出来阻挡。李世民让他去召回黄河以北的牧马，等他来了，这才出战。

窦建德摆开阵势，从上午直到中午，士卒们又饥又累，都坐在地上，又争着喝水，士兵们逡巡不前，都想后退。李世民命宇文士及率领三百骑兵经过窦建德的阵前向西前进，再奔驰向南，告诫他说：“敌军如果不动，你应该引兵返回，如果敌阵出动，你就引兵向东出击。”宇文士及来到窦建德的阵前，窦建德的阵果然骚动起来，李世民说：“可以出击了！”当时河北放牧的马也赶到了，于是下令唐军出动作战。李世民率轻骑首先前进，大军接着出动，向东涉过汜水，直接逼近窦建德的阵列。此时窦建德的群臣正在朝拜窦建德，唐骑兵突然冲过来，大臣们都跑到窦建德周围，窦建德命骑兵前去抵御唐军，但骑兵却被大臣们挡住无法过去，窦建德挥手让群臣退下，正在进退未定之际，唐骑兵已经冲到跟前，窦建德非常窘迫，后退到东陂作为依靠。窦抗引兵攻击窦军，作战稍有不利。李世民率骑兵冲过去，所向披靡。淮阳王李道玄挺身攻入敌阵之中，径直冲出敌阵来到其阵后，又冲过敌阵返回，两次冲进，两次冲出，敌军的飞箭射在他身上如刺猬毛一样密集，但他的勇气并不衰减，拉弓射人，人都随着弦声而被射倒。李世民给他一匹备用的战马，让他跟随自己。这时诸军展开大战，尘埃遮天。李世民率领史大柰、程知节、秦叔宝、宇文歆等人卷起大旗冲入敌阵，冲出敌阵来到阵后，打出唐军的旗帜，窦建德的将士回头看到唐军大旗，完全崩溃。唐军追击逃兵三十里，斩首三千余级。窦建德被长矛刺中，逃窜藏匿在牛口渚。唐车骑将军白士让、杨武威追赶他，窦建德坠下战马，白士让举起长矛准备刺他，窦建德说："不要杀我，我是夏王，能让你得到富贵。"杨武威下马活捉窦建德，用随从的马匹载着他来见李世民。李世民斥责窦建德说："我自是来讨伐王世充，关你什么事？却来越过边境，冒犯我军的兵锋！"窦建德说："今天我不自己来，恐怕麻烦你远道来俘获我。"窦建德的将士全部崩溃而去，唐军俘获了五万人，李世民当天就将他们全部遣散，让他们返回家乡。

封德彝前来祝贺，李世民笑着说："不采纳你的意见，才会有今日的胜利。智者千虑，难免一失。"封德彝甚为惭愧。

窦建德的妻子曹氏与左仆射齐善行率数百骑兵逃归洺州。

【原文】

甲子①，世充偃师、巩县皆降。

乙丑②，以太子左庶子郑善果为山东道抚慰大使③。

世充将王德仁④弃故洛阳城⑤而遁，亚将⑥赵季卿以城降。秦王世民囚窦建德、王琬、长孙安世、郭士衡⑦等至洛阳城下，以示世充。世充与建德语而泣，仍遣⑧安世等入城言败状。世充召诸将议突围，南走襄阳，诸将皆曰："吾所恃者夏王⑨，夏王今已为擒，虽得出，终必无成。"丙寅⑩，世充素服帅其太子、群臣、二千馀人诣军门⑪降。世民礼接之，世充俯伏流汗⑫。世民曰："卿常以童子见处⑬，今见童子，何恭之甚邪？"世充顿首⑭谢罪。于是部分⑮诸军，先入洛阳，分守市肆⑯，禁止侵掠，无敢犯者。

丁卯⑰，世民入宫城，命记室房玄龄先入中书、门下省，收隋图籍制诏，已为世充所毁，无所获。命萧瑀、窦轨等封府库，收其金帛，颁赐将士。收世充之党罪尤大者⑱段达、王隆⑲、崔洪丹、薛德音⑳、杨汪㉑、孟孝义、单雄信、杨公卿、郭什柱、郭士衡、董叡、张童儿、王德仁、朱粲、郭善才等十馀人斩于洛水之上。初，李世勣与单雄信友善，誓同生死。及洛阳平，世勣言雄信骁健绝伦，请尽输己之官爵㉒以赎之，世民不许。世勣固请不能得，涕泣而退。雄信曰："我固知汝不办事㉓。"世勣曰："吾不惜馀生，与兄俱死；但既以此身许国㉔，事无两遂。且吾死之后，谁复视[25]兄之妻子乎？”乃割股肉以啖雄信，曰：“使此肉随兄为土[26]，庶几不负昔誓也！”士民疾[27]朱粲残忍，竞投瓦砾[28]击其尸，须臾如冢[29]。囚韦节、杨续[30]、长孙安世等十馀人送长安。士民无罪为世充所囚者皆释之，所杀者祭而诔之[31]。

初，秦王府属杜如晦叔父淹事王世充。淹素与如晦兄弟不协，谮如晦兄杀之[32]，又囚其弟楚客，饿几死，楚客终无怨色。及洛阳平，淹当死，楚客涕泣请如晦救之，如晦不从。楚客曰：“曩者[33]叔已杀兄，今兄又杀叔，一门之内，自相残而尽，岂不痛哉！”欲自刭[34]，如晦乃为之请于世民，淹得免死。

秦王世民坐阊阖门[35]，苏威请见，称老病不能拜。世民遣人数[36]之曰：“公隋室宰相，危不能扶，使君弑[37]国亡。见李密、王世充皆拜伏[38]舞蹈[39]。今既老病，无劳[40]相见。”及至长安，又请见，不许。既老且贫，无复官爵[41]，卒于家，年八十二。

秦王世民观隋宫殿，叹曰：“逞侈心[42]，穷人欲[43]，无亡得乎[44]？”命撤端门楼[45]，焚乾阳殿[46]，毁则天门[47]及阙[48]。废诸道场[49]，城中僧尼，留有名德者各三十人，馀皆返初[50]。

（以上为第五段，写王世充覆灭，秦王李世民入洛阳善后。）

【注释】

①甲子：五月初七日。 ②乙丑：五月初八日。 ③大使：官名。帝王特派的临时使节。唐贞观初，特派巡视各地的使节也称大使。 ④王德仁（？—621）：隋末群雄之一。事迹见《旧唐书》卷五十三《李密传》、《新唐书》卷八十五《王世充传》。 ⑤故洛阳城：指汉魏故都之城，在今河南洛阳市白马寺东。 ⑥亚将：副将。 ⑦郭世衡：王世充部将。武德四年被李世民所杀。事迹见《新唐书》卷八十五《王世充传》。 ⑧仍遣：因而派遣。 ⑨夏王：指窦建德。武德元年（618）称夏王，改年号为五凤，国号夏。⑩丙寅：五月初九日。 ⑪军门：军营之门。 ⑫俯伏流汗：低头伏地，满头大汗。⑬常以童子见处：常以（我为）童子相待。童子，指幼稚无知的儿童。 ⑭顿首：叩头，头叩地而拜。古代九拜之一。 ⑮部分：部署。 ⑯市肆：市中店铺。 ⑰丁卯：五月初十日。 ⑱世充之党罪尤大者：其中杨公卿、董叡、张童儿，《旧唐书·王世充传》作阳公卿、董濬、张童仁。 ⑲王隆：王世充部将。与世充同宗族。世充称帝，署为淮阳王。事迹见《旧唐书》卷五十四《王世充传》。 ⑳薛德音：薛道衡从子，有俊才，以文

学知名。仕隋为著作佐郎。王世充称帝，署为黄门侍郎。事迹见《旧唐书》卷五十四《王世充传》。 ㉑杨汪：字元度。弘农华阴人。隋朝名臣。传见《隋书》卷五十六《杨汪传》。 ㉒输己之官爵：捐弃自己的官爵。 ㉓不办事：办不了事。 ㉔许国：许给了国家。 ㉕视：看望、照顾。 ㉖随兄为土：随兄之死而同变为土。 ㉗疾。痛恨。 ㉘瓦砾（lì）：砾瓦石块。 ㉙须臾如冢：转眼间砖石堆积如坟冢。 ㉚杨续：杨恭仁弟。贞观中，为郓州刺史。传见《旧唐书》卷六十二《杨恭仁传》。 ㉛祭而诔之：祭奠并为文哀悼之。诔，本指叙述死者生前事迹，表示哀悼。这里的诔，意为哀其无罪而死。 ㉜谮（zèn）如晦兄杀之：诬陷杜如晦的哥哥，使之被杀。 ㉝曩（nǎng）者：以往，从前。 ㉞刭（jǐng）：用刀割脖子。 ㉟阊阖（chāng hé）门：据胡注云，西晋建都洛阳，其城西面北来第三门为阊阖门，而隋营东都，《唐六典》中则无阊阖门的记载，“盖唐改之也”。 ㊱数：责。 ㊲弑：臣杀死君主或子女杀死父母。 ㊳拜伏：伏地而拜。 ㊴舞蹈：古代臣子朝见皇帝时的一种仪节。 ㊵无劳：不必劳驾。 ㊶无复官爵：再无官爵。 ㊷逞侈心：放纵奢侈之心。 ㊸穷人欲：享尽人欲。 ㊹无亡得乎：想不亡国怎么可能呢？ ㊺端门楼：东都皇城南面有三门，中门为端门。端门上的城楼曰端门楼。 ㊻乾阳殿：宫殿名。在东都宫城之内。后来唐在隋乾阳殿遗址重建乾元殿。 ㊼则天门：东都宫城南面有三门，中门为应天门，盖隋之则天门。 ㊽阙：宫门前两边供瞭望的楼称为阙。 ㊾道场：佛教礼拜、诵经、行道的场所，又隋朝寺院名。大业九年（613），诏改天下寺曰道场。 ㊿返初：还俗。

【译文】

五月初七日，王世充所属的偃师、巩县都向唐投降。

五月初八日，任命太子左庶子郑善果为山东道抚慰大使。

王世充的将领王德仁放弃旧洛阳城逃走，副将赵季卿率洛阳旧城投降。秦王李世民囚禁了窦建德、王琬、长孙安世、郭士衡等人，押到洛阳城下，让王世充看到。王世充和窦建德城上城下互相说话，都哭泣流泪，又让长孙安世等人进入洛阳城，告诉王世充窦军战败的情形。王世充招来诸将商议突围，向南逃到襄阳，诸将都说：“我们依靠的是夏王，夏王现在已被生擒，我们虽然能冲出城去，最终必不能成功。”五月初九日，王世充穿上没有颜色和花纹的素服，率领他的太子、群臣以及两千余人来到唐军营门投降。李世民按礼节接见他们，王世充身子俯伏着，流着汗。李世民说：“你经常把我看作童子，今天见了童子，为何恭敬得这样厉害呢？”王世充叩头谢罪。于是李世民部署诸军，首先进入洛阳城，分别守卫市街商肆，禁止士兵侵掠，没有人敢触犯禁律。

五月初十日，李世民进入宫城，命记室房玄龄首先进入中书省、门下省，没收隋朝的图书文籍及皇帝的诏书，但都已经被王世充销毁，一无所获。又命萧瑀、窦轨等人封存仓库，没收其中的黄金丝帛，分发赏赐给将士。逮捕王世充手下罪行特别重大的党羽段达、王隆、崔洪丹、薛德音、杨汪、孟孝义、单雄信、杨公卿、郭什柱、郭士衡、董叡、张童儿、王德仁、朱粲、郭善才等十余人，在洛水之上将他们全都斩首。当初，李世勣与单雄信是好朋友，发誓同生共死。到平定洛阳时，李世勣对李世民说单雄信骁健绝伦，请用自己的全部官爵来为他赎罪，李世民不允许。李世勣一再为他求情而不能成功，哭着退下。单雄信说："我本来就知道你办不成事。"李世勣说："我不会痛惜自己的余生，可以与兄一起死；但既然以身许国，事情不能两全其美。而且我死之后，谁来照顾兄长的妻子儿女呢？"于是割下大腿上的肉给单雄信吃，说："让此肉长随兄长变成土，差不多也可以算是不负以前的誓言了！"老百姓痛恨朱粲的残忍，竞相投掷瓦砾砸击朱粲的尸体，一会儿工夫瓦砾堆积如坟。囚禁韦节、杨续、长孙安世等十余人送往长安。本来无罪却被王世充囚禁于监狱中的士人民众，全都释放，无罪而被王世充杀害的人，则为他们进行祭祀并致哀辞。

当初，秦王府中的属官杜如晦的叔父杜淹为王世充做事，杜淹一向与杜如晦兄弟关系不好，进谗言让王世充杀了杜如晦的哥哥，又把他弟弟杜楚客囚禁起来，饿得差点死了，杜楚客始终没有怨恨。等洛阳平定后，杜淹罪当处死，杜楚客哭着为杜淹求情想救他不死，杜如晦不同意。杜楚客说："从前叔叔已经杀了哥哥，现在哥哥又要杀叔叔，同一家门之内，自相残杀而被杀光，难道不痛心吗？"说完就要自刎，杜如晦于是替杜淹向李世民求情，杜淹才得以免于一死。

秦王李世民坐在阊阖门下，苏威请求接见，自称年老有病不能下拜。李世民派人斥责他说："公是隋王室的宰相，隋有危难你不能扶救，使得君主被弑国家灭亡。你见到李密、王世充时都拜伏行礼。现在既然年老多病，就不用辛苦来相见了。"等到了长安，苏威又请求接见，还是不同意。苏威既老迈又贫困，不再有官爵，死在家中，年八十二。

秦王李世民观看隋朝的宫殿，感叹说："放纵奢侈之心，极尽人的欲望，想不亡国，能行吗？"下命拆除端门楼，焚毁乾阳殿，拆毁则天门及其高阙，废除各处的道场，城中的僧人尼姑，只留下有声名德行者各三十人，其余的全都遣返回家为民。

【原文】

前真定[①]令周法明[②]，法尚[③]之弟也，隋末结客[④]，袭据黄梅[⑤]，遣族子孝节攻蕲春[⑥]，兄子绍则攻安陆[⑦]，子绍德攻沔阳[⑧]，皆拔之。庚午[⑨]，以四郡来降。

壬申[⑩]，齐善行[⑪]以洺、相、魏等州来降。时建德徐众走至洺州，欲立建德养子[⑫]为主，征兵以拒唐，又欲剽掠居民，还向海隅[⑬]为盗。善行独以为不可，曰："隋末丧乱，故吾属[⑭]相聚草野，苟求生耳[⑮]。以夏王之英武，平定河朔[⑯]，士马精强，一朝为擒，易如反掌，岂非天命有所属[⑰]，非人力所能争邪！今丧败如此，守亦无成[⑱]，逃亦不免，等为亡国[⑲]，岂可复遗毒于民？不若委心[⑳]请命于唐，必欲得缯[㉑]帛者，当尽散府库之物，勿复残民也！"于是运府库之帛数十万段，置万春宫[㉒]东街，以散将卒，凡三昼夜乃毕。仍布兵守坊巷[㉓]，得物者即出，无得更入人家[㉔]。士卒散尽，然后与仆射裴矩、行台曹旦，帅其百官奉建德妻曹氏及传国八玺[㉕]并破宇文化及所得珍宝请降于唐。上以善行为秦王左二护军[㉖]，仍厚赐之。

初，窦建德之诛宇文化及也，隋南阳公主有子曰禅师，建德虎贲郎将於士澄问之曰："化及大逆，兄弟之子皆当从坐[㉗]，若不能舍禅师，当相为留之[㉘]。"公主泣曰："虎贲既隋室贵臣[㉙]，兹事何须见问。"建德竟杀之。公主寻请为尼。及建德败，公主将归长安，与宇文士及遇于洛阳，士及请与相见，公主不可。士及立于户外，请复为夫妇。公主曰"我与君仇家，今所以不手刃君者[㉚]，但谋逆之日，察君不预知[㉛]耳。"诃[㉜]令速去。士及固请，公主怒曰："必欲就死[㉝]，可相见也。"士及知不可屈，乃拜辞而去。

乙亥[㉞]，以周法明为黄州总管。

戊寅[㉟]，王世充徐州行台杞王世辩[㊱]以徐、宋等三十八州诣河南道安抚大使任瓌[㊲]请降，世充故地悉平[㊳]。

窦建德博州[㊴]刺史冯士羡复推淮安王神通为慰抚山东使，徇下[㊵]三十徐州，建德之地悉平。

己卯[㊶]，代州总管李大恩[㊷]击苑君璋[㊸]，破之。

（以上为第六段，写王世充、窦建德所领之地全部降唐，河南、河北被平定。）

【注释】

①真定：县名。县治在今河北正定南。 ②周法明（？—623）：隋末群雄之一。初附李密。武德四年降唐，署为黄州总管。武德六年（623）被张善安袭杀。事迹见《旧唐书》卷五十三《李密传》。 ③法尚：周法明之兄，字德迈。初事陈，为将军。入隋，多立战功。炀帝时，转刺史、太守，进位金紫光禄大夫，拜左武卫将军。传见《隋书》卷六十五。 ④结客：结交宾客。 ⑤黄梅：县名。县治在今湖北黄梅县西北。⑥蕲春：县名。县治在今湖北蕲春县北。 ⑦安陆：县名。县治在今湖北安陆市西北。⑧沔阳：郡名。治所在今湖北仙桃市西南沔城。 ⑨庚午：五月十三日。 ⑩壬申：五月十五日。 ⑪齐善行：初为窦建德所署左仆射。建德败，率官属等降唐。贞观时为夔州都督。事迹见《旧唐书》卷五十四《窦建德传》。 ⑫养子：收养他人之子为己子。⑬海隅：海边。 ⑭吾属：我们这些人。 ⑮苟求生耳：苟且以求活命。耳：助词，罢了。 ⑯河朔：即河北。 ⑰所属：所归。 ⑱守亦无成：守亦不能成功。 ⑲等为亡国：同样是亡国。 ⑳委心：将心交给。 ㉑缯：帛的总名。 ㉒万春宫：此宫为窦建德所筑。 ㉓守坊巷：把守坊巷的入口处。 ㉔人家：民家。 ㉕八玺：皇帝的印称为玺。据《隋书·礼仪志》，皇帝有八玺。其中神玺、传国玺，皆宝而不用。又有六玺。其一“皇帝行玺”，封命诸侯及三公用之；其二“皇帝之玺”，与诸侯及三公书用之；其三“皇帝信玺”，发诸夏之兵用之；其四“天子行玺”，封命蕃国之君用之；其五“天子之玺”，与蕃国之君书用之；其六“天子信玺”，征蕃国之兵用之。六玺皆用白玉做成。方一寸五分，高一寸，螭兽钮。武德二年，建德破化及，得八玺及珍宝。 ㉖秦王左二护军：秦王所统，置左三府、右三府，各有统军、护军。 ㉗从坐：犹连坐。 ㉘当相为留之：当为你留住他的生命。 ㉙贵臣：显贵之臣。 ㉚手刃君者：亲手杀你。 ㉛不预知：事先不知道。 ㉜诃：亦作“呵”，大声斥责。 ㉝必欲就死：一定要想找死。㉞乙亥：五月十八日。 ㉟戊寅：五月二十一日。 ㊱王世辩：又名王辩。王世充从弟（即叔伯兄弟）。从世充征战，为虎贲郎将。武德四年，世充称帝，封为杞王、徐州行台。事迹见《旧唐书》卷五十四《王世充传》。 ㊲任瓌（？—629）：字玮。庐州合肥（今安徽合肥市）人。在隋任韩城尉。入唐，授谷州刺史。王世充数攻新安，瓌拒破之，以功累封管国公。后平徐圆朗、辅公祏多有功。传见《旧唐书》卷五十九、《新唐书》卷九十。 ㊳故地悉平：旧有辖地全部平定。 ㊴博州：州名。治所在今山东聊城。㊵徇下：带兵巡行占领地方。 ㊶己卯：五月二十二日。 ㊷李大恩（？—622）：本姓胡。原为窦建德行台尚书令。武德四年降唐。事迹见《旧唐书》卷一百九十四上《突厥传》。 ㊸苑君璋：马邑人。初从颉利，后降唐，拜安州都督，封芮国公。传见《旧唐

书》卷五十五、《新唐书》卷九十二。

【译文】

前任真定令周法明，是周法尚的弟弟，隋朝末年联合宾客偷袭并占据了黄梅县，又派遣同族侄子周孝节攻打蕲春，派哥哥的儿子周绍则攻打安陆，派自己的儿子周绍德攻打沔阳，并攻克这些地方。五月十三日，率此四郡前来降唐。

五月十五日，齐善行率洺州、相州、魏州等前来投降。当时窦建德的余部逃到洺州，准备把窦建德的养子立为君主，再征发军队来抗拒唐朝，又想剽掠居民，然后返回海边做强盗。只有齐善行一人认为不可以这样做，说："隋朝末年国家丧乱，所以我们在草野中相聚，只是为了苟且求生罢了。靠着夏王的英武，平定了河北地区，士马精强，可是一个早上就被唐兵活捉，败得这么容易，难道不是天命有所归属，而不是仅靠人力就能与之争夺的吗？现在失败到如此地步，守也不能成功，逃跑也不能免于一死，这就等于亡国，怎能再次给百姓留下毒害？不如诚心向唐投降。一定要得到缯帛的人，当会把府库中的物品全部发放，不要再来残害民众了！"于是运出府库中的丝帛多达数十万段，放在万春宫的东街上，发给军官与士兵，一共发了三昼夜才全部发完。仍然部署兵士守卫民众居住的坊巷，得到赏赐物品的人立即出城，不准再进入百姓家中。士卒全部散去，然后齐善行与右仆射裴矩、行台曹旦，率领百官护奉着窦建德的妻子曹氏和传国的八块玉玺，以及战胜宇文化及时所得的珍宝，向唐请求投降。唐高祖任命齐善行为秦王左二护军，仍然对他给予优厚赏赐。

当初，窦建德诛杀宇文化及时，隋朝的南阳公主有个儿子名叫禅师，窦建德虎贲郎将於士澄问公主说："宇文化及大逆不道，他兄弟的儿子都应当连坐处死，若舍不得禅师，我当为你求情留下他。"公主哭着说："虎贲既是隋王室的贵臣，此事何须来问我。"窦建德最终还是杀了禅师。公主不久请求出家为尼姑。等到窦建德失败，公主将要回归长安，与宇文士及在洛阳相遇，宇文士及请求与公主相见，公主不同意。宇文士及站在门外，请求再次成为夫妇。公主说："我与你是仇家，现在所以不亲手杀你，只是在你们谋反之日，知道你预先是不知道罢了。"呵斥他让他尽速离去。宇文士及坚持请求，公主发怒说："一定要我现在就去死，那就可以与君相见！"宇文士及知道公主的意志终不可屈服，这才拜辞离去。

五月十八日，任命周法明为黄州总管。

五月二十一日，王世充委任徐州行台杞王王世辩率徐州、宋州等三十八州来见河南道安抚大使任瓌请求投降，于是全部平定王世充原有的地盘。

窦建德的博州刺史冯士羡又推举淮安王李神通为慰抚山东使，攻下了三十多个州，窦建德的地盘也全部平定。

五月二十二日，代州总管李大恩袭击苑君璋，打败了他。

【原文】

突厥寇边，长平靖王叔良督五将击之，叔良中流矢，师旋，六月戊子[①]，卒于道。

戊戌[②]，孟海公馀党蒋善合以郓州[③]，孟啖鬼以曹州[④]来降。啖鬼，海公之从兄也。

庚子[⑤]，营州[⑥]人石世则执总管晋文衍，举州叛，奉靺鞨突地稽为主[⑦]。

黄州总管周法明攻萧铣安州[⑧]，拔之，获其总管马贵迁。

乙巳[⑨]，以右骁卫将军盛彦师为宋州[⑩]总管，安抚河南。

乙卯[⑪]，海州[⑫]贼帅臧君相以五州来降，拜海州总管。

秋，七月庚申[⑬]，王世充行台王弘烈、王泰、左仆射豆卢行褒、右仆射苏世长[⑭]以襄州[⑮]来降。上与行褒、世长皆有旧，先是，屡以书招之，行褒辄杀使者[⑯]。既至长安，上诛行褒而责世长。世长曰："隋失其鹿，天下共逐之。陛下既得之矣，岂可复忿同猎之徒[⑰]，问争肉[⑱]之罪乎？"上笑而释之，以为谏议大夫。尝从校猎[⑲]高陵[⑳]，大获禽兽，上顾群臣曰："今日畋，乐乎？"世长对曰："陛下游猎，薄废[㉑]万机，不满十旬[㉒]，未足为乐！"上变色，既而笑曰："狂态复发邪？"对曰："于臣则狂[㉓]，于陛下甚忠。"尝侍宴披香殿[㉔]，酒酣，谓上曰："此殿炀帝之所为邪？"上曰："卿谏似直而实多诈，岂不知此殿朕所为，而谓之炀帝乎[㉕]？"对曰："臣实不知，但见其华侈如倾宫、鹿台[㉖]，非兴王[㉗]之所为故也。若陛下为之，诚非所宜[㉘]。臣昔侍陛下于武功，见所居宅仅庇风雨，当时亦以为足。今因[㉙]隋之宫室，已极侈矣，而又增之，将何以矫[㉚]其失乎？"上深然之。

甲子[㉛]，秦王世民至长安。世民被黄金甲，齐王元吉、李世勣等二十五将从其后，铁骑[㉜]万匹，前后部鼓吹[㉝]，俘王世充、窦建德及隋乘舆、御物[34]献于太庙[35]，行饮至[36]之礼以飨之。

乙丑[37]，高句丽[38]王建武遣使入贡[39]。建武，元[40]之弟也。

上见王世充而数之，世充曰："臣罪固当诛，然秦王许臣不死。"丙寅[41]，诏赦世充为庶人[42]，与兄弟子侄处蜀[43]；斩窦建德于市。

丁卯[44]，以天下略定，大赦百姓，给复一年[45]。陕、鼎、函、虢、虞、芮六州[46]，转输劳费[47]，幽州管内[48]，久隔寇戎[49]，并给复二年。律、令、格、式[50]，且用开皇旧制。赦令既下，而王、窦馀党[51]尚有远徙者，治书侍御史[52]孙伏伽[53]上言："兵、食可去，信不可去[54]，陛下已赦而复徙之，是自违本心[55]，使臣民何所凭依？且世充尚蒙宽宥[56]，况于馀党，所宜纵释[57]。"上从之。

王世充以防夫[58]未备，置雍州廨舍[59]。独孤机[60]之子定州刺史修德[61]帅兄弟至其所，矫称敕呼[62]郑王，世充与兄世恽[63]趋出，修德等杀之。诏免修德官。其馀兄弟子侄等，于道亦以谋反诛。

（以上为第七段，写窦建德、王世充之死。秦王李世民凯旋还京。）

【注释】

①戊子：六月初二日。　②戊戌：六月十二日。　③郓（yùn）州：州名。治所在今山东郓城县东。　④曹州：州名。治所在今山东曹县西北。　⑤庚子：六月十四日。　⑥营州：州名。治所在今辽宁朝阳市。　⑦奉靺鞨突地稽为主：《旧唐书·靺鞨传》载"有酋帅突地稽者，隋末率其部千馀家内属，处之于营州，炀帝授突地稽金紫光禄大夫、辽西太守。武德初，遣间使朝贡，以其部落置燕州，仍以突地稽为总管"。故石世则叛后，遂奉以为主。　⑧安州：州名。治所在今湖北安陆市。　⑨乙巳：六月十九日。　⑩宋州：州名。治所在今河南商丘市。　⑪乙卯：六月二十九日。　⑫海州：州名。治所在今江苏连云港市西南海州区。　⑬庚申：七月初五日。　⑭苏世长：武功（今陕西武功县）人。唐高祖时擢拜谏议大夫。传见《旧唐书》卷七十五、《新唐书》卷一百零三。　⑮襄州：州名。治所在今湖北襄阳市。　⑯辄杀使者：凡来使者皆杀之。辄，总是，就。　⑰同猎之徒：一同打猎之人。　⑱争肉：指争鹿。为避重复，改鹿为肉。　⑲校（jiào）猎：用木栏遮阻，猎取禽兽。　⑳高陵：县名。唐京兆府所属畿县，位于唐长安城东北八十里。县治在今陕西西安市高陵区西南。　㉑薄废：荒废。薄，淡薄。　㉒十旬：一旬为十天。十旬为一百天。　㉓于臣则狂：对于臣来说是狂乱。　㉔披香殿：宫殿名。据程大昌《雍录》云："庆善宫有披香殿。"又云，"庆善宫，本名

武功，高祖旧第也。在武功县，渭水北”。按下文世长言“昔侍陛下于武功”，“见所居宅仅庇风雨”。则此披香殿不应在武功之庆善宫，而应是高祖在长安新筑。 ㉕而谓之炀帝乎：而说它是炀帝所造的呢？ ㉖倾宫、鹿台：均为商纣王所筑。 ㉗兴王：兴业之王。 ㉘诚非所宜：实在不适宜。 ㉙因：凭借。 ㉚矫：矫正。 ㉛甲子：七月初九日。 ㉜铁骑：指骑兵。 ㉝鼓吹：军乐。 ㉞御物：皇帝所用之物。 ㉟太庙：帝王为祭祀其祖先而建立的庙。 ㊱饮至：古时有朝、会、盟、伐诸事，既归而饮于宗庙，谓之饮至。 ㊲乙丑：七月初十日。 ㊳高句（gōu）丽：一作高句骊，也称句丽、句骊、高丽。古国名。相传公元前37年朱蒙创立，辖境相当于今鸭绿江及其支流浑江流域一带。 ㊴入贡：进贡品。 ㊵元：高元，高丽王。 ㊶丙寅：七月十一日。 ㊷庶人：平民百姓。 ㊸处蜀：徙居于蜀。 ㊹丁卯：七月十二日。 ㊺给复一年：免百姓一年之赋役。 ㊻陕、鼎、函、虢、虞、芮六州：陕，州名。治所在今河南三门峡市陕州区。鼎，州名。治所在今河南灵宝市北故函谷关地。函，州名。治所在今河南洛宁县东北。虢（guó），州名。治所在今河南卢氏县。虞，州名。治所在今山西运城市东北安邑。芮，芮城县。县治在今山西芮城县东张村。 ㊼转输劳费：转运辛劳费财。 ㊽管内：辖境之内。 ㊾久隔寇戎：久为戎狄寇盗所阻隔。 ㊿律、令、格、式：律、令，法令。格、式，古代规定官署办事规则和公文程式的行政法规。隋以后，律、令、格、式并行。 [illegible]localStorage51王、窦馀党：王世充、窦建德的残余党羽。 52治书侍御史：官名。汉宣帝令侍御史二人治书侍侧，后因以置之，称治书侍御史。负责评议狱案，论断罚罪轻重。魏晋至隋多治置。唐改为御史中丞。 53孙伏伽（？—658）：贝州武城（今河北清河县西北）人。唐武德初拜治书侍御史，累迁大理寺卿。后出为陕州刺史。传见《旧唐书》卷七十五、《新唐书》卷一百零三。 54兵、食可去，信不可去：此语出自《论语·颜渊》。意思是说，治理国家，军备、粮食可以去掉，但人民的信任决不可失去。 55自违本心：违背自己想要赦免的本心。 56宽宥（yòu）：宽恕、宽赦。 57纵释：释放。 58防夫：防监的役夫。 59雍州廨舍：在长安外郭城朱雀街西之光德坊，后改为京兆府廨。 60独孤机：曾仕越王侗。王世充称帝，机谋归唐，被世充所杀。事迹见《新唐书》卷八十五《王世充传》。 61定州：州名。治所在今河北定州。修德：即独孤修德。独孤机之子。唐羽林将军。事迹见《新唐书》卷八十五《王世充传》。 62矫称敕呼：诈称诏命召呼。 63世恽（？—621）：王世充之兄。事迹见《新唐书》卷八十五《王世充传》。

【译文】

突厥侵犯边境，长平靖王李叔良督率五将反击突厥，李叔良被流箭射中，军队撤退，六月初二日，李叔良死于途中。

六月十二日，孟海公的余党蒋善合率郓州降唐，孟啖鬼率曹州降唐。孟啖鬼是孟海公的堂兄。

六月十四日，营州人石世则逮捕总管晋文衍，率全州反叛，尊奉靺鞨突地稽为君主。

黄州总管周法明攻打萧铣的安州，攻克安州城，俘获萧铣的总管马贵迁。

六月十九日，唐任命右骁卫将军盛彦师为宋州总管，安抚河南。

六月二十九日，海州叛军首领臧君相率五个州投降唐朝，唐封他为海州总管。

秋季，七月初五日，王世充的行台王弘烈、王泰、左仆射豆卢行褒、右仆射苏世长率襄州投降唐朝。唐高祖与豆卢行褒、苏世长皆有旧交情，在此之前，曾屡次写信招安二人，豆卢行褒总是杀了唐高祖派来的使者，此时到了长安之后，唐高祖诛杀豆卢行褒而斥责苏世长。苏世长说："隋朝丧失了他的王权，天下的人都来追逐。陛下既已得到这个王权了，怎能还对其他的追逐争夺者感到气愤，并责问他们争夺这块肥肉的罪行呢？"唐高祖笑着释放了他，让他担任谏议大夫。他曾跟从唐高祖在高陵校阅军队进行围猎，抓获很多禽兽，唐高祖回头对群臣说："今日打猎，高兴吗？"苏世长回答说："陛下外出游猎，荒废了国家政事，不满一百天，还不足以为乐！"唐高祖听了变了脸色，又转而笑着说："你的狂态复发了吗？"苏世长回答说："就臣子来说是狂，对陛下来说，则是非常忠诚。"苏世长曾经在披香殿陪同唐高祖举行宴会，酒喝得正酣时，对唐高祖说："此殿是隋炀帝修建的吗？"唐高祖说："你的谏言表面像是直率而实际上多有诈，难道不知道这个殿是朕所修建的，却说是隋炀帝修建的？"苏世长回答说："臣实在是不知道，只是看到宫殿的华丽奢侈如同殷纣王的倾宫、鹿台一样，这不是新兴帝王的所为，所以才这样问。如果是陛下建的，实在是不适宜的。臣子从前在武功服侍陛下，看到当时居住的房宅仅能遮蔽风雨，当时也以为满足。现在利用隋朝的宫室，已经是极为奢侈了，却又加以增建，将用什么来矫正隋朝的过失呢？"唐高祖非常认可这番话。

七月初九日，秦王李世民回到长安。李世民身披黄金甲，齐王李元吉、李世勣等二十五将跟从其后，铁骑上万匹，前后分部击鼓吹号，在太庙把俘虏王世充、窦建德以及隋朝皇帝的专用车、御用物品贡献给祖先，举行饮至礼祭祀祖先。

七月初十日，高句丽的国王高建武派遣使节来朝上贡。高建武是高元的弟弟。

唐高祖看到王世充就列数他的罪行，王世充说："臣的罪行固然该杀，但秦王已经答应不把臣处死。"七月十一日，下诏赦免王世充的死罪，废为庶人，与兄弟子侄全部迁徙到蜀地居住；在街市上斩杀了窦建德。

七月十二日，因为天下大致平定，举行大赦，百姓都免除赋税一年。陕州、鼎州、函州、虢州、虞州、芮州由于转输粮草，民力劳费过多，而幽州管辖区内，由于长久受到外族侵袭而与中央隔绝，则都免除赋税两年。朝廷的律、令、格、式，暂且都采用隋朝开皇年间的已有制度。大赦令发布之后，王世充、窦建德的余党还有迁徙到远方的，治书侍御史孙伏伽上奏说："兵与食都可以去掉，而信用不可以去掉，陛下已经发布大赦，可是还迁徙这些人，这是自己违背自己本来的想法，让臣民依靠什么呢？而且王世充都还蒙受到宽大处理而不杀头，何况他的余党，也应当释放。"唐高祖听从这一建议。

唐将王世充迁徙到蜀地，但借口尚未准备好随行的监护役夫，就临时安置他住在长安城内的雍州廨舍内。独孤机的儿子定州刺史独孤修德带领他的兄弟到王世充的住处，假称有皇帝的敕书要见郑王，王世充与哥哥王世恽赶紧从廨舍内出来，独孤修德等人随即杀死王世充兄弟。唐高祖下诏罢免独孤修德的官职。王世充其他的兄弟子侄等，在迁徙到蜀地的路上也以谋反的罪名被杀死。

【原文】

隋末钱币滥薄[①]，至裁皮糊纸为之，民间不胜其弊。至是，初行开元通宝钱，重二铢四参[②]，积十钱重一两，轻重大小最为折衷[③]，远近便之。命给事中[④]欧阳询[⑤]撰其文并书，回环可读[⑥]。

以屈突通为陕东道大行台右仆射，镇洛阳，以淮阳王道玄为洛州[⑦]总管。李世勣父盖竟无恙而还[⑧]，诏复其官爵。窦轨[⑨]还益州。轨将兵征讨，或经旬月不解甲。性严酷，将佐有犯，无贵贱[⑩]立斩之，鞭挞[⑪]吏民，常流血满庭，所部重足屏息[⑫]。

癸酉[⑬]，置钱监于洛、并、幽、益等诸州，秦王世民、齐王元吉赐三炉，裴寂赐一炉，听铸钱[⑭]。自馀敢盗铸者，身死，家口配没[⑮]。

河北既平，上以陈君宾[16]为洺州刺史。将军秦武通[17]等将兵屯洺州，欲使分镇东方诸州。又以郑善果等为慰抚大使，就洺州选补[18]山东州县官。

窦建德之败也，其诸将多盗匿库物[19]，及居闾里[20]，暴横为民患，唐官吏以法绳之[21]，或加捶挞，建德故将皆惊惧不安。高雅贤[22]、王小胡[23]家在洺州，欲窃其家以逃，官吏捕之，雅贤等亡命至贝州。会上征建德故将范愿、董康买、曹湛及雅贤等，于是愿等相谓曰："王世充以洛阳降唐，其将相大臣段达、单雄信等皆夷灭[24]，吾属[25]至长安，必不免矣。吾属自十年以来，身经百战，当死久矣，今何惜馀生，不以之立事[26]。且夏王得淮安王，遇以客礼，唐得夏王即杀之。吾属皆为夏王所厚，今不为之报仇，将无以见天下之士！"乃谋作乱，卜之，以刘氏为主吉[27]，因相与之[28]漳南，见建德故将刘雅，以其谋告之。雅曰："天下适[29]安定，吾将老于耕桑[30]，不愿复起兵！"众怒，且恐泄其谋，遂杀之。故汉东公刘黑闼，时屏居漳南[31]，诸将往诣[32]之，告以其谋，黑闼欣然从之。黑闼方种蔬，即杀耕牛与之共饮食定计，聚众得百人。甲戌[33]，袭漳南县据之。是时，诸道有事则置行台尚书省，无事则罢之。朝廷闻黑闼作乱，乃置山东道行台[34]于洺州，魏、冀、定、沧并置总管府。丁丑[35]，以淮安王神通为山东道行台右仆射。

辛巳[36]，褒州[37]道安抚使郭行方攻萧铣都州[38]，拔之。

孟海公与窦建德同伏诛，戴州刺史孟啖鬼不自安，挟海公之子义以曹、戴二州反，以禹城[39]令蒋善合为腹心。善合与其左右同谋斩之。

八月，丙戌朔[40]，日有食之。

丁亥[41]，命太子安抚北边。

丁酉[42]，刘黑闼陷鄃县[43]，魏州刺史权威、贝州刺史戴元祥与战，皆败死，黑闼悉取其馀众及器械。窦建德旧党稍稍[44]出归之，众至二千人，为坛于漳南，祭建德，告以举兵之意，自称大将军。诏发关中步骑三千，使将军秦武通[45]、定州总管蓝田[46]李玄通[47]击之，又诏幽州总管李艺引兵会击黑闼。

癸卯[48]，突厥寇代州，总管李大恩遣行军总管王孝基拒之，举军[49]皆没。甲辰[50]，进围崞县[51]。乙巳[52]，王孝基自突厥逃归，李大恩众少，据城自守，突厥不敢逼，月馀引去。

上以南方寇盗尚多，丙午[53]，以左武候将军[54]张镇周为淮南道行军总管，大将军陈智略为岭南道行军总管，镇抚之。

丁未[55]，刘黑闼陷历亭[56]，执屯卫将军王行敏，使之拜，不可，遂杀之。

（以上为第八段，写窦建德旧将刘黑闼反于河北。）

【注释】

①钱币滥薄：钱币恶滥薄小。 ②二铢四参：按《汉书·律历志》载，“权轻重者不失黍絫（lěi）”。应劭注：“十黍为絫，十絫为一铢。”二铢四絫为二百四十黍。“参”当作“絫”，盖属笔误。黍、絫，均为古代重量单位名。 ③折衷：增损而得其中。 ④给事中：官名。隋、唐属门下省的要职，在侍中及门下侍郎之下，职掌驳正政令的违失。 ⑤欧阳询（557—641）：唐书法家。字信本，潭州临湘（今湖南长沙）人。传见《旧唐书》卷一百八十九、《新唐书》卷一百九十八。 ⑥回环可读：意为无论怎么读，其义皆通。《旧唐书·食货志》云，“其词先上后下，次左后右读之，自上及左回环读之，其义亦通”。 ⑦洛州：州名。治所在今河南洛阳市东北。 ⑧盖竟无恙而还：李盖于武德二年十月在黎阳被窦建德所虏，现平安返回。 ⑨窦轨（？—630）：窦威兄子。字士则。传见《旧唐书》卷六十一、《新唐书》卷九十五。 ⑩无贵贱：无论贵贱。 ⑪挞：打。 ⑫重足屏息：重足，双脚并拢；屏息，闭住呼吸。形容非常恐惧的样子。 ⑬癸酉：七月十八日。 ⑭听铸钱：听任其自铸钱以牟利。 ⑮家口配没：家人籍没并流放。 ⑯陈君宾：唐初良吏。传见《旧唐书》卷一百八十五、《新唐书》卷一百九十七。 ⑰秦武通：唐初战将。从太宗讨平割据势力，多有功。 ⑱就洺州选补：于洺州就近选补。 ⑲库物：公库财物。 ⑳闾里：乡里。 ㉑以法绳之：以法律制裁之。绳，按一定的标准去衡量、纠正。 ㉒高雅贤：原为窦建德部将。建德败，降唐。复反叛，投刘黑闼。武德五年（622）黑闼称王，以雅贤为左领军。 ㉓王小胡：原为窦建德部属，后投刘黑闼。黑闼称王，署为左领军。高雅贤、王小胡事迹均见《新唐书》卷八十六《刘黑闼传》。 ㉔夷灭：诛灭。 ㉕吾属：我辈。 ㉖立事：建立事业。指成就大事。 ㉗主吉：最吉利。 ㉘因相与之：因而一同到。 ㉙适：方才。 ㉚吾将老于耕桑：我打算将余生放在耕桑上。 ㉛屏居漳南：屏绝人事，匿居漳南。 ㉜诣：前往，去到。 ㉝甲戌：七月十九日。 ㉞行台：官署名。东汉以后，中央政务由三公改归台省，台省设于地方之派出机构，谓之行台。隋与唐初，称行台省。置令、仆射等官，总

理一方军政。 ㉟丁丑：七月二十二日。 ㊱辛巳：七月二十六日。 ㊲褒州：胡注，“褒州”当作“襄州”。 ㊳鄀（ruò）州：州名。治所在今湖北荆门市西北。 ㊴禹城：县名。县治在今山东禹城市西南。 ㊵丙戌朔：八月初一日。 ㊶丁亥：八月初二日。 ㊷丁酉：八月十二日。 ㊸鄃（shū）县：县名。县治在今山东夏津县附近。 ㊹稍稍：渐渐。 ㊺秦武通：唐初将领，曾任朔州总管。事迹见《旧唐书》卷一百九十四上《突厥传》。 ㊻蓝田：县名。县治在今陕西蓝田县。 ㊼李玄通：蓝田人。为隋鹰扬郎将。降高祖，拜定州总管。传见《旧唐书》卷一百八十、《新唐书》卷一百九十一。 ㊽癸卯：八月十八日。 ㊾举军：全军。 ㊿甲辰：八月十九日。 (51)崞（guō）县：县名。县治在今山西原平市北崞阳镇。 (52)乙巳：八月二十日。 (53)丙午：八月二十一日。 (54)武候将军：官名。隋置左右武候府，寻改为左右武候卫。唐初因之。掌宫中及京城巡警，为禁卫之一。左右武候卫置大将军各一人，正三品；将军各二人，从三品。龙朔二年（662），左右武候卫改为左右金吾卫。 (55)丁未：八月二十二日。 (56)历亭：县名。县治在今山东武城县东北。

【译文】

隋朝末年钱币滥制而非常薄，到了裁皮糊纸来做钱的地步，民间深受其害。到这时，开始使用开元通宝的制钱，直径八分，重二铢四参，十钱合重一两，制钱的轻重大小最为适当，无论地方远近都觉得方便使用。又诏命给事中欧阳询撰写钱上的文字，其字在钱上可以回环阅读。

唐任命屈突通为陕东道大行台右仆射，镇守洛阳，任命淮阳王李道玄为洛州总管，李世勣的父亲李盖最终得以毫发无伤地返回，唐高祖下诏恢复他的官爵。窦轨回到益州。窦轨率兵外出征讨时，有时一连十天一个月都不解下盔甲。他的性格非常严格冷酷，手下将佐有犯禁的，不论贵贱立刻斩首，用鞭子抽打官吏和民众，常常血流满庭院，他的部下都是蹑手蹑脚不敢大声呼吸。

七月十八日，在洛州、并州、幽州、益州等地设置钱监，对秦王李世民、齐王李元吉各自赐给三座铸钱炉，赐给裴寂一座铸钱炉，允许他们随意铸钱。其余无论何人胆敢盗铸钱的，本人处死，全家人籍没流放。

河北平定之后，唐高祖任命陈君宾为洺州刺史。将军秦武通等人率军驻屯洺州，想让他分兵镇守东方诸州。又任命郑善果等人为慰抚大使，到洺州选补山东各州县的官员。

窦建德失败时，他的手下诸将大多盗窃藏匿仓库中的物资，并在他们居住的闾里街区，残暴横行，成为民众之害，唐朝的官吏依法惩罚他们，有的官吏就对这些犯法军将加以捶击和鞭挞，原属窦建德的军官于是都惊惧不安。高雅贤、王小胡的家在洺州，想暗中带家财逃走，官吏逮捕了他们，高雅贤等人逃亡到贝州。正好此时唐高祖征召窦建德的旧将范愿、董康买、曹湛及高雅贤等人前往长安，于是范愿等人相互说："王世充拿洛阳投降唐朝，他的将相大臣段达、单雄信等人都被灭族，我们到了长安，一定不能免死。我们这伙人十年以来，身经百战，早就应当死了，现在还用得着怜惜余生，而不舍命干一番大事吗？况且夏王窦建德俘获唐的淮安王，用客人的礼节对待他，唐俘获夏王就杀死他。我们都受夏王的优厚待遇，现在不替他报仇，就没有脸面来见天下的士人！"于是谋划举行叛乱，对事情的成败进行占卜，得到占卜的结果说拥立姓刘的人为首领就是吉利的，于是一起前往漳南，看到窦建德原来的军将刘雅，把谋反的计划告诉了他。刘雅说："天下刚刚安定，我想务农终老，不愿意再起兵！"众人发怒，并且怕他泄露他们的谋反计划，就杀了刘雅。原汉东公刘黑闼，当时隐居在漳南，这些将领前去见他，告诉他谋反计划，刘黑闼欣然听从这一计划。刘黑闼正在种蔬菜，当即杀了耕牛，与众人一起饮食定下大计，聚众得到一百人。七月十九日，袭击漳南县，占据了县城。这时，各道有事就设置行台尚书省，无事罢除行台。朝廷听说刘黑闼反叛作乱，于是在洺州设置山东道行台，另在魏州、冀州、定州、沧州都设置总管府。二十二日，任命淮安王李神通为山东道行台右仆射。

七月二十六日，褒州道安抚使郭行方攻打萧铣的鄀州，攻下州城。

孟海公与窦建德一同被唐朝处死后，戴州刺史孟啖鬼无法心安，就挟持孟海公的儿子孟义占据曹州、戴州反叛，把禹城令蒋善合视为心腹，蒋善合却与他的亲信一同谋划杀了孟啖鬼。

八月初一日，发生日食。

八月初二日，唐朝命令太子李建成安抚北部边境。

八月十二日，刘黑闼攻陷鄃县，魏州刺史权威、贝州刺史戴元祥与刘黑闼作战，都战败而死，刘黑闼将他们的余部及器械全部收编。窦建德的旧日党羽也逐渐逃出归顺刘黑闼，兵力达到两千人，（刘黑闼）在漳南建立土坛，祭祀窦建德，向他报告此次举兵的用意，自己号称大将军。唐高祖下诏征发关中步骑兵三千人，让将军秦武通、定州总管蓝田人李玄通前往讨伐，又下诏命幽州总管李艺率军与李玄通会合攻击刘黑闼。

八月十八日，突厥侵犯代州，总管李大恩派遣行军总管王孝基进行防御，全军都被消灭。十九日，突厥进军包围崞县。二十日，王孝基自突厥逃回，李大恩兵少，凭借州城进行防守，突厥不敢进逼，一个多月后撤军离去。

唐高祖因南方寇盗尚多，八月二十一日，任命左武候将军张镇周为淮南道行军总管，任命大将军陈智略为岭南道行军总管，镇抚南方各地。

八月二十二日，刘黑闼攻陷历亭，活捉屯卫将军王行敏，让他下拜，不下拜，于是杀了他。

【原文】

初，洛阳既平，徐圆朗[①]请降，拜兖州总管，封鲁郡公。刘黑闼作乱，阴与圆朗通谋。上使葛公[②]盛彦师安集[③]河南，行至任城，辛亥[④]，圆朗执彦师，举兵反。黑闼以[⑤]圆朗为大行台元帅，兖、郓、陈、杞、伊、洛、曹、戴等八州豪右[⑥]皆应之。圆朗厚礼彦师，使作书与其弟，令举虞城[⑦]降。彦师为书曰："吾奉使无状[⑧]，为贼所擒，为臣不忠[⑨]，誓之以死。汝善侍老母，勿以吾为念。"圆朗初色动[⑩]，而彦师自若。圆朗乃笑曰："盛将军有壮节[⑪]，不可杀也。"待之如旧。

河南道安抚大使任瓌行至宋州，属[⑫]圆朗反，副使柳浚[⑬]劝瓌退保汴州，瓌笑曰："柳公何怯也？"圆朗又攻陷楚丘[⑭]，引兵将围虞城，瓌遣部将崔枢[⑮]、张公谨[⑯]自鄢陵帅诸豪右质子[⑰]百馀人守虞城。浚曰："枢与公谨皆王世充将，诸州质子父兄皆反，恐必为变。"瓌不应。枢至虞城，分质子使与土人合队共守城。贼稍近，质子有叛者，枢斩其队帅。于是诸队帅皆惧，各杀其质子，枢不禁，枭其首于门外，遣使白瓌。瓌阳[⑱]怒曰："吾所以使与质子俱者，欲招其父兄耳，何罪而杀之？"退谓浚曰："吾固知崔枢能办此也。县人既杀质子，与贼深仇，吾何患乎？"贼攻虞城，果不克而去。

初，窦建德以鄱阳[⑲]崔元逊[⑳]为深州[㉑]刺史，及刘黑闼反，元逊与其党数十人谋于野，伏[㉒]甲士于车中，以禾覆其上，直入听事，自禾中呼噪而出，执刺史裴晞杀之，传首黑闼。

九月乙卯[㉓]，文登[㉔]贼帅淳于难请降，置登州[㉕]，以难为刺史。

突厥寇并州，遣左屯卫大将军[㉖]窦琮[㉗]等击之。戊午[㉘]，突厥寇原州，遣行军总管尉迟敬德等击之。

辛酉[㉙]，徐圆朗自称鲁王。

（以上为第九段，写徐圆朗反于山东。）

【注释】

①徐圆朗（？—623）：隋叛将。兖州人。降唐，任兖州总管，封鲁郡公。传见《旧唐书》卷五十五、《新唐书》卷八十六。 ②葛公：《旧唐书·刘黑闼附徐圆朗传》作葛国公。盖以古地名为封号。 ③安集：安定集聚。 ④辛亥：八月二十六日。 ⑤以：任命。 ⑥豪右：豪门大族。 ⑦虞城：县名。县治在今河南虞城县北旧县城西南。 ⑧奉使无状：接受任命没有成绩。 ⑨不忠：不能尽忠。 ⑩初色动：起初发怒变色。 ⑪壮节：壮烈之志节。 ⑫属：接着。 ⑬柳浚：唐初河南道安抚副使。 ⑭楚丘：县名。县治在今山东曹县东南。 ⑮崔枢：原为王世充所署洧州刺史。武德元年归唐，累迁刺史、司农卿等。事迹见《旧唐书》卷六十八《张公谨传》。 ⑯张公谨：字弘慎，王世充长史。武德元年与崔枢一起投唐，李世民引为幕府，玄武门之变建功。后官至代州、襄州都督。 ⑰质子：犹人质。古时派往别国（或别处）去作抵押的人，多为王子或世子，故名“质子”。 ⑱阳：佯，假装。 ⑲鄱（pó）阳：郡名。治所在今江西鄱阳县。 ⑳崔元逊：刘黑闼部将。武德四年杀深州刺史裴晞，叛附于黑闼，被署为深州刺史。事迹见《新唐书》卷八十六《刘黑闼传》。 ㉑深州：州名。治所在今河北饶阳县。按《新唐书》卷八十六载，崔元逊为饶阳（今河北饶阳县）人。《通鉴》作“鄱阳”，盖为笔误。 ㉒伏：埋伏。 ㉓乙卯：九月初一日。 ㉔文登：县名。县治在今山东威海市文登区。 ㉕登州：州名。治所在今山东烟台市牟平区。 ㉖左屯卫大将军：官名。左屯卫为禁卫军之一，大将军为其长官，正三品。 ㉗窦琮：窦轨弟。武德初为左屯卫大将军。传见《旧唐书》卷六十一、《新唐书》卷九十五。 ㉘戊午：九月初四日。 ㉙辛酉：九月初七日。

【译文】

当初，洛阳平定之后，徐圆朗请求投降，拜为兖州总管，封为鲁郡公。刘黑闼反叛之后，暗中与徐圆朗联络起兵。唐高祖让葛公盛彦师安抚河南地区，走到任城，八月二十六日，徐圆朗逮捕盛彦师，举兵反叛。刘黑闼任命徐圆朗为大行台元帅，兖州、郓州、陈州、杞州、伊州、洛州、曹州、戴州八个州的地方豪强全都响应刘黑闼。徐圆朗以优厚礼节对待盛彦师，让他写信给他弟弟，让其弟率虞城投降。盛彦师写信说：“我奉命出使却有辱使命，被叛贼生擒，作为臣子则是不忠，发誓以死回报朝廷，你好好服侍老母亲，不要以我为念。”徐圆朗起初脸有怒色，而盛彦师神色自若。徐圆朗于是笑着说："盛将军有壮烈的气节，不可杀啊。"对待他仍像以前一样。

河南道安抚大使任瓌走到宋州时，徐圆朗已反叛，副使柳浚劝任瓌撤退守住汴州，任瓌笑着说："柳公多胆怯啊！"徐圆朗又攻陷楚丘，率军将要包围虞城，任瓌派遣部将崔枢、张公谨从鄢陵率领当地各位豪强的儿子作为人质，一百多人聚在虞城防守。柳浚说："崔枢与张公谨都是王世充的将领，城内人质的父兄们都已反叛，恐怕必定也会叛乱。"任瓌不做回答。崔枢到了虞城，把人质分开与当地人混合编队共同守城。贼军稍微接近虞城，有的人质进行反叛，崔枢就将这个反叛人质的小队队长斩首。这样一来各小队的队长都害怕了，各自杀了队中的人质，崔枢也不禁止，把这些人质的首级挂在城门外示众，遣使节告诉任瓌。任瓌佯装发怒说："我之所以让你与这些人一起守城，是想让他们招来其父兄，他们有什么罪，你就杀了他们？"任瓌退下来对柳浚说："我本来就知道崔枢能办好此事。当地人既已杀了这些人质，就与叛贼结下了深仇大恨，我还担心什么呢？"叛军进攻虞城，果然不能攻克，于是离去。

当初，窦建德任命鄱阳人崔元逊为深州刺史，到刘黑闼反叛时，崔元逊与其党羽数十人在野外谋划，让甲士藏在车中，用禾秆盖在上面，直接进入州衙门，从禾秆中呼喊冲出，捉住刺史裴晞杀了他，把他的首级传送给刘黑闼。

九月初一日，文登县的叛贼首领淳于难请求投降，设置登州，任命淳于难为登州刺史。

突厥侵犯并州，唐派遣左屯卫大将军窦琮等人攻击来犯的突厥。九月初四日，突厥侵犯原州，唐派遣行军总管尉迟敬德等人攻击来犯的突厥人。

九月初七日，徐圆朗自称鲁王。

【原文】

隋末，歙州[①]贼汪华[②]据黟[③]、歙等五州，有众一万，自称吴王。甲子[④]，遣使来降，拜歙州总管。

隋末，弋阳[⑤]卢祖尚[⑥]纠合壮士以卫乡里，部分严整，群盗畏之。及炀帝遇弑，乡人奉之为光州[⑦]刺史，时年十九，奉表[⑧]于皇泰主。及王世充自立，祖尚来降，丙子[⑨]，以祖尚为光州总管。

己卯[⑩]，诏括天下户口[⑪]。

徐圆朗寇济州，治中[⑫]吴伋论击走之。

癸未[13]，诏以太常[14]乐工皆前代因罪配没[15]，子孙相承，多历年所[16]，良可哀愍[17]；宜并蠲除[18]为民，且令执事[19]，若仕宦入流[20]，勿更追集[21]。

甲申[22]，灵州总管杨师道[23]击突厥，破之。师道，恭仁之弟也。

诏发巴、蜀兵，以赵郡王孝恭为荆湘道[24]行军总管，李靖摄行军长史[25]，统十二总管，自夔州顺流东下。以庐江王瑗为荆郢道行军元帅出襄州道，黔州刺史田世康出辰州[26]道，黄州总管周法明出夏口[27]道，以击萧铣。是月，孝恭发夔州。时峡江[28]方涨，诸将请俟水落进军，李靖曰："兵贵神速。今吾兵始集，铣尚未知，若乘江涨，倏忽[29]抵其城下，掩其不备，此必成擒，不可失也！"孝恭从之。

淮安王神通将关内兵至冀州[30]，与李艺兵合。又发邢、洺、相、魏、恒、赵等兵合五万馀人，与刘黑闼战于饶阳城南，布陈十馀里；黑闼众少，依堤单行而陈[31]以当之。会风雪，神通乘风击之，既而风返，神通大败，士马军资失亡三分之二。李艺居西偏，击高雅贤[32]，破之，逐奔[33]数里，闻大军不利，退保藁城[34]；黑闼就击之，艺亦败，薛万均、万彻皆为所虏，截发[35]驱之。万均兄弟亡归，艺引兵归幽州。黑闼兵势大振。

（以上为第十段，写唐高祖发巴蜀兵讨萧铣。刘黑闼在河北大败唐军。）

【注释】

①歙（shè）州：州名。治所在今安徽歙县。　②汪华：隋末歙州地方割据者。据本郡称王十年，被杜伏威所获。武德四年降唐。事迹见《旧唐书》卷五十六《杜伏威传》。③黟（yī）：县名。县治在今安徽黟县。　④甲子：九月初十日。　⑤弋阳：郡名。治所在今河南光山县。　⑥卢祖尚（？—628）：光州乐安（今河南光山西）人。字季良。贞观中为交州刺史。传见《旧唐书》卷六十九、《新唐书》卷九十四。　⑦光州：州名。治所在今河南光山县。　⑧奉表：上表。　⑨丙子：九月二十二日。　⑩己卯：九月二十五日。　⑪括天下户口：调查统计天下户口。　⑫治中：官名。汉代设置，为州刺史的助理。因主众曹文书，居中治事，故名治中。隋为郡的佐官，唐改为司马。　⑬癸未：九月二十九日。　⑭太常：官名。掌礼乐社稷、宗庙礼仪，兼掌选试博士，历代相沿，其职权则专为司祭礼乐之官。　⑮皆前代因罪配没：按六朝时，多以籍没之人，配为乐户。在唐代，仍以没者配充。　⑯年所：年代。　⑰愍（mǐn）：同怜。　⑱蠲（juān）除：免除。　⑲且令执事：姑且令各事其业。　⑳若仕宦入流：入流谓入九品之流内者，此为唐代特殊术语。全句意为若仕宦已至流内之九品以上者。　㉑勿更追集：不要再追召

集合。 ㉒甲申：九月三十日。 ㉓杨师道（？—647）：字景猷。高祖时，官太常卿。贞观中拜侍中，后迁中书令，罢为吏部尚书。传见《旧唐书》卷六十二、《新唐书》卷一百。 ㉔荆湘道：荆州南郡，湘州长沙郡。荆湘道，以南朝荆、湘所部言之。下荆郢道类此。 ㉕行军长史：官名。唐于出征之将帅及节度使之下置行军长史，作为长官之副，总管府内事务。 ㉖辰州：州名。治所在今湖南沅陵县。 ㉗夏口：地名。在今湖北武汉市黄鹄山上。为历代兵家争夺之地。 ㉘峡江：长江自重庆奉节县瞿塘峡以下，谓之峡江。 ㉙倏（shū）忽：极快地，忽然。 ㉚冀州：州名。治所在今河北冀州市。 ㉛依堤单行而陈：依滹沱河之堤防，而单行为阵。 ㉜高雅贤：原为窦建德部将。建德败，降唐，复反叛，投刘黑闼。武德五年黑闼称王，以雅贤为左领军。事迹见《旧唐书》卷五十五《刘黑闼传》。 ㉝逐奔：追逐奔亡。 ㉞藁（gǎo）城：县名。县治在今河北石家庄市藁城区。 ㉟截发：截断其头发。

【译文】

隋朝末年，歙州的叛贼首领汪华占据黟州、歙州等五个州，有兵士一万人，自称吴王。九月初十日，派遣使节前来投降，唐拜他为歙州总管。

隋朝末年，弋阳人卢祖尚召集壮士保卫乡里，他将壮士们严格地划分小队并且严格管理，当地强盗们都怕他。到隋炀帝被杀害后，乡民把他奉为光州刺史，时年十九岁，向隋朝的皇泰主上表以示臣服。到王世充自立为王的时候，卢祖尚前来降唐，九月二十二日，唐朝任命卢祖尚为光州总管。

九月二十五日，唐廷下诏统计天下的户数和人口数。

徐圆朗攻击济州，治中吴伋论把他击退。

九月二十九日，唐朝下诏认为太常寺的乐工都是隋朝因为犯罪而被取消户籍分配来做乐工的，其子孙世代继承其业，已经经历了很久的时间，实在可悲令人怜悯；应该一并废除乐工身份而为平民，并且命令专管此事的管理者，如果有做官入流的，也不要再追究身份。

九月三十日，灵州总管杨师道袭击突厥，打败他们。杨师道是杨恭仁的弟弟。

唐朝下诏征发巴蜀地区的士兵，任命赵郡王李孝恭为荆湘道行军总管，李靖暂代行军长史，统领十二位总管，从夔州顺着长江东下，任命庐江王李瑗为荆郢道行军元帅，从襄州出兵，命黔州刺史田世康从辰州出兵，命黄州总管周法明从夏口出兵，一同攻击萧铣。这个月，李孝恭从夔州出发。当时长江三峡中江水正在上涨，诸将领请求等江水减退然后进军，李靖说："兵贵神速，现在我军刚刚集结起来，萧铣还不知道，如果乘着江水上涨，突然抵达他的城下，趁他没有防备，这样必定能够生擒他，战机不可丧失！"李孝恭听从了这个建议。

淮安王李神通率领关内的部队到达冀州，与李艺合兵。又征发邢州、洺州、相州、魏州、恒州、赵州等地的士兵五万余人，与刘黑闼在饶阳城南开战，布置战阵十多里；刘黑闼的兵力少，顺着河堤排成单行阵来与唐军对峙。正好这时刮起风雪，李神通乘着风势进行攻击，不久风向反转，李神通反而大败，士马及军需物资丧失了三分之二。李艺在队伍的西翼，攻击高雅贤，击败了他，追赶逃跑的敌军有数里之远，听说大军作战失利，撤退防守藁城；刘黑闼前来攻击，李艺也战败了，薛万均、薛万徹都被俘虏，剪了头发驱赶着走路。薛万均兄弟逃亡回来，李艺率兵返回幽州。刘黑闼的兵势强盛起来。

【原文】

上以秦王功大，前代官皆不足以称之，特置天策上将①，位在王公上。冬，十月，以世民为天策上将，领司徒、陕东道大行台尚书令②，增邑二万户③，仍开天策府④，置官属。以齐王元吉为司空。世民以海内⑤浸平⑥，乃开馆于宫西，延⑦四方文学之士，出教⑧以王府属⑨杜如晦、记室房玄龄、虞世南、文学褚亮⑩、姚思廉⑪、主簿李玄道⑫、参军⑬蔡允恭⑭、薛元敬⑮、颜相时⑯、谘议典签苏勖、天策府从事中郎于志宁⑰、军谘祭酒苏世长、记室薛收⑱、仓曹李守素⑲、国子助教陆德明、孔颖达，信都⑳盖文达㉑、宋州总管府户曹㉒许敬宗㉓，并以本官兼文学馆学士㉔，分为三番㉕，更日㉖直㉗宿，供给珍膳㉘，恩礼优厚。世民朝谒㉙公事之暇，辄至馆中，引㉚诸学士讨论文籍㉛，或夜分㉜乃寝。又使库直㉝阎立本图像㉞，褚亮为赞㉟，号十八学士。士大夫㊱得预其选者，时人谓之"登瀛州"㊲。允恭，大宝㊳之弟子；元敬，收之从子㊴；相时，师古之弟；立本，毗㊵之子也。

初，杜如晦为秦王府兵曹参军，俄迁陕州长史。时府僚多补外官㊶，世民患之。房玄龄曰："馀人不足惜，至于杜如晦，王佐之才㊷，大王欲经营四方，非如晦不可。"世民惊曰："微公言㊸，几失㊹之。"即奏为府属。与玄龄常从世民征伐，参谋帷幄㊺，军中多事，如晦剖决如流㊻。世民每破军克城，诸将佐争取宝货，玄龄独收采㊼人物，致之[48]幕府。又将佐有勇略者，玄龄必与之深相结[49]，使为世民尽死力。世民每令玄龄入奏事，上叹曰："玄龄为吾儿陈事，虽隔千里，皆如面谈[50]。"

（以上为第十一段，写秦王李世民网罗人才，部属猛将如云，又设文学馆网罗天下文士，有十八学士，人才济济，房玄龄、杜如晦为之魁。）

【注释】

①天策上将：官名。李渊以秦王世民平王世充及窦建德，功殊今古，特拜为天策上将军，位在王公上，并开府。及世民为太子，乃废。 ②领司徒、陕东道大行台尚书令：兼任司徒府事和陕东道大行台尚书令。领，兼任。 ③增邑二万户：唐诸王食邑万户，现增邑至二万户。 ④天策府：胡注，天策府置长史、司马各一人，从事中郎二人，并掌通判府事。军谘祭酒二人，谋军事，赞相礼仪，应接宾客。典签四人，掌宣传导引之事。主簿二人，掌省覆教命。录事二人，记室参军事二人，掌书疏表启，宣行教命。功、仓、兵、骑、铠、士六曹参军各二人，参军事六人。 ⑤海内：四海之内，指全国。 ⑥浸平：渐平。 ⑦延：延聘。 ⑧教：诸侯王公的文告称为教。 ⑨王府属：王府僚属。 ⑩褚亮（560—647）：唐初学者。字希明。原籍阳翟（今河南禹州），徙居钱塘（今浙江杭州）。历陈、隋、唐三朝。入唐，初授秦王文学；从太宗征伐，参与计谋；贞观中，官至散骑常侍，封阳翟县侯，并为文学馆学士。传见《旧唐书》卷七十二、《新唐书》卷一百零二。 ⑪姚思廉（557—637）：唐初史学家。字简之。本吴兴（今浙江湖州）人，后迁往关中，为万年（今陕西西安市）人。在隋为代王侑侍读。入唐，世民引文学馆学士。贞观时，官至散骑常侍。传见《旧唐书》卷七十三、《新唐书》卷一百零二。 ⑫李玄道：陇西人。世居郑州。贞观初累迁给事中，封姑臧县男，后出为幽州长史，佐都督王君廓。后为常州刺史。传见《旧唐书》卷七十二、《新唐书》卷一百零二。 ⑬参军：官名。唐制，诸卫及王府官俱有录事参军事，外府州亦分别置司录及录事参军，皆简称参军。 ⑭蔡允恭：江陵人。仕隋历起居舍人，后太宗引为秦府参军，贞观初除太子洗马。传见《旧唐书》卷一百九十上、《新唐书》卷二百零一。 ⑮薛元敬：薛收从子。武德中为天策府参军兼值记室。传见《旧唐书》卷七十三、《新唐书》卷九十八。 ⑯颜相时：颜师古弟。字睿。贞观中累迁谏议大夫。有诤臣之风，转礼部侍郎。传见《旧唐书》卷七十三、《新唐书》卷一百九十八上。 ⑰于志宁（588—665）：唐初大臣，字仲谧。京兆高陵（今陕西西安市高陵区）人。传见《旧唐书》卷七十八、《新唐书》卷一百零四。 ⑱薛收（591—624）：薛道衡子。字伯褒。高祖时，

为秦王府主簿。授天策府记室参军。传见《旧唐书》卷七十三、《新唐书》卷九十八。⑲李守素：赵州（今河北赵县）人。秦王署天策府仓曹参军。传见《旧唐书》卷七十二、《新唐书》卷一百零二。 ⑳信都：县名。县治在今河北冀州市。 ㉑盖文达（？—644）：信都人。贞观初由秦王文学馆学士擢谏议大夫。传见《旧唐书》卷一百八十九上、《新唐书》卷一百九十八。 ㉒户曹：官名。唐时于府置户曹参军，于州置司户参军，于县置司户，掌户口籍账之事。 ㉓许敬宗（592—672）：字延族，杭州新城（今浙江杭州市富阳区西南）人。太宗时官至中书侍郎。高宗时，任礼部尚书，转升侍中。显庆三年，任中书令。传见《旧唐书》卷八十二、《新唐书》卷二百二十三上。 ㉔学士：官名。南北朝以后，以学士为司文学撰述之官。唐初诸王及节帅亦可置学士，以师友相待，无定员、品秩。开元时始置学士院，官员称翰林学士，亦本为文学侍从之臣，因接近皇帝，往往参与机要。 ㉕番：次。 ㉖更日：隔日。 ㉗直：通“值”。 ㉘供给珍膳：古代官吏于寺署治事时，由公家供以饮食。 ㉙朝谒：朝参谒君。 ㉚引：接引。㉛文籍：文章典籍。 ㉜夜分：夜半。 ㉝库直：官名。隶属于亲事府。诸亲王府并置亲事府，掌守卫陪从。以六七品官之子，年在十八以上者为亲事。凡王公以下文武职事三品以上带勋官者，给与差用。 ㉞阎立本图像：《旧唐书·阎立德附立本传》载“立本虽有应务之才，而尤善图画，工于写真，秦府十八学士图及贞观中凌烟阁功臣图，并立本之迹也，时人咸称其妙”。由此可知，立本之十八学士图在艺术上的价值。图像即画像。 ㉟为赞：作赞辞。 ㊱士大夫：对古代文人、士族的称呼。 ㊲“登瀛州”：相传海中有三神山，蓬莱、方丈、瀛洲，人不能至，至则成仙。登瀛州犹登仙籍。 ㊳大宝：即蔡大宝。北周时人。字敬位。有智谋，谋属文。辅后梁主萧詧，累官尚书仆射。詧称帝江陵，征为侍中、尚书令。传见《周书》卷四十八。 ㊴从子：侄子。 ㊵毗：即阎毗。隋朝大臣。炀帝时拜朝请大夫，从征辽东。毗性巧思，善书画。传见《隋书》卷六十八。 ㊶外官：朝外之官，指地方官。 ㊷王佐之才：弼佐创建王业之才。 ㊸微公言：如果不是您的提醒。 ㊹几失：差点失去。 ㊺帷幄：军帐。 ㊻剖决如流：剖析决断快如流水。 ㊼采：通“採”。 ㊽致之：献之于。 ㊾深相结：深相交结。㊿如面谈：如同面谈一般详明。

【译文】

唐高祖因为秦王的功劳大，前代的官职都不足以奖赏如此大的功劳，特地设置了天策上将，地位在王公之上。冬十月，封秦王为天策上将，兼任司徒、陕东道大行台尚书令，增加封邑两万户，仍然开办天策上将府，设置自己的属官，任命齐王李元吉为司空。李世民看到海内逐渐太平，就在宫西开办文学馆，延纳四方各地的文学人士，发布亲王教令让自己王府中的属官杜如晦，记室房玄龄、虞世南，文学褚亮、姚思廉，主簿李玄道，参军蔡允恭、薛元敬、颜相时，谘议典签苏勖，天策府从事中郎于志宁，军谘祭酒苏世长，记室薛收，仓曹李守素，国子助教陆德明、孔颖达，信都人盖文达，宋州总管府户曹许敬宗，让他们都保留原来官职的同时兼任文学馆学士，分为三班，隔天住宿值班，提供珍美的膳食，给予优厚的恩遇和礼节。李世民在朝见皇帝办理公事的余暇，总是来到馆中，召集各位学士讨论文籍，有时到半夜才就寝。又让库直阎立本为诸位学士画像，褚亮为画像撰写赞语，号称十八学士。士大夫能参与的，当时人称之为“登瀛州”。蔡允恭是蔡大宝弟弟的儿子，薛元敬是薛收的侄子，颜相时是颜师古的弟弟，阎立本是阎毗的儿子。

当初，杜如晦担任秦王府的兵曹参军，很快就迁任陕州长史。当时王府的官僚大多补充为外地官，李世民担心这种事情。房玄龄说：“其他的人不值得可惜，至于杜如晦，他是王佐之才，大王如果想经营天下四方，非杜如晦不可。”李世民吃惊地说：“你不这样说，差点失去了他。”当即上奏任命为府属。杜如晦与房玄龄经常随从李世民征伐，在帷幄中进行参谋，军中有许多事务，杜如晦剖析解决这些复杂的事务与问题，如流水一样顺利。李世民每次打败敌军攻克城池，各位将佐争相夺取宝器财货，只有房玄龄聚集人才，让他们加入李世民的幕府。另外对于英勇有智略的将佐，房玄龄必定与他深相来往，结为挚友，让他为李世民尽死力。李世民每次让房玄龄入宫向唐高祖汇报政事，唐高祖都感叹地说：“房玄龄替我儿陈述政事，虽然远隔千里，都像当面交谈一样。”

【原文】

李玄道尝事[①]李密为记室，密败，官属为王世充所虏，惧死，皆达曙不寐[②]。独玄道起居自若，曰：“死生有命，非忧可免！”众服其识量[③]。

庚寅[④]，刘黑闼陷瀛州，杀刺史卢士叡[⑤]。观州[⑥]人执刺史雷德备[⑦]，以城降之。

辛卯[⑧]，萧铣鄂州[⑨]刺史雷长颖[⑩]以鲁山[⑪]来降。

赵郡王孝恭帅战舰二千馀艘东下，萧铣以江水方涨，殊不为备[⑫]，孝恭等拔其荆门、宜都二镇[⑬]，进至夷陵[⑭]。铣将文士弘将精兵数万屯清江[⑮]，癸巳[⑯]，孝恭击走之，获战舰三百馀艘，杀溺死者万计[⑰]，追奔至百里洲[18]。士弘收兵复战，又败之，进入北江[19]。铣江州[20]总管盖彦举以五州来降。

毛州[21]刺史赵元恺性严急，下不堪命[22]。丁卯[23]，州民董灯明等作乱，杀元恺以应刘黑闼。

盛彦师自徐圆朗所逃归。王薄因说[24]青、莱[25]、密[26]诸州，皆下之。

萧铣之罢兵营农[27]也，才留宿卫数千人，闻唐兵至，文士弘[28]败，大惧，仓猝征兵，皆在江、岭之外[29]，道涂阻远，不能遽集[30]，乃悉见兵出拒战[31]。孝恭将击之，李靖止之曰："彼救败之师，策非素立[32]，势不能久，不若且泊南岸[33]，缓之一日，彼必分其兵，或留拒我，或归自守，兵分势弱，我乘其懈而击之，蔑不胜矣[34]。今若急之，彼则并力死战，楚兵剽锐[35]，未易当[36]也。"孝恭不从，留靖守营，自帅锐师出战，果败走，趣南岸。铣众委舟[37]收掠军资，人皆负重，靖见其众乱，纵兵奋击，大破之，乘胜直抵江陵，入其外郭[38]，又攻水城，拔之，大获舟舰，李靖使孝恭尽散之江中。诸将皆曰："破敌所获，当藉其用，奈何弃以资敌？"靖曰："萧铣之地，南出岭表，东距洞庭[39]。吾悬军深入，若攻城未拔，援军四集，吾表里受敌，进退不获，虽有舟楫[40]，将安用之？今弃舟舰，使塞江[41]而下，援兵见之，必谓江陵已破，未敢轻进，往来觇伺[42]，动淹旬月[43]，吾取之必矣。"铣援兵见舟舰，果疑不进。其交州[44]刺史丘和[45]、长史高士廉、司马杜之松将朝江陵[46]，闻铣败，悉诣孝恭降[47]。

孝恭勒兵围江陵，铣内外阻绝，问策于中书侍郎岑文本[48]，文本劝铣降。铣乃谓群下曰："天不祚[49]梁，不可复支[50]矣。若必待力屈[51]，则百姓蒙患[52]，奈何以我一人之故陷百姓于涂炭[53]乎？"乙巳[54]，铣以太牢[55]告[56]于太庙[57]，下令开门出降，守城者皆哭。铣帅群臣缌缞布帻[58]诣军门，曰："当死者唯铣耳，百姓无罪，愿不杀掠。"孝恭入据其城，诸将欲大掠，岑文本说孝恭曰："江南之民，自隋末以来，困于虐政，重以群雄虎争[59]，今之存者，皆锋镝[60]之馀，跂踵延颈[61]以望真主[62]。是以萧氏君臣、江陵父老决计归命[63]，庶几有所息肩[64]。今若纵兵俘掠，恐自此以南，无复向化[65]之心矣！"孝恭称善，遽禁止之。诸将又言："梁之将帅与官军拒斗死者，其罪既深，请籍没其家[66]，以赏将士。"李靖曰："王者之师，宜使义声先路[67]。彼为其主斗死，乃忠臣也，岂可同叛逆之科[68]籍其家乎？"于是城中安堵[69]，秋毫无犯。南方州县闻之，皆望风款附[70]。铣降数日，援兵至者十馀万，闻江陵不守，皆释甲而降。

孝恭送铣于长安，上数之，铣曰："隋失其鹿，天下共逐之。铣无天命，故至此。若以为罪，无所逃死㉛！"竟斩于都市㉜。诏以孝恭为荆州总管；李靖为上柱国，赐爵永康县公，仍使之安抚岭南，得承制拜授㉝。

先是，铣遣黄门侍郎江陵刘洎略地岭表，得五十馀城，未还而铣败，洎以所得城来降，除南康州㉞都督府长史。

戊申㉟，徐圆朗昌州治中刘善行以须昌㊱来降。

庚戌㊲，诏陕东道大行台尚书省自令、仆至郎中㊳、主事㊴，品秩㊵皆与京师同，而员数差少㊶，山东行台及总管府、诸州并隶焉。其益州、襄州、山东、淮南、河北等道令、仆以下，各降京师一等㊷，员数又减焉。行台尚书令得承制补署。其秦王、齐王府官之外，各置左右六护军府㊸，及左右亲事帐内府㊹。

（以上为第十二段，写唐军平定江南，萧铣覆灭。）

【注释】

①尝事：曾做过。　②达曙不寐：彻夜不眠。达曙，至旦。　③识量：见识器量。　④庚寅：十月初六日。　⑤卢士叡（？—621）：隋末，率数百人从高祖起兵，拜右光禄大夫、瀛州刺史。刘黑闼破瀛州，被杀。传见《新唐书》卷一百九十一。　⑥观州：州名。治所在今河北景县东北。　⑦雷德备：人名。唐初观州刺史。　⑧辛卯：十月初七日。　⑨鄂州：州名。治所在今湖北武汉市武昌区。　⑩雷长颍：《新唐书》卷八十七《萧铣传》作雷长颎，为萧铣部将、鄂州刺史。武德四年以鲁山降唐。　⑪鲁山：在今湖北武汉市东。　⑫殊不为备：丝毫不防备。殊，非常，很。　⑬荆门、宜都二镇：镇名。萧铣置荆门、宜都两镇于峡州夷道县，在今湖北宜都市西北。　⑭夷陵：县名。县治在今湖北宜昌市西北。　⑮清江：郡名。治所在今湖北长阳土家族自治县西。　⑯癸巳：十月初九日。　⑰杀溺死者万计：杀死及溺死者，以万为单位计数。　⑱百里洲：地名。在今湖北枝江市南。　⑲北江：百里洲在枝江市江中，江水至此分流，出百里洲而东流者，因谓之北江。　⑳江州：州名。唐武德二年置，治所在今湖北宜都市。　㉑毛州：胡注，魏州馆陶县旧置毛州，隋大业初，州废，窦建德复置，唐因之，领魏州之馆陶、冠氏，博州之堂邑，贝州之临清、清水。　㉒下不堪命：部下不能忍受。　㉓丁卯：十月无此日。疑为丁酉，十月十三日。译文从之。　㉔因说：因而游说。　㉕莱：州名。治所在今山东莱州市。　㉖密：州名。治所在今山东诸城市。　㉗罢兵营农：停

止打仗经营农业。 ㉘文士弘：隋末江淮地方割据者萧铣的一名将领，作战勇猛，被称为健将。事迹见《新唐书》卷八十七《萧铣传》。 ㉙江、岭之外：谓在江南及岭南。 ㉚遽（jù）集：立即集中起来。 ㉛悉见兵出拒战：（率领）全部现有的兵出来抗战。见，读作“现”。 ㉜策非素立：不是早有计划。素，一向，向来。 ㉝南岸：江陵南岸即马头岸。 ㉞蔑不胜矣：没有不战胜的。 ㉟剽锐：剽悍骁锐。 ㊱当：抵挡。 ㊲委舟：弃舟。 ㊳外郭：外城。古代城多为二重，外重则称为郭城。 ㊴洞庭：即今湖南洞庭湖。 ㊵楫：舟旁拨水之具，长者曰棹（zhào），短者曰楫。 ㊶塞江：充塞江上。 ㊷觇（chān）伺：观测等待。 ㊸动淹旬月：一动要延迟十天一个月。 ㊹交州：州名。治所在今越南河内市西北。 ㊺丘和（552—637）：洛阳（今河南洛阳）人。后徙郿（今陕西眉县）。唐高祖时，拜稷州刺史。传见《旧唐书》卷五十九、《新唐书》卷九十。 ㊻将朝江陵：将往江陵。 ㊼悉诣孝恭降：全部向孝恭投降。 ㊽岑文本（595—645）：字景仁，棘阳（今河南南阳南）人。贞观中，擢中书舍人，官至中书令。传见《旧唐书》卷七十、《新唐书》卷一百零二。 ㊾祚：赐福。 ㊿支：支持。 51力屈：无力而后屈服。 52蒙患：受难。 53涂炭：烂泥和炭火。比喻极困苦的境遇。 54乙巳：十月二十一日。 55太牢：谓牛、羊、豕三牲。 56告：祭告。 57太庙：帝王祭祀其祖先而建立的庙。 58缌（sī）缞（cuī）布帻（zé）：旧时的丧服，用麻布制成。缌，细麻布。缞，以粗麻布为之，披于胸前。帻，包发之巾。缌缞布帻，为亡国者谢罪的穿戴。 59重以群雄虎争：加以群雄如虎相争。 60锋镝（dí）：锋刃箭镞。 61跂（qǐ）踵延颈：抬起脚后跟伸长脖子。 62真主：此为隋唐称新兴天子的一种称谓，一时甚为风行。 63决计归命：决心归附。 64息肩：释去负荷，得以休息。 65向化：指向唐，即甘愿降唐。 66籍没其家：据其家簿籍所载之人口财物，逐一没收。 67义声先路：仁义之声先闻于远方。 68同叛逆之科：同惩处叛逆之律。 69安堵：安居。 70款附：纳诚归附。 71逃死：逃避死罪。 72都市：都邑之市，亦即京城之市。 73得承制拜授：可承制任命官职。即先行拜授，然后上表，而诏除之。 74南康州：州名。治所在端溪县（今广东德庆县）。 75戊申：十月二十四日。 76须昌：县名。县治在今山东东平县西北。胡注，圆朗盖以郓州之须昌置昌州。 77庚戌：十月二十六日。 78郎中：官名。唐时尚书省各部都沿置郎中，分掌各司事务，为尚书、侍郎、丞以下的高级部员。 79主事：官名。隋朝诸省各设主事令史，炀帝大业三年（607）省去令史名称，只称主事，每十个令史设一主事。唐沿置，为各部雇员，不在正规职官之内。 80品秩：官吏的品级俸禄。 81差少：较少。 82各降京师一等：此处承上文，是说品秩各降京师一等。 83左右六护军府：据胡注，左右六护军府，仅在秦王、齐王府设置。 ⑭亲事帐内府：亲事府，官署名。唐代于亲王亲府内置亲事府，掌统亲事以守卫陪从。帐内府，官署名。唐代于亲王府内置帐内府，掌统帐内以为仪卫陪从。其帐内以八品、九品官之子年十八以上者为之。亲王亲事府及帐内府各置典军二人，正五品上；副典军二人，从五品上。

【译文】

李玄道曾经在李密手下做事，担任记室一职，李密失败后，其官属被王世充虏获，怕被杀死，通宵不敢睡觉。只有李玄道起居如平日一样，说："死生有命，不是担心就能免掉的！"众人佩服他的胆识度量。

十月初六日，刘黑闼攻陷瀛州，杀死刺史卢士叡。观州人逮捕刺史雷德备，率州城投降刘黑闼。

十月初七日，萧铣的鄂州刺史雷长颖率鲁山投降唐朝。

赵郡王李孝恭率战舰两千余艘顺着长江东下，萧铣因江水正在上涨，根本不做准备，李孝恭等人攻下萧铣的荆门、宜都二镇，前进到夷陵。萧铣的将领文士弘率精兵数万屯守清江，十月初九日，李孝恭把他击退，俘获战舰三百余艘，杀死溺死的人上万，追赶逃跑的文士弘来到百里洲，文士弘收住部队又来作战，再次被打败，唐军进入北江。萧铣的江州总管盖彦举率五个州投降唐朝。

毛州刺史赵元恺为人严厉，性子急躁，下属受不了他。十月十三日，州民董灯明等人发动叛乱，杀了赵元恺以响应刘黑闼。

盛彦师从徐圆朗营中逃回。王薄于是游说青州、莱州、密州等地，都向唐朝投降。

萧铣当初裁减军队经营农业的时候，只留下禁卫数千人，听说唐兵前来，文士弘战败，非常害怕，仓促征兵，都在江、岭之外，路途又远又难行，不能很快集合起来，就率全部现有的兵士出来进行抵抗。李孝恭将要攻击他，李靖制止他说："对方是救援战败的部队，其策略不是平素就已定好的，势必不能持久，不如暂且在南岸停船，停顿一天，他必然要分派他的部队，有的会留下来防御我军，有的会回去守城。这时他的兵力分散，势力已弱，我就乘其懈怠进行攻击，没有不取胜的。现在如果急躁进攻，对方一定会合力拼死作战，楚地兵士作战剽悍勇锐，不易抵挡。"李孝恭不听，留下李靖守着营寨，自己率精锐部队出战，果然战败逃走，奔到南岸。萧铣的士兵都不管战船只顾抄掠军中物资，人们都背了很多东西，负重而行，李靖看到萧铣的军队已经混乱，就挥兵奋勇进击，大破萧铣军，乘胜直抵江陵城，进入其外城。又攻打水城，攻克水城，俘获很多舟船，李靖让李孝恭把舟船全都放到江中。诸将都说："打败敌军获得的战利品，应当加以利用，为什么放弃以资助敌人呢？"李靖说："萧铣的地盘，向南直到岭南，向东直达洞庭湖。我们孤军深入敌境，如果攻打城池不能攻克，对方的援兵四面赶到，我方就会里外受敌，进退两难，虽然有舟船，又将在哪里用得上它们？现在放弃舟船，让它们塞住长江向下漂流，援兵看到了，一定以为江陵已被攻破，就不敢轻率进军，来往窥伺情况，行动就拖延到十天一个月，这样我们战胜他们就是必然的了。"萧铣的援兵看到江中的舟船，果然猜疑而不敢进军。萧铣的交州刺史丘和、长史高士廉、司马杜之松等人将要来江陵朝见萧铣，听说萧铣已经战败，全都来向李孝恭投降。

李孝恭统兵包围江陵，萧铣内外联系都被隔断，向中书侍郎岑文本询问计策，岑文本劝萧铣投降。萧铣于是对群臣说："上天不保佑梁的国运，不能再支撑下去了。如果一定等到力量拼尽，百姓就会受到灾祸，为什么因为我一个人让百姓陷于涂炭之中呢？"十月二十一日，萧铣用太牢三牲之礼在太庙向祖先祷告，下令打开城门出城投降，守城的人都哭了。萧铣率群臣穿各种丧服到唐军营门，说："应当处死的人只有萧铣而已，百姓无罪，请不要杀掠他们。"李孝恭进入占据江陵城，手下各位将领都想大肆抄掠，岑文本劝说李孝恭："江南的民众，自隋朝末年以来，在虐政之下受困，加上群雄如虎一样争战，现在生存下来的人，都是刀锋箭镞之下留下来的人，踮着脚跟伸长脖子盼望真命天子，所以萧氏君臣、江陵父老决定投降归顺唐朝，希望能有所休息。现在如果纵兵抢掠，使士民失望，恐怕自此以南的地区，都不再会有降顺向化的心了！"李孝恭认为这是善策，立即禁止军队抢掠。诸将又说："梁国的将帅与官军作战而死的人，他们的罪行已经很深，请抄没他们的家产，用来奖赏将士。"李靖说："王者之师，应该让正义之声首先沿着道路传扬出去。他们也是为了自己的君主战斗而死，乃是忠臣，怎可等同于叛逆的罪行抄没其家产呢？"这样江陵城中安然无事，唐军秋毫无犯。南方的州县听说此事，都望风降附。萧铣投降数天之后，各地前来救援的梁国军队赶到江陵的有十多万人，听说江陵已经失守，都放下兵器向唐军投降。

李孝恭把萧铣送到长安，唐高祖斥责他。萧铣说："隋朝丧失他的王权，天下共同追逐这个王权。萧铣没有天命，所以来到这里。如果以为这是我的罪，没有地方可以逃脱一死！"最终把他斩首于都市中。唐高祖下诏任命李孝恭为荆州总管，李靖为上柱国，赐爵位为永康县公，仍令他们安抚岭南，可以以皇帝的名义任命官员。

在此之前，萧铣派遣黄门侍郎江陵人刘洎到岭南扩张地盘，得到五十多个城池，还没回来，萧铣就已战败，刘洎也率所得到的城池投降唐朝，唐封他为南康州都督府长史。

十月二十四日，徐圆朗的昌州治中刘善行率须昌投降唐朝。

十月二十六日，唐下诏准许陕东道大行台尚书省从尚书令、尚书仆射至郎中、主事等官，其级别都与京师的同类官员相同，而人数稍少，山东行台及总管府、各州都隶属其下。而益州、襄州、山东、淮南、河北等道的尚书令、尚书仆射以下官员的级别，都分别比京师的同等官员低一级，员数又有减少。行台尚书令可以以皇帝名义补充下属官员。除了秦王、齐王府的官员之外，又分别设置左右六护军府，以及左右亲事帐内府。

【原文】

闰月乙卯[①]，上幸稷州[②]，己未[③]，幸武功旧墅[④]。壬戌[⑤]，猎于好畤[⑥]；乙丑[⑦]，猎于九嵕[⑧]。丁卯[⑨]，猎于仲山[⑩]。戊辰[⑪]，猎于清水谷[⑫]，遂幸三原[⑬]。辛未[⑭]，幸周氏陂。壬申[⑮]，还长安。

十一月甲申[⑯]，上祀圜丘[⑰]。

杜伏威使其将王雄诞击李子通，子通以精兵守独松岭[⑱]。雄诞遣其将陈当[⑲]将千馀人，乘高据险以逼之，多张旗帜，夜则缚炬火[⑳]于树，布满山泽。子通惧，烧营走保杭州[㉑]，雄诞追击之，又败之于城下。庚寅[㉒]，子通穷蹙请降。伏威执子通并其左仆射乐伯通送长安，上释之。

先是，汪华据黟、歙，称王十馀年，雄诞还军击之，华拒之于新安洞口[㉓]，甲兵甚锐。雄诞伏精兵于山谷，帅羸弱数千犯其陈，战才合，阳不胜，走还营，华进攻之，不能克，会日暮，引还，伏兵已据其洞口，华不得入，窘迫请降。

闻人遂安[㉔]据昆山[㉕]，无所属[㉖]，伏威使雄诞击之，雄诞以昆山险隘，难以力胜，乃单骑造[㉗]其城下，陈国威灵[㉘]，示以祸福，遂安感悦，帅诸将出降。

于是伏威尽有淮南、江东之地，南至岭，东距海。雄诞以功除歙州总管，赐爵宜春[㉙]郡公。

壬辰[㉚]，林州[㉛]总管刘旻[㉜]击刘仚[㉝]成，大破之。仚成仅以身免，部落皆降。

李靖度岭，遣使分道招抚诸州，所至皆下。萧铣桂州[34]总管李袭志[35]帅所部来降，赵郡王孝恭即以袭志为桂州总管，明年入朝。以李靖为岭南抚慰大使，检校桂州总管，引兵下九十六州，得户六十馀万。

（以上为第十三段，写杜伏威为唐拓展淮南、江东之地，李靖安集岭南。）

【注释】

①乙卯：闰十月初二日。　②稷州：州名。武德三年，以京兆之武功、好畤、盩（zhōu）厔（zhì）等置稷州。　③己未：闰十月初六日。　④墅：别墅。　⑤壬戌：闰十月初九日。　⑥好畤：县名。县治在今陕西永寿县西南。　⑦乙丑：闰十月十二日。　⑧九嵕（zōng）：山名。在今陕西礼泉县东北。　⑨丁卯：闰十月十四日。　⑩仲山：在今陕西泾阳县西北。　⑪戊辰：闰十月十五日。　⑫清水谷：《隋志》记，京兆宜君县有清水。　⑬三原：县名。县治在今陕西三原县东北。　⑭辛未：闰十月十八日。　⑮壬申：闰十月十九日。　⑯甲申：十一月初一日。　⑰上礼圜丘：《贞观礼》载，冬至祀昊天上帝于圜丘。　⑱独松岭：地名。在今浙江安吉县东南。　⑲陈当：胡注，陈当之下合有“世”字，盖唐史避太宗讳，去“世”字也。　⑳炬火：火把。　㉑杭州：州名。治所在今浙江杭州市。　㉒庚寅：十一月初七日。　㉓新安洞口：唐歙州为隋之新安郡。新安洞口即歙州隘道之口。　㉔闻人遂安：姓闻人，名遂安。　㉕昆山：山名。在今江苏昆山市。　㉖无所属：无所从属。　㉗造：至。　㉘陈国威灵：陈述唐朝的威灵。　㉙宜春：郡名。治所在今江西宜春市。　㉚壬辰：十一月初九日。　㉛林州：州名。治所在今广西桂平市南。　㉜旻（mín）：音民。　㉝佡（xiān）：音仙。　㉞桂州：州名。治所在今广西桂林市。　㉟李袭志：狄道（今甘肃临洮）人。字重光。武德时拜上柱国，历官桂州都督。传见《旧唐书》卷五十九、《新唐书》卷九十一。

【译文】

闰十月初二日，唐高祖临幸稷州，初六日，临幸武功的旧别墅，初九日，在好畤打猎；十二日，在九嵕山打猎。十四日，在仲山打猎，十五日，在清水谷打猎，于是临幸三原。十八日，临幸周氏陂，十九日，返回长安。

十一月初一日，唐高祖在圜丘祭祀天帝。

杜伏威让他的将领王雄诞攻击李子通，李子通派精兵守卫在独松岭。王雄诞派遣他的裨将陈当率领一千余人，利用高处凭借险要逼近独松岭，竖起许多旗帜，夜里就在树上绑缚火炬，布满山上和水泽中。李子通害怕了，烧了营帐逃走，来守杭州，王雄诞追击他，又在城下打败了李子通。十一月初七日，李子通走投无路，请求投降。杜伏威活捉李子通及其左仆射乐伯通，送到长安，唐高祖释放了他们。

在此之前，汪华占据黟州、歙州，称王十余年。王雄诞回头又来攻击汪华，汪华在新安洞口进行抵抗，他的兵力非常精锐。王雄诞埋伏精兵在山谷中，率领老弱兵士数千人来冲击汪华的阵营，战斗才刚刚接触，佯装失利，退走回到营中，汪华前来进攻，不能攻克，正好这时天色已晚，就引兵还营，但王雄诞的伏兵已经占据了汪华的洞口，汪华不能入洞，走投无路，就请求投降。

闻人遂安占据昆山，没有归属任何人，杜伏威让王雄诞攻击他。王雄诞认为昆山地势险隘，难以仅凭兵力取胜，于是单身骑马来到昆山的城下，向闻人遂安说明国家的威严神灵，向他说明祸福利害关系。闻人遂安感动而心悦诚服，率手下诸将出山投降。

这样杜伏威就全部占有了淮南、江东地区，南到南岭，东到东海，王雄诞以军功封为歙州总管，赐给爵位为宜春郡公。

十一月初九日，林州总管刘旻攻击刘仚成，大败刘军。刘仚成只身逃脱，其部落都向刘旻投降。

李靖翻过南岭，派遣使节分路招抚各州，所至之处全都投降。萧铣的桂州总管李袭志率领他所统辖的诸州投降唐朝，赵郡王李孝恭就任命李袭志为桂州总管，第二年入京朝见。任命李靖为岭南抚慰大使，检校桂州总管，率军攻下九十六州，获得六十余万户。

【原文】

壬寅[①]，刘黑闼陷定州，执总管李玄通，黑闼爱其才，欲以为大将，玄通不可。故吏有以酒肉馈之者，玄通曰：“诸君哀吾幽辱[②]，幸以酒肉来相开慰[③]，当为诸君一醉。”酒酣，谓守者曰：“吾能剑舞，愿假吾刀。”守者与之，玄通舞竟太息曰[④]：“大丈夫受国厚恩，镇抚方面[⑤]，不能保全所守，亦何面目视息世间[⑥]哉？”即引刀自刺，溃腹[⑦]而死。上闻，为之流涕，拜其子伏护为大将。

庚戌[⑧]，杞州人周文举[⑨]杀刺史王文矩[⑩]，以城应徐圆朗。

幽州大饥，高开道许以粟赈之。李艺遣老弱诣开道就食，开道皆厚遇之。艺喜，于是发民三千人，车数百乘，驴马千馀匹往受粟，开道悉留之，告绝[⑪]于艺，复称燕王[⑫]，北连突厥，南与刘黑闼相结，引兵攻易州不克，大掠而去。又遣其将谢稜[⑬]诈降于艺，请兵援接，艺出兵应之，将至怀戎[⑭]，稜袭击破之。开道与突厥连兵数入为寇，恒、定、幽、易咸被其患[⑮]。

十二月乙卯[⑯]，刘黑闼陷冀州，杀刺史麹稜。黑闼既破淮安王神通，移书[⑰]赵、魏[⑱]，故窦建德将卒争杀唐官吏以应黑闼。庚申[⑲]，遣右屯卫大将军义安王孝常将兵讨黑闼。黑闼将兵数万进逼宗城[⑳]，黎州总管李世勣先屯宗城，弃城走保洺州。甲子[㉑]，黑闼追击世勣等，破之，杀步卒五千人，世勣仅以身免。丙寅[㉒]，洺州土豪翻城应黑闼。黑闼于城东南告天及祭窦建德而后入。后旬日，引兵攻拔相州，执刺史房晃，右武卫将军张士贵[㉓]溃围走。黑闼南取黎、卫二州，半岁之间，尽复建德旧境。又遣使北连突厥，颉利可汗遣俟斤[㉔]宋邪那帅胡骑从之。右武卫将军秦武通、洺州刺史陈君宾[㉕]、永宁[㉖]令程名振[㉗]皆自河北遁归长安。

丁卯[㉘]，命秦王世民、齐王元吉讨黑闼。

昆弥[㉙]遣使内附。昆弥，即汉之昆明也。巂州[㉚]治中吉弘纬通南宁，至其国说之，遂来降。

己巳[㉛]，刘黑闼陷邢州、赵州。庚午[㉜]，陷魏州，杀总管潘道毅。辛未[㉝]，陷莘州[㉞]。

壬申[㉟]，徙宋王元嘉为徐王。

（以上为第十四段，写刘黑闼连败唐军，尽有河北之地。）

【注释】

①壬寅：十一月十九日。 ②哀吾幽辱：哀怜我被囚受辱。 ③开慰：开导劝慰。 ④舞竟太息曰：舞毕叹息道。 ⑤方面：一方一面。 ⑥视息世间：意为活在世上。 ⑦溃腹：剖腹。 ⑧庚戌：十一月二十七日。 ⑨周文举：杞州（今河南杞县）人。隋末群雄之一。大业末据淮阳起兵，号柳州军。武德四年杀杞州刺史，附于徐圆朗。次年降唐。事迹见《新唐书·高祖传》。 ⑩王文矩：唐初杞州刺史。 ⑪告绝：宣告绝交。 ⑫复称燕王：《旧唐书·高开道传》，“武德元年……自立为燕王”。后废罢。故此云复称燕王。 ⑬谢稜：隋末农民起义军首领高开道部将。事迹见《旧唐书》卷五十五《高开道传》。 ⑭怀戎：县名。县治在今河北涿鹿县西南桑干河南岸。 ⑮咸被其患：

皆遭受其祸害。　⑯乙卯：十二月初三日。　⑰移书：传递文书。　⑱赵、魏：皆为战国时国名。赵国都城在今河北邯郸市。魏国都城在今河南开封市。此指河北、河南大界而言。　⑲庚申：十二月初八日。　⑳宗城：县名。县治在今河北威县东。　㉑甲子：十二月十二日。　㉒丙寅：十二月十四日。　㉓张士贵：卢氏（今河南卢氏）人。贞观中迁左领军大将军，进爵虢国公。传见《旧唐书》卷八十三、《新唐书》卷九十二。㉔俟斤：突厥授予属部首领的官名。　㉕陈君宾：唐初良吏。贞观初为邓州刺史，后人为少府少监，终虔州刺史。传见《旧唐书》卷一百八十五上、《新唐书》卷一百九十七。㉖永宁：胡注，“永宁”当作“永年”。　㉗程名振（？—662）：平恩人。高祖时授永年令，太宗时拜右骁卫将军，平壤道行军总管。事迹见《旧唐书》卷八十三、《新唐书》卷一百十一。　㉘丁卯：十二月十五日。　㉙昆弥：中国古代民族名。汉至唐主要分布在今云南西部和中部，东至贵州西部，北及四川西南部分地区。　㉚巂（xī）州：州名。治所在今四川西昌市。　㉛己巳：十二月十七日。　㉜庚午：十二月十八日。　㉝辛未：十二月十九日。　㉞莘（shēn）州：州名。治所在今山东莘县。　㉟壬申：十二月二十日。

【译文】

十一月十九日，刘黑闼攻陷定州，活捉总管李玄通，刘黑闼爱惜他的才能，想让他担任自己的大将，李玄通不答应。他的老部下有人送酒肉给他吃，李玄通说：“诸君哀怜我被幽禁羞辱，有幸拿酒肉来安慰我，当为诸君喝醉一次。”酒喝得正酣，对守卫的士兵说：“我能舞剑，希望借给我一把刀。”守卫的士兵给他一把刀，李玄通舞完之后，叹息说：“大丈夫受到国家的厚恩，镇抚一方土地，不能保住所守的土地，还有什么脸面活在世间呢？”当即引刀自刺，剖开了腹部死去。唐高祖听说了，为他流下眼泪，拜他的儿子李伏护为大将。

十一月二十七日，杞州人周文举杀死刺史王文矩，率城响应徐圆朗。

幽州发生大饥荒，高开道许诺发放粮食进行赈救。李艺派遣老弱到高开道处吃饭，高开道予以优厚招待。李艺高兴，于是征发民众三千人，车辆数百乘，驴马一千余匹，前往接受赈灾的粮食。高开道将人马车辆全部留下，与李艺绝交。又自称燕王，联合北面的突厥，又与南面的刘黑闼联合，率军进攻易州，无法攻克，大掠之后离去。又派他的将领谢稜对李艺诈称投降，请派兵支援迎接，李艺出兵迎接他们。快到怀戎时，谢稜袭击并击败李艺。高开道与突厥合兵多次入境抢掠，恒州、定州、幽州、易州都深受其害。

十二月初三日，刘黑闼攻陷冀州，杀死刺史麹稜。刘黑闼攻破淮安王李神通之后，发布书信到赵、魏地区，原属窦建德的将士争相杀死唐朝的官吏来响应刘黑闼。十二月初八日，唐派遣右屯卫大将军义安王李孝常率军讨伐刘黑闼。刘黑闼率军数万人进逼宗城，唐黎州总管李世勣先已驻扎在宗城，此时放弃宗城撤退到洺州进行防御。十二日，刘黑闼追击李世勣等人，打败他，杀死步卒五千人，李世勣仅仅自己一人逃脱。十四日，洺州土豪翻出城墙来呼应刘黑闼。刘黑闼在城东南筑起土坛，举行了告天及祭祀窦建德的仪式之后进城。之后十多天，又率军攻下相州，活捉刺史房晃，右武卫将军张士贵突围逃出。刘黑闼南下攻取黎州、卫州，半年之间，完全恢复了窦建德原有的地盘。又派遣使者向北联结突厥，颉利可汗派遣俟斤宋邪那率领胡人骑兵跟着他前来。唐右武卫将军秦武通、洺州刺史陈君宾、永宁令程名振都从河北逃回长安。

十二月十五日，唐朝命秦王李世民、齐王李元吉讨伐刘黑闼。

昆弥国派遣使节归附内地。昆弥就是汉代的昆明。嶲州治中吉弘纬前去南宁互通音讯，到了昆弥国劝说他们，于是前来归服。

十二月十七日，刘黑闼攻陷邢州、赵州。十八日，攻陷魏州，杀死总管潘道毅。十九日，攻陷莘州。

十二月二十日，唐朝廷把宋王李元嘉改封为徐王。

【评析】

本卷评析，着重评价农民起义首领窦建德和枭雄王世充。

窦建德，贝州漳南（今河北故城）人，隋末起义，数年间拥有河北之地。大业十三年正月，窦建德在河间乐寿县（今河北献县）筑坛祭天，自称长乐王。随后改国号为夏，自称夏王，以洺州为都城。唐武德二年，王世充在洛阳废掉隋越王杨侗，自立为帝，窦建德于是“建天子旌旗，出入警跸，下书言诏”，俨然以夏国皇帝身份出现，但仍未正式称帝。

武德四年，逐鹿中原最大的三家势力均在北方，李渊据关中，基本荡平了西北的割据势力，建立了唐朝，势力最强。王世充据河南，国号郑，称皇帝。窦建德据河北，国号夏。三方势力，形成了三足鼎立。当唐军大举东出，王世充不足以抵抗，于是求救于夏王窦建德，而窦建德避免唇亡齿寒，倾全力救郑。在三足鼎立的形势下想要争胜，弱小的两方联合对抗最强的一方，这种策略是完全正确的。问题是窦建德如何救援王世充，战术策略也不能有误。夏政权内部，君臣发生了尖锐的分歧。

夏王祭酒凌敬认为起义军应该先渡过黄河，攻下怀州河阳，派大将把守，然后再进兵，越过太行山，进入上党，攻取河东，这样做有三大好处：第一，击其空虚，可以广地，军队不受损；第二，扩大兵源财源；第三，威胁关中，唐军自救，郑国自解。无疑这是最正确的战术策略。这一策略造成唐军被夹攻，顾首顾不了尾。由于王世充的使者用金玉贿赂窦建德的将领，唆使他们破坏凌敬的建议，要求夏王正面攻击唐军。窦建德刚愎自用，又侥幸一战取胜，拒绝了凌敬的建议，把凌敬强行逐出门外，终止讨论。窦建德的妻子曹氏倒是有远见，劝告丈夫采纳凌敬的建议，窦建德也听不进去，说："这不是你们女人应知道的事，我已答应援救郑国，不可失信于人。"于是率领大军逼近唐军，对峙于武牢关，列阵汜水，长达二十多里。

夏军的这一阵势，正中唐军李世民的下怀，李世民登上武牢城观察敌情，对部将们说："山东士兵，没有纪律，傲慢轻敌，等他们饥渴力竭之时出击，一定能打败他们。"到了中午，夏军果然饥渴难耐，大家争着抢水喝。李世民发起了全线攻击，很快把夏军冲得七零八落，全线溃退，活捉窦建德。本来王世充还可以抵抗一阵，但由于援军的全军覆没，郑军丧失了斗志，王世充很快投降。李世民一战消灭了两个强敌，可以说是窦建德的一招不慎，使自己国破身亡，也加速了王世充的灭亡，教训是极为深刻的。

在隋末农民起义的首领中，窦建德是最有成就的一支起义军，夏政权的政绩也最好。史称夏王"劝课农桑，境内无盗，商旅野宿"，颇有一番升平气象。窦建德的军队，战斗力也很强。漫天飞王须发、历山飞魏刀儿、孟海公、宇文化及等均被窦建德吞灭，为什么与唐军交战，一触即溃，全军覆没呢？概括起来，有四大原因。第一，傲慢轻敌，犯兵家大忌。宇文化及这支穷寇，虽然被李密与窦建德轮番攻击而消灭，但宇文化及也给李密、窦建德带来了重创。李密因胜而骄败于王世充，窦建德因胜而骄败于李世民。这都是骄兵必败。古往今来，多少良将吃了这个亏，窦建德也没有例外。第二，窦建德援郑，亲率大军是御驾亲征。御驾亲征在第一线，是军队的极大拖累。窦建德带领百官，暴露在第一线，给唐军带来了可乘之机。第三，窦建德刚愎自用是致命的失败之因。窦建德不听凌敬之言，只是一个表面现象。窦建德在称王之后，如同秦末的陈胜一样，逐渐背离了农民的感情，疏远了同生共死的患难兄弟。窦建德为了让部下忠于自己，竟然矫情饰志，打起了忠于隋朝的旗帜。窦建德破了聊城，擒拿了宇文化及，不是先安抚百姓，而是以臣子的身份参拜萧皇后，重用隋朝的降官。隋河间郡丞王琮顽固对抗农民军，窦建德的部属恨之入骨。王琮投降后，窦建德称他为“义士”，授他做瀛州刺史，还下令军中敢为难王琮者，“罪三族”。窦建德攻克了相州、卫州、黎阳，俘虏了李渊的左武卫大将军李世勣、皇妹同安长公主、淮安王李神通，窦建德待为贵宾，把同安长公主、淮安王李神通礼送出境。对李世勣，则让他继续带兵，镇守黎阳。而李世勣却处心积虑要谋杀窦建德，最后反叛出逃。窦建德又俘获了侵犯境内的唐赵州刺史张昂、邢州刺史陈君实、大使张道源等人，也认为他们是唐朝的“忠确士”，全部释放了他们。可是窦建德对自己的部将听谗诛杀，却毫不手软。窦建德的大将王伏宝，勇略超群，功勋卓著，群帅出于嫉妒，诬陷他谋反，窦建德不加调查，就把他杀了。王伏宝临死时一再申诉：“我是无辜的，大王为什么听信谗言，斩断自己的左右手呢？”窦建德竟置之不顾。窦建德的纳言宋正本，为人坦率，“好直谏”，窦建德也把他杀了。窦建德如此敌我不分，令将士寒心，君臣离心离德，这样的队伍，还能打胜仗吗？第四，唐军战斗力最强，秦王李世民正处于巅峰，君臣一心，眼见胜利在望，士气高昂，锐不可当，窦建德正好撞上了，焉能不败？

窦建德毕竟出身于农民，政治上仍然不成熟。上述失败之因，本来是可以化解的，窦建德却用粗暴的态度对待凌敬的建言和妻子的规劝，谁还敢再说话呢？一个孤家寡人，等待他的只有一条路，那就是失败。

窦建德被俘，他的妻子率领夏国百官投唐。然而唐朝并不礼遇窦建德。武德四年七月，李世民把窦建德押到长安斩首，死时年仅四十九岁。

再略谈王世充。

王世充，字行满，本为西域少数民族。王世充祖父叫颓耨，举家迁到新丰县，在今陕西西安市临潼区东定居。颓耨死，其妻改嫁霸城人王粲做妾，生子王收。王收仕隋，历任怀、汴二州长史。王世充因父亲关系当上左翊卫，迁御府直长、兵部员外郎等职。大业初年任民部尚书，后转江都郡丞。

史载王世充头发卷曲，声似豺音，性奸诈多疑，爱好学习，尤喜兵法，通晓《龟策》《推步》。他任江都郡丞，营建江都宫，极其壮丽。隋炀帝到江南，王世充百般献媚，投其所好，大受宠信。

大业九年，杨玄感反隋，吴人朱燮、晋陵管崇拥众十万响应。王世充招募江都万余人参与镇压，他招纳降者，与之焚香盟誓，不杀俘虏，一些入海为盗的散兵，闻讯来降。王世充受降三万余人，然后突然翻脸，将三万多降兵全部活埋，残暴之极，令人发指。王世充就是这样一个凶残的屠失。大业十二年（616），他奉炀帝之命率领江都兵入援东都，屯兵洛口与瓦岗军李密交战。王世充战败，退回东都，屯于含嘉城，龟缩不出。大业十四年（618）宇文化及弑炀帝，东都群臣拥立炀帝之子——越王杨侗为帝，王世充为吏部尚书，封郑国公。宇文化及领兵北上，李密首当其冲，为了避免两线作战，接受杨侗招安，全力讨伐宇文化及，在黎阳大败宇文化及，准备入朝东都。招安李密，计出内史令元文都、卢楚。王世充害怕元文都等人得势，更担心李密入朝，威胁自己的权势。于是发动兵变，杀害了元文都、卢楚等人，阻止李密入朝。李密还金墉城，重新与隋朝开战。就这样，隋朝还有一线中兴的希望被王世充彻底葬送了。

李密打败宇文化及，精兵良将损失惨重，反而得胜而骄，不把王世充看在眼里，结果偃师一战，李密全军覆没，不得已而降唐。王世充杀元文都以后，就大权独揽，任尚书左仆射，总督内外军事。打败李密之后，加官太尉，尚书令，十分骄狂，史称："王世充篡形已成。"武德二年四月，王世充逼宫杨侗禅让，正式僭伪称帝，国号郑。不久，王世充暗杀了杨侗，以绝众望。

王世充待人不诚。李密战败，许多大将投降，罗士信、秦叔宝、程知节等知名当世。王世充表示优礼，甚至与罗士信同寝共食。罗士信有一匹骏马，王世充的侄儿索要，罗士信不给，王世充就夺之赐予侄儿，罗士信怀恨在心。程知节看不惯王世充的奸诈，对秦叔宝说："王公器度浅狭而不实，好与人盟誓，此乃老妇之道，哪里是拨乱之主？"当唐军东出，这几个人都转而投了唐朝。一个残暴、奸诈、僭伪的人，自然不是唐军的对手，等到窦建德战败，王世充部属纷纷降唐，王世充想突围，没有人跟随，无可奈何也出降做了李世民的俘虏。王世充惨淡经营了三年的郑政权宣告结束。

王世充被押到长安，被唐高祖废为庶人，发配到蜀地，临行前，被仇人定州刺史独狐修德所杀。

王世充大奸似忠，是一个典型的历史小丑。像王世充这种人，都能言善辩，确也有几分本领，能够打败李密，堪称枭雄。王世充不但懂军事，还能说出一套欺世盗名的理论迷惑一时。《旧唐书·王世充传》的作者评论说："世充奸人，遭逢昏主，上则谀佞诡俗以取荣名，下则强辩饰非以制群论。"把这种人物描绘得惟妙惟肖。不仅仅是历史上，即使生活中也不乏像王世充这样的丑类。因此，历史上的反面人物，也留给人们以启迪，时时处处提防王世充这样的丑类，这就是他留给我们的反思。

卷第一百九十　唐纪六

唐高祖武德五年至七年（622—624）

【起玄黓敦牂（壬午，622），尽阏逢涒滩（甲申，624）五月，凡二年有奇】

【大事提要】

本卷记事起唐高祖武德五年（622），讫武德七年（624）五月，凡两年又五个月。此时期的最大事件是刘黑闼反于河北，再次掀起了滔天大浪，影响所及，全国动荡。当窦建德败亡，王世充出降，南方杜伏威归服，萧铣破灭，全国基本平定。由于唐王室急于惩恶，未能处理好对窦建德、王世充部属的归降，逼之过急，刘黑闼于是反于河北，窦建德旧境全线响应，继之徐圆朗反，杜伏威旧部辅公祏反，岭南各地皆反，北方突厥侵扰，西北吐谷浑亦推波助澜，于是全国又处于大战乱。主战场在河北，秦王李世民、太子李建成与齐王李元吉相继征讨，唐朝用了两年多时间，才又重新平定叛乱，教训是极其深刻的。唐武德七年颁律，制定官吏制度和租庸调法，政治开始步入正轨，治平之世曙光初现。

【原文】

高祖神尧大圣光孝皇帝中之下

武德五年（壬午，622）

春，正月，刘黑闼自称汉东王，改元天造[①]，定都洺州。以范愿为左仆射，董康买[②]为兵部尚书，高雅贤为右领军，征王琮[③]为中书令，刘斌[④]为中书侍郎，窦建德时文武[⑤]悉复本位[⑥]。其设法[⑦]行政，悉师建德，而攻战勇决过之。

丙戌[⑧]，同安[⑨]贼帅殷恭邃[⑩]以舒州[⑪]来降。

丁亥[⑫]，济州[⑬]别驾[⑭]刘伯通执刺史窦务本[⑮]，以州附徐圆朗。

庚寅[⑯]，东盐州[⑰]治中[⑱]王才艺杀刺史田华[⑲]，以城应刘黑闼。

秦王世民军至获嘉，刘黑闼弃相州，退保洺州。丙申[20]，世民复取相州，进军肥乡[21]，列营洺水之上以逼之。

萧铣既败，散兵多归林士弘，军势复振。

己酉[22]，岭南俚帅[23]杨世略[24]以循、潮二州[25]来降。

唐使者王义童下泉、睦、建三州[26]。

幽州总管李艺将所部兵数万会秦王世民讨刘黑闼，黑闼闻之，留兵万人，使范愿守洺州，自将兵拒艺。夜，宿沙河[27]，程名振载鼓六十具，于城西二里堤上急击之，城中地皆震动。范愿惊惧，驰告黑闼；黑闼遽还，遣其弟十善与行台张君立[28]将兵一万击艺于鼓城[29]。壬子[30]，战于徐河[31]，十善、君立大败，所失亡八千人。

洺水[32]人李去惑据城来降，秦王世民遣彭公王君廓将千五百骑赴之，入城共守。二月，刘黑闼引兵还攻洺水，癸亥[33]，行至列人[34]，秦王世民使秦叔宝邀击，破之。

豫章[35]贼帅张善安以虔、吉[36]等五州来降，拜洪州[37]总管。

戊辰[38]，金乡[39]人阳孝诚叛徐圆朗，以城来降。

己巳[40]，秦王世民复取邢州。辛未[41]，并州[42]人冯伯让以城来降。

丙子[43]，李艺取刘黑闼定、栾、廉、赵四州[44]，获黑闼尚书刘希道，引兵与秦王世民会洺州。

刘黑闼攻洺水甚急。城四旁皆有水，广五十馀步，黑闼于城东北筑二甬道[45]以攻之；世民三引兵救之，黑闼拒之，不得进。世民恐王君廓不能守。召诸将谋之，李世勣曰："若甬道达城下，城必不守。"行军总管郯勇公[46]罗士信请代君廓守之。世民乃登城南高冢，以旗招君廓，君廓帅其徒力战，溃围而出；士信帅左右二百人乘之[47]入城，代君廓固守。黑闼昼夜急攻，会大雪，救兵不得往，凡八日，丁丑[48]，城陷。黑闼素闻[49]其勇，欲生之，士信词色不屈，乃杀之，时年二十。

（以上为第一段，写李世民与李艺联兵大举征讨刘黑闼，唐军屡胜，而刘黑闼仍在洺水得势，罗士信战没。）

【注释】

①天造：年号。其意盖为天所授命。　②董康买：窦建德部将。建德败，归刘黑闼。事迹见《旧唐书》卷五十五《刘黑闼传》、《新唐书》卷八十六《刘黑闼传》。　③王

琮：原为隋河间郡丞，后降窦建德，授瀛州刺史。建德败，归刘黑闼。事迹见《旧唐书》卷五十五《刘黑闼传》。 ④刘斌：隋朝著名辞人。隋末归窦建德，署为中书舍人。建德败，又归刘黑闼，专掌文翰。传见《隋书》卷七十六《文学传》。 ⑤文武：指文武官员。 ⑥本位：原来的官职。 ⑦设法：制定法令。 ⑧丙戌：正月初四日。 ⑨同安：郡名。治所在今安徽潜山市。 ⑩殷恭邃：隋末群雄之一。武德五年降唐。事迹见《新唐书》卷一《高祖纪》。 ⑪舒州：州名。治所在今安徽潜山市。隋朝的同安郡，唐初改为舒州。 ⑫丁亥：正月初五日。 ⑬济州：州名。治所在今山东聊城市茌平区西南。⑭别驾：官名。为州刺史的佐吏。隋唐改别驾为长史。 ⑮窦务本：唐初济州刺史。武德五年被属吏所执，以州附徐圆朗。事迹见《新唐书》卷一《高祖纪》。 ⑯庚寅：正月初八日。 ⑰东盐州：州名。治所在今河北盐山县南。 ⑱治中：官名。为州刺史的助理。因主众曹文书，居中治事，故名治中。隋为郡的佐官，唐改为司马。 ⑲田华：唐初东盐州刺史。武德五年被属吏所杀。事迹见《新唐书》卷一《高祖纪》。 ⑳丙申：正月十四日。 ㉑肥乡：县名。县治在今河北邯郸市肥乡区。 ㉒己酉：正月二十七日。㉓俚帅：俚人的统帅。俚人,古族名。东汉至隋唐屡见于史籍，常与獠并称。主要分布在今广东西南沿海及广西东南等地。 ㉔杨世略：隋末群雄之一。大业末据循、潮二州起兵，武德五年正月降唐。事迹见《新唐书》卷八十七《林士弘传》。 ㉕循、潮二州：循州，治所在今广东惠州市东北。潮州，治所在今广东潮州市潮安区。 ㉖泉、睦、建三州：泉州,治所在今福建福州市。睦州，治所在今浙江淳安县西。建州，治所在今福建建瓯市。 ㉗沙河：县名。县治在今河北沙河市。 ㉘张君立：刘黑闼部将，后投高开道。又与开道爱将张金树同杀开道。寻被金树所杀。事迹见《旧唐书》卷五十五《高开道传》。 ㉙鼓城：县名。治所在今河北晋州市。 ㉚壬子：正月三十日。 ㉛徐河：徐河在清苑（今河北保定市）北。 ㉜洺水：县名。县治在今河北曲周县东南。 ㉝癸亥：二月十一日。 ㉞列人：县名。县治在今河北邯郸市肥乡区东北。 ㉟豫章：郡名。治所在今江西南昌市。 ㊱虔、吉：州名。虔州，治所在今江西赣州市。吉州,治所在今江西吉水县东北。 ㊲洪州：州名。治所在今江西南昌市。 ㊳戊辰：二月十六日。 ㊴金乡：县名。县治在今山东嘉祥县南。 ㊵己巳：二月十七日。 ㊶辛未：二月十九日。 ㊷井州：州名。治所在今河北井陉县西北。 ㊸丙子：二月二十四日。㊹定、栾、廉、赵四州：定州，治所在今河北定州市。栾州，治所在今河北隆尧县东。廉州，治所在今河北石家庄市藁城区。赵州，治所在今河北赵县。 ㊺甬道：两旁立墙之道。㊻郯（tán）勇公：爵位名。 ㊼乘之：乘其溃围混战之际。 ㊽丁丑：二月二十五日。㊾素闻：久闻。

【译文】

高祖神尧大圣光孝皇帝中之下

唐高祖武德五年（壬午，622）

春季，正月，刘黑闼自称汉东王，把年号改为天造，定都洺州。任命范愿为左仆射，董康买为兵部尚书，高雅贤为右领军，征召王琮为中书令，刘斌为中书侍郎，窦建德时期的文武官员全部恢复了原来的职位。刘黑闼设立的法律和实行的政治措施，全部效法窦建德，但他的作战勇猛果断超过了窦建德。

正月初四日，同安的叛贼首领殷恭邃率舒州降唐。

正月初五日，唐济州别驾刘伯通逮捕刺史窦务本，率济州归附徐圆朗。

正月初八日，唐东盐州治中王才艺杀死刺史田华，率其城响应刘黑闼。

秦王李世民的大军到达获嘉，刘黑闼放弃相州，撤退到洺州进行防御。正月十四日，李世民收复相州，进军肥乡，在洺水河边排列营寨进逼刘黑闼。

萧铣败亡之后，他的散兵大多投奔林士弘，林士弘的军势重新振作起来。

正月二十七日，岭南俚族首领杨世略率循州、潮州降唐。

唐朝使者王义童降服泉州、睦州、建州三地。

唐幽州总管李艺率领他的部队数万人与秦王李世民会合前去讨伐刘黑闼，刘黑闼听说了，留下一万兵力，命范愿守卫洺州，自己率军抵抗李艺。夜晚，刘黑闼在沙河县宿营，程名振带六十面大鼓，在城西二里处的河堤上猛烈擂鼓，城中的地面都感到震动。范愿惊慌害怕，派人飞驰报告刘黑闼；刘黑闼迅速返回洺州，派他的弟弟刘十善和行台张君立率领一万兵马在鼓城攻打李艺。正月三十日，双方在徐河交战，刘十善、张君立大败，损失伤亡八千人。

洺水县人李去惑率领他占据的城池降唐，秦王李世民派彭公王君廓率一千五百名骑兵赶赴洺水，进城与李去惑共同守城。二月，刘黑闼率领军队回师攻打洺水，二月十一日，走到列人县，秦王李世民命秦叔宝拦击，打败了刘黑闼。

豫章叛贼首领张善安率虔州、吉州等五个州降唐，唐朝任命张善安为洪州总管。

二月十六日，金乡人阳孝诚反叛徐圆朗，率金乡县城降唐。

二月十七日，秦王李世民收复邢州。二月十九日，井州人冯伯让率井州城降唐。

二月二十四日，李艺夺取刘黑闼占据的定州、栾州、廉州、赵州四地，抓获刘黑闼的尚书刘希道，然后带兵与秦王李世民在洺州会师。

刘黑闼攻打洺水非常猛烈。洺水城四周都有河，河宽五十多步，刘黑闼在城东北修建两条甬道用来攻城；秦王李世民三次带军救援，都受到刘黑闼的阻击，无法前进。李世民怕王君廓守不住城池，召集众将领商议救援之事，李世勣说："如果甬道修到城下，城池必定失守。"行军总管郑勇公罗士信请求代替王君廓守城。李世民于是登上城南的高山顶，用旗语与王君廓联系，王君廓率领部下奋战，突围出城；罗士信率亲信二百人乘机进城，代替王君廓坚守城池。刘黑闼昼夜猛攻洺水，恰逢下起大雪，救兵无法前往，经过八天，二月二十五日，洺水城陷落。刘黑闼一向听说罗士信勇猛，想留下他的命，罗士信言辞脸色毫不屈服，刘黑闼于是杀了他。当时罗士信年仅二十岁。

【原文】

戊寅[①]，汴州总管王要汉[②]攻徐圆朗杞州，拔之，获其将周文举。

庚辰[③]，延州道行军总管段德操[④]击梁师都石堡城[⑤]，师都自将救之；德操与战，大破之，师都以十六骑遁去。上益[⑥]其兵，使乘胜进攻夏州，克其东城，师都以数百人保西城。会突厥救至，诏德操引还。

辛巳[⑦]，秦王世民拔洺水。三月，世民与李艺营于洺水之南，分兵屯水北。黑闼数挑战，世民坚壁不应，别遣奇兵绝其粮道。壬辰[⑧]，黑闼以高雅贤为左仆射，军中高会[⑨]。李世勣引兵逼其营，雅贤乘醉，单骑逐之，世勣部将潘毛刺之坠马，左右继至，扶归，未至营而卒。甲午[⑩]，诸将复往逼其营，潘毛为王小胡所擒。黑闼运粮于冀、贝、沧、瀛诸州，水陆俱进，程名振以千馀人邀之，沉其舟，焚其车。

宋州总管盛彦师帅齐州总管王薄攻须昌，征军粮于潭州[⑪]；刺史李义满[⑫]与薄有隙，闭仓不与。及须昌降，彦师收义满，系齐州狱，诏释之。使者未至，义满忧愤，死狱中。薄还，过潭州，戊戌[⑬]夜，义满兄子武意执薄，杀之，彦师亦坐死[⑭]。

上遣使赂突厥颉利可汗，且许结婚。颉利乃遣汉阳公瓌、郑元璹、长孙顺德[⑮]等还，庚子[⑯]，复遣使来修好，上亦遣其使者特勒[⑰]热寒、阿史那德等还。并州总管刘世让屯雁门，颉利与高开道、苑君璋合众攻之。月馀，乃退。

甲辰[⑱]，以隋交趾[⑲]太守丘和为交州总管，和遣司马高士廉[⑳]奉表请入朝，诏许之，遣其子师利迎之。

秦王世民与刘黑闼相持六十馀日。黑闼潜师袭李世勣营，世民引兵掩其后以救之，为黑闼所围，尉迟敬德帅壮士犯围[21]而入，世民与略阳公道宗乘之得出。道宗，帝之从子[22]也。世民度黑闼粮尽，必来决战，乃使人堰洺水上流[23]，谓守吏曰："待我与贼战，乃决[24]之。"丁未[25]，黑闼帅步骑二万南渡洺水，压唐营而陈，世民自将精骑击其骑兵，破之，乘胜蹂[26]其步兵。黑闼帅众殊死战，自午至昏，战数合，黑闼势不能支。王小胡谓黑闼曰："智力尽矣，宜早亡去。"遂与黑闼先遁，馀众不知，犹格战[27]。守吏决堰，洺水大至，深丈馀，黑闼众大溃，斩首万馀级，溺死数千人，黑闼与范愿等二百骑奔突厥，山东悉平。

高开道寇易州，杀刺史慕容孝幹。

夏，四月己未[28]，隋鸿胪卿宁长真[29]以宁越、郁林[30]之地请降于李靖，交、爱[31]之道始通，以长真为钦州[32]总管。

（以上为第二段，写刘黑闼兵败逃入突厥，河北大体平定，岭南高士廉归附。）

【注释】

①戊寅：二月二十六日。 ②王要汉：隋末据汴州起兵，曾降于王世充。武德五年归唐，署为汴州总管。事迹见《旧唐书》卷一百八十七上《夏侯端传》。 ③庚辰：二月二十八日。 ④段德操：唐初延州总管，善用兵。武德初年，多次重创入寇的梁师都及突厥步骑。事迹见《旧唐书》卷五十六《梁师都传》。 ⑤石堡城：镇名。在今陕西靖边县东。 ⑥益：增加。 ⑦辛巳：二月二十九日。 ⑧壬辰：三月十一日。 ⑨高会：大会。 ⑩甲午：三月十三日。 ⑪潭州：据胡注，潭州，当作谭州。武德二年置，治所在今山东济南市章丘区西。 ⑫李义满（？—622）：齐州平陵（今山东济南市章丘区西）人。隋末为齐郡通守。唐武德二年降于唐。高祖于平陵置谭州，拜义满为谭州刺史。事迹见《旧唐书》卷一百八十五《李君球传》。 ⑬戊戌：三月十七日。 ⑭彦师亦坐死：盛彦师也因李义满之死而被杀。 ⑮长孙顺德：太宗文德皇后之族叔，素为高祖所亲厚。从征累有战功，高祖拜左骁卫大将军，封薛国公。传见《旧唐书》卷五十八《长孙顺德传》、《新唐书》卷一百零五《长孙无忌传》。 ⑯庚子：三月十九日。 ⑰特勒：应作特勤。突厥语，官名，为突厥回纥可汗子弟的官衔。 ⑱甲辰：三月二十三日。 ⑲交趾：郡名。治所在今越南河内市。 ⑳高士廉（575—647）：名俭，以字显。武德中

为右庶子。进益州大都督府长史。入为吏部尚书，封许国公，迁右仆射。传见《旧唐书》卷六十五《高士廉传》、《新唐书》卷九十五《高俭传》。 ㉑犯围：突围，冲破包围。㉒从子：侄子。 ㉓堰洺水上流：于洺水上游筑堰以遏水流。 ㉔决：开。 ㉕丁未：三月二十六日。 ㉖蹂：蹂躏。 ㉗格战：紧张激烈的战斗。 ㉘己未：四月初八日。 ㉙宁长真：隋末岭南地方渠帅。炀帝时授鸿胪卿。隋亡，附于萧铣。武德初降唐。高祖授钦州都督。事迹见《新唐书》卷八十七《萧铣传》。 ㉚宁越、郁林：郡名。宁越郡，治所在今广西钦州市东北钦江西北岸。郁林郡，治所在今广西贵港东南郁江南岸。㉛交、爱：州名。交州,治所在今越南河内市西北。爱州，治所在今越南清化省清化。㉜钦州：州名。治所在今广西钦州市东北钦江西北岸。钦州即宁越郡。

【译文】

二月二十六日，唐汴州总管王要汉攻打徐圆朗占据的杞州，攻下杞州，抓获徐圆朗的将领周文举。

二月二十八日，唐延州道行军总管段德操攻击梁师都的石堡城，梁师都亲自带兵救援；段德操与他大战，大败梁师都，梁师都只带着十六名骑兵逃跑。唐高祖增加段德操的兵力，让他乘胜进军攻打夏州，段德操攻克夏州东城，梁师都带几百人退到夏州西城进行防守。恰好突厥救兵赶到，唐高祖下诏命段德操撤军返回。

二月二十九日，秦王李世民攻下洺水。三月，李世民和李艺在洺水以南扎营，分出部分兵力驻扎在洺水以北。刘黑闼多次来挑战，李世民坚壁不应战，另派奇兵切断了刘黑闼的运粮路线。十一日，刘黑闼任命高雅贤为左仆射，军中举行大宴会。李世勣带兵逼近刘黑闼军营，高雅贤趁着酒醉，单枪匹马追逐李世勣，李世勣的部将潘毛把他刺下马来，高雅贤的随从陆续赶到，扶着高雅贤回营，未走到营地高雅贤就死了。十三日，唐军诸将领再次前进，逼近刘黑闼的营地，潘毛被王小胡抓获。刘黑闼从冀州、贝州、沧州、瀛州各地运粮，水陆并进，程名振用一千多人进行截击，击沉了运粮船，烧毁了运粮车。

唐宋州总管盛彦师率领齐州总管王薄攻打须昌，到潭州征调军粮；潭州刺史李义满与王薄有仇隙，关闭粮仓不发军粮。等到须昌投降，盛彦师逮捕李义满，关押在齐州监狱，唐高祖下诏命令释放李义满。朝中下达诏令的使者还没到达齐州，李义满忧愁愤恨，已经死在狱中。王薄回师，经过潭州，三月十七日夜晚，李义满哥哥的儿子李武意捉住王薄，杀了他，盛彦师也因连坐而被处死。

唐高祖派遣使节贿赂突厥颉利可汗，并且答应与颉利通婚，颉利于是遣送汉阳公李瓌、郑元玮、长孙顺德等人返回唐朝，三月十九日，颉利又派遣使节前来建立友好关系，唐高祖也送突厥使者特勒热寒、阿史那德等人返回突厥。唐并州总管刘世让驻扎在雁门，颉利与高开道、苑君璋合兵攻打刘世让，一个多月后才退军。

三月二十三日，唐朝任命原隋朝交趾太守丘和为交州总管，丘和派司马高士廉拿着表章请求入京朝见，唐高祖下诏准许他的请求，并派丘和的儿子丘师利前往迎接。

秦王李世民与刘黑闼相持六十多天。刘黑闼暗中派军偷袭李世勣的营地，李世民带兵从刘黑闼背后进行攻击救援李世勣，结果被刘黑闼包围，尉迟敬德率领壮士冲入包围，李世民与略阳公李道宗乘机得以冲出包围。李道宗是唐高祖的侄子。李世民计算刘黑闼的粮食已经吃光，必定前来决战，于是命人在洺水上游筑坝截断河水，对看守堤坝的官吏说："等我和敌人交战时，就扒开堤坝放水。"三月二十六日，刘黑闼率领两万步兵骑兵向南渡过洺水，逼近唐军营寨而排列成阵，李世民亲自统率精锐骑兵攻打刘黑闼的骑兵，打败了刘军，乘胜用战马踩踏刘黑闼的步兵。刘黑闼带领部队拼死战斗，从中午打到黄昏，双方数次交兵互杀，刘黑闼的兵力无法支持下去。王小胡对刘黑闼说："我们的智谋和兵力都已耗尽，应该快点逃走。"就和刘黑闼率先逃跑，其余的将士并不知道情况，仍在格斗拼杀。唐军看守堤坝的官吏扒开堤坝，洺河水猛地冲流下来，水深一丈多，刘黑闼的军队大败，斩首一万多人，淹死几千人，刘黑闼与范愿等二百人骑马逃奔突厥，山东地区全部平定。

高开道侵犯易州，杀死唐朝易州刺史慕容孝幹。

夏四月初八日，隋朝的鸿胪卿宁长真率宁越、郁林郡向李靖请求投降，通向交州与爱州的道路至此才被打通。唐任命宁长真为钦州总管。

【原文】

以夔州总管赵郡王孝恭为荆州总管。

徐圆朗闻刘黑闼败，大惧，不知所出。河间[①]人刘复礼说圆朗曰："有刘世徹[②]者，其才不世出[③]，名高东夏[④]，且有非常之相，真帝王之器。将军若自立，恐终无成；若迎世徹而奉之，天下指挥可定。"圆朗然之，使复礼迎世徹于浚仪[⑤]。或说圆朗曰："将军为人所惑，欲迎刘世徹而奉之，世徹若得志，将军岂有全地[6]乎？仆不敢远引前古，将军独不见翟让之于李密[7]乎？”圆朗复以为然。世徹至，已有众数千人，顿于城外[8]，以待圆朗出迎，圆朗不出，使人召之。世徹知事变，欲亡走，恐不免，乃入谒。圆朗悉夺其兵，以为司马，使徇谯、杞二州，东人[9]素闻其名，所向皆下，圆朗遂杀之。

秦王世民自河北引兵将击圆朗，会上召之，使驰传[10]入朝，乃以兵属齐王元吉。庚申[11]，世民至长安，上迎之于长乐[12]。世民具陈取圆朗形势，上复遣之诣黎阳，会大军趋济阴[13]。

丁卯[14]，废山东行台。

壬申[15]，代州总管定襄王李大恩为突厥所杀。先是，大恩奏称突厥饥馑，马邑可取，诏殿内少监独孤晟[16]将兵与大恩共击苑君璋，期[17]以二月会马邑；失期[18]不至，大恩不能独进，顿兵新城[19]。颉利可汗遣数万骑与刘黑闼共围大恩，上遣右骁卫大将军李高迁[20]救之。未至，大恩粮尽，夜遁，突厥邀之，众溃而死，上惜之。独孤晟坐减死徙边。

丙子[21]，行台民部尚书史万宝攻徐圆朗陈州[22]，拔之。

戊寅[23]，广州贼帅邓文进[24]、隋合浦太守宁宣[25]、日南[26]太守李晙[27]并来降。

五月庚寅[28]，瓜州土豪王幹斩贺拔行威以降，瓜州平。

突厥寇忻州[29]，李高迁击破之。

六月辛亥[30]，刘黑闼引突厥寇山东，诏燕郡王李艺击之。

癸丑[31]，吐谷浑寇洮、旭、叠三州[32]，岷州总管李长卿击破之。

乙卯[33]，遣淮安王神通击徐圆朗。

丁卯[34]，刘黑闼引突厥寇定州。

秋，七月甲申[35]，为秦王世民营弘义宫[36]，使居之。世民击徐圆朗，下十馀城，声震淮、泗[37]，杜伏威惧，请入朝。世民以淮、济[38]之间略定，使淮安王神通、行军总管任瓌、李世勣攻圆朗。乙酉[39]，班师。

丁亥[40]，杜伏威入朝，延升御榻[41]，拜太子太保，仍兼行台尚书令，留长安，位在齐王元吉上，以宠异[42]之。以阚稜[43]为左领军将军。

李子通谓乐伯通曰：“伏威既来，江东未定，我往收旧兵，可以立大功。”遂相与亡至蓝田关[44]，为吏所获，俱伏诛。

刘黑闼至定州，其故将曹湛、董康买亡命在鲜虞[45]，复聚兵应之。甲午[46]，以淮阳王道玄为河北道行军总管以讨之。

丙申[47]，迁州[48]人邓士政执刺史李敬昂[49]以反。

（以上为第三段，写李世民移兵山东讨徐圆朗，刘黑闼引突厥入寇，卷土重来。）

【注释】

①河间：郡名。治所在今河北河间市。　②刘世徹：彭城（今江苏徐州市）人。才干出众。徐圆朗欲奉之。后听信谗言，忌而杀之。传附见《隋书》卷六十三《刘权传》。　③其才不世出：其才能特高，非每代所有。　④东夏：指山东、河北一带。　⑤浚仪：县名。县治在今河南开封市。　⑥全地：安全之地。　⑦翟让之于李密：李密先为翟让部将，后翟让推李密为主，称魏公。随着地位的变化，李密用阴谋手段杀害了翟让。　⑧顿于城外：停驻城外。　⑨东人：山东人。　⑩驰传：传，传车。驰传，谓乘传车而急驰。　⑪庚申：四月初九日。　⑫长乐：长乐坡在长安城东。　⑬济阴：郡名。治所在今山东曹县西北。　⑭丁卯：四月十六日。　⑮壬申：四月二十一日。　⑯独孤晟：唐初大臣。武德初署为殿内少监。事迹见《旧唐书》卷一百九十四上《突厥传上》、《新唐书》卷二百一十五上《突厥传上》。　⑰期：约定。　⑱失期：耽误了约定的期限。　⑲新城：据胡注，新城，当在朔州（今山西朔州市）南。　⑳李高迁（？—654）：岐州（今陕西宝鸡市凤翔区）人。唐初将领。执高君雅有功，以右三统军从下霍邑。后累迁西麟州刺史。传见《旧唐书》卷五十七《李高迁传》、《新唐书》卷八十八《李高迁传》。　㉑丙子：四月二十五日。　㉒陈州：州名。治所在今河南周口市淮阳区。　㉓戊寅：四月二十七日。　㉔邓文进：隋末群雄之一，据广州（今广东广州市）起兵。武德五年降唐。事迹见《新唐书》卷一《高祖纪》。　㉕宁宣：隋末岭南地方头目。隋亡，附于萧铣。武德初降唐。事迹见《新唐书》卷二百二十二下《南蛮传下》。　㉖日南：郡名。治所在今越南义安省荣市。　㉗李晙：隋末日南郡太守。武德五年降唐。事迹见《新唐书》卷七十二上《宰相世系二上》。　㉘庚寅：五月初九日。　㉙忻（xīn）州：州名。治所在今山西忻州市。　㉚辛亥：六月初一日。　㉛癸丑：六月初三日。　㉜洮、旭、叠三州：洮州，治所在今甘肃临潭县；旭州，治所当在甘肃庆阳市境；叠州，治所在今甘肃迭部县。　㉝乙卯：六月初五日。　㉞丁卯：六月十七日。　㉟甲申：七月初五日。　㊱弘义宫：后改为大安宫。在宫城外西偏。　㊲淮、泗：淮水、泗水流域。　㊳淮、济：淮水、济水。　㊴乙酉：七月初六日。　㊵丁亥：七月初八日。　㊶延升

御榻：引升而坐于帝床之上。 ㊷宠异：优宠殊异。 ㊸阚稜（？—623）：章丘人。杜伏威据江淮，以战功署左将军。从伏威入朝，拜越州都督。传见《旧唐书》卷五十六《阚稜传》、《新唐书》卷九十二《阚稜传》。 ㊹蓝田关：一名蓝关。在今陕西商洛市商州区西北。 ㊺鲜虞：县名。县治在今河北安喜县。 ㊻甲午：七月十五日。 ㊼丙申：七月十七日。 ㊽迁州：州名。治所在今湖北竹山县。 ㊾李敬昂：唐初迁州刺史。事迹见《新唐书》卷一《高祖纪》。

【译文】

唐朝任命夔州总管赵郡王李孝恭为荆州总管。

徐圆朗听说刘黑闼失败，大为恐惧，不知向何处进军。河间人刘复礼劝徐圆朗说："有位名叫刘世徹的人，他的才能不是每个时代都会出现的，在东夏有很高的名望，且有非同常人的相貌，真有帝王的气度。将军如果自立为王，恐怕最终一事无成；如果迎来刘世徹拥戴为君主，整个天下弹指之间就能平定了。"徐圆朗同意他的意见，命刘复礼到浚仪县迎接刘世徹。有人对徐圆朗说："将军被人迷惑了，想迎立刘世徹而奉他为君主，刘世徹如果得志了，将军哪里还有保全性命的地方呢？我不敢援引前代之事，将军难道没有看到翟让与李密的关系吗？"徐圆朗又认为这也说得对。刘世徹到来时，已有几千人马停在城外，等着徐圆朗出城迎接，徐圆朗不出城，命人召刘世徹进城。刘世徹知道事情有了变化，想逃走，又怕仍然不免被捉，于是进城谒见徐圆朗。徐圆朗夺取了他的全部人马，任命他为司马，让他攻占谯州、杞州，东方的人久闻刘世徹的大名，所到之处全都归顺，徐圆朗于是杀了刘世徹。

秦王李世民从河北带兵准备攻打徐圆朗，正好唐高祖要召见他，让他乘驿站车马急速返回长安，于是李世民将军队交给齐王李元吉统领。四月初九日，李世民到达长安，唐高祖到长乐坡迎接他。李世民详细说明了攻打徐圆朗的形势，唐高祖又派他赶赴黎阳，会同大军进军济阴。

四月十六日，唐朝废除山东行台。

四月二十一日，唐朝代州总管定襄王李大恩被突厥杀害。在此之前，李大恩上奏章报告突厥发生饥荒，可以攻取马邑，唐高祖下诏命殿内少监独孤晟带兵与李大恩共同攻打苑君璋，约定二月在马邑会师；独孤晟未能按期到达，李大恩不能孤军挺进，将军队停在新城。突厥颉利可汗派几万骑兵与刘黑闼一起包围了李大恩，唐高祖派右骁卫大将军李高迁救援李大恩。李高迁还未到达，李大恩因军粮吃光，半夜逃遁，突厥半路阻截，军队溃败而被杀，唐高祖非常痛惜。独孤晟因此获罪，判处死刑减免而流放到边远地区。

四月二十五日，唐朝行台民部尚书史万宝攻打徐圆朗占据的陈州，攻克了陈州。

四月二十七日，广州叛贼首领邓文进、隋朝合浦太守宁宣、日南太守李晙都来降唐。

五月初九日，瓜州土豪王幹杀死贺拔行威然后降唐，瓜州平定。

突厥侵犯忻州，李高迁击退突厥。

六月初一日，刘黑闼引来突厥军队侵犯山东，唐高祖下诏命燕郡王李艺攻击来犯者。

六月初三日，吐谷浑侵犯洮州、旭州、叠州，唐岷州总管李长卿打败来犯者。

六月初五日，唐朝派淮安王李神通攻打徐圆朗。

六月十七日，刘黑闼引来突厥军队侵犯定州。

秋，七月初五日，唐朝为秦王李世民建造弘义宫，供李世民居住。李世民攻打徐圆朗，攻下十几座城池，声势震动了淮水、泗水地区，杜伏威害怕了，请求入京朝见。李世民看到淮、济之间已大致平定，让淮安王李神通、行军总管任瓌、李世勣攻打徐圆朗。初六日，李世民班师回朝。

七月初八日，杜伏威入京朝见，皇帝请他登上御榻，官拜太子太保，仍然兼任行台尚书令，把他留在长安，官位在齐王李元吉之前，表示特殊的恩宠。唐朝任命阚稜为左领军将军。

李子通对乐伯通说："杜伏威已来长安，江东尚未安定，我们前去收拾旧部，可以建立大功。"于是一起逃跑，到蓝田关，被官吏抓获，都被处死。

刘黑闼到达定州，他的旧部下曹湛、董康买逃亡在鲜虞，又召集兵马响应刘黑闼。七月十五日，唐朝任命淮阳王李道玄为河北道行军总管前来讨伐刘黑闼。

七月十七日，迁州人邓士政捉住刺史李敬昂，反叛朝廷。

【原文】

丁酉[①]，隋汉阳太守冯盎承李靖檄[②]，帅所部来降，以其地为高、罗、春、白、崖、儋、林、振八州[③]，以盎为高州总管，封耿国公。先是[④]，或说[⑤]盎曰："唐始定中原，未能及远，公所领二十州地已广于赵佗[⑥]，宜自称南越王。"盎曰："吾家居此五世[⑦]矣，为牧伯者不出吾门[⑧]，富贵极矣，常惧不克负荷[⑨]，为先人羞，敢效[⑩]赵佗自王一方乎？"遂来降。于是岭南悉平。

八月辛亥[⑪]，以洛、荆、交、并、幽五州为大总管府。

改葬隋炀帝于扬州雷塘[⑫]。

（以上为第四段，写岭南全境归附。）

【注释】

①丁酉：七月十八日。　②承李靖檄：承接李靖檄文。　③高、罗、春、白、崖、儋、林、振八州：高州，治所在今广东阳江市西；罗州，治所在今广东化州市；春州，治所在今广东阳春市；白州，治所在今广西博白县；崖州，治所在今海南海口市琼山区东南；儋州，治所在今海南儋州市西北；林州，治所在今广西桂平市南；振州，治所在今海南三亚市崖州区。　④先是：先此。为追述旧事惯用语。　⑤或说：有人游说。⑥赵佗（？—前137）：南越国王。真定人。秦末为南海郡（治所在今广东广州市）尉。秦亡后，他并据南海、桂林、象郡，建立南越国。西汉初，封为南越王。事迹见《汉书》卷九十五《南粤传》。　⑦吾家居此五世：冯氏居高州良德，始于梁简文帝大宝元年（550）。自冯业以三百人浮海奔宋，留居此地以来，至冯盎已历五世。　⑧为牧伯者不出吾门：当州牧、方伯者，无不出自我们冯家。　⑨不克负荷：不能承担。　⑩敢效：岂敢效法。　⑪辛亥：八月初二日。　⑫雷塘：又作雷陂。在今江苏扬州市城北。

【译文】

七月十八日，隋朝汉阳太守冯盎接受了李靖的檄文，率领部属降唐，唐朝在冯盎的辖地设置高州、罗州、春州、白州、崖州、儋州、林州、振州共八个州，任命冯盎为高州总管，封为耿国公。在此之前，有人劝冯盎说："唐刚刚平定中原，不能顾及边远地区，你所管辖的二十州的地域已超过汉代的赵佗，应当自称南越王。"冯盎说："我家定居此地已有五代，担任州牧等地方长官的都出自我们冯家，富贵已达到极点，常怕不能胜任重担，让先人蒙受耻辱，怎敢效法赵佗自己称王一方呢？"于是前来投降。从此岭南地区全部平定。

八月初二日，唐朝把洛州、荆州、交州、并州、幽州共五州设立为大总管府。

唐朝把隋炀帝改葬在扬州的雷塘。

【原文】

甲戌[1]，吐谷浑寇岷州，败总管李长卿。诏益州行台右仆射窦轨、渭州[2]刺史且[3]洛生救之。

乙卯[4]，突厥颉利可汗寇边，遣左武卫将军段德操、云州总管李子和[5]将兵拒之。子和本姓郭，以讨刘黑闼有功，赐姓。丙辰[6]，颉利十五万骑入雁门，己未[7]，寇并州，别遣兵寇原州。庚子[8]，命太子出豳州[9]道，秦王世民出秦州[10]道以御之。李子和趋云中[11]，掩击可汗，段德操趋夏州[12]，邀[13]其归路。

辛酉[14]，上谓群臣曰："突厥入寇而复求和，和与战孰利[15]？"太常卿郑元璹曰："战则怨深，不如和利[16]。"中书令封德彝曰："突厥恃犬羊之众[17]，有轻中国之意，若不战而和，示之以弱，明年将复来。臣愚以为不如击之，既胜而后与和，则恩威兼著[18]矣！"上从之。

己巳[19]，并州大总管襄邑王神符[20]破突厥于汾东；汾州[21]刺史萧颉破突厥，斩首五千馀级。

吐谷浑寇洮州[22]，遣武州[23]刺史贺拔亮御之。

丙子[24]，突厥寇廉州；戊寅[25]，陷大震关[26]。上遣郑元璹诣颉利。是时，突厥精骑数十万，自介休至晋州，数百里间，填溢[27]山谷。元璹见颉利，责以负约[28]，与相辨诘[29]，颉利颇惭。元璹因说颉利曰："唐与突厥，风俗不同，突厥虽得唐地，不能居也。今虏掠所得，皆入国人[30]，于可汗何有[31]？不如旋师，复修和亲，可无跋涉[32]之劳，坐受金币[33]，又皆入可汗府库，孰与[34]弃昆弟积年之欢[35]，而结子孙无穷之怨乎？"颉利悦，引兵还。元璹自义宁[36]以来，五使突厥，几死者数焉。

九月癸巳[37]，交州刺史权士通、弘州总管宇文歆、灵州总管杨师道击突厥于三观山，破之。乙未[38]，太子班师。丙申[39]，宇文歆邀突厥于崇岗镇，大破之，斩首千馀级。壬寅[40]，定州总管双士洛[41]击突厥于恒山[42]之南，丙午[43]，领军[44]将军安兴贵击突厥于甘州，皆破之。

刘黑闼陷瀛州，杀刺史马匡武。盐州[45]人马君德以城叛附黑闼。高开道寇蠡州[46]。

（以上为第五段，写突厥颉利可汗大举寇边，唐军战败突厥，复与之和亲。）

【注释】

①甲戌：八月初五日。　②渭州：州名。治所在今甘肃陇西县东南。　③且（jū）：姓。　④乙卯：八月初六日。　⑤李子和（？—664）：同州蒲城（今陕西蒲城）人。本姓郭。从太宗平刘黑闼有功，高祖赐姓李氏。传见《旧唐书》卷五十六、《新唐书》卷九十二。　⑥丙辰：八月初七日。　⑦己未：八月初十日。　⑧庚子：章校，十二行本“子”作“申”，乙十一行本同，孔本同，退斋校同。庚申，八月十一日。译文从之。　⑨幽州：胡注，“幽州”当作“豳州”。译文从之。豳州，治所在今陕西彬州市。⑩秦州：胡注，“秦州”当作“泰州”。译文从之。泰州，治所在今山西河津市东南。⑪云中：郡名。治所在今内蒙古托克托县东北。　⑫夏州：州名。治所在今陕西靖边县东北白城子。　⑬邀：截击。　⑭辛酉：八月十二日。　⑮和与战孰利：和谈与作战哪样有利？　⑯不如和利：不如议和有利。　⑰恃犬羊之众：可作两解。既可解作依恃犬羊众多，又可解作对突厥辱骂的鄙称。　⑱恩威兼著：恩德与威势兼而有之。⑲己巳：八月二十日。　⑳襄邑王神符（？—651）：高祖从父弟。武德元年，进封襄邑郡王。传见《旧唐书》卷六十、《新唐书》卷七十八。　㉑汾州：州名。治所在今山西汾阳市。　㉒吐谷浑寇洮州：章校，十二行本“寇”作“陷”，乙十一行本同，孔本同，退斋校同。　㉓武州：州名。治所在今甘肃陇南市武都区东南。　㉔丙子：八月二十七日。　㉕戊寅：八月二十九日。　㉖大震关：关名。在今甘肃清水县东陇山东坡。　㉗填溢：满、充塞。　㉘负约：违背约誓。　㉙辨诘：辩论诘难。　㉚皆入国人：皆归国人。　㉛于可汗何有：于可汗何利之有。　㉜跋涉：草行曰跋，水行曰涉。㉝金币：黄金币帛。　㉞孰与：与……比，哪一个……；哪里比得上。　㉟弃昆弟积年之欢：放弃兄弟累年的欢好。　㊱义宁：隋恭帝杨侑年号（617—618）。　㊲癸巳：九月十五日。　㊳乙未：九月十七日。　㊴丙申：九月十八日。　㊵壬寅：九月二十四日。　㊶双士洛：姓双，名士洛。唐武德初定州总管，破突厥有功。事迹见《新唐书》卷八十六。　㊷恒山：五岳之北岳，在今河北曲阳西北，与山西接壤处。避汉文帝讳，改名常山。　㊸丙午：九月二十八日。　㊹领军：官名。隋有左右领军府，与十二府中的其他十府同掌禁卫兵。唐有左、右领军卫，与十六卫中的其他十四卫同掌禁卫兵，设上将军、大将军及将军。　㊺盐州：州名。治所在今陕西定边县。　㊻蠡州：州名。治所在今河北蠡县。

【译文】

八月初五日，吐谷浑侵犯岷州，打败了唐朝总管李长卿。唐高祖下诏命益州行台右仆射窦轨、渭州刺史且洛生救援李长卿。

八月初六日，突厥颉利可汗侵犯边境，唐朝派遣左武卫将军段德操、云州总管李子和率军抵抗。李子和本姓郭，由于讨伐刘黑闼有功，赐姓李。初七日，颉利的十五万骑兵进入雁门。初十日，侵犯并州，另外又派兵侵犯原州。十一日，唐高祖命太子李建成从豳州道出兵，命秦王李世民从泰州道出兵抵御突厥。李子和急速赶赴云中，突然袭击颉利可汗，段德操赶赴夏州，阻截突厥的退路。

八月十二日，唐高祖对群臣说："突厥入侵而又来求和，和与战，哪个更有利？"太常卿郑元琇说："交战会加深仇怨，不如讲和有利。"中书令封德彝认为："突厥仗着如同犬羊一样多的兵力，有轻视中原王朝的意思，如果不战就讲和，是向他们显示软弱，明年（他们）还会再来。臣愚以为不如攻击他们，取胜以后再讲和，这样的话，恩威就会兼顾了！"唐高祖听从了封德彝的意见。

八月二十日，唐并州大总管襄邑王李神符在汾东打败突厥；汾州刺史萧顗打败突厥，斩首五千多人。

吐谷浑侵犯洮州，唐派武州刺史贺拔亮抵御来敌。

八月二十七日，突厥侵犯廉州；二十九日，攻陷大震关。唐高祖派郑元琇去见颉利可汗。当时，从介休到晋州的数百里之间的山谷，全是突厥人的几十万精锐骑兵。郑元琇见到颉利，责备他背叛盟约，与颉利展开辩论，颉利颇为惭愧。郑元琇趁机劝颉利说："唐与突厥，风俗不同，突厥就是得到唐的领土，也不能居住。如今俘虏与抢夺的财物，都给了突厥百姓，对于可汗您得到了什么？不如回军，重新议和通婚，可以免除军人的跋涉辛劳，坐享金银财物，并且都进入可汗的仓库，这与抛弃兄弟之间的多年友好，结成子孙后代的无穷仇怨相比，哪一个更好呢？"颉利高兴，带兵撤回突厥。郑元琇自义宁年间以来，五次出使突厥，多次差点被杀。

九月十五日，唐交州刺史权士通、弘州总管宇文歆、灵州总管杨师道在三观山攻击突厥，打败敌军。十七日，太子李建成班师回朝。十八日，宇文歆在崇岗镇拦击突厥。大败敌军，斩首一千多人。二十四日，唐定州总管双士洛在恒山南麓攻击突厥，二十八日，唐领军将军安兴贵在甘州攻打突厥，打败了敌军。

刘黑闼攻陷瀛州，杀死唐瀛州刺史马匡武。盐州人马君德占据盐州城反叛，归附刘黑闼。高开道侵犯蠡州。

【原文】

冬，十月己酉[①]，诏齐王元吉讨刘黑闼于山东。壬子[②]，以元吉为领军大将军、并州大总管。癸丑[③]，贝州刺史许善护与黑闼弟十善战于鄃县，善护全军皆没。甲寅[④]，右武候将军桑显和击黑闼于晏城[⑤]，破之。观州刺史刘会以城叛附黑闼。

契丹寇北平[⑥]。

甲子[⑦]，以秦王世民领左、右十二卫[⑧]大将军。

乙丑[⑨]，行军总管淮阳壮王道玄与刘黑闼战于下博[⑩]，军败，为黑闼所杀。时道玄将兵三万，与副将史万宝不协[⑪]。道玄帅轻骑先出犯陈，使万宝将大军继之。万宝拥兵不进，谓所亲曰："我奉手敕云，淮阳小儿，军事皆委老夫。今王轻脱[⑫]妄进，若与之俱，必同败没，不如以王饵贼[⑬]，王败，贼必争进，我坚陈以待之，破之必矣。"由是道玄独进败没。万宝勒兵将战，士卒皆无斗志，军遂大溃，万宝逃归。道玄数从秦王世民征伐，死时年十九，世民深惜之，谓人曰："道玄常从吾征伐，见吾深入贼陈，心慕效[⑭]之，以至于此。"为之流涕。世民自起兵以来，前后数十战，常身先士卒，轻骑深入，虽屡危殆[⑮]而未尝为矢刃所伤。

林士弘遣其弟鄱阳王药师攻循州，刺史杨略与战，斩之，其将王戎以南昌州[⑯]降。士弘惧，己巳[⑰]，请降。寻复走保安成[⑱]山洞，袁州[⑲]人相聚应之。洪州总管若干则遣兵击破之。会士弘死，其众遂散。

淮阳王道玄之败也，山东震骇，洺州总管庐江王瑗弃城西走，州县皆叛附于黑闼，旬日间，黑闼尽复故地，乙亥[⑳]，进据洺州。十一月庚辰[㉑]，沧州刺史程大买为黑闼所迫，弃城走。齐王元吉畏黑闼兵强，不敢进。

（以上为第六段，写刘黑闼尽复故地与徐圆朗合势，齐王李元吉征讨，畏懦不敢进。）

【注释】

①己酉：十月初一日。 ②壬子：十月初四日。 ③癸丑：十月初五日。 ④甲寅：十月初六日。 ⑤晏城：县名。县治在今河北辛集市西。 ⑥北平：郡名。治所在今河北卢龙县。 ⑦甲子：十月十六日。 ⑧十二卫：隋文帝时置十二府，统禁卫兵。后扩充为十六卫。唐沿隋制，名称略有改变。其十六卫是：左右卫、左右骁骑、左右武

卫、左右威卫、左右领军卫、左右金吾卫、左右监门卫、左右千牛卫。其中左右监门卫、左右千牛卫不领府兵，其余领府兵者为唐代的十二卫。 ⑨乙丑：十月十七日。 ⑩下博：县名。县治在今河北深州市东南。 ⑪不协：不和谐。 ⑫轻脱：轻躁佻脱。 ⑬以王饵贼：以王（指道玄）为贼之诱饵，借以获贼。 ⑭慕效：景慕而效法。 ⑮危殆：危险困殆。 ⑯南昌州：治所在今江西永修县。 ⑰己巳：十月二十一日。 ⑱安成：县名。县治在今江西安福县。 ⑲袁州：州名。治所在今江西宜春市。 ⑳乙亥：十月二十七日。 ㉑庚辰：十一月初三日。

【译文】

冬十月初一日，唐高祖下诏命齐王李元吉在山东讨伐刘黑闼。初四日，任命李元吉为领军大将军、并州大总管。初五日，唐贝州刺史许善护在鄃县与刘黑闼弟弟刘十善交战，许善护全军覆没。初六日，唐右武候将军桑显和在晏城攻击刘黑闼，打败了敌军。唐观州刺史刘会率观州城反叛，归附刘黑闼。

契丹侵犯北平。

十月十六日，唐朝以秦王李世民统领左、右十二卫大将军。

十月十七日，唐行军总管淮阳壮王李道玄与刘黑闼在下博交战，唐军失败，李道玄被刘黑闼杀死。当时李道玄带领三万兵马，与副将史万宝不和。李道玄率领轻骑兵率先出战冲向敌阵，命史万宝率大军随后进入。史万宝按兵不动，对他的亲信说："我奉皇帝手书敕令说，淮阳王是毛孩子，军队行动均委托我这个老夫。现在淮阳王轻率妄进，如果和他一同进攻，必然一起失败导致覆没，不如用淮阳王作饵引诱敌人，如果淮阳王失败，敌人必定争相前进，我军坚守阵地应对敌人的攻击，就一定能够打败敌人。"因此李道玄孤军深入战败阵亡。史万宝带兵准备战斗，士兵都没有斗志，唐军于是大败，史万宝逃回。李道玄多次跟随秦王李世民征伐，死时年仅十九岁，李世民深为痛惜，对人说道："道玄常随我征伐，见我深入敌阵，心中羡慕就要仿效，以至于到这个地步。"为李道玄的阵亡而流泪。李世民自从太原起兵以来，前前后后经过几十仗，经常身先士卒，轻骑深入敌阵，虽然屡次遇到危险，却不曾被刀箭伤过。

林士弘派遣他的弟弟鄱阳王林药师攻打循州，唐循州刺史杨略与林药师交战，杀死了林药师，林药师的将领王戎率南昌州投降。林士弘害怕了，十月二十一日，请求投降。随后又逃走，在安成的山洞里固守，袁州百姓相互聚合响应林士弘。唐洪州总管若干则派兵打败了他们。正好林士弘死了，他的部下于是散去。

淮阳王李道玄战败后，山东地区一片震动惊惧，唐洺州总管庐江王李瑗放弃城池向西逃跑，所属州县都反叛归附了刘黑闼，十天之内，刘黑闼完全收复了原有的地盘，十月二十七日，进军占据洺州。十一月初三日，唐沧州刺史程大买因刘黑闼的逼近，放弃城池逃跑。齐王李元吉畏惧刘黑闼军队强盛，不敢进军。

【原文】

上之起兵晋阳也，皆秦王世民之谋，上谓世民曰："若事成，则天下皆汝所致，当以汝为太子。"世民拜且辞。及为唐王，将佐亦请以世民为世子，上将立之，世民固辞而止。太子建成，性宽简①，喜酒色游畋，齐王元吉，多过失，皆无宠于上。世民功名日盛，上常有意以代建成，建成内不自安②，乃与元吉协谋③，共倾世民，各引树党友④。

上晚年多内宠，小王且二十人⑤，其母竞交结诸长子以自固⑥。建成与元吉曲意事诸妃嫔，谄谀⑦赂遗，无所不至，以求媚于上。或言蒸⑧于张婕妤、尹德妃，宫禁深秘，莫能明也⑨。是时，东宫、诸王公、妃主之家及后宫亲戚横长安中，恣⑩为非法，有司不敢诘⑪。世民居承乾殿⑫，元吉居武德殿⑬后院，与上台⑭、东宫昼夜通行，无复禁限⑮。太子、二王出入上台，皆乘马、携弓刀杂物，相遇如家人礼。太子令、秦齐王教与诏敕⑯并行，有司莫知所从，唯据得之先后为定。世民独不奉事诸妃嫔，诸妃嫔争誉⑰建成、元吉而短⑱世民。

世民平洛阳，上使贵妃等数人诣洛阳选阅⑲隋宫人及收府库珍物。贵妃等⑳私从世民求宝货㉑及为亲属求官，世民曰："宝货皆已籍奏㉒，官当授贤才有功者。"皆不许，由是益怨。世民以淮安王神通有功，给田数十顷。张婕妤之父因婕妤求之于上，上手敕赐之，神通以教㉓给在先，不与。婕妤诉于上曰："敕赐妾父田，秦王夺之以与神通。"上遂发怒，责世民曰："我手敕不如汝教邪？"他日，谓左仆射裴寂曰："此儿久典兵㉔在外，为书生所教，非复昔日子也。"尹德妃父阿鼠骄横，秦王府属杜如晦㉕过其门，阿鼠家童数人曳如晦坠马，殴之，折一指，曰："汝何人，敢过我门而不下马？"阿鼠恐世民诉于上，先使德妃奏云："秦王左右陵暴㉖妾家。"上复怒责世民曰："我妃嫔家犹为汝左右所陵，况小民乎！"世民深自辩析，上终不信。

世民每侍宴宫中，对诸妃嫔，思太穆皇后[27]早终，不得见上有天下，或歔欷流涕，上顾[28]之不乐。诸妃嫔因密共谮世民曰："海内幸无事，陛下春秋高[29]，唯宜相娱乐，而秦王每独涕泣，正是憎疾妾等，陛下万岁后[30]，妾母子必不为秦王所容，无孑遗[31]矣！"因相与泣，且曰："皇太子仁孝，陛下以妾母子属[32]之，必能保全。"上为之怆然。由是无易太子意，待世民浸疏[33]，而建成、元吉日亲矣。

（以上为第七段，写李世民功高震主，太子李建成与齐王李元吉合谋谗毁李世民。政坛潜伏危机。）

【注释】

①宽简：宽大，不苛求。　②内不自安：心不自安。　③协谋：合谋。　④引树党友：招罗树立党羽友朋。　⑤小王且二十人：胡注，高祖二十二男，尹德妃生酆（fēng）王元亨，莫嫔生荆王元景，孙嫔生汉王元昌，宇文昭仪生韩王元嘉、鲁王灵夔，瞿嫔生邓王元裕，杨嫔生江王元祥，小杨嫔生舒王元名，郭婕妤生徐王元礼，刘婕妤生道王元庆，杨美人生虢王凤，张美人生霍王元轨，张宝林生郑王元懿，柳宝林生滕王元婴，王才人生彭王元则，鲁才人生密王元晓，张氏生周王元方，凡十七人。且者，将及未及之辞。　⑥以自固：以巩固自己的地位。　⑦谄谀：谄媚阿谀。　⑧蒸：通"烝"。古指同母辈通奸。下淫于上为烝。　⑨宫禁深秘，莫能明也：宫禁深邃神秘，外间不能明其内幕。　⑩恣：纵恣。　⑪诘：责问。　⑫承乾殿：即承庆殿。长安太极宫内殿之一。⑬武德殿：武德殿为太极宫内的重要宫殿。位于两仪殿之东，东宫之西。　⑭上台：谓皇帝所居住的地方。　⑮禁限：禁止限隔。　⑯太子令、秦齐王教与诏敕：太子所下命令为令，秦齐二王所下者为教，皇帝颁发的命令为诏敕。　⑰誉：称赞。　⑱短：诋毁。　⑲选阅：阅视而选择。　⑳贵妃等：唐制，皇后以下有贵妃、淑妃、德妃、贤妃，是为夫人。昭仪、昭容、昭媛、修仪、修容、修媛、充仪、充容、充媛，是为九嫔。婕妤、美人、才人各九，合二十七，是为世妇。宝林、御女、采女各二十七，合八十一，是为御妻。　㉑宝货：珍宝财货。　㉒籍奏：登入簿籍而上奏讫。　㉓教：指秦王之教。　㉔典兵：掌兵。　㉕杜如晦（585—630）：字克明，京兆杜陵（今陕西西安市长安区东）人。太宗时，累官至尚书右仆射，封莱国公。传见《旧唐书》卷六十六、《新唐书》卷九十六。　㉖陵暴：欺凌侵暴。　㉗太穆皇后：窦皇后谥太穆，高祖未即位先崩，建成、世民、玄霸、元吉，皆其所生。　㉘顾：视。　㉙春秋高：年龄高。㉚万岁后：即死后。人寿无过万岁者，故言万岁后，即死后。　㉛无孑（jié）遗：言必

皆诛翦，没有孑然见遗者。 ㉜属：嘱托。 ㉝浸疏：稍渐疏远。

【译文】

唐高祖在晋阳起兵，都是秦王李世民策划的谋略。唐高祖对李世民说："如果事业成功，那么天下都是你带来的，应当立你为太子。"李世民拜谢并推辞。等到唐高祖成为唐王时，将领们也请求把李世民立为世子，唐高祖将要册立他，李世民坚决推辞，高祖才作罢。太子李建成，性情宽厚，喜欢饮酒、女色、打猎，齐王李元吉，多有过失，都不受唐高祖的宠爱。李世民的功勋名望越来越盛，唐高祖常常有意让他代替李建成为太子，李建成心中不安，于是与李元吉商议谋划，一起排挤李世民，他们各自交结培植自己的党羽。

唐高祖晚年在内宫宠幸许多妃嫔，年幼的小王近二十人，他们的母亲竞相交结各位年长的皇子以巩固自己的地位。李建成和李元吉都用尽心机讨好各位妃嫔，谄媚阿谀贿赂馈赠，无所不用，想通过她们获得唐高祖的青睐。有人说他们与张婕妤、尹德妃私通，由于宫禁之中的事情幽隐神秘，无人能够查明。当时，太子的东宫，各王公、妃主的家以及后宫妃嫔的亲属，在长安城中横行霸道，恣意干非法之事，主管官衙不敢追查。李世民住在承乾殿，李元吉住在武德殿后院，与皇帝的寝宫、太子东宫之间日夜都可以通行，不再有所限制。太子与秦王、齐王出入皇帝寝宫，都可以乘马、携带刀弓等杂物，彼此相见只按普通人家的礼节。太子下达的令、秦王和齐王下达的教令和唐高祖发布的诏敕同时并行，有关官衙不知所从，只得按照收到的先后为准。只有李世民不去讨好诸位妃嫔，诸位嫔妃就争相称赞李建成、李元吉诋毁李世民。

李世民平定洛阳，唐高祖让贵妃等人到洛阳挑选隋朝宫女和收取皇家仓库里的珍宝。贵妃等人私下向李世民索要珍宝器物并为自己的亲属求官，李世民回答说："珍宝器物都已经登录在册了，官位应当授予有贤德有才能和有功劳的人。"对于她们的要求都没有答应，因此妃嫔们更加恨他。李世民因为淮安王李神通有战功，拨给他几十顷田地。张婕妤的父亲通过张婕妤向唐高祖索要这些田地，唐高祖手写敕令将这些田赐给他，李神通因为秦王的教令是在先，因此不肯给张婕妤的父亲。张婕妤向唐高祖告状说："皇上敕书赐给我父亲的田地，秦王夺去给李神通。"唐高祖因此发怒，责备李世民说："我的亲笔敕书不如你的教令吗？"有一天，唐高祖对左仆射裴寂说："这个儿子长期在外掌握军队，受书生的教唆，不再是原来的儿子了。"尹德妃的父亲尹阿鼠骄狂横行，秦王府属官杜如晦经过他的门前，尹阿鼠的几名家丁把杜如晦拉扯下马，殴打他，打断了他一根手指，说："你是什么人，胆敢从我门前过还不下马？"尹阿鼠怕李世民告诉皇上，先让尹德妃向唐高祖上奏："秦王的亲信欺侮我家人。"唐高祖又发怒，责备李世民说："我的妃嫔还受你的亲信欺凌，何况是小老百姓！"李世民深加辩解说明，唐高祖始终不相信他。

李世民每次在宫中侍奉唐高祖宴饮，面对诸位妃嫔，想到母亲太穆皇后去世太早，没能看到唐高祖拥有天下，有时就叹气流泪，唐高祖看到后很不高兴。各位妃嫔于是一起暗中诋毁李世民说："天下幸好平安无事，陛下高寿，只应当一同欢娱，可是秦王常常一个人流泪，正是憎恨仇视我们，陛下万岁之后，我们母子必定不为秦王容纳，没有一个人会活下来的！"说完就一起流泪，并且说："皇太子仁慈孝顺，陛下把我们母子托付给太子，必能保全性命。"唐高祖为此伤心。从此唐高祖不再有改立太子的意思，对李世民逐渐疏远，而对李建成、李元吉则日益亲近了。

【原文】

太子中允[①]王珪[②]、洗马[③]魏徵说太子曰："秦王功盖天下，中外归心；殿下[④]但以年长位居东宫，无大功以镇服海内。今刘黑闼散亡之馀，众不满万，资粮匮乏[⑤]，以大军临之，势如拉朽，殿下宜自击之以取功名，因结纳山东豪杰，庶可自安。"太子乃请行于上，上许之。珪，頍[⑥]之兄子也。甲申[⑦]，诏太子建成将兵讨黑闼，其陕东道大行台及山东道行军元帅、河南河北诸州并受建成处分[⑧]，得以便宜从事。

乙酉[⑨]，封宗室略阳公道宗等十八人为郡王。道宗，道玄从父弟也，为灵州总管，梁师都遣弟洛兒引突厥数万围之，道宗乘间出击，大破之。突厥与师都相结，遣其郁射设入居故五原[⑩]，道宗逐出之，斥地[⑪]千馀里。上以道宗武幹如魏任城王彰[⑫]，乃立为任城郡王。

丙申[⑬]，上幸宜州[⑭]。

己亥[⑮]，齐王元吉遣兵击刘十善于魏州，破之。

癸卯[⑯]，上校猎于富平[⑰]。

刘黑闼拥兵而南，自相州以北州县皆附之，唯魏州总管田留安勒兵拒守。黑闼攻之，不下，引兵南拔元城[⑱]，复还攻之。

十二月庚戌[⑲]，立宗室孝友等八人为郡王。孝友，神通之子也。

丙辰[20]，上校猎于华池[21]。

戊午[22]，刘黑闼陷恒州，杀刺史王公政。

庚申[23]，车驾至长安。

癸亥[24]，幽州大总管李艺复廉、定二州。

甲子[25]，田留安击刘黑闼，破之，获其莘州刺史孟柱，降将卒六千人。是时，山东豪杰多杀长吏[26]以应黑闼，上下相猜，人益离怨；留安待吏民独坦然无疑，白[27]事者无问亲疏，皆听直入卧内[28]，每谓吏民曰："吾与尔曹[29]俱为国御贼，固宜同心协力，必欲弃顺从逆者[30]，但自斩吾首去。"吏民皆相戒曰："田公推至诚以待人，当共竭死力报之，必不可负[31]。"有苑竹林者，本黑闼之党，潜有异志。留安知之，不发其事，引置左右，委以管钥[32]，竹林感激，遂更归心[33]，卒收其用[34]。以功进封道国公。

乙丑[35]，并州刺史成仁重击范愿，破之。

刘黑闼攻魏州未下，太子建成、齐王元吉大军至昌乐[36]，黑闼引兵拒之，再陈，皆不战而罢。魏徵言于太子曰："前破黑闼，其将帅皆悬名处死[37]，妻子系虏[38]，故齐王之来，虽有诏书赦其党与[39]之罪，皆莫之信。今宜悉解其囚俘，慰谕遣之，则可坐视离散矣！"太子从之。黑闼食尽，众多亡，或缚其渠帅以降。黑闼恐城中兵出，与大军表里击之，遂夜遁。至馆陶[40]，永济桥[41]未成，不得度。壬申[42]，太子、齐王以大军至，黑闼使王小胡背水而陈，自视[43]作桥成，即过桥西，众遂大溃，舍仗[44]来降。大军度桥追黑闼，度者才千馀骑，桥坏，由是黑闼得与数百骑亡去。

上以隋末战士多没于高丽，是岁，赐高丽王建武书，使悉遣还，亦使州县索高丽人在中土者，遣归其国。建武奉诏，遣还中国民前后以万数。

（以上为第八段，写太子李建成与齐王李元吉征讨刘黑闼以建功固位。）

【注释】

①中允：官名。汉太子属官有中盾，职在中庶子下、洗马上。唐改为中允，于左右春坊各置一人。掌侍从礼仪，驳正启奏，并监药及通判坊局事。　②王珪（571—639）：字叔玠，太原祁县（今山西祁县）人。初事建成。太宗诏为谏议大夫，推诚纳善，每存规益。迁侍中，与房玄龄、李靖、温彦博、戴胄、魏徵同辅政。官终礼部尚书。传见《旧唐书》卷七十、《新唐书》卷九十八。　③洗（xiǎn）马：官名。秦置，汉沿置，亦

称先马、前马，为太子太傅、太子少傅的属官。太子出行则为前导，为先驱、侍从、使者的意思。隋唐时洗马变为专掌太子宫图书之官。 ④殿下：君主时代对太子或亲王的尊称。 ⑤匮乏：缺乏、不足。 ⑥頍（kuǐ）：王頍（550—604），隋经学家。字景文。文帝时为国子博士。坐事发配岭南。死于隋文帝被弑，汉王谅发兵反时。传见《隋书》卷七十六。 ⑦甲申：十一月初七日。 ⑧处分：处置。 ⑨乙酉：十一月初八。 ⑩五原：地名。在宁夏盐池县境内。 ⑪斥地：开拓土地。 ⑫魏任城王彰：三国魏曹操之子曹彰。字子文。少善射御，从战征伐，所向有功。 ⑬丙申：十一月十九日。 ⑭宜州：州名。治所在今陕西三原县。 ⑮己亥：十一月二十二日。 ⑯癸卯：十一月二十六日。 ⑰富平：县名。县治在今陕西富平县。 ⑱元城：县名。县治在今山东莘县西南。 ⑲庚戌：十二月初三日。 ⑳丙辰：十二月初九日。 ㉑华池：县名。县治在今陕西三原县。 ㉒戊午：十二月十一日。 ㉓庚申：十二月十三日。 ㉔癸亥：十二月十六日。 ㉕甲子：十二月十七日。 ㉖长吏：古代指地位较高的官员，一般指朝廷命官。 ㉗白：告、陈。 ㉘听直入卧内：听任直接进入卧室。 ㉙尔曹：尔辈。 ㉚弃顺从逆者：放弃正道跟从叛逆的人。 ㉛负：违背、背弃。 ㉜委以管钥：委派他掌管钥匙。 ㉝遂更归心：遂改而归心。 ㉞卒收其用：终获重用。卒，副词，终于；收，获。 ㉟乙丑：十二月十八日。 ㊱昌乐：县名。县治在今河南南乐县。 ㊲悬名处死：张榜公布其姓名，并处以死刑。 ㊳系虏：绑缚、囚禁。 ㊴党与：党徒、同党。 ㊵馆陶：县名。县治在今河北馆陶县。 ㊶永济桥：隋炀帝凿永济渠，约在今河南北部和河北南部。渠上之桥名永济桥。此指永济渠所经河北馆陶县时所筑之永济桥。 ㊷壬申：十二月二十五日。 ㊸自视：亲自监视。 ㊹舍仗：舍弃兵仗。

【译文】

太子中允王珪、太子洗马魏徵劝太子说："秦王功盖天下，京内外地都愿意跟随他，而殿下只是因为年长才成为东宫太子，没有大功用来镇服天下。现在刘黑闼的叛军逃散伤亡之后，兵力不满一万人，缺乏粮食物资，如果用大军向他进逼，就会势如摧枯拉朽，殿下应当亲自率军攻打刘黑闼，用来取得功劳名望，并趁机结交山东的豪杰，这样才可以保住自己的平安。"太子李建成于是向唐高祖请求带兵出征，唐高祖答应了他的请求。王珪是王頍哥哥的儿子。十一月初七日，唐高祖下诏命太子李建成率军讨伐刘黑闼，陕东道大行台及山东道行军元帅、河南河北各州都受李建成指挥，可以根据情况自行做出决定。

十一月初八日，唐册封宗室略阳公李道宗等十八人为郡王。李道宗是李道玄的堂弟，官为灵州总管，梁师都派弟弟梁洛儿引来几万突厥军包围他，李道宗利用敌军间隙出击，大败敌军。突厥与梁师都相互联结，派他的郁射设进入唐的领土，居住在原来的五原城，李道宗把郁射设赶出五原，开拓领土一千多里。唐高祖因为李道宗的武功才干如同曹魏的任城王曹彰，于是立他为任城郡王。

十一月十九日，唐高祖临幸宜州。

十一月二十二日，齐王李元吉派兵在魏州攻击刘十善，打败了他。

十一月二十六日，唐高祖在富平围猎。

刘黑闼率领兵马向南进发，从相州以北的州县都归附了刘黑闼，只有魏州总管田留安部署兵力防御守城。刘黑闼攻打魏州，不能攻克，率军向南攻取元城，又回军攻打魏州。

十二月初三日，唐册封宗室李孝友等八人为郡王。李孝友是淮安王李神通的儿子。

十二月初九日，唐高祖在华池县围猎。

十二月十一日，刘黑闼攻陷恒州，杀死唐恒州刺史王公政。

十二月十三日，唐高祖的车驾回到长安。

十二月十六日，唐幽州大总管李艺收复廉州、定州。

十二月十七日，田留安攻打刘黑闼，打败了他，俘获刘黑闼的莘州刺史孟柱，降服刘黑闼的将卒六千人。当时，山东地区的豪杰大都杀死唐朝官员响应刘黑闼，因此各地官员与百姓都互相猜疑，人心日益分离而相互怨恨；只有田留安对其属吏和百姓能坦然无疑，来报告事情的人，无论亲疏，都允许直接进入自己的卧室。他常对属吏和百姓说："我和你们都是为国家抵御叛贼，本来就应当同心协力，一定想背弃朝廷而跟随叛贼的人，只管砍了我的头拿去。"属吏和百姓都相互告诫说："田公以至诚之心待人，我们应当共同竭尽死力来报答他，一定不要辜负他。"有人名叫苑竹林，本来是刘黑闼的党羽，暗中有背叛的想法。田留安知道了，并不揭发他的背叛之事，把他安置在身边，让他掌管钥匙，苑竹林非常感动，于是改变心意归顺田留安，最终得到了他报效之力。田留安因功晋升爵位，封为道国公。

十二月十八日，唐并州刺史成仁重攻打范愿，打败了他。

刘黑闼攻不下魏州，唐太子李建成、齐王李元吉的大军到达昌乐，刘黑闼率军前来抵抗，两次列阵，都没有开战就撤回军队。魏徵对太子李建成说："以前打败刘黑闼，对他的将帅都事先公布名单处以死罪，而他们的妻子儿女则都作为俘虏处理，所以齐王此次前来，虽然有诏书说要赦免刘黑闼党羽的罪过，但他们都不相信。如今应当全部放掉那些被囚禁和俘虏的人，加以安慰劝导然后遣返回去，这样我们就可以坐着不动而使刘黑闼的军队分崩离析了！”太子李建成听从了他的意见。刘黑闼粮食吃光，部下多有逃亡，有人则捆绑着自己的首领投降唐军。刘黑闼恐怕魏州城里的守军攻出来，与唐大军里外夹击，就在夜晚逃跑了。逃到馆陶，永济桥还未建好，不能过河。十二月二十五日，太子李建成、齐王李元吉率大军赶到馆陶，刘黑闼让王小胡背靠河水列开阵势，自己监督修建桥梁完成，立即过桥到达河西岸，于是他的兵马完全崩溃，士兵放下兵器前来投降。唐军过桥追击刘黑闼，渡过河流的才一千多骑兵，桥梁就毁坏了，因此刘黑闼得以和几百名骑兵逃走。

唐高祖因为隋朝末年很多战士流落在高丽，这一年赐书高丽王高建武，让他把流落在高丽的隋朝战士全部遣返，又让各州县搜寻流落在中原的高丽人，也都遣送回高丽。高建武遵奉诏令，前后遣返了数以万计的中原人。

【原文】

六年（癸未，623）

春，正月己卯[①]，刘黑闼所署饶州刺史诸葛德威执黑闼，举城降。时太子遣骑将刘弘基追黑闼，黑闼为官军所迫，奔走不得休息，至饶阳，从者才百馀人，馁甚。德威出迎，延黑闼入城，黑闼不可，德威涕泣固请，黑闼乃从之。至城旁市中憩[②]止，德威馈之食；食未毕，德威勒兵执之，送诣太子，并其弟十善斩于洺州。黑闼临刑叹曰：“我幸在家钼菜[③]，为高雅贤辈所误至此！”

壬午[④]，嶲州[⑤]人王摩沙举兵，自称元帅，改元进通，遣骠骑将军卫彦[⑥]讨之。

庚子[⑦]，以吴王杜伏威为太保[⑧]。

二月庚戌[⑨]，上幸骊山[⑩]温汤[⑪]；甲寅[⑫]，还宫。

平阳昭公主[⑬]薨。戊午[⑭]，葬公主，诏加前后部[⑮]鼓吹、班剑[⑯]四十人，武贲甲卒[⑰]。太常奏：“礼，妇人无鼓吹。”上曰：“鼓吹，军乐也。公主亲执金鼓[⑱]，兴义兵以辅成[⑲]大业，岂与常妇人比乎？”

丙寅[⑳]，徐圆朗穷蹙，与数骑弃城走，为野人[㉑]所杀，其地悉平。

林邑王梵志遣使入贡。初，隋人破林邑[㉒]，分其地为三郡[㉓]。及中原丧乱，林邑复国，至是始入贡。

幽州总管李艺请入朝。庚午[24]，以艺为左翊卫大将军。

废参旗等十二军[25]。

三月癸未[26]，高开道掠文安[27]、鲁城[28]，骠骑将军平善政邀击，破之。

（以上为第九段，写刘黑闼、徐圆朗覆灭，高开道勾连突厥，仍在河北对抗唐朝。）

【注释】

①己卯：正月初五日。　②憩（qì）：休息。　③我幸在家钼菜：我原在家中种植蔬菜。钼（chú），同“锄”。　④壬午：正月初六日。　⑤巂（xī）州：州名。治所在今四川西昌市。　⑥卫彦：唐初将领。高祖时为骠骑将军。事迹见《新唐书》卷一《高祖纪》。　⑦庚子：正月二十四日。　⑧太保：官名。古以太师、太傅、太保为三公。⑨庚戌：二月初四日。　⑩骊山：在今陕西西安市临潼区东南二里。有温泉，唐玄宗在此建华清宫。　⑪温汤：温泉。古称热水为汤。　⑫甲寅：二月初八日。　⑬平阳昭公主：高祖第三女，太穆皇后所生。　⑭戊午：二月十二日。　⑮前后部：前部、后部，共为二部。　⑯班剑：班，列也。持剑成列，夹道而行。　⑰武贲甲卒：武贲，即虎贲。唐讳“虎”字，改为“武”，谓勇猛之士。甲卒，着重装穿铠甲的精锐之士卒。　⑱金鼓：古时金属制的打击乐器。　⑲辅成：辅佐而成。　⑳丙寅：二月二十日。　㉑野人：一作鄙人，田野之人。古时称四郊以外地区为“野”或“鄙”。　㉒隋人破林邑：指隋炀帝大业元年（605）派刘方经略林邑。林邑王梵志弃城走入海，隋大胜而还。　㉓三郡：即比景、海阴、林邑。比景，在今越南广平省宋河下游。海阴，在今越南承天省广田县东香江与浦江合流处。林邑，在今越南广南省维川县。　㉔庚午：二月二十四日。㉕十二军：唐武德初，分关中为十二道，皆置府。武德二年，更以万年道为参旗军，长安道为鼓旗军，富平道为玄戈军，醴泉道为井钺军，同州道为羽林军，华州道为骑官军，宁州道为折威军，岐州道为平道军，豳州道为招摇军，西麟州道为苑游军，泾州道为天纪军，宜州道为天节军。武德六年，因天下已定，遂废参旗等十二军。　㉖癸未：三月初七日。　㉗文安：县名。县治在今河北文安县。　㉘鲁城：县名。县治在今河北沧县东北。

【译文】

唐高祖武德六年（癸未，623）

春季，正月初五日，刘黑闼任命的饶州刺史诸葛德威捉住刘黑闼，率全城降唐。当时太子李建成派骑兵将领刘弘基追击刘黑闼，刘黑闼受到唐军紧逼追赶，日夜奔逃无法休息，到达饶阳，随行的只有一百多人，十分饥饿。诸葛德威出城迎接刘黑闼，请他进城，刘黑闼不同意，诸葛德威流泪一再请求，刘黑闼于是答应了他的请求。来到城旁的市场中休息，诸葛德威送给他们食物；还没吃完，诸葛德威就率兵逮捕刘黑闼，送给太子李建成。刘黑闼和他弟弟刘十善一起在洺州被斩首。刘黑闼临刑前叹息说："我原有幸在家种菜，却被高雅贤这伙人误导，落到这个地步！"

正月初六日，嶲州人王摩沙起兵，自称元帅，改年号为进通，唐派遣骠骑将军卫彦讨伐他。

正月二十四日，唐朝任命吴王杜伏威为太保。

二月初四日，唐高祖临幸骊山温泉；初八日，返回宫中。

唐平阳昭公主去世。二月十二日，为公主下葬，唐高祖下诏送葬行列增加前后部鼓吹乐、持剑排列的仪仗队四十人，并用武装勇士卫护。太常寺上奏："按照礼的规定，妇人葬礼不用鼓吹乐。"唐高祖说："鼓吹乐是军乐，公主亲自敲击金鼓号令军队，兴起义军辅成帝王大业，怎么与普通妇人相比呢？"

二月二十日，徐圆朗走投无路，放弃城池，只和几名骑兵逃走，被乡下农民杀死，他所占据的地盘全部平定。

林邑王梵志派遣使节前来进献贡品。当初，隋朝打败林邑，把林邑分为三个郡，等到中原隋朝灭亡天下大乱，林邑又恢复了原来的王国，到这时开始向唐朝进贡。

唐幽州总管李艺请求入京朝见。二月二十四日，唐朝任命李艺为左翊卫大将军。

唐朝废除武德二年设置的以参旗等星名命名的十二军。

三月初七日，高开道的军队在文安、鲁城抢掠，唐骠骑将军平善政进行截击，打败了他。

【原文】

庚子[①]，梁师都[②]将贺遂、索同以所部[③]十二州来降。

乙巳[4]，前洪州总管张善安反，遣舒州总管张镇周等击之。

夏，四月，吐谷浑寇芳州[5]，刺史房当树奔松州[6]。

张善安陷孙州[7]，执总管王戎而去。

乙丑[8]，鄜州道行军总管段德操击梁师都，至夏州，俘其民畜而还。

丙寅[9]，吐谷浑寇洮、岷二州。

丁卯[10]，南州[11]刺史庞孝恭、南越州[12]民宁道明、高州首领冯暄俱反，陷南越州，进攻姜州[13]，合州[14]刺史宁纯引兵救之。

壬申[15]，立皇子元轨为蜀王、凤为豳[16]王、元庆为汉王。

癸酉[17]，以裴寂为左仆射，萧瑀为右仆射，杨恭仁为吏部尚书兼中书令，封德彝为中书令。

五月庚辰[18]，遣岐州刺史柴绍救岷州。

庚寅[19]，吐谷浑及党项寇河州[20]，刺史卢士良击破之。

丙申[21]，梁师都将辛獠兒引突厥寇林州。

戊戌[22]，苑君璋将高满政寇代州，骠骑将军林宝言击走之。

癸卯[23]，高开道引奚骑寇幽州，长史王诜击破之。刘黑闼之叛也，突地稽[24]引兵助唐，徙其部落于幽州之昌平城。高开道引突厥寇幽州，突地稽将兵邀击，破之。

六月戊午[25]，高满政以马邑来降。先是，前并州总管刘世让[26]除广州总管，将之官[27]，上问以备边之策，世让对曰："突厥比数[28]为寇，良以马邑为之中顿[29]故也。请以勇将戍崞城[30]，多贮金帛，募有降者厚赏之，数出骑兵掠其城下，蹂其禾稼，败其生业[31]，不出岁馀，彼无所食，必降矣。"上然其计，曰："非公，谁为勇将？"即命世让戍崞城，马邑病之[32]。是时，马邑人多不愿属突厥，上复遣人招谕苑君璋。高满政说苑君璋尽杀突厥戍兵降唐，君璋不从。满政因众心所欲，夜袭君璋，君璋觉之，亡奔突厥，满政杀君璋之子及突厥戍兵二百人而降。

壬戌[33]，梁师都以突厥寇匡州[34]。

丁卯[35]，苑君璋与突厥吐屯设寇马邑，高满政与战，破之。以满政为朔州总管，封荣国公。

瓜州总管贺若怀广[36]按部[37]至沙州，值州人张护、李通反，怀广以数百人保子城[38]；凉州总管杨恭仁遣兵救之，为护等所败。

癸酉[39]，柴绍与吐谷浑战，为其所围，虏乘高射之，矢下如雨。绍遣人弹胡琵琶，二女子对舞。虏怪之，驻弓矢相与聚观，绍察其无备，潜遣精骑出虏陈后，击之，虏众大溃。

秋，七月丙子[40]，苑君璋以突厥寇马邑，右武候大将军李高迁及高满政御之，战于腊河谷[41]，破之。

张护、李通杀贺拔怀广[42]，立汝州[43]别驾窦伏明为主，进逼瓜州，长史赵孝伦击却之。

高开道掠赤岸镇[44]及灵寿[45]、九门[46]、行唐[47]三县而去。

丁丑[48]，冈州[49]刺史冯士翙[50]据新会[51]反，广州刺史刘感讨降之，使复其位。

辛巳[52]，高开道所部[53]弘阳、统汉二镇来降。

癸未[54]，突厥寇原州，乙酉[55]，寇朔州。李高迁为虏所败，行军总管尉迟敬德将兵救之。己亥[56]，遣太子将兵屯北边，秦王世民屯并州，以备突厥。八月丙辰[57]，突厥寇真州[58]，又寇马邑。

（以上为第十段，写西疆吐谷浑、北方突厥侵扰，边境不宁。）

【注释】

①庚子：三月二十四日。　②梁师都（？—628）：隋末割据者。夏州朔方人。大业十三年起兵反隋，自称皇帝，国号梁，年号永隆。传见《旧唐书》卷五十六、《新唐书》卷八十七。　③所部：所管理的领属区。　④乙巳：三月二十九日。　⑤芳州：州名。唐武德元年置，治所在今甘肃迭部县东南。　⑥松州：州名。唐武德元年置，治所在今四川松潘县。　⑦孙州：州名。唐武德五年置，治所在今江西南昌市西南。　⑧乙丑：四月二十日。　⑨丙寅：四月二十一日。　⑩丁卯：四月二十二日。　⑪南州：州名。治所在今广西博白县。　⑫南越州：州名。即越州。治所在今广西合浦县东北。加南字，以别会稽之越州。　⑬姜州：州名。治所在今广西灵山县南安金村。　⑭合州：州名。治所在今广东雷州市。　⑮壬申：四月二十七日。　⑯豳（bīn）：音宾。　⑰癸酉：四月二十八日。　⑱庚辰：五月初五日。　⑲庚寅：五月十五日。　⑳河州：州名。治所在今甘肃临夏县。　㉑丙申：五月二十一日。　㉒戊戌：五月二十三日。　㉓癸卯：五月二十八日。　㉔突地稽：靺鞨酋帅。炀帝时授金紫光禄大夫、辽西太守。贞观初，拜右卫将军，赐姓李氏。传见《旧唐书》卷一百九十九下。　㉕戊午：六月十四日。㉖刘世让（？—623）：字元钦，醴泉人。仕隋为征仕郎。高祖入长安，授安定道行军总

管，后授广州总管。事迹见《旧唐书》卷六十九、《新唐书》卷九十四。 ㉗将之官：将要上任。 ㉘比数：近来屡次。 ㉙中顿：中途有城有粮，可以驻食。唐人多言供顿或置顿。 ㉚崞（guō）城：地名。在今山西原平市。 ㉛生业：赖以为生之业。 ㉜病之：以他为患。 ㉝壬戌：六月十八日。 ㉞匡州：州名。治所在今陕西吴堡县西北。 ㉟丁卯：六月二十三日。 ㊱贺若怀广：人名。贺若，复姓。 ㊲按部：巡行（自己）所统辖的地区。 ㊳子城：内城。 ㊴癸酉：六月二十九日。 ㊵丙子：七月初二日。 ㊶腊河谷：地名。在今山西朔州市北。 ㊷贺拔怀广：依胡注，“贺拔”当作“贺若”。与上文“贺若怀广”为同一人。 ㊸汝州：胡注，“汝”当作“沙”。㊹赤岸镇：地名。在今河北曲阳县西北。 ㊺灵寿：县名。县治在今河北灵寿县。㊻九门：县名。县治在今河北石家庄市藁城区西北。 ㊼行唐：县名。县治在今河北行唐县。 ㊽丁丑：七月初三日。 ㊾冈州：州名。治所在今广东江门市新会区北。㊿翙（huì）：音喙。 ⑤①新会：县名。县治在今广东江门市新会区北。 ⑤②辛巳：七月初七日。 ⑤③所部：统辖，统率。 ⑤④癸未：七月初九日。 ⑤⑤乙酉：七月十一日。⑤⑥己亥：七月二十五日。 ⑤⑦丙辰：章校，十二行本“丙”作“甲”，乙十一行本同。甲辰,八月初一日。译文从之。 ⑤⑧真州：胡注云《旧志》，“武德二年，置绥州总管府，管云，银、真等十一州。真州盖置于银州真乡县也”。真乡县，故城在今陕西佳县西。

【译文】

三月二十四日，梁师都的将领贺遂、索同率所辖的十二个州降唐。

三月二十九日，前洪州总管张善安反叛，唐派遣舒州总管张镇周等人攻击张善安。

夏季，四月，吐谷浑侵犯芳州，唐芳州刺史房当树逃奔松州。

张善安攻陷孙州，抓获孙州总管王戎然后撤走。

四月二十日，唐鄜州道行军总管段德操攻打梁师都，到达夏州，虏获梁师都的百姓、牲畜后回军。

四月二十一日，吐谷浑侵犯洮州、岷州。

四月二十二日，唐南州刺史庞孝恭、南越州百姓宁道明、高州首领冯暄全都反叛，攻陷南越州，进而攻打姜州，唐合州刺史宁纯率军救援姜州。

四月二十七日，唐朝册立皇子李元轨为蜀王、李凤为豳王、李元庆为汉王。

四月二十八日，唐任命裴寂为左仆射，萧瑀为右仆射，杨恭仁为吏部尚书兼中书令，封德彝为中书令。

五月初五日，唐派遣岐州刺史柴绍救援岷州。

五月十五日，吐谷浑及党项人侵犯河州，唐河州刺史卢士良击败来敌。

五月二十一日，梁师都的将领辛獠兒引来突厥军侵犯林州。

五月二十三日，苑君璋的将领高满政侵犯代州，唐骠骑将军林宝言击退来敌。

五月二十八日，高开道引来奚族骑兵侵犯幽州，唐幽州长史王诜打败来敌。刘黑闼反叛时，突地稽带兵协助唐朝，把他的部落迁到幽州的昌平城，高开道引来突厥侵犯幽州，突地稽带兵截击，打败了高开道等人。

六月十四日，高满政率马邑降唐。在此之前，前并州总管刘世让调任广州总管，即将赴任，唐高祖向他询问边境防备的策略，刘世让回答说："突厥近来多次入侵，实在是因为马邑成为他们中途休整补充粮食的基地。请派勇将戍守崞城，多贮藏钱财物资，招募愿意投降的人，给予优厚的奖赏，经常派骑兵到马邑城下掠夺物资，踏毁他们的庄稼，破坏他们的谋生之业，不出一年，敌人没有粮食可吃，必然会投降。"唐高祖赞同他的计策，说："不是你的话，谁是勇将呢？"当即命令刘世让戍守崞城，马邑人把刘世让当作心头大患。当时，马邑人大多不愿意归属突厥，唐高祖又派人招降苑君璋。高满政劝苑君璋把突厥守军全部杀死然后投降唐朝，苑君璋不听。高满政利用人心所向，半夜袭击苑君璋，苑君璋发觉了，逃入突厥，高满政杀死苑君璋的儿子以及突厥的守军二百人，然后投降了唐朝。

六月十八日，梁师都率突厥军队侵犯匡州。

六月二十三日，苑君璋与突厥的吐屯设侵犯马邑，高满政和他们交战，打败了来敌。唐任命高满政为朔州总管，封为荣国公。

唐瓜州总管贺若怀广到沙州巡察管辖情况，恰好遇上沙州人张护、李通反叛，贺若怀广率几百人保卫子城；唐凉州总管杨恭仁派兵救援，被张护等人打败。

六月二十九日，柴绍与吐谷浑作战，被吐谷浑包围。敌军占据高处向柴绍的军队射箭，箭矢射下来如同雨水一样密集。柴绍让人弹奏胡人的琵琶，两名女子相对起舞。敌军觉得很奇怪，放下弓箭一起围观，柴绍观察敌军没有防备，暗中派精锐骑兵绕到敌军背后，攻打敌军，吐谷浑军队大败。

秋季，七月初二日，苑君璋率突厥军队侵犯马邑，唐右武候大将军李高迁及高满政抵御来敌，在腊河谷交战，打败了苑君璋。

张护、李通杀死贺若怀广，把汝州别驾窦伏明立为首领，进逼瓜州，被瓜州长史赵孝伦击退。

高开道掠夺赤岸镇以及灵寿、九门、行唐三个县之后离去。

七月初三日，冈州刺史冯士翙占据新会反叛，广州刺史刘感领兵讨伐，使冯士翙投降，让他恢复原来的职位。

七月初七日，高开道统领的弘阳、统汉二镇降唐。

七月初九日，突厥侵犯原州，十一日，又侵犯朔州。李高迁被突厥打败，行军总管尉迟敬德带兵救援。二十五日，唐朝派遣太子李建成统率军队驻扎在北部边境，秦王李世民驻扎在并州，防备突厥。八月初一日，突厥侵犯真州，又侵犯马邑。

【原文】

壬子[①]，淮南道行台仆射辅公祏反。初，杜伏威与公祏相友善，公祏年长，伏威兄事之[②]，军中谓之伯父，畏敬与伏威等。伏威浸[③]忌之，乃署其养子阚稜为左将军，王雄诞为右将军，潜夺其兵权。公祏知之，怏怏不平，与其故人左游仙阳为学道、辟谷[④]以自晦[⑤]。及伏威入朝，留公祏守丹杨[⑥]，令雄诞典兵为之副，阴谓雄诞曰："吾至长安，苟不失职[⑦]，勿令公祏为变。"伏威既行，左游仙说公祏谋反；而雄诞握兵，公祏不得发。乃诈称得伏威书，疑雄诞有贰心，雄诞闻之不悦，称疾不视事[⑧]；公祏因夺其兵，使其党西门君仪谕以反计。雄诞始寤[⑨]而悔之，曰："今天下方平，吴王[⑩]又在京师，大唐兵威，所向无敌，奈何无故自求族灭乎？雄诞有死而已，不敢闻命。今从公为逆，不过延百日之命[⑪]耳，大丈夫安能爱斯须[⑫]之死而自陷于不义乎？"公祏知不可屈，缢杀之。雄诞善抚士卒，得其死力，又约束[⑬]严整，每破城邑，秋毫无犯，死之日，江南军中及民间皆为之流涕。公祏又诈称伏威不得还江南，贻书[⑭]令其起兵，大修铠仗[⑮]，运粮储[⑯]。寻[⑰]称帝于丹杨，国号宋，修陈故宫室而居之，署置百官，以左游仙为兵部尚书、东南道大使、越州总管，与张善安[⑱]连兵，以善安为西南道大行台。

己未[⑲]，突厥寇原州。

乙丑[⑳]，诏襄州道行台仆射赵郡王孝恭以舟师趣江州[㉑]，岭南道大使李靖以交、广、泉、桂之众趣宣州[㉒]，怀州总管黄君汉出谯、亳，齐州总管李世勣出淮、泗以讨辅公祏。孝恭将发，与诸将宴集，命取水，忽变为血，在坐者皆失色，孝恭举止自若，曰："此乃公祏授首㉓之征也！"饮而尽之，众皆悦服。

丙寅㉔，吐谷浑内附。

辛未㉕，突厥陷原州之善和镇，癸酉㉖，又寇渭州。

高开道以奚侵幽州，州兵击却之。

九月㉗，太子㉘班师。

戊子㉙，辅公祏遣其将徐绍宗寇海州，陈政通寇寿阳。

邛州㉚獠反，遣沛公郑元璹讨之。

庚寅㉛，突厥寇幽州。

壬辰㉜，诏以秦王世民为江州道行军元帅。

乙未㉝，窦伏明以沙州降。

（以上为第十一段，写辅公祏不满杜伏威降唐，复反于淮南。）

【注释】

①壬子：八月初九日。 ②兄事之：以兄礼相待。 ③浸：渐。 ④辟谷：不食谷粒。 ⑤自晦：自我隐藏。 ⑥丹杨：即丹阳。县名。县治在今江苏丹阳市。 ⑦苟不失职：如果不丢掉爵职。 ⑧视事：视阅文书，即理事。 ⑨寤：觉悟。 ⑩吴王：杜伏威封吴王。 ⑪延百日之命：延缓百日的生命。形容寿命很短。 ⑫斯须：须臾，短暂。 ⑬约束：管理。 ⑭贻书：与书札。 ⑮铠仗：铠甲器仗。 ⑯粮储：粮粟及军用储积之物。 ⑰寻：不久。 ⑱张善安：方与（今山东鱼台县）人。萧铣取豫章，善安夺其地，据以归国。授洪州总管。事迹见《旧唐书》卷五十六，传见《新唐书》卷八十七。 ⑲己未：八月十六日。 ⑳乙丑：八月二十二日。 ㉑江州：州名。治所在今江西九江市。 ㉒宣州：州名。治所在今安徽宣城市宣州区。 ㉓授首：献出首级，亦即被杀。 ㉔丙寅：八月二十三日。 ㉕辛未：八月二十八日。 ㉖癸酉：八月三十日。 ㉗九月：章校，十二行本"月"下有"丙子"二字，乙十一行本同，孔本同，张校同。丙子，九月初三日。译文从之。 ㉘太子：李建成。 ㉙戊子：九月十五日。 ㉚邛州：州名。治所在今四川邛崃市东南。 ㉛庚寅：九月十七日。 ㉜壬辰：九月十九日。 ㉝乙未：九月二十二日。

【译文】

八月初九日，唐朝淮南道行台仆射辅公祏反叛。当初，杜伏威与辅公祏相互交好，辅公祏年龄大，杜伏威以他为兄长来侍奉他，军中称辅公祏为伯父，敬畏他与敬畏杜伏威一样。杜伏威逐渐猜忌他，便任命自己的养子阚稜为左将军，王雄诞为右将军，暗中夺取辅公祏的兵权。辅公祏知道后，心中很不痛快，假装跟着他的老朋友左游仙学习道术、辟谷来隐藏自己的心迹。等到杜伏威入京朝见皇帝时，留下辅公祏守卫丹杨，命王雄诞掌管军队做辅公祏的副手，私下对王雄诞说："我到了长安，假如没有失去职位，不要让辅公祏发动叛变。"杜伏威走后，左游仙劝辅公祏反叛；但是王雄诞掌握兵权，辅公祏无法调动军队。于是辅公祐假称收到杜伏威的来信，信中说怀疑王雄诞有二心，王雄诞听说后很不高兴，声称有病不来衙门办公；辅公祏趁机夺了王雄诞的兵权，让自己的党羽西门君仪用反叛的计划劝说王雄诞。王雄诞这才醒悟并后悔不已，说："如今天下刚刚平定，吴王现在又到京师长安去了，大唐的军威，所向无敌，为什么无缘无故自求灭族呢？雄诞我只有一死而已，不敢听从这个命令。现在跟着您叛逆，不过延长一百天的性命罢了，大丈夫怎能痛惜片刻之死而让自己陷于不义呢？"辅公祏知道他不会屈服，便勒死了王雄诞。王雄诞善于体恤部下，使得士兵愿意为他拼死卖命，又对部队管理得纪律严明，每次攻下城镇，都秋毫无犯，王雄诞被杀之日，江南军队中的将士以及民间百姓都为他流眼泪。辅公祏又假称杜伏威无法返回江南，送来书信命他起兵，于是他大规模修整兵器装备，运粮储备。随即在丹杨称帝，国号为宋，修复了陈朝的旧宫殿住进去，设置百官，任命左游仙为兵部尚书、东南道大使、越州总管，和张善安联合兵力，任命张善安为西南道大行台。

八月十六日，突厥侵犯原州。

八月二十二日，唐高祖下诏命襄州道行台仆射赵郡王李孝恭率水军开赴江州，命岭南道大使李靖率领交州、广州、泉州、桂州兵力开赴宣州，命怀州总管黄君汉取道谯州、亳州，命齐州总管李世勣取道淮水、泗水，前去讨伐辅公祏。李孝恭将要出发，和众将领聚会摆开酒宴，命人取水，忽然间水变成了血，在座的人都吓得变了脸色，李孝恭却神色自如，说："这是辅公祏灭亡的征兆！"然后喝光了血水，众人心悦诚服。

八月二十三日，吐谷浑向内地归附唐朝。

八月二十八日，突厥攻陷原州的善和镇，三十日，突厥又侵犯渭州。

高开道率奚族军队侵犯幽州，唐幽州军队击退来敌。

九月初三日，太子李建成班师回朝。

九月十五日，辅公祏派遣他的将领徐绍宗攻打海州，陈政道攻打寿阳。

邛州的獠民反叛，唐派遣沛公郑元璹前往讨伐。

九月十七日，突厥侵犯幽州。

九月十九日，唐高祖下诏任命秦王李世民为江州道行军元帅。

九月二十二日，窦伏明率沙州投降。

【原文】

高昌王麹伯雅卒，子文泰立。

丙申①，渝州②人张大智反，刺史薛敬仁弃城走。

壬寅③，高开道引突厥二万骑寇幽州。

突厥恶弘农公刘世让为己患，遣其臣曹般陁来，言世让与可汗通谋，欲为乱，上信之。冬，十月丙午④，杀世让，籍其家。

秦王世民犹在并州，己未⑤，诏世民引兵还。

上幸华阴。

张大智侵涪州⑥，刺史田世康等讨之，大智以众降。

初，上遣右武候大将军李高迁助朔州总管高满政守马邑，苑君璋引突厥万馀骑至城下，满政击破之。颉利可汗怒，大发兵攻马邑。高迁惧，帅所部二千人斩关宵遁⑦，虏邀⑧之，失亡者半。颉利自帅众攻城，满政出兵御之，或一日战十馀合。上命行军总管刘世让救之，至松子岭⑨，不敢进，还保崞城。会颉利遣使求婚，上曰："释马邑之围，乃可议婚。"颉利欲解兵，义成公主固请攻之。颉利以高开道善为攻具⑩，召开道，与之攻马邑甚急。颉利诱满政使降，满政骂之。粮且尽，救兵未至，满政欲溃围走朔州，右虞候⑪杜士远以虏兵盛，恐不免，壬戌⑫，杀满政降于突厥，苑君璋复杀城中豪杰与满政同谋者三十馀人。上以满政子玄积为上柱国，袭爵。丁卯⑬，突厥复请和亲，以马邑归唐，上以将军秦武通为朔州总管。

突厥数为边患，并州大总管府长史窦静⑭表请于太原置屯田⑮以省馈运⑯，议者以为烦扰，不许。静切论⑰不已，敕征静入朝，使与裴寂、萧瑀、封德彝相论难⑱于上前，寂等不能屈⑲，乃从静议，岁收谷数千斛，上善之，命检校并州大总管。静，抗之子也。十一月辛巳⑳，秦王世民复请增置屯田于并州之境，从之。

黄州[21]总管周法明将兵击辅公祏，张善安据夏口，拒之。法明屯荆口镇[22]，壬午[23]，法明登战舰饮酒，善安遣刺客数人诈乘鱼艓[24]而至，见者不以为虞，遂杀法明而去。

甲申[25]，舒州总管张镇周等击辅公祏将陈当世于猷州[26]之黄沙[27]，大破之。

丁亥[28]，上校猎于华阴。己丑[29]，迎劳秦王世民于忠武顿[30]。

十二月癸卯[31]，安抚使李大亮诱张善安，执之。大亮击善安于洪州，与善安隔水而陈，遥相与语。大亮谕以祸福，善安曰："善安初无反心，正为将士所误；欲降又恐不免。"大亮曰："张总管有降心，则与我一家[32]耳。"因单骑渡水入其陈，与善安执手共语，示无猜间。善安大悦，遂许之降。既而善安将数十骑诣大亮营，大亮止其骑于门外，引善安入，与语。久之，善安辞去，大亮命武士执之，从骑皆走。善安营中闻之，大怒，悉众而来，将攻大亮。大亮使人谕之曰："吾不留总管。总管赤心归国，谓我曰：'若还营，恐将士或有异同[33]，为其所制[34]。'故自留不去耳，卿辈何怒于我？"其党复大骂曰："张总管卖我以自媚于人。"遂皆溃去。大亮追击，多所虏获。送善安于长安，善安自称不与辅公祏交通，上赦其罪，善遇之；及公祏败，得所与往还书[35]，乃杀之。

甲寅[36]，车驾至长安。

己巳[37]，突厥寇定州，州兵击走之。

庚申[38]，白简、白狗羌[39]并遣使入贡。

（以上为第十二段，写突厥百约百叛，再度扰边。安抚使李大亮智擒辅公祏大将张善安。）

【注释】

①丙申：九月二十三日。　②渝州：州名。治所在今重庆市。　③壬寅：九月二十九日。　④丙午：十月初四日。　⑤己未：十月十七日。　⑥涪（fú）州：州名。治所在今重庆涪陵区。　⑦斩关宵遁：斩开城门趁夜逃走。　⑧邀：截击。　⑨松子岭：在今山西朔州市东南。　⑩善为攻具：善做攻城之器具。　⑪虞候：古官名。隋朝东宫禁卫官，掌管侦察、巡逻等事务。唐代后期有都虞候，为藩镇的亲信武官。　⑫壬戌：十月二十日。　⑬丁卯：十月二十五日。　⑭窦静（？—635）：字元休。高祖时擢

并州大总管府长史，太宗时迁夏州都督，再迁民部尚书。传见《旧唐书》卷六十一、《新唐书》卷九十五。 ⑮屯田：军队屯扎而从事垦殖。 ⑯以省馈运：以便节省（朝廷）赠送物资和运输的烦劳。 ⑰切论：恳切论辩。 ⑱论难：辩论诘难。 ⑲寂等不能屈：裴寂等人的说法不能使之信服。 ⑳辛巳：十一月初九日。 ㉑黄州：州名。治所在今湖北黄冈南。 ㉒荆口镇：胡注云“盖当荆江之口置镇”。其地在今湖南岳阳市北，为洞庭湖水入长江之处。 ㉓壬午：十一月初十日。 ㉔鱼艓（dié）：打鱼的小船。 ㉕甲申：十一月十二日。 ㉖猷州：州名。治所在今安徽泾县西。 ㉗黄沙：城名。在今安徽泾县东南。 ㉘丁亥：十一月十五日。 ㉙己丑：十一月十七日。 ㉚忠武顿：地名。在今陕西华阴市东。 ㉛癸卯：十二月初二日。 ㉜一家：一家人。 ㉝或有异同：或有不同之见。 ㉞制：牵制。 ㉟得所与往还书：查到他与辅公祏往来的书信。 ㊱甲寅：十二月十三日。 ㊲己巳：十二月二十八日。 ㊳庚申：是月无“庚申”，应作“庚午”。庚午,十二月二十九日。译文从之。 ㊴白简、白狗羌：胡注，“‘白简’恐当作‘白兰’”。白兰、白狗羌，均为中国古代部落名，属于羌人的支系。分布在今青海南部及四川西部地区，从事游牧，风俗略同党项，与党项羌关系较密。白兰羌，吐蕃谓之丁零，有兵万人。白狗羌有兵千人。唐武德六年白兰、白狗羌同遣使入贡。

【译文】

高昌王麹伯雅去世，他的儿子麹文泰继立为王。

九月二十三日，渝州人张大智反叛，唐朝渝州刺史薛敬仁放弃城池逃跑。

九月二十九日，高开道引来两万突厥骑兵侵犯幽州。

突厥人愤恨弘农公刘世让成为他们的威胁，派他们的大臣曹般陁前来唐朝，说刘世让和突厥可汗沟通策划阴谋，准备叛乱，唐高祖相信了。冬十月初四日，唐高祖杀死刘世让，没收了他的家产。

秦王李世民还停留在并州，十月十七日，诏命李世民率军返回长安。

唐高祖驾临华阴。

张大智侵犯涪州，唐朝涪州刺史田世康等人讨伐他，张大智率领人马投降。

当初，唐高祖派遣右武候大将军李高迁协助朔州总管高满政守卫马邑，苑君璋率领一万多突厥骑兵来到马邑城下，高满政打败了来敌。颉利可汗发怒，出动大军攻打马邑。李高迁害怕了，带领部下两千人冲破关卡连夜逃跑，突厥半路截击他，损失了一半兵力。颉利可汗亲自率领大军攻打马邑，高满政出兵抵抗，有时一天交战十几次。唐高祖命令行军总管刘世让救援马邑，刘世让到了松子岭，不敢再前进，退回崞城进行防守。恰好颉利派遣使节向唐朝求婚，唐高祖说："先解除了对马邑的包围，才可以商议婚姻。"颉利想撤军，隋义成公主坚持要求攻打马邑。颉利因为高开道擅长制作攻城武器，便招来高开道，和他一起猛烈攻打马邑。颉利诱劝高满政投降，高满政大骂颉利。马邑城中粮食即将耗尽，救兵未到，高满政想突围前去朔州，右虞候杜士远看到突厥兵力强盛，恐怕免不了一死，十月二十日，杜士远杀死高满政投降了突厥，苑君璋又杀死城中三十多名与高满政同谋抵抗的豪杰。唐高祖任命高满政的儿子高玄积为上柱国，继承高满政的爵位。二十五日，突厥再次向唐请求和亲，把马邑归还给唐朝，唐高祖任命将军秦武通为朔州总管。

突厥屡次在边境制造战事，唐朝并州大总管府长史窦静上表请求在太原设置屯田以节省运输军粮的人力，朝廷中议政的大臣们认为这会给太原带来麻烦和骚扰，不同意窦静的方案。窦静不停地深切论说此事，唐高祖下敕令征窦静入京朝见，让他与裴寂、萧瑀、封德彝等人在皇上面前相互辩论，裴寂等人无法说服窦静，于是听从了窦静的建议，每年收获数千斛粮食，唐高祖很赞赏他，任命窦静为检校并州大总管。窦静是窦抗的儿子。十一月初九日，秦王李世民又请求在并州境内增设屯田，唐高祖批准了他的请求。

唐黄州总管周法明率兵攻打辅公祏，张善安占据夏口，抵抗周法明。周法明驻扎在荆口镇，十一月初十日，周法明登上战船饮酒，张善安派遣几名刺客伪装成渔民，坐着小渔船来到荆口，见到的人没有产生怀疑，于是刺杀了周法明然后离去。

十一月十二日，唐舒州总管张镇周等人在猷州的黄沙攻打辅公祏的将领陈当世，大败陈军。

十一月十五日，唐高祖在华阴围猎。十七日，在忠武顿迎接慰问秦王。

十二月初二日，唐朝安抚使李大亮诱骗张善安，捉住了他。李大亮在洪州攻打张善安，与张善安隔水列阵，遥相对话。李大亮用祸福利害关系劝说张善安，张善安说："善安最初没有反叛的意思，正是被部下将士误导了；现在想投降又怕不能免罪。"李大亮说："张总管有投降的心意，就和我是一家人了。"于是一个人骑马渡过河进入张善安的军阵，和张善安拉着手交谈，表示心意相同而没有猜忌。张善安大为喜悦，于是答应投降。不久张善安带领几十名骑兵到李大亮的营地，李大亮让随行的骑兵停在营门之外，引着张善安进入营内，和他交谈。过了很长时间，张善安告辞，李大亮命令武士逮捕他，张善安随行的骑兵全部逃走。张善安军营的部队听说了，大为愤怒，全部出动，准备攻打李大亮。李大亮派人劝说他们："不是我留下张总管。张总管赤心回归朝廷，对我说：'如果返回营地，恐怕将士们或许会有不同意见，将要受到他们钳制。'因此自己留下来不走罢了，你们为何迁怒于我？"张善安的部下又大骂说："张总管出卖我们去讨好别人。"于是全部溃散而去。李大亮出兵追击，有不少俘获。李大亮把张善安押送到长安，张善安自己声称没有与辅公祏来往勾结，唐高祖赦免了他的罪过，很好地对待他；等到辅公祏失败后，得到了他们相互往来的信件，这才杀了张善安。

十二月十三日，唐高祖回到长安。

十二月二十八日，突厥入侵定州，定州军队击退来敌。

十二月二十九日，白简羌、白狗羌都派遣使节入京向唐朝进献贡品。

【原文】

七年（甲申，624）

春，正月，依周、齐旧制，每州置大中正①一人，掌知②州内人物，品量③望第④，以本州门望⑤高者领之，无品秩⑥。

壬午⑦，赵郡王孝恭击辅公祏别将于枞阳⑧，破之。

庚寅⑨，邹州⑩人邓同颖杀刺史李士衡反。

丙申⑪，以白狗等羌地置维、恭二州⑫。

二月⑬，辅公祏遣兵围猷州，刺史左难当婴城自守⑭。安抚使李大亮引兵击公祏，破之。赵郡王孝恭攻公祏鹊头镇⑮，拔之。

丁未⑯，高丽王建武遣使来请班历⑰。遣使册⑱建武为辽东郡王⑲、高丽王。以百济⑳王扶馀璋为带方郡王，新罗㉑王金真平为乐浪郡王。

始州獠㉒反，遣行台仆射窦轨讨之。

己酉㉓，诏："诸州有明一经以上未仕者㉔，咸以名闻㉕。州县及乡皆置学㉖。"

壬子㉗，行军副总管权文诞破辅公祏之党于猷州，拔其枚洄㉘等四镇。

丁巳㉙，上幸国子监㉚，释奠㉛。诏诸王公子弟各就学。

戊午㉜，改大总管为大都督府㉝。

己未㉞，高开道将张金树杀开道来降。开道见天下皆定，欲降，自以数反覆不敢[35]；且恃突厥之众，遂无降意。其将卒皆山东人，思乡里，咸有离心。开道选勇敢士数百，谓之假子[36]，常直[37]阁内，使金树领之。故刘黑闼将张君立亡[38]在开道所，与金树密谋取开道。金树遣其党数人入阁内，与假子游戏，向夕[39]，潜断其弓弦，藏刀槊于床下，合瞑[40]，抱之趋出，金树帅其党大噪，攻开道阁，假子将御之，弓弦皆绝，刀槊已失，争出降。君立亦举火于外与相应，内外惶扰[41]。开道知不免，乃擐甲[42]持兵[43]坐堂上，与妻妾奏乐酣饮，众惮其勇，不敢逼。天且明，开道缢妻妾及诸子，乃自杀。金树陈兵，悉收假子斩之，并杀君立，死者五百馀人。遣使来降，诏以其地置妫州[44]。壬戌[45]，以金树为北燕州[46]都督。

（以上为第十三段，写张金树杀高开道降唐，河北平定。）

【注释】

①中正：官名。三国魏在各州郡置中正官，负责考察本州人才品德，分成九等，作为选任官吏的依据。晋、南北朝沿用。　②掌知：掌管。　③品量：品评衡量。④望第：资望门第。　⑤门望：门第声望。　⑥无品秩：六朝之大中正，皆无品秩及利禄。　⑦壬午：正月十一日。　⑧枞（zōng）阳：县名。县治在今安徽枞阳县。⑨庚寅：正月十九日。　⑩邹州：州名。唐初以齐州之邹平、长山置邹州，治所在今山东邹平市北孙镇。　⑪丙申：正月二十五日。　⑫维、恭二州：维州，治所在今四川理县东北；恭州，治所在今四川马尔康市东。　⑬二月：章校，十二行本“月”下有“辛丑”二字，乙十一行本同，孔本同。辛丑,二月初一日。　⑭婴城自守：绕城池据守。　⑮鹊头镇：《新唐书·地理志》载“宣州南陵县（今安徽池州市贵池区西南）有鹊头镇”。　⑯丁未：二月初七日。　⑰请班历：请求赐历，以便奉正朔。班历,班赐历法。　⑱册：册封。　⑲郡王：爵位名。唐代郡王为次于亲王一等的爵号。除皇室外，臣下也得封郡王。　⑳百济：朝鲜古国。传说朱蒙子温祚创立。约1世纪兴起于汉江流域。都于今汉江南岸慰礼城，后成为半岛西南部的强国。继而与新罗、高句丽鼎足而立。七世纪中叶统一于新罗。　㉑新罗：朝鲜古国。相传公元前57年朴赫居世建国。后至4世纪中叶成为半岛南部的强国。首都庆州。7世纪中叶统一半岛大部，为最盛时期。　㉒始州獠：始州地区的少数民族。始州,州名。治所在今四川剑阁县。㉓己酉：二月初九日。　㉔明一经以上未仕者：通晓一经以上而未出仕做官的人。一经，指五经之一。　㉕咸以名闻：皆以其姓名上奏。　㉖置学：设置学校。　㉗壬子：二月十二日。　㉘枚洄：镇名，在今安徽泾县。　㉙丁巳:二月十七日。　㉚国子监：古

代的中央教育管理机构，简称“国学”。唐代国子监总辖国子、太学、四门、律学、书学、算学等学。 ㉛释奠：古代学校的一种典礼，陈设酒食以祭奠先圣先师。 ㉜戊午：二月十八日。 ㉝改大总管为大都督府：《旧唐书·职官志三》载“大都督府：魏黄初二年，始置都督诸州军事之名，后代因之，至隋改为总管府。武德四年又改为都督……都督一员，从二品”。 ㉞己未：二月十九日。 ㉟自以数反覆不敢：高开道既降而复叛，自知有反复之罪，故不敢来降。 ㊱假子：义子。 ㊲直：通值，值班宿卫。 ㊳亡：逃亡。 ㊴向夕：傍晚。 ㊵合暝：等到夜色深黑，又指深夜入睡之后。 ㊶惶扰：惶恐扰攘。 ㊷擐（huàn）甲：穿铠甲。 ㊸持兵：执兵器。 ㊹妫（guī）州：州名。治所在今河北涿鹿县西南桑干河南岸。 ㊺壬戌：二月二十二日。 ㊻北燕州：州名。治所在今河北涿鹿县西南桑干河南岸。

【译文】

唐高祖武德七年（甲申，624）

春季正月，唐朝按照北周、北齐的旧制度，每州设置大中正一人，掌管了解州内人才、品评衡量家族的等级，由本州家族声望高的人担任，没有品级俸禄。

正月十一日，赵郡王李孝恭在枞阳攻打辅公祏的别将，打败了他们。

正月十九日，邹州人邓同颖杀死唐邹州刺史李士衡然后反叛。

正月二十五日，唐在白狗等羌族地区设置维州、恭州。

二月初一日，辅公祏派兵围攻猷州，唐猷州刺史左难当环城自守。安抚使李大亮带兵攻击辅公祏，打败了他。赵郡王李孝恭攻打辅公祏的鹊头镇，攻下此镇。

二月初七日，高丽王高建武派遣使节来唐请求颁赐历法。唐朝派遣使节册封高建武为辽东郡王、高丽王。册封百济王扶馀璋为带方郡王，册封新罗王金真平为乐浪郡王。

始州的獠民反叛，唐朝派行台仆射窦轨讨伐叛乱。

二月初九日，唐朝颁布诏令：“各州有通晓一种经书以上而没有入仕的，都把姓名报上来让朝廷知晓。州县及乡都要设置学校。”

二月十二日，唐行军副总管权文诞在猷州打败辅公祏的党羽，攻克枚洄等四个城镇。

二月十七日，唐高祖亲临国子监，举行释奠礼。下诏命诸王公的子弟分别入学。

二月十八日，唐朝改大总管为大都督府。

二月十九日，高开道的将领张金树杀死高开道前来降唐。高开道见天下全部得到安定，很想投降，但认为自己几次投降而又反叛，所以不敢来降；而且依仗突厥的势力，就打消了投降的念头。高开道手下的将士都是山东人，思念故乡，都想逃走。高开道挑选了几百名勇士，称为义子，经常在阁内值班，由张金树统领。原属刘黑闼的将领张君立逃到高开道处，和张金树密谋杀高开道。张金树派他的几名同党进入阁内，和高开道的义子玩耍，临近黄昏，暗中弄断了义子们的弓弦，把刀枪藏到床下，到就寝时，抱着刀枪迅速离去，张金树带领同党大声喧哗，攻打高开道的阁房，义子们准备抵抗，但弓弦已断，刀枪已失，于是争相投降，张君立也在外面放火作为呼应，内外惶惶不安。高开道知道逃不脱，于是身披铠甲手持兵器坐在堂上，和妻妾们奏乐畅饮，众人害怕他的英勇，不敢靠近。天快亮时，高开道勒死妻妾和儿子们，然后自杀身亡。张金树列开阵势，捉住高开道的所有义子，全部杀死，并杀死张君立，一共死了五百多人。张金树派人向唐投降。唐朝下诏在原地设置妫州。二十二日，任命张金树为北燕州都督。

【原文】

戊辰①，洋、集二州②獠反，陷隆州晋城③。

是月，太保吴王杜伏威薨。辅公祏之反也，诈称伏威之命以绐④其众。及公祏平，赵郡王孝恭不知其诈，以状闻，诏追除伏威名，籍没其妻子⑤。及太宗即位，知其冤，赦之，复其官爵。

三月，初定令⑥，以太尉、司徒、司空为三公⑦，次尚书、门下、中书、秘书、殿中、内侍为六省⑧，次御史台⑨，次太常至太府为九寺⑩，次将作监⑪，次国子学⑫，次天策上将府⑬，次左、右卫至左、右领卫为十四卫⑭。东宫置三师⑮、三少⑯、詹事⑰及两坊⑱、三寺⑲、十率府⑳。王、公置府佐、国官㉑，公主置邑司㉒，并为京职事官㉓。州、县、镇、戍为外职事官㉔。自开府仪同三司至将仕郎，二十八阶，为文散官㉕，骠骑大将军至陪戎副尉三十一阶，为武散官㉖。上柱国至武骑尉十二等，为勋官㉗。

丙戌㉘，赵郡王孝恭破辅公祏于芜湖㉙，拔梁山㉚等三镇。辛卯㉛，安抚使任瓌拔扬子城㉜，广陵城㉝主龙龛降。

丁酉㉞，突厥寇原州。

戊戌[35]，赵郡王孝恭克丹杨。

先是，辅公祏遣其将冯慧亮、陈当世将舟师三万屯博望山[36]，陈正通、徐绍宗将步骑三万屯青林山[37]，仍于梁山连铁锁以断江路，筑却月城[38]，延袤[39]十馀里，又结垒江西以拒官军。

孝恭与李靖帅舟师[40]次舒州，李世勣帅步卒一万渡淮，拔寿阳[41]，次硖石[42]。慧亮等坚壁不战，孝恭遣奇兵绝其粮道，慧亮等军乏食，夜，遣兵薄[43]孝恭营，孝恭坚卧不动。孝恭集诸将议军事，皆曰："慧亮等拥强兵，据水陆之险，攻之不可猝拔，不如直指[44]丹杨，掩[45]其巢穴，丹杨既溃，慧亮等自降矣！"孝恭将从其议，李靖曰："公祏精兵虽在此水陆二军，然所自将亦不为少，今博望诸栅[46]尚不能拔，公祏保据石头[47]，岂易取哉！进攻丹杨，旬月不下，慧亮蹑[48]吾后，腹背受敌，此危道也。慧亮、正通皆百战馀贼[49]，其心非不欲战，正以公祏立计使之持重[50]，欲以老我师[51]耳。我今攻其城以挑[52]之，一举可破也！"孝恭然之，使羸兵先攻贼营而勒精兵结陈以待之。攻垒者不胜而走，贼出兵追之，行数里，遇大军，与战，大破之。阚稜免胄[53]谓贼众曰："汝曹不识我邪？何敢来与我战！"贼多稜故部曲[54]，皆无斗志，或有拜者，由是遂败。孝恭、靖乘胜逐北，转战百馀里，博山、青林两戍[55]皆溃，慧亮、正通等遁归，杀伤及溺死者万馀人。李靖兵先至丹杨，公祏大惧，拥兵数万，弃城东走，欲就[56]左游仙于会稽，李世勣追之。公祏至句容[57]，从兵能属者才五百人，夜，宿常州[58]，其将吴骚等谋执之。公祏觉之，弃妻子，独将腹心数十人，斩关走。至武康[59]，为野人所攻，西门君仪战死，执公祏，送丹杨枭首，分捕馀党，悉诛之，江南皆平。

己亥[60]，以孝恭为东南道行台右仆射，李靖为兵部尚书。顷之，废行台，以孝恭为扬州大都督，靖为府长史。上深美[61]靖功，曰："靖，萧、辅之膏肓[62]也。"阚稜功多，颇自矜伐[63]。公祏诬稜与己通谋。会赵郡王孝恭籍没贼党田宅，稜及杜伏威、王雄诞田宅在贼境者，孝恭并籍没之；稜自诉理[64]，忤[65]孝恭，孝恭怒，以谋反诛之。

（以上为第十四段，写辅公祏覆灭，淮南平定，杜伏威被冤杀。）

【注释】

①戊辰：二月二十八日。　②洋、集二州：洋州，治所在今陕西西乡县。集州，治

所在今四川南江县。　③隆州晋城：隆州，州名。治所在今四川阆中市。晋城，县名。县治在今四川南部县西北。　④绐（dài）：欺哄。　⑤籍没其妻子：即以其妻子为官奴婢。籍没，旧指登记并没收其所有的财产。　⑥初定令：唐初官制沿隋制，自此，始颁行唐朝新定的官制。　⑦三公：以太尉、司徒、司空为三公，又称三司，品级列为正一品。唐代三公已无实际职务，仅用作大臣的最高荣衔。　⑧六省：唐代指尚书、门下、中书、秘书、殿中、内侍六省。　⑨御史台：官署名，为古代的国家监察机关，长官为御史大夫。　⑩九寺：九卿的官署。北齐以太常、光禄、卫尉、宗正、太仆、大理、鸿胪、司农、太府为九寺，各寺长官称寺卿。以后各代沿用。　⑪将作监：官署名，掌土木工匠之政。　⑫国子学：古代的中央教育管理机关和最高学府。唐代国子监下辖国子、太学、四门等学。国子学招收三品以上官僚的子弟。　⑬天策上将府：唐初李渊以秦王世民平王世充、窦建德，功殊今古，以往的位号不足以为称，乃特拜为天策上将军，位在王公上，并开府。及世民为太子，乃废。　⑭十四卫：十二卫及左、右监门卫为十四卫。　⑮三师：北魏以后称太师、太傅、太保为三师，品级列为正一品，但仅为虚衔，无实职。　⑯三少：官名，亦称"三孤"，即少保、少傅、少师三官之合称。　⑰詹事：官名。秦始置，掌皇后、太子家事。唐置詹事府，掌东宫（太子宫）众务，犹朝廷之尚书省，有太子詹事一人，正三品；少詹事一人，正四品上。　⑱两坊：官署名。隋有门下、典书二坊，唐改为左、右春坊，属东宫。春坊官有庶子、中允、赞善等。　⑲三寺：家令寺、率更寺、仆寺。　⑳十率府：左、右卫率，左、右宗卫率，左、右虞候率，左、右监门率，左、右内率。　㉑王、公置府佐、国官：亲王府置府佐官与国官。据《旧唐书·职官志》载，亲王府佐有：傅、谘议参军、友、文学、东西阁祭酒、长史、司马、掾、属、主簿、史、记室参军事、录事参军事、录事，功、仓、户、兵、骑、法、士等七曹参军事，参军事、行参军、典签。亲王国官有：国令、大农、尉、丞、录事、典卫、舍人、学官长、食官长、厩牧长、典府长。　㉒公主置邑司：据《旧唐书·职官志》载，公主邑司官有，令、丞、录事、主簿、谒者、舍人、家吏。掌管家财出入、田园征封之事。㉓职事官：表示官员所任实际职务的称号，与散官表示官员等级的称号相对而言。㉔外职事官：外指京外，乃对京城而言。　㉕自开府仪同三司至将仕郎，二十八阶，为文散官：文散官，开府仪同三司从一品，特进正二品；光禄大夫从二品，金紫光禄大夫正三品，银青光禄大夫从三品，正议大夫正四品上，通议大夫正四品下，太中大夫从四品上，中大夫从四品下，中散大夫正五品上，朝议大夫正五品下，朝请大夫从五品上，朝散大夫从五品下，朝议郎正六品上，承议郎正六品下，奉议郎从六品上，通直郎从六品下，朝请郎正七品上，宣德郎正七品下，朝散郎从七品上，宣议郎从七品下，给事郎正八品上，征事郎正八品下，承奉郎从八品上，承务郎从八品下，儒林郎正九品上，登仕郎正九品下，文林郎从九品上，将仕郎从九品下。　㉖骠骑大将军至陪戎副尉三十一阶，为武散官：骠骑大将军，从一品；辅国大将军，正二品；镇军大将军，从二品；冠军大将军、怀化大将军，正三品上；怀化将军，正三品下；云麾将军、归德大将军，从三品上；归德将军，从三品下；忠武将军，正四品上；壮武将军、怀化中郎将，正四品下；宣威将军，从四品上；明威将军、归德中郎将，从四品下；定远将军，正五品上；宁远将军、怀化郎将，正五品下；游骑将军，从五品上；游击将军、归德郎将，从五品下；昭武校尉，正六品上；昭武副尉、怀化司阶，正六品下；振威校尉，从六品上；振威副尉、归德司阶，从六品下；致果校尉，正七品上；致果副尉、怀化中候，正七品下；翊麾校尉从七品上；翊麾副尉，归德中候，从七品下；宣节校尉，正八品上；宣节副尉，怀化司戈，正八品下；御侮校尉，从八品上；御侮副尉、归德司戈，从八品下；仁勇校尉，正九品上；仁勇副尉、怀化执戟长上，正九品下；陪戎校尉，从九品上；陪戎副尉、归德执戟长上，从九品下。　㉗上柱国至武骑尉十二等，为勋官：勋级，十有二转为上柱国，视正二品；十有一转为柱国，视从二品；十转为上护军，视正三品；九转为护军，视从三品；八转为上轻车都尉，视正四品；七转为轻车都尉，视从四品；六转为上骑都尉，视正五品；五转为骑都尉，视从五品；四转为骁骑尉，视正六品；三转为飞骑尉，视从六品；二转为云骑尉，视正七品；一转为武骑尉，视从七品。　㉘丙戌：三月十六日。　㉙芜湖：县名。县治在今安徽芜湖市。　㉚梁山：山名。即今安徽和县南长江西岸西梁山。　㉛辛卯：三月二十一日。　㉜扬子城：在今江苏扬州市。　㉝广陵城：在今江苏扬州市界。　㉞丁酉：三月二十七日。　㉟戊戌：三月二十八日。　㊱博望山：又名天门山、东梁山。在今安徽当涂县西南。　㊲青林山：即今安徽当涂县东南青山。　㊳却月城：即钩月城。　㊴延袤（mào）：绵延周长。　㊵舟师：水军。　㊶寿阳：县名。县治在今安徽寿县。　㊷硖（xiá）石：山名。在今安徽凤台县与寿县之间。　㊸薄：迫，近。　㊹直指：直向。　㊺掩：掩袭。　㊻栅：竖木为栅，以为营垒。　㊼石头：山名，在今南京市西。　㊽蹑：追随。　㊾百战馀贼：身经百战之贼。　㊿正以公祏立计使之持重：只是因为辅公祏确定的计策让他们不轻举妄动。持重，不轻举妄动。　(51)老我师：疲劳我们的军队。　(52)挑：挑战。　(53)免胄：脱下头盔。　(54)故部曲：旧部下。　(55)两戍：两地的防守。　(56)就：归附。　(57)句容：县名。县治在今江苏句容市。　(58)常州：州名。治所在今江苏常州市。　(59)武康：县名。县治在今浙江德清县西千秋村。　(60)己亥：三月二十九日。　(61)深美：非常赞美。　(62)靖，萧、辅之膏肓：谓萧铣、辅公祏皆为李靖所杀。膏肓，为致死之疾。　(63)矜伐：矜夸和居功，即夸耀自己的才能、功绩或恩惠。 ⑭诉理：诉讼申理。 ⑮忤：违逆。

【译文】

二月二十八日，洋州、集州的獠民反叛，攻陷了隆州晋城。

这个月，太保吴王杜伏威去世。辅公祏反叛时，诈称有杜伏威的命令以欺骗部下，等到辅公祏被平定，赵郡王李孝恭不知辅公祏使诈，把情况上报朝廷，唐朝下诏追免杜伏威的官职，没收他的财产及妻儿。等到唐太宗即位，知道杜伏威被冤枉，赦免并恢复了杜伏威的官爵。

三月，唐朝初次规定：以太尉、司徒、司空为三公，其次是尚书、门下、中书、秘书、殿中、内侍六个省，再其次是御史台，再其次是太常至太府等九个寺，再其次是将作监，再其次是国子学，再其次是天策上将府，再其次是左卫、右卫以下到左领卫、右领卫等十四卫。在太子的东宫设置三师、三少、詹事以及两坊、三寺、十率府。诸王、三公设置府佐、国官，公主设置邑司，以上部门官员都属于京师职事官。在州、县、镇、戍任职的官员都属于地方职事官。从开府仪同三司到将仕郎，共二十八个阶级，都属于文散官。从骠骑大将军至陪戎副尉，共三十一个阶级，都属于武散官。从上柱国到武骑尉共十二等，则属于勋官。

三月十六日，赵郡王李孝恭在芜湖打败辅公祏，攻克梁山等三镇。二十一日，唐安抚使任瓌攻克扬子城，广陵城主龙龛投降。

三月二十七日，突厥侵犯原州。

三月二十八日，赵郡王李孝恭攻克丹杨。

在此之前，辅公祏派遣手下将领冯慧亮、陈当世率领三万水兵驻扎在博望山，陈正通、徐绍宗率领三万步兵骑兵驻扎在青林山，又在梁山用锁链隔断江中航道，修筑了却月城，延绵十多里，又在长江之西构筑了工事抵抗唐军。

李孝恭与李靖率领水军停泊在舒州，李世勣率领一万步兵渡过淮河，攻下寿阳，驻扎在硖石。冯慧亮等人坚守壁垒不出来应战，李孝恭派出奇兵切断了敌军的粮食运输线，冯慧亮等军缺乏军粮，半夜，派兵逼近李孝恭的军营，李孝恭坚持按兵不动。李孝恭召集诸位将领商议军事行动，各位将领都说："冯慧亮等人拥有强兵，占据水陆的险要，我军进攻他不能很快攻克，不如直接进逼丹杨，偷袭辅公祏的老巢，丹杨溃败之后，冯慧亮等人自然就会投降了！"李孝恭准备采纳众将领的意见，李靖说："辅公祏的精锐部队虽然就是这里的水陆两支军队，但他自己统率的军队也不少，如今博望的各个敌营尚且不能攻克，辅公祏凭借石头城进行防守，哪里容易攻克！进军攻打丹杨，十天半个月攻不下，冯慧亮等人紧随在我军背后，我军腹背受敌，这是危险的路子。冯慧亮、陈正通都是身经百战的老贼，他们心里并不是不想出战，正是因为辅公祏确定的计策让他们不轻举妄动，想以此拖垮我军罢了。我们现在主动攻城来挑战他们，就能一举攻破敌人！”李孝恭表示赞同，用老弱兵士先去进攻敌人的营垒，而自己统领着精兵排好阵势等待敌军。攻打敌人营垒的部队不能取胜而逃跑，敌军出兵追击，走出几里地，遇到李孝恭的大军，与他们交战，唐军大败敌军。阚稜摘下头盔对敌军说：“你们不认识我吗？怎么胆敢来与我交战！”敌军中有很多阚稜的老部下，都丧失了斗志，也有一些人向阚稜下拜，敌军因此溃败。李孝恭、李靖乘胜追击逃敌，转战一百多里，辅公祏布置在博山、青林的两个据点也都溃败，冯慧亮、陈正通等人逃回丹杨，被唐军杀伤及淹死的敌军有一万多人。李靖的部队先到达丹杨，辅公祏大为恐惧，带着几万兵马，放弃丹杨城向东逃跑，打算到会稽与左游仙会合，李世勣紧紧追击。辅公祏到了句容，随从的军队能跟上的才有五百人，夜晚，在常州宿营，他的将领吴骚等人谋划逮捕他。辅公祏觉察了，丢下妻子儿女，独身带领几十名心腹，冲破关卡逃走。辅公祏到武康，受到农民的攻击，西门君仪战死，农民捉住辅公祏，送到丹杨处死后悬首示众，唐军分别搜捕辅公祏的余党，全部处死，江南地区全部平定。

三月二十九日，唐朝任命李孝恭为东南道行台右仆射，李靖为行台兵部尚书。不久，又废除东南道行台，任命李孝恭为扬州大都督，李靖为大都督府长史。唐高祖极力称赞李靖的功劳，说：“李靖是萧铣、辅公祏的致命之病。”阚稜的战功多，颇为自傲。辅公祏诬陷阚稜与自己合谋反叛。正好赵郡王李孝恭查封没收辅公祏党羽的田地房产，阚稜以及杜伏威、王雄诞在辅公祏境内的田地房产，李孝恭也一并没收；阚稜自己申诉说明，抵忤李孝恭，李孝恭发怒，以谋反的罪名杀了阚稜。

【原文】

夏，四月庚子朔[①]，赦天下。是日，颁新律令[②]，比开皇旧制增新格五十三条。

初定均田租、庸、调法：丁、中之民[③]，给田一顷，笃疾[④]减什之六，寡妻妾减七，皆以什之二为世业[⑤]，八为口分[⑥]。每丁岁入租，粟二石[⑦]。

调随土地所宜，绫、绢、絁、布[⑧]。岁役二旬[⑨]；不役则收其佣[⑩]，日三尺[⑪]。有事而加役者，旬有五日，免其调；三旬，租、调俱免。水旱虫霜为灾，什损四以上免租，损六以上免调，损七以上课役[⑫]俱免。凡民赀[⑬]业分九等[⑭]。百户为里，五里为乡，四家为邻，四邻为保。在城邑者为坊，田野者为村。食禄之家[⑮]，无得与民争利[⑯]；工商杂类，无预士伍[⑰]。男女始生为黄[⑱]，四岁为小，十六为中，二十为丁，六十为老。岁造计帐[⑲]，三年造户籍[⑳]。

丁未[㉑]，党项寇松州。

庚申[㉒]，通事舍人[㉓]李凤起击万州反獠[㉔]，平之。

五月辛未[㉕]，突厥寇朔州。

甲戌[㉖]，羌与吐谷浑同寇松州，遣益州行台左仆射窦轨自翼州[㉗]道，扶州[㉘]刺史蒋善合自芳州道击之。

丙戌[㉙]，作仁智宫于宜君[㉚]。

丁亥[㉛]，窦轨破反獠于方山[㉜]，俘二万馀口。

（以上为第十五段，写唐颁律令，制租庸调法。）

【注释】

①庚子朔：四月初一日。 ②颁新律令：颁布施行新的刑律。隋律严苛，唐高祖武德元年废除隋《大业律令》，颁新格五十三条，以约法缓刑，至此修订颁行。此后还有修订，贞观十一年（637），由房玄龄等最后修成《唐律》五百条。高宗时由长孙无忌等撰《唐律疏议》三十卷，行于世，是中国古代流传下来的唯一律书。 ③丁、中之民：丁男、中男。 ④笃疾：重疾者。 ⑤世业：谓永世之田产，不需交还公家。 ⑥八为口分：谓十分之八为口份之田。 ⑦岁入租，粟二石：每岁纳入官家的田租为粟米二石。⑧调随土地所宜，绫、绢、絁、布：调则随乡土的生产，岁输绢二匹，绫絁二丈，布加五分之一，绵三两，麻三斤。 ⑨岁役二旬：凡丁男每年要服役二十天。 ⑩收其佣：收其佣值。 ⑪日三尺：每日绢三尺。 ⑫课役：租调劳役。 ⑬赀（zī）：同资。⑭九等：上、中、下各有三等，共九等。 ⑮食禄之家：食俸禄者，即官吏。 ⑯无得与民争利：不能与民争利。其含义为不得兼营工商二业。 ⑰无预士伍：不得参与士人之流。 ⑱始生为黄：黄，黄口。原指雏鸟，此指幼儿。 ⑲岁造计帐：每年编造关于人口田赋数目状况的簿册。 ⑳户籍：户口的簿籍。 ㉑丁未：四月初八日。 ㉒庚申：四月二十一日。 ㉓通事舍人：官名。唐代中书省有通事舍人，掌朝见引纳之事。

㉔万州反獠：万州（今四川达州市达川区）地区造反的少数民族。 ㉕辛未：五月初二日。 ㉖甲戌：五月初五日。 ㉗翼州：州名。治所在今四川茂县北。 ㉘扶州：州名。治所在今四川九寨沟东北。 ㉙丙戌：五月十七日。 ㉚宜君：县名。县治在今陕西宜君县西南。 ㉛丁亥：五月十八日。 ㉜方山：地名。在今四川苍溪县东北。

【译文】

夏季，四月初一日，唐朝大赦天下。这天，颁布新律令，比隋朝开皇的旧律令增加了五十三条新规定。

唐朝初次确定均田制与租、庸、调的办法：每位二十岁以上的丁男和十六岁以上二十岁以下的中男，由国家授予一顷田，有严重疾病的男子减去十分之六，寡妻寡妾减去十分之七，所有的授田都以十分之二作为世世代代保有的本业之田，十分之八为口分田。每个成年男子每年向国家交租二石粟。调是根据土地的物产，分别交纳绫、绢、絁、布。每个成年男子每年为国家服劳役二十日，不服劳役就收取相应的佣钱，以每天三尺的标准征收，国家有事而增加成年男子劳役时，如果增加十五日劳役，就免除此人应向国家交纳的调；如果增加三十日劳役，则他应向国家交纳的租、调都予免除。如遇水、旱、虫、霜等自然灾害，收成损失十分之四以上的，免向国家交租，损失十分之六以上的，再免除应交的调，损失在十分之七以上的，则免去全部应交纳的租调及应服的劳役。百姓的财产分为九等。一百户为一里，五里为一乡，四家为一邻，四邻为一保。在城镇中居住的，划分为坊；在乡村居住的，划分为村。官宦之家享受国家的俸禄，不准与百姓争夺生产与商业上的利益；工商以及杂色人等，不准列入士人阶层。男女刚出生称为黄，四岁以上称为小，十六岁以上称为中，二十岁以上称为丁，六十岁以上称为老。每年编制统计账簿，每三年编造一次户籍。

四月初八日，党项侵犯松州。

四月二十一日，通事舍人李凤起攻击万州反叛的獠民，平定了叛乱。

五月初二日，突厥侵犯朔州。

五月初五日，羌族与吐谷浑一同侵犯松州，唐朝派遣益州行台左仆射窦轨从翼州出兵，派扶州刺史蒋善合从芳州出兵攻击羌与吐谷浑。

五月十七日，唐朝在宜君县修建仁智宫。

五月十八日，窦轨在方山打败反叛的獠民，俘虏两万多人。

【评析】

本卷评析刘黑闼与杜伏威。

刘黑闼，贝州漳南人，出身贫苦人家。刘黑闼年轻时不务正业，喜欢饮酒赌博，颇有豪气，与窦建德友善。隋末，刘黑闼为群盗，后投瓦岗李密为裨将，李密失败，刘黑闼投降王世充，因不满王世充的为人，不久脱离王世充，转投窦建德，窦建德立授以将军头衔，封为汉东郡公，委以心腹重任。刘黑闼骁勇善战，诡计多端，常能出其不意，打败了强敌，军中服其神勇。窦建德失败，刘黑闼潜伏漳南种菜，闭门不出，静观时变。

此时，唐高祖征召窦建德故将范愿、董康买、曹湛、高雅贤等人赴长安。范愿等人商议说："王世充以洛阳投降李渊，他的部下杨公卿、单雄信等都被害，我们去长安，肯定性命难保，夏王从前捉住唐将宗室淮安王李神通，优礼送还，可李渊抓住夏王却加以杀害。我们不替夏王报仇，没有脸面见天下人。"于是窦建德旧将找到刘黑闼，决定重新起事。刘黑闼一伙只有一百多人，个个死战，一举拿下漳南县。贝州刺史、魏州刺史合兵来攻，也被刘黑闼打败，一时声威大振，窦建德旧境河北、山东全境叛唐，徐圆朗也在山东起兵响应。武德五年正月，刘黑闼正式称汉东王，以洺州为都城，建年号为天造。任命范愿为左仆时，董康买为兵部尚书，高雅贤为右领军，窦建德旧时文武官员，一律复职。唐王朝发大军讨伐，秦王李世民、太子李建成、齐王李元吉相继统兵，费了九牛二虎之力，才把刘黑闼扑灭。

刘黑闼反隋，是被迫起义，农民军的行为是推翻暴政，深得民众拥护。刘黑闼再起反唐，已经不是反暴政，以河北、山东一隅之力对抗欣欣向荣的新王朝，失败是肯定的。不过刘黑闼第二次起事是为了逃死，所以赢得了窦建德夏政权的全境响应。李唐王朝平定天下，应当宽大为怀，不应暴虐降人，一招不慎，带来大乱，给新王朝的建立者提供了深刻的教训，给后来李世民的宽怀政治提供借鉴。刘黑闼以悲剧结局，无所称道。但根据他反隋的义举，以及英勇善战的业绩，仍不失为是一位英雄。

杜伏威，齐州章丘人，家贫，少年为盗，与同乡好友辅公祏遭官府追捕，被迫起义。隋大业九年，杜伏威率众进入章丘长白山，投靠在长白山起义的左才相。同年，杜伏威又脱离左才相，率众南下转战淮南。两三年间，杜伏威的势力大增，在江淮间成为南方最大的起义势力。大业十三年，隋炀帝到江南，派出官军征讨，被杜伏威打败，江淮义军声威大振。杜伏威乘胜破高邮，占历阳，据丹阳，成为南方最大的反隋势力。杜伏威自称总管，任命辅公祏为长史。这时江淮杜伏威、山东瓦岗军、河北窦建德，是反隋的三大支农民起义军。因此，杜伏威是隋王朝的主要掘墓人之一。

杜伏威不仅军事才能杰出，而且很有治政才能。他占领丹杨后，便下令"薄赋敛"，减轻贫民的负担。治军严厉，军士对百姓秋毫无犯。杜伏威严惩贪官污吏，凡贪赃枉法的官吏，无论罪行轻重，一律处斩。他所到之处，当地百姓无不交口称誉。

但杜伏威在政治上仍然极不成熟，他壮大后并无称雄天下之志，而在武德元年，隋炀帝被弑后，上表隋皇泰主杨侗称臣，接受招安，被拜为东道大总管，封为楚王。第二年，唐高祖遣使招抚杜伏威，杜伏威又接受了唐朝的封赐，担任唐东南道行台尚书令、淮南安抚大使，受封吴王。他还接受了唐朝的赐姓为李氏。武德五年，杜伏威亲自入朝长安，向唐投降，可谓识其大体。武德六年，辅公祏乘杜伏威远离义军，在南京举兵反唐称帝，不久被唐军讨平。辅公祐起兵，假借杜伏威之名以号令部众，因之杜伏威遭到株连。武德七年，杜伏威在长安被毒杀，祸害殃及全家，妻、子被籍没。唐太宗即位，贞观元年为杜伏威平反，复其官爵，葬以公礼。

翟让瓦岗军、窦建德河北军、杜伏威江淮军是推翻隋王朝的三大农民起义军主力，他们推动了历史的前进，功绩不可磨灭。但农民固有的局限性，导致了他们政治上的不成熟，翟让、窦建德、杜伏威三位领袖全部以悲剧告终。瓦岗的继承者李密仍以悲剧结局。农民起义成为改朝换代的清道夫，隋末农民大起义也没有逃脱这一命运。

卷第一百九十一　唐纪七

唐高祖武德七年至九年（624—626）

【起阏逢涒滩（甲申，624）六月，尽柔兆阉茂（丙戌，626）八月，凡二年有奇】

【大事提要】

本卷记事起唐高祖武德七年（624）六月，讫武德九年（626）八月，凡两年又两个月。此时期，唐王朝已统一全国，唯有北疆突厥不断犯边，连续两次大规模入侵，均被李世民以大勇大智，兵不血刃屈突厥，与颉利可汗盟誓，使突厥退兵。群雄已灭，唐统治集团高层争权矛盾日益激化，太子李建成与齐王李元吉合谋陷害秦王李世民，由于李世民功高震主，唐高祖倒向太子一边，形势逼使李世民于武德九年六月四日发动玄武门之变，诛杀太子李建成和齐王李元吉，武力夺权。六月初七日，李世民进位为太子，六月十六日唐高祖退位为太上皇，八月初九日，李世民正式即皇帝位，完成了政变夺权，是为唐太宗。

【原文】

高祖神尧大圣光孝皇帝下之上

武德七年（甲申，624）

六月辛丑[①]，上幸仁智宫[②]避暑。

辛亥[③]，泷州、扶州[④]獠[⑤]作乱，遣南尹州都督李光度[⑥]等击平之。

丙辰[⑦]，吐谷浑寇扶州[⑧]，刺史蒋善合[⑨]击走之。

壬戌[⑩]，庆州都督杨文斡[⑪]反。

初，齐王元吉劝太子建成除秦王世民，曰："当为兄手刃之！"世民从上幸元吉第，元吉伏护军宇文宝[⑫]于寝内，欲刺世民，建成性颇仁厚，遽止之。元吉愠曰："为兄计耳，于我何有？"

建成擅募长安及四方骁勇二千馀人为东宫卫士，分屯左、右长林[⑬]，号长林兵。又密使右虞候率[14]可达志[15]从燕王李艺[16]发幽州突骑[17]三百，置宫东诸坊，欲以补东宫长上[18]。为人所告，上召建成责之，流可达志于嶲州。

杨文幹尝宿卫东宫，建成与之亲厚，私使募壮士送长安。上将幸仁智宫，命建成居守，世民、元吉皆从。建成使元吉就图世民，曰："安危之计，决在今岁。"又使郎将尔朱焕、校尉桥公山[19]以甲遗文幹。二人至豳州，上变[20]，告太子使文幹举兵，使[21]表里相应。又有宁州人杜凤举[22]亦诣宫言状。上怒，托他事，手诏召建成，令诣行在。建成惧，不敢赴。太子舍人徐师謩[23]劝之据城举兵；詹事主簿[24]赵弘智[25]劝之贬损车服，屏从者，诣上谢罪，建成乃诣仁智宫。未至六十里，悉留其官属于毛鸿宾堡[26]，以十馀骑往见上，叩头谢罪，奋身自掷，几至于绝[27]。上怒不解，是夜，置之幕下[28]，饲以麦饭[29]，使殿中监陈福防守，遣司农卿宇文颖[30]驰召文幹。颖至庆州[31]，以情告之，文幹遂举兵反。上遣左武卫将军钱九陇[32]与灵州都督杨师道击之。

甲子[33]，上召秦王世民谋之，世民曰："文幹竖子[34]，敢为狂逆，计府僚已应擒戮；若不尔，正应遣一将讨之耳。"上曰："不然。文幹事连建成，恐应之者众。汝宜自行，还，立汝为太子。吾不能效隋文帝自诛其子，当封建成为蜀王。蜀兵脆弱，他日苟能事汝，汝宜全之；不能事汝，汝取之易耳！"

上以仁智宫在山中，恐盗兵猝[35]发，夜，帅宿卫[36]南出山外，行数十里，东宫官属[37]继至，皆令三十人为队，分兵围守之。明日，复还仁智宫。

世民既行，元吉与妃嫔更迭为建成请，封德彝复为之营解于外，上意遂变，复遣建成还京师居守。惟责以兄弟不睦，归罪于太子中允[38]王珪、左卫率韦挺[39]、天策兵曹[40]参军杜淹，并流于嶲州。挺，冲之子也。初，洛阳既平，杜淹久不得调，欲求事建成。房玄龄以淹多狡数[41]，恐其教导建成，益为世民不利，乃言于世民，引入天策府。

突厥寇代州之武周城[42]，州兵击破之。

秋，七月己巳[43]，苑君璋以突厥寇朔州，总管秦武通[44]击却之。

杨文幹袭陷宁州，驱掠吏民出据百家堡[45]。秦王世民军至宁州，其党皆溃。癸酉[46]，文幹为其麾下所杀，传首京师。获宇文颖，诛之。

（以上为第一段，写唐室李建成、李世民争太子之位，已从暗斗转为明争，兄弟已成水火不容之势。第一回合李建成败阵。）

【注释】

①辛丑：六月三日。 ②仁智宫：李渊所建行宫，在今陕西铜川市玉华村北玉华山。 ③辛亥：六月十三日。 ④泷州、扶州：州名。泷州，治所在今广东罗定市南。扶州，此指南扶州，治所在今广东信宜市西南镇隆镇。 ⑤獠（liáo）：又作僚，魏晋以后对川、陕、黔、滇、桂、湘、粤等省少数民族的泛称。这里指泷州、扶州一带的少数民族。 ⑥李光度：本隋永平郡（治今广西藤县）太守，蛮酋出身，降唐授南尹州（治今广西贵港）刺史。事迹见《旧唐书》卷五十九、卷六十七等。 ⑦丙辰：六月十八日。 ⑧扶州：州名。此指北扶州。治所在今四川九寨沟县东北。 ⑨蒋善合：曾在隋末割据于郓州，武德四年降唐。事迹见《旧唐书》卷六十一、《新唐书》卷九十五等。 ⑩壬戌：六月二十四日。 ⑪杨文幹（？—624）：李建成亲信。反叛后的第二个月即为庆州人所杀。事迹见《旧唐书》卷六十四、《新唐书》卷七十九。 ⑫宇文宝：李元吉亲信。事迹见《旧唐书》卷六十四、《新唐书》卷七十九。 ⑬长林：宫门名。东宫有左右长林门。 ⑭虞候率：东宫左右虞候率府长官。掌侦察、巡逻等禁卫事。 ⑮可达志：李建成亲信。《新唐书·李建成传》谓可达志为“左虞候率”。可达，复姓。 ⑯李艺：即罗艺。 ⑰突骑：谓能冲突军阵的骑士。 ⑱长上：唐制，凡卫官都要轮番宿卫，长上者，则谓番代周期较长的卫士。又，唐官职中有武散阶九品“怀化执戟长上”和“归德执戟长上”等。 ⑲尔朱焕、桥公山：李建成亲信。事迹见《旧唐书》卷六十四、《新唐书》卷七十九。尔朱，复姓，源出羯族。 ⑳上变：向朝廷密告谋反之类的紧急事变。 ㉑使：章校“使”作“欲”。 ㉒杜凤举：《新唐书》卷七十九作“杜凤”。宁州（治今甘肃宁县）人。疑贞观中助吐谷浑讨内乱的鄯州刺史杜凤举即其人。 ㉓徐师謩：李建成亲信。事迹见《新唐书》卷七十九、二百零一。謩，“谟”的异体字。 ㉔詹事主簿：官名。东宫詹事府掌印和考核文书簿籍的官员。 ㉕赵弘智：洛州新安（今河南新安县）人。官至国子祭酒，崇贤学士。《艺文类聚》的修撰人之一，并有文集二十卷。传见《旧唐书》卷一百八十八、《新唐书》卷一百零六。 ㉖毛鸿宾堡：北魏将毛鸿宾筑，在今陕西铜川市耀州区西南。 ㉗绝：气绝，死亡。 ㉘幕下：帐幕之下。 ㉙麦饭：以麦为饭，谓饭粗粝。 ㉚宇文颖（？—624）：代（今山西大同北）人。曾参加瓦岗军。降唐后，封化政郡公。同李元吉厚善。事迹见《新唐书》卷七十九。 ㉛庆州：州

名。治所在今甘肃庆阳市。　㉜钱九陇：唐初功臣。字永业，湖州长城（今浙江长兴县）人。官至右监门大将军，封巢国公。传见《旧唐书》卷五十七、《新唐书》卷八十八。㉝甲子：六月二十六日。　㉞竖子：僮仆，小子，卑贱的称谓。　㉟猝（cù）：突然，出其不意。　㊱宿卫：于宫禁值宿警卫。此谓禁军卫士。　㊲属：章校“属”下有“将卒”二字。　㊳太子中允：官名。东宫左右春坊长官左右庶子之副。协助左右庶子掌侍从礼仪、驳正启奏，并监药及通判坊局事。　㊴左卫率韦挺：左卫率，东宫左卫率府长官，掌兵仗、仪卫。韦挺，唐初大臣。雍州万年人。父冲，隋文帝时大臣。官至民部尚书，封义丰县侯。挺为冲少子，贞观中，拜御史大夫，封扶阳县男。传见《旧唐书》卷七十七、《新唐书》卷九十八。　㊵天策兵曹：官名。即秦王李世民天策上将府掌管军事的官员。　㊶狡数：诡诈有心计。　㊷武周城：古城塞名。即今山西左云县城。㊸己巳：七月一日。　㊹秦武通：唐初大将。曾从李世民讨刘武周、刘黑闼和东突厥。事迹见《旧唐书》卷五十五、卷一百九十四上等。　㊺百家堡：在今甘肃庆阳马岭镇西北。　㊻癸酉：七月五日。

【译文】

高祖神尧大圣光孝皇帝下之上

唐高祖武德七年（甲申，624）

六月初三日，唐高祖前往仁智宫避暑。

六月十三日，泷州、扶州的獠民乱，唐高祖派遣南尹州都督李光度等人前去征讨并平定了叛乱。

六月十八日，吐谷浑侵犯扶州，扶州刺史蒋善合将吐谷浑击退。

六月二十四日，庆州都督杨文幹反叛。

当初，齐王李元吉劝太子李建成除掉秦王李世民，说：“我当为哥哥亲手杀了他！”李世民随从唐高祖前往李元吉的府第，李元吉让护军宇文宝埋伏在寝室里面，准备刺杀李世民，李建成生性颇为仁厚，连忙制止了他。李元吉恼怒地说：“这是为哥哥着想啊，对我有什么好处？”

李建成擅自招募长安及各地的骁勇之士两千多人充当东宫卫士，分别屯驻在东宫的左右长林门，号称长林兵。李建成又暗中让右虞候率可达志从燕王李艺手下征调幽州突击骑兵三百人，安置在东宫东面的各个坊市中，准备用来补充东宫警卫队里的军官，被人告发。唐高祖召见李建成斥责他，把可达志流放到嶲州。

杨文幹曾经在东宫担任警卫，太子李建成和他关系亲近并且待遇优厚，私下里让他募集勇士送往长安。唐高祖将要临幸仁智宫，命令太子李建成留守京城，李世民与李元吉一起随行。李建成让李元吉乘机杀害李世民，说："无论我们的打算是平安还是危险，今年就要决定下来。"李建成又指使郎将尔朱焕和校尉桥公山去向杨文幹赠送盔甲。两人来到豳州，向上报告发生变故，告发太子指使杨文幹起兵，让他与自己内外呼应。又有宁州人杜凤举也前往仁智宫报告这个情况。唐高祖大怒，借口别的事情，以亲笔诏书传召李建成，让他前往仁智宫。李建成心中害怕，不敢前去。太子舍人徐师謩劝他占据京城起兵，詹事主簿赵弘智劝他减少太子的车驾服饰，屏除随从人员，去见皇帝谢罪，于是，李建成前往仁智宫。走到离仁智宫还有六十里的地方，李建成把他的属官全部留在毛鸿宾堡中，带领十多个人骑马前去晋见皇帝，叩头谢罪，猛挺身子向地上摔去，几乎摔死。唐高祖的怒气没有消除，这天夜里，唐高祖把李建成安置在自己的帐篷中，用麦饭喂他，让殿中监陈福看守着他，派遣司农卿宇文颖速去传召杨文幹。宇文颖来到庆州，将情况告诉杨文幹，杨文幹于是起兵反叛。唐高祖派遣左武卫将军钱九陇和灵州都督杨师道前去攻打杨文幹。

六月二十六日，唐高祖召见秦王李世民谋议此事。李世民说："杨文幹是个无能之辈，敢于狂妄叛逆，估计他的僚属已经应当将他擒获杀掉了。如果不是这样，正应当派遣一员将领讨伐他。"唐高祖说："不是这样。杨文幹的事情与建成相关，恐怕响应他的人为数众多。你应该亲自前往，回来以后，就立你为太子。我不愿意效法隋文帝自己诛杀自己的儿子，应当封李建成为蜀王。蜀地兵力薄弱，以后如能侍奉你，你应该保全他的性命；如果不能侍奉你，你捉拿他也容易啊。"

唐高祖认为仁智宫建造在山中，担心有盗贼突然发难，夜里，率领警卫队向南出发到山外，走了数十里，太子东宫的属官相继到来，唐高祖都命他们三十人为一队，分派军队包围看守他们。第二天，唐高祖又返回仁智宫。

李世民出发以后，李元吉与嫔妃轮流替李建成讲情，封德彝又在外朝设法营救李建成。唐高祖于是改变了主意，又派李建成返回京城留守。唐高祖只责怪他兄弟关系不睦，把罪责推给太子中允王珪、左卫率韦挺和天策兵曹参军杜淹，把他们一并流放到巂州。韦挺是韦冲的儿子。当初，洛阳平定以后，杜淹长久没有得到升迁，打算谋求侍奉李建成。房玄龄认为杜淹多有狡诈的手段，担心他教导李建成，越发对李世民不利，便向李世民进言，把杜淹安排到天策府任职。

突厥侵犯代州的武周城，代州兵马打败了入侵的突厥。

秋季，七月初一日，苑君璋率领突厥兵马侵犯朔州，总管秦武通击退了他们。

杨文幹偷袭攻陷宁州，驱赶劫掠官吏与百姓，出城占据了百家堡。秦王李世民的军队来到宁州，杨文幹的党羽全部溃散。七月初五日，杨文幹被自己的部下杀死，他的头颅传送到京城。李世民抓获了宇文颖，把他处死。

【原文】

丁丑[①]，梁师都行台白伏愿来降。

戊寅[②]，突厥寇原州，遣宁州刺史鹿大师救之，又遣杨师道趋大木根山[③]。庚辰[④]，突厥寇陇州，遣护军尉迟敬德击之。

吐谷浑寇岷州。辛巳[⑤]，吐谷浑、党项寇松州。

癸未[⑥]，突厥寇阴盘[⑦]。

甲申[⑧]，扶州刺史蒋善合击吐谷浑于松州赤磨镇[⑨]，破之。

己丑[⑩]，突厥吐利设[⑪]与苑君璋寇并州。

甲午[⑫]，车驾还京师。

或说上曰："突厥所以屡寇关中者，以子女玉帛皆在长安故也。若焚长安而不都，则胡寇自息矣。"上以为然，遣中书侍郎宇文士及逾南山[⑬]至樊、邓[⑭]，行[⑮]可居之地，将徙都之。太子建成、齐王元吉、裴寂皆赞成其策，萧瑀等虽知其不可而不敢谏。秦王世民谏曰："戎狄为患，自古有之。陛下以圣武龙兴[⑯]，光宅中夏[⑰]，精兵百万，所征无敌，奈何以胡寇扰边，遽迁都以避之，贻四海之羞，为百世之笑乎？彼霍去病[⑱]汉廷一将，犹志灭匈奴，况臣忝[⑲]备藩维，愿假数年之期，请系颉利之颈，致之阙下。若其不效，迁都未晚。"上曰："善。"建成曰："昔樊哙[⑳]欲以十万众横行匈奴中，秦王之言得无似之！"世民曰："形势各异，用兵不同，樊哙小竖[㉑]，何足道乎？不出十年，必定漠北[㉒]，非[㉓]虚言也！"上乃止。建成与妃嫔因共谮[㉔]世民曰："突厥虽屡为边患，得赂[㉕]即退。秦王外托御寇之名，内欲总兵权，成其篡夺之谋耳！"

上校猎城南，太子、秦、齐王皆从，上命三子驰射角胜[㉖]。建成有胡马，肥壮而喜蹶[㉗]，以授世民曰："此马甚骏，能超数丈涧，弟善骑，试乘之。"世民乘以逐鹿，马蹶，世民跃立于数步之外，马起，复乘之，如是者三，顾谓宇文士及曰："彼欲以此见杀，死生有命，庸何[㉘]伤乎？"

建成闻之，因令妃嫔谮之于上曰："秦王自言，我有天命，方为天下主，岂有浪死[29]!"上大怒，先召建成、元吉，然后召世民入，责之曰："天子自有天命，非智力可求。汝求之一何[30]急邪？"世民免冠顿首，请下法司[31]案验。上怒不解，会有司奏突厥入寇，上乃改容劳勉世民，命之冠带，与谋突厥。闰月己未[32]，诏世民、元吉将兵出豳州以御突厥，上饯之于兰池[33]。上每有寇盗，辄命世民讨之，事平之后，猜嫌益甚。

初，隋末京兆韦仁寿[34]为蜀郡司法书佐[35]，所论囚至市[36]，犹西向为仁寿礼佛然后死。唐兴，爨弘达帅西南夷[37]内附，朝廷遣使抚之，类皆贪纵，远民患之，有叛者。仁寿时为嶲州都督长史，上闻其名，命检校南宁州[38]都督，寄治越嶲，使之岁一至其地慰抚之。仁寿性宽厚，有识度，既受命，将兵五百人至西洱河[39]，周历数千里，蛮、夷豪帅皆望风归附，来见仁寿。仁寿承制置七州[40]、十五县，各以其豪帅为刺史、县令，法令清肃，蛮、夷悦服。将还，豪帅皆曰："天子遣公都督南宁，何为遽去？"仁寿以城池未立为辞。蛮、夷即相帅为仁寿筑城，立廨舍[41]，旬日[42]而就。仁寿乃曰："吾受诏但令巡抚，不敢擅留。"蛮、夷号泣送之，因各遣子弟入贡。壬戌[43]，仁寿还朝，上大悦，命仁寿徙镇南宁，以兵戍[44]之。

苑君璋引突厥寇朔州。

八月戊辰[45]，突厥寇原州。

己巳[46]，吐谷浑寇鄯州。

壬申[47]，突厥寇忻州，丙子[48]，寇并州，京师戒严。戊寅[49]，寇绥州[50]，刺史刘大俱[51]击却之。

是时，颉利、突利二可汗举国入寇，连营南上，秦王世民引兵拒之。会关中久雨，粮运阻绝，士卒疲于征役，器械顿弊[52]，朝廷及军中咸以为忧。世民与虏遇于豳州，勒兵将战。己卯[53]，可汗帅万馀骑奄至[54]城西，陈于五陇阪[55]，将士震恐。世民谓元吉曰："今虏骑凭陵[56]，不可示之以怯，当与之一战，汝能与我俱[57]乎？"元吉惧曰："虏形势如此，奈何轻出，万一失利，悔可及乎！"世民曰："汝不敢出，吾当独往，汝留此观之。"世民乃帅骑驰诣虏陈[58]，告之曰："国家与可汗和亲，何为负约，深入我地？我秦王也，可汗能斗，独出与我斗；若以众来，我直以此百骑相当耳。”颉利不之测[59]，笑而不应。世民又前，遣骑告突利曰：“尔往与我盟，有急相救。今乃引兵相攻，何无香火之情[60]也？”突利亦不应。世民又前，将渡沟水，颉利见世民轻出，又闻香火之言，疑突利与世民有谋，乃遣止世民曰：“王不须渡，我无他意，更欲与王申固盟约耳。”乃引兵稍却[61]。

是后霖雨[62]益甚，世民谓诸将曰“虏所恃者弓矢耳，今积雨弥时[63]，筋胶俱解，弓不可用，彼如飞鸟之折翼；吾屋居火食，刀槊[64]犀利，以逸制劳，此而不乘[65]，将复何待？”乃潜师夜出，冒雨而进，突厥大惊。世民又遣说突利以利害，突利悦，听命[66]。颉利欲战，突利不可，乃遣突利与其夹毕特勒[67]阿史那思摩[68]来见世民，请和亲，世民许之。思摩，颉利之从叔也。突利因自托于世民，请结为兄弟，世民亦以恩意抚之，与盟而去。

（以上为第二段，写突厥入寇，秦王李世民以大勇精神不战而屈突厥之兵，与颉利可汗定盟，化解了一场大战。）

【注释】

①丁丑：七月初九日。　②戊寅：七月初十日。　③大木根山：山名。又名东木根山，在今内蒙古兴和县西北。鲜卑拓跋氏先人曾居此。章校，“山”下有“邀其归路”四字。　④庚辰：七月十二日。　⑤辛巳：七月十三日。　⑥癸未：七月十五日。⑦阴盘：县名。县治在今甘肃平凉市南四十里铺。　⑧甲申：七月十六日。　⑨赤磨镇：在今四川松潘县东北。　⑩己丑：七月二十一日。　⑪吐利设：东突厥典兵大将，姓阿史那。设，突厥别部典兵者谓“设”亦作“杀”“箭”等。　⑫甲午：七月二十六日。　⑬南山：山名。今陕西西安市南终南山。　⑭樊、邓：地区名。即樊城（今湖北襄阳市）、邓州（今河南邓州市）一带。　⑮行：巡视。　⑯圣武龙兴：圣武，亦作英武，称颂帝王之词；龙兴，比喻帝业的创立。　⑰光宅中夏：谓安定天下。光，广。宅，安。中夏，中原，引申为天下。　⑱霍去病（前140—前117）：汉武帝时名将。曾六次出击匈奴，解除匈奴对汉王朝的威胁。传见《史记》卷一百一十一、《汉书》卷五十五。⑲忝（tiǎn）：辱，有愧于。常作谦辞用。　⑳樊哙（？—前189）：汉初大将。沛县（今江苏沛县）人。官至左丞相。封舞阳侯。传见《史记》卷九十五、《汉书》卷四十一。㉑小竖：小子，竖子。侮称。　㉒漠北：一作幕北。指蒙古高原大沙漠以北地区。㉓非：章校，“非”下有“敢”字。　㉔谮：进谗言，说人坏话。　㉕赂：赠送或贿赂

财物。 ㉖角胜：决胜，较量，比输赢。 ㉗蹶（juě）：尥（liào）蹶子，用后腿踢人。 ㉘庸何：岂可，哪能。 ㉙浪死：白白死去，无意义地丧命。 ㉚一何：怎么，为什么。 ㉛法司：执法机构。 ㉜闰月己未：闰七月二十一日。 ㉝兰池：在今陕西咸阳市东。秦始皇引渭水为池，并筑兰池宫，由是得名。 ㉞韦仁寿：唐初良吏。雍州万年人。官至南宁州都督，以善抚云南诸蛮著称。传见《旧唐书》卷一百八十五上、《新唐书》卷一百九十七。 ㉟司法书佐：州郡执法官吏，即法曹司法参军。 ㊱市：闹市，买卖场所，此谓处决死囚的地方。 ㊲爨弘达：西爨蛮首领。拜昆州刺史。事迹见《新唐书》卷二百二十二下。西南夷，指川南、云、贵一带的少数民族。 ㊳南宁州：州名。初寄治成都、越巂（今四川成都、西昌市），后移治所于今云南曲靖市西。 ㊴西洱河：一名叶榆泽。即今云南西部洱海。 ㊵承制置七州：承制，顺承天子旨意。七州，据《旧唐书》卷四十一等为西宁、豫、西平、利、南云、磨、南笼州，这些州散布于今云南、川南及贵州部分地区。 ㊶廨舍：官员办公所在的屋宇。 ㊷旬日：十天。 ㊸壬戌：闰七月二十四日。 ㊹戍：驻守边疆。 ㊺戊辰：八月一日。 ㊻己巳：八月二日。 ㊼壬申：八月五日。 ㊽丙子：八月九日。 ㊾戊寅：八月十一日。 ㊿绥州：州名。治所在今陕西绥德县。 51刘大俱：大俱抗突厥事见《新唐书》卷一。 52顿弊："顿"同"钝"，弊，破败。 53己卯：八月十二日。 54奄至：铺天盖地而来，急遽到来。 55五陇陂（bēi）：山坡名。在今陕西彬州市南。 56凭陵：进迫，侵陵。 57俱：一并，共同。 58陈："阵"的本字。 59不之测：对方不可猜度。之，谓秦王。 60香火之情：结拜兄弟的情谊。 61稍却：小撤，渐退。 62霖雨：连阴久雨不止。 63弥时：长久。 64槊（shuò）：兵器名。即长矛。 65乘：趁，因；因势，乘隙。 66听命：听从指示命令。 67夹毕特勒：东突厥可汗子弟官号。特勒，应作特勤。 68阿史那思摩：东突厥贵族。贞观四年降唐，拜右武候大将军、化州都督。贞观十三年（639）被太宗册立为可汗，后因失众，入朝宿卫。卒，陪葬昭陵。

【译文】

七月初九日，梁师都的行台白伏愿前来投降。

七月初十日，突厥侵犯原州，唐高祖派遣宁州刺史鹿大师援救，又派遣杨师道奔赴大木根山。十二日，突厥侵犯陇州，唐高祖派遣护军尉迟敬德攻打突厥。

吐谷浑侵犯岷州。七月十三日，吐谷浑与党项侵犯松州。

七月十五日，突厥侵犯阴盘。

七月十六日，扶州刺史蒋善合在松州赤磨镇攻击吐谷浑，打败了他们。

七月二十一日，突厥吐利设与苑君璋侵犯并州。

七月二十六日，唐高祖返回京城。

有人劝说唐高祖："突厥之所以屡次侵犯关中地区，是因为我们的人口与财富都集中在长安。如果烧毁长安而不立为都城，那么胡人的侵犯就会自然平息下来。"唐高祖认为说得对，就派遣中书侍郎宇文士及越过南山来到樊州、邓州，巡察可以居住的地方，准备把都城搬迁过去。太子李建成、齐王李元吉和裴寂都赞成这一策略，萧瑀等人虽然知道这是不可行的，但不敢劝谏阻拦。秦王李世民劝谏说："戎狄成为边境上的祸患，自古以来就有这种事。陛下凭着圣明英武，如龙一样兴起大业，光复并统治了中原华夏，拥有百万精锐兵马，所向无敌，为何因为胡人盗寇扰乱边境，就匆忙迁都来躲避他们，在天下留下羞辱，让后世讥笑呢？那霍去病是汉朝的一员将领，尚且立志消灭匈奴，何况臣忝列藩王之位，希望陛下给我几年时间，让我用绳索套住颉利的脖子，把他押送到宫阙之下。如果不能获得成效，再迁都也不晚。"唐高祖说："讲得好。"李建成说："当年樊哙打算率领十万兵马到匈奴人的地盘上横行，秦王的话是不是像樊哙呢！"李世民说："面对的形势各自不同，用兵的方法也就不同，樊哙是个无谋之人，何足称道呢！不出十年，一定能平定沙漠以北地区，这不是空话！"唐高祖于是停止迁都。李建成与嫔妃于是共同诬陷李世民说："突厥虽然屡次在边境制造祸患，但是得到财物就撤军。秦王对外假托抵御突厥的名义，实际上是想总揽兵权，成就他篡夺帝位的阴谋罢了！"

唐高祖在京城南面检阅军队然后围猎，太子李建成、秦王李世民和齐王李元吉随同前往，唐高祖让三个儿子骑马射猎来角逐胜负。李建成有一匹胡人的骏马，膘肥体壮，而且喜欢尥蹶子，李建成把这匹马交给李世民说："这马是匹好骏马，能够跳过几丈宽的山涧。弟弟善于骑马，试着骑一骑它。"李世民骑上这匹胡马追逐野鹿，胡马蹶身尥蹄，李世民跃起后落到数步之外站定，胡马站起来，李世民又骑上去，这样反复了三次，李世民回头对宇文士及说："他打算用这匹马害我，不过死生有命，又能伤害我什么呢？"李建成听到后，于是让嫔妃向唐高祖诬陷李世民说："秦王自称：我有天命，正要做天下之主，怎会随便死去！"唐高祖大为愤怒，先召见李建成和李元吉，然后召见李世民，责备他说："天子自然会有上天授命，不是人的智力可以谋求的，你求当天子怎么这样急呢？"李世民摘去王冠伏地叩头，请求交付执法部门查讯证实，唐高祖的怒气并未停息，正好有关部门奏称突厥前来侵扰，唐高祖才改变态度来勉励李世民，让他戴上王冠、系好佩带，与他商议对付突厥的办法。闰七月二十一日，唐高祖下诏命令李世民、李元吉率领兵马从豳州出发抵御突厥，唐高祖在兰池为他们饯行。唐高祖在每次发生内乱和外来入侵时，总是命令李世民前去讨伐，战事平息以后，对李世民的猜疑却更加严重。

当初，隋朝末年京兆人韦仁寿担任蜀郡的司法书佐，他定罪处死的囚犯绑到闹市行刑时，还要面向西方替韦仁寿拜佛求福，然后才肯受死。唐朝建立之后，爨弘达率领西南地区的夷人归附朝廷，朝廷派出使节安抚西南夷人，这些使节大都贪婪无度，边地的百姓把他们视为祸患，于是有人反叛。韦仁寿当时担任嶲州都督长史，唐高祖听说他的名声，任命他为检校南宁州都督，把官署所在地暂设在越嶲，让他每年一次前往南宁州抚慰当地的夷人。韦仁寿性情宽和仁厚，有见识又有度量，他接受任命以后，带领士兵五百人来到西洱河，走遍辖境内的数千里地，当地蛮人、夷人的豪强首领纷纷望风归附，前来会见韦仁寿。韦仁寿以皇帝的名义设置了七个州、十五个县，分别任命当地的豪强首领为州刺史和县令。他执行法令清廉严肃，蛮人、夷人都心悦诚服。韦仁寿准备返回越嶲，豪强的首领们都说："天子派你前来总督南宁州，为什么很快离去？"韦仁寿说是因为南宁州的城池还未修建。蛮人、夷人当即聚合起来，为韦仁寿修筑南宁州城，建造官署与住处，十天就全部竣工。韦仁寿这才说："我接受的皇帝诏命，只让我来巡视抚慰，我不敢擅自留下。"蛮人、夷人哭号流泪为他送行，于是各自派遣自己的子弟入京朝见并且进贡。闰七月二十四日，韦仁寿回到朝廷，唐高祖大为高兴，命令韦仁寿迁移到南宁州进行镇抚，并带兵戍守。

苑君璋带领突厥侵犯朔州。

八月初一日，突厥侵犯原州。

八月初二日，吐谷浑侵犯鄯州。

初五日，突厥侵犯忻州，初九日，侵犯并州，京城为此实行戒严。十一日，突厥侵犯绥州，绥州刺史刘大俱击退突厥军队。

这时候，颉利、突利两位可汗率领全国兵马前来侵犯，兵营向南相互连接，秦王李世民带领兵马进行抵御。正好此时关中地区长久降雨，粮食运输断绝不通，将士们因行军跋涉而疲惫不堪，军用器械钝损破败，朝廷与军中都为此担忧。李世民在豳州与突厥遭遇，率领兵马准备接战。八月十二日，突厥可汗率领骑兵一万多人突然来到豳州城西，在五陇阪布开阵势，唐军将士震惊恐慌。李世民对李元吉说："现在突厥进逼欺侮我军，我军不能够向他们示怯，应当与他们大战一场，你能够与我一同去作战吗？”李元吉害怕了，说：“突厥军队的阵势这样强盛，怎能轻率出击？万一交战失利，后悔还来得及吗！”李世民说：“你不敢前去，我当会独自前往，你留在这里观看吧。”李世民于是率领骑兵疾驰冲向突厥军阵，告诉他们说：“国家已与可汗和亲，为什么违背盟约，深入到我们的土地中来！我就是秦王，可汗能来比斗，就一个人出来与我比斗，如果率领众人一起来，我只用这一百名骑兵来抵挡。”颉利摸不清底细，笑一笑却不回答。李世民又向前推进，派遣骑兵告诉突利说：“你以前与我订有盟约，约定在危急时互相援救。现在你率兵来攻打我，怎么没有焚香盟誓的感情呢？”突利还是没有回答。李世民再次向前推进，将要渡过一条河沟，颉利看到李世民轻易出战，又听到焚香盟誓的话，怀疑突利与李世民另有阴谋，便派人阻止李世民说：“秦王不用渡过河沟，我没有别的意思，只是想与秦王重申并加强原有的盟约罢了。”于是颉利率兵稍微后退。

此后大雨连绵不停，李世民对各位将领说：“突厥所仗恃的是弓箭而已，现在雨水下了很长时间，弓箭上的皮筋和粘胶都已松弛，弓已不可用了，这就像飞鸟折断了翅膀，我们住在房屋里，吃熟食，兵器锐利，以逸制劳，这样的时机还不利用，还要等待什么样呢？”李世民于是在夜间暗中出兵，冒雨前进，突厥大为震惊。李世民又派人向突利陈述利害关系，突利高兴，表示愿意听从命令。颉利打算出战，突利不同意，就派遣突利和他的夹毕特勒阿史那思摩前来会见李世民，请求和亲，李世民表示同意。阿史那思摩是颉利的堂叔。突利于是依托李世民，请求与李世民结为兄弟。李世民也用恩情安抚他，与他立下盟约然后离去。

【原文】

庚寅①，岐州刺史柴绍破突厥于杜阳谷②。

壬申③，突厥阿史那思摩入见④，上引升御榻，慰劳之。思摩貌类胡⑤，不类突厥，故处罗疑其非阿史那种，历处罗、颉利世，常为夹毕特勒，终不得典兵为设。既入朝，赐爵和顺王。

丁酉⑥，遣左仆射裴寂使于突厥。

九月癸卯⑦，日南人姜子路反，交州都督王志远击破之。

癸卯⑧，突厥寇绥州，都督刘大俱击破之，获特勒⑨三人。

冬，十月己巳⑩，突厥寇甘州。

辛未⑪，上校猎于鄠之南山⑫，癸酉⑬，幸终南⑭。

吐谷浑及羌人寇叠州，陷合川[15]。

丙子[16]，上幸楼观[17]，谒老子祠[18]。癸未[19]，以太牢[20]祭隋文帝陵[21]。十一月丁卯[22]，上幸龙跃宫[23]。庚午[24]，还宫。

太子詹事裴矩权检校侍中[25]。

（以上为第三段，写突厥、吐谷浑时时扰边。）

【注释】

①庚寅：八月二十三日。　②杜阳谷：杜阳山北之谷地。在今陕西麟游县西北。　③壬申：八月五日。疑“壬辰”（八月二十五日）误。译文从之。　④入见：入朝觐见天子。　⑤胡：此指西域民族，如昭武九姓胡。　⑥丁酉：八月三十日。　⑦癸卯：九月六日。　⑧癸卯：九月初六日。重出癸卯日，是特指这一天，唐朝南北同时发生了重大事件。　⑨特勒：“特勤”之误。特勤，为突厥官号。　⑩己巳：十月三日。　⑪辛未：十月五日。　⑫鄠之南山：鄠，县名，县治在今陕西西安市鄠邑区；南山，终南山。　⑬癸酉：十月七日。　⑭终南：县名。县治在今陕西周至县东终南镇。　⑮合川：县名。县治在今甘肃迭部县。　⑯丙子：十月十日。　⑰楼观：即楼观台，道教胜地。在今陕西周至县南。　⑱老子祠：在楼观台内。　⑲癸未：十月十七日。　⑳太牢：亦作“大牢”，帝王、诸侯祭祀社稷以牛、羊、豕三牲全备为太牢。　㉑隋文帝陵：在今陕西咸阳市杨陵区北。　㉒十一月丁卯：十二月初二日。十一月无“丁卯”，疑为十二月丁卯（二日）误。译文从之。　㉓龙跃宫：武德六年改故墅置，在今陕西西安市高陵区西。　㉔庚午：十二月五日。　㉕权检校侍中：权，谓暂代官职。检校为加官之名。侍中，门下省长官，掌出纳帝命，与中书令同司宰相之职。

【译文】

八月二十三日，岐州刺史柴绍在杜阳谷打败突厥。

八月二十五日，突厥阿史那思摩入京朝见，唐高祖招呼他坐到御榻上，加以安慰。阿史那思摩的相貌很像胡人，而不像突厥人，所以处罗可汗怀疑他不是阿史那种族，阿史那思摩历经处罗可汗和颉利可汗两代，经常担任夹毕特勤，终究没有能够掌管军权，设立牙帐。阿史那思摩入京朝见以后，唐高祖赐予和顺王的爵位。

八月三十日，唐高祖派遣左仆射裴寂出使突厥。

九月初六日，日南人姜子路反叛，交州都督王志远将他打败。

九月初六日，突厥侵犯绥州，绥州都督刘大俱打败了他们，抓获了三名特勒。

冬十月初三日，突厥侵犯甘州。

十月初五日，唐高祖在鄠县的终南山进行围猎，初七日，唐高祖临幸终南山。

吐谷浑与羌人侵犯叠州，攻陷合川。

十月初十日，唐高祖临幸楼观，拜谒老子祠。十月十七日，用牛、羊、豕三牲祭祀隋文帝的陵墓。十二月二日，临幸龙跃宫。十二月五日，返回皇宫。

太子詹事裴矩代理检校侍中。

【原文】

八年（乙酉，625）

春，正月丙辰①，以寿州②都督张镇周为舒州③都督。镇周以舒州本其乡里，到州，就故宅多市酒肴，召亲戚故人，与之酣宴，散发箕踞④，如为布衣⑤时，凡十日。既而分赠金帛，泣，与之别，曰："今日张镇周犹得与故人欢饮，明日之后，则舒州都督治百姓耳，君民礼隔，不得复为交游。"自是亲戚故人犯法，一无所纵，境内肃然。

丁巳⑥，遣右武卫将军段德操⑦徇夏州地。

吐谷浑寇叠州。

是月，突厥、吐谷浑各请互市⑧，诏皆许之。先是，中国丧乱，民乏耕牛，至是资于戎狄，杂畜被野。

夏，四月乙亥⑨，党项寇渭州。

甲申⑩，上幸鄠县，校猎于甘谷⑪，营太和宫⑫于终南山。丙戌⑬，还宫。

西突厥统叶护可汗⑭遣使请婚，上谓裴矩曰："西突厥道远，缓急不能相助，今求婚，何如？"对曰："今北狄方强，为国家今日计，且当远交而近攻，臣谓宜许其婚以威颉利；俟数年之后，中国完实，足抗北夷，然后徐思其宜。"上从之。遣高平王道立⑮至其国，统叶护大喜。道立，上之从子也。

初，上以天下大定，罢十二军⑯。既而突厥为寇不已，辛亥⑰，复置十二军，以太常卿窦诞等为将军，简练⑱士马，议大举击突厥。

甲寅[19]，凉州胡睦伽陀引突厥袭都督府，入子城[20]，长史刘君杰击破之。

六月甲子[21]，上幸太和宫。

丙子[22]，遣燕郡王李艺屯华亭县[23]及弹筝峡[24]，水部郎中[25]姜行本[26]断石岭道[27]以备突厥。

丙戌[28]，颉利可汗寇灵州。丁亥[29]，以右卫大将军张瑾[30]为行军总管以御之，以中书侍郎温彦博为长史。先是，上与突厥书用敌国礼[31]，秋，七月甲辰[32]，上谓侍臣曰："突厥贪婪无厌，朕将征之，自今勿复为书[33]，皆用诏敕。"

丙午[34]，车驾还宫。

己酉[35]，突厥颉利可汗寇相州[36]。

睦伽陀攻武兴[37]。

丙辰[38]，代州都督蔺謩[39]与突厥战于新城[40]，不利。复命行军总管张瑾屯石岭，李高迁[41]趋大谷[42]以御之。丁巳[43]，命秦王出屯蒲州以备突厥。

八月壬戌[44]，突厥逾石岭，寇并州；癸亥[45]，寇灵州；丁卯[46]，寇潞、沁、韩三州[47]。

左武候大将军安脩仁击睦伽陀于且渠川[48]，破之。

诏安州大都督李靖出潞州道，行军总管任瓌[49]屯太行[50]，以御突厥。颉利可汗将兵十馀万大掠朔州。壬申[51]，并州道行军总管张瑾与突厥战于太谷，全军皆没，瑾脱身奔李靖。行军长史温彦博为虏所执，虏以彦博职在机近[52]，问以国家兵粮虚实，彦博不对，虏迁之阴山。庚辰[53]，突厥寇灵武[54]。甲申[55]，灵州都督任城王道宗[56]击破之。丙戌[57]，突厥寇绥州。丁亥[58]，颉利可汗遣使请和而退。

九月癸巳[59]，突厥没贺咄设[60]陷并州一县，丙申[61]，代州都督蔺謩击破之。

癸卯[62]，初令太府检校诸州权量[63]。

丙午[64]，右领军将军王君廓破突厥于幽州，俘斩二千馀人。

突厥寇蔺州[65]。

冬，十月壬申[66]，吐谷浑寇叠州，遣扶州刺史蒋善合救之。

戊寅[67]，突厥寇鄯州，遣霍公柴绍救之。

十一月辛卯朔[68]，上幸宜州。

权检校侍中裴矩罢判黄门侍郎。

戊戌[69]，突厥寇彭州[70]。

庚子[71]，以天策司马[72]宇文士及权检校侍中。

辛丑[73]，徙蜀王元轨[74]为吴王，汉王元庆[75]为陈王。

癸卯[76]，加秦王世民中书令，齐王元吉侍中。

丙午[77]，吐谷浑寇岷州[78]。

戊申[79]，眉州山獠[80]反。

十二月辛酉[81]，上还至京师。

庚辰[82]，上校猎于鸣犊泉[83]。辛巳[84]，还宫。

以襄邑王神符检校扬州大都督。始自丹杨[85]徙州府及居民于江北。

（以上为第四段，写北疆不宁，突厥成为唐王朝的主要威胁。）

【注释】

①丙辰：一月二十一日。　②寿州：州名。治所在今安徽寿县。　③舒州：州名。治所在今安徽潜山市。　④箕踞：亦作“箕倨”“踞”。坐时两脚伸直岔开，如簸箕状。一说屈膝张足而坐，表示出一种随便、轻慢的态度。　⑤布衣：平民。　⑥丁巳：一月二十二日。　⑦段德操：唐初将领。曾任延州总管，并屡败割据夏州的梁师都。事迹见《旧唐书》卷五十六、《新唐书》卷八十七等。　⑧互市：边境上国家或民族间的贸易。　⑨乙亥：四月十二日。　⑩甲申：四月二十一日。　⑪甘谷：在今陕西西安市鄠邑区西南。　⑫太和宫：宫名。在今陕西西安市南终南山上，后改名翠微宫。　⑬丙戌：四月二十三日。　⑭统叶护可汗（？—630）：西突厥射匮可汗弟。有胜兵数十万，徙庭千泉，统有西域诸国。618至628年在位。　⑮道立：唐宗室李道立。初封高平郡王，后降为县公。永徽初，卒于陈州刺史。事迹见《旧唐书》卷六十、《新唐书》卷七十八。　⑯十二军：指武德初年于关中道所置以参旗、鼓旗、玄戈、井钺、羽林、骑官、折威、平道、招摇、苑游、天纪、天节为名号的十二支军队。⑰辛亥：五月十八日。　⑱简练：择选训练。　⑲甲寅：五月二十日。　⑳子城：大城所属的小城，即内城或瓮城、月城。　㉑甲子：六月二日。　㉒丙子：六月十四日。㉓华亭县：县名。县治在今甘肃华亭市。　㉔弹筝峡：在今甘肃平凉市西北。　㉕水部郎中：官名。工部中主管水利的长官。　㉖姜行本（？—645）：名确，字行本，秦州上邽（今

甘肃天水市）人。杰出的工程营造家。卒赠左卫大将军、郕国公，陪葬昭陵。传见《旧唐书》卷五十九、《新唐书》卷九十一。　㉗石岭道：在今山西阳曲县东北关城一带。㉘丙戌：六月二十四日。　㉙丁亥：六月二十五日。　㉚张瑾：唐高祖时大将。事迹见《旧唐书》卷六十七、卷一百九十四上，《新唐书》卷一等。　㉛敌国礼：平等国家间交往中的礼仪。　㉜甲辰：七月十二日。　㉝书：指书启，即下级给上级的信件。按，李渊一度称臣于突厥可汗。　㉞丙午：七月十四日。　㉟己酉：七月十七日。　㊱相州：疑为檀州（治今北京密云区）误，此时突厥兵尚不能至相州（治今河南安阳市）。㊲武兴：废郡名，十六国前凉置。治所在今甘肃武威市西北。　㊳丙辰：七月二十四日。　㊴蔺謩：唐初将领。事迹见《新唐书》卷一百一十、卷二百十五上。"謩"，"谟"的异体字。　㊵新城：在今山西朔州市西南。　㊶李高迁（？—654）：唐开国功臣。岐州岐山（今陕西岐山县东南）人。官至左武卫大将军，封江夏郡公。传见《旧唐书》卷五十七、《新唐书》卷八十八。　㊷大谷：即太谷县。县治在今山西晋中市太谷区。㊸丁巳：七月二十五日。　㊹壬戌：八月一日。　㊺癸亥：八月二日。　㊻丁卯：八月六日。　㊼潞、沁、韩三州：潞州，治所在今山西长治市；沁州，治所在今山西沁源县；韩州，治所在今山西襄垣县。　㊽且渠川：在凉州（治所在今甘肃武威市）境内，因沮渠蒙逊曾据此而得名。　㊾任瓌（？—629）：唐开国功臣。字玮，庐州合肥人。封管国公，终通州都督。传见《旧唐书》卷五十九、《新唐书》卷九十。　㊿太行：即今太行山，或太行关，在今山西晋城市南。　51壬申：八月十一日。　52机近：参与朝廷机要的大臣。　53庚辰：八月十九日。　54灵武：县名。县治在今宁夏永宁县西南。55甲申：八月二十三日。　56道宗（600—653）：唐宗室李道宗。字承范。数有战功，封任城王，太宗时改封江夏王。高宗初年，为长孙无忌所诬，于流放途中病卒。传见《旧唐书》卷六十、《新唐书》卷七十八。　57丙戌：八月二十五日。　58丁亥：八月二十六日。　59癸巳：九月二日。　60没贺咄设：即"莫贺咄设"，颉利曾为此典兵官，但此非颉利。　61丙申：九月五日。　62癸卯：九月十二日。　63检校诸州权量：检查各州度量衡的轻重大小。　64丙午：九月十五日。　65蔺州：西汉曾于今山西吕梁市离石区西置蔺县，疑蔺州于蔺县置，或为"兰州"误。　66壬申：十月十一日。　67戊寅：十月十七日。　68辛卯朔：十一月一日。　69戊戌：十一月八日。　70彭州：州名。治所在今甘肃镇原县东。　71庚子：十一月十日。　72天策司马：官名。秦王李世民天策上将府高级官员，其职任为综理天策府事，并参与军机。　73辛丑：十一月十一日。　74元轨（？—688）：唐高祖第十四子李元轨。传见《旧唐书》卷六十四、《新唐书》卷七十九。　75元庆：唐高祖第十六子李元庆。　76癸卯：十一月十三日。　77丙午：十一月十六日。 ⑱岷州：州名。治所在今甘肃岷县。 ⑲戊申：十一月十八日。⑳眉州山獠：分布于眉州（治今四川眉山市）山地的獠族。 ㉑辛酉：十二月一日。㉒庚辰：十二月二十日。 ㉓鸣犊泉：泉水名。在今陕西西安市临潼区西北。 ㉔辛巳：十二月二十一日。 ㉕丹杨：郡名。即丹阳。隋炀帝改蒋州（治今江苏南京市清凉山）置，唐高祖徙州府和居民于长江北的扬州。

【译文】

唐高祖武德八年（乙酉，625）

春季，正月二十一日，唐高祖任命寿州都督张镇周为舒州都督。张镇周因为舒州本是自己的家乡，来到舒州以后，回到旧宅中买来许多酒菜，叫来亲戚朋友，与他们尽情宴饮。张镇周解开头发箕踞而坐，就像原来当平民的时候一样，这样一共过了十天。之后张镇周把金银布帛分别赠送给亲戚朋友，哭泣，向他们告别，说："今天张镇周还能与熟人朋友们欢乐饮酒，明天以后，就是舒州都督，要治理百姓了，官府与百姓之间的礼法是隔开的，不能够再与大家交往了。"从这以后，亲戚朋友触犯法令，都不纵容，辖境之内于是风气肃然。

正月二十二日，唐高祖派遣右武卫将军段德操占领夏州地区。

吐谷浑侵犯叠州。

这个月，突厥与吐谷浑分别请求与唐朝互通贸易，唐高祖下诏同意。在此之前，中原地区历经丧亡祸乱，百姓缺少耕牛，到这时，借助于突厥和吐谷浑，中原的各种牲畜于是遍布原野了。

夏四月十二日，党项侵犯渭州。

四月二十一日，唐高祖前往鄠县，在甘谷进行围猎，在终南山营建太和宫。二十三日，唐高祖回宫。

西突厥的统叶护可汗派遣使者请求通婚，唐高祖对裴矩说："西突厥离我们的道路遥远，一旦发生危急时不能前来援助，现在他来请求通婚，应当怎样办？"裴矩回答说："现在北方狄人正强盛，为国家当前的利益着想，应当与远方的邦国交好而讨伐距离近的邦国，臣认为应当答应与西突厥通婚以便威慑颉利；等到数年以后，中原地区得到统一而财富殷实了，足以抵抗北方夷人，然后再慢慢考虑更适宜的办法。"唐高祖听从了他的建议。派遣高平王李道立前往西突厥国，统叶护大为高兴。李道立是唐高祖的侄子。

当初，唐高祖认为天下完全平定了，罢除了十二军。之后突厥不断侵犯内地，五月十八日，又重新设置十二军，任命太常卿窦诞等人为将军，挑选和操练人马，商议大举进击突厥。

五月二十日，凉州胡人睦伽陀带领突厥军队袭击凉州都督府，攻入子城，凉州长史刘君杰击败了他们。

六月初二日，唐高祖临幸太和宫。

六月十四日，唐高祖派遣燕郡王李艺在华亭县及弹筝峡驻兵，派遣水部郎中姜行本切断石岭的通路，以防备突厥。

六月二十四日，颉利可汗侵犯灵州。二十五日，唐高祖任命右卫大将军张瑾为行军总管前往抵御突厥，任命中书侍郎温彦博为行军长史。在此之前，唐高祖写信给突厥采用地位相当的两个国家间的规格，秋七月十二日，唐高祖对侍从官员说："突厥贪得无厌，朕将要征讨他们，从现在起不要再写信给他们，都用诏书敕令。"

七月十四日，唐高祖的车驾返回宫中。

七月十七日，突厥颉利可汗侵犯相州。

凉州胡人睦伽陀进攻武兴。

七月二十四日，代州都督蔺謩在新城与突厥交战，失利。唐高祖又命令行军总管张瑾屯扎在石岭。命令李高迁奔赴大谷抵御突厥。二十五日，唐高祖命令秦王李世民出兵屯驻蒲州，以防备突厥。

八月初一日，突厥越过石岭，侵犯并州；初二日，侵犯灵州；初六日，侵犯潞州、沁州、韩州。

唐左武候大将军安脩仁在且渠川进击睦伽陀，击败了他。

唐高祖颁诏命令大都督李靖从潞州道出兵，命令行军总管任瓌驻兵太行山，来防御突厥。突厥颉利可汗率兵十多万大规模地抢掠朔州。八月十一日，并州道行军总管张瑾在太谷与突厥交战，全军覆没，张瑾逃脱出来投奔李靖。行军长史温彦博被突厥俘获，突厥认为温彦博是唐朝廷中接近皇帝的机要官员，问他关于国家兵力与粮储情况，温彦博不回答，突厥把他流放到阴山。十九日，突厥侵犯灵武，二十三日，灵州都督任城王李道宗击败突厥。二十五日，突厥侵犯绥州。二十六日，突厥颉利可汗派遣使者请求讲和，于是撤军。

九月初二日，突厥的没贺咄设攻陷并州的一个县。初五日，代州都督蔺謩击败突厥。

九月十二日，唐高祖初次命令太府检查核实各州度量衡器的大小轻重。

九月十五日，右领军将军王君廓在幽州打败突厥，俘获斩首两千多人。

突厥侵犯蔺州。

冬季，十月十一日，吐谷浑侵犯叠州，唐高祖派遣扶州刺史蒋善合援救叠州。

十月十七日，突厥侵犯鄯州，唐高祖派遣霍公柴绍援救鄯州。

十一月初一日，唐高祖临幸宜州。

代理检校侍中裴矩被罢免，降职为判黄门侍郎。

十一月初八日，突厥侵犯彭州。

十一月初十日，唐高祖任命天策司马宇文士及为代理检校侍中。

十一月十一日，唐高祖把蜀王李元轨改封为吴王，汉王李元庆改封为陈王。

十一月十三日，唐高祖加官秦王李世民为中书令，加官齐王李元吉为侍中。

十一月十六日，吐谷浑侵犯岷州。

十一月十八日，眉州獠民反叛朝廷。

十二月初一日，唐高祖回到京城。

十二月二十日，唐高祖在鸣犊泉进行围猎。十二月二十一日，返回皇宫。

唐高祖任命襄邑王李神符为检校扬州大都督。开始从丹杨迁徙州府衙门及居民到长江北岸。

【原文】

九年（丙戌、626）

春，正月己亥[①]，诏太常少卿祖孝孙等更定雅乐[②]。

甲寅[③]，以左仆射裴寂为司空，日遣员外郎一人更直[④]其第。

二月庚申[⑤]，以齐王元吉为司徒。

丙子[⑥]，初令州县祀社稷[⑦]，又令士民里闬[⑧]相从立社[⑨]。各申祈报[⑩]，用洽乡党[⑪]之欢。戊寅[⑫]，上祀社稷。

丁亥[⑬]，突厥寇原州，遣折威将军[⑭]杨毛击之。

三月庚寅[⑮]，上幸昆明池；壬辰[⑯]，还宫。

癸巳[⑰]，吐谷浑、党项寇岷州。

戊戌，益州道行台尚书[⑱]郭行方[⑲]击眉州叛獠，破之。

壬寅[⑳]，梁师都寇边，陷静难镇[㉑]。

丙午[㉒]，上幸周氏陂[㉓]。

辛亥[24]，突厥寇灵州。

乙卯[25]，车驾还宫。

癸丑[26]，南海公欧阳胤[27]奉使在突厥，帅其徒五十人谋掩袭可汗牙帐；事泄，突厥囚之。

丁巳[28]，突厥寇凉州，都督长乐王幼良[29]击走之。

戊午[30]，郭行方击叛獠于洪、雅二州[31]，大破之，俘男女五千口。

夏，四月丁卯[32]，突厥寇朔州；庚午[33]，寇原州；癸酉[34]，寇泾州。戊寅[35]，安州大都督李靖与突厥颉利可汗战于灵州之硖石[36]，自旦至申[37]，突厥乃退。

太史令傅奕上疏请除佛法曰："佛在西域，言妖[38]路远，汉译胡书，恣其假托。使不忠不孝削发而揖君亲[39]，游手游食[40]易服以逃租赋。伪启三涂[41]，谬张六道[42]，恐愒愚夫[43]，诈欺庸品[44]。乃追忏[45]既往之罪，虚规将来之福。布施万钱，希万倍之报；持斋一日，冀百日之粮。遂使愚迷，妄求功德[46]，不惮科禁[47]，轻犯宪章[48]。有造为恶逆，身坠刑网，方乃狱中礼佛，规[49]免其罪。且生死寿夭[50]，由于自然，刑德威福，关之人主[51]，贫富贵贱，功业所招，而愚僧矫诈，皆云由佛。窃人主之权，擅造化[52]之力，其为害政，良可悲矣！降自羲、农[53]，至于有汉，皆无佛法，君明臣忠，祚[54]长年久。汉明帝[55]始立胡神，西域桑门[56]自传其法。西晋以上，国有严科，不许中国之人辄行髡发[57]之事。洎于苻、石，羌、胡乱华[58]，主庸臣佞，政虐祚短，梁武、齐襄[59]，足为明镜。今天下僧尼，数盈[60]十万，翦刻缯彩，装束泥人，竞为厌魅[61]，迷惑万姓。请令匹配[62]，即成十万馀户，产育男女，十年长养，一纪[63]教训，可以足兵。四海免蚕食[64]之殃，百姓知威福所在，则妖惑之风自革，淳朴之化还兴。窃见齐朝章仇子佗[65]表言：'僧尼徒众，糜损国家，寺塔奢侈，虚费金帛。'为诸僧附会[66]宰相，对朝谗毁[67]，诸尼依托妃、主[68]，潜行谤讟[69]，子佗竟被囚絷，刑[70]于都市。周武[71]平齐，制封[72]其墓。臣虽不敏[73]，窃慕其踪。"

上诏百官议其事，唯太仆卿张道源[74]称奕言合理。萧瑀曰："佛，圣人也，而奕非之；非圣人者无法[75]，当治其罪。"奕曰："人之大伦[76]，莫如君父。佛以世嫡而叛其父[77]，以匹夫[78]而抗天子。萧瑀不生于空桑[79]，乃遵无父之教。非孝者无亲，瑀之谓矣！”瑀不能对，但合手曰：“地狱之设，正为是人！”

上亦恶沙门、道士苟避征徭，不守戒律[80]，皆如奕言。又寺观邻接廛邸[81]，溷杂屠沽[82]，辛巳[83]，下诏命有司沙汰天下僧、尼、道士、女冠[84]，其精勤练行者[85]，迁居大寺观，给其衣食，毋令阙乏。庸猥粗秽者[86]，悉令罢道[87]，勒[88]还乡里。京师留寺三所，观二所，诸州各留一所，馀皆罢之。

傅奕性谨密，既职在占候[89]，杜绝交游，所奏灾异，悉焚其藁[90]，人无知者。

（以上为第五段，写唐高祖抑佛。）

【注释】

①己亥：一月初十日。 ②雅乐：乐舞名。帝王于祭祀、朝会、宴享等重大典礼时所使用的乐舞，因有别俗乐而得名。 ③甲寅：一月二十五日。 ④更直：轮换当值。直通“值”。 ⑤庚申：二月一日。 ⑥丙子：二月十七日。 ⑦社稷：帝王、诸侯奉祀的土神和谷神，并用作国家的代称。 ⑧里闬（hàn）：乡里。 ⑨社：祭社神（即土地神）的场所。 ⑩祈报：向神灵祈福报功。 ⑪乡党：同乡，邻里。 ⑫戊寅：二月十九日。 ⑬丁亥：二月二十八日。 ⑭折威将军：关中十二道中的宁州道置有折威军，其长官为折威将军，为关中十二军将军之一。杨毛，据严校“毛”改“屯”。杨屯事迹见《新唐书》卷二百一十五上《突厥传上》。 ⑮庚寅：三月初二日。 ⑯壬辰：三月初四日。 ⑰癸巳：三月初五日。 ⑱行台尚书：官名。唐初，中央尚书省于诸道设置派出机关——行台尚书省，并仿尚书省制度，设行台尚书令、仆射、丞、尚书等官职，贞观以后废。 ⑲郭行方：唐初将领。事迹见《旧唐书》卷六十一《窦轨传》、《新唐书》卷二百二十二下《南平獠传》。 ⑳壬寅：三月十四日。 ㉑静难镇：城镇名。故址在今陕西绥德县西。 ㉒丙午：三月十八日。 ㉓周氏陂：池塘名。在今陕西咸阳市东北。西汉大臣周勃葬此，故名。 ㉔辛亥：三月二十三日。 ㉕乙卯：三月二十七日。 ㉖癸丑：三月二十五日。按：“癸丑”条应插入“辛亥”“乙卯”两条之间。 ㉗欧阳胤：潭州（今湖南长沙市）人，官至光州刺史，封南海郡公。事迹见《新唐书》卷七十四下《宰相世系四下》。 ㉘丁巳：三月二十九日。 ㉙幼良（？—627）：唐宗室李幼良。官至凉州都督。朝廷疑其谋反，赐死。传见《旧唐书》卷六十、《新唐书》卷七十八。 ㉚戊午：三月三十日。 ㉛洪、雅二州：剑南道有雅州，无洪州，疑为眉州

洪雅县（县治在今四川洪雅县西）之误。 ㉜丁卯：四月初九日。 ㉝庚午：四月十二日。 ㉞癸酉：四月十五日。 ㉟戊寅：四月二十日。 ㊱硖石：山峡名。即今宁夏青铜峡市西南黄河岸青铜峡。 ㊲自旦至申：一整天。旦，天亮；申，十二时辰之一，下午三至五时。 ㊳言妖：言论妖妄怪诞。 ㊴君亲：君王和父母。 ㊵游手游食：不劳而获。 ㊶三涂：佛教名词。佛教以地狱、饿鬼、畜生为三涂，言为恶者必堕入此三涂。 ㊷六道：佛教以阿修罗（恶神）、天神、地祇、三涂为六道，谓不信佛者始终在"六道"中升沉，不得解脱。 ㊸恐愒愚夫：恐吓平民愚人。"愒"通"喝"。 ㊹庸品：见识浅陋的人。 ㊺忏：忏悔，佛教以自陈悔过为忏。 ㊻功德：佛教名词。指诵经、念佛、施舍等善事。 ㊼科禁：法律。 ㊽宪章：典章制度。 ㊾规：打算，或贪求。 ㊿寿夭：生命的长短。 (51)人主：君王。 (52)造化：指天地创造化育万物。 (53)羲、农：古史传说人物。羲即伏羲氏，神话中的人类始祖，传说他发明渔猎、畜牧和制作八卦。农即神农氏，传说中的农业、医药的发明者。 (54)祚：皇运，国统。 (55)汉明帝：东汉第二代君主刘庄，57年至75年在位，传见《后汉书》卷二。史称明帝永明八年（65）佛教传入中原。 (56)桑门：佛教名词。又作"沙门"，意为依照戒律出家修道的僧人。 (57)髡（kūn）发：削发为僧尼。 (58)苻、石，羌、胡乱华：指十六国时期五胡入主中原事。苻，谓前秦（350—394）氐族苻氏诸君王；石，指后赵（319—352）羯人石氏诸君王。羌，指后秦姚氏诸君王。胡，指匈奴族刘渊建汉、刘曜建赵诸君王。五胡中还有鲜卑族慕容氏建立前燕、后燕、南燕等诸君王。 (59)梁武、齐襄：梁武，即南朝梁武帝萧衍，502年至549年在位，传见《梁书》卷一、二、三；齐襄，即北朝齐文襄帝王澄，传见《北齐书》卷三。 (60)盈：溢出，超过。 (61)厌魅：以媚道事佛。厌，满足，讨好。魅，妖魔鬼怪。 (62)匹配：谓使僧尼还俗婚配。 (63)一纪：十二年为一纪。 (64)蚕食：如蚕食桑，比喻逐渐侵占。 (65)章仇子陀：北齐时人，因批评统治者佞佛被诛。章仇，复姓。 (66)附会：攀附。 (67)对朝谗毁：于朝廷中肆意毁谤章仇子陀。 (68)妃、主：妃嫔、公主。 (69)谤讟（dú）：诽谤，说人坏话。 (70)刑：杀害，执行死刑。 (71)周武：即北周武帝宇文邕，560年至578年在位。传见《周书》卷五、《北史》卷十。 (72)制封：天子进行大封赏则下制书，布告州郡，谓制封。 (73)不敏：不聪明，一般用于自谦。 (74)张道源：唐初大臣。并州祁人。以"孝行""忠义"著称，封范阳郡公。传见《旧唐书》卷一百八十七上、《新唐书》卷一百九十一。 (75)无法：无视法度，触犯刑律。 (76)大伦：封建宗法社会以君臣、父子、夫妇、兄弟、朋友为五伦，五伦之中以君、父为大。 (77)佛以世嫡而叛其父：释迦牟尼俗名悉达多·乔达摩，为古印度迦罗毗罗王国（在今尼泊尔境）净饭王的嫡子，舍弃王位继承，离家背父修行。 (78)匹夫：

本指平民中的男子，又泛指寻常的个人。 ⑲空桑：古地名。在今河南开封陈留镇南，传说商初贤相伊尹生于此。 ⑳戒律：佛教戒规。 ㉑廛邸：廛，城市民居住宅；邸，商人邸店或官员府邸。 ㉒溷杂屠沽：溷，“混”的异体字，又指猪圈、厕所；屠沽，屠夫和卖酒人。 ㉓辛巳：四月二十四日。 ㉔女冠：女道士。 ㉕精勤练行者：指按戒规修炼的出家人。 ㉖庸猥粗秽者：指寻常、猥琐并有秽行的僧侣。 ㉗道：张校：“道”作“遣”。 ㉘勒：勒令，强制。 ㉙占候：根据天象变化来预测吉凶。 ㉚藁：同“稿”。

【译文】

唐高祖武德九年（丙戌，626）

春季，正月初十日，唐高祖颁诏，命令太常少卿祖孝孙等人重新制定宫廷雅乐。

正月二十五日，唐高祖任命左仆射裴寂为司空，每天派遣一名员外郎轮番到他的府中值班。

二月初一日，唐高祖任命齐王李元吉为司徒。

二月十七日，唐高祖初次命令各地州县祭祀社稷神，还令各地士人民众按所居住的乡里设立社神庙，在社神庙里各自祈祷和报告每年的农业生产情况，用来融洽乡里邻居的欢愉关系。十九日，唐高祖祭祀社稷神。

二月二十八日，突厥侵犯原州，唐高祖派遣折威将军杨毛进攻突厥。

三月初二日，唐高祖临幸昆明池；初四日，唐高祖返回皇宫。

三月初五日，吐谷浑与党项侵犯岷州。

三月初十日，益州道行台尚书郭行方进攻眉州的反叛獠民，打败了他们。

三月十四日，梁师都侵犯边境，攻陷静难镇。

三月十八日，唐高祖临幸周氏陂。

三月二十三日，突厥侵犯灵州。

三月二十七日，唐高祖的车驾返回皇宫。

三月二十五日，唐南海公欧阳胤奉命出使，正在突厥，率领属下五十人谋划偷袭可汗的牙帐；事情泄露，突厥囚禁了他们。

三月二十九日，突厥侵犯凉州，凉州都督长乐王李幼良反击赶走他们。

三月三十日，郭行方在洪州、雅州进击反叛的獠民，大败獠民，俘获男女五千口。

夏季，四月初九日，突厥侵犯朔州；十二日，侵犯原州；十五日，侵犯泾州。二十日，安州大都督李靖与突厥颉利可汗在灵州的硖石交战，从早晨打到下午申时，突厥才撤退。

太史令傅奕进上奏疏，请求废除佛法，说："佛本来是西域人，其言词怪诞又远离中国，汉代翻译胡人的佛经，随意假托。使得不忠不孝的人削发为僧后，只对君主和父母拱手行礼，使游手好闲四处乞食的人换了僧人服装以求逃脱租赋。佛教欺骗人们说有地狱、饿鬼、畜生三恶道，又谬称另有阿修罗、天神、地祇等六道，用来恐吓恫吓愚昧的民众，欺骗平庸的人们。佛教让人们追悔已往的罪过，凭空描述未来的福缘，让人们布施上万的钱财，希望得到万倍的回报；让人们持守斋戒一天，希望得到百天的粮食。于是使愚蠢迷惘的人们，虚妄地追求功德，不再惧怕国家的科条禁令，轻率地触犯国家的法律禁令。有的人干了凶恶叛逆之事，自身落到法网之中，这才在狱中礼拜佛陀，希望免除自己的罪孽。况且人的生与死、长寿与短命，都是由自然所限定的，而施行刑罚、施加恩德、让人得到威权或让人得到福禄，这都是由君主所决定的，人的贫贱富有、高贵卑贱，是由人们所做的功劳业绩所招致的，可是愚蠢的僧人假托佛陀的名义诈骗愚民，都说是由佛陀造成。这是窃取君主的权威，把自然造化的伟力擅自据为己功，这对于朝政的危害，实在是可悲的！自伏羲、神农以来，以至于汉代，从来没有佛法，可是仍然是君主贤明，臣下忠诚，国运长远，历时长久。汉明帝始立胡人的神，西域的僧人自己传播他们的佛法。西晋以前，国家设有严厉的法令条规，不许中国人擅自去做剃发为僧的事。等到了前秦苻氏、后赵石氏的时候，羌人、胡人进入内地扰乱华夏，君主昏庸，臣下奸佞，朝政残暴，国运短促，梁武帝、北齐文襄帝的所作所为，足够成为后人的借鉴。现在天下的僧人尼姑，数量超过十万，他们剪裁文缯彩帛，装扮泥土制作的佛像，争相来做厌伏鬼魅的勾当，以此迷惑百姓。请求下令让僧人与尼姑各自婚配，就会成为十万多户人家，让他们生男育女，经过十年的生长养育，十二年的教育训导，可以使国家兵源充足。这样一来，四海之内免除了财富逐渐受到蚕食的祸殃，百姓懂得了权威祸福的来源所在，妖言惑众的风气就会自然革除，淳厚质朴的习俗就会重新兴起。臣私下里看到北齐章仇子佗的表章中说：'僧人尼姑人数众多，浪费损耗国家的财富，建造的寺塔非常奢侈，白白地耗费金银布帛。'由于很多僧人都来攀附宰相，对着朝廷恶言诋毁子佗，很多尼姑依靠王妃、公主，暗中诽谤诟骂子佗，结果章仇子佗竟被囚禁，在都城闹市处以极刑。北周武帝平定北齐，颁布诏书封高他的坟墓。臣虽然没有多大才能，私下里仰慕他的行为。”

唐高祖下诏令百官商议这件事，只有太仆卿张道源声称傅奕讲得很合理。萧瑀说：“佛，是圣人，傅奕却要非难他；非难圣人的人目无法纪，应当治他的罪。”傅奕说：“人们的伦理大道，什么都不如君主、父亲更为崇高。佛作为嫡长子却背叛了自己的父亲，作为一个平民而抗拒天子。萧瑀不是从空桑中出生而无父亲的人，却遵从不认父亲的宗教。非难孝道的人，目无至亲，说得就是萧瑀这样的人。”萧瑀不能回答，只能两手合十说：“地狱的设置，正是为了此人！”

唐高祖也憎恶僧人、道士逃避赋税徭役，也不遵守本教的戒律，都像傅奕所说的那样。另外寺院道观与民居街舍相邻，与屠户酒店混杂在一起，四月二十三日，唐高祖下诏：“命令有关部门淘汰天下的僧人、尼姑、男道士、女道士，其中精心勤奋修行的人，迁居到大的寺院道观，供给衣服粮食，不让他们衣食匮乏。那些庸俗猥琐粗陋污秽的人，全部命令他们废除僧道身份，勒令返还家乡。京城保留寺院三所、道观两所，各州各保留寺院道观一所，其余的寺院道观全部罢除。”

傅奕生性谨慎细密，在担任观测天象的职务以后，断绝了与朋友的交往，所奏报的天上和自然界的灾异现象，全部焚毁奏章的底稿，没有人知道其中说了什么。

【原文】

癸未①，突厥寇西会州②。

五月戊子③，虔州④胡成郎等杀长史，叛归梁师都。都督刘旻⑤追斩之。

壬辰⑥，党项寇廓州。

戊戌⑦，突厥寇秦州。

壬寅⑧，越州⑨人卢南反，杀刺史宁道明⑩。

丙午⑪，吐谷浑、党项寇河州。突厥寇兰州。

丙辰⑫，遣平道将军⑬柴绍将兵击胡。

六月丁巳⑭，太白经天⑮。

秦王世民既与太子建成、齐王元吉有隙，以洛阳形胜之地，恐一朝有变，欲出保之，乃以行台工部尚书温大雅⑯镇洛阳，遣秦府车骑将军荥阳张亮⑰将左右王保等千馀人之洛阳，阴结纳山东豪杰以俟变，多出金帛，恣其所用。元吉告亮谋不轨，下吏考验[18]，亮终无言，乃释之，使还洛阳。

建成夜召世民，饮酒而鸩[19]之，世民暴心痛，吐血数升，淮安王神通扶之还西宫[20]。上幸西宫，问世民疾，敕建成曰："秦王素不能饮，自今无得复夜饮。"因谓世民曰："首建大谋，削平海内[21]，皆汝之功。吾欲立汝为嗣[22]，汝固辞，且建成年长，为嗣日久，吾不忍夺也。观汝兄弟似不相容，同处京邑，必有纷竞，当遣汝还行台，居洛阳，自陕以东皆主之。仍命汝建天子旌旗，如汉梁孝王[23]故事。"世民涕泣，辞以不欲远离膝下，上曰："天下一家，东、西两都，道路甚迩[24]，吾思汝既往，毋烦悲也。"将行，建成、元吉相与谋曰："秦王若至洛阳，有土地甲兵，不可复制，不如留之长安，则一匹夫耳，取之易矣。"乃密令数人上封事[25]，言："秦王左右闻往洛阳，无不喜跃，观其志趣，恐不复来。"又遣近幸之臣以利害说上，上意遂移，事复中止。

建成、元吉与后宫[26]日夜谮[27]诉世民于上，上信之，将罪世民。陈叔达谏曰："秦王有大功于天下，不可黜[28]也。且性刚烈，若加挫抑，恐不胜忧愤，或有不测之疾，陛下悔之何及？"上乃止。元吉密请杀秦王，上曰："彼有定天下之功，罪状未著[29]，何以为辞[30]？"元吉曰："秦王初平东都，顾望不还，散钱帛以树私恩，又违敕命，非反而何？但应速杀，何患无辞？"上不应。

（以上为第六段，写太子李建成、齐王李元吉谋划诛秦王李世民，唐高祖态度暧昧，实乃姑息养奸。）

【注释】

①癸未：四月二十五日。　②西会州：州名。治所在今甘肃靖远县。　③戊子：五月初一日。　④虔州：州名。治所在今江西赣州市西南，后徙今赣州市。此处之"虔州"当为"庆州"（治今甘肃庆阳市）之误。　⑤刘旻：原为梁师都的大将，降唐后累擢庆州都督、夏州长史等职。事迹见《旧唐书》卷五十六、《新唐书》卷八十七。　⑥壬辰：五月初五日。　⑦戊戌：五月十一日。　⑧壬寅：五月十五日。　⑨越州：州名。即南越州，治所在今广西合浦县东北。　⑩宁道明：岭南獠族酋帅，世袭刺史。　⑪丙午：五月十九日。　⑫丙辰：五月二十九日。　⑬平道将军：关中十二军之一平道军（置于岐州，治今陕西宝鸡市凤翔区）长官。　⑭丁巳：六月初一日。　⑮太白经

天：一种天文现象。太白星（即金星）经天而过，这有违出东伏东、出西伏西的运行常规，星象家认为这是天下变革的征兆。 ⑯温大雅：唐初大臣。字彦弘。并州祁人。官至礼部尚书、黎国公。著有《大唐创业起居注》三卷。传见《旧唐书》卷六十一、《新唐书》卷九十一。 ⑰张亮（？—646）：出身瓦岗军将领，贞观中，官至刑部尚书、郧国公，并参与朝政，后以谋反罪名被诛。传见《旧唐书》卷六十九、《新唐书》卷九十四。 ⑱下吏考验：交司法官吏审问治罪。 ⑲鸩：毒酒。指用毒酒害人。 ⑳西宫：即弘义宫，在西内宛中。武德五年高祖为秦王建，贞观三年（629）改名大安宫。 ㉑海内：四海之内。古代传说我国疆土四周有大海环绕，故称国境以内为海内。 ㉒嗣：本意为继承，此谓嗣君，帝位继承人。 ㉓梁孝王：即汉文帝子刘武，被其兄景帝赐天子旌旗，出入“儗于天子”。传见《汉书》卷四十七。 ㉔迩（ěr）：近。 ㉕封事：臣下上书奏事，为防泄漏，用袋封缄，称为封事。封事直陈皇帝。 ㉖后宫：妃嫔所居宫室。此指同李建成等互相勾结的尹德妃、张婕妤等。 ㉗谮：进谗言，说坏话。 ㉘黜：废免，贬斥。 ㉙著：显，明。 ㉚辞：借口，托词。

【译文】

四月二十五日，突厥侵犯西会州。

五月初一日，虔州胡人成郎等人杀死长史，反叛后归附梁师都。虔州都督刘旻追击斩杀了他们。

五月初五日，党项侵犯廓州。

五月十一日，突厥侵犯秦州。

五月十五日，越州人卢南反叛，杀死越州刺史宁道明。

五月十九日，吐谷浑与党项侵犯河州。突厥侵犯兰州。

五月二十九日，唐高祖派遣平道将军柴绍率领兵马进击胡人。

六月初一日，太白金星运行轨迹反常，出现于东方，越过正南的午位，进入西方。

秦王李世民与太子李建成、齐王李元吉有了嫌隙以后，认为洛阳是形势优越之地，担心一朝发生变乱，想离开京城到洛阳进行防卫，就派行台工部尚书温大雅镇守洛阳，又派秦王府车骑将军荥阳人张亮率领亲信王保等一千多人前往洛阳，暗中结交山东豪杰，等待时势的变化，拿出大量的金银丝帛，任凭他们使用。李元吉告发张亮图谋不轨，张亮被交付法官审问察验。张亮最终没说一句话，法官就释放了他，让他返回洛阳。

李建成夜里召见李世民，让李世民饮酒，用毒酒毒害李世民。李世民突然心脏痛楚，吐血多达几升，淮安王李神通扶着他返回西宫。唐高祖来到西宫，询问李世民的病情，命令李建成说："秦王平素不能饮酒，从今以后不得再夜间饮酒。"于是对李世民说："首先提出反隋兴唐的大谋，消灭平定海内的敌人，都是你的功劳。我想把你立为继承人，你却坚决推辞了，而且建成年龄最大，作为继承人的时间已经很久，我也不忍心剥夺他的继承人身份。我看你们兄弟似乎不能相容，你们一起住在京城里面，肯定要发生纷争，应当派你返回行台，居住在洛阳，从陕州以东的地区都由你掌管。还让你设置天子的旌旗，就像汉代梁孝王时的旧例。"李世民流泪哭泣，推辞说不愿意远离唐高祖的膝下，唐高祖说："天下都是一家，东都和西都两地，路程很近，我想念你就可以前往，不用烦恼悲伤。"李世民将要出发，李建成和李元吉一起商议说："秦王如果到了洛阳，拥有土地与军队，不能再控制住他了。不如把他留在长安，他就只是一个匹夫而已，捉取他也很容易。"于是秘密命令几个人向唐高祖奉上密封奏章，说："秦王的左右亲信听说秦王将要前往洛阳，无不欢喜雀跃，观察李世民的志向意趣，恐怕他不会再回来了。"又指使唐高祖身边亲信的大臣用秦王去留的利害关系来劝说唐高祖，唐高祖的想法就改变了，秦王前往洛阳的事情于是中止。

李建成、李元吉与后宫嫔妃不分昼夜地在唐高祖面前诋毁李世民，唐高祖听信他们的话，将要对李世民治罪。陈叔达进谏说："秦王为天下立下了巨大功劳，不能废黜。况且他性情刚烈，倘若加以折辱压抑，恐怕受不了忧伤愤怒，或许会得难以测知的疾病，陛下后悔还来得及吗？"唐高祖停止处罚李世民。李元吉秘密请求杀掉秦王李世民，唐高祖说："他有平定天下的功劳，而犯罪事实尚未显著，用什么作理由呢？"李元吉说："秦王刚刚平定东都洛阳时，观望形势，不肯返回，散发钱财丝帛以树立个人的恩德，又违背陛下的命令，不是造反又是什么？只应该赶紧杀掉他，何必担心找不到理由！"唐高祖没有回答。

【原文】

秦府僚属皆忧惧不知所出[①]。行台考功郎中[②]房玄龄谓比部郎中[③]长孙无忌曰："今嫌隙已成，一旦祸机窃发，岂惟府朝涂地[④]，乃实社稷之忧，莫若劝王行周公之事[⑤]以安家国。存亡之机，间不容发，正在今日！"无忌曰："吾怀此久矣，不敢发口。今吾子[⑥]所言，正合吾心，谨当白[⑦]之。"乃入言世民。世民召玄龄谋之，玄龄曰："大王功盖天地，当承大业！

今日忧危，乃天赞也。愿大王勿疑。”乃与府属杜如晦共劝世民诛建成、元吉。

建成、元吉以秦府多骁将，欲诱之使为己用，密以金银器一车赠左二副护军尉迟敬德，并以书招之曰：“愿迂[8]长者之眷[9]，以敦[10]布衣之交。”敬德辞曰：“敬德，蓬户瓮牖之人[11]，遭隋末乱离，久沦逆地[12]，罪不容诛。秦王赐以更生之恩，今又策名藩邸[13]，唯当杀身以为报。于殿下无功，不敢谬[14]当重赐。若私交殿下，乃是贰心，徇利忘忠，殿下亦何所用！”建成怒，遂与之绝。敬德以告世民，世民曰：“公心如山岳，虽积金至斗[15]，知公不移。相遗[16]但受，何所嫌也？且得以知其阴计，岂非良策？不然，祸将及公。”既而元吉使壮士夜刺敬德，敬德知之，洞开重门[17]，安卧不动，刺客屡至其庭，终不敢入。元吉乃谮敬德于上，下诏狱讯治，将杀之，世民固请，得免。又谮左一马军总管[18]程知节，出为康州[19]刺史。知节谓世民曰：“大王股肱[20]羽翼尽矣，身何能久？知节以死不去，愿早决计。”又以金帛诱右二护军段志玄，志玄不从。建成谓元吉曰：“秦府智略之士，可惮者独房玄龄、杜如晦耳。”皆谮之于上而逐之。

世民腹心唯长孙无忌尚在府中，与其舅雍州治中高士廉、右候车骑将军三水侯君集及尉迟敬德等，日夜劝世民诛建成、元吉。世民犹豫未决，问于灵州大都督李靖，靖辞；问于行军总管李世勣，世勣辞。世民由是重二人。

会突厥郁射设将数万骑屯河南[21]，入塞，围乌城[22]，建成荐元吉代世民督诸军北征，上从之，命元吉督右武卫大将军李艺、天纪将军[23]张瑾等救乌城。元吉请尉迟敬德、程知节、段志玄及秦府右三统军秦叔宝等与之偕行，简阅秦王帐下精锐之士以益[24]元吉军。率更丞[25]王晊[26]密告世民曰：“太子语齐王：‘今汝得秦王骁将精兵，拥数万之众，吾与秦王饯汝于昆明池，使壮士拉杀之于幕下，奏云暴卒，主上宜无不信。吾当使人进说，令授吾国事。敬德等既入汝手，宜悉坑[27]之，孰敢不服？’”世民以晊言告长孙无忌等，无忌等劝世民先事图之。世民叹曰：“骨肉相残，古今大恶。吾诚知祸在朝夕，欲俟其发，然后以义讨之，不亦可乎？”敬德曰：“人情谁不爱其死？今众人以死奉王，乃天授也。祸机垂发[28]，而王犹晏然[29]不以为忧，大王纵自轻，如宗庙社稷何？大王不用敬德之言，敬德将窜身草泽，不能留居大王左右，交手受戮[30]也！”无忌曰：“不从敬德之言，事今败矣。敬德等必不为王有，无忌亦当相随而去，不能复事大王矣！”世民曰：“吾所言亦未可全弃，公更图之。”敬德曰：“王今处事有疑，非智也；临难不决，非勇也。且大王素所畜养勇士八百馀人，在外者今已入宫，擐甲执兵[31]，事势已成，大王安得已[32]乎？”

世民访之府僚，皆曰：“齐王凶戾[33]，终不肯事其兄。比闻护军[34]薛实尝谓齐王曰：‘大王之名，合之成“唐”字，大王终主唐祀。’齐王喜曰：‘但除秦王，取东宫[35]如反掌耳。’彼与太子谋乱未成，已有取太子之心。乱心无厌[36]，何所不为？若使二人得志，恐天下非复唐有。以大王之贤，取二人如拾地芥[37]耳，奈何徇匹夫之节，忘社稷之计乎？”世民犹未决，众曰：“大王以舜为何如人？”曰：“圣人也。”众曰：“使舜浚井[38]不出，则为井中之泥，涂廪[39]不下，则为廪上之灰，安能泽被天下，法施后世乎！是以小杖[40]则受，大杖则走，盖所存者大故[41]也。”世民命卜之，幕僚张公谨自外来[42]，取龟[43]投地，曰：“卜以决疑，今事在不疑，尚何卜乎？卜而不吉，庸得已乎！”于是定计。

（以上为第七段，写秦王李世民被逼上梁山，定计发动兵变，诛除太子夺权。）

【注释】

①不知所出：不知道该如何脱离险境。出，脱离。　②考功郎中：官名。吏部属官，掌文武官吏的考核。　③比部郎中：刑部属官，掌管和处理诸司百僚的俸料、经费等事。　④涂地：极端困苦的境地。　⑤周公之事：周公，即西周初杰出的政治家姬旦，在其摄政期间，曾两次东征，诛兄弟管叔等，并平定管叔、蔡叔、霍叔同武庚发动的叛乱。　⑥子：对男子的美称、敬称。　⑦白：禀告。　⑧迂：良久，广大。⑨眷：眷顾，关照。　⑩敦：厚。　⑪蓬户瓮牖之人：贫困家庭出身的人。蓬户，以柴草编门。瓮牖（yǒu），以破瓮为窗。牖，窗。　⑫逆地：逆恶环境。　⑬策名藩邸：出仕于秦王府。策名，谓“名书于所臣之策”，引申为出仕。藩邸，王府。　⑭谬：错。⑮斗：北斗星。　⑯遗（wèi）：馈赠。　⑰重门：数道门。　⑱左一马军总管：武官名。秦、齐二王府各置有掌统骑兵的左、右马军总管。　⑲康州：州名。治所在今广东德庆县。此指西康州，治所在今甘肃成县。　⑳股肱：比喻左右辅助的得力臣子。㉑河南：地区名。即黄河以南地区。此指今内蒙古河套地区。　㉒乌城：地名。在今陕

西定边县境，或谓在今内蒙古乌审旗南。 ㉓天纪将军：官名。关中十二军之一泾州道天纪军长官。 ㉔益：增加，扩充。 ㉕率更丞：太子率更寺长官，率更令之副，掌判刑罚之事。 ㉖王晊：事迹见《旧唐书》卷六十四《李元吉传》、《新唐书》卷七十九《李元吉传》。 ㉗坑：活埋。 ㉘垂发：即将发生。 ㉙宴然：闲居逸乐状。 ㉚交手受戮：拱手让人杀害。交手，拱手。 ㉛擐甲执兵：身披铠甲手握兵器，意为全副武装。 ㉜已：停止，罢休。 ㉝凶戾：凶残暴戾。 ㉞护军：官名。秦王、齐王府置左右六护军府，各设长官护军一人。后演变为勋官。 ㉟东宫：太子代称，此谓李建成。 ㊱无厌：不满足。 ㊲地芥：小草。 ㊳浚井：深治井。 ㊴涂廪：用泥涂仓廪。舜浚井涂廪传说载《列女传·母仪传》等。 ㊵仗：杖刑。即用木棍打背、臀、腿等部位的刑罚。 ㊶大故：大事，大理由，大前提。 ㊷自外来：章校，"来"下有"见之"二字。 ㊸龟：占卜吉凶的用具。

【译文】

秦王府内的属官全都忧虑恐惧，不知所措。行台考功郎中房玄龄对比部郎中长孙无忌说："现在仇隙已经形成，一旦祸患暗发，哪里只是秦王府一败涂地，实际上就是整个国家的忧患，不如劝说秦王采取周公平定管叔与蔡叔的行动以安定皇室与国家。决定存亡的枢机，已是间不容发，就在今天了！"长孙无忌说："我内心有这一想法已经很久了，不敢讲出来，现在你所说的，正好符合我的心愿，谨请你让我禀告秦王。"于是长孙无忌进内告诉李世民。李世民召见房玄龄计议此事，房玄龄说："大王的功劳盖过天地，应当继承皇帝的伟大勋业，现在的忧患危险，乃是上天对大王的帮助，希望大王不要再疑惑不定了。"于是房玄龄与秦王府属杜如晦共同劝说李世民诛杀李建成与李元吉。

李建成与李元吉看到秦王府多有骁勇将领，打算引诱他们为己效命，秘密地把一车金银宝器赠送给左二副护军尉迟敬德，并且写一封信招引他说："希望长者屈驾眷顾，以加深布衣一样的交情。"尉迟敬德推辞说："敬德是住在蓬草做门、破瓮做窗人家的小民，遇到隋朝末年战乱流离，长期沦落在叛逆一方，罪大恶极，死有余辜。秦王赐给我再生的恩典，现在我的姓名又登记藩王官邸的名册上，只应当以死报答秦王，我对殿下没有立过功劳，不敢荒谬地接受殿下的丰厚赏赐。倘若我私自与殿下交往，就是对秦王怀有二心，是因贪图财利而忘掉忠诚，这样的人对殿下又有什么用？"李建成大怒，就与尉迟敬德绝交。尉迟敬德向李世民报告此事，李世民说："你的心情就像山岳一样，即使黄金堆积到像天上的北斗星那样高，我知道你的忠心也是不会动摇的。他赠送的东西，只管接受下来，有什么嫌疑吗？况且，还可以知道他们的阴谋，难道不是最好的办法吗？不然的话，灾祸也波及你。”不久，李元吉指使勇士在夜间去刺杀尉迟敬德，尉迟敬德得知后，将层层门户全部打开，自己安然躺着不动，刺客屡次来到他的院子，却始终不敢进屋。李元吉于是向唐高祖诬陷尉迟敬德，把他关进皇上特设的监狱审讯处治，将要杀死他，李世民再三为他求情，得以不死。李元吉又诬陷秦王府的左一马军总管程知节，唐高祖把他调出京城担任康州刺史。程知节对李世民说：“大王的有力辅佐之臣和帮手都快搞光了，大王自身怎能支持长久？知节我誓死不离开京城，希望大王尽快决定大计。”李元吉又用金银丝帛引诱秦王府的右二护军段志玄，段志玄也不听从。李建成对李元吉说：“秦王府有智谋才略的人才，可怕的只有房玄龄和杜如晦而已。”都向唐高祖诬陷二人，把他们斥逐出京城。

李世民的心腹只有长孙无忌还在秦王府中，他与他的舅舅雍州治中高士廉、右候车骑将军三水人侯君集以及尉迟敬德等人，日夜劝说李世民诛杀李建成和李元吉。李世民犹豫不定没有下决心，于是问灵州大都督李靖，李靖推辞；又问行军总管李世勣，李世勣也推辞，李世民因此器重他们二人。

适逢突厥郁射设带领数万骑兵驻扎在黄河以南，进入边塞，包围乌城，李建成推荐李元吉代替李世民督率各军北征突厥，唐高祖听从了他的建议，命令李元吉督率右武卫大将军李艺、天纪将军张瑾等人前去援救乌城。李元吉请求让尉迟敬德、程知节、段志玄以及秦王府右三统军秦叔宝等人与自己一同前往，检阅并挑选秦王军中精悍勇锐的将士，来增强李元吉的军队。率更丞王晊秘密禀告李世民说：“太子对齐王说：‘现在你已经得到了秦王骁勇的将领和精悍的士兵，拥有数万人马。我与秦王在昆明池为你饯行，让勇士就在帐下杀死秦王，然后上奏说他暴病身亡，皇上应该不会不相信。我当会派人进言申说，让皇上把国家事务交给我。尉迟敬德等人既然已到你手里，应该全部活埋他们，谁敢不服呢？’”李世民将王晊的话告诉长孙无忌等人，长孙无忌等人劝李世民抢先设法对付他们。李世民叹息说：“骨肉相互残杀，是古往今来的最大罪恶。我当然知道祸事就在旦夕之间，我想等他们把祸事发动起来，然后再依凭正义讨伐他们，不也是可以的吗？”尉迟敬德说：“就人心而言谁也不舍得死！现在众人以死来拥戴大王，乃是上天所授。灾祸的枢机即将发作，而大王还安然对待不以为忧愁，大王纵然可以看轻自己，但对宗庙社稷如何交代呢？大王不听敬德的进言，敬德将要逃身到民间的草泽中，不能留在大王的身边，而束手被人杀戮！”长孙无忌说：“不听从尉迟敬德的进言，事情现在就会败亡了。尉迟敬德等人必定不会再是大王的手下了，无忌我也应当跟着他们离去，不能再侍奉大王了！”李世民说：“我所说的想法也不可以完全抛弃，你再考虑一下。”尉迟敬德说：“您如今处理事情犹豫不定，这不是明智；面临危难不能决断，这不是勇敢。况且您平时畜养的勇士八百多人，在外面的现在已经进入宫中，披上盔甲手执兵器，事情的大势已经形成，您怎么能够停止不动手呢？”

李世民就此事征求秦王府僚属的意见，大家都说：“齐王凶恶乖张，终究不愿意侍奉自己的兄长。近来听说护军薛实曾经对齐王说：‘大王的名字，合起来就成“唐”字，大王终究要主持大唐的国家权力。’齐王高兴地说：‘只要除去秦王，拿下东宫太子易如反掌。’他和太子谋划作乱还没有成功，就已经有了捉拿太子的心愿。作乱的想法没有满足，还有什么事情干不出来呢？如果让这两个人如愿以偿，恐怕天下就不再为大唐所有了。凭着大王的贤明，捉拿这二人就像拾取地上的草芥一样，为何要遵循平常人的节操，而忘记了国家大计呢？”李世民还是未下决心，大家说：“大王认为舜是怎样的人？”李世民说：“舜是圣人。”大家说：“假使舜在井底挖泥时不设法从井中出来而躲过父亲与弟弟从上面填土的毒手，他就变为井中的泥土了；假使舜在粉刷粮仓时不设法从仓上下来而逃过父亲和弟弟放火烧仓的毒手，他就变成粮仓上的灰烬了，还怎能对整个天下施及恩惠，让君王的大法流传到后世呢？所以舜在父亲用小棍子抽打的时候就忍受了，在父亲用大棍子打击想要他的命时就要逃走了，这是因为舜要为大事而保存自己的生命。”李世民让人对这件事进行占卜，秦王的幕僚张公谨从外面进来，拿起龟甲扔在地上，说：“占卜是为了决定有疑虑而无法确定的事，现在的事情根本没有疑虑，还要占卜吗？如果占卜的结果不吉，难道就要停止行动吗？”于是李世民下定了抢先动手的决心。

【原文】

世民令无忌密召房玄龄等，曰：“敕旨不听[①]复事王。今若私谒，必坐死，不敢奉教！”世民怒，谓敬德曰：“玄龄、如晦岂叛我邪？”取所佩刀授敬德曰：“公往观之，若无来心，可断其首以来。”敬德往，与无忌共谕之曰：“王已决计，公宜速入共谋之。吾属四人，不可群行道中。”乃令玄龄、如晦著道士服，与无忌俱入，敬德自他道亦至。

己未[2]，太白复经天。傅奕密奏：“太白见秦分[3]，秦王当有天下。”上以其状授世民。于是世民密奏建成、元吉淫乱后宫，且曰：“臣于兄弟无丝毫负，今欲杀臣，似为世充、建德报仇。臣今枉死，永违君亲，魂归地下，实耻见诸贼！”上省之，愕然，报曰：“明当鞫问[4]，汝宜早参[5]。”

庚申[6]，世民帅长孙无忌等入，伏兵于玄武门[7]。张婕妤[8]窃知世民表意，驰语建成。建成召元吉谋之，元吉曰：“宜勒宫府[9]兵，托疾不朝，以观形势。”建成曰：“兵备已严，当与弟入参，自问消息。”乃俱入，趣玄武门。上时已召裴寂、萧瑀、陈叔达等，欲按[10]其事。

建成、元吉至临湖殿[11]，觉变，即跋马[12]东归宫府。世民从而呼之，元吉张弓射世民，再三不彀[13]，世民射建成，杀之。尉迟敬德将[14]七十骑继至，左右射元吉坠马。世民马逸[15]入林下，为木枝所絓[16]，坠不能起。元吉遽至，夺弓将扼之，敬德跃马叱[17]之。元吉步欲趣武德殿[18]，敬德追射，杀之。

翊卫车骑将军冯翊冯立[19]闻建成死，叹曰：“岂有生受其恩而死逃其难乎？”乃与副护军薛万徹、屈咥直[20]府左车骑万年谢叔方[21]帅东宫、齐府精兵二千驰趣玄武门。张公谨多力，独闭关以拒之，不得入。云麾将军[22]敬君弘[23]掌宿卫兵，屯玄武门，挺身出战，所亲止之曰：“事未可知，且徐观变，俟兵集，成列而战，未晚也。”君弘不从，与中郎将吕世衡[24]大呼而进，皆死之。君弘，显儁之曾孙也。

守门兵与万徹等力战良久，万徹鼓噪欲攻秦府，将士大惧，尉迟敬德持建成、元吉首示之，宫府兵遂溃。万徹与数十骑亡入终南山。冯立既杀敬君弘，谓其徒曰：“亦足以少报太子矣！”遂解兵，逃于野。

上方泛舟海池[25]，世民使尉迟敬德入宿卫，敬德擐甲持矛，直至上所。上大惊，问曰：“今日乱者谁邪？卿来此何为？”对曰：“秦王以太子、齐王作乱，举兵诛之，恐惊动陛下，遣臣宿卫。”上谓裴寂等曰：“不图今日乃见此事，当如之何？”萧瑀、陈叔达曰：“建成、元吉本不预[26]义谋，又无功于天下，疾秦王功高望重，共为奸谋。今秦王已讨而诛之，秦王功盖宇宙，率土归心，陛下若处以元良[27]，委之国事，无复事矣！”上曰：“善！此吾之夙心[28]也。”时宿卫及秦府兵与二宫左右战犹未已，敬德请降手敕，令诸军并受秦王处分[29]，上从之。天策府司马宇文士及自东上阁门[30]出宣敕，众然后定。上又使黄门侍郎裴矩至东宫晓谕诸将卒，皆罢散。上乃召世民，抚之曰："近日以来，几有投杼[31]之惑。"世民跪而吮上乳，号恸久之。

建成子安陆王承道[32]、河东王承德、武安王承训、汝南王承明、钜鹿王承义，元吉子梁郡王承业、渔阳王承鸾、普安王承奖、江夏王承裕、义阳王承度皆坐诛，仍绝属籍[33]。

初，建成许元吉以正位之后，立为太弟[34]，故元吉为之尽死。诸将欲尽诛建成、元吉左右百馀人，籍没其家，尉迟敬德固争曰："罪在二凶，既伏其诛，若及支党，非所以求安也！"乃止。是日，下诏赦天下。凶逆之罪，止于建成、元吉，自馀党与，一无所问。其僧、尼、道士、女冠并宜依旧。国家庶事[35]，皆取秦王处分。

辛酉[36]，冯立、谢叔方皆自出。薛万徹亡匿，世民屡使谕之，乃出。世民曰："此皆忠于所事，义士也。"释之。

（以上为第八段，写玄武门之变，秦王李世民诛杀其兄太子李建成及齐王李元吉。）

【注释】

①不听：不允许。听，听任。 ②己未：六月三日。 ③太白见秦分：太白星（即金星）出现于秦地（今陕西）中央的上空。 ④鞫（jū）问：审讯，查问。 ⑤参：弹劾。 ⑥庚申：六月四日。 ⑦玄武门：宫城北门。此指西京宫城（隋称大兴宫）北门。 ⑧婕妤：妃嫔称号的一种。 ⑨宫府：指东宫和齐王府。 ⑩按：审查。 ⑪临湖殿：在宫城（即西内——太极宫）内北。 ⑫跋马：使马回转急走。 ⑬彀（gòu）：张满弓弩。 ⑭将：率领。 ⑮逸：奔跑。 ⑯絓（guà）：受阻，绊住。 ⑰叱（chì）：大声呵斥。 ⑱武德殿：在太极宫（即西内）正殿——太极殿北。 ⑲冯立：同州冯翊（今陕西大荔县）人。李建成心腹。玄武门之变后，太宗不计旧嫌，拜立广州都督。在职数年，甚有惠政。传见《旧唐书》卷一百八十七上。 ⑳屈咥直：即驱咥直。隶于王府帐内府，以才勇者充任。 ㉑谢叔方：雍州万年人。李元吉亲信。兵败自首，太宗对其笼络，官至洪、广二州都督，颇有政绩。传见《旧唐书》卷一百八十七上、《新唐书》卷一百九十一。 ㉒云麾将军：从三品上武散官。 ㉓敬君弘（？—626）：绛州太平（山西襄汾县西北古城）人，北齐右仆射敬显儁曾孙。 ㉔吕世衡（？—626）：世衡事迹与敬君弘传见《旧唐书》卷一百八十七上、《新唐书》卷一百九十一《忠义传上》。

㉕海池：太极宫中有东、北、南三海池。 ㉖不预：未参与，不曾预谋。 ㉗处以元良：即立为太子。 ㉘夙心：一贯的心愿。 ㉙处分：管押，节制。 ㉚东上阁门：太极宫正殿——太极殿有东上、西上阁门。"阁"通"阁"。 ㉛投杼（zhù）：曾母因多次听到有关曾子"杀人"的谣传而相信，于是，"投杼（扔下正用作织布的梭子）逾墙而走"。事见《战国策·秦策》。后以"投杼"比喻因谣言太多而动摇了对最亲近者的信心。 ㉜承道：以下诸王事迹见《旧唐书》卷六十四、《新唐书》卷七十九《李建成传》《李元吉传》。 ㉝属籍：由宗正寺所管宗室册籍。 ㉞太弟：预定继承君位的皇弟。 ㉟庶事：众多的事务。 ㊱辛酉：六月五日。

【译文】

李世民命令长孙无忌秘密召集房玄龄等人，房玄龄等人说："按照皇帝敕书的旨意，不允许我们再为秦王做事，如果现在私下谒见秦王，一定因此获罪而被处死，我们不敢接受秦王的教令！"李世民发怒，对尉迟敬德说："房玄龄、杜如晦难道要背叛我吗？"摘下佩刀交给尉迟敬德说："你前去察看一下，如果他们没有来见我的意思，可以砍下他们的首级带回来。"尉迟敬德前去，与长孙无忌一起劝说房玄龄等人："秦王已经下决心要抢先动手了，你应该尽快进入秦王府共商大计。我们四个人，不能一起在街上走。"就命令房玄龄、杜如晦穿上道士的服装，与长孙无忌一同进入秦王府，尉迟敬德从另一条路也来到秦王府。

六月初三日，太白金星再次出现运行轨迹反常的现象，出现于东方，越过正南的午位，进入西方。傅奕秘密向唐高祖上奏说："金星出现在秦地的分野，这个天象表明，秦王应当拥有天下。"唐高祖把傅奕的密状交给李世民。于是李世民秘密上奏说李建成与李元吉与后宫嫔妃有淫乱行为，而且说："臣对兄弟没有丝毫对不起的地方，现在他们想杀死臣，似乎是为王世充和窦建德报仇。臣现在要是冤枉而死，永远离开父皇，魂魄回到地下，见到王世充等贼人，实在感到羞耻！"唐高祖听李世民这样说，非常惊讶愕然，回答说："明天当要审问此事，你应该早来参见。"

六月初四日，李世民率领长孙无忌等人进入皇宫，在玄武门埋伏了兵士。张婕妤暗中得知了李世民上书的大意，派快马告诉李建成。李建成招来李元吉商议此事，李元吉说："应当统率部署东宫与齐王府中的军队，托称有病不去上朝，然后观察形势。"李建成说："军队的防备已很严密了，我与你应当入朝参见，亲自打听消息。"于是二人一起入宫，走向玄武门。唐高祖当时已经召来了裴寂、萧瑀、陈叔达等人，准备审查这件事情。

李建成与李元吉来到临湖殿，发觉情况已有变化，立即调转马头向东返回东宫和齐王府。李世民跟上去招呼他们，李元吉拉弓射李世民，一连两三次都没有把弓完全拉开，李世民箭射李建成，把他射死。尉迟敬德带领骑兵七十人随后赶到，左右的将士把李元吉射下马。李世民的马失控跑进树林，被树枝挂住，李世民坠马落地，不能起来。李元吉突然赶到，夺过弓来要掐死李世民，尉迟敬德跃马奔来大声呵斥。李元吉步行想跑到武德殿，尉迟敬德追上向他射箭，把李元吉射死。

翊卫车骑将军冯翊人冯立听说李建成已死，叹息说："哪里有活着蒙受人家恩惠，死后就逃避祸难的呢？"于是就与副护军薛万彻、屈咥直府左车骑万年人谢叔方率领东宫、齐王府的精锐兵马两千人急驰奔向玄武门。张公谨臂力过人，独自关闭大门抵御冯立等人，冯立等人无法进入。云麾将军敬君弘掌管皇宫的宿卫军，驻扎在玄武门，挺身出战，他的亲信阻止他说："事情未见分晓，暂且慢慢观察事态的变化，等到兵力集合起来，结成阵列再出战也不晚啊。"敬君弘不听，与中郎将吕世衡大声呼喊奔向前来，全部战死。敬君弘是敬显隽的曾孙。

守卫玄武门的士兵与薛万徹等人奋力交战很长时间，薛万徹擂鼓呐喊准备进攻秦王府，将士们大为恐惧，尉迟敬德提着李建成和李元吉的头颅，给薛万徹等人看，东宫和齐王府的人马于是溃散。薛万徹与骑兵数十人逃进终南山。冯立杀死敬君弘以后，对手下人说："这也足以略微报答太子了。"于是丢掉兵器，逃向荒野。

唐高祖正在海池里划船，李世民让尉迟敬德入宫担任警卫，尉迟敬德身披铠甲手握长矛，径直来到唐高祖所在的地方。唐高祖大为震惊，问他："今天作乱的人是谁？你来这里要干什么？"尉迟敬德回答说："秦王因为太子和齐王作乱，已经起兵诛杀了他们，恐怕惊动陛下，派臣前来进行警卫。"唐高祖对裴寂等人说："不料今天竟会看见这种事，应当怎么办？"萧瑀、陈叔达说："李建成、李元吉本来就没有参与举义反隋的谋议，又对天下没有立下功劳，他们嫉妒秦王功劳高、威望重，就一起策划邪恶的阴谋。现在秦王已经讨伐并诛杀了他们，秦王的功绩是很大的，所有领土上的人们都诚心归向于他，陛下如果能让他立于太子之位，把国家政务委托给他，就不会再有事变了。"唐高祖说："好！这正是我平素的心愿。"当时，宿卫军和秦王府的兵马与东宫和齐王府的兵马交战还没有停止，尉迟敬德请求唐高祖颁布亲笔敕令，命令各军一律接受秦王的指挥，唐高祖听从了他的建议。天策府司马宇文士及从东上阁门出来宣布敕令，作战的兵士才安定下来。唐高祖又让黄门侍郎裴矩前往东宫向众将卒宣布旨意，将士们全都停止反叛而散走。唐高祖于是招来李世民，抚慰他说："近些日子以来，我差点像曾参的母亲一样误信了曾参杀人的谣传，而来怀疑你。"李世民跪下来吸着唐高祖乳头，哀号悲恸了很长时间。

李建成的儿子安陆王李承道、河东王李承德、武安王李承训、汝南王李承明、钜鹿王李承义，李元吉的儿子梁郡王李承业、渔阳王李承鸾、普安王李承奖、江夏王李承裕、义阳王李承度等人都连坐其父之罪而被诛杀，并在宗室亲属的名册上除去了他们的名籍。

当初，李建成答应李元吉，自己即位以后，立他为皇太弟，所以李元吉为李建成尽死效力。各位将领准备把李建成和李元吉的一百多名亲信全部诛除，抄没他们的家产，尉迟敬德坚持争辩说："罪过都在两个元凶身上，都已经伏身受到诛杀了，如果牵连到他们的党羽，就不是谋求安定的做法！"于是停止诛杀。这一天，唐高祖颁诏赦免天下罪囚。叛逆的罪名只加给李建成和李元吉二人，其余的党羽，一概不加追究。那些僧人、尼姑和男道士、女道士都应当依照原先颁布的诏令办理。国家的各项政务，全部听取秦王的处理。

六月初五日，冯立和谢叔方都自动出来，薛万徹逃亡藏匿，李世民多次派人劝谕他，这才出来。李世民说："这些人都能够忠于自己所侍奉的人，都是义士！"免除了他们的罪过。

【原文】

癸亥[①]，立世民为皇太子。又诏："自今军国庶事，无大小悉委太子处决，然后闻奏。"

臣光曰：立嫡以长，礼之正也。然高祖所以有天下，皆太宗之功；隐太子以庸劣居其右[②]，地嫌势逼，必不相容。向使高祖有文王[③]之明，隐太子有泰伯[④]之贤，太宗有子臧[⑤]之节，则乱何自而生矣！既不能然，太宗始欲俟其先发，然后应之，如此，则事非获已，犹为愈[⑥]也。既而为群下所迫，遂至喋血禁门[⑦]，推刃同气[⑧]，贻讥千古，惜哉！夫创业垂统[⑨]之君，子孙之所仪刑[⑩]也，彼中、明、肃、代之传继[⑪]，得非有所指拟以为口实乎？

戊辰[12]，以宇文士及为太子詹事，长孙无忌、杜如晦为左庶子，高士廉、房玄龄为右庶子，尉迟敬德为左卫率，程知节为右卫率，虞世南为中舍人，褚亮为舍人，姚思廉为洗马[13]。悉以齐王国司[14]金帛什器赐敬德。

初，洗马魏徵常劝太子建成早除秦王，及建成败，世民召徵谓曰："汝何为离间我兄弟？"众为之危惧，徵举止自若，对曰："先太子早从徵言，必无今日之祸。"世民素重其才，改容礼之，引为詹事主簿。亦召王珪、韦挺于巂州，皆以为谏议大夫。

世民命纵禁苑鹰犬，罢四方贡献，听百官各陈治道，政令简肃[15]，中外大悦。

以屈突通为陕东道行台左仆射，镇洛阳。

益州行台仆射窦轨与行台尚书韦云起[16]、郭行方不协。云起弟庆俭及宗族多事太子建成，建成死，轨诬云起与建成同反，收斩之。行方惧，逃奔京师，轨追之，不及。

吐谷浑寇岷州。

突厥寇陇州，辛未[17]，寇渭州[18]。遣右卫大将军柴绍击之。

废益州大行台，置大都督府[19]。

壬申[20]，上以手诏赐裴寂等曰："朕当加尊号为太上皇。"

辛巳[21]，幽州大都督庐江王瑗反，右领军将军王君廓杀之，传首。

初，上以瑗懦怯非将帅才，使君廓佐之。君廓故群盗，勇悍险诈，瑗推心倚仗之，许为婚姻。太子建成谋害秦王，密与瑗相结。建成死，诏遣通事舍人[22]崔敦礼[23]驰驿召瑗。瑗心不自安，谋于君廓。君廓欲取瑗以为功，乃说曰："大王若入，必无全理。今拥兵数万，奈何受单使之召，自投罔罟[24]乎？"因相与泣。瑗曰："我今以命托公，举事决矣。"乃劫敦礼，问以京师机事，敦礼不屈，瑗囚之。发驿征兵，且召燕州刺史王诜[25]赴蓟，与之计事。兵曹参军[26]王利涉说瑗曰："王君廓反覆，不可委以机柄，宜早除去，以王诜代之。"瑗不能决。君廓知之，往见诜，诜方沐[27]，握发而出，君廓手斩之，持其首告众曰："李瑗与王诜同反，囚执敕使，擅自征兵。今诜已诛，独有李瑗，无能为也。汝宁随瑗族灭乎，欲从我以取富贵乎？”众皆曰：“愿从公讨贼。”君廓乃帅其麾下千馀人，逾西城而入，瑗不之觉[28]。君廓入狱出敦礼，瑗始知之，遽帅左右数百人被甲而出，遇君廓于门外。君廓谓瑗众曰：“李瑗为逆，汝何为随之入汤火乎？”众皆弃兵而溃。唯瑗独存，骂君廓曰：“小人卖我，行自及矣！”遂执瑗，缢之。壬午[29]，以王君廓为左领军大将军将幽州都督，以瑗家口赐之。敦礼，仲方[30]之孙也。

乙酉[31]，罢天策府[32]。

秋，七月己丑[33]，柴绍破突厥于秦州，斩特勒[34]一人，士卒首千馀级。

以秦府护军秦叔宝为左卫大将军，又以程知节为右武卫大将军，尉迟敬德为右武候大将军。

壬辰[35]，以高士廉为侍中，房玄龄为中书令，萧瑀为左仆射，长孙无忌为吏部尚书，杜如晦为兵部尚书。癸巳[36]，以宇文士及为中书令，封德彝为右仆射；又以前天策府兵曹参军杜淹为御史大夫，中书舍人颜师古、刘林甫为中书侍郎，左卫副率[37]侯君集为左卫将军，左虞候[38]段志玄为骁卫将军，副护军薛万彻为右领军将军，右内副率张公谨为右武候将军，右监门率[39]长孙安业[40]为右监门将军，右内副率李客师[41]为领左右军将军[42]。安业，无忌之兄，客师，靖之弟也。

太子建成、齐王元吉之党散亡在民间，虽更赦令，犹不自安，徼幸者争告捕以邀赏。谏议大夫王珪以启太子。丙子[43]，太子下令：“六月四日已前事连东宫及齐王，十七日前连李瑗者，并不得相告言，违者反坐[44]。”

丁酉[45]，遣谏议大夫魏徵宣慰山东[46]，听以便宜从事。徵至磁州[47]，遇州县锢送[48]前太子千牛李志安[49]、齐王护军李思行[50]诣京师，徵曰：“吾受命之日，前宫、齐府左右皆赦不问。今复送思行等，则谁不自疑？虽遣使者，人谁信之？吾不可以顾身嫌，不为国虑。且既蒙国士之遇，敢不以国士报之乎？”遂皆解纵之。太子闻之，甚喜。

右卫率府铠曹参军[51]唐临[52]出为万泉[53]丞，县有系囚十许人，会春雨，临纵[54]之，使归耕种，皆如期而返。临，令则[55]之弟子也。

八月丙辰[56]，突厥遣使请和。

壬戌[57]，吐谷浑遣使请和。

癸亥[58]，制传位于太子，太子固辞，不许。甲子[59]，太宗即皇帝位于东宫显德殿[60]，赦天下。关内及蒲、芮、虞、泰、陕、鼎六州免二年租调，自馀给复[61]一年。

诏[62]以"宫女众多，幽閟[63]可愍，宜简出之，各归亲戚，任其适人[64]"。

初，稽胡[65]酋长刘佡成[66]帅众降梁师都，师都信谗，杀之。由是所部猜惧，多来降者。师都浸衰弱，乃朝于突厥，为之画策，劝令入寇。于是颉利、突利二可汗合兵十馀万寇泾州，进至武功，京师戒严。

（以上为第九段，写唐高祖退位为太上皇，秦王李世民即皇帝位，是为太宗。）

【注释】

①癸亥：六月初七日。　②右：古以右为上。　③文王：即周文王姬昌。文王舍长子伯邑考而立次子发（即周武王）。　④泰伯：一作太伯。周太王长子。太王欲立幼子季历，泰伯与弟仲雍为促成此事，遂同避江南。　⑤子臧：春秋时曹国公子。史称子臧因不是嫡长而"辞曹国而不受"。　⑥愈：差，过错。　⑦蹀血禁门：谓于玄武门杀人流血滂沱，极言李世民兄弟相残状。　⑧推刃同气：兄弟相残杀。　⑨垂统：帝王传基业于子孙后人。　⑩仪刑：效法。　⑪中、明、肃、代之传继：明，指唐明皇，庙号玄宗。中宗、肃宗末年，玄宗、代宗均通过宫廷政变尔后称帝。　⑫戊辰：六月十二日。　⑬洗马：官名。太子官属，掌管图籍。　⑭国司：亲王国置有国司，设令一人，尉、丞各二人，掌判国司和考核文书簿籍以及监印等事。　⑮政令简肃：政治清明。　⑯韦云起（？—626）：雍州万年人。历事隋文帝、炀帝及唐高祖，官至上开府仪同三司、益州行台兵部尚书，封阳城县公。传见《旧唐书》卷七十五、《新唐书》卷一百零三。　⑰辛未：六月十五日。　⑱渭州：州名。治所在今甘肃陇西县东南。　⑲大都督府：武德七年由大总管府改，其长官大都督一般由亲王遥领。　⑳壬申：六月十六日。　㉑辛巳：六月二十五日。　㉒通事舍人：官名。中书省属官，从六品上，由通事谒者改。掌朝见引纳、殿廷通奏。　㉓崔敦礼：唐初大臣。咸阳人。高宗时官至宰相。传见《旧唐书》卷八十一、《新唐书》卷一百零六。　㉔罔罟（gǔ）：网的总称。"罔"同"网"。　㉕王诜（？—626）：北燕州刺史。事迹见《旧唐书》卷六十、《新唐书》卷七十八《李瑗传》。　㉖兵曹参军：王府属官，从六品上。掌武官簿

书、考课、仪卫等事。 ㉗沐：沐浴。 ㉘不之觉：对之没有觉察。 ㉙壬午：六月二十六日。 ㉚仲方：即崔仲方，北周、隋大臣。事迹见《周书》卷三十五，传见《隋书》卷六十、《北史》卷三十二。 ㉛乙酉：六月二十九日。 ㉜罢天策府：天策府本为秦王而设，李世民既立为太子，故罢之。 ㉝己丑：七月三日。 ㉞特勒：为"特勤"之误。 ㉟壬辰：七月六日。 ㊱癸巳：七月七日。 ㊲左卫副率：武官名。太子左、右卫率府长官，率的副职，从四品上，掌兵仗、仪卫。 ㊳左虞候：官名。即东宫禁卫官左虞候率，掌侦察、巡逻等事。又据《新唐书》卷八十九，左虞候段志玄的新擢官职为左骁卫将军。 ㊴右监门率：官名。太子右监门率府长官，掌门卫。 ㊵长孙安业：长孙皇后异母兄。事迹见《旧唐书》卷五十一、卷五十八，《新唐书》卷七十二上等。 ㊶李客师：李靖弟。官至右武卫将军，封丹阳郡公。传见《旧唐书》卷六十七、《新唐书》卷九十三。 ㊷领左右军将军："领"字当在"左右"之下，"左、右"二字亦当去其一。 ㊸丙子：为"丙申"（七月十日）误。 ㊹反坐：以被告人之罪名处罚原告。 ㊺丁酉：七月十一日。 ㊻山东：地区名。崤山或太行山以东地区。这里指太行山以东。 ㊼磁州：州名。治所在今河北磁县。 ㊽锢送：械锁押送。 ㊾李志安：李元吉亲信。事迹见《旧唐书》卷七十一、《新唐书》卷九十七。 ㊿李思行：李建成党羽。赵州人。传见《旧唐书》卷五十七、《新唐书》卷八十八。 (51)铠曹参军：官名。东宫十率府皆置铠曹参军，掌器械、公廨营建等事。 (52)唐临：唐初大臣。京兆长安（今陕西西安市西部）人。传见《旧唐书》卷八十五、《新唐书》卷一百一十三。 (53)万泉：县名。县治在今山西万荣县西南古城南。 (54)纵：放。 (55)令则：唐令则，隋太子左庶子。太子杨勇废黜，令则被诛。事迹见《隋书》卷四十五、卷六十二。 (56)丙辰：八月初一日。 (57)壬戌：八月初七日。 (58)癸亥：八月初八日。 (59)甲子：八月初九日。 (60)显德殿：又名嘉德殿。东宫正殿。后避唐中宗讳，改称明德殿。 (61)复：免除徭役。 (62)诏：章校，"诏"上有"癸未"（八月二十八日）二字。 (63)闭（bì）：关闭。 (64)适人：嫁人。 (65)稽胡：民族名。又称山胡、步落稽。源出南匈奴。分布于今山西、陕西北部山谷间。 (66)刘屳成：事迹见《旧唐书》卷五十六、《新唐书》卷八十七等。

【译文】

六月初七日，唐高祖把李世民立为皇太子。又颁布诏书："从今天起，军队和国家的各项事务，无论大小全部交付太子处置决定，然后再向我报告。"

臣司马光说：立嫡长子为太子，是礼制的正常法则。然而唐高祖之所以统一天下，都是由于唐太宗李世民的功劳；隐太子李建成平庸低劣却位居李世民之上，处在嫌疑之地，为形势所逼迫，两人一定不能相容。在此之前假如唐高祖有周文王的明智，隐太子李建成有泰伯的贤达，唐太宗有子臧的节操，那么变乱又怎么会发生呢！既然都不能这样做，唐太宗这才打算等待李建成首先发难，然后再应对。这样做，事情就不是由自己所能决定的，后发制人也还是好的。可是，李世民却受到各位下属的逼迫，最终直至在宫廷门前喋血相杀，对自己的兄弟白刃相加，在后来长久的历史中让人们不断讥刺，可惜啊！那些创立帝业留下正统的君主，是后代子孙学习遵循的典范，唐代后来的中宗、玄宗、肃宗、代宗的帝位传承，难道不是有所学习模仿而找到了用兵登上帝位的借口吗？

六月十二日，唐朝任命宇文士及为太子詹事，长孙无忌与杜如晦为左庶子，高士廉与房玄龄为右庶子，尉迟敬德为左卫率，程知节为右卫率，虞世南为中舍人，褚亮为舍人，姚思廉为洗马，还把齐王王府的金银布帛器物全部赏赐给尉迟敬德。

当初，太子洗马魏徵经常劝说太子李建成及早除去秦王。李建成事败以后，李世民召见魏徵说：“你为什么离间我们兄弟的关系呢？”大家都为他担心，魏徵举止自若，回答说：“如果已故太子早先听从我的进言，一定不会有今天的祸事。”李世民素来器重他的才能，改变了态度对他以礼相待，引荐他担任詹事主薄。李世民还把王珪和韦挺从嶲州召回，都任命为谏议大夫。

李世民命令把宫苑的鹰犬放走，免除各地进献贡物，听任百官各自陈说治理国家的方法，政治与法令简明严肃，朝廷内外的人们大为欣悦。

唐朝任命屈突通为陕东道行台左仆射，镇守洛阳。

益州行台仆射窦轨与行台尚书韦云起、郭行方不和，韦云起的弟弟韦庆俭以及同宗族的亲属中有许多人侍奉太子李建成，李建成死去以后，窦轨诬告韦云起与李建成一起谋反，将他收捕斩杀。郭行方害怕，逃回京城，窦轨追赶他，没有追上。

吐谷浑侵犯岷州。

突厥侵犯陇州，六月十五日，又侵犯渭州，朝廷派遣右卫大将军柴绍进攻突厥。

唐朝废除益州大行台，设置益州大都督府。

六月十六日，唐高祖把亲笔诏书赐给裴寂等人说："朕应当加上尊号称太上皇。"

六月二十五日，幽州大都督庐江王李瑗反叛，右领军将军王君廓杀死他，把他的首级送到京城。

当初，唐高祖看到李瑗怯懦，不是担任将帅的人才，让王君廓辅佐他。王君廓过去当过强盗，骁勇强悍而又阴险狡诈，李瑗推心置腹地倚赖他，答应与他通婚。太子李建成图谋杀害秦王的时候，暗中与李瑗相互交结。李建成死去以后，唐高祖颁诏派遣通事舍人崔敦礼乘着驿站的车马前去征召李瑗。李瑗心里恐慌，便与王君廓计议。王君廓打算捉拿李瑗作为自己的功劳，于是劝说李瑗："如果大王入京朝见，肯定没有保全性命的道理。现在大王拥有数万兵马，怎么能够接受一个单身使者的传召，自投罗网呢？"说完就与李瑗一起哭泣。李瑗说："我现在把性命托付给你，决定起事。"于是劫持了崔敦礼，询问京城中的机密要事，崔敦礼不肯屈服，李瑗将他囚禁起来。李瑗通过驿站征集兵力，并且传召燕州刺史王诜前往蓟州，与他计议起事。兵曹参军王利涉劝说李瑗："王君廓反复无常，不可把大权交托给他，应当及早除掉他，让王诜来代替他。"李瑗不能下决心。王君廓得知消息后，前去见王诜，王诜正在沐浴，握着头发走出来，王君廓亲手将他斩首，提着他的首级向众人宣告说："李瑗与王诜共同谋反，囚禁逮捕皇上的使者，擅自征调兵力。现在王诜已被诛杀，只剩下李瑗，不能干什么大事了。你们宁愿跟着李瑗而遭到全族灭绝呢，还是想随从我去获取富贵呢？"大家都说："愿意随从你讨伐逆贼。"王君廓便率领他的部下一千多人，翻越西城进入城内，李瑗没有发觉，王君廓进入监狱把崔敦礼放出来，李瑗这才知道，连忙率领数百名亲信披上铠甲出来，在门外遇到王君廓。王君廓对李瑗的部下说："李瑗叛逆朝廷，你们为什么跟随他走到汤火中去？"众人都丢下兵器溃散而去。只有李瑗独自留在那里，大骂王君廓说："你这个小人出卖我，很快你也会遭受祸殃了！"王君廓于是捉住李瑗，将他勒死。二十六日，朝廷任命王君廓为左领军大将军兼幽州都督，将李瑗家的人口赏赐给他。崔敦礼是崔仲方的孙子。

六月二十九日，唐朝废除天策府。

秋季，七月初三日，柴绍在秦州打败突厥，斩杀特勒一人，斩首士卒一千多人。

唐朝任命秦王府护军秦叔宝为左卫大将军，又任命程知节为右武卫大将军，尉迟敬德为右武候大将军。

七月初六日，唐朝任命高士廉为侍中，房玄龄为中书令，萧瑀为左仆射，长孙无忌为吏部尚书，杜如晦为兵部尚书。初七日，唐任命宇文士及为中书令，封德彝为右仆射；又任命前任天策府兵曹参军杜淹为御史大夫，中书舍人颜师古、刘林甫为中书侍郎，左卫副率侯君集为左卫将军，左虞候段志玄为骁卫将军，副护军薛万徹为右领军将军，右内副率张公谨为右武候将军，右监门率长孙安业为右监门将军，右内副率李客师为领左右军将军。长孙安业是长孙无忌的哥哥。李客师是李靖的弟弟。

太子李建成和齐王李元吉的党羽分散逃亡民间，虽然唐朝廷一再颁布赦令，他们仍觉得非常危险，有些想通过告发这种人来获取利益的人则争相告发捕捉他们来向朝廷邀功请赏。谏议大夫王珪把这种情况向太子李世民汇报。七月十一日，太子李世民颁布命令："六月四日以前与东宫和齐王有牵连的人，六月十七日以前与李瑗有牵连的人，一概不允许相互告发，违反这一规定的人反过来承担被告发者的罪名。"

七月十一日，朝廷派遣谏议大夫魏徵宣示朝廷旨意安抚山东地区，允许他根据实际情况自行处理事务。魏徵来到磁州，遇到州县的官吏用刑具押送前任太子千牛李志安、齐王护军李思行前往京城，魏徵说："我接受命令出使的时候，对原来的东宫与齐王府的属官都已经赦免不再追究，现在又押送李思行等人，那么谁不会对自己的处境产生疑虑呢？虽然朝廷派遣了使者，可是人们谁又会相信他呢？我不能因为自身会遭到嫌疑而有所顾虑就不为国家考虑。何况我既然受到了国士的待遇，怎敢不以国士的才能来报答国家呢？"于是他把李志安等人全都释放。太子李世民得知以后，非常高兴。

右卫率府铠曹参军唐临调出京城担任万泉县丞，县内有在押囚犯十多人，适逢春雨降临，唐临把他们放走，让他们回乡耕田种地，他们也都按照规定的日期返回。唐临是唐令则弟弟的儿子。

八月初一日，突厥派遣使者请求和好。

八月初七日，吐谷浑派遣使者请求和好。

八月初八日，唐高祖颁布制书，把皇位传给太子李世民。太子李世民坚决推辞，唐高祖不肯答应。初九日，唐太宗在东宫显德殿即皇帝位，宣布大赦天下，关内地区以及蒲州、芮州、虞州、泰州、陕州、鼎州六个州免除租调两年，其余各地免除徭役一年。

唐太宗颁诏说："皇宫之中宫女人数太多，被幽闭在深宫之中非常可怜。应当经过挑选之后让她们出宫，各自回到自己的亲属身边，听凭她们嫁人。”

当初，稽胡酋长刘佡成率领部众向梁师都投降，梁师都听信谗言，把刘佡成杀掉，从此，他的部下都很猜疑恐惧，有许多人前来投降唐朝。梁师都的势力于是逐渐衰弱，他就去朝见突厥，替突厥出谋划策，劝说突厥入境侵犯唐朝的地域。在这时，突厥的颉利可汗与突利可汗二人汇合兵马十多万人侵犯泾州，进兵到武功，京城为此实行戒严。

【原文】

丙子①，立妃长孙氏为皇后②。后少好读书，造次必循礼法，上为秦王，与太子建成、齐王元吉有隙，后奉事高祖，承顺妃嫔，弥缝其阙，甚有内助。及正位中宫③，务存节俭，服御取给④而已。上深重之，尝与之议赏罚，后辞曰：“‘牝鸡之晨，唯家之索⑤’，妾妇人，安敢豫闻政事？”固问之，终不对。

己卯⑥，突厥进寇高陵⑦。辛巳⑧，泾州道行军总管尉迟敬德与突厥战于泾阳，大破之。获其俟斤⑨阿史德乌没啜⑩，斩首千馀级。

癸未⑪，颉利可汗进至渭水便桥⑫之北，遣其腹心执失思力⑬入见，以观虚实。思力盛称“颉利与突利二可汗将兵百万，今至矣”。上让⑭之曰：“吾与汝可汗面结和亲，赠遗金帛，前后无算⑮。汝可汗自负盟约，引兵深入，于我无愧！汝虽戎狄，亦有人心，何得全忘大恩，自夸强盛！我今先斩汝矣！”思力惧而请命⑯。萧瑀、封德彝请礼遣⑰之。上曰：“我今遣还，虏谓我畏之，愈肆凭陵。”乃囚思力于门下省。

上自出玄武门，与高士廉、房玄龄等六骑径诣渭水上，与颉利隔水而语，责以负约。突厥大惊，皆下马罗拜⑱。俄而诸军继至，旌甲⑲蔽野，颉利见执失思力不返，而上挺身轻出，军容甚盛，有惧色。上麾诸军使却而布陈，独留与颉利语。萧瑀以上轻敌，叩马固谏，上曰：“吾筹之已熟，非卿所知。突厥所以敢倾国而来，直抵郊甸⑳者，以我国内有难，朕新即位，谓我不能抗御故也。我若示之以弱，闭门拒守，虏必放兵大掠，不可复制。故朕轻骑独出，示若轻之，又震曜军容，使之㉑必战，出虏不意，使之失图㉒。虏入我地既深，必有惧心，故与战则克，与和则固矣。制服突厥，在此一举。卿第㉓观之！”是日，颉利来请和，诏许之。上即日还宫。乙酉㉔，又幸城西，斩白马㉕，与颉利盟于便桥之上。突厥引兵退。

萧瑀请于上曰："突厥未和之时，诸将争请战，陛下不许，臣等亦以为疑，既而虏自退，其策安在？"上曰："吾观突厥之众虽多而不整，君臣之志唯贿是求㉖，当其请和之时，可汗独在水西㉗，达官㉘皆来谒我，我若醉而缚之，因袭击其众，势如拉朽㉙。又命长孙无忌、李靖伏兵于幽州㉚以待之，虏若奔归，伏兵邀㉛其前，大军蹑其后，覆之如反掌耳。所以不战者，吾即位日浅，国家未安，百姓未富，且当静以抚之。一与虏战，所损甚多。虏结怨既深，惧而修备，则吾未可以得志矣。故卷甲韬戈㉜，啖㉝以金帛，彼既得所欲，理当自退，志意骄惰，不复设备，然后养威伺衅㉞，一举可灭也。将欲取之，必固与之㉟，此之谓矣。卿知之乎？"瑀再拜曰："非所及㊱也。"

（以上为第十段，写唐太宗智退突厥兵。）

【注释】

①丙子：八月二十一日。　②长孙氏为皇后：长孙皇后（601—636），即太宗文德顺圣皇后。河南洛阳人。其先出自鲜卑拓跋氏。传见《旧唐书》卷五十一、《新唐书》卷七十六。　③中宫：又称正宫，皇后的居处，亦作皇后代称。　④取给：只领供给的一份，不多取多占。　⑤牝鸡之晨，唯家之索：牝鸡，母鸡；之晨，司晨，叫鸣；索，萧索破败。出处见《尚书·牧誓》。　⑥己卯：八月二十四日。　⑦高陵：县名。县治在今陕西西安市高陵区。　⑧辛巳：八月二十六日。　⑨俟斤：突厥部酋高级官称之一。　⑩阿史德乌没啜：东突厥贵族。阿史德，突厥姓氏。事迹见《旧唐书》卷一百九十四上、《新唐书》卷二百一十五上。　⑪癸未：八月二十八日。　⑫便桥：又名便门桥、西渭桥、咸阳桥。在今陕西咸阳市东南渭河上。　⑬执失思力：东突厥部酋。贞观四年降唐。先后擢将军、大将军，尚九江公主，拜驸马都尉，封安国公，终归州刺史。卒于龙朔（唐高宗李治的年号）中（661—663）。传见《新唐书》卷一百一十。　⑭让：责备。　⑮无算：数目巨大，难以算计。　⑯请命：求告免死。　⑰礼遣：以礼遣送。　⑱罗拜：四面围绕着下拜。　⑲旌甲：旗帜和盔甲。　⑳郊甸：城郭外称郊，郊外为甸。　㉑之：严校"之"改"知"。　㉒失图：失计，失算，谋划失去作用。　㉓第：次第。　㉔乙酉：八月三十日。　㉕斩白马：又称"刑马""刑白马"。古代大盟会，往往斩白马以为盟誓之礼仪。　㉖唯贿是求：一味追求贿赂。　㉗水西：渭水西边。　㉘达官：大官；显官。　㉙拉朽：形容极容易摧毁。拉，摧毁；朽，朽木。　㉚幽州：

为“豳州”误。豳州治所在今陕西彬州市。 ㉛邀：邀击，拦击。 ㉜卷甲韬戈：卷，收藏；韬，掩藏。谓收起甲胄军械以息战求和。 ㉝啖（dàn）：引诱，利诱。 ㉞伺衅：等待间隙。衅，事端，破绽。 ㉟将欲取之，必固与之：想要得到他，一定得先给对方一些满足。语见《老子》：“将欲夺之，必固与之。” ㊱非所及：不是自己所能达到。

【译文】

八月二十一日，唐太宗册立皇妃长孙氏为皇后。长孙皇后年少时爱好读书，言行举动一定要遵守礼教的规定。唐太宗在当秦王的时候，与太子李建成和齐王李元吉结下仇隙，长孙皇后侍奉唐高祖，顺承唐高祖妃嫔的心意，弥补秦王与这些人之间的不和，从家内给秦王带来很大帮助。等到长孙氏册立为正宫皇后，务求保持节俭的风气，车马衣服等物品只求够用即可。唐太宗深为器重她，曾经与她议论奖赏与刑罚的事，长孙皇后推辞说：“‘如果母鸡在早晨打鸣，就只会使这个家族倾家荡产。’我是妇人，怎么敢参与过问朝中的政事！”唐太宗再三询问她，她最终也没有回答。

八月二十四日，突厥进军侵犯高陵县。二十六日，泾州道行军总管尉迟敬德与突厥在泾阳交战，大败突厥。擒获了突厥的俟斤阿史德乌没啜，斩首一千多级。

八月二十八日，突厥颉利可汗进军到长安附近的渭水便桥的北岸，派遣他的心腹执失思力入京晋见唐太宗，以便观察唐朝廷的情况。执失思力大言吹嘘“颉利可汗与突利可汗两人率领百万大军，现在已经来到长安了”。唐太宗斥责他说：“我与你们的可汗当面约定讲和通婚，前后赠送的金银布帛，多得无法计算。你们的可汗自己背弃盟约，率领兵马深入唐境，在我是没有惭愧的地方！你们虽然是戎狄异族之人，但也有人心，怎能完全忘记唐朝廷给予你们的巨大恩惠，自己夸耀兵力强盛！我现在先斩了你！”执失思力害怕了，请求饶命。萧瑀和封德彝也请求按照礼节让他回去。唐太宗说：“我现在就让他回去，这些虏人认为我害怕他们，会放肆起来侵凌我们。”于是把执失思力囚禁在门下省。

唐太宗亲自从玄武门出宫，与高士廉、房玄龄等六人骑马径直来到渭河边，与颉利可汗隔着渭水对话，责备他背弃盟约。突厥人大为吃惊，纷纷跳下马来对着唐太宗罗列下拜。不久唐朝各军相继赶到，旗帜与盔甲遮蔽住整个原野。颉利可汗看到执失思力没有回来，而唐太宗挺身而来，唐军的阵容非常强盛，脸上出现恐惧的神色。唐太宗指挥各军，让他们后退布成战阵，自己单独一个留下来与颉利可汗交谈。萧瑀认为唐太宗过于轻敌，拉住太宗的坐骑坚持劝阻，唐太宗说：“朕盘算得已经十分周密，不是你所能知道的。突厥之所以敢于倾尽全国兵力前来，径直抵达京城的郊野，是因为我们国家内部出现了祸难，朕又是刚刚即位，（突厥）认为我们不能抵抗防御强大的敌人。如果我们向他们示弱，关闭城门防守抵御，突厥必然要放纵兵马大规模抢劫掠夺，这样的话就难以遏制他们了。所以朕轻装骑马独自前来，好像表示轻视他们，又向他们炫耀我军的强大阵容，让他们知道我军有决心敢于作战，朕的行动出乎突厥的意料，让他们失去主意。突厥深入我国疆域已经很深，必定怀有戒惧之心，所以与他们作战就必能取胜，与他们讲和就必定非常牢固。制服突厥，就在此一举。你只管观看吧！”这一天，颉利可汗前来请求讲和，唐太宗下诏表示许可，唐太宗当天返回宫中。八月三十日，唐太宗又临幸城西，宰杀白马，用马血行礼，与颉利可汗在便桥上订立盟约，突厥率领兵马撤退。

萧瑀向唐太宗请教说：“突厥没有与我们讲和的时候，各位将领争相请求出战，陛下不允许，臣等也都疑惑不解，不久突厥果然自动撤退，皇上的用计在什么地方？”唐太宗说：“我观察突厥的兵马虽然人数众多，但阵容并不整齐，突厥君臣的意图只是想贪求我们送他财物以求讲和，当突厥请求讲和的时候，可汗独自留在渭水西岸，他们的高级官员都来谒见我，如果我把他们灌醉后捆绑起来，趁机袭击突厥的军队，就会势如摧枯拉朽。我又已命令长孙无忌、李靖在豳州埋伏下军队等着他们，假如突厥逃奔回国，前面有伏兵进行阻拦截击，后面有大军跟踪追击，消灭他们易如反掌。之所以不与他们交战，是由于我即位的时间不长，国家尚未安定，百姓并不富足，暂且应当休息生养以安抚民众。一旦与突厥开战，所要损失的人力物力必然很多，突厥也会与我们结下深仇，他们回去之后因为恐惧而整饬战备，我们就不能达成自己的志向了。所以才决定收兵停战，用金银丝帛诱惑他们。他们既然满足了欲望，按理应当自动撤退，此时他们就会心中骄傲而产生怠惰，不再会整顿军备。然后我们蓄养军威来窥伺他们的破绽漏洞，就可以一举消灭他们了。将要夺取它，一定要先给予它，就是说的这个道理。你明白了吗？”萧瑀俯身两次下拜说：“不是我所能想到的！”

【评析】

玄武门之变

玄武门，是长安宫城北门，为朝臣入朝所经之门。唐武德九年六月初四日晨，秦王李世民伏兵于玄武门，等待太子李建成、齐王李元吉入朝到此门时擒而杀之，发动兵变，用武力夺权。事变进展极其顺利，李世民杀了李建成和李元吉。唐高祖李渊无奈，六月七日即宣布册立李世民为太子，六月十六日退位为太上皇，八月初九日，李世民正式登基即皇帝位，这就是唐太宗。李世民发动兵变夺权，喋血玄武门，史称玄武门之变。

唐高祖李渊昏庸好色，他之所以得天下，全靠李世民的经营。李渊出身隋朝贵族而得到晋阳留守之职。晋阳有隋炀帝行宫。晋阳宫副监裴寂是一个佞人，他结交李渊，想在乱世中找到保护伞，投李渊之好，私自进献宫女，属于大逆不道的行为。李世民和晋阳令刘文静谋划起兵反隋，通过裴寂劝说李渊，于是裴寂也算起事功臣之一。李渊起兵，裴寂又送宫女五百名给李渊，作为行军统帅的李渊，也居然收受，可见这一对君臣的昏庸与荒唐。李渊登上帝位以后，视裴寂为心腹，而真正的功臣刘文静却被猜疑，并在裴寂的谗言下，借口刘文静谋反，诛杀了刘文静。李渊治国荒唐，是非颠倒。太子李建成，喜好酒色田猎。第四子李元吉更是一个阴险的人。李建成因是长子被立为太子，嫉妒李世民的功业，担心太子地位不稳，就拉拢李元吉，许诺自己当了皇帝不传子而传弟，册立李元吉为皇太弟，于是两人合谋，结纳宫中妃嫔，一起谗毁李世民。李渊是非不明，实则李世民功高震主，李渊猜忌李世民，从而纵容李建成兄弟的行为，以致李建成、李元吉公开用毒酒谋害李世民，李渊也不做追究。由于平乱战争需要李世民，每有寇警，李渊便命李世民征讨，事平之后，却猜嫌益甚。到了武德九年，全国战争基本平定，李氏兄弟夺权斗争也达到了最高潮，双方都决定用武力夺权，只是看谁先下手罢了。

李世民文武双全，身经百战，占有绝对势力，本意等待后发制人，让李建成、李元吉先动手，这样名正言顺诛逆。可李建成有太子之位，又有唐高祖支持，发生冲突仍是李建成为顺，李世民为逆，君臣名分，没有李世民后发制人的机会，李世民要成功，只能先发制人，在部属的催促之下，李世民先发制人，发动玄武门之变，夺位成功。但在名义上却不顺，在事实上是亲手杀害同胞兄弟，难免让李世民在后人心中投下阴影。

专制政体下，宗法制度是护国根本，轻易不可动摇。宗法制度立嫡以长不以贤，弊端也十分明显，打天下的李世民因为不是嫡长子，就不能坐天下，在守成时代，谁也不敢破坏宗法制度，为了维护平稳，满朝文武只好奉立嫡长子。可是开国时代，打天下的不是继位者个人的事。刘文静的下场给秦王府的功臣宿将敲了警钟，满朝文武大半曾追随李世民，他们容不了李建成、李元吉得势。所以玄武门之变是不可避免的。司马光假设用太伯让历的方法来解决，它的前提是：第一，太子让位；第二，老子是非分明。

周朝的先公太伯避历是逃到他国，吴太伯到了勾吴，自立为君，脱离中原。唐朝时已是一统天下，避位的人逃到哪里去呢？既然无可逃遁藏身，只能是用一场决斗解决了。

开创大业，建立政权的君王是子孙的偶像。唐太宗晚年，儿子们争位。唐王朝中宗李显、玄宗李隆基、肃宗李亨、代宗李豫，他们继承帝位，也都用玄武门之变的方式，发动兵变夺位，可以说这是李世民给后世子孙带来的负面影响。玄武门之变无论对于李建成、李元吉，还是对于李世民都是一场悲剧。但玄武门之变对于唐王朝，对于中华民族的发展历史，却是值得称道的。

卷第一百九十二　唐纪八

唐高祖武德九年至唐太宗贞观二年（626—628）

【起柔兆阉茂（丙戌，626）九月，尽著雍困敦（戊子，628）七月，凡二年】

【大事提要】

本卷记事起唐高祖武德九年（626）九月，讫唐太宗贞观二年（628）年七月，凡两年。唐太宗即位伊始就励精图治，贞观时期的治国方略，大体已备，具体说要点有五。第一，知人善任。能否知人用人，是判断人君贤愚的一个重要标准。魏徵、张玄素、张蕴古、傅奕等，皆非秦王府旧人，唐太宗得贤则委以重任，是历史上少有的明君。第二，纳谏改过。如纳戴胄忠之言不枉法杀人；纳长孙无忌、魏徵之言，不轻启干戈，避免了北征突厥、南伐岭南的战争，结果突厥、冯氏皆归附。第三，慎狱刑，重民生。唐太宗鼓励大臣至公，执法宽平，以流放代肉刑，决死囚要大臣复按，天下无冤狱。又薄赋敛，赈灾，戒奢，一系列施政以重民生。第四，宽待大臣，却不护短皇亲。长孙顺德贪污受贿，唐太宗赐以锦帛以耻其心；而长乐王李幼良，宗室叔父，有过赐死。对犯颜谏诤的直臣，往往破格提升。第五，佑文讲武，居安思危。以上施政，唐太宗都以身为则，君明臣直，贞观政治很快步入正轨。裴矩、封德彝，在隋为佞臣，入唐为名臣，敢尽忠直言。唐太宗做出的榜样，蔚然成风。

【原文】

高祖神尧大圣光孝皇帝下之下

武德九年（丙戌，626）

九月，突厥颉利[①]献马三千匹，羊万口[②]。上[③]不受，但诏归[④]所掠中国户口，征温彦博还朝[⑤]。

丁未[⑥]，上引诸卫将卒习射于显德殿[⑦]庭，谕之曰："戎狄侵盗[⑧]，自古有之，患在边境少安，则人主[9]逸游[10]亡战，是以寇来莫之能御。今朕不使汝曹[11]穿池[12]筑苑，专习弓矢，居闲无事，则为汝师，突厥入寇，则为汝将，庶几[13]中国之民可以少安乎！”于是日引数百人教射于殿庭，上亲临试[14]，中多者[15]赏以弓、刀、帛，其将帅亦加上考[16]。群臣多谏曰：“于律[17]，以兵刃至御[18]在所者绞。今使卑碎之人[19]张弓挟矢于轩陛[20]之侧，陛下亲在其间，万一有狂夫窃发[21]，出于不意，非所以重社稷也[22]。”韩州[23]刺史[24]封同人诈乘驿马入朝切谏[25]。上皆不听，曰：“王者视四海如一家，封域[26]之内，皆朕赤子，朕一一推心置其腹中[27]，奈何[28]宿卫之士亦加猜忌乎？”由是人思自励，数年之间，悉为精锐。

上尝言：“吾自少经略[29]四方，颇知用兵之要[30]，每观敌陈，则知其强弱，常以吾弱当[31]其强，强当其弱。彼乘吾弱[32]，逐奔不过数十百步[33]，吾乘其弱，必出其陈后反击之，无不溃败，所以[34]取胜，多在此也!”

己酉[35]，上面定[36]勋臣长孙无忌[37]等爵邑[38]，命陈叔达于殿下唱名示之[39]，且曰：“朕叙卿等勋赏或未当[40]，宜各自言。”于是诸将争功，纷纭[41]不已。淮安王神通曰：“臣举兵关西，首应义旗[42]，今房玄龄、杜如晦等专弄刀笔[43]，功居臣上，臣窃[44]不服。”上曰：“义旗初起，叔父虽首唱[45]举兵，盖亦自营脱祸[46]。及窦建德吞噬[47]山东，叔父全军覆没[48]。刘黑闼再合馀烬[49]，叔父望风奔北[50]。玄龄等运筹帷幄[51]，坐安社稷[52]，论功行赏，固宜居叔父之先。叔父，国之至亲，朕诚无所爱[53]，但不可以私恩滥与勋臣同赏耳！”诸将乃相谓曰：“陛下至公[54]，虽淮安王尚无所私[55]，吾侪[56]何敢不安其分[57]。”遂皆悦服。房玄龄尝言：“秦府旧人未迁官者，皆嗟怨[58]曰：‘吾属奉事左右[59]，几何年[60]矣，今除官，返出前宫[61]、齐府[62]人之后。’”上曰：“王者至公无私，故能服天下之心。朕与卿辈日所衣食，皆取诸民者也。故设官分职[63]，以为民也，当择贤才而用之，岂以新旧为先后哉[64]？必也新而贤[65]，旧而不肖[66]，安可舍新而取旧乎？今不论其贤不肖而直言嗟怨，岂为政之体[67]乎？”

诏：“民间不得妄立妖祠[68]。自非卜筮正术[69]，其馀杂占，悉从禁绝[70]。”

上于弘文殿聚四部[71]书二十馀万卷，置弘文馆于殿侧[72]，精选天下文学之士虞世南、褚亮、姚思廉、欧阳询、蔡允恭、萧德言[73]等，以本官兼学士，令更日宿直[74]，听朝之隙，引入内殿，讲论前言往行[75]，商榷[76]

政事，或至夜分[77]乃罢。又取三品已上子孙充弘文馆学士[78]。

（以上为第一段，写唐太宗居安思危，讲武佑文，大封功臣。）

【注释】

①颉利：颉利可汗。 ②羊万口：羊的计算单位，有言口者，也有言头者。 ③上：自武德九年八月甲子太宗即皇帝位后，凡称上者，皆指太宗。 ④但诏归：只是诏命归还。 ⑤征温彦博还朝：武德八年八月，温彦博被突厥所执。至今，太宗征召彦博还朝。 ⑥丁未：九月二十二日。 ⑦显德殿：宫殿名。唐长安东宫第一大殿，位于东宫南面中部嘉德门内。建于隋，原称嘉德殿，唐初改名显德殿。此为东宫正殿，是皇太子举行政治活动之处。武德九年八月九日，李世民在此殿即帝位。后常在此会见群臣，处理朝政。 ⑧侵盗：侵陵盗窃。 ⑨人主：人君，天子。 ⑩逸游：淫逸游乐。 ⑪汝曹：你们。 ⑫穿池：犹凿池。 ⑬庶几：表示在上述情况下才能实现某种希望。 ⑭亲临试：亲自莅临，加以验试。 ⑮中多者：射中多的。 ⑯上考：唐考功之法，上、中、下皆分三等。上考，上等之考绩。 ⑰于律：法律规定。 ⑱御：封建社会与皇帝有关的事物，一般加"御"字。"御在所"即皇帝所在的地方。 ⑲卑碎之人：《旧唐书·太宗纪》作"裨卒之人"。即小卒。"卑"疑"裨"之讹。 ⑳轩陛：即朝廷。 ㉑窃发：暗中射箭。 ㉒非所以重社稷也：这不是注重社稷的做法。意为社稷之安危，系于君主之存亡。社稷：社，土神；稷，谷神。为天子诸侯所祭，故常作为国家之代称。 ㉓韩州：州名。治所在今山西襄垣县。 ㉔刺史：官名，州的行政长官。 ㉕切谏：恳切进谏。 ㉖封域：封疆内之区域。 ㉗推心置其腹中：喻相信之深刻。 ㉘奈何：怎么能。 ㉙经略：经营徇略。 ㉚要：要领。 ㉛当：抵挡。 ㉜彼乘吾弱：敌方乘我脆弱之卒。 ㉝数十百步：数十以至一百步。 ㉞所以：之所以。 ㉟己酉：九月二十四日。 ㊱面定：亲定。 ㊲长孙无忌（？—659）：字辅机，河南洛阳人，太宗长孙后之兄。佐太宗定天下，功第一。擢吏部尚书，封赵国公。累迁太子太师。传见《旧唐书》卷六十五、《新唐书》卷一百零五。 ㊳爵邑：爵位封邑。 ㊴唱名示之：高呼其名而告示之。 ㊵或未当：如有不当。 ㊶纷纭：纷乱喧嚣。 ㊷义旗：起义的或为正义而战的军队的旗帜。 ㊸专弄刀笔：即所谓刀笔吏。 ㊹窃：私自、私下。 ㊺首唱：首先倡导。 ㊻脱祸：免除灾祸。 ㊼吞噬（shì）：吞灭。噬，咬。 ㊽叔父全军覆没：指武德二年，李神通与窦建德作战败北，全军覆没之事。 ㊾馀烬：燃烧后剩下的灰和未烧尽的东西。此指战后剩余的兵卒。 ㊿叔父望风奔北：指武德四年九月，李神通与刘黑闼战于饶阳城南。黑闼以少击众，神通大败，望风奔

北之事。　㉛运筹帷幄：在军帐中拟定作战的策略。运，运用，进行；筹，谋划；帷幄，军用帐幕。　㉜坐安社稷：虽坐在帐内而能使社稷安定。　㉝诚无所爱：实在不是吝惜。爱，吝惜。　㉞至公：最为公正。　㉟私：偏私。　㊱吾侪（chái）：我辈。㊲安其分：安其所定之名分，亦即安其所定之爵位。　㊳嗟怨：嗟叹怨恨。　㊴奉事左右：奉候服侍皇帝左右。　㊵几何年：多少年。　㊶前宫：即先太子建成之东宫。㊷齐府：齐王元吉的官府。　㊸分职：分配职位。　㊹岂以新旧为先后哉：哪能以新旧关系为任命先后的准绳呢。　㊺必也新而贤：必定是新而且贤。　㊻不肖：亦即不贤。　㊼为政之体：为政之体统。　㊽妖祠：指不合礼制规定，不属于祀典的祠庙。㊾卜筮正术：以龟曰卜，以蓍（shī）曰筮。正术，正当之术数。　㊿禁绝：禁止断绝。71四部：我国古代图书分类名称。西汉刘歆《七略》分图书为七类。到唐代始分为四类，确定了经、史、子、集四部的名称和顺序。后代沿用此法。四部也称四库。　72置弘文馆于殿侧：《唐会要》载"武德四年，于门下省置修文馆，至九年三月，改为宏文馆，至其年九月，太宗即位，大阐文教于宏文殿聚四部群书二十馀万卷，于殿侧置宏文馆……贞观三年，移于纳义门西"。按阁本《太极宫图》，弘文馆在门下省东，而不载弘文殿，纳义门在嘉德门之西。　73萧德言（558—654）：字文行。贞观时历著作郎、弘文馆学士。传见《旧唐书》卷一百八十九上、《新唐书》卷一百九十八。　74更日宿直：隔日入宿而值事。　75前言往行：前人之言行。　76商榷：商量。　77夜分：夜半。　78充弘文馆学士：此学士为学生之意。

【译文】

高祖神尧大圣光孝皇帝下之下

唐高祖武德九年（丙戌，626）

九月，突厥颉利可汗进献三千匹马、一万只羊，唐太宗并不接受，只是下诏让突厥归还以前掠夺的中原人口，并征召去年被突厥俘虏的温彦博回到朝中。

九月二十二日，唐太宗带领各卫将士在显德殿庭院练习射箭，对他们训话说："中原周边的戎狄等族对内地的侵扰劫盗是自古以来就有的，这并不值得忧虑，值得忧虑的是每当边境稍有安宁，君主就放逸游荡而忘记战争的威胁，因而外敌一旦前来侵犯就无人能够抵御。现在朕不让你们挖掘水池筑建宫苑，而来专门练习弓矢射术，是想在闲居无事时，朕就当你们的师父，一旦突厥入侵，就当你们的将领，这样的话，中原的百姓才能过上安宁日子！"从此以后唐太宗每天带领数百人在宫殿庭院里教习射箭，太宗亲自临场比赛射箭，射中靶心较多的士兵就赏赐弓、刀、丝帛，他们的将领也列为考核成绩的上等。众多大臣多有劝谏：“依照大唐律令，带兵器来到帝王住处的人，就要处以绞刑。现在让卑微之人在皇宫殿庭之内拉弓挟箭，陛下亲自处于他们之间，万一出现狂妄之人暗中谋杀，出乎意料，这就不是以社稷为重了。”韩州刺史封同人假称有事骑着驿马进入宫内直言苦谏。唐太宗都不听从，说：“帝王之人把四海看如一家，整个领域之内，都是朕的赤诚之子，朕把自己的诚心推置到每一个人的心中，为什么对保卫朕的禁卫将士也横加猜忌呢？”因此这些将士人人都能自我激励，几年之间全都成了精锐的将士。

唐太宗曾说：“我从小在四方征战经营，非常熟悉用兵的要诀，每次观察敌军的阵势，就知道它的强弱，经常用我军的弱旅抵抗敌人的强兵，用我军的强兵攻击敌人的弱旅。敌军冲击我军的弱旅，冲击过来不过能前进数十步乃至百步而已，我军攻击敌军的弱旅，一定要冲击到敌人的阵后再反击回来，因此敌军无不溃败奔逃，所以能够每次取胜，原因就在这里！”

九月二十四日，唐太宗与群臣当面议定开国元勋长孙无忌等人的爵位田邑，命陈叔达在宫殿下唱名公布，唐太宗说：“朕排列大臣等人的功勋与赏赐或有不当之处，可以各自申明。”于是各位将领纷纷争功，议论不止。淮安王李神通说：“臣在关西起兵，首先响应起义的大旗，现在房玄龄、杜如晦等人专门捉刀弄笔，功劳等级却在臣的上面，臣内心确实不服。”唐太宗说：“起义之旗刚开始举起的时候，叔父虽然首先举兵响应，但这也是自己谋求摆脱灾祸。等到窦建德侵吞山东，叔父全军覆没；刘黑闼再次纠集余部，叔父望风败逃。房玄龄等人运筹于帷幄之中，坐着就使社稷江山得以安定，论功行赏本来就应在叔父的前面。叔父您是皇族的至亲，朕对您确实毫不吝惜，但不可凭着私人的恩情滥与有功之臣同等封赏。”众位将领于是相互说：“陛下极为公正，虽然是皇叔淮安王也不讲私情，我们这些人怎敢不安守本分呢。”于是大家都心悦诚服。房玄龄曾说：“秦王府未能升官的旧僚属，皆嗟叹埋怨说：‘我们这些人侍奉在陛下身边有很多年了，现在封官反而都在前太子东宫、齐王府的僚属后面。’”唐太宗说：“帝王至公无私，所以能让天下人心服。朕与你们平日的衣食，都取自百姓。因此设置官员、分配职务都是为了百姓，应当选择贤能的人才加以任用，怎能根据人的新旧作为用人封官的先后顺序呢？如果新人必定是贤才，而旧人不是贤才，怎么可以放弃新人而用旧人呢？现在你们不讲人才是否贤能而只说人们在嗟叹埋怨，这难道是为政之原则吗？”

唐太宗下诏："民间不得妄自设立不正当的祭祀祠庙。如果不是正当的卜筮术，其余的杂门占卜，一律禁绝。"

唐太宗在弘文殿聚集了经史子集四部书籍共二十余万卷，并在殿旁设置了弘文馆，精心选择了天下著名的文学人才虞世南、褚亮、姚思廉、欧阳询、蔡允恭、萧德言等人，保留着原任官职来兼任弘文馆学士，命令他们轮流在弘文馆住宿值班，唐太宗在听取政事的空隙，招引学士进入内殿，讲论先哲的前言往行，商榷政治上的事务，有时一直讲谈到半夜才结束。又选取三品以上官员的子孙充任弘文馆学生。

【原文】

冬，十月丙辰朔①，日有食之②。

诏追封故太子建成为息③王，谥曰隐④；齐王元吉为剌王⑤，以礼改葬。葬日，上哭之于宜秋门⑥，甚哀。魏徵、王珪表请陪送至墓所，上许之，命宫府旧僚⑦皆送葬。

癸亥⑧，立皇子中山王承乾⑨为太子，生八年矣⑩。

庚辰⑪，初定功臣实封有差⑫。

初，萧瑀荐封德彝于上皇⑬，上皇以为中书令。及上即位，瑀为左仆射⑭，德彝为右仆射。议事已定，德彝数反于上前⑮，由是有隙。时房玄龄、杜如晦新用事，皆疏瑀而亲德彝，瑀不能平⑯，遂上封事论之，辞指寥落⑰，由是忤旨⑱。会瑀与陈叔达忿争于上前，庚辰⑲，瑀、叔达皆坐不敬⑳，免官。

甲申㉑，民部尚书裴矩奏："民遭突厥暴践㉒者，请户给绢一匹。"上曰："朕以诚信御下㉓，不欲虚有存恤㉔之名而无其实，户有大小，岂得雷同㉕给赐乎！"于是计口为率㉖。

初，上皇欲强宗室以镇天下，故皇再从、三从弟㉗及兄弟之子，虽童孺皆为王，王者数十人。上从容问群臣："遍封宗子㉘，于天下利乎？"封德彝对曰："前世唯皇子及兄弟乃为王，自馀㉙非有大功，无为王者。上皇敦睦㉚九族，大封宗室，自两汉以来未有如今之多者。爵命㉛既崇，多给力役㉜，恐非示天下以至公也！"上曰："然。朕为天子，所以养百姓也，岂可劳百姓以养己之宗族乎？"十一月庚寅㉝，降宗室郡王皆为县公㉞，惟有功者数人不降。

丙午[35]，上与群臣论止盗[36]。或请重法以禁之，上哂[37]之曰：“民之所以为盗者，由赋繁役重，官吏贪求[38]，饥寒切身[39]，故不暇顾廉耻耳。朕当去奢省费，轻徭薄赋[40]，选用廉吏，使民衣食有馀，则自不为盗，安用[41]重法邪？”自是数年之后，海内升平[42]，路不拾遗，外户不闭，商旅野宿[43]焉。

上又尝谓侍臣曰：“君依于国，国依于民。刻[44]民以奉君，犹割肉以充腹，腹饱而身毙，君富而国亡。故人君之患，不自外来，常由身出[45]。夫欲盛则费广[46]，费广则赋重，赋重则民愁，民愁则国危，国危则君丧[47]矣。朕常以此思之，故不敢纵欲也。”

十二月己巳[48]，益州大都督[49]窦轨奏称獠反，请发兵讨之。上曰：“獠依阻山林[50]，时出鼠窃，乃其常俗。牧守[51]苟能抚以恩信，自然帅服[52]，安可轻动干戈，渔猎[53]其民，比之禽兽[54]，岂为民父母之意邪？”竟不许。

（以上为第二段，写唐太宗轻徭薄赋，戒奢侈，重民生，抑皇亲宗室，降王爵为公，依律制定功臣实封。）

【注释】

①丙辰朔：十月初一日。 ②日有食之：发生日食。 ③息：古国名。 ④隐：谥法，隐拂不成曰隐。 ⑤剌王：谥法，不思忘爱曰剌，暴戾无亲曰剌。 ⑥宜秋门：太极宫殿门之一。在千秋殿之西，百福门之东。 ⑦宫府旧僚：东宫、齐王府旧日僚属。⑧癸亥：十月初八日。 ⑨承乾：太宗长子，生于承乾殿，因以名之。 ⑩生八年矣：当时年龄八岁。 ⑪庚辰：十月二十五日。 ⑫定功臣实封有差：制定功臣食实封制度。唐制，食实封者得真户，以丰饶之地、中等以上户给之。户皆在三丁以上。封户所交纳的租税，三分中以一分入官，二分入封国。唐爵九等：一曰王，食邑万户；二曰嗣王、郡王，食邑五千户；三曰国公，食邑三千户；四曰开国郡公，食邑二千户；五曰开国县公，食邑千五百户；六曰开国县侯，食邑千户；七曰开国县伯，食邑七百户；八曰开国县子，食邑五百户；九曰开国县男，食邑三百户。 ⑬上皇：皇帝的父亲。即高祖李渊。 ⑭仆射：官名。尚书省长官。东汉初置尚书仆射一人，作为尚书令的佐官。后又分置左、右仆射。唐太宗以后一般不设尚书令，两仆射即为尚书省长官，与中书令、侍中同为宰相。中宗后，加“同中书门下平章事”者方得为宰相。 ⑮数反于上前：多次在皇帝面前改变原先的决定。 ⑯不能平：即怨怼之意。 ⑰寥落：谓枯涩而不畅。

⑱忤旨：有逆旨意。 ⑲庚辰：十月二十五日。 ⑳不敬：谓于上前，态度不恭。 ㉑甲申：十月二十九日。 ㉒暴践：凶暴蹂践。 ㉓御下：治理百姓。御，驾驭，此为治理。下，指百姓，人民。 ㉔存恤：存问抚恤。 ㉕雷同：相同。 ㉖计口为率：以按口数计算为规式。 ㉗再从、三从弟：同曾祖为再从兄弟，同高祖为三从兄弟。 ㉘宗子：宗室之子。 ㉙自馀：其余。 ㉚敦睦：敦厚和睦。 ㉛爵命：爵位秩命。崇，高，尊。 ㉜多给力役：多供给力役。力役指防阁、庶仆、白直之类。《唐六典》卷三载“凡京司文武职事官皆有防阁，一品九十六人，二品七十二人，三品三十八人，四品三十二人，五品二十四人，六品给庶仆十二人，七品八人，八品三人，九品二人……凡州、县官僚皆有白直，二品四十人，三品三十二人，四品二十四人。五品十六人，六品十人，七品七人，八品五人，九品四人。凡州、县官及在外监官皆有执衣以为驱使，二品十八人，三品十五人，四品十二人，五品九人，六品七品各六人，八品九品各三人。执衣并以中男充。凡诸亲王府属并给士力，其品数如白直”。 ㉝庚寅：十一月初五日。 ㉞降宗室郡王皆为县公：将宗室郡王的爵位降为县公。据《旧唐书·职官志》云，郡王为从一品，县公为从二品。 ㉟丙午：十一月二十一日。 ㊱论止盗：讨论防止盗贼。 ㊲哂（shěn）：微笑，讥笑。 ㊳贪求：要索无度。 ㊴切身：逼迫于己。 ㊵轻徭薄赋：轻徭役，薄赋敛。 ㊶安用：何用。 ㊷升平：治平。 ㊸商旅野宿：商贾行旅宿于郊野。 ㊹刻：剥、苛刻。 ㊺身出：己出。 ㊻费广：费用多。 ㊼丧：亡。 ㊽己巳：十二月十五日。 ㊾大都督：官名。唐前期地方最高长官称都督。唐代于重要地区置大都督。各州按等级分别置上、中、下都督府，各设都督。中叶以后，节度使、观察使为地方最高长官，都督之名遂废。 ㊿依阻山林：谓依山林以为险阻。 (51)牧守：州牧郡守。 (52)帅服：相帅服从。 (53)渔猎：捕捉。 (54)比之禽兽：把他们比作禽兽。

【译文】

冬季，十月初一日，发生日食。

唐太宗下诏追封已故太子皇兄李建成为息王，谥号为隐；皇弟齐王李元吉，谥号为剌，以皇家规格的丧礼重新进行安葬。安葬之日，唐太宗在宜秋门大哭一场，显得十分哀痛。魏徵、王珪上表请求陪送灵车到安葬地，唐太宗答应了他们的请求，并命令原东宫和齐王府的旧僚属都去送葬。

十月初八日，朝廷册立中山王李承乾为皇太子，当时（太子）年仅八岁。

十月二十五日，唐朝初步规定功臣实得食邑封户的等级差别。

起初，萧瑀向唐高祖荐举封德彝，唐高祖任命他为中书令。等到唐太宗即位，萧瑀任尚书左仆射，封德彝为右仆射，议事已经商定了，封德彝多次在唐太宗面前改变态度，由此二人之间产生了嫌隙。当时房玄龄、杜如晦刚刚掌权管事，都疏远萧瑀而亲近封德彝，萧瑀觉得不平，于是献上密封的奏章来论说这些事情，奏章中的用词及意思孤寂凄凉，由此而触犯了唐太宗的旨意。正好这时萧瑀与陈叔达在唐太宗面前激烈争辩，十月二十五日，萧瑀、陈叔达都因为对皇帝不敬的罪名，罢官免职。

十月二十九日，民部尚书裴矩上奏说："百姓遭到突厥暴虐侵害的，请求每户赐给绢帛一匹。"唐太宗说："朕用诚信统御下属，不想空有抚恤百姓的名声而没有实在的东西，每户人数多少不等，怎能雷同地给予赏赐呢？"于是按人口为准进行赏赐。

起初，唐高祖想加强皇室宗族的地位以威震天下，所以属于皇帝同曾祖、同高祖的远房堂兄弟以及兄弟的儿子，虽然还是童孺幼子也都封为王，这样封的王有数十人。唐太宗从容地询问群臣："把宗族的子弟都封为王，这样对天下有利吗？"封德彝回答说："前代王朝只有皇帝的儿子和兄弟才封为王，其他宗亲如果没有大的功勋，就没有封王的。太上皇亲善和睦皇族亲戚，大量分封宗室子弟，从两汉以来都没有如此之多的。封赐的爵位已经很高了，又多赐给劳力仆役，这恐怕不是向天下显示大公无私！"唐太宗说："说得对。朕当天子，是为了养护百姓，怎能让百姓辛劳来养护自己的宗族呢？"十一月初五日，唐把所封的宗室郡王都降级为县公，只有功勋卓著的人不降低王的级别。

十一月二十一日，唐太宗与群臣讨论如何制止盗贼。有人请求使用严刑重法以禁止盗贼，唐太宗哂笑他说："老百姓之所以做盗贼，是因为赋役繁重，官吏贪财求贿，因此百姓有了切身的饥寒，所以就顾不上廉耻罢了。朕应当去除奢侈节省费用，对百姓轻徭薄赋，选用清廉的官吏，使老百姓衣食都有剩余，自然就不会做盗贼了，何必用严刑重法呢？"由此经过数年之后，天下太平，路不拾遗，外出不用锁上门户，商人旅客可以在野外露宿。

唐太宗曾对身边陪伴的大臣说："君主依靠国家，国家依靠民众。剥削民众来奉养君主，如同割下身上的肉来吃饱肚子，肚子饱了可身体却会死了，君主富了而国家就会灭亡了。所以君主的忧虑，不从外面来，而是经常出于自身。君主的欲望过盛就会在很多方面进行花费，各方面的花费多了就会加重赋役，赋役繁重了民众就会愁苦，民众愁苦了国家就会危险，国家危险了君主就要丧亡了。朕常常这样思考，所以不敢放纵自己的欲望。”

十二月十五日，益州大都督窦轨上奏报告当地的獠民造反，请求发兵讨伐他们。唐太宗说：“獠民依仗着山林的险阻，时常出来像老鼠一样偷窃，这是他们通常的风俗，地方官如果能用恩惠和信用安抚他们，他们自然就会顺服，怎么可以轻易动用干戈，像捕鱼打猎一样捕杀獠民，把他们比作禽兽，这难道是当百姓父母官的本意吗？”最终没有准许出兵。

【原文】

上谓裴寂曰：“比多[①]上书言事者，朕皆粘之屋壁，得出入省览[②]，每思治道[③]，或深夜方寝。公辈亦当恪勤职业[④]，副[⑤]朕此意。”

上厉精求治，数引魏徵入卧内，访以得失[⑥]。徵知无不言，上皆欣然嘉纳。上遣使点兵[⑦]，封德彝奏：“中男[⑧]虽未十八，其躯干壮大者，亦可并点[⑨]。”上从之。敕[⑩]出，魏徵固执[⑪]以为不可，不肯署敕[⑫]，至于数四[⑬]。上怒，召而让之曰：“中男壮大者，乃奸民诈妄以避征役[⑭]，取之何害，而卿固执至此！”对曰：“夫兵在御之得其道[⑮]，不在众多。陛下取其壮健，以道御之，足以无敌于天下，何必多取细弱[⑯]以增虚数乎！且陛下每云：‘吾以诚信御天下[⑰]，欲使臣民皆无欺诈。’今即位未几，失信者数[⑱]矣！”上愕然曰：“朕何为失信[⑲]？”对曰：“陛下初即位，下诏云：‘逋负[⑳]官物，悉令蠲免[㉑]。’有司以为负秦府国司[㉒]者，非官物，征督[㉓]如故。陛下以秦王升为天子，国司之物，非官物[㉔]而何？又曰‘关中免二年租调，关外给复一年。’既而继有敕云：‘已役已输者[㉕]，以来年[㉖]为始。’散还之后，方复更征[㉗]，百姓固已不能无怪。今既征得物，复点为兵，何谓以来年为始乎！又陛下所与共治天下者在于守宰[㉘]，居常简阅[㉙]，咸以委之，至于点兵，独疑其诈，岂所谓以诚信为治乎？”上悦曰：“向者[㉚]朕以卿固执，疑卿不达[㉛]政事，今卿论国家大体[㉜]，诚尽其精要[㉝]。夫号令不信，则民不知所从，天下何由而治乎？朕过深矣！”乃不点中男，赐徵金瓮一。

上闻景州[㉞]录事参军[㉟]张玄素名，召见，问以政道，对曰：“隋主好自专庶务，不任[㊱]群臣。群臣恐惧，唯知禀受奉行[㊲]而已，莫之敢违。以一人之智决[㊳]天下之务，借使得失相半，乖谬已多[㊴]，下谀上蔽[㊵]，不亡何待[㊶]！陛下诚能谨择群臣而分任以事，高拱穆清[㊷]而考[㊸]其成败以施刑赏，何忧不治？又，臣观隋末乱离[44]，其欲争天下者不过十馀人而已，其馀皆保乡党[45]、全妻子，以待有道[46]而归之耳。乃知百姓好乱者亦鲜[47]，但[48]人主不能安之耳[49]。”上善其言，擢为侍御史。

前幽州记室直中书省[50]张蕴古上《大宝箴》[51]，其略曰：“圣人受命[52]，拯溺亨屯[53]，故以一人治天下，不以天下奉一人。”又曰：“壮九重于内[54]，所居不过容膝[55]；彼昏不知[56]，瑶其台而琼其室[57]。罗八珍[58]于前，所食不过适口；惟狂罔念[59]，丘其糟而池其酒[60]。”又曰：“勿没没[61]而暗[62]，勿察察[63]而明，虽冕旒蔽目而视于未形[64]，虽黈纩塞耳而听于无声[65]。”上嘉之，赐以束帛[66]，除大理丞[67]。

上召傅奕[68]，赐之食，谓曰：“汝前所奏[69]，几为吾祸。然凡有天变，卿宜尽言皆如此，勿以前事为惩[70]也。”上尝谓奕曰：“佛之为教[71]，玄妙[72]可师[73]，卿何独不悟[74]其理？”对曰：“佛乃胡中桀黠[75]，诳耀彼土[76]。中国邪僻[77]之人，取庄、老玄谈[78]，饰以妖幻[79]之语，用欺愚俗[80]，无益于民，有害于国，臣非不悟，鄙不学也[81]。”上颇然[82]之。

（以上为第三段，写唐太宗纳谏，信用魏徵、张玄素、张蕴古、傅奕等人。）

【注释】

①比多：比，近来；多，许多。 ②省览：省视观览。 ③每思治道：每每思考为政的道理。 ④恪（kè）勤职业：恭敬勤勉于职守。 ⑤副：符合。 ⑥得失：所得和所失，成功和失败。 ⑦点兵：点，召兵卒。 ⑧中男：年满十六岁的男子称中男。《旧唐书·食货志》，“男女始生者为黄，四岁为小，十六为中，二十一为丁”。 ⑨并点：并于一起而点召之。 ⑩敕：皇帝的命令或诏书。 ⑪固执：坚持。 ⑫署敕：胡注，“按唐制，中书舍人则署敕。魏徵时为谏议大夫，抑太宗亦使之连署耶”？署敕，谓大臣签名于诏敕之上，盖必如此，诏敕始能生效。 ⑬数四：六朝以嫌再三为数尚少，不足表其意念，故常有添益而作数四者，数四亦即再四。 ⑭中男壮大者，乃奸民诈妄以避征役：意谓中男壮大者，现已不止十六岁，率在十七八之谱，不过是奸民诈减，以逃避征役而已。 ⑮兵在御之得其道：军队在御用得其道。 ⑯细弱：小弱。 ⑰御天下：治理天下。 ⑱数：屡次。 ⑲何为失信：何事失信。 ⑳逋（bū）负：欠负、拖欠。 ㉑蠲免：除免。 ㉒国司：谓所掌司国家之财物。 ㉓征督：征收督责。 ㉔官物：官家之物，亦即公家之物。 ㉕已役已输者：已服役已输纳的人。 ㉖来年：明年。 ㉗散还之后，方复更征：既散还其已输之物，而又征之。 ㉘守宰：泛指地方

官。 ㉙居常简阅：平常简拔校阅。 ㉚向者：从前、先前。 ㉛达：通。 ㉜大体：重要之事。 ㉝诚尽其精要：真能道尽其中的精要。 ㉞景州：州名。治所在今河北东光县西北。 ㉟录事参军：官名。晋置，亦称录事参军事，为王府、公府及大将军府等机构属官。掌诸曹文簿，纠弹善恶。隋唐州郡亦设录事参军。 ㊱不任：不信任。㊲禀受奉行：禀受成命，奉而行之。 ㊳决：决断、决定。 ㊴得失相半，乖谬已多：即使得失各半，而一半谬误，已够多了。 ㊵下谀上蔽：在下者谄谀，在上者被蒙蔽。㊶不亡何待：唯有灭亡而已。 ㊷高拱穆清：高居拱手，肃穆清静。 ㊸考：考察、考覆。 ㊹乱离：丧乱分离。 ㊺乡党：犹乡里。 ㊻有道：有道之主。 ㊼鲜：少。㊽但：只是。 ㊾不能安之耳：谓不能使之安定。 ㊿前幽州记室直中书省：胡注云"唐诸州无记室，唯王国有记室参军，从六品上。蕴古盖庐江王瑗督幽州时为记室也。唐制，资序未至，以他官入省者为直"。 (51)《大宝箴》：一篇用以规谏劝诫的文书。(52)受命：蒙受天命。 (53)拯溺亨屯：拯救天下艰难困苦的人。亨，通达，顺利。屯（zhūn），《易》卦名。谓艰难困苦，不顺利。 (54)壮九重于内：九重，天子所居的宫室，谓于内庭修筑壮丽的宫室。 (55)容膝：容膝之地，极喻地之狭小。 (56)彼昏不知：那昏昧无知之君。 (57)瑶其台而琼其室：用瑶玉砌台，用琼玉筑室。瑶、琼，皆玉属。(58)八珍：八种珍味。《周礼·天官膳夫》载"珍用八物"。注云："珍，谓淳熬、淳毋、炮豚、炮牂、擣珍、渍、熬、肝膋也。" (59)惟狂罔念：唯狂惑之人，不加思念。 (60)丘其糟而池其酒：谓一等麴糟成丘山，而酒浆盈池沼。 (61)没没：惑溺。 (62)暗：昏暗。(63)察察：分析明辨。 (64)虽冕旒（liú）蔽目而视于未形：虽在冠前加旒来遮眼，却能看出事情的先机。旒，古代帝王礼帽上前后悬垂的玉串。 (65)虽黈（tǒu）纩（kuàng）塞耳而听于无声：虽以如丸的黄绵悬垂在冠的两边以充塞两耳，却能听到没说出的声音。纩，黄绵。 (66)束帛：帛五匹为一束。每匹从两端卷起，共为十端。 (67)大理丞：大理寺官名。正六品，掌分判寺事。 (68)傅奕（556—639）：唐初学者。相州邺（今河北临漳县）人。武德中，任太史令。著作有《老子注》《老子音义》。又集魏晋以来反对佛教的各思想家事迹为《高识传》十卷。传见《旧唐书》卷七十九、《新唐书》卷一百零七。 (69)汝前所奏：指上卷九年六月傅奕密奏"太白见秦分，秦王当有天下"一事。(70)惩：惩戒。 (71)佛之为教：佛的教理。 (72)玄妙：玄虚微妙。 (73)可师：可以师法。(74)悟：晓悟。 (75)胡中桀黠：胡族中狡黠的人。 (76)诳耀彼土：在他们的国境诳诈炫耀。 (77)邪僻：不正。 (78)玄谈：即清谈。魏晋时期流行的一种远离世事、崇尚虚无、空谈名理的风气。以《周易》《老子》《庄子》"三玄"为清谈的基本内容。东晋后，佛学兴起，清谈之风渐衰。 (79)妖幻：妖异诡幻。 (80)愚俗：即愚民。 (81)鄙不学也：以为鄙陋而不想学。 ㉜然：是。

【译文】

唐太宗对裴寂说："近来很多上书言事的奏章，朕都粘贴在寝宫的墙壁上，可以在进出时观看，朕经常思考治国之道，有时到深夜才入睡。你们也应当按自己的职守勤奋用心，以符合朕的这种心意。"

唐太宗励精求治，多次让魏徵进入自己的卧室内，询问政治上的得失，魏徵知无不言，唐太宗都高兴地采纳。唐太宗派出使节征召军队，封德彝上奏说："十六岁以上的中男虽然还不到十八岁，但其中躯干壮实高大的，也可一并征召。"唐太宗同意。敕令发出，魏徵坚持认为不可以这样做，不肯在敕书上签名，反复来回了多次都不签名。唐太宗发怒，召他进宫责备他说："躯干壮实高大的中男，都是那些谎报年龄想逃避徭役的奸民，征召他们有什么害处？而卿坚持不签名到了这个地步！"魏徵回答说："军队的事情，根本在于治理它要使用正确的方法，而不在于人数众多。陛下征召身体壮健的成年男丁，用正确的方法加以统率管理，就足以无敌于天下，何必过多征召年龄还小而且虚弱的人来增加军队的虚数呢？而且陛下常说：'我以诚实和信用治理天下，想让臣下百姓对于国家都没有欺诈行为。'现在陛下即位没有多久，失去信用已有多次了！"唐太宗愕然，问道："朕做什么失信于民了？"魏徵回答说："陛下刚即位时，下诏说：'百姓拖欠官家的财物，一律免除。'有关部门认为拖欠秦王府国司的财物，不是拖欠国家的财物，仍旧征求索取。陛下从秦王上升为天子，秦王府国司的财物不是国家的财物又是什么呢？又说：'关中地区免收二年的租调，关外地区免除徭役一年。'之后接着又有敕令说：'已经纳税和已经服徭役的人，从次年开始免除。'退还已纳税物之后，如果现在又要再次征收，百姓对这种做法本来就觉得奇怪。现在是既已征收了租调的物品，又要征召为国家服兵役，你说的从次年开始免除又是什么意思呢？另外，陛下与他们共同治理天下的，就在于各地的地方长官，日常的挑选视察等公务，全都委托给他们办理，而对于征点兵员，却偏要怀疑他们有欺诈，这难道是以诚信为治国之道吗？"唐太宗高兴地说："以前朕认为你固执己见，怀疑你不通达国家政事，今天你论述国家大政，所说实在全都是精要之言。朝廷的号令不讲信用，百姓就不知听从什么，天下如何能得到治理呢？朕的过失很深了！"于是不征召中男为兵员，并且赐给魏徵一只金瓮。

唐太宗听说景州录事参军张玄素的名声，就召见他，向他询问为政之道，张玄素回答说：“隋朝皇帝喜欢把各种琐碎政务全都抓在自己手里，而不交给群臣办理，群臣于是内心恐惧，只知道秉承皇帝的旨意加以执行而已，没有人敢于违抗命令。用一个人的智力决定天下的全部事务，假使得失各占一半，乖谬失误之处已经很多，臣下阿谀，皇上受到蒙蔽，国家不灭亡还会等到什么时候？陛下如真能谨慎地选择群臣而让他们分别担任不同的事务，自己拱手高坐清和静穆，考察臣下的成败得失，据此实施刑罚赏赐，还担心国家不能治理好吗？另外，臣观察隋朝末年发生的战乱和背叛，其中想要争夺天下帝王之位的不过十几个人而已，其余都是只想保护乡里、保全妻子儿女，等待着有道的帝王出现之后再来归附他。由此可知，百姓中喜欢叛乱的人是很少的，只是君主不能让他们过太平安定的生活罢了。”唐太宗欣赏他的言论，提拔他为侍御史。

前幽州记室参军、入直中书省值班的张蕴古，向唐太宗献上《大宝箴》，文章大略说：“圣人承受天命，拯救陷于水火之中百姓，挽救时世的危难，所以由一个人来治理天下，而不让整个天下只侍奉这一个人。”文章又说：“皇宫内以九重的殿堂为雄壮宏丽，可是帝王居住的地方并不太大，只不过是容下膝盖的一小块地方；帝王们却昏庸无知，把台子修成瑶台，把房间修成琼室。帝王在自己的面前罗列山珍海味的酒席，可是帝王吃下去的东西，不过是刚好吃饱肚子的几样食物；他们只有狂妄的念头，要有如同山丘一样高的酒糟，要有水池一样多的美酒。”文章又说：“帝王不要默默地毫无思想而昏暗无知，也不要过于精明而对所有的事情都无所不察，虽然帝王冠冕上的垂旒挡住了眼睛，但要在事情还没有成形之前就能洞察知悉，虽然帝王有黈纩塞在耳朵里，但要在事情还没有声音之前就能听到它。”唐太宗对这篇文章给予嘉奖，用一束帛赏赐他，任命他为大理丞。

唐太宗召见傅奕，赏赐他吃皇帝的食物，对他说：“你此前上奏说金星出现在秦的分野，秦王当有天下，差一点让我遇到灾祸。不过今后凡有天象变化，你应该仍像这次一样把你所知道全都讲出来，不要把前一次的事情放在心里，作为自己的惩戒。”唐太宗曾对傅奕说：“佛作为一种宗教，道理玄妙，可以让人以它为师，为何只有你一个人不明白它的道理？”傅奕回答说：“佛是胡族中的狡黠之人，用欺诳的话在他的国土中向世人炫耀。中国那些邪恶不正当的人，选取了《庄子》《老子》中的玄妙言论，再用妖幻的话进行装饰，用来欺骗愚昧的俗民，这无益于民众，更有害于国家，臣不是不明悟它的道理，只是鄙视它而不愿意学它。”唐太宗对这番话颇以为然。

【原文】

上患吏多受赇[①]，密使左右试赂之。有司门令史[②]受绢一匹，上欲杀之，民部尚书裴矩谏曰："为吏受赂，罪诚当死，但陛下使人遗之而受，乃陷人于法也，恐非所谓'道之以德，齐之以礼。'"[③]上悦，召文武五品已上告之曰："裴矩能当官[④]力争，不为面从，傥[⑤]每事皆然，何忧不治？"

臣光曰："古人有言：君明臣直[⑥]。"裴矩佞[⑦]于隋而忠于唐，非其性之有变也。君恶闻其过[⑧]，则忠化为佞，君乐闻直言，则佞化为忠。是知君者表也[⑨]，臣者景也[⑩]，表动则景随[⑪]矣。

是岁，进皇子长沙郡王恪为汉王、宜阳郡王祐为楚王。

新罗、百济、高丽三国有宿仇，迭相[⑫]攻击。上遣国子助教朱子奢[⑬]往谕指[⑭]，三国皆上表谢罪。

（以上为第四段，写裴矩佞于隋而忠于唐，唐太宗亲贤远佞已初见成效，蔚为风气。）

【注释】

①赇（qiú）：枉法受贿。　②司门令史：官名。属刑部，掌天下门关出入往来之籍赋等。　③但陛下使人遗之而受，乃陷人于法也，恐非所谓"道之以德，齐之以礼"：按《旧唐书·裴矩传》载"但陛下以物试之，即行极法，所谓陷人以罪，恐非导德齐礼之义"。两相对照，似原文较胜。"道之以德，齐之以礼"，为《论语》孔子之言，意为用道德去引导，用礼去整治。　④当官：为官。　⑤傥（tǎng）：假如。　⑥君明臣直：君上清明则臣下正直。　⑦佞（nìng）：谄媚。　⑧恶闻其过：讨厌听到自己的过错。⑨君者表也：君王像测时的仪表。　⑩臣者景也：臣子像日影。　⑪表动则景随：仪表移动则日影跟随。　⑫迭相：互相。　⑬朱子奢（？—641）：苏州吴县人。贞观初为国子助教。高丽、百济同伐新罗，太宗遣子奢持节谕之，平三国之憾。累迁弘文阁学士。传见《旧唐书》卷一百八十九上、《新唐书》卷一百九十八。　⑭谕指：晓谕天子意旨。

【译文】

唐太宗担心官吏会有很多人接受贿赂，秘密安排身边的人试着贿赂他们。刑部有一个司门令史收受了绢帛一匹，唐太宗要杀掉他。民部尚书裴矩劝谏说："当官而接受贿赂，其罪行实在应当处死，但是陛下派人送他绢帛他才接受，这是有意引人落入法律的陷阱，恐怕不符合孔子所说的‘用道德来引导人们，用礼教来整齐人心’的古训。”唐太宗很高兴，召集五品以上的文武官员告诉他们说：“裴矩能够做官而敢于力争，不做当面奉承的事，假如每件事情都能这样，还担心治理不好国家吗？”

司马光评论说：古人说过，君主贤明，臣下就会正直。裴矩对隋朝皇帝是当面奉承阿谀，对唐朝皇帝则忠诚正直，不是他的品性有所变化。君主厌恶听到人们说自己的错误，于是大臣的忠诚就转变为谗佞阿谀；君主乐于听到人们直言劝谏，大臣的谗佞阿谀就会转变成忠诚。由此可知君主如同测量太阳影子的标杆，大臣就是这个标杆投下的影子，标杆一动，影子就随之而动。

这一年，把皇子长沙郡王李恪升为汉王，宜阳郡王李祐升为楚王。

新罗、百济、高丽三国之间有世代结下的仇怨，相互交替进行攻击，唐太宗派遣国子监助教朱子奢前去传达圣意，三国都上表谢罪。

【原文】

太宗文武大圣大广孝皇帝上之上

贞观元年（丁亥，627）

春，正月乙酉[①]，改元[②]。

丁亥[③]，上宴群臣，奏《秦王破陈乐》[④]，上曰：“朕昔受委[⑤]专征，民间遂有此曲，虽非文德之雍容[⑥]，然功业由兹而成，不敢忘本。”封德彝曰：“陛下以神武平海内，岂文德之足比[⑦]。”上曰：“戡乱[⑧]以武，守成[⑨]以文，文武之用，各随其时。卿谓文不及武，斯言过[⑩]矣！”德彝顿首谢[⑪]。

己亥[⑫]，制：“自今中书、门下及三品以上入阁[⑬]议事，皆命谏官随之，有失辄[⑭]谏。”

上命吏部尚书长孙无忌等与学士[⑮]、法官更议定律令，宽[⑯]绞刑五十条为断右趾，上犹嫌其惨[⑰]，曰：“肉刑废已久，宜有以易之[⑱]。”蜀王法曹参军[19]裴弘献请改为加役[20]流，徙三千里，居作三年[21]，诏从之。

上以兵部郎中[22]戴胄忠清公直[23]，擢为大理少卿[24]。上以选人多诈冒资荫[25]，敕令自首[26]，不首者死。未几，有诈冒事觉[27]者，上欲杀之。胄奏："据法应流[28]。"上怒曰："卿欲守法而使朕失信乎？"对曰："敕者[29]出于一时之喜怒，法者[30]国家所以布大信于天下也。陛下忿选人之多诈，故欲杀之，而既知其不可，复断之以法，此乃忍小忿而存大信也。"上曰："卿能执法，朕复何忧！"胄前后犯颜执法[31]，言如涌泉，上皆从之，天下无冤狱。

（以上为第五段，写唐太宗约法，以流刑代肉刑，鼓励依法判案，天下无冤案。）

【注释】

①乙酉：正月初一日。 ②改元：改年号为贞观。 ③丁亥：正月初三日。 ④《秦王破陈乐》：又名"七德舞"。唐宫廷乐舞。据《新唐书·礼乐志》载，太宗为秦王时，征伐四方，破灭刘武周，军中遂有《秦王破陈乐》之曲流传。太宗即位后，曾命吕才协音律，魏徵等制歌辞，更名七德之舞，增舞者至百二十人,披甲执戟，以像战阵之法。 ⑤委：任。 ⑥雍容：从容闲雅。 ⑦足比：可比。 ⑧戡乱：平乱。 ⑨守成：守太平之成果。 ⑩过：误。 ⑪谢：谢所言不当之罪。 ⑫己亥：正月十五日。⑬入阁：唐代皇帝大朝会在含元殿，朔望日大朝拜在宣政殿，称为正衙；单日视朝在紫宸殿，称为上阁，又叫内衙。正衙有仗，升紫宸则呼仗自东西阁门入，在衙候朝的百官，跟随入见，叫作入阁。《新五代史·李琪传》载："唐故事，天子日御殿见群臣，日常参……不能临前殿，则御便殿见群臣，曰入阁。宣政，前殿也，谓之衙，衙有仗。紫宸，便殿也，谓之阁。其不御前殿而御紫宸也，乃自正衙唤仗，由阁门而入，百官俟朝于衙者，因随以入见，故谓之入阁"。 ⑭辄：便，即。 ⑮学士：官名，文学侍从官。唐贞观后，设弘文馆学士、丽正殿学士、集贤殿学士、翰林院学士。自魏晋至唐初，学士尚非正式官名，既无定员，亦无定品，贞观后学士始成为正式官名。翰林学士即翰林学士院学士，乃唐德宗以后参与机要的谋臣。与盛唐之前的翰林院学士非一事。翰林院学士，当时是以文学为技艺而随时应诏陪奉的人。 ⑯宽：宽减。 ⑰惨：惨苦。 ⑱宜有以易之：应该有办法来代替。 ⑲法曹参军：唐制，诸王有功、仓、户、兵、骑、法、士等七曹参军，正七品上。 ⑳加役：增加役作。 ㉑居作三年：在流徙处劳作三年。 ㉒兵部郎中：官名。隋唐以后，尚书省六部皆置郎中，分掌各司事务，为尚书、侍郎、丞以

下的高级部员。兵部郎中二人，从五品上，掌考武官之勋禄品命。 ㉓忠清公直：尽忠清廉公正。 ㉔大理少卿：官名。隋唐中央司法审判机关大理寺的副长官。大理寺少卿二人，从四品上。 ㉕诈冒资荫：诈伪冒充资历门荫。 ㉖自首：自己告发。 ㉗事觉：事情发觉。 ㉘据法应流：依据法律应处以流徙之刑。 ㉙敕者：敕令。 ㉚法者：法律。 ㉛犯颜执法：冒犯君上的颜面行法。

【译文】

太宗文武大圣大广孝皇帝上之上

唐太宗贞观元年（丁亥，627）

春季，正月初一日，改年号为贞观。

正月初三日，唐太宗大宴群臣，演奏《秦王破阵乐》，唐太宗说："朕从前接受任命专管率兵征伐，民间于是出现这个曲子，虽然没有表现文德的雍容文雅，但是国家的功业却由此而得以完成，所以现在也不敢忘本。"封德彝说："陛下凭借神武的才能平定了天下，哪里是文德所能比拟的。"唐太宗说："戡平战乱要用武力，守住已成的国家则要依赖文才，文武的用处，各自顺从时势的变化。卿说文不如武，这个说法过头了！"封德彝磕头谢罪。

正月十五日，唐朝廷颁布皇帝的制书："从今以后，中书省、门下省以及三品以上官员进入朝堂议事，都命谏官跟随这些官员，议事官员有了失误，谏官立即进谏。"

唐太宗命令吏部尚书长孙无忌等人与学士、法官重新议定律令，把原来的五十种绞刑放宽改为斩断右趾，唐太宗还嫌这样处罚过于残酷，说："肉刑废除已经很久了，应当有其他刑罚来代替它。"蜀王府的法曹参军裴弘献请求改为加服劳役的流放，流放到三千里外，在当地居留劳动三年，唐太宗下诏采纳这个建议。

唐太宗认为兵部郎中戴胄忠诚清廉公正正直，把他提升为大理寺少卿。当时候选官员多有假冒资历和门荫关系的，唐太宗下令他们自首，不自首的人就要处死。不久，有欺诈假冒的人被发觉了，唐太宗要杀掉他。戴胄上奏说："根据法律应当流放。"唐太宗发怒说："你想遵守法律而让我失去信用吗？"戴胄回答说："皇帝的敕令出于一时的喜怒，法律则是国家用来向天下宣示最大信用的。陛下愤恨候选官员的多有欺诈，所以想要杀他们，但是既然知道这样做是不对的，所以又用法律来断案，这就是忍住小的愤怒而保存大的信用。"唐太宗说：

"你能这样执行法律，朕还有什么可担忧的？"戴胄前后多次当面不按唐太宗的意思办事而严格执行法律，阐述自己的主张时言语如泉水涌出，唐太宗都听从了他的意见，天下没有冤案。

【原文】

上令封德彝举贤，久无所举。上诘[①]之，对曰："非不尽心，但于今未有奇才耳！"上曰："君子用人如器[②]，各取所长，古之致治者[③]，岂借才于异代[④]乎？正患[⑤]己不能知，安可诬一世之人[⑥]？"德彝惭而退。

御史大夫杜淹奏："诸司文案[⑦]恐有稽失[⑧]，请令御史就司检校[⑨]。"上以问封德彝，对曰："设官分职，各有所司[⑩]。果有愆违[⑪]，御史自应纠举[⑫]；若遍历诸司，搜擿疵颣[⑬]，太为烦碎。"淹默然。上问淹："何故不复论执[⑭]？"对曰："天下之务[⑮]，当尽至公[⑯]，善则从之，德彝所言，真得大体，臣诚心服，不敢遂非[⑰]。"上悦曰："公等各能如是，朕复何忧？"

右骁卫[⑱]大将军长孙顺德受人馈绢[⑲]，事觉，上曰："顺德果能有益国家，朕与之共有府库耳，何至贪冒[⑳]如是乎！"犹惜其有功，不之罪，但于殿庭赐绢数十匹。大理少卿胡演曰："顺德枉法受财，罪不可赦，奈何复赐之绢？"上曰："彼有人性，得绢之辱，甚于受刑；如不知愧[㉑]，一禽兽耳，杀之何益？"

辛丑[㉒]，天节将军[㉓]燕郡王李艺据泾州反。

艺之初入朝[㉔]也，恃功骄倨[㉕]，秦王左右至其营，艺无故殴之[㉖]。上皇怒，收艺系狱[㉗]，既而释之。上即位，艺内[㉘]不自安。曹州妖巫李五戒谓艺曰："王贵色已发[㉙]！"劝之反。艺乃诈称奉密敕[㉚]，勒兵入朝。遂引兵至豳州，豳州治中赵慈皓驰出谒之，艺入据豳州。诏吏部尚书长孙无忌等为行军总管以讨之。赵慈皓闻官军将至，密与统军[㉛]杨岌图之，事泄，艺囚慈皓。岌在城外觉变，勒兵[㉜]攻之，艺众溃，弃妻子，将奔突厥。至乌氏[㉝]，左右斩之，传首长安。弟寿，为利州都督[㉞]，亦坐诛。

初，隋末丧乱，豪桀并起，拥众据地，自相雄长[㉟]。唐兴，相帅来归，上皇为之割置州县以宠禄之[㊱]，由是州县之数，倍于开皇[㊲]、大业[㊳]之间。上以民少吏多，思革其弊。二月，命大加并省[㊴]，因山川形便，分为十道[㊵]：一曰关内，二曰河南，三曰河东，四曰河北，五曰山南，六曰陇右，七曰淮南，八曰江南，九曰剑南，十曰岭南。

三月癸巳[41]，皇后帅内外命妇亲蚕[42]。

闰月[43]癸丑朔[44]，日有食之。

壬申[45]，上谓太子少师[46]萧瑀曰："朕少好弓矢，得良弓十数，自谓无以加[47]，近以示弓工[48]，乃曰'皆非良材'。朕问其故，工曰：'木心不直[49]，则脉理皆邪[50]，弓虽劲而发矢不直。'朕始寤[51]向者[52]辨[53]之未精也。朕以弓矢定四方，识之[54]犹未能尽，况天下之务，其能遍知乎？"乃令京官[55]五品以上更宿[56]中书内省，数延见[57]，问以民间疾苦，政事得失。

凉州[58]都督长乐王幼良[59]，性粗暴，左右百馀人，皆无赖子弟，侵暴百姓，又与羌、胡互市。或告幼良有异志，上遣中书令宇文士及驰驿代之[60]，并按其事[61]。左右惧，谋劫幼良入北虏[62]，又欲杀士及据有河西[63]。复有告其谋者，夏，四月癸巳[64]，赐幼良死。

（以上为第六段，写唐太宗和谐人际关系，宽待大臣，不护短皇室。规并行政区划，以减吏员。）

【注释】

①诘：责问。　②用人如器：用人如用器具。　③致治者：平治天下的人。　④借才于异代：借用人才于其他朝代。　⑤正患：只是忧虑。　⑥安可诬一世之人：怎么可以诬罔天下无人才。　⑦诸司文案：诸省寺的文书案卷。　⑧稽失：稽迟违失。　⑨检校：检核考校。　⑩所司：主管官吏。　⑪愆（qiān）违：过失乖违。　⑫纠举：纠劾弹举。　⑬搜擿（tī）疵颣（lèi）：寻挑毛病。擿，挑；颣，瑕疵，缺点。　⑭论执：辩论而坚持。　⑮务：事务。　⑯当尽至公：应当尽到公正。尽,止于。　⑰遂非：批评。　⑱骁卫：禁军名称之一。南北朝有左右骁骑，隋改置左右骁卫府，唐去府字。有上将军、大将军、将军，并为骁卫官。　⑲馈（kuì）绢：赠送绢帛。　⑳贪冒：贪图财利。　㉑愧：耻。　㉒辛丑：正月十七。　㉓天节将军：《新唐书·兵志》，"（武德）三年……宜州道为天节军，军置将、副各一人"。　㉔艺之初入朝：武德五年，李艺引兵与太子建成会讨刘黑闼，遂入朝。　㉕骄倨：骄矜倨傲。　㉖殴之：殴打。　㉗系狱：拘禁。　㉘内：内心、心中。　㉙王贵色已发：王将要富贵的神色已显露。　㉚奉密敕：奉帝之密敕。　㉛统军：官名。唐北衙禁军有左右龙武军，左右神武军，左右神策军，号六军。各军置统军一人，位次于大将军。　㉜勒兵：率兵。　㉝乌氏（zī）：县

名。县治在今宁夏固原市东南。 ㉞都督：官名。地方军政长官。唐于各州按等级分别置大、中、下都督府，各设都督。唐中期以后，以节度使、观察使为地方最高长官，都督遂名存实亡。 ㉟自相雄长：自己竞相称雄为长。 ㊱割置州县以宠禄之：设置州县来贵宠食禄他们。 ㊲开皇：隋文帝年号（581—600）。 ㊳大业：隋炀帝年号（605—618）。 ㊴并省：合并、简省。 ㊵道：唐贞观初，因山河形势之便，分全国为十道。开元二十一年（733）增为十五道。 ㊶癸巳：三月初十日。 ㊷帅内外命妇亲蚕：率领内外命妇亲自养蚕。内命妇，宫内女官，自贵妃至侍巾，亦分九品。外命妇有六：王、嗣王、郡王之母、妻为妃，一品之国公母、妻为国夫人，三品以上母、妻为郡夫人，四品母、妻为郡君，五品母、妻为县君，勋官四品有封者，母、妻为乡君。凡外命妇朝参，视夫、子之品。唐制，皇后以季春吉巳享先蚕，遂以亲桑。亲蚕，亲自养蚕。 ㊸闰月：闰三月。 ㊹癸丑朔：闰三月初一日。 ㊺壬申：闰三月二十日。 ㊻太子少师：辅导太子的官。《旧唐书·职官志》载，太子少师，正二品。 ㊼自谓无以加：自以为没有再好的弓。 ㊽弓工：弓匠。 ㊾木心不直：谓木之年轮上下不直。 ㊿脉理皆邪：木质脉理歪邪。 ㉛寤（wù）：醒悟。 ㉜向者：以前。 ㉝辨：辨别。 ㉞识之：知之。 ㉟京官：在京职事官。 ㊱更宿：更换宿值。 ㊲延见：延引召见。 ㊳凉州：州名。治所在今甘肃武威市。 ㊴幼良：唐高祖堂弟，传见《旧唐书》卷六十、《新唐书》卷七十八。 ㊵驰驿代之：乘驿车驰往代替他。 ㊶并按其事：并考按他的罪行。 ㊷北虏：即突厥。 ㊸河西：即凉州。 ㊹癸巳：四月十二日。

【译文】

唐太宗命令封德彝荐举贤才，很久也没有举荐一个人。唐太宗质问他，回答说："不是我不尽心竭力，只是现在没有奇才而已！"唐太宗说："君子用人如用器物，分别取其不同的长处，古时使国家达到大治的君主，难道是从别的时代借来人才的吗？只怪自己不能识别人才，怎么能诬蔑整个时代的人呢？"封德彝羞惭而退下。

御史大夫杜淹上奏说："各部门的公文案卷恐怕会有拖延错漏，请求让御史到各部门检查核对。"唐太宗征求封德彝的意见，封德彝回答说："设置官员，分开职掌，各有所掌管的事务。如果真有错失，御史自当纠察举报；假如让御史巡视各个官司部门，搜寻查找人们的小毛病和过失，就太繁杂琐碎了。"杜淹默不作声。唐太宗问杜淹："为什么不再进行论辩呢？"杜淹回答说："天下的事务，应当尽力追求公正，对的就听从它，封德彝所说的话，真得治国的根本之道，臣诚心佩服，不敢再有非议。”唐太宗高兴地说：“你们如果都能这样做，朕还担心什么呢？”

右骁卫大将军长孙顺德接受别人赠送的绢帛，事情被人发觉，唐太宗说：“长孙顺德果真能有益于国家，朕和他共享国家府库里的资财，何至于像这样贪婪受贿呢！”唐太宗还可惜他曾有功，不治他的罪，又在宫殿上赏赐数十匹绢帛。大理寺少卿胡演说：“长孙顺德接受财物而违反法律，他的罪不可饶恕，为什么又赏赐绢帛呢？”唐太宗说：“如果他有人性，得到绢帛所受的羞辱，远远超过受到刑罚的羞辱；如果他仍然不知道羞愧，就不过是一个禽兽而已，杀他又有什么好处呢？”

正月十七日，天节将军燕郡王李艺占据泾州反叛。

李艺当初投顺朝廷时，仗恃有功而傲慢无礼，秦王李世民身边的人到他的营地，李艺无缘无故就殴打他们。太上皇发怒，把李艺逮捕关进监狱，之后又释放了他。唐太宗即位后，李艺内心觉得不够安全。曹州的邪恶巫师李五戒对李艺说：“郡王的大贵之相已经出现了！”劝李艺反叛，李艺于是假称尊奉皇帝的密诏，带兵前来京城。李艺带领兵马来到豳州，豳州治中赵慈皓驰马出城晋见他，李艺入城占据了豳州。唐太宗命吏部尚书长孙无忌等人为行军总管率军讨伐他。赵慈皓听说官兵即将到来，秘密地与统军杨岌商议逮捕李艺，事情败露，李艺囚禁了赵慈皓。杨岌在城外觉察情况有变化，率兵攻城，李艺的部队溃逃，李艺抛下妻子儿女，准备投奔突厥。到了乌氏城，身边的人将他杀掉，把他的首级传送到长安。李艺的弟弟李寿为利州都督，也连坐而被诛杀。

起初，隋朝末年天下大乱，英雄豪杰一并起兵，拥有军队割据地盘，各自称雄一方。唐朝兴起之后，这些豪杰相继前来归附，唐高祖为他们分出地盘设置州县，让他们担任地方长官享受荣禄，由此州县的数目，成倍多于隋朝开皇、大业年间。唐太宗认为百姓少而官吏多，想革除这一弊端。二月，下令州县大加合并，根据各地的山川地势，把全国分为十道：一为关内道，二为河南道，三为河东道，四为河北道，五为山南道，六为陇右道，七为淮南道，八为江南道，九为剑南道，十为岭南道。

三月初十日，皇后带领后宫妃嫔及宫外有册封之名号的妇女举行亲手养蚕的典礼仪式。

闰三月初一日，发生日食。

闰三月二十日，唐太宗对太子少师萧瑀说：“朕年轻时爱好弓箭，得到十几张好弓，自认为再没有别的弓能超过它们了，最近拿了给制作弓箭的弓匠看，他说：‘都不是好材料。’朕问其中的原因，弓匠说：‘木料的心不直，于是木料的纹理都是斜的，弓虽然力道强劲但箭发射出去不是直线。’朕这才醒悟以前对弓箭性能分辨得不精。朕用弓箭平定了天下四方，而对弓箭的性能还没有完全认识，何况对于天下的众多事务，又怎能全部知晓呢？”于是下令京城内五品以上的官员，轮流在中书内省过夜值班，唐太宗多次接见他们，询问民间的疾苦和政治措施上的得失。

凉州都督长乐王李幼良，性情暴躁，身边亲信一百多人，都是无赖子弟，侵扰虐待百姓，又和羌人、胡人进行互市贸易。有人告发李幼良有反叛之心，唐太宗派中书令宇文士及急速前往代替他，一并调查李幼良的不法之事。李幼良身边的亲信感到恐惧，密谋劫持李幼良进入北方胡虏的地盘，又想杀掉宇文士及，占据河西地区。又有人告发他们的密谋，夏季四月十二日，唐太宗赐李幼良自杀。

【原文】

五月，苑君璋帅众来降。初，君璋引突厥陷马邑[①]，杀高满政，退保恒安[②]。其众皆中国人，多弃君璋来降。君璋惧，亦降，请捍北边以赎罪，上皇许之。君璋请约契[③]，上皇使雁门[④]人元普赐之金券[⑤]。颉利可汗复遣人招之，君璋犹豫未决，恒安人郭子威说君璋以“恒安地险城坚，突厥方强，且当倚之以观变，未可束手于人”。君璋乃执元普送突厥，复与之合，数与突厥入寇。至是，见颉利政乱，知其不足恃，遂帅众来降。上以君璋为隰州[⑥]都督、芮[⑦]国公。

有上书请去佞臣[⑧]者，上问：“佞臣为谁？”对曰：“臣居草泽，不能的知[⑨]其人，愿陛下与群臣言，或阳怒[⑩]以试之。彼执理不屈者，直臣也；畏威顺旨者，佞臣也。”上曰：“君，源[⑪]也；臣，流[⑫]也。浊其源而求其流之清，不可得矣。君自为诈，何以责[⑬]臣下之直乎？朕方以至诚治天下，见前世帝王好以权谲[⑭]小数[⑮]接[⑯]其臣下者，常窃耻之。卿策虽善，朕不取也。”

六月辛巳[⑰]，右仆射密明公[⑱]封德彝薨。

壬辰[⑲]，复以太子少师萧瑀为左仆射。

戊申[⑳]，上与侍臣论周、秦修短[㉑]，萧瑀对曰：“纣为不道[㉒]，武王征之。周及六国无罪，始皇灭之。得天下虽同，人心则异。”上曰：“公知其一，未知其二。周得天下，增修仁义；秦得天下，益尚诈力[23]：此修短之所以殊也。盖取之或可以逆得，守之不可以不顺故也[24]。”瑀谢不及。

山东大旱，诏所在赈恤[25]，无出[26]今年租赋。

秋，七月壬子[27]，以吏部尚书长孙无忌为右仆射。无忌与上为布衣交[28]，加以外戚[29]，有佐命功[30]，上委以腹心，其礼遇群臣莫及，欲用为宰相者数矣[31]。文德皇后固请曰：“妾备位椒房[32]，家之贵宠极矣，诚不愿兄弟复执国政。吕、霍、上官[33]，可为切骨[34]之戒[35]，幸陛下矜察[36]!”上不听，卒用之。

初，突厥性淳厚[37]，政令质略[38]。颉利可汗得华人赵德言，委用之。德言专其威福，多变更旧俗，政令烦苛[39]，国人始不悦。颉利又好信任诸胡而疏突厥，胡人贪冒，多反覆[40]，兵革[41]岁动[42]。会大雪，深数尺，杂畜多死，连年饥馑，民皆冻馁。颉利用度不给[43]，重敛诸部，由是内外离怨[44]，诸部多叛，兵浸[45]弱。言事者多请击之，上以问萧瑀、长孙无忌曰：“颉利君臣昏虐[46]，危亡可必[47]。今击之，则新与之盟；不击，恐失机会。如何而可？”瑀请击之。无忌对曰：“虏不犯塞而弃信劳民[48]，非王者之师[49]也。”上乃止。

上问公卿以享国久长之策，萧瑀言：“三代封建[50]而久长，秦孤立而速亡。”上以为然，于是始有封建之议。

黄门侍郎王珪有密奏，附侍中高士廉，寝而不言。上闻之，八月戊戌[51]，出士廉为安州[52]大都督。

九月庚戌朔[53]，日有食之。

辛酉[54]，中书令宇文士及罢为殿中监[55]，御史大夫杜淹参豫朝政。他官参豫政事自此始。

淹荐刑部[56]员外郎[57]邸怀道，上问其行能[58]，对曰：“炀帝将幸江都，召百官问行留[59]之计，怀道为吏部主事[60]，独言不可。臣亲见之。”上曰：“卿[61]称怀道为是，何为[62]自不正谏？”对曰：“臣尔时[63]不居重任，又知谏不从，徒死无益。”上曰：“卿知炀帝不可谏，何为立其朝[64]？既立其朝，何得不谏？卿仕隋，容可云[65]位卑；后仕王世充，尊显矣，何得亦不谏？”对曰：“臣于世充非不谏，但不从耳。”上曰：“世充若贤而纳谏，不应亡国；若暴而拒谏，卿何得免祸？”淹不能对。上曰：“今日可谓尊任[66]矣，可以谏未[67]？”对曰：“愿尽死。”上笑。

辛未[68]，幽州都督王君廓谋叛，道死。君廓在州，骄纵[69]多不法，征入朝。长史李玄道，房玄龄从甥也，凭君廓附书[70]。君廓私发[71]之，不识草书，疑其告己罪，行至渭南[72]，杀驿吏[73]而逃，将奔突厥，为野人所杀。

岭南[74]酋长[75]冯盎、谈殿等迭相攻击，久未入朝，诸州奏称盎反，前后以十数[76]。上命将军蔺謩等发江、岭[77]数十州兵讨之。魏徵谏曰：“中国初定，岭南瘴疠[78]险远[79]，不可以宿大兵。且盎反状未成，未宜动众。”上曰：“告者道路不绝[80]，何云反状未成？”对曰：“盎若反，必分兵据险，攻掠州县。今告者已数年，而兵不出境，此不反明矣。诸州既疑其反，陛下又不遣使镇抚，彼畏死，故不敢入朝。若遣信臣[81]示以至诚，彼喜于免祸，可不烦兵[82]而服。”上乃罢兵。冬，十月乙酉[83]，遣员外散骑侍郎[84]李公掩持节慰谕之，盎遣其子智戴随使者入朝。上曰：“魏徵令我发一介之使[85]，而岭表[86]遂安，胜十万之师，不可不赏。”赐徵绢五百匹。

（以上为第七段，写唐太宗待臣以礼，赤心御下，不猜疑，用贤不避亲。长孙皇后不护外戚，是唐太宗的贤内助。又写唐太宗纳谏，不轻启干戈。）

【注释】

①马邑：县名。县治在今山西朔州市朔城区东北。　②恒安：地名。在今山西大同市。　③请约契：请求赐予金契。　④雁门：地名。唐、五代方镇，治所在今山西代县。　⑤金券：即铁券，是皇帝赐给功臣使其世代享受某些特权的铁契。⑥隰（xí）州：州名。治所在今山西隰县。　⑦芮：古国名。　⑧佞（nìng）臣：惯于用花言巧语谄媚君王的臣子。　⑨的知：确知。　⑩阳怒：佯装愤怒。　⑪源：泉源。⑫流：水流。　⑬责：要求。　⑭权谲（jué）：权变谲诈。　⑮小数：小术。⑯接：待。　⑰辛巳：六月初一日。　⑱密明公：封德彝因封于密，死后谥曰明，故谓密明公。　⑲壬辰：六月十二日。　⑳戊申：六月二十八日。　㉑论周、秦修短：论周、秦国祚之长短。　㉒为不道：行为无道。　㉓益尚诈力：更讲究诈伪暴力。　㉔盖取之或可以逆得，守之不可以不顺故也：大概取天下有时可以逆仁义用诈力得到，守天下则不可以不顺仁义的缘故。　㉕赈恤：赈济抚恤。　㉖无出：不必缴纳。　㉗壬子：七月初二日。　㉘布衣交：贫贱之交。　㉙加以外戚：加之无忌为皇后之兄。　㉚有佐命功：有助太宗诛建成、元吉的功劳。　㉛欲用为宰相者数矣：屡次欲使其为宰相。唐

因隋制，以三省之长，尚书令、侍中、中书令共议国政，此宰相职也。后以太宗为尚书令，臣下避不敢居其职，由是仆射为尚书省长官，与侍中、中书令同为宰相。以长孙无忌为右仆射，即以其为宰相。数,屡次。 ㉜椒房：皇后所居之处。 ㉝吕、霍、上官：指汉高祖吕后、宣帝霍后、昭帝上官后的家族，皆为汉代外戚，以专权干政而著称。㉞切骨：镂心刻骨。 ㉟戒：鉴戒。 ㊱矜察：矜怜明察。 ㊲淳厚：淳朴敦厚。㊳政令质略：政治法令质朴简略。 ㊴烦苛：烦琐苛刻。 ㊵反覆：反复无常。㊶兵革：战争。 ㊷动：兴、起。 ㊸不给：不能供给，亦即不充。 ㊹离怨：携离怨恨。 ㊺浸：渐。 ㊻昏虐：昏昧暴虐。 ㊼危亡可必：必定危亡。 ㊽弃信劳民：废弃信约，烦劳士民。 ㊾师：军队。 ㊿封建：分封宗室，建立邦国。 (51)戊戌：八月十九日。 (52)安州：州名。治所在今越南清化省清化市东南。 (53)庚戌朔：九月初一日。 (54)辛酉：九月十二日。 (55)殿中监：官名。为殿中省长官，从三品，是掌宫廷供奉及礼仪之官。 (56)刑部：官署名。为尚书省六部之一。唐代刑部主管法律、刑狱等事务。 (57)员外郎：官名。原指设立于正额以外的郎官。晋代以后的员外郎，指员外散骑侍郎，是较高贵的皇帝近侍官之一。隋文帝开皇时，在尚书省各司置员外郎一人，为各司的次官。唐、宋沿置，在六部下设各司，担任司的副职者称员外郎，与郎中同称郎官，但比郎中地位略低，都是中央官吏中的要职。 (58)行能：品行能力。 (59)行留：或走或留。 (60)吏部主事：官名。隋唐吏部的属官。《唐六典·吏部》记“主事四人，从八品下”。注：“隋炀帝初置，为从九品下。开元二十四年升为八品。” (61)卿：古代对人的敬称。唐以来皇帝称臣民为卿。 (62)何为：为何。 (63)尔时：那时。 (64)何为立其朝：为何在他的朝廷做事。 (65)容可云：或可以说。 (66)尊任：爵位甚尊崇。(67)可以谏未：可以直谏了吗？ (68)辛未：九月二十二日。 (69)骄纵：骄横放纵。 (70)凭君廓附书：托君廓带信。 (71)私发：私自打开。 (72)渭南：县名。县治在今陕西渭南市。 (73)驿吏：掌邮驿之吏。 (74)岭南：道名。唐贞观元年置，辖境相当今广东、广西两省区大部及越南北部地区。 (75)酋长：部落的首领。 (76)以十数：以十为单位计数，其数目最少在二十以上。 (77)江、岭：指江州和岭南道。江州，治所在今江西九江市。(78)瘴（zhàng）疠（lì）：潮湿地区流行的恶性疟疾等传染病。 (79)险远：危险而遥远。(80)告者道路不绝：告发的人络绎于途。 (81)信臣：信，使。即使臣。 (82)不烦兵：不须烦劳军队。 (83)乙酉：十月初六日。 (84)员外散骑侍郎：官名。在皇帝左右规谏过失，以备顾问。员外官，指不在正员额内之官。 (85)发一介之使：派出一个使者。一介,一个。表示渺小。 (86)岭表：即岭南。

【译文】

五月，苑君璋率领手下兵马前来投降。起初，苑君璋引来突厥兵攻陷马邑，杀掉了高满政，退兵据守恒安。他手下的将士都是中原人，很多人都抛弃他前来投奔唐朝。苑君璋感到害怕，也来投降，请求让他防守北部边疆来赎罪，当时唐高祖答应了。苑君璋请求订立契约，唐高祖派雁门人元普赐给他金券。突厥颉利可汗又派人招降苑君璋，于是他犹豫不决，恒安人郭子威劝说苑君璋，认为“恒安的地势险要城墙坚固，突厥正处于强盛状态，应该依靠它观察形势的变化，不能束手受制于人”。苑君璋于是拘捕元普送到突厥，又与突厥联合，并与突厥一起多次入侵唐朝的国土。到了现在，苑君璋看到颉利可汗的政治混乱，知道颉利可汗不足以依靠，于是率领兵马前来投降。唐太宗册封苑君璋为隰州都督、芮国公。

有人上书请求唐太宗除去朝廷内的奸佞之臣，唐太宗问：“谁是奸佞之臣？”回答说：“臣是身在草野的小民，不能确知谁是奸佞之臣，希望陛下与群臣谈话，有时假装发怒来试探他们，那些坚持原则不屈服于皇帝怒气的人，就是正直的忠臣；那些畏惧皇帝的威严而顺从皇帝旨意的人，就是奸佞之臣。”唐太宗说：“君主是水的源头，臣是水的支流，水源混浊而要求支流清澈是不可能的。君主自己用诈，又如何要求臣下正直呢？朕正以至诚之心治理天下，看到前代帝王喜欢用权谋小计与他的臣下相处，常常认为可耻。你的用意虽好，但朕不能采用。”

六月初一日，右仆射密明公封德彝去世。

六月十二日，又任命太子少师萧瑀为尚书左仆射。

六月二十八日，唐太宗与大臣议论周朝、秦朝的政治得失，萧瑀说：“殷纣王做无道的事，周武王讨伐他。周朝和六国都没有罪，秦始皇灭掉它们。虽然同是取得天下，但人心的所向却不一样。”唐太宗说：“公只知其一，不知其二。周朝取得天下，更加修行仁义；秦朝取得天下，更加崇尚欺诈和暴力，这就是两朝政治有长有短的原因。可以说夺取天下也许可以用武力的办法，可是守住天下治理天下，就不可以不顺应民心。”萧瑀认为自己赶不上唐太宗而谢罪。

山东发生大旱，唐太宗发布诏书命令各地救济抚恤灾民，不用交纳今年的租赋。

秋季，七月初二日，任命吏部尚书长孙无忌为尚书右仆射。长孙无忌与唐太宗早年还是平民的时候就有交情，加上他是皇后的哥哥这种外戚身份，又有辅佐唐太宗即位的大功，唐太宗把他当作心腹，对他的礼遇其他大臣无人能比，几次想用他为宰相。文德皇后坚持一再请求："妾在皇后的椒房占有一个地位，家族的尊贵恩宠已达到极点了，实在不愿意我的兄弟再来执掌国政。汉代的吕氏、霍氏、上官氏三家作为外戚，都是痛彻骨髓的前车之鉴，希望陛下体恤明察我的心情！"唐太宗不听从皇后的要求，最终还是任命长孙无忌为宰相。

起初，突厥人的风俗淳厚，政令质朴疏略。颉利可汗得到了汉人赵德言，而加以重用，赵德言得到了施加威福的大权，改变了许多突厥人旧有的风俗习惯，政令变得烦琐苛刻，突厥的百姓开始对此大为不满。颉利可汗又信任其他各种胡族人士，却疏远突厥本族的人士，受到重用的胡人贪婪受贿，与突厥的关系也经常反复变化，使得战争每年都要发动，正好这时下了大雪，积雪深达数尺，各类牲畜冻死了许多，加上连年饥荒，突厥民众都受冻挨饿。颉利可汗的钱财费用不足，便向各部落征收重税，因此突厥人内外都产生了背离之心和怨恨情绪，各部落多有反叛，兵力逐渐削弱。唐朝议事的大臣们有不少人请求出兵攻击突厥，唐太宗询问萧瑀和长孙无忌说："颉利的君臣昏庸残暴，面临危亡是肯定的。现在出兵攻击他，可是刚刚才与突厥订立了盟约；如果不出兵，又怕失去机会，怎么办才好？"萧瑀请求出兵攻击。长孙无忌回答说："突厥并没有侵犯我国的边塞，却要背信弃义出兵攻击，劳民伤财，这不是王者的正义之师。"唐太宗于是停止商议出兵的事。

唐太宗向公卿大臣询问国运长久的策略办法，萧瑀说："夏、商、周三代分封诸侯而统治时间长久，秦国不分封诸侯，使自己孤立，而迅速灭亡。"唐太宗认为有道理，于是开始有分封诸侯王的议论。

黄门侍郎王珪有密折上报，让侍中高士廉附在文书中转呈，高士廉把他的密折放起来没有告诉太宗。唐太宗得知后，八月十九日，让高士廉离开京城去担任安州大都督。

九月初一日，发生日食。

九月十二日，中书令宇文士及罢除原官降为殿中监，御史大夫杜淹参预朝政。宰相以外的官员参与朝政，从这时候开始。

杜淹推荐刑部员外郎邸怀道，唐太宗问他的言行与才能，杜淹回答说："隋炀帝将要驾临江都，召集百官询问是前去还是留下的方案，邸怀道当时是吏部主事，只有他认为不可前去江都，这是臣亲眼所见的。"唐太宗说："卿称赞邸怀道做得对，为什么自己不正直地劝谏？"杜淹答道："臣当时没有担任重要官职，又知道劝谏炀帝也不会听从，白白死去毫无益处。"唐太宗说："卿知道炀帝不可劝谏，为什么要在他的朝廷里为官？既然在他朝内为官，又怎能不进谏？卿在隋朝廷为官，是可以说官位低卑；可后来在王世充那里为官，官位是尊高而显要的了，为什么也不进谏？”杜淹回答说：“我对于王世充不是不进谏，只是他不听从。”唐太宗说：“王世充如果贤明又能听从进谏，就不应亡国；假若他残暴而又拒绝进谏，你怎能免于灾祸？”杜淹无法回答。唐太宗说：“现在你的官位可以说是尊贵之职了，可以进谏了吗？”杜淹回答：“臣愿尽死进谏。”唐太宗笑了。

九月二十二日，幽州都督王君廓密谋叛乱，在半路上被杀。王君廓在幽州时，骄横放纵，做了许多非法的事，被征召回朝廷。幽州长史李玄道，是房玄龄的外甥，托王君廓带信回京。王君廓私下拆开信看，不认识信里的草体字，就怀疑信中告发自己的罪过，走到渭南，杀死驿站的吏卒逃跑，打算逃奔突厥，在途中被野人杀死。

岭南的酋长冯盎、谈殿等人不断互相攻击，很久没有入京朝见，各州府上奏说冯盎反叛，前后报告了数十次，唐太宗命令将军蔺謩等人征发长江、岭南等数十个州的兵马前去讨伐。魏徵劝谏说：“中原刚刚平定，岭南地区有许多瘴气瘟疫，而且路途遥远地势险恶，不能驻扎大军。而且冯盎还没有真正形成反叛，不宜兴师动众。”唐太宗说：“告发冯盎反叛的人在路上络绎不绝，怎么能说他还没有真正形成反叛呢？”魏徵回答说：“冯盎如果反叛，必然要分兵几路占据险要之地，攻掠邻近州县。现在告发他反叛已有好几年了，而冯氏的兵马并没有出境，他没有反叛是明白无疑的。各州既然怀疑冯盎反叛，陛下又不派遣使臣前去安抚，冯盎怕死，所以不敢来朝廷晋见。如果陛下派遣信使向他示以真心的诚意，冯盎就会因免除灾祸而高兴，这样可以不必麻烦出动军队而使他顺服了。”唐太宗于是下令收兵。冬季，十月初六日，派员外散骑侍郎李公掩手持天子的旌节前往岭南安抚冯盎，冯盎派他儿子冯智戴随着使臣前来朝廷。唐太宗说：“魏徵让我派出一个使者，岭南就得以安定，胜过十万大军，不能不赏赐。”赐给魏徵绢帛五百匹。

【原文】

十二月壬午①，左仆射萧瑀坐事免②。

戊申③，利州都督李孝常等谋反，伏诛。孝常因入朝，留京师，与右武卫将军④刘德裕及其甥统军元弘善、监门将军长孙安业互说符命⑤，谋以宿卫兵作乱。安业，皇后之异母兄也，嗜酒无赖。父晟卒，弟无忌及后并幼，安业斥还舅氏[⑥]。及上即位，后不以旧怨为意[⑦]，恩礼甚厚。及反事觉，后涕泣为之固请曰："安业罪诚当万死，然不慈于妾，天下知之；今寘[⑧]以极刑，人必谓妾所为，恐亦为圣朝之累[⑨]。"由是得减死，流巂州。

或告右丞[⑩]魏徵私其亲戚，上使御史大夫温彦博按之，无状[⑪]。彦博言于上曰："徵不存形迹，远避嫌疑，心虽无私，亦有可责。"上令彦博让[⑫]徵，且曰："自今宜存形迹。"他日，徵入见，言于上曰："臣闻君臣同体[⑬]，宜相与尽诚[⑭]；若上下俱存形迹[⑮]，则国之兴丧尚未可知[⑯]，臣不敢奉诏[⑰]。"上瞿然[⑱]曰："吾已悔之。"徵再拜曰："臣幸得奉事陛下，愿使臣为良臣，勿为忠臣。"上曰："忠、良有以异乎[⑲]？"对曰："稷[⑳]、契[㉑]、皋陶[㉒]，君臣协心[㉓]，俱享尊荣[㉔]，所谓良臣；龙逄[㉕]、比干[㉖]，面折[㉗]廷争，身诛国亡，所谓忠臣。"上悦，赐绢五百匹。

上神采英毅[㉘]，群臣进见者，皆失举措[㉙]。上知之，每见人奏事，必假以辞色[㉚]，冀闻规谏[㉛]。尝谓公卿曰："人欲自见其形，必资[㉜]明镜；君欲自知其过，必待忠臣。苟其君愎谏自贤[㉝]，其臣阿谀顺旨，君既失国，臣岂能独全？如虞世基等谄事炀帝以保富贵，炀帝既弑，世基等亦诛[㉞]。公辈宜用此为戒，事有得失，毋惜尽言[㉟]！"

或上言[㊱]秦府旧兵，宜尽除武职[㊲]，追入宿卫[㊳]。上谓之曰："朕以天下为家，惟贤是与[㊴]，岂旧兵之外皆无可信者乎？汝之此意，非所以广朕德于天下也。"

上谓公卿曰："昔禹凿山治水而民无谤讟[㊵]者，与人同利故也。秦始皇营[㊶]宫室而人怨叛者，病人[㊷]以利己故也。夫靡丽[㊸]珍奇，固人之所欲，若纵之不已，则危亡立至。朕欲营一殿，材用[㊹]已具，鉴秦[㊺]而止。王公已下，宜体朕此意。"由是二十年间，风俗素朴，衣无锦绣，公私富给。

上谓黄门侍郎王珪曰："国家本置中书、门下以相检察，中书诏敕或有差失，则门下当行驳正。[㊻]人心所见，互有不同，苟论难往来[㊼]，务求至当，舍己从人[㊽]，亦复何伤？比来或护己之短，遂成怨隙，或苟避[㊾]私怨，知非不正[㊿]，顺一人之颜情[51]，为兆民之深患[52]，此乃亡国之政也。炀帝之世，内外庶官，务相顺从。当是之时[53]，皆自谓有智，祸不及身。[54]及天下大乱，家国两亡，虽其间万一有得免者，亦为时论所贬，终古不磨[55]。卿曹[56]各当徇公忘私，勿雷同[57]也！”。

上谓侍臣曰：“吾闻西域贾胡[58]得美珠，剖身以藏之，有诸[59]？”侍臣曰：“有之。”上曰：“人皆知彼之爱珠而不爱其身也；吏受赇抵法[60]，与帝王徇奢欲而亡国者，何以异于彼胡之可笑邪[61]？”魏徵曰：“昔鲁哀公谓孔子曰：‘人有好忘者，徙宅[62]而忘其妻。’孔子曰：‘又有甚者，桀、纣[63]乃忘其身。’亦犹是也。”上曰：“然。朕与公辈宜戮力[64]相辅，庶[65]免为人所笑也！”

（以上为第八段，写唐太宗察纳雅言，常与近臣坦诚议政，鼓励臣下进谏。）

【注释】

①壬午：十二月初四日。　②坐事免：因事坐罪，免除官职。　③戊申：十二月三十日。　④武卫将军：官名。武卫，军制名。汉末曹操任丞相，置武卫营。魏文帝（曹丕）置武卫将军以主禁旅。隋唐分左、右武卫，各置大将军一人、将军各二人统领。　⑤互说符命：互相谈论符录命数。　⑥斥还舅氏：无忌及后之舅为高士廉，此谓斥逐而迁居于舅家。　⑦为意：介意。　⑧寘（zhì）：处以。　⑨累：疵累。　⑩右丞：古官名。秦置尚书丞，汉沿用。东汉时分置左、右丞，主持尚书台，监察百官，权势极大。六朝因之。唐在尚书省仆射之下设左、右丞，分别总领尚书省六部的事务。左丞领吏、户、礼三部，右丞领兵、刑、工三部。左、右丞的地位与六部的侍郎相等。但因在六部之上，序列在侍郎之前，总称“丞郎”。左、右丞又通称左、右辖。　⑪无状：没有事状。指魏徵被诬告无事实。　⑫让：责备、责怪。　⑬同体：同一肢体。　⑭相与尽诚：互相至诚相待。　⑮若上下俱存形迹：形迹，指仪容礼貌。此句意为：倘若皇上与臣下都过分留意于仪容礼貌，那将会带来严重后果。　⑯则国之兴丧尚未可知：那么国家的兴盛与衰亡，就很难说了。意谓国家必然会在虚伪客套中灭亡。　⑰奉诏：遵奉诏命。⑱瞿（jù）然：惊骇地。　⑲忠、良有以异乎：忠臣和良臣有差别吗？　⑳稷：古代周族的始祖。　㉑契（xiè）：传说中商族始祖。　㉒皋陶：传说中东夷族的领袖。㉓协心：同心。　㉔尊荣：尊贵荣华。　㉕龙逄（páng）：夏代末年大臣，夏桀暴虐荒淫，他多次直谏，被桀囚禁杀死。　㉖比干：商代纣王的叔父，官少师。相传曾屡次劝谏纣王，被剖心而死。　㉗面折：当面批评、指责君主的不是。　㉘英毅：英俊刚毅。㉙失举措：因畏惧而举措失常。　㉚假以辞色：以温和的话语和脸色，使进见者不惧

而尽其辞。 ㉛冀闻规谏：希望听到规劝谏诤。 ㉜资：借助。 ㉝愎谏自贤：任性不听谏言，而自以为是。 ㉞炀帝既弑，世基等亦诛：阿谀奉承之臣虞世基，随同炀帝一起被杀。 ㉟毋惜尽言：不要吝惜，要尽其所言。 ㊱或上言：有人对皇上说。 ㊲宜尽除武职：应全部任命做武官。 ㊳追入宿卫：追加升级调入宫廷宿卫。 ㊴惟贤是与：用人唯才。 ㊵谤讟（dú）：诽谤、埋怨。 ㊶营：造。 ㊷病人：损人。 ㊸靡丽：华靡美丽。 ㊹材用：材料费用。 ㊺鉴秦：鉴于秦以之灭亡。 ㊻中书诏敕或有差失，则门下当行驳（bó）正：胡注，中书出命，门下审驳。按唐制，凡诏旨制敕，玺书册命，皆中书舍人起草进画，既下，则署行而过门下省，有不便者，涂窜而奏还，谓之涂归。 ㊼论难往来：反复研究、商讨。 ㊽舍己从人：舍己之见而从他人。 ㊾苟避：苟且避免。 ㊿知非不正：知道不对也不加驳正。 (51)颜情：颜色情面。 (52)深患：大患。 (53)当是之时：这个时候。 (54)自谓有智，祸不及身：自以为智识甚高，决可避免祸患。 (55)终古不磨：恶名终古不能磨灭。 (56)卿曹：卿辈。 (57)雷同：谓人云亦云。 (58)贾胡：胡人中的经商者。 (59)有诸：有这种事吗？ (60)受赇抵法：受贿犯法。 (61)何以异于彼胡之可笑邪：与胡贾的可笑有何分别。 (62)徙宅：迁居。 (63)桀、纣：桀、纣均为历史上著名的暴君。分别为夏代与商代的最后一个君主。 (64)戮力：合力。 (65)庶：副词。表示可能或期望。

【译文】

十二月初四日，尚书左仆射萧瑀因事犯罪被免职。

十二月三十日，利州都督义安王李孝常等人谋划反叛，被诛杀。李孝常通过进京上朝，而留在京城，与右武卫将军刘德裕以及刘德裕的外甥统军元弘善、监门将军长孙安业相互议论受命于天的征兆，密谋利用皇宫禁卫部队叛乱。长孙安业是长孙皇后的同父异母哥哥，嗜好饮酒而不务正业，其父长孙晟死后，弟弟长孙无忌与长孙皇后都还年幼，长孙安业把二人骂回舅舅高士廉家里。等到唐太宗即位，皇后不把往日的怨恨放在心上，对长孙安业仍然给予优厚的恩宠礼遇。等到谋反的事情被发觉，皇后哭着为长孙安业一再求情说："安业犯罪实在是罪该万死。但他以前对我不慈爱，天下的人都知道；现在对他处以极刑，人们必然会说是我的报复，这样的话恐怕也会使圣明的王朝受到牵累。"长孙安业由此得以免死，流配到巂州。

有人告发右丞魏徵出于私心袒护他的亲属，唐太宗派御史大夫温彦博查问，没有实据。温彦博对唐太宗说："魏徵不留下与此事相关的实据和痕迹，远远避开嫌疑，内心虽然无私，但也有应该责备的地方。”唐太宗让温彦博去责问魏徵，并且说：“从今以后应留下办事的实据和痕迹。”另一天，魏徵入宫朝见，对唐太宗说：“臣听说君主与臣下好像是同一个身体，应该竭诚相待；如果上下都要留下办事的实据和痕迹，那么国家的兴亡就是不可知晓的了，所以臣不敢接受皇帝的诏命。”唐太宗伤心地说：“我已经后悔了。”魏徵两次下拜然后说：“臣有幸能侍奉陛下，愿陛下让臣做良臣，不做忠臣。”唐太宗问：“忠臣和良臣有不同吗？”魏徵回答说：“后稷、契、皋陶与尧舜是君臣齐心协力，共享尊贵和荣耀，这就是所谓的良臣；龙逄、比干，当面批评君主，当场与君主争辩，结果自身被诛而国家灭亡，这就是所谓的忠臣。”唐太宗听了十分高兴，赏赐绢帛五百匹。

唐太宗的神情风采中有英武刚毅之气，众位大臣进见他时，都会手足失措。唐太宗知道后，每次见人上朝奏事，一定会采取和颜悦色的态度，希望听到大臣的规谏之言。（他）曾对公卿们说：“人想要看见自己的长相和身形，一定要借助明亮的镜子；君主想知道自己的过错，必须依赖忠正耿直的大臣。如果其君主对于进谏刚愎自用不能听取，自以为贤明，他的大臣就会阿谀君主，顺着君主的意思说话，君主既然失去自己的国家，大臣岂能独自保全？像虞世基等人以谄媚的态度侍奉隋炀帝以求保全自己的富贵，炀帝被人杀害后，虞世基等人也被诛杀。你们这些人应当以此作为鉴戒，任何事情都会有得有失，希望你们不要吝惜，畅所欲言！”

有人上书要求秦王府原有的兵士，应全部提拔为武官，加入皇宫的禁卫军。唐太宗对他说：“朕以天下为家，只选用贤才，难道原有的士兵之外都没有可以相信的人了吗？你这个想法，不能让朕的恩德普遍施用到天下。”

唐太宗对公卿说：“从前大禹凿开山陵治理洪水，而百姓没有人诽谤咒骂，是因为他这样做是与民的利益完全一致。秦始皇营造宫室而百姓就怨恨反叛，是因为秦始皇这样做是损害民众的利益来使自己得利。那些奢华瑰异的奇珍异宝，本来是人们都想得到的，如果帝王放纵自己的这些欲望而不停止，那么国家的危亡立刻就会来到。朕想营建一座宫殿，材料用具都已经准备齐当了，鉴于秦朝的灭亡就停止了修建。亲王公卿以下，应当体会朕的这个想法。”从此二十年间，唐朝的社会风俗质朴淳厚，穿衣不用锦绣，官府与百姓都很富足。

唐太宗对黄门侍郎王珪说：“国家本来设置了中书省、门下省以便相互监督检查，中书省起草诏令制敕或许有时出现差误，门下省就应当进行反驳纠正。人们的见解，互有不同，如果往来责难辩论，务求至为正确，放弃自己的见解听从别人正确的意见，又有什么伤害呢？近来有人不承认自己的短处，于是双方之间产生了怨恨仇隙，有人又为了躲避个人之间的私人恩怨，明知对方是错误的也不加以驳正，顺从顾及一个人的面子和人情，结果造成了万民的大灾重患，这是使国家走向灭亡的政治。隋炀帝在位时，朝廷内外的众多官吏，都相互务求顺从，大家一团和气，在那时候，都自以为自己聪明，灾祸不会来到自己身上。等到天下大乱，家和国就都走向了灭亡，虽然其中有幸万一能免于灾祸，但也被当时的舆论给予了批评和斥责，他不好的名声在千古历史上都无法磨灭。你们每个人都应当为公而献身，忘记私人之间的人情关系，不要不表达自己想法而总与别人雷同。”

唐太宗对身边大臣说：“我听说西域有一个胡族商人得到一颗宝珠，割开身上的肉把宝珠藏在里面，有这回事吗？”身从的大臣说：“是有这回事。”唐太宗说：“人们都知道笑话这个人爱珍珠而不知道爱惜自己的身体，可是官吏受贿贪赃最终依法受刑，和帝王放纵奢侈的欲望而导致国家灭亡，这与那个胡族商人的可笑有什么区别呢？”魏徵说：“从前鲁哀公对孔子说：‘有人非常健忘，搬家而忘了自己的妻子。’孔子说：‘还有比这更过分的，夏桀、商纣都贪恋奢侈的享受而忘记了自己的身体。’也像这种情况一样。”唐太宗说：“对，朕与你们这群公卿应当同心合力相互辅助，才差不多能免除后人的耻笑。”

【原文】

青州有谋反者，州县逮捕支党，收系满狱，诏殿中侍御史①安喜崔仁师②覆按③之。仁师至，悉脱去杻械④，与饮食汤沐⑤，宽慰之，止坐⑥其魁首⑦十馀人，馀皆释之。还报，敕使⑧将往决之⑨。大理少卿孙伏伽谓仁师曰：“足下平反⑩者多，人情谁不贪生，恐见徒侣⑪得免，未肯甘心，深为足下忧之。”仁师曰：“凡治狱⑫当以平恕⑬为本，岂可自规⑭免罪，知其冤而不为伸邪？万一暗短⑮，误有所纵⑯，以一身易十囚之死，亦所愿也。”伏伽惭而退。及敕使至，更讯诸囚，皆曰：“崔公平恕，事无枉滥⑰，请速就死。”无一人异辞者⑱。

上好骑射，孙伏伽谏，以为：“天子居则九门⑲，行则警跸⑳，非欲苟自尊严，乃为社稷生民之计也。陛下好自走马射的㉑以娱悦近臣，此乃少年为诸王时所为，非今日天子事业㉒也。既非所以安养圣躬㉓，又非所以仪刑[24]后世，臣窃为[25]陛下不取[26]。”上悦。未几，以伏伽为谏议大夫。

隋世选人，十一月集[27]，至春而罢，人患其期促。至是，吏部侍郎观城[28]刘林甫[29]奏四时听选[30]，随阙注拟[31]，人以为便[32]。

唐初，士大夫以乱离之后，不乐仕进[33]，官员不充[34]。省符[35]下诸州差人赴选[36]，州府[37]及诏使[38]多以赤牒[39]补官。至是尽省[40]之，勒赴省选[41]，集者七千馀人，林甫随才铨叙[42]，各得其所，时人称之。诏以关中米贵，始分人于洛州选[43]。

上谓房玄龄曰：“官在得人，不在员多。”命玄龄并省[44]，留[45]文武总六百四十三员。

隋秘书监晋陵[46]刘子翼，有学行[47]，性刚直，朋友有过，常面责[48]之。李百药常称：“刘四[49]虽复[50]骂人，人终不恨。”是岁，有诏征之，辞以母老，不至。

鄃令裴仁轨私役门夫[51]，上怒，欲斩之。殿中侍御史[52]长安李乾祐[53]谏曰：“法者，陛下所与天下共也，非陛下所独有也。今仁轨坐轻罪而抵极刑[54]，臣恐人无所措手足。”上悦，免仁轨死，以乾祐为侍御史。

上尝语及关中、山东人，意有同异[55]。殿中侍御史义丰[56]张行成[57]跪奏曰：“天子以四海[58]为家，不当有东西之异；恐示人以隘[59]。”上善其言，厚赐之。自是每有大政，常使预议[60]。

（以上为第九段，写唐太宗重视犯颜谏诤的直臣，往往破格提升。）

【注释】

①殿中侍御史：官名。唐代御史台分为台院、殿院、察院三部。殿中侍御史为殿院的长官。　②崔仁师：安喜（今河北定州市）人。武德初擢制举，累迁右武卫录事参军。贞观中为度支郎中，历中书侍郎，参加政事。传见《旧唐书》卷七十四、《新唐书》卷九十九。　③覆按：再审讯。　④杻械：刑械。　⑤汤沐：以热水供其沐浴。　⑥坐：指定罪。　⑦魁首：首恶者。　⑧敕使：凡奉敕出使者，皆谓之敕使。　⑨往决之：前往斩决罪犯。　⑩平反：把判错的案件或做错的结论改正过来。此处指有罪而判为无罪。　⑪徒侣：同伙人、共犯。　⑫治狱：审理刑案。　⑬平恕：公平仁恕。　⑭规：图。　⑮暗短：糊涂错误。　⑯误有所纵：万一差误，错放人犯。　⑰枉滥：冤枉。　⑱无一人异辞者：没有一个人有不同的说法。　⑲天子居则九门：九门亦曰九重，指帝王所居之处。古人认为，天有九重。故天子所居，也称九重或九门。　⑳行

则警跸：行则出警入跸。跸（bì），帝王出行时开路清道，禁止他人通行。警跸，即戒严。 ㉑走马射的：跑马射箭。的（dì），箭靶的中心，一说箭靶。 ㉒天子事业：天子所应为之事。 ㉓圣躬：皇上的身体。 ㉔仪刑：仪，准则，法度；刑，法式，典范。仪刑即样范。 ㉕为：认为。 ㉖不取：不该如此。 ㉗十一月集：十一月集于京师。 ㉘观城：县名。县治在今河南清丰县南。 ㉙刘林甫（？—629）：观城人。武德时为内史舍人，历中书侍郎、吏部侍郎。事迹见《旧唐书》卷八十一、《新唐书》卷一百零六《刘祥道传》。 ㉚时听选：依四季听其铨选。 ㉛随阙注拟：随时有空阙，吏部即可补选拟定的名单。 ㉜人以为便：人们都感到方便。 ㉝不乐仕进：不喜欢做官。 ㉞不充：不足。 ㉟省符：尚书省之符令。 ㊱差人赴选：派人应选。 ㊲州府：州郡。 ㊳诏使：敕使。 ㊴赤牒：未经铨司正式注拟的人员。 ㊵尽省：完全停止。 ㊶勒赴省选：限期赴尚书省考选。 ㊷铨叙：铨选叙录。 ㊸分人于洛州选：分一部分应选者于洛阳铨叙。 ㊹并省：合并裁减。 ㊺留：挑选保留。从赴选的七千多人中，挑选保留了文武官员共六百四十三人。 ㊻晋陵：县名。县治在今江苏常州市。 ㊼学行：学识德行。 ㊽面责：当面批评。 ㊾刘四：子翼排行第四。唐代流行以排行相呼，故称之刘四。 ㊿虽复：虽然总是。 51私役门夫：私自役使门下的役夫，即以官家役夫做私事。 52殿中侍御史：官名。唐代御史台属官，为御史三院殿院的长官，亦简称殿中、殿院或侍御。 53李乾祐：长安人。贞观初为殿中侍御史。事迹见《旧唐书》卷八十七、《新唐书》卷一百一十七。 54极刑：死刑。 55意有同异：心意厚关中人而薄山东人。盖李唐的近祖起自关陇集团，奉行关中本位政策。故谈及关中、山东人时，不免厚关中而薄山东。 56义丰：县名。县治在今河北安国市。 57张行成（587—653）：义丰人，字德立。太宗时拜给事中。累官太子少傅。传见《旧唐书》卷七十八、《新唐书》卷一百零四。 58四海：天下。 59示人以隘：会给人以心胸狭隘的形象。 60预议：参与商议。

【译文】

青州有人谋反，州县官员逮捕了他的同伙，收捕关押犯人使牢狱人满为患。唐太宗下诏令殿中侍御史安喜人崔仁师前去复查这个案件。崔仁师到了青州，命令把全部囚犯枷具都解开，给他们饮食，让他们沐浴，加以宽慰，只把他们的首犯十余人论定罪行，其他人都释放回家。崔仁师回朝禀报，唐太宗又派专使即将前往进行判决。大理寺少卿孙伏伽对崔仁师说："足下平反的人很多，从人之常情说，谁不贪图活着，只怕这些首犯看见同伙免罪释放，不肯甘心，为此我深为足下担忧。”崔仁师说：“凡判定案子应当以公正宽恕为根本准则，怎么可以自己谋求免除罪责，明知他们的冤枉而不为他们申诉呢？万一因为自己的见识愚昧短浅，而误放了人，以我自己一人的生命换取十个囚犯的死罪，也是我愿意的。”孙伏伽惭愧，然后退下。等到唐太宗派的专使到了青州，重新审讯所有的犯人，他们都说：“崔公公平宽仁，案子没有冤枉和滥捕的，请求立刻处死我们。”没有一个翻供的人。

唐太宗喜好骑马射箭，孙伏伽劝谏，认为：“天子居住的时候就要有九层宫门，出行的时候就要警戒清除道路，这不是只想显示自己的尊严，而是为国家和百姓考虑。陛下喜好亲自骑马射箭来取悦亲近的侍臣，这是年少当亲王时的做法，不是今日当了天子还应当做的事。既不是用来安静地养护皇上圣体的好办法，又不是用来为后代立下典范的好榜样，臣私意里认为陛下不应这样做。”唐太宗听了很高兴。不久，任命孙伏伽为谏议大夫。

隋朝时选拔人才担任官员，每年十一月候选者集中到京城，到次年春天才结束，人们都因为期限过短而忧虑。到这时，吏部侍郎观城人刘林甫上奏请求一年四季都可来京听取官吏的候选，随时出现空缺就随时选拔补充，人们都以为这样做才方便。

唐朝初年，士大夫因为经过动乱之后，都不愿意做官，政府官员的人数不足。尚书省下文到各州派人前去挑选，州府及皇帝特使多用红色文书直接补充委任官吏。到这时全都废除，命令各地候补士人都来尚书省候选，聚集了七千余人，刘林甫根据人们的才能加以任命录用，人才都能各得其所，当时的人称赞这种做法。唐太宗下诏认为关中地区的米贵，因此开始分出一部分候补士人在洛州集中听候朝廷的选拔任命。

唐太宗对房玄龄说：“官吏在于得到合适的人选，而不在于人数多。”命令房玄龄合并官府的部门，只留下文武官员总共六百四十三人。

隋朝的秘书监晋陵人刘子翼，有学问也有品行，性格刚烈正直，朋友有了过失，他常常当面指责。李百药常常称赞说：“刘四虽然总是骂人，人们最终却不恨他。”这一年，有诏令征召刘子翼来京做官，可他以母亲年迈为由推辞，不来京城。

鄃县县令裴仁轨私自让看门人为自己服役干活，唐太宗听说后大怒，要处斩裴仁轨。殿中侍御史长安人李乾祐劝谏说：“法律这个东西，是陛下与天下百姓共有的，不是陛下独有的工具。现在裴仁轨犯了轻罪却要处以极刑，臣担心人们以后将无所放置自己的手脚，做官做事都无所适从。”唐太宗听了很高兴，免除裴仁轨的死罪，任命李乾祐为侍御史。

唐太宗曾说到关中人、山东人，认为两个地方的人有所不同。殿中侍御史义丰人张行成跪在地下向皇帝上奏说：“天子以四海为家，不应当有东西的差别，恐怕会向人们显示皇帝的狭隘。”唐太宗认为他的话说得好，赐给他丰厚的赏品。从此每当朝廷有大事，都让他参与谋议。

【原文】

初，突厥既强，敕勒[①]诸部分散，有薛延陀、回纥、都播、骨利干、多滥葛、同罗、仆固、拔野古、思结、浑、斛薛、结、阿跌、契苾、白霫等十五部，皆居碛北[②]，风俗大抵与突厥同。薛延陀于诸部为最强。

西突厥曷萨那可汗方强，敕勒诸部皆臣之。曷萨那征税无度[③]，诸部皆怨。曷萨那诛其渠帅[④]百馀人，敕勒相帅叛之，共推契苾哥楞为易勿真莫贺可汗，居贪于山[⑤]北。又以薛延陀乙失钵为也咥小可汗，居燕末山北。乃射匮可汗兵复振，薛延陀[⑥]、契苾[⑦]二部并去可汗之号以臣之。

回纥[⑧]等六部在郁督军山[⑨]者，东属始毕可汗。统叶护可汗势衰，乙失钵之孙夷男帅部落七万馀家，附于颉利可汗。颉利政乱，薛延陀与回纥、拔野古等相帅叛之。颉利遣其兄子欲谷设将十万骑讨之，回纥酋长菩萨将五千骑，与战于马鬣山，大破之。欲谷设走，菩萨追至天山，部众多为所虏，回纥由是大振。薛延陀又破其四设[⑩]，颉利不能制。

颉利益衰，国人离散。会大雪，平地数尺，羊马多死，民大饥，颉利恐唐乘其弊，引兵入朔州境上，扬言会猎[⑪]，实设备焉[⑫]。鸿胪卿郑元璹[⑬]使突厥还，言于上曰：“戎狄兴衰，专以羊马为候[⑭]。今突厥民饥畜瘦，此将亡之兆也，不过三年。”上然之。群臣多劝上乘间击突厥，上曰：“新与人盟[⑮]而背之，不信[⑯]；利人之灾[⑰]，不仁；乘人之危以取胜，不武[⑱]。纵使其种落尽叛，六畜无馀，朕终不击，必待有罪，然后讨之。”

西突厥统叶护可汗遣真珠统俟斤与高平王道立[⑲]来，献万钉宝钿金带[⑳]，马五千匹，以迎公主。颉利不欲中国与之和亲，数遣兵入寇，又遣人谓统叶护曰：“汝迎唐公主，要须[㉑]经我国中过。”统叶护患之，未成婚。

（以上为第十段，写突厥衰落。）

【注释】

①敕勒：种族名，又称铁勒。其先为匈奴苗裔，居西海（即今青海）以东。②碛北：沙漠以北。　③征税无度：征敛没有节度。　④渠帅：首领。　⑤贪于山：《新唐书》作贪汗山，即今汗山。在蒙古境内。　⑥薛延陀：隋唐时北方少数族名，铁勒诸部之一。由薛部与延陀部合并而成。初属于突厥。　⑦契苾：隋唐时西北少数族名，铁勒诸部之一。隋大业以来，其首领前来服属。　⑧回纥：中国古代民族名。北魏时，东部铁勒的袁纥部落游牧于鄂尔浑河和色楞格河流域。隋称韦纥。大业元年，因反抗突厥的压迫，与仆固、同罗等成立联盟，总称回纥。后与唐关系密切。　⑨郁督军山：山名。在大漠以外。　⑩四设：突厥称典兵者为设。四设，指四部典兵者。　⑪会猎：会合打猎。　⑫实设备焉：事实上在预设防备。　⑬郑元璹（？—646）：字德芳。隋大业末为文城郡守，城破归唐，授太常卿。后拜鸿胪卿。传见《旧唐书》卷六十二、《新唐书》卷一百。　⑭以羊马为候：以羊马的多少作为占候的标准。　⑮与人盟：与他人结盟。　⑯不信：不守信义。　⑰利人之灾：乘人灾祸而取利。　⑱不武：不算勇敢。⑲高平王道立：即唐宗室李道立，高祖之侄。永安王李孝基无子，以其侄道立为继嗣，封高平郡王。武德九年降为县公。高宗初年，卒于陈州刺史。道立于武德八年出使西突厥。事迹见《旧唐书》卷六十、《新唐书》卷七十八。　⑳万钉宝钿金带：万钉宝钿是马鞍上饰以多点的宝钿，金带则是以金所制的勒带。所献五千匹马，每匹马都具有此饰。㉑要须：必须。

【译文】

起初，突厥已经强大，敕勒人的各个部落分散而不统一，共有薛延陀、回纥、都播、骨利干、多滥葛、同罗、仆固、拔野古、思结、浑、斛薛、结、阿跌、契苾、白霫等十五个部落，都居住在漠北地区，风俗习惯大致与突厥相同，薛延陀在各个部落中实力最强。

西突厥的曷萨那可汗正处于强大的时候，敕勒的各个部落都向他称臣。曷萨那征收赋税没有限度，敕勒各个部落都有怨言。曷萨那诛杀各部落的首领一百多人，敕勒各个部落相继叛离西突厥，一致推举契苾部的哥楞为易勿真莫贺可汗，居住在贪于山之北。又推举薛延陀部的乙失钵为也咥小可汗，居住在燕末山之北。等到西突厥射匮可汗的兵势重新强盛起来，薛延陀、契苾两个部落就都去掉可汗的称号再次向西突厥称臣。

回纥等六个部落聚居在郁督军山，在东方隶属于突厥始毕可汗。西突厥统叶护可汗的势力衰微之后，乙失钵的孙子夷男率领其部落的七万多户，依附突厥的颉利可汗。颉利治国的政治混乱，薛延陀与回纥、拔野古等部落又相继反叛。颉利可汗派他哥哥的儿子欲谷设统领十万骑兵讨伐薛延陀等部落，回纥酋长菩萨率五千骑兵，在马鬣山与欲谷设的骑兵作战，大败欲谷设。欲谷设逃跑，菩萨追到天山，欲谷设的部落民众大多被菩萨俘虏，回纥由此大为强盛起来。薛延陀又乘机击败突厥的四个率军的设将，颉利可汗再无法控制这些敕勒的部落。

颉利可汗日益衰败，属下的百姓纷纷分离四散。正赶上天下大雪，平地积雪深达数尺，羊和马冻死很多，百姓中间发生严重饥荒，颉利可汗怕唐朝利用突厥的衰败出兵，带领兵马进入朔州的边境线上，扬言要进行聚会围猎，实际上是设下防备。鸿胪寺卿郑元琦出使突厥回朝，对唐太宗说："戎狄的兴衰隆替，只以羊马牲畜的好坏为其征候。现在突厥的百姓饥饿而牲畜瘦弱，这是他们将要灭亡的先兆，不会超过三年。"唐太宗认为他说得对。众大臣都劝唐太宗乘机袭击突厥，唐太宗说："刚刚与人家结盟就来违背约定，这不是信用；利用人家的灾祸，这不是仁义；乘人之危来取胜，这不是武勇。即使突厥的各个部落全都叛离，各种牲畜没有剩余，朕最终也不袭击他们，一定要等到他们有了罪过，然后才出兵讨伐他们。"

西突厥统叶护可汗派遣真珠统俟斤与高平王李道立来到长安，献上订有一万颗宝钿的金带、五千匹马，来迎娶唐朝的公主。颉利可汗不愿意唐朝廷与统叶护和亲，几次派兵入境侵扰，又派人对统叶护说："你迎娶大唐的公主，必须从我们的领土上经过。"统叶护担心这些事情，最终没有成婚。

【原文】

二年（戊子，628）

春，正月辛亥[①]，右仆射长孙无忌罢。时有密表[②]称[③]无忌权宠[④]过盛者，上以表示之[⑤]，曰："朕于卿洞然无疑[⑥]，若各怀所闻而不言，则君臣之意有不通。"又召百官谓之曰："朕诸子皆幼，视无忌如子，非他人所能间[⑦]也。"无忌自惧满盈[⑧]，固求逊位[⑨]，皇后[⑩]又力为之请，上乃许之，以为开府仪同三司。

置六司侍郎[⑪]，副六尚书[⑫]，并置左右司郎中[⑬]各一人。

癸丑⑭，吐谷浑寇岷州⑮，都督李道彦⑯击走之。

丁巳⑰，徙汉王恪⑱为蜀王，卫王泰⑲为越王，楚王祐⑳为燕王。

上问魏徵曰："人主㉑何为而明㉒，何为而暗？"对曰："兼听㉓则明，偏信则暗。昔尧㉔清问㉕下民，故有苗㉖之恶得以上闻；舜㉗明四目，达四聪，㉘故共、鲧、驩兜㉙不能蔽㉚也。秦二世㉛偏信赵高㉜，以成望夷之祸㉝；梁武帝㉞偏信朱异㉟，以取台城之辱㊱；隋炀帝偏信虞世基，以致彭城阁之变㊲。是故人君兼听广纳，则贵臣不得拥蔽㊳，而下情得以上通也。"上曰："善！"

上谓黄门侍郎王珪曰："开皇十四年㊴大旱，隋文帝不许赈给，而令百姓就食山东㊵，比至㊶末年，天下储积可供五十年。炀帝恃其富饶，侈心无厌㊷，卒㊸亡天下。但使㊹仓廪之积足以备凶年，其馀何用哉？"

二月，上谓侍臣曰："人言天子至尊㊺，无所畏惮㊻。朕则不然，上畏皇天之监临㊼，下惮群臣之瞻仰㊽，兢兢业业㊾，犹恐不合天意，未副㊿人望。"魏徵曰："此诚致治之要(51)，愿陛下慎终如始(52)，则善矣。"

（以上为第十一段，写唐太宗自律，敬畏天谴与谏言，故能兼听，深识为政之道。）

【注释】

①辛亥：正月初三日。　②密表：秘密上表。　③称：言，声称。　④权宠：权位宠幸。　⑤以表示之：皇上将密表给无忌看。　⑥洞然无疑：很了解，无疑心。　⑦间：离间。　⑧满盈：位高权重。　⑨逊位：让位、让贤。　⑩皇后：文德皇后。　⑪六司侍郎：侍郎，官名。隋唐中书、门下及尚书省所属各部都以侍郎为长官副职。按《旧唐书·职官志一》，吏部侍郎正四品上，余皆正四品下。　⑫副六尚书：为六尚书之佐贰。　⑬左右司郎中：官名。隋唐尚书省所属左司和右司的长官，分掌尚书省六部的事务。唐制，尚书省仆射之下设左、右丞。左丞领吏、户、礼三部十二司，右丞领兵、刑、工三部十二司。左右司郎中，各掌副左右丞所管诸司事。　⑭癸丑：正月初五日。⑮岷州：州名。治所在今甘肃岷县。　⑯李道彦：唐宗室，高祖从弟神通之子。贞观初为岷州都督。从李靖击吐谷浑，因大败，被戍边。传见《旧唐书》卷六十、《新唐书》卷七十八。　⑰丁巳：正月初九日。　⑱汉王恪：太宗第三子。　⑲卫王泰：太宗第四子。　⑳楚王祐：太宗第五子。　㉑人主：人君，天子。　㉒明：明察。　㉓兼听：并听多人的言论。　㉔尧：传说中父系氏族社会后期部落联盟首领。　㉕清问：虚心而

问。 ㉖有苗：即三苗，古族名。 ㉗舜：传说中父系氏族社会后期部落联盟领袖。㉘明四目，达四聪：即兼视兼听之意。所谓四者，表示兼意。 ㉙共、鲧（gǔn）、驩（huān）兜：古史传说中的三个人物：共工、鲧、驩兜。后与三苗并称为“四罪”，被舜流放于幽州。 ㉚不能蔽：不能逃脱罪戾。 ㉛秦二世（前230—前207）：即胡亥，秦朝第二代皇帝。事迹见《史记》卷六。 ㉜赵高（？—前207）：秦宦官。原系赵国贵族。进入秦宫二十余年，任中车府令，兼行符玺令事。事迹见《史记》卷六。 ㉝望夷之祸：望夷，即秦代望夷宫。故址在今陕西泾阳东南。赵高杀秦二世于此宫，故谓望夷之祸。 ㉞梁武帝（464—549）：即南朝梁的建立者萧衍。传见《梁书》卷一。 ㉟朱异（483—549）：字彦和。梁武帝时朱异居权要三十余年，历官自员外常侍至侍中。传见《梁书》卷三十八。 ㊱台城之辱：南朝梁武帝末年，权臣朱异奸佞骄贪，为人所恨。降将侯景以诛朱异为名，发动叛乱。乱军攻破建康（今南京市）。太清三年（549）攻下台城（宫城），梁武帝愤恨而死。 ㊲彭城阁之变：指隋大业十四年（618）三月，炀帝在江都（今江苏扬州市）被宇文化及所杀之事。事前曾有人向权臣虞世基通报化及反状。炀帝疑告反者不实，而不予防备。彭城阁盖为炀帝被杀之处所。 ㊳拥蔽：犹壅蔽。㊴开皇十四年：594年。 ㊵就食山东：到山东谋食。 ㊶比至：等到。 ㊷侈心无厌：奢侈之心没有满足。 ㊸卒：终于。 ㊹但使：只要使。 ㊺至尊：最尊贵。 ㊻畏惮：惧怕。 ㊼监临：莅临监视。 ㊽瞻仰：仰首瞻视。 ㊾兢兢业业：谨慎小心。㊿未副：不称、不符。 (51)此诚致治之要：这真是达到治国的要领。 (52)慎终如始：谨慎为怀，始终如一。

【译文】

唐高祖贞观二年（戊子，628）

春季，正月初三日，尚书右仆射长孙无忌罢官。当时有人上密封奏章称长孙无忌的权力和荣宠过于盛大，唐太宗把密封的奏章拿给长孙无忌看，说：“朕对你完全了解，一点都不怀疑，如果心里各有想法而不说出来，那么君臣的心意就会不能完全沟通。”又召集百官，对他们说：“朕的儿子都还年幼，所以把无忌看得如同亲儿子一样，不是其他人所能离间的。”长孙无忌害怕富贵到了极点就会带来灾祸，一再请求从现在的官位上退下来，长孙皇后也尽力为他请求，唐太宗于是同意长孙无忌离职，改任为开府仪同三司。

唐设置六司侍郎，作为六司尚书的副职，同时都设置左右司郎中各一人。

正月初五日，吐谷浑入侵岷州，都督李道彦击退了吐谷浑。

正月初九日，把汉王李恪改封为蜀王，卫王李泰改封为越王，楚王李祐改封为燕王。

唐太宗问魏徵："君主如何才能做到开明，如何就会昏庸愚昧？"魏徵回答说："能听取各方面的意见，就会开明，偏听偏信，就会昏庸愚昧。从前尧帝虚心地询问在下的民众，所以有苗的恶行能够从下面传到尧帝的耳朵里；舜帝能让自己的眼睛明察四方，能让自己的耳朵清楚地听到四方的消息，所以共工、鲧、驩兜不能隐匿自己的罪行。秦二世对赵高偏听偏信，结果造成了望夷宫的灾祸；梁武帝对朱异偏听偏信，结果招致了台城的耻辱；隋炀帝对虞世基偏听偏信，导致了彭城阁的事变。所以君主能做到兼顾听取和广泛采纳各方面的意见，那么地位很高的大臣就无法阻塞人们向君主上言的通路，下层的情况也就得够通达到君主面前。"唐太宗说："说得好！"

唐太宗对黄门侍郎王珪说："隋朝开皇十四年发生大旱灾，隋文帝不准许开仓救济百姓，而让百姓到山东地区找东西吃，等到了文帝的末年，天下储备的粮食可供五十年食用。隋炀帝仗恃着如此富足的粮食，奢侈的欲望永不满足，终于使得国家灭亡。只要使仓库中的粮食足以应付灾年就可以了，其他多余的又有什么用处？"

二月，唐太宗对身边的大臣说："人们都说天子是至为尊贵的，没有什么可以让他害怕。朕则不是这样认为，朕上怕皇天的监视和照临，下怕群臣的瞻仰注视，只能兢兢业业，还怕不符合上天的旨意，不符合百姓的期望。"魏徵说："这的确是达到天下大治的关键，希望陛下谨慎地坚持到最后，如同开始时一样，这才是最好的。"

【原文】

上谓房玄龄等曰："为政莫若至公[①]。昔诸葛亮窜廖立、李严于南夷，亮卒而立、严皆悲泣，有死者[②]，非至公能如是乎！又高颎[③]为隋相，公平识治体[④]，隋之兴亡，系颎之存没[⑤]。朕既慕前世之明君，卿等不可不法[⑥]前世之贤相也！"

三月戊寅朔[⑦]，日有食之。

壬子[⑧]，大理少卿胡演进每月囚帐[⑨]；上命自今大辟[⑩]皆令中书、门下四品已上及尚书议之[⑪]，庶无冤滥。既而引囚[⑫]，至岐州[⑬]刺史郑善果，上谓胡演曰："善果虽复有罪，官品不卑[⑭]，岂可使与诸囚为伍[⑮]。自今三品已上犯罪，不须引过[16]，听于朝堂俟进止[17]。”

关内旱饥，民多卖子[18]以接衣食[19]。己巳[20]，诏出御府金帛为赎之，归其父母。庚午[21]，诏以去岁霖雨，今兹[22]旱、蝗，赦天下。诏书略曰：“若使年谷丰稔[23]，天下乂安[24]，移灾朕身，以存万国[25]，是所愿也，甘心无吝[26]。”会所在有雨，民大悦。

夏，四月己卯[27]，诏以“隋末乱离，因之饥馑[28]，暴骸满野，伤人心目，宜令所在官司收瘗[29]。”

（以上为第十二段，写唐太宗倡导臣下执法至公，执行死刑要大臣复议，因旱灾、蝗灾而赦天下，关心民生。）

【注释】

①为政莫若至公：为政没有比公正更重要的。　②有死者：有因悲伤致死的。　③高颎（？—607）：隋政治家。一名敏，字昭玄。渤海蓨（今河北景县）人。隋文帝时，任尚书左仆射，执掌朝政。传见《隋书》卷四十一。　④公平识治体：公平能知为政之体要。　⑤系颎之存没：关键在于高颎的存亡。　⑥不可不法：不可不效法。　⑦戊寅朔：《旧唐书》《新唐书》太宗纪贞观二年文，俱作三月戊申，当改从之。戊申朔，三月初一日。　⑧壬子：三月初五日。　⑨囚帐：登载囚徒姓名的账簿。　⑩大辟：死刑。　⑪议之：合议审理。　⑫既而引囚：不久牵引囚徒。　⑬岐州：州名。治所在今陕西宝鸡市凤翔区。　⑭官品不卑：官的品秩不低。　⑮为伍：在一起。　⑯不须引过：不须牵引过来。　⑰听于朝堂俟进止：可以使其在朝堂听候处分。朝堂，长安太极宫与大明宫均置有东西朝堂。朝堂既是文武百官举行大朝会的地方，亦是受讼理冤狱之处。　⑱卖子：卖儿卖女。古代女儿也称子。　⑲以接衣食：以便接济衣食。　⑳己巳：三月二十二日。　㉑庚午：三月二十三日。　㉒今兹：今年。　㉓稔（rěn）：庄稼成熟。　㉔乂安：太平无事。乂，治理，安定。　㉕万国：全国人民。　㉖吝：吝惜。　㉗己卯：四月初三日。　㉘因之饥荒：又因有饥荒。　㉙收瘗（yì）：收尸埋葬。瘗，掩埋、埋藏。

【译文】

唐太宗对房玄龄等人说：“治理国家，什么都不如大公无私重要。以前诸葛亮流放廖立、李严到南夷之地，诸葛亮死的时候，廖立和李严都悲痛哭泣，李严甚至哀伤而死，如果不是大公无私能像这样吗？又如高颎为隋朝的丞相，公正平实而能认识到治国的根本准则，隋朝的兴亡，直接与高颎的在世与去世相关联。

朕既然仰慕前代的开明君主，你们不可不效法前代的贤明宰相啊！”

三月初一日，发生日食。

三月初五日，大理寺少卿胡演进呈每月囚禁罪犯的名簿；唐太宗下令从今往后的大辟死罪都要让中书省、门下省四品以上官员及尚书省一起讨论，希望尽量不出现冤枉和滥杀。之后带领囚犯来见，看到其中有原岐州刺史郑善果，唐太宗对胡演说：“郑善果虽然有罪，毕竟他的官职的等级不低，怎能让他与其他囚犯在同一个队列中？从现在起，三品以上的官员犯罪，不必带来殿前过目，只让他们在承天门前的东西朝堂听候处理。”

关内地区发生旱灾和饥荒，很多百姓卖儿卖女换取食物。三月二十二日，唐太宗下诏命令拿出皇宫府库中的金银丝帛为百姓赎回卖掉的子女，送还他们的父母。二十三日，下诏说去年由于雨水连绵不止，今年又有旱灾、蝗灾，因此大赦天下。诏书中大略说：“假如能让年岁丰收谷物富足，天下太平安宁，即使让灾害转移到朕的身上，以此来保全天下，这是朕的愿望，心甘情愿毫不吝惜。”正好这时发生旱灾的地区下了雨，百姓大为高兴。

夏季，四月初三日，下诏说：“隋朝末年发生战乱，人民流离，加上发生饥荒，满野都是暴露的尸骨，使人看到后非常伤悲，应该命令各地官府收集掩埋尸骨。”

【原文】

初，突厥突利可汗建牙[①]直[②]幽州之北，主东偏[③]，奚、霫[④]等数十部多叛突厥来降，颉利可汗以其失众责之。及薛延陀、回纥等败欲谷设[⑤]，颉利遣突利讨之，突利兵又败，轻骑奔还。颉利怒，拘之十馀日而挞之，突利由是怨，阴欲叛颉利。颉利数征兵于突利，突利不与，表请[⑥]入朝。上谓侍臣曰：“向者[⑦]突厥之强，控弦[⑧]百万，凭陵中夏[⑨]，用是骄恣[⑩]以失其民。今自请入朝，非困穷，肯如是乎[⑪]！朕闻之，且喜且惧。何则？突厥衰则边境安矣，故喜。然朕或失道[⑫]，他日亦将如突厥，能无惧乎？卿曹[⑬]宜不惜苦谏，以辅朕之不逮[⑭]也。”

颉利发兵攻突利，丁亥[⑮]，突利遣使来求救，上谋于大臣曰：“朕与突利为兄弟[⑯]，有急不可不救。然颉利亦与之有盟[⑰]，奈何？”兵部尚书杜如晦曰：“戎狄无信，终当负约[⑱]，今不因[⑲]其乱而取之，后悔无及。夫取乱侮亡[⑳]，古之道也。”

丙申[21]，契丹酋长帅其部落来降。颉利遣使请以梁师都易契丹[22]，上谓使者曰："契丹与突厥异类[23]，今来归附，何故索之？师都中国之人，盗我土地，暴我百姓，突厥受而庇之，我兴兵致讨[24]，辄[25]来救之，彼如鱼游釜中，何患不为我有！借使[26]不得，亦终不以降附之民易之也。"

先是，上知突厥政乱，不能庇梁师都，以书谕之[27]，师都不从。上遣夏州都督长史刘旻、司马[28]刘兰成图之，旻等数遣轻骑践其禾稼，多纵反间[29]，离其君臣，其国渐虚，降者相属[30]。其名将李正宝等谋执师都，事泄，来奔，由是上下益相疑。旻等知可取，上表请兵。上遣右卫大将军柴绍[31]、殿中少监[32]薛万均击之，又遣旻等据朔方[33]东城以逼之。师都引突厥兵至城下，刘兰成偃旗卧鼓不出。师都宵遁[34]，兰成追击，破之。突厥大发兵救师都，柴绍等未至朔方数十里，与突厥遇，奋击，大破之，遂围朔方。突厥不敢救，城中食尽。壬寅[35]，师都从父弟洛仁杀师都，以城降，以其地为夏州。

太常少卿[36]祖孝孙[37]，以梁、陈之音多吴、楚[38]，周、齐之音多胡、夷[39]，于是斟酌南北，考以古声，作《唐雅乐》，凡八十四调[40]、三十一曲、十二和[41]。诏协律郎[42]张文收[43]与孝孙同修定。六月乙酉[44]，孝孙等奏新乐。上曰："礼乐者，盖圣人缘情以设教[45]耳，治之隆替[46]，岂由于此？"御史大夫杜淹曰："齐之将亡，作《伴侣曲》[47]，陈之将亡，作《玉树后庭花》[48]，其声哀思，行路[49]闻之皆悲泣，何得言治之隆替不在乐也！"上曰："不然。夫乐能感人，故乐者[50]闻之则喜，忧者闻之则悲，悲喜在人心，非由乐也。将亡之政[51]，民必愁苦，故闻乐而悲耳。今二曲具存，朕为公奏之[52]，公岂悲乎[53]？"右丞魏徵曰："古人称'礼云礼云，玉帛云乎哉？乐云乐云，钟鼓云乎哉[54]？'乐诚[55]在人和，不在声音也。"

（以上为第十三段，写因突厥衰落，北方最后一个割据者梁师都被平定。唐完成《唐雅乐》的制定。）

【注释】

①建牙：古时出征建立军旗叫作"建牙"。此为突厥的王庭所在。　②直：当、在。　③主东偏：主管东边的部落。　④奚、霫（xí）：古民族名。隋唐时居潢水（今西拉木伦河）以北，以射猎为生。　⑤欲谷设：颉利可汗之子。　⑥表请：上表请求。⑦向者：从前，旧时。　⑧控弦：能骑射者。　⑨凭陵中夏：凭势侵陵中华。　⑩用

是骄恣：以此骄傲放恣。 ⑪肯如是乎：岂肯如此。 ⑫朕或失道：我一旦有失君道。⑬卿曹：卿辈。 ⑭不逮：不及之处。 ⑮丁亥：四月十一日。 ⑯与突利为兄弟：高祖武德七年八月，颉利、突利二可汗入寇。李世民大智大勇，利用二可汗间的疑忌心理，与突利结为兄弟。 ⑰颉利亦与之有盟：指武德九年八月，颉利进至渭水便桥。刚即帝位的太宗与之隔水而语，责其负约。随即，与颉利盟于便桥之上。 ⑱负约：违背盟约。 ⑲因：乘。 ⑳取乱侮亡：取乱攻亡。 ㉑丙申：四月二十日。 ㉒易契丹：交换契丹酋长及其部落。 ㉓异类：不同种族。 ㉔致讨：征讨。 ㉕辄：就。㉖借使：假使，即使。 ㉗以书谕之：用书信晓谕劝解他。 ㉘司马：官名。隋唐州、郡、府佐吏有司马一人，位在别驾、长史之下。一般用来安置贬斥之官，徒有虚名，多无实权。 ㉙多纵反间：多次使用反间计。 ㉚相属：相继。 ㉛柴绍（？—638）：临汾（今山西临汾市）人，字嗣昌。高祖之婿。累从征伐，以功封霍国公，拜右骁卫大将军。贞观中出为华州刺史。传见《旧唐书》卷五十八、《新唐书》卷九十。㉜殿中少监：官名。殿中省副长官，从四品上。 ㉝朔方：县名。县治在今陕西靖边县东北。 ㉞宵遁：趁夜逃跑。 ㉟壬寅：四月二十六日。 ㊱太常少卿：官名。太常寺太常卿之副职。掌宗庙礼仪，兼掌选试博士。 ㊲祖孝孙：幽州范阳（今北京市）人。隋唐之际乐律学家。隋朝任协律郎，参定雅乐。入唐为著作郎、太常少卿等。传见《旧唐书》卷七十九。 ㊳梁、陈之音多吴、楚：梁、陈旧乐多带吴、楚方音。㊴周、齐之音多胡、夷：周、齐的旧乐多带有胡、夷方音。 ㊵八十四调：我国宫调理论中，以十二律旋相为宫，构成十二均；每均都可构成七种调式，共得八十四调。㊶十二和：《旧唐书·音乐志》载，唐代祖孝孙所定大唐乐，“以十二律各顺其月，旋相为宫……制十二和之乐，合三十一曲，八十四调”。十二和是一种雅乐体制。 ㊷协律郎：掌管音乐的官。《唐六典》卷十四载“协律郎二人，正八品。协律郎掌和六律、六吕，以辨四时之气，八风五音之节”。 ㊸张文收：唐贞观（627—649）前后的音乐家。通音律，能作曲。历官协律郎、太子率更令。传见《旧唐书》卷八十五、《新唐书》卷一百一十三。 ㊹乙酉：六月十一日。 ㊺缘情以设教：根据人的情感以施教化。㊻治之隆替：政治的隆盛衰替。 ㊼《伴侣曲》：北齐时，阳俊之多作六言歌辞，淫荡而颓废，时人称之为《伴侣曲》。 ㊽《玉树后庭花》：乐曲名。唐代杜佑曰：“《玉树后庭花》《堂堂黄鹂留》《金钗两鬓垂》，并陈后主所造，恒与宫中女学士及朝臣唱和为诗。太乐令何胥采其尤轻艳者，为此曲。” ㊾行路：行路之人。 ㊿乐者：快乐的人。(51)将亡之政：行将灭亡的政治。 (52)奏之：演奏之。 (53)公岂悲乎：你（听了）难道会悲伤吗。 (54)礼云礼云，玉帛云乎哉？乐云乐云，钟鼓云乎哉：出自《论语·阳货》所载孔子之言，其意为，礼啊礼啊，岂是指玉帛这些礼品吗？乐啊乐啊，岂是指钟鼓这些乐器吗？此谓礼乐均有其文化内涵，礼仪与乐器只是外在的表现。 ㊺诚：实在。

【译文】

起初，突厥突利可汗建立牙帐于幽州正北方，主持突厥的东部事务，奚、霫等数十个部落大多反叛突厥前来投降唐朝，颉利可汗认为突利可汗丧失了这些部落而责备他。等到薛延陀、回纥等打败欲谷设，颉利派遣突利前去讨伐薛延陀等，突利的军队又被打败，乘着轻骑逃回。颉利发怒，把突利拘禁了十几天并用鞭子抽他，突利从此怨恨颉利，暗中想背叛颉利。颉利几次向突利征兵，他都不给，又向唐朝上书请求归附。唐太宗对大臣们说："以前突厥强盛的时候，拥有可以拉弓作战的士兵上百万，侵凌中原，因此骄横放纵，最终失去百姓的支持。现在自己请求前来归附，如果不是非常困难而走投无路，肯这样做吗？朕听到这个消息，又高兴又害怕。为什么呢？突厥衰败了，大唐边境就会安宁，所以高兴。然而朕或许也有过失，日后也将会像突厥一样，能不害怕吗？望你们不惜一切对我进行直言苦谏，以帮助朕弥补不足。"

颉利可汗发兵攻打突利，四月十一日，突利派来使节前来求援，唐太宗与大臣们谋议说："朕与突利结为兄弟，他有急难不能不救。但是颉利可汗也与我订立盟约，怎么办？"兵部尚书杜如晦说："戎狄没有信用，最终必会背叛盟约，现在不乘其发生内乱而攻取他们，以后后悔也来不及了。攻取已经发生内乱的国家，欺侮将要灭亡的国家，这是自古以来的道理。"

四月二十日，契丹酋长率领他的部落投降唐朝。颉利可汗派使臣前来，请求用梁师都换回契丹，唐太宗对突厥的使臣说："契丹与突厥是不同的种族，现在来归顺我大唐，你们有什么理由把他们要回去？梁师都本来就是中原的汉人，侵占了我大唐的土地，残害我大唐的百姓，突厥接受了他并加以庇护，大唐兴兵讨伐梁师都，你们总是出兵救援他，梁氏已经如同鱼游在釜中，哪里担心不被我们消灭？即使一时不能抓获他，最终也不会用归降的百姓去交换他。"

在此之前，唐太宗得悉突厥内部政局混乱，不能庇护梁师都，写信去用道理告谕并劝他归降，但梁师都并不听从。唐太宗派夏州都督府长史刘旻、司马刘兰成想办法除掉梁师都，刘旻等人多次派遣轻骑兵践踏梁氏占据区的庄稼，又派了很多人前去反间，离间梁师都与他部下的君臣关系，使他的势力逐渐衰弱空虚，投降唐朝的人接连不断。梁师都手下的名将李正宝等人密谋抓捕梁师都，事情泄露，于是前来投奔唐朝，从此梁师都的君臣上下更加互相猜疑。刘旻等人知道可以攻取梁师都了，上表请求派兵出击。唐太宗派右卫大将军柴绍、殿中少监薛万均率兵进攻梁师都，又让刘旻等人据守朔方东城进逼梁师都。梁师都引来突厥兵来到朔方东城下，刘兰成偃旗息鼓按兵不出。梁师都半夜逃跑，刘兰成追击，大败梁军。突厥发动大批兵力救援梁师都，柴绍等人率兵马还离朔方数十里，与突厥部队相遇，奋力拼杀，大败突厥兵，于是包围朔方城。突厥不敢救援，城中粮绝。四月二十六日，梁师都的堂弟梁洛仁杀死梁师都，率城投降，唐朝把该地设置为夏州。

太常寺少卿祖孝孙，认为南朝梁、陈二代的音乐混杂了很多吴地、楚地的音调，而北朝周、齐二代的音乐则混杂了很多北方胡人、夷人的音调，于是对南方、北方的音乐进行斟酌对比，又考察了古代的音乐，撰写了《唐雅乐》，总共八十四调、三十一曲、十二和。唐太宗下诏令协律郎张文收与祖孝孙共同修订唐朝音乐。六月十一日，祖孝孙等人奏上新乐。唐太宗说："礼乐这个东西，大致是古代圣人根据人的内心情感的变化用来进行教化的，国家政治的兴衰隆替，难道是根据礼乐的吗？"御史大夫杜淹说:"北齐将要灭亡时，有人作了《伴侣曲》，陈朝将要灭亡时，有人作了《玉树后庭花》，这些乐曲的声调都有悲哀的思绪，过路人听到了都悲伤落泪，怎能说政治的兴衰隆替不在于音乐呢？"唐太宗说："不是这样。音乐能让人受到感动，所以高兴的人听到音乐就喜悦，忧伤的人听到音乐就悲伤，悲伤与喜悦只在于人的内心，不是由音乐决定的。将要灭亡的国家和政治，百姓内心必然感到愁苦，所以听到音乐就会悲伤罢了。现在这两个曲子都还存在，朕为你弹奏出来，你难道会悲伤吗？"右丞魏徵说："古人说'礼啊礼啊，难道仅仅是说玉帛这些器物的吗？乐啊乐啊，难道仅仅是说钟鼓这些乐器的吗？'音乐的作用确实在于人心与音乐的和调，而不在于声音本身。"

【原文】

臣光曰：臣闻垂①能目制②方圆，心度③曲直，然不能以教人④，其所以教人者，必规矩而已矣。圣人不勉而中⑤，不思而得⑥，然不能以授⑦人，其所以授人者，必礼乐而已矣。礼者，圣人之所履也⑧，乐者，圣人之所乐也⑨。圣人履中正而乐和平⑩，又思与四海共之，百世传之，于是乎作礼乐焉。故工人执垂之规矩而施之器，是亦垂之功已⑪；王者执五帝、三王之礼乐而施之世，是亦五帝、三王之治已[12]。五帝、三王，其违世[13]已久，后之人见其礼知其所履，闻其乐知其所乐，炳然[14]若犹存于世焉，此非礼乐之功[15]邪？

夫礼乐有本、有文[16]：中和者，本也；容声[17]者，末也；二者不可偏废。先王守礼乐之本，未尝须臾去于心[18]；行礼乐之文，未尝须臾远于身[19]。兴于闺门[20]，著[21]于朝廷，被于乡遂比邻[22]，达于诸侯[23]，流于四海[24]，自祭祀军旅至于饮食起居，未尝不在礼乐之中。如此数十百年[25]，然后治化周浃[26]，凤凰来仪[27]也。苟[28]无其本而徒有其末，一日行之而百日舍[29]之，求以移风易俗，诚亦难矣。是以汉武帝[30]置协律[31]，歌天瑞[32]，非不美也，不能免哀痛之诏[33]；王莽[34]建羲和[35]，考律吕[36]，非不精也，不能救渐台之祸[37]；晋武制笛尺[38]，调金石[39]，非不详也，不能弭平阳之灾[40]；梁武帝立四器[41]、调八音[42]，非不察也，不能免台城之辱[43]。然则《韶》《夏》《濩》《武》之音[44]，具存于世，苟其馀不足以称之[45]，曾不能化一夫[46]，况四海乎！是犹执垂之规矩而无工与材[47]，坐而待器之成，终不可得也。况齐、陈淫昏[48]之主，亡国之音，暂奏于庭[49]，乌能[50]变一世之哀乐乎！而太宗遽云治之隆替不由于乐[51]，何发言之易[52]而果于[53]非圣[54]人也如此？

夫礼非威仪之谓也[55]，然无威仪则礼不可得而行矣；乐非声音之谓也，然无声音则乐不可得而见[56]矣。譬诸山[57]，取其一土一石而谓之山则不可，然土石皆去，山于何在哉[58]？故曰："无本不立，无文不行[59]。"奈何以齐、陈之音不验[60]于今世而谓乐无益于治乱，何异睹拳石[61]而轻泰山乎？必若所言[62]，则是五帝、三王之作乐皆妄也[63]。"君子于其所不知，盖阙如也"[64]，惜哉！

（以上为第十四段，写司马光对礼乐的评论，他认为礼乐有治政教化的作用，批评唐太宗不重视礼乐的态度。）

【注释】

①垂：古之巧人，名垂。　②目制：目定。用眼睛测量就能制定方和圆。　③心度：用内心测度。　④不能以教人：不能把自己的经验教会别人。谓目制、心度，不是器具，个人的经验，别人无法掌握。　⑤不勉而中：不努力就合乎正道。　⑥不思而得：不思索便得其理。　⑦授：传授。　⑧礼者，圣人之所履也：礼，是圣人要亲自践

行的行为。 ⑨乐者，圣人之所乐也：乐，是圣人体验欢乐的声音。 ⑩履中正而乐和平：履行中正之道，而喜爱和谐平正。 ⑪是亦垂之功已：这也就是垂的功劳。 ⑫是亦五帝、三王之治已：这也就是五帝、三王的治国之道。 ⑬违世：离开世间。 ⑭炳然：昭然。 ⑮功：功效。 ⑯有本、有文：本，本质、根本。文，文采。 ⑰容声：仪容、声音。容属礼，声属乐。 ⑱未尝须臾去于心：不曾片刻离心。 ⑲未尝须臾远于身：不曾片刻离于身。 ⑳闺门：居室之内。 ㉑著：彰显。 ㉒被于乡遂比邻：分散在乡遂近邻。乡，古代的一种居民组织。一万二千五百户为一乡。遂，先秦时京城郊外的行政区域。 ㉓诸侯：此处指邦国。 ㉔四海：全国。 ㉕数十百年：数十年以至一百年。 ㉖治化周浃：政治教化周遍融洽。 ㉗凤凰来仪：仪同"来"，指来归。古以凤凰来仪，作为治化周浃的征验。 ㉘苟：如果。 ㉙舍：舍弃。 ㉚汉武帝（前156—前87）：西汉第五代皇帝。公元前141至前87年在位。景帝之子，十六岁即位，在位五十四年间，在政治、经济、文化诸方面采取一系列措施，将西汉推至全盛时期。传见《汉书》卷六。 ㉛协律：指协律都尉，掌管音乐的官。 ㉜歌天瑞：歌颂天降之祥瑞。 ㉝哀痛之诏：指武帝所下哀悼戾太子的诏书。 ㉞王莽（前45—23）：新朝建立者。8至23年在位。西汉末，以外戚身份掌握政权。后改国号，建新。在位期间，实行"改制"，阶级矛盾激化，爆发了全国性的农民大起义。传见《汉书》卷九十九。 ㉟羲和：王莽所设官名。相当于主管音律的职务。 ㊱考律吕：考定律吕。律，古代音乐中十二律中的阳律。吕，古代音乐中十二律中的阴律。《汉书·律历志》载"律十有二，阳六为律，阴六为吕"。 ㊲渐台之祸：新朝地皇四年（23）九月，更始兵攻入长安，王邑等败死。王莽登渐台，被商人杜吴所杀，新朝灭亡。此事被称作渐台之祸。 ㊳晋武制笛尺：晋武帝使律学家荀勖考定律吕，制定笛尺。在其所制十二笛中，已应用"管口校正"法。 ㊴调金石：调理乐器。 ㊵弭平阳之灾：弭，消除、停止。平阳之灾，指西晋末年的永嘉之乱。西晋怀帝永嘉五年（311），匈奴首领刘渊之子刘聪派兵南下，攻陷西晋都城洛阳，把晋怀帝俘到平阳（今山西临汾市西南）。匈奴军南下时，一路烧杀抢掠，中原百姓纷纷逃亡江南，史称"永嘉之乱"。 ㊶四器：又叫四通，梁武帝所制调音的乐器。四通为玄英通、青阳通、朱明通、白藏通。 ㊷八音：古称金、石、土、革、丝、木、匏、竹曰八音。 ㊸台城之辱：台城，梁都建康宫城。梁武帝太清三年（549），侯景之乱，破建康，虏梁武帝，死于台城，史称"太清之祸"，台城之辱，即指此。 ㊹《韶》《夏》《濩》《武》之音：舜乐曰韶，禹乐曰夏，汤乐曰濩，周武王乐曰武。 ㊺苟其馀不足以称之：张注，"馀"作"德"。如果他们的德行不值得人们称道。 ㊻曾不能化一夫：是不能感化一个匹夫。 ㊼是犹执垂之规矩而无工与材：这像持着垂的规矩而没有工匠与器材。 ㊽淫昏：淫乱昏庸。 ㊾庭：朝廷。 ㊿乌能：安能。 (51)遽云治之隆替不由于乐：急着说政治的兴隆衰替不由于乐。遽（jù），仓促、急速。 (52)何发言之易：为何如此轻易说话。 (53)果于：勇决。 (54)非圣：非议圣人。 (55)礼非威仪之谓也：礼的真义不在威容仪式。 (56)不可得而见：不可能表现。 (57)譬诸山：譬如一座山。诸，之于。 (58)山于何在哉：意思是山亦不存。 (59)无本不立，无文不行：没有根本不能站立，没有文采不能施行。 (60)不验：不灵验，亦即不合。 (61)拳石：小石。(62)必若所言：一定要如太宗的说法。 (63)皆妄也：都是妄言。 (64)君子于其所不知，盖阙如也：出自《论语·子路》所载孔子之言。意为君子对于不知之事，则阙而不言。

【译文】

司马光评论说：臣听说古代的巧匠垂，只用眼睛就能够制造出方的和圆的器物，只用内心就能够测量器物的弯曲和直线，但是不能把自己的技术教给别人，他用来教给别人的，必定是丈量器物的圆规和曲尺这些工具罢了。古代圣人不用努力就能适宜地掌握事物，不用深思就能认识事物的根本道理，但却不能把这个传授给别人，所能传授的，必定是礼乐这些具体的制度和作品罢了。礼这个东西，是圣人所要亲自践行的，乐这个东西，是圣人从中感受到喜悦的。圣人履行中正之道而喜爱和谐平正，又想与天下人共同分享它们，并让它们世世代传留下去，于是就制作了礼乐。所以工匠手里拿着古代的巧匠垂传授下来的圆规曲尺用在器物的制作上，这也就是垂的功劳了；君主拿着五帝、三王传留下来的礼乐而实施在国家的治理上，这也就是五帝、三王的治国之道了。五帝、三王，他们离开今天的人世已经很久远了，后代的人们看见他们传留下来的礼，就知道他们所履行的准则，听到他们传留下来的乐，就知道他们内心中的喜乐，这都非常明白清楚得好像还存于世上一样，这难道不是礼乐的功用吗？

说到礼乐，它有内在的本质和外在的文采：中正和谐，这是礼乐的内在本质；仪容和声音，这是礼乐的末节；但二者不可偏废。先代的圣王遵守礼乐的内在本质，不曾一刻让它们离开自己的内心；履行礼乐的外在形式，不曾一刻让它远离自己的身体。礼乐从内室中兴起，在朝廷上明显地表现出来，在广大的城乡街巷普及和运用，传播到各方的诸侯，流传到四海，从国家的祭祀与战争一直到人们的饮食起居，没有什么事情不在礼乐之中。礼乐能够如此实行达到数十年上百年，然后它对国家社会的治理和教化就达到普遍和深入的程度了，于是就会有凤凰出现的太平景象。如果没有了礼乐的内在本质而只有礼乐的枝叶末节，只在一天实行礼乐而在其后的一百天都不履行，想用礼乐来改变社会的风俗，实在也是很困难的了。所以汉武帝设置了协律都尉，歌唱上天降临的吉祥符瑞，不是不美，但也不能免除充满哀痛之情的罪己诏书；王莽设立羲和官来执掌天地四时的运行与变化，考定了律吕的声音差异与度数，不是不精确，但也不能挽救发生在渐台的灾祸；晋武帝时制造了笛尺，调整金石等各种乐器的声音，不是不详尽，但也不能消除怀帝、愍帝在平阳遭受的灾难；梁武帝时设立了四通的乐器，调理八音，不是不准确，但也不能免除后来在台城受到的耻辱。这样看来，舜、禹、商汤、周武王时的《韶》《夏》《濩》《武》四种乐曲的声音，即使都保存于当世，如果帝王的德行不足以与这些乐曲相称，连一个人都不能感化，何况感动普天之下的民众呢！这好比拿着巧匠垂留下来的圆规曲尺但却没有工人和材料，坐等器具的制成，最终也是得不到的。况且南朝时南齐、陈荒淫昏庸的君主，使那些亡国之音，一时之间在宫廷内进行演奏，这样做又怎能改变一个时代的哀乐之心呢？唐太宗匆忙地说政治的兴衰隆替不由音乐来决定，说话为何这样轻率，而且鲁莽地非难圣人呢？

所谓的礼，并不是仅指形式上的威严与仪式，然而没有形式的威严和仪式的话，礼就是无法得以施行的；所谓的乐，并不是仅指声音来说的，然而没有声音的话，乐就无法表现出来了。譬如一座山，仅从山上取下其中的一抔土一块石当然不能说毁了一座山，但是如果把土和石都去掉了，山又在什么地方呢？所以说："礼如果没有内在的本质，就是不能成立的，没有外表的形式，也是无法施行的。"怎么能因为齐、陈的乐曲不能在当世应验就说乐是无益于治乱的呢？这与只看见拳头大的石头而把整个泰山不放在眼里有什么不同呢？如果一定像唐太宗所说的那样，那么五帝、三王制作音乐就都是虚妄的了。"君子对于他所不知道的，应当付之阙如不去谈它才是。"可惜啊！

【原文】

戊子[①]，上谓侍臣曰："朕观《隋炀帝集》[②]，文辞奥博[③]，亦知是尧、舜而非桀、纣[④]，然行事何其反也[⑤]？"魏徵对曰："人君虽圣哲，犹当虚己以受人[⑥]，故智者献其谋，勇者竭其力。炀帝恃其俊才，骄矜自用，故口诵尧、舜之言而身为桀、纣之行，曾不自知以至覆亡也。”上曰：“前事不远，吾属之师也！”

畿内有蝗[7]。辛卯[8]，上入苑中，见蝗，掇数枚[9]，祝之曰[10]：“民以谷为命，而汝食之，宁食[11]吾之肺肠。”举手欲吞之，左右谏曰：“恶物或成疾。”上曰：“朕为民受灾，何疾之避[12]!”遂吞之。是岁，蝗不为灾。

上曰：“朕每临朝，欲发一言，未尝不三思，恐为民害[13]，是以不多言。”给事中知起居事[14]杜正伦[15]曰:“臣职在记言，陛下之失，臣必书之，岂徒[16]有害于今，亦恐贻讥[17]于后。”上悦，赐帛二百段。

上曰：“梁武帝君臣惟谈苦空[18]，侯景之乱[19]，百官不能乘马[20]。元帝为周师所围，犹讲《老子》，百官戎服以听。[21]此深足为戒。朕所好者，唯尧、舜、周、孔之道，以为如鸟有翼，如鱼有水，失之则死，不可暂无耳[22]。”

以辰州刺史裴虔通，隋炀帝故人，特蒙宠任，而身为弑逆[23]，虽时移事变，屡更赦令，幸免族夷[24]，不可犹使牧民[25]，乃下诏除名，流驩州[26]。虔通常言“身除隋室以启大唐”[27]，自以为功，颇有觖望之色[28]。及得罪，怨愤而死。

秋，七月，诏宇文化及之党莱州刺史牛方裕、绛州[29]刺史薛世良、广州[30]都督长史唐奉义、隋武牙郎将[31]元礼并除名徙边。

上谓侍臣曰：“古语有之：‘赦者小人之幸[32]，君子之不幸。’‘一岁再赦，善人喑哑[33]。’夫养稂莠[34]者害嘉谷，赦有罪者贼[35]良民，故朕即位以来，不欲数赦，恐小人恃之轻犯宪章[36]故也！”

（以上为第十五段，写唐太宗以隋炀帝为鉴，每临朝三思而后发言，是非判断，以儒学为宗。）

【注释】

①戊子：六月十三日。　②《隋炀帝集》：隋炀帝文集。　③奥博：含义深广。　④是尧、舜而非桀、纣：称赞尧、舜而非议桀、纣。　⑤何其反也：何其相反。⑥虚己以受人：谦虚自己来接纳别人的意见。　⑦畿内有蝗：京畿之内有蝗虫。　⑧辛卯：六月十六日。　⑨掇数枚：拾取数只。　⑩祝之曰：祝祷说。　⑪宁食：不如吃。⑫何疾之避：还避什么疾病。　⑬恐为民害：恐怕说了有害于人民。　⑭知起居事：官名。起居郎，为唐太宗所置隶于门下省的史官。凡皇帝起居法度，典礼文物，迁拜旌赏，

诛罚黜免，莫不随事记录，以成起居注。以他官兼起居郎事者，谓之知起居注或知起居事。 ⑮杜正伦（？—658）：相州洹水（今河北大名西南）人。唐初大臣。传见《旧唐书》卷七十、《新唐书》卷一百六。 ⑯徒：仅仅。 ⑰贻讥：让人讥笑。贻（yí），遗留。 ⑱惟谈苦空：言谈唯苦行空寂。 ⑲侯景之乱：此为南朝梁武帝末年北齐降将侯景发动的叛乱。 ⑳百官不能乘马：南朝梁时，士大夫好逸恶劳，讲究穿戴，出则乘车，入则扶侍。以致肤脆骨柔，不堪行步，体羸气弱，不耐寒暑。及至侯景之乱，百官不会骑马逃跑，更无法持戈作战了。 ㉑元帝为周师所围，犹讲《老子》，百官戎服以听：梁元帝承圣三年（554）十月，西魏大军南下入寇，元帝召公卿商议。江陵将相多以为必无此事。于是元帝"犹讲《老子》，百官戎服以听"。结果魏军攻破江陵，梁元帝终被擒杀。 ㉒不可暂无耳：一刻也不能离开。 ㉓身为弑逆：亲自干杀害炀帝的事。 ㉔族夷：灭族。 ㉕不可犹使牧民：不可还使他治理人民。 ㉖驩州：州名。治所在今越南义安省演州西安城。 ㉗身除隋室以启大唐：亲自除掉隋朝以开启大唐的国运。 ㉘觖（jué）望之色：因不满意而怨恨的神色。 ㉙绛州：州名。治所在今山西新绛县。 ㉚广州：州名。今广东广州市。 ㉛武牙郎将：即虎牙郎将。唐以避讳，改虎曰武。 ㉜赦者小人之幸：赦免天下是小人的幸运。 ㉝喑（yīn）哑：缄默，不说话。 ㉞稂莠：稂，古书上指狗尾草；莠，比喻品质坏。稂莠指恶草。 ㉟贼：害。 ㊱宪章：法令。

【译文】

六月十三日，唐太宗对身边的大臣说："朕翻阅《隋炀帝集》，看到他的文辞深奥博雅，也知道推崇尧、舜而非议桀、纣，但是他做的事为何又与自己写的文章相反呢？"魏徵回答说："君主虽然有圣哲的聪慧，还应当自己谦虚来接受别人的意见，所以有智慧的人会为君主奉献上他的谋略，勇武的人会为君主竭尽他的勇力。隋炀帝仗恃自己的出众才能，骄傲矜持自以为是，所以嘴里念诵着尧、舜的言语而身体却做着桀、纣的行为，自己还不明白就走向了灭亡。"唐太宗说："前代的事情离我们还不远，就是我们的老师啊。"

长安地区出现了蝗虫。六月十六日，唐太宗进入玄武门北面的禁苑，看见蝗虫，就拾起来几只，祈祷说："百姓以谷子为生命，而你们却吃谷子，宁肯让你们吃我的肺肠。"举手想吞掉蝗虫，身边的人劝谏说："恶的东西吃了或许会生病。"唐太宗说："朕为百姓承受灾难，为什么要躲避疾病！"于是吞掉蝗虫。这一年，蝗虫没有成为灾害。

唐太宗说："朕每次临朝听政，要说一句话，未尝不再三思考，担心给百姓造成伤害，所以不多说话。”给事中知起居事杜正伦说：“我的职责在于记录皇帝的言论，陛下的过失，臣一定要记录下来，不是只怕对当今有害，也怕会留下讥笑让后人看到。”唐太宗高兴，赐给他二百段帛。

唐太宗说：“梁武帝的君臣只谈佛教的苦与空，侯景叛乱的时候，百官都不能骑马。梁元帝被北周军队包围时，还在讲论《老子》，百官穿着戎装听讲，这些都非常值得引为鉴戒。朕所喜好的，只有尧、舜、周公、孔子之道，认为这就如同鸟要有翅膀、鱼要有水，失去它就会死，不可片刻没有它们。”

唐太宗认为辰州刺史裴虔通是隋炀帝的旧臣，特别受到炀帝的宠爱和任用，最后却亲手杀了炀帝，虽然时间已经过去，世事也多有变化，在唐朝也经过了多次的大赦，裴虔通的整个家族能幸免被诛杀，但仍然不可以让他做地方长官，于是下诏把他从做官士人的名单中除名，流放到驩州。裴虔通常说“亲手除掉隋朝皇室来开启了大唐王朝”，自以为有功，颇有怨恨失望的意思。等到这时在朝廷里被当作有罪而流放，于是怨恨愤怒而死。

秋季，七月，下诏把宇文化及的同党莱州刺史牛方裕、绛州刺史薛世良、广州都督府长史唐奉义、隋朝的虎牙郎将元礼一并从官员的名册中除名，迁徙到边疆地区。

唐太宗对身边的大臣说：“古语说：‘朝廷宣布大赦，这是小人的幸运，而是君子的不幸。’又说：‘一年中两次大赦，善良的人就会变成哑巴而不想再说话。’养着莠草就是危害好的禾苗，宽赦罪犯就是残害善良的百姓，所以朕即位以来，不想多次进行大赦，这是因为担心小人仗恃朝廷的大赦而敢于轻易触犯法令。”

【评析】

唐太宗用人

能不能知人用人，是判断人君贤愚的一个重要标准。唐太宗知人善任，是中国历史上少见的明君。唐太宗对大臣们说：“人君必须至公无私，才能服天下人的心。朕和你们每天的衣食，都是民众提供的，所以设立官职，要为民办事。办好事就要用好人，因此选用人才要至公，不应按关系亲疏、资格的新旧来选人任职。如果贤才出在疏人新人中，庸才出在亲人旧人中，不可以舍去贤才而录用庸才。原来在秦王府供职的旧官属专凭关系和资格来较量官职，发出怨言，真是不识大体。”唐太宗要封德彝举荐贤才，长久没有回应。封德彝说：“臣不是不留心，只是当今没有奇才。”唐太宗驳斥说：“用人如用器，各取所长，古时也有太平盛世，难道那时的贤才都是从前朝借来的吗？你自己不识人，不要妄说今世没奇才。”封德彝十分惭愧，这说明唐太宗相信人才就在今世。唐太宗从上奏《大宝箴》中发现了张蕴古，立即破格录用为大理丞。景州录事张玄素有名望，唐太宗召见，问以政事，也立即提升为侍御史。玄武门之变前夕，太史令傅奕上奏天变，说“太白见秦分，秦王当有天下”。唐太宗即位后召见傅奕说：“你先前的奏折，差点给我带来灾祸，但这是你的职责，不要担心以前的事。”由此可见，唐太宗认为尽职者就是人才。

由于唐太宗知人，又善用人，所以贞观一朝，人才济济。贞观十七年（643），唐太宗让画家阎立本绘画了唐代二十四位开国功臣的影像陈列在凌烟阁，时时瞻仰，亦为人臣榜样，唐太宗以此说明，代有人才，也表明他不拘一格用人才的风采。

卷第一百九十三　唐纪九

唐太宗贞观二年至五年（628—631）

【起著雍困敦（戊子，628）九月，尽重光单阏（辛卯，631），凡三年有奇】

【大事提要】

本卷记事起唐太宗贞观二年（628）九月，讫贞观五年（631），凡三年又四个月，是唐太宗执政的初年，"贞观之治"的启动时期。政治欣欣向荣，君臣励精图治，魏徵等众多大臣都能直言进谏，时常和谐议政，房玄龄、杜如晦两位贤相尽心辅政，军国大政无失策。此时期，唐军大败东突厥，诛杀了隋义成公主，漠北诸部落，西域各国、东西突厥、岭南蛮夷皆归服唐朝，边患消除，内政稳定，刑措不用，全年死囚仅二十九人。数年间，"贞观之治"已见成效。

【原文】

太宗文武大圣大广孝皇帝上之中

贞观二年（戊子，628）

九月丙午[①]，初令致仕官在本品之上[②]。

上曰："比见群臣屡上表[③]贺祥瑞[④]，夫家给人足而无瑞，不害为尧、舜[⑤]；百姓愁怨[⑥]而多瑞，不害为桀、纣。后魏之世，吏焚连理木，煮白雉而食之[⑦]，岂足为至治乎？"丁未[⑧]，诏："自今大瑞听表闻[⑨]，自外诸瑞，申所司而已[⑩]。"尝有白鹊构巢于寝殿槐上，合欢如腰鼓[⑪]，左右称贺。上曰："我常笑隋炀帝好祥瑞。瑞在得贤，此何足贺！"命毁其巢，纵鹊于野外。

天少雨，中书舍人[⑫]李百药上言："往年虽出宫人，窃闻太上皇宫及掖庭[⑬]宫人，无用者尚多，岂惟虚费衣食，且阴气郁积，亦足致旱。"上曰："妇人幽闭[⑭]深宫，诚为可愍[⑮]。洒扫之馀，亦何所用？宜皆出之，任求伉俪[16]。”于是遣尚书左丞戴胄、给事中洹水[17]杜正伦于掖庭西门简出之，前后所出三千馀人。

己未[18]，突厥寇边。朝臣或请修古长城[19]，发民乘堡障[20]，上曰：“突厥灾异相仍[21]，颉利不惧[22]而修德，暴虐滋甚[23]，骨肉相攻，亡在朝夕。朕方为公扫清沙漠[24]，安用劳民远修障塞[25]乎？”

壬申[26]，以前司农卿窦静为夏州都督。静在司农，少卿赵元楷善聚敛，静鄙之，对官属[27]大言曰：“隋炀帝奢侈重敛，司农非公[28]不可；今天子节俭爱民，公何所用哉？”元楷大惭。

上问王珪曰：“近世为国者益不及前古[29]，何也？”对曰：“汉世尚儒术，宰相多用经术士，故风俗淳厚；近世重文轻儒，参以法律[30]，此治化[31]之所以益衰也。”上然之。

（以上为第一段，写唐太宗不信祥瑞，释放宫人，不筑边塞，使民休息。）

【注释】

①丙午：九月初三日。 ②初令致仕官在本品之上：初令内外文武官年老辞职者，参朝的班秩，应在本品现任之上。 ③上表：进呈奏章给皇帝。 ④祥瑞：吉祥的征兆。 ⑤家给人足而无瑞，不害为尧、舜：人民富足虽无祥瑞，不妨害其为尧、舜。⑥愁怨：愁苦埋怨。 ⑦焚连理木，煮白雉而食之：连理木、白雉，均为祥瑞之物。言焚言煮，表示当时祥瑞之多。 ⑧丁未：九月初四日。 ⑨大瑞听表闻：有大瑞准许以表奏闻。大瑞，凡景星、庆云为大瑞，其名物有六十四。 ⑩自外诸瑞，申所司而已：除大瑞外，又有上瑞、中瑞、下瑞。白狼、赤兔为上瑞，其名物三十八；苍乌、朱雁为中瑞，其名物有三十二；嘉禾、芝草、木连理为下瑞，其名物有十四。所有这些，由员外郎负责申报。 ⑪合欢如腰鼓：两个巢相连有如腰鼓。 ⑫中书舍人：官名。掌制诰（撰拟诏旨），以有文学资望者充任。其名称常有变更，如隋炀帝时称内书舍人，唐武则天时称凤阁舍人，简称舍人。 ⑬掖庭：后妃宫中。 ⑭幽闭：幽禁。 ⑮可愍（mǐn）：可怜。 ⑯伉俪：夫妻。 ⑰洹水：县名。县治在今河北魏县西南。 ⑱己未：九月十六日。 ⑲古长城：春秋战国时，各国互相防御，各于险要地段修筑长城。秦统一全国后，将秦、赵、燕三国北边的长城，连贯为一。西起临洮（今甘肃岷县），北傍阴山，东至辽东，俗称“万里长城”。自汉至隋，各代皆曾于北边与游牧民族交接地带修筑长城。 ⑳发民乘堡障：征发民众登堡障据守。堡，小城；障，亭障。 ㉑灾异相仍：灾害接连不断。 ㉒不惧：指突厥不畏惧唐朝，不服德化而犯边。 ㉓滋甚：愈

甚。 ㉔扫清沙漠：指扫清突厥。沙漠，指代突厥。 ㉕障塞：指长城。 ㉖壬申：九月二十九日。 ㉗官属：指司农卿所辖的官属，如丞、主簿等。 ㉘公：对人的尊称，如您。下同，指赵元楷。 ㉙近世为国者益不及前古：近世的治民者更不如往古的人。 ㉚重文轻儒，参以法律：重文学轻儒术，兼重法律。 ㉛治化：政治教化。

【译文】

太宗文武大圣大广孝皇帝上之中

唐太宗贞观二年（戊子，628）

九月初三日，初次下令年老退休的文武官员在入宫朝见时，官的级别列于现任同一级官员之上。

唐太宗说："近来看见大臣们多次上表祝贺祥瑞，如果百姓都家家富足，就算没有这种祥瑞，也不影响成为尧、舜一样的圣王；如果百姓愁苦怨恨，就算有很多这种吉祥的符瑞，也不影响成为桀、纣一样的暴君。后魏的时候，官吏焚烧连理树，煮了白雉鸡吃，难道也可以算是盛世吗？"初四日，下诏说："从今以后大的祥瑞听任上表奏闻，此外的各种祥瑞征兆，申报到有关部门即可。"曾有白喜鹊在皇宫寝殿的槐树上构巢建窝，合欢交配如腰鼓的形状，左右的大臣齐声称贺。唐太宗说："我常常笑话隋炀帝喜欢祥瑞。祥瑞在于得到贤才，这样的事哪里值得庆贺！"命令毁掉喜鹊的巢，把白喜鹊放到野外。

天干旱少雨，中书舍人李百药上书说："往年虽放出许多宫女，我私下听说太上皇的宫内与掖庭的宫女，没有临幸的还有不少，岂止是白白耗费衣物粮食，且使阴气郁积，也足以导致天气干旱。"唐太宗说："妇人幽闭深宫里，实在值得可怜，除了洒扫庭院之外，还有什么用呢？应当让她们全部出宫，听任她们寻求配偶。"于是派尚书左丞戴胄、给事中洹水人杜正伦在掖庭西门选择宫女，然后让她们出宫，前后放出宫的宫女共三千余人。

九月十六日，突厥兵侵犯边境。大臣中有人请求修复古代的长城，征发百姓利用城堡来巩固边防，唐太宗说："突厥自己的天灾人祸连续不断，颉利可汗不因此感到害怕而积德行善，反而更加暴虐，骨肉相残，灭亡就在旦夕之间。朕正要为你们扫清沙漠上的敌人，何必辛劳百姓远行到边境修筑城堡要塞呢？"

九月二十九日，任命前司农卿窦静为夏州都督。窦静在司农寺时，司农少卿赵元楷很会聚敛钱财，窦静鄙视他，曾当着下属官员们的面大声对赵元楷说："隋炀帝贪图奢侈而加重对百姓的征收来聚敛自己的财富，所以隋朝的司农署非得有您不可；现在的天子崇尚节俭而且爱惜民众，你又有什么用处呢？”赵元楷听了大为羞愧。

唐太宗问王珪说：“近代以来治理国家的人越来越不如古代的人，是什么原因？”王珪回答说：“汉代崇尚儒家学术，担任宰相的人，朝廷多选用通晓儒经的儒士，所以风俗淳厚；近代以来朝廷重视文章而轻视儒家学术，又用法律作为辅助，这就是国家的治理和教化之所以日益衰微的原因。”唐太宗认为他说得对。

【原文】

冬，十月，御史大夫参预朝政安吉襄公杜淹薨。

交州都督遂安公寿[①]以贪得罪，上以瀛州刺史卢祖尚才兼文武，廉平公直，征入朝，谕以“交趾[②]久不得人，须卿镇抚。”祖尚拜谢而出，既而悔之，辞以旧疾。上遣杜如晦等谕旨[③]曰：“匹夫犹敦然诺[④]，奈何既许朕而复悔之？”祖尚固辞。戊子[⑤]，上复引见，谕之，祖尚固执不可。上大怒曰：“我使人不行，何以为政！”命斩于朝堂[⑥]，寻悔之。他日，与侍臣论“齐文宣帝何如人[⑦]？”魏徵对曰：“文宣狂暴，然人与之争，事理屈则从之。有前青州长史魏恺使于梁还[⑧]，除光州长史，不肯行[⑨]，杨遵彦[⑩]奏之。文宣怒，召而责之。恺曰：‘臣先任大州，使还，有劳无过，更得小州，此臣所以不行[⑪]也。’文宣顾谓[⑫]遵彦曰：‘其言有理，卿赦之。’此其所长也。”上曰：“然。向者卢祖尚虽失人臣之义，朕杀之亦为太暴，由此言之，不如文宣矣！”命复其官荫[⑬]。

徵状貌不逾中人[⑭]，而有胆略，善回[⑮]人主[⑯]意，每犯颜苦谏，或逢上怒甚，徵神色不移，上亦为霁威[⑰]。尝谒告上冢[⑱]，还，言于上曰：“人言陛下欲幸南山，外皆严装已毕，而竟不行，何也？”上笑曰：“初实有此心，畏卿嗔[⑲]，故中辍耳。”上尝得佳鹞[⑳]，自臂之[㉑]，望见徵来，匿怀中。徵奏事固久[㉒]不已，鹞竟死怀中。

十一月辛酉[㉓]，上祀圜丘[㉔]。

十二月壬午[㉕]，以黄门侍郎王珪为守侍中。上尝闲居，与珪语，有美人侍侧，上指示珪曰：“此庐江王瑗之姬也，瑗杀其夫而纳之。”珪避席曰[㉖]：“陛下以庐江纳之为是邪，非邪？”上曰：“杀人而取其妻，卿何问是非？”对曰：“昔齐桓公知郭公之所以亡，由善善[㉗]而不能用，然弃其所言之人，管仲[28]以为无异于郭公。今此美人尚在左右，臣以为圣心是之[29]也。”上悦，即出之，还其亲族。

上使太常少卿祖孝孙教宫人音乐，不称旨，上责之。温彦博、王珪谏曰：“孝孙雅士[30]，今乃使之教宫人，又从而谴[31]之，臣窃以为不可。”上怒曰：“朕置卿等于腹心，当竭忠直以事我，乃附下罔上[32]，为孝孙游说邪？”彦博拜谢[33]。硅不拜，曰：“陛下责臣以忠直，今臣所言岂私曲[34]邪！此乃陛下负臣[35]，非臣负陛下！”上默然而罢。明日，上谓房玄龄曰：“自古帝王纳谏诚难[36]，朕昨责温彦博、王珪，至今悔之。公等勿为此不尽言也。”

上曰：“为朕养民[37]者，唯在都督、刺史，朕常疏[38]其名于屏风，坐卧观之，得其在官善恶之迹，皆注[49]于名下，以备黜陟[40]。县令尤为亲民[41]，不可不择。”乃命内外[42]五品已上，各举堪为县令者，以名闻[43]。

上曰：“比有奴告其主反者，此弊事[44]。夫谋反不能独为，必与人共之，何患不发，何必使奴告邪？自今有奴告主者，皆勿受，仍斩之。”

（以上为第二段，写唐太宗纳谏如流，故众大臣皆能直谏。）

【注释】

①遂安公寿：即宗室李寿，封为遂安公。 ②交趾：郡名。隋开皇十年（590）置。治所在今越南河内西北。 ③谕旨：告诉君上的旨意。 ④匹夫犹敦然诺：匹夫尚能实践诺言。敦然诺，即重诺言。 ⑤戊子：十月二十五日。 ⑥朝堂：据阁本《太极宫图》，东西朝堂在承天门左右。每逢元正、冬至、大朝贺等朝会之前，百官先在朝堂序位，文官在东朝堂，武官在西朝堂，由监察御史传点毕，再分领百官入内。朝堂又是宣敕册命之处，或受讼理冤狱之处。 ⑦何如人：为人如何？ ⑧使于梁还：出使梁而返。 ⑨不肯行：不肯上任。 ⑩杨遵彦：杨愔，字遵彦，齐文宣帝时大臣，忠而获罪。传见《北齐书》卷三十四。 ⑪行：赴任。 ⑫顾谓：看着说。 ⑬复其官荫：恢复其官位以庇荫其子孙。唐制，凡用荫，一品，子正七品上；二品，子正七品下；三品，子从七品上；从三品，子从七品下；正四品，子正八品上；从四品，子正八品下；正五品，子从八品上；从五品及国公子，从八品下。三品以上，荫曾孙；五品以上，荫孙；孙降子一等，曾孙降孙一等，赠官降正官一等，死事者与正官同。郡、县公子视从五品孙，县男以上子降一等，勋官二品子又降一等，二王后孙视正三品。 ⑭状貌不逾中人：外表相貌超不过普通人。 ⑮回：回转。 ⑯人主：皇帝。 ⑰霁（jì）威：威怒为

之消退。霁，怒气消散。　⑱谒告上冢：祭扫先人坟墓。　⑲嗔（chēn）：怒，生气。　⑳鹞（yào）：即雀鹰，猛禽的一种，比鹰小，捕食小鸟。　㉑自臂之：用手臂架鹞。　㉒固久：故意延长时间。　㉓辛酉：十一月十九日。　㉔上祀圜丘：皇帝祭天于圜丘。《旧唐书·礼仪志一》，"武德初，定令：每岁冬至，祀昊天上帝于圆丘"。圜丘，古时祭天的坛。　㉕壬午：十二月十日。　㉖避席曰：起身离席而言。这是古代卑者对尊者发言之礼仪。　㉗善善：喜欢善人。胡注，齐桓公过郭氏之墟，问父老曰："郭何故亡？"对曰："善善恶恶。"公曰："若子之言，何至于亡？"对曰："善善而不能用，恶恶而不能去，此其所以亡也。"　㉘管仲（？—前645）：即管敬仲。春秋初期杰出的政治家。字仲，颍上（颍水之滨）人。传见《史记》卷六十二。　㉙是之：以为是。　㉚雅士：典雅之士。　㉛谴：责。　㉜附下罔上：结附在下位之人，蒙蔽皇上。　㉝拜谢：拜伏谢罪。　㉞私曲：偏私，不正直。　㉟负臣：辜负臣意。　㊱诚难：实在很困难。　㊲养民：治理人民。　㊳疏：书列。　㊴注：书、写。　㊵黜陟（chù zhì）：罢免或升迁。　㊶亲民：与民接近。　㊷内外：指京城内外。　㊸以名闻：将其姓名上奏。　㊹弊事：弊端。

【译文】

冬季，十月，御史大夫、参与朝政，安吉襄公杜淹去世。

交州都督、遂安公李寿因贪污犯罪，唐太宗认为瀛州刺史卢祖尚的才能兼具文武两个方面，又能廉洁公平正直，于是征召入朝，命令他"交趾郡的长官很久没有得到合适的人选，需要卿前去镇抚"。卢祖尚拜谢出朝，之后又后悔，就用旧病复发为由推辞任命。唐太宗让杜如晦等人向他说明旨意说："匹夫之人都还重视对别人的许诺，为什么你已答应了朕而又后悔呢？"卢祖尚坚持辞让。十月二十五日，唐太宗再次召见他，用道理告谕他，卢祖尚还是坚持己见而不答应。唐太宗大怒说："我任命一个人而不能执行，怎么治理国家呢？"下令把卢祖尚在朝堂上斩首，不久又后悔了。另一天，与身边的大臣议论"齐文宣帝是怎样的人"，魏徵回答说："齐文宣帝狂躁残暴，然而有人与他争论，他在自己的主张没有道理的时候就会听从别人。当时有一位前任青州长史魏恺出使梁朝回来，任命为光州长史，此人不肯赴任，丞相杨遵彦向齐文宣帝报告。文宣帝发怒，把魏恺召入宫中进行责备。魏恺说：'臣先前出任大州的长史，出使归来，有功劳而没有过失，反而改任小州的长史，这是我不愿意成行的原因。'齐文宣帝回头对杨遵彦说：'他的话有道理，卿就宽赦他吧。'这是齐文宣帝的长处。"唐太宗说：

“说得对。先前卢祖尚虽然丧失了作为人臣的道义，朕杀了他也是太残暴了，由此说来，还不如齐文宣帝了！”下令为卢祖尚恢复官职并使他的子孙具备凭借父亲门荫而当官的资格。

魏徵相貌赶不上中等人，但是很有胆略，善于改变皇上的想法，常常不顾唐太宗的面子进行直谏。有时碰上唐太宗非常生气，魏徵也是面不改色，唐太宗也为此而收住天子的威风。魏徵曾经告假去祭扫祖先的坟墓，回来后，对唐太宗说：“人们都说陛下要驾临南山，外面都已准备好出行的装备，而陛下最终没有成行，是什么原因？”唐太宗笑着说：“起初确实有这个想法，害怕你来责怪，所以中途停止了。”唐太宗曾得到一只很好的鹞鹰，将它停在自己的臂膀上，远远望见魏徵过来，就把鹞鹰藏在怀里，魏徵奏报事务，很久也不停止，鹞鹰最终死在唐太宗的怀里。

十一月十九日，唐太宗在圜丘祭天。

十二月初十日，任命黄门侍郎王珪为守侍中。唐太宗曾闲居无事，与王珪交谈，有一个美人在旁侍候，唐太宗指给王珪看，说：“这是庐江王李瑗的妾，李瑗杀了她的丈夫把她收到自己的宫中。”王珪起身避开座位说：“陛下认为庐江王把她收入宫内，是对还是不对？”唐太宗说：“杀了人而把他的妻子据为己有，你为什么还要问这种事是对还是错呢？”王珪回答说：“从前齐桓公知道郭公之所以灭亡的原因，是在于郭公知道善人是善的但却不能任用善人，不过齐桓公抛弃他所说的善人，管仲认为齐桓公与郭公也没什么不同。现在这个美人还在陛下身边，臣认为陛下是认为庐江王做得对。”唐太宗听了很高兴，当即把这女子放出宫去，让她回到自己的亲族中去。

唐太宗让太常寺少卿祖孝孙向宫女们教授音乐，不合乎唐太宗的要求，唐太宗责怪他。温彦博、王珪劝谏说：“孝孙是一位高雅之士，现在却让他去教宫女，又进而责备他，臣私意认为不可以这样做。”唐太宗发怒说：“朕任用你们等同于我的心腹，你们应当竭尽忠诚正直来侍奉我，现在竟附和在下的来欺罔君上，难道是为孝孙说情吗？”温彦博下拜谢罪。王珪不下拜，说：“陛下责令臣要忠诚正直，现在臣所说的难道是为了私人的感情吗？这就是陛下对不起臣，并不是臣对不起陛下！”唐太宗沉默无语而罢朝。第二天，唐太宗对房玄龄说：“自古以来帝王虚心纳谏的确很难，朕昨天责备温彦博、王珪，到今天还在后悔。你们不要因此而不对朕畅所欲言。”

唐太宗说：“为朕养护百姓的人，只在于都督、刺史，朕常常把他们的名字写在屏风上，坐着卧着都留心观看，得知他们在任内的善行或恶迹，都注在他们的名字下面，作为升迁和降职时的参考。县令尤其与百姓亲近，不可不加以选择。”于是下令朝廷内外五品以上官员，各荐举能胜任县令官职的人，报上他们的姓名。

唐太宗说：“近来有奴婢告发他的主子谋反，这是坏事。谋反不能一个人单独干，必定要与其他人一起干，哪里用得着担心事情不会暴露，何必让奴婢告发呢？从今以后有奴婢告发主子的，都不要受理，仍旧要斩首。”

【原文】

西突厥统叶护可汗为其伯父所杀，伯父自立，是为莫贺咄侯屈利俟毗可汗。国人不服，弩矢毕部推泥孰莫贺设①为可汗，泥孰不可。统叶护之子咥力特勒避莫贺咄之祸，亡在康居②，泥孰迎而立之，是为乙毗钵罗肆叶护可汗，与莫贺咄相攻，连兵不息，俱遣使来请婚。上不许，曰：“汝国方乱，君臣未定，何得言婚！”且谕以各守部分③，勿复相攻。于是西域诸国及敕勒先役属④西突厥者皆叛之。

突厥北边诸姓多叛颉利可汗归薛延陀⑤，共推其俟斤⑥夷男为可汗，夷男不敢当。上方图⑦颉利，遣游击将军⑧乔师望间道⑨赍⑩册书⑪拜夷男为真珠毗伽可汗，赐以鼓纛⑫。夷男大喜，遣使入贡，建牙于大漠之郁督军山下，东至靺鞨⑬，西至西突厥，南接沙碛⑭，北至俱伦水⑮，回纥、拔野古⑯、阿跌⑰、同罗⑱、仆骨⑲、霫诸部皆属焉。

（以上为第三段，写突厥内乱。）

【注释】

①泥孰莫贺设：西突厥有五弩矢毕部，泥孰为一啜的部帅。　②康居：古西域国名。约在今巴尔喀什湖与咸海之间。西汉成帝时（前33—前7）康居王遣子侍汉、贡献。此后与中原王朝多有往来。　③各守部分：各自安守所部及疆域。　④役属：役使附属。　⑤薛延陀：中国古代民族名。铁勒诸部之一，由薛部与延陀部合并而成。初属于突厥。贞观四年助唐灭突厥。贞观二十年（646）发生内乱，为唐所破。　⑥俟斤：突厥授予属部首领的官名。　⑦方图：正图取。　⑧游击将军：官名。汉代有游击将军，统兵专征。唐宋时代又成为武官的官阶。　⑨间道：抄偏僻的小路。　⑩赍（jī）：把东西送给别人。此处意为携带。　⑪册书：皇帝对臣下封土授爵或免官的文书。

⑫纛（dào）：古代军队里的大旗。 ⑬靺鞨（mò hé）：中国古代民族名。来源于肃慎。北魏时称勿吉，隋唐时称靺鞨。分布在松花江、牡丹江流域及黑龙江中下游，东至日本海。 ⑭沙碛：沙漠。 ⑮俱伦水：古湖泊名。即今内蒙古新巴尔虎右旗东北呼伦池。⑯拔野古：中国古代民族名。铁勒诸部之一。在今黑龙江贝尔池一带。唐贞观三年遣使来唐。 ⑰阿跌：隋唐时铁勒诸部之一。 ⑱同罗：中国古代民族名。铁勒诸部之一。游牧于图拉河北。唐贞观二年遣使入朝，后内属。 ⑲仆骨：初为铁勒诸部之一，后为回纥外九部之一。

【译文】

西突厥统叶护可汗被他伯父杀死，他伯父自立为王，这就是莫贺咄侯屈利俟毗可汗。突厥的国人不服，弩失毕部推举泥孰莫贺设为可汗，泥孰不答应。统叶护的儿子咥力特勒，躲避莫贺咄的祸乱，逃亡到了康居，泥孰把他迎回立为首领，这就是乙毗钵罗肆叶护可汗，他与莫贺咄相互攻伐，不断用兵，都派使臣向唐朝请求通婚。唐太宗不同意，说："你们的国家正在发生内乱，君臣尚未确定，怎能谈通婚！"而且传告突厥各部，不要再相互攻伐。于是西域各国以及敕勒以前归属西突厥的各部都叛离了突厥。

突厥北面的各部族大多叛离颉利可汗归附薛延陀，共同推举薛延陀的俟斤夷男为可汗，夷男不敢担当此任。唐太宗正准备攻打突厥颉利可汗，便派游击将军乔师望从小道带着册书封夷男为真珠毗伽可汗，并赐给大鼓和大旗。夷男大为高兴，派使臣进京献上贡品，在大漠中的郁督军山下建立牙帐，他控制的地域东到靺鞨，西到西突厥，南与沙漠接壤，北到俱伦水，回纥、拔野古、阿跌、同罗、仆骨、霫等各个部落都归属夷男真珠毗伽可汗。

【原文】

三年（己丑，629）

春，正月戊午[①]，上祀太庙。癸亥[②]，耕藉[③]于东郊。

沙门[④]法雅坐妖言诛。司空裴寂尝闻其言，辛未[⑤]，寂坐免官，遣还乡里。寂请留京师，上数[⑥]之曰："计公勋庸[⑦]，安得[⑧]至此！直以[⑨]恩泽[⑩]为群臣第一。武德之际，货赂公行[⑪]，纪纲紊乱，皆公之由也，但以故旧[⑫]不忍尽法[⑬]。得归守坟墓，幸已多矣！"寂遂归蒲州。未几，又坐狂人[⑭]信行言寂有天命[⑮]，寂不以闻[⑯]，当死，流静州[⑰]。会山羌[⑱]作乱，或言劫寂为主[19]。上曰："寂当死，我生之[20]，必不然也。"俄[21]闻寂率家僮破贼。上思其佐命[22]之功，征入朝，会卒[23]。

二月戊寅[24]，以房玄龄为左仆射，杜如晦为右仆射，以尚书右丞魏徵守秘书监，参预朝政。

三月己酉[25]，上录系囚[26]。有刘恭者，颈有"胜"文[27]，自云"当胜天下"，坐[28]是[29]系狱[30]。上曰："若天将兴之，非朕所能除[31]；若无天命，'胜'文何为[32]？"乃释之。

丁巳[33]，上谓房玄龄、杜如晦曰："公为仆射，当广求贤人，随才授任，此宰相[34]之职也。比闻听受辞讼[35]，日不暇给[36]，安能助朕求贤乎？"因敕"尚书细务属左右丞[37]，唯大事应奏者，乃关[38]仆射。"

玄龄明达政事，辅以文学，夙[39]夜尽心，惟恐一物失所[40]。用法宽平，闻人有善，若己有之，不以求备[41]取人，不以己长格物[42]。与杜如晦引拔士类[43]，常如不及[44]。至于台阁规模，皆二人所定。上每与玄龄谋事，必曰："非如晦不能决[45]。"及如晦至，卒[46]用玄龄之策。盖元龄[47]善谋，如晦能断故也。二人深相得，同心徇国[48]，故唐世称贤相，推房、杜焉。玄龄虽蒙宠待，或以事被谴，辄累日诣朝堂[49]，稽颡[50]请罪，恐惧若无所容[51]。

玄龄监修国史[52]，上语之曰："比见《汉书》载《子虚》《上林》[53]赋，浮华无用。其上书论事，词理切直[54]者，朕从与不从，皆当载之。"

夏，四月乙亥[55]，上皇徙居弘义宫[56]，更名大安宫。上始御太极殿[57]，谓群臣曰："中书、门下[58]，机要之司，诏敕有不便者，皆应论执[59]。比来唯睹顺从，不闻违异[60]。若但行文书，则谁不可为，何必择才也？"房玄龄等皆顿首谢。

故事[61]：凡军国大事，则中书舍人各执所见，杂署[62]其名，谓之五花判事[63]。中书侍郎、中书令省审[64]之，给事中、黄门侍郎[65]驳正[66]之。上台申明旧制，由是鲜有败事。

（以上为第四段，写房玄龄、杜如晦两贤相辅政，并严格执行军国大事五花判事制度，由是政通人和。）

【注释】

①戊午：正月十六日。 ②癸亥：正月二十一日。 ③藉：藉田，天子亲耕之田。

一说借民力以耕，故云藉田。 ④沙门：出家的佛教徒的总称。 ⑤辛未：正月二十九日。 ⑥数：责。 ⑦计公勋庸：核计你的功勋。庸,功劳。 ⑧安得：哪能。 ⑨直以：只因。 ⑩恩泽：泽，指雨露沾润草木，正所谓有恩德。故恩泽常连在一起。封建社会称皇帝或官吏给予臣民的恩惠。 ⑪货赂公行：贿赂公然施行。 ⑫故旧：旧人。 ⑬尽法：按法律须判之罪处罚之。 ⑭狂人：狂妄自大之人。 ⑮言寂有天命：谓裴寂有做天子的运气。 ⑯不以闻：不报告皇上。 ⑰静州：州名。治所在今广西昭平县。 ⑱羌：中国古代民族名。主要分布在今甘、青、川一带。早在殷、周时，羌族的部分曾杂居中原。秦、汉时部落众多。魏、晋、隋唐时，与汉人杂处的部分羌人逐渐从事农耕，与汉族及其他民族相融合。 ⑲劫寂为主：指叛军劫裴寂为首领。 ⑳我生之：我使他活着。 ㉑俄：不久。 ㉒佐命：辅佐王命。 ㉓会卒：适逢死亡。 ㉔戊寅：二月初六日。 ㉕己酉：三月初八日。 ㉖录系囚：审查被囚禁的案件。 ㉗颈有“胜”文：脖子上有文理酷似“胜”字。 ㉘坐：因犯……罪或错误。 ㉙是：此。 ㉚系狱：拘囚入狱。坐是系狱：因此获罪入狱。 ㉛除：除灭。 ㉜何为：有何用。 ㉝丁巳：三月十六日。 ㉞宰相：官名。封建时代辅助皇帝、统领百官、总揽政务的最高行政长官。历代所用官名与职权广狭程度各有不同，唐初以三省长官为宰相。因尚书令不轻易授人，故实际上中书令、侍中与仆射为相。后来，又有三省长官以外的官员为相。这些官员都以同中书门下三品或同中书门下平章事的头衔为正式宰相。 ㉟辞讼：即狱讼。 ㊱日不暇给：事情太多，时间不够用。 ㊲左右丞：尚书左右丞。 ㊳关：告诉，通报。 ㊴夙（sù）：早晨。 ㊵惟恐一物失所：只怕人才不被任用。 ㊶求备：苛求完备。 ㊷不以己长格物：不以自己的长处去推究别人。 ㊸引拔士类：选拔士人。 ㊹常如不及：唯恐有遗贤。 ㊺决：决断。 ㊻卒：终于。 ㊼元龄：即房玄龄。 ㊽徇国：为国家而献身。此处指一心一意为国。 ㊾辄累日诣朝堂：则连日到朝堂。 ㊿稽颡：叩头。稽（qǐ），稽首，是古代的一种礼节。跪下，拱手至地，头也至地。颡（sǎng）,额。 (51)若无所容：如同无地自容。 (52)监修国史：监督撰修本国或本朝的历史。唐代以宰相监修国史，后代因之。 (53)《子虚》《上林》：辞赋名。均为西汉辞赋家司马相如所作。辞藻瑰丽，气韵排宕，汉魏六朝文人多仿之。载于《史记·司马相如列传》。 (54)切直：恳切诚直。 (55)乙亥：四月初四日。 (56)弘义宫：据《唐会要》载，武德五年营弘义宫。因李世民有定天下之功，别建此宫以居之。高祖禅位后，以弘义宫有山林胜景，雅好之，故徙居于此，改名大安宫。 (57)上始御太极殿：高祖传位，太宗即位于东宫的显德殿。高祖徙居大安宫，太宗始居太极殿。 (58)中书、门下：指中书省与门下省。官署名。中书省，魏、晋始置，为秉承君主意旨、掌管机要、发布政令的机构。门下省，晋代始置，为君主的侍从顾问机构，负责审查诏令、签署章奏、纠正朝政缺失等。中书与门下同掌机要，为中央政权的决策机构。 ⑲论执：驳论谬误、坚持正确意见。 ⑳违异：违拒和异议。 ㉑故事：旧制。 ㉒杂署：共同签署。㉓五花判事：唐代签字通行的一种格式。凡遇军国大事，由掌管文书诏令的中书舍人，提出自己的意见，共同签字署名，称为五花判事。 ㉔省审：察看审核。 ㉕黄门侍郎：官名。秦及西汉郎官给事于黄闼（宫门）之内者，称黄门侍郎。东汉始设为专官，称给事黄门侍郎。其职为侍从皇帝，传达诏命。隋去“给事”二字，单称黄门侍郎。唐代黄门侍郎为门下省长官侍中之副，后称门下侍郎。 ㉖驳正：驳议改正。

【译文】

唐太宗贞观三年（己丑，629）

春季，正月十六日，唐太宗在太庙祭祀，二十一日，在东郊举行耕田礼。

和尚法雅因为妖言惑众而被判罪处死。司空裴寂曾听过他的言论，正月二十九日，裴寂也因此而连坐被免除官职，遣送回家乡。裴寂请求留在长安，唐太宗指责他说：“计算你的功劳，怎能得到现在的官位！只是靠着太上皇赐给你的恩泽才在群臣中位居第一的。武德年间，贪污贿赂的风气盛行，国家的政纲紊乱，都是由于你，只因为你是太上皇时期的旧人老臣，所以不忍完全依法令处置。能够回家守着坟墓，幸运已是很多的了。”裴寂于是回到老家蒲州。不久，又因为狂人信行说裴寂面有天命而裴寂没有上报朝廷，于是连坐有罪，依法令当处死，唐太宗把他流放到静州。正赶上当地的山羌族叛乱，有人说叛军劫持了裴寂当他们的首领。唐太宗说：“裴寂依罪当处死，我让他活下来，一定不会做这种事。”很快听说裴寂率领家里的僮仆家丁打败叛军。唐太宗考虑到他有辅佐李氏起兵建国的功劳，于是征召他回到京城，裴寂恰在这时去世。

二月初六日，唐太宗任命房玄龄为尚书省左仆射，任命杜如晦为尚书省右仆射，任命尚书右丞魏徵为秘书监，参与朝政。

三月初八日，唐太宗考察在押囚犯的罪过。囚犯中有人叫作刘恭，脖颈上有一个“胜”字，自称“定当取胜天下”，因此被捕入狱。唐太宗说：“假如上天将要给他天命，不是朕所能除掉的；如果他没有天命，刻了‘胜’字又有什么用？”于是释放了刘恭。

三月十六日，唐太宗对房玄龄、杜如晦说：“你们身为仆射，应当广泛寻求贤才，根据才能授予官职，这是宰相的职责。近来听说你们受理辞讼案情，每天忙得没有空闲，怎么能帮助朕寻求贤才呢？”因此下令“尚书省的琐细事务归尚书左右丞掌管，只有应当向皇帝奏明的大事，才由左右仆射处理”。

房玄龄处理国家政务非常精通，又有文学才能作为辅助，昼夜为国家政事操劳，唯恐一件事情处理得不到位，他在法律的使用上宽容公平，听说一个人有长处，就像自己有这个长处一样，对别人不求全责备，不用自己的长处要求别人。他与杜如晦选拔提携士人入仕，经常怕遗漏了人才。至于唐王朝的中央政权的规模结构，都是他和杜如晦二人制订确定下来的。唐太宗每次与房玄龄商议政事，都一定要说：“没有杜如晦还是不能最后决定。”等杜如晦来了，最后还是采用房玄龄的方案。这是因为房玄龄善于谋划，而杜如晦能做决断。二人极为协洽投合，同心为国出谋划策，所以唐代公认的贤明宰相，首推房玄龄、杜如晦二人。房玄龄虽然受到唐太宗的宠信重用，但有时会因为某件事不合太宗的意思而受到谴责，这时他总是一连数天来到朝堂，磕头请罪，恐惧得好像无法自容。

房玄龄监修国家编撰的前代史书，唐太宗对他说：“近来看《汉书》里收载了《子虚赋》《上林赋》，这些文章内容浮华而没有实用。其他的如大臣上书议论国家政事，凡是言词和道理切实而直率的，不管朕是听从还是不听从，都应当载入一代正史之中。”

夏季，四月初四日，太上皇李渊迁居弘义宫。把弘义宫改名为大安宫。唐太宗开始到太极殿上朝听政，他对群臣们说：“中书省、门下省，都是国家的机要部门，皇帝发布的诏敕文书如果有不当之处，二省都应当加以议论并提出意见。近来只看到二省顺从朕的旨意，听不到不同的说法和意见。如果只是向下传达文书，那么谁不能干呢，何必要选择人才到二省来做官呢？”房玄龄等人都磕头谢罪。

以前的旧例：凡是军队和国家的大事，中书舍人都要各自提出自己的意见，分别署名，称为五花判事。中书侍郎、中书令再进行审查，给事中、黄门侍郎再加以驳正。唐太宗开始申明这种原来的制度，因此以后很少有错误的决定。

【原文】

茌平①人马周②，客游长安，舍于中郎将③常何之家。六月壬午④，以旱⑤，诏文武官极言得失。何武人不学⑥，不知所言，周代之陈便宜⑦二十馀条。上怪其能⑧，以问何，对曰：“此非臣所能，家客马周为臣具草⑨耳。”上即召之；未至，遣使督促者数辈⑩。及谒见，与语，甚悦，令直门下省，寻除[11]监察御史，奉使称旨。上以常何为知人，赐绢三百匹。

秋，八月己巳朔[12]，日有食之。

丙子[13]，薛延陀毗伽可汗遣其弟统特勒入贡，上赐以宝刀及宝鞭，谓曰："卿所部有大罪者斩之，小罪者鞭之。"夷男[14]甚喜。突厥颉利可汗大惧，始遣使称臣，请尚公主，修婿礼[15]。

代州[16]都督张公谨上言突厥可取[17]之状，以为"颉利纵欲逞暴，诛忠良，昵奸佞[18]，一也；薛延陀等诸部皆叛，二也；突利[19]、拓设[20]、欲谷设皆得罪，无所自容[21]，三也；塞北霜旱，糇粮[22]乏绝，四也；颉利疏其族类，亲委[23]诸胡，胡人反覆，大军一临，必生内变，五也；华人入北[24]，其众甚多，比闻所在啸聚[25]，保据山险，大军出塞，自然响应，六也。"上以颉利可汗既请和亲，复援梁师都，丁亥[26]，命兵部尚书李靖为行军总管讨之，以张公谨为副。

九月丙午[27]，突厥俟斤[28]九人帅三千骑来降。戊午[29]，拔野古、仆骨、同罗、奚酋长并帅众来降。

冬，十一月辛丑[30]，突厥寇河西[31]，肃州[32]刺史公孙武达、甘州[33]刺史成仁重与战，破之，捕虏千馀口。

上遣使至凉州，都督李大亮有佳鹰，使者讽[34]大亮使献之，大亮密表曰："陛下久绝畋游而使者求鹰。若陛下之意，深乖昔旨[35]；如其自擅[36]，乃是使非其人[37]。"癸卯[38]，上谓侍臣曰："李大亮可谓忠直。"手诏褒美，赐以胡瓶及荀悦《汉纪》[39]。

庚申[40]，以行并州都督李世勣为通汉道[41]行军总管，兵部尚书李靖为定襄道行军总管，华州刺史柴绍为金河道行军总管，灵州大都督薛万徹为畅武道[42]行军总管，众合十馀万，皆受李靖节度[43]，分道出击突厥。

乙丑[44]，任城王道宗击突厥于灵州[45]，破之。

（以上为第五段，写唐太宗发兵征伐东突厥。）

【注释】

①茌平：县名。县治在今山东聊城市茌平区。　②马周（601—648）：字宾王。博州茌平人。太宗时官至中书令。传见《旧唐书》卷七十四、《新唐书》卷九十八。　③中郎将：武官名。唐代各卫有中郎将。中郎将正四品下。　④壬午：六月十二日。　⑤以旱：因发生旱灾。　⑥何武人不学：常何是个武人没有学识。　⑦便宜：利益、好处。常特

指对国家有利的事。 ⑧怪其能：对他的能力感到奇怪。 ⑨具草：起稿。 ⑩遣使督促者数辈：派使者多次催促。按马周传作，“遣使催促者数四”，似较佳。 ⑪寻除：寻，不久。除，任命授职。 ⑫己巳朔：八月初一日。 ⑬丙子：八月初八日。 ⑭夷男：薛延陀首领。贞观三年，唐太宗封夷男为真珠毗伽可汗，建牙郁督军山。事迹见《旧唐书》卷一百九十九下、《新唐书》卷二百一十七。 ⑮修婿礼：行子婿之礼。 ⑯代州：州名。治所在今山西代县。 ⑰可取：可攻取。 ⑱昵奸佞：亲近奸邪谄媚之人。⑲突利：即突利可汗。 ⑳拓设：即阿史那社尔（？—655）。唐初大将。东突厥处罗可汗次子。为拓设，建牙碛北，与颉利可汗子欲谷设分统铁勒、回纥、仆骨、同罗诸部。贞观十年（636）归唐，授左骁卫大将军。传见《旧唐书》卷一百零九、《新唐书》卷一百一十。 ㉑无所自容：无容身之所。 ㉒糇（hóu）粮：干粮。 ㉓亲委：亲任。 ㉔华人入北：华人因隋末之乱，避而入北。 ㉕啸聚：呼啸聚合。 ㉖丁亥：八月十九日。 ㉗丙午：九月初九日。 ㉘俟（sì）斤：突厥授予属部首领的官名。㉙戊午：九月二十一日。 ㉚辛丑：十一月初四日。 ㉛河西：唐方镇名，在今甘肃武威。 ㉜肃州：州名。治所在今甘肃酒泉。 ㉝甘州：州名。治所在今甘肃张掖。㉞讽：用含蓄的话劝告或暗示。 ㉟深乖昔旨：深违昔日绝畋游之旨。乖，违。㊱擅：擅自。对不在自己职权范围内的事情自作主张。 ㊲使非其人：这使者就不是适当的人选。 ㊳癸卯：十一月初六日。 ㊴胡瓶及荀悦《汉纪》：据《旧唐书·李大亮传》载，所赐胡瓶一枚，为太宗自用之物。荀悦《汉纪》，叙事详明，议论深博，明治国之道，申君臣之义。用此二物赐李大亮，以嘉其忠直。 ㊵庚申：十一月二十三日。 ㊶通汉道：据《旧唐书·李勣传》，通汉道，应作通漠道。 ㊷畅武道：据胡注，畅武，非地名。意为宣畅威武。 ㊸节度：指挥、命令。 ㊹乙丑：十一月二十八日。㊺灵州：州名。治所在今宁夏灵武市西南。

【译文】

茌平人马周，以外地人身份来到长安游历，住在中郎将常何的家里。六月十二日，因为天下大旱，唐太宗下诏令文武百官都要毫无顾忌地讨论有关事务的得失正误。常何是一位武将没有学问，不知道说什么，马周就代他上书陈述适宜的措施二十多条。唐太宗对常何有写出这样奏章的能力感到非常奇怪，就问常何是怎么回事，常何回答说：“这不是臣所能写出来的，而是我家的客人马周替臣起草的。”唐太宗立刻召见马周；人还没有赶到，又几次派人前去催促。等马周进宫谒见唐太宗，唐太宗与他谈话，十分高兴，命令马周到门下省任职，不久又任命为监察御史，奉命出使都合乎唐太宗的旨意。唐太宗认为常何能了解人才，又赐给他绢帛三百匹。

秋季，八月初一日，发生日食。

八月初八日，薛延陀毗伽可汗派他的弟弟统特勒进京奉献贡品，唐太宗赏赐了宝刀和宝鞭，对他说："你统属的部族有人犯了大罪，就用宝刀斩首，犯了小罪，就用宝鞭抽打。"夷男非常高兴。突厥颉利可汗大为恐惧，开始派使者向唐朝称臣，请求唐朝下嫁一位公主，向唐朝行女婿的礼节。

代州都督张公谨上奏说根据突厥的现状已经可以攻取，认为："颉利放纵欲望而使用暴力，诛害忠良之臣，亲近奸佞之人，这是第一点；薛延陀等各部落都已反叛，这是第二点；突利、拓设、欲谷设都已得罪了颉利，无地自容，这是第三点；塞北地区发生霜冻干旱，粮食匮乏断绝，这是第四点；颉利疏远他的本族之人，亲近重用不是同族的胡人，胡人对颉利是反复多变的，唐朝的大军一到，其内部必定发生叛乱，这是第五点；汉人进入北方躲避中原的战乱，其人数已经很多，近来听说他们在居住的地方聚众起事，占据山险进行自保，朝廷大军出发到塞外，这些武装自然会加以响应，这是第六点。"唐太宗认为颉利可汗已经向唐朝提出和亲，但同时又出兵援助唐朝的敌人梁师都，因此在十九日任命兵部尚书李靖为行军总管，张公谨为副总管，率兵讨伐突厥。

九月初九日，突厥九位俟斤率领三千骑兵投降唐朝。二十一日，拔野古、仆骨、同罗，以及奚族首领一起率领部众投降唐朝。

冬季，十一月初四日，突厥侵犯河西地区，肃州刺史公孙武达、甘州刺史成仁重与突厥进行激战，大败突厥，俘虏一千多人。

唐太宗派使节到凉州，都督李大亮有一只很好的老鹰，使者暗示李大亮让他把老鹰献给皇上，李大亮给唐太宗上奏密封的奏章说："陛下很久就停止了外出围猎，而使节却要臣向陛下献鹰。假如这是陛下自己的意思，就完全违背了陛下过去的主张；如果是使节自作主张，就是派出的使节不是合适的人选。"十一月初六日，唐太宗对身边的大臣说："李大亮可以说是忠诚正直。"发布亲笔诏书褒奖赞美李大亮，赐给一只胡瓶和荀悦的《汉纪》一部。

十一月二十三日，任命兼任为通汉道行军总管，任命兵部尚书李靖为定襄道行军总管，任命华州刺史柴绍为金河道行军总管，任命灵州大都督薛万徹为畅武道行军总管，合并兵力十多万，都受李靖指挥，分路出兵进攻突厥。

十一月二十八日，任城王李道宗在灵州攻击突厥，打败突厥军队。

【原文】

十二月戊辰[1]，突利可汗入朝，上谓侍臣曰："往者太上皇以百姓之故，称臣于突厥[2]，朕常痛心。今单于[3]稽颡[4]，庶几[5]可雪前耻。"。

壬午[6]，靺鞨遣使入贡，上曰："靺鞨远来，盖突厥已服之故也。昔人谓御戎无上策[7]，朕今治安中国，而四夷自服，岂非上策乎？"

癸未[8]，右仆射杜如晦以疾逊位[9]，上许之。

乙酉[10]，上问给事中孔颖达曰："《论语》：'以能问于不能，以多问于寡，有若无，实若虚。'[11]何谓也？"颖达具释其义以对；且曰："非独匹夫如是，帝王亦然。帝王内蕴[12]神明[13]，外当玄默[14]，故《易》称'以蒙养正[15]，以明夷莅众[16]'。若位居尊极，炫耀聪明，以才陵[17]人，饰非[18]拒谏，则下情不通，取亡之道也。"上深善其言。

庚寅[19]，突厥郁射设帅所部来降。

闰月丁未[20]，东谢酋长谢元深、南谢酋长谢强来朝。诸谢[21]皆南蛮别种，在黔州[22]之西。诏以东谢为应州[23]、南谢为庄州[24]，隶黔州都督。

是时远方诸国来朝贡者甚众，服装诡异[25]，中书侍郎颜师古[26]请图写[27]以示后，作《王会图》[28]，从之。

乙丑[29]，牂柯酋长谢能羽[30]及充州[31]蛮入贡，诏以牂柯[32]为牂州[33]；党项酋长细封步赖来降，以其地为轨州[34]。各以其酋长为刺史。党项地亘[35]三千里，姓别为部[36]，不相统壹，细封氏、费听氏、往利氏、颇超氏、野辞氏、旁当氏、米擒氏、拓跋氏，皆大姓也。步赖既为唐所礼[37]，馀部相继来降，以其地为崌、奉、岩、远四州[38]。

是岁，户部[39]奏：中国人自塞外归及四夷前后降附者，男女一百二十馀万口。

房玄龄、王珪掌内外官考[40]，治书侍御史[41]万年权万纪[42]奏其不平，上命侯君集[43]推之[44]。魏徵谏曰："玄龄、珪皆朝廷旧臣，素[45]以忠直为陛下所委，所考既多，其间能无一二人不当！察其情，终非阿[46]私。若推得其事，则皆不可信，岂得复当重任？且万纪比来恒[47]在考堂，曾无驳正；及身[48]不得考，乃始陈论。此正欲激陛下之怒，非竭诚徇国也。使推之得实，未足裨益[49]朝廷；若其本虚[50]，徒失陛下委任大臣之意。臣所爱者治体[51]，非敢苟私[52]二臣。"上乃释不问。

濮州刺史庞相寿坐贪污解任，自陈尝在秦王幕府。上怜之，欲听还旧任。魏徵谏曰："秦王左右，中外[53]甚多，恐人人皆恃恩私，足使为善者惧。"上欣然纳之，谓相寿曰："我昔为秦王，乃一府之主，今居大位，乃四海之主，不得独私故人。大臣所执[54]如是，朕何敢违？"赐帛遣之。相寿流涕而去。

（以上为第六段，写西突厥和四夷归服唐王朝。）

【注释】

①戊辰：十二月初二日。 ②称臣于突厥：隋恭帝义宁元年（617）六月，李渊于太原起兵后，为了集中兵力向长安进军，采取权宜之计，向突厥称臣。 ③单于：匈奴最高首领的称号。 ④稽颡（qǐ sǎng）：古时一种跪拜礼。屈膝下拜，以额触地，居丧答拜宾客时行之，表示极度的悲痛和感谢。 ⑤庶几：连词。表示在上述情况之下才能避免某种后果或实现某种希望。 ⑥壬午：十二月十六日。 ⑦昔人谓御戎无上策：此指新朝王莽时，大司马严尤的一番议论，"匈奴为害，所从来久矣……后世三家周、秦、汉征之，皆未有得上策者也。周得中策，汉得下策，秦无策焉"。事见《汉书·匈奴传》。⑧癸未：十二月十七日。 ⑨逊位：退位。 ⑩乙酉：十二月十九日。 ⑪《论语》："'以能问于不能，以多问于寡，有若无，实若虚。'"：此为曾子之言。意思是说，自己有才能却向没有才能的人请教，自己知识多却向知识少的人请教；有学问就像没有学问一样，知识充实就像很空虚的人一样。 ⑫内蕴：内藏。 ⑬神明：神的总称。⑭玄默：沉静寡言。 ⑮以蒙养正：《易》曰，"蒙以养正，圣功也"。意思是说，能以蒙昧隐默自养正道，可成大功。 ⑯以明夷莅众：《易》曰："明夷，君子以莅众，用晦而明。"意思是说，君子临众须用韬晦，政治才能大明。 ⑰陵：凌驾。 ⑱饰非：文饰错误。 ⑲庚寅：十二月二十四日。 ⑳丁未：闰十二月十一日。 ㉑诸谢：隋唐时居住在黔州西部的南蛮别种。因其首领姓谢而得名。 ㉒黔州：州名。治所在今重庆彭水苗族土家族自治县。唐辖境相当于今重庆彭水、黔江等县地。 ㉓应州：州名。治所在今湖北广水市。 ㉔庄州：州名。治所在今贵州贵阳市南青岩附近。 ㉕诡异：奇异。边地少数民族服装随其土俗，在华人眼中，不免视作诡异。 ㉖颜师古（581—645）：唐著名训诂学家。字籀，京兆万年人。传见《旧唐书》卷七十三、《新唐书》卷一百九十八。 ㉗图写：图画。 ㉘《王会图》：按胡注，《考异》载《实录》《新旧传》皆云"正会图"。按《汲冢周书》有《王会篇》，柳宗元《铙鼓歌》、吕述《黠戛斯朝贡图》皆作"王会"，今从之。 ㉙乙丑：闰十二月二十九日。 ㉚谢能羽：《旧唐书·

蛮传》《新唐书·地理志》，均作谢龙羽。 ㉛充州：州名。治所在今贵州石阡县西南。 ㉜牂柯（zāng kē）：唐时对牂柯地区少数民族的总称。其地约当今贵州东部、中南部。 ㉝牂州：州名。治所在今贵州瓮安县东北草塘。 ㉞轨州：州名。治所在今四川阿坝县附近。 ㉟地亘（gèn）：土地相互连接。 ㊱姓别为部：依姓别作部落。 ㊲礼：礼遇。 ㊳崌、奉、岩、远：四州治所均在今四川松潘县西北。 ㊴户部：官署名。朝廷中掌管全国土地、户籍、赋税、财政收支等事务的官署。即尚书省所辖六部之一。 ㊵掌内外官考：负责京官和外官的考核。唐代考课之法分九等。按所谓四善二十七最定等级。四善为：德义有闻、清慎明著、公平可称、恪勤匪懈。最，指本行业同类官中之最佳者。一最四善，为上上；一最三善，为上中；一最二善，为上下；无最而有二善，为中上；无最而有一善，为中中；职事粗理，善最不闻，为中下；爱憎任情，处断乖理，为下上；背公向私，职事废阙，为下中；居官谄诈，贪浊有状，为下下。 ㊶治书侍御史：御史台属官，掌纠察百官。魏晋时始置，隶于御史中丞，隋与唐初治书侍御史兼中丞之任，到唐高宗重又改为御史中丞。 ㊷权万纪：万年人。太宗时以悻直廉约，自潮州刺史擢治书侍御史。传见《旧唐书》卷一百八十五上、《新唐书》卷一百。 ㊸侯君集（？—643）：豳州三水（今陕西旬邑）人。太宗时，历任右卫大将军、兵部尚书等职。传见《旧唐书》卷六十九、《新唐书》卷九十四。 ㊹推之：推究、调查。 ㊺素：一向。 ㊻阿（ē）：迎合、偏袒。 ㊼恒：常。 ㊽身：指自己。六朝常有如此用法。 ㊾裨益：益处。 ㊿本虚：根本没有。 (51)臣所爱者治体：我所关心的是政治大体。 (52)苟私：苟且私袒。 (53)中外：指京城内外。 (54)执：坚持。

【译文】

十二月初二日，突利可汗进京朝见，唐太宗对身边的大臣们说："以前太上皇为了百姓向突厥称臣，朕常为此感到痛心。现在突厥的首领向我磕头，差不多也可以洗雪以前的耻辱了。"

十二月十六日，靺鞨派使节进京贡献物品，唐太宗说："靺鞨远道而来，是因为突厥已经归服大唐。从前东汉人称抗御北方戎族没有最好的办法，朕现在治理并安定了中原，于是四方的夷族自动归服，这难道不是最好的办法吗？"

十二月十七日，尚书右仆射杜如晦因病退位，唐太宗允许他退位。

十二月十九日，唐太宗问给事中孔颖达："《论语》说：'有能力的人向无能力的人请教，知识丰富的人向知识匮乏的人请教，有学问好像没学问一样，满腹知识好像空无所有一样。'这是在说什么？"孔颖达详细地解释了这段话的含义进行回答；并且说："非独一般的匹夫要像这样做，帝王也要这样做。帝王的内心蕴含着神一样的明智，但外表却应当沉默无言，所以《易》里说'以外表的蒙昧无知来修养内在的贞正之德，以把智慧藏于内心而不显露的办法来监临民众。'假如身居无比尊高的地位，向外炫耀自己的聪明，仗恃自己才气盛气凌人，掩饰自己的错误，拒绝别人的劝谏，那么下情就无法传达给君主知道，这是自取灭亡的路线。"唐太宗十分赞许他的话。

十二月二十四日，突厥郁射设率领所部投降唐朝。

闰十二月十一日，东谢部落的酋长谢元深、南谢部落的酋长谢强前来归附唐朝。谢族的部落都是南蛮的一种，聚居在黔州西部地区。唐朝廷下令把东谢改为应州，南谢改为庄州，都隶属于黔州都督。

当时远方各国来长安向唐朝进献贡品的使者非常多，服装怪异，中书侍郎颜师古请求把各族的服装都描绘下来让后人知道，编成一部《王会图》，唐太宗听从了这个建议。

闰十二月二十九日，牂柯的酋长谢能羽以及充州蛮族进京献上贡品，（唐太宗）下诏命令在牂柯设置牂州；党项族的酋长细封步赖归顺唐朝，把党项族的聚居地设为轨州，都分别任命当地部族的酋长为该州的刺史。党项族的土地绵延三千里，每姓又分为一个部落，都不相互统属听从于一个君主，其中的细封氏、费听氏、往利氏、颇超氏、野辞氏、旁当氏、米擒氏、拓跋氏，都是部族的大姓。步赖既已受到唐朝的礼遇，其余各部也都相继来降，唐朝廷把他们的聚居地设为崌州、奉州、岩州、远州共四个州。

这一年，户部上奏说：中原人从塞外归来的以及四方夷族前后归顺的，合计有男女一百二十多万人。

房玄龄、王珪执掌全国朝廷内外官吏的考核，治书侍御史万年人权万纪上奏说他们的考核不公平，唐太宗命侯君集进行审查。魏徵对唐太宗劝谏说："房玄龄、王珪都是朝中老臣，一向以忠诚正直受到陛下的任用，所考核的官员已经很多，中间能没有一二个人考核不当吗？体察其中的实际情况，绝不是他们二人在考核时出于私心。假如审查出有不公失当的情况，那么他们对官员的考核就都不可信了，岂能再来承担重任呢？而且权万纪近来常在考核的公堂参与官员的考核，当时他一直不曾对考核的事情有所驳正；等到自己不能参加官员考核的事务了，这才开始述说别人考核不公。这正是想激起陛下的怒气，不是竭尽忠诚来为国效力啊。假使让别人审查后所谓的不公情况属实，这不足以对朝廷有所助益；如果审查后所谓的不公本来就是子虚乌有的，那么这就会白白地失去了陛下任用大臣的本来用意。臣所重视的是治理国家的根本，不是胆敢出于私心来为两个大臣说情。”唐太宗于是放下此事不再过问。

濮州刺史庞相寿因犯贪污罪而被解除职务，他上表自己陈述曾在秦王幕府中做事。唐太宗怜悯他，欲让他官复原职。魏徵劝谏说：“秦王身边的下属，现在有很多人在朝廷内外做官，恐怕人人都仗恃陛下的这份私人恩情而为非作歹，这样的话，就足够使那些品行端正忠善的人害怕了。”唐太宗欣然采纳他的意见，对庞相寿说：“我从前为秦王，乃是一个王府的主人，现在身居帝位，乃是天下百姓的君主，不能只照顾私人的感情。大臣的意见都是这样，朕哪里敢违背呢？”赐给丝帛遣送他回家。庞相寿流着泪然后离去。

【原文】

四年（庚寅，630）

春，正月，李靖帅骁骑三千自马邑进屯恶阳岭[1]，夜，袭定襄，破之。突厥颉利可汗不意靖猝至，大惊曰：“唐不倾国[2]而来，靖何敢孤军至此！”其众一日数惊，乃徙牙[3]于碛口[4]。靖复遣谍离其心腹，颉利所亲康苏密以隋萧后[5]及炀帝之孙政道来降。乙亥[6]，至京师。先是，有降胡言“中国人或潜通书启[7]于萧后者”。至是，中书舍人杨文瓘请鞫[8]之，上曰：“天下未定，突厥方强，愚民无知，或有斯事。今天下已安，既往之罪，何须问也！”

李世勣出云中[9]，与突厥战于白道[10]，大破之。

二月己亥[11]，上幸骊山温汤[12]。

甲辰[13]，李靖破突厥颉利可汗于阴山[14]。

先是，颉利既败，窜于铁山[15]，馀众尚数万；遣执失思力入见，谢罪，请举国[16]内附，身自[17]入朝。上遣鸿胪卿唐俭等慰抚之，又诏李靖将兵迎颉利。颉利外为卑辞[18]，内实犹豫，欲俟草青马肥，亡[19]入漠北。靖引兵与李世勣会白道，相与谋曰：“颉利虽败，其众犹盛，若走度碛北，保依九姓[20]，道阻且远，追之难及。今诏使[21]至彼，虏必自宽[22]，若选精骑一万，赍二十日粮往袭之，不战可擒矣。”以其谋告张公谨，公谨曰：“诏书已许其降，使者在彼，奈何击之！”靖曰：“此韩信所以破齐[23]也。唐俭辈何足惜！”遂勒兵夜发，世勣继之，军至阴山，遇突厥千馀帐，俘以随军[24]。颉利见使者大喜，意自安。靖使武邑[25]苏定方帅二百骑为前锋，乘雾而行，去牙帐七里，虏乃觉之。颉利乘千里马先走，靖军至，虏众遂溃。唐俭脱身得归。靖斩首万馀级，俘男女十馀万，获杂畜[26]数十万，杀隋义成公主，擒其子叠罗施。颉利帅万馀人欲度碛，李世勣军[27]于碛口，颉利至，不得度，其大酋长皆帅众降，世勣虏五万馀口而还。斥地[28]自阴山北至大漠，露布[29]以闻。

丙午[30]，上还宫。

甲寅[31]，以克突厥赦天下。

（以上为第七段，写唐军大破东突厥，诛杀隋义成公主。）

【注释】

①恶阳岭：地名。在今山西朔州市平鲁区。 ②倾国：倾尽全国的兵力。 ③牙：官署的称呼。此处指突厥王廷。 ④碛口：大沙漠之口。 ⑤萧后：即隋炀帝萧皇后。唐高祖武德二年，萧后与炀帝之孙杨政道入突厥。传见《隋书》卷三十六。 ⑥乙亥：正月初九日。 ⑦潜通书启：暗中递送信札。 ⑧鞫：审问。 ⑨云中：郡名。治所在今山西大同市。 ⑩白道：地名。在今内蒙古呼和浩特市西北。 ⑪己亥：二月初三日。 ⑫幸骊山温汤：到骊山温泉（在今陕西西安市临潼区）。 ⑬甲辰：二月初八日。 ⑭阴山：地名。即今内蒙古阴山山脉。 ⑮铁山：古山名，在今内蒙古阴山北。 ⑯举国：全国。 ⑰身自：亲自。 ⑱卑辞：卑逊之言辞。 ⑲亡：逃跑。 ⑳保依九姓：保持依靠九姓部落。《新唐书·回鹘传上》有九姓，药罗葛、胡咄葛、啒罗勿、貊歌息讫、阿勿嘀、葛萨、斛嗢素、药勿葛、奚邪勿。这是回纥后来强盛时所服九姓。当时所谓九姓，即拔野古、延陀、回纥之属。 ㉑诏使：宣布诏敕的使者。 ㉒自宽：自然松懈。 ㉓韩信所以破齐：事见《史记·淮阴侯列传》。刘邦先派使者郦食其诱降齐国，继而发兵向齐急进，韩信乘其无备偷袭，一举灭亡了齐国。 ㉔随军：跟随在军队后面。 ㉕武邑：县名。县治在今河北武邑县。 ㉖杂畜：马、骆驼、牛、羊等。 ㉗军：驻军。 ㉘斥地：扩展地盘。 ㉙露布：军中捷报。古代不封口的诏书或奏章，也称露布。 ㉚丙午：二月初十日。 ㉛甲寅：二月十八日。

【译文】

唐太宗贞观四年（庚寅，630）

春季，正月，李靖率领三千骁勇骑兵从马邑出发，进驻恶阳岭，当夜，突袭定襄城，取得大胜。突厥颉利可汗想不到李靖突然来到，大为吃惊地说："唐朝没有出动全国兵力来进攻，李靖怎么敢孤军深入到这里？"突厥的部队一天之内数次受惊，于是把可汗的牙帐转移至碛口。李靖又派间谍离间颉利可汗的心腹，颉利的亲信康苏密带着隋朝的萧皇后和隋炀帝的孙子杨政道前来投降唐朝。初九日，一行人到达长安。在此之前，有前来投降的胡人说："中原有人暗中给隋朝萧皇后写信上书。"到这时，中书舍人杨文瓘请求讯问萧皇后，唐太宗说："天下尚未完全安定，突厥正是强盛之时，愚民无知，或许会有这种事。现在天下已经安定，既往的罪过，又何须追问！"

李世勣出兵云中，与突厥兵在白道作战，大败突厥。

二月初三日，唐太宗驾临骊山温泉。

二月初八日，李靖在阴山打败突厥颉利可汗的军队。

在此之前，颉利战败后，逃窜到铁山，残余兵力尚有数万人；颉利派执失思力进京谒见唐太宗谢罪，请求率全国归附内地，自己亲自进京朝见。唐太宗派鸿胪寺卿唐俭等人安抚慰问他，又诏命李靖领兵迎接颉利。颉利对外说着谦卑的言辞，内心实际上尚在犹豫，想等到草长得青翠、马长得肥壮的时候，再逃回到漠北。李靖率领兵马与李世勣在白道会合，相互谋议说："颉利虽然战败，其兵马还很强盛，如果逃到戈壁之北，保住主要的九个部族作为自己的依靠，我们离他非常遥远而且道路阻隔，就会很难追上他们。现在皇帝派来的使节已经到了突厥，突厥一定觉得宽慰，此时如果挑选精锐骑兵一万人，带二十天的粮食前去袭击他们，就可以不用作战而生擒颉利了。"二人将他们的计谋告诉了张公瑾，张公瑾说："皇上的诏书已经答应他们投降，大唐的使者还在那里，怎么能袭击他们！"李靖说："这就是韩信用来打败齐国的办法。唐俭等人哪里值得怜惜！"于是部署军队夜间出发，李世勣随后出动，大军走到阴山，遇上了突厥人有一千多营帐，全部俘获命令他们跟随唐军。颉利见到大唐使者唐俭后大为高兴，心情安定下来。李靖派武邑人苏定方带领两百名骑兵作为前锋，利用大雾向前行军，走到距离突厥颉利可汗的牙帐只有七里的地方时，突厥兵才发现。颉利乘千里马先逃走，李靖大军赶到，突厥兵众于是溃散。唐俭得以脱身回到唐朝。李靖斩杀突厥一万多人，俘虏男女十多万人，获得各种牲畜数十万头，杀掉隋义成公主，生俘她的儿子叠罗施。颉利率领一万多人想越过戈壁，李世勣的军队守住通过戈壁的碛口，颉利等人到达后，无法通过，手下的大酋长都率部下投降，李世勣俘虏五万多人于是撤还。开拓土地从阴山北到沙漠，朝廷发布公告向天下宣布。

二月初十日，唐太宗回到宫中。

二月十八日，因平定突厥宣布大赦天下。

【原文】

以御史大夫温彦博为中书令，守[①]侍中王珪为侍中；守户部尚书戴胄为户部尚书，参预朝政；太常少卿萧瑀为御史大夫，与宰臣参议朝政。

三月戊辰[②]，以突厥夹毕特勒阿史那思摩为右武候大将军[③]。

四夷君长诣阙[④]请上为天可汗[⑤]，上曰："我为大唐天子，又下行可汗事乎！"君臣及四夷皆称万岁。是后以玺书[⑥]赐西北君长，皆称天可汗。

庚午[⑦]，突厥思结俟斤帅众四万来降。

丙子[⑧]，以突利可汗为右卫大将军、北平郡王。

初，始毕可汗以启民[⑨]母弟苏尼失为沙钵罗设[⑩]，督部落五万家，牙直[⑪]灵州西北。及颉利政乱，苏尼失所部独不携贰[⑫]。突利之来奔也，颉利立之为小可汗。及颉利败走，往依之，将奔吐谷浑。大同道[⑬]行军总管任城王道宗引兵逼之，使苏尼失执送[⑭]颉利。颉利以数骑夜走，匿于荒谷。苏尼失惧，驰追获之。庚辰[⑮]，行军副总管张宝相帅众奄[⑯]至沙钵罗营，俘颉利送京师，苏尼失举众来降，漠南之地遂空[⑰]。

蔡成公杜如晦疾笃[⑱]，上遣太子问疾，又自临视之。甲申[⑲]，薨[⑳]。上每得佳物，辄思如晦，遣使赐其家。久之，语及如晦，必流涕，谓房玄龄曰："公与如晦同佐朕，今独见公，不见如晦矣！"

突厥颉利可汗至长安。夏，四月戊戌[㉑]，上御顺天楼[㉒]，盛陈文物[㉓]，引见颉利，数[㉔]之曰："汝藉[㉕]父兄之业，纵淫虐以取亡，罪一也。数与我盟而背之，二也。恃强好战，暴骨如莽[㉖]，三也。蹂[㉗]我稼穑[㉘]，掠我子女，四也。我宥[㉙]汝罪，存汝社稷，而迁延[㉚]不来，五也。然自便桥以来[㉛]，不复大入为寇，以是得不死耳。"颉利哭谢而退。诏馆于太仆[㉜]，厚廪食之[㉝]。

上皇[㉞]闻擒颉利，叹曰："汉高祖困白登[㉟]，不能报[㊱]；今我子能灭突厥，吾托付得人[㊲]，复何忧哉！"上皇召上与贵臣十馀人及诸王、妃、主[㊳]置酒凌烟阁[㊴]，酒酣，上皇自弹琵琶[㊵]，上起舞，公卿迭起为寿[㊶]，逮[㊷]夜而罢。

突厥既亡，其部落或北附薛延陀，或西奔西域，其降唐者尚十万口，诏群臣议区处之宜[43]。朝士多言："北狄自古为中国患，今幸而破亡，宜悉徙之河南兖、豫之间[44]，分其种落，散居州县，教之耕织，可以化胡虏为农民，永空塞北[45]之地。"

中书侍郎颜师古以为："突厥、铁勒皆上古所不能臣[46]，陛下既得而臣之，请皆置之河北[47]。分立酋长，领其部落，则永永无患矣。"

礼部侍郎李百药以为："突厥虽云一国，然其种类区分，各有酋帅。今宜因其离散，各即本部署[48]为君长，不相臣属；纵欲存立阿史那氏，唯可使存其本族而已。国分则弱而易制，势敌则难相吞灭，各自保全，必不能抗衡中国。仍请于定襄置都护府[49]，为其节度，此安边之长策也。"

夏州都督窦静以为："戎狄之性，有如禽兽，不可以刑法威[50]，不可以仁义教，况彼首丘[51]之情，未易忘也。置之中国，有损无益，恐一旦变生，犯我王略[52]。莫若因其破亡之馀，施以望外[53]之恩，假之王侯之号，妻以宗室之女，分其土地，析[54]其部落，使其权弱势分，易为羁制[55]，可使常为藩臣，永保边塞。"

温彦博以为："徙于兖、豫之间，则乖违物性[56]，非所以存养之也。请准[57]汉建武故事，置降匈奴于塞下，全其部落，顺其土俗[58]，以实空虚之地，使为中国扞蔽[59]，策之善者也。"

魏徵以为："突厥世为寇盗，百姓之雠也；今幸而破亡，陛下以其降附，不忍尽杀，宜纵之使还故土，不可留之中国[60]。夫戎狄人面兽心，弱则请服，强则叛乱，固[61]其常性。今降者众近十万，数年之后，蕃息倍多[62]，必为腹心之疾，不可悔也。晋初诸胡与民杂居中国，郭钦、江统皆劝武帝驱出塞外以绝乱阶[63]，武帝不从。后二十馀年，伊、洛[64]之间，遂为毡裘[65]之域，此前事之明鉴[66]也！"

彦博曰："王者之于万物，天覆地载[67]，靡有所遗[68]。今突厥穷来归我，奈何弃之而不受乎！孔子曰：'有教无类[69]。'若救其死亡，授以生业，教之礼义，数年之后，悉为吾民。选其酋长，使入宿卫，畏威怀德，何后患之有！"

上卒用彦博策，处突厥降众，东自幽州，西至灵州；分突利故所统之地[70]，置顺、祐、化、长[71]四州都督府；又分颉利之地为六州，左置定襄都督府[72]，右置云中都督府，以统其众。

五月辛未[73]，以突利为顺州都督，使帅部落之官。上戒之曰："尔祖启民挺身奔隋，隋立以为大可汗，奄有[74]北荒[75]，尔父始毕反为隋患[76]。天道不容，故使尔今日乱亡如此。我所以不立尔为可汗者，惩启民前事故也。今命尔为都督，尔宜善守中国法，勿相侵掠，非徒[77]欲中国久安，亦使尔宗族永全[78]也！"

壬申[79]，以阿史那苏尼失为怀德郡王，阿史那思摩为怀化郡王。颉利之亡也，诸部落酋长皆弃颉利来降，独思摩随之，竟与颉利俱擒，上嘉其忠，拜右武候大将军，寻以为北开州都督，使统颉利旧众。

丁丑[80]，以右武卫大将军史大柰为丰州[81]都督，其馀酋长至者，皆拜将军中郎将，布列朝廷，五品已上百馀人，殆与朝士[82]相半，因而入居长安者近万家。

辛巳[83]，诏："自今讼者，有经尚书省判不服，听[84]于东宫上启[85]，委太子裁决。若仍不伏，然后闻奏。"

丁亥[86]，御史大夫萧瑀劾奏李靖破颉利牙帐，御军无法[87]，突厥珍物，虏掠俱尽，请付法司推科[88]。上特敕勿劾。及靖入见，上大加责让，靖顿首谢。久之，上乃曰："隋史万岁[89]破达头可汗，有功不赏，以罪致戮。朕则不然，录公之功，赦公之罪。"加靖左光禄大夫[90]，赐绢千匹，加真食邑[91]通前[92]五百户。未几，上谓靖曰："前有人谗公，今朕意已寤，公勿以为怀。"复赐绢二千匹。

（以上为第八段，写唐太宗安置突厥降人，以郡县制度管理。褒奖功臣李靖，不录小过。）

【注释】

①守：以他官掌理某职为守。　②戊辰：三月初三日。　③右武候大将军：官名。禁军的高级武官。　④诣阙：到帝王住所。　⑤天可汗：天含至尊之意。天可汗即至尊极高的可汗。　⑥玺（xǐ）书：盖有皇帝大印的文书。　⑦庚午：三月初五日。　⑧丙子：三月十一日。　⑨启民：即启民可汗（？—609），东突厥可汗，沙钵略可汗子，颉利可汗父。事迹见《旧唐书》卷一百九十四上、《新唐书》卷二百一十五上。　⑩设：突厥、回纥典兵官衔。　⑪牙直：营幕设在。　⑫携贰：有二心，背叛。⑬大同道：道名。治所在今内蒙古乌拉特前旗西北。　⑭执送：捉拿，拘捕。　⑮庚

辰：三月十五日。 ⑯奄：突然，急。 ⑰遂空：于是空无突厥之人。 ⑱疾笃：病重。 ⑲甲申：三月十九日。 ⑳薨：死。古代称侯王去世叫“薨”。唐以后称二品以上的官去世也叫“薨”。 ㉑戊戌：四月初三日。 ㉒顺天楼：即长安太极宫顺天门（承天门）楼。《唐六典》卷七载“承天门，隋开皇二年作。初曰广阳门，仁寿元年改曰昭阳门，武德元年改曰顺天门，神龙元年改曰承天门。若元正、冬至大陈设，宴会，赦过宥罪，除旧布新，受万国之朝贡，四夷之宾客，则御承天门以听政”。 ㉓文物：器仗珍宝之类。 ㉔数：责备。 ㉕藉：凭借。 ㉖暴骨如莽：暴露骸骨如草莽。 ㉗蹂：蹂躏。 ㉘稼穑：泛指农业劳动。 ㉙宥：宽容、饶恕。 ㉚迁延：拖延。 ㉛便桥以来：指武德九年八月，李世民与突厥颉利可汗在渭河便桥结盟以来。 ㉜诏馆于太仆：诏命居于太仆之位。太仆,官名。掌皇帝的舆马和马政。 ㉝厚廪食之：优厚供给膳食。㉞上皇：太上皇李渊。 ㉟汉高祖困白登：汉高祖七年（前200），高祖亲率大军击匈奴，至平城（今山西大同市东北），被冒顿围于白登（山名，在平城东）七日。 ㊱不能报：不能报仇。 ㊲托付得人：所托为最适当的人。 ㊳妃、主：妃嫔、公主。㊴凌烟阁：绘有功臣图像的高阁。在长安太极宫东北隅，位于三清殿之侧。贞观十七年（643）太宗为表彰功臣，使阎立本绘制长孙无忌等二十四人图像，挂于凌烟阁。㊵上皇自弹琵琶：北朝及隋唐时，甚重琵琶。大宴会上也奏之，且往往由君王亲自弹演。 ㊶迭起为寿：一次又一次起而举杯祝寿，即敬酒。 ㊷逮：及、至。 ㊸区处之宜：区分处置的适宜办法。 ㊹兖、豫之间：此处的兖、豫泛指九州。 ㊺塞北：长城以北。 ㊻上古所不能臣：上古以来所不能臣服。 ㊼河北：泛指黄河以北地区。 ㊽署：代理、暂任或试充官职。 ㊾都护府：官署名。唐代自太宗至武则天时，设置安西、安北、安东、安南、单于、北庭六个大都护府，管理辖境的边防、行政和各族事务。 ㊿以刑法威：用刑法威吓。 51首丘：《楚辞·九章·哀郢》载“鸟飞反故乡兮，狐死必首丘”。首，头向着；丘，狐穴所在之土丘。传说狐死时，头犹向着巢穴。后因称人死后归葬故乡为“归正首丘”。也用为怀念故乡之意。 52王略：王法。 53望外：希望之外。 54析：分。 55羁制：束缚挟制。 56物性：此处指人性。 57准：依照。 58土俗：本土风俗。 59扞（hàn）蔽：遮蔽。 60中国：中原。 61固：本来。 62蕃息倍多：滋生众多。 63乱阶：祸乱的阶梯，即祸源。 64伊、洛：指今河南伊河与洛河。 65毡裘：戎狄所穿用的服具，因以指戎狄。 66鉴：明镜。 67天覆地载：如天之覆，如地之载。 68靡有所遗：无所遗余。 69有教无类：孔子的教育主张。意即,不分贵贱贤愚，也不分地区族类，都可作为教育对象。70故所统之地：原来统辖的地方。 71顺、祐、化、长：皆州名。顺州，治所在今北京顺义区；祐州治所在今宁夏银川市；化州，治所不详；长州，治所在今甘肃庆阳市。㊸定襄都督府：唐羁縻都督府。侨治宁朔县，今陕西靖边县东北。㊸辛未：五月初七日。㊹奄有：覆盖。㊺北荒：北方荒服之地。㊻尔父始毕反为隋患：你的父亲始毕可汗反成为隋朝的外患。㊼非徒：非但。㊽永全：永得保全。㊾壬申：五月初八日。㊿丁丑：五月十三日。81丰州：州名。治所在今内蒙古五原县西南黄河北岸。82朝士：朝廷官员。83辛巳：五月十七日。84听：听凭。85上启：上书。86丁亥：五月二十三日。87御军无法：统御军队没有法度。88推科：推究、审查。89史万岁（？—600）：隋朝名将。京兆杜陵人。隋开皇末，突厥达头可汗入寇，史万岁率兵大破突厥。然而有功不赏，文帝听信谗言，以罪杀害。传见《隋书》卷五十三。90光禄大夫：官名。汉代掌议论及顾问应对。至隋为文散官，唐时光禄大夫为文散阶从二品。91真食邑：食邑，即采邑，亦名采地或封地。中国古代诸侯封赐所属卿、大夫作为世禄的田邑。因食其封邑的租税，故称食邑。此制盛行于周朝。以后历代在内容上多有变化。汉代说食封邑或食邑若干户。六朝时丧乱不断，食邑户数与实际相差很远。故后来在颁赐俸禄时，便以当时实得封户为准，采用真食邑或食实封两个名称。唐制，食实封者得真户，以丰饶之地、中等以上户给之。92通前：加上以前的总数。

【译文】

任命御史大夫温彦博为中书令，守侍中王珪为侍中；守户部尚书戴胄为户部尚书、参与朝政；太常寺少卿萧瑀为御史大夫，与宰相共同参议朝政。

三月初三日，唐朝任命突厥夹毕特勤阿史那思摩为右武候大将军。

四方夷族的君主和酋长都来到京城皇帝门阙之下请求唐太宗改称天可汗，唐太宗说："我做大唐天子，还要做下属可汗的事吗？"文武群臣以及四方各族君主酋长都欢呼万岁。此后向西北各族君长赐发加印皇帝玉玺的书信时，都署名"天可汗"。

三月初五日，突厥首领思结俟斤率部众四万多人投降唐朝。

三月十一日，唐朝任命突利可汗为右卫大将军、北平郡王。

起初，始毕可汗重用启民母亲的弟弟苏尼失为沙钵罗设，统领部落五万户，建立的牙帐正对着灵州的西北方，等到颉利掌权政局混乱的时候，只有苏尼失统领的部落没有背叛之心。突利可汗投奔大唐的时候，颉利可汗册立苏尼失为小可汗。等到颉利战败逃走后，前往依附苏尼失，准备投奔吐谷浑。大同道行军总管任城王李道宗领兵进逼，让苏尼失逮捕颉利押送过来。颉利率几名骑兵连夜逃跑，藏在荒野山谷中。苏尼失害怕了，急忙追赶抓获了颉利。三月十五日，行军副总管张宝相率兵突然来到沙钵罗的营帐，俘获颉利送回京都长安，苏尼失率其部众前来投降，漠南地区的突厥于是全都投降而没有反叛唐朝廷的了。

蔡成公杜如晦病重，唐太宗先派太子前去询问病情，又亲自前去探望。三月十九日，杜如晦去世。唐太宗每次得到好器物，总是想到杜如晦，派人将器物赏赐到杜如晦家里。时间久了，提到杜如晦，必定流下眼泪，对房玄龄说："你与杜如晦一同辅佐朕，现在只能见到你，见不到如晦了！"

突厥颉利可汗被押送到长安。夏季，四月初三日，唐太宗登上顺天门城楼，陈列大量皇家专用的礼仪器物，让颉利前来见他，唐太宗责备颉利说："你凭借父兄立下的功业，放纵淫逸残虐百姓而自取灭亡，这是第一条罪状。你多次与我订立盟约而又背叛盟约，这是第二条罪状。你自恃强大而爱好战争，使人民大量死亡把白骨暴露在原野，这是第三条罪状。你践踏我大唐的庄稼，抢夺我大唐的子女百姓，这是第四条罪状。我宽宥了你的罪过，保存你的社稷江山，但你却一直拖延不来朝见，这是第五条罪状。自从武德九年我与你在渭水便桥订盟以来，不再大规模入境侵犯，就因为这一点，你才得以不被处死。"颉利痛哭谢罪然后退下。唐太宗下诏让颉利在太仆寺居住，赐给丰厚的食物。

太上皇听说擒获颉利可汗，感叹说："当年汉高祖在白登城被匈奴围困，不能报仇；现在我的儿子能剿灭突厥，证明我所托付的是正确的人选，我还有什么忧虑呢！"太上皇召集唐太宗与十几位显贵大臣以及诸王、王妃、公主等，在凌烟阁摆下酒宴，酒喝得酣畅时，太上皇自己弹奏琵琶，唐太宗翩翩起舞，公卿大臣更相起身祝寿，直到深夜才罢宴。

突厥灭亡后，它的部落或者向北方迁移依附薛延陀，或者向西迁移到西域，另外投降唐朝的还有十万户，唐太宗下诏让群臣商议如何处置突厥人。朝廷里大部分的大臣说："北方的狄人自古以来就是中原的祸患，现在有幸打败了他们使之灭亡，应当全部迁徙到河南的兖州、豫州之间，分开他们的种族部落，让他们分散居住到各州县去，教他们学会耕田织布，这样才可以教化胡虏变成农民，让塞北地区永远空旷无人。"

中书侍郎颜师古认为："突厥、铁勒自上古以来中原朝廷就不能使他们臣服，陛下既然获得他们，让他们称臣，请把他们安置在河北地区。分别设立酋长，统领他的部落，则永远没有祸患了。"

礼部侍郎李百药认为：“突厥虽说是一个国家，但它分为不同的部族种类，各有自己的酋长与统帅。现在应该利用他们已经分离流散的情况，分别在各个部落内任命君长，使各部相互没有臣属关系；就算想保存阿史那氏为可汗，只能让他保存本部族而已。国家分散了，就会变得弱小，而容易制服他们，各部落势力相当，就难以相互并吞灭亡，这样各自都能得以保全，就必定不能与中原相抗衡了。仍请在定襄设置都护府，作为突厥人各部落的节度控制官府，这才是安定边境的长久之策。”

夏州都督窦静认为：“戎狄的本性，如同禽兽一般，不能用刑罚法令威吓他们，不能用仁义道德教化他们，况且他们留恋故土的心情，也不易忘却。将他们安置在中原，对于大唐就只有害处而没有好处，恐怕一旦发生变故，就会侵犯我大唐王朝的政权和统治。不如趁着他们处于战败亡国之余的时机，对他们给以出人意料的恩惠，册封给他们王侯的称号，用皇家宗室的女子嫁给他们做妻子，划分他们的土地，把他们的部落分散开，让他们的权力削弱、势力分散，容易被我大唐加以控制，这样就可以让他们长期作为朝廷的藩属之臣，永远保住大唐的边境安全。”

温彦博认为：“把突厥人迁徙到兖州、豫州之间，就违背突厥人的本性，这不是让他们生存并得到养育的方法。请求依照汉光武帝时的旧例，将投降的匈奴人安置在边塞之下，保全他们的部落，顺应他们本来的风俗习惯，让他们充实到空无人烟的地区，让他们成为中原王朝的外围屏障，这样的策略才是完善的。”

魏徵认为：“突厥世代为寇盗，是中原百姓的仇人；如今是中原有幸使他们灭亡了，陛下因为他们投降归附，不忍心将他们全部杀掉，应当放了他们让他们回归故土，不能留在大唐境内。戎狄人面兽心，弱小的时候就请求归服，强盛起来就又反叛朝廷，这本来就是他们的本性。现在投降的人众将近十万人，数年之后，繁衍生息就会成倍增多，必会成为中原的心腹大患，那时就无法后悔了。西晋初年各个胡族与汉人杂居在中原地区，郭钦、江统都劝晋武帝把胡族驱赶到塞外，以杜绝将来产生叛乱的机会，晋武帝不听从这个建议。之后二十多年，伊水、洛水之间，于是成为北方戎狄聚居的地区，这是前代的事为后人留下的非常清楚明白的历史教训！”

温彦博说：“作为帝王的人对于万事万物都要照顾到，凡是天所覆盖的，地所承载的，没有一样有所遗漏。现在突厥走投无路而来投奔我们，为什么抛弃他们而不接受呢？孔子说：‘所有的人都要对他进行教育，而没有类别的区分。’

如果把他们从死亡中救出来，教给他们维持生计的办法，教化他们懂得礼义，经过数年之后，他们就会全部成为我们的百姓。选择他们的酋长，让他们入宫担任禁卫，他们就会畏惧唐王朝的威严而感怀唐王朝的恩惠，还会有什么后患呢？”

唐太宗最终采纳温彦博的办法，把投降归附的突厥民众，安置到东起幽州，西至灵州的地区；把突利可汗原来统属的地区，设置了顺州、祐州、化州、长州四个州都督府；又把颉利可汗原来控制的地区分置为六个州，在其东面设置了定襄都督府，西面设置了云中都督府，用以统治突厥的民众。

五月初七日，唐朝任命突利为顺州都督，让他统领下属的部落官员。唐太宗告诫他说：“你的祖父启民毅然投奔隋朝，隋朝把他册立为大可汗，他统治了北部的荒远地区，你的父亲始毕可汗反而成为隋的祸患。天道不容这样的做法，所以让你现在战败灭亡到如此境地。我之所以不册立你为可汗，就是把以前启民立可汗的事作为教训。现在任命你为都督，你应当好好遵守大唐的法令，不要相互侵扰掠夺，不只是想让中原长治久安，也想让你的宗族永远得以保全！”

五月初八日，任命阿史那苏尼失为怀德郡王，阿史那思摩为怀化郡王。颉利败亡的时候，各部族的酋长都抛弃颉利而来投降唐朝，只有思摩跟随颉利，最后与颉利一同被俘。唐太宗嘉许他的忠诚，任命他为右武候大将军，不久又任命为北开州都督，让他统领颉利原来的兵众。

五月十三日，任命右武卫大将军史大柰为丰州都督，其他的酋长来投奔唐朝，都拜为将军中郎将，分布列身于朝廷官员的行列中，五品以上的就有一百多人，几乎与朝廷士人出身的官员各占一半，这样迁居长安的人口接近一万家。

五月十七日，唐太宗下诏：“从今以后的诉讼，有经过尚书省判决而不服的，允许到东宫向上禀报，交由太子裁决。如果仍然不服，然后就上报给朕。”

五月二十三日，御史大夫萧瑀弹劾李靖大破颉利可汗牙帐时，治军没有法度，使得突厥可汗的珍奇宝物全被抢掠一空，请交付法律部门推勘审理。唐太宗予以特赦不让弹劾。等到李靖进京拜见，唐太宗对他大加责备，李靖磕头谢罪。很久之后，唐太宗才说：“隋朝史万岁打败达头可汗，有功劳不加赏赐，因罪而被杀戮。朕则不这样处理，记录下你的功劳，赦免你的罪过。”对李靖加封左光禄大夫，赐给绢帛一千匹，增加了封赏的食邑，加上以前的共有五百户。不久，唐太宗对李靖说：“以前有人说你的坏话，现今朕已醒悟，你不必记在心里。”又赐给绢帛两千匹。

【原文】

林邑[①]献火珠[②]，有司以其表辞不顺[③]，请讨之，上曰："好战者亡，隋炀帝、颉利可汗，皆耳目所亲见也。小国胜之不武[④]，况未可必乎！语言之间，何足介意！"

六月丁酉[⑤]，以阿史那苏尼失为北宁州[⑥]都督，以中郎将史善应为北抚州都督。壬寅[⑦]，以右骁卫将军康苏密为北安州都督。

乙卯[⑧]，发卒修洛阳宫以备巡幸，给事中张玄素上书谏，以为："洛阳未有巡幸之期而预修宫室，非今日之急务。昔汉高祖纳娄敬之说，自洛阳迁长安，[⑨]岂非洛阳之地不及关中之形胜[⑩]邪！景帝用晁错之言而七国构祸[⑪]，陛下今处突厥于中国，突厥之亲，何如七国？[⑫]岂得不先为忧，而宫室可遽兴[⑬]，乘舆[⑭]可轻动哉！臣见隋氏初营宫室，近山无大木，皆致之远方，二千人曳一柱，以木为轮，则戛摩[⑮]火出，乃铸铁为毂[⑯]，行一二里，铁毂辄破，别使数百人赍[⑰]铁毂随而易之[⑱]，尽日[⑲]不过行二三十里，计一柱之费，已用数十万功[⑳]，则其馀可知矣。陛下初平洛阳，凡隋氏宫室之宏侈[㉑]者皆令毁之，曾未十年，复加营缮，何前日恶之而今日效之也！且以今日财力，何如隋世？陛下役疮痍之人[㉒]，袭[㉓]亡隋之弊，恐又甚于炀帝矣！"上谓玄素曰："卿谓我不如炀帝，何如桀、纣？"对曰："若此役不息，亦同归于乱耳！"上叹曰："吾思之不熟，乃至于是！"顾谓房玄龄曰："朕以洛阳土中[㉔]，朝贡道均[㉕]，意欲便民，故使营之。今玄素所言诚有理，宜即为之罢役。后日[㉖]或以事至洛阳，虽露居[㉗]亦无伤也。"仍赐玄素彩二百匹。

秋，七月甲子朔[㉘]，日有食之。

乙丑[㉙]，上问房玄龄、萧瑀曰："隋文帝何如主也？"对曰："文帝勤于为治，每临朝，或至日昃[㉚]，五品已上，引坐论事，卫士传餐而食[㉛]；虽性非仁厚，亦励精之主也。"上曰："公得其一，未知其二。文帝不明而喜察[㉜]；不明则照有不通[㉝]，喜察则多疑于物[㉞]，事皆自决，不任群臣。天下至广，一日万机[㉟]，虽复劳神苦形[㊱]，岂能一一中理[㊲]！群臣既知主意，唯取决受成[㊳]，虽有愆违[㊴]，莫敢谏争，此所以二世而亡也。朕则不然。择天下贤才，寘之百官[㊵]，使思天下之事，关[㊶]由宰相，审熟便安[㊷]，然后奏闻。有功则赏，有罪则刑，谁敢不竭心力以修职业[㊸]，何忧天下之不治乎！”因敕百司：“自今诏敕行下有未便者，皆应执奏[44]，毋得阿从[45]，不尽已意[46]。”

癸酉[47]，以前太子少保[48]李纲为太子少师[49]，以兼御史大夫萧瑀为太子少傅。

李纲有足疾，上赐以步舆[50]，使之乘至阁下，数引入禁中，问以政事。每至东宫，太子亲拜之。太子每视事，上令纲与房玄龄侍坐[51]。

先是，萧瑀与宰相参议朝政，瑀气刚而辞辩[52]，房玄龄等皆不能抗[53]，上多不用其言。玄龄、魏徵、温彦博尝有微过，瑀劾奏之，上竟不问。瑀由此怏怏[54]自失[55]，遂罢御史大夫，为太子少傅，不复预闻朝政。

（以上为第九段，写唐太宗罢东都营建，明察是非，用人不疑。）

【注释】

①林邑：越南古国。又称占婆、占城。在今越南中南部。　②献火珠：《旧唐书·南蛮传》载“（贞观）四年，其王范头黎遣使献火珠，大如鸡卵，圆白皎洁，光照数尺，状如水精，正午向日，以艾蒸之，即火燃”。　③表辞不顺：奏表的词语不恭敬。④小国胜之不武：战胜小国不威武。　⑤丁酉：六月初四日。　⑥北宁州：北宁州及下述北抚州、北安州，盖为临时设置。查无出处，存疑待考。　⑦壬寅：六月初九日。⑧乙卯：六月二十二日。　⑨汉高祖纳娄敬之说，自洛阳迁长安：西汉初建都洛阳，高祖五年（前202），娄敬盛陈迁都长安之利，被高祖采纳。并因此拜娄敬为郎中，号奉春君，赐姓刘氏。　⑩形胜：形势优越。　⑪景帝用晁错之言而七国构祸：汉景帝二年（前155），御史大夫晁错屡建言削藩。为景帝采纳并下削藩令。次年，吴王刘濞、楚王刘戊等举兵叛乱，史称吴楚“七国之乱”。晁错（前200—前154），西汉政论家。颍川（今河南禹州市）人。传见《汉书》卷四十九。　⑫突厥之亲，何如七国：突厥与朝廷的亲密，如何比得上七国。　⑬岂得不先为忧，而宫室可遽兴：难道能不先有忧虑，反而急于兴建宫室？　⑭乘舆：帝王乘的车子，此为帝王的代称。　⑮戛（jiá）摩：轻轻敲打摩擦即会着火。　⑯毂（gǔ）：车轮的中心部分，有圆孔，可以插轴。　⑰赍（jī）：抱着。　⑱随而易之：随时更换。　⑲尽日：整日。　⑳功：一人一日之计算单位。㉑宏侈：宏伟侈靡。　㉒疮痍之人：受伤的人。　㉓袭：因袭。　㉔洛阳土中：洛阳居中国之中。　㉕朝贡道均：各地来朝贡的距离较平均。　㉖后日：日后，往后。㉗露居：露天而居。　㉘甲子朔：七月初一日。　㉙乙丑：七月初二日。　㉚日昃（zè）：日过午，太阳偏西。　㉛传餐而食：传递食物就地食用。　㉜不明而喜察：不

精明又喜欢苛察。 ㉝不明则照有不通：不精明则不通达。 ㉞物：人物。 ㉟万机：万种机务。 ㊱虽复劳神苦形：即使再劳神费力。 ㊲中理：合理。 ㊳受成：接受成命。 ㊴愆（qiān）违：失误。 ㊵寘（zhì）之百官：放置在百官的位子上。 ㊶关：禀告、报告。 ㊷审熟便安：深思熟虑，方便安稳。 ㊸竭心力以修职业：竭尽心力以修治自己的职务。 ㊹执奏：执以上奏。 ㊺阿从：一味顺从。 ㊻不尽己意：不尽自己的心意。 ㊼癸酉：七月初十日。 ㊽少保：官名。为辅导太子的官。 ㊾少师：官名。与少傅、少保合称"三孤"或"三少"，均为辅导、教谕太子的官。 ㊿步舆：即步挽车，古代一种用人拉的车子。 (51)侍坐：陪坐在旁边。 (52)辞辩：辞令巧辩。 (53)抗：抗御。 (54)怏怏：形容不满意的神情。 (55)自失：不快。

【译文】

林邑向唐太宗进献火珠，但有关部门认为林邑的上书中的文辞不谦卑顺服，于是请求讨伐林邑。唐太宗说："好战的人会走向灭亡，隋炀帝、颉利可汗，都是亲眼所见的先例。对一个小国，战胜它并不表示勇武，何况未必能取胜！上书的语言之间有点问题，何必介意呢！"

六月初四日，任命阿史那苏尼失为北宁州都督，任命中郎将史善应为北抚州都督。初九日壬寅，任命右骁卫将军康苏密为北安州都督。

六月二十二日，征发士兵修筑洛阳宫殿，用以准备唐太宗巡幸时使用，给事中张玄素上书劝谏，认为："还没有巡幸洛阳的日期就预先修筑宫室，不是现在的紧急事务。从前汉高祖刘邦采纳娄敬的建议，从洛阳迁都到长安，难道不是因为洛阳的地形不如关中地区的地势好吗？汉景帝采用晁错削藩的建议而使吴楚七国发动兵乱，陛下现在把突厥安置在中原地区，对突厥的亲近，与七国相比，谁更亲呢？怎能不先担忧此事，反而突然兴建宫室，轻易移动皇辇御驾呢？臣看到隋朝当初营造宫室，近处山上已经没有大的树木，都从远方运来，两千人拉一根柱子，用横木作为轮子，就会摩擦起火，于是铸铁为运输大木的车毂，走一二里路，铁毂就已破损，另外差使几百人携带铁毂随时更换，一整天不过行走二三十里，总计一根柱子的花费，就已经使用了几十万人的劳力，那么其他的花费就可想而知了。陛下刚平定洛阳时，凡是看到隋朝宫殿规模宏大奢侈的，都下令毁掉，还不到十年时间，又重新加以营造修缮，为什么以前厌恶而现在却要效仿呢？而且以现在的财力，怎么能与隋朝相比？陛下役使满是疮痍的百姓，承袭隋朝灭亡的弊端，恐怕将要发生的祸乱将会超过隋炀帝了！"唐太宗对张玄素说：

“你说我不如隋炀帝，与桀、纣相比又如何呢？”回答说：“如果这项兴建的劳役不停止，也要同样走向变乱罢了！”唐太宗感叹说：“我考虑的不周到，以至于此！”回头对房玄龄说：“朕以为洛阳地处天下土地的正中，四方前来朝贡的路途都能相等，本意是想让百姓方便，所以派人营造。刚才玄素所说的确有道理，应立即停止这项工程。今后如有事去洛阳，即使露天而居也是无妨的。”于是赐给张玄素彩帛二百匹。

秋季，七月初一日，发生日食。

七月初二日，唐太宗问房玄龄、萧瑀说：“隋文帝是怎么样的君主？”回答说：“隋文帝勤于治理国家，每次临朝听政，有时要到太阳偏西，五品以上的官员，叫来坐着讨论政事，卫士给他们送餐饭来吃；虽然他的性格不够仁厚，也是励精图治的君主。”唐太宗说：“公只知其一，未知其二。隋文帝不贤明却喜欢对臣下苛察；不贤明的话，对事情的观照就会有不通之处，喜欢苛察的话，就会对事物多疑，事情都由自己决定，而不能信任群臣。天下极为广大，一天事情千头万绪，虽然劳神而身体累得苦，哪里能每件事都能合乎道理？群臣既然知道了隋文帝的心意，就只听取隋文帝的决定，接受隋文帝的命令，虽然隋文帝出现了差错，群臣也没有人敢来劝谏争论，这就是隋朝只过了两代就灭亡的原因所在，朕就不是这样。选择天下的贤能人才，让他们担任文武百官，让他们思考天下的事情，由宰相总管诸事，深思熟虑认为无误了，然后上奏给朕。有功就给予赏赐，有罪就处以刑罚，谁敢不尽心尽力来做好自己的本职事务，哪里担心天下不能得到治理呢？”于是敕令所有的官衙部门：“自今以后皇上的诏敕文书发布下来如有不当之处，都应提出意见向上禀奏，不得阿谀奉从，不完全说出自己的意见。”

七月初十日，任命前任太子少保李纲为太子少师，任命兼任御史大夫的萧瑀为太子少傅。

李纲的脚有疾病，唐太宗赐给他一乘小轿代步，让他乘坐小轿来到宫内朝阁下面，多次召他进入宫内，向他询问政事。每次到东宫，太子亲自向他下拜。太子每次上朝听取政事，唐太宗都令李纲与房玄龄一同陪坐。

在此之前，唐太宗命萧瑀与宰相一同参议朝政，萧瑀性情刚烈而能言善辩，房玄龄等人都不能与他对抗，唐太宗也大多不采用他的意见。房玄龄、魏徵、温彦博曾有小的过失，萧瑀上章弹劾他们，唐太宗竟然并不过问。萧瑀因此而怏怏不乐有所失望，于是罢免了御史大夫一职，改任太子少傅，不再参与朝政。

【原文】

西突厥种落散在伊吾[①]，诏以凉州都督李大亮为西北道安抚大使[②]，于碛口[③]贮粮，来者赈给[④]，使者招慰[⑤]，相望于道[⑥]。大亮上言："欲怀远者[⑦]必先安近，中国如本根，四夷如枝叶，疲中国以奉[⑧]四夷，犹拔本根以益枝叶也。臣远考秦、汉，近观隋室，外事戎狄，皆致疲弊。今招致西突厥，但见劳费，未见其益。况河西州县[⑨]萧条，突厥微弱以来，始得耕获；今又供亿[⑩]此役，民将不堪，不若且罢招慰为便。伊吾之地，率皆沙碛，其人或自立君长，求称臣内属者，羁縻[⑪]受之，使居塞外，为中国藩蔽[⑫]，此乃施虚惠而收实利也。"上从之。

八月丙午[⑬]，诏以"常服未有差等，自今三品以上服紫，四品、五品服绯[⑭]，六品、七品服绿，八品服青[⑮]；妇人从其夫色。"

甲寅[⑯]，诏以兵部尚书李靖为右仆射。靖性沈厚，每与时宰[⑰]参议，恂恂[⑱]如不能言。

突厥既亡，营州都督薛万淑遣契丹[⑲]酋长贪没折说谕东北诸夷，奚、霫、室韦[⑳]等十馀部皆内附。万淑，万均之兄也。

戊午[㉑]，突厥欲谷设来降。欲谷设，突利之弟也。颉利败，欲谷设奔高昌[㉒]，闻突利为唐所礼，遂来降。

九月戊辰[㉓]，伊吾城主入朝。隋末，伊吾内属，置伊吾郡；隋乱，臣于突厥。颉利既灭，举其属七城来降，因以其地置西伊州[㉔]。

思结部落饥贫，朔州刺史新丰[㉕]张俭[㉖]招集之，其不来者，仍居碛北，亲属私相往还[㉗]，俭亦不禁。及俭徙胜州[㉘]都督，州司[㉙]奏思结将叛，诏俭往察之。俭单骑入其部落说谕[㉚]，徙之代州，即以俭检校[㉛]代州都督，思结卒无叛者。俭因劝之营田，岁大稔[㉜]。俭恐虏蓄积多，有异志，奏请和籴[㉝]以充边储。部落喜，营田转力[㉞]，而边备实焉。

丙子[㉟]，开南蛮地置费州、夷州[㊱]。

（以上为第十段，写漠北、西域、南方蛮夷，均归服唐朝。）

【注释】

①伊吾：地名。即今新疆哈密市。 ②安抚大使：官名。隋仁寿四年（604）设置安抚大使，由行军主帅兼任。唐代各州如遇水旱灾害，就派遣巡察、安抚或存抚等使节巡视抚恤；倘由节度使兼任，另有副使。 ③碛口：此碛口当在伊吾东。 ④来者

赈给：来归者则赈给。 ⑤使者招慰：遣使者来则招抚慰劳之。 ⑥相望于道：意即络绎不绝。 ⑦怀远者：安抚远方之人。 ⑧奉：供奉。 ⑨河西州县：指甘、凉、瓜、沙、肃等州。甘州，治所在今甘肃张掖市。凉州，治所在今甘肃武威市。瓜州，治所在今甘肃瓜州县东南。沙州，治所在今甘肃敦煌市西。肃州，治所在今甘肃酒泉市。 ⑩供亿：供给。 ⑪羁縻：笼络（藩属等）。 ⑫藩蔽：藩篱蔽障。 ⑬丙午：八月十四日。 ⑭绯：红色。 ⑮青：黑色。 ⑯甲寅：八月二十二日。 ⑰时宰：当时执政者。 ⑱恂恂：温恭的样子。 ⑲契丹：古族名、古国名。源于东胡。北魏以后在今辽河上游一带游牧。唐以其地置松漠都督府，并任契丹首领为都督。 ⑳室韦：古族名。北魏时始见于史书记载。分布在嫩江流域及黑龙江南北岸。唐时，在室韦的名称下有二十多部。 ㉑戊午：八月二十六日。 ㉒高昌：古城名。故址在今新疆吐鲁番东二十余公里哈拉和卓堡西南。 ㉓戊辰：九月初六日。 ㉔西伊州：州名。治所在今新疆哈密市。 ㉕新丰：县名。县治在今陕西西安市临潼区东北新丰镇。 ㉖张俭（594—653）：高祖之从甥。贞观初，以功累迁朔州刺史。传见《旧唐书》卷八十三、《新唐书》卷一百一十一。 ㉗私相往还：私自往来。 ㉘胜州：州名。治所在今内蒙古准格尔旗东北黄河南岸十二连城。 ㉙州司：州官。 ㉚说谕：劝说晓谕。 ㉛检校：摄代。 ㉜稔：丰熟。 ㉝和籴（dí）：和议价格而收买之。 ㉞转力：更为用力。 ㉟丙子：九月十四日。 ㊱费州、夷州：州名。费州治所即今贵州思南县，夷州治所在今贵州凤冈县。

【译文】

西突厥的部族散居在大漠之外的伊吾地区，唐太宗下诏任命凉州都督李大亮为西北道安抚大使，在碛口存贮粮食，凡来此地的人都赈发粮食，又让使者前去招抚慰问，派出的很多，在路上都能相互看到。李大亮上书说：“想要怀柔远方一定要先安抚近处，中原如同大树的根，四方如同大树的枝叶，倾尽中原之力来奉养四方的夷人，就好像拔掉大树的根来使树上枝叶受益。臣考察很久以前的秦汉，又观察最近的隋朝，对外供奉戎狄，都使自己疲惫而产生弊端。如今为了招抚西突厥，只看到朝廷劳累而耗费财物，未见这样做有什么收益。更何况河西一带的州县寥落稀少，自从突厥衰微以来，才开始能够耕种庄稼；如今又贮粮供给来往人口，本地的百姓将会承受不了，不如暂且停止招抚慰问的活动。伊吾这个地区，大多都是沙漠，当地人有的自立为君长，有人如果对朝廷称臣要求归附的话，不妨进行笼络来接受他们的归附，让他们居住在塞外，作为中原的屏障，这乃是施用空虚的恩惠而收取实际的利益。”唐太宗听从了他的意见。

八月十四日，唐太宗下诏：“官员日常服装没有等级差别，今后三品以上官员的官服用紫色，四品、五品官员的官服用大红色，六品、七品官员的官服用绿色，八品官的官服用青色；官员夫人的服装颜色都与其丈夫官服的颜色相同。”

八月二十二日，唐太宗下诏任命兵部尚书李靖为右仆射。李靖性情深沉忠厚，每次与宰相们议论政事，谦恭拘谨像是不能说话。

突厥灭亡后，营州都督薛万淑派契丹首领贪没折劝说告谕东北各族，于是奚、霫、室韦等十几个部族都归附内地的唐朝。薛万淑是薛万均的哥哥。

八月二十六日，突厥人欲谷设前来投降。欲谷设是突利可汗的弟弟。颉利可汗战败后，欲谷设投奔高昌，听说突利受到唐朝的礼遇，于是前来投降。

九月初六日，伊吾城的城主入京朝见。隋朝末年，伊吾归附内地，隋设置了伊吾郡；隋朝发生战乱后，伊吾改而归附突厥。颉利灭亡后，伊吾又率其属下的七座城前来投降，朝廷于是把他们的地区设置为西伊州。

思结部落饥馑贫穷，朔州刺史新丰人张俭召集他们，其中不应召而来的，仍然居住在大漠之北，他们的亲属私下相互往来，张俭也不禁止。等到张俭改任胜州都督后，朔州衙门的官员上奏称思结部落将要反叛，唐太宗下诏令张俭前往巡察。张俭一人单骑进入思结部落宣讲朝廷招抚的旨意，把他们迁居到代州，朝廷就任命张俭检校代州都督，思结最终也没有反叛的人。张俭于是劝他们开垦田地从事农业，年底获得大丰收。张俭担心思结部人的积蓄多了，就会有反叛的意图，于是上奏请求由官府出钱购买他们的粮食以补充边防的粮食储备。思结部族大为高兴，耕种更加努力，边防的储备于是得以充实。

九月十四日，唐朝开辟南蛮地区，设立费州、夷州。

【原文】

己卯[①]，上幸陇州。

冬，十一月壬辰[②]，以右卫大将军侯君集为兵部尚书，参议朝政。

甲子[③]，车驾还京师。

上读《明堂针灸书》[④]，云“人五藏之系，咸附[⑤]于背。”戊寅[⑥]，诏自今毋得笞囚背[⑦]。

十二月甲辰[⑧]，上猎于鹿苑[⑨]；乙巳[⑩]，还宫。

甲寅[⑪]，高昌王麹文泰[⑫]入朝。西域诸国咸欲因文泰遣使入贡，上遣文泰之臣厌怛纥干往迎之。魏徵谏曰："昔光武不听西域送侍子[13]，置都护，以为不以蛮夷劳中国。今天下初定，前者[14]文泰之来，劳费已甚，今借使[15]十国入贡，其徒旅[16]不减[17]千人。边民荒耗[18]，将不胜其弊。若听[19]其商贾往来，与边民交市，则可矣，傥以宾客遇[20]之，非中国之利也。"时厌怛纥干已行，上遽[21]令止之。

诸宰相侍宴，上谓王珪曰："卿识鉴[22]精通，复善谈论，玄龄以下，卿宜悉加品藻[23]，且自谓与数子何如[24]？"对曰："孜孜[25]奉国，知无不为，臣不如玄龄。才兼文武，出将入相[26]，臣不如李靖。敷奏[27]详明，出纳惟允[28]，臣不如温彦博。处繁治剧[29]，众务毕举，臣不如戴胄。耻君不及尧、舜[30]，以谏争为己任，臣不如魏徵。至于激浊扬清[31]，嫉恶好善，臣于数子，亦有微长[32]。"上深以为然，众亦服其确论[33]。

上之初即位也，尝与群臣语及教化[34]，上曰："今承大乱之后，恐斯民[35]未易化也。"魏徵对曰："不然。久安之民骄佚[36]，骄佚则难教；经乱之民愁苦，愁苦则易化。譬犹饥者易为食，渴者易为饮也。"上深然之。封德彝非之曰："三代以还[37]，人渐浇讹[38]，故秦任法律，汉杂霸道，盖欲化而不能，岂能之而不欲邪[39]！魏徵书生[40]，未识时务，若信其虚论[41]，必败国家。"徵曰："五帝、三王不易民[42]而化，昔黄帝征蚩尤，颛顼诛九黎，汤放桀，武王伐纣[43]，皆能身致太平，岂非承大乱之后邪！若谓古人淳朴[44]，渐至浇讹，则至于今日，当悉化为鬼魅[45]矣，人主安得而治之！"上卒从徵言。

元年[46]，关中饥，米斗直[47]绢一匹；二年，天下蝗；三年，大水。上勤而抚之，民虽东西就食，未尝嗟怨[48]。是岁[49]，天下大稔，流散者咸归乡里，米斗不过三四钱，终岁断死刑才二十九人。东至于海，南极五岭[50]，皆外户不闭[51]，行旅不赍粮，取给于道路焉。[52]上谓长孙无忌曰："贞观之初，上书者皆云：'人主当独运威权，不可委之臣下。'又云：'宜震耀威武，征讨四夷。'唯魏徵劝朕'偃武修文[53]，中国既安，四夷自服。'朕用其言。今颉利成擒[54]，其酋长并带刀宿卫，部落皆袭衣冠[55]，徵之力也，但恨不使封德彝见之[56]耳！"徵再拜谢曰："突厥破灭，海内康宁，皆陛下威德，臣何力焉？"上曰："朕能任公，公能称所任，则其功岂独在朕乎？"

房玄龄奏，“阅府库甲兵[57]，远胜隋世。”上曰：“甲兵武备，诚不可阙[58]；然炀帝甲兵岂不足邪？卒亡天下。若公等尽力，使百姓乂安[59]，此乃朕之甲兵[60]也。”

上谓秘书监萧璟[61]曰：“卿在隋世数见皇后乎？”对曰：“彼儿女且不得见，臣何人，得见之？”魏徵曰：“臣闻炀帝不信齐王，恒有中使[62]察之，闻其宴饮，则曰‘彼营何事得遂而喜？’闻其忧悴，则曰‘彼有他念故尔[63]。’父子之间且犹如是，况他人乎？”上笑曰：“朕今视杨政道[64]，胜炀帝之于齐王远矣。”璟，瑀之兄也。

西突厥肆叶护可汗[65]既先可汗之子，为众所附，莫贺咄可汗所部酋长多归之。肆叶护引兵击莫贺咄，莫贺咄兵败，逃于金山[66]，为泥熟设所杀，诸部共推肆叶护为大可汗。

（以上为第十一段，写唐太宗君臣论治，品藻自鉴，各安其位，各尽其力，天下大治，刑措不用。）

【注释】

①己卯：九月十七日。　②壬辰：当作壬戌，十一月初一日。　③甲子：十一月初三日。　④《明堂针灸书》：《新唐书·艺文志》有《黄帝明堂经》三卷，《黄帝十二经脉明堂五藏图》一卷，《曹氏黄帝十二经明堂偃侧人图》十二卷，《明堂孔穴》五卷，均为针灸之书。　⑤附：附着。　⑥戊寅：十一月十七日。　⑦毋得笞囚背：不得杖笞囚徒的背部。　⑧甲辰：十二月十四日。　⑨鹿苑：县名。县治在今陕西西安市高陵区西南。　⑩乙巳：十二月十五日。　⑪甲寅：十二月二十四日。　⑫麹文泰：高昌国王。传见《旧唐书》卷一百九十八、《新唐书》卷二百二十一上。　⑬侍子：遣子入朝侍奉天子。　⑭前者：以前。　⑮借使：假使。　⑯徒旅：随同的人。　⑰不减：不少于，不下。　⑱荒耗：荒废作业消耗财物。　⑲听：听任。　⑳遇：礼遇，待遇。　㉑遽：立即。　㉒识鉴：见识及鉴别能力。　㉓品藻：评论。　㉔自谓与数子何如：自己认为与诸位相比如何？　㉕孜孜：勤勉。　㉖出将入相：出则为将，统兵征讨；入则为相，以理国事。　㉗敷奏：陈述，奏闻。　㉘惟允：都很公允。　㉙处繁治剧：处理繁杂之事，治理紧急事务。　㉚耻君不及尧、舜：以辅佐君王不如尧、舜为耻。　㉛激浊扬清：淘汰污浊之辈，扬举清高之人。　㉜微长：略长之处。　㉝确论：议论中肯。　㉞教化：教育感化。　㉟斯民：这些民众。　㊱骄佚：骄奢淫逸。　㊲以还：以下、以来。　㊳浇讹：刻薄诡诈。　㊴岂能之而不欲邪：哪有能够教化而不愿教化的呢？

㊵书生：隋唐时视书生为死读经传、不通世务、空洞而不切实际之人。 ㊶虚论：空论。 ㊷易民：更换民众。 ㊸黄帝征蚩尤，颛顼（zhuān xū）诛九黎，汤放桀，武王伐纣：神农氏衰，蚩尤暴虐，黄帝征之，擒杀蚩尤。少皞氏衰，九黎乱德，瑞顼诛之。成汤放桀于南巢，武王杀纣于牧野。 ㊹淳朴：淳厚朴实。 ㊺魅：传说中的鬼怪。 ㊻ 元年：指贞观元年，下文二年、三年，指贞观二年、三年。贞观初，关中连年灾害。 ㊼直：同值。 ㊽未尝嗟怨：不曾有怨言。 ㊾是岁：这一年，今年，即贞观四年，关中丰收。 ㊿五岭：即越城、都庞、萌渚、骑田、大庾五岭的总称。在湘、赣与桂、粤等省区交界处。 51外户不闭：户，本谓单扇的门，此泛指门。外户不闭，意为由于社会安定，不需防范盗贼，故不必关闭门户。 52行旅不赍（jī）粮，取给于道路焉：行人旅客不须携带粮食，在道路沿途可有旅舍取食。 53偃武修文：停止武备，兴治文教。 54成擒：被擒。 55袭衣冠：按华夏服饰来穿着。 56恨不使封德彝见之：贞观元年，太宗令封德彝举贤。德彝以“于今未有奇才”而久无所举。封德彝死于贞观元年，故未见魏徵今日之建树。 57甲兵：铠甲兵仗。 58阙：无。 59乂安：平安无事。 60此乃朕之甲兵：百姓安宁，天下才能长治久安。而甲兵的作用也正在此。故云“此乃朕之甲兵”。 61萧璟：萧瑀兄，与隋炀帝萧后为同胞兄妹。传见《旧唐书》卷六十三。 62中使：宦官。 63彼有他念故尔：他有异志所以如此。 64杨政道：隋炀帝之孙，为炀帝第二子齐王杨暕的遗腹子。曾与炀帝萧皇后一同没入突厥，处罗可汗立为隋王。突厥灭，归于唐，授员外散骑侍郎。事迹见《旧唐书》卷一百九十四上等。 65肆叶护可汗：唐西突厥之主，统叶护之子。传见《旧唐书》卷一百九十四下、《新唐书》卷二百一十七下。 66金山：即阿尔泰山。突厥语“阿尔泰”意为“金”。

【译文】

九月十七日，唐太宗巡幸陇州。

冬，十一月初一日，任命右卫大将军侯君集为兵部尚书，参议朝政。

十一月初三日，唐太宗的车驾回到长安。

唐太宗读《明堂针灸书》，书中说：“人的五脏的根系，都附在后背。”十一月十七日，下诏宣布从今以后不得鞭笞囚犯的后背。

十二月十四日，唐太宗在鹿苑围猎；十五日，回到宫中。

十二月二十四日，高昌王麹文泰入京朝见。西域各国都想通过麹文泰派使节入京上贡，唐太宗派麹文泰手下的大臣厌怛纥干前往迎接他们。魏徵劝谏说：“从前汉光武帝不允许西域诸王送王子进京做人质和设置都护府，认为不应当用蛮夷的事使中原朝廷劳累。如今天下刚刚平定，先前麹文泰来京朝见，耗费已经很多，如今假使有十国来进贡，他们的使者及随从的人数不会少于一千人。边境的民众生活在荒凉地区为供应这些人员会耗费过大，他们将难以承担由此带来的弊端。如果允许商人相互往来，与边境的百姓互市贸易，就是可以的；如果以宾客的待遇招待他们，对于中原就没有好处了。”当时厌怛纥干已经出发，唐太宗马上下令停止前往迎接。

各位宰相陪同唐太宗饮宴时，唐太宗对王珪说：“你精通鉴别人才，又善于谈论，房玄龄以下，你应该全部加以品鉴，而且说自己与他们几人相比如何？”王珪回答说：“孜孜不倦地侍奉国家，知道的就全部去做到，臣不如房玄龄。才能兼具文武，能外出担任将领而带兵，也能入朝担任宰相，臣不如李靖。奏议事情详尽明白，传达诏令和反映群臣意见，都能真实无误，臣不如温彦博。能处理繁忙复杂的事务，各种事情全都办理，臣不如戴胄。以君王不如尧、舜为耻，以劝谏争议为己任，臣不如魏徵。至于分辨清浊而加以激励推扬，嫉恨丑恶而喜好善良，臣与他们几个人相比，也有一点长处。”唐太宗认为说得非常好，其他几人也都叹服这是确不可易之论。

唐太宗刚即位时，曾与群臣谈到教化问题，唐太宗说：“如今刚刚经过天下大乱，恐怕现在的百姓不容易教化。”魏徵回答说：“不是这样。长久安定的百姓就会骄慢闲逸，骄慢闲逸就难以教化；经过动乱的百姓饱经悲愁苦难，懂得悲愁苦难就容易教化。好比饥饿的人容易给他吃东西，口渴的人容易给他饮水一样。”唐太宗深表赞同。封德彝非难这个说法，他说：“三代以来，人心逐渐变得浇薄奸诈，所以秦朝专用法律治民，汉代又混杂着采用了霸道，这是因为想教化百姓而做不到，难道能做到而不想进行教化吗？魏徵是一个书生，不识时务，如果听信他的空虚之论，必然败坏国家。”魏徵说：“五帝、三王不用改换民众而能施行教化，从前黄帝征伐蚩尤，颛顼诛灭九黎，商汤放逐夏桀，武王讨伐纣王，都能通过自己的作为导致天下太平，难道不是在经过了天下大乱之后吗！如果说上古的百姓淳朴，后代的百姓逐渐变得浇薄奸诈，那么到了今天，就应当全都化为鬼魅了，君主哪里还能治理他们？”唐太宗最终听从了魏徵的意见。

贞观元年时，关中地区发生饥荒，一斗米值一匹绢；贞观二年，天下发生蝗灾；贞观三年，发生水灾。唐太宗勤奋治国来安抚天下，百姓虽然东西逃荒乞讨，也未曾嗟叹抱怨。这一年，天下庄稼大丰收，离乡流离的人都回归故里，一斗米不过三四钱，整个一年判决死刑的只有二十九个人。东到大海，南过五岭，出门不必关门，出外旅行不用带粮食，在路上就能买到食物。唐太宗对长孙无忌说：“贞观初年，上书的大臣们都说：‘君王应当独自运用威严与权势，不能交付给臣下。’又说：‘国家应当宣扬威严和武力，讨伐四方的夷人。’只有魏徵规劝朕‘停止使用武力而要修整文化和教化，中原获得安定之后，四方的夷人自然就会归服’。朕采纳他的意见。如今颉利被我俘虏，他的酋长们也都佩带刀剑保卫皇宫，各个部落都接受了中原的文化和礼仪，这是魏徵的功劳，只是遗憾不能让封德彝看到这些了！”魏徵下拜两次谢恩说：“突厥灭亡，海内康富太平，都是陛下的威望和德化，臣有什么功劳呢？”唐太宗说：“朕能任用你，你能称职，那么功劳怎能独是我一个人的呢？”

房玄龄上奏说：“臣检查朝廷仓库里的铠甲兵器，远远超过隋朝。”唐太宗说:“铠甲兵器等武器装备，确实不可缺少；但隋炀帝的铠甲兵器难道不足够吗？还是最终丢掉了江山。如果你等尽心竭力，使百姓平安无事，这就是朕的铠甲兵器。”

唐太宗对秘书监萧璟说：“卿在隋朝时，多次见过萧皇后吗？”萧璟回答说：“她的儿子女儿都不能见她，臣是什么人，还能见到她！”魏徵说：“臣听说隋炀帝不信任齐王，总是有宦官在监视他，听说：齐王举行宴会，就说：‘他做什么事成功了而高兴？’听说齐王忧虑憔悴，就说‘他有其他的念头所以才这样。’父子之间尚且如此，何况对其他人呢？”唐太宗笑着说：“朕如今看待杨政道，远远超过当年隋炀帝对待齐王了。”萧璟是萧瑀的哥哥。

西突厥肆叶护可汗是前任可汗的儿子，受到众人的归附，莫贺咄可汗所属的部族酋长大多归附肆叶护可汗。肆叶护率兵进攻莫贺咄，莫贺咄战败，逃到金山，被泥熟设杀死，各部落共同推举肆叶护为大可汗。

【原文】

五年（辛卯，631）

春，正月，诏僧、尼、道士致拜父母[①]。

癸酉[②]，上大猎于昆明池[③]，四夷君长咸从。甲戌[④]，宴高昌王文泰及群臣。丙子[⑤]，还宫，亲献禽于大安宫[⑥]。

癸未[⑦]，朝集使[⑧]赵郡王孝恭等上表，以四夷咸服，请封禅；上手诏不许。

有司上言皇太子当冠[⑨]，用二月吉，请追[⑩]兵备仪仗。上曰：“东作[⑪]

方兴，宜改用十月。”少傅萧瑀奏：“据阴阳[12]不若二月。”上曰：“吉凶在人。若动依[13]阴阳，不顾礼义，吉可得乎！循正而行，自与吉会。农时最急，不可失也。”

二月甲辰[14]，诏：“诸州有京观[15]处，无问新旧，宜悉划削[16]，加土为坟，掩蔽枯朽，勿令暴露。”

己酉[17]，封皇弟元裕为郐王，元名为谯王，灵夔为魏王，元祥为许王，元晓为密王。庚戌[18]，封皇子愔为梁王，恽为郯王，贞为汉王，治为晋王，慎为申王，嚣为江王，简为代王。

夏，四月壬辰[19]，代王简薨。

壬寅[20]，灵州斛薛[21]叛，任城王道宗追击，破之。

隋末，中国人多没[22]于突厥，及突厥降，上遣使以金帛赎之。五月乙丑[23]，有司奏，凡得[24]男女八万口。

六月甲寅[25]，太子少师新昌贞公李纲薨。初，周齐王宪女，孀居[26]无子，纲赡恤[27]甚厚。纲薨，其女以父礼丧之。

秋，八月甲辰[28]，遣使诣高丽，收隋氏[29]战亡骸骨，葬而祭之。

河内人李好德得心疾[30]，妄为妖言，诏按[31]其事。大理丞张蕴古奏：“好德被疾有征[32]，法不当坐。”治书侍御史权万纪劾奏：“蕴古贯[33]在相州[34]，好德之兄厚德为其刺史，情在阿纵[35]，按事不实。”上怒，命斩之于市，既而悔之，因诏：“自今有死罪，虽令即决[36]，仍三覆奏[37]乃行刑。”

权万纪与侍御史李仁发，俱以告讦[38]有宠于上，由是诸大臣数被谴怒[39]。魏徵谏曰：“万纪等小人，不识大体，以讦为直，以谗为忠。陛下非不知其无堪[40]，盖取其无所避忌，欲以警策[41]群臣耳。而万纪等挟恩依势，逞其奸谋，凡所弹射[42]，皆非有罪。陛下纵未能举善以厉俗[43]，奈何昵奸[44]以自损乎！”上默然，赐绢五百匹。久之，万纪等奸状自露，皆得罪。

九月，上修仁寿宫[45]，更命曰九成宫。又将修洛阳宫，民部尚书戴胄表谏[46]，以“乱离甫尔[47]，百姓凋弊[48]，帑藏[49]空虚，若营造不已，公私[50]劳费[51]，殆不能堪[52]！”上嘉之曰：“戴胄于我非亲，但以忠直体国，知无不言，故以官爵酬之耳。”久之，竟命将作大匠窦琎修洛阳宫，琎凿池筑山，雕饰华靡。上遽命毁之，免琎官。

冬，十月丙午[53]，上逐兔于后苑[54]，左领军将军[55]执失思力谏曰：“天命陛下为华、夷父母，奈何自轻[56]！”上又将逐鹿，思力脱巾解带[57]，跪而固谏，上为之止。

（以上为第十二段，写唐太宗之失，营建东都行宫屡建屡停；听信谗言，枉杀张蕴古。）

【注释】

①致拜父母：向父母致跪拜之礼。 ②癸酉：正月十三日。 ③昆明池：池名。位于唐长安城西南，在今陕西西安市长安区斗门镇一带。 ④甲戌：正月十四日。⑤丙子：正月十六日。 ⑥大安宫：别宫名。高祖武德五年于长安城西侧建弘义宫，令秦王居之。贞观三年，高祖从太极殿迁至弘义宫，更名为大安宫，取太上皇安居之意。太宗迁入太极殿。 ⑦癸未：正月二十三日。 ⑧朝集使：地方派往京师向中央报告郡政及岁计的使者。唐制，凡天下朝集使，皆以十月二十五日至京师，十一月一日，户部引见讫，于尚书省与群官礼见，然后集于考堂，应考绩之事。 ⑨皇太子当冠：皇太子当行加冠之礼。冠，指行冠礼。古代男子成年（二十岁）时加冠的礼节。 ⑩追：追加，增加。 ⑪东作：谓农事。 ⑫阴阳：中国哲学的范畴。阴阳最初指日光的向背。向日为阳，背日为阴。历来引申为气候的寒暖。古代思想家认为，阴阳是宇宙中通贯物质和人事的两大对立面。后有人把“阴阳”变成与“天人感应说”相结合的神秘概念。⑬动依：一举一动都按照。 ⑭甲辰：二月十四日。 ⑮京观：埋葬死者的大坟墓。 ⑯刬（chān）削：铲除、铲平，即削去其地上的部分。 ⑰己酉：二月十九日。⑱庚戌：二月二十日。 ⑲壬辰：四月初三日。 ⑳壬寅：四月十三日。 ㉑斛薛：突厥的一部。内附后安置于灵州。 ㉒没：被掳掠，沦没。 ㉓乙丑：五月初七日。㉔凡得：共赎得。 ㉕甲寅：六月二十六日。 ㉖孀居：寡居。 ㉗赡恤：赡养抚恤。 ㉘甲辰：八月十七日。 ㉙隋氏：隋朝。 ㉚心疾：精神病。 ㉛按：考查、核实。 ㉜有征：有证。 ㉝贯：乡籍。 ㉞相州：州名。治所在今河南安阳市。㉟阿纵：徇私、纵容。 ㊱即决：立即斩决。 ㊲三覆奏：三次审核上奏。 ㊳讦（jié）：揭发别人的隐私。 ㊴谴怒：谴责怒骂。 ㊵无堪：不堪其任，即不称职。㊶警策：警惕鞭策。 ㊷弹射：弹劾、指摘。 ㊸厉俗：砥砺世俗。 ㊹昵奸：亲昵奸邪之人。 ㊺仁寿宫：隋离宫名。在今陕西麟游县西。唐贞观五年，在原基础上重修，改名九成宫。 ㊻表谏：上表劝谏。 ㊼甫尔：刚刚如此。 ㊽凋弊：困苦、衰败。㊾帑藏：贮藏钱财的国库。 ㊿公私：指官民。 51劳费：辛劳耗费。 52殆不能堪：

几乎不能承担。　⑬丙午：十月二十日。　⑭后苑：唐长安苑城袤远，包括汉长安故城在其中。有唐三苑之称。长安有西内苑、东内苑、禁苑，均在都城之北。西内苑在宫城北；东内苑在大明宫东南隅；禁苑东至浐水，西包汉长安故城，北临渭水，南接都城。三苑周围筑有苑墙，苑中有殿亭楼阁、宫馆园池及花卉林木，是封建帝王与贵族游玩和打猎的风景园林区。　⑮左领军将军：官名。唐初禁军有左右领军卫，各置领军将军二人，秩从三品。掌宫禁宿卫，分守皇城、京城苑城诸门，以及执掌翊府、翊卫、外府射士的兵籍。　⑯奈何自轻：为什么要自轻性命，意为不保重身体。　⑰脱巾解带：脱掉头巾，解去腰带。明知固谏可能得罪而还要进谏。此为表示忠心的一种谢罪仪式。

【译文】

唐太宗贞观五年（辛卯，631）

春季，正月，朝廷下诏命令和尚、尼姑、道士要向父母致礼叩拜。

正月十三日，唐太宗在昆明池大规模围猎，四方夷人的君长都跟随前去。十四日，唐太宗设宴款待高昌王麹文泰及群臣。十六日，唐太宗回到宫中，亲自到大安宫向太上皇李渊献上野禽。

正月二十三日，朝集使赵郡王李孝恭等人上表，认为四方夷族都已归服，请求举行封禅礼；唐太宗颁下亲笔诏令不允许。

有关部门上书说皇太子应当举行冠礼了，选择了二月的吉日，请求追加礼仪中的兵备仪仗。唐太宗说："二月是春耕刚刚开始的季节，应当改在十月。"太子少傅萧瑀上奏说："根据阴阳历书，不如选在二月。"唐太宗说："吉凶祸福在于人。如果动辄都靠阴阳历书，而不顾及礼制的根本义理，能够得到吉祥吗？遵循事物的正理而行事，自然就会与吉祥相遇。春耕在季节上是最紧急的，不可失去春耕的季节。"

二月十四日，唐太宗下诏："各州有作战斩杀敌人尸体堆积而成的京观，不管是新建的还是旧有的，应当一律削平，加上土做成坟墓，掩盖枯骸朽骨，不要让尸体暴露在外。"

二月十九日，唐太宗封皇弟李元裕为郐王，李元名为谯王，李灵夔为魏王，李元祥为许王，李元晓为密王。二十日，封皇子李愔为梁王，李恽为郯王，李贞为汉王，李治为晋王，李慎为申王，李嚣为江王，李简为代王。

夏季，四月初三日，代王李简去世。

四月十三日壬寅，灵州斛薛部反叛，任城王李道宗率兵追击，打败叛军。

隋朝末年，中原汉人多被劫掠到突厥，等到突厥投降，唐太宗派人用金银丝帛将他们赎回。五月初七日，有关部门上奏称，共赎回男女八万人。

六月二十六日，太子少师、新昌贞公李纲去世。起初，北周齐王宇文宪的女儿，孀居没有子女，李纲对她赡养抚恤甚多。李纲死后，齐王的女儿按女儿对待父亲的礼仪为李纲服丧。

秋季，八月十七日，唐太宗派使臣到高丽，收拾隋朝阵亡将士的尸骨，埋葬后举行祭奠。

河内人李好德得了精神病，狂妄地说了些妖乱之语，唐太宗下诏按察这个案件。大理丞张蕴古上奏说："李好德得了疾病是有征验的，依法不当治罪。"治书侍御史权万纪弹劾张蕴古说："张蕴古籍贯在相州，李好德的哥哥李厚德为相州刺史，他是出于私情而阿谀放纵，对案件的按察不属实。"唐太宗发怒，下令把张蕴古在集市中处斩了，过后又后悔了，于是下诏说："今后有人犯了死罪，即使下令立即处决，仍须复议三次才去执行。"

权万纪与侍御史李仁发，都因告发别人而得到唐太宗的宠信，因此诸位大臣多次被迁怒。魏徵劝谏说："权万纪等人是小人，不懂得治国的根本原则，把告发别人当作正直，把进谗言当作忠诚。陛下并非不知道他们让人无法忍受，只是赞许他们讲话无所忌讳，想以此警策众大臣罢了。但是权万纪等人挟持皇帝的恩遇，依仗着手中的权势，使自己的阴谋得逞，凡是他们弹劾攻击的人，都不是真有罪过。陛下即使不能推举善行来激励风俗，怎么能亲信奸邪来损害自己的威信呢！"唐太宗默不作声，赐给魏徵绢帛五百匹。很久以后，权万纪等人的奸恶行径自我暴露，都得到了惩办。

九月，唐太宗命人修缮仁寿宫，改名为九成宫。又打算修筑洛阳宫，民部尚书戴胄上表劝谏，认为："动乱刚结束不久，百姓贫困劳弊；国家的仓库空虚，如果不停地营造，公私辛劳而大量耗费，恐怕国家与百姓都不能承受。"唐太宗称赞他说："戴胄与我不是亲属，只是凭着忠诚正直体谅国家，知无不言，所以朕要用官爵酬谢他。"过了很久，唐太宗还是命将作大匠窦琎修筑洛阳宫，窦琎开凿池塘构筑假山，装饰都极为华贵奢靡。唐太宗迅即下令毁掉，罢免窦琎的官职。

冬季，十月二十日，唐太宗在皇宫后苑追猎兔子，左领军将军执失思力劝谏说："上天命令陛下做华夏人、夷人的父母，为什么要自己轻贱自己呢？"唐太宗又要追逐野鹿，执失思力脱下头巾解下腰带，跪在地下劝谏不止，唐太宗只好为此而停止。

【原文】

初，上令群臣议封建[1]，魏徵议以为："若封建诸侯，则卿大夫咸资俸禄，必致厚敛[2]。又，京畿[3]赋税不多，所资畿外[4]，若尽以封国邑[5]，经费顿阙。又，燕、秦、赵、代俱带[6]外夷，若有警急，追兵内地，难以奔赴。"礼部侍郎李百药以为："运祚修短[7]，定命自天[8]，尧、舜大圣，守之而不能固；汉、魏微贱，拒之而不能却[9]。今使勋戚子孙皆有民有社[10]，易世[11]之后，将骄淫自恣，攻战相残，害民尤深，不若守令[12]之迭居[13]也。"中书侍郎颜师古以为："不若分王诸子，勿令过大，间以州县[14]，杂错而居，互相维持，使各守其境，协力同心，足扶京室[15]；为置官寮，皆省司选用[16]，法令之外，不得擅作威刑，朝贡礼仪，具为条式[17]。一定此制，万世无虞[18]。"十一月，诏："皇家宗室及勋贤之臣，宜令作镇藩部[19]，贻厥子孙[20]，非有大故，毋或黜免，所司明为条例，定等级以闻。"

丁巳[21]，林邑献五色鹦鹉[22]，丁卯[23]，新罗[24]献美女二人；魏徵以为不宜受。上喜曰："林邑鹦鹉犹能自言苦寒，思归其国，况二女远别亲戚乎！"并鹦鹉，各付使者而归之。

倭国[25]遣使入贡，上遣新州刺史高表仁持节[26]往抚之；表仁与其王争礼，不宣命[27]而还。

丙子[28]，上祀圜丘。

十二月，太仆寺丞李世南开党项之地十六州、四十七县。

上谓侍臣曰："朕以死刑至重[29]，故令三覆奏，盖欲思之详熟[30]故也。而有司须臾之间，三覆已讫。又，古刑人[31]，君为之彻乐[32]减膳。朕庭无常设之乐，然常为之不啖酒肉，但未有著令[33]。又，百司断狱，唯据律文，虽情在可矜[34]，而不敢违法，其间岂能尽无冤乎！"丁亥[35]，制："决死囚者，二日中五覆奏，下诸州[36]者三覆奏；行刑之日，尚食[37]勿进酒肉，内教坊[38]及太常[39]不举乐[40]。皆令门下覆视[41]。有据法当死而情可矜者，录状以闻。"由是全活[42]甚众。其五覆奏者，以决前一二日，至决日又三覆奏；唯犯恶逆[43]者一覆奏而已。

己亥[44]，朝集使利州都督武士彟[45]等复上表请封禅，不许。

壬寅[46]，上幸骊山温汤[47]；戊申[48]，还宫。

上谓执政[49]曰：“朕常恐因喜怒妄行赏罚，故欲公等极谏。公等亦宜受人谏，不可以己之所欲，恶人违之[50]。苟自不能受谏，安能谏人。”

康国[51]求内附。上曰：“前代帝王，好招来绝域[52]，以求服远[53]之名，无益于用而糜弊[54]百姓。今康国内附，傥有急难，于义不得不救。师行万里，岂不疲劳！劳百姓以取虚名，朕不为也。”遂不受。

谓侍臣曰：“治国如治病，病虽愈，犹宜将护[55]，傥遽自放纵，病复作，则不可救矣。今中国幸安，四夷俱服，诚自古所希[56]，然朕日慎一日[57]，唯惧不终，故欲数闻卿辈谏争也。”魏徵曰：“内外治安，臣不以为喜，唯喜陛下居安思危[58]耳。”

上尝与侍臣论狱[59]，魏徵曰：“炀帝时尝有盗发，帝令於士澄捕之，少涉疑似[60]，皆拷讯[61]取服，凡二千馀人，帝悉令斩之。大理丞张元济怪[62]其多，试寻其状[63]，内五人尝为盗，馀皆平民；竟不敢执奏，尽杀之。”上曰：“此岂唯炀帝无道，其臣亦不尽忠。君臣如此，何得不亡！公等宜戒之！”

是岁，高州[64]总管冯盎入朝，未几，罗窦[65]诸洞獠反，敕盎帅部落二万，为诸军前锋。獠数万人，屯据险要，诸军不得进。盎持弩谓左右曰：“尽吾此矢[66]，足知胜负矣。”连发七矢，中七人。獠皆走，因纵兵乘之[67]，斩首千馀级。上美[68]其功，前后赏赐，不可胜数。盎所居地方二千里，奴婢万馀人，珍货充积[69]；然为治勤明[70]，所部爱之。

新罗王真平卒，无嗣[71]，国人立其女善德为王。

（以上为第十三段，写唐太宗君臣论羁縻四夷与刑狱，太宗不务虚名重实效，戒妄杀，拒封禅。）

【注释】

①封建：一种政治制度，君主把土地分给宗室和功臣，让他们在这土地上建国。我国周朝开始有这种制度，其后有些朝代也曾仿行。　②卿大夫咸资俸禄，必致厚敛：卿大夫都资赖俸禄，必须加重赋敛来供给他们。　③京畿：国都及其附近的地方。　④所资畿外：多资赖于京畿以外的州县。　⑤若尽以封国邑：若以国邑尽封王公。邑，城市。⑥俱带：都连接。　⑦运祚修短：世运长短。运祚多指封建王朝的盛衰兴亡。　⑧定命自天：决定于天命。　⑨汉、魏微贱，拒之而不能却：汉、魏的开国者（指刘邦、曹操）出身微贱，但拒之不授也难却步。　⑩有民有社：有人民有土地。　⑪易世：易代。指

封者的父祖死后。 ⑫守令：郡守、县令。 ⑬迭居：更迭居位。 ⑭间以州县：以州县间隔之。 ⑮足扶京室：足以扶助皇室。 ⑯皆省司选用：皆由尚书省有关部门负责选用。 ⑰具为条式：都定有条例格式。 ⑱虞（yú）：忧虑。 ⑲藩部：藩卫冲要之地以及州郡。 ⑳贻厥子孙：遗传给他的子孙。厥，他的。 ㉑丁巳：十一月初二日。㉒五色鹦鹉：鹦鹉，能学人言的鸟。万震《南州异物志》载"鹦鹉有三种，一种白，一种青，一种五色。交州以南，诸国尽有之。白及五色者，其性尤慧解"。 ㉓丁卯：十一月十二日。 ㉔新罗：在朝鲜半岛东南部，即今韩国境内。 ㉕倭国：中国古代称日本为倭国。 ㉖节：符节。古代用来作凭证的东西。 ㉗宣命：宣布君主的诏谕。㉘丙子：十一月二十一日。 ㉙以死刑至重：因死刑为刑法中最重者。 ㉚详熟：详尽纯熟。 ㉛古刑人：古代处人死刑。 ㉜彻乐：去除奏乐。 ㉝未有著令：没有著明于法令之中。 ㉞矜：怜悯，同情。 ㉟丁亥：十二月初二日。 ㊱下诸州：文书下到诸州。 ㊲尚食：指尚食局。官署名。属殿中监，有奉御直长，掌御膳。 ㊳内教坊：唐宫中所置教乐舞的机构。 ㊴太常：即太常寺。为九寺之一。长官称太常寺卿，下设有太乐署、鼓吹署等。掌礼乐社稷、宗庙礼仪，兼掌选试博士，历代相沿，其职权则专为司祭礼乐之官。 ㊵不举乐：不进行音乐活动。 ㊶令门下覆视：令门下省官员复核。 ㊷全活：保全生命者。 ㊸犯恶逆：胡注，隋立十恶之科，四曰恶逆，谓殴及谋杀祖父母、父母，杀伯叔父母、姑、兄、子、外祖父母、夫，夫之祖父母、父母者，唐因用之。 ㊹己亥：十二月十四日。 ㊺武士彟（yuē）（577—635）：字信，武则天父。并州文水（今山西文水县东）人。传见《旧唐书》卷五十八、《新唐书》卷二百零六。㊻壬寅：十二月十七日。 ㊼温汤：温泉。 ㊽戊申：十二月十九日。 ㊾执政：掌握国家政事的大臣。 ㊿恶人违之：厌恶别人违背自己的意见。 51康国：西域国名。在今乌兹别克斯坦撒马尔罕一带。唐时地属安西都护府所辖。 52绝域：绝远地域的国家。53服远：降服远国。 54糜弊：靡费困弊。 55将护：调养护理。 56希：稀少。57日慎一日：一天比一天谨慎。 58居安思危：居于安定之境能想到可能发生的危机。59论狱：讨论狱政。 60疑似：怀疑或可能。 61拷讯：拷打逼讯。 62怪：奇怪。63寻其状：察寻其情状。 64高州：州名。治所在今广东高州市东北。 65罗窦：即窦州。治所在信义县（今广东信宜市西南镇隆）。取州界有罗窦洞为名。 66尽吾此矢：射完我这些箭。 67纵兵乘之：乘势进兵追击。 68美：称赞。 69珍货充积：珍珠宝物很多。 70为治勤明：治理政事勤劳明睿。 71嗣：子孙，后代。此处指儿子。

【译文】

起初，唐太宗令大臣们议论分封诸王的事，魏徵认为："如果分封诸王建诸侯国，那么王国的卿大夫就要靠俸禄生活，必然导致国家大量征收赋税。另外，京城一带赋税不多，都靠京都以外地区的赋税，如果都拿去给分封的诸侯国，国家的经费就会马上短缺。另外，燕、秦、赵、代等诸侯国都与境外夷族相邻，如有出现紧急的战事，到内地调兵，也难以及时赶到这些诸侯国。"礼部侍郎李百药认为："一个王朝的国运天命是长是短，都由上天决定了的，尧、舜是大圣人，守护他们的国运却不能牢固；汉、魏王朝都出身微贱，拒绝他们的国运却推辞不掉。如今让功臣外戚的子孙都有封国的百姓与社稷，换了几代之后，他们就会骄奢淫逸放纵自己，就会相互攻伐残杀，对老百姓的危害就会特别深，不如采用任命地方州县的守令然后不断更替对国家更为有利。"中书侍郎颜师古认为："不如分封皇帝的各位皇子，不使他们的封国过大，用朝廷任命的州县隔开他们的封国，让封国与州县错杂而居，分别维持封国与州县的管理，让他们各自守护自己的境域，同心协力，足以扶助京城的皇室；为他们设置官员属吏，都由朝廷的相关省司选拔任用，除了朝廷的法令之外，不许他们擅自对人施行恩赐和刑罚，朝贡礼仪，都制订出规格条例。这种制度一旦确定，千秋万代可保平安无事。"十一月，唐太宗下诏："皇室宗室以及功勋贤明之臣，应让他们镇守藩国，并且传给自己的子孙，如果不是大的变故，不要有所废黜罢免，相关部门订立具体规定条例，定下不同等级，上报朝廷。"

十一月初二日，林邑国进献五色的鹦鹉，十二日，新罗国献美女二人；魏徵认为不应接受。唐太宗高兴地说："林邑的鹦鹉还能够自己说这里太冷，想回到自己的国家，何况两个女子远别亲人呢？"于是把这两个美女以及鹦鹉都交付上贡的使者让他们回去。

倭国派使节来朝进献贡品，唐太宗派新州刺史高表仁持旌节前往抚慰该国；高表仁与倭国国王为礼节发生争执，没有宣布王命就返回朝廷。

十一月二十一日，唐太宗在圜丘祭天。

十二月，太仆寺丞李世南在党项开拓土地，设置了十六个州、四十七个县。

唐太宗对身边的大臣说："朕认为死刑至关重大，所以下令三次复议再奏上来，这是想让判决死刑时思考得更为详细和成熟。而有关部门却在片刻之间，三次复议就已完成了。另外，古代对犯人执行死刑，君主要为此撤去音乐减少膳食。朕的宫廷中没有常设的音乐，然而朕常常因为执行死刑而不吃酒肉，只是没有明文命令。另外，各部门断案判刑，只知道依据法令条文，虽然犯人犯罪在人情上有值得哀矜之处，也不敢违反法律条文，这中间怎能完全没有冤枉的人呢？”十二月初二日，唐太宗颁下制文：“判决死刑的犯人，两天之内在京城执行的要经过五次复议，下到各州的执行也要经过三次复议；行刑的当天，殿中监属下的尚食局不得给皇上进献酒肉，宫中的内教坊及太常寺不得演奏音乐。这些规定都令门下省监督执行。如有依照法律应当处死但案情可以怜悯的犯人，记下案情上报朝廷。”由此免于死罪的人非常多。凡是要经五次复议的死刑犯，在处决前的一两天，到处决当天又要三次复议后向上奏报；只有犯了十恶之罪中的属于殴打、谋杀、打死三服以内亲属的恶逆罪行者，只需一次复议然后上奏。

十二月十四日，朝集使利州都督武士彟等人又上表请求举行封禅礼，唐太宗不允许。

十二月十七日，唐太宗临幸骊山温泉；十九日，回到宫中。

唐太宗对执政的大臣们说：“朕常常担心由于自己的高兴和发怒而随意进行赏罚，所以希望你们极力劝谏。你们也应当接受别人的劝谏，不可以凭着自己的愿望，而厌恶别人违背己意。如果自己不能接受劝谏，又怎能劝谏别人呢？”

康国要求归附内地的朝廷。唐太宗说：“前代的帝王，喜欢招抚遥远地域的国家，以求得到降服远方的盛名，这无益于实用而只会过分耗费百姓让他们疲弊。如今康国要求归附，如果他们遇到危急情况，按照道义不能不去救援。但是朝廷派去的士兵要行军万里，岂能不疲劳！让百姓疲劳来获取虚名，这样的事朕是不会去做的。”于是没有接受康国的归附。

唐太宗曾对身边的大臣说：“治理国家如同治病，病虽治愈了，还应当调养一段时间，倘若立即放纵自己，病会复发，那就不可救治了。如今中原有幸获得安定，四方夷人都已顺服，实在是自古以来所少有的，然而朕一日比一日谨慎，唯恐不能持续到最后，所以想多次听到你们的谏争。”魏徵说：“国家内外都得到治理安定，我并不觉得高兴，只高兴陛下能够居安思危而已。”

唐太宗曾和大臣们讨论关于用刑治罪的事情，魏徵说：“隋炀帝时曾有盗窃案发生，炀帝令於士澄逮捕窃贼，稍微涉及嫌疑，都拷打审问逼人服罪，总共治罪两千余人，炀帝下令将他们全部处斩。大理寺丞张元济对有这么多罪犯感到奇怪，尝试调阅他们的案卷，其中五人曾经当过盗贼，其余都是平民百姓；张元济竟不敢把这些情况上奏，于是全部斩杀。”唐太宗说：“不只是炀帝无道，大臣们也不全部忠诚。君臣都是这样，国家怎能不灭亡！你们应该深以为戒！”

这一年，高州总管冯盎来京朝见。不久，罗窦各洞的獠民造反，唐太宗下令冯盎率领其部落的两万人马作为朝廷大军的前锋。獠民几万人驻扎据守在险要之地，各路军队不能前进。冯盎手持弩机对身边的人说："把我这些箭全部射完，就足以知道胜负了。"连发七箭，射中七人。獠民都逃跑，于是军队乘机追击，斩首千余人。唐太宗赞扬他的功劳，前后赏赐的物品，不可胜数。冯盎占据的地方纵横两千里，奴婢一万多人，珍奇宝物在仓库里堆积得满满的；然而治理地方能够勤勉而且清明，部下都爱戴他。

新罗国王真平去世，没有子嗣，国人拥立他的女儿善德为王。

【评析】

唐太宗猜疑

圣明天子唐太宗在贞观初期最励精图治之时，任用权万纪监视大臣并枉杀大理丞张蕴古，此事对认识专制政体下独裁君主的心理具有典型意义。

贞观初，房玄龄、杜如晦二相尽心辅政，时称贤相。史载房、杜二人治理国家政务非常明达精通，昼夜为国事操劳，唯恐一件事情处理不到位，执法宽平，对别人不求全责备。对于选拔士人，唯恐遗漏了人才。侍中王珪亦贞观名臣，正直敢言，史载王珪分辨清浊以激励称扬，嫉丑恶而喜好善良，房玄龄、温彦博等人都赶不上。贞观三年，房玄龄、王珪主持朝廷内外官的考核，治书侍御史权万纪上奏说房玄龄、王珪考核不公平。唐太宗命侯君集审查。魏徵劝谏说："房玄龄、王珪是朝廷大臣，一向忠诚正直，受到陛下的信用，即使有个把官员考核不当，也只是工作失误，绝不会有私心。权万纪一直参与考核，没有提出异议。如今权万纪没有参加考核，就提出指控，实在可疑。权万纪的目的就是要挑起事端，激怒陛下，不是尽忠效国。即使审核结果存在几个不公平，于国家大政无补，如果审核结果是子虚乌有，岂不是有损陛下圣明？臣考虑的是国家大政根本，并不是私下替房玄龄、王珪两人说情。"唐太宗于是搁置不问。

河内人李好德有精神病，说了昏话，唐太宗下令按妖言惑众论罪。大理丞张蕴古上奏，说李好德有精神病，不应承担责任。权万纪上奏说："张蕴古籍贯在相州，李好德的哥哥李厚德任相州刺史，张蕴古是徇私枉法。"唐太宗大怒，立即将张蕴古问斩。事后十分后悔，于是下诏说："从今以后凡是死罪，在执行前要进行三次审核。"权万纪与另一个侍御史李仁发，以揭发大臣隐私而著称，朝中大臣很多人因此遭到唐太宗的斥责。魏徵劝谏说："权万纪这等小人，以揭发他人隐私为正直，以告发他人为效忠，陛下明知权万纪的指控大多不实，只不过这等小人没有避忌，像条疯狗，陛下利用他的这个特性来警惕大臣，却不知道权万纪趁机弄权，挟私舞弊，把无罪说成有罪，这个风气不可助长，陛下怎么可以亲近小人损害圣明呢？”唐太宗哑口无言。过了好长的时间，权万纪的奸谋败露，才受到了惩罚。

唐太宗是一个圣明天子，房玄龄、王珪是秦王府中旧人，正直无私，君臣和洽，却仍有猜忌之心，任用小人监视，听信小报告。张蕴古原是幽州记室，入直中书省上奏《大宝箴》，是唐太宗亲自发现提拔为大理丞的人才，由于权万纪的小人之行就丢了人头。伴君如伴虎，这个故事是一个生动的例证。

从唐太宗的猜忌，可以看出，专制政体异化人性。个人集权，总是担心大权旁落，于是豢养一批特务来做耳目，特务遭人唾弃，只有依赖君主，君主欣赏特务的疯狗本性和孤立于人，认为只有这样，特务小人才死心塌地效忠主子，而这些特务小人也狗仗人势，为所欲为，不仅有亏圣明天子，更是误了多少军国大事。明代特务政治达到顶峰，以致崇祯皇帝杀了袁崇焕，自毁长城，亡身而亡国，实在可悲。

卷第一百九十四　唐纪十

唐太宗贞观六年至十一年（632—637）

【起玄黓执徐（壬辰，632），尽强圉作噩（丁酉，637）四月，凡五年有奇】

【大事提要】

本卷记事起唐太宗贞观六年（632），讫贞观十二年（637）四月，凡五年又四个月。这一时期是“贞观之治”大见成效的时期，唐太宗君臣和谐，亲如一体，时常欢宴议政。唐太宗以隋炀帝亡国为鉴，鼓励臣下进言，虚怀纳谏，魏徵等大臣无不尽言。长孙皇后仁孝俭约，以身作则恪守仪则，辅助唐太宗纳谏，护佑魏徵等大臣，是唐太宗的贤内助。此时期，天下太平，吐谷浑被征服，外无强敌，内无寇警，文治蒸蒸，唐太宗完成了一系列制度的建设，完善了官僚建制系统，建立了府兵制，完成了刑律和礼仪的制定，这一时期有两件大事对唐太宗影响巨大，一是唐高祖崩殂，二是长孙皇后仙逝。特别是贤内助长孙皇后之死，给予唐太宗重大打击，令其思念不已。

【原文】

太宗文武大圣大广孝皇帝上之下

贞观六年（壬辰，632）

春，正月乙卯朔①，日有食之。

癸酉②，静州③獠反，将军李子和讨平之。

文武官复请封禅④，上曰：“卿辈皆以封禅为帝王盛事，朕意不然。若天下乂安⑤，家给人足⑥，虽不封禅，庸何伤乎⑦！昔秦始皇封禅⑧，而汉文帝不封禅，后世岂以文帝之贤不及始皇邪？且事天扫地而祭⑨，何必登泰山⑩之巅，封数尺之土，然后可以展⑪其诚敬乎？”群臣犹请之不已，上亦欲从之，魏徵独以为不可。上曰：“公不欲朕封禅者，以功未高邪？”曰：“高矣！”“德未厚邪？”曰：“厚矣！”“中国未安邪？”曰：“安矣！”“四夷未服邪？”曰：“服矣！”“年谷未丰邪？”曰：“丰矣！”“符瑞[12]未至邪？”曰：“至矣！”“然则何为不可封禅？”对曰：“陛下虽有此六者，然承隋末大乱之后，户口未复[13]，仓廪[14]尚虚，而车驾东巡，千乘[15]万骑，其供顿劳费[16]，未易任[17]也。且陛下封禅，则万国咸[18]集，远夷[19]君长，皆当扈从[20]。今自伊、洛[21]以东至于海、岱[22]，烟火尚希[23]，灌莽[24]极目，此乃引戎狄[25]入腹中[26]，示之以虚弱也。况赏赉[27]不赀[28]，未厌[29]远人之望；给复[30]连年，不偿[31]百姓之劳。崇虚名而受实害，陛下将焉[32]用[33]之！”会[34]河南、北[35]数州大水，事遂寝[36]。

上将幸[37]九成宫[38]，通直散骑常侍[39]姚思廉谏。上曰：“朕有气疾[40]，暑辄顿剧[41]，往避之耳。”赐思廉绢五十匹。

监察御史[42]马周上疏，以为：“东宫[43]在宫城之中，而大安宫乃在宫城之西，制度比于宸居[44]，尚为卑小，于四方观[45]听，有所不足。宜增修高大，以称中外之望[46]。又，太上皇[47]春秋[48]已高，陛下宜朝夕视膳。今九成宫去京师三百馀里，太上皇或时思念陛下，陛下何以赴之[49]？又，车驾此行，欲以避暑；太上皇尚留暑中[50]，而陛下独居凉处，温凊之礼[51]，窃所未安[52]。今行计[53]已成，不可复止，愿速示返期[54]，以解众惑。又，王长通、白明达皆乐工[55]，韦槃提、斛斯正止能调马[56]，纵使技能出众，正可赉之金帛，岂得超授官爵，鸣玉曳履[57]，与士君子[58]比肩[59]而立，同坐而食？臣窃耻之[60]！”上深纳之。

上以新令无三师官[61]，二月丙戌[62]，诏特置之。

三月戊辰[63]，上幸九成宫。

庚午[64]，吐谷浑[65]寇兰州[66]，州兵击走之。

长乐公主[67]将出降[68]，上以公主，皇后所生，特爱之，敕有司资送[69]倍于永嘉长公主[70]。魏徵谏曰：“昔汉明帝欲封皇子[71]，曰：‘我子岂得与先帝子比！’皆令半楚、淮阳。今资送公主，倍于长主，得无异于明帝之意乎[72]！”上然其言，入告皇后。后叹曰：“妾亟[73]闻陛下称重[74]魏徵，不知其故，今观其引礼义以抑人主[75]之情，乃知真社稷[76]之臣也！妾与陛下结发[77]为夫妇，曲承恩礼[78]，每言必先候[79]颜色，不敢轻犯威严。况以人臣[80]之疏远，乃能抗言[81]如是，陛下不可不从。”因请遣中使[82]赍[83]钱四百缗[84]，绢四百匹[85]以赐徵，且语之曰："闻公正直，乃今[86]见之，故以相赏。公宜常秉[87]此心，勿转移[88]也。"上尝[89]罢朝，怒曰："会须[90]杀此田舍翁[91]。"后问为谁，上曰："魏徵每廷[92]辱我。"后退，具朝服[93]立于庭，上惊问其故。后曰："妾闻主明臣直[94]。今魏徵直，由陛下之明故也，妾敢不贺[95]？"上乃悦。

（以上为第一段，写长孙皇后贤淑，辅助唐太宗纳谏。）

【注释】

①乙卯朔：正月初一日。　②癸酉：正月十九日。　③静州：郡名。治所在今广西昭平县。　④封禅：战国时齐鲁有些儒士认为五岳中泰山最高，帝王应到泰山祭祀，登泰山筑坛祭天曰"封"，在山南梁父山上辟基祭地曰"禅"。　⑤乂安：《旧唐书·礼仪志三》作"太平"，知二词之意相同。　⑥家给人足：谓家家皆能供给，人人皆甚充足。⑦庸何伤乎：又有何伤呢？庸，岂。　⑧秦始皇封禅：秦始皇二十八年（前219），始皇东巡，封禅于泰山，立石颂德。　⑨且事天扫地而祭：况且扫地而祭祀天地。且，连词，况且。　⑩泰山：为五岳之一，亦名岱山、岱宗、岱岳、东岳。在今山东泰安市北。⑪展：陈，陈示。　⑫符瑞：符命祥瑞。　⑬未复：没有恢复。　⑭仓廪（lǐn）：粮仓。　⑮千乘：千辆车舆。　⑯供顿劳费：供给顿止时的劳力费用。　⑰未易任：不容易负担。任：负担。　⑱咸：全，都。　⑲夷：我国古代东方的民族，此处泛指边地民族。　⑳扈从：随从天子车驾。　㉑伊、洛：伊，指伊河；洛，指洛河。均在今河南西部。在河南洛阳市偃师区杨村附近，伊河注入洛河。　㉒海、岱：海，州名。海州，治所在今江苏连云港市西南海州镇。岱，泰山的别名。　㉓烟火尚希：即人烟稀少。　㉔灌莽：灌，木丛生；莽，草深茂。　㉕戎狄：古边地民族名。西曰戎，北曰狄。　㉖入腹中：谓入中华内地。　㉗赉（lài）：赏赐。　㉘赀（zī）：计算，估量。不赀，无法估量，犹无限。　㉙未厌：未必能满足。　㉚给复：蠲免赋役。　㉛不偿：不抵。　㉜焉：疑问代词。怎么，哪里。　㉝用：采纳。　㉞会：副词。正好，恰巧。㉟河南、北：指黄河以南、以北地区。河，古"四渎"之一。又称大河，即今黄河。㊱遂寝：遂，于是，就。寝，止，息。　㊲幸：特指皇帝到某处去。　㊳九成宫：宫殿名。即隋之仁寿宫，在今陕西麟游县西。　㊴通直散骑常侍：侍从谏议官。三国时魏置散骑常侍。晋太始中，称通直散骑常侍。　㊵气疾：气喘病。　㊶暑辄顿剧：天一热就突然加剧。辄，立即，就。顿，突然。　㊷监察御史：官名。为御史台各类御史的一种。《旧唐书·职官志》载，御史台设御史大夫、御史中丞、侍御史、殿中侍御

史、监察御史。“监察御史”，正八品上，品秩低而权限广，掌分察巡按郡县、屯田、铸钱等事，并监察百官之礼仪。　㊸东宫：因大安宫在西，遂谓帝所居为东宫。　㊹宸（chén）居：帝王住的地方，宫殿。　㊺观：观览天子的德行。　㊻以称中外之望：以符合中外的观瞻。称（chèn），符合，相称。　㊼太上皇：皇帝父亲之称。初为追尊死者之号，后来尊称生者，且有传位于太子而自称太上皇者。　㊽春秋：年龄。　㊾何以赴之：如何来赴。　㊿暑中：暑热之中。　51温清（qìng）之礼：谓做人子之礼。指冬天为其亲送温暖，夏天为其亲送清凉。清，清爽，清凉。　52窃所未安：私下感到不安。53行计：出行的计划。　54速示返期：尽快说明返宫的日期。　55乐工：乐师。56调马：调习马匹。　57鸣玉曳履：鸣玉佩，曳文履，皆为达官之服饰。　58士君子：此指士大夫。　59比肩：并肩。　60臣窃耻之：臣窃引以为耻。　61三师官：唐以太师、太傅、太保为三师，正一品，天子所师法，无所总职。　62丙戌：二月初二日。63戊辰：三月十五日。　64庚午：三月十七日。　65吐谷（yù）浑：亦作吐浑。古族名。原为鲜卑的一支，游牧于今辽宁凌海市西北。西晋末，西迁至今甘肃、青海间。又指隋唐时我国境内鲜卑族所建政权。　66兰州：郡名。治所在今甘肃兰州市。　67长乐公主：太宗女，皇后所生，下嫁长孙冲。　68出降：即下嫁。　69敕有司资送：下令官吏资给馈送。　70永嘉长公主：高祖女，下嫁窦奉节，又嫁贺兰僧伽。唐制，皇姑为大长公主，正一品；姊为长公主，女为公主，皆视一品。　71汉明帝欲封皇子：东汉明帝永平十五年（72），明帝封皇子，亲定其封域，仅为先帝子楚王、淮阳王的一半。　72得无异于明帝之意乎：岂不是异于明帝的想法吗？　73亟（qì）：屡次。　74称重：称叹器重。75人主：人君，天子。　76社稷：社，土神；稷，谷神。为天子诸侯所祭，故恒为国家之代称。　77结发：指结婚。古代成婚之夕，男左女右共髻束发。　78曲承恩礼：事事承受恩惠礼遇。曲，犹小小之事。　79候：候望。　80人臣：臣下。　81抗言：直言。82中使：天子私使。　83赍（jì）：送物给人。　84缗（mín）：成串的铜钱。古代一千文为一缗。　85匹：量词，计算布和绸缎的长度单位。　86乃今：竟于今。　87秉：秉持。　88转移：改变。　89尝：副词，曾经。　90会须：有机会一定要。会，机会；须，必须。　91田舍翁：犹田夫、老农。此处代指魏徵。　92每廷：经常在朝廷。93具朝服：穿着皇后在受册、助祭、朝会大事时的服装。古时称袆（huī）衣。　94主明臣直：谓人主英明朝臣才敢直谏。　95敢不贺：岂敢不贺。

【译文】

太宗文武大圣大广孝皇帝上之下

唐太宗贞观六年（壬辰，632）

春季，正月初一日，发生日食。

正月十九日，静州獠民反叛，将军李子和率兵征讨平定。

文武百官再次请求举行封禅礼，唐太宗说：“你们都认为登泰山封禅是帝王的盛举，朕的意思不是这样。如果天下太平安定，百姓家家富足，即使不去封禅，又有什么妨害呢？从前秦始皇举行封禅礼，而汉文帝不封禅，后代难道认为汉文帝的贤德不如秦始皇吗？而且侍奉上天可以在京城南郊开辟一块土地进行祭祀，何必要去登泰山的顶峰，封筑几尺的泥土，然后才能向上天展示心中的诚心和敬意呢？”群臣还是不停地请求，唐太宗也想听从他们的意见，唯独魏徵认为不可听从。唐太宗说：“你不同意朕去泰山封禅，认为朕的功劳不够高吗？”魏徵回答说：“够高了！”“德行不厚吗？”回答说：“够厚了！”“中原没有安定吗？”回答说：“安定了！”“四方夷族没有归服吗？”回答说：“归服了。”“一年的庄稼没有丰收吗？”回答说：“丰收了！”“符瑞没有出现吗？”回答说：“出现了！”“那么为什么不可以去封禅？”回答说：“陛下虽然有这六个理由，然而在经过了隋朝末年的大乱之后，人口没有恢复，国家府库粮仓还很空虚，而陛下的车驾到东方巡游，会有成千上万的车辆马匹跟随前行，大量人员的供应劳顿以及人力物力的耗费，是民众不容易承受的。而且陛下前去泰山举行封禅礼，于是天下各国的君主全都前来，远方夷人的君长都应当作为陛下的扈从，可是现在从伊水、洛水向东直到东海、泰山，人烟还很稀少，满眼望去都是灌木草莽，陛下让四方戎狄随行前去，就是让他们进入中原腹地，向他们显示中原还很虚弱。何况陛下给他们的赏赐如果不够丰厚，就不会满足他们的愿望，就算连续几年免除百姓的徭役，也不能补偿百姓的劳苦。像这种崇尚虚名而使百姓实受其害的事，陛下怎么能采用呢？”正好此时黄河南北地区几个州县发生水灾，于是封禅的事就按下不提了。

唐太宗将要临幸九成宫，通直散骑常侍姚思廉劝谏，唐太宗说：“朕有气喘病，一到暑天就会加重，要前去躲避这个病而已。”赏赐给姚思廉五十匹绢帛。

监察御史马周上奏，认为：“陛下所住的东宫在宫城之中，而太上皇居住的大安宫在宫城的西面，宫殿的制度规模与陛下居住的宫殿相比，还较低矮窄小，这由天下四方的人们看起来，还有所不足。应当增高扩大，以符合中外人士的愿望。另外，太上皇年事已高，陛下应当朝夕侍奉御膳。如今九成宫离京城三百多里，太上皇有时想念陛下，陛下怎能赶得回来？另外，此次车驾前去九成宫避暑，太上皇还留在暑热的天气里，而陛下单独居住在凉爽之处，这对于子女照顾父母的生活必须做到冬天温暖而夏天清凉的礼制，臣私下认为是不够妥当的。如今陛下前往九成宫的行期已定，不能中止，希望尽快昭示回京的日期，以解除众人的疑惑。此外，王长通、白明达都是乐工，韦槃提、斛斯正只能调养马匹，纵使他们的技能出众，只可以赏赐金银丝帛，怎能破格授予官爵，让他们佩着玉饰穿着官服，与士人君子并肩而立，同座而食，臣私下认为这是耻辱。”唐太宗深为赞同马周的劝谏。

唐太宗认为新的法令中没有设置太师、太傅、太保三师官，二月初二日，下诏特设三师官。

三月十五日，唐太宗临幸九成宫。

三月十七日，吐谷浑进犯兰州，州内士兵将其击退。

长乐公主将要嫁给长孙冲，唐太宗认为公主是皇后亲生的女儿，特别疼爱她，敕令有关部门所给嫁妆比皇姑永嘉长公主的多一倍。魏徵劝谏说：“过去汉明帝想要分封皇子，说：‘我的儿子怎么能和先帝的儿子相比！’下令把分给皇子的封地只为楚王、淮阳王的一半。如今准备嫁妆送公主出嫁，比长公主多一倍，岂不是与汉明帝的用意不同吗？”唐太宗同意他的话，进宫中告诉皇后。皇后感慨地说：“妾多次听到陛下称赞魏徵，不知是什么缘故，如今看到他引用礼义来抑制君王的私情，才知道他真是为国家着想的大臣呀！妾与陛下结发成为夫妻，承受陛下的许多恩宠礼遇，每次讲话一定要先观察陛下的脸色，不敢轻易冒犯陛下的威严，何况作为人臣与陛下就更为疏远，还能如此直言劝谏，陛下不能不听从他的意见。”于是请求唐太宗派宦官带着四百缗钱、四百匹绢到魏徵家进行赏赐，并对他说：“听说你为人正直，今天亲眼看到，所以给予赏赐。希望你一直保持这种忠心，不要转移变化。”唐太宗曾罢朝回到内宫，愤怒地说：“一定要杀了这个乡下老头子。”皇后问为谁而发怒，唐太宗说：“魏徵常在朝堂上羞辱我。”皇后退下，穿上朝服站在庭院内，唐太宗惊奇地问她为什么要这样做。皇后说：“我听说君主开明，臣下就会正直，如今魏徵正直敢言，是陛下开明的缘故，妾敢不祝贺吗？”唐太宗于是变得高兴了。

【原文】

夏，四月辛卯[①]，襄州[②]都督[③]邹襄公张公谨[④]卒。明日，上出次[⑤]发哀。有司奏，辰日忌哭[⑥]。上曰："君之于臣，犹父子也，情发于衷，安[⑦]避辰日？"遂哭之。

六月己亥[⑧]，金州[⑨]刺史[⑩]酆悼王元亨[⑪]薨[⑫]。辛亥[⑬]，江王嚣[⑭]薨。

秋，七月丙辰[⑮]，焉耆[⑯]王突骑支遣使入贡。初。焉耆入中国由碛路[⑰]，隋末闭塞，道由高昌[⑱]。突骑支请复开碛路以便往来，上许之。由是高昌恨之，遣兵袭焉耆，大掠而去。

辛未[⑲]，宴三品已上于丹霄殿[⑳]。上从容言曰："中外乂安，皆公卿之力。然隋炀帝威加夷、夏，颉利跨有北荒[㉑]，统叶护[㉒]雄据西域[㉓]，今皆覆亡，此乃朕与公等所亲见，勿矜[㉔]强盛以自满也！"

西突厥肆叶护可汗[㉕]发兵击薛延陀[㉖]，为薛延陀所败。

肆叶护性猜狠信谗[㉗]，有乙利可汗[㉘]，功最多，肆叶护以非其族类[㉙]，诛灭之，由是诸部皆不自保。肆叶护又忌莫贺设之子泥孰[㉚]，阴欲图之，泥孰奔焉耆。设卑达官与弩失毕[㉛]二部攻之，肆叶护轻骑奔康居[㉜]，寻卒。国人迎泥孰于焉耆而立之，是为咄陆可汗，遣使内附[㉝]。丁酉[㉞]，遣鸿胪少卿[㉟]刘善因立咄陆为奚利邲咄陆可汗。

闰月乙卯[㊱]，上宴近臣于丹霄殿，长孙无忌曰："王珪[㊲]、魏徵，昔为仇雠[㊳]，不谓[㊴]今日得此同宴。"上曰："徵、珪尽心所事，故我用之。然徵每谏，我不从，我与之言辄不应[㊵]，何也？"魏徵对曰："臣以事为不可[㊶]，故谏；陛下不从而臣应之，则事遂施行，故不敢应。"上曰："且应而复谏，庸[㊷]何伤！"对曰："昔舜戒群臣：'尔无面从，退有后言。[㊸]'臣心知其非而口应陛下，乃面从也，岂稷[㊹]、契[㊺]事舜之意邪！"上大笑曰："人言魏徵举止疏慢[㊻]，我视之更觉妩媚[㊼]，正为此耳？"徵起，拜谢曰："陛下开臣使言[㊽]，故臣得尽其愚；若陛下拒而不受，臣何敢数犯颜色[㊾]乎？"

戊辰[㊿]，秘书少监[51]虞世南上《圣德论》，上赐手诏[52]，称："卿论太高。朕何敢拟上古[53]，但比近世差胜[54]耳。然卿适睹[55]其始，未知其终。若朕能慎终如始，则此论可传；如或不然，恐徒使后世笑卿[56]也！"

九月己酉[57]，幸庆善宫[58]，上生时故宅也，因与贵人宴，赋诗。起居郎[59]清平[60]吕才[61]被之管弦[62]，命曰《功成庆善乐》，使童子八佾[63]为《九功之舞》[64]，大宴会，与《破陈舞》[65]偕奏于庭。同州[66]刺史尉迟敬德预[67]宴，有班在其上者，敬德怒曰："汝何功，坐我上！"任城王道宗[68]次其下[69]，谕解[70]之。敬德拳殴道宗，目几眇[71]。上不怿[72]而罢，谓敬德曰："朕见汉高祖诛灭功臣，意常尤[73]之，故欲与卿等共保富贵，令子孙不绝。然卿居官数犯法，乃知韩、彭[74]菹醢[75]，非高祖之罪也。国家纲纪[76]，唯赏与罚，非分之恩，不可数得，勉自修饬[77]，无贻[78]后悔！"敬德由是始惧而自戢[79]。

冬，十月乙卯[80]，车驾还京师。帝[81]侍上皇[82]宴于大安宫[83]，帝与皇后更献[84]饮膳及服御[85]之物，夜久乃罢。帝亲为上皇捧舆[86]至殿门，上皇不许，命太子代之[87]。

突厥颉利可汗郁郁不得意，数与家人相对悲泣，容貌羸惫[88]。上见而怜之，以虢州[89]地多麋鹿，可以游猎，乃以颉利为虢州刺史；颉利辞，不愿往。癸未[90]，复以为右卫大将军[91]。

十一月辛巳[92]，契苾酋长何力[93]帅部落六千馀家诣[94]沙州[95]降，诏处之于甘、凉[96]之间，以何力为左领军将军[97]。

（以上为第二段，写唐太宗君臣欢宴，不忘议政，以及太宗善谕功臣，善待降人颉利可汗。）

【注释】

①辛卯：四月初八日。　②襄州：郡名。治所在今湖北襄阳市。　③都督：官名。地方军政长官。唐初于各州按等级分别置大、中、下都督府，各设都督。　④张公谨（？—632）：字弘慎，繁水人。传见《旧唐书》卷六十八、《新唐书》卷八十九。　⑤出次：至丧所。　⑥辰日忌哭：《旧唐书·张公谨传》载"有司奏言：'准阴阳书，日子在辰，不可哭泣。又为流俗所忌'"。说明阴阳书及流俗皆忌辰日哭泣。　⑦安：怎么，哪里。⑧己亥：六月十七日。　⑨金州：郡名。治所在今陕西安康市。　⑩刺史：官名。为一州的行政长官。　⑪元亨（？—632）：高祖子李元亨，字德良，一名孝才。传见《旧唐书》卷六十四、《新唐书》卷七十九。　⑫薨（hōng）：古代称侯王或大官死曰薨。⑬辛亥：六月二十九日 。　⑭江王嚣（？—632）：李嚣，太宗第十一子。传见《旧唐书》卷七十六。　⑮丙辰：七月初四日。　⑯焉耆（qí）：西域国名。国都在今新疆焉耆回族自治县西南。　⑰碛（qì）路：碛，沙漠，沙堆；碛路，沙漠道路。　⑱高昌：

古国名。故址在今新疆吐鲁番东二十余公里。　⑲辛未：七月十九日。　⑳丹霄殿：宫殿名。　㉑北荒：北方荒漠之地。　㉒统叶护（？—630）：西突厥可汗。618—628年为汗。勇而多智，称霸西域。传见《旧唐书》卷一百九十四下、《新唐书》卷二百一十五下。　㉓西域：西汉以后对玉门关（今甘肃敦煌市西北）以西地区的总称。　㉔矜：骄傲、夸耀。　㉕肆叶护可汗：西突厥主，统叶护之子。　㉖薛延陀：民族名。铁勒诸部之一。由薛部与延陀部合并而成。最初属于突厥，贞观初年助唐灭突厥，后发生内乱，为唐所破。　㉗猜狠信谗：猜忌狠戾，听信谗言。　㉘乙利可汗：西突厥小可汗。　㉙非其族类：不是同族的人。　㉚泥孰（？—634）：即西突厥咄陆可汗，亦称大渡可汗。父为莫贺设。武德中与秦王李世民结盟为兄弟。贞观初册授咄陆可汗。传见《旧唐书》卷一百九十四下。　㉛设卑达官与弩失毕：皆为突厥诸部。　㉜康居：西域城国。其地约在今巴尔喀什湖与咸海之间。　㉝内附：归附唐朝。　㉞丁酉：七月无此日。似应作癸酉，七月二十一日。译文从之。　㉟鸿胪少卿：官名。鸿胪寺的副长官，佐鸿胪卿掌宾客及凶仪之事。　㊱乙卯：闰八月初四日。　㊲王珪（570—639）：字叔玠。太宗时为谏议大夫，官终礼部尚书。传见《旧唐书》卷七十、《新唐书》卷九十八。　㊳雠（chóu）：同仇，仇敌。　㊴不谓：不料。　㊵辄（zhé）不应：常常不答应。辄，总是。　㊶以事为不可：认为事情不可以。　㊷庸：难道。　㊸尔无面从，退有后言：你们不可当面顺从，背后有非议之言。　㊹稷：即后稷。周的始祖。传说中，他曾在尧舜时代做农官，教民耕种。　㊺契：商的始祖。他曾被舜任为司徒，掌管教化。　㊻疏慢：疏简怠慢。　㊼妩媚：美好可爱，令人喜爱。　㊽开臣使言：开导让臣说话。开即开导。　㊾颜色：面容、脸色。　㊿戊辰：闰八月十七日。　(51)秘书少监：官名。秘书省之次官。　(52)手诏：皇帝亲手书写、颁发的命令。　(53)何敢拟上古：哪敢比拟上古之君王？　(54)差胜：稍胜。　(55)适睹：恰好看见。　(56)使后世笑卿：让后人笑卿之妄论。　(57)己酉：九月二十九日。　(58)庆善宫：在陕西武功县。武德元年，高祖以武功旧第置庆善宫，后废为慈德寺。　(59)起居郎：官名。唐于门下省和中书省分别设起居郎和起居舍人，分掌侍从皇帝，记录言行之事。　(60)清平：县名。县治在今山东临清市东南。　(61)吕才（600—665）：唐初哲学家。博州清平人。善阴阳、方伎、舆地、历史诸书，尤长于音乐。官至太常博士。传见《旧唐书》卷七十九、《新唐书》卷一百零七。　(62)被之管弦：依诗制成乐谱，用管弦演奏。　(63)佾（yì）：古时乐舞的行列。一行八人叫一佾。　(64)《九功之舞》：唐贞观时舞名。以童子六十四人，戴进德冠，紫袴褶，长袖，漆髻屣履而舞，号九功舞。　(65)《破陈舞》：唐初的军中乐舞。原名《秦王破陈乐》，其后发展为歌舞大曲。陈，读阵。　(66)同州：郡名。治所在今陕西大荔县。 ⑥⑦预：参加。 ⑥⑧道宗：即李道宗（600—653），字承范，唐宗室。传见《旧唐书》卷六十、《新唐书》卷七十八。 ⑥⑨次其下：位在其下。 ⑦⓪谕解：晓谕劝解。 ⑦①眇（miǎo）：一只眼瞎曰眇。 ⑦②怿（yì）：喜悦、高兴。 ⑦③尤：指责、归罪。 ⑦④韩、彭：指韩信与彭越。韩信（？—前196），汉初诸侯王。淮阴（今江苏清江市西南）人。因助汉高祖刘邦建立汉朝有大功，封楚王。后有人告他谋反，被吕后所杀。彭越（？—前196），汉初诸侯王。昌邑（今山东金乡县西北）人。因助汉高祖建国有功，封梁王。后因被告发谋反，为刘邦所杀。太宗引韩、彭事例以警戒敬德。 ⑦⑤菹醢（zū hǎi）：古时的一种酷刑，把人剁成肉酱。 ⑦⑥纲纪：社会的秩序和国家的法纪。 ⑦⑦修饬（chì）：修治整饬。 ⑦⑧贻（yí）：遗留。 ⑦⑨自戢（jí）：自我收敛。戢，收敛。 ⑧⓪乙卯：十月初五日。 ⑧①帝：指太宗。 ⑧②上皇：太上皇，指高祖。 ⑧③大安宫：宫殿名，为宫城的西宫。 ⑧④更献：更番而献。 ⑧⑤服御：服饰御用。 ⑧⑥捧舆：扶车。捧，扶。舆，车。 ⑧⑦太子代之：太子李承乾代替唐太宗为高祖扶车。 ⑧⑧羸（léi）惫：瘦弱疲惫。 ⑧⑨虢（guó）州：郡名。治所在今河南灵宝市。 ⑨⓪癸未：十月无此日，似应作癸酉，十月二十三日。译文从之。 ⑨①右卫大将军：官名。禁军的高级武官。 ⑨②辛巳：十一月初二日。 ⑨③契苾酋长何力（？—676）：唐朝将军，铁勒族人。贞观六年，与母率部众投唐，后多立战功。传见《旧唐书》卷一百零九、《新唐书》卷一百一十。 ⑨④诣（yì）：到，去。 ⑨⑤沙州：郡名。治所在今甘肃敦煌市西。 ⑨⑥诏处之于甘、凉：诏命安置于甘州、凉州。甘州，治所在今甘肃张掖市。凉州，治所在今甘肃武威市。 ⑨⑦左领军将军：唐代左右领军卫，为禁卫军之一。置上将军、大将军、将军等官。

【译文】

夏季，四月初八日，襄州都督邹襄公张公谨去世。第二天，唐太宗出车辇为他发丧。有关部门上奏称，这一天是辰日，忌讳哭泣。唐太宗说："君对于臣，如同父子，哀痛之情出自内心，哪里避讳忌日？"于是为张公谨痛哭。

六月十七日，金州刺史酆悼王李元亨去世。六月二十九日，江王李嚣去世。

秋季，七月初四日，焉耆王突骑支派使节入京献贡品。起初，焉耆来中原要经由沙漠之路，隋朝末年封闭边境关塞，就改道经过高昌。突骑支请求恢复沙漠故道以便往来，唐太宗允许这个请求。于是高昌国怀恨在心，派兵突袭焉耆，大肆掠夺而后离去。

七月十九日，唐太宗在丹霄殿宴请三品以上官员。唐太宗从容和缓地说："中外安定，都是公卿的功劳。然而隋炀帝的威风遍布夷族和华夏，突厥的颉利占有的地区横跨整个北方的荒远地区，统叶护也很强盛，占据着西域地区，如今他们都已灭亡，这是朕与诸位亲眼所见，希望你们不要为强盛而骄傲自满。”

西突厥肆叶护可汗发兵袭击薛延陀，被薛延陀击败。

肆叶护好猜疑、狠毒而又听信谗言，其手下有个乙利可汗，功劳最多，肆叶护因为乙利与他不是同族，把乙利诛杀掉，因此各部落都不能保护自己的安全。肆叶护又猜忌莫贺设的儿子泥孰，暗中准备除掉他，泥孰只好逃奔焉耆。西突厥的设卑达官和弩失毕两个部落进攻肆叶护，肆叶护率轻骑兵逃奔康居，不久死去。西突厥人前往焉耆迎接泥孰立为可汗，这就是咄陆可汗，他派使节到唐朝请求归附。七月二十一日，唐朝廷派遣鸿胪寺少卿刘善因前往突厥，册立咄陆为奚利邲咄陆可汗。

闰八月初四日，唐太宗在丹霄殿宴请亲近的大臣，长孙无忌说：“王珪、魏徵以前都是陛下的仇敌，不料今日能在此一同饮宴。”唐太宗说：“魏徵、王珪对他们原来的君主能尽心竭力加以侍奉，所以我重用他们。然而魏徵每次进谏，我没听从，我与他讲话他总是不回应，为什么呢？”魏徵回答说：“臣认为事情不可行，所以进谏阻止；如果陛下不听从进谏而我应答，那么事情就能得到施行，所以不敢应答。”唐太宗说：“暂且应答而后再进谏，又有什么妨害呢？”魏徵回答说：“过去舜帝告诫群臣：‘你们不要当面顺从，退下来之后又有话说。’臣心里知道不对而嘴上答应陛下，这就是当面顺从，这难道是稷、契侍奉舜帝的意思吗？”唐太宗大笑说：“人们说魏徵的举止粗疏傲慢，我看他更觉得妩媚，正是因为如此呀！”魏徵离席起身，拜谢说：“陛下启发臣，让臣说出自己的想法，所以臣能够把自己的愚见全部说出来；如果陛下拒绝而不接受，臣又怎敢屡次犯颜强谏呢？”

闰八月十七日，秘书少监虞世南进呈《圣德论》，唐太宗赐给他亲笔诏令，称：“你的评价太高了。朕哪里敢与上古的圣贤帝王相比，只是稍微胜过近代的帝王而已。然而你只看到事情的开始，不知道事情的终结。如果朕最终也谨慎得像开始时一样，那么这篇高论可以传到后世；如果不是这样，恐怕只会使后人笑话你了！”

九月二十九日，唐太宗临幸庆善宫，这是唐太宗出生时的旧宅。他和高官显贵举行宴会，席上赋诗。起居郎清平人吕才把诗谱成曲子用乐器弹奏，命名为《功成庆善乐》，让六十四个童子排成八行八列跳《九功之舞》，扩大酒宴，与

《破陈舞》一同在宫廷中演奏。同州刺史尉迟敬德参加宴会，看到有人的席位在他之上就勃然大怒，说："你有什么功劳，席位在我之上。"任城王李道宗的席位在他之下，就劝解敬德。尉迟敬德挥拳殴打李道宗，把李道宗的眼睛几乎打瞎了。唐太宗很不高兴，于是罢宴，对尉迟敬德说："朕见汉高祖诛杀功臣，内心常常责怪他，所以想和你们共同保持富贵，让子子孙孙永享富贵。然而你身居高位屡次犯法，可知韩信、彭越碎尸万段被剁成肉酱，不是高祖的罪过。国家的纲纪法令，只有赏与罚，非分的恩宠是不能多次得到的，你努力进行自我修养，不要后悔！"尉迟敬德因此才知道恐惧而能自我约束。

冬季，十月初五日，唐太宗的车驾回到京城。唐太宗在大安宫设宴侍奉太上皇，唐太宗与皇后轮流献上酒菜和帝王专用的衣服、器物，入夜很久了才罢席。唐太宗亲自为太上皇抬轿子到寝殿门前，太上皇不允许，就命令太子代替。

突厥颉利可汗心情郁闷，愿望不能得到满足，多次与家人面对面哭泣，面容瘦削，显得非常疲惫。唐太宗看到后非常可怜他，因为虢州地区有很多麋鹿，可以游猎，唐太宗就任命颉利为虢州刺史；颉利推辞，不愿意前往。十月二十三日，又任命他为右卫大将军。

十一月初二日，契苾酋长何力率领本部落六千多家前往沙州投降大唐，唐太宗下诏将他们安置在甘州、凉州之间，任命何力为左领军将军。

【原文】

庚寅[①]，以左光禄大夫[②]陈叔达为礼部尚书[③]。帝谓叔达曰："卿武德中有谠言[④]，故以此官相报。"对曰："臣见隋室父子相残，以取乱亡，当日之言，非为陛下，乃社稷之计耳[⑤]！"

十二月癸丑[⑥]，帝与侍臣论安危之本。中书令[⑦]温彦博曰："伏愿[⑧]陛下常如贞观初，则善矣。"帝曰："朕比来[⑨]怠于为政乎？"魏徵曰："贞观之初，陛下志在节俭，求谏不倦。比来营缮微多，谏者颇有忤旨[⑩]，此其所以异耳！"帝拊掌[⑪]大笑曰："诚有是事[⑫]。"

辛未[⑬]，帝亲录系囚[⑭]，见应死者，闵[⑮]之，纵[⑯]使归家，期以来秋来就死[⑰]。仍敕天下死囚，皆纵遣，使至期来诣京师。

是岁[⑱]，党项羌[⑲]前后内属[⑳]者三十万口。

公卿[㉑]以下请封禅者前后相属[㉒]，上谕以"旧有气疾，恐登高增剧，公等勿复言"。

上谓侍臣曰："朕比来决事[23]或[24]不能皆如律令，公辈[25]以为事小，不复执奏[26]。夫事无不由小而致大，此乃危亡之端也。昔关龙逄忠谏而死，朕每痛[27]之。炀帝骄暴而亡，公辈所亲见也。公辈常宜为朕思炀帝之亡，朕常为公辈念关龙逄之死，何患君臣不相保[28]乎！"

上谓魏徵曰："为官择人，不可造次[29]。用一君子，则君子皆至；用一小人，则小人竞进[30]矣。"对曰："然。天下未定，则专取其才，不考[31]其行；丧乱既平，则非才行[32]兼备不可用也。"

（以上为第三段，写唐太宗时时以隋炀帝亡国为鉴，鼓励臣下进谏，坚持亲贤远佞的用人原则。）

【注释】

①庚寅：十一月十一日。 ②左光禄大夫：官名。唐代文职阶官称号，从二品。③礼部尚书：唐代尚书省所属的六部之一礼部的长官。礼部掌礼仪、祭享、贡举等职。④卿武德中有谠（dǎng）言：指武德九年建成、元吉与后宫日夜谮诉世民于高祖，高祖将加罪于世民。陈叔达力谏高祖曰："秦王（世民）有大功于天下，不可黜也。"高祖听从劝谏，未加罪于世民。谠言，善言、直言。 ⑤乃社稷之计耳：这是在为国家考虑。乃，是。耳，语气词，相当于"而已""罢了"。 ⑥癸丑：十二月初四日。 ⑦中书令：官名。唐代三省之一中书省的长官。与门下省、尚书省的长官同为宰相。 ⑧伏愿：下对上（多用于对皇帝）陈述自己意见时用的敬辞。 ⑨比来：近来。 ⑩忤旨：违反抵触上意。 ⑪拊掌：击掌。 ⑫诚有是事：确有这种事。 ⑬辛未：十二月二十二日。⑭亲录系囚：亲自审查并记录囚犯的罪状。 ⑮闵：通"悯"，可怜。 ⑯纵：放。⑰期以来秋来就死：约定明年秋季前来执行死刑。 ⑱是岁：这一年。 ⑲党项羌：民族名。羌人的一支。南北朝时分布在今青海东南部河曲和四川松潘以西山谷地带。唐前期，吐蕃征服青藏高原诸族、部，大部分党项羌人被迫迁徙到今甘肃、宁夏、陕北一带。 ⑳内属：归附。 ㉑公卿：古代三公九卿之简称或泛指。 ㉒相属：连续不断。㉓决事：断事。 ㉔或：有时。 ㉕公辈：你们。公，对人的尊称。 ㉖执奏：坚持奏谏。 ㉗痛：痛惜。 ㉘相保：相互保全。 ㉙造次：鲁莽、轻率。 ㉚竞进：争相涌进。 ㉛考：考查、审核。 ㉜才行：才能与品行。行，行为、品行。

【译文】

十一月十一日，任命左光禄大夫陈叔达为礼部尚书。唐太宗对陈叔达说："卿在武德年间曾直言劝谏太上皇，所以用这个官职来报答你。”陈叔达回答说：“臣当时见隋朝皇帝父子相互残杀，建议起兵夺取政治混乱将要灭亡的隋朝，当时的话，不是为陛下考虑的，只是为社稷考虑的方案而已！”

十二月初四日，唐太宗与身边的大臣讨论国家安危的根本所在。中书令温彦博说：“臣希望陛下能一直如贞观初年那样，这就好了。”唐太宗问：“朕近来治理国家有懈怠吗？”魏徵说：“在贞观初年，陛下的志向是节俭，要求大臣谏言不知疲倦。近来营建修缮宫殿的事稍微多了，进谏的人多有触犯陛下的意旨，这就是与当年不一样的原因。”唐太宗拍掌大笑说：“确有此事。”

十二月二十二日，唐太宗亲自审查监狱里的囚犯，看到有应当判处死刑的人就怜悯他们，释放了让他们回家，约定明年秋季回来执行死刑。于是赦免天下的死刑犯人，都让他们回家，让他们到期限再来京城。

这一年，党项羌族人前后有三十万人来内地归附大唐。

公卿以下的大臣请求举行封禅礼的前后不断，唐太宗告谕他们：“朕以前就有气喘病，恐怕登高会加剧病情，你们不要再提起此事。”

唐太宗对身边的大臣说：“朕近来裁决事务有时不能都符合法律，你们认为事情不大，不再上奏。事情无不是从小到大的，小事不合法律就是国家危亡的开端。从前关龙逄因忠诚进谏而死去，朕常常为他觉得痛惜。隋炀帝因为骄奢暴虐而灭亡，是你们亲眼所见的。你们应当经常为朕考虑炀帝的灭亡，朕经常为你们念及关龙逄的死，还担心君臣不能相互保全吗？”

唐太宗对魏徵说：“为了官职而选择人才，不可轻率仓促。任用一个君子，其他君子就会全都来到；任用一个小人，其他小人就会争相跑来。”（魏徵）回答说：“是这样。天下未平定时，就专门用他的才能，不考虑他的品行；丧乱平定之后，如果不是才能品行兼备就不能任用。”

【原文】

七年（癸巳，633）

春，正月，更名《破陈乐》曰《七德舞》。

癸巳[①]，宴三品已上及州牧[②]、蛮夷酋长[③]于玄武门，奏《七德》《九功》[④]之舞。

太常卿[⑤]萧瑀上言：“《七德舞》形容圣功[⑥]，有所未尽，请写[⑦]刘武周、薛仁果、窦建德、王世充等[⑧]擒获之状。”上曰：“彼皆一时英雄，今朝廷之臣往往尝北面事之[9]，若睹其故主[10]屈辱之状，能不伤其心乎！”瑀谢[11]曰：“此非臣愚虑所及。”魏徵欲上偃武修文[12]，每侍宴，见《七德舞》辄俛首[13]不视，见《九功舞》则谛观[14]之。

三月戊子[15]，侍中[16]王珪坐[17]漏泄禁中语，左迁[18]同州刺史。庚寅[19]，以秘书监[20]魏徵为侍中。

直[21]太史[22]雍人李淳风[23]奏灵台候仪制度[24]疏略，但有赤道[25]，请更造浑天黄道仪[26]，许之。癸巳[27]，成而奏之。

夏，五月癸未[28]，上幸九成宫。

雅州[29]道行军总管[30]张士贵击反獠[31]，破之。

秋，八月乙丑[32]，左屯卫大将军谯敬公周范卒。上行幸[33]，常令范与房玄龄居守[34]。范为人忠笃严正[35]，疾甚，不肯出外[36]，竟终于内省[37]，与玄龄相抱而诀[38]曰：“所恨不获再奉圣颜[39]!”

辛未[40]，以张士贵为龚州[41]道行军总管，使击反獠。

九月，山东[42]、河南[43]四十馀州水[44]，遣使赈之。

去岁所纵天下死囚凡三百九十人，无人督帅[45]，皆如期自诣朝堂，无一人亡匿[46]者，上皆赦[47]之。

冬，十月庚申[48]，上还京师。

十一月壬辰[49]，以开府仪同三司长孙无忌为司空[50]，无忌固辞，曰：“臣忝预外戚[51]，恐天下谓陛下为私。”上不许，曰：“吾为官择人，惟才是与。苟或不才，虽亲不用，襄邑王神符是也；如其有才，虽雠不弃，魏徵等是也。今日所举，非私亲也。”

十二月甲寅[52]，上幸芙蓉园[53]，丙辰[54]，校猎[55]少陵原[56]。戊午[57]，还宫，从上皇置酒故汉未央宫[58]。上皇命突厥颉利可汗起舞，又命南蛮[59]酋长冯智戴[60]咏诗，既而笑曰：“胡、越一家[61]，自古未有也！”帝奉觞上寿[62]，曰：“今四夷入臣[63]，皆陛下教诲，非臣智力所及。昔汉高祖亦从太上皇置酒此宫，妄自矜大，[64]臣所不取也。”上皇大悦。殿上[65]皆呼万岁。

帝谓左庶子[66]于志宁[67]、右庶子杜正伦曰：“朕年十八，犹在民间，民之疾苦情伪[68]，无不知之。及居大位，区处[69]世务，犹有差失。况太子生长深宫，百姓艰难，耳目所未涉，能无骄逸乎！卿等不可不极谏[70]！”太子好嬉戏，颇亏礼法，志宁与右庶子孔颖达[71]数直谏，上闻而嘉之，各赐金一斤，帛[72]五百匹。

工部尚书[73]段纶[74]奏征巧工杨思齐，上令试之。纶使先造傀儡[75]。上曰："得巧工庶供国事[76]，卿令先造戏具，岂百工相戒无作淫巧之意邪[77]？"乃削纶阶[78]。

嘉、陵州[79]獠反，命邗江府[80]统军牛进达击破之。

上问魏徵曰："群臣上书可采[81]，及召对多失次[82]，何也？"对曰："臣观百司[83]奏事，常数日思之，及至上前，三分不能道一[84]。况谏者拂意触忌[85]，非陛下借之辞色[86]，岂敢尽其情哉！"上由是接群臣辞色愈温[87]，尝曰："炀帝多猜忌，临朝对群臣多不语。朕则不然，与群臣相亲如一体耳。"

（以上为第四段，写唐太宗治国治家，十分注意亲善形象，尊礼太上皇，严教太子，愿与群臣亲如一体。）

【注释】

①癸巳：正月十五日。　②州牧：官名。西汉成帝时，改刺史为州牧，后废置不常。唐代唯京师或陪都之地方最高长官以亲王充任者，尚称为牧或州牧。　③酋长：蛮夷之渠帅。　④《九功》：唐贞观时之舞名。以童子六十四人，戴进德冠，紫袴褶，长袖，漆髻，屣履而舞，号九功舞。　⑤太常卿：官名。太常寺的长官。掌礼乐社稷、宗庙礼仪，兼掌选试博士，历代相沿。其职权专为司祭礼乐之官。　⑥圣功：指太宗之功。　⑦写：描写、反映。　⑧刘武周、薛仁果、窦建德、王世充等：皆为隋末唐初割据首领，均被太宗率军击败、剿灭。　⑨尝北面事之：意为曾经是他们的臣下。⑩故主：旧日的主人。　⑪谢：谢罪。　⑫欲上偃武修文：希望皇上停止武备，提倡文教。偃：停止。　⑬俛（fǔ）首：低下头。俛，同俯。　⑭谛观：注意看。谛，详细、仔细。　⑮戊子：三月十一日。　⑯侍中：官名。唐代三省之一门下省的长官，总判门下省事，为宰相之职。　⑰坐：犯罪，被判有罪。　⑱左迁：降职。　⑲庚寅：三月十三日。　⑳秘书监：官名。秘书省之长官，掌图书著作等事。　㉑直：特指在殿堂中值班，侍奉君主。　㉒太史：官名。掌管天文历法。　㉓李淳风（602—670）：雍州（今陕西宝鸡市凤翔区南）人，唐初天文学家。传见《旧唐书》卷七十九、《新唐书》卷二百零四。　㉔候仪制度：候望的仪器制度。　㉕但有赤道：只能测出赤道。㉖浑天黄道仪：测天象的仪器。据《旧唐书·李淳风传》载，浑天黄道仪于贞观七年制成。

其制以铜为之，表里三重，下据准基，状如十字，末树鳌足，以张四表。　㉗癸巳：三月十六日。　㉘癸未：五月初七日。　㉙雅州：郡名。治所在今四川雅安市西。　㉚行军总管：官名。出征时的军队主帅。　㉛反獠（liáo）：造反的獠族，“獠”是南方的一些少数民族。　㉜乙丑：八月二十日。　㉝行幸：出行。　㉞居守：居中留守。　㉟忠笃严正：忠厚、笃实、正直。　㊱出外：指离开宫省回家。　㊲终于内省：死于宫内台省。　㊳诀：诀别。　㊴不获再奉圣颜：不能再侍奉天子。　㊵辛未：八月二十六日。　㊶龚州：州名。治所在今广西平南县。　㊷山东：古地区名。通称崤山以东为山东，与当时所谓关东含义相同。一般专指黄河流域。　㊸河南：古地区名。指黄河以南。　㊹水：水灾。　㊺督帅：督促率领。　㊻亡匿：逃亡、隐匿。　㊼赦：赦免。　㊽庚申：十月十六日。　㊾壬辰：十一月十八日。　㊿司空：官名。为三公之一。　51忝预外戚：谓辱预外戚之列。忝（tiǎn），谦辞，表示辱没他人，自己有愧。　52甲寅：十二月十一日。　53芙蓉园：唐代长安城风景区，位于都城东南隅，在曲江池之东。本名曲江园，隋时为离宫，文帝恶其名曲，以其有池盛植芙蓉，故改名芙蓉园。园内青林重复，绿水弥漫，景致优美。　54丙辰：十二月十三日。　55校（jiào）猎：用木栅栏阻拦猎取野兽。　56少陵原：位于长安城东南，为浐、浐两河之间的高地。　57戊午：十二月十五日。　58故汉未央宫：在长安宫城北禁苑之西。　59南蛮：我国古代对南方少数民族的泛称。　60冯智戴：冯盎之子。事迹见《旧唐书》卷一百零九《冯盎传》、《新唐书》卷一百一十《冯盎传》。　61胡、越一家：胡谓颉利，越谓冯智戴。谓胡越诸族，成为一家之人。　62奉觞上寿：捧着酒杯敬酒。觞（shāng），古代的酒器。上寿：即敬酒。　63四夷入臣：四方少数民族皆臣服于唐朝廷。　64汉高祖亦从太上皇置酒此宫，妄自矜大：据《汉书·高祖纪下》云，九年冬十月，未央宫置酒。上奉玉卮为太上皇寿，曰：“始大人常以臣亡赖，不能治产业，不如仲力。今某之业所就孰与仲多？”此其骄矜尊大的例证。　65殿上：谓宫殿上的群臣。　66庶子：官名，太子官属，汉以后为太子侍从官之一种。唐以后于太子官属中设左右春坊，以左右庶子分隶之，以比侍中、中书令。　67于志宁（588—665）：唐初大臣，字仲谧，京兆高陵人。传见《旧唐书》卷七十八、《新唐书》卷一百零四。　68情伪：情实诈伪。　69区处：区分处理。　70极谏：极言直谏，尽力谏诤。　71孔颖达（574—648）：唐代著名经学家，字冲远，冀州衡水（今属河北）人。历任国子博士、国子司业等，主编《五经正义》等。传见《旧唐书》卷七十三、《新唐书》卷一百九十八。　72帛：丝织品的总称。　73工部尚书：唐代尚书省下属六部之一工部的长官，主管工程、屯田、水利、交通等政令。　74段纶：唐高祖高密公主再嫁之夫，隋兵部尚书段文振之子。唐初，拜工部尚书、杞国公。事迹见《新唐书》卷二百二十二下《南蛮传》。 ⑮傀儡：木偶。 ⑯庶供国事：希望供国家兴建之用。庶，副词，表示可能或期望。 ⑰岂百工相戒无作淫巧之意邪：这岂不是违背百工无作淫巧之意吗？淫巧，过于奇巧而无益的。《礼记·月令》云：“毋或作为淫巧，以荡上心。” ⑱削纶阶：唐制，工部尚书，正三品。削段纶阶，则使其不得立于三品班中。 ⑲嘉、陵州：据《旧唐书·地理志四》载，剑南道嘉州，隋眉山郡，武德元年改为嘉州。治所在今四川乐山市。陵州，隋隆山郡，武德元年改为陵州。治所在今四川仁寿县东。 ⑳邗（hán）江府：唐扬州有邗江府兵。 ㉑上书可采：上书言事，意见有可采纳者。 ㉒失次：谓语无伦次。 ㉓百司：诸执事者，即百官。 ㉔三分不能道一：有三分意思不能说出一分。 ㉕拂意触忌：拂逆上意，触动忌讳。 ㉖借之辞色：凭借、借助言语和颜色。 ㉗温：温和。

【译文】

唐太宗贞观七年（癸巳，633）

春季，正月，把《破陈乐》改名为《七德舞》。正月十五日，唐太宗在玄武门宴请三品以上官员、各州长官、蛮夷各族的酋长，演奏《七德舞》《九功舞》。

太常寺正卿萧瑀说：“《七德舞》形容皇上的圣人之功，还有未能形容的，请求画刘武周、薛仁果、窦建德、王世充等人被擒获的场面。”唐太宗说：“他们都是一时的英雄豪杰，如今朝廷的大臣往往都曾奉他们为君，为他们做事，如果看到原来的君主受到屈辱的样子，能不刺伤他们的心吗？”萧瑀谢罪说：“这不是臣所能想到的。”魏徵想要唐太宗停止用兵而加强教化，每次陪唐太宗参加宴会，看到《七德舞》上演就总是低头不看，看到《九功舞》就认真观看。

三月十一日，侍中王珪因泄漏朝廷机密被降为同州刺史。三月十三日，任命秘书监魏徵为侍中。

直太史雍县人李淳风上奏称灵台观天仪器的制度过于粗疏简略，仪器上只有赤道，请求另造浑天黄道仪，唐太宗准许。三月十六日，制成黄道仪后向唐太宗上奏。

夏季，五月初七日，唐太宗临幸九成宫。

雅州道行军总管张士贵率兵攻击反叛的獠民，打败了獠民叛军。

秋季，八月二十日，左屯卫大将军谯敬公周范去世。唐太宗外出巡幸的时候，常常命周范与房玄龄一道留守京城。周范为人忠诚、厚重、严肃、正直，尽管病很重了，但还不肯离开皇宫，最后病死在宫内办公的地方。临死时与房玄龄相抱诀别，说："遗恨的是不能再侍奉皇上了。"

八月二十六日，朝廷任命张士贵为龚州道行军总管，让他进攻反叛的獠民。

九月，山东、河南四十多个州发生水灾，唐太宗派使臣前往赈济灾民。

上一年释放回家的死囚犯人共三百九十人，没有人监视率领，都按期限自己回到朝堂，没有一个人逃亡，唐太宗将他们全部赦免。

冬季，十月十六日，唐太宗回到京都长安。

十一月十八日，朝廷任命开府仪同三司长孙无忌为司空，长孙无忌坚持推辞，说："我辱列于外戚之中，怕天下人说陛下出于私情才让我担任此职。"唐太宗不允许，说："我根据官职的需要来选择人才，唯才是举。如果没有才能，即使是亲属也不任用，如襄邑王李神符就是这样的人；如果他有才能，虽是仇人也不抛弃，如魏徵等人就是这种人。今日推举你担任司空，并不是出于私情。"

十二月十一日，唐太宗巡幸芙蓉园，十三日，到少陵原围猎。十五日，回到宫中，在汉代未央宫旧址举行宴会侍奉太上皇。太上皇命令突厥颉利可汗离座起身跳舞，又命南蛮的酋长冯智戴吟咏诗赋，之后笑着说："胡人、越人成为一家人，这是自古以来没有的事！"唐太宗捧着酒杯为太上皇祝寿，说："如今四方民族都来京称臣，都是陛下教诲的结果，不是臣的智力所能做到的。从前汉高祖也曾在此宫中为他父亲太上皇摆酒祝寿，妄自尊大，臣不学他的这种做法。"太上皇大为高兴。殿堂上众人都高呼万岁。

唐太宗对左庶子于志宁、右庶子杜正伦说："朕十八岁的时候，还在民间，百姓的疾苦与心情真伪，没有不知道的。等到登基皇位，处理日常事务，还有失误。何况太子生长在深宫之中，百姓生活的艰难，他从未听到看见过，能没有骄狂纵逸吗？你们不能不极力进谏！"太子喜好游戏玩耍，很不合乎礼法，于志宁与右庶子孔颖达多次直言劝谏，唐太宗知道后赞扬他们，各赐给黄金一斤，绢帛五百匹。

工部尚书段纶上奏请求征召巧匠杨思齐进宫，唐太宗命他试制器物。段纶让杨思齐先造一个木偶傀儡。唐太宗说："得到能工巧匠是让他为国家的需要制造器物，你让他先造游戏时用的玩具，这难道是各种工匠相互告诫不做淫巧之器的本意吗？"于是降低段纶的官阶。

嘉州、陵州的獠民造反，唐朝廷命令邛江府统军牛进达攻击打败他们。

唐太宗问魏徵："各位大臣的上书中有可取之处，等到召见时当面回答却大多语无伦次，是什么原因？"魏徵回答说："我观察各部门上奏言事，常常思考数天，等到了陛下面前，思考的内容却不能讲出三分之一。何况当面进谏的大臣与陛下的意旨不同而对陛下有所触犯，如果陛下不能对他们给予和悦的脸色和言辞，他们哪里敢完全说出自己的想法呢？”从此之后唐太宗接见大臣时语言、脸色更加温和，曾说：“隋炀帝对人多有猜忌，每次临朝与群臣见面时也经常不说话。朕就不是这样，与大臣们相互亲近如同一个人。”

【原文】

八年（甲午，634）

春，正月癸未[①]，突厥颉利可汗卒，命国人从其俗，焚尸葬之。

辛丑[②]，行军总管[③]张士贵讨东、西王洞反獠[④]，平之。

上欲分遣大臣为诸道黜陟大使[⑤]，未得其人，李靖荐魏徵。上曰：“徵箴规[⑥]朕失，不可一日离左右。”乃命靖与太常卿萧瑀等凡十三人[⑦]分行天下，“察长吏[⑧]贤[⑨]不肖[⑩]，问民间疾苦，礼高年[⑪]，赈穷乏，起久淹[⑫]，俾[⑬]使者所至，如朕亲睹。”

三月庚辰[⑭]，上幸九成宫。

夏，五月辛未朔[⑮]，日有食之。

初，吐谷浑可汗伏允遣使入贡，未返，大掠鄯州[⑯]而去。上遣使让[⑰]之，征伏允入朝，称疾不至，仍为其子尊王求婚。上许之，令其亲迎，尊王又不至，乃绝婚，伏允又遣兵寇兰、廓二州[⑱]。伏允年老，信其臣天柱王之谋，数犯边，又执唐使者赵德楷。上遣使谕之，十返[⑲]，又引其使者，临轩[⑳]亲谕[㉑]以祸福[㉒]，伏允终无悛[㉓]心。六月，遣左骁卫大将军[㉔]段志玄[㉕]为西海[㉖]道行军总管，左骁卫将军樊兴[㉗]为赤水[㉘]道行军总管，将边兵及契苾、党项之众以击之。

秋，七月，山东、河南、淮海[㉙]之间大水。

上屡请上皇避暑九成宫[㉚]，上皇以隋文帝终于彼[㉛]，恶之。冬，十月，营大明宫[㉜]，以为上皇清暑[㉝]之所。未成而上皇寝疾[㉞]，不果居[㉟]。

辛丑[㊱]，段志玄击吐谷浑，破之，追奔八百馀里，去[㊲]青海[㊳]三十馀里，吐谷浑驱牧马而遁。

甲子[㊴]，上还京师。

右仆射李靖以疾逊[㊵]位，许之。十一月辛未[㊶]，以靖为特进[㊷]，封爵如故，禄赐、吏卒并依旧给，俟疾小瘳[㊸]，每三两日至门下、中书[㊹]平章政事[45]。

甲申[46]，吐蕃[47]赞普弃宗弄赞遣使入贡，仍请婚。吐蕃在吐谷浑西南，近世浸强[48]，蚕食他国，土宇[49]广大，胜兵[50]数十万，然未尝通中国。其王称赞普，俗不言姓，王族皆曰论，宦族[51]皆曰尚。弃宗弄赞有勇略，四邻畏之，上遣使者冯德遐往慰抚之。

丁亥[52]，吐谷浑寇[53]凉州[54]。己丑[55]，下诏大举讨吐谷浑。上欲得李靖为将，为其老，重劳之[56]。靖闻之，请行，上大悦。十二月辛丑[57]，以靖为西海[58]道行军大总管，节度[59]诸军。兵部尚书侯君集[60]为积石[61]道、刑部尚书[62]任城王道宗为鄯善[63]道、凉州都督李大亮[64]为且末[65]道、岷州都督李道彦为赤水[66]道、利州刺史高甑生为盐泽[67]道行军总管，并突厥、契苾之众击吐谷浑。

（以上为第五段，写唐太宗派钦差专使巡视天下，察吏治，问民疾苦，并发兵征讨吐谷浑。）

【注释】

①癸未：正月初十日。　②辛丑：正月二十八日。　③行军总管：军事长官。唐初行军总管、行军大总管，是出征时的军队主帅。　④东、西王洞反獠：在东、西王洞（今广西平南）造反的獠族。　⑤黜陟大使：官名。皇帝特派的临时使节。任务是巡视各地，调查官吏的行为以施赏罚，并询访地方情况。　⑥箴规：规谏劝诫。⑦十三人：《旧唐书·太宗纪》载，十三人的姓名为李靖、萧瑀、杨恭仁、王珪、韦挺、皇甫无逸、李袭誉、张亮、李大亮、窦诞、杜正伦、刘德威、赵弘智。　⑧长吏：地位较高的州县官吏。　⑨贤：有道德才能者。　⑩不肖：不贤。　⑪礼高年：礼遇老者。⑫起久淹：起用被埋没已久的人才。　⑬俾（bǐ）：使（达到某种效果）。　⑭庚辰：三月初八日。　⑮辛未朔：五月初一日。　⑯鄯州：郡名。治所在今青海海东市乐都区。⑰让：责备、责怪。　⑱兰、廓二州：兰州，治所在今甘肃兰州市。廓州，治所在今青海贵德县。　⑲十返：前后十次。　⑳临轩：皇帝在殿前平台上接见臣属，叫临轩。㉑谕：告诉。　㉒祸福：利害。　㉓悛（quān）：悔改。　㉔左骁卫大将军：骁卫，禁军名称之一，分左、右置，有上将军、大将军、将军。　㉕段志玄（？—642）：齐州临淄人，唐初将领。传见《旧唐书》卷六十八、《新唐书》卷八十九。　㉖西海：郡名。隋置。管辖青海东境，治青海西岸之伏俟城。　㉗樊兴：安陆人，唐初将领。传见《旧唐书》卷五十七、《新唐书》卷八十八。　㉘赤水：地名。在今青海兴海县东南黄河西岸。

㉙淮海：淮水以迄东海。 ㉚九成宫：唐离宫名。位于今陕西麟游县西五里天台山。前为隋之仁寿宫。隋末废，唐初复置，更名九成宫。 ㉛隋文帝终于彼：仁寿四年（604），隋文帝在仁寿宫被太子杨广杀害。 ㉜大明宫：唐宫名，为唐都长安第二大宫殿区。因其位置在郭城外东北的龙首原上，故称东内，或称北内。 ㉝清暑：避暑。 ㉞寝疾：卧病。 ㉟不果居：没有去居住。果，成为事实。 ㊱辛丑：十月初二日。 ㊲去：相距，离。 ㊳青海：即今青海青海湖。 ㊴甲子：十月二十五日。 ㊵逊：让，退让。㊶辛未：十一月初三日。 ㊷特进：官名。西汉末始设特进，以授列侯中功德尤甚、在朝廷中有特殊地位者，位在三公之下。东汉至南北朝成为加官，无实职。唐改为文散官的第二阶，相当于正二品。 ㊸瘳（chōu）：病愈。 ㊹门下、中书：指门下省与中书省。唐代宰相的总办公处称政事堂。唐初设在门下省。后因中书令权重，至武后时迁政事堂于中书省。开元时改称中书门下。 ㊺平章政事：意即共同协商处理政务。平章事之名始于此。 ㊻甲申：十一月十六日。 ㊼吐蕃（bō）：中国古代藏族政权名。7至9世纪时在青藏高原建立。赞普为其君长。 ㊽浸强：渐强。 ㊾土宇：国土。 ㊿胜兵：良兵。 51宦族：仕宦之家。 52丁亥：十一月十九日。 53寇：骚扰、侵犯。54凉州：郡名。治所在今甘肃武威市。 55己丑：十一月二十一日。 56重劳之：因其年老，难以劳驾。重，难。 57辛丑：十二月初三日。 58西海：郡名。治所在今青海共和县西北。 59节度：节制度划。 60侯君集（？—643）：唐初大将。豳州三水（今陕西旬邑县）人。传见《旧唐书》卷六十九、《新唐书》卷九十四。 61积石：山名。即今青海东南部积石山脉。 62刑部尚书：官名。尚书省所属六部之一刑部的长官，主管法律、刑狱等事务。 63鄯善：郡名。治所在今新疆若羌县。 64李大亮（586—644）：泾阳人。唐初大臣。传见《旧唐书》卷六十二、《新唐书》卷九十九。 65且末：郡名。治所在今新疆且末县。 66赤水：地名。在今青海兴海县东南黄河西岸。 67盐泽：泽名。即今新疆罗布泊。

【译文】

唐太宗贞观八年（甲午，634）

春季，正月初十日，突厥颉利可汗去世，唐太宗命令民众按照他们民族的习惯，焚尸后埋葬。

正月二十八日，行军总管张士贵讨伐东王洞、西王洞的反叛獠民，平定了叛乱。

唐太宗想要分派大臣担任诸道的黜陟大使，没有得到合适人选，李靖推荐魏徵。唐太宗说："魏徵针砭规劝朕的过失，一天也不能离开身边。"于是命令李靖与太常卿萧瑀等共十三人分别巡行全国各地，"考察地方长官是贤明还是不贤明，询问民间疾苦，礼遇高寿的老人，赈济穷困百姓，起用埋没已久的人才，要求使者所到之处，如同朕亲自前往"。

三月初八日，唐太宗临幸九成宫。

夏季，五月初一日，发生日食。

当初，吐谷浑可汗伏允派使节到唐朝进献贡品，未返回原地，到鄯州大肆抢掠然后离去。唐太宗派使臣斥责他们，征召伏允前来朝廷，伏允声称有病不能来，仍然为他的儿子尊王向朝廷求婚，唐太宗准许了他的请求，让他亲自来朝廷迎亲，尊王又不来，于是断绝婚姻，伏允派兵侵犯兰州、廓州。伏允年老，听信他的大臣天柱王的谋略，多次侵犯边境，又逮捕朝廷派来的使者赵德楷，唐太宗派使节进行告谕，前后派了十次使节，唐太宗又让吐谷浑使者到宫内殿前亲自向他进行告谕，伏允最终没有悔改之意。六月，唐朝廷派遣左骁卫大将军段志玄为西海道行军总管，左骁卫将军樊兴为赤水道行军总管，统率边防军队及契苾、党项的军队攻击吐谷浑。

秋季，七月，山东、河南、淮河至东海之间的地区发大水。

唐太宗多次请太上皇到九成宫避暑，太上皇因为隋文帝死在此宫，厌恶此地。冬季十月，营造大明宫，作为太上皇避暑的住所。未等修成，太上皇就得了重病，最终也未能住进去。

十月初二日，段志玄的军队攻击吐谷浑，大败其军队，对逃跑的敌军追击了八百多里，离青海只有三十多里。吐谷浑人驱赶牧马逃走。

十月二十五日，唐太宗回到京城长安。

右仆射李靖因患病请求退职，唐太宗准许。十一月初三日，加封李靖为特进，原有的封爵照旧保留，俸禄、所属官吏人员都按原职标准加以保留，等到病情稍有好转，每两三天到门下省和中书省参与办理政事。

十一月十六日，吐蕃赞普弃宗弄赞派使臣进京献上贡品，同时请求通婚。吐蕃在吐谷浑的西南，近来国力渐强，侵吞蚕食周围小国，疆域广大，拥有强兵几十万，然而未曾与大唐来往交通。他们的国王称为赞普，他们不称姓，王族都叫作论，官僚家族都称为尚。弃宗弄赞有勇气和谋略，四方邻国都畏惧他。唐太宗派使者冯德遐前往吐蕃安抚慰问。

十一月十九日，吐谷浑侵犯凉州。十一月二十一日，唐太宗下诏发兵大举讨伐吐谷浑。唐太宗想让李靖作为统率出征军队的将领，因为他已年老，担心无法承受辛劳。李靖听说后就请求出征，唐太宗大为高兴。十二月初三日，任命李靖为西海道行军大总管，节制统率各路兵马。任命兵部尚书侯君集为积石道行军总管、刑部尚书任城王李道宗为鄯善道行军总管、凉州都督李大亮为且末道行军总管、岷州都督李道彦为赤水道行军总管、利州刺史高甑生为盐泽道行军总管，合并突厥、契苾的兵马攻击吐谷浑。

【原文】

帝聘隋通事舍人[①]郑仁基女为充华[②]，诏已行，册使[③]将发，魏徵闻其尝许嫁[④]士人陆爽，遽[⑤]上表谏。帝闻之，大惊，手诏深自克责[⑥]，命停册使。房玄龄等奏称："许嫁陆氏，无显状[⑦]，大礼[⑧]既行，不可中止。"爽亦表言初无[⑨]婚姻之议。帝谓徵曰："群臣或容希合[⑩]，爽亦自陈，何也？"对曰："彼以为陛下外虽舍之，或阴[⑪]加罪谴，故不得不然。"帝笑曰："外人[⑫]意或当如是。朕之言未能使人必信如此邪[⑬]？"

中牟[⑭]丞[⑮]皇甫德参上言："修洛阳宫，劳人；收地租，厚敛；俗好高髻，盖宫中所化。[⑯]"上怒，谓房玄龄等曰："德参欲国家不役一人，不收斗租[⑰]，宫人皆无发，乃可[⑱]其意邪？"欲治其谤讪[⑲]之罪。魏徵谏曰："贾谊[⑳]当汉文帝时上书[㉑]，云'可为痛哭者一，可为流涕者二。'自古上书不激切[㉒]，不能动人主[㉓]之心，所谓狂夫之言，圣人择焉[㉔]，唯陛下裁察[㉕]！"上曰："朕罪斯人[㉖]，则谁敢复言？"乃赐绢二十匹。他日，徵奏言："陛下近日不好直言，虽勉强含容[㉗]，非曩[㉘]时之豁如[㉙]。"上乃更加优赐，拜监察御史。

中书舍人[㉚]高季辅[㉛]上言："外官卑品[㉜]，犹未得禄，饥寒切身[㉝]，难保清白[㉞]。今仓廪浸实，宜量加优给[㉟]，然后可责[㊱]以不贪，严设科禁[㊲]。又，密王元晓[㊳]等皆陛下之弟，比[㊴]见帝子拜诸叔，叔皆答拜，紊乱昭穆[㊵]，宜训之以礼。"书奏，上善之。

西突厥咄陆可汗卒，其弟同娥设立，是为沙钵罗咥利失可汗。

（以上为第六段，写魏徵、房玄龄、高季辅直谏唐太宗抑制私欲，不娶已聘之女，不嗔怒，以礼训皇子，唐太宗皆讷之。）

【注释】

①通事舍人：官名。隶四方馆，又属中书省，掌通奏引纳辞见承旨宣劳，皆以善辞令者为之。唐置八人，秩为从六品。 ②充华：女官名，晋置，九嫔之一。唐六宫之职无此官。 ③册使：册封使者。 ④许嫁：允许、答应嫁与。 ⑤遽（jù）：急速。 ⑥克责：克制责备。 ⑦无显状：没有明显的事状。 ⑧大礼：谓册命。即前所谓“诏已行”。 ⑨初无：从来没有，并没有。 ⑩或容希合：或许希冀迎合旨意。 ⑪阴：暗中，暗地里。 ⑫外人：别人。 ⑬朕之言未能使人必信如此邪：我的话竟然如此不能使人相信吗？ ⑭中牟：县名。县治在今河南中牟县西。 ⑮丞：官名。多作为佐官之称。此处为县令之佐贰。 ⑯俗好高髻，盖宫中所化：《后汉书·马廖传》载“长安语曰：‘城中好高髻，四方高一尺。’”此即所谓为宫中装束所习染、影响。 ⑰斗租：古言斗粟、斗租，皆含少意。 ⑱可：合宜，适合。 ⑲讪（shàn）：诽谤。 ⑳贾谊（前200—前168）：西汉政论家、文学家，洛阳（今河南洛阳市）人。有抱负而甚不得意。传见《史记》卷八十四、《汉书》卷四十八。 ㉑上书：贾谊上书事。指西汉文帝六年（前174），贾谊在向文帝上书时，用“可为痛哭者一，可为流涕者二”等言辞，极言事势之弊，以期引起文帝的重视。 ㉒激切：激烈切直。 ㉓人主：人君，天子。 ㉔狂夫之言，圣人择焉：上书言事者自谦之辞。意为我的话如狂人乱语，请君择善采纳。 ㉕裁察：裁断详察。 ㉖斯人：这样的人。 ㉗含容：包含，容忍。 ㉘曩（rǎng）：以往，过去。 ㉙豁如：豁达宽容。 ㉚中书舍人：官名。中书省的属官，掌撰拟诏旨。 ㉛高季辅（594—651）：渤海蓨人。名冯，字季辅。随李密降唐。历监察御史、中书舍人、吏部尚书、侍中等。传见《旧唐书》卷七十八、《新唐书》卷一百零四。 ㉜外官卑品：京外之官品秩卑者。 ㉝饥寒切身：谓本人饥寒交迫。 ㉞清白：清廉。 ㉟宜量加优给：应酌情从优给予。 ㊱责：要求。 ㊲科禁：依科条禁止之教令，即法度。 ㊳元晓：高祖第二十一子。 ㊴比：近来。 ㊵昭穆：古代宗法制度，宗庙次序，始祖庙居中，以下父子（祖、父）递为昭穆，左为昭，右为穆。

【译文】

唐太宗聘娶隋朝通事舍人郑仁基的女儿为后宫的充华，诏令已发出，册封的使者将要出发，魏徵听说她曾许诺嫁给士人陆爽，立即上表劝谏。唐太宗听说了大为惊讶，亲手书写诏令深加自责，下令册封使停止出发。房玄龄等人上奏说：“许诺嫁给陆氏，没有明文的文书，册封的大礼已经施行，不能中止。”陆爽也上表说当初没有提过与郑氏女结婚。唐太宗对魏徵说：“诸位大臣或许是迎合旨意，但陆爽本人也说明情况，这是什么原因？”魏徵回答说：“他认为陛下表面上虽然已经放弃不聘，或许暗地里又要加罪于他，所以不得不这样说。”唐太宗笑着说：“外人对此或许会这样想，但朕的话也这样使人不能确信吗？”

中牟县丞皇甫德参上书说：“修筑洛阳宫殿，使百姓疲劳；收地租，过多聚敛；女人的习俗，喜好把头发扎成高髻，这是受宫中女人习俗的影响。”唐太宗发怒，对房玄龄等人说：“德参想让国家不役使一个人，不收一斗地租，宫中女人都不留发，这样才合乎他的心意吗？”想要给他定诽谤罪。魏徵劝谏说：“贾谊在汉文帝的时候上书，说‘可以为它痛哭的事情有一件，可以为它流泪的事情有两件’，自古以来的上书，如果言辞不激烈，就不能打动君王的心，这就是所谓的狂夫之言，圣人要加以选择，只在于陛下的明察裁断。”唐太宗说：“朕对这个人治罪，那么谁还敢再说话呢！”于是赐给皇甫德参二十匹绢。一天，魏徵上奏说：“陛下近来不喜欢直言，虽然对直言勉强能加以容忍，但已不是以前那种豁然的态度了。”唐太宗于是对皇甫德参另加优厚的赏赐，任命他为监察御史。

中书舍人高季辅上书说：“京城之外的地方官员品阶低微，还没有得到俸禄，切身的生活又饥又寒，难以保证做官清白。如今国家府库逐渐充实，应当酌量给予优厚待遇，然后要求他们不贪，严格制定各种规章和禁令。此外，密王李元晓等人都是陛下的弟弟，近来看到皇子参拜各位皇叔，皇叔都要回拜答谢，这就打乱了昭穆的辈分与礼仪，应当用礼仪制度训导他们。”上书呈给唐太宗，唐太宗认为所言很好。

西突厥咄陆可汗去世，他的弟弟同娥设立为可汗，这就是沙钵罗咥利失可汗。

【原文】

九年（乙未，635）

春，正月，党项先内属[①]者皆叛归吐谷浑。三月庚辰[②]，洮州[③]羌叛入吐谷浑，杀刺史孔长秀。

壬辰[④]，赦天下。

乙酉[⑤]，盐泽道行军总管高甑生击叛羌，破之。

庚寅[⑥]，诏民赀分三等[⑦]，未尽其详[⑧]，宜分九等。

上谓魏徵曰：“齐后主[⑨]、周天元[⑩]皆重敛百姓，厚自奉养，力竭而亡。譬如馋人[11]自啖其肉，肉尽而毙，何其愚也！然二主孰为优劣？”对曰：“齐后主懦弱，政出多门[12]；周天元骄暴，威福[13]在己；虽同为亡国，齐主尤劣也。”

夏，闰四月癸酉[14]，任城王道宗败吐谷浑于库山。吐谷浑可汗伏允悉烧野草，轻兵走入碛[15]。诸将以为“马无草，疲瘦，未可深入”。侯君集曰：“不然。向[16]者段志玄军还，才及鄯州，虏已至其城下[17]。盖虏犹完实[18]，众为之用故也。今一败之后，鼠逃鸟散[19]，斥候[20]亦绝，君臣携离[21]，父子相失，取之易于拾芥[22]，此而不乘，后必悔之。”李靖从之。中分[23]其军为两道：靖与薛万均[24]、李大亮由北道，君集与任城王道宗由南道。戊子[25]，靖部将薛孤儿败吐谷浑于曼头山，斩其名王，大获杂畜，以充军食。癸巳[26]，靖等败吐谷浑于牛心堆[27]，又败诸赤水源[28]。侯君集、任城王道宗引兵行无人之境二千馀里，盛夏降霜，经破逻真谷[29]，其地无水，人龁[30]冰，马啖[31]雪。五月，追及伏允于乌海[32]，与战，大破之，获其名王。薛万均、薛万徹[33]又败天柱王于赤海[34]。

太上皇自去秋得风疾，庚子[35]，崩于垂拱殿[36]。甲辰[37]，群臣请上准[38]遗诰[39]视军国大事，上不许。乙巳[40]，诏太子承乾于东宫平决庶政。

赤水之战，薛万均、薛万徹轻骑先进，为吐谷浑所围，兄弟皆中枪，失马步斗[41]，从骑死者什六七[42]，左领军将军[43]契苾何力将数百骑救之，竭力奋击，所向披靡，万均、万徹由是得免。李大亮败吐谷浑于蜀浑山[44]，获其名王二十人。将军执失思力[45]败吐谷浑于居茹川。李靖督诸军经积石山[46]河源，至且末[47]，穷其西境。闻伏允在突伦川[48]，将奔于阗[49]，契苾何力欲追袭之，薛万均惩[50]其前败，固言不可。何力曰：“虏非有城郭[51]，随水草迁徙，若不因其聚居袭取之，一朝云散[52]，岂得复倾[53]其巢穴邪？”自选骁骑千馀，直趣突伦川，万均乃引兵从之。碛中乏水，将士刺马血饮之。袭破伏允牙帐[54]，斩首数千级，获杂畜二十馀万，伏允脱身走，俘其妻子。侯君集等进逾星宿川[55]，至柏海[56]，还与李靖军合。

大宁王顺，隋氏之甥、伏允之嫡子[57]也，为侍中于隋[58]，久不得归，伏允立侍子为太子[59]，及归，意常怏怏。[60]会李靖破其国，国人穷蹙[61]，怨天柱王。顺因众心，斩天柱王，举国[62]请降。伏允帅千馀骑逃碛中，十馀日，众散稍尽[63]，为左右所杀。国人立顺为可汗。壬子[64]，李靖奏平吐谷浑。乙卯[65]，诏复其国，以慕容顺为西平郡王、趉[66]故吕乌甘豆可汗。上虑顺未能服其众，仍命李大亮将精兵数千为其声援。

（以上为第七段，写太上皇李渊崩殂。唐军大破吐谷浑。）

【注释】

①内属：归属朝廷。 ②庚辰：三月十四日。 ③洮州：郡名。治所在今甘肃临潭西。 ④壬辰：按《旧唐书·太宗记》《新唐书·太宗纪》九年文，俱作"三月壬午，大赦"。又以下之乙酉核之，似以作壬午为是。壬午为三月十六日。壬辰为三月二十六日。⑤乙酉：三月十九日。 ⑥庚寅：三月二十四日。 ⑦民赀分三等：武德六年曾下令，天下户按其资产多少，定为三等。 ⑧未尽其详：（现在看来）并不够详尽。 ⑨齐后主（556—577）：北齐后主高纬。565年至576年在位。纪见《北齐书》卷八。 ⑩周天元（560—580）：北周宣帝宇文赟。578年至579年在位。纪见《周书》卷七。 ⑪馋人：贪食者。 ⑫政出多门：政令出自多途、多人。指政权由许多人掌管。 ⑬威福：谓作威作福。 ⑭癸酉：闰四月初八日。 ⑮碛（qì）：沙漠。 ⑯向（xiǎng）：从前，旧时。 ⑰至其城下：谓至鄯州城下。 ⑱完实：完整充实。 ⑲鼠逃鸟散：如鼠之逃，如鸟之散。 ⑳斥候：侦察敌情的士兵。 ㉑携离：背叛。 ㉒拾芥：拾草芥。 ㉓中分：平分。 ㉔薛万均：雍州咸阳人。唐初大将。传见《旧唐书》卷六十九、《新唐书》卷九十四。 ㉕戊子：闰四月二十三日。 ㉖癸巳：闰四月二十八日。 ㉗牛心堆：山名。在今青海西宁市西南。 ㉘赤水源：旧县名。在今青海南境。吐谷浑筑赤水城，隋置赤水县。太宗讨伐吐谷浑，分军出赤水道，即此。 ㉙破逻真谷：地名。在今青海都兰县东南一带。 ㉚龁（hé）：咬。 ㉛啖（dàn）：吃。 ㉜乌海：在青海东境。胡注载"《隋志》：'河源郡有乌海，在汉哭山西。'" ㉝薛万徹（？—652）：薛万均之弟。传见《旧唐书》卷六十九、《新唐书》卷九十四。 ㉞赤海：即赤水深广处。《考异》曰，《旧唐书·薛万徹传》作赤水源，《契苾何力传》作赤水川，今从《实录》。 ㉟庚子：五月初六日。 ㊱垂拱殿：即大安宫之垂拱前殿。 ㊲甲辰：五月初十日。 ㊳准：依照。 ㊴遗诰：太上皇卒时所下之诏诰。 ㊵乙巳：五月十一日。 ㊶失马步斗：即亡马，徒步而斗。 ㊷什六七：十分之六七。 ㊸左领军将军：禁军官名。唐采前朝领军之名置领军卫，分左、右，各以大将军一人统之，将军二人为副，掌宿卫宫廷。㊹蜀浑山：山名。在今青海东北部。 ㊺执失思力：原突厥酋长。贞观中入朝，娶高祖女九江公主。后为归州刺史。事迹见《旧唐书》卷一百九十四上《突厥传》、《新唐书》卷一百一十《执失思力传》。 ㊻积石山：山名，即今青海东南部积石山脉。 ㊼且末：

地名。在今新疆且末县附近。 ㊽突伦川:《考异》载《吐谷浑传》云，伏允西走图伦碛。即突伦川。即今新疆塔克拉玛干沙漠。 ㊾于阗：西域城国，国都在西域，即今新疆和田县境。 ㊿惩：惩戒。 51城郭：旧时在都邑四周筑有墙垣，一般有两重，里面的称城，外面的称郭。 52一朝云散：比喻一旦如云雾四散。 53岂得复倾：哪能再倾覆。54牙帐：军营之帐，指军营。 55星宿川：即今青海黄河上源星宿海。 56柏海：即今青海黄河上源鄂陵湖、扎陵湖。 57嫡子：旧指正妻所生的儿子，也指正妻所生的长子。 58为侍中于隋：据《旧唐书·吐谷浑传》，侍中当作侍子。侍子，古代诸侯或属国之王遣子入侍天子之称。 59伏允立侍子为太子：据《吐谷浑传》，侍子当作他子。60及归，意常怏怏：唐高祖武德二年，大宁王顺归吐谷浑。怏怏，忿忿不平貌。 61穷蹙：穷，困窘。蹙（cù），紧迫，急迫。 62举国：全国，以国。 63稍尽：渐尽。 64壬子：五月十八日。 65乙卯：五月二十一日。 66趉（jué）：多音字，意为走。

【译文】

唐太宗贞观九年（乙未，635）

春季，正月，党项已经归附唐朝的部族全都叛逃投奔吐谷浑。三月十四日，洮州羌族人反叛，逃进吐谷浑地区，杀掉了洮州刺史孔长秀。

三月十六日，全国实行大赦。

三月十九日，盐泽道行军总管高甑生攻击叛乱的羌人，打败他们。

三月二十四日，唐太宗下诏认为以前把百姓的财产分为三等，还不够详尽准确，应当分为九等，将原来的三等分别再分出上中下三等。

唐太宗对魏徵说："齐后主、周天元都过重地搜刮百姓，全都用来奉养自己，直到民力衰竭而亡国。好比嘴馋的人吃自己身上的肉，肉吃光了就毙命，多么愚蠢啊！然而这两位君主相比，谁优谁劣呢？"魏徵回答说："齐后主性格懦弱，国家的政务分由多人掌管；周天元骄横暴虐，赏罚大权全掌握在自己手中。二人虽然同为亡国之君，但相比之下齐后主就特别恶劣。"

夏季，闰四月初八日，任城王李道宗在库山击败吐谷浑军队。吐谷浑可汗伏允把野草全部烧光，率轻骑兵逃入大沙漠。唐朝众位将领认为"马没有草可吃，非常疲劳瘦弱，不可深入沙漠"。侯君集说："不是这样，从前段志玄军队撤回时，才走到鄯州吐谷浑士兵已经到了城下。这是因为当时吐谷浑还完整而强大，其他部族都还肯为其效力。如今敌军在战败之后，如同鼠逃鸟散，他们的侦察哨兵也完全绝迹，君臣之间互相离心而不和，父子相互失散而不能见面，现在消灭他们如同拾起地上的芥草，此时若不乘胜追击，以后必定后悔。”李靖听从了他的意见，把全部军队分作两路：李靖与薛万均、李大亮从北路进军，侯君集与任城王李道宗从南路进军。二十三日，李靖手下将领薛孤儿在曼头山大败吐谷浑，斩杀他们的著名首领，俘获大批牲畜，用作军队的食物。二十八日，李靖等人在牛心堆打败吐谷浑，又在赤水源再次打败吐谷浑。侯君集、任城王李道宗率军在没有人烟的地区行军两千余里，盛夏季节天降霜雪，经过破逻真谷，此地没有水，人吃冰，马吃雪。五月，在乌海追上伏允，与他展开作战，大败伏允，俘获其著名首领。薛万均、薛万徹又在赤海打败天柱王。

太上皇李渊从去年秋天中风，五月初六日，在垂拱殿驾崩。五月初十日，群臣请求唐太宗遵照太上皇的遗嘱治理军国大政，不要为丧事分心，唐太宗没有答应。十一日，唐太宗下诏让太子李承乾在东宫处理日常政务。

赤水源一战，薛万均、薛万徹率轻骑兵首先进军，被吐谷浑包围，兄弟二人都被枪刺中，跌下战马，又徒步搏斗，随从的骑兵死伤了十分之六七，左领军将军契苾何力率数百骑兵进行救援，竭力奋勇拼杀，所向披靡，薛万均、薛万徹因此得以不被敌人杀死。李大亮在蜀浑山打败吐谷浑，俘获其著名首领二十人。将军执失思力在居茹川打败吐谷浑。李靖率领各路军马经过积石山的大河起源处，到达且末，一赶追到吐谷浑的西部边境。听说伏允在突伦川，将要逃奔到于阗，契苾何力想要追赶继续攻击，薛万均以前次的失败作为教训，坚持说不可追击。契苾何力说：“吐谷浑从不修建城郭定居其中，而是跟着水草不断迁移流动，如果不趁他们聚居在一起时袭击消灭他们，一旦他们如云一样分散各方，怎能还有机会捣毁他们的老巢呢？”于是亲自挑选骁勇骑兵一千多人，直接向突伦川进军，薛万均于是率兵跟随进军。沙漠中缺水，将士们刺伤马匹喝马血。唐朝军队袭击并打败伏允的牙帐，斩首几千人，俘获各类牲畜二十多万头，伏允只身脱逃，唐军俘获了他的妻子儿女，侯君集等人进军穿越星宿川，到达柏海，返回与李靖的部队会合。

大宁王慕容顺是隋炀帝的外甥、伏允的嫡生子，在隋朝作为人质侍奉隋炀帝，很久不能回归吐谷浑，这期间伏允立另一个儿子为太子，等到慕容顺回到吐谷浑，经常闷闷不乐。正好此时李靖攻破吐谷浑，吐谷浑人走投无路，都怨恨天柱王，慕容顺于是利用民心，杀掉天柱王，率全国百姓请求投降。伏允率一千多名骑兵逃到沙漠中，十多天后，随从的骑兵几乎全部逃走，伏允被身边的随从杀死。吐谷浑人于是拥立慕容顺为可汗。五月十八日，李靖上奏报告已经平定了吐谷浑。二十一日，唐太宗下诏恢复吐谷浑政权，任命慕容顺为西平郡王、趉故吕乌甘豆可汗。唐太宗考虑到慕容顺还不能让他的部众完全服从，仍令李大亮率精兵数千人作为慕容顺的声援。

【原文】

六月己丑[①]，群臣复请听政，上许之，其细务仍委太子，太子颇能听断[②]。是后上每出行幸，常令居守监国[③]。

秋，七月庚子[④]，盐泽[⑤]道行军副总管刘德敏击叛羌，破之。

丁巳[⑥]，诏："山陵[⑦]依汉长陵[⑧]故事，务存[⑨]隆厚。"期限既促，功不能及。秘书监虞世南上疏，以为："圣人薄葬其亲，非不孝也，深思远虑，以厚葬适足为亲之累[⑩]，故不为耳。昔张释之[⑪]有言：'使[⑫]其中有可欲，虽锢南山犹有隙[⑬]。'刘向[⑭]言：'死者无终极而国家有废兴[⑮]，释之之言，为无穷计[⑯]也。'其言深切，诚合至理。伏惟[⑰]陛下圣德度越[⑱]唐、虞[⑲]，而厚葬其亲乃以秦、汉为法，臣窃为陛下不取[⑳]。虽复不藏金玉，后世但见丘垄[㉑]如此其大，安知无金玉邪？且今释服已依霸陵[㉒]，而丘垄之制独依长陵[㉓]，恐非所宜。伏愿依《白虎通》[㉔]为三仞[㉕]之坟，器物制度，率皆节损[㉖]，仍刻石立之陵旁，别书一通[㉗]，藏之宗庙，用为子孙永久之法。"疏奏，不报[㉘]。世南复上疏，以为："汉天子即位即营山陵，远者五十馀年。今以数月之间为数十年之功，恐于人力有所不逮[㉙]。"上乃以世南疏授有司[㉚]，令详处其宜[㉛]。房玄龄等议，以为："汉长陵高九丈，原陵[㉜]高六丈，今九丈则太崇[㉝]，三仞则太卑[㉞]，请依原陵之制。"从之。

辛亥[㉟]，诏："国初草创，宗庙之制未备，今将迁祔[㊱]，宜令礼官详议。"谏议大夫[㊲]朱子奢请立三昭三穆[㊳]而虚太祖之位。于是增修太庙[㊴]，祔弘农府君[㊵]及高祖并旧神主四为六室。房玄龄等议以凉武昭王[㊶]为始祖。左庶子于志宁议以为武昭王非王业所因[㊷]，不可为始祖，上从之。

党项寇叠州。

李靖之击吐谷浑也，厚赂党项，使为乡导。党项酋长拓跋赤辞来，谓诸将曰："隋人无信，喜暴掠[㊸]我。今诸军苟无异心，我请供其资粮；如或不然，我将据险以塞[㊹]诸军之道。"诸将与之盟而遣之。赤水道行军总管李道彦行至阔水[㊺]，见赤辞无备，袭之，获牛羊数千头。于是群羌怨怒，屯野狐峡[㊻]，道彦不得进，赤辞击之，道彦大败，死者数万，退保松州。左骁卫将军樊兴逗遛[47]失军期，士卒失亡多。乙卯[48]，道彦、兴皆坐减死徙边[49]。

上遣使劳[50]诸将于大斗拔谷[51]，薛万均排毁[52]契苾何力，自称己功。何力不胜[53]忿[54]，拔刀起，欲杀万均，诸将救止之。上闻之，以让何力，何力具言其状[55]，上怒，欲解万均官以授何力，何力固辞，曰："陛下以臣之故解万均官，群胡[56]无知，以陛下为重胡轻汉，转相诬告[57]，驰竞[58]必多。且使胡人谓诸将皆如万均，将有轻汉之心。"上善之而止。寻令宿卫北门，检校屯营事，[59]尚宗女临洮县主[60]。

岷州都督、盐泽道行军总管高甑生[61]后军期[62]，李靖按之[63]。甑生恨靖，诬告靖谋反，按验无状[64]。八月庚辰[65]，甑生坐[66]减死徙边[67]。或言："甑生，秦府功臣，宽其罪。"上曰："甑生违李靖节度，又诬其反，此而可宽，法将安施[68]？且国家自起晋阳，功臣多矣，若甑生获免，则人人犯法，安可复禁乎我？于旧勋，未尝忘也，为此不敢赦耳[69]。"李靖自是阖门[70]杜绝宾客，虽亲戚不得妄见[71]也。

上欲自诣园陵[72]，群臣以上哀毁羸瘠[73]，固谏[74]而止。

冬，十月乙亥[75]，处月初遣使入贡。处月、处密，皆西突厥之别部也。

庚寅[76]，葬太武皇帝于献陵，庙号高祖。以穆皇后祔葬[77]，加号太穆皇后。

十一月庚戌[78]，诏议于太原立高祖庙[79]。秘书监颜师古议，以为："寝庙[80]应在京师，汉世郡国立庙，非礼。"乃止。

戊午[81]，以光禄大夫萧瑀为特进[82]，复令参预政事。上曰："武德六年以后，高祖有废立之心而未定，我不为兄弟所容，实有功高不赏[83]之惧。斯人[84]也，不可以利诱，不可以死胁[85]，真社稷臣也！"因赐瑀诗曰："疾风知劲草，板荡[86]识诚臣。"又谓瑀曰："卿之忠直，古人不过；然善恶太明，亦有时而失[87]。"瑀再拜谢。魏徵曰："瑀违众孤立，唯陛下知其忠劲，向[88]不遇圣明[89]，求免难矣[90]！"

特进李靖上书，请依遗诰，御常服[91]，临正殿。弗许。

吐谷浑甘豆可汗久质中国[92]，国人不附[93]，竟为其下所杀。子燕王诺曷钵立。诺曷钵幼，大臣争权，国中大乱。十二月，诏兵部尚书侯君集等将兵援之。先遣使者谕解[94]，有不奉诏者，随宜[95]讨之。

（以上为第八段，写唐太宗依汉光武帝原陵规制葬唐高祖，既非厚葬，亦非薄葬，以及处置唐军征伐吐谷浑善后事宜。）

【注释】

①己丑：六月二十五日。 ②听断：听事而决断之。 ③监国：君主外出时，太子留守代管国事，称监国。 ④庚子：七月初七日。 ⑤盐泽：古湖泊名。即今新疆罗布泊。 ⑥丁巳：七月十四日。 ⑦山陵：帝王的坟墓。 ⑧长陵：汉高祖陵。皇甫谧曰："长陵东西广百二十步，高十三丈。" ⑨存：通"从"。 ⑩以厚葬适足为亲之累：认为厚葬正足以成为亲人的拖累。 ⑪张释之：西汉初法律学家。字季。南阳堵阳（今河南方城）人。文帝时官至廷尉。景帝立，出任淮南相。传见《汉书》卷五十。 ⑫使：假使。 ⑬虽锢南山犹有隙：虽然锢藏于南山隧中，犹有可以取物的空隙。 ⑭刘向（约前77—前6）：西汉经学家、目录学家、文学家。本名更生，字子政。沛（今属江苏）人。传见《汉书》卷三十六。 ⑮死者无终极而国家有废兴：死者死后的日子无穷无尽，而国家将不免灭亡。"兴"字不过连类及之，以求委婉含蓄。 ⑯为无穷计：为长远打算。 ⑰伏惟：旧时常用为下对上有所陈述时的表敬之辞。 ⑱度：通"渡"。越，越过。 ⑲唐、虞：上古帝号名，即唐尧、虞舜，传说时代的帝号。尧禅位舜，舜禅位禹，禹建立夏朝。 ⑳臣窃为陛下不取：臣私下认为陛下不该如此。 ㉑丘垄：坟墓。 ㉒今释服已依霸陵：即臣下释服依照汉文帝遗诏用三十六日。释服，守孝期满，除去丧服。霸陵，西汉文帝刘恒陵墓。其地本属战国秦置芷阳县。汉文帝九年（前171）于此筑霸陵，并改县名。县治在今陕西西安市东北。文帝卒后葬于此。 ㉓长陵：西汉高祖刘邦墓。在今陕西咸阳市东北。 ㉔《白虎通》：书名，是《白虎通义》的省文，东汉班固等编撰。记录章帝建初四年（179）在白虎观经学辩论的结果。 ㉕仞（rèn）：长度单位。古代以七尺或八尺为一仞。 ㉖节损：节约减损。 ㉗一通：一卷。 ㉘不报：犹不许。 ㉙逮（dài）：及，达到。 ㉚有司：古代设官分职，各有专司，因称官吏为"有司"。 ㉛详处其宜：详加研究，妥善处理。 ㉜原陵：东汉光武帝刘秀墓，在今河南洛阳市东。 ㉝崇：高。 ㉞卑：低。 ㉟辛亥：七月十八日。 ㊱祔：后死者附祭于先祖的迷信活动。即在卒哭祭的次日，到死者祖父庙所做的告祭。因祖孙昭穆相同，故要附属于祖父。 ㊲谏议大夫：官名。隶门下省，掌侍从规谏，凡四人。 ㊳三昭三穆：古代宗法制度，宗庙次序，始祖庙居中，以下父子（祖、父）递为昭穆，左为昭，右为穆。三昭三穆，谓天子七庙，太祖庙居中，二、四、六世居左，曰昭。三、

五、七世居右，曰穆。　㊴太庙：天子的祖庙。　㊵弘农府君：李唐的祖先，讳重耳。仕魏为弘农太守。府君，旧时子孙对其先世的敬称。　㊶凉武昭王：高祖李渊的七代祖凉王李暠，谥武昭。　㊷因：依、借。　㊸暴掠：为暴及劫掠。　㊹塞：堵塞。　㊺阔水：地名。在党项羁縻阔州界。阔州，治所在阔源县（今四川松潘县北）。　㊻野狐峡：岷江峡谷，在松潘县境内。　㊼逗遛：迟留不进。　㊽乙卯：七月二十二日。　㊾坐减死徙边：坐罪减死一等贬徙边地。　㊿劳：犒劳。　51大斗拔谷：地名。即今甘肃民乐县东南甘、青二省交界处扁都口隘路。　52排毁：排斥、诋毁。　53不胜：非常、十分。　54愤：愤怒。　55具言其状：具言赤水之战，拔万均兄弟于围中，及见排毁之状。　56群胡：诸蕃。　57转相诬告：虚诈传告。　58驰竞：谓趁机奔走趋赴者。　59宿卫北门，检校屯营事：北门，即玄武门。按《唐会要》卷七十二载“贞观十二年十一月三日于元武门置左右屯营，以诸卫将军领之，其兵名曰飞骑”。　60尚宗女临洮县主：临洮，县名，即今甘肃岷县。县主，《唐六典》卷二：“王之女封县主，视正二品。”尚，娶公主为妻曰尚。宗女，宗室女。　61高甑生：岷州都督，受李靖节制。　62后军期：迟晚误期。　63李靖按之：《旧唐书·李靖传》作“靖薄责之”，较为具体，且与下文事端相符。按，抑。　64按验无状：考察验证无谋反之情状。“按”当考察讲。　65庚辰：八月十七日。　66坐：被判有罪。　67减死徙边：犯死罪，减轻为流放徙边。　68安施：怎么施行。　69为此不敢赦耳：唯其不忘旧勋，故不敢赦，以免其干犯科禁。　70阖（hé）门：闭门。阖，关闭。　71妄见：滥见。　72园陵：谓献陵，即唐高祖李渊陵墓。在今陕西三原县。　73哀毁羸瘠：悲哀损身，羸瘠异常。羸（léi），瘦弱。　74固谏：极力劝谏。　75乙亥：十月十二日。　76庚寅：十月二十七日。　77穆皇后祔葬：太穆皇后窦氏，初葬寿安陵，今祔献陵。　78庚戌：十一月十八日。　79诏议于太原立高祖庙：诏大臣讨论于太原立高祖庙之事。　80寝庙：古代的宗庙有庙和寝两部分，合称寝庙。郑玄注：“凡庙，前曰庙，后曰寝。”　81戊午：十一月二十六日。　82特进：官名。隋唐为文散官的第二阶，相当于正二品。　83功高不赏：功高而得不到赏赐。　84斯人：此人，指萧瑀。　85死胁：以死威胁。　86板荡：板与荡为《诗·大雅》篇名，后沿用为乱世之代词。　87善恶太明，亦有时而失：善恶之念，太为分明，亦有时而不免过分。　88向：假设语，假使，如果。　89圣明：圣明之主。　90求免难矣：求免于祸难啊。　91御常服：谓着用通常之吉服。　92久质中国：作为人质久留中国。质，人质。　93不附：不归附。　94谕解：晓谕劝解。　95随宜：视情形方便。

【译文】

六月二十五日，群臣再次请求唐太宗临朝听政，唐太宗答应了，但琐细的政务仍委托太子进行处理，太子颇能听取政事汇报并做出自己的裁断。从此以后唐太宗每次出外巡幸，经常令太子留守京城监理国事。

秋季，七月初七日，盐泽道行军副总管刘德敏进攻反叛的羌人，打败了他们。

七月十四日，唐太宗下诏："太上皇的陵墓依照以往汉高祖长陵的制度与规模，务必做到陵墓又高又厚。"修建陵墓的期限已经快到了，工程不能如期完成。秘书监虞世南上奏疏，认为："圣人对他的亲属采取薄葬，这不是不孝，而是经过深思熟虑，认为厚葬反而成为亲人的累赘，所以圣人不采取厚葬。过去汉朝的张释之曾说过：'如果陵墓中有让人很想得到的金玉宝货，即使浇铸了铜铁来封住南山，也还是有缝隙可钻的。'汉代的刘向也说：'死亡的人是无穷无尽的，而国家会有兴盛和衰弱的变化，张释之说的话，是为国家做永远的打算。'他们的话非常深刻，的确合乎道理。臣希望陛下的圣德超过唐尧、虞舜，而厚葬亲人却是以秦、汉为榜样，臣个人的意见是不同意陛下采取这种做法。虽然不再在陵墓中埋藏金玉，后代的人看见陵墓的封土丘垄如此高大，怎么知道里面没有金玉呢？而且如今陛下服丧的天数已经依照为汉文帝服丧的规格，三十七天后就脱下丧服，可是陵墓的制度却单要依照汉高祖长陵的规格，恐怕这也不是适宜的。臣希望陛下依照《白虎通义》的规定，为太上皇建造三仞高的陵墓，陵墓中使用的器物制度，全都有所节省削减，仍然雕刻石碑立在陵墓旁边，另外把碑文书写一幅，收藏在宗庙内，用作后代子孙永久遵守的制度。"上疏奏上以后，唐太宗没有回答。虞世南再次上疏，认为："汉代的帝王即位后就建造自己的陵墓，时间长的达五十多年，现在用几个月的时间来完成几十年的工程，恐怕在人力上有做不到的地方。"唐太宗于是把虞世南的奏疏授给有关部门，命令他们详细商议如何处理为宜。房玄龄等人建议，认为："汉高祖的长陵高九丈，汉光武帝的原陵高六丈，现在如果建陵墓高九丈就太高了，如果只有三仞高，又太低矮，请求依照原陵六丈的制度。"唐太宗听从了这个意见。

七月十八日，唐太宗下诏："建国之初典章制度处于草创阶段，宗庙的制度尚未完备，如今要将太上皇的神主迁入宗庙，应当让礼部官员详细商议。"谏议大夫朱子奢请求在宗庙中设立三昭三穆而空出太祖的神位。于是对太庙进行增修，加上远祖弘农府君重耳和高祖以及原来的宣简公、懿王、景皇帝、元皇帝的四个神主而成为六个神主之室。房玄龄等人提议以凉武昭王李暠为始祖。左庶子于志宁认为武昭王不是帝王之业的直接起源，不能作为始祖，唐太宗听从了这个意见。

党项族进犯叠州。

李靖在进攻吐谷浑时，曾对党项进行重金贿赂，让他们为唐军当向导。党项酋长拓跋赤辞来到军中，对诸位将领说："隋朝人不讲信用，喜欢暴虐地劫掠我们。如今你们的各路兵马如没有害我之心，我请求供给你们粮草。如果不能同意这个请求，我们将要占据险要之地阻挡你们进军的道路。"诸位将领与他订立盟约后放他回去。赤水道行军总管李道彦行军到达阔水，见拓跋赤辞没有防备，于是偷袭他，俘获了几千头牛羊。于是各部落的羌族人都对唐军怨恨愤怒，他们驻扎在野狐峡，李道彦的部队无法前进，拓跋赤辞袭击李道彦，李道彦大败，士兵战死数万人，于是撤退到松州进行防守。左骁卫将军樊兴因为进军缓慢而耽误了进军的期限，许多士兵逃亡失散。七月二十二日，李道彦、樊兴都被定罪，由死刑降一等流放到边远地区。

唐太宗派使节在大斗拔谷慰劳诸位将领，薛万均诋毁契苾何力，称自己作战有功。契苾何力非常气愤，拔刀而起，要杀掉薛万均，诸位将领救下薛万均，制止住契苾何力。唐太宗听说后，责怪契苾何力，契苾何力详细说明当时的情况，唐太宗发怒，要解除薛万均的官职而授给契苾何力，契苾何力坚决推辞，说："陛下因为我而解除薛万均的官职，那些胡人官员不知详情，以为陛下重视胡人而轻视汉人，这样转相诬告起来，争功的事情必定很多。而且使胡人认为将领们都如薛万均一样，这样他们就会有轻视汉人的想法。"唐太宗认为他说得好就停止解除薛万均的官职。不久唐太宗让契苾何力守卫玄武门，检校屯营事务，又将宗室的女儿临洮县主嫁给他。

岷州都督、盐泽道行军总管高甑生延误了作战的期限，李靖审查他的罪过。高甑生仇恨李靖，诬告李靖谋反，审查验实之后没有证据。八月十七日，高甑生被判处有罪，由死刑降一等流放到边远地区。有人说："高甑生是当年秦王府的功臣，应该宽宥他的罪过。"唐太宗说："高甑生违背了李靖的部署安排，又诬告李靖谋反，这种事都可以宽恕，那么法律将如何执行？而且国家当年从晋阳开始起兵以来，功臣有很多了，如果高甑生获得赦免，那么人人都会犯法，又怎能够再禁止呢？朕对以前的有功之臣，未曾忘记，正因如此才不敢宽赦他。"李靖从此以后关门谢绝宾客来访，即使是亲戚也不能随便见面。

唐太宗想亲自前去太上皇的陵园，大臣们认为唐太宗过于哀伤悲痛会使身体瘦弱，坚持谏阻，唐太宗才没去。

冬季，十月十二日，处月第一次派遣使节入京进献贡品。处月、处密都是西突厥的部落。

十月二十七日，安葬太武皇帝李渊在献陵，庙号为高祖。把穆皇后附葬在献陵中，增加谥号为太穆皇后。

十一月十八日，唐太宗下诏让大臣们商议在太原设立高祖庙的事，秘书监颜师古提出看法，认为："寝庙应设立在京城，汉代在各个郡国设立宗庙，不合乎礼仪。"于是停止在太原建立宗庙。

十一月二十六日，为光禄大夫萧瑀加官特进，又命他参与朝廷的政事。唐太宗说："武德六年以后，高祖有废立太子的想法但没有确定下来，当时朕不能被兄弟容纳，确实有功高无法给予赏赐的忧虑。萧瑀这个人，用利益不能引诱他，用死亡不能威胁他，真是社稷的功臣！"于是赐给萧瑀一首诗，诗中说："疾风知劲草，板荡识诚臣。"又对萧瑀说："你的忠诚正直，古人也超不过你；然而对事物是善是恶的态度过于鲜明，也有时出现差错。"萧瑀多次下拜感谢。魏徵说："萧瑀违背众人的想法而受到孤立，只有陛下了解他的忠诚和坚定，如果以前不是遇到了圣明的天子，要想求得不被人治罪是很难的。"

特进李靖上书给唐太宗，请求唐太宗依照太上皇的遗嘱，穿戴平时的正常官服，登上正殿听政，唐太宗不答应。

吐谷浑甘豆可汗因为长时间在中原做人质而不在国内，因此他当了可汗后国内的人们并不服从他，最后被他的手下杀死。他的儿子燕王诺曷钵继立为可汗。诺曷钵年幼，大臣们争权夺势，国内一片混乱。十二月，唐太宗诏令兵部尚书侯君集等人率军救援，先派出使者到吐谷浑进行宣谕劝解，如有不听从诏令的，根据当时情况进行讨伐。

【原文】

十年（丙申，636）

春，正月甲午[①]，上始亲听政。

辛丑[②]，以突厥拓设阿史那社尔[③]为左骁卫大将军。社尔，处罗可汗之子也，年十一，以智略闻[④]。可汗以为拓设，建牙[⑤]于碛北，与欲谷设分统敕勒诸部，居官十年，未尝有所赋敛。诸设[⑥]或鄙[⑦]其不能为富贵，社尔曰："部落苟丰，于我足矣。"诸设惭服。及薛延陀叛，攻破欲谷设，社尔兵亦败，将其馀众走保[⑧]西陲。颉利可汗既亡，西突厥亦乱，咄陆可汗兄弟争国。社尔诈往降之，引兵袭破西突厥，取其地几半[⑨]，有众十馀万，自称答布[⑩]可汗。社尔乃谓诸部曰："首为乱破我国者，薛延陀也，我当为先可汗[⑪]报仇击灭之。"诸部皆谏曰："新得西方，宜且留镇抚。今遽舍之远去，西突厥必来取其故地。"社尔不从，击薛延陀于碛北，连兵[⑫]百馀日。会咥利失可汗立[⑬]，社尔之众苦于久役，多弃社尔逃归[⑭]。薛延陀纵兵击之，社尔大败，走保高昌，其旧兵在者才万馀家，又畏西突厥之逼，遂帅众来降。敕处其部落[⑮]于灵州[⑯]之北，留社尔于长安，尚皇妹南阳长公主[⑰]，典屯兵于苑内[⑱]。

（以上为第九段，写突厥拓设社尔部归附唐朝。）

【注释】

①甲午：正月初三日。 ②辛丑：正月初十日。 ③阿史那社尔（？—655）：东突厥处罗可汗次子。曾趁西突厥内讧，袭取其地之半，自号"都布可汗"。贞观十年率众归唐。传见《旧唐书》卷一百零九、《新唐书》卷一百一十。 ④以智略闻：以才智谋略闻名。 ⑤牙：官署的称呼。 ⑥诸设："设"为突厥、回纥典兵者的官衔。诸设，指诸位典兵者。 ⑦鄙：看不起、鄙视。 ⑧走保：逃奔并守住。 ⑨几半：将近一半。 ⑩答布：应作都布，译文从之。 ⑪先可汗：即其父处罗可汗。 ⑫连兵：接连用兵。 ⑬咥利失可汗立：贞观八年西突厥咄陆可汗卒，其弟同娥设立，是为沙钵罗咥利失可汗。 ⑭逃归：逃归咥利失。 ⑮敕处其部落：敕命安置其部落。 ⑯灵州：州名。治所在今宁夏灵武西南。辖境相当于今宁夏中卫、中宁以北地区。 ⑰南阳长公主：《旧唐书》和《新唐书》皆作衡阳公主。 ⑱苑内：禁苑内。

【译文】

唐太宗贞观十年（丙申，636）

春季，正月初三日，唐太宗开始亲自处理朝廷政务。

正月初十日，唐太宗任命突厥拓设阿史那社尔为左骁卫大将军。社尔是处罗可汗的儿子，年仅十一岁，以智谋闻名。处罗可汗任命社尔为拓设，在漠北建立牙帐，与欲谷设分别统辖敕勒各部落，担任拓设十年，不曾征收赋税。其他的拓设中有人鄙视他不能使自己富贵，社尔说："部落如果丰足了，我就满足了。”这些拓设都惭愧而心服，等到薛延陀叛乱，攻击打败欲谷设，社尔的军队也战败，率领他的余部撤到西部边境进行防守。颉利可汗灭亡后，西突厥也发生混乱，咄陆可汗兄弟争夺君位。社尔假装前往投降，领兵打败西突厥，占领了他们一半的土地，拥兵十多万，自称都布可汗。社尔于是对各部落说：“最先造成我国乱亡的，是薛延陀，我应当为先人可汗报仇去攻击消灭他们。”各部落都劝阻他说：“我们刚刚得到西边一块地盘，应当暂且留在这里镇守安抚。如今突然舍掉这块地盘远去进攻薛延陀，西突厥必然要来夺取他们的故地。”社尔不听众人的意见，在漠北袭击薛延陀部，战斗持续一百多天。正好此时咥利失可汗即位，社尔的部下因长久外出作战而感到辛苦，大多抛弃社尔逃回。薛延陀发兵攻击，社尔大败，逃到高昌进行防守，他原来的部属此时只有一万多家，又畏惧西突厥的进逼，于是率领部下前来投降唐朝。唐太宗下令让他的部落居住在灵州的北面，把社尔留在长安，又把皇妹南阳长公主嫁给他为妻，让他在皇苑内典领驻军。

【原文】

癸丑[①]，徙[②]赵王元景为荆王，鲁王元昌为汉王，郑王元礼为徐王，徐王元嘉为韩王，荆王元则为彭王，滕王元懿为郑王，吴王元轨为霍王，豳王元凤为虢王，陈王元庆为道王，魏王灵夔为燕王[③]，蜀王恪为吴王[④]，越王泰为魏王，燕王祐为齐王，梁王愔为蜀王，郯王恽为蒋王，汉王贞为越王，申王慎为纪王。

二月乙丑[⑤]，以元景为荆州[⑥]都督，元昌为梁州[⑦]都督，元礼为徐州[⑧]都督，元嘉为潞州[⑨]都督，元则为遂州[⑩]都督，灵夔为幽州都督，恪为潭州[⑪]都督，泰为相州[⑫]都督，祐为齐州[⑬]都督，愔为益州都督，恽为安州都督，贞为扬州[⑭]都督。泰不之官[⑮]，以金紫光禄大夫张亮行都督事[⑯]。上以泰好文学[⑰]，礼接士大夫，特命于其府别置[⑱]文学馆，听自引召[⑲]学士。

三月丁酉[⑳]，吐谷浑王诺曷钵遣使请颁历，行年号，[㉑]遣子弟入侍，并从之。丁未[㉒]，以诺曷钵为河源[㉓]郡王、乌地也拔勤豆可汗。

癸丑[㉔]，诸王之藩[㉕]，上与之别曰：“兄弟之情，岂不欲常共处邪！但以天下之重[㉖]，不得不尔。诸子尚可复有，兄弟不可复得。”因流涕呜咽不能止。

夏，六月壬申[27]，以温彦博为右仆射，太常卿[28]杨师道[29]为侍中。

侍中魏徵屡以目疾[30]求为散官[31]，上不得已，以徵为特进，仍知门下事[32]，朝章国典，参议[33]得失，徒流以上罪[34]，详事闻奏[35]。其禄赐、吏卒并同职事[36]。

长孙皇后性仁孝俭素，好读书，常与上从容商略[37]古事，因而献替[38]，裨益弘多[39]。上或以非罪谴怒宫人[40]，后亦阳怒，请自推鞫[41]，因命囚系[42]，俟上怒息，徐为申理[43]，由是宫壸[44]之中，刑无枉滥。豫章公主[45]早丧其母，后收养之，慈爱逾于所生。妃嫔以下有疾，后亲抚视[46]，辍己之药膳以资之，宫中无不爱戴。训诸子，常以谦俭为先[47]，太子乳母遂安夫人[48]尝白后，以东宫器用[49]少，请奏益之[50]。后不许，曰："为太子，患在德不立，名不扬，何患无器用邪！"

上得疾，累年[51]不愈，后侍奉，昼夜不离侧。常系毒药于衣带，曰："若有不讳[52]，义不独生。"后素有气疾，前年从上幸九成宫，柴绍等中夕告变[53]，上擐甲出阁问状[54]，后扶疾[55]以从，左右止之，后曰："上既震惊，吾何心自安！"由是疾遂甚。太子言于后曰："医药备尽而疾不瘳[56]，请奏赦罪人及度人入道[57]，庶获冥福[58]。"后曰："死生有命，非智力所移[59]。若为善有福，则吾不为恶；如其不然，妄求何益？赦者国之大事，不可数下[60]。道、释异端之教[61]，蠹国[62]病民，皆上素所不为，奈何以吾一妇人使上为所不为乎？必行汝言，吾不如速死！"太子不敢奏，私以语房玄龄，玄龄白上，上哀之，欲为之赦[63]，后固止之。

及疾笃[64]，与上诀。时房玄龄以谴归第[65]，后言于帝曰："玄龄事陛下久，小心慎密，奇谋秘计，未尝宣泄[66]，苟无大故[67]，愿勿弃之。妾之本宗，因缘[68]葭莩[69]以致禄位[70]，既非德举[71]，易致颠危[72]，欲使其子孙保全，慎勿处之权要[73]，但以外戚奉朝请[74]足矣。妾生无益于人，不可以死害人，愿勿以丘垄[75]劳费天下，但因山[76]为坟，器用瓦木而已。仍愿陛下亲君子，远小人，纳忠谏，屏谗慝[77]，省作役，止游畋[78]，妾虽没于九泉[79]，诚无所恨。儿女辈不必令来，见其悲哀，徒乱人意。"因取衣中毒药以示上曰："妾于陛下不豫[80]之日，誓以死从乘舆[81]，不能当吕后之地耳[82]。"己卯[83]，崩于立政殿[84]。

后尝采[85]自古妇人得失事为《女则》三十卷[86]，又尝著论驳汉明德马后[87]以不能抑退外亲，使当朝贵盛[88]，徒戒其车如流水马如龙，是开其祸败之源而防其末流[89]也。及崩，宫司[90]并《女则》奏之，上览之悲恸，以示近臣曰："皇后此书，足以垂范[91]百世。朕非不知天命[92]而为无益之悲，但入宫不复闻规谏之言，失一良佐[93]，故不能忘怀耳！"乃召房玄龄，使复其位。

秋，八月丙子[94]，上谓群臣曰："朕开直言之路，以利国也，而比来上封事者多讦人细事[95]，自今复有为是者，朕当以谗人罪之。"

冬，十一月庚午[96]，葬文德皇后于昭陵[97]。将军段志玄、宇文士及分统士众出肃章门[98]。帝夜使宫官[99]至二人所，士及开营内之[100]，志玄闭门不纳，曰："军门不可夜开。"使者曰："此有手敕[101]。"志玄曰："夜中不辩[102]真伪。"竟留使者至明。帝闻而叹曰："真将军也！"

帝复为文刻之石[103]，称"皇后节俭，遗言薄葬，以为'盗贼之心，止求珍货[104]，既无珍货，复何所求'？朕之本志，亦复如此。王者以天下为家，何必物在陵中，乃为已有。今因九嵕[105]山为陵，凿石之工才百馀人，数十日而毕。不藏金玉，人马、器皿，皆用土木[106]，形具[107]而已，庶几奸盗息心，存没无累[108]，当使百世子孙奉以为法[109]。"

上念后不已，于苑中作层观[110]以望昭陵，尝引魏徵同登，使视之。徵熟视之曰："臣昏眊[111]，不能见。"上指示之，徵曰："臣以为陛下望献陵[112]，若昭陵，则臣固见之矣。"上泣[113]，为之毁观[114]。

（以上为第十段，写唐宗室诸王各就位封国，以及长孙皇后仁孝节俭，规劝太宗，护佑大臣事迹。长孙皇后崩唐太宗思念不已。）

【注释】

①癸丑：一月二十二日。 ②徙：迁调。 ③魏王灵夔为燕王：自此以上皆为太宗弟。 ④蜀王恪为吴王：自此以下皆为太宗子。 ⑤乙丑：二月初四日。 ⑥荆州：州名。治所在今湖北江陵县。 ⑦梁州：州名。治所在今陕西汉中市。 ⑧徐州：州名。治所在今江苏徐州市。 ⑨潞州：州名。治所在今山西长治市。 ⑩遂州：州名。治所在今四川遂宁市。 ⑪潭州：州名。治所在今湖南长沙市。 ⑫相州：州名。治所在今河南安阳市。 ⑬齐州：州名。治所在今山东济南市。 ⑭扬州：州名。治所在今江苏扬州市。 ⑮不之官：不到官上任。 ⑯行都督事：代理都

督处理事务。⑰好文学：喜好文学。⑱别置：另外设置。⑲听自引召：听任他自己召引。⑳丁酉：三月初七日。㉑请颁历，行年号：请颁唐所行之历法及年号，亦即奉唐之正朔。㉒丁未：三月十七日。㉓河源：郡名。治所在赤水城（今青海兴海县东南）。㉔癸丑：三月二十三日。㉕之藩：前往蕃地。㉖天下之重：天下托付之重。㉗壬申：六月十四日。㉘太常卿：《唐六典》卷十四，“太常寺。卿一人，正三品……太常卿之职，掌邦国礼乐、郊庙、社稷之事”。㉙杨师道（？—647）：字景猷。尚桂阳公主，官至中书令。事迹见《旧唐书》卷六十二、《新唐书》卷一百零五。㉚目疾：眼病。㉛散官：与职事官相对，是有官名而无固定职事的官。㉜仍知门下事：虽不居侍中之职，犹令知门下省事。㉝参议：参与议论。㉞徒流以上罪：指死刑言。㉟详事闻奏：详细情形向皇上奏闻。㊱其禄赐、吏卒并同职事：其待遇，如俸禄、赏赐、吏卒皆与职事官同。㊲商略：商讨、商榷。㊳献替：谓有所贡献，有所废替。㊴裨益弘多：裨补增益很多。㊵宫人：官名。掌王六寝之修缮、扫除等事，又指宫女。㊶推鞫（jū）：推按审讯。㊷囚系：囚而系之。㊸申理：申述辩理。㊹宫壸（kǔn）：壸，宫里的路。合言之即宫闱。㊺豫章公主：太宗女，下嫁唐义识。㊻抚视：抚慰省视。㊼谦俭为先：谦虚节俭为首要。㊽太子乳母遂安夫人：唐制，太子乳母封郡夫人。遂安郡，在今浙江淳安县。㊾器用：谓使用之器物。㊿请奏益之：请上奏并增加。51累年：积年。52若有不讳：谓不可讳言之事，即指死。53中夕告变：在夜半时报告有叛变。54擐甲出阁问状：擐（huàn）甲，穿甲。问状，问叛变之状况。55扶疾：带着病。56医药备尽而疾不瘳（chōu）：医药已用尽而疾病不愈。57度人入道：度人离俗而入道释。58庶获冥福：也许可获得阴福。59所移：所能移转、改变。60数下：屡下，屡次施行。61异端之教：邪异宗教。62蠹国：害国。63欲为之赦：要为她举行大赦。64疾笃：病重。65以谴归第：因受谴责归返宅第。66宣泄：泄漏。67大故：大事故，亦即大罪戾。68因缘：依靠、凭借。69葭莩（jiā fú）：苇子里的薄膜，比喻关系疏远的亲戚。70禄位：俸禄爵位。71德举：以德行铨举。72颠危：颠覆倾危。73权要：权势机要之地。74奉朝请：贵族官僚定期朝见皇帝的称谓。古代以春季的朝见为朝，秋季的朝见为请，故名。75丘垄：坟墓。76因山：借山，依山。77屏谗慝（tè）：屏弃奸邪者之言。78止游畋：废止游猎。79九泉：指人死后埋葬的地方，迷信的人指阴间。80不豫：旧以称帝王有病。81誓以死从乘舆：誓以死随从帝王于地下。乘舆，帝王乘的车子。此为帝王的代称。82不能当吕后之地耳：不能走到吕后的地步。吕后传见《史记》卷九《吕太后本纪》、《汉书》卷三《高后纪》。 ⑧③己卯：六月二十一日。 ⑧④立政殿：宫殿名。唐长安太极宫便殿之一，位于两仪殿与万春殿东侧立政门内。 ⑧⑤采：资料搜集。 ⑧⑥为《女则》三十卷：《旧唐书·文德皇后传》作十卷，《新唐书》同传作十篇，又《新唐书·艺文志二》，长孙皇后《女则要录》十卷。三十卷当改作十卷为是。 ⑧⑦明德马后（？—79）：东汉明帝皇后。永平三年（60）立为后，建初四年（79）卒。传见《后汉书》卷十。 ⑧⑧贵盛：尊贵而显赫。 ⑧⑨防其末流：意为不去堵塞祸患之源，却只注意次要的枝节的问题。 ⑨⓪宫司：掌管后宫之事的官员。 ⑨①垂范：流传下来作为典范。 ⑨②非不知天命：指人的寿命有限。 ⑨③良佐：贤能的辅佐。 ⑨④丙子：八月十九日。 ⑨⑤讦（jié）人细事：攻讦他人细微之事。指揭发别人的隐私。 ⑨⑥庚午：十一月无此日。似应作庚戌，十一月二十四日。 ⑨⑦昭陵：唐太宗陵墓。在今陕西礼泉县东北九嵕山。 ⑨⑧肃章门：唐长安太极宫内宫门之一。位于太极殿后朱明门以西，南直安仁门，入此即为内朝。 ⑨⑨宫官：指宦官。 ⑩⓪内之：纳之。 ⑩①手敕：皇帝的手令。 ⑩②辩：通辨，分辨。 ⑩③帝复为文刻之石：帝又撰文刻于石碑。 ⑩④珍货：珍宝财货。 ⑩⑤九嵕（zōng）山：在今陕西礼泉县东北，即昭陵所在。 ⑩⑥皆用土木：皆以土木为之。 ⑩⑦形具：具备形式。 ⑩⑧存没无累：生者死者皆可无牵累。 ⑩⑨奉以为法：奉为榜样。 ⑪⓪层观：专供观望的楼台。层，谓多层。观，指高观。 ⑪①眊（mào）：目不明之貌。 ⑪②献陵：唐高祖李渊陵墓。在今陕西三原县东北。 ⑪③上泣：太宗听后为之感泣。 ⑪④为之毁观：因此毁弃高观，以示不溺恋于夫妻私情。

【译文】

正月二十二日，把赵王李元景迁为荆王，鲁王李元昌迁为汉王，郑王李元礼迁为徐王，徐王李元嘉迁为韩王，荆王李元则迁为彭王，滕王李元懿迁为郑王，吴王李元轨迁为霍王，豳王李元凤迁为虢王，陈王李元庆迁为道王，魏王李灵夔迁为燕王，蜀王李恪迁为吴王，越王李泰迁为魏王，燕王李祐迁为齐王，梁王李愔迁为蜀王，郯王李恽迁为蒋王，汉王李贞迁为越王，申王李慎迁为纪王。

二月初四日，唐太宗任命李元景为荆州都督，李元昌为梁州都督，李元礼为徐州都督，李元嘉为潞州都督，李元则为遂州都督，李灵夔为幽州都督，李恪为潭州都督，李泰为相州都督，李祐为齐州都督，李愔为益州都督，李恽为安州都督，李贞为扬州都督。李泰不到相州上任，任命金紫光禄大夫张亮为相州府长史代替李泰执行都督的职责。唐太宗认为李泰喜好文学，以礼节对待士大夫，特命他在魏王府另外设置文学馆，听任他自行引见召集学士。

三月初七日，吐谷浑王诺曷钵派遣使节前来请求颁发历法和年号，并派王族子弟来长安为人质侍奉唐太宗，唐太宗允许了这些请求。十七日，册封诺曷钵为河源郡王、乌地也拔勤豆可汗。

三月二十三日，各位亲王前往各地的王府，唐太宗与他们告别说："我们兄弟的情谊，难道不想经常一起相处吗？只是因为天下是更重要的，才不得不这样做。儿子没有了还可以再有，兄弟不在了就不能再有了。"于是痛哭流涕不能停止。

夏季，六月十四日，任命温彦博为尚书右仆射，太常卿杨师道为侍中。

侍中魏徵屡次因为眼病请求改任散官，唐太宗不得已，把他改任为特进，仍然让他参与门下省的政事，朝廷的奏章、国家的典仪，都要他参与商议其中的得失，流放、徒刑以上的罪刑，也让他详细了解并且可以上书奏议，他的俸禄和赏赐以及下属的吏卒等都与没有解职以前相同。

长孙皇后仁义孝敬而且节俭朴素，爱好读书，经常和唐太宗从容地讨论古代的事情，因此对唐太宗提供了许多意见和建议，对唐太宗有许多帮助。唐太宗有一次责备一个无罪的宫女并且发怒，皇后也假装发怒，请求亲自审查讯问，于是命人把宫女捆绑关押起来，等到唐太宗的怒气平息了，才慢慢为她申诉道理，从此以后皇宫之中用刑没有出现冤枉和滥用。豫章公主早年丧母，皇后收养了她，对她的慈爱胜过了亲生的女儿。皇宫之内自妃嫔以下有人生病，皇后都亲自慰问和探视，并停下自己服用的药物和饮食来让生病的人服用，宫中没有人不爱戴皇后的。皇后教育各位皇子，常常以谦虚节俭为首要内容。太子的乳母遂安夫人曾对皇后说，东宫的器物用具太少，请求皇后奏请唐太宗增加器物用具。皇后不允许，说："身为太子，担心的事是自己的品德没有建立起来，声名没有传扬出去，哪里要担心没有器物用具呢？"

唐太宗患有疾病，多年不能治愈，皇后侍候照顾他，昼夜不离开身边。经常把毒药系在衣带上，说："皇上如有不测，按照道义我也不能一个人活下去。"皇后一直患有气喘病，前一年跟从唐太宗巡幸九成宫。柴绍等人深夜禀报发生事变，唐太宗身穿铠甲走出宫阁询问情况，皇后抱病跟随出来，身边的人让皇后不要出去，皇后说："皇上已然震惊，我自己的心情怎能安定！"于是病情加重。太子对皇后说："大夫看了、药物用了但疾病没有治愈，请求奏请皇上大赦天下犯人并度俗人出家，也许可以获得阴间的福祉。"皇后说："死生有命，并不是人的智力所能转移的。如果行善积德而有福祉，那么我并没做过恶事；如果不是这样，妄求冥福又有什么好处呢？大赦是国家的大事，不能多次大赦。道教、佛教都是异端的宗教，祸国殃民，都是皇上平素所不做的事，为什么因为我一个妇人就让皇上去做他不想做的事呢？如果一定要照你的话去做，我还不如立刻死去！”太子不敢上奏，私下告诉房玄龄，房玄龄又告诉了唐太宗，唐太宗为此感到悲哀，想为皇后的病大赦天下，皇后坚决制止唐太宗。

等到皇后病情严重后，与唐太宗诀别。当时房玄龄已被罢免回家赋闲，皇后对唐太宗说：“玄龄侍奉陛下已经很久，小心谨慎能守秘密，机密的奇谋和秘计，不曾向外泄露过，如果没有大的过错，希望陛下不要抛弃他。我娘家的亲族，由于我是皇后而得到禄位，既然不是因为本人有德行而被举荐当官的，容易遭到从官位上颠覆倾败的危险，我想让他们的子孙能够得以保全，希望陛下小心不要把他们安置在权要的职位上，只让他们以外戚的身份能定期朝见皇上就足够了。我活着的时候对别人没有帮助，不能因为死了再来害人，希望陛下不要为我修建陵墓而浪费国家人力财力，只要依山做坟，坟中所用的器物只要是瓦木之类就可以了。仍然希望陛下亲近君子，远离小人，采纳忠言直谏，摒弃谗言和邪恶之言，节省工程与劳役，停止游猎，这样的话妾即使在九泉之下，也实在没有遗憾了。不要让儿女们前来探视，看见他们悲哀，只会搅乱人心。”于是取出衣带上的毒药给唐太宗看，说：“我在陛下有病的日子，发誓用死来跟随陛下的车驾，不能走到吕后的地步。”六月二十一日，皇后在立政殿驾崩。

长孙皇后曾经搜集上古以来妇人为人处世的得失之事例编为《女则》三十卷，又曾亲自著述文章批驳汉代明德马皇后不能抑制外戚势力，使得他们在当朝获得显贵的权力，而只是告诫他们不要车如流水马如龙，这是开启了祸乱败亡的源头而只防范末流枝叶的小事。等到皇后驾崩后，宫中尚仪局的司籍官向唐太宗奏呈《女则》一书，唐太宗看后十分悲痛，拿了给身边的大臣看，说：“皇后这本书，足以流传百世，作为典范。朕不是不知上天的命数而因为皇后去世来做无益的悲伤，只是回到宫中就再也听不到皇后对我规谏的话了，失去了一位好的辅佐，所以不能忘记呀！”于是征召房玄龄，让他官复原职。

秋季，八月十九日，唐太宗对大臣们说：“朕打开直言进谏的通路，是为了有利于国家，然而近来上书奏事的人大多攻讦别人的琐细之事，自今以后还有做这种事的，朕当以诬告别人的罪行处治他。”

冬季，十一月十四日，把文德皇后安葬在昭陵。将军段志玄、宇文士及分别统领士兵从肃章门出城护送灵车。唐太宗夜里派两名宫中官员前去二人的军营，宇文士及开门把宦官放进军营，段志玄关闭营门不让进去，说："军门不可在夜间打开。"使者说："这里有皇上的亲笔敕书。"段志玄说："夜里辨不清真假。"竟让宦官在军营门外等到天亮。唐太宗听说后感叹说："这才是真正的将军啊！"

唐太宗又撰写祭文刻在石碑上，说："皇后生前节俭，嘱咐进行薄葬，认为'盗墓贼的想法，只是想在墓中找到珍宝，墓中既然没有珍宝，他们还能求得什么？'朕的本意也是如此。君王以天下为家，何必把宝物放在陵墓中，才算属于自己所有。如今就利用九嵕山的山势作为陵墓，凿石的工匠只有一百多人，几十天就完成了工程。陵墓中不藏金银玉器，随葬的人马、器皿，都用泥土和木料做成，只是略具形状而已，这样差不多可以使盗墓贼打消盗墓的念头，生者死者都没有负担，应当让以后百代的子孙以此作为修建陵墓的规则。"

唐太宗常常怀念皇后，在皇宫后苑中设立了一个观望的楼台，站在上面远望昭陵，曾带引魏徵一同登上观望楼台，让他观望。魏徵定睛观望了很久，说："我老眼昏花，不能望见。"唐太宗指给他看，魏徵说："臣以为陛下观望献陵，如果是昭陵，我本来就看见了。"唐太宗悲泣，为此拆毁了观望楼台。

【原文】

十二月戊寅[①]，朱俱波、甘棠[②]遣使入贡。朱俱波在葱岭[③]之北，去瓜州[④]二千八百里。甘棠在大海南。上曰："中国既安，四夷自服。然朕不能无惧，昔秦始皇威振胡、越[⑤]，二世而亡，唯诸公匡其不逮耳[⑥]。"

魏王泰有宠于上，或言三品以上多轻魏王。上怒，引三品以上，作色让之[⑦]曰："隋文帝时，一品以下皆为诸王所颠踬[⑧]，彼岂非天子儿邪？朕但不听诸子纵横[⑨]耳，闻三品以上皆轻之，我若纵之[⑩]，岂不能折辱公辈乎！"房玄龄等皆惶惧流汗拜谢。魏徵独正色[⑪]曰："臣窃计[⑫]当今群臣，必无敢轻魏王者。在礼[⑬]，臣、子一也[⑭]。《春秋》，王人虽微，序于诸侯之上。[⑮]三品以上皆公卿，陛下所尊礼[⑯]。若纪纲大坏，固所不论[⑰]；圣明在上[⑱]，魏王必无顿辱[⑲]群臣之理。隋文帝骄其诸子，使多行无礼，卒皆夷灭[⑳]，又足法乎[㉑]？"上悦曰："理到[㉒]之语，不得不服。朕以私爱忘公义，向者之忿，自谓不疑，及闻徵言，方知理屈。人主发言何得容易乎[㉓]？"

上曰："法令不可数变，数变则烦[㉔]，官长不能尽记；又前后差违，吏得以为奸[㉕]。自今变法，皆宜详慎而行之[㉖]。"

治书侍御史权万纪上言："宣、饶[27]二州银大发采之，岁可得数百万缗。"上曰："朕贵为天子，所乏者非财也，但恨无嘉言可以利民耳。与其多得数百万缗，何如得一贤才！卿未尝进一贤、退一不肖[28]，而专言税银[29]之利。昔尧、舜抵璧于山，投珠于谷[30]，汉之桓、灵乃聚钱为私藏[31]，卿欲以桓、灵俟我[32]邪！"是日，黜万纪，使还家。

是岁，更命[33]统军为折冲都尉[34]，别将[35]为果毅都尉[36]。凡十道，置府六百三十四，而关内二百六十一，皆隶诸卫[37]及东宫六率[38]。凡上府兵千二百人，中府千人，下府八百人。三百人为团，团有校尉；五十人为队，队有正；十人为火，火有长。每人兵甲粮装各有数，皆自备，输之库，有征行则给之。[39]年二十为兵，六十而免。其能骑射者为越骑[40]，其馀为步兵。每岁季冬[41]，折冲都尉帅其属教战，当给马者官予其直[42]市之。凡当宿卫者番上[43]，兵部以远近给番[44]，远疏、近数[45]，皆一月而更[46]。

（以上为第十一段，写唐太宗纳谏而抑制诸侯王尊礼大臣，以及实施府兵制。）

【注释】

①戊寅：十二月二十二日。 ②朱俱波、甘棠：均为国名。两国皆在西域。 ③葱岭：即今帕米尔高原与喀喇昆仑山脉的总称。 ④瓜州：州名。治所在今甘肃瓜州东南。 ⑤威振胡、越：犹威震四夷。 ⑥唯诸公匡其不逮耳：希望诸公匡正我不及的地方。 ⑦作色让之：作怒色以责备之。 ⑧颠踬（zhì）：困顿折磨。 ⑨诸子纵横：谓诸子纵横妄为。 ⑩纵之：纵容之。 ⑪正色：正颜厉色。 ⑫窃计：私自推测。 ⑬在礼：在礼仪上，或依礼而言。 ⑭臣、子一也：谓天子之臣与天子之子，其地位相等。 ⑮王人虽微，序于诸侯之上：王人，王臣，帝王的使者。全句意为：帝王的使者虽地位不高，但他所代表的身份却在诸侯之上。 ⑯尊礼：尊重礼遇。 ⑰固所不论：实不能论。 ⑱圣明在上：今皇上圣明。 ⑲顿辱：困顿折辱。 ⑳卒皆夷灭：结果都遭到诛杀灭亡。 ㉑又足法乎：又岂可资效法呢？ ㉒理到：犹有理。 ㉓人主发言何得容易乎：人主说话怎能随便呢？ ㉔烦：烦扰。 ㉕吏得以为奸：官吏就能玩法作奸。 ㉖详慎而行之：详细审核，谨慎从事。 ㉗宣、饶：州名。宣州，治所在今安徽宣城市宣州区。饶州，治所在今江西鄱阳县。 ㉘进一贤、退一不肖：推荐一位贤人，斥退一个不贤之人。 ㉙税银：征收采银者之税。 ㉚抵璧于山，投珠于谷：抵璧：击碎

璧玉。投珠：丢弃珠宝。谓圣人为杜绝淫邪之欲，而丢弃金银珠宝。 ㉛桓、灵乃聚钱为私藏：指东汉末，桓帝、灵帝公开卖官鬻爵，聚钱作为私藏之事。 ㉜俟我：待我。㉝更命：改命。 ㉞折冲都尉：军职名。唐府兵制的军府称折冲府，其主官为折冲都尉。掌府兵的操演、调度和宿卫京师等事务，必要时领兵戍边或作战。 ㉟别将：副将。㊱果毅都尉：折冲府的副职称左、右果毅都尉，各一人。 ㊲诸卫：指十二卫，即左右卫、左右武卫、左右武候、左右监门、左右领军、左右率府。 ㊳东宫六率：左右卫率、左右宗卫率、左右监门率。 ㊴输之库，有征行则给之：（将自备的兵甲粮装）先缴纳到国库，遇有征战，则发放使用之。 ㊵越骑：谓劲勇能超越的骑兵。 ㊶季冬：十二月。 ㊷予其直：直通值，谓给予其马的值价。 ㊸番上：唐代府兵定期轮流到京师担任宿卫，称番上。每次服役期限一般为一个月。 ㊹以远近给番：服役次数，按距京师远近决定。 ㊺远疏、近数：远方者，每次轮番的人数较少。故以全府计算，其整个轮番的次数自为疏旷。而近处轮番的人数较多，故其轮番次数自为频繁，故曰远疏近数。㊻皆一月而更：宿卫者，皆为期一月，然后更换。

【译文】

十二月二十二日，朱俱波、甘棠派使节入京进献贡品。朱俱波在葱岭的北面，离瓜州两千八百里。甘棠在西海以南。唐太宗说："中原既已安定，四方的夷族自然归服。但是朕不能没有恐惧，从前秦始皇的势力威震北方的胡和南方的越，只到二世就亡了国，希望各位公卿规劝匡正朕没做到的地方。"

魏王李泰深得唐太宗的宠爱，有人禀报声称三品以上的大臣大多轻视魏王。唐太宗发怒，召见三品以上的大臣，变了脸色责备他们说："隋文帝的时候，一品以下的大臣都受到亲王的羞辱侮弄，他们难道不是天子的儿子吗？朕只是不想听任皇子们横行霸道，听说三品以上的大臣都轻视他们，我如果放纵他们，难道他们不能羞辱你们吗？"房玄龄等人都恐慌害怕得汗流满面，磕头谢罪。只有魏徵用严肃的脸色说："臣私自认为当今的大臣们，必定没有人敢轻视魏王。依照礼仪，大臣与皇子都是一样的。《春秋》里说：周王室的人虽然地位微贱，位序在诸侯之上。三品以上都是公卿大臣，是陛下所要尊崇礼遇的。如果国家的纲纪已经大坏，固然不必再说这种尊崇和礼遇了；如果圣明的皇帝在上，魏王必定不会有羞辱大臣的道理。隋文帝放纵他的儿子们，让他们多行无礼之事，最后宗室完全被人杀光，又值得后人效法吗？"唐太宗高兴地说："道理说到位的话，不能不服从。朕因为私情的溺爱而忘记了国家的公义，先前的恼怒，自己觉得没有怀疑，等听到魏徵的话，才知道不合乎道理。作为君主，讲话怎能随便轻率呢？”

唐太宗说：“法令不可多次变更，多次改变就会使法令烦琐苛刻，官员们也难以记全；又会出现前后矛盾，官吏就可以钻空子干坏事。今后变更法令，都应详细谨慎地考虑后再来执行实施。”

治书侍御史权万纪上书说：“宣州、饶州发现大量白银，开采这些白银，每年可以得到数百万缗。”唐太宗说：“朕贵为天子，所缺乏的不是金银财物，只是遗憾没有精彩深刻的言论可以让百姓受益。与其多得数百万缗银子，哪里比得上得到一个贤能的人才？你未曾推荐一个贤能的人才、辞退一个不贤的庸才，而专门来说得到银子的好处。从前尧、舜把玉璧丢入深山，把宝珠投到深谷，汉代的桓帝、灵帝却聚敛钱财作为个人的私藏品，你想让桓帝、灵帝等我去见他们吗？”这一天，罢免权万纪的官职，让他回家赋闲。

这一年，唐朝把统军改称为折冲都尉，把统军别将改称为果毅都尉。全国共划分十个道，在各地设置六百三十四个都尉府，其中关内有二百六十一个都尉府，都隶属于诸卫和东宫的六率。凡是上府有兵一千二百人，中府有兵一千人，下府有兵八百人。每三百人为一个团，每个团设一个校尉；每五十人为一个队，每个队设一个队正；每十人为一个火，每个火设一个长。每个士兵的兵器盔甲粮食装备都有一定数额，都由自己备齐，放在库中保存，有出征作战任务时就发给每个士兵。二十岁为国家当兵，六十岁就可免除兵役。其中能骑马射箭的人编为越骑，其余的人皆担任步兵。每年冬季最后一个月，折冲都尉统率他的部属教习练兵，应该配给马匹的，由官府出钱自己到市场购买。凡是担当皇宫宿卫的则轮流前来值勤，兵部根据来人的距离远近编排值班的顺序，路远的轮值次数少，路近的轮值次数多，都是值勤一个月之后进行轮换。

【原文】

十一年（丁酉，637）

春，正月，徙[①]郐王元裕为邓王，谯王元名为舒王。

辛卯[②]，以吴王恪为安州都督，晋王治为并州都督，纪王慎为秦州都督。将之官[③]，上赐书戒敕曰：“吾欲遗汝珍玩[④]，恐益骄奢[⑤]，不如得此一言[⑥]耳。”

上作飞山宫[⑦]。庚子[⑧]，特进魏徵上疏，以为：“炀帝恃其富强，不虞后患，穷奢极欲，使百姓困穷，以至身死人手⑨，社稷为墟⑩。陛下拨乱返正，宜思隋之所以失，我之所以得，撤其峻宇⑪，安于卑宫。若因基而增广⑫，袭旧而加饰⑬，此则以乱易乱，殃咎⑭必至，难得易失⑮，可不念哉？”

房玄龄等先受诏定律令，以为：“旧法，兄弟异居，荫不相及⑯，而谋反连坐皆死⑰；祖孙有荫，而止应配流⑱。据礼论情，深为未惬⑲。今定律，祖孙与兄弟缘坐者俱配役⑳。”从之。自是比古死刑㉑，除其太半㉒，天下称赖㉓焉。玄龄等定律五百条，立刑名二十等㉔，比隋律减大辟㉕九十二条，减流入徒者㉖七十一条，凡削烦去蠹㉗，变重为轻者㉘，不可胜纪。又定令㉙一千五百九十馀条。武德旧制，释奠于太学，以周公为先圣，孔子配飨㉚。玄龄等建议停祭周公，以孔子为先圣，颜回配飨。又删武德以来敕格㉛，定留㉜七百条，至是颁行之。又定枷、杻、钳、锁、㉝杖、笞，皆有长短广狭之制。

自张蕴古之死㉞，法官以出罪为戒㉟，时有失入者㊱，又不加罪㊲。上尝问大理卿㊳刘德威㊴曰：“近日刑网稍密㊵，何也？”对曰：“此在主上，不在群臣。人主好宽则宽，好急㊶则急。律文：失入减三等㊷，失出㊸减五等。今失入无辜㊹，失出更获大罪㊺，是以吏各自免㊻，竞就深文㊼，非有教使之然㊽，畏罪故耳㊾。陛下傥一断以律㊿，则此风立变矣。”上悦，从之。由是断狱平允(51)。

（以上为第十二段，写唐太宗制定刑律，敕刑部依法判案。）

【注释】

①徙：迁调。　②辛卯：正月初五日。　③将之官：将前往任职。　④欲遗（wèi）汝珍玩：想赠送你们珍宝玩物。遗，给予，赠送。　⑤恐益骄奢：恐怕增加你们的骄傲奢侈。益：增加。　⑥不如得此一言：此一言，《资治通鉴》并未言明。查《旧唐书·吴王恪传》，太宗曾有一番诫勉之词，诸如要“以义制事，以礼制心”，“外为君臣之忠，内有父子之孝”，“诫此一言，以为庭训”，等等。　⑦上作飞山宫：太宗营建飞山宫。飞山宫，宫殿名。在东都洛阳。　⑧庚子：正月十四日。　⑨身死人手：身死于他人之手。　⑩社稷为墟：国家变成废墟。　⑪峻宇：高峻的宫宇。⑫因基而增广：在原基础上又扩大。　⑬袭旧而加饰：沿袭旧有而添饰。　⑭殃咎：祸患。　⑮难得易失：谓天下难得，而失则甚易。　⑯荫不相及：指赐官爵等不相庇护。

荫：余荫，庇荫。　⑰而谋反连坐皆死：但因谋反而牵连坐罪，皆处死刑。　⑱止应配流：只应流放到远方。配流，配置而流徙。　⑲深为未惬：深以为不适当。惬，合适、适当。　⑳祖孙与兄弟缘坐者俱配役：祖孙与兄弟因牵连坐罪的，同处流放远地戍边。　㉑自是比古死刑：从此，比照古时规定的死刑。　㉒太半：大半。　㉓称赖：称赞、叫好。　㉔立刑名二十等：据《旧唐书·刑法志》，有笞、杖、徒、流、死为五刑。笞刑五条，杖刑五条，徒刑五条，流刑三条，死刑二条，大凡二十等。　㉕大辟：死刑。　㉖减流入徒者：减除流放而变为徒刑者。　㉗去蠹：去掉为害于民的。　㉘变重为轻者：变重刑为轻刑的。　㉙定令：制定律令。　㉚配飨：亦作配享。飨（xiǎng），通享。"鬼神"享用祭品。　㉛敕格：敕，指皇帝的命令或诏书。格，指法律条文。　㉜定留：制定和保留。　㉝枷、杻、钳、鏁：皆为刑具。枷，是一种用木板制成的套在人脖子上的刑具。杻（chǒu），即手铐。钳，用铁圈束颈叫钳。鏁，同锁。　㉞张蕴古之死：贞观五年张蕴古秉公奏事，被人诬陷。太宗斩而悔之。　㉟以出罪为戒：拿重罪轻判作警戒。　㊱有失入者：谓不应当判罪而误判者。　㊲又不加罪：又不追究失误的法官。　㊳大理卿：官名。掌管刑狱的大理寺的长官。　㊴刘德威（582—652）：唐初大臣。徐州彭城人。传见《旧唐书》卷七十七、《新唐书》卷一百零六。　㊵稍密：稍严。　㊶好急：喜好急峻（刑严）。　㊷失入减三等：将无罪的人误判有罪，法官被征罚，降三级。失，误判。入，指无罪的人入狱。　㊸失出：将有罪的人误判为无罪释放。出，指将罪人开释。　㊹失入无辜：将无罪的人误判入狱，法官没有受到惩处。　㊺失出更获大罪：将有罪的人误判为无罪，法官受到严厉惩处。　㊻吏各自免：官吏各自求免于罪。　㊼竞就深文：文指文法，谓竞用重法罗织其罪。　㊽非有教使之然：并非有教导者使他这样。　㊾畏罪故耳：原因是怕自己招致罪过。　㊿一断以律：完全依据法律判刑。　(51)由是断狱平允：因此法官判案公平允当。

【译文】

唐太宗贞观十一年（丁酉，637）

春季，正月，把郐王李元裕迁为邓王，谯王李元名迁为舒王。

正月初五日，任命吴王李恪为安州都督，晋王李治为并州都督，纪王李慎为秦州都督。诸王将要赴任时，唐太宗赐给亲手书写的信诫敕他们，说："我想送给你们珍宝器玩，恐怕你们会更加骄奢，不如得到这一句话。"

唐太宗命人营造洛阳的飞山宫。正月十四日，特进魏徵上疏，认为："隋炀帝依仗着国家的富强，不考虑将来的灾患，穷奢极欲，使老百姓穷困至极，以致自己死在别人手中，社稷江山变为废墟。陛下拨乱反正，应当深思隋朝灭亡和我大唐得到天下的原因，撤除高大的殿宇，安居在低矮的宫殿中。假如利用旧的地基再增高扩大，承袭旧的宫殿再增加华丽的装饰，这就是以乱代替乱，灾殃祸害必然会到来，江山难得而易失，怎么能不记在心里呢？”

房玄龄等人先前接到诏书修订法律，认为：“以前的法律，兄弟分居之后，依靠先人的余荫循例得官的门荫关系就互不起作用，但在犯了谋反罪时兄弟分居也要连坐处死；祖孙之间有荫亲关系，犯罪连坐时只处以发配流放。依据礼仪制度来考虑人情关系，对以上的处理深觉有不当之处。现今修订法律，祖孙与兄弟株连犯罪时都处以发配劳役。”唐太宗同意。自此与古代死刑相比，已减除了一大半，全国百姓对此都称有利。房玄龄等人修订法律五百条，确立刑名二十个等级，与隋朝法律相比减掉了死刑九十二条，减掉了流放劳役七十一条，凡是删去烦琐，除掉弊刑，改重为轻等，具体条数无法计算。又制定法令一千五百九十多条。按照太上皇武德年间的旧制度，在太学举行释奠礼，以周公为先圣，孔子作为陪同祭享，房玄龄等人建议停祭周公，改而以孔子为先圣，颜回作为陪同祭享。删减了武德年间以来的众多敕书命令，确定保留下来的只有七百条，到此时将这些法律法令全部颁行天下。又定出枷、杻、钳、鏁、杖、笞等刑具，都有长短宽窄的规制。

自从张蕴古死后，法官都以减罪释放罪人为戒，当时有的官员在判案时失误而把人抓进牢狱，也没有被朝廷治罪。唐太宗曾问大理寺卿刘德威：“近来判刑的法网比较密，是什么原因？”刘德威回答说：“这原因在于皇上，不在大臣。君主喜欢宽大，大臣判刑就会宽松，君主喜好从严，大臣判刑就会从重。法律文书规定：错判人入狱的减官三等，错放了犯人的则要减官五等。如今错判了人没有罪过，错放了人却要获得大罪，所以官员们都为了使自己免于获罪，于是竞相为犯人定罪而不惜对犯人想尽办法找到罪名，不是有法律让他们这么做，而是害怕被朝廷认为他们有罪。陛下倘若一律按法律的规定来对待判案的官员，这种法网过密的风气就会立刻改变。”唐太宗高兴，听从了这个意见，从此断案大多平允公正。

【原文】

上以汉世豫作山陵[①]，免子孙苍猝劳费[②]，又志在俭葬，恐子孙从俗奢靡。二月丁巳[③]，自为终制[④]，因山为陵，容棺而已。

甲子[5]，上行幸洛阳宫。

上至显仁宫[6]，官吏以缺储偫[7]，有被谴者。魏徵谏曰："陛下以储偫谴官吏，臣恐承风相扇[8]，异日[9]民不聊生，殆非行幸[10]之本意也。昔炀帝讽[11]郡县献食，视其丰俭以为赏罚[12]，故海内叛之。此陛下所亲见，奈何欲效之乎？"上惊[13]曰："非公不闻此言[14]。"因谓长孙无忌等曰："朕昔过此，买饭而食，僦舍[15]而宿；今供顿[16]如此，岂得嫌不足乎？"

三月丙戌朔[17]，日有食之。

庚子[18]，上宴洛阳宫西苑[19]，泛[20]积翠池，顾谓侍臣曰："炀帝作此宫苑[21]，结怨于民，今悉为我有，正由宇文述[22]、虞世基[23]、裴蕴[24]之徒内为谄谀[25]，外蔽聪明[26]故也，可不戒哉？"

房玄龄、魏徵上所定《新礼》一百三十八篇。丙午[27]，诏行之。

以礼部尚书王珪为魏王泰师[28]，上谓泰曰："汝事[29]珪当如事我。"泰见珪，辄先拜，珪亦以师道自居[30]。珪子敬直尚南平公主[31]。先是[32]，公主下嫁，皆不以妇礼事舅姑，珪曰："今主上钦明[33]，动循礼法[34]，吾受公主谒见，岂为身荣[35]，所以成国家之美耳[36]。"乃与其妻就席坐[37]，令公主执笲行盥馈之礼[38]。是后公主始行妇礼，自珪始。

群臣复请封禅[39]，上使秘书监颜师古等议其礼[40]，房玄龄裁定[41]之。

夏，四月己卯[42]，魏徵上疏，以为："人主善始者多[43]，克终者寡[44]，岂取之易而守之难乎[45]？盖以殷忧[46]则竭诚以尽下[47]，安逸则骄恣[48]而轻物[49]；尽下则胡、越同心，轻物则六亲离德，虽震之以威怒[50]，亦皆貌从而心不服故也。人主诚能见可欲则思知足[51]，将兴缮[52]则思知止，处高危则思谦降[53]，临满盈则思挹损[54]，遇逸乐则思撙节[55]，在宴安[56]则思后患，防壅蔽则思延纳[57]，疾谗邪[58]则思正己[59]，行爵赏则思因喜而僭[60]，施刑罚则思因怒而滥[61]，兼是十思[62]，而选贤任能，固[63]可以无为而治，又何必劳神苦体以代百司之任哉？"

（以上为第十三段，写唐太宗完成唐礼仪的制定，魏徵上十思疏。）

【注释】

①汉世豫作山陵：汉制，皇帝登极后即开始筑陵，直至其死而止。豫，预先，事前。豫，古通"预"。　②苍猝劳费：仓促间劳人费资。　③丁巳：二月初二日。④自为终制：自作临终的仪制。　⑤甲子：二月初九日。　⑥显仁宫：宫殿名。在今河

南宜阳县。 ⑦以缺储偫（zhì）：因为缺乏储存物品。偫，储物以待用。 ⑧承风相扇：承袭风气，互相影响。 ⑨异日：来日、他日。 ⑩行幸：皇帝巡视。 ⑪讽：讽示、讽劝。 ⑫视其丰俭以为赏罚：依其献食的丰盛与节俭作为赏罚的标准。 ⑬上惊：指唐太宗闻言惊变，时时以隋炀帝亡国为借鉴，魏徵以此为谏。 ⑭非公不闻此言：谓唯有您才肯作此言。 ⑮僦舍：租赁房舍。僦（jiù）,租赁。 ⑯供顿：顿驻时的供给。⑰丙戌朔：三月初一日。 ⑱庚子：三月十五日。 ⑲洛阳宫西苑：据胡注，洛阳西苑，北距北邙，西至孝水，南带洛水支渠，谷、洛二水汇于其间。苑墙周长达一百二十六里。 ⑳泛：泛舟。乘舟漂浮游荡。 ㉑炀帝作此宫苑：炀帝大业元年五月，筑西苑，周二百里。其内为海，周十余里。为蓬莱、方丈、瀛洲诸山，高出水百余尺，台观殿阁，罗络山上，向背如神。堂殿楼观，穷极华丽。 ㉒宇文述：据胡注，宇文述，恐当作宇文恺。宇文恺（555—612），朔方夏州（今陕西榆林市横山区）人。字安乐。多技艺，有巧思，隋朝工部尚书。传见《隋书》卷六十八。 ㉓虞世基（？—618）：会稽余姚（今浙江余姚市）人。字茂世。隋朝大臣。传见《隋书》卷六十七。 ㉔裴蕴（？—618）：河东闻喜（今山西闻喜县）人。隋朝大臣。传见《隋书》卷六十七。 ㉕谄谀：献媚逢迎。 ㉖聪明：指耳目。 ㉗丙午：三月二十一日。 ㉘王珪为魏王泰师：唐初，因魏晋之制，诸王置师一人。开元改曰傅。 ㉙事：侍奉。 ㉚以师道自居：以老师的尊严自处。 ㉛南平公主：太宗女。 ㉜先是：在此以前。 ㉝钦明：圣明、通明。 ㉞动循礼法：一举一动皆依礼法。 ㉟岂为身荣：不是为了自身的荣耀。㊱所以成国家之美耳：是为了成就国家美好的礼俗而已。 ㊲就席坐：坐于席上。㊳令公主执笲行盥馈之礼：命公主持笲（竹器）盛枣栗脩拜舅姑，再用盘水洗手馈送特豚之礼。笲（fán），盛物的竹器。盥（guàn），洗（手、脸）。 ㊴复请封禅：贞观五年，诸州朝集使请封禅；六年，文武官请；今从臣复请。 ㊵议其礼：商议制定封禅的礼仪。㊶裁定：裁断而决定。 ㊷己卯：四月二十五日。 ㊸善始者多：有良好开端者多。㊹克终者寡：能好到终底者少。克，能。 ㊺岂取之易而守之难乎：难道是取得天下容易而守住天下困难吗？ ㊻殷忧：盛忧，忧患深。 ㊼尽下：尽心对待部下。 ㊽骄恣：骄傲的自满。 ㊾轻物：轻慢待人。 ㊿震之以威怒：用威势发怒来胁迫他们。(51)见可欲则思知足：看见想要的东西时，就要想到知足。 (52)将兴缮：打算兴建修缮。(53)处高危则思谦降：顾念自己居高位有危险时，就要想到谦虚对待下人。 (54)临满盈则思挹损：遇到骄傲自满时，就要想到自我收敛克制。挹损：抑损。 (55)遇逸乐则思撙节：喜欢游乐时，就要想到有所节制。撙（zǔn），节省。 (56)在宴安：安乐时。 (57)防壅蔽则思延纳：防止耳目被蒙蔽，就要想到采纳臣民的意见。 (58)疾谗邪：憎恶进谗言做邪事的人。 ⑲正己：端正自己的品德。 ⑳因喜而僭：因一时高兴而过分。 ㉑因怒而滥：因一时生气而滥刑。 ㉒兼是十思：综合以上这十思。 ㉓固：必定。

【译文】

唐太宗认为汉代皇帝继位之后就预先为自己修筑陵墓，想免去子孙为自己修陵的时间仓促而且耗费财力的负担，于是就立志要实行薄葬，担心子孙随从时俗追求奢靡。二月初二日，唐太宗亲自制定皇帝的送终制度，规定皇帝死后都要利用山势修建陵墓，其中的地宫仅能容下棺木即可。

二月初九日，唐太宗巡幸洛阳宫。

唐太宗到达显仁宫，当地官员因物资准备不足，有人受到降职处理。魏徵劝谏说："陛下因为储备的事就把官吏降职，臣怕人们继承这种风气不断扩大盛行，以后就会使得民不聊生，这恐怕不是陛下巡幸各地的本意。从前隋炀帝巡幸各地时暗示各地郡县的官员向他进献食品，根据地方官员进献物品的丰足还是俭少而对官员进行赏罚，所以天下的人都叛离了他。这是陛下亲眼所见的，为什么又想效法他呢？"唐太宗吃惊地说："没有你，我就听不到这种话。"于是对长孙无忌等人说："朕从前经过这里，买饭来吃，租房子来住宿，如今供应安顿得像这样，怎能还嫌不满足呢？"

三月初一日，发生日食。

三月十五日，唐太宗在洛阳宫西苑举行会宴，在积翠池泛舟，回头对身边的大臣们说："隋炀帝修筑了这些宫殿和花苑，与百姓结下了仇怨，如今全部归我所有，正是因为宇文述、虞世基、裴蕴之流在朝内谄谀，在朝外遮蔽了君主视听，能不引以为戒吗？"

房玄龄、魏徵上奏所定《新礼》一百三十八篇，三月二十一日，唐太宗下诏颁行全国。

唐太宗任命礼部尚书王珪为魏王李泰的老师，唐太宗对李泰说："你侍奉王珪应当像侍奉我一样。"李泰见到王珪，总是先行拜见礼，王珪也以老师的身份自居。王珪的儿子王敬直娶了皇家的南平公主为妻。在此之前，公主们下嫁，都不以媳妇的礼节侍奉公婆，王珪说："如今皇上圣明，行为都依循礼法，我接受公主的谒见，难道是为自身的荣耀吗？乃是为了成就国家的美名罢了。"于是和妻子就席而坐，让公主拿着盛枣栗的竹器，对他和妻子施行媳妇侍奉公婆的盥馈之礼。从此以后下嫁的皇家公主开始对她的公婆行媳妇之礼，这是从王珪开始的。

众位大臣再次请求唐太宗登泰山进行封禅，唐太宗让秘书监颜师古等人商议相关的礼仪，由房玄龄加以裁定。

夏季，四月二十五日，魏徵上奏，认为："君主能够在治国开始时合乎善道的比较多，能够到最终还保持善行的就很少，难道是取天下容易而守成难吗？那是因为开始登上帝位时还能够吸取前代亡国的教训，于是就竭心尽力来对待臣下百姓，可是帝位巩固之后就变得安逸，于是就骄横恣肆，对待臣下轻薄怠慢；君主能够竭心尽力对待臣下，就连胡、越等不同种族的人也会与君主同心协力；如果君主对待臣下轻薄怠慢，就连自己的亲属也会与他离心离德，即使运用君王的神威圣怒来让天下感到害怕，臣下也都是对君主外表上顺从，而内心里不服。君主如果真能做到出现了欲望就思考要知足，将要兴建营造的时候就思考要停止，身处高位而有危险就思考要谦卑，面临盈满就思考要减损，遇到安逸享乐就思考要克制，在欢乐平安的时候就思考会有后患，防止被近臣闭塞了视听就思考要寻求直臣听取谏诤，痛恨谗言邪恶就思考要端正自己的言行，施行爵赏时就思考是由于自己高兴了而施行超过规定的赏赐，施行刑罚时就思考是由于自己恼怒了而滥行惩罚，君主把这十种思考全都放在心里，而选择贤才任用能人，这样就可以做到无为而治了，又何必让自己劳神辛苦来代行百官的职责呢？"

【评析】

唐高祖李渊

唐高祖李渊因好色而昏庸，因猜忌李世民功高震主而袒护太子李建成、齐王李元吉谋害秦王李世民的种种行迹，最终酿成玄武门之变，自己被逼下台，成了开国之君中的太上皇，在中国封建社会的历代王朝中是仅有的，可以说是李渊的晚年悲剧。但是终其一生的业绩，李渊仍是一位雄略的开国君主，是隋唐之际的一位英雄人物。

李渊字叔德，祖籍河北，出身世族赵郡李氏，入关中后改为陇西郡望，家狄道，自称西凉武昭王李暠的七世孙。李渊祖父李虎为北魏八柱国之一，入周封唐国公。李渊既出身世族，又是隋室皇亲，隋文帝的独孤皇后是李渊的姨母，故备受隋皇室亲爱。李渊七岁袭唐国公，年少神勇，及长入仕，初为荥阳、楼烦二郡守，历官谯、陇、岐三州刺史，征入朝为殿内少监，大业九年迁卫尉少卿。辽东役起，李渊督运于怀远镇。大业十二年，隋炀帝命李渊为太原留守，防御北边突厥犯边。

太原起兵，李世民和晋阳令刘文静是主谋，但李渊亦早有异志。唐高祖武德二年，宇文士及降唐，李渊与裴寂谈起宇文士及，李渊说，早在六七年前，督怀远镇时，两人就密议时事，宇文士及当年就归心于李渊，裴寂等人在晋阳议论起兵，已在宇文士及之后。李渊起兵之初，打出“志在尊隋”的旗号以靖乱。当李渊进入关中，攻克长安后，李渊迎立隋代王杨侑即帝位，杨侑年十三，改元义宁，是为恭帝。这一举措，赢得大批拥隋吏民支持李渊。当时李密领导的瓦岗军势力最强，为了防止李密入关，并引向李密与东都王世充决战，李渊卑辞下书与李密，尊奉李密为盟主，自称老夫知命，复封于唐足矣。李密果然自骄，沾沾自喜，而不知已落入李渊的谋计中。

李渊即位建唐以后，全国形势依然严峻。李渊为统一事业做出了奠基的贡献。首先，稳定关中局势。李渊入关之初，就对关中士庶以礼相待，招揽了大批治国人才，又一一废除隋炀帝的行宫园池苑囿，令民耕种，释放大批宫女回家。武德元年，诏告“义师所行之处，给复三年”，武德四年、七年和九年，三次大赦天下。平反隋炀帝冤杀的隋朝的将相大臣，有原太常卿高颎、上柱国贺若弼、司隶大夫薛道衡、刑部尚书宇文弼、左翌卫将军董纯、右骁卫大将李金才等。给这些人追加谥号，将受迫害官吏的子孙、被牵连的流放者，一律放还回家，此举大得人心。

太子李建成与秦王李世民的矛盾日益激烈，但李渊把握了大局，放手让李世民招纳文武，信赖李世民统军讨灭群雄。对外，李渊注意调整同周边少数民族的关系。武德二年七月，西突厥叶护可汗、高昌王麹伯雅遣使前来朝贡；武德六年八月，吐谷浑内附；武德七年正月，封高丽高武为辽东郡王，百济王扶余璋为带方王，新罗王金直平为乐浪郡王。唐与周边各少数民族的关系有了改善。

李渊为了稳定社会秩序，在统一战争行进中就着手一些律令的修订和实施。武德元年五月，李渊命相国府长史裴寂等修律令，六月，诏废隋《大业律令》，颁新律。九月，李渊亲自察看囚徒罪行材料，不实者多所赦免。十一月，“诏颁五十三条格，以约法缓刑”。贞观初断狱，以减缓刑罚为主要特征。房玄龄最后完成《唐律》五百条，这些应是李渊打下的基础。

李渊还采取多种措施恢复和发展社会经济。武德元年九月，诏置社仓和常平监，在丰年储粮，灾年赈济，防止人民流离。武德四年，废五铢钱，铸行开元通宝，便利商品经济发展。武德七年，颁行均田制，稳定农民耕作。武德九年，颁诏整顿寺观，钦定每州寺观只保留一所，对不堪供养的僧、尼、道士等，一律罢遣，各还乡里，以增加劳动人民的数量。

玄武门之变之后，李渊立即让出政权，此后亦不问政事，消除政治上的干扰，这也是李渊的一大贡献。

作为一代开国之主，李渊不能与汉高祖、光武帝并论，但他为“贞观之治”奠基，仍不失为一个有为之君。

卷第一百九十五　唐纪十一

唐太宗贞观十一年至十四年（637—640）

【起强圉作噩（丁酉，637）五月，尽上章困敦（庚子，640），凡三年有奇】

【大事提要】

本卷记事起唐太宗贞观十一年（637）五月，讫贞观十四年（640）年，凡三年又八个月，是“贞观之治”的中后期，唐朝太平景象达于极盛。640年，唐灭高昌置西州，西域纳入版图，唐代疆域东及于海，西至焉耆，南尽林邑，北抵大漠，东西九千五百一十里，南北一万九百一十里。武功极盛，文治兴隆。唐代各种制度健全，新修《氏族志》以压制士族，抬高皇室地位。倡导儒学，修撰《五经正义》，唐太宗征天下名儒为学官，多次亲临国子监听讲，高丽、百济、新罗、高昌、吐鲁番等国士子到长安求学，唐朝太学成为世界著名高等学府。这一时期，政治稳定，国家无大事，君臣仍孜孜以求，时时讨论得天下不易，守成更难，励精图治。唐太宗始有骄矜之色，纳谏不如贞观之初，魏徵等大臣时时敲响警钟，故本卷内容多载唐太宗纳谏政事，如停止复活封建制的世袭刺史、宽宥功臣等。

【原文】

太宗文武大圣大广孝皇帝中之上

贞观十一年（丁酉，637）

五月壬申①，魏徵上疏，以为：“陛下欲善之志不及于昔时，闻过必改少亏于曩日②，谴罚积多，威怒微厉。乃知贵不期骄，富不期侈，③非虚言也。且以隋之府库、仓廪、户口、甲兵之盛，考之今日，安得拟伦④？然隋以富强动之而危，我以寡弱静之而安，安危之理，皎然⑤在目。昔隋之未乱也，自谓必无乱；其未亡也，自谓必无亡。故赋役无穷，征伐不息，以至祸将及身而尚未之寤也。夫鉴[⑥]形莫如止水，鉴败莫如亡国。伏愿取鉴于隋，去奢从约[⑦]，亲忠远佞，以当今之无事，行畴昔[⑧]之恭俭，则尽善尽美，固无得而称焉。夫取之实难，守之甚易，陛下能得其所难，岂不能保其所易乎！”

六月，右仆射虞恭公温彦博薨[⑨]。彦博久掌机务，知无不为。上谓侍臣曰：“彦博以忧国之故，精神耗竭，我见其不逮[⑩]，已二年矣，恨不纵其安逸，竟夭天年[⑪]！”

丁巳[⑫]，上幸明德宫[⑬]。

己未[⑭]，诏荆州都督荆王元景[⑮]等二十一王所任刺史，咸令子孙世袭。戊辰[⑯]，又以功臣长孙无忌等十四人为刺史，亦令世袭，非有大故，无得黜免。

己巳[⑰]，徙许王元祥[⑱]为江王。

秋，七月癸未[⑲]，大雨，穀、洛溢入洛阳宫[⑳]，坏官寺、民居，溺死者六千馀人。

魏徵上疏，以为：“文子[㉑]曰：‘同言[㉒]而信[㉓]，信在言前；同令[㉔]而行，诚在令外。’自王道休明[㉕]，十有馀年，然而德化未洽者，由待下之情未尽诚信故也。今立政致治，必委之君子；事有得失，或访之小人。其待君子也敬而疏[㉖]，遇小人也轻而狎[㉗]；狎则言无不尽[㉘]，疏则情不上通。夫中智[㉙]之人，岂无小慧？然才非经国[㉚]，虑不及远，虽竭力尽诚，犹未免有败，况内怀奸宄[㉛]，其祸岂不深乎？夫虽君子不能无小过，苟不害于正道，斯可略[㉜]矣。既谓之君子而复疑其不信，何异立直木而疑其影之曲乎？陛下诚能慎选君子，以礼信用之，何忧不治？不然，危亡之期，未可保也。”上赐手诏褒美曰：“昔晋武帝[㉝]平吴之后，志意骄怠，何曾[㉞]位极台司[㉟]，不能直谏，乃私语子孙，自矜明智，此不忠之大者也。得公之谏，朕知过矣。当置之几案以比弦、韦[㊱]。”

乙未[㊲]，车驾还洛阳[㊳]，诏：“洛阳宫为水所毁者，少加修缮，才令可居。自外众材，给城中坏庐舍者。令百官各上封事，极言朕过。”壬寅[㊴]，废明德宫及飞山宫[㊵]之玄圃院，给遭水者。

八月甲子[㊶]，上谓侍臣曰：“上封事者皆言朕游猎太频。今天下无事，武备不可忘，朕时与左右猎于后苑，无一事烦民，夫亦何伤？”魏徵曰：

"先王惟恐不闻其过。陛下既使之上封事，止得恣其陈述。苟其言可取，固有益于国；若其无取，亦无所损。"上曰："公言是也。"皆劳[42]而遣之。

（以上为第一段，写魏徵进言唐太宗，以隋为鉴，居安思危，亲贤远佞，待下以诚。）

【注释】

①壬申：五月无壬申，疑为"壬辰"（八日）或"壬寅（十八日）""壬子"（二十八日）误。　②曩（nǎng）日：过去，以前。　③贵不期骄，富不期侈：因富贵而骄奢自至。期，约会，邀合。　④拟伦：同类之间的比较。　⑤皎然：明白、清楚状。⑥鉴：照，审察。鉴原指用青铜制作的大盆，用以盛水照影。又，春秋以后的铜镜亦称鉴。　⑦约：简要，节俭。　⑨畴昔：日前，往昔。　⑨薨（hōng）：唐代称二品以上官员之死。　⑩不逮：不及，不到。　⑪天年：指人的自然年寿。　⑫丁巳：六月四日。　⑬明德宫：在东都苑内西南，隋称显仁宫，唐称昭仁宫。　⑭己未：六月六日。⑮元景：李元景（？—653），唐高祖第六子。初封赵王，后徙封荆王。高宗永徽四年（653），因房遗爱（玄龄子）谋反事件株连，赐死。传见《旧唐书》卷六十四、《新唐书》卷七十九。　⑯戊辰：六月十五日。　⑰己巳：六月十六日。　⑱元祥：李元祥（？—680），唐高祖第二十子。初封许王，后徙江王。以性贪鄙为时人所不齿。传见《旧唐书》卷六十四、《新唐书》卷七十九。　⑲癸未：七月一日。　⑳洛阳宫：隋唐东都宫城。隋称紫微城，贞观六年称为洛阳宫。　㉑文子：姓辛，名钘，一名计然，老子弟子，与孔子为同时代的人，著有《通玄真经》十二篇。　㉒同言：同出之言，同一言语。㉓信：不欺，信用。　㉔令：命令，政令。　㉕王道休明：王道，君王治天下的正道；休明，美好清明。　㉖敬而疏：敬而远之。　㉗轻而狎：轻佻而过分亲密。　㉘言无不尽：指什么话都能说，敢说，失了分寸。　㉙中智：亦作"中知"，具有中等智力的人。　㉚经国：治理国家。　㉛奸宄（guǐ）：犯法作乱。　㉜可略：可以略而不计。㉝晋武帝（236—290）：即晋朝建立者司马炎。字安世。265—290年在位。传见《晋书》卷三。　㉞何曾（199—278）：西晋大臣。字颖考，阳夏人。官至丞相、太傅。传见《晋书》卷三十三。　㉟台司：指位居宰相或三公。　㊱弦、韦：比喻缓急。弦，弓弦，喻急。韦，柔皮，喻缓。　㊲乙未：七月十三日。　㊳洛阳：谓洛阳宫。　㊴壬寅：七月二十日。　㊵飞山宫：在东都苑西北隅有高山宫，疑飞山宫即高山宫。　㊶甲子：八月十二日。　㊷劳：慰劳。

【译文】

太宗文武大圣大广孝皇帝中之上

唐太宗贞观十一年（丁酉，637）

五月壬申，魏徵上奏疏，认为："陛下想达到至善的志向不如从前，闻过必改的精神也不如从前，对大臣的谴责惩罚渐多，发威愤怒时也比过去稍微严厉了。由此可知人在权位至贵的时候不期望出现骄横而骄横会不期而至，在富裕的时候不期望出现奢侈而奢侈会不期而至，这都不是虚妄之言。而且用当年隋朝的府库、仓廪、户口、甲兵的充实和强盛来与今天相比较，哪里能比得上隋朝当年！然而隋朝自恃富强而出兵作战和兴建工程以至于国家危亡，我朝因为人口少、财富不足、兵力不强而在治国上采取清静的方针使得天下安定，由此可知安定与危亡的道理是非常明白且能看到的。从前隋朝末年发生动乱时，自己认为必然不会发生动乱；隋朝尚未灭亡时，自己认为必然不会灭亡。所以就不停地征派赋税劳役，不停地向外出兵进行征伐，以至于祸乱将要降临自身时尚未醒悟。那用来照出人的形象的东西，莫过于静止的水面，借鉴败亡，莫过于国家的灭亡。臣希望陛下能够吸取隋朝覆亡的教训，去掉奢侈，奉行俭约，亲近忠良大臣，远离邪佞之人，在现在平静无事的时候，继续奉行从前的恭敬和节俭，这样就能做到尽善尽美，让人无法用言语来称赞了。取得天下实在是很难的，而守住天下就甚为容易，陛下能够做到很难的事情，难道不能保住较为容易的事情吗？"

六月，尚书右仆射虞恭公温彦博去世。温彦博长期执掌朝中的机要，尽职尽责。唐太宗对身边的大臣们说："彦博因为忧国忧民，精神耗到竭尽，朕看到他精力体力不能支撑，已经有两年了，现在只恨自己没有让他摆脱政事享受安逸清闲，竟致英年早逝！"

六月初四日，唐太宗巡幸明德宫。

六月初六日，唐太宗下诏宣布荆州都督、荆王李元景等二十一位亲王所担任的刺史职务，都由他们的子孙世袭。十五日，又任命功臣长孙无忌等十四人为刺史，也命令他们的子孙可以世袭，如没有大的变故，不得黜免他们。

六月十六日，把许王李元祥迁为江王。

秋季，七月初一日，天降大雨，瀔河、洛河的河水上涨，溢出河道流入洛阳宫中，冲毁了官家的寺庙与百姓的住房，淹死六千多人。

魏徵上疏，认为："文子说：'同样的言语而能被人相信，这种信任是在言语之前的；同样的命令而能被人执行，是因为有诚意在命令之外。'自从大唐实行王道而获得美好的效果以来，已有十多年了，然而以德教化的成效还没有遍布天下所有的人，这是君王对待臣下的感情还没有完全尽到诚信的缘故。如今确立国家制度达到大治，一定要把治国之事委任给君子。但在治国中有些事情做得有得有失，有时却会去咨询小人。君主对待君子的态度是敬而远之，对待小人的态度是轻佻而过分亲昵。与人的关系过分亲昵就会有什么话都能说得出来，对人敬而远之就会使臣下的感情不能向上传达到君主那里。那些智力中等的人，难道没有一些小聪明吗？然而这种人的才能不是治国之才，思考问题不能考虑长远，即使能竭尽自己的力量和诚意，还难免有失败，何况内心怀有奸诈邪恶，所造成的灾祸哪有不深重的呢？那些君子虽然不可能没有小过失，如果不对正道有所危害，这就可以忽略不计。既然称他们为君子而又怀疑他们没有诚信，这与竖立一根直木而又怀疑它的影子是弯曲的有什么不同呢？陛下如果真能谨慎地选择使用君子，按照礼节对他们加以信任和使用，哪里还要担心不能使天下大治呢？如果不是这样，国家危亡的日子，不能保证不到来了。”唐太宗赐给魏徵亲笔诏书褒奖赞美说：“以前晋武帝平定东吴之后，内心骄傲懈怠，何曾当时的职位处于三公的最高位，不能对晋武帝犯颜直谏，而是私下里说给子孙听，自矜这是明智，实际上这是最大的不忠。如今能得到你的谏言，朕知道自己的过失了。应当把你的谏言放在桌子案头，好比从前的西门豹、董安于佩带着韦弦用来自警。”

七月十三日，唐太宗的车驾返回洛阳，下诏说：“洛阳宫被水毁坏的部分，稍加修缮，只需能够居住就可以了。除此之外的很多建筑材料，拿去供给城中屋舍塌坏的人家。命令文武百官各自上书言论国事，极力批评朕的过失。”二十日壬寅，废除明德宫以及飞山宫的玄圃院，不再居住其中，把这些宫苑赐给城中遭受水灾的百姓。

八月十二日，唐太宗对身边的大臣说：“上书奏事的人都说朕游猎太频繁。如今天下无事，练武备战是不能忘的，朕时常与身边的人在后苑射猎，没有一件事打扰百姓，这又有什么害处呢？”魏徵说：“圣明的先王唯恐听不到有人指出自己的过错。陛下既然让大臣们上书奏事，就应该听任他们无拘无束地陈述意见。如果他们的话可以听取，固然会有益于国家；如果他们的话没有可取之处，对于国家也没有损害。”唐太宗说：“你说得对。”于是对他们都给予慰问，然后送他们回家。

【原文】

侍御史马周上疏，以为："三代[1]及汉，历年多者八百[2]，少者不减四百，良以恩结人心，人不能忘故也。自是以降，多者六十年，少者才二十馀年，皆无恩于人，本根不固故也。陛下当隆禹、汤、文、武[3]之业，为子孙立万代之基，岂得但持当年而已？今之户口不及隋之什一，而给役者兄去弟还，道路相继。陛下虽加恩诏，使之裁损，然营缮不休，民安得息！故有司徒行文书，曾[4]无事实。昔汉之文、景[5]，恭俭养民，武帝承其丰富之资，故能穷奢极欲而不至于乱。向使高祖之后即传武帝，汉室安得久存乎？又，京师及四方所造乘舆[6]器用及诸王、妃、主[7]服饰，议者皆不以为俭。夫昧爽丕显[8]，后世犹怠，陛下少居民间，知民疾苦，尚复如此，况皇太子生长深宫，不更[9]外事，万岁之后，固圣虑所当忧也。臣观自古以来，百姓愁怨，聚为盗贼，其国未有不亡者，人主虽欲追改，不能复全。故当修于可修[10]之时，不可悔之于已失之后也。盖幽、厉[11]尝笑桀、纣[12]矣，炀帝亦笑周、齐[13]矣，不可使后之笑今如今之笑炀帝也！贞观之初，天下饥歉，斗米直[14]匹绢，而百姓不怨者，知陛下忧念不忘故也。今比年丰穰[15]，匹绢得粟十馀斛，而百姓怨咨[16]者，知陛下不复念之，多营不急之务故也。自古以来，国之兴亡，不以畜积多少，在于百姓苦乐。且以近事验之，隋贮洛口仓而李密因之[17]，东都积布帛而世充资之，西京府库亦为国家之用，至今未尽。夫畜积固不可无，要当人有馀力，然后收之，不可强敛以资寇敌也。夫俭以息人[18]，陛下已于贞观之初亲所履行，在于今日为之，固不难也。陛下必欲为久长之谋，不必远求上古，但如贞观之初，则天下幸甚。陛下宠遇诸王，颇有过厚者，万代之后，不可不深思也。且[19]魏武帝[20]爱陈思王[21]，及文帝即世，囚禁诸王，但无缧绁[22]耳。然则武帝爱之，适所以苦之也。又，百姓所以治安，唯在刺史、县令，苟选用得人，则陛下可以端拱无为[23]。今朝廷唯重内官[24]而轻州县之选，刺史多用武人，或京官不称职始补外任，边远之处，用人更轻。所以百姓未安，殆由于此。"疏奏，上称善久之，谓侍臣曰："刺史，朕当自选；县令，宜诏京官[25]已上各举一人。"

（以上为第二段，写马周进言唐太宗，认为民是国之根本，要节俭以养民，任用官吏要慎选以爱民。）

【注释】

①三代：指夏、商、周三个朝代。 ②历年多者八百：周朝自约公元前11世纪武王灭商，至公元前256年赧王亡国约八百年。 ③禹、汤、文、武：即夏禹、商汤、周文王、周武王。 ④曾：乃。 ⑤文、景：即西汉文帝刘恒和景帝刘启。 ⑥乘舆：供天子、诸侯所用的车舆。 ⑦主：即公主。 ⑧昧爽丕显：谓先王黎明即起，思大明其德，坐以待旦而行之。昧爽，天将亮未亮时。丕显，大明。 ⑨不更：没有经历过。更：经历。 ⑩修：整治。 ⑪幽、厉：即西周幽王姬宫涅和周厉王姬胡。 ⑫桀、纣：即夏代亡国之君桀（名履癸）和商朝末代国君纣王。 ⑬周、齐：北周（557—581）和北齐（550—577）。 ⑭直：通“值”。 ⑮丰穰（ráng）：五谷丰登。 ⑯怨咨：怨恨嗟叹。 ⑰因之：因袭使用。 ⑱息人：与民休息。人，民。 ⑲且：严校改为“昔”。 ⑳魏武帝（155—220）：即三国时的政治家曹操。传见《三国志》卷一。 ㉑陈思王：即曹操第三子、杰出诗人曹植。著有《曹子建集》。传见《三国志》卷十九。 ㉒缧绁：以绳索拘执犯人，引申为下狱。 ㉓端拱无为：指帝王无为而治。端拱，端坐拱手。 ㉔内官：指京官。 ㉕京官：章校“官”下有“五品”二字。

【译文】

侍御史马周上疏，认为：“夏、商、周三代以及汉代，一个朝代经历的年数多的达八百年，少的也不少于四百年，这实在是因为这些朝代的帝王都以恩惠团结人心，人们不能忘怀。汉代以后，历代王朝的年数多的六十年，少的才有二十多年，都是因为对百姓没有恩惠，根基不牢固。陛下正应当发扬禹、汤、文、武的帝业，为子孙确立千秋万代的根基，岂能只想维持自己当年的状况呢？如今全国人数不到隋朝的十分之一，而为国家服劳役的百姓则是兄长前去时弟弟才回来，前后服役的亲人在路上连续不断。陛下虽然对百姓施加了给予恩惠的诏令，让国家的劳役有所减少，但是营建修缮的工程没有休止，老百姓哪里能得到休息呢？所以主管部门徒劳地发布文书，不曾符合实际情况。从前汉代的文帝、景帝，谦恭节俭以养护百姓，武帝继承了丰富的财产，所以能够穷奢极欲而不至于天下大乱。假使汉高祖之后就传位给武帝，汉朝哪里能够长久存在？另外，京都长安以及四方各地制造的皇帝乘舆器物用具以及各个亲王、妃嫔、公主的服饰，议论的人们都不认为是节俭的。前代君王黎明起床办理政务以求国家兴盛富强，但他的后人还会懈怠。陛下年轻时生活在民间，深知百姓的疾苦，到了今天尚且还是这样，何况皇太子生长在深宫之中，没有经历过外面的事情，陛下万岁之后，本来就是陛下的圣虑所应当担忧的。据臣观察，自古以来百姓愁苦怨恨，聚集起来成为盗贼，其国家没有不灭亡的，这时君主虽然想追悔改正，也不能恢复原有的安定和保全国家不至灭亡。所以应当在可以修养德行的时候修养，不可到已经失去了国家的安定之后再来后悔。当年周幽王、周厉王曾取笑过夏桀、殷纣，隋炀帝也曾取笑过北周、北齐两朝，不可让后代人取笑如今的王朝和皇帝，就像我们现在取笑隋炀帝一样。贞观初年，全国歉收发生饥荒，一斗米值一匹绢，而老百姓没有怨言，这是因为他们知道陛下为国家担忧挂念而没有忘记百姓。如今连年丰收，一匹绢可以换取粟米十余斛，然而老百姓却怨声不断，这是知道陛下不再顾念百姓，过多地营建修缮并不急迫的工程的缘故。自古以来，国家的兴亡，不在于粮食财产积蓄了多少，而在于百姓是苦还是乐。暂且用近代以来的事情进行验证，隋朝把粮食大量贮存在洛口仓中而被后来叛乱的李密加以利用，隋朝东都积存的大量布帛却帮助了后来反叛的王世充，隋朝西京的府库也为我们大唐所用，至今还没有用完。固然不可没有储备，但关键是要让百姓留有余力，然后征收赋税，不可强行敛征收到国家手中最后帮助了叛乱的敌人。君主节俭以使百姓得到休息，陛下已经在贞观初年亲身践行，到了今日再这样做，固然不是难事。陛下一定想要采取长治久安的谋略，不必远求上古时代，只要像贞观初年那样，天下就非常幸运了。陛下宠爱厚待各位亲王，颇有过分优厚的，但为了国家在万代以后还能长治久安，就不能不做深远的思考。从前魏武帝宠爱陈思王曹植，等到魏文帝曹丕即位，就囚禁了各位亲王，只是没有用刑具罢了。这样看来，魏武帝对诸位亲王的宠爱恰好使他们日后大吃苦头。另外，百姓之所以能够生活安定，只在于地方长官刺史和县令，如果选拔和任用的官吏都是合适的人选，陛下就可以拱手无为。如今朝廷只看重中央官吏的选拔任用而轻视州县地方官员的选拔，刺史大多让武人来担任，或者是朝廷内的官员不称职才补选调到外地当地方官，对边远地区任用的官员就更加看轻。百姓所以不能生活安定，大概就是这个缘故。”奏疏上呈后，唐太宗称赞了很久，对身边的大臣说：“刺史应当由朕亲自选拔，县令应诏令（五品）京官以上每人举荐一人。”

【原文】

冬，十月癸丑[①]，诏勋戚亡者皆陪葬山陵。

上猎于洛阳苑[②]，有群豕突出林中，上引弓四发，殪四豕。有豕突前，及马镫[③]；民部尚书唐俭投马搏之，上拔剑斩豕，顾笑曰：“天策长史[4]不见上将击贼邪，何惧之甚？”对曰：“汉高祖以马上得之，不以马上治之。陛下以神武定四方，岂复逞雄心于一兽？”上悦。为之罢猎，寻加光禄大夫。

安州都督吴王恪[5]数出畋猎，颇损居人，侍御史柳范[6]奏弹之。丁丑[7]，恪坐免官，削户三百。上曰：“长史权万纪事吾儿，不能匡正，罪当死。”柳范曰：“房玄龄事陛下，犹不能止畋猎，岂得独罪万纪？”上大怒，拂衣[8]而入。久之，独引范谓曰：“何面折[9]我！”对曰：“陛下仁明，臣不敢不尽愚直[10]。”上悦。

十一月辛卯[11]，上幸怀州。丙午[12]，还洛阳宫。

故荆州都督武士彟女[13]，年十四，上闻其美，召入后宫，为才人。

（以上为第三段，写柳范谏唐太宗田猎。）

【注释】

①癸丑：十月二日。　②洛阳苑：即东都苑，以其地处洛阳城西，又称西苑。苑周长二百余里。　③马镫：骑马时用以踏脚的装置。　④天策长史：武德中唐太宗开天策上将府，唐俭曾任天策府长史。　⑤吴王恪（？—653）：太宗第三子李恪。贞观十年，由蜀王徙封吴王，后被长孙无忌陷害被诛。传见《旧唐书》卷七十六、《新唐书》卷八十。　⑥柳范：蒲州解县（今山西运城市西南解州镇）人。高宗时，官至尚书右丞，扬州大都府长史。传见《旧唐书》卷七十七、《新唐书》卷一百一十二。　⑦丁丑：十月二十六日。　⑧拂衣：抖动衣服，表示愤怒。　⑨面折：当面指责人的过失。　⑩愚直：极尽忠直。古语有之，“君仁则臣直”，“君明则臣直”。言“愚直”，则谓“君仁”与“君明”，故唐太宗悦之。　⑪辛卯：十一月十一日。　⑫丙午：十一月二十六日。　⑬武士彟女：此女即为唐女皇武则天。

【译文】

冬季，十月初二日，诏令功勋皇戚死后都陪葬在皇帝的陵墓中。

唐太宗在洛阳宫苑中狩猎，有一群野猪冲出林中，唐太宗拉弓发出四箭，射死四头。有一头野猪冲到唐太宗的马前，将要扑到马镫上；民部尚书唐俭下马上前与野猪搏斗，唐太宗拔出佩剑砍死野猪，回头对唐俭笑着说：“天策长史没有看见朕将要击杀盗贼吗，怎么怕得如此厉害？”唐俭回答说：“汉高祖依靠在马上得到天下，却不依靠在马上治理天下。陛下靠神威圣武平定四方，怎能又对一头野兽再逞雄心呢？”唐太宗高兴，为此停止围猎，不久加封唐俭为光禄大夫。

安州都督吴王李恪多次出外田猎，给当地居民造成不少损害，侍御史柳范上书弹劾他。二十六日，李恪因此罢免官职，削减封邑三百户。唐太宗说：“长史权万纪侍奉我的儿子，不能匡正他的过失，论罪应当处死。”柳范说：“房玄龄侍奉陛下，还不能阻止陛下狩猎，怎能只治权万纪的罪呢？”唐太宗大为愤怒，拂袖起身进入内宫。很久以后，唐太宗单独召见柳范，对他说：“你为什么当面顶撞朕？”他回答说：“陛下仁德明智，臣不敢不竭尽愚忠进行直谏。”唐太宗高兴。

十一月十一日，唐太宗巡幸怀州。二十六日，回到洛阳宫。

已故荆州都督武士彟的女儿，年方十四岁，唐太宗听说她很美，召入后宫，封为才人。

【原文】

十二年（戊戌，638）

春，正月乙未①，礼部尚书王珪奏：“三品已上遇亲王于路皆降乘②，非礼。”上曰：“卿辈苟自崇贵，轻我诸子。”特进魏徵曰：“诸王位次三公，今三品皆九卿、八座③，为王降乘，诚非所宜当。”上曰：“人生寿夭难期，万一太子不幸，安知诸王他日不为公辈之主！何得轻之！”对曰：“自周以来，皆子孙相继，不立兄弟，所以绝庶孽子窥窬④，塞祸乱之源本，此为国者所深戒也。”上乃从珪奏。

吏部尚书高士廉、黄门侍郎韦挺、礼部侍郎令狐德棻⑤、中书侍郎岑文本撰《氏族志》成，上之。先是，山东人士崔、卢、李、郑诸族⑥，好自矜地望⑦，虽累叶陵夷⑧，苟他族欲与为昏⑨姻，必多责财币，或舍其乡里而妄称名族，或兄弟齐列而更以妻族相陵⑩。上恶之，命士廉等遍责天下谱谍⑪，质⑫诸史籍，考其真伪，辩其昭穆，第其甲乙⑬，褒进忠贤，贬退奸逆，分为九等。士廉等以黄门侍郎崔民幹⑭为第一。上曰：“汉高祖与萧、曹、樊、灌⑮皆起闾阎布衣，卿辈至今推仰，以为英贤，岂在世禄乎？高氏⑯偏据山东，梁、陈⑰僻在江南，虽有人物，盖何足言？况其子孙才行衰薄，官爵陵替⑱，而犹卬然⑲以门地自负，贩鬻松槚⑳，依托富贵，弃廉忘耻，不知世人何为贵之？今三品以上，或以德行，或以勋劳，或以文学，致位贵显。彼衰世旧门，诚何足慕？而求与为昏，虽多输金帛，犹为彼所偃蹇[21]，我不知其解何也！今欲厘正讹谬，舍名取实，而卿曹犹以崔民幹为第一，是轻我官爵而徇流俗之情也。”乃更命刊定，专以今朝品秩为高下，于是以皇族为首，外戚次之，降崔民幹为第三。凡二百九十三姓，千六百五十一家，颁于天下。

（以上为第四段，写唐太宗重修《氏族志》，以官门品第为高下，于是皇族第一，外戚第二，以官本位压制士族。）

【注释】

①乙未：一月十五日。 ②降乘：由所乘车马上下来。 ③九卿、八座：九卿分别为太常、光禄、卫尉、宗正、太仆、大理、鸿胪、司农、太府九寺长官；八座指尚书令、仆射、五曹（部）或六曹尚书。 ④庶孽子窥窬：庶孽指庶出，即妾媵之子；窥窬（yú），非分觊觎，窥伺可乘之隙。 ⑤令狐德棻（583—666）：唐初史学家。宜州华原（今陕西铜川市耀州区）人。主编《周书》《太宗实录》《高宗实录》等书，也是《艺文类聚》编撰人之一。传见《旧唐书》卷七十三、《新唐书》卷一百零二。 ⑥崔、卢、李、郑诸族：魏晋迄隋唐的郡望，即清河郡（今河北清河县）崔氏、范阳郡（今北京）卢氏、赵郡（今河北赵县）李氏、荥阳（今河南荥阳市）郑氏等世代贵显的高门望族。 ⑦地望：即郡望，指魏晋以后的诸郡士族门阀。 ⑧累叶陵夷：世代衰败。累叶，积代，叠世。陵夷，衰颓，败落。 ⑨昏：同“婚”。 ⑩陵：欺侮，凌辱。 ⑪谱谍：记述氏族世系的书籍。 ⑫质：证，质疑。 ⑬第其甲乙：排列士族的等级。 ⑭崔民幹：因避太宗讳又曰“崔幹”。事迹见《旧唐书》卷六十、六十五，《新唐书》七十八、九十五。 ⑮汉高与萧、曹、樊、灌：西汉创业君臣。汉高即汉高祖刘邦，公元前202至前195年在位。萧，即萧何（？—前193）。曹，即曹参（？—前190）。樊，即樊哙（？—前189）。灌，即灌婴（？—前176）。萧何等于汉初先后拜相。均为平民出身。 ⑯高氏：北齐皇室。 ⑰梁、陈：南北朝时梁朝（502—557）和陈朝（557—589）。 ⑱陵替：衰落不振。 ⑲卬（áng）然：气宇轩昂，举首向上。卬通“昂”“仰”。 ⑳松槚：墓地代称。 ㉑偃蹇（jiǎn）：傲慢。

【译文】

唐太宗贞观十二年（戊戌，638）

春季，正月十五日，礼部尚书王珪上奏说：“三品以上官员在路上遇见亲王都要下车，不符合礼仪。”唐太宗说：“你们随意自视尊贵，轻视我的几个儿子。”

特进魏徵说："各位亲王的等级在三公之下，如今三品以上大臣都是九卿、八座，为亲王下车，实在不宜这样。"唐太宗说："人的生命长短难以预料，万一太子遇到不幸，怎么知道现在的亲王今后不成为你们的君主呢？怎么能轻视他们？"（魏徵）回答说："自周代以来，都是子孙相继来当皇帝，不立兄弟继位当皇帝，这是为了断绝庶子觊觎皇位的野心，堵塞国家发生祸乱的源头，这是治国者应当深以为戒的。"唐太宗于是听从了王珪的启奏。

吏部尚书高士廉、黄门侍郎韦挺、礼部侍郎令狐德棻、中书侍郎岑文本编撰完成《氏族志》，上奏给唐太宗。在这以前，山东人士崔、卢、李、郑等家族，喜欢自我标榜家族的地位和名望，虽然这些家族连续几代都已败落，但是如果其他家族想与他们通婚，一定要求多花费财物，有人就放弃原来的籍贯而冒称名门望族，还有的家族兄弟二人地位并列相等却靠妻子的家族来相互欺凌。唐太宗厌恶这种风气，就命高士廉等人普查全国的家族谱牒，用历史书籍进行考证核实，考查各个家族的真伪，分清相互的昭穆次序，排定家族的不同等级，褒奖提拔忠诚贤明的家族，贬抑斥退奸邪反逆的家族，分出九等。高士廉等人把黄门侍郎崔民幹列为第一等。唐太宗说："汉高祖与萧何、曹参、樊哙、灌婴等人都是以街巷中平民百姓的身份起兵，你们至今仍然对他们还十分推崇景仰，认为是英豪贤才，难道是因为他们有世卿世禄的地位吗？高氏偏据山东，梁、陈二朝僻居江南，虽然也有一些出众的人物，但又何足称道？何况他们的子孙才气和行为都已衰弱，原有的官爵后来也都没有了，可是还昂首以门第族望自负，贩卖松檟之木，依靠富贵人家维生，忘记抛弃了廉耻，不知道世人为什么还认为他们的家族尊贵？如今三品以上的公卿大臣，有的是靠德行，有的是靠功勋，有的是靠文学上的才能，获得了显贵的地位。那些原先著名的世族已经处于衰世，有什么让人羡慕的？却去央求他们与之通婚，即使多送金银财物，他们还高傲地轻视你，朕不知道对此的解释是什么！如今想要辨别纠正错误的说法，舍弃虚名，获得实际情况，而你们还把崔民幹列为第一等，这是轻视大唐的官爵而依循流俗的观念。"他下令重新修订，只根据当朝官爵的等级分出姓氏的高低等级，于是就以皇族李姓为第一位的姓氏，外戚的姓氏为次一等，把崔民幹降为第三等。《氏族志》中一共确定了两百九十三个姓，一千六百五十一家，把此书向全国颁布。

【原文】

二月乙卯[①]，车驾西还；癸亥[②]，幸河北[③]，观砥柱[④]。

甲子[5]，巫州獠[6]反，夔州都督齐善行败之，俘男女三千馀口。

乙丑[7]，上祀禹庙[8]。丁卯[9]，至柳谷[10]，观盐池[11]。庚午[12]，至蒲州，刺史赵元楷[13]课父老服黄纱单衣迎车驾，盛饰廨舍楼观，又饲羊百馀头、鱼数百头以馈贵戚。上数之曰："朕巡省河、洛，凡有所须，皆资库物。卿所为乃亡隋之弊俗也。"甲戌[14]，幸长春宫[15]。

戊寅[16]，诏曰："隋故鹰击郎将尧君素，虽桀犬吠尧[17]，有乖倒戈之志，而疾风劲草，实表岁寒之心。可赠蒲州刺史，仍访其子孙以闻。"

闰月庚辰朔[18]，日有食之。

丁未[19]，车驾至京师。

三月辛亥[20]，著作佐郎邓世隆[21]表请集上文章。上曰："朕之辞令，有益于民者，史皆书之，足为不朽。若为[22]无益，集之何用？梁武帝父子、陈后主、隋炀帝皆有文集行于世[23]，何救于亡？为人主患无德政，文章何为！"遂不许。

丙子[24]，以皇孙生，宴五品以上于东宫。上曰："贞观之前，从朕经营天下，玄龄之功也。贞观以来，绳愆纠缪[25]，魏徵之功也。"皆赐之佩刀。上谓徵曰："朕政事何如往年？"对曰："威德所加，比贞观之初则远矣，人悦服则不逮[26]也。"上曰："远方畏威慕德，故来服。若其不逮，何以致之？"对曰："陛下往以未治为忧，故德义日新；今以既治为安，故不逮。"上曰："今所为，犹往年也，何以异？"对曰："陛下贞观之初，恐人不谏，常导之使言，中间悦而从之。今则不然，虽勉从之，犹有难色。所以异也。"上曰："其事可闻欤？"对曰："陛下昔欲杀元律师，孙伏伽以为法不当死，陛下赐以兰陵公主[27]园，直百万。或云：'赏太厚，'陛下云：'朕即位以来，未有谏者，故赏之。'此导之使言也。司户柳雄妄诉隋资[28]，陛下欲诛之，纳戴胄之谏而止。是悦而从之也。近皇甫德参上书谏修洛阳宫，陛下恚[29]之，虽以臣言而罢，勉从之也。"上曰："非公不能及此。人苦不自知耳！"

（以上为第五段，写贞观后期唐太宗骄矜治绩，纳谏不如贞观初。）

【注释】

①乙卯：二月五日。　②癸亥：二月十三日。　③河北：县名。县治在今山西平陆县西南。　④砥柱：即砥柱山。在今河南三门峡市峡州区东北黄河中。　⑤甲子：二

月十四日。 ⑥巫州獠：巫州（治今湖南洪江市西南黔城）獠民。 ⑦乙丑：二月十五日。 ⑧禹庙：即大禹神庙，在砥柱山上。 ⑨丁卯：二月十七日。 ⑩柳谷：在今山西夏县北五里中条山中。 ⑪盐池：即今山西运城市南解池。 ⑫庚午：二月二十日。 ⑬赵元楷：隋末唐初佞臣。事迹见《旧唐书》卷六十二《李纲传》,《新唐书》卷九十五《窦威传》附《窦静传》、卷九十九《李纲传》。 ⑭甲戌：二月二十四日。 ⑮长春宫：北周武帝置，在今陕西大荔县朝邑镇西北。 ⑯戊寅：二月二十八日。 ⑰桀犬吠尧：比喻不问善恶，只知效忠主子。 ⑱庚辰朔：闰二月一日。 ⑲丁未：闰二月二十八日。 ⑳辛亥：三月二日。 ㉑邓世隆：自号隐玄先生，相州（今河南安阳）人。官至著作郎。撰有《东都记》三十卷。传见《旧唐书》卷七十三、《新唐书》卷一百零二。 ㉒若为：章校，“为”作“其”。 ㉓梁武帝等句：据《旧唐书·经籍志》载：梁武帝父子等有《梁武帝集》十卷、《文选》三十卷（梁武帝长子萧统、即昭明太子编）、《梁昭明太子集》二十卷、《陈后主集》五十卷、《隋炀帝》三十卷。 ㉔丙子：三月二十七日。 ㉕绳愆纠缪：改正过失和纠正错误。 ㉖不逮：不及，不如。 ㉗兰陵公主：太宗女。传见《新唐书》卷八十三。 ㉘隋资：隋朝所授官资。 ㉙恚（huì）：愤恨，心不平。

【译文】

二月初五日，唐太宗的车驾从洛阳向西返回长安；十三日，巡幸河北县，观看了砥柱山。

二月十四日，巫州的獠民造反，巫州都督齐善行打败他们，俘虏男女三千多人。

二月十五日，唐太宗祭祀禹庙，十七日，到达柳谷，观看盐池。二十日，到达蒲州，刺史赵元楷命令当地父老身穿黄纱单衣迎接唐太宗的车驾，大肆装饰廨舍楼台庙观，又养了一百多头羊、数百条鱼献给贵族外戚。唐太宗责备他说：“朕巡行黄河、洛水一带，凡有所需要的物品，都从国家府库中支取。你的这些做法乃是已灭亡了的隋朝的坏习气。”二十四日，巡幸长春宫。

二月二十八日，唐太宗下诏说：“隋朝已故鹰击郎将尧君素，虽然如同桀的狗对着尧吠叫一样与大唐为敌，不合乎我军希望他临阵倒戈的要求，但是他对隋的忠诚也像疾风知劲草一样，确实表明了他岁寒不变节的心志，可以追赠他蒲州刺史，仍要寻访他的子孙上奏朝廷。”

闰二月初一日，发生日食。

闰二月二十八日，车驾回到京都长安。

三月初二日，著作佐郎邓世隆上表请求搜集唐太宗撰写的文章。唐太宗说：“朕的言辞和诏令，对百姓有益的，史官都记录下来，足以永远不朽。如果对百姓没有益处，收集它又有什么用呢？梁武帝萧衍父子、陈后主、隋炀帝都有文集流传于世，但哪能挽救他们的灭亡？君主忧虑的是没有仁德的政治，文章有什么用？”于是不应允。

三月二十七日，唐太宗因皇孙降生在东宫宴请五品以上官员。唐太宗说：“贞观以前，跟随朕夺取天下、治理天下是房玄龄的功劳。贞观以来，纠正朕的过失和错误，是魏徵的功劳。”他给二人都赐予佩刀。唐太宗对魏徵说：“朕治理国政与往年相比如何？”魏徵回答说：“施加威望和仁德的地方，比贞观初年是更远了，但人心悦服就不如贞观初年了。”唐太宗说：“遥远的地方畏惧皇威、羡慕圣德，所以前来归服。如果说不如以前，是靠什么做到这样的？”魏徵回答说：“陛下以前以天下未能大治为忧虑，所以仁德每天都在进步；如今认为天下已经得到治理而内心安定，所以就不如以前了。”唐太宗说：“如今所做的，还是和往年一样，有什么不同呢？”魏徵回答说：“陛下在贞观初年，唯恐大臣不进谏，常常引导他们让他们说话，听到进谏就高兴而听从。如今却不是这样，虽然勉强听从，却面有难色。这便是与以前的不同。”唐太宗说：“这种事情可以说给我听吗？”魏徵回答说：“陛下以前想杀掉元律师，孙伏伽认为按照法律不当处以死罪，陛下赐给他兰陵公主的花园，价值一百万。有人说：‘赏赐太丰厚了。’陛下说：‘朕继位以来，未有进谏的人，所以赏赐他。’这是引导大臣让他们说话。司户柳雄谎称隋朝授予官资，陛下要杀掉他，又采纳戴胄的进谏而作罢，这是喜悦而听从。近年皇甫德参上书劝谏陛下不要修缮洛阳宫，陛下恨他，虽然因为臣的直言而作罢，但这是勉强听从。”唐太宗说：“不是您就不能说得这样有道理。人的苦恼就在于不能自己了解自己！”

【原文】

夏，五月壬申[①]，弘文馆学士永兴文懿公虞世南卒，上哭之恸。世南外和柔而内忠直，上尝称世南有五绝：一德行，二忠直，三博学，四文辞，五书翰。

秋，七月癸酉[②]，以吏部尚书高士廉为右仆射。

乙亥[③]，吐蕃寇弘州[④]。

八月，霸州山獠[⑤]反。烧杀刺史向邵陵及吏民百馀家。

初，上遣使者冯德遐[6]抚慰吐蕃，吐蕃闻突厥、吐谷浑皆尚公主，遣使随德遐入朝，多赍金宝，奉表求婚，上未之许。使者还，言于赞普弃宗弄赞曰[7]：“臣初至唐，唐待我甚厚，许尚公主。会吐谷浑王入朝，相离间，唐礼遂衰，亦不许婚。”弄赞遂发兵击吐谷浑。吐谷浑不能支，遁于青海之北，民畜多为吐蕃所掠。

吐蕃进破党项、白兰[8]诸羌，帅众二十馀万屯松州西境，遣使贡金帛，云来迎公主。寻进攻松州，败都督韩威[9]，羌酋阎州[10]刺史别丛卧施[11]、诸州刺史把利步利[12]并以州叛归之。连兵不息，其大臣谏不听而自缢者凡八辈。壬寅[13]，以吏部尚书侯君集为当弥道行军大总管，甲辰[14]，以右领军大将军执失思力为白兰道、左武卫将军牛进达[15]为阔水道、左领军将军刘简[16]为洮河道行军总管，督步骑五万击之。

吐蕃攻城十馀日，进达为先锋，九月辛亥[17]，掩[18]其不备，败吐蕃于松州城下，斩首千馀级。弄赞惧，引兵退，遣使谢罪，因复请婚。上许之。

甲寅[19]，上问侍臣：“创业与守成孰难？”房玄龄曰：“草昧[20]之初，与群雄并起角力而后臣之，创业难矣！”魏徵曰：“自古帝王，莫不得之于艰难，失之于安逸，守成难矣！”上曰：“玄龄与吾共取天下，出百死，得一生，故知创业之难；徵与吾共安天下，常恐骄奢生于富贵，祸乱生于所忽，故知守成之难。然创业之难，既已往矣；守成之难，方当与诸公慎之。”玄龄等拜曰：“陛下及此言，四海之福也。”

初，突厥颉利既亡，北方空虚，薛延陀真珠可汗帅其部落建庭于都尉犍山[21]北、独逻水[22]南，胜兵二十万，立其二子拔酌、颉利苾[23]主南、北部。上以其强盛，恐后难制，癸亥[24]，拜其二子皆为小可汗，各赐鼓纛，外示优崇，实分其势。

冬，十月乙亥[25]，巴州獠[26]反。

己卯[27]，畋于始平[28]。乙未[29]，还京师。

钧州獠[30]反。遣桂州都督张宝德[31]讨平之。

十一月丁未[32]，初置左、右屯营飞骑于玄武门，以诸将军领之。又简飞骑[33]才力骁健、善骑射者，号百骑，衣五色袍，乘骏马，以虎皮为鞯[34]，凡游幸则从焉。

己巳[35]，明州獠[36]反。遣交州都督李道彦讨平之。

十二月辛巳[37]，左武候将军上官怀仁[38]击反獠于壁州[39]，大破之，虏男女万馀口。

是岁，以给事中马周为中书舍人。周有机辩，中书侍郎岑文本常称："马君论事，援引事类，扬榷[40]古今，举要删烦，会文切理，一字不可增，亦不可减，听之靡靡[41]，令人忘倦。"

霍王元轨好读书，恭谨自守，举措不妄。为徐州刺史，与处士刘玄平[42]为布衣交[43]。人问玄平王所长，玄平曰："无长。"问者怪之。玄平曰："夫人有所短乃见所长，至于霍王，无所短，吾何以称其长哉？"

初，西突厥咥利失可汗[44]分其国为十部，每部有酋长一人，仍各赐一箭，谓之十箭。又分左、右厢，左厢号五咄陆[45]，置五大啜[46]，居碎叶[47]以东；右厢号五弩失毕[48]，置五大俟斤，居碎叶以西，通谓之十姓。咥利失失众心，为其臣统吐屯所袭。咥利失兵败，与其弟步利设[49]走保焉耆。统吐屯等将立欲谷设[50]为大可汗，会统吐屯为人所杀，欲谷设兵亦败，咥利失复得故地。至是，西部竟立欲谷设为乙毗咄陆可汗。乙毗咄陆既立，与咥利失大战，杀伤甚众。因中分其地，自伊列水以西属乙咄陆，以东属咥利失。[51]

处月、处密[52]与高昌共攻拔焉耆五城，掠男女一千五百人，焚其庐舍而去。

（以上为第六段，写贞观中后期唐周边各少数民族——西疆吐蕃、北方薛延陀、西北西突厥、西南獠民，仍时叛时服。）

【注释】

①壬申：五月二十五日。　②癸酉：七月二十七日。　③乙亥：七月二十九日。④弘州：疑为"松州"（治所在四川松潘县）之误。　⑤霸州山獠：部落名。分布于霸州（治所在今重庆巴南区东北）山地的獠族部落。　⑥冯德遐：入蕃唐使。事迹见《旧唐书》卷一百九十六上《吐蕃传上》、《新唐书》卷二百一十六上《吐蕃传上》。　⑦弃宗弄赞（？—650）：即松赞干布，吐蕃赞普（国王）和民族英雄。在位期间，统一西藏诸部，定都拉萨，创立吐蕃奴隶制政权的一整套典章制度，并尚唐文成公主，大力促进唐蕃之间的经济文化交流。　⑧白兰：羌族部落名。分布于今青海南部和川西地区。⑨韩威：唐初边将。累擢松州都督、伊州刺史。事迹见《旧唐书》卷一百九十六上《吐

蕃传上》、《新唐书》卷一百一十《阿史那社尔传》。 ⑩阔州：疑为“阔州”（治所在今四川松潘县北黄胜关北）之误。 ⑪别丛卧施：党项羌部酋。 ⑫把利步利：党项羌部酋。世袭诺州（隶松州都督府）刺史。 ⑬壬寅：八月二十七日。 ⑭甲辰：八月二十九日。 ⑮牛进达：唐初大将。官至左武卫大将军，封琅邪郡公。事迹见《旧唐书》卷六十八《秦叔宝传》、《新唐书》卷一百九十一《忠义传上》等。 ⑯刘简：严校“简”改“兰”。刘兰，字文郁，青州北海（今山东潍坊市）人。封平原郡公。贞观末，因谋反被腰斩。传见《旧唐书》卷六十九、《新唐书》卷九十四。译文从刘兰。 ⑰辛亥：九月六日。 ⑱掩：突然袭击。 ⑲甲寅：九月九日。 ⑳草昧：蒙昧，原始未开化状态。 ㉑都尉楗山：山名。亦作郁督军山、于都斤山、乌德楗山。即今蒙古国境内杭爱山。 ㉒独逻水：亦作独洛河、独乐河、毒乐河。今蒙古国境内土拉河。 ㉓拔酌、颉利苾：拔酌或作拔灼，薛延陀真珠可汗少子，贞观十九年（645），杀长兄颉利苾（即突利失可汗）自立为颉利俱利薛沙多弥可汗，不久，为回纥所杀。 ㉔癸亥：九月十八日。 ㉕乙亥：十月一日。 ㉖巴州獠：部落名。分布于巴州（治所在今四川巴中市巴州区）山地的獠部。 ㉗己卯：十月五日。 ㉘始平：县名。县治在今陕西兴平市。 ㉙乙未：十月二十一日。 ㉚钧州獠：部落名。分布于钧州（今地不详，或疑“钦州”误）的獠部。 ㉛张宝德：唐初边将。事迹见《新唐书》卷二《太宗本纪》、二百二十二下《南蛮传下》。 ㉜丁未：十一月三日。 ㉝飞骑：禁兵的一种。选富户中的身强力壮、弓马娴熟者充任，隶于诸卫将军，用以守卫宫城北门。 ㉞鞯（jiān）：马鞍垫子。 ㉟己巳：十一月二十五日。 ㊱明州獠：部落名。分布于明州（今贵州望谟、贞丰、册亨、罗甸等县地带。治所不详）的獠部。 ㊲辛巳：十二月七日。 ㊳上官怀仁：唐初将领。事迹见《旧唐书》卷三、一百九十三，《新唐书》卷二《太宗本纪》、二百二十二下《南蛮传下》。 ㊴壁州：州名。治所在今四川通江县。 ㊵扬榷：扼要论述。 ㊶靡靡：神情专注，入迷。 ㊷刘玄平：事迹见《旧唐书》卷六十四《李元轨传》、《新唐书》卷七十九《李元轨传》。 ㊸布衣交：贫贱之交。 ㊹咥利失可汗：即沙钵罗咥利失可汗，姓阿史那，名同娥设，634年至639年在位。事迹见《旧唐书》卷一百九十四下《突厥传下》、《新唐书》卷二百一十五下《突厥传下》。 ㊺五咄陆：由西突厥处木昆等五姓部落组成。 ㊻啜：即屈律啜，突厥第二等官号。据《新唐书·突厥传上》，“大臣曰叶护、曰屈律啜，曰阿波、曰俟利发，曰吐屯、曰俟斤、曰阎洪达、曰颉利发、曰达干，凡二十八等”。 ㊼碎叶：城名、水名。城址在今吉尔吉斯斯坦北部托克马克附近。碎叶水即今中亚楚河。 ㊽五弩失毕：由西突厥阿悉结等五姓部落组成。 ㊾步利设：步利，名，姓阿史那；设，或作“察”“杀”，突厥、回纥典兵官衔。 ㊿欲谷设：

即西突厥乙毗咄陆可汗。638年至642年在位。 ⑤①自伊列水以西二句：此处有误，据沙畹《西突厥史料》等考订正相反，自伊列水（今伊犁河）以东属乙毗咄陆，以西属咥利失。 ⑤②处月、处密：西突厥二别部。处月部分布于今新疆乌鲁木齐市东北，处密部分布于乌鲁木齐市西北。

【译文】

夏季，五月二十五日，弘文馆学士永兴文懿公虞世南去世，唐太宗十分悲恸。虞世南外表温和而内心忠诚正直，唐太宗曾称赞他有五绝：一是德行，二是忠直，三是博学，四是文章，五是书法。

秋季，七月二十七日，任命吏部尚书高士廉为尚书右仆射。

七月二十九日，吐蕃侵犯弘州。

八月，霸州獠民反叛。烧死刺史向邵陵以及官吏百姓一百多家。

起初，唐太宗派遣使者冯德遐安抚慰问吐蕃，吐蕃听说突厥、吐谷浑都曾娶唐皇室公主为妻，就派出使节随着冯德遐进京朝见，带来大量金银财宝，上表请求通婚，唐太宗没有答应。使者回到吐蕃，对吐蕃赞普弃宗弄赞说："臣初次到大唐，大唐对待我非常优厚，答应下嫁公主。但是正好此时吐谷浑首领也进京朝见，离间我们与大唐的关系，大唐对待我们的礼遇就逐渐下降，也不答应通婚了。"弃宗弄赞于是发兵攻打吐谷浑，吐谷浑军队抵挡不住，逃到青海北面，百姓和牲畜多被吐蕃掠走。

吐蕃进而打败党项、白兰等羌族，率兵二十多万驻扎在松州西部边境，派使节进献金银绸缎，声称前来迎娶公主。不久又进攻松州，打败都督韩威，羌族首领阎州刺史别丛卧施、诺州刺史把利步利都率全州反叛唐朝而投降吐蕃。吐蕃连年用兵不止，该国的大臣劝谏弃宗弄赞但不听从，因而自缢而死的总共有八个人。八月二十七日，唐朝廷任命吏部尚书侯君集为当弥道行军大总管，八月二十九日，任命右领军大将军执失思力为白兰道行军总管、左武卫将军牛进达为阔水道行军总管、左领军将军刘兰为洮河道行军总管，统率步兵骑兵共五万人攻打吐蕃。

吐蕃进攻松州城十多天，牛进达作为唐军先锋，九月初六日，乘吐蕃军没有防备，在松州城下打败吐蕃军队，斩首一千多人。弃宗弄赞害怕，率兵撤退，派使者到长安谢罪，于是又请求通婚。唐太宗应允了这个请求。

九月初九日，唐太宗问身边的大臣："创业与守成哪个更难？"房玄龄说："开创帝业之初，与各路豪雄一同起兵角逐争斗而后让他们臣服，还是创业难！”魏徵说：“自古以来的帝王，莫不是从艰难中取得天下，又在安逸中失去天下，守成更难！”唐太宗说：“玄龄与我共同取得天下，经过上百次死亡的考验，最后获得生存，所以懂得创业的艰难；魏徵与我共同平定天下，常常担心从富贵中产生骄傲和奢侈，从疏忽中产生祸乱，所以懂得守成的艰难。然而创业的艰难，已经成为往事；守成的艰难，正应当与诸位公卿谨慎守住已有的帝业。”房玄龄等人下拜行礼说：“陛下说出这样的话，是天下四海的福气！”

起初，突厥颉利可汗去世以后，北方地区空无人烟，薛延陀真珠可汗率领他的部落在都尉犍山北麓、独逻水南岸建立朝廷，兵马二十多万，立他的两个儿子拔酌、颉利苾分别统领南部、北部。唐太宗看到他们逐渐强大起来，担心以后难以制服，九月十八日，封真珠可汗的两个儿子为小可汗，分别赐给鼓和大旗，表面上表示对他们的优遇，实际上是为了分化他们的势力。

冬季，十月初一日，巴州獠民反叛。

十月初五日，唐太宗在始平围猎，十月二十一日，回到长安。

钧州獠民反叛，唐朝廷派桂州都督张宝德讨伐平定反叛的獠民。

十一月初三日，开始在玄武门设置左、右屯营飞骑，由诸位将军统领。又挑选飞骑中身体骁健敏捷、善于骑马射箭的士兵，号称一百名骑手，身穿五色战袍，乘坐骏马，用虎皮做马鞍和垫布，凡是唐太宗出外巡幸，他们都一路跟从。

十一月二十五日，明州獠民反叛，朝廷派交州都督李道彦讨伐平定反叛的獠民。

十二月初七日，左武候将军上官怀仁在壁州攻击反叛的獠民，大败獠民，俘获其男女一万多人。

这一年，任命给事中马周为中书舍人。马周机敏善辩，中书侍郎岑文本常常说：“马君议论事情，引用各种事例，评论古今的事例，能举出要点删去烦琐的话，既有文采又能切中事理，一个字不能再增加，一个字也不能再减少，能让听者听得入迷，令人忘记疲倦。”

霍王李元轨喜欢读书，谦恭谨慎能自我修养，言谈举止不狂妄。担任徐州刺史时，与处士刘玄平结为布衣之交。人们问刘玄平霍王有什么长处，刘玄平说：“没有长处。”问的人很奇怪。刘玄平说：“人有短处才能看到他的长处，至于霍王，没有短处，我依据什么来说他的长处呢？”

起初，西突厥咥利失可汗把他的国土分为十部，每部设立一个酋长，又分别赐给一支箭，称为十箭。又分为左、右厢，左厢号称五咄陆，设置五大啜，居住在碎叶以东地区；右厢号称五弩失毕，设立五大俟斤，居住在碎叶以西地区，合起来统称为十姓。咥利失失去民心，被他的臣下统吐屯袭击。咥利失兵败后，与他的弟弟步利设退守焉耆。统吐屯等人想要拥立欲谷设为大可汗，正好此时统吐屯被人杀死，欲谷设的部队也被打败，咥利失收复原有的地区。到这时，西部终于拥立欲谷设为乙毗咄陆可汗。乙毗咄陆即位之后，与咥利失大战，杀伤甚多。于是把他的地盘从中间分成两块：自伊列水以西属于乙毗咄陆，以东属于咥利失。

处月、处密与高昌一同攻下焉耆五座城池，掠走男女一千五百人，烧毁了城池的房屋后离去。

【原文】

十三年（己亥，639）

春，正月乙巳[1]，车驾谒献陵[2]，丁未[3]，还宫。

戊午[4]，加左仆射房玄龄太子少师[5]。玄龄自以居端揆十五年，男遗爱[6]尚上女高阳公主，女为韩王[7]妃，深畏满盈，上表请解机务，上不许。玄龄固请不已，诏断表[8]，乃就职。太子欲拜玄龄，设仪卫待之，玄龄不敢谒见而归，时人美其有让[9]。玄龄以度支[10]系天下利害，尝有阙,求其人未得，乃自领之。

礼部尚书永宁懿公王珪薨。珪性宽裕，自奉养甚薄。于令，三品已上皆立家庙[11]，珪通贵已久，独祭于寝。为法司所劾，上不问，命有司为之立庙以愧之。

二月庚辰[12]，以光禄大夫尉迟敬德为鄜州都督。

上尝谓敬德曰："人或言卿反，何也？"对曰："臣反是实！臣从陛下征伐四方，身经百战，今之存者，皆锋镝[13]之馀也。天下已定，乃更疑臣反乎？"因解衣投地，出其瘢痍。上为之流涕，曰："卿复服，朕不疑卿，故语卿，何更恨邪？"

上又尝谓敬德曰："朕欲以女妻卿，何如？"敬德叩头谢曰："臣妻虽鄙陋，相与共贫贱久矣。臣虽不学，闻古人富不易妻，此非臣所愿也。"上乃止。

戊戌[14]，尚书奏："近世掖庭[15]之选，或微贱之族[16]，礼训蔑闻[17]；或刑戮之家[18]，忧怨所积。请自今，后宫及东宫内职有阙，皆选良家有才行者充，以礼聘纳；其没官口[19]及素微贱之人，皆不得补用。”上从之。

上既诏宗室群臣袭封刺史，左庶子于志宁以为古今事殊，恐非久安之道，上疏争之。侍御史马周亦上疏，以为：“尧、舜之父，犹有朱、均[20]之子。傥有孩童嗣职，万一骄愚，兆庶被其殃而国家受其败。正[21]欲绝之也，则子文[22]之治犹在；正欲留之也，而栾黡[23]之恶已彰。与其毒害于见存之百姓，则宁使割恩于已亡之一臣，明矣。然则向所谓爱之者，乃适所以伤之也。臣谓宜赋以茅土[24]，畴[25]其户邑，必有材行，随器授官，使其人得奉大恩而子孙终其福禄。”

会司空、赵州刺史长孙无忌等皆不愿之国，上表固让，称：“承恩以来，形影相吊[26]，若履春冰[27]，宗族忧虞，如置汤火。缅惟三代封建，盖由力不能制，因而利之，礼乐节文，多非己出。两汉罢侯置守[28]，蠲[29]除曩弊，深协事宜。今因臣等，复有变更，恐紊圣朝纲纪；且后世愚幼不肖之嗣，或抵冒邦宪[30]，自取诛夷，更因延世之赏[31]，致成剿绝之祸，良可哀愍。愿停涣汗之旨[32]，赐其性命之恩。”无忌又因子妇长乐公主[33]固请于上，且言“臣披荆棘[34]事陛下，今海内宁一[35]，奈何弃之外州，与迁徙何异？”上曰：“割地以封功臣，古今通义，意欲公之后嗣，辅朕子孙，共传永久。而公等乃复发言怨望，朕岂强公等以茅土邪？”庚子[36]，诏停世封刺史。

（以上为第七段，写唐太宗欲行封建，世袭刺史，大臣谏正而收回成命。）

【注释】

①乙巳：一月一日。 ②献陵：唐高祖李渊陵寝。在今陕西三原县城南二十五公里处的土原上。 ③丁未：一月三日。 ④戊午：一月十四日。 ⑤太子少师：官名。掌辅导皇太子，从一品阶。与太子少傅、少保合称东宫三少。“三少”多为大臣虚衔、荣典。 ⑥遗爱：玄龄次子房遗爱，因与高阳公主等谋反，于永徽三年（652）被赐死。公主同遗爱传见《旧唐书》卷六十六，《新唐书》卷八十三、卷九十六。 ⑦韩王：即李渊第十一子李元嘉。传见《旧唐书》卷六十四、《新唐书》卷七十九。 ⑧断表：即敕断让官表章。 ⑨让：谦让，退让。 ⑩度支：即度支郎中，掌天下租赋、财政支度大权。 ⑪家庙：唐制，三品以上官得立家庙，以祭祀三代祖先。平民则祭于内寝。⑫庚辰：二月七日。 ⑬锋镝：锋，刀口；镝，箭头。 ⑭戊戌：二月二十五日。

⑮掖庭：皇宫中宫嫔所居地方。　⑯微贱之族：下层小民或从事贱业的家族。此指唐妃嫔之选多由侍儿和歌舞者以进。　⑰蔑闻：不知道，没有听说过。　⑱刑戮之家：指受过肉刑或已处死刑的人的家属。　⑲没官口：指因家人犯罪而被株连没入掖庭为官奴婢的人。　⑳朱、均：朱，即尧子丹朱；均，即舜子商均。朱、均不肖，故尧、舜禅位于他人。　㉑正：通“政”。　㉒子文：春秋时楚国令尹。在其当政期间，国力强盛，曾率军灭弦（今河南潢川县西）攻随（今湖北随县）。至其孙克黄，因有过，楚王欲停绝其封袭，既而王思子文之治，又恢复了克黄的官封。　㉓栾黡（yǎn）：晋大夫武子之子，为政骄纵，但父德影响犹在，故得不绝封，至其子盈而被逐。　㉔茅土：帝王分封诸侯时，把祭坛上的泥土授予被封之人，作为分得土地的象征。因此，称分诸侯为授茅土。　㉕畴：通“酬”。　㉖形影相吊：谓孤立无援，凄然一身。　㉗若履春冰：像踏踩春天的薄冰。比喻恐惧危险至极。　㉘罢侯置守：指废除诸侯分封，推行中央集权的郡县制。　㉙蠲（juān）除：免除。　㉚邦宪：国家法令。　㉛延世之赏：指世卿世禄。　㉜涣汗之旨：指圣旨既发，只有推行，如人身汗出，不可复收。　㉝长乐公主：太宗爱女，长孙皇后所出，下嫁长孙无忌之子冲。传见《新唐书》卷八十三。　㉞披荆棘：即披荆斩棘。喻创业艰苦。　㉟海内宁一：国家统一。　㊱庚子：二月二十七日。

【译文】

唐太宗贞观十三年（己亥，639）

春季，正月初一日，唐太宗乘车驾谒唐高祖的献陵。初三日，回到宫中。

正月十四日，加封左仆射房玄龄为太子少师。房玄龄认为自己担任尚书省长官已有十五年，自己的儿子房遗爱娶了唐太宗的女儿高阳公主，女儿是唐高祖的儿子韩王李元嘉的妃子，他深为害怕富贵达到满盈的程度，于是上表要求解除机要的职务，唐太宗不允许。房玄龄坚决一再请求，唐太宗下诏不准他再次上表，房玄龄只好前去就职。太子想向房玄龄行弟子的拜见礼，并设置了仪卫等房玄龄前来，房玄龄不敢谒见太子就返回家中，当时人赞美他有谦让的品德。房玄龄认为度支郎中一职关系到国家的利害，曾有空缺，未能找到合适的人选，于是自己兼领这一官职。

礼部尚书、永宁懿公王珪去世。王珪的性格宽容大方，自己的奉养却很节俭。按照唐代的制度，三品以上的大臣都可建立家庙祭祀祖先，王珪跻身显贵地位已有很长时间，只在家中的内室祭祀祖先。王珪曾受到有关司法官署的弹劾，唐太宗不予过问，命令有关官署为他建立家庙来让他感到羞愧。

二月初七日，任命光禄大夫尉迟敬德为鄜州都督。

唐太宗曾对尉迟敬德说：“有人说你谋反，为什么？”尉迟敬德回答说：“我谋反这件事属实！我跟随陛下征伐四方，身经百战，如今留下来的，都是在刀锋箭头之下剩余下来的。现在天下已经安定，就来怀疑臣要谋反吗？”于是脱下衣服扔在地上，露出身上的伤疤。唐太宗为此流下眼泪，说：“你还是穿上衣服，朕不怀疑你，所以才跟你说，为什么还要愤恨呢？”

唐太宗又曾对尉迟敬德说：“朕想把女儿嫁给你做妻子，怎么样？”尉迟敬德叩头辞谢说：“臣的妻子虽然粗鄙不高贵，但我们一同过贫贱生活很久了。臣虽然没有学问，听说古人富贵之后不换妻子，这不是臣所希望的。”唐太宗于是作罢。

二月二十五日，尚书省奏称：“近来掖庭女官的选拔，有的出身地位微贱的家族，没有听说过宫中的礼仪训条；有的出自受过刑罚诛戮的家族，对朝廷积有怨恨和忧愁。请求自今日起，后宫及东宫的女官若有空缺，都选择良好人家中有才能和品行的女子加以补充，按照礼仪进行聘纳；那些家族曾经有罪而被官府抄没以及家族一向低微贫贱的人，都不能补充任用。”唐太宗同意了这个请求。

唐太宗已下诏规定了宗室贵族大臣的子孙可以承袭其父亲州刺史的官职，左庶子于志宁认为古代与今天的事理不同，恐怕这个规定不是长治久安之策，上疏谏争。侍御史马周也上奏，认为：“尧、舜作为父亲，还有丹朱、商均这样不肖的儿子。倘若让未成年的儿子承袭父亲的官职，万一他为人骄横愚钝，百姓就会遭殃，国家也会受到破坏。此时如果不想让他承袭父亲的官职，就会考虑到他祖先的功劳尚在，就像楚人考虑到子文治国有功而让他的子孙承袭子文的封地一样；如果想保留他的承袭权，可是他的罪恶已像晋国栾氏的后人栾黡一样彰显于世。与其让他承袭官职毒害当时的百姓，不如对已经死去的大臣割舍了皇恩，哪种做法更有利于国家是非常明显的。这样看来以前所谓的爱护他们，其实正是害了他们。臣认为应该让他们在封地中获得赋税，按封地的大小享受民户的奉纳，如果他们确实有才能和品行，就根据他们的才能大小授予官职，让他们得以尊奉皇恩而子子孙孙永享福禄。”

正好这时司空、赵州刺史长孙无忌等人都不愿意前去各州任职，上表执意辞让州刺史的任命，称：“受到皇上的恩遇以来，臣的身形与影子相互凭吊，如踩在薄冰上行走一样，全宗族的人都担忧恐惧，就像置身汤火之中一样。缅怀追思夏、商、周三代实行分封诸侯国的制度，是由于天子力量不能控制整个天下，因此分封诸侯国就有利于天子控制天下，而礼乐的仪式制度，大多不是由诸侯自己所决定的。到了两汉废除诸侯国而设置郡县的守令，废除了过去的弊病，深为合乎事理。如今因为我们这些人，又有改变，恐怕会扰乱圣明之朝的政治纲纪；而且后代有了愚幼无知的不肖子孙，有人会触犯国家法令，自取灭亡，更会因为享受了延续不断承袭官职的赏赐，导致最后形成被剿灭的灾祸，实在值得可怜悲伤。愿陛下停止子孙承袭父职的旨意，赐给我等保全性命的皇恩。”长孙无忌又让他的儿媳长乐公主极力向唐太宗请求，而且说：“臣披荆斩棘侍奉陛下，如今海内安宁统一，为何把我弃置到京城之外的州郡，这与降级左迁有什么不同？”唐太宗说：“分割土地封给功勋大臣，是古今的通义，朕的意思是想让你的后代辅佐朕的子孙，共同流传延续直到久远，可是你们却又上书表示怨恨和不满，朕难道是用封地强逼你们吗？”二月二十七日，下诏停止世袭刺史。

【原文】

高昌王麹文泰[①]多遏绝西域朝贡，伊吾[②]先臣西突厥，既而内属，文泰与西突厥共击之。上下书切责，征其大臣阿史那矩[③]，欲与议事，文泰不遣，遣其长史麹雍来谢罪。颉利之亡也，中国人[④]在突厥者或奔高昌，诏文泰归之，文泰蔽匿不遣。又与西突厥共击破焉耆，焉耆诉之。上遣虞部郎中[⑤]李道裕[⑥]往问状，且谓其使者曰：“高昌数年以来，朝贡脱略，无藩臣礼，所置官号，皆准天朝[⑦]，筑城掘沟，预备攻讨。我使者至彼，文泰语之云：‘鹰飞于天，雉伏于蒿，猫游于堂，鼠噍[⑧]于穴，各得其所，岂不能自生邪？’又遣使谓薛延陀曰：‘既为可汗，则与天子匹敌，何为拜其使者！’事人无礼，又间[⑨]邻国，为恶不诛，善何以劝[⑩]？明年当发兵击汝。”三月，薛延陀可汗遣使上言：“奴受恩思报，请发所部为军导以击高昌。”上遣民部尚书唐俭、右领军大将军执失思力赍缯帛赐薛延陀，与谋进取。

夏，四月戊寅[⑪]，上幸九成宫[⑫]。

初，突厥突利可汗之弟结社率[⑬]从突利入朝，历位中郎将。居家无赖，怨突利斥之，乃诬告其谋反，上由是薄之，久不进秩[⑭]。结社率阴结故部落，得四十馀人，谋因晋王[⑮]治四鼓出宫，开门辟仗[⑯]，驰入宫门，直指御帐，可有大功。甲申[⑰]，拥突利之子贺逻鹘[⑱]夜伏于宫外，会大风，晋王未出，结社率恐晓，遂犯行宫，逾四重幕，弓矢乱发，卫士死者数十人。折冲[19]孙武开等帅众奋击，久之，乃退，驰入御厩，盗马二十馀匹，北走[20]，渡渭，欲奔其部落，追获，斩之。原贺逻鹘，投于岭表[21]。

庚寅[22]，遣武候将军上官怀仁击巴、壁、洋、集四州[23]反獠，平之，虏男女六千馀口。

五月，旱。甲寅[24]，诏五品以上上封事。魏徵上疏，以为："陛下志业，比贞观之初，渐不克终[25]者凡十条。"其间一条，以为："顷年[26]以来，轻用民力。乃云：'百姓无事则骄逸，劳役则易使。'自古未有因百姓逸[27]而败、劳而安者也。此恐非兴邦之至言。"上深加奖叹，云："已列诸屏障，朝夕瞻仰，并录付史官。"仍赐徵黄金十斤，厩马二匹。

六月，渝州[28]人侯弘仁自牂柯开道，经西赵[29]，出邕州[30]，以通交、桂，蛮、俚[31]降者二万八千馀户。

丙申[32]，立皇弟元婴[33]为滕王。

自结社率之反，言事者多云突厥留河南[34]不便，秋，七月庚戌[35]，诏右武候大将军、化州都督、怀化郡王李思摩为乙弥泥孰俟利苾可汗，赐之鼓纛；突厥及胡在诸州安置者，并令渡河[36]，还其旧部，俾世作藩屏，长保边塞。突厥咸惮薛延陀，不肯出塞[37]。上遣司农卿郭嗣本[38]赐薛延陀玺书[39]，言"颉利既败，其部落咸来归化，我略[40]其旧过，嘉其后善，待其达官皆如吾百寮[41]、部落皆如吾百姓。中国贵尚礼义，不灭人国，前破突厥，止为颉利一人为百姓害，实不贪其土地，利其人畜，恒欲更立可汗，故置所降部落于河南，任其畜牧。今户口蕃滋[42]，吾心甚喜。既许立之，不可失信。秋中将遣突厥渡河，复其故国。尔薛延陀受册[43]在前，突厥受册在后，后者为小，前者为大。尔在碛[44]北，突厥在碛南，各守土疆，镇抚部落。其逾分故相抄掠，我则发兵，各问其罪。"薛延陀奉诏。于是遣思摩帅所部建牙于河北，上御齐政殿[45]饯之，思摩涕泣，奉觞[46]上寿曰："奴等破亡之馀，分为灰壤，陛下存其骸骨，复立为可汗，愿万世子孙恒事陛下。"又遣礼部尚书赵郡王孝恭等赍册书，就其种落，筑坛于河上而立之。上谓侍臣曰："中国，根干也；四夷，枝叶也；割根干以奉枝叶，木安得滋荣？朕不用魏徵言，几致狼狈[47]。"又以左屯卫将军阿史那忠[48]为左贤王，左武卫将军阿史那泥熟[49]为右贤王。忠，苏尼失之子也，上遇之甚厚，妻以宗女，及出塞，怀慕中国，见使者必泣涕请入侍。诏许之。

（以上为第八段，写内附突厥人结社率反于长安，唐太宗遣送内附突厥部落还归旧境。）

【注释】

①麴（qū）文泰（？—640）：高昌国王。贞观四年文泰入朝，与唐建立臣隶关系。后妄自尊大，遏绝丝路。遂招致唐军讨伐，文泰惊惧发病死。事迹见《旧唐书》卷一百九十八《高昌传》、《新唐书》卷二百二十一上《高昌传》。 ②伊吾：原隋郡名。治所在今新疆哈密市西四堡。唐为伊州。 ③阿史那矩：突厥人，高昌国大臣。阿史那，姓；矩，名。 ④中国人：此谓流落蕃区的中原汉人。 ⑤虞部郎中：官名。工部掌京城绿化、苑囿及百官、蕃客菜蔬薪炭供顿等事的官员。 ⑥李道裕：雍州泾阳人。后官至大理卿。事迹见《旧唐书》卷六十二、传见《新唐书》卷九十九。 ⑦天朝：指唐朝廷。 ⑧噍（jiào）：鸣叫声，或咬、嚼。 ⑨间：离间，挑拨。 ⑩劝：倡导。⑪戊寅：四月五日。 ⑫九成宫：本隋仁寿宫，宫址在今陕西麟游县西。 ⑬结社率（？—639）：姓阿史那氏，事迹见《旧唐书》卷一百九十四上《突厥传上》、《新唐书》卷二百一十五上《突厥传上》。 ⑭秩：俸禄，职位或品级。 ⑮晋王：即后来的唐高宗李治，649至683年在位。 ⑯辟仗：卫士在驾前攘辟左右行人，这种为天子"陈兵清道"事宜称辟仗。 ⑰甲申：四月十一日。 ⑱贺逻鹘：事迹见《旧唐书》卷一百九十四上《突厥传上》、《新唐书》卷二百一十五上《突厥传上》。 ⑲折冲：官名。即折冲都尉。⑳北走：败走。非谓向北逃走，从下文"渡渭"可知。渭水（即今渭河）在九成宫南。㉑岭表：地区名，即岭南。 ㉒庚寅：四月十七日。 ㉓巴、壁、洋、集四州：州名。巴州治所在今四川巴中市巴州区。壁州治所在今四川通江县。洋州治所在今陕西西乡县，集州治所在今四川南江县。 ㉔甲寅：五月十二日。 ㉕克终：全终，贯彻到最后。 ㉖顷年：近岁。 ㉗逸：安闲。 ㉘渝州：州名。治所在今重庆市。 ㉙西赵：民族名。即西赵蛮，由其首领姓赵得名。分布于今贵州东部，贞观二十一年（647）以其地置明州（今贵州贞丰、册亨、罗甸县一带）。 ㉚邕州：州名。治所在今广西南宁市南。 ㉛俚：民族名。亦作"里"，今黎族等先民。分布于今广东西南、广西东南、海南地区。 ㉜丙申：六月二十五日。 ㉝元婴（？—684）：唐高祖第二十一子李元婴。传见《旧唐书》卷六十四《李元婴传》、《新唐书》卷七十九《李元婴传》。 ㉞河南：黄河之南，指今内蒙古河套地区。 ㉟庚戌：七月九日。 ㊱河：即黄河。 ㊲塞：塞

外，塞北。指长城以北，今内蒙古中部和西部等地区。 ㊳郭嗣本：事迹见《旧唐书》卷一百九十四上《突厥传上》、《新唐书》卷二百一十五上《突厥传上》。 ㊴玺书：皇帝诏书。 ㊵略：不计，原谅。 ㊶寮：通“僚”。 ㊷蕃滋：繁衍滋生。 ㊸册：帝王封赠臣下的诏书。 ㊹碛：沙碛。此指蒙古高原大沙漠。 ㊺齐政殿：宫殿名。时太宗临幸九成宫，齐政殿当在九成宫内。 ㊻觞（shāng）：盛满酒的杯。 ㊼狼狈：窘迫状。 ㊽阿史那忠（611—675）：东突厥贵族。尚宗室女定襄县主，累擢诸卫大将军，封薛国公，陪葬昭陵。传见《旧唐书》一百零九、《新唐书》卷一百一十。 ㊾阿史那泥熟：据《十七史商榷·阿史那忠》等，忠与泥熟本为一人。《通鉴》等误。

【译文】

高昌王麹文泰多次拦截阻止西域诸国通过该国前往唐王朝朝见进贡，伊吾以前向西突厥表示臣服，之后又归附唐朝，麹文泰与西突厥一同讨伐伊吾。唐太宗寄去书信责备他，又征召他的大臣阿史那矩，想和他商议有关事务，麹文泰不派他前来，而派他的长史麹雍前来谢罪。突厥的颉利可汗灭亡后，流落在突厥的中原人有的投奔到高昌，唐太宗下诏让麹文泰放他们返回中原，麹文泰把他们隐匿起来不遣送回来。他又与西突厥一同进攻打败了焉耆，焉耆投诉高昌的攻击。唐太宗派虞部郎中李道裕前去询问情况，并且对高昌的使者说：“这几年以来，高昌对朝廷的朝见和进贡都有所减少和省略，没有做到藩臣的礼节，所设置的官职名号，都仿效唐朝的官职名号，修建城墙挖掘壕沟，预先准备进攻和讨伐。我派去的使者到了你们那里，麹文泰对他说：‘老鹰在天上飞翔，野鸡俯伏在蒿草丛中，猫在厅堂里游玩，老鼠在洞穴中嚼食，它们各得其所，难道不能各自为生吗？’又派使者对薛延陀说：‘你既然身为可汗，就可以与天子匹敌了，为什么对他的使者下拜？’待人无礼，又离间邻国使邻国相互仇恨，不诛杀了他，行善的人怎能得到鼓励？明年当要发兵讨伐你们高昌。”三月，薛延陀可汗派使者上言：“我受到皇恩想要回报，请求征发我所属的军队为先导去进攻高昌。”唐太宗派民部尚书唐俭、右领军大将军执失思力带去丝绸赐给薛延陀，与他谋划进兵攻取高昌。

夏季，四月初五日，唐太宗巡幸九成宫。

起初，突厥的突利可汗的弟弟结社率跟随突利入京朝见，在唐朝历任中郎将。他住在家中没有依靠，就怨恨突利排斥他，于是诬告突利谋反，唐太宗因此降低了对结社率的待遇，很久没有晋升官级。结社率暗中纠集原来的部落，收罗了四十多人，谋划利用晋王李治四更出宫，打开宫门排列仪仗队的时候，乘马冲进宫门，直接冲向皇帝的御帐，可以建立夺位的大功。四月十一日，结社率等人簇拥突利的儿子贺逻鹘趁夜间潜伏在宫门外，正好这时刮起大风，晋王没有出宫，结社率担心天亮了，于是带兵侵犯唐太宗的行宫，穿过四层幕帐，弓箭乱射，宫廷卫士死了几十人。折冲都尉孙武开等人率领众卫士奋勇攻击，双方战斗了很长时间，结社率才退兵，驰马冲入御马厩中，盗走御马二十多匹，向北逃走，渡过渭水，想逃回原来的部落，唐兵追击俘获，并斩杀了他们。唐太宗原谅了贺逻鹘，把他流放到岭南。

四月十七日，派遣武候将军上官怀仁进攻巴州、壁州、洋州、集州的反叛獠民，平定了叛乱，俘虏男女六千多人。

五月，发生旱灾。十二日，唐太宗下诏命令五品以上官员上书密封奏章议论国事。魏徵上疏，认为："陛下的志向和治国大业，与贞观初年相比，能善始而逐渐不能善终的总共有十条。"其中的一条，认为："近年以来，轻易地动用民力。并说：'百姓不为国家服役就会变得骄纵放逸，让他们服劳役就会让他们易为国家所使用。'自古以来没有因百姓安逸而国家败亡、因百姓劳苦而天下能够安定的。这恐怕不是振兴国家的至理名言。"唐太宗深加赞赏感叹，说："已将你的奏疏排列在屏风上，早晚瞻仰观看，并抄录下来交给史官了。"又赐给魏徵黄金十斤，御马两匹。

六月，渝州人侯弘仁从牂柯开通道路，经过西赵，来到邕州，用来沟通交州、桂州，蛮族、俚族向他降服的有两万八千多户。

六月二十五日，唐太宗册立皇弟李元婴为滕王。

自从结社率反叛后，上书言事的大臣大多认为把突厥人留在黄河以面对国家不利。秋季，七月初九日，唐太宗发诏命令右武候大将军、化州都督、怀化郡王李思摩为乙弥泥孰俟利苾可汗，赐给他大鼓和大旗；对于突厥以及安置在各州的胡人，都命令他们渡过黄河，回到他们原来的部落，使他们世世代代作为唐朝的外围屏障，长久地保卫边塞。突厥人都惧怕薛延陀，不肯走出边塞居住。唐太宗派司农卿郭嗣本赐给薛延陀玺书，说："颉利可汗已经败亡，他们的部落都来归附大唐，朕不计较他们从前的过失，嘉奖他们后来的善行，对待他们的官员都像对待朕手下的百官，对他的部族都像对待朕的百姓。中原的王朝崇尚礼义，不灭绝别人的国家，先前打败突厥，只是因为颉利一人是百姓的祸害，实在不是贪图他的土地，不把夺取他们的人口和牲畜作为利益，一直都想重立一个可汗，所以把投降的突厥部落安置在河南一带，任由他们从事畜牧。如今这些部落的人口增长很多，朕内心非常高兴。既然已答应另立一个可汗，就不能失信。秋季将要派遣突厥渡过黄河，恢复他们的故国。你薛延陀受到册封在前，突厥受到册封在后，在后的为小，在前的为大。你在沙漠以北，突厥在沙漠以南，各自守着自己的疆土，镇抚自己的部落。其中如果有一方越过疆界相互劫掠，我大唐就要发兵，分别责问他的罪行。”薛延陀接受了这个诏令。于是唐太宗派思摩率领所辖部落在河北建立牙帐，唐太宗亲临齐政殿为他们饯行，思摩泪流满面，捧上酒杯为唐太宗祝寿，说：“我等是亡国剩余的人员，已经分散成为尘土，陛下保全了我们的生命，又立为可汗，愿万代的子孙永远侍奉陛下。”唐太宗又派礼部尚书赵郡王李孝恭等人携带册封文书，到他们的部落，在黄河边筑立祭坛而册立他。唐太宗对身边的大臣说：“中原王朝是大树的树根、树干，四方民族，乃是大树的枝叶，割断树根、树干来奉养大树的枝叶，大树怎能生长繁荣呢？朕不采纳魏徵的谏言，差一点导致不可收拾的局面。”又任命左屯卫将军阿史那忠为左贤王，左武卫将军阿史那泥熟为右贤王。阿史那忠是苏尼失的儿子，唐太宗待他非常优厚，把宗室的女子许配给他；等到他奉职出塞，仍然怀恋中原朝廷，见到来使必定流泪请求入京侍奉唐太宗，唐太宗下诏答应了他的请求。

【原文】

八月，辛未朔[①]，日有食之。

诏以“身体发肤，不敢毁伤。比来诉讼者或自毁耳目，自今有犯，先笞四十，然后依法”。

冬，十月甲申[②]，车驾还京师。

十一月辛亥[③]，以侍中杨师道为中书令。

戊辰[④]，尚书左丞刘洎[⑤]为黄门侍郎、参知政事。

上犹冀高昌王文泰悔过，复下玺书，示以祸福，征之入朝，文泰竟称疾不至。十二月壬申[⑥]，遣交河行军大总管、吏部尚书侯君集，副总管兼左屯卫大将军薛万均等将兵击之。

乙亥[⑦]，立皇子福[⑧]为赵王。

己丑[⑨]，吐谷浑王诺曷钵来朝，以宗女为弘化公主[⑩]，妻之。

壬辰[⑪]，上畋于咸阳[⑫]，癸巳[⑬]，还宫。

太子承乾颇以游畋废学，右庶子张玄素谏，不听。

是岁，天下州府凡三百五十八，县一千五百五十一。

太史令傅奕精究术数[14]之书，而终不之信[15]，遇病，不呼医饵药。有僧自西域来，善咒术[16]，能令人立死，复咒之使苏。上择飞骑中壮者试之，皆如其言，以告奕，奕曰："此邪术也。臣闻邪不干正，请使咒臣，必不能行。"上命僧咒奕，奕初无所觉，须臾，僧忽僵仆[17]，若为物所击，遂不复苏。又有婆罗门[18]僧，言得佛齿，所击前无坚物。长安士女辐凑[19]如市。奕时卧疾，谓其子曰："吾闻有金刚石[20]，性至坚，物莫能伤，唯羚羊角能破之，汝往试焉。"其子往见佛齿，出角叩之，应手而碎，观者乃止。奕临终，戒其子无得学佛书，时年八十五。又集魏、晋以来驳佛教者为《高识传》十卷，行于世。

西突厥咥利失可汗之臣俟利发[21]与乙毗咄陆可汗通谋作乱，咥利失穷蹙，逃奔钹汗[22]而死。弩失毕部落迎其弟子薄布特勒[23]立之，是为乙毗沙钵罗叶护可汗。沙钵罗叶护既立，建庭于虽合水[24]北，谓之南庭，自龟兹、鄯善、且末、吐火罗、焉耆、石、史、何、穆、康等国[25]皆附之。咄陆建牙于镞曷山[26]西，谓之北庭，自厥越失[27]、拔悉弥[28]、驳马[29]、结骨[30]、火焊[31]、触木昆[32]等国皆附之，以伊列水[33]为境。

（以上为第九段，写太史令傅奕排佛，唐调整与西北各少数民族的关系，恩威并施，兵伐高昌。）

【注释】

①辛未朔：八月一日。　②甲申：十月十五日。　③辛亥：十一月十三日。　④戊辰：十一月三十日。　⑤刘洎（jì）（？—645）：唐初大臣，相太宗。荆州江陵人。贞观十九年，被人诬陷，赐死。传见《旧唐书》卷七十四《刘洎传》、《新唐书》卷九十九《刘洎传》。　⑥壬申：十二月四日。　⑦乙亥：十二月七日。　⑧福：太宗第十三子李福。传见《旧唐书》卷七十六《李福传》、《新唐书》卷八十《李福传》。　⑨己丑：十二月二十一日。　⑩弘化公主（623—698）：唐和蕃公主。宗室女。武则天时，赐姓武，改封西平大长公主。事迹见《旧唐书》卷一百九十八《吐谷浑传》、《新唐书》卷二百二十一上《吐谷浑传》。　⑪壬辰：十二月二十四日。　⑫咸阳：县名。县治在今陕西咸阳市东北。　⑬癸巳：十二月二十五日。　⑭术数：以方术迷信（如星占、卜筮等）来预测人的祸福吉凶。　⑮不之信：不信之，对之不相信。　⑯咒术：诅咒之术。　⑰僵仆：身体僵硬而倒下。　⑱婆罗门：印度古称。　⑲辐凑：本指车辐凑集于毂上，引申为人或

物的集聚。 ⑳金刚石：矿物名。做研磨和切割材料用，或加工为钻石，用为装饰品。 ㉑俟利发：本为突厥第四等官称，此以官名为人名。俟利发为世袭吐屯（第五等官称）的西突厥部酋。《新唐书·突厥传下》作“俟列发”。 ㉒钹汗：中亚国名。又称“拔汗那”“破洛那”“大宛”，在今中亚费尔干那盆地。 ㉓薄布特勤：《旧唐书·突厥传下》作“薄布特勤”，《新唐书·突厥传下》作“毕贺咄叶护”。 ㉔虽合水：即碎叶水（今中亚楚河）。 ㉕鄯善等国：鄯善，今新疆若羌。且末，今新疆且末县西南。吐火罗，在今阿富汗北。石国，今中亚塔什干。史国，今中亚撒马尔罕东南。何国，撒马尔罕西北。穆国，今中亚土库曼纳巴德。康国，今中亚撒马尔罕一带。 ㉖镞曷山：今地不详，或谓今中亚吉尔吉斯山。 ㉗厥越失：中亚民族名。分布地不详。 ㉘拔悉弥：又作“拔悉蜜”“弊剌”。铁勒诸部之一，初在北庭（今新疆吉木萨尔北），后部分迁于今蒙古国鄂尔浑河流域。 ㉙驳马：铁勒诸部之一，分布于今俄罗斯叶尼塞河至勒拿河一带。 ㉚结骨：又称“坚昆”“黠戛斯”等，铁勒诸部之一。分布于今叶尼塞河上游地带。 ㉛火焊：又称“货利习弥”“过利”，分布于今中亚阿姆河北。 ㉜触木昆：又称“处木昆”，西突厥五咄陆部之一。分布于今新疆塔尔巴哈台一带。 ㉝伊列水：即今伊犁河。

【译文】

八月初一日，发生日食。

唐太宗下诏说：“人的身体、毛发、皮肤，是父母给予的，不敢有丝毫损伤。近来上诉告状的有人损毁自己的耳目，从今往后再有犯这种罪过的，先鞭笞四十下，然后再依法判罪。”

冬季，十月十五日，唐太宗的车驾回到长安。

十一月十三日，任命侍中杨师道为中书令。

十一月三十日，任命尚书左丞刘洎为黄门侍郎、参知政事。

唐太宗还希望高昌王麹文泰能够悔过，又颁下玺书，向他晓示祸福利害，征召他入朝，麹文泰最终称病不来朝见。十二月初四日，派遣交河行军大总管、吏部尚书侯君集，行军副总管兼左屯卫大将军薛万均等人领兵进攻高昌。

十二月初七日，唐太宗立皇子李福为赵王。

十二月二十一日，吐谷浑王诺曷钵来京朝见，唐太宗册封宗室女子为弘化公主，嫁给他为妻。

十二月二十四日，唐太宗到咸阳狩猎，二十五日，回到宫中。

太子李承乾为了游猎而严重荒废学业，右庶子张玄素劝谏，但他没有听从。

这一年，全国有三百五十八个州府，一千五百五十一个县。

太史令傅奕精心研究术数的书籍，但最终也不相信术数，自己生了病，不找医生不吃药。有个佛教的僧人从西域来，擅长咒术，能让人立刻死去，又念咒让他苏醒。唐太宗挑选飞骑卫队中的强壮士兵让他试验，都像他说的那样，唐太宗将此事告诉傅奕，傅奕说："这是妖邪之术。臣听说邪不压正，请让他对我念咒语，必然不能灵验。"唐太宗命僧人对傅奕念咒语，傅奕起初没有感觉，过了很短时间，僧人忽然身体僵挺倒在地上，像是被东西击倒，不再苏醒。又有一个印度的僧人，自称得到了佛的牙齿，用它击打东西都无坚不摧。长安城内男男女女聚集前来观看，如同市场一样热闹。傅奕当时卧床养病，对他儿子说："我听说有金刚石，性质极为坚硬，什么东西都不能损坏它，只有羚羊角能撞破它，你前去试一试。"傅奕的儿子前去观看佛齿，拿出羚羊角叩打佛齿，佛齿应声破碎，观看的人于是散去。傅奕临死，告诫他的儿子不要学习佛教书，死时年八十五岁。他又搜集魏晋以来驳斥佛教的言论编为《高识传》十卷，流传于世。

西突厥咥利失可汗的大臣俟利发与乙毗咄陆可汗密谋叛乱，咥利失无计可施，逃亡投奔钹汗然后死去。弩失毕部落迎接他弟弟的儿子薄布特勒立为可汗，这就是乙毗沙钵罗叶护可汗。沙钵罗叶护即位后，在虽合水北岸建立牙帐，称之为南庭，龟兹、鄯善、且末、吐火罗、焉耆、石、史、何、穆、康等国都归附他。咥陆在镞曷山西麓建立牙帐，称为北庭，厥越失、拔悉弥、驳马、结骨、火焆、触木昆等国都依附他，双方以伊列水为边界。

【原文】

十四年（庚子，640）

春，正月甲寅[①]，上幸魏王泰第，赦雍州长安系囚大辟[②]以下，免延康里[③]今年租赋，赐泰府僚属及同里老人有差。

二月丁丑[④]，上幸国子监，观释奠[⑤]，命祭酒孔颖达讲《孝经》[⑥]，赐祭酒以下至诸生高第帛有差。是时上大征天下名儒为学官[⑦]，数幸国子监，使之讲论，学生能明一大经[⑧]已上皆得补官。增筑学舍千二百间，增学生满二千二百六十员，自屯营飞骑，亦给博士，使授以经，有能通经者，听得贡举[⑨]。于是四方学者云集京师，乃至高丽、百济、新罗、高昌、吐蕃[⑩]诸酋长亦遣子弟请入国学，升讲筵[⑪]者至八千馀人。上以师说多门，章句繁杂，命孔颖达与诸儒撰定《五经》[⑫]疏，谓之《正义》，令学者习之。

壬午[13]，上行幸骊山温汤，辛卯[14]，还宫。

乙未[15]，诏求近世名儒梁皇甫侃、褚仲都，周熊安生、沈重，陈沈文阿、周弘正、张讥，隋何妥、刘炫等[16]子孙以闻，当加引擢。

（以上为第十段，写唐太宗兴儒学，诏孔颖达等编定《五经正义》，至今行于世。）

【注释】

①甲寅：正月初六日。　②大辟：死刑。　③延康里：长安里坊名。在今陕西西安市边家村一带。　④丁丑：二月十日。　⑤释奠：古代学校陈设酒食祭奠孔子的典礼。　⑥《孝经》：共十八章，孔门后学所撰。该书论述封建孝道，宣传宗法伦理思想，为儒家经典之一。　⑦学官：主管学校的官员和官学教师的统称。如国子祭酒、博士、助教等。　⑧大经：唐取士以《礼记》《春秋左传》为大经。　⑨贡举：指官吏向天子推荐人才，亦指科举。　⑩高丽等：国名。高丽辖境相当于今鸭绿江及大同江流域，都平壤；百济辖境相当于今朝鲜半岛西南部；新罗辖今朝鲜半岛东南部，后又灭高丽、百济，统一半岛大部；吐蕃，今藏族先民于7至9世纪在青藏高原建立的政权。　⑪讲筵：讲席。　⑫《五经》：儒家《诗》《书》《礼》《易》《春秋》五部经典的总称。　⑬壬午：二月十五日。　⑭辛卯：二月二十四日。　⑮乙未：二月二十八日。　⑯皇甫侃、刘炫等：皇甫侃，传见《梁书》卷四十八、《南史》卷七十一。褚仲都，事迹见《南史》卷七十四《褚修传》等。熊安生、沈重，传见《周书》卷四十五、《北史》卷八十二。沈文阿，传见《梁书》卷四十八、《陈书》卷三十三、《南史》卷七十一。周弘正，传见《陈书》卷二十四、《南史》卷三十四。张讥，传见《陈书》卷三十三、《南史》卷七十一。何妥、刘炫，传见《隋书》卷七十五、《北史》卷八十二。

【译文】

唐太宗贞观十四年（庚子，640）

春季，正月初六日，唐太宗临幸魏王李泰的府第，大赦雍州、长安牢中关押的犯了斩刑以下的囚犯，免除延康里当年的租赋，赏赐魏王府的僚属以及延康里的老人为数不等的物品。

二月初十日，唐太宗临幸国子监，观看释奠之礼，命国子监祭酒孔颖达讲解《孝经》，赏赐祭酒以下直至成绩优异的诸生为数不等的绢帛。此时唐太宗大量征召全国有名的儒生担任学官，并多次亲临国子监，让他们讲论儒家经典，学生中能够通晓一部以上大型经典如《礼记》《春秋左氏传》者都有资格候补成为官员。又扩建国子监的学生宿舍一千两百间，增招学生满额为两千两百六十人，自屯驻的飞骑卫队等军队中也派去博士，让他们向兵士传授经典，如果有能通晓儒家经典的，也允许他们参加贡举。于是四方的学者云集长安，甚至高丽、百济、新罗、高昌、吐蕃等国的酋长也派遣他们的子弟请求进入国子监学习，参加国子监讲堂听讲学习的人多达八千多人。唐太宗认为古代经师对于儒家经典的解释出自多种师门，相关的注释过于烦琐杂乱，就命孔颖达与其他儒学家共同写定《五经》的注疏，称之为《正义》，让学者们研习。

二月十五日，唐太宗巡幸骊山温汤，二十四日，回到宫中。

二月二十八日，唐太宗下诏访求著名儒学家梁朝的皇甫侃、褚仲都，北周的熊安生、沈重，陈朝的沈文阿、周弘正、张讥，隋朝的何妥、刘炫等人的后代，上报给朝廷，当加以提拔任用。

【原文】

三月，窦州道行军总管党仁弘[①]击罗窦反獠[②]，破之，俘七千馀口。

辛丑[③]，流鬼国[④]遣使入贡。去京师万五千里，滨于北海，南邻靺鞨，未尝通中国，重三译[⑤]而来。上以其使者佘志为骑都尉[⑥]。

丙辰[⑦]，置宁朔大使以护突厥。

夏，五月壬寅[⑧]，徙燕王灵夔[⑨]为鲁王。

上将幸洛阳，命将作大匠阎立德[⑩]行清暑之地。秋，八月庚午[⑪]，作襄城宫[⑫]于汝州西山。立德，立本[⑬]之兄也。

高昌王文泰闻唐兵起，谓其国人曰："唐去我七千里，沙碛居其二千里，地无水草，寒风如刀，热风如烧，安能致大军乎？往吾入朝，见秦、陇之北，城邑萧条，非复有隋之比。今来伐我，发兵多则粮运不给；三万已下，吾力能制之。当以逸待劳，坐收其弊。若顿兵城下，不过二十日，食尽必走，然后从而虏之。何足忧也？"及闻唐兵临碛口[⑭]，忧惧不知所为，发疾卒，子智盛[⑮]立。

军至柳谷[⑯]，诇[⑰]者言文泰刻日将葬，国人咸集于彼，诸将请袭之，侯君集曰："不可，天子以高昌无礼，故使吾讨之，今袭人于墟墓之间，非问罪之师也。"于是鼓行而进，至田城[⑱]，谕之，不下，诘朝[⑲]攻之，及午[20]而克，虏男女七千馀口。以中郎将辛獠兒[21]为前锋，夜，趋其都城，高昌逆战而败。大军继至，抵其城下。

智盛致书于君集曰："得罪于天子者，先王也，天罚所加，身已物故[22]。智盛袭位未几，惟尚书怜察！"君集报曰："苟能悔过，当束手军门。"智盛犹不出。君集命填堑攻之，飞石雨下，城中人皆室处。又为巢车[23]，高十丈，俯瞰城中。有行人及飞石所中，皆唱言之。先是，文泰与西突厥可汗相结，约有急相助。可汗遣其叶护[24]屯可汗浮图城[25]，为文泰声援。及君集至，可汗惧而西走千馀里，叶护以城降。智盛穷蹙，癸酉[26]，开门出降。君集分兵略地，下其二十二城，户八千四十六，口一万七千七百，地东西八百里，南北五百里。

上欲以高昌为州县，魏徵谏曰："陛下初即位，文泰夫妇首来朝，其后稍骄倨，故王诛加之。罪止文泰可矣，宜抚其百姓，存其社稷，复立其子，则威德被于遐荒[27]，四夷皆悦服矣。今若利其土地以为州县，则常须千馀人镇守，数年一易，往来死者什有三四，供办衣资，违离亲戚，十年之后，陇右[28]虚耗[29]矣。陛下终不得高昌撮粟尺帛以佐中国，所谓散有用以事无用，臣未见其可。"上不从，九月，以其地为西州[30]，以可汗浮图城为庭州，各置属县。乙卯[31]，置安西都护府于交河城[32]，留兵镇之。

君集虏高昌王智盛及其群臣豪杰而还。于是唐地东极于海，西至焉耆，南尽林邑[33]，北抵大漠[34]，皆为州县，凡东西九千五百一十里，南北一万九百一十八里。

侯君集之讨高昌也，遣使约焉耆与之合势，焉耆喜，听命。及高昌破，焉耆王诣军门谒见君集，且言焉耆三城先为高昌所夺，君集奏并高昌所掠焉耆民悉归之。

（以上为第十一段，写高昌平服，置郡县，西域纳入唐版图，置安西都护府，唐疆域达于极盛。）

【注释】

①党仁弘：关中羌豪，唐功臣。官至广州都督，封常山郡公。事迹见《新唐书》卷二《太宗本纪》、卷二百二十二下《南蛮传下》。 ②罗窦反獠：又称"罗窦洞獠"，分布于窦州（今广东信宜市西南镇隆）山地。 ③辛丑：三月初四日。 ④流鬼国：在北海

（今鄂霍次克海）以北。 ⑤重三译：辗转翻译。三，表示多次或多数。 ⑥骑都尉：勋官名，视从五品。佘志事迹见《册府元龟·外臣部·鞮译》等。 ⑦丙辰：三月十九日。 ⑧壬寅：五月二十日。 ⑨灵夔：唐高祖第十九子李灵夔。传见《旧唐书》卷六十四、《新唐书》卷七十九。 ⑩阎立德（？—656）：名让，字立德，京兆万年人。杰出的工程家，多次主持离宫、船舰、桥梁营造。官至工部尚书、司空，封大安县公。传见《旧唐书》卷七十七、《新唐书》卷一百。 ⑪庚午：八月五日。 ⑫襄城宫：又名清暑宫，为太宗行宫。在今河南临汝县鸣皋山南。 ⑬立本（？—673）：即阎立本。唐杰出画家，高宗时宰相。传见《旧唐书·阎立德传》附传。 ⑭碛口：河西走廊戈壁之西口，在吐鲁番东。 ⑮智盛：高昌王麹文泰嗣子麹智盛。降唐后拜左卫将军，封金城郡公。事迹见《旧唐书》卷一百九十八、《新唐书》卷二百二十一上《高昌传》。 ⑯柳谷：即柳谷渡。故址在今新疆吐鲁番北约一百公里处。 ⑰诇（xiòng）：侦察。 ⑱田城：即高昌田地郡，治所在今新疆鄯善县西南鲁克沁。 ⑲诘朝：早晨。 ⑳午：十一时至十三时。 ㉑辛獠兒：原为梁师都部将，降唐后官至中郎将等职。事迹见《旧唐书》卷五十六《梁师都传》，《新唐书》卷八十七《梁师都传》、卷二百二十一上《高昌传》。 ㉒物故：故，亡故。 ㉓巢车：古代军中用以瞭望敌情的兵车。因车高似巢而得名。 ㉔叶护：突厥二十八等官级之首。 ㉕可汗浮图城：古城名。因突厥可汗曾于此建立浮图（即佛塔）而得名。故址在今新疆吉木萨尔县北破城子。 ㉖癸酉：八月初八日。 ㉗遐荒：指边远蕃区。 ㉘陇右：地区名，泛指陇山以西地区。 ㉙虚耗：消耗一空。 ㉚西州：州名。治所在今新疆吐鲁番高昌废址。 ㉛乙卯：九月二十一日。 ㉜交河城：在今新疆吐鲁番市西交河古城遗址。高昌国交河郡治和唐交河县治所在。 ㉝林邑：国名、隋郡名。林邑国在今越南中南部。隋林邑郡治所在今越南广南省维川县南茶桥。 ㉞大漠：今蒙古高原大沙漠。

【译文】

三月，窦州道行军总管党仁弘进攻罗窦的反叛獠民，将他们击败，俘虏七千多人。

三月初四日，流鬼国派使节进京献上贡品。该地离长安一万五千里，濒临北海，南邻靺鞨，以前未曾与中原有过来往，此时通过辗转翻译也来到唐朝。唐太宗任命该国的使者佘志为骑都尉。

三月十九日，设置宁朔大使以保护突厥。

夏季，五月二十日，把燕王李灵夔改封为鲁王。

唐太宗将要临幸洛阳，命令将作大匠阎立德巡视清静的避暑之地。秋季八月初五日，在汝州的西山修建襄城宫。阎立德是阎立本的哥哥。

高昌王麴文泰听说唐朝军队已经出动前来讨伐，对他的国人说："唐朝距离我们有七千里，中间有两千里是沙漠地带，地上没有水草，寒风刮起来如同刀割，热风如同火烧，怎么让大部队来到我们这里？以前我去唐朝，看见秦、陇的北面，城镇萧条，不再有可与隋朝相比的富足。如今唐朝军队前来攻伐我国，出兵多的话粮草就供应不上；如果是三万以下的兵力，我们的力量就能战胜他们。我们应当以逸待劳，坐收他们大军疲弊的好处。如果他们驻兵城下，不过二十天，粮食吃完就必然要撤退，然后我们就可以出兵俘虏他们。有什么值得忧虑呢？"等到听说唐朝军队兵临碛口，他又恐惧得不知如何办才好，最后生病死去，他的儿子智盛即位。

唐朝军队到了柳谷，侦察人员说麴文泰近日就要下葬，高昌国的人士都聚集在墓地，唐军的诸位将领请求袭击他们，侯君集说："不能这么做，天子认为高昌怠慢无礼，所以派我们讨伐他们，如今袭击正在墓地安葬国王的人们，这不是讨伐罪行的正义之师。"于是击鼓行军，前进到田城，对高昌的国民宣讲朝廷的旨意，高昌人不投降，于是在第二天清晨发动进攻，到了中午就攻克城池，俘虏男女七千多人。又让中郎将辛獠兒为前锋，夜里，直逼高昌的都城，高昌人来迎战但被击败，唐朝大军随后赶到，直抵城下。

麴智盛给侯君集写信说："得罪天子的人，是我国的先王，上天的惩罚已经加在他的身上，他本人已经去世。智盛即位时间不久，请尚书可怜原谅！"侯君集回信说："如果能改悔过错，就应当捆起双手来我营门投降。"麴智盛还是不出来投降。侯君集命令部队填埋沟壕攻城，城上飞石如雨点一样落下，城内的人都躲在房屋中。唐军又建造了巢车，高十丈，可以俯瞰城内。城内有行人出现以及投进去的飞石击中目标，巢车上的人都大声报告。在此之前，麴文泰与西突厥可汗相互勾结，约定一方出现紧急战况时另一方就来救援。西突厥可汗为此派了他的叶护官驻守可汗浮图城，作为麴文泰的声援力量。等到侯君集率大军来到高昌城下，西突厥可汗害怕而向西逃离一千多里，驻守的叶护官率城投降唐军。麴智盛无计可施，八月初八日，开门出城投降。侯君集分兵占领各地，攻下高昌的城池二十二座，俘获八千零四十六户一万七千七百人，占地东西八百里，南北五百里。

唐太宗想把高昌改设为州县，魏徵劝谏说："陛下刚即位时，麴文泰夫妇首先来到朝中拜见，此后逐渐骄傲自大，所以帝王的诛伐加到他的身上。只对麴文泰一人问罪就可以了，应当安抚高昌的百姓，保存高昌的社稷，重新立他的儿子为可汗，这样的话皇上的威望与德行就远远传播到荒远的地区，四方的民族都会心悦诚服归顺朝廷。如今要是贪图他们的土地而改置为州县，就经常要有一千多人镇守，几年轮换一批，来来往往的过程之中就会死掉十分之三四，还要供应和置办衣服与物资，士兵们远离亲人，十年以后，陇右地区就会被耗费空虚了。陛下最终不能得到高昌的一撮粮食、一尺布匹供中原使用，正是所谓分散有用的资财而用在无用之地，臣看不到有可行之处。”唐太宗没有听从他的意见，九月，把高昌地区改置为西州，把可汗浮图城改为庭州，并在二州分别设置所统辖的县。二十一日，在交河城设立了安西都护府，留下部队镇守。

侯君集俘虏了高昌王麴智盛和他的大臣以及地方豪杰返回朝廷。此时唐朝的疆域东到大海，西至焉耆，南达林邑，北抵大沙漠，都设立了州县，总共东西宽九千五百一十里，南北长一万零九百一十八里。

侯君集征讨高昌时，曾派出使节邀约焉耆与唐军合围高昌，焉耆得信后非常高兴，愿意听从命令。等到高昌灭亡后，焉耆王到唐朝军队营地拜见侯君集，而且说焉耆等三座城在此之前被高昌夺去，侯君集禀报朝廷将三座城连同高昌掠夺的焉耆百姓全部归还焉耆。

【原文】

冬，十月甲戌[①]，荆王元景等复表请封禅[②]，上不许。

初，陈仓[③]折冲都尉鲁宁坐事系狱，自恃高班[④]，慢骂陈仓尉尉氏刘仁轨[⑤]，仁轨杖杀之。州司以闻。上怒，命斩之，犹不解，曰：“何物县尉，敢杀吾折冲！”命追至长安面诘之。仁轨曰：“鲁宁对臣百姓辱臣如此，臣实忿而杀之。”辞色自若。魏徵侍侧，曰：“陛下知隋之所以亡乎？”上曰：“何也？”徵曰：“隋末，百姓强而陵官吏，如鲁宁之比是也。”上悦，擢仁轨为栎阳丞[⑥]。

上将幸同州校猎[⑦]，仁轨上言：“今秋大稔[⑧]，民收获者什才一二，使之供承猎事，治道葺桥，动费一二万功，实妨农事。愿少留銮舆[⑨]旬日，俟其毕务，则公私俱济。”上赐玺书嘉纳之，寻迁新安[⑩]令。闰月乙未[⑪]，行幸同州。庚戌[⑫]，还宫。

丙辰[⑬]，吐蕃赞普遣其相禄东赞[⑭]献金五千两及珍玩数百，以请婚。

上许以文成公主[15]妻之。

十一月甲子朔[16]，冬至，上祀南郊。时《戊寅历》[17]以癸亥为朔[18]，宣义郎[19]李淳风[20]表称："古历分日起于子半[21]，今岁甲子朔旦冬至，而故太史令傅仁均减馀稍多，子初[22]为朔，遂差三刻，用乖天正[23]，请更加考定。"众议以仁均定朔微差，淳风推校精密，请如淳风议，从之。

丁卯[24]，礼官奏请加高祖父母服齐衰[25]五月，嫡子妇服期，嫂、叔、弟妻、夫兄、舅皆服小功[26]。从之。

丙子[27]，百官复表请封禅，诏许之。更命诸儒详定仪注[28]。以太常卿韦挺等为封禅使。

司门员外郎[29]韦元方给给使[30]过所[31]稽缓[32]，给使奏之。上怒，出元方为华阴令。魏徵谏曰："帝王震怒，不可妄发。前为给使，遂夜出敕书，事如军机，谁不惊骇？况宦者之徒，古来难养，轻为言语，易生患害，独行远使，深非事宜，渐不可长，所宜深慎。"上纳其言。

尚书左丞[33]韦悰[34]句司农木橦[35]价贵于民间，奏其隐没。上召大理卿孙伏伽书司农罪。伏伽曰："司农无罪。"上怪，问其故，对曰："只为官橦贵，所以私橦贱。向使官橦贱，私橦无由贱矣。但见司农识大体，不知其过也。"上悟，屡称其善；顾谓韦悰曰："卿识用不逮伏伽远矣。"

十二月丁酉[36]，侯君集献俘于观德殿[37]。行饮至礼，大酺三日。寻以智盛为左武卫将军、金城郡公。上得高昌乐工，以付太常，增九部乐为十部[38]。

君集之破高昌也，私取其珍宝。将士知之，竞为盗窃，君集不能禁，为有司所劾，诏下君集等狱。中书侍郎岑文本上疏，以为："高昌昏迷，陛下命君集等讨而克之，不逾旬日，并付大理。虽君集等自挂网罗，恐海内之人疑陛下唯录其过而遗其功也。臣闻命将出师，主于克敌，苟能克敌，虽贪可赏；若其败绩，虽廉可诛。是以汉之李广利、陈汤[39]，晋之王濬[40]，隋之韩擒虎[41]，皆负罪谴，人主以其有功，咸受封赏。由是观之，将帅之臣，廉慎者寡，贪求者众。是以黄石公[42]《军势》曰：'使智，使勇，使贪，使愚。故智者乐立其功，勇者好行其志，贪者急趋其利，愚者不计其死。'伏愿录其微劳，忘其大过，使君集重升朝列，复备驱驰，虽非清贞之臣，犹得贪愚之将，斯则陛下虽屈法而德弥显，君集等虽蒙宥而过更彰矣。”上乃释之。

又有告薛万均私通高昌妇女者，万均不服，内出高昌妇女付大理，与万均对辩。魏徵谏曰：“臣闻‘君使臣以礼，臣事君以忠。’今遣大将军与亡国妇女对辩帷箔之私[43]，实则所得者轻，虚则所失者重。昔秦穆饮盗马之士[44]，楚庄赦绝缨之罪[45]，况陛下道高尧、舜，而曾[46]二君之不逮乎？”上遽释之。

侯君集马病蚛[47]颡，行军总管赵元楷亲以指沾其脓而齅[48]之，御史劾奏其谄，左迁栝州[49]刺史。

高昌之平也，诸将皆即受赏，行军总管阿史那社尔以无敕旨，独不受，及别敕既下，乃受之，所取唯老弱故弊而已。上嘉其廉慎，以高昌所得宝刀及杂彩千段赐之。

（以上为第十二段，写唐太宗宽宥功臣小过，不忘其功。）

【注释】

①甲戌：十月初十日。　②封禅：封土于山而禅祭于地，帝王祭祀天地大典的一种。　③陈仓：县名。县治在今陕西宝鸡市。　④高班：府兵制下的折冲府长官为折冲都尉，上府正四品上，下府正五品下。较之九品县尉，品位要高，故曰“高班”。⑤刘仁轨（602—685）：高宗时宰相。汴州尉氏（今河南尉氏县）人。传见《旧唐书》卷八十四《刘仁轨传》、《新唐书》卷一百零八《刘仁轨传》。　⑥栎阳丞：栎阳，县名。县治在今陕西西安市临潼区北栎阳镇。丞，县丞，县令，长佐官，掌司法裁判。　⑦校猎：用木栏遮阻，猎取禽兽。　⑧稔（rěn）：庄稼成熟。　⑨銮舆：皇帝车驾，帝王代称。⑩新安：县名。县治在今河南新安县。　⑪乙未：闰十月初二日。　⑫庚戌：闰十月十七日。　⑬丙辰：闰十月二十三日。　⑭禄东赞（？—667）：藏文称“噶东赞宇松”。吐蕃权臣。事迹见《旧唐书》卷一百九十六上《吐蕃传上》、《新唐书》卷二百一十六上《吐蕃传上》。　⑮文成公主（？—680）：太宗所养宗女。贞观十五年入蕃嫁松赞干布。为汉藏文化交流做出了重大贡献。　⑯甲子朔：十一月初一日。　⑰《戊寅历》：又称戊寅元历，由太史令傅仁均主持制订。自武德二年起，施行了近半个世纪。　⑱以癸亥为朔：以癸亥（十月三十日）为十一月初一日。　⑲宣义郎：从七品下文散官。　⑳李淳风：唐初天文学家。岐州雍（今陕西宝鸡市凤翔区）人。官至太史令。撰述甚多，如撰《麟德历》取代《戊寅历》，并撰《典章文物志》《乙巳占》《秘阁录》等十余部。传见《旧唐书》卷七十九《李淳风传》、《新唐书》卷二百零四《李淳风传》。　㉑子半：子时

之半。夜十二时。 ㉒子初：夜十一时一刻。 ㉓天正：谓十一月，或指天体的正常运转。 ㉔丁卯：十一月初四日。 ㉕齐衰：丧服名，为五服之一。以粗麻布为制服，因服缉边，故称“齐衰”。 ㉖小功：丧服名，五服之一。服以较细的麻布制作，服期五个月。 ㉗丙子：十一月十三日。 ㉘仪注：礼节。 ㉙司门员外郎：刑部属官。掌门关出入之籍，如发放出入关塞的“过所”“行牒”等。 ㉚给使：指供天子差使的宫闱局宦官。 ㉛过所：过关塞的凭证，亦称“传”，相当于今天的通行证。 ㉜稽缓：拖延。 ㉝尚书左丞：官名。尚书省仆射下设左、右丞，左丞领吏、户、礼三部，右丞领兵、刑、工三部。 ㉞韦悰：事迹见《新唐书》卷一百零三《孙伏伽传》。 ㉟句司农木橦：“句”，同“勾”。谓勾当、处理。橦，柴方三尺五寸为一橦。 ㊱丁酉：十二月五日。 ㊲观德殿：宫殿名。在长安宫城宜春门北。 ㊳十部：指十部乐。唐初宫廷宴乐。一，宴乐伎；二，清乐伎；三，西凉伎；四，天竺伎；五，高丽伎；六，龟兹伎；七，安国伎；八，疏勒伎；九，高昌伎；十，康国伎。 ㊴李广利（？—前88）：汉武帝时大将。曾远征大宛和讨击匈奴。陈汤，西汉元帝时边将，因攻杀匈奴郅支单于，封关内侯。 ㊵王濬（206—286）：西晋大将，曾受命出兵灭吴。 ㊶韩擒虎（538—592）：隋大将。以灭陈功，进位上柱国。 ㊷黄石公：秦末人。传说张良曾就教于他，被授予《太公兵法》。有《黄石公三略》三卷流传于世。 ㊸帷箔之私：隐喻男女关系。帷，幔；箔，通“薄”，帘。帷箔为障隔内外的用品。 ㊹秦穆饮盗马之士：秦穆公的马为人盗食，穆公非但不治罪，反赐以酒，后来这些盗马人为报答不罪之恩，救穆公于晋军重围之中。 ㊺楚庄赦绝缨之罪：据《韩诗外传》卷七载，楚庄王在一次宴饮群臣时，有一位将军趁烛骤灭之际，暗中牵王后的衣服，王后“扢冠缨而绝之”（即扯下调戏她的人的帽带），要庄王查办。庄王则令大家全扯去冠缨，以此使“绝缨之罪”无从追究。后来楚庄王得到这个将军的死力回报。 ㊻曾：乃，则。 ㊼蚛（zhòng）：被虫咬。 ㊽齅：同“嗅”。 ㊾栝州：州名。栝为“括”误。括州治所在今浙江丽水市东南。

【译文】

冬季，十月初十日，荆王李元景等人又上表请求行封禅礼，唐太宗没有允许。

当初，陈仓折冲都尉鲁宁因事获罪被关押在狱中，鲁宁自恃官职等级高，谩骂陈仓尉尉氏人刘仁轨，刘仁轨让人用监杖把鲁宁打死。岐州的州官上报朝廷。唐太宗发怒，命令把刘仁轨斩首，但还不解怒气，说：“是个什么样的县尉，胆敢杀死我的折冲都尉！”命令把刘仁轨押到长安当面质问。刘仁轨说：“鲁宁当着陈仓百姓的面如此这般地羞辱臣，臣实在非常愤恨，于是把他杀掉。”回答时神色自若。魏徵正在唐太宗身旁，说：“陛下知道隋朝灭亡的原因吗？”唐太宗问：“什么原因？”魏徵说：“隋朝末年，百姓强悍，敢于侵凌朝廷的官吏，如同鲁宁这样的就是。”唐太宗高兴，提拔刘仁轨为栎阳县丞。

唐太宗将要去同州围猎，刘仁轨上书说：“今年秋季粮食大丰收，百姓收割庄稼才收了十分之一二，让他们做陛下狩猎的事务，修路修桥，耗费一两万人工，实在是妨碍农事。希望陛下把车驾稍微停留十天半月，等到百姓的庄稼收割完毕，公家私人就都能做成自己的事情了。”唐太宗赐给玺书对他进行嘉奖并采纳他的意见，不久又提升他为新安县令。闰十月初二日，唐太宗出行临幸同州，十七日，返回宫中。

闰十月二十三日，吐蕃首领赞普派他的丞相禄东赞向唐朝进献五千两黄金以及几百种珍贵宝器，以此请求通婚。唐太宗答应把文成公主下嫁给他为妻。

十一月初一日，这一天冬至，唐太宗在京城南郊祭天。当时的《戊寅历》以癸亥日为十一月初一日，宣义郎李淳风上表说：“古代历法把两天的分界线定在子时一半的时间，今年十一月初一日的子时一半的时候起算作冬至，而前太史令傅仁均计算日期时减除的时间稍微多了一点，从子时的初刻就计算为初一日，这样就与实际的初一日的开始时间差了三刻，违背了天时历法的计算起点时刻，请求重新计算考定日辰时刻。”众人议论认为傅仁均计算的初一日时刻有微小的误差，李淳风推算校定的时刻是精密的，请求按李淳风的意见计算初一日的时刻，唐太宗听从了众人的建议。

十一月初四日，礼官上奏请求增加为高祖父母穿着齐衰丧服的时间为五个月，为嫡子的媳妇服丧时间为一年，为嫂、叔、弟妻、夫兄、舅的服丧时间都为五个月，唐太宗听从了这一建议。

十一月十三日，文武百官又上表请求行封禅礼，唐太宗下诏准许。又命众位儒师详细商定封禅的礼仪，任命太常寺卿韦挺等人为封禅使。

司门员外郎韦元方拖延向给使官发放过关的凭证，给使官上奏给唐太宗，唐太宗发怒，把韦元方降职为华阴令。魏徵劝谏说：“帝王的震怒，不可随便发作。前几天为了给使官外出办事，连夜发出敕书，事情紧急得如同军机大事，谁能不惊骇？何况宦官之流，自古以来就很难豢养，往往随意说话，容易产生祸害，单独出行到远方办事，深为不合事宜，此风不可增长，应当深为慎重。”唐太宗听从了他的意见。

尚书左丞韦悰核查司农卿出售木材的价格比民间还贵，上奏唐太宗说司农卿隐瞒贪污。唐太宗召见大理寺卿孙伏伽让他书写司农卿的罪状。孙伏伽说："司农卿没有罪。"唐太宗奇怪，问他原因。孙伏伽回答说："只因为官府的木材贵，所以私人的木材才能卖得贱。如果官府的木材卖得贱，私人的木材就无法再贱了。这件事里我只看到司农卿懂得事情的根本，不知道他有什么过错。"唐太宗于是醒悟，多次称赞孙伏伽优秀，并对韦悰说："卿的见识远远赶不上孙伏伽。"

十二月初五日，侯君集在观德殿向唐太宗献上高昌的俘虏。为此举行庆功的欢迎宴席，大吃了三天。不久唐太宗就任命麹智盛为左武卫将军、金城郡公。唐太宗得到高昌的乐工，把他们全都交由太常寺管辖，并把原来的九部乐增加为十部乐。

侯君集攻破高昌时，私自夺取高昌国王的珍宝，手下的将士知道了，就竞相偷盗当地的珍宝，侯君集不能禁止，被有关官署弹劾，唐太宗下诏把侯君集等人关押到狱中。中书侍郎岑文本上奏，认为："高昌王昏庸愚蠢，陛下命侯君集等人讨伐并攻克了他们，没过十天，就一并交付大理寺审查。即使侯君集等人自己触犯了法网，这样处置他们，也怕天下的人怀疑陛下只知治他们的罪而忘了他们的功劳。臣听说将军受命出师，主要是去战胜敌人，如果能战胜敌人，即使贪婪也可对他赏赐；如果战败了，即使清廉也要惩罚他。所以汉朝的李广利、陈汤，晋朝的王濬，隋朝的韩擒虎，都是身上背负着罪行，但因为他们有功，所以他们都受到了封官赏赐。由此看来，将帅这种武臣，廉洁谨慎的少，贪婪求财的多。所以黄石公《军势》里说：'君主要会用军人的智慧，用军人的勇猛，用军人的贪婪，用军人的愚钝，所以有智慧的人就会乐于立功，勇猛的人就会喜欢实现自己的志向，贪婪的人就会急着冲向将要得到的利益，愚钝的人就会不考虑自己的生死。'希望陛下记住他们的微小功劳，忘记他们大的过错，让侯君集重新做官进入朝廷大臣的行列，再次准备供陛下驱使，虽然不是清廉公正的大臣，还算是一个贪婪、愚钝的将领，这样就会使陛下虽然未严格执行法律但君主的仁德更加显明，侯君集等人虽然受到宽宥而他们的过失也就更加明显了。"唐太宗于是释放了侯君集等人。

又有人上告薛万均与高昌妇女私通，薛万均不服，于是找出那个高昌妇女交付大理寺，与薛万均当面对质。魏徵劝谏说："我听说'君主用礼节来对待大臣，大臣用忠诚来侍奉君主'。如今陛下让大将军与亡国的妇女对质帷幕后的男女私情，情况如果属实则所得很轻，如果不属实则所失很重。从前秦穆公给盗马的野人喝酒，楚庄王赦免在酒宴上调戏宫姬而被扯断帽缨的大臣罪过，何况陛下的道德比尧、舜还高，却还不如秦穆公、楚庄王两位国君吗？”唐太宗马上释放了薛万均。

侯君集乘坐的马被虫子咬伤了前额，行军总管赵元楷亲自用手指沾了伤口的脓来闻，御史上奏弹劾赵元楷谄媚，降职为栝州刺史。

高昌平定后，各位将领都当即受到赏赐，行军总管阿史那社尔认为没有皇上的敕旨，不接受赏赐，等到另有敕文宣布下来，这才接受赏赐，领取赏赐只是一些老弱的人口和残旧的物品。唐太宗嘉奖他的廉正谨慎，把在高昌获得的宝刀以及各色彩绸一千段赏赐给他。

【原文】

癸卯[①],上猎于樊川[②]。乙巳[③]，还宫。

魏徵上疏，以为：“在朝群臣，当枢机[④]之寄者，任之虽重，信之未笃[⑤]，是以人或自疑，心怀苟且。陛下宽于大事，急于小罪，临时责怒，未免爱憎。夫委大臣以大体，责小臣以小事，为治之道也。今委之以职，则重大臣而轻小臣；至于有事，则信小臣而疑大臣。信其所轻，疑其所重，将求致治，其可得乎？若任以大官，求其细过，刀笔之吏[⑥]，顺旨成风，舞文弄法，曲成其罪。自陈也，则以为心不伏辜[⑦]；不言也，则以为所犯皆实；进退惟谷[⑧]，莫能自明，则苟求免祸，矫伪成俗矣！”上纳之。

上谓侍臣曰：“朕虽平定天下，其守之甚难。”魏徵对曰：“臣闻战胜易，守胜难，陛下之及此言，宗庙社稷之福也！”

上闻右庶子[⑨]张玄素在东宫数谏争，擢为银青光禄大夫[⑩]，行左庶子[⑪]。太子尝于宫中击鼓，玄素叩阁[⑫]切谏。太子出其鼓，对玄素毁之。太子久不出见官属，玄素谏曰：“朝廷选俊贤以辅至德[⑬]，今动经时月，不见宫臣，将何以裨益万一？且宫中唯有妇人，不知有能如樊姬[⑭]者乎。”太子不听。

玄素少为刑部令史[⑮]，上尝对朝臣问之曰：“卿在隋何官？”对曰：“县尉。”又问：“未为尉时何官？”对曰：“流外[⑯]。”又问：“何曹？”玄素耻之，出阁殆不能步，色如死灰。谏议大夫褚遂良[⑰]上疏，以为：“君能礼其臣，乃能尽其力。玄素虽出寒微，陛下重其才，擢至三品，翼赞皇储，岂可复对群臣穷其门户？弃宿昔之恩，成一朝之耻，使之郁结于怀，何以责其伏节死义乎？”上曰：“朕亦悔此问，卿疏深会我心。”遂良，亮之子也。孙伏伽与玄素在隋皆为令史，伏伽或于广坐自陈往事，一无所隐。

戴州刺史贾崇以所部有犯十恶⑱者，御史劾之。上曰：“昔唐、虞大圣，贵为天子，不能化其子，况崇为刺史，独能使其民比屋为善乎？若坐是贬黜，则州县互相掩蔽，纵舍罪人。自今诸州有犯十恶者，勿劾刺史，但令明加纠察，如法施罪，庶以肃清奸恶耳。”

上自临治兵，以部陈不整，命大将军张士贵杖中郎将等；怒其杖轻，下士贵吏。魏徵谏曰：“将军之职，为国爪牙，使之执杖，已非后法⑲，况以杖轻下吏乎？”上亟释之。

言事者多请上亲览表奏，以防壅蔽⑳。上以问魏徵，对曰：“斯人㉑不知大体，必使陛下一一亲之，岂惟朝堂，州县之事亦当亲之矣。”

（以上为第十三段，写魏徵进言唐太宗，要时时警惕，懂得守天下比得天下更难，戒骄戒躁。褚遂良进言人君要尊礼大臣，不言其隐。唐太宗称善。）

【注释】

①癸卯：十二月十一日。　②樊川：地名。在今陕西西安市长安区东南。　③乙巳：十二月十三日。　④枢机：朝廷重要的职位和机构，如三省及其长官（即宰相）。⑤笃：深厚。　⑥刀笔之吏：办理文书的小官吏。　⑦辜：罪。　⑧进退惟谷：进退两难。“惟”，通“维”。　⑨右庶子：官名。太子侍从官的一种。唐于太子宫署中置左右春坊，右庶子为右春坊长官。　⑩银青光禄大夫：散官名。从三品阶文散官。　⑪行左庶子：兼代左春坊长官。大官兼管小官的事，称行某官。　⑫叩冏：敲閤门。“冏”，“閤”的异体字，即侧门或闺中小门。　⑬至德：道德之最。此指太子。　⑭樊姬：楚庄王的贤姬、内助。曾襄楚庄王称霸。　⑮令史：官名。三省六部低级吏员之称。　⑯流外：隋朝自九品至一品官，称为流内，不入九品者称流外。　⑰褚遂良（596—658）：太宗晚年、高宗初年时宰相，封河南郡公。字登善，钱塘（今浙江杭州市）人。唐初四大书法家之一。传见《旧唐书》卷八十、《新唐书》卷一百零五。　⑱十恶：自隋始，将“谋反”“谋大逆”“谋叛”“谋恶逆”“不道”“大不敬”“不孝”“不睦”“不义”“内乱”十种重大罪名以“十恶”列入法典，规定“十恶不赦”。　⑲后法：后世之法，或贻法于后世。　⑳壅蔽：隔绝，蒙蔽。　㉑斯人：此人。

【译文】

十二月十一日，唐太宗在樊川狩猎，十二月十三日，返回宫中。

魏徵上疏，认为："在朝的众多大臣中，担当枢密机要事务的官员，虽然被委以重任，但陛下对他们的信任还不够笃厚，所以有人心存猜疑，内心怀着得过且过的苟且心理。陛下对大的事情能做到宽容，对小的过失却急于惩治，当时就加以斥责并且发怒，自己的爱憎未免表现得过于分明。君主把大事委托给大臣，要求小臣办好小事，这是为政之道。如今在对臣下委任官职的时候，就重视大臣而轻视小臣；到了有事的时候，就信任小臣而怀疑大臣。信任自己轻视的小臣，怀疑自己重视的大臣，这样来求得国家达到大治，它是可以得到的吗？如果将大的官职委任给他们，却在小的过失上要求他们，那些刀笔小吏就会顺着陛下的心意诬告大臣而形成风气，他们就会舞文弄法，罗织出大臣的罪状。这时如果大臣自己陈述辩解，就会被认为内心不服罪；如果不加以辩解，就会被认为所犯的罪行属实；进退两难，不能为自己辩解清楚，于是他们就会不讲原则只求免除灾祸，使得矫饰虚伪成为风气。"唐太宗采纳了他的劝谏。

唐太宗对身边的大臣说："朕虽然平定了天下，但守住天下却更难。"魏徵回答说："我听说战而取胜是容易的，守住胜利果实是困难的，陛下能说出这个话来，是宗庙社稷的福气！"

唐太宗听说右庶子张玄素在东宫多次劝谏太子，就提升他担任银青光禄大夫，兼任左庶子。太子曾在宫中击鼓，张玄素前来敲门痛切地劝谏，太子拿出鼓来，当着张玄素的面把鼓捣毁。太子很久不出来会见下属官吏，张玄素劝谏说："朝廷遴选优秀人才来辅佐殿下，如今动辄长达数月不见宫中的大臣，将怎样让他们对殿下有所裨益呢？而且宫中只有女人，不知有没有像楚庄王的樊姬那样贤惠的人呢？"太子不听他的谏言。

张玄素年轻时当过刑部令史，唐太宗曾当着朝中大臣的面问他："你在隋朝时当什么官？"张玄素回答说："县尉。"又问："未当县尉时又做什么官？"回答说："是未入九品的流外。"又问："是哪一曹的小吏？"张玄素认为这是耻辱，从殿堂里出来后几乎不能走路，面如死灰。谏议大夫褚遂良上疏，认为："君主能以礼节对待臣下，臣下才能竭尽自己的心力。张玄素虽然出身寒微，但陛下重视他的才能，提升他到三品官级，辅佐太子，怎么可以又当着大臣的面穷究他的出身呢？这就是抛弃了往日的恩宠，造成一朝的羞耻，让羞耻郁积在他的心中，又怎能要求他为了君臣的气节而为忠义去效死呢？"唐太宗说："朕也后悔问了这些话，你的奏疏与我的想法深相契合。”褚遂良是褚亮的儿子。孙伏伽与张玄素在隋朝都当过低级的令史官，不过孙伏伽有时在大庭广众之下陈述往事，丝毫没有隐讳。

戴州刺史贾崇所管辖的下属中有人犯了十恶不赦之罪，于是御史弹劾贾崇。唐太宗说：“以前唐尧、虞舜都是大圣之王，虽然贵为天子，可是还不能教化自己的儿子，何况贾崇只是一个刺史，能让下属的百姓家家户户都行善吗？如果牵连这件事而受到贬官罢黜，其他的州县官就会相互掩盖，放过罪人。从今以后各州有犯十恶罪行的，不要弹劾刺史，只命令他们要明加纠察，依法治罪，这样才可以肃清下属的奸邪和罪恶。”

唐太宗亲自到军队训练士兵，看到队列阵形不整齐，命令大将军张士贵杖打中郎将等人；又因为杖打得太轻而发怒，命令把张士贵逮捕送交官吏问罪。魏徵劝谏说：“将军这一官职，是国家讨伐敌人的工具，让他执杖打人，已经不足为后世所效法，何况因为杖打得轻就把他逮捕送交官吏治罪呢？”唐太宗急忙放了张士贵。

上书言事的人大多请求唐太宗亲自阅览这些表章奏折，以防止被人蒙蔽。唐太宗就此事询问魏徵，魏徵回答说：“这些人不懂得治国的大体，一定要陛下一一亲自过目，那么岂止是朝堂上的奏章，就连各州县的事也应当亲自过问了。”

【评析】

唐太宗纳谏

人君纳谏，就是鼓励臣下给自己提意见，自己有耐心倾听不同意见的雅量，同时要有识见，能判断是非、择善而从，如果自己错了，要勇于改正。在历代封建帝王中，唐太宗是最善于纳谏的人，其原因是唐太宗善于总结，能以小喻大。他对大臣萧瑀说：“我少年时就喜爱弓箭，得了十几张好弓，认为是天下最好的弓箭。近来给良工一看，良工说：‘这都不是好弓，因为木心不直，脉理不正，弓尽管很硬，可以射远，却发箭不直。’我才知道，过去没有懂透弓的原理。朕用弓箭定天下，却还不能真正懂得弓箭，何况天下事，朕怎能都知道呢？”唐太宗懂得天下之智不是一个人能专有，也明白自己并非全知全能，于是要求大臣进言谏诤，指陈自己的过失。魏徵曾进言：“兼听则明，偏听则暗。”唐太宗十分赞赏，于是告诫群臣说：“中书、门下是政府的机要，如果诏书敕令有不便施行的，应该提出异议。而今中书、门下只是顺从，不见反对，如果只是发布文书，那么谁都会做，何必要选拔贤才呢？”按照议事制度，凡军国大事，中书省各官员都要用本人名义提出主张，各抒己见，共同签字署名，称为五花判事。其程序由中书省长官中书侍郎、中书令审核，再由门下省的给事中、黄门侍郎驳正，最后奏请皇帝裁决。唐太宗申明制度，令各级官员负责实行，因此贞观时期军国大事很少有失误的。魏徵是贞观时期最重要的谏臣，也是唐太宗最敬畏的诤臣。贞观十七年，魏徵死，唐太宗大哭，说：“人用铜作镜，可以正衣冠；用史作镜，可以见兴亡；用人作镜，可以知得失。如今魏徵死了，朕丢失了一面镜子。”这表明唐太宗是多么看重直言敢谏的诤臣。

纳谏与用人是圣明帝王的治国根本，也是唐太宗得天下和开创“贞观之治”的两个主要原因。《唐纪》卷九评析了唐太宗的用人，本卷评析唐太宗的纳谏，以欣赏唐太宗的圣明风采。随着贞观盛世的到来，唐太宗也逐渐滋生了骄矜之色，贞观中期以后不如贞观之初。本卷所载为贞观中期——贞观十一年至十四年，唐太宗君臣谈论纳谏故事最多的一个时期，魏徵时时给唐太宗敲警钟，充分表现了贞观时期唐代君臣居安思危的政治意识。

卷第一百九十六　唐纪十二

唐太宗贞观十五年至十七年（641—643）

【起重光赤奋若（辛丑，641），尽昭阳单阏（癸卯，643）三月，凡二年有奇】

【大事提要】

本卷记事起唐太宗贞观十五年（641），讫贞观十七年（643）三月，凡两年又三个月。此时期，唐太宗对外奉行羁縻政策，尽力避免战争，而不回避战争。薛延陀犯边，唐太宗坚决打击，而后和亲，特别是文成公主入藏和亲，写下汉藏和谐光辉的一章。唐太宗命太常博士吕才整理阴阳数术，批驳禄命禁忌，表现了唐初文化建设欣欣向荣。谏臣诤臣魏徵之死，唐太宗慨叹："朕亡一镜矣。"此时唐太宗已恶闻直言。魏徵之死，唐太宗步入晚年。由于太子李承乾不成才，唐太宗偏爱魏王李泰，恩宠逾制，开启李泰夺嫡的野心。唐太宗第五子齐王李祐谋反，被赐死。李祐的蠢动引发太子李承乾的冒险而策谋政变，玄武门的阴影在唐太宗当世笼罩着政坛。

【原文】

太宗文武大圣大广孝皇帝中之中

贞观十五年（辛丑，641）

春，正月甲戌[①]，以吐蕃禄东赞为右卫大将军。上嘉禄东赞善应对，以琅邪公主[②]外孙段氏妻之。辞曰："臣国中自有妇，父母所聘，不可弃也。且赞普未得谒公主，陪臣何敢先娶！"上益贤之，然欲抚以厚恩，竟不从其志。

丁丑[③]，命礼部尚书江夏王道宗[④]持节送文成公主于吐蕃。赞普大喜，见道宗，尽子婿礼，慕中国衣服、仪卫之美，为公主别筑城郭宫室[⑤]而处之，自服纨绮以见公主。其国人皆以赭[⑥]涂面，公主恶之，赞普下令禁之，亦渐革其猜暴之性，遣子弟入国学，受《诗》《书》[⑦]。

乙亥[⑧]，突厥俟[⑨]利苾可汗始帅部落济河，建牙于故定襄城[⑩]，有户三万，胜兵四万，马九万匹，仍奏言："臣非分蒙恩，为部落之长，愿子子孙孙为国家一犬，守吠北门。若薛延陀侵逼，请从[⑪]家属入长城。"诏许之。

上将幸洛阳，命皇太子监国，留右仆射高士廉辅之。辛巳[⑫]，行及温汤[⑬]。卫士崔卿、刁文懿惮于行役，冀上惊而止，乃夜射行宫，矢及寝庭者五。皆以大逆[⑭]论。

三月戊辰[⑮]，幸襄城宫，地既烦热，复多毒蛇。庚午[⑯]，罢襄城宫，分赐百姓，免阎立德官。

（以上为第一段，写唐文成公主入藏，唐与吐蕃和亲。唐在定襄城地区安置内属的突厥人。）

【注释】

①甲戌：正月十二日。　②琅邪公主：《旧唐书·吐蕃传》作"琅邪长公主"。既为长公主，当系唐高祖女。事迹见《旧唐书》卷一百九十六上、《新唐书》卷二百一十六上《吐蕃传上》。　③丁丑：正月十五日。　④道宗（600—653）：唐宗室大臣李道宗。在唐初的征讨中，道宗屡建战功，为宗室诸王的佼佼者。传见《旧唐书》卷六十、《新唐书》卷七十八。　⑤为公主别筑城郭宫室：今西藏拉萨市布达拉宫的最早宫室，即为文成公主而建。　⑥赭：红土，赤褐颜色。　⑦《诗》《书》：即儒家经典《诗经》《尚书》。⑧乙亥：一月十三日。　⑨俟：张校："俟"作"侯"。　⑩故定襄城：今内蒙古和林格尔县西北。　⑪请从：章校，"从"作"徙"。　⑫辛巳：一月十九日。　⑬温汤：即今陕西西安市临潼区华清池。　⑭大逆：即"谋大逆"，"十恶"第二条。　⑮戊辰：三月初七日。　⑯庚午：三月初九日。

【译文】

太宗文武大圣大广孝皇帝中之中

唐太宗贞观十五年（辛丑，641）

春季，正月十二日，唐朝廷任命吐蕃禄东赞为右卫大将军。唐太宗赞赏禄东赞善于答话，要把琅邪公主的外孙女段氏嫁给他为妻，禄东赞推辞说："臣在本国中自有妻子，是父母为我聘娶的，不能够抛弃。而且我们的赞普还未见到唐朝的公主，陪臣怎敢先娶呢？”唐太宗更加认为他很贤明，唐太宗想用优厚的恩遇对他进行抚慰，但是禄东赞最终没有听从太宗的旨意。

正月十五日，唐太宗令礼部尚书、江夏王李道宗持旌节护送文成公主到吐蕃。吐蕃赞普非常高兴，接见李道宗，尽到了女婿的礼节，羡慕唐朝的服装和仪仗的美观，为文成公主另外修建了城郭和宫室让她居住在里面，自己穿着丝绸服装来见文成公主。吐蕃国的人都在脸上涂红褐色，文成公主不喜欢这种风俗，赞普于是下令禁止涂面，并且逐渐改变他们猜忌粗暴的性格，派遣贵族子弟到长安进入国子监，学习《诗经》《尚书》等典籍。

正月二十三日，突厥俟利苾可汗开始率部落渡过黄河，在原定襄城建立牙帐，共有三万户人口，作战士兵四万人，九万匹马，于是向唐太宗上奏说：“我超过了应有的本分享受了陛下的皇恩，作为部落的首领，希望子子孙孙作为国家的一只犬，看守国家的北大门。假如薛延陀侵犯逼近，请求允许我们的家属进入长城以内。”唐太宗下诏允准。

唐太宗将要巡幸洛阳，命皇太子留守京城监理国事，并留下尚书右仆射高士廉辅佐太子。正月十九日，唐太宗的车辇走到温汤。卫士崔卿、刁文懿害怕随从行军的辛苦，希望唐太宗受到惊吓而停止巡行，于是在夜里向唐太宗行宫射箭，有五支箭射到太宗的寝宫庭院，结果二人都按照十恶大罪中的大逆罪判处死刑。

三月初七日，唐太宗巡幸襄城宫，当地天气燥热，又多有毒蛇。初九日，废除襄城宫的行宫地位，把宫殿分别赐给当地的百姓，并罢免了阎立德的官职。

【原文】

夏，四月辛卯朔[①]，诏以来年二月有事于泰山[②]。

上以近世阴阳杂书，讹伪尤多，命太常博士吕才与诸术士刊定可行者，凡四十七卷。己酉[③]，书成，上之；才皆为之叙，质以经史。其叙《宅经》，以为：“近世巫觋[④]妄分五姓[⑤]，如张、王为商[⑥]，武、庾为羽，似取谐韵；至于以柳为宫，以赵为角，又复不类[⑦]。或同出一姓，分属宫商；或复姓数字，莫辨徵羽。此则事不稽古[⑧]，义理乖僻者也。”叙《禄命》，以为：“禄命[⑨]之书，多言或中，人乃信之。然长平坑卒[⑩]，未闻共犯三刑[⑪]；南阳贵士[⑫]，何必俱当六合[⑬]！今亦有同年同禄而贵贱悬殊，共命共胎而寿夭更异。按鲁庄公[⑭]法应贫贱，又尪[⑮]弱短陋，惟得长寿；秦始皇法[⑯]无官爵，纵得禄，少奴婢，为人无始有终；汉武帝、后魏孝文帝皆法无官爵；宋武帝⑰禄与命并当空亡⑱，唯宜长子，虽有次子，法当早夭；此皆禄命不验之著明者也。”其叙《葬》，以为：“《孝经》云：‘卜其宅兆⑲而安厝⑳之’，盖以窀穸㉑既终，永安体魄，而朝市迁变，泉石交侵，不可前知，故谋之龟筮㉒。近岁或选年月，或相墓田，以为一事失所，祸及死生。按《礼》㉓：天子、诸侯、大夫葬皆有月数，是古人不择年月也。《春秋》㉔：‘九月丁巳，葬定公㉕，雨，不克葬㉖，戊午，日下昃㉗，乃克葬，’是不择日也。郑葬简公㉘，司墓之室当路，毁之则朝而窆㉙，不毁则日中而窆，子产㉚不毁，是不择时也。古之葬者皆于国都之北，兆域有常处，是不择地也。今葬书以为子孙富贵、贫贱、寿夭，皆因卜葬所致。夫子文为令尹而三已㉛，柳下惠㉜为士师而三黜，计其丘陇，未尝改移。而野俗无识，妖巫妄言，遂于擗捅㉝之际，择葬地以希官爵；荼毒㉞之秋，选葬时以规财利。或云辰日㉟不可哭泣，遂莞尔㊱而对吊客；或云同属㊲忌于临圹㊳，遂吉服㊴不送其亲。伤教败礼，莫斯为甚！”术士㊵皆恶其言，而识者皆以为确论。

（以上为第二段，写太常博士吕才奉诏整理阴阳数术之书，作序批判禄命天定、吉凶禁忌等迷信妄说，为有识之士所肯定。）

【注释】

①辛卯朔：四月一日。　②有事于泰山：指封禅之事。　③己酉：四月十九日。　④巫觋（xí）：女巫为巫，男巫为觋。　⑤五姓：取姓氏及天下万物以谐韵分别配属宫、商、角、徵、羽五音，谓之“五姓”。　⑥商：五音之一。五音即中国的宫、商、角、徵、羽五声音阶，相当于简谱中的1、2、3、5、6。　⑦不类：非同类，不伦不类。　⑧稽古：考古。　⑨禄命：旧指人生福贵贫贱、盛衰兴废皆由天定。　⑩长平坑卒：战国后期，秦、赵于长平（今山西高平市西北）大战，赵四十多万士卒为秦所俘并坑杀。　⑪三刑：指十二时辰的刑杀。星相家认为，巳、酉、丑三个时辰，刑杀在西方；寅、午、戌三个时辰，刑杀在南方；亥、卯、未三个时辰，刑杀在东方；申、子、辰三个时辰，刑杀在北方。　⑫南阳贵士：指后汉光武帝刘秀及其佐命功臣邓禹等，均为南阳人。　⑬六合：星命家术语，指子与丑合、寅与亥合、卯与戌合、辰与酉合、巳与申合、午与未合。　⑭鲁庄公：春秋鲁国国君姬同，在位三十二年。　⑮尪（wāng）弱：瘦弱。　⑯法：程式，准则。　⑰宋武帝（356—422）：南朝宋的建立者刘裕。字德舆，彭城人。传见《宋书》卷一、二、三，《南史》卷一。　⑱空亡：空无，什么都没有，

此指禄命书推算出宋武帝既无禄，也无命。 ⑲宅兆：宅，墓穴。兆，墓地。 ⑳安厝（cuò）：安葬。 ㉑窀（zhūn）穸（xī）：墓穴。 ㉒龟筮：卜巫者用龟和蓍占卜吉凶。 ㉓《礼》：即《礼经》，儒家经典之一。 ㉔《春秋》：春秋时鲁国的史记。系我国现存最早的编年体史书，也是儒家经典之一。 ㉕定公：即春秋鲁国君姬宋，公元前509至前495年在位。 ㉖不克葬：不能完成丧事。 ㉗日下昃：太阳偏西。 ㉘简公：即春秋郑国君姬嘉，公元前565至前530年在位。 ㉙窆（biǎo）：落葬。 ㉚子产（？—前522）：即公孙成子，或公孙侨。字子产，一字子美。春秋时郑国政治家。 ㉛三已：即上已。本指阴历上旬已日，后特指三月初三日。 ㉜柳下惠：春秋时鲁国大夫。其封地为“柳下”，谥号“惠”，故后人以“柳下惠”称之。曾做士师（掌管刑狱的官）而“三黜”（即三次革职）。 ㉝擗（pǐ）踊：捶胸顿足。 ㉞荼毒：苦痛。荼，苦菜；毒，毒草。 ㉟辰日：好时日。 ㊱莞尔：微笑的样子。 ㊲同属：与死者同一属相。 ㊳圹（kuàng）：墓穴。 ㊴吉服：礼服，官服。 ㊵术士：指占卜星相操迷信职业的人。

【译文】

夏季，四月初一日，唐太宗下诏宣布明年二月在泰山举行封禅礼。

唐太宗认为近代以来阴阳术方面的各种杂书，其中的讹误特别多，命太常博士吕才与各位术士修订可以用于民众生活的内容，共有四十七卷。四月十九日，书稿修成，进呈唐太宗；吕才为这些书都写了序言，用经史典籍对阴阳术的内容进行考证。他为《宅经》作序，认为：“近代以来的巫觋毫无根据地把人的姓氏分为五类，譬如张、王两姓属于音律中的商，武、庚二姓属于羽，这似乎是根据它们的读音是谐韵的；至于把柳姓分属为宫，把赵姓分属为角，又是不伦不类的。有的虽然同出于一个姓，却分属宫、商二调；有的是二字以上的复姓，却不能分辨是属徵还是属羽。这些都是没有考查古代的事例，在义理上也是完全错误的。”他为《禄命》作序，认为：“讲论人们福禄命运的书，说得多了有时就能说中，人们于是就相信它。但是战国时候的长平之战死了四十多万人，没有听说这些死了的士兵都犯了禄命书中所说的三刑相克；汉光武帝时南阳的人士有很多都获得了富贵，这些人哪里一定都是遇上了禄命书里讲的六合吉日？现在也有同一年月时辰出生的人，但他们的命运却是贵贱相差巨大，也有同时出生的同胞胎兄弟寿命却有长有短。又如鲁庄公如果根据禄命书的说法，本来应该贫贱，又是瘦弱、矮小、粗陋的人，可是他偏偏能够长寿；秦始皇的命，按禄命书的方法看，不应该有官爵，纵使得到官职，奴婢也很少，他的为人应当是无始而有终的；汉武帝、北魏孝文帝按照禄命书的方法，都是不应有官爵的；南朝宋武帝的禄与命都应当是一并空亡，只有他的长子与他的命相合，即使有次子，按禄命书的方法也应当是早夭的；但他们的实际情况都与禄命书说得相反。这都是禄命书说得不准的明显证明。”吕才为《葬》书作序，认为：“《孝经》说：‘为这个人卜选阴宅的墓地来安葬他。’，这是因为人的死如同漫漫长夜，身体和灵魂要永远安息，而活人生活的城邑集市会有变化，再加上泉水与石块对墓地的交相侵蚀，都是不可以预先知道的，所以要用龟筮占卜进行谋划。近年来的葬法有的是选年月，有的是看坟墓的土地情况，认为其中一件事如果安排得不当，就会使死了的人和活着的人都要遭受灾祸。根据《周礼》：天子、诸侯与大夫的丧葬都规定了一定的月数，这说明古人进行丧葬时是不选择年月的。根据《春秋》：‘九月九日，安葬鲁定公，天下雨，未能安葬，十日，太阳西斜，才完成了安葬。’这是下葬不选择日期。郑国安葬简公，守墓人的房子正好对着大路，拆毁它要在早晨就去安葬，不拆它就要在中午去安葬，子产决定不拆毁它，这是下葬不选择时辰。古人埋葬人的地方都在国家都城的北面，墓区有固定的地方，这是下葬不另外选择地方。如今的丧葬书认为子孙的富贵、贫贱、寿夭，都是因为先人选择下葬的时间和地方不同所造成的。楚国的子文三次做令尹又三次被罢免，鲁国的柳下惠三次做士师又三次被免职，料想他们的墓地也没有改变和移动。而乡野的俗人没有知识，妖人巫师对他们妄说，于是就在有人死亡的极度悲哀之中，选择葬地以求后人能得到官爵；在家族遭到不幸的时候，选择安葬的时辰以求今后能获得财物和利益。有人说在有死人的辰日不能哭泣，于是笑着面对前来吊唁的客人；又说相同的家属关系忌讳为人送葬，于是身穿吉服就不为亲人送葬。伤害教化败坏礼义，没有比这更严重的了！”术士们都憎恶吕才的言论，但有识之士都认为这是确切可靠的言论。

【原文】

丁巳[①]，果毅都尉[②]席君买帅精骑百二十袭击吐谷浑丞相宣王[③]，破之，斩其兄弟三人。初，丞相宣王专国政，阴谋袭弘化公主，劫其王诺曷钵奔吐蕃。诺曷钵闻之，轻骑奔鄯善城[④]，其臣威信王[⑤]以兵迎之，故君买为之讨诛宣王。国人犹惊扰，遣户部尚书唐俭等慰抚之。

五月壬申[⑥]，并州父老诣阙请上封泰山毕，还幸晋阳，上许之。

丙子[⑦]，百济来告其王扶馀璋[⑧]之丧，遣使册命其嗣子义慈。

己酉[⑨]，有星孛[⑩]于太微[⑪]，太史令薛颐[⑫]上言，未可东封。辛亥[⑬]，起居郎褚遂良亦言之。丙辰[⑭]，诏罢封禅。

太子詹事于志宁遭母丧，寻起复[⑮]就职。太子治宫室，妨农功，又好郑、卫之乐[⑯]，志宁谏，不听。又宠昵宦官，常在左右，志宁上书，以为："自易牙[⑰]以来，宦官覆亡国家者非一。今殿下亲宠此属，使陵易衣冠[⑱]，不可长也。"太子役使司驭[⑲]等，半岁不许分番[⑳]，又私引突厥达哥友[㉑]入宫，志宁上书切谏，太子大怒，遣刺客张思政、纥干承基[㉒]杀之。二人入其第，见志宁寝处苫块[㉓]，竟不忍杀而止。

西突厥沙钵罗叶护可汗数遣使入贡。秋，七月甲戌[㉔]，命左领军将军张大师[㉕]持节即其所号立为可汗，赐以鼓纛[㉖]。上又命使者多赍金帛，历诸国市良马，魏徵谏曰："可汗位未定而先市马，彼必以为陛下志在市马，以立可汗为名耳。使可汗得立，荷德必浅；若不得立，为怨实深。诸国闻之，亦轻中国。市或不得，得亦非美。苟能使彼安宁，则诸国之马，不求自至矣。"上欣然止之。

乙毗咄陆可汗与沙钵罗叶护互相攻，乙毗咄陆浸强大，西域诸国多附之。未几，乙毗咄陆使石国吐屯击沙钵罗叶护，擒之以归，杀之。

丙子[㉗]，上指殿屋谓侍臣曰："治天下如建此屋，营构既成，勿数改移。苟易一榱[㉘]，正一瓦，践履动摇，必有所损。若慕奇功，变法度，不恒其德，劳扰实多。"

上遣职方郎中[㉙]陈大德[㉚]使高丽，八月己亥[㉛]，自高丽还。大德初入其境，欲知山川风俗，所至城邑，以绫绮遗其守者，曰："吾雅好山水，此有胜处，吾欲观之。"守者喜，导之游历，无所不至，往往见中国人，自云："家在某郡，隋末从军，没于高丽，高丽妻以游女[㉜]，与高丽错居，殆[㉝]将半矣。"因问亲戚存没，大德绐[㉞]之曰："皆无恙。"咸涕泣相告。数日后，隋人望之而哭者，遍于郊野。大德言于上曰："其国闻高昌亡，大惧，馆候[㉟]之勤，加于常数。"上曰："高丽本四郡[㊱]地耳，吾发卒数万攻辽东[㊲]，彼必倾国救之，别遣舟师出东莱[㊳]，自海道趋平壤，水陆合势，取之不难。但山东州县凋瘵[㊴]未复，吾不欲劳之耳！"

（以上为第三段，写东西突厥归一，内附唐室，东方高丽亦示好于唐。唐太宗以建屋为喻，强调创业之主的成法，子孙不得更改。）

【注释】

①丁巳：四月二十七日。　②果毅都尉：武官名。折冲府长官折冲都尉之副。③席君买、宣王：事迹见《新唐书》卷二百二十一上《吐谷浑传》。　④鄯善城：今新疆若羌县。《新唐书·吐谷浑传》："鄯善城"作"鄯城"（今青海西宁市）。　⑤威信王：事迹见《新唐书》卷二百二十一上《吐谷浑传》。　⑥壬申：五月十二日。　⑦丙子：五月十六日。　⑧扶馀璋：扶馀，复姓。扶馀璋与其子义慈事迹并见《旧唐书》卷一百九十九上《百济传》、《新唐书》卷二百二十《百济传》。　⑨己酉：六月十九日。⑩孛（bèi）：彗星的别称。　⑪太微：即太微垣天区，为三垣之一。三垣，指我国古代把环绕北极和接近头顶上空的恒星群分成紫微垣、太微垣和天市垣三个区。　⑫薛颐：唐初天文学家，道士出身。传见《旧唐书》卷一百九十一、《新唐书》卷二百零四。⑬辛亥：六月二十一日。　⑭丙辰：六月二十六日。　⑮起复：又称"夺情"，指官员为父母守丧尚未期满而应召任职。　⑯郑、卫之乐：又称"郑声"，春秋战国时期郑、卫两国的民间音乐。因与儒家倡导的雅乐截然不同，故被孔子斥为"淫"，后来成为淫靡之乐的代称。　⑰易牙：春秋时齐桓公的宠臣。雍（今陕西宝鸡市凤翔区南）人，名巫，亦称雍巫。　⑱衣冠：世族，士绅。　⑲司驭：疑为太子仆寺厩牧署属吏翼驭，掌调马、执御事。　⑳番：更代。　㉑达哥友：据《旧唐书·于志宁传》，"友"作"支"。㉒张思政、纥干承基：事迹并见《旧唐书》卷七十六《李承乾传》、《新唐书》卷八十《李承乾传》。纥干，蕃人复姓。　㉓苫块："寝苫枕块"的省称。古礼，居亲丧时，以苫（即草垫）为席，块（土块）为枕。　㉔甲戌：七月十五日。　㉕张大师：唐初名将张俭兄。雍州新丰（今陕西西安市临潼区新丰镇）人。以军功官至太仆卿、华州刺史，封武功县男。传见《旧唐书》卷八十三、《新唐书》卷一百一十一。　㉖纛：大旗。　㉗丙子：七月十七日。　㉘榱（cuī）：屋椽、屋桷（方椽）的总称。　㉙职方郎中：官名。兵部职方司长官。掌天下疆域图籍之事。　㉚陈大德：事迹见《新唐书》卷二百二十《高丽传》。　㉛己亥：八月初十日。　㉜游女：流离失所的女子。　㉝殆：大概，恐怕。　㉞绐（dài）：骗哄。　㉟馆候：驿馆官吏。　㊱四郡：汉武帝时，曾于辽东等地置临屯、真番、乐浪、玄菟四郡。　㊲辽东：郡名。治所在今辽宁新民市东北。　㊳东莱：地区名。指今山东莱阳等以东地区。　㊴凋瘵（zhài）：伤病。

【译文】

四月二十七日，果毅都尉席君买率领精锐骑兵一百二十人袭击吐谷浑的丞相宣王，打败了他，斩杀了他的三个兄弟。在这之前，丞相宣王一人控制吐谷浑的国政，密谋袭击唐朝下嫁吐谷浑的弘化公主，劫持吐谷浑国王诺曷钵投奔吐蕃。诺曷钵得知消息，率轻骑奔赴鄯善城，他的大臣威信王领兵迎接，所以席君买就为诺曷钵讨伐诛杀宣王。吐谷浑人还在惊恐扰乱之中，唐太宗派户部尚书唐俭前往安抚他们。

五月十二日，并州百姓来到京城皇宫门前，请求唐太宗在泰山封禅完毕之后，回来巡幸晋阳，唐太宗答应了他们的请求。

五月十六日，百济派人来报告他们的国王扶馀璋的丧讯，唐太宗派使节册封他的儿子义慈继位。

六月十九日，太微垣出现孛星，太史令薛颐上书认为此时不可到东方的泰山封禅，二十一日，起居郎褚遂良也说了这一看法。二十六日，唐太宗下诏停止封禅。

太子詹事于志宁遇到母亲的丧事而离职服丧，不久重新被起用恢复官职，他就赴任就职。当时太子修筑宫室，妨碍农业生产，又爱好淫靡的郑、卫之音。于志宁反复劝谏，太子不听。太子又宠幸亲近身边的宦官，让他们经常在自己身边，于志宁给唐太宗上书，认为："自从齐国的易牙以来，宦官使国家灭亡的事例不止一个。如今殿下亲近宠信这种人，让他们与太子换穿衣服，这个风气不可增长。"太子役使皇家马厩的驭马官等，半年不许他们轮流值班，又私自让突厥人达哥友进入东宫，于志宁上书痛切劝谏，太子大为震怒，派刺客张思政、纥干承基二人去杀于志宁。二人潜入于志宁的宅第，见于志宁躺在苫席上，头枕着土块，最终不忍心杀他而罢休。

西突厥沙钵罗叶护可汗多次派使节入京进献贡品。秋季七月十五日，唐太宗命令左领军将军张大师持旌节用他已有的称号立沙钵罗叶护为可汗，赐给大鼓和大旗。唐太宗又命令使者多带金银丝帛，在经过的各国购买好马，魏徵劝谏说："可汗的官位还未确定就先在路上买马，他们必然认为陛下的用意是来买马的，把册立可汗作为一个借口。如果可汗得以册立，他们感受的恩德必定浅薄；如果可汗不得立成，他们的怨恨必定很深。各国听说了这件事，也会轻视中国的朝廷。马或许买不成，买到了也不是好事。如果能使西突厥获得安定，那么各国的好马不用买也自然会送上门来。"唐太宗欣然停止买马。

乙毗咄陆可汗与沙钵罗叶护相互攻打，乙毗咄陆日渐强大，西域各国大都依附他。不久，乙毗咄陆让掌握石国大权的突厥吐屯袭击沙钵罗叶护，把他擒获带到乙毗咄陆那里，将他杀死。

七月十七日，唐太宗指着殿宇对身边的大臣说："治理天下如同建造这些房屋，营造建成之后，不要多次改变移动。假如换一根椽子，放正一块瓦片，踏踩房顶使整个房屋摇动，对房屋必然会有所损害。如果羡慕奇特的功用，改变法度，不持久地遵守固有的道德，造成的劳扰实在太多。"

唐太宗派职方郎中陈大德出使高丽，八月初十日，从高丽返回长安。陈大德刚刚进入高丽境内时，想知道高丽境内的山川名胜与民间风俗，经过城镇，就把绫罗绸缎送给守城的官员，说："我一向喜爱山水，此地如有名胜，我想去看看。"守城的官员十分高兴，做向导带他游历，无处不去，往往能看到中原人，他们自己说："家在某郡，隋末从军东征，滞留在高丽，高丽人让流离失所的女子给自己做妻子，与高丽人杂错居处，将近占了人口的一半。"于是又问中原亲属的生死情况，陈大德骗他们说："都安好无恙。"他们都哭泣相互转告。几天后，滞留在高丽的隋朝人都来看望陈大德，对着他哭泣，遍布城郊野外。陈大德回来后对唐太宗说："高丽人听说高昌已经灭亡，大为恐惧，来驿馆中看望问候得非常频繁，超过正常的次数。"唐太宗说："高丽本来是汉武帝设立四个郡的地方，我们征发数万士兵进攻辽东，高丽必然出动全国兵力前来救援，另外派出水军从东莱出动，经海路直趋平壤，水陆两路的兵势联合起来，攻下高丽并不困难。只是山东的州县还很凋敝没有复原，朕不想让他们为作战而劳民伤财。"

【原文】

乙巳①，上谓侍臣曰："朕有二喜一惧。比年丰稔，长安斗粟直三四钱，一喜也；北虏②久服，边鄙无虞③，二喜也。治安则骄侈易生，骄侈则危亡立至，此一惧也。"

冬，十月辛卯④，上校猎伊阙⑤。壬辰⑥，幸嵩阳⑦。辛丑⑧，还宫。

并州大都督长史李世勣在州十六年，令行禁止，民夷怀服。上曰："隋炀帝劳百姓，筑长城以备突厥，卒无所益。朕唯置李世勣于晋阳而边尘不惊⑨，其为长城，岂不壮哉？"十一月庚申⑩，以世勣为兵部尚书。

壬申⑪，车驾西归长安。

薛延陀真珠可汗闻上将东封，谓其下曰："天子封泰山，士马皆从，边境必虚，我以此时取思摩，如拉朽⑫耳。"乃命其子大度设⑬发同罗⑭、仆骨、回纥、靺鞨、霫等兵合二十万，度漠南，屯白道川⑮，据善阳岭⑯以击突厥。俟利苾可汗不能御，帅部落入长城，保朔州，遣使告急。

癸酉[17]，上命营州都督张俭[18]帅所部骑兵及奚、霫、契丹压其东境，以兵部尚书李世勣为朔州道行军总管，将兵六万，骑千二百，屯羽方[19]；右卫大将军李大亮为灵州道行军总管，将兵四万，骑五千，屯灵武[20]；右屯卫大将军张士贵将兵一万七千，为庆州道行军总管，出云中；凉州都督李袭誉[21]为凉州道行军总管，出其西。

诸将辞行，上戒之曰："薛延陀负其强盛，逾漠而南，行数千里，马已疲瘦。凡用兵之道，见利速进，不利速退。薛延陀不能掩思摩不备，急击之，思摩入长城，又不速退。吾已敕思摩烧薙[22]秋草，彼粮糗[23]日尽，野无所获。顷侦者来，云其马啮林木枝皮略尽。卿等当与思摩共为掎角，不须速战，俟其将退，一时奋击，破之必矣。"

十二月戊子[24]，车驾至京师。

己亥[25]，薛延陀遣使入见，请与突厥和亲。甲辰[26]，李世勣败薛延陀于诺真水[27]。初，薛延陀击西突厥沙钵罗及阿史那社尔，皆以步战[28]取胜，及将入寇，乃大教步战，使五人为伍，一人执马，四人前战，战胜则授以马追奔。于是大度设将三万骑逼长城，欲击突厥，而思摩已走，知不可得，遣人登城骂之。会李世勣引唐兵至，尘埃涨天，大度设惧，将其众自赤柯泺[29]北走，世勣选麾下及突厥精骑六千自直道邀之，逾白道川，追及于青山[30]。大度设走累日[31]，至诺真水，勒兵还战，陈亘十里。突厥先与之战，不胜，还走，大度设乘胜追之，遇唐兵，薛延陀万矢俱发，唐马多死。世勣命士卒皆下马，执长矟[32]，直前冲之。薛延陀众溃，副总管薛万彻以数千骑收其执马者。薛延陀失马，不知所为，唐兵纵击，斩首三千馀级，捕虏五万余人。大度设脱身走，万彻追之不及。其众至漠北，值大雪，人畜冻死者什八九。

李世勣还军定襄[33]，突厥思结[34]部居五台者叛走，州兵追之，会世勣军还，夹击，悉诛之。

丙子[35]，薛延陀使者辞还，上谓之曰："吾约汝与突厥以大漠为界，有相侵者，我则讨之。汝自恃其强，逾漠攻突厥。李世勣所将才数千骑耳，汝已狼狈如此！归语可汗：凡举措利害，可善择其宜。"

（以上为第四段，写唐军大破薛延陀。）

【注释】

①乙巳：八月十六日。 ②北虏：谓东突厥及铁勒薛延陀等。 ③虞：通“虑”。忧虑。 ④辛卯：十月初三日。 ⑤伊阙：又名“阙口”“龙门”。在今河南洛阳市南。 ⑥壬辰：十月初四日。 ⑦嵩阳：县名。县治在今河南登封市。 ⑧辛丑：十月十三日。 ⑨边尘不惊：谓边境安宁，无战事破坏。 ⑩庚申：十一月初三日。 ⑪壬申：十一月十五日。 ⑫拉朽：形容极容易摧毁。朽,朽木。 ⑬大度设：即薛延陀可汗嫡子利咥拔灼。后杀其庶兄曳莽，自立为颉利俱利失薛沙多弥可汗。事迹见《旧唐书》卷一百九十九下、《新唐书》二百一十七下《薛延陀传》。 ⑭同罗：铁勒诸部之一，分布于图拉河北。 ⑮白道川：在今内蒙古呼和浩特市西北，为河套东北地区通往阴山以北的主要通道。 ⑯善阳岭：山名。在今山西朔州市北。 ⑰癸酉：十一月十六日。 ⑱张俭（594—653）：唐初大将。雍州新丰人。任营州都督，累封皖成郡公。传见《旧唐书》卷八十三、《新唐书》卷一百一十一。 ⑲羽方：据《册府元龟》卷一百二十五、《新唐书》卷二百一十七下等，“羽方”作“朔州”（治所在今山西朔州市西南）。 ⑳灵武：县名。县治在今宁夏永宁县西南。 ㉑李袭誉：唐初边将。字茂实，金州安康人。官至凉州都督，封安康郡公。才兼文武，撰《五经妙言》四十卷、《江东记》三十卷、《忠孝图》二十卷。传见《旧唐书》卷五十九、《新唐书》卷九十一。 ㉒薙（tì）：除草。 ㉓糗（qiǔ）：炒熟的米麦粉，俗称“干粮”。 ㉔戊子：十二月初一日。 ㉕己亥：十二月十二日。 ㉖甲辰：十二月十七日。 ㉗诺真水：今内蒙古艾不盖河。 ㉘步战：徒步作战。 ㉙赤柯泺：沼泽名。在今山西大同市西北。 ㉚青山：山名。即今内蒙古呼和浩特市北大青山。 ㉛累日：整天。 ㉜长矟：兵器名，即槊。 ㉝定襄：县名。县治在今山西定襄县。 ㉞思结：铁勒诸部之一。因曾为东突厥所役属，故又称“突厥思结部”。其主要分布在杭爱山东南一带，并有部分人徙居五台县境（今山西五台县）。武周时，居漠北者多徙入今甘肃张掖、武威地区。 ㉟丙子：据严校,“丙子”为“丙午”（十二月十九日）误。

【译文】

八月十六日，唐太宗对身边的大臣说：“朕有二喜一惧。连年丰收，长安城一斗粟仅值三四钱，这是一喜；北方部族久已服顺，边境没有祸患，这是二喜。政治安定了就容易滋生骄奢淫逸，骄奢淫逸了危亡立刻就会到来，这是一惧。”

冬季，十月初三日，唐太宗在伊阙狩猎。初四日，巡幸嵩阳县，十三日，回到宫中。

并州大都督府长史李世勣在并州任职十六年，发出命令就能得到执行，发出禁令就能让人们停止，百姓都对他怀恩和服从。唐太宗说："隋炀帝劳民伤财，修筑长城以防备突厥的进攻，最终没有益处。朕只是把李世勣放在晋阳就让边境没有惊扰，他作为长城，难道不是更雄壮吗？"十一月初三日，任命李世勣为兵部尚书。

十一月十五日，唐太宗车驾西行回到长安。

薛延陀真珠可汗听说唐太宗将要东去泰山举行封禅礼，对他的下属说："天子去泰山封禅，士兵人马都跟随前往，边境地区必然空虚，我乘此时攻取思摩，如同摧枯拉朽。"于是命令他的儿子大度设征发同罗、仆骨、回纥、靺鞨、霫等部族的兵马，合计二十万人，越过漠南，屯扎在白道川，占据善阳岭来攻击突厥。俟利苾可汗不能抵抗，率领部落进入长城，据守朔州，派使者向朝廷告急。

十一月十六日，唐太宗命令营州都督张俭率领本部骑兵以及奚、霫、契丹的兵马进逼薛延陀的东部边境，任命兵部尚书李世勣为朔州道行军总管，领兵六万人，骑兵一千二百人，屯扎在羽方；任命右卫大将军李大亮为灵州道行军总管，领兵四万人，骑兵五千人，屯扎在灵武；任命右屯卫大将军张士贵领兵一万七千人，为庆州道行军总管，从云中出兵；任命凉州都督李袭誉为凉州道行军总管，向薛延陀西部出兵。

众位将领向唐太宗辞行，唐太宗告诫他们说："薛延陀仗着他们强盛，越过沙漠南下，行程几千里，马匹已经疲乏瘦弱。凡是用兵的道理，是看到有利就迅速推进，看到不利就迅速撤退。薛延陀不能对思摩攻其不备，紧急进攻，思摩进入长城，薛延陀又不立即后退，朕已敕令思摩割掉烧毁秋天的存草，对方粮草很快吃尽，在野地中也毫无所获。最近侦察人员来报，说他们的马快把树林中的树皮枝叶啃吃光了。你们应当与思摩合兵构成掎角之势，不需要速战，等到敌人将要撤退时，同时出兵攻击，打败他们就是必然的了。"

十二月初一日，唐太宗车驾回到长安。

十二月十二日，薛延陀派使节入京朝见唐太宗，请求与突厥和亲。十七日，李世勣在诺真水打败薛延陀。起初，薛延陀袭击西突厥的沙钵罗以及阿史那社尔，都用步战取胜，等到将要进攻思摩时，才让士兵大练步战，让五个人为一伍，其中一个人牵马，另外四个人向前冲击作战，战胜后就骑上马追击逃兵。当时大度设率三万骑兵进逼长城，将要袭击突厥，而思摩已经撤走，大度设知道无法追上，只得派人登上城墙谩骂思摩。正好这时李世勣带领唐朝兵马赶到，尘土上升遮天，大度设害怕，率领他的部队从赤柯泺向北逃去，李世勣挑选部下及突厥精锐骑兵六千人从直路上前去拦截大度设，越过白道川，在青山追上敌军。大度设逃奔已有数天，到达诺真水，部署兵马回头作战，战阵绵延十里。突厥兵先与他们作战，没有取胜，退回逃走，大度设乘胜追击他们，遇上唐朝的军队，薛延陀的部队万箭齐发，唐军的战马多被射死。李世勣命令士兵们都下马，手执长矛，正对着敌军向前冲击。薛延陀的军队溃败，唐军副总管薛万徹用数千骑兵收捕敌军牵马的士兵。薛延陀的部队失去了战马，不知道该怎么办，唐朝士兵全面出去加以攻击，斩首三千多人，俘虏五万多人。大度设脱身逃走，薛万徹没有追上。薛延陀的部队到了大漠以北，遇上天降大雪，人和马匹冻死了十分之八九。

李世勣回师来到定襄，居住在五台县的突厥思结部叛变逃走，当地的州兵追捕他们，正赶上李世勣的部队撤回，与州兵两相夹击，把他们全部杀掉。

十二月十九日，薛延陀的使者向唐太宗辞行，唐太宗对他说："我约定你们与突厥以大沙漠为界，如有互侵袭者，我大唐即予以讨伐。你们仗恃自己强大，越过沙漠攻击突厥。李世勣率领几千名骑兵，你们就已如此狼狈！回去告诉你的可汗：凡要行动须权衡利害关系，应该好好选择适宜的事去做。"

【原文】

上问魏徵："比来朝臣何殊不论事？"对曰："陛下虚心采纳，必有言者。凡臣徇国者寡，爱身者多，彼畏罪，故不言耳。"上曰："然。人臣关说忤旨，动及刑诛，与夫蹈汤火冒白刃者亦何异哉！是以禹拜昌言[①]，良为此也。"

房玄龄、高士廉遇少府少监[②]窦德素[③]于路。问："北门[④]近何营缮？"德素奏之。上怒，让玄龄等曰："君但知南牙[⑤]政事，北门小营缮，何预君事！"玄龄等拜谢。魏徵进曰："臣不知陛下何以责玄龄等，而玄龄等亦何所谢？玄龄等为陛下股肱耳目，于中外事岂有不应知者？使所营为是，当助陛下成之；为非，当请陛下罢之。问于有司，理则宜然。不知何罪而责，亦何罪而谢也！"上甚愧之。

上尝临朝谓侍臣曰："朕为人主，常兼将相之事。"给事中张行成[⑥]退而上书，以为："禹不矜伐[⑦]而天下莫与之争。陛下拨乱反正，群臣诚不足望清光[⑧]，然不必临朝言之。以万乘之尊，乃与群臣校功争能，臣窃为陛下不取。"上甚善之。

（以上为第五段，写魏徵规谏唐太宗恶闻谏言。）

【注释】

①昌言：直言无所顾忌。“禹拜昌言”出《尚书·大禹谟》。 ②少府少监：官名。少府监之副，掌少府监百工技巧等事。 ③窦德素：唐高祖皇后窦氏族孙。京兆始平人。官至南康郡守。 ④北门：即宫城北门玄武门。 ⑤南牙：又作“南衙”，即皇城内中央机关。因皇城在宫城之南，故名。 ⑥张行成（587—653）：贞观末年至永徽初年宰相。传见《旧唐书》卷七十八、《新唐书》卷一百零四。 ⑦矜伐：居功夸耀。 ⑧清光：风采清雅。

【译文】

唐太宗问魏徵：“近来朝廷大臣们为什么不上书议论朝政？”魏徵答说：“陛下虚心采纳大臣的进谏，就一定会有人上书言事。凡是大臣们能为国家殉身的少，爱惜自身的多，他们害怕获罪，所以不上书言事。”唐太宗说：“是这样。大臣们议论国事而违背帝王的旨意，帝王动辄对他们处以刑罚，这与赴汤蹈火面对锋利的兵器又有什么区别呢？所以大禹对向他提出建议的人行礼，正是为此。”

房玄龄、高士廉在路上遇见少府少监窦德素，问他：“北门近来在修建什么？”窦德素把此事上奏给唐太宗。唐太宗大怒，责备房玄龄等人说：“你只执掌南面衙门里的政事，北门的小小修建和你的事有什么相干？”房玄龄等人下拜谢罪。魏徵进谏说：“臣不知道陛下为什么要责备房玄龄等人，而房玄龄等人又谢什么罪？房玄龄等人身为陛下的股肱耳目，对宫内宫外的事怎么有不应知道的？如果北门的修建是对的，他们就应当帮助陛下促成其事；如果修建是不对的，他们就应当请求陛下停止修建。他们询问有关部门，是理所当然的。不知犯了什么罪过而责怪他们，他们又有什么罪要来谢罪！”唐太宗十分羞愧。

唐太宗曾在上朝时对身边的大臣说：“朕作为万民的君主，经常兼管将和相的事。”给事中张行成退朝后向唐太宗上书，认为：“大禹本人不自大自夸而天下没有人能和他争夺。陛下拨乱反正，群臣实在不足以仰望陛下清高的风采，然而陛下不必在上朝时来说此事。以天子的尊高，却与群臣比功争能，臣私以为是不可取的。”唐太宗认为他说得非常好。

【原文】

十六年（壬寅，642）

春，正月乙丑[1]，魏王泰上《括地志》[2]。泰好学，司马苏勖[3]说泰，以古之贤王皆招士著书，故泰奏请修之。于是大开馆舍，广延时俊，人物辐凑，门庭如市。泰月给逾于太子，谏议大夫褚遂良上疏，以为："圣人制礼，尊嫡卑庶，世子用物不会[4]，与王者共之。庶子虽爱，不得逾嫡，所以塞嫌疑之渐，除祸乱之源也。若当亲者疏，当尊者卑，则佞巧之奸，乘机而动矣。昔汉窦太后[5]宠梁孝王，卒以忧死；宣帝宠淮阳宪王[6]，亦几至于败。今魏王新出阁，宜示以礼则，训以谦俭，乃为良器，此所谓'圣人之教不肃而成'[7]者也。"上从之。

上又令泰徙居武德殿。魏徵上书，以为："陛下爱魏王，常欲使之安全，宜每抑其骄奢，不处嫌疑之地[8]。今移居此殿，乃在东宫之西，海陵[9]昔尝居之，时人不以为可。虽时异事异，然亦恐魏王之心不敢安息也。"上曰："几致此误。"遽遣泰归第。

辛未[10],徙死罪者实西州，其犯流徒则充戍[11]，各以罪轻重为年限。

敕天下括浮游无籍者，限来年末附[12]毕。

以兼中书侍郎岑文本为中书侍郎，专知机密[13]。

夏，四月壬子[14]，上谓谏议大夫褚遂良曰："卿犹知起居注[15]，所书可得观乎？"对曰："史官书人君言动，备记善恶，庶几[16]人君不敢为非，未闻自取而观之也!"上曰："朕有不善，卿亦记之邪？"对曰："臣职当载笔，不敢不记。"黄门侍郎刘洎曰："借使遂良不记，天下亦皆记之。"上曰："诚然。"

六月庚寅[17]，诏息隐王[18]可追复皇太子，海陵剌王元吉追封巢王，谥并依旧。

甲辰[19]，诏自今皇太子出用库物，所司勿为限制。于是太子发取无度，左庶子张玄素上书，以为："周武帝平定山东，隋文帝混一江南，勤俭爱民，皆为令主[20]；有子不肖[21]，卒亡宗祀。圣上以殿下亲则父子，事兼家国，所应用物不为节限，恩旨未逾六旬，用物已过七万，骄奢之极，孰云过此!况宫臣正士，未尝在侧；群邪淫巧，昵近深宫。在外瞻仰，已有此失；居中隐密，宁可[22]胜计？苦药利病，苦言利行，伏惟居安思危，日慎一日。”太子恶其书，令户奴[23]伺玄素早朝，密以大马箠[24]击之，几毙。

秋，七月戊子[25]，以长孙无忌为司徒，房玄龄为司空。

庚申[26]，制："自今有自伤残者，据法加罪，仍从赋役。”隋末赋役重数，人往往自折支体，谓之“福手”“福足”；至是遗风犹存，故禁之。

特进魏徵有疾，上手诏问之，且言："不见数日，朕过多矣。今欲自往，恐益为劳。若有闻见，可封状进来。”徵上言："比者[27]弟子陵师[28]，奴婢忽主[29]，下多轻上，皆有为而然，渐不可长[30]。”又言："陛下临朝，常以至公为言，退而行之，未免私僻[31]。或畏人知，横加威怒，欲盖弥彰，竟有何益？”徵宅无堂[32]，上命辍小殿之材以构之，五日而成，仍赐以素屏风、素褥、几、杖[33]等以遂其所尚，徵上表谢，上手诏称："处卿至此，盖为黎元[34]与国家，岂为一人，何事过谢？”

八月丁酉[35]，上曰："当今国家何事最急？”谏议大夫褚遂良曰："今四方无虞，唯太子、诸王宜有定分[36]最急。”上曰："此言是也。”时太子承乾失德，魏王泰有宠，群臣日有疑议，上闻而恶之，谓侍臣曰："方今群臣，忠直无逾魏徵，我遣傅太子，用绝天下之疑。”九月丁巳[37]，以魏徵为太子太师[38]。徵疾少愈，诣朝堂表辞，上手诏谕以“周幽、晋献[39]，废嫡立庶，危国亡家。汉高祖几废太子，赖四皓[40]然后安。我今赖公，即其义也。知公疾病，可卧护之。”徵乃受诏。

（以上为第六段，写魏王李泰编纂《括地志》以取声誉，而太子李承乾骄奢失德，凌暴老师。）

【注释】

①乙丑：正月初九日。　②《括地志》：唐初地理著作，共五百五十五卷。魏王李泰撰，实出于萧德言等手笔。书已散佚，今仅存数卷辑本。　③苏勖：字慎行，雍州武功（今陕西武功县）人。原为秦王府“十八学士”之一，尚高祖女南昌公主，拜驸马都尉，官至太子左庶子。事迹见《旧唐书》卷八十八《苏瓌传》附《苏幹传》、《新唐书》卷一百二十五《苏瓌传》附《苏幹传》。　④会：总计，岁计。　⑤窦太后（？—前135或前129）：西汉文帝皇后，景帝即位，尊为太后。其少子梁孝王刘武，因太后宠爱，景帝被迫赐予天子旌旗，出入“拟于天子”。武由是觊觎帝位并派人刺杀朝中大臣。帝“由此怨望于梁王”，武终以忧死。事见《汉书》卷四十七《文三王传》等。　⑥宣帝（前91

—前49）：即公元前74至前49年在位的西汉宣帝刘询。淮阳宪王刘钦，为宣帝次子，“聪达有材，帝甚爱之”。钦遂自命不凡，于元帝刘奭（前48—前33在位）时意图谋反，几至身败名裂。事见《汉书》卷八十《宣元六王传》等。 ⑦圣人之教不肃而成：《孝经》载孔子之言。肃，严急。 ⑧嫌疑之地：不应处的位置。此指诸侯王不应入居皇宫，违礼过制，将使自己遭嫌疑。 ⑨海陵：李元吉追封为海陵郡王。 ⑩辛未：正月十五日。 ⑪充戍：充军戍守。 ⑫附：谓附籍为国家编户。 ⑬专知机密：中书省设侍郎二人，为中书令之副，时独用岑文本，故称“专知机密”。 ⑭壬子：四月二十七日。 ⑮知起居注：知，兼官。起居注，帝王的言行记录。 ⑯庶几：希望。 ⑰庚寅：六月初六日。 ⑱息隐王：即隐太子李建成。 ⑲甲辰：六月二十日。 ⑳令主：好皇帝。令，美，善，佳。 ㉑有子不肖：指北周武帝子宣帝宇文赟，578年至579年在位；隋文帝子隋炀帝杨广。 ㉒宁可：不可，不能。 ㉓户奴：官奴，掌守门户。 ㉔马箠：马鞭。“箠”同“棰”。 ㉕戊子：据章校，“戊子”为“戊午”（七月初五日）之误。译文从之。 ㉖庚申：七月初七日。 ㉗比者：近来。 ㉘陵师：冒犯老师。陵，通“凌”。 ㉙忽主：不尊重主人。 ㉚渐不可长：不良风气不可逐渐增长。 ㉛私僻：自私偏执。 ㉜堂：正屋，前厅。 ㉝几、杖：老人用物。几，小桌，用于卧时凭倚。杖，手杖，用于行走时支撑身体。 ㉞黎元：黎民百姓。 ㉟丁酉：八月十四日。 ㊱定分：指名位的等级规格要有一定的标准。 ㊲丁巳：九月初四日。 ㊳太子太师：官名。从一品，掌辅导皇太子。 ㊴周幽、晋献：周幽，即西周幽王，幽王废太子而立褒姒之子，为犬戎所杀；晋献，即春秋晋国献公，献公废世子而立骊姬之子，晋国大乱。 ㊵四皓：即秦末汉初隐于商山的东园公、角里先生、绮里季、夏黄公四位八十余岁老人，时称“商山四皓”。因太子同四皓交游，汉高祖遂以为太子为众望所归，改变了另立太子的初衷。

【译文】

唐太宗贞观十六年（壬寅，642）

春季，正月初九日，魏王李泰进呈《括地志》一书。李泰爱好学问，司马苏勖劝说李泰，认为古代贤能的君王都招引学者来著书立说，所以李泰奏请修撰《括地志》。于是开辟了很大的馆舍，广泛延请当时的优秀人才，人才都集中到李泰门下，门庭若市。李泰每月的费用超过了太子，谏议大夫褚遂良上奏，认为：“圣人制定礼仪，是为了以嫡长子为尊而以庶子为卑，供给太子的物品不用计算，与君王一同使用所需的物品。君王虽然喜欢庶子，也不得超过嫡长子，这是为了杜绝嫌疑的产生，除去祸乱的根源。如果应当亲近的人反而疏远，应当尊贵的人反而卑贱，那些佞巧的奸人就必然会乘机而动了。从前西汉窦太后宠爱的梁孝王，最终忧虑而死；汉宣帝宠爱的淮阳宪王，也几乎导致败亡。如今魏王刚刚外出担任藩王，应该向他显示礼仪规矩，用谦虚节俭来训导他，才能使他成为良才，这就是所谓的‘圣人的教导不待严肃就自然形成’。”唐太宗听从了他的意见。

唐太宗又让李泰迁居到武德殿，魏徵上奏，认为：“陛下喜欢魏王，常常想让他安全，就应当经常抑制他的骄奢习气，不要处于有嫌疑的地方。如今移居到武德殿中，乃是在东宫的西面，当年海陵郡王李元吉曾在此居住，时人认为不是可住之处。虽然时间不同事情也不同，然而也担心魏王住在此宫会内心不敢安宁。”唐太宗说：“差一点造成失误。”即刻让李泰回到原来的宅第。

正月十五日，唐朝把死罪犯人迁移到西州以充实该地，那些犯了流放罪的犯人则改为充军戍边，各自根据他们的罪行轻重划定戍边的年限。

敕令全国检查核对无户籍的游民，限定在下一年年底全部都要编入户籍。

唐太宗任命兼中书侍郎岑文本为中书侍郎，专门执掌朝廷机密事务。

夏季，四月二十七日，唐太宗对谏议大夫褚遂良说：“你还兼管起居注的事务，起居注的记录朕可以看吗？”回答说：“史官记录君主的言谈和行动，详细记录言行中的善和恶，这样才使君主不敢做坏事，没有听说君主自己可以拿来看的。”唐太宗说：“朕有不善的事，你也记录了吗？”回答说：“臣的职责在于秉笔直书，不敢不记。”黄门侍郎刘洎说：“假使褚遂良不记录下来，天下也都记录下来。”唐太宗说：“的确是这样。”

六月初六日，唐太宗诏令可以追认已故的息隐王李建成恢复皇太子身份，海陵王李元吉也追封为巢王，谥号一并照旧。

六月二十日，唐太宗诏令从今以后皇太子领出使用库府内的器物，各有关部门不要加以限制。于是太子领取物品没有限度，左庶子张玄素上书，以为：“周武帝平定关东地区，隋文帝统一江南地带，自身勤俭又爱护百姓，都成为一代名主。但他们的儿子不成器，最终使社稷灭亡。圣上认为与殿下在亲缘关系上是父子，在事情的处理上兼具了家和国的两重关系，所以才让殿下使用的器物不受节度限制，圣旨下达还未超过六十天，太子使用的器物已经超过七万件，骄奢淫逸之极，谁能超过这样！况且东宫属臣中的正直之士，都没有在殿下身旁；那群邪恶淫巧的小人，太子在深宫之中与他们亲近。在宫外远看，已经看到了这种过失；住在深宫之中还有隐秘之事，哪里能够计算清楚？苦口的药对治病有利，不易听进去的话有利于品行，臣下认为殿下应当居安思危，一日比一日谨慎小心。”太子讨厌张玄素的上书，让守门的奴仆窥伺，等张玄素清早上朝的时候，暗中用大马鞭抽打他，差一点把张玄素打死。

秋季，七月初五日，任命长孙无忌为司徒，房玄龄为司空。

七月初七日，唐太宗颁下制令：“从今以后有人自残身体，依据法律加重罪行，仍要纳赋服役。”隋朝末年赋役繁重而且次数过多，人们往往自己折断肢体，称之为“福手”“福足”；到这时这种前朝的遗风还存在，所以加以禁止。

特进魏徵患病，唐太宗亲笔书写诏令探问病情，并且说：“几天不见，朕的过失又多起来了。如今想亲去探望，恐怕给你更添烦扰。你如果有什么见闻，可以加上密封上呈进来。”魏徵上书说：“近来弟子欺侮老师，奴婢怠慢主人，在下的人大多轻视在上的人，都是有原因才这样做的，此风不可长。”又说：“陛下临朝听政，常常说到至公，但退朝后的行为，却未免偏私不正。有时害怕别人知道，横加威风和怒气，欲盖弥彰，最终有什么好处？”魏徵的宅子里没有厅堂，唐太宗命令把停建皇宫小殿的材料拿去给他建造厅堂，五天就建成完工，还赐给没有花纹雕饰的屏风和素色的褥子、几案、手杖等，以顺应他的俭朴习惯。魏徵上表谢恩，唐太宗亲笔书写诏书说：“朕这样对待你，都是为了黎民百姓与国家，难道是为朕一个人？何必过于谢恩！”

八月十四日，唐太宗说：“如今国家什么事情最为急迫？”谏议大夫褚遂良说：“如今四方安定没有忧患，只有太子、诸王应有一定的名分最为紧要。”唐太宗说：“这话说得对。”当时太子李承乾欠缺德行，魏王李泰得到宠爱，诸位大臣每天都有疑义，唐太宗听说后十分厌恶，对身边的大臣说：“如今的大臣们，忠诚正直没人超过魏徵，我派他去当太子的师傅，以此杜绝天下人的疑虑。”九月初四日，任命魏徵为太子太师。魏徵的病情稍有好转，来到朝堂上表推辞，唐太宗亲笔书写诏令进行晓谕说：“周幽王、晋献公，废除嫡长子册立庶子，使国家危亡。汉高祖几乎废掉太子，靠商山四皓才得以安定。朕如今依靠你，就是出于这个意义。朕知道你有病在身，可以躺在床上辅佐太子。”魏徵于是接受诏令。

【原文】

癸亥①，薛延陀真珠可汗遣其叔父沙钵罗泥熟俟斤来请婚，献马三千，貂皮三万八千，马脑镜一。

癸酉[2]，以凉州都督郭孝恪行安西都护、西州刺史。高昌旧民与镇兵[3]及谪徙[4]者杂居西州，孝恪推诚抚御，咸得其欢心。

西突厥乙毗咄陆可汗既杀沙钵罗叶护，并其众，又击吐火罗，灭之。自恃强大，遂骄倨，拘留唐使者，侵暴西域，遣兵寇伊州，郭孝恪将轻骑二千自乌骨[5]邀击，败之。乙毗咄陆又遣处月、处密二部围天山[6]，孝恪击走之，乘胜进拔处月俟斤所居城，追奔至遏索山[7]，降处密之众而归。

初，高昌既平，岁发兵千馀人戍守其地，褚遂良上疏，以为："圣王为治，先华夏而后夷狄。陛下兴兵取高昌，数郡萧然[8]，累年不复[9]，岁调千馀人屯戍[10]，远去乡里，破产办装[11]。又谪徙罪人，皆无赖子弟，适足骚扰边鄙，岂能有益行陈？所遣多复逃亡，徒烦追捕，加以道涂所经，沙碛千里，冬风如割，夏风如焚，行人往来，遇之多死。设使张掖[12]、酒泉[13]有烽燧[14]之警，陛下岂得高昌一夫斗粟之用，终当发陇右诸州兵食以赴之耳。然则河西[15]者，中国之心腹；高昌者，他人之手足；奈何糜弊本根[16]以事无用之土乎？且陛下得突厥、吐谷浑，皆不有其地，为之立君长以抚之，高昌独不得与为比乎？叛而执之，服而封之，刑莫威焉，德莫厚焉。愿更择高昌子弟可立者，使君其国，子子孙孙，负荷大恩，永为唐室藩辅，内安外宁，不亦善乎？"上弗听。及西突厥入寇，上悔之，曰："魏徵、褚遂良劝我复立高昌，吾不用其言，今方自咎耳。"

乙毗咄陆西击康居[17]，道过米国[18]，破之。虏获甚多，不分与其下，其将泥熟啜[19]辄夺取之，乙毗咄陆怒，斩泥熟啜以徇，众皆愤怨。泥熟啜部将胡禄屋[20]袭击之，乙毗咄陆众散，走保白水胡城[21]，于是弩失毕[22]诸部及乙毗咄陆所部屋利啜等遣使诣阙，请废乙毗咄陆，更立可汗。上遣使赍玺书，立莫贺咄[23]之子为乙毗射匮可汗[24]。乙毗射匮即立，悉礼遣乙毗咄陆所留唐使者，帅所部击乙毗咄陆于白水胡城。乙毗咄陆出兵击之，乙毗射匮大败。乙毗咄陆遣使招其故部落，故部落皆曰："使我千人战死，一人独存，亦不汝从！"乙毗咄陆自知不为众所附，乃西奔吐火罗。

冬，十月丙申[25]，殿中监郢纵公宇文士及卒。上尝止树下，爱之，士及从而誉之不已，上正色曰"魏徵常劝我远佞人，我不知佞人为谁，意疑是汝，今果不谬！”士及叩头谢。

上谓侍臣曰：“薛延陀屈强[26]漠北，今御之止有二策，苟非发兵殄灭之，则与之婚姻以抚之耳，二者何从？”房玄龄对曰：“中国新定，兵凶战危，臣以为和亲便。”上曰：“然。朕为民父母，苟可利之，何爱一女！”

先是，左领军将军契苾何力母姑臧夫人[27]及弟贺兰州都督沙门[28]皆在凉州，上遣何力归觐，且抚其部落。时薛延陀方强，契苾部落皆欲归之，何力大惊曰：“主上厚恩如是，奈何遽为叛逆？”其徒曰：“夫人、都督先已诣彼，若之何不往？”何力曰：“沙门孝于亲，我忠于君，必不汝从。”其徒执之诣薛延陀，置真珠[29]牙帐前。何力箕倨，拔佩刀东向大呼曰：“岂有唐烈士而受屈虏庭，天地日月，愿知我心！”因割左耳以誓。真珠欲杀之，其妻谏而止。

上闻契苾叛，曰：“必非何力之意。”左右曰：“戎狄气类相亲，何力入薛延陀，如鱼趋水耳。”上曰：“不然。何力心如铁石，必不叛我。”会有使者自薛延陀来，具言其状，上为之下泣，谓左右曰：“何力果如何？”即命兵部侍郎崔敦礼[30]持节谕薛延陀，以新兴公主[31]妻之，以求何力，何力由是得还，拜右骁卫大将军[32]。

十一月丙辰[33]，上校猎于武功。

丁巳[34]，营州都督张俭奏高丽东都大人泉盖苏文[35]弑其王武[36]。盖苏文凶暴多不法，其王及大臣议诛之。盖苏文密知之，悉集部兵若校阅者，并盛陈酒馔于城南，召诸大臣共临视，勒兵尽杀之，死者百馀人。因驰入宫，手弑其王，断为数段，弃沟中，立王弟子藏[37]为王，自为莫离支，其官如中国吏部兼兵部尚书也。于是号令远近，专制国事。盖苏文状貌雄伟，意气豪逸，身佩五刀，左右莫敢仰视。每上下马，常令贵人、武将伏地而履之。出行必整队伍，前导者长呼，则人皆奔进，不避坑谷，路绝行者，国人甚苦之。

壬戌[38]，上校猎于岐阳[39]，因幸庆善宫[40]，召武功故老宴赐，极欢而罢。庚午[41]，还京师。

壬申[42]，上曰：“朕为兆民之主，皆欲使之富贵。若教以礼义，使之少敬长、妇敬夫，则皆贵矣；轻徭薄敛，使之各治生业，则皆富矣。若家给人足，朕虽不听管弦[43]，乐在其中矣。”

（以上为第七段，写唐与薛延陀和亲。）

【注释】

①癸亥：九月初十日。 ②癸酉：九月二十日。 ③镇兵：镇守之兵，为军镇兵。 ④谪徙：指被流放边地的重刑犯人。 ⑤乌骨：民族名。疑为“乌护”，分布于西州北的回纥的一支。 ⑥天山：县名。县治在今新疆吐鲁番西南。 ⑦遏索山：在今新疆乌鲁木齐市西南。 ⑧萧然：萧条，指经济衰微。 ⑨不复：不能恢复旧貌。 ⑩屯戍：屯田戍守。 ⑪办装：治理戎装，备办军需物资。 ⑫张掖：郡治名。即今甘肃张掖市，为唐初甘州治所。 ⑬酒泉：县名。县治即今甘肃酒泉市。 ⑭烽燧：烽火，古代边防报警的两种信号。烽指夜间烽火台上的燃火，燧指白昼烽火台上的积薪燃烧时的浓烟。 ⑮河西：地区名。指今甘、青二省黄河以西地区，即河西走廊和湟水流域一带。 ⑯糜弊本根：指耗费国力。 ⑰康居：唐居国代称。在今乌兹别克斯坦撒马尔罕一带。永徽中，于其国萨末鞬城（即今撒马尔罕城）置康居都督府。 ⑱米国：国名。又作“弥末”“弭秣贺”。在今乌兹别克斯坦撒马尔罕东南米马巴扎尔。 ⑲泥熟啜：西突厥阿悉结部酋。 ⑳胡禄屋：西突厥五咄陆胡禄屋部酋。 ㉑白水胡城：在今哈萨克斯坦奇姆肯特东。 ㉒弩失毕：即居碎叶（今楚河）以西的西突厥十姓中五弩失毕部落。 ㉓莫贺咄：即杀统叶护可汗自立的莫贺咄侯屈利俟毗可汗，628年至630年在位。 ㉔乙毗射匮可汗：642年至651年在位。 ㉕丙申：十月十四日。 ㉖屈强：倔强，不柔服。 ㉗姑臧夫人：铁勒契苾部女首长，贞观六年率部内附，封姑臧夫人。 ㉘沙门：姑臧夫人次子，拜羁縻州——贺兰州（今甘肃武威市）都督。姑臧夫人及子沙门事迹见《旧唐书·契苾何力传》。 ㉙真珠：薛延陀真珠毗伽可汗的简称。“真珠”姓名为“一利咥夷男”，629年至645年在位。 ㉚崔敦礼（596—656）：唐初大臣。雍州咸阳人。高宗永徽四年（653）至显庆元年（656）为宰相。传见《旧唐书》卷八十一、《新唐书》卷一百零六。 ㉛新兴公主：唐太宗女。初，许嫁真珠可汗，后太宗毁婚，嫁公主于长孙曦。传见《新唐书》卷八十三。 ㉜右骁卫大将军：唐十六卫大将军之一。正三品，掌宫禁宿卫。 ㉝丙辰：十一月初四日。 ㉞丁巳：十一月初五日。 ㉟泉盖苏文：高丽权臣。泉，姓；盖苏文，名。又名盖金。高丽分其国为桂娄、绝奴、顺奴、灌奴、消奴五部，顺奴又称东部，或号左部，盖苏文袭东部大人。 ㊱武：即高丽国王高武。 ㊲藏：即高丽国王高藏，642年至668年在位。 ㊳壬戌：十一月初十日。 ㊴岐阳：县名。县治在今陕西岐山县东北岐阳村。 ㊵庆善宫：武德六年以武功宫改名。在今陕西武功县普集街道西渭河北岸。 ㊶庚午：十一月十八日。 ㊷壬申：十一月二十日。 ㊸管弦：即管乐（铜、竹管状乐器）和弦乐（琴瑟等），泛指音乐。

【译文】

九月初十日，薛延陀真珠可汗派他的叔父沙钵罗泥熟俟斤前来唐朝请求通婚，并献上三千匹马、三万八千张貂皮、一面玛瑙镜子。

九月二十日，唐朝廷任命凉州都督郭孝恪为安西都护、西州刺史。高昌原来的民众与镇守的士兵以及迁徙流放的犯人混杂居住在西州，郭孝恪诚心诚意抚慰治理，都得到了他们的欢心。

西突厥乙毗咄陆可汗杀死沙钵罗叶护以后，吞并了他的兵众，又袭击吐火罗，将它灭掉。仗恃着自己强大，骄横无礼，抓捕了唐朝的使者，侵扰西域地区，派兵进犯伊州，郭孝恪率两千名轻骑兵从乌骨拦击，将来犯者打败。乙毗咄陆又派处月、处密两个部族围困天山，郭孝恪击退他们，乘胜前进攻克处月俟斤居住的城镇，追击逃军来到遏索山，降服了处密的兵众，然后返回。

起初，平定高昌以后，每年征发一千多名士卒在当地戍守，褚遂良上疏，认为："自古圣王治理天下，都是把华夏放在首位，把四方的夷狄放在后面。陛下出动军队攻取了高昌，当地的几个郡一片萧条，多年不能恢复，又每年征调一千多人驻扎戍边，使他们远离乡土，破费家产来置备自己的行装。而且把犯人流放到此地，这些人都是无赖之徒，正好让他们骚扰边境，岂能对部队作战有益？派去的这些人又多次逃亡，让官兵徒劳地追捕。再加上一路上经过的地区，有上千里的大沙漠，冬季风吹如刀割，夏季风吹如火烧，行人来往，遇见这种情况大多死掉。假使张掖、酒泉有烽火报警，陛下难道还能得到高昌一个士兵一斗粮食的帮助吗？最终还是要征发陇右各州兵马粮草奔赴边境。这样看来陇右的河西地区是中国的心腹之地，高昌地区不过是他人的手脚；为什么要让心腹之地受到损伤而用在无用的土地呢？而且陛下降服了突厥、吐谷浑之后，都没有占有他们的土地，为他们重立君主来安抚他们，唯独高昌不能与突厥、吐谷浑相比拟吗？他们如果对朝廷叛变，就派兵抓获他们，他们如果对朝廷表示服顺，就封给他们官职，这样做才能使朝廷的刑罚无比威严，恩德无比优厚。深望陛下重新选择高昌王的子弟中可以立为可汗的，让他君临高昌国，让他的子子孙孙蒙受陛下的浩大皇恩，永远作为大唐皇室的藩国屏障，这样就可以使国家内部安定外围宁静，不也是很好吗？"唐太宗不听从他的意见。等到西突厥入境侵犯，唐太宗后悔当初没有听从褚遂良的建议，说："魏徵、褚遂良都劝朕重新扶立高昌国王，朕没有采纳他们的建议，如今正是咎由自取！"

乙毗咄陆向西进攻康居国，途经米国，攻破该国。掳获了很多米国人，却不分给他的下属，他的部将泥熟啜于是自己抢夺俘虏，乙毗咄陆大怒，将泥熟啜斩首示众，众人都愤恨怨怒。泥熟啜的部将胡禄屋袭击乙毗咄陆，乙毗咄陆的部下纷纷逃散，退到白水胡城进行防守。这时弩失毕各部以及乙毗咄陆的部下屋利啜等人派使节来到长安，请求废掉乙毗咄陆，重新立一个可汗。唐太宗派使节带着玺书，立莫贺咄的儿子为乙毗射匮可汗。乙毗射匮即位为可汗之后，把乙毗咄陆抓捕的唐朝使者全部按礼节遣送回国，又率部队进攻乙毗咄陆的白水胡城。乙毗咄陆出兵迎击，乙毗射匮大败。乙毗咄陆派人招募他的原有部落，这些部落都说："即使让我们一千人战死，只有一个人生存下来，也不会跟从你！"乙毗咄陆自己知道得不到众人的服从，就向西投奔吐火罗。

冬季，十月十四日，殿中监、郢纵公宇文士及去世。唐太宗曾经停歇在一棵树下，喜欢这棵树，宇文士及跟在身边对这棵树赞誉不止，唐太宗脸色严肃地说："魏徵常劝朕远离爱说巧言的谗佞小人，朕不知道佞人是谁，心里怀疑是你，今天果然不错。"宇文士及磕头谢罪。

唐太宗对身边大臣说："薛延陀在漠北强盛称雄，如今制御它只有两个办法，如果不是发兵把它消灭，就要和它通婚以安抚他们，这两个办法应该用哪一个？"房玄龄回答说："中原刚刚安定，出兵凶多吉少，征战就有危险，我认为采取和亲的方法更为便利。"唐太宗说："是这样。朕既为天下百姓的父母，如果对天下有利，哪里会爱惜一个女儿！"

在此之前，左领军将军契苾何力的母亲姑臧夫人及他的弟弟贺兰州都督沙门都住在凉州，唐太宗派契苾何力回去省亲，并且安抚他的部落。当时薛延陀势力正强大，契苾部落都想归附薛延陀，契苾何力大为惊奇，说："大唐天子对待我们有这样优厚的恩德，为什么马上就干叛逆之事呢？"契苾部落的人说："老夫人、都督在此之前都已去见过薛延陀，怎么能不前往？"契苾何力说："沙门是孝敬老夫人，而我要忠于皇上，必不听从你们。"部落的人把契苾何力捆绑起来带着来见薛延陀，把他放在薛延陀的牙帐前面。契苾何力坐在地上伸出双腿，拔出佩刀朝着东方大声呼喊说："哪里有大唐的忠烈之士能在虏人帐庭受这种侮辱，天地日月，希望知道我的真心。"于是割掉左耳向天地发誓。真珠可汗想杀死他，真珠的妻子力劝才作罢。

唐太宗听说契苾何力叛逃，说："肯定不是何力的本意。"身边的人说："这些戎狄之人相互亲近，何力进入薛延陀，就像鱼到水里一样。"唐太宗说："不是这样。何力的心像铁石一样坚定，肯定不会背叛我。"正好此时有使者从薛延陀回来，详细讲述了实际情况，唐太宗为契苾何力落下眼泪，对身边的人说："何力最终怎样？"当即命令兵部侍郎崔敦礼持旌节前去晓谕薛延陀，把新兴公主嫁给真珠可汗为妻，要求送回契苾何力，何力因此得以回到朝中，官拜右骁卫大将军。

十一月初四日，唐太宗在武功狩猎。

十一月初五日，营州都督张俭上奏称高丽的东部大人泉盖苏文杀死高丽王高武。盖苏文凶残暴虐，干了许多不法之事，高丽王和大臣们商议要把他处死。盖苏文暗中得知消息，召集他的全部兵马伪装成检阅部队，并在城南摆出许多酒菜，召集诸位大臣亲往观看部队的检阅，部署手下士兵将他们全部杀掉，死了一百多人。接着他驰马冲进王宫，亲手杀死他的国王，砍成几段，扔在沟中，立高丽王弟弟的儿子高藏为王，自封为莫离支，官职如同中国的吏部兼兵部尚书。于是向远近地区发号施令，独自掌管了高丽的国政。盖苏文的容貌和身形十分雄伟，气概豪爽，身上佩带五把刀，身边的人都不敢抬头看他。每次上马下马，常常命令贵族、武将伏在地上让他踩着。出行时一定要队伍整齐，在前面开路的向导拉长声音呼喊，路上的人们都急忙奔逃，也不避开坑洼，路上一个行人都没有。高丽国的百姓对他的统治叫苦连天。

十一月初十日，唐太宗在岐阳打猎，接着临幸庆善宫，召集武功县故老赐予酒宴，尽兴而罢。十八日，返回长安。

十一月二十日，唐太宗说："朕为万民之主，想让百姓全都富贵。如果教给他们礼义，使他们年少的孝敬年长的，妻子尊敬丈夫，那就都尊贵了；轻徭薄赋，使他们各自治理产业，那就都富足了。如果家给人足，朕即使不听音乐，也会乐在其中了。"

【原文】

亳州[①]刺史裴行庄奏请伐高丽，上曰："高丽王武职贡不绝，为贼臣所弑，朕哀之甚深，固不忘也。但因丧乘乱而取之，虽得之不贵。且山东凋弊，吾未忍言用兵也。"

高祖之入关也，隋武勇郎将冯翊党仁弘将兵二千馀人归高祖于蒲阪[②]，从平京城[③]，寻除陕州总管，大军东讨[④]，仁弘转饷[⑤]不绝，历南宁、戎、广[⑥]州都督。仁弘有材略，所至著声迹，上甚器之。然性贪，罢广州，为人所讼，赃百馀万，罪当死。上谓侍臣曰："吾昨见大理五奏[⑦]

诛仁弘，哀其白首就戮，方晡食[⑧]，遂命撤案；然为之求生理，终不可得。今欲曲法[⑨]就公等乞之。”十二月壬午朔[⑩]，上复召五品已上集太极殿前，谓曰：“法者，人君所受于天，不可以私而失信。今朕私党仁弘而欲赦之，是乱其法，上负于天。欲席藁[⑪]于南郊[⑫]，日一进蔬食，以谢罪于天三日。”房玄龄等皆曰：“生杀之柄，人主所得专也，何至自贬责如此？”上不许，群臣顿首固请于庭，自旦至日昃，上乃降手诏，自称：“朕有三罪：知人不明，一也；以私乱法，二也；善善未赏，恶恶未诛，三也。以公等固谏，且依来请。”于是黜仁弘为庶人，徙钦州。

癸卯[⑬]，上幸骊山温汤，甲辰[⑭]，猎于骊山。上登山，见围[⑮]有断处，顾谓左右曰：“吾见其不整而不刑[⑯]，则堕[⑰]军法；刑之，则是吾登高临下以求人之过也。”乃托[⑱]以道险，引辔[⑲]入谷以避之。乙巳[⑳]，还宫。

刑部以“反逆缘坐[㉑]律兄弟没官[㉒]为轻，请改从死。”敕八座议之，议者皆以为“秦、汉、魏、晋之法，反者皆夷三族[㉓]，今宜如刑部请为是。”给事中崔仁师[㉔]驳曰：“古者父子兄弟罪不相及，奈何以亡秦酷法变隆周中典[㉕]？且诛其父子，足累其心，此而不顾，何爱兄弟？”上从之。

上问侍臣曰：“自古或君乱而臣治，或君治而臣乱，二者孰愈[㉖]？”魏徵对曰：“君治则善恶赏罚当，臣安得而乱之？苟为不治，纵暴愎谏[㉗]，虽有良臣，将安所施！”上曰：“齐文宣[㉘]得杨遵彦[㉙]，非君乱而臣治乎？”对曰：“彼才能救亡耳，乌足[㉚]为治哉！”

（以上为第八段，写唐太宗护佑功臣，减轻夷三族之罪。）

【注释】

①亳州：州名。治所在今安徽亳州市。　②蒲阪：即“蒲坂”，隋废县名。县治在今山西永济市西南蒲州镇东。　③京城：即隋唐国都长安。　④东讨：谓讨伐王世充等。　⑤转饷：转运军饷等军用物资。　⑥南宁、戎、广：州名。南宁州，治所在今云南曲靖市西。戎州，治所在今四川宜宾市。广州，治所在今广东广州市。　⑦五奏：贞观五年制令，死罪囚，三日五复奏，以防止冤滥杀人。　⑧晡（bū）食：晚饭。　⑨曲法：谓曲解法律，不合理执法。　⑩壬午朔：十二月初一日。　⑪席藁（gǎo）：坐卧藁上，自等于罪人，古人以此表示自罚。藁，用禾秆编织的席。　⑫南郊：天坛所在。⑬癸卯：十二月二十二日。　⑭甲辰：十二月二十三日。　⑮围：围墙。　⑯不刑：

不以刑法制裁。 ⑰堕（huī）：毁坏。 ⑱托：借口，托词。 ⑲辔（pèi）：驾驭牲口的缰绳。 ⑳乙巳：十二月二十四日。 ㉑缘坐：因受人连累，虽无辜仍被治罪。 ㉒没官：刑罚之一，即罚做官奴。 ㉓夷三族：诛灭三族。三族谓父族、母族、妻族，或父、子、孙，或父母、兄弟、妻子。 ㉔崔仁师：唐初大臣。定州安喜人。累官刑部、中书侍郎、简州刺史。永徽初卒。传见《旧唐书》卷七十四、《新唐书》卷九十九。 ㉕中典：常行之法。 ㉖愈：胜过。 ㉗愎谏：刚愎自用，听不得批评意见。 ㉘齐文宣：即北齐文宣帝高洋（529—559），北齐的建立者，550年至559年在位。高洋虽昏狂淫乱，但能任用杨遵彦（即杨愔）等官员，改定律令，严禁贪污，并出击柔然、契丹和攻取梁地，因而国势强盛。齐文宣帝传见《北齐书》卷四、《北史》卷七。 ㉙杨遵彦：传见《北齐书》卷三十四、《北史》卷四十一。 ㉚乌足：何足。

【译文】

亳州刺史裴行庄上奏请求讨伐高丽，唐太宗说："高丽国王高武每年贡赋不断，被贼臣杀死后，朕非常哀痛，本来是不能忘怀的。但趁他们刚刚丧失国王，趁乱前去攻取，即使得胜也不足为贵。况且山东地区民生凋敝，朕不忍心提用兵的事。"

当年唐高祖李渊进入关中地区时，隋朝武勇郎将冯翊人党仁弘率部下两千多人在蒲阪归附高祖，并且跟随他平定了京城。不久官拜陕州总管，唐朝大军东进讨伐王世充时，党仁弘转运粮饷从未断绝，历任南宁州、戎州、广州都督。党仁弘有才识韬略，所到之处都有良好的声誉，唐太宗十分器重他。然而他性情贪婪，被罢免了广州都督，被人控告，贪赃一百多万，按照罪行应当处以死刑。唐太宗对身边的大臣说："朕昨天看见大理寺五次上奏请求处死党仁弘，朕可怜他白发苍苍还要被拉到刑场处斩，我正吃晚饭，就命令把饭桌子撤掉，然而为他求条生路，最终也找不出理由。如今想变通法令向你们请求免他一死。"十二月初一日，唐太宗又召见五品以上官员齐集太极殿前，对他们说："法律是君王从上天那里接受而来的，不可因为个人感情而失去信用。如今朕出于私心偏袒党仁弘，想要宽赦他，这是扰乱了上天的法律，对上则有负于天。朕想去南郊坐在席子上，每日只进一次素食，用三天时间向上天谢罪。"房玄龄等人都说："生杀的大权，是皇帝一个人的专权，何至于这样自我贬责呢？"唐太宗不答应，众位大臣在殿庭内磕头坚持请求，从早晨直到下午，唐太宗才降下诏书，说："朕有三条罪：识别人才而不能明察，是一条罪；因为私情而扰乱法律，是第二罪；喜欢善人而未给予赏赐，讨厌恶人而未给予诛罚，是第三罪。因为你们执意苦谏，暂且依从你们的说情。”于是把党仁弘废黜为平民，流放到钦州。

十二月二十二日，唐太宗巡幸骊山温泉，二十三日，在骊山打猎。唐太宗登上骊山，看见围墙有缺断处，回头对身边的人说：“我看见围墙没有整治好而不加以惩罚，就是败坏军纪；如果惩罚有关人员，就是我登高临下来寻找别人的过失。”于是借口道路险恶，牵马进入山谷以避开断墙。二十四日，返回宫中。

刑部认为：“反叛等大罪依连坐法令，兄弟没官为奴，这种处罚太轻，请求改为一并处死。”唐太宗敕令尚书仆射以及六部尚书共同议定，议者都认为：“秦、汉、魏、晋的法律，谋反罪都要夷灭三族，如今应当批准刑部的请求为是。”给事中崔仁师反驳说：“古时候父子兄弟犯罪不相关联，为什么要用亡秦的严刑酷法来改变强盛兴隆的周朝法典呢？而且诛杀了他的父子，已经足以让他的心灵负有重累，这一点都不顾及，又哪里能爱惜他的兄弟呢？”唐太宗听从了他的意见。

唐太宗问身边的大臣说：“自古以来有时是君主昏聩乱政而臣下能治理国政，有时是君主能治理国政而臣下昏庸乱国，二者谁对国家的危害更为严重呢？”魏徵回答说：“君主能治理国政，就会善恶赏罚都能得当，臣下怎能扰乱国政？如果君主不能治理国政，放纵暴虐而又刚愎自用，即使有贤良的大臣，又怎能让他有所作为？”唐太宗说：“北齐文宣帝得到了杨遵彦，不是君主乱国而大臣能治国吗？”回答说：“他只能挽救国家的灭亡而已，哪里能足以治理好国政呢？”

【原文】

十七年（癸卯，643）

春，正月丙寅[①]，上谓群臣曰：“闻外间士人以太子有足疾，魏王颖悟，多从游幸，遽生异议，徼幸之徒[②]，已有附会者。太子虽病足，不废步履。且《礼》，嫡子死，立嫡孙。太子男已五岁，朕终不以孽代宗[③]，启窥窬[④]之源也！”

郑文贞公魏徵寝疾[⑤]，上遣使者问讯，赐以药饵，相望于道。又遣中郎将李安俨[⑥]宿其第，动静以闻。上复与太子同至其第，指衡山公主欲以妻其子叔玉[⑧]。戊辰[⑨]，徵薨，命百官九品以上皆赴丧，给羽葆鼓吹[⑩]，陪葬昭陵。其妻裴氏曰：“徵平生俭素，今葬以一品羽仪[⑪]，非亡者之志。”悉辞不受，以布车载柩而葬[⑫]。上登苑西楼[⑬]，望哭尽哀。上自制碑文，并为书石[14]。上思徵不已，谓侍臣曰："人以铜为镜，可以正衣冠；以古为镜，可以见兴替[15]；以人为镜，可以知得失。魏徵没，朕亡一镜矣！"

（以上为第九段，写魏徵之死，唐太宗慨叹"朕亡一镜矣"。）

【注释】

①丙寅：一月十五日。　②儌幸之徒：投机钻营者。儌，"侥"的异体字。　③孽、宗：孽，庶子；宗，嫡子。　④窥窬：窥伺可乘之隙。　⑤寝疾：卧病。　⑥李安俨：太子李承乾党徒，后谋反被诛。事迹见《旧唐书》卷七十六《李承乾传》、《新唐书》卷八十《李承乾传》。　⑦衡山公主：太宗女。初，许嫁魏叔玉，魏徵卒后，太宗手诏停婚。⑧叔玉：魏叔玉，魏徵长子。袭爵国公，官至光禄少卿。传见《旧唐书》卷七十一、《新唐书》卷九十七。　⑨戊辰：一月十七日。　⑩羽葆鼓吹：羽盖和鼓吹乐队。羽葆，用鸟羽装饰的车盖。鼓吹，用鼓、钲、箫、笳等乐器合奏的乐队。只有规格极高的葬礼才可使用羽葆鼓吹，如魏徵妻云此为"一品羽仪"。　⑪羽仪：用鸟羽装饰的仪仗。⑫布车载柩：张布幔的普通灵车。　⑬西楼：在长安禁苑内。　⑭书石：太宗将御制碑文亲自书写到魏徵神道碑上，以备工匠雕刻。　⑮兴替：兴亡替代。

【译文】

唐太宗贞观十七年（癸卯，643）

春季，正月十五日，唐太宗对大臣们说："听说外面士大夫传言太子有足疾，魏王李泰聪明，由于李泰多次跟随朕外出游幸，便突生异议，希望从中获得好处的人，已有人附和李泰。太子虽然脚有病，但不妨碍行走。而且《礼记》里说：嫡长子死，就立嫡长孙。太子的儿子已有五岁，朕终究不会用庶子取代嫡长子，开启让人觊觎皇位的根源。"

郑文贞公魏徵卧病不起，唐太宗派人前去问讯，赐给他药饵，送药的人在路上往来不绝前后相望。又派中郎将李安俨住在魏徵的宅中，一有动静便立即报告。唐太宗又和太子一同到魏徵的住处，指着衡山公主，要把她嫁给魏徵的儿子魏叔玉。正月十七日，魏徵去世，唐太宗命九品以上的文武百官都去奔丧，赐给手持羽葆的仪仗队和吹鼓手，陪葬在昭陵。魏徵的妻子裴氏说："魏徵平生节俭朴素，如今用一品官的规格埋葬他，并不是死者的愿望。"全都推辞不受，仅用布罩着车子载着棺材安葬。唐太宗登上禁苑的西楼，望着魏徵灵车痛哭，极为悲衰。唐太宗亲自撰写碑文，并且书写在墓碑上。唐太宗思念魏徵无法停止，对身边的大臣说："人们用铜做成镜子，可以照着自己整理衣帽；把历史作为镜子，可以观察到历代王朝的兴衰；把人作为镜子，可以知道自己行为的得失。魏徵死了，朕失去了一面镜子。"

【原文】

鄠尉游文芝告代州都督刘兰成[①]谋反，戊申[②]，兰成坐腰斩[③]。右武候将军丘行恭探兰成心肝食之，上闻而让之曰："兰成谋反，国有常刑，何至如此，若以为忠孝，则太子诸王先食之矣，岂至卿邪！"行恭惭而拜谢。

二月壬午[④]，上问谏议大夫褚遂良曰："舜造漆器，谏者十馀人。此何足谏？"对曰："奢侈者，危亡之本。漆器不已，将以金玉为之。忠臣爱君，必防其渐[⑤]，若祸乱已成，无所复谏矣。"上曰："然。朕有过，卿亦当谏其渐。朕见前世帝王拒谏者，多云'业已为之'，或云'业已许之'，终不为改。如此，欲无危亡，得乎？"

时皇子为都督、刺史者多幼稚，遂良上疏，以为："汉宣帝云：'与我共治天下者，其惟良二千石[⑥]乎？'今皇子幼稚，未知从政，不若且留京师，教以经术[⑦]，俟其长而遣之。"上以为然。

壬辰[⑧]，以太子詹事张亮为洛州都督。侯君集自以有功而下吏，怨望有异志[⑨]。亮出为洛州，君集激之曰："何人相排[⑩]？"亮曰："非公而谁！"君集曰："我平一国来，逢嗔[⑪]如屋大，安能仰排！"因攘袂[⑫]曰："郁郁殊不聊生[⑬]！公能反乎？与公反！"亮密以闻。上曰："卿与君集皆功臣，语时旁无他人，若下吏，君集必不服。如此，事未可知[⑭]，卿且勿言。"待君集如故。

鄜州[⑮]都督尉迟敬德表乞骸骨[⑯]，乙巳[⑰]，以敬德为开府仪同三司[⑱]，五日一参[⑲]。

丁未[⑳]，上曰："人主惟有一心，而攻之者甚众。或以勇力，或以辩口，或以谄谀，或以奸诈，或以嗜欲，辐凑[㉑]攻之，各求自售[㉒]，以取宠禄。人主少懈[㉓]，而受其一，则危亡随之，此其所以难也。"

戊申[㉔]，上命图画功臣赵公长孙无忌、赵郡元王孝恭、莱成公杜如晦、郑文贞公魏徵、梁公房玄龄、申公高士廉、鄂公尉迟敬德、卫公李靖、宋公萧瑀、褒忠壮公段志玄、夔公刘弘基、蒋忠公屈突通、郧节公殷开山、谯襄公柴绍㉕、邳襄公长孙顺德、郧公张亮、陈公侯君集、郯襄公张公谨、卢公程知节、永兴文懿公虞世南、渝㉖襄公刘政会、莒公唐俭、英公李世勣、胡壮公秦叔宝等于凌烟阁㉗。

（以上为第十段，写唐太宗图画二十四功臣于凌烟阁。）

【注释】

①刘兰成（？—643）：唐初将领。传作“刘兰”，字文郁，青州北海人。官至丰州刺史、夏州都督，封平原郡公。传见《旧唐书》卷六十九、《新唐书》卷九十四。②戊申：一月无戊申，《旧唐书·太宗本纪》《新唐书·太宗本纪》作“戊辰”（一月十七日）。译文从之。　③腰斩：死刑的一种，即自腰际斩为两段。　④壬午：二月初二日。　⑤渐：发展，累积。　⑥二千石：汉太守代称。因郡守俸禄为二千石（即月俸一百二十斛），故有此称。　⑦经术：儒家经学。　⑧壬辰：二月十二日。　⑨异志：谋叛的意图。　⑩排：排斥。　⑪嗔：怒。指侯君集遭唐太宗怒责。谓侯君集伐高昌贪黩事。　⑫攘袂：捋袖伸臂，表示愤怒。攘，捋；袂，衣袖。　⑬郁郁殊不聊生：忧郁很难生活下去。郁郁，忧伤沉闷。殊，很，极。　⑭事未可知：无法定案。　⑮鄜州：治所在今陕西富县。　⑯表乞骸骨：谓敬德上表请归长安。　⑰乙巳：二月二十五日。　⑱开府仪同三司：官名。唐代文散官第一阶（即从一品）。　⑲参：入朝参拜天子。　⑳丁未：二月二十七日。　㉑辐凑：本意为车辐凑集于毂上，比喻由四面八方而至。　㉒自售：本意为把自己当商品卖出，此谓向天子邀宠。　㉓懈：懈怠，松弛。　㉔戊申：二月二十八日。　㉕柴绍：胡注当作“许绍”。　㉖渝：严校作“郇”。㉗凌烟阁：在唐长安宫城三清殿侧。

【译文】

鄠县的都尉游文芝上告代州都督刘兰成谋反，一月十七日，刘兰成被处以腰斩。右武候将军丘行恭从刘兰成尸体中掏出心肝吃掉，唐太宗听说后责备他说：“兰成谋反，国家有规定的刑罚来惩治他，怎么做事能到这一步？如果认为这就是忠孝，也应该是太子和诸亲王先吃，哪能轮到你呢？”丘行恭惭愧，磕头谢罪。

二月初二日，唐太宗问谏议大夫褚遂良：“舜帝制造漆器，谏阻的有十多个人。这事哪里值得劝谏？”回答说：“奢侈是国家危亡的根源，漆器也不能满足愿望，就会用金玉做器皿。忠臣爱护他的君主，一定要防微杜渐，如果祸乱已经形成，就用不着再来劝谏了。”唐太宗说：“是这样。朕如果有了过失，你也应当在它刚刚开始时进行劝谏。朕看前代的帝王拒绝大臣的劝谏，大多会说‘已经做了’，或者说‘已经答应了’，最终不悔改。这样做，想国家不会危亡，能做到吗？”

当时皇子们担任都督、刺史，大多数年纪幼小无知，褚遂良上书，认为：“汉宣帝说过：‘与我共同治理天下的，就是那些优秀的郡守啊！’如今皇子们年幼无知，不知道如何从政，不如暂且把他们留在长安，教他们学习儒家经术，等他们长大了再派到各地担任都督和刺史。”唐太宗认为有道理。

二月十二日，任命太子詹事张亮为洛州都督。侯君集自以为有功而被关押到衙门问罪，内心怨恨而产生了反叛之心。张亮出任洛州，侯君集刺激他说：“是什么人排挤你？”张亮说：“不是你又是谁呢？”侯君集说：“我刚刚平定一国归来，就遭到陛下如房子一样大的责怪，怎么还能排挤你呢？”因而挽起袖子说：“郁闷得无法过下去了，你能造反吗？我与你一同造反！”张亮密报给唐太宗。唐太宗说：“你与侯君集都是朝廷的功臣，说话时身旁没有别人，如果审讯他，君集必然不服。那样，事情就不一定能弄清楚，你暂且不要说出去。”唐太宗仍像以前那样对待侯君集。

鄜州都督尉迟敬德上表请求告老还乡，二月二十五日，朝廷任命尉迟敬德为开府仪同三司，五天上朝一次。

二月二十七日，唐太宗说：“君主只有一颗心，而攻击这颗心的人却有很多。有的以勇武力量来攻，有的凭着善辩的口才来攻，有的靠谄谀逢迎来攻，有的靠奸诈邪恶来攻，有的用嗜好欲望来攻，各种各样的人集合起来攻击君主的心，各自希望自己那一套得逞，以求获得恩宠和官禄。君主稍有松懈，就会接受其中的一种，而危亡就会随之而来，这就是当君主困难的缘故！”

二月二十八日，唐太宗命人在凌烟阁为朝廷的功臣画像：赵公长孙无忌、赵郡元王李孝恭、莱成公杜如晦、郑文贞公魏徵、梁公房玄龄、申公高士廉、鄂公尉迟敬德、卫公李靖、宋公萧瑀、褒忠壮公段志玄、夔公刘弘基、蒋忠公屈突通、郧节公殷开山、谯襄公柴绍、邳襄公长孙顺德、郧公张亮、陈公侯君集、郯襄公张公谨、卢公程知节、永兴文懿公虞世南、渝襄公刘政会、莒公唐俭、英公李世勣、胡壮公秦叔宝等二十四人。

【原文】

齐州[1]都督齐王祐[2]，性轻躁，其舅尚乘直长[3]阴弘智说之曰："王兄弟既多，陛下千秋万岁后，宜得壮士以自卫。"祐以为然。弘智因荐妻兄燕弘信[4]，祐悦之，厚赐金玉，使阴募死士[5]。

上选刚直之士以辅诸王，为长史、司马，诸王有过以闻。祐昵近群小，好畋猎，长史权万纪骤谏，不听。壮士昝君谟、梁猛彪得幸于祐，万纪皆劾逐之，祐潜召还，宠之逾厚。上数以书切责祐，万纪恐并获罪，谓祐曰："王审能自新，万纪请入朝言之。"乃条祐过失，迫令表首[6]，祐惧而从之。万纪至京师，言祐必能悛改。上甚喜，勉万纪，而数祐前过，以敕书戒之。祐闻之，大怒曰："长史卖[7]我！劝我而自以为功，必杀之。"上以校尉京兆韦文振[8]谨直，用为祐府典军[9]，文振数谏，祐亦恶之。

万纪性褊[10]，专以刻急拘持祐，城门外不听出，悉解纵鹰犬，斥君谟、猛彪不得见祐。会万纪宅中有块[11]夜落，万纪以为君谟、猛彪谋杀己，悉收系，发驿以闻[12]，并劾与祐同为非者数十人。上遣刑部尚书刘德威往按[13]之，事颇有验[14]，诏祐与万纪俱入朝。祐既积忿，遂与燕弘信兄弘亮等谋杀万纪。万纪奉诏先行，祐遣弘亮等二十馀骑追射杀之。祐党共逼韦文振欲与同谋，文振不从，驰走数里，追及，杀之。寮属股栗[15]，稽首[16]伏地，莫敢仰视。祐因私署上柱国、开府[17]等官，开库物行赏，驱民入城，缮甲兵楼堞[18]，置拓东王、拓西王等官。吏民弃妻子夜缒[19]出亡者相继，祐不能禁。三月丙辰[20]，诏兵部尚书李世勣等发怀、洛、汴、宋、潞、滑、济、郓、海九州兵讨之。上赐祐手敕曰："吾常戒汝勿近小人，正为此耳。"

祐召燕弘亮等五人宿于卧内，馀党分统士众，巡城自守。祐每夜与弘亮等对妃宴饮，以为得志，戏笑之际，语及官军，弘亮等曰："王不须忧！弘亮等右手持酒卮[21]，左手为王挥刀拂之！"祐喜，以为信然。传檄诸县，皆莫肯从。时李世勣兵未至，而青、淄[22]等数州兵已集其境。齐府兵曹杜行敏[23]等阴谋执祐，祐左右及吏民非同谋者无不响应。庚申[24]，夜，四面鼓躁[25]，声闻数十里。祐党有居外者，众皆攒[26]刃杀之。祐问何声，左右给云："英公[27]统飞骑已登城矣。"行敏分兵凿垣[28]而入，祐与弘亮等被甲执兵入室，闭扉[29]拒战，行敏等千馀人围之，自旦至日中，不克。行敏谓祐曰：“王昔为帝子，今乃国贼，不速降，立为煨烬[30]矣。”因命积薪欲焚之，祐自牖[31]间谓行敏曰：“即启扉，独虑燕弘亮兄弟死耳。”行敏曰：“必相全。”祐等乃出。或抉[32]弘亮目，投睛于地，勣皆杻[33]折其股而杀之。执祐出牙前示吏民，还，锁之于东厢。齐州悉平。乙丑[34]，敕李世勣等罢兵。祐至京师，赐死于内侍省[35]，同党诛者四十四人，馀皆不问。

祐之初反也，齐州人罗石头面数其罪，援枪前，欲刺之，为燕弘亮所杀。祐引骑击高村，村人高君状遥责祐曰：“主上提三尺剑取天下，亿兆[36]蒙德，仰之如天。王忽驱城中数百人欲为逆乱以犯君父，无异一手摇泰山，何不自量之甚也？”祐纵击，虏之，惭不能杀。敕赠石头亳州刺史。以君状为榆社[37]令，以杜行敏为巴州刺史，封南阳郡公。其同谋执祐者官赏有差[38]。

上检祐家文疏，得记室[39]郑城孙处约[40]谏书，嗟赏之，累迁中书舍人。庚午[41]，赠权万纪齐州都督，赐爵武都郡公，谥曰敬；韦文振左武卫将军，赐爵襄阳县公。

初，太子承乾喜声色及畋猎，所为奢靡，畏上知之，对宫臣常论忠孝，或至于涕泣，退归宫中，则与群小相亵狎。宫臣有欲谏者，太子先揣知其意，辄迎拜，敛容危坐[42]，引咎自责，言辞辩给，宫臣拜答不暇。宫省秘密，外人莫知，故时论初皆称贤。

（以上为第十一段，写唐太宗第五子齐王祐因谋反被赐死。）

【注释】

①齐州：州名。治所在今山东济南市。　②齐王祐（？—643）：太宗第五子。因谋反被贬为庶人并赐死。传见《旧唐书》卷七十六《李祐传》、《新唐书》卷八十《李祐传》。　③尚承直长：官名。殿中省尚承局官长，掌天子内外闲厩之马。　④燕弘信：李祐死党。弘信与阴弘智事迹见《旧唐书》卷七十六《李祐传》、《新唐书》卷八十《李祐传》。　⑤死士：死党，敢死之徒。　⑥表首：上表自首。　⑦卖：出卖。　⑧韦文振（？—643）：后被李祐杀害。赠左武卫将军、襄阳县公。事迹见《旧唐书》卷三《太宗本纪下》、《新唐书》卷一百《权万纪传》。　⑨典军：亲王府武官。常统校尉以下守卫陪从事宜，等级正五品上。　⑩褊：狭隘，急躁。　⑪块：土块或石块。　⑫发驿以闻：通过驿传上报朝廷。　⑬按：审查。　⑭验：凭证。　⑮股栗（lì）：两腿发抖，

恐惧状。 ⑯稽首：叩头到地。 ⑰开府：官名。即开府仪同三司。 ⑱缮甲兵楼堞：缮甲兵，修理兵械；堞，又称女墙，即城上矮墙，为城守建筑。 ⑲縋（zhuì）：自高处系在绳上放下去。 ⑳丙辰：三月初六日。 ㉑卮（zhī）：盛酒器的一种。 ㉒青、淄：州名。青州治所在今山东青州市，淄州治所在今山东淄博市淄川区。 ㉓杜行敏：京兆万年人。初为齐王府兵曹参军（掌武官簿籍等事）。以平乱等功官至荆、益二州都督府长史，封南阳郡公。事迹见《旧唐书》卷一百四十七《杜佑传》、《新唐书》卷八十《李祐传》等。 ㉔庚申：三月初十日。 ㉕鼓躁：击鼓呐喊。 ㉖攒（cuán）：聚集。 ㉗英公：即李世勣，其爵为英国公。 ㉘垣：墙。 ㉙扉：门。 ㉚煨烬：被烧后所余灰烬。 ㉛牖（yǒu）：窗。 ㉜抉（jué）：挖出。 ㉝檛（zhuā）：原指马鞭子，此谓抽打。 ㉞乙丑：三月十五日。 ㉟内侍省：官署名。其官长如监、少监、内侍、内常侍等，自唐以后，专由太监充任，掌宫内侍奉，出入宫掖，宣传诏命。 ㊱亿兆：百姓，民众。 ㊲榆社：县名。县治在今山西榆社县。 ㊳差（cī）：分别等级。 ㊴记室：即记室参军，掌秘书事。 ㊵孙处约：又名道茂，汝州郏城（今河南郏县）人。高宗麟德元年（664）拜相，《太宗实录》的修撰人之一。传见《旧唐书》卷八十一、《新唐书》卷一百零六。 ㊶庚午：三月二十日。 ㊷危坐：端坐。

【译文】

齐州都督齐王李祐，性情轻狂急躁，他的舅舅尚乘局直长阴弘智劝他说："大王的兄弟很多，陛下千秋万岁之后，您应当招募壮士来自我保护。"李祐以为说得对。阴弘智于是荐举妻子的哥哥燕弘信，李祐很喜欢他，赏赐很多金玉，让他暗中招募敢死之士。

唐太宗挑选刚强正直的人来辅佐各位亲王，担任亲王的长史和司马，各位亲王如有过失就禀报唐太宗。李祐亲近一伙小人，又喜好打猎，长史权万纪急迫劝谏，李祐不听。壮士昝君谟、梁猛彪得到李祐的宠幸，权万纪弹劾他们，把他们全部赶走，李祐又暗中把他们召回，给予的恩宠更加优厚。唐太宗多次写信责备李祐，权万纪担心会与李祐一同获罪，便对李祐说："亲王如果确实能改过自新，我就请求到朝廷加以说明。"于是条陈李祐的过失，逼迫他上表自首，李祐内心恐惧就听从了。权万纪到了长安，对唐太宗说李祐肯定能改过自新。唐太宗大为高兴，鼓励嘉勉权万纪，而数落李祐以前的过失，又用敕书告诫他。李祐听说后大为发怒，说："权长史出卖我！劝我悔改却自己居功，一定要杀了他。"唐太宗认为校尉京兆人韦文振谨慎正直，任命他为齐王李祐王府的典军，韦文振多次劝谏，李祐也讨厌他。

权万纪性情偏狭，专以刻薄限制李祐，城门外都不让他出去，将鹰犬等全都放掉，又斥责昝君谟、梁猛彪不让他们见李祐。正好此时权万纪的宅中夜里落下土块，权万纪认为是昝君谟、梁猛彪二人谋害自己，就把他们关押到牢中，急发驿传文书上报唐太宗，并弹劾和李祐一同为非作歹的几十人。唐太宗派刑部尚书刘德威前往审察，权万纪上告的事多有验证，唐太宗下诏令李祐与权万纪一同入朝。李祐对权万纪的怨恨一直累积在心中，便和燕弘信的哥哥燕弘亮等密谋杀掉权万纪。权万纪遵奉诏令先行一步，李祐派燕弘亮等二十多人乘马追赶，把权万纪射死。李祐的同党一起逼迫韦文振与他们合谋，韦文振不听从，骑马逃奔了几里地，也被追上杀死。其他的僚属十分害怕，趴在地上磕头，不敢抬头仰视。李祐于是私自加官为上柱国、开府等官职，打开府库拿出其中的物品赏赐众人，又将百姓赶到城内，修缮兵器和城楼，并设置了拓东王、拓西王等官职。官吏和百姓抛下妻子儿女，相继在夜间从城墙上垂下绳索外逃，李祐禁止不了。三月初六日，唐太宗诏令兵部尚书李世勣等人征发怀州、洛州、汴州、宋州、潞州、滑州、济州、郓州、海州九州兵马讨伐李祐。唐太宗赐给李祐亲笔敕文说：“我经常告诫你不要亲近小人，正是为此呀！”

李祐召燕弘亮等五人住在卧室内，其他同党分别统领士兵，巡守城墙进行防守。李祐每天夜晚与燕弘亮等人对着妃子在宴会上饮酒，以为实现了心愿，戏谑谈笑之际，说到官府军队，燕弘亮等人说：“大王不必忧虑！弘亮等人右手端着酒杯，左手为王挥刀击退他们！”李祐非常高兴，以为真能这样。又传布檄文到所属各县，但各县都不肯听从。当时李世勣的兵马还未到达，而青州、淄州等几个州的部队已聚集在齐州境内。齐王府的兵曹杜行敏等人暗中谋划抓捕李祐，李祐身边的人及官吏百姓中不是李祐同谋的人都无不响应。三月初十日，夜间，四面击鼓呼叫，声音在数十里外都能听到。李祐同伙有居住在外面的，众人一齐用刀杀死他们。李祐问是什么声音，身边的人欺骗他说：“英公李世勣统率飞骑兵已经登上城墙了。”杜行敏分兵凿开城墙进入城内，李祐与燕弘亮等人披上甲胄手持兵器进入室内，关上门进行抵抗，杜行敏等一千多人包围他们，从早晨到中午，不能攻下。杜行敏对李祐说：“大王从前作为皇帝的儿子，如今乃是国家的敌人，如不立即投降，立刻被烧成灰烬。”于是命人堆积柴草打算焚烧李祐藏身的房子。李祐从窗户里对杜行敏说：“我马上开门，只是担心燕弘亮兄弟会死。”杜行敏说：“一定保全他们的性命。”李祐等人于是出来。有人挖下燕弘亮的眼睛，扔在地上，其余的人用木棒打折他的四肢然后杀死他。又把李祐捆绑起来带到王府前示众，然后送回去，关押在东厢房。齐州全部平定。三月十五日，唐太宗敕令李世勣等人收兵。李祐被押解到长安，赐死在内侍省，同党被诛的有四十四人，其余的人都不追究。

李祐当初谋反时，齐州人罗石头当面数落他的罪行，并手持长枪上前，想要刺杀李祐，被燕弘亮杀死。李祐带领骑兵袭击高村，村民高君状站在远处责备他说："当今皇上手提三尺剑打下江山，亿万百姓蒙受恩德，仰望皇上如同上天。你忽然驱使城内数百人想要作乱以冒犯你的父王，这无异于用一只手摇撼泰山，不自量力到了何种程度啊？"李祐纵马攻击，把他擒获，终因惭愧而没有杀他。唐太宗敕令追赠罗石头为亳州刺史。又任命高君状为榆社县令，杜行敏为巴州刺史，封为南阳郡公。与杜行敏一同抓住李祐的人都予以封官或赏赐，各有差别。

唐太宗检查李祐家里的文章奏疏，得到记室郏城人孙处约的谏书，颇为赞赏，几次升迁，官至中书舍人。三月二十日，追赠权万纪为齐州都督，赐给爵位为武都郡公，谥号为敬；追赠韦文振为左武卫将军，赐给爵位为襄阳县公。

起初，太子李承乾贪恋声色爱好打猎，做事非常奢侈淫靡，害怕被唐太宗知道，就经常对王宫中的臣僚谈论忠孝，有时甚至还流泪，退回到东宫，就与一群小人戏耍狎玩。宫中的大臣有人想要劝谏，太子事先揣摩出他的意思，总是主动迎上前去下拜，面色严肃地正襟危坐，引咎自责，言辞善于辩解，进谏的大臣忙着拜答，无暇劝谏。皇宫和官府内部的秘密，外面人无法得知，所以当时的舆论一开始都称太子贤明。

【原文】

太子作八尺铜炉，六隔[①]大鼎，募亡奴[②]盗民间马牛，亲临烹煮，与所幸厮役[③]共食之。又好效突厥语及其服饰，选左右貌类突厥者五人为一落[④]，辫发羊裘[⑤]而牧羊，作五狼头纛[⑥]及幡旗，设穹庐[⑦]，太子自处其中，敛羊而烹之，抽佩刀割肉相啖[⑧]。又尝谓左右曰："我试作可汗死，汝曹效其丧仪。"因僵卧于地，众悉号哭，跨马环走，临其身，剺面[⑨]。良久，太子欻[⑩]起，曰："一朝有天下，当帅数万骑猎于金城[⑪]西，然后解发为突厥，委身思摩，若当一设[⑫]，不居人后矣。"

左庶子于志宁、右庶子孔颖达数谏太子，上嘉之，赐二人金帛以风[⑬]励太子，仍迁志宁为詹事。志宁与左庶子张玄素数上书切谏，太子阴使人杀之，不果。

汉王元昌[14]所为多不法，上数谴责之，由是怨望。太子与之亲善，朝夕同游戏，分左右为二队，太子与元昌各统其一，被毡甲，操竹矟[15]，布陈大呼交战，击刺流血，以为娱乐。有不用命者，披树村之[16]，至有死者。且曰："使我今日作天子，明日于苑中置万人营，与汉王分将，观其战斗，岂不乐哉！"又曰："我为天子，极情纵欲，有谏者辄杀之，不过杀数百人，众自定矣。"

魏王泰多艺能，有宠于上，见太子有足疾，潜有夺嫡[17]之志，折节下士[18]以求声誉。上命黄门侍郎韦挺摄[19]泰府事，后命工部尚书杜楚客[20]代之，二人俱为泰要结朝士。楚客或怀金以赂权贵，因说以魏王聪明，宜为上嗣。文武之臣，各有附托，潜为朋党。太子畏其逼，遣人诈为泰府典签[21]上封事，其中皆言泰罪恶，敕捕之，不获[22]。

太子私幸太常乐童[23]称心，与同卧起。道士秦英、韦灵符挟左道[24]，得幸太子。上闻之，大怒，悉收称心等杀之，连坐死者数人，诮让[25]太子甚至。太子意泰告之，怨怒愈甚，思念称心不已，于宫中构室，立其像，朝夕奠祭，徘徊流涕。又于苑中作冢[26]，私赠官树碑。

上意浸不怿[27]，太子亦知之，称疾不朝谒者动涉数月，阴养刺客纥干承基[28]等及壮士百馀人，谋杀魏王泰。

吏部尚书侯君集之婿贺兰楚石[29]为东宫千牛[30]，太子知君集怨望，数令楚石引君集入东宫，问以自安之术，君集以太子暗劣[31]，欲乘衅[32]图之，因劝之反，举手谓太子曰："此好手，当为殿下用之。"又曰："魏王为上所爱，恐殿下有庶人勇[33]之祸，若有敕召，宜密为之备。"太子大然[34]之。太子厚赂君集及左屯卫中郎将顿丘李安俨[35]，使诇[36]上意，动静相语。安俨先事隐太子，隐太子败，安俨为之力战，上以为忠，故亲任之，使典宿卫[37]。安俨深自托于太子。

汉王元昌亦劝太子反，且曰："比见上侧有美人，善弹琵琶[38]，事成，愿以垂赐。"太子许之。洋州刺史开化公赵节，慈景[39]之子也，母曰长广公主，驸马都尉杜荷[40]，如晦之子也，尚城阳公主[41]，皆为太子所亲昵，预其反谋。凡同谋者皆割臂，以帛拭血，烧灰和酒饮之，誓同生死，潜谋引兵入西宫。杜荷谓太子曰："天文有变，当速发以应之，殿下但称暴疾危笃，主上必亲临视，因兹可以得志。”太子闻齐王祐反于齐州，谓纥干承基等曰：“我宫西墙，去大内[42]正可二十步耳，与卿为大事，岂比齐王乎？”会治祐反事，连承基，承基坐系大理狱，当死。

（以上为第十二段，写太子李承乾既不成器，又遭魏王李泰争太子位之逼，联结汉王李元昌图谋不轨。）

【注释】

①六隔：“隔”通“鬲”。鼎，空足称鬲。“六隔”即有六条空足的鼎。　②亡奴：亡命在逃的官奴。　③厮役：执贱役供使唤的人。　④落：即帐落，突厥等西北少数民族的帐落相当于内地汉族的一户。　⑤辫发羊裘：辫发，西北少数民族的发式；羊裘，羊皮衣。　⑥狼头纛：绣有狼头的大旗，突厥以狼为图腾。　⑦穹庐：游牧民族居住的毡帐。　⑧啖：吃。　⑨剺（lí）面：割面。突厥、回纥等民族风俗，用剺面流血来表示忠诚信义，或寄托对刚死去的君亲的哀思。　⑩欻（xū）：忽然。　⑪金城：郡名。治所在今甘肃兰州市。疑“金城”为“金河”（县名，县治在今内蒙古自治区托克托县东北）之误。　⑫一设：或称一箭，突厥某一方面军的典兵官。　⑬风：通“讽”，劝告。　⑭李元昌（？—643）：李渊第七子。传见《旧唐书》卷六十四、《新唐书》卷七十九。　⑮竹矟：竹制长矛。　⑯披树檛之：将手足绑于树上鞭打。　⑰夺嫡：庶出者夺取嫡子承袭地位。　⑱折节下士：屈己退让于士人。　⑲摄：代理，兼管。⑳杜楚客：宰相杜如晦弟。京兆杜陵人。传见《旧唐书》卷六十六、《新唐书》卷七十九。　㉑典签：亲王府官，掌宣传教命。　㉒不获：没有结果。　㉓太常乐童：隶籍太常寺的执乐童子。　㉔左道：旁门邪道。　㉕诮让：责问，批评。　㉖冢：坟墓。　㉗浸不怿：愈加不高兴。浸，渐渐，愈益。怿，喜悦，高兴。　㉘纥干承基：太子谋反集团成员。后因告密、反戈一击有功，被太宗免死，并授予祐川府折冲都尉，封平棘县公。纥干，吐蕃人复姓。　㉙贺兰楚石：事迹见《旧唐书》卷六十九《侯君集传》、《新唐书》卷九十四《侯君集传》。贺兰，复姓。　㉚千牛：东宫左右内率府侍从武官。　㉛暗劣：愚昧，品行恶劣。　㉜衅：间隙，事端。　㉝庶人勇：即隋废太子杨勇，被文帝黜为庶人。　㉞大然：深表同意。　㉟李安俨：魏州顿丘（今河南清丰西南）人。事迹见《旧唐书》卷七十六《李承乾传》、《新唐书》卷八十《李承乾传》。㊱诇：侦察。　㊲宿卫：警卫宫禁。　㊳琵琶：拨弦乐器。源出胡族，流行于秦汉至今。隋唐时，形制多种，统称胡琴。　㊴慈景：赵慈景（？—618），陇西（今甘肃陇西县东南）人。尚李渊女长广公主。官至兵部侍郎、华州刺史，封开化郡公。慈景卒，公

主更嫁杨师道。公主传及慈景事迹见《新唐书》卷八十三《诸帝公主传》等。其子赵节（？—643），以参与太子谋反集团罪伏诛。事迹见《旧唐书》卷六十二《杨恭仁传》附《杨师道传》、卷七十六《李承乾传》,《新唐书》卷八十《李承乾传》、卷一百《杨恭仁传》附《杨师道传》。 ㊵杜荷（？—643）：杜如晦次子。谋反伏诛。事迹见《旧唐书》卷六十六《杜如晦传》、《新唐书》卷九十六《杜如晦传》。 ㊶城阳公主：太宗女。下嫁杜荷，荷被诛，又嫁薛瓘。传见《新唐书》卷八十三。 ㊷大内：指太宗所居西宫。

【译文】

太子制作八尺高的铜炉和六隔大鼎，招募逃亡的官奴偷盗民众的牛马，亲自到场烹煮，与宠幸的仆人一同吃肉。又喜欢学说突厥语、穿着突厥人的服饰，挑选身边容貌类似突厥的人，五人分为一落，梳上辫子，穿上羊皮衣来牧羊，又制作了五个狼头的大旗和长条幡旗，设立突厥人住的圆顶帐篷，太子自己身处其中，逮住羊用大鼎烹煮，抽出佩刀割下羊肉吃肉。他曾对身边的人说："我试着假装可汗死了，你们众人模仿他们的丧礼。"于是僵卧在地上，众人都号啕大哭，跨上马围绕着他奔跑，又走近他，用刀划脸。过了很久，太子突然坐起，说："一旦有了天下，当亲率数万骑兵在金城西面狩猎，然后披散头发做突厥人，投靠到思摩手下，如果他让我当一个典兵的将军，不会落在别人后面。"

左庶子于志宁、右庶子孔颖达多次劝谏太子，唐太宗赞许他们，赐给二人金银财物让他们激励太子，并且改任于志宁为太子詹事。于志宁与左庶子张玄素多次上书直谏，太子暗中派人杀他们，没有成功。

汉王李元昌做的事大多不合法度，唐太宗多次责怪他，从此他心中怨恨。太子和他亲密友善，朝夕相处一起游玩，把身边的人分为两队，太子与李元昌各统领一队，身披毛毡甲胄，手拿竹制长矛，摆下战阵大声呼喊交战，互相击刺流出血来，以此作为娱乐。有人不听从命令，就被吊在树上抽打，甚至有人被打死。太子还说："假使我今天做天子，明天就在禁苑中设置万人营房，与汉王分别统领，观看他们战斗厮杀，岂不痛快！"又说："我做天子，必然任情纵欲，有劝谏者一律杀掉。也不过杀几百人，众人就会安静了。"

魏王李泰多才多艺，得到唐太宗宠爱，他看见太子有足疾，就暗中产生夺嫡而立的想法，于是谦卑地礼贤下士来求得声誉。唐太宗让黄门侍郎韦挺管理魏王府中事务，后来又命工部尚书杜楚客代替他，二人都为李泰联系和交结朝中的大臣。杜楚客有时怀揣黄金来贿赂权贵，趁机说魏王聪明，应当立为太子。文武大臣各有所托，暗中结为朋党。太子害怕李泰威胁自己的地位，便派人假装为魏王府的典签上书言事，其中都说李泰的罪过，唐太宗下令逮捕这些上书的人，都无法捉到。

太子私下宠幸太常寺的一个名叫称心的乐童，与他同吃同住。道士秦英、韦灵符因为有妖法道术，得到太子的宠幸。唐太宗听说后勃然大怒，将称心等人全部抓捕杀掉，另有数人连坐被杀，唐太宗对太子的斥责更为厉害。太子认为是魏王李泰告发的，怨恨更深，又对称心思念不已，在东宫中建了一个房间，放上称心的画像，早晚祭祀，在画像前徘徊哭泣。又在宫苑内修了一座坟，私下对称心赠予官职并建立石碑。

唐太宗心中越来越不喜欢太子，太子也知道，动辄几个月称病不去朝见，暗中豢养刺客纥干承基等人及一百多名壮士，谋划杀掉魏王李泰。

吏部尚书侯君集的女婿贺兰楚石担任东宫府的千牛，太子知道侯君集对唐太宗怨恨在心，多次让贺兰楚石带引侯君集进入东宫，向他询问自我保全的策略，侯君集认为太子愚昧低能，想乘机利用他，于是劝太子谋反，他举起手来对太子说："这一双好手，当为殿下使用。"又说："魏王受到皇上宠爱，恐怕殿下会有隋朝太子杨勇被免为平民的灾祸，如有敕令宣召进宫，应当秘密做好准备。"太子大为赞同这个建议，用重金贿赂侯君集以及左屯卫中郎将顿丘人李安俨，让他们探听唐太宗的心意，一有动静就告诉他。李安俨先前侍奉隐太子李建成，李建成败亡后，李安俨为李建成拼死搏斗，唐太宗认为他忠诚，所以特别信任他，让他掌管皇宫的护卫事务。李安俨也把自己的前途完全托付在太子身上。

汉王李元昌也劝太子谋反，并且说："近来看见皇上身旁有一个美人，善于弹奏琵琶，事成之后，希望把这个美人赐给我。"太子应允。洋州刺史、开化公赵节是赵慈景的儿子，母亲是高祖的女儿长广公主，驸马都尉杜荷是杜如晦的儿子，娶城阳公主为妻，都与太子亲近，参与了太子谋反的计划。凡是参与同谋的人都要割开手臂，用帛擦拭血迹，烧灰混在酒中喝掉，发誓同生死共患难，暗中谋划率领兵马进入西宫。杜荷对太子说："天象有变化，应当迅速发兵以应天象，殿下只需声称得了暴病十分危险，皇上必然会亲自来探视，乘此机会可以实现大志。"太子听说齐王李祐在齐州谋反，对纥干承基等人说："我住的东宫西墙，离皇上住的大内正好二十步左右，与你们谋划大事，岂是齐王所能比的？"正赶上唐太宗处理李祐谋反的事，牵连到纥干承基，纥干承基连坐而被关押在大理寺牢狱中，按其罪行应当处死。

【评析】

文成公主

文成公主入藏和亲，带来汉藏文化交流，推动汉藏团结，留下千古佳话。文成公主是中国古代最伟大的女性之一。

和亲是古代的一种外交形式。中国和亲外交始于汉，盛于唐。汉朝王昭君出塞、唐朝文成公主入藏，是两个朝代和亲外交的典范。王昭君和文成公主对历史做出了重大贡献，两人是值得纪念的历史人物。

唐太宗对周边民族实行征抚相济的策略，对于犯边的强敌，坚决打击，对于归服的各民族，平等相待，上层首脑封以高官，投唐的部众妥善安置。贞观三年十一月，李靖、李世勣征东突厥，俘颉利可汗，统一了大漠南北。贞观八年，李靖平服吐谷浑；贞观十三年，侯君集平定西突厥所控制的高昌割据政权；贞观十八年（644）平焉耆；贞观二十三年（649）平龟兹，基本完成了对西域的统一，重新打通丝绸之路，对东西方文化交流有重大的意义。

四夷归附，唐太宗和亲安抚，和亲即为重大的安边治政措施。唐太宗先后以皇妹衡阳长公主妻突厥处罗可汗之子，以弘化公主妻吐谷浑诺曷钵可汗，以文成公主妻吐蕃赞普松赞干布。此外，还将宗室女嫁给唐中央供职的少数民族降唐将领。两国亲善，通过联姻这一特殊的政治行动，有利于消除民族隔阂，加强经济文化交流，在历史上起了巨大作用。尤其是文成公主进藏，被传为千古佳话。

松赞干布，两唐书《吐蕃传》作“弃宗弄赞”“弃苏农”，号弗夜氏。629年至650年在位。松赞干布十一岁时，吐蕃贵族毒死松赞干布的父亲郎日伦赞，发动叛乱。年轻的松赞干布经受了严酷的考验，他深入部落了解民情，团结中小贵族和自由民，征集了一万多名勇敢的青年，组成新军，亲自进行训练并带领出征，经过三年多的艰苦战争，平息了叛乱，统一了吐蕃王朝。松赞干布向往中原汉族文化，多次派使臣向唐朝求婚。贞观十四年，唐太宗同意了吐蕃求婚，于贞观十五年正月，派文成公主入藏，令礼部尚书江夏郡王李道宗为主婚大使，持节送公主入藏。松赞干布率领部众亲迎于河源。松赞干布见了唐使李道宗，执子婿之礼甚恭。松赞干布表示对大唐和文成公主的敬重，特为公主修建新王宫，这就是矗立于拉萨红山之巅的布达拉宫。这座雄伟的宫殿作为汉藏友谊的象征，在20世纪90年代经过重新修缮，又恢复了昔日灿烂明丽、金碧辉煌的风采。

文成公主入藏，携带了许多耐寒抗旱的谷物种子，以及大量的工艺品、金银、绸帛、珍宝、书籍，还有高超工匠，传播了汉文化。松赞干布更在政治制度上仿唐朝官制，改革了吐蕃的制度，在兵制上也仿照唐朝的府兵制，削去贵族、部落酋长拥兵的权利，有效地控制了全藏军队。经济、文化方面也都吸收唐朝的体制进行有效的改革。松赞干布还派遣大批贵族子弟到长安学习诗书等儒家经典。唐诗、中医、建筑艺术等传到吐蕃。文成公主和松赞干布，携手推动了汉藏两族人民的友好往来和文化交流。文成公主和松赞干布也赢得了汉、藏两族人民的爱戴和敬仰。唐朝在唐太宗昭陵之前刻松赞干布的石像，列于玄阙之下。藏族人民在松赞干布陵侧为文成公主修建了巨大的陵墓，用以纪念这位献身汉藏团结的伟大女性。

卷第一百九十七　唐纪十三

唐太宗贞观十七年至十九年（643—645）

【起昭阳单阏（癸卯，643）四月，尽旃蒙大荒落（乙巳，645）五月，凡二年有奇】

【大事提要】

本卷记事起唐太宗贞观十七年（643）四月，讫贞观十五年（645）五月，凡两年又两个月。此时期重大事件有两桩。第一件是废立太子。继唐太宗第五子李祐谋反之后，太子李承乾因图谋不轨而被废，事涉汉王李元昌。李元昌（唐太宗之弟）被诛，争太子位的魏王李泰被贬黜。三个不才的儿子和一个弟弟的谋权使唐太宗的精神受到沉重打击。晚年，唐太宗易于发怒，虽仍有讷谏意识，但行动上却已恶闻直言，喜欢顺耳之言，以致听信谗言猜疑已故的魏徵。第二件是唐太宗违众兵伐高丽。唐太宗忧心太子李治懦弱，想在有生之年抚定四夷，这也是兵伐高丽的一个原因，唐太宗不歧视周边民族，叛者伐之，擒焉耆王，顺者安之，抚突厥降人，这些仍表现了唐太宗的圣明。兵伐高丽，所用兵以招为主不强征兵役，这是唐太宗比隋炀帝高明的地方，志存安天下，而不是黩武。

【原文】

太宗文武大圣大广孝皇帝中之下

贞观十七年（癸卯，643）

夏，四月庚辰朔[①]，承基上变，告太子谋反。敕长孙无忌、房玄龄、萧瑀、李世勣与大理、中书、门下参鞫[②]之，反形已具。上谓侍臣：“将何以处承乾？”群臣莫敢对，通事舍人来济[③]进曰：“陛下不失为慈父，太子得尽天年，则善矣！”上从之。济，护儿之子也。

乙酉[④]，诏废太子承乾为庶人，幽于右领军府[⑤]。上欲免汉王元昌死，群臣固争，乃赐自尽于家，而宥其母、妻、子。侯君集、李安俨、赵节、杜荷等皆伏诛。左庶子张玄素、右庶子赵弘智[⑥]、令狐德棻等以不能谏争，皆坐免为庶人。馀当连坐者，悉赦之。詹事于志宁以数谏，独蒙劳勉。以纥干承基为祐川府[⑦]折冲都尉，爵平棘县公。

侯君集被收[⑧]，贺兰楚石复诣阙告其事，上引君集谓曰："朕不欲令刀笔吏辱公，故自鞫公耳。"君集初不承[⑨]。引楚石具陈始末，又以所与承乾往来启[⑩]示之，君集辞穷，乃服。上谓侍臣曰："君集有功，欲乞其生，可乎？"群臣以为不可。上乃谓君集曰："与公长诀[⑪]矣！"因泣下。君集亦自投于地，遂斩之于市。君集临刑，谓监刑将军曰："君集蹉跌[⑫]至此！然事陛下于藩邸[⑬]，击取二国，乞全一子以奉祭祀。"上乃原其妻及子，徙岭南。籍没其家，得二美人，自幼饮人乳而不食。

初，上使李靖教君集兵法，君集言于上曰："李靖将反矣。"上问其故，对曰："靖独教臣以其粗而匿其精，以是知之。"上以问靖，靖对曰："此乃君集欲反耳。今诸夏[⑭]已定，臣之所教，足以制四夷，而君集固求尽臣之术，非反而何！"江夏王道宗尝从容言于上曰："君集志大而智小，自负微功，耻在房玄龄、李靖之下，虽为吏部尚书，未满其志。以臣观之，必将为乱。"上曰："君集材器，亦何施不可？朕岂惜重位，但次第未至耳，岂可亿度[⑮]，妄生猜贰[⑯]邪？"及君集反诛，上乃谢[⑰]道宗曰："果如卿言。"

李安俨父，年九十馀，上愍[⑱]之，赐奴婢以养之。

（以上为第一段，写太子李承乾谋反被废。）

【注释】

①庚辰朔：四月初一日。　②参鞫（jū）：参与审讯。唐制，凡国家大狱，由三司详决，即由给事中、中书舍人与御史参与审讯。而太宗令三省与大理寺参与审讯，表明朝廷对此案异常重视。　③来济（610—662）：隋左翊卫大将军、荣国公来护兒之子。扬州江都（今江苏扬州市）人。济于唐初进士及第，永徽四年以中书侍郎，同中书门下三品（即宰相）。撰有文集三十卷。传见《旧唐书》卷八十、《新唐书》卷一百零五。　④乙酉：四月初六日。　⑤右领军府：官署名。即中央十二卫领府之一。掌领军府和宫掖禁备。　⑥赵弘智：唐初大臣。河南新安人。累官黄门侍郎、国子祭酒。传见《新唐书》卷一百零六。　⑦祐川府：军府名。在今甘肃岷县。　⑧收：抓捕，拘押。　⑨承：承认。　⑩启：书信。　⑪长诀：永别。　⑫蹉跌：跌跤，失误。　⑬事陛

下于藩邸：李世民为亲王时，引君集入幕府，曾多次从世民征讨，并预谋玄武门之变。⑭诸夏：古代中国的别称。 ⑮亿度：预料，揣度。“亿”，通“臆”。 ⑯猜贰：猜疑且怀二心。 ⑰谢：道歉。 ⑱愍：哀怜。

【译文】

太宗文武大圣大广孝皇帝中之下

唐太宗贞观十七年（癸卯，643）

夏季，四月初一日，纥干承基上书告发太子李承乾谋反。唐太宗敕令长孙无忌、房玄龄、萧瑀、李世勣与大理寺、中书省、门下省一同参与审问，谋反的情形都已审理清楚。唐太宗对身边的大臣说：“将如何处置承乾？”各位大臣无人敢应答，通事舍人来济进言说：“陛下不失为一个慈父，让太子得享天然的寿命，这就好了。”唐太宗听从了他的意见。来济是来护儿的儿子。

四月初六日，唐太宗下诏废黜太子李承乾为平民，幽禁在右领军府。唐太宗想免除汉王李元昌的死罪，群臣坚持争辩，于是赐李元昌在家中自尽，宽宥他的母亲、妻子、儿女。侯君集、李安俨、赵节、杜荷等人皆被斩首。左庶子张玄素、右庶子赵弘智、令狐德棻等人因为不能劝谏太子，都获罪贬为平民。其余应当连坐的，全部赦免。詹事于志宁因为多次劝谏，单独受到嘉奖鼓励。任命纥干承基为祐川府折冲都尉，封爵平棘县公。

侯君集被收入狱中，贺兰楚石又到皇宫门前告发他谋反的事，唐太宗把侯君集带进宫中问他：“朕不想让那些刀笔吏羞辱你，所以亲自审问你。”侯君集起初不认罪，叫来贺兰楚石详细陈述事情的原委，又拿出与李承乾来往的书信让他看，侯君集理屈词穷，于是服罪。唐太宗对身边的大臣说：“侯君集有功，想乞求让他不死，可以吗？”各位大臣认为不可。唐太宗就对侯君集说：“与你永别了！”于是流下眼泪。侯君集磕头伏罪，于是唐太宗在集市中把他斩首。侯君集临刑时对监刑的将军说：“君集失足落到这一步！然而陛下还在秦王府时我就侍奉陛下了，又为陛下攻取了吐谷浑、高昌两国，请求保全一个儿子以维持家族的祭祀香火。”唐太宗于是宽宥了他的妻子和儿女，让他们迁徙到岭南。抄没了他的家产，得到两个美女，她们从小只喝人奶不吃别的食物。

起初，唐太宗让李靖教给侯君集兵法，侯君集对唐太宗说：“李靖将要谋反。”唐太宗问他是什么原因，侯君集回答说：“李靖只教给我兵法中的粗浅内容，而隐匿兵法的精华，因此知道他要谋反。”唐太宗向李靖询问情况，李靖回答说："这是君集想要谋反罢了。如今中原已经平定，我所教的兵法，足以制服四方民族，而君集执意请求把我所有的兵法全都教给他，不是想谋反又是什么？"江夏王李道宗曾经从容地对唐太宗说："侯君集志向大但智略太小，有一点小功就很自负，认为位居房玄龄、李靖之下是耻辱，虽然身为吏部尚书，还不能满足他的愿望。据臣观察，他一定会叛乱。"唐太宗说："以侯君集的才能，去做什么不行呢？朕难道舍不得高位？只是按顺序他还没有到，怎可以随意臆想、乱生猜疑呢？"等到侯君集因谋反受诛，唐太宗于是向李道宗道歉说："果然如你所说。"

李安俨的父亲，年高九十多岁，唐太宗怜悯他，赐给奴婢来养护他。

【原文】

太子承乾既获罪，魏王泰日入侍奉，上面许立为太子，岑文本、刘洎亦劝之，长孙无忌固请立晋王治[①]。上谓侍臣曰："昨青雀[②]投我怀云：'臣今日始得为陛下子，乃更生之日也。臣有一子，臣死之日，当为陛下杀之，传位晋王。'人谁不爱其子，朕见其如此，甚怜之。"谏议大夫褚遂良曰："陛下言大失。愿审思，勿误也！安有陛下万岁后，魏王据天下，肯杀其爱子，传位晋王者乎？陛下日者既立承乾为太子，复宠魏王，礼秩[③]过于承乾，以成今日之祸。前事不远，足以为鉴。陛下今立魏王，愿先措置晋王，始得安全耳。"上流涕曰："我不能尔。"因起，入宫。魏王泰恐上立晋王治，谓之曰："汝与元昌善，元昌今败，得无忧乎？"治由是忧形于色。上怪，屡问其故，治乃以状告，上怃然[④]，始悔立泰之言矣。上面责承乾，承乾曰："臣为太子，复何所求？但为泰所图[⑤]，时与朝臣谋自安之术，不逞之人[⑥]遂教臣为不轨耳。今若泰为太子，所谓落其度[⑦]内。"

承乾既废，上御两仪殿[⑧]，群臣俱出，独留长孙无忌、房玄龄、李世勣、褚遂良，谓曰："我三子一弟[⑨]，所为如是，我心诚无聊赖[⑩]！"因自投于床[⑪]，无忌等争前扶抱；上又抽佩刀欲自刺，遂良夺刀以授晋王治。无忌等请上所欲，上曰："我欲立晋王。"无忌曰："谨奉诏。有异议者，臣请斩之！"上谓治曰：'汝舅许汝矣，宜拜谢。"治因拜之。上谓无忌等曰："公等已同我意，未知外议何如？"对曰："晋王仁孝，天下属心[⑫]久矣，乞陛下试召问百官，有不同者，臣负陛下万死。"上乃御太极殿[⑬]，召文武六品以上，谓曰：“承乾悖逆[14]，泰亦凶险[15]，皆不可立。朕欲选诸子为嗣，谁可者？卿辈明言之。”众皆欢呼曰：“晋王仁孝，当为嗣。”上悦。是日，泰从百馀骑至永安门[16]，敕门司[17]尽辟[18]其骑，引泰入肃章门[19]，幽于北苑[20]。

丙戌[21]，诏立晋王治为皇太子，御承天门楼，赦天下，酺[22]三日。上谓侍臣曰：“我若立泰，则是太子之位可经营而得。自今太子失道，藩王窥伺者，皆两弃之，传诸子孙，永为后法。且泰立，承乾[23]与治皆不全；治立，则承乾与泰皆无恙矣。”

臣光曰：唐太宗不以天下大器私其所爱，以杜祸乱之原，可谓能远谋矣！

（以上为第二段，写唐太宗不私其所爱，囚禁争位的魏王李泰，册立晋王李治为太子。）

【注释】

①晋王治：即后来的唐高宗李治。字为善，太宗第九子，长孙皇后生，舅为长孙无忌。传见《旧唐书》卷四、卷五，《新唐书》卷三。　②青雀：魏王李泰乳名。　③礼秩：等级待遇。　④怃（wǔ）然：怅然失意的样子。　⑤图：谋取。　⑥不逞之人：不得志或作奸犯法图谋不轨者。　⑦度：算计。　⑧两仪殿：宫殿名。在太极宫（即西内）正殿之后。贞观五年，改原隋中华殿为两仪殿，为“内朝”所在。唐中叶后，帝后丧亦多殡于此殿。　⑨三子一弟：三子，谓齐王李祐、太子李承乾、魏王李泰；一弟，指汉王李元昌。　⑩聊赖：寄托，依赖。　⑪床：坐榻，胡床。　⑫属心：属意归心。⑬太极殿：唐宫殿名，即太极宫正殿，“中朝”所在。　⑭悖逆：狂悖忤逆。一般指臣子对君亲的严重冒犯行为。　⑮凶险：谓行为凶狠险恶。　⑯永安门：太极宫南面三门之一，在南城正门承天门之西。　⑰门司：门下省执掌宫城、皇城、宫殿诸门启闭的官员。　⑱辟：禁止，屏去。　⑲肃章门：在西京太极宫（即西内）正殿西北，为进入内宫的两门之一。　⑳北苑：太极宫之北的禁苑。　㉑丙戌：四月七日。　㉒酺（pú）：特指命令所允许的大聚饮。　㉓承乾：章校，“承乾”之上有“则”字。

【译文】

太子李承乾获罪之后，魏王李泰每天进宫侍奉唐太宗，唐太宗当面许诺立他为太子，岑文本、刘洎也劝说唐太宗立李泰，长孙无忌执意请求立晋王李治。唐太宗对身边的大臣说："昨天青雀（李泰的小名）扑到我怀里说：'臣到今天才得以成为陛下的儿子，这是我重生的日子。臣有一个儿子，臣死之日，当为陛下把他杀死，传位给晋王李治。'谁人不爱怜自己的儿子，朕见他能这样，十分怜悯他。"谏议大夫褚遂良说："陛下此言大大失误。希望深思熟虑，不要造成错误！哪里有陛下万岁之后，魏王占有了天下，肯杀自己的爱子，再把皇位传给晋王的呢？从前陛下既立李承乾为太子，又宠爱魏王，对魏王的礼遇超过了李承乾，结果造成了今日的灾祸。以前的事刚过去还不远，足以作为今日的借鉴。陛下如今立魏王为太子，希望先安置好晋王，这样才能获得安全。"唐太宗流着眼泪说："朕不能这么做。"于是起身，进入宫中。魏王李泰唯恐唐太宗立晋王李治为太子，对李治说："你与李元昌交好，李元昌现在已经谋反失败，你能够不担忧吗？"李治因此忧愁就显现在脸色上。唐太宗感到奇怪，多次问他原因，他于是把情况告诉了唐太宗，唐太宗感到失望，开始后悔所说立李泰为太子的话。唐太宗曾当面指责李承乾，李承乾说："我身为太子，还能有什么要求？只是被李泰算计，时常与朝廷大臣谋求自我保存的办法，那些不逞之徒就趁机教唆我干不轨之事。如今若是立李泰为太子，就是所谓落到他的圈套里了。"

李承乾被废掉太子后，唐太宗亲自来到两仪殿，群臣都退出，只留下长孙无忌、房玄龄、李世勣、褚遂良，唐太宗对他们说："朕的三个儿子、一个弟弟，做事已是这样，我的心里实在是苦闷无聊。"于是唐太宗向床头撞去，长孙无忌等人争着上前扶抱他；唐太宗又抽出佩刀想自杀，褚遂良夺下刀交给晋王李治。长孙无忌等人请求唐太宗说出有什么想法，唐太宗说："朕想立晋王为太子。"长孙无忌说："我等谨奉诏令，如有异议者，我请求将他斩首。"唐太宗对李治说："你舅父许诺你为太子，你应当拜谢。"李治于是下拜感谢。唐太宗对长孙无忌等人说："你们已经与朕意见相同了，但不知外朝议论如何。"回答说："晋王仁义孝敬，天下归心于晋王已经很久了，望陛下召见文武百官试探询问，如有不同意的，就是臣等辜负了陛下，甘愿罪该万死。"唐太宗于是亲临太极殿，召见六品以上文武大臣，对他们说："李承乾违背大义行叛逆之事，李泰也居心险恶，都不能立为太子。朕想从诸位皇子中选择一人为继位人，谁可以为太子呢？你们明白地讲出来。"众人都高声说道："晋王仁义孝顺，应当为继位的太子。"

唐太宗十分高兴。这一天，李泰率领一百多名骑兵到永安门，唐太宗敕令城门官员把李泰的骑兵全部遣散，把李泰带进肃章门，幽禁在北苑。

四月初七日，唐太宗下诏立晋王李治为皇太子，唐太宗亲临承天门城楼，大赦天下，饮宴三天。唐太宗对身边的大臣说："朕如果立李泰为太子，那就表示太子的位置可以通过苦心经营而得到。自今往后，太子道德品行不好，藩王窥伺太子之位的，两种人都要弃置不用，这个规定传给子孙后代，永远作为后代的法则。而且李泰如果立为太子，李承乾和李治都不能保全生命；立李治为太子，李承乾与李泰就都会安然无恙。"

臣司马光评论说：唐太宗并不把天下的大位给予自己所喜爱的人，以此杜绝祸乱的根源，可以说是能深谋远虑的了！

【原文】

丁亥[①]，以中书令杨师道为吏部尚书。初，长广公主适[②]赵慈景，生节，慈景死，更适师道。师道与长孙无忌等共鞫承乾狱，阴为赵节道地[③]，由是获谴。上至公主所，公主以首击地，泣谢子罪，上亦拜泣曰："赏不避仇雠，罚不阿亲戚，此天下至公之道，不敢违也，以是负姊。"

己丑[④]，诏以长孙无忌为太子太师，房玄龄为太傅，萧瑀为太保[⑤]，李世勣为詹事，瑀、世勣并同中书门下三品[⑥]。同中书门下三品自此始。又以左卫大将军李大亮领右卫率，前詹事于志宁、中书侍郎马周为左庶子，吏部侍郎苏勖、中书舍人高季辅为右庶子，刑部侍郎张行成为少詹事[⑦]，谏议大夫褚遂良为宾客[⑧]。

李世勣尝得暴疾，方[⑨]云"须灰可疗"，上自剪须[⑩]，为之和药。世勣顿首出血泣谢。上曰："为社稷，非为卿也，何谢之有？"世勣尝侍宴，上从容谓曰："朕求群臣可托幼孤者，无以逾公，公往不负李密，岂负朕哉！"世勣流涕辞谢，啮指出血，因饮沈醉，上解御服以覆之。

癸巳[⑪]，诏解魏王泰雍州牧[⑫]、相州都督、左武候大将军，降爵为东莱郡王。泰府僚属为泰所亲狎[⑬]者，皆迁岭表。以杜楚客兄如晦有功，免死，废为庶人。给事中崔仁师尝密请立魏王泰为太子，左迁鸿胪少卿[⑭]。

庚子[⑮]，定太子见三师仪：迎于殿门[⑯]外。先拜，三师答拜；每门让于三师。三师坐，太子乃坐。其与三师书，前后称名、“惶恐”⑰。

五月癸酉⑱，太子上表，以“承乾、泰衣服不过随身，饮食不能适口，幽忧可愍，乞敕有司，优加供给”上从之。

黄门侍郎刘洎上言，以“太子宜勤学问，亲师友。今入侍宫闱，动逾旬朔⑲，师保⑳以下，接对甚希㉑，伏愿㉒少抑下流之爱㉓，弘远大之规，则海内幸甚”！上乃命洎与岑文本、褚遂良、马周更日㉔诣东宫，与太子游处㉕谈论。

六月己卯朔㉖，日有食之。

丁亥㉗，太常丞㉘邓素使高丽还，请于怀远镇㉙增戍兵以逼高丽，上曰：“‘远人不服，则修文德以来之㉚’，未闻一二百戍兵能威绝域㉛者也！”

丁酉㉜，右仆射高士廉逊位，许之，其开府仪同三司、勋封㉝如故，仍同门下中书三品，知政事㉞。

闰月辛亥㉟，上谓侍臣曰：“朕自立太子，遇物则诲之，见其饭，则曰：‘汝知稼穑之艰难，则常有斯饭矣。’见其乘马，则曰：‘汝知其劳逸，不竭其力，则常得乘之矣。’见其乘舟，则曰：‘水所以载舟，亦所以覆舟，民犹水也，君犹舟也。’见其息于木下，则曰：‘木从绳㊱则正，后㊲从谏则圣。’”

丁巳㊳，诏太子知左、右屯营㊴兵马事，其大将军以下并受处分㊵。

（以上为第三段，写唐太宗尽心教诲新立太子李治。）

【注释】

①丁亥：四月初八日。　②适：出嫁。　③道地：代人事先疏通，以留余地。　④己丑：四月初十日。　⑤太子太师、太傅、太保：即东宫三师，为辅导太子的官，并从一品。　⑥同中书门下三品：官名。唐宰相的称呼。以他官任宰相者，则加以“同中书门下三品”，以表示同于侍中和中书令。中书令为中书省长官，侍中为门下省长官，二者均为宰相，都是三品官。　⑦少詹事：官名。太子詹事府长官詹事的副职，正四品上。⑧宾客：官名。东宫置太子宾客四人，正三品，掌侍从规谏等事。　⑨方：处方，验方。⑩须：胡须。　⑪癸巳：四月初十日。　⑫牧：官名。州长称牧。　⑬狎：亲近。　⑭左迁鸿胪少卿：左迁，降职。鸿胪少卿，官名，鸿胪寺长官鸿胪卿之副。　⑮庚子：四月二十一日。　⑯殿门：谓东宫殿门。　⑰前后称名、“惶恐”：书信格式的一种，抬头自称名。后署“惶恐”，适用于晚辈对尊长。　⑱癸酉：五月二十五日。　⑲旬朔：十天

或一个月。 ⑳师保：指太师、太傅、太保、少师、少傅、少保等，或指教导贵族子弟的官。 ㉑希：稀疏，罕见。 ㉒伏愿：下对上陈述愿望的表敬之辞。伏，敬辞。 ㉓下流之爱：溺爱，庸俗低级之爱。 ㉔更日：按日变换。 ㉕游处：交游相处。 ㉖己卯朔：六月初一日。 ㉗丁亥：六月初九日。 ㉘太常丞：官名。太常寺卿属官，从五品上，掌判寺内日常事务。 ㉙怀远镇：军镇名。在今辽宁沈阳市辽中区附近。 ㉚远人不服，则修文德以来之：《论语》载孔子之言。远人，外族。来，招抚。 ㉛绝域：极远的地方。 ㉜丁酉：六月十九日。 ㉝勋封：勋级和爵封。 ㉞知政事：官称。即参知政事，唐初用来称呼宰相。 ㉟辛亥：闰六月四日。 ㊱绳：直。 ㊲后：君主。 ㊳丁巳：闰六月十日。 ㊴左、右屯营：唐初禁军名。贞观十二年，置于京师玄武门，由诸卫将军统领，其兵士称“飞骑”。知，主持。 ㊵处分：处置，节制。

【译文】

四月初八日，任命中书令杨师道为吏部尚书。起初，长广公主嫁给赵慈景，生下赵节，赵慈景死后，长广公主改嫁杨师道。杨师道曾与长孙无忌等人共同审讯李承乾的案子，暗中为赵节开脱，由此遭到贬官。唐太宗到公主的住所，公主以头碰地，哭泣着为儿子谢罪，唐太宗也下拜并哭泣着说：“赏赐不回避仇敌，惩罚不袒护亲戚，这是天下至公的道理，不敢违背，因此有负于姐姐。”

四月初十日，唐太宗下诏任命长孙无忌为太子太师，房玄龄为太子太傅，萧瑀为太子太保，李世勣为太子詹事，萧瑀、李世勣都是同中书门下三品。同中书门下三品相当于宰相，从此开始设立这一官级。又任命左卫大将军李大亮兼领太子宫的右卫率，前任太子詹事于志宁、中书侍郎马周为太子宫的左庶子，吏部侍郎苏勖、中书舍人高季辅为太子宫的右庶子，刑部侍郎张行成为太子宫的少詹事，谏议大夫褚遂良为太子宾客。

李世勣曾得暴病，药方上说“胡须烧成的灰可治疗此病”，唐太宗亲自剪下胡须，为他配药。李世勣磕头磕出了血哭着拜谢。唐太宗说：“这是为了社稷江山，并非为了你，有什么可谢的？”李世勣曾侍奉唐太宗举行饮宴，唐太宗从容地对他说：“朕想在群臣中找一个可以托付幼孤的人，没有人能超过你，你往年不辜负李密，怎会辜负朕！”李世勣流着泪推辞拜谢，咬破指头流出鲜血，于是饮酒喝得酩酊大醉，唐太宗解下皇袍给他披上。

四月十日，唐太宗下诏解除魏王李泰雍州牧、相州都督、左武候大将军的官职，降低爵位为东莱郡王。李泰王府的僚属中凡是与李泰亲近的人，都被流放到岭南。杜楚客因为哥哥杜如晦有功，免去死罪，废为平民。给事中崔仁师曾秘密请求立魏王李泰为太子，降职为鸿胪寺少卿。

四月二十一日，规定太子拜见三师的礼仪：在殿门外迎接，太子先拜，三师答拜；每道门让三师先行。三师坐下，太子才坐下。太子给三师的书信，前后自称名字，下加“惶恐”二字。

五月二十五日，太子上表，以为“李承乾与李泰的衣服不过随身的几件，饮食也不与口味适合，幽禁之中忧愁可怜，请求敕令有关官署，从优增加供应他们”。唐太宗应允。

黄门侍郎刘洎上书，以为“太子应当勤奋学习学问，亲近师友。如今太子进入皇宫侍奉皇上，动辄超过十天半个月，太师太保以下的官员与太子见面和答问的次数很少，希望陛下稍微抑制对后辈子孙的爱怜，弘扬规划传之久远有利于国家的规制，海内的百姓就非常幸运了”。于是唐太宗命刘洎与岑文本、褚遂良、马周每天轮流到东宫与太子交游相处谈论学问。

六月初一日，发生日食。

六月初九日，太常寺丞邓素出使高丽后回到朝廷，请求唐太宗在怀远镇增派戍边兵力以威逼高丽，唐太宗说：“孔子说：‘远方的人不服从，就加强文德让他们自动前来’，没听说一二百个戍守士兵就能威震极远之地的。”

六月十九日，尚书右仆射高士廉请求退职，唐太宗允许，他的开府仪同三司、爵位封邑保留，仍然担任同门下中书三品，参知政事。

闰六月初四日，唐太宗对身边的大臣说：“朕自从立李治为太子，遇见事情就对他进行教诲，看见他吃饭，就说：‘你知道农民耕稼的艰难，就能有这些饭了。’看见他骑马，就说：‘你知道马要有劳有逸，不让马匹耗尽力量，就能经常骑乘它了。’看见他乘坐舟船，就说：‘水能够承载舟船，也能够让舟船倾覆，百姓就好比水，君主就好比舟船。’见到他在树下休息，就说：‘木头按照墨线来加工就会笔直，君主能听从劝谏就是圣明的君主。’”

闰六月初十日，唐太宗下诏让太子参知左、右屯营的兵马事务，屯营大将军以下的官员都受太子的指挥。

【原文】

薛延陀真珠可汗使其侄突利设[①]来纳币[②]，献马五万匹，牛、橐驼万头，羊十万口。庚申[③]，突利设献馔[④]，上御相思殿[⑤]，大飨群臣，设十部乐，突利设再拜上寿，赐赍甚厚。

契苾何力上言："薛延陀不可与婚。"上曰："吾已许之矣，岂可为天子而食言乎？"何力对曰："臣非欲陛下遽[6]绝之也，愿且迁延[7]其事。臣闻古有亲迎之礼，若敕夷男使亲迎，虽不至京师，亦应至灵州。彼必不敢来，则绝之有名矣。夷男性刚戾[8]，既不成婚，其下复携贰[9]，不过一二年必病死，二子争立，则可以坐制[10]之矣！"上从之，乃征真珠可汗使亲迎，仍发诏将幸灵州与之会。真珠大喜，欲诣灵州，其臣谏曰："脱[11]为所留，悔之无及！"真珠曰："吾闻唐天子有圣德，我得身往见之，死无所恨，且漠北必当有主。我行决矣，勿复多言！"上发使三道，受其所献杂畜。薛延陀先无库厩[12]，真珠调敛[13]诸部，往返万里，道涉沙碛，无水草，耗死将半，失期不至。议者或以为聘财未备而与为婚，将使戎狄轻中国，上乃下诏绝其婚，停幸灵州，追还三使。

褚遂良上疏，以为"薛延陀本一俟斤，陛下荡平沙塞，万里萧条，馀寇奔波，须有酋长，玺书鼓纛[14]，立为可汗。比者[15]复降鸿私[16]，许其姻媾，西告吐蕃，北谕思摩，中国童幼，靡不[17]知之。御幸北门，受其献食，群臣四夷，宴乐终日。咸言陛下欲安百姓，不爱一女，凡在含生[18]，孰[19]不怀德。今一朝生进退之意，有改悔之心，臣为国家惜兹声听[20]，所顾[21]甚少，所失殊多，嫌隙既生，必构边患。彼国蓄见欺之怒，此民怀负约之惭，恐非所以服远人，训戎士也。陛下君临天下十有七载，以仁恩结庶类[22]，以信义抚戎夷，莫不欣然，负之无力[23]，何惜不使有始有卒[24]乎？夫龙沙[25]以北，部落无算，中国诛之，终不能尽，当怀之以德，使为恶者在夷不在华，失信者在彼不在此，则尧、舜、禹、汤不及陛下远矣！"上不听。

是时，群臣多言："国家既许其婚，受其聘币，不可失信戎狄，更生边患。"上曰："卿曹皆知古而不知今。昔汉初匈奴强，中国弱，故饰子女，捐金絮以饵[26]之，得事之宜[27]。今中国强，戎狄弱，以我徒兵[28]一千，可击胡骑[29]数万，薛延陀所以匍匐稽颡[30]，惟我所欲，不敢骄慢者，以新为君长，杂姓[31]非其种族，欲假[32]中国之势以威服之耳。彼同罗、仆骨、回纥等十馀部，兵各数万，并力攻之，立可破灭，所以不敢发者，畏中国所立故也。今以女妻之，彼自恃大国之婿，杂姓谁敢不服？戎狄人面兽心，一旦微不得意，必反噬[33]为害。今吾绝其婚，杀[34]其礼，杂姓知我弃之，不日将瓜剖[35]之矣，卿曹第[36]志[37]之！”

臣光曰：孔子称去食、去兵，不可去信[38]。唐太宗审知[39]薛延陀不可妻，则初勿许其婚可也；既许之矣，乃复恃强弃信而绝之，虽灭薛延陀，犹可羞也。王者发言出令，可不慎哉？

（以上为第四段，写唐太宗背约薛延陀，悔婚绝和亲。）

【注释】

①突利设：薛延陀求婚使者，其在本藩任典兵官。事迹见《新唐书》卷二百一十七下《回鹘传下》附《薛延陀传》。 ②纳币：古代婚礼“六礼”之一，亦称纳征。即男家送聘礼给女家。 ③庚申：闰六月十三日。 ④馔：食物。 ⑤相思殿：宫殿名。殿在太极宫玄武门内。 ⑥遽：急，突然。 ⑦迁延：拖拉。 ⑧刚戾：刚直暴戾。 ⑨携贰：叛离。 ⑩坐制：坐观其败，无须动干戈，稳坐而制服之。 ⑪脱：同“倘”。倘若，倘或。 ⑫库厩：库藏和厩马。 ⑬调敛：征调聚敛。 ⑭玺书鼓纛：玺书，盖皇帝印的册封诏书。鼓纛，天子仪伏所用的大鼓大旗。 ⑮比者：近来。 ⑯鸿私：诏书，圣旨。 ⑰靡不：无不。 ⑱含生：亦称“含类”，泛指一切有生命者。 ⑲孰：谁。⑳声听：名声，舆论。 ㉑顾：顾及，得到。 ㉒庶类：黎民百姓。 ㉓力：胡注，“力”当作“益”。 ㉔卒：终。 ㉕龙沙：地区名。意谓处于沙碛地带的龙城。在今蒙古国鄂尔浑河西侧和硕柴达木湖附近。原为西汉匈奴祭天、大会诸部处。 ㉖饵：诱饵。㉗得事之宜：与事体相合。宜，相称。 ㉘徒兵：步兵。 ㉙胡骑：蕃胡骑兵。㉚匍匐稽颡：以额触地爬行。 ㉛杂姓：以姓氏为部称的诸色蕃人。 ㉜假：借。㉝噬：咬。 ㉞杀：减，降。 ㉟瓜剖：瓜分。 ㊱第：但，只。 ㊲志：记。㊳孔子称去食、去兵，不可去信：语见《论语·颜渊》。食，粮食。兵，军备。信，信用。 ㊴审知：明悉，详知。

【译文】

薛延陀真珠可汗派他的侄子突利设前来献上聘礼，献马五万匹，牛、骆驼一万头，羊十万只。闰六月十三日，突利设献上宴席，唐太宗亲临相思殿，大宴群臣，演奏十部乐，突利设两次下拜向唐太宗祝寿，唐太宗向突利设赏赐了丰厚的物品。

契苾何力上书说："不可与薛延陀通婚。"唐太宗说："朕已经答应他们了，天子怎么可以自食其言呢？"契苾何力回答说："我不是要陛下立刻回绝他们，只是希望暂且延缓此事。我听说自古有迎亲礼仪，假如陛下敕令夷男前来迎亲，即使不到长安，也要到灵州。他必定不敢前来，回绝他就有理由了。夷男性情刚烈暴戾，既然不能与大唐通婚，其部下又怀有二心，不过一二年他就会病死，他的两个儿子争夺王位，到那时陛下可以坐着不动也能轻易制服他们了。"唐太宗听从了他的意见，于是征召真珠可汗让他前来迎亲，又发布诏书说将要前往灵州与他相见。真珠可汗十分高兴，想要前去灵州，其大臣劝谏说："倘若被对方扣留下来，到那时后悔就来不及了！"真珠可汗说："我听说大唐的天子有圣王的德行，我能亲自前往见他，死了也没有遗憾。而且漠北必然会有人做君主，我决定要出行了，就不要再多说了！"唐太宗派出三道使节，接受了薛延陀献上的各类牲畜。薛延陀在此之前没有库房和马厩，真珠可汗征调各部落的牲畜等，往返一万多里，途经沙漠，没有水和草，牲畜损耗死亡将近一半，错过了迎亲期限没有到达灵州。议政的大臣有人认为聘礼未能准备齐全就与他通婚，将会使戎狄民族轻视中原朝廷。唐太宗于是下诏拒绝与薛延陀通婚，停止巡幸灵州，追回已经派出的三道使节。

褚遂良上奏，认为："薛延陀本是突厥可汗之下的一个首领，陛下当年荡平沙漠，万里萧条没有人烟，突厥的残余势力到处奔波，须有一个酋长，于是赐给他玺书和大鼓大旗，立为可汗。近来陛下又降下大恩，应允与他们通婚，西面通知了吐蕃，北面通知了思摩，中原，无人不知道此事。陛下又行幸北门，接受他们敬献的食物，让群臣与边远地区四夷的使者都整日参加宴饮庆贺。人们都说陛下为了安抚天下百姓，不怜惜自己的女儿，凡是天地间的芸芸众生，谁不感恩戴德。如今一朝之间突然与薛延陀的婚姻有了变化，有了后悔而改变的想法，我为国家怜惜原有的良好声誉，这种做法所得很少，所失去却很多，使得薛延陀产生了嫌隙之心，必然会构成边境的灾患。薛延陀深怀被欺辱的怨恨，百姓也怀有背负了盟约的羞愧，恐怕不是用来绥服远方、训教士兵的好办法。陛下君临天下已有十七年了，用仁德恩惠对待百姓，用诚信礼义安抚四方的戎夷之族，天下百姓莫不欣然高兴。背约也没有好处，为何不让它有始有终呢？龙沙城以北，薛延陀的部落多得无法计算，朝廷想要讨伐他们，终究不能全部消灭，应当用仁德对他们进行怀柔，让为恶的事在夷人方面而不在华夏方面，让失信的事在对方而不在我方，做到这样，尧、舜、禹、汤就远远不如陛下了。”唐太宗没有听从他的建议。

这时，大臣们大都说：“国家既然答应与他们通婚，又接受了人家的聘礼，就不可以对戎狄之人失信，以免再次发生边境的战乱。”唐太宗说：“你们都是知古而不知今。从前汉代初年匈奴强大，中原王朝势力弱，所以要打扮好女子，送上金银财物作为诱饵，当时这样办事是合乎时宜的。如今中原强大，北方戎狄已经衰弱，以我大唐一千步兵，可以击败他们的数万骑兵，所以薛延陀才匍匐在地向我磕头，满足我们的所有要求，不敢稍有傲慢，这是因为他们刚刚拥立了可汗，属下有不少杂姓部落不是他们的同一种族，想借中原的势力来威慑制服他们。其中的同罗、仆骨、回纥等十多个部族，各有兵力几万人，如果他们合力攻打薛延陀，可以立即攻破取胜，他们之所以不敢发动用兵，是因为畏惧中原所立的可汗。如今把宗室的女子嫁给他，他们就会自恃是大国的女婿，其他杂姓的部族谁敢不服！这些戎狄是人面兽心，一旦稍不满意，必会反咬对方造成祸害。现在我们拒绝他们通婚，停止接受他们的聘礼，其他杂姓部族得知我们抛弃了他们，不用很久就会四分五裂了，你们只要记住朕的话。”

臣司马光评论说：孔子说可以去掉食物和军队，但是不可以去掉信用。唐太宗清楚地知道不可以与薛延陀通婚，当初不要答应与其通婚就可以了；既然答应了薛延陀，又倚仗强势背信弃义拒绝对方，即使灭掉了薛延陀，也足可羞愧。君王发号施令，能不慎重吗？

【原文】

上曰：“盖苏文弑其君而专国政，诚不可忍，以今日兵力，取之不难，但不欲劳百姓，吾欲且使契丹、靺鞨扰之，何如？”长孙无忌曰：“盖苏文自知罪大，畏大国之讨，必严设守备，陛下少为之隐忍，彼得以自安，必更骄惰，愈肆其恶，然后讨之，未晚也。”上曰：“善！”戊辰[①]，诏以高丽王藏[②]为上柱国、辽东郡王、高丽王，遣使持节[③]册命。

丙子[④]，徙东莱王泰为顺阳王。

初，太子承乾失德，上密谓中书侍郎兼左庶子杜正伦曰：“吾儿足疾乃可耳，但疏远贤良，狎昵[⑤]群小，卿可察之。果不可教示，当来告我。”正伦屡谏，不听，乃以上语告之。太子抗表以闻[⑥]，上责正伦漏泄，对曰："臣以此恐之，冀其迁善[7]耳。"上怒，出正伦为谷州[8]刺史。及承乾败，秋，七月辛卯[9]，复左迁正伦为交州都督。初，魏徵尝荐正伦及侯君集有宰相材，请以君集为仆射，且曰："国家安不忘危，不可无大将，诸卫兵马宜委君集专知[10]。"上以君集好夸诞[11]，不用。及正伦以罪黜，君集谋反诛，上始疑徵阿党[12]。又有言徵自录前后谏辞以示起居郎褚遂良者，上愈不悦，乃罢叔玉尚主，而踣[13]所撰碑。

初，上谓监修国史[14]房玄龄曰："前世史官所记，皆不令人主见之，何也？"对曰："史官不虚美，不隐恶，若人主见之必怒，故不敢献也。"上曰："朕之为心，异于前世。帝王欲自观国史，知前日之恶，为后来之戒，公可撰次以闻。"谏议大夫朱子奢[15]上言："陛下圣德在躬[16]，举无过事，史官所述，义归尽善。陛下独览《起居》[17]，于事无失，若以此法传示子孙，窃恐曾、玄[18]之后或非上智[19]，饰非护短[20]，史官必不免刑诛。如此，则莫不希风顺旨[21]，全身远害，悠悠千载，何所信乎？所以前代不观，盖为此也。"上不从。玄龄乃与给事中许敬宗等删为《高祖》《今上实录》，癸巳[22]，书成，上之。上见书六月四日事，语多微隐，谓玄龄曰："周公诛管、蔡以安周[23]，季友[24]鸩叔牙以存鲁，朕之所为，亦类是耳，史官何讳焉？"即命削去浮词，直书其事。

（以上为第五段，写唐太宗信谗言疑魏徵，又违制看史臣所修当代实录。）

【注释】

①戊辰：闰六月二十一日。　②高丽王藏：原高丽王高建武弟大阳之子，盖苏文弑建武，立藏为王。642至668年在位。　③节：符节，使者持之，以为凭证。　④丙子：闰六月二十九日。　⑤狎昵：亲昵，亲近。　⑥抗表以闻：谓臣子冒犯皇帝威严上表直言。　⑦冀其迁善：希望他知过变好。　⑧谷州：州名。治所在今河南宜阳县西。　⑨辛卯：七月十四日。　⑩专知：独立主持。　⑪夸诞：语言夸张荒诞。　⑫阿党：阿私，偏袒一方。　⑬踣（bó）：倒。　⑭监修国史：贞观三年，以宰相监修国史，自此历代由著作郎掌修国史的制度罢除。监，督察。　⑮朱子奢：唐初经学家。苏州吴县人。少习《春秋左氏传》。官至谏议大夫、弘文馆学士、国子司业。传见《旧唐书》卷一百八十九上、《新唐书》卷一百九十八。　⑯在躬：在身。　⑰《起居》：即《起居注》，帝王言行录。　⑱曾、玄：曾孙、玄孙。　⑲上智：明君。　⑳饰非护短：掩饰过错缺陷。　㉑希风顺旨：即"希旨"，迎合上意。　㉒癸巳：七月十六日。　㉓周

公诛管、蔡以安周：西周初年，周公摄政，管叔、蔡叔挟武庚叛，周公诛之以安周室。㉔季友：春秋鲁桓公子、庄公弟。庄公卒，季友毒死其兄叔牙立姬般为鲁国国君，由是扭转了鲁国政局混乱的局面。

【译文】

唐太宗说："盖苏文杀死他的国王而独掌国政，实在是不能容忍，以我方今日的兵力，攻取他并不难，只是不想扰动百姓，朕想暂且让契丹、靺鞨骚扰他，怎么样？"长孙无忌说："盖苏文自己知道罪行严重，害怕大国的讨伐，必然要严加防备，陛下稍稍对他容忍一下，他能够自我保全，必然会更加骄横懈怠，会加放纵他的罪恶，此后再去讨伐，也不晚啊。"唐太宗说："很好！"闰六月二十一日，唐太宗颁布诏令封高丽王高藏为上柱国、辽东郡王、高丽王，派使节携带旌节前往册封。

闰六月二十九日，改封东莱王李泰为顺阳王。

起初太子李承乾丧失德行，唐太宗秘密地对中书侍郎兼左庶子杜正伦说："我儿子虽有脚病还是可以当太子，只是他疏远贤良，亲近小人，你可以对他加以监察。如果真的不可教诲，应当来告诉我。"杜正伦多次劝谏李承乾，李承乾都不听从，杜正伦就把唐太宗的话告诉了李承乾。太子李承乾上表给唐太宗说到这件事，唐太宗责怪杜正伦泄露秘密，杜正伦回答说："我用陛下的话吓唬他，希望他改恶从善。"唐太宗大怒，把杜正伦调出京城降职为谷州刺史。等到李承乾谋反失败，秋七月十四日，又把杜正伦降职为交州都督。当初，魏徵曾经称赞杜正伦与侯君集有宰相的才能，请求任命侯君集为仆射，而且说："国家虽然安定了但不能忘记危亡，不可以没有大将，各个卫队的兵马应该交给侯君集专门指挥。"唐太宗认为侯君集喜欢说大话，就没有用他。等到杜正伦因泄密而被治罪贬职，侯君集因参与谋反而被处死，唐太宗开始怀疑魏徵结党营私。又有人上书说魏徵自己抄录前后在朝中对唐太宗的进谏之词给起居郎褚遂良看，唐太宗更加不高兴，于是魏徵儿子魏叔玉娶公主一事作罢，并拆毁为魏徵撰写的碑石。

起初，唐太宗对以宰相身份监修国史的房玄龄说："前代史官所记的内容，都不让君主看见，这是为什么？"回答说："史官不美化子虚乌有的事，也不隐瞒罪恶，如果君主看见了必然会动怒，所以不敢献上让君主观看。"唐太宗说："朕的志向，不同于前代君主。帝王想亲自翻阅当朝国史，知道以前的过失，以此作为后来的借鉴，希望你把国史撰写完成后向朕报告。"谏议大夫朱子奢上书说："陛下身怀圣德，行动没有过失，史官所记述的，按照道义应该写得尽善尽美。陛下单独阅览《起居注》，对于史官记事无所损失，如果把这个做法传示给子孙后代，臣担心陛下的曾孙、玄孙之后或许会有不是上智的人，他们会掩饰过错袒护短处，史官必然难免遭到刑罚诛戮。如此下去，史官就会观察君主的心意，顺从君主的旨意，保全自身远离危险，到了悠悠千载之后，这样的史书还有什么可相信呢？所以前代君主不观看国史，就是这个缘故。"唐太宗不听从他的说法。房玄龄就与给事中许敬宗等人删改写成《高祖实录》和《今上实录》，七月十六日，书写成，呈给唐太宗。唐太宗见书中记载武德九年六月四日玄武门之变的事，用词多有微言和隐讳，就对房玄龄说："周公诛灭管叔、蔡叔以安定周朝，季友毒死叔牙以保存鲁国，朕的所作所为，也与此类似，史官何必隐微忌讳呢？"立即命令删去空洞的文辞，直书诛杀李建成、李元吉的事。

【原文】

八月庚戌[①]，以洛州都督张亮为刑部尚书，参预朝政；以左卫大将军、太子右卫率[②]李大亮为工部尚书。大亮身居三职，宿卫两宫，恭俭忠谨，每宿直[③]，必坐寐达旦。房玄龄甚重之，每称大亮有王陵、周勃[④]之节，可当大位。

初，大亮为庞玉[⑤]兵曹，为李密所获，同辈皆死，贼帅张弼[⑥]见而释之，遂与定交[⑦]。及大亮贵，求弼，欲报其德，弼时为将作丞[⑧]，自匿不言。大亮遇诸途而识之，持弼而泣，多推家赀以遗弼，弼拒不受。大亮言于上，乞悉以其官爵授弼，上为之擢弼为中郎将。时人皆贤大亮不负恩，而多[⑨]弼之不伐[⑩]也。

九月庚辰[⑪]，新罗遣使言百济攻取其国四十馀城，复与高丽连兵，谋绝新罗入朝之路，乞兵救援。上命司农丞[⑫]相里玄奖[⑬]赍玺书赐高丽曰："新罗委质国家[⑭]，朝贡不乏，尔与百济各宜戢兵[⑮]，若更攻之，明年发兵击尔国矣！"

癸未[⑯]，徙承乾于黔州。甲午[⑰]，徙顺阳王泰于均州[⑱]。上曰："父子之情，出于自然。朕今与泰生离，亦何心自处？然朕为天下主，但使百姓安宁，私情亦可割耳。"又以泰所上表示近臣曰："泰诚为俊才，朕心念之，卿曹所知。但以社稷之故，不得不断之以义，使之居外者，亦所以两全之耳。"

先是，诸州长官或上佐[19]岁首亲奉贡物入京师，谓之朝集使[20]，亦谓之考使[21]，京师无邸[22]，率僦屋与商贾杂居。上始命有司为之作邸。

冬，十一月己卯[23]，上祀圜丘[24]。

初，上与隐太子、巢剌王有隙，密明公赠司空封德彝阴持两端[25]。杨文幹之乱，上皇欲废隐太子而立上，德彝固谏而止。其事甚秘，上不之知[26]，薨后乃知之。壬辰[27]，治书侍御史唐临[28]始追劾其事，请黜官夺爵。上命百官议之，尚书唐俭等议："德彝罪暴身后，恩结生前，所历众官，不可追夺，请降赠改谥。"诏黜其赠官，改谥曰缪[29]，削所食实封[30]。

敕选良家女以实东宫。癸巳[31]，太子遣左庶子于志宁辞之。上曰："吾不欲使子孙生于微贱耳。今既致辞，当从其意。"上疑太子仁弱，密谓长孙无忌曰："公劝我立雉奴[32]，雉奴懦[33]，恐不能守社稷，奈何？吴王恪英果类[34]我，我欲立之，何如[35]？"无忌固争，以为不可。上曰："公以恪非己之甥[36]邪？"无忌曰："太子仁厚，真守文[37]良主。储副[38]至重，岂可数易？愿陛下熟思之。"上乃止。十二月壬子[39]，上谓吴王恪曰："父子虽至亲，及其有罪，则天下之法不可私也。汉已立昭帝[40]，燕王旦[41]不服，阴图不轨，霍光[42]折简[43]诛之。为人臣子，不可不戒！"

庚申[44]，车驾幸骊山温汤。庚午[45]，还宫。

（以上为第六段，写唐太宗立储事件之余波，欲更易太子立李恪，长孙无忌力挺李治为太子。）

【注释】

①庚戌：八月初三日。　②太子右卫率：官名。太子右卫率府长官。掌兵仗、仪卫。　③宿直：宿卫当值。　④王陵、周勃：汉初大臣。沛县人，二人均官至右丞相。⑤庞玉：京兆泾阳（今陕西泾阳县）人。隋末唐初将领。隋封韩国公，入唐，累任监门大将军，为武德功臣。事迹见《隋书》卷六十三《卫玄传》、《旧唐书》卷六十二《李大亮传》、《新唐书》卷一百九十三《庞坚传》等。　⑥张弼：原为农民军将领，降唐后，官至代州都督。事迹见《旧唐书》卷六十二《李大亮传》、《新唐书》卷九十九《李大亮传》。⑦定交：即订交，确定非同寻常的关系。　⑧将作丞：官名。将作监属官，从六品下，掌日常监务。　⑨多：称赞。　⑩不伐：不夸功。　⑪庚辰：九月初四日。　⑫司农丞：司农卿佐官。掌司农寺日常公务。　⑬相里玄奖：相里，复姓；玄奖，名。玄奖事迹见《旧唐书》卷一百九十九上《高丽传》、《新唐书》卷二百二十《高丽传》。　⑭委质国家：

遣派质子入京，以取信于朝廷。此指新罗与唐建立臣隶关系。 ⑮戢兵：收兵息战。⑯癸未：九月初七日。 ⑰甲午：九月十八日。 ⑱均州：州名。治所在今湖北丹江口市西北。 ⑲上佐：高级辅佐官吏。 ⑳朝集使：朝集使制度始于隋朝而盛行于唐代。地方汉蕃官长（都督、刺史及上佐）定期或不定期入朝述职并觐见天子，这些人称朝集使。 ㉑考使：因朝集使负有接受考核政绩的义务，故又称考使。 ㉒邸：官员办事或居住的处所。 ㉓己卯：十一月初三日。 ㉔圜丘：即天坛。古时用以祭天的建筑物。唐圜丘在今陕西西安市南郊陕西师大南操场东。 ㉕阴持两端：暗地里持两可态度。㉖不之知：即"不知之"。 ㉗壬辰：十一月十六日。 ㉘唐临：唐初大臣。京兆长安（今陕西西安市西部）人。高宗时，历官御史大夫及刑、兵、度支、吏部尚书，终潮州刺史。临为官宽恕，为时所称。传见《旧唐书》卷八十五、《新唐书》卷一百一十三。㉙缪：假装，名不副实。 ㉚实封：实有封户。唐代封户率多虚名，只有称"食实封"者才有"真户"，才能收取本封邑的租赋。 ㉛癸巳：十一月十七日。 ㉜雉奴：太子李治乳名。 ㉝懦：软弱。 ㉞类：像，似。 ㉟何如：如何，怎么样。 ㊱恪非己之甥：恪母杨氏，隋炀帝女。故李恪不是长孙无忌的亲外甥。 ㊲守文：遵守成法。 ㊳储副：即太子。 ㊴壬子：十二月初六日。 ㊵昭帝（前94—前74）：西汉皇帝刘弗陵。公元前87至前74年在位。 ㊶燕王旦：汉武帝第四子李旦。传见《汉书》卷六十三。 ㊷霍光（？—前68）：西汉大臣。字子孟。河东平阳人。霍去病异母弟。累官大司马大将军，封博陆侯。传见《汉书》卷六十八。 ㊸折简：亦作"折柬"。本指写信，引申为书信。 ㊹庚申：十二月十四日。 ㊺庚午：十二月二十四日。

【译文】

八月初三日，朝廷任命洛州都督张亮为刑部尚书，参与朝政；任命左卫大将军、太子右卫率李大亮为工部尚书。李大亮身居三项要职，率军守卫皇宫和太子东宫，谦恭俭朴、忠正谨慎，每次护卫值勤，必定坐着假寐直到天亮。房玄龄非常敬重他，常常称李大亮有王陵、周勃的气节，可以担当重大职位。

起初，李大亮担任庞玉的兵曹，被李密抓获，同辈都被处斩，李密的将领张弼看到李大亮就把他释放了，两个人于是定下交情。等到李大亮身居显贵之位，开始寻找张弼，想报答他的救命之恩，张弼当时担任将作丞，自己隐匿不说。李大亮在道上遇见张弼认出他来，扶着张弼哭泣，并将自己家里的很多财产送给张弼，张弼拒不接受。李大亮将此事上禀唐太宗，请求把自己的官职爵位全部授予张弼，唐太宗为了李大亮，把张弼提拔为中郎将。当时的人都称赞李大亮不负旧恩，也赞扬张弼不居功炫耀。

九月初四日，新罗派使节来称百济攻取新罗国的四十多座城池，又与高丽国联合出兵，图谋断绝新罗到唐朝的通道，因而请求派兵救援。唐太宗命令司农寺丞相里玄奖带着皇帝玺书前往赐给高丽，说：“新罗归顺大唐，对大唐的朝贡没有缺少，你们与百济都应当收兵，假如再去攻打新罗，明年大唐就要发兵攻伐你们国家。”

九月初七日，朝廷把李承乾流放到黔州。十八日，把顺阳王李泰流放到均州。唐太宗说：“父子之情，出自人的自然心情。朕如今与李泰生而离别，还有什么心情自处？然而朕为天下人的君主，只要使百姓生活安宁，私人的感情也当割舍啊。”又把李泰以前呈上的表文拿给身边的大臣看，并说：“李泰实在是出众的人才，朕心里挂念他，你们也都知道。但是为了社稷江山，不得不根据道义与他断绝亲情，让他居住在遥远的地方，这也是两全之策。”

在此之前，各州的长官和高级佐僚年初亲自带着贡品进京，称为朝集使，也称为考使，他们在京城没有官邸，大都租房子与商人们混杂居住。此时唐太宗开始命令有关部门为他们修建官邸。

冬季，十一月初三日，唐太宗到圜丘祭天。

当初，唐太宗与隐太子李建成、巢王李元吉有嫌隙，密明公赠司空封德彝暗中对两方采取骑墙态度。杨文幹叛乱后，太上皇李渊想废掉隐太子李建成而立唐太宗为太子，封德彝坚持劝谏使太上皇停止了这一决定。此事非常隐秘，唐太宗并不知道，等封德彝死后才知道。十一月十六日，治书侍御史唐临开始追究弹劾其事，请求罢黜封德彝的官职爵位。唐太宗让文武百官商议此事，尚书唐俭等人议论说：“封德彝的罪行暴露在他死后，而与皇上的恩义是在生前就已结成的，历任过许多官职，不可追究剥夺这些官职，请求降低所赠的官职并改变死后所封的谥号。”唐太宗下诏废除对封德彝所赠的官职，改谥号为缪，削掉所享有的食邑和实封的户口数。

唐太宗敕令遴选良家女子充实太子的东宫，十一月十七日，太子李治派左庶子于志宁推辞充实东宫。唐太宗说：“我不想让子孙出生自微贱的家族。如今既然致书推辞，应当遵从他的本意。”唐太宗怀疑太子李治过于仁义软弱，秘密地对长孙无忌说：“你劝我立雉奴（李治的小名）为太子，雉奴懦弱，恐怕不能守护社稷江山，怎么办？吴王李恪英武果断很像我，我想立他为太子，怎么样？”长孙无忌坚持争辩，认为不可以这样做。唐太宗说：“公是因为李恪不是自己的外甥吗？”长孙无忌说：“太子仁义厚道，真正是守成进行文治的君主。太子皇储的人选至关重大，怎么可以多次更改？望陛下深思熟虑这件事。”唐太宗于是停止了这个想法。十二月初六日，唐太宗对吴王李恪说：“父子之间虽然是至亲，等儿子犯了罪，天下的法律就是不能够照顾私人感情的了。汉朝已经立昭帝为太子，燕王刘旦不服，暗中图谋造反，霍光就用一封信诛杀了他。作为别人的臣下，不能不深以为戒！”

十二月十四日，唐太宗车驾巡幸骊山温泉。十二月二十四日，回到宫中。

【原文】

十八年（甲辰，644）

春，正月乙未[①]，车驾幸钟官城[②]。庚子[③]，幸鄠县。壬寅[④]，幸骊山温汤。

相里玄奖至平壤，莫离支已将兵击新罗，破其两城，高丽王使召之，乃还。玄奖谕使勿攻新罗，莫离支曰：“昔隋人入寇[⑤]，新罗乘衅侵我地五百里，自非归我侵地，恐兵未能已。”玄奖曰：“既往之事，焉可追论？至于辽东诸城，本皆中国郡县，中国尚且不言，高丽岂得必求故地。”莫离支竟不从。

二月乙巳朔[⑥]，玄奖还，具言其状。上曰：“盖苏文弑其君，贼[⑦]其大臣，残虐其民，今又违我诏命，侵暴邻国，不可以不讨。”谏议大夫褚遂良曰：“陛下指麾则中原清晏，顾眄[⑧]则四夷詟服，威望大矣。今乃渡海远征小夷，若指期克捷，犹可也。万一蹉跌[⑨]，伤威损望，更兴忿兵，则安危难测矣。”李世勣曰：“间者[⑩]薛延陀入寇，陛下欲发兵穷讨，魏徵谏而止，使至今为患。向用陛下之策，北鄙安矣。”上曰：“然。此诚徵之失；朕寻悔之而不欲言，恐塞良谋故也。”

上欲自征高丽，褚遂良上疏，以为：“天下譬犹一身：两京，心腹也；州县，四支[⑪]也；四夷，身外之物也。高丽罪大，诚当致讨，但命二三猛将将四五万众，仗陛下威灵，取之如反掌耳。今太子新立，年尚幼稚，自馀藩屏[⑫]，陛下所知，一旦弃金汤[⑬]之全，逾辽海[⑭]之险，以天下之君，轻行远举，皆愚臣之所甚忧也。”上不听。时群臣多谏征高丽者，上曰：“八尧、九舜[⑮]，不能冬种，野夫[⑯]、童子，春种而生，得时故也。夫天有其时，人有其功。盖苏文陵上虐下，民延颈待救，此正高丽可亡之时也。议者纷纭，但不见此耳。”

己酉[17]，上幸灵口[18]。乙卯[19]，还宫。

三月，辛卯[20]，以左卫将军薛万彻守[21]右卫大将军。上尝谓侍臣曰：“于今名将，惟世勣、道宗、万彻三人而已，世勣、道宗不能大胜，亦不大败，万彻非大胜则大败。”

（以上为第七段，写唐太宗伐高丽，大臣多不从。）

【注释】

①乙未：正月二十日。　②钟官城：又名灌钟城。汉置，唐时故城犹存。在今陕西西安市鄠邑区东北。　③庚子：正月二十五日。　④壬寅：正月二十七日。　⑤昔隋人入寇：谓炀帝征讨高丽。　⑥乙巳朔：二月初一日。　⑦贼：杀害。　⑧眄（miǎn）：斜视。　⑨蹉跌：失足跌倒。　⑩间者：近来。　⑪支：通“肢”。　⑫藩屏：藩篱屏障，引申为捍卫中央王室的四方诸侯。　⑬金汤：“金城汤池”的略语。比喻城池坚不可摧。　⑭辽海：地区名。泛指今辽河流域以东至海地区。　⑮八尧、九舜：八个尧，九个舜，极言先王圣人之多。　⑯野夫：山野之人，或粗野之人。　⑰己酉：二月五日。⑱灵口：亦作“零口”。今陕西西安市临潼区零口镇。　⑲乙卯：二月十一日。　⑳辛卯：三月十七日。　㉑守：摄，暂时署理职务。唐代以低官任职高官称守某官。

【译文】

唐太宗贞观十八年（甲辰，644）

春季，正月二十日，唐太宗车驾行幸钟官城。二十五日，临幸鄠县。二十七日，临幸骊山温泉。

唐朝的使节相里玄奖到达平壤，莫离支已经率领部队进攻新罗，攻下了两座城，高丽王派人召他回来，莫离支于是回师。相里玄奖传达皇上旨意，要他们不要再攻打新罗，莫离支说：“以前隋朝人侵入我国，新罗乘机侵占我国土地五百里，如果他们不归还侵占的我国土地，恐怕战争是不能停止的。”相里玄奖说：“既往的事，哪里可以追究呢？至于辽东的各个城池，本来都是中原的郡县，中原尚且没有提出要求归还，高丽怎能一定要求失去的故地呢？”莫离支最终没有听从相里玄奖的告谕。

二月初一日，相里玄奖回到京城，详细禀报出使高丽的情况。唐太宗说：“盖苏文杀死他的国王，杀害高丽的大臣，残酷虐待他的百姓，如今又违抗我的诏令，侵略邻国，不能不讨伐他。”谏议大夫褚遂良说：“陛下大旗一挥就使中原清静安宁，四周环顾就使四方的民族归服，威望是很大的了。如今渡海远征小小的高丽，如果指定日期就能取得大捷，还是可以的。万一遭遇挫折，损伤了已有的威望，再引起愤怒的乱兵，国家的安危就难以预测了！”李世勣说：“当年薛延陀入侵，陛下想发兵彻底讨伐，魏徵劝谏而作罢，使他们直到今日仍为祸患。那时如果采用陛下的策略，北方边区已经是安宁的了。”唐太宗说：“是这样。这实在是魏徵的过失；朕不久就后悔了但不想说出来，是怕堵塞了大臣进献良策的缘故。”

唐太宗想亲自去征伐高丽，褚遂良上奏，以为：“天下就如同人的整个身体：长安、洛阳，就像人的心脏；各州县，就像人的四肢；四方的民族，都是身外之物。高丽罪恶极大，诚然应当对他们讨伐，然而命令两三个猛将率领四五万名士兵，仰仗着陛下的威风神灵，攻取高丽易如反掌。如今太子刚刚封立，年龄还很小，其他的藩王如何，陛下也都清楚，一旦抛弃了固若金汤的安全之地，越过辽海的危险地带，作为天下的君主，轻率出行向远方用兵，都是愚蠢的臣子所深为忧虑的事。”唐太宗没有听他的谏议。当时大臣们多有谏阻唐太宗征伐高丽的，唐太宗说：“八个尧帝、九个舜帝，也不能在冬季种粮，乡村野夫、儿童少年，在春季播种就能生长，这是得到了合适的时令的缘故。天有它的时令，人有他的事功。盖苏文欺凌国王暴虐百姓，高丽的百姓都翘首企盼救援，这正是高丽可以灭亡的时令，议论的大臣纷纭不休，只是没有看到这个道理而已。”

二月初五日，唐太宗巡幸灵口。十一日，回到宫中。

三月十七日，任命左卫将军薛万徹暂时代理右卫大将军。唐太宗曾对身边的大臣说：“当今的著名将领，只有李世勣、李道宗、薛万徹三人而已，李世勣、李道宗不能取得大胜，但也没有大败，而薛万徹不是取得大胜就是打得大败。”

【原文】

夏，四月，上御两仪殿，皇太子侍。上谓群臣曰：“太子性行，外人亦闻之乎？”司徒无忌曰：“太子虽不出宫门，天下无不钦仰圣德。”上曰：“吾如治年时，颇不能循常度。治自幼宽厚，谚曰：‘生[①]狼，犹恐如羊’，冀其稍壮，自不同耳。”无忌对曰：“陛下神武，乃拨乱[②]之才；太子仁恕[③]，实守文之德。趣尚[④]虽异，各当其分，此乃皇天所以祚[⑤]大唐而福苍生[⑥]者也。”

辛亥[⑦]，上幸九成宫。壬子[⑧]，至太平宫[⑨]，谓侍臣曰："人臣顺旨者多，犯颜则少，今朕欲自闻其失，诸公其直言无隐。"长孙无忌等皆曰："陛下无失。"刘洎曰："顷有上书不称旨者，陛下皆面加穷诘[⑩]，无不惭惧而退，恐非所以广言路。"马周曰："陛下比来赏罚，微以喜怒有所高下，此外不见其失。"上皆纳之。

上好文学而辩敏[⑪]，群臣言事者，上引古今以折[⑫]之，多不能对。刘洎上书谏曰："帝王之与凡庶[⑬]，圣哲之与庸愚，上下相悬，拟伦斯绝[⑭]。是知以至愚而对至圣[⑮]，以极卑而对至尊，徒思自强，不可得也。陛下降恩旨，假慈颜，凝旒[⑯]以听其言，虚襟[⑰]以纳其说，犹恐群下未敢对扬；况动神机，纵天辩，饰辞[⑱]以折其理，引古以排其议，欲令凡庶何阶应答！且多记则损心，多语则损气，心气内损，形神外劳，初虽不觉，后必为累[⑲]，须为社稷自爱，岂为性好[⑳]自伤乎！至如秦政[㉑]强辩，失人心于自矜[㉒]；魏文[㉓]宏才，亏众望于虚说。此材辩之累，较然可知矣。"上飞白[㉔]答之曰："非虑无以临下，非言无以述虑，比有谈论，遂致烦多，轻物骄人，恐由兹道，形神心气，非此为劳。今闻谠[㉕]言，虚怀以改。"己未[㉖]，至显仁宫[㉗]。

上将征高丽，秋，七月辛卯[㉘]，敕将作大监[㉙]阎立德等诣洪、饶、江三州[㉚]，造船四百艘以载军粮。甲午[㉛]，下诏遣营州都督张俭等帅幽、营二都督兵及契丹、奚、靺鞨先击辽东以观其势。以太常卿韦挺为馈运使[㉜]，以民部侍郎崔仁师副之，自河北诸州皆受挺节度，听以便宜从事。又命太仆少卿萧锐[㉝]运河南诸州粮入海。锐，瑀之子也。

八月壬子[㉞]，上谓司徒无忌等曰："人苦不自知其过，卿可为朕明言之。"对曰："陛下武功文德，臣等将顺之不暇[㉟]，又何过之可言？"上曰："朕问公以己过，公等乃曲相谀悦[㊱]，朕欲面举公等得失以相戒而改之，何如？"皆拜谢。上曰："长孙无忌善避嫌疑，应物敏速，决断事理，古人不过，而总兵攻战[㊲]，非其所长。高士廉涉猎古今，心术明达[㊳]，临难不改节，当官无朋党，所乏者骨鲠规谏耳。唐俭言辞辩捷，善和解人，事朕三十年，遂无言及于献替[㊴]。杨师道性行纯和，自无愆违[㊵]，而情实怯懦，缓急[㊶]不可得力。岑文本性质敦厚，文章华赡[㊷]，而持论恒据经远[㊸]，自当不负于物[㊹]。刘洎性最坚贞，有利益，然其意尚然诺[㊺]，私于朋友。马周见事敏速，性甚贞正[46]，论量人物，直道而言，朕比任使，多能称意。褚遂良学问稍长，性亦坚正，每写忠诚，亲附于朕，譬如飞鸟依人，人自怜之。”

甲子[47]，上还京师。

丁卯[48]，以散骑常侍[49]刘洎为侍中，行[50]中书侍郎岑文本为中书令，太子左庶子中书侍郎马周守中书令。

文本既拜，还家，有忧色。母问其故，文本曰：“非勋非旧[51]，滥荷宠荣，位高责重，所以忧惧。”亲宾有来贺者，文本曰：“今受吊[52]，不受贺也。”文本弟文昭[53]为校书郎[54]，喜宾客，上闻之不悦。尝从容谓文本曰：“卿弟过尔交结，恐为卿累，朕欲出为外官[55]，何如？”文本泣曰：“臣弟少孤，老母特所钟爱，未尝信宿[56]离左右。今若出外，母必愁悴，傥无此弟，亦无老母矣。”因歔欷[57]呜咽，上愍其意而止。惟召文昭严戒之，亦卒无过。

九月，以谏议大夫褚遂良为黄门侍郎，参预朝政。

（以上为第八段，写唐太宗晚年虽纳谏有失，而识才任人得其物情，圣明依旧。）

【注释】

①生：章校，“生”下有“子如”二字。　②拨乱：治平乱世。　③仁恕：仁德宽恕。　④趣尚：旨趣，风格。　⑤祚：赐福，保佑。　⑥苍生：百姓。　⑦辛亥：四月初八日。　⑧壬子：四月九日。　⑨太平宫：原为隋行宫，在今陕西西安市鄠邑区东南沣河西岸。　⑩穷诘：追问到底。　⑪辩敏：机敏善辩。　⑫折：折服。⑬凡庶：一般人，普通人。　⑭拟伦斯绝：非同类相比，相差极远。　⑮至圣：旧指道德和才能最高的人。　⑯凝旒：冕旒处于静止状态，极言全神贯注。旒，冠冕前后悬垂的玉串。　⑰虚襟：襟怀宽大，虚心。　⑱饰辞：托词掩饰。　⑲累：带累，受害。⑳性好：性之所好。　㉑秦政：即秦始皇嬴政（前259—前210），公元前246至前210年在位。　㉒自矜：骄夸自负。　㉓魏文：即曹操次子魏文帝曹丕（187—226），220至226年在位，是卓有成就的文学家和三国时期魏国的建立者。　㉔飞白：即飞白书。此种书法，笔画中丝丝露白，如枯笔写成。唐太宗颇善此道。　㉕谠：正直的言论。㉖己未：四月十六日。　㉗显仁宫：疑为“安仁宫”（在今陕西眉县东渭河北岸）之误。㉘辛卯：七月二十日。　㉙将作大监：章校，“监”作“匠”。　㉚洪、饶、江三州：洪

州治所在今江西南昌市。饶州治所在今江西鄱阳县。江州治所在今江西九江市。 ㉛甲午：七月二十三日。 ㉜馈运使：官名。战时所置负责督运军资的长官。 ㉝萧锐：宰相萧瑀嗣子。尚太宗女襄城公主，历太常卿、汾州刺史。传见《旧唐书》卷六十三、《新唐书》卷一百零一。 ㉞壬子：八月十一日。 ㉟不暇：无空闲时间，时间不够用。 ㊱曲相谀悦：阿谀奉承以取悦于人。 ㊲总兵攻战：领兵打仗。 ㊳明达：洞晓事理。 ㊴献替："献可替否"的略语。 ㊵愆违：过错。 ㊶缓急：情势紧急。 ㊷华赡：文辞华丽。 ㊸经远：远大之经略。 ㊹物：人或事。 ㊺然诺：诺言，许诺。 ㊻贞正：坚贞纯正。 ㊼甲子：八月二十三日。 ㊽丁卯：八月二十六日。 ㊾散骑常侍：官名。分隶门下、中书二省。在门下省者称左散骑常侍，在中书省者称右散骑常侍。多为将相大臣兼官，侍皇帝左右，规谏天子过失，以备顾问。 ㊿行：大官兼代小官事称行某官。 (51)勋、旧：功臣和旧友。 (52)吊：吊丧。 (53)文昭：岑文昭，事迹见《旧唐书》卷七十《岑文本传》、《新唐书》卷一百零二《岑文本传》。 (54)校书郎：官名。秘书省及弘文馆掌校勘书籍的官。 (55)外官：地方官。 (56)信宿：连宿两夜。 (57)歔欷：叹息，抽泣声。

【译文】

夏季，四月，唐太宗亲临两仪殿，皇太子在旁侍奉。唐太宗对诸位大臣说："太子的性情，外面的人也听说过吗？"司徒长孙无忌说："太子虽然不出皇宫大门，但天下的人无不敬仰他的德行。"唐太宗说："我在李治这个年龄时，颇不能够遵循常规。李治自幼就宽容温厚，古谚说：'生的儿子如狼，还担心他像羊一样。'希望他稍微长大之后，自然有所不同。"长孙无忌回答说："陛下神明英武，乃是拨乱反正的大才；太子仁义宽恕，实是守信天下进行文治的才能。志趣爱好虽然不同，但都是各自适应自己的时代，这乃是皇天要保护大唐而又降福万民百姓的安排。"

四月初八日，唐太宗巡幸九成宫。初九日，到太平宫，唐太宗对身边的大臣们说："大臣们顺从我旨意的居多，犯颜强谏的就很少，如今朕想听到大臣指出朕的过失，诸公你们就直说不要隐瞒。"长孙无忌等人都说："陛下没有过失。"刘洎说："近来有人上书不合陛下圣意的，陛下都当面穷追诘问，上书的人无不惭愧恐惧而退下，恐怕这不是广开言路的办法。"马周说："陛下近来的赏罚，稍微有些因为个人的喜怒而有所偏差，此外没有见到别的过失。"唐太宗都予以接受。

唐太宗喜欢文学而且思维敏捷善于辩论，众位大臣上书言事，唐太宗引征古今事例加以驳难，臣下大多不能回答。刘洎上书劝谏说："帝王与平民相比，圣哲与庸人愚夫相比，上下相差巨大，完全不是一个等级可比拟的。由此可知以最愚昧的臣民来面对最圣明的君主，以最卑贱的下属面对最尊贵的帝王，会徒劳地妄想自己比帝王强，是做不到的。陛下降下恩旨，赐以慈祥的脸色，安静地倾听臣下的劝谏之言，虚怀若谷来采纳臣下的意见，都还担心臣下未敢应对提出建议；何况陛下运用了如神一样的心机，发挥了上天特赐的巧辩，修饰辞藻来批驳臣下的道理，引征古事来排斥臣下的建议，这让凡夫百姓如何能够应答！而且要博闻多记就会损伤心思，过多说话就损伤精气，心气在内受到损伤，身形和精神在外出现疲劳，起初虽然察觉不到，以后必然使陛下的身心劳累，望陛下为社稷江山而自爱身心，岂能为了个人兴趣爱好而自伤身心！至于像秦始皇那样能言善辩，由于自己的矜夸而失去了民心；像魏文帝那样有雄才大略，由于自己空虚的言论而辜负了众人的期望。这都是过分使用才能和巧辩而带来的危害，由这两个例子就可以非常清楚地知道了。"唐太宗书写飞白书回答他，说："没有思考就无法统率臣下，没有言辞就无法表述思考，近来对于国事有所议论，结果导致言辞繁多，对他人的轻视和骄傲的心情，恐怕即由此产生，至于身形精神心灵神气，不是因为此事而劳累的。如今听到你的直言谠论，当虚怀听取加以改正。"四月十六日，唐太宗车驾到显仁宫。

唐太宗准备征伐高丽，秋季七月二十日，敕令将作大匠阎立德等人前往洪州、饶州、江州三地，建造舟船四百艘用来载运军粮。二十三日，唐太宗下诏派营州都督张俭等人率领幽州、营州两个都督府的兵马以及契丹、奚、靺鞨族的士兵先行进攻辽东，以观察高丽的动静。任命太常寺卿韦挺为馈运使，民部侍郎崔仁师为馈运副使，河北各州都接受韦挺的节制统辖，听从他根据情况加以调遣。又任命太仆寺少卿萧锐运送河南各州粮草入海。萧锐是萧瑀的儿子。

八月十一日，唐太宗对司徒长孙无忌等人说："人们苦于不知道自己的过错，你可以为朕明白地说出来。"长孙无忌回答说："陛下的文德武功，臣等将要遵奉顺应都应接不暇，哪有什么过错可以说出来呢？"唐太宗说："朕向你们询问自己的过失，你们却曲意逢迎来取悦我，朕想当面列举你们的得失以互相鉴诫改正，怎么样？"大臣们都下拜磕头称谢。唐太宗说："长孙无忌善于躲避嫌疑，对事情的回应十分敏捷迅速，对于事理的决断，古人也超不过，然而领兵作战，并非他的所长。高士廉广泛涉猎古今历史，心术明白通达，面临危难不改气节，做官没有私结朋党，所缺乏的是如骨头一样强硬对君主进行规谏而已。唐俭言辞敏捷善辩，善于调解人际的纠纷，侍奉朕三十年，却没有对我有过什么批评和建议。杨师道性情纯正和洽，自身没有过失错误，但是性格实际上怯懦，紧急之事不能让他来办。岑文本的性格忠实厚道，文章华美富瞻，然而持论常常规划长远之事，自然不切实用。刘洎性格最为坚定贞正，对于国家自有利益，然而他内心崇尚对人的应允和许诺，用私情对待朋友。马周对事情的判断观察敏捷迅速，性情非常纯贞正直，品评人物，直抒胸臆，朕近来委任他做事，多能符合我的心意。褚遂良学问稍微长于他人，性格也坚定正直，每每倾注他的忠诚，对朕表示亲近和依附，如同飞鸟依人，人们自然会怜悯他。”

八月二十三日，唐太宗回到京城。

八月二十六日，任命散骑常侍刘洎为侍中，代行中书侍郎职务的岑文本为中书令，太子左庶子中书侍郎马周暂时代理中书令。

岑文本官拜中书令后，回到家中，面有忧色。他的母亲问他是什么原因，岑文本说：“我不是有功勋的大臣也不是陛下原来的属臣，滥于蒙受这样的恩宠和荣贵，官位高责任重，所以内心忧惧。”亲属宾客中有人来祝贺，岑文本说：“现今是接受你们的吊唁，不是接受贺喜。”

岑文本的弟弟岑文昭官为校书郎，喜欢结交宾客，唐太宗听说后不高兴，曾经从容地对岑文本说：“你的弟弟过分结交宾客，恐怕会成为你的牵累，朕想让他到外地做官，怎么样？”岑文本哭泣着说：“臣的弟弟年少时失去父亲成为孤儿，老母亲特别宠爱他，从未超过两个晚上让他离开自己的身边。如今若到外地为官，母亲必然忧愁憔悴，倘如没有弟弟在身边，也会没有老母亲了。”于是抽泣叹气，唐太宗怜悯他的孝心而打消了原来的想法。只是召见了岑文昭严加诫训，岑文昭最终也没有出现过失。

九月，任命谏议大夫褚遂良为黄门侍郎，参与朝政。

【原文】

焉耆贰于西突厥，西突厥大臣屈利啜[①]为其弟娶焉耆王女，由是朝贡多阙，安西都护郭孝恪请讨之。诏以孝恪为西州道行军总管，帅步骑三千出银山道[②]以击之。会焉耆王弟颉鼻兄弟[③]三人至西州，孝恪以颉鼻弟栗婆准为乡导。焉耆城四面皆水，恃险而不设备，孝恪倍道兼行，夜至城下，命将士浮水而渡，比晓，登城，执其王突骑支[④]，获首虏七千级，留栗婆准摄国事而还。孝恪去三日，屈利啜引兵救焉耆，不及，执栗婆准，以劲骑五千，追孝恪至银山，孝恪还击，破之，追奔数十里。

辛卯⑤，上谓侍臣曰："孝恪近奏称八月十一日往击焉耆，二十日应至，必以二十二日破之，朕计其道里，使者今日至矣！"言未毕，驿骑至。

西突厥处那啜⑥使其吐屯⑦摄焉耆，遣使入贡。上数之曰："我发兵击得焉耆，汝何人而据之？"吐屯惧，返其国，焉耆立栗婆准从父兄薛婆阿那支⑧为王，仍附于处那啜。

乙未⑨，鸿胪⑩奏"高丽莫离支贡白金。"褚遂良曰："莫离支弑其君，九夷⑪所不容，今将讨之而纳其金，此郜鼎⑫之类也，臣谓不可受。"上从之。上谓高丽使者曰："汝曹皆事高武，有官爵。莫离支弑逆，汝曹不能复雠，今更为之游说以欺大国，罪孰大焉！"悉以属大理⑬。

冬十月辛丑朔⑭，日有食之。

甲寅⑮，车驾行幸洛阳，以房玄龄留守京师，右卫大将军、工部尚书李大亮副之。

郭孝恪锁焉耆王突骑支及其妻子诣行在，敕宥之。丁巳⑯，上谓太子曰："焉耆王不求贤辅，不用忠谋，自取灭亡，系颈束手，漂摇万里。人以此思惧，则惧可知矣。"

己巳⑰，畋于渑池之天池⑱。十一月壬申⑲，至洛阳。

（以上为第九段，写唐安西都护征讨焉耆。）

【注释】

①屈利啜：西突厥重臣。事迹见《旧唐书》一百九十八《焉耆传》、《新唐书》卷二百二十一上《焉耆传》。　②银山道：银山，沙碛名。为唐安西都护府属地。在今新疆托克逊县西南库木什。　③颉鼻兄弟：焉耆叶护。事迹见《旧唐书》卷一百九十八《焉耆传》、《新唐书》卷二百二十一上《焉耆传》。　④突骑支：焉耆王。龙姓。被俘后献于朝廷，留居京师，高宗初年，拜左卫大将军，遣归复位。事迹见《册府元龟》卷九百六十六《外臣部·继袭一》、《新唐书》卷二百二十一上《焉耆传》。　⑤辛卯：九月二十一日。　⑥处那啜：西突厥部酋。　⑦吐屯：突厥第四等高级官称。　⑧薛婆阿那支：号瞎干。后为唐大将阿史那社尔擒斩。事迹见《旧唐书》卷一百九十八《焉耆传》、《新唐书》卷二百二十一上《焉耆传》。　⑨乙未：九月二十五日。　⑩鸿胪：即鸿胪

寺。 ⑪九夷：古东夷诸族。据《后汉书·东夷传》载，东方有九夷，曰：畎夷、于夷、方夷、黄夷、白夷、赤夷、玄夷、风夷、阳夷。 ⑫郜鼎：春秋时郜国（在今山东成武县东南）所铸大鼎，被齐桓公夺取后献于太庙。这是一种非礼行为。 ⑬大理：即中央司法机关大理寺。 ⑭辛丑朔：十月初一日。 ⑮甲寅：十月十四日。 ⑯丁巳：十月十七日。 ⑰己巳：十月二十九日。 ⑱天池：湖名。在今河南渑池县熊耳山际。⑲壬申：十一月初二日。

【译文】

焉耆国对唐朝怀有二心而与西突厥交好，西突厥的大臣屈利啜为自己的弟弟娶了焉耆王的女儿，从此焉耆对唐朝的贡赋多有欠缺，安西都护郭孝恪请求派兵讨伐。唐太宗颁下诏书任命郭孝恪为西州道行军总管，统率三千名步兵骑兵从银山道出兵进攻焉耆。正好此时焉耆王的弟弟颉鼻兄弟三人来到西州，郭孝恪就让颉鼻的弟弟栗婆准做向导。焉耆城四面环水，仗恃地势险要而不加防备，郭孝恪率军昼夜兼程行军，夜晚来到城下，命令将士们泅水渡河，天快拂晓时，登上城墙，俘获焉耆王突骑支，斩首俘获七千人，留下栗婆准摄行国政，自己率领兵马还师。郭孝恪离开了三天，屈利啜带兵救援焉耆，没有来得及救出突骑支，捉了栗婆准，率五千名强劲骑兵，追赶郭孝恪来到银山，郭孝恪领兵还击，把屈利啜打败，追击逃军数十里。

九月二十一日，唐太宗对身边的大臣们说："郭孝恪近日上奏称八月十一日前往进攻焉耆，二十日应该到达该国，必定在二十二日攻破焉耆，朕计算来回的里程，使者今日就会赶到了。"话还没说完，驿站快骑就到了。

西突厥处那啜让他的吐屯摄理焉耆的国政，并派使者来唐朝进贡。唐太宗责备他说："我发兵攻击占领焉耆，你们是何人，却来占据其国？"吐屯害怕，返回突厥。焉耆拥立栗婆准的堂兄薛婆阿那支为国王，仍然依附于处那啜。

九月二十五日，鸿胪寺奏称"高丽国莫离支进贡白金"。褚遂良说："莫离支杀死他的国王，是东方各族所不能容忍的，如今正要去讨伐他而又收纳他的贡品，这就如同春秋时齐桓公向宋国索取郜鼎一样，臣以为不能接受。"唐太宗听从了他的意见。唐太宗对高丽的使者说："你们都侍奉国王高武，都有官爵。莫离支杀死了国君，你们不能报仇，如今又为他进行游说来欺骗唐朝大国，罪恶有比这更大的吗？"把使者全部交付大理寺关押。

冬季，十月初一日，发生日食。

十月十四日，唐太宗车驾行幸洛阳，命令房玄龄留守京师，右卫大将军、工部尚书李大亮为房玄龄的副手。

郭孝恪押送焉耆王突骑支及其妻子儿女到了唐太宗行幸的洛阳，唐太宗敕令宽宥他们。十月十七日，唐太宗对太子李治说："焉耆王不去访求贤臣辅政，不用忠良谋划国事，自取灭亡，脖子上系着绳索，双手被捆起来，漂泊到万里之外。人们因这件事而想到畏惧，也就懂得什么是畏惧了。"

十月二十九日，唐太宗在渑池县的天池打猎。十一月初二日，回到洛阳行宫。

【原文】

前宜州刺史郑元琫[①]，已致仕，上以其尝从隋炀帝伐高丽，召诣行在，问之，对曰："辽东道远，粮运艰阻，东夷善守城，攻之不可猝下。"上曰："今日非隋之比，公但听之。"

张俭等值辽水[②]涨，久不得济[③]，上以为畏懦，召俭诣洛阳。至，具陈山川险易，水草美恶；上悦。

上闻洺州刺史程名振[④]善用兵，召问方略[⑤]，嘉其才敏，劳勉之，曰"卿有将相之器，朕方将任使。"名振失不拜谢，上试责怒，以观其所为，曰："山东鄙夫[⑥]，得一刺史，以为富贵极邪！敢于天子之侧，言语粗疏；又复不拜！"名振谢曰："疏野之臣，未尝亲奉圣问，适方心思所对，故忘拜耳。"举止自若，应对愈明辩。上乃叹曰："房玄龄处朕左右二十馀年，每见朕谴责馀人，颜色无主[⑦]。名振平生未尝见朕，朕一旦责之，曾无震慑，辞理不失，真奇士也！"即日拜右骁卫将军。

甲午[⑧]，以刑部尚书张亮为平壤[⑨]道行军大总管[⑩]，帅江、淮、岭、峡[⑪]兵四万，长安、洛阳募士三千，战舰五百艘，自莱州[⑫]泛海趋平壤。又以太子詹事、左卫率李世勣为辽东道行军大总管，帅步骑六万及兰、河二州[⑬]降胡[⑭]趣辽东，两军合势并进。庚子[⑮]，诸军大集于幽州，遣行军总管姜行本[⑯]、少府少监[⑰]丘行淹[⑱]先督众工造梯冲于安萝山。时远近勇士应募及献攻城器械者不可胜数，上皆亲加损益[⑲]，取其便易。又手诏谕天下，以"高丽盖苏文弑主虐民，情何可忍？今欲巡幸幽、蓟，问罪辽、碣[⑳]，所过营顿，无为劳费。"且言："昔隋炀帝残暴其下，高丽王仁爱其民，以思乱之军击安和之众，故不能成功。今略言必胜之道有五：

一曰以大击小，二曰以顺讨逆，三曰以治乘乱，四曰以逸待劳，五曰以悦当怨，何忧不克？布告元元[21]，勿为疑惧！”于是凡顿舍供费之具，减者太半。

十二月辛丑[22]，武阳懿公李大亮卒于长安，遗表请罢高丽之师。家馀米五斛，布三十匹。亲戚早孤为大亮所养，丧之如父者十有五人。

壬寅[23]，故太子承乾卒于黔州，上为之废朝，葬以国公[24]礼。

甲寅[25]，诏诸军及新罗、百济、奚、契丹分道击高丽。

初，上遣突厥俟利苾可汗北渡河，薛延陀真珠可汗恐其部落翻动[26]，意甚恶之，豫蓄[27]轻骑于漠北，欲击之。上遣使戒敕，无得相攻。真珠可汗对曰：“至尊[28]有命，安敢不从？然突厥翻复难期，当其未破之时，岁犯中国，杀人以千万计。臣以为至尊[28]克之，当剪[29]为奴婢，以赐中国之人，乃反养之如子，其恩德至[30]矣，而结社率竟反。此属兽心，安可以人理待也？臣荷恩深厚，请为至尊诛之。”自是数相攻。

俟利苾之北渡也，有众十万，胜兵四万人，俟利苾不能抚御，众不惬服[31]。戊午[32]，悉弃俟利苾南渡河，请处于胜、夏之间[33]，上许之。群臣皆以为：“陛下方远征辽左[34]，而置突厥于河南，距京师不远，岂得不为后虑？愿留镇洛阳，遣诸将东征。”上曰：“夷狄亦人耳，其情与中夏[35]不殊[36]。人主患[37]德泽[38]不加，不必猜忌异类[39]。盖德泽洽[40]，则四夷可使如一家；猜忌多，则骨肉不免为雠敌。炀帝无道，失人已久，辽东之役，人皆断手足以避征役，玄感[41]以运卒反于黎阳，非戎狄为患也。朕今征高丽，皆取愿行者，募十得百，募百得千，其不得从军者，皆愤叹郁邑[42]，岂比隋之行怨民哉？突厥贫弱，吾收而养之，计其感恩，入于骨髓，岂肯为患？且彼与薛延陀嗜欲略同[43]，彼不北走薛延陀而南归我，其情可见矣。”顾谓褚遂良曰：“尔知起居，为我志之，自今十五年，保无突厥之患。”俟利苾既失众，轻骑入朝，上以为右武卫将军。

（以上为第十段，写唐太宗举兵伐高丽，同时安抚归降的突厥之众。）

【注释】

①郑元璹（？—646）：隋末唐初大臣。郑州荥泽人。在隋任右武候将军，曾从炀帝征讨高丽。入唐官至左武候大将军，封沛国公。传见《旧唐书》卷六十二、《新唐书》卷一百。　②辽水：今辽河。　③济：渡，过河。　④程名振：唐初名将。洺州平恩人。

早年参加窦建德农民军，降唐后累擢营州都督等职。事迹见《旧唐书》卷八十三《薛仕贵传》、《新唐书》卷一百一十一《薛仕贵传》。 ⑤方略：计策，谋略。 ⑥鄙夫：村野之人，庸俗鄙陋之人。 ⑦颜色无主：因受惊脸色骤变。 ⑧甲午：十一月二十四日。⑨平壤：高丽国都。即今朝鲜平壤市。 ⑩行军大总管：战时某一方面军的统帅或领军大将。 ⑪江、淮、岭、峡：地区名。江，江州，治所在今江西九江市。淮，今江苏南部长江支流秦淮河流域。岭，疑指五岭地区，今湘、赣与桂、粤等省区交界处。峡，长江三峡地区，或指峡州，治所在今湖北宜昌市。 ⑫莱州：州治在今山东莱州市。⑬兰、河二州：兰州治所在今甘肃皋兰县。河州治所在今甘肃临夏县。 ⑭降胡：唐西北地区内降蕃人总称。 ⑮庚子：十一月三十日。 ⑯姜行本（？—645）：唐初大将。名确，字行本。秦州上邽人。累擢将作大匠、左屯卫将军等，封金城郡公。行本工于营建，尤善兵械制造。传见《旧唐书》卷五十九、《新唐书》卷九十一。 ⑰少府少监：官名。天子私府少府监长官之副，掌皇室手工业制造。 ⑱丘行淹：唐初大将丘和少子。事迹见《旧唐书》卷五十九《丘和传》附《丘行恭传》。 ⑲损益：增减。 ⑳碣：即碣石山。在今辽宁绥中县东南姜女坟。 ㉑元元：黎民百姓。 ㉒辛丑：十二月初一日。 ㉓壬寅：十二月初二日。 ㉔国公：爵位名。原为五等爵中的最高一级，隋唐时九等爵中的第三级。 ㉕甲寅：十二月十四日。 ㉖翻动：闹事，反叛。 ㉗蓄：储备。㉘至尊：至高无上的皇帝的代称。 ㉙剪：全部剪灭。 ㉚至：最，极。 ㉛惬服：满意。 ㉜戊午：十二月十八日。 ㉝胜、夏之间：地区名。即胜州（治所在今内蒙古准格尔旗东北黄河南岸十二连城）、夏州（治所在今内蒙古乌审旗南白城子）间的广大地带。 ㉞辽左：即辽东。 ㉟中夏：中原。 ㊱不殊：没有两样。 ㊲患：忧虑。 ㊳德泽：恩惠。 ㊴异类：异族。 ㊵洽：浸润。 ㊶玄感：即隋叛将杨玄感（？—613）。弘农华阴人。权臣杨素子。历任郢州刺史、礼部尚书，袭封楚国公。大业九年反于黎阳，不久兵败自杀。传见《隋书》卷七十。 ㊷郁邑：苦闷。“邑”通“悒”。㊸嗜欲略同：爱好基本相同。

【译文】

前宜州刺史郑元琦已经退休在家，唐太宗因为他过去曾跟从隋炀帝讨伐高丽，特意把他召到行宫，问他讨伐高丽的计策，郑元琦回答说：“辽东的路途遥远，运粮非常艰难。高丽人善于守城，攻城不能很快攻下。”唐太宗说：“今日已非隋朝时可比，你只管等着听消息吧。”

张俭等率领的部队遇上辽河的水上涨，很久不能渡过辽河，唐太宗认为他们害怕而懦弱，召张俭到洛阳。张俭到了洛阳，详细陈述当地山川地势何处险要何处易行，水草何处丰美何处恶劣；唐太宗听后很高兴。

唐太宗听说洺州刺史程名振善于用兵打仗，就召见他询问作战的方略，赞扬他才思敏捷，慰问勉励他，说："你有将相的才器，朕将要对你有所任用。"程名振失礼又不拜谢，唐太宗假装恼怒而斥责他，来观察他会怎么做，说："山东的一个鄙陋野夫，得到刺史职位，认为富贵达到极点了！竟敢在天子身边，言语粗鲁，还不下拜！"程名振谢罪说："我是粗疏草野之臣，未曾亲身侍奉过皇上，刚才只想着如何回答，所以忘了下拜。"他的举止自如，回答更为清楚而合乎道理。唐太宗于是感叹说："房玄龄在朕身边二十多年，每次看见朕斥责别人，脸色惶恐没有主意。程名振平生未曾见过朕，朕一旦责怪他，不曾震惊害怕，言辞和道理都没有差错，真是一位奇士！"当日即拜官为右骁卫将军。

十一月二十四日，任命刑部尚书张亮为平壤道行军大总管，率领江州、淮州、岭州、峡州的兵马四万人，又在长安、洛阳招募士兵三千人，战舰五百艘，从莱州渡海向平壤进军。又任命太子詹事、左卫率李世勣为辽东道行军大总管，率领步骑兵六万人以及兰州、河州投降的胡族兵马进军辽东，两支部队兵势相合同时进军。三十日，各路大军在幽州大规模会合，唐太宗派行军总管姜行本、少府少监丘行淹先行在安萝山监督众多工匠制造攻城用的云梯和冲城门的冲撞器。当时远近的勇士前来应募的和献出各种攻城器械的人不计其数，唐太宗都亲自加以改造，取用其中方便简易的器械。又发下亲笔诏书传令天下，认为："高丽的盖苏文杀死君王肆虐百姓，于人情哪里可以忍受？如今朕要巡幸幽州、蓟州，到辽东、碣石兴师问罪，所要经过之地的部队的驻扎安顿，不要动用当地百姓及其财物。"并且说："从前隋炀帝残暴对待他的百姓，高丽王对他的百姓施以仁爱，用人心思乱的军队去进攻安定和洽的军众，所以不能取得胜利。现在朕大略说明五条必胜之道：一是用强大进攻弱小，二是靠人心顺服去讨伐倒行逆施，三是靠天下大治而利用敌方内部的混乱，四是以逸待劳，五是以百姓心悦诚服的国家去进攻积有怨恨的国家。何愁不能取胜？以此布告黎民百姓，不要产生疑惧。"于是凡是用于军队停顿驻扎供应各种用途的器具，减少了一大半。

十二月初一日，武阳懿公李大亮在长安去世，遗书请求罢除进攻高丽的军队。他家中只剩余五斛米、三十匹布。亲属中早年丧父成为孤儿的，受到李大亮收养，如同死了自己的父亲一样为李大亮服丧的有十五人。

十二月初二日，前太子李承乾死于黔州，唐太宗为他的死停止上朝，用国公的礼仪安葬他。

十二月十四日，唐太宗下诏令各路大军以及新罗、百济、奚、契丹分兵进攻高丽。

起初，唐太宗派突厥俟利苾可汗北渡黄河，薛延陀真珠可汗担心他的部落反叛骚动，内心十分不满，预先在漠北准备了轻骑兵，想袭击俟利苾。唐太宗派使者用敕书告诫双方，不得相互攻伐。真珠可汗回答说："大唐天子有命，哪里敢不遵从？然而突厥人反复无常难以预料，当他们没有灭亡的时候，年年侵犯唐朝，杀人成千上万。臣认为大唐打败了他们，应当把他们全部当作奴隶，赐给中原的百姓，反而抚养他们如同自己的儿子一样，对他们的恩德到极点了，最后结社率还是反叛。这种人是人面兽心，怎能用人的道理对待他们呢？臣蒙受大唐的恩德非常深厚，请求为至尊的大唐天子诛灭他们。"从此以后，薛延陀和突厥多次相互攻伐。

俟利苾北渡黄河后，拥有十万民众，可以作战的士兵四万人，俟利苾不能安抚统御属下，众人都不服从命令。十二月十八日，众人抛弃俟利苾南渡黄河，请求居住在胜州、夏州之间的地区，唐太宗答应了他们。众位大臣都认为："陛下正在远征辽东，又把突厥人安置在河南一带，离京师很近，怎么能不成为后患呢？望陛下留下来镇守洛阳，派遣各位将领东征高丽。"唐太宗说："夷狄也是人，他们的人情与中原华夏人没有不同。君主应该担忧自己的恩德没有施及百姓身上，不必对不同的族类横加猜忌。这是因为如果君主的恩德福泽普遍施加给天下，四方的民族就可以让他们与华夏人如同一家；如果君主对天下的人多有猜忌，就连自己的亲骨肉也不免成为仇敌。隋炀帝暴虐无道，很久就已经失去了民心，隋朝发动辽东的战役，百姓都自己折断手足来逃避兵役，杨玄感率领运送粮食的士卒在黎阳造反，这不是夷狄族类造成的祸患。朕现今征伐高丽，都是征发愿意从军打仗的，招募十名就得到一百人，招募一百名就得到一千人，那些不能随从军队的人都怨恨感叹心中忧郁，岂能与隋朝东征时出现的百姓怨恨相比？突厥本来就很贫穷衰弱，我大唐接收并养护他们，估计他们感恩戴德的想法会刻骨铭心，怎么肯制造祸患呢？而且他们突厥人与薛延陀的欲望爱好大略相同，他们不向北投奔薛延陀而南下归顺我们，他们的情感就由此可见了。"回头对褚遂良说："你掌管起居注，为我记下这些话，从今往后十五年，保证没有突厥的祸患。"俟利苾已经失去部众，就轻骑入京朝见，唐太宗任命他为右武卫将军。

【原文】

十九年（乙巳，645）

春，正月，韦挺坐不先行视漕渠[①]，运米六百馀艘至卢思台[②]侧，浅塞不能进，械送洛阳。丁酉[③]，除名[④]，以将作少监[⑤]李道裕[⑥]代之。崔仁师亦坐免官。

沧州刺史席辩坐赃污，二月庚子[⑦]，诏朝集使临观而戮之。

庚戌[⑧]，上自将诸军发洛阳，以特进萧瑀为洛阳宫留守。乙卯[⑨]，诏："朕发定州后，宜令皇太子监国[⑩]。"开府仪同三司致仕尉迟敬德上言："陛下亲征辽东，太子在定州，长安、洛阳心腹空虚，恐有玄感之变。且边隅小夷，不足以勤万乘[⑪]，愿遣偏师[⑫]征之，指期可殄[⑬]。"上不从。以敬德为左一马军总管，使从行。

丁巳[⑭]，诏谥殷太师比干[⑮]曰忠烈，所司封其墓，春秋祠以少牢[⑯]，给随近五户供洒扫。

上之发京师也，命房玄龄得以便宜从事，不复奏请。或诣留台[⑰]称有密，玄龄问密谋所在，对曰："公则是也。"玄龄驿送行在。上闻留守有表送告密人，上怒，使人持长刀于前而后见之，问告者为谁，曰："房玄龄。"上曰："果然。"叱令腰斩。玺书让玄龄以不能自信，"更有如是者，可专决之"。

癸亥[⑱]，上至邺[⑲]，自为文祭魏太祖[⑳]，曰："临危制变，料敌设奇，一将之智有馀，万乘之才不足。"

是月，李世勣军至幽州。

三月丁丑[㉑]，车驾至定州。丁亥[㉒]，上谓侍臣曰："辽东本中国之地，隋氏四出师而不能得；朕今东征，欲为中国报子弟之雠，高丽雪君父之耻耳。且方隅[㉓]大定，惟此未平，故及朕之未老，用士大夫馀力以取之。朕自发洛阳，唯啖肉饭，虽春蔬亦不之进，惧其烦扰故也。"上见病卒，召至御榻[㉔]前存慰，付州县疗之，士卒莫不感悦。有不预征名[㉕]，自愿以私装从军，动以千计，皆曰："不求县官[㉖]勋赏，惟愿效死[㉗]辽东。"上不许。

上将发，太子悲泣数日，上曰："今留汝镇守，辅以俊贤，欲使天下识汝风采。夫为国之要，在于进贤退不肖[㉘]，赏善罚恶，至公无私，汝当努力行此，悲泣何为？”命开府仪同三司高士廉摄太子太傅，与刘洎、马周、少詹事[29]张行成、右庶子高季辅同掌机务[30]，辅太子。长孙无忌、岑文本与吏部尚书杨师道从行。壬辰[31]，车驾发定州，亲佩弓矢，手结雨衣于鞍后。命长孙无忌摄侍中，杨师道摄中书令。

（以上为第十一段，写唐太宗亲征高丽，令太子李治监国。）

【注释】

①漕渠：泛指由人工开凿或疏浚用以通漕运的河流。此指曹操征乌桓所开泉州渠。②卢思台：在今北京市卢沟桥西北。 ③丁酉：正月二十八日。 ④除名：除去名籍，取消原有的资格。 ⑤将作少监：官名。将作监长官将作大匠之副，掌土木工程营建等事。 ⑥李道裕：唐初大臣李大亮侄。雍州泾阳人。永徽中，官至大理卿。传见《旧唐书》卷六十二、《新唐书》卷九十九。 ⑦庚子：二月初二日。 ⑧庚戌：二月十二日。⑨乙卯：二月十七日。 ⑩监国：天子外出，太子留守京师并代理国事，称监国。⑪万乘：本指兵车万辆，后专指帝位。周制，只有天子可拥有兵车万辆，后世遂称天子为“万乘之尊”。 ⑫偏师：某一方面军，全军的一部分，非主力军。 ⑬殄（tiǎn）：灭绝。 ⑭丁巳：二月十九日。 ⑮比干：殷纣王叔父，因屡次劝谏纣王被剖心而死。 ⑯少牢：古称祭祀用的豕和羊。 ⑰留台：官名。即留守。 ⑱癸亥：二月二十五日。 ⑲邺：县名。县治在今河北临漳县西南邺镇。 ⑳魏太祖：即三国时的政治家、军事家、诗人曹操（155—220）。子曹丕称帝，追尊为魏武帝，庙号太祖。㉑丁丑：三月初八日。 ㉒丁亥：三月十八日。 ㉓方隅：四方，边疆。 ㉔御榻：皇帝卧榻。榻，床。 ㉕不预征名：谓不属于征发对象，不载征辽军之名籍。 ㉖县官：特指天子。 ㉗效死：效力而死。 ㉘不肖：不贤。 ㉙少詹事：官名。东宫詹事府长官太子詹事之副，正四品上，掌东宫内外众务。 ㉚机务：军国机密大事。 ㉛壬辰：三月二十四日。

【译文】

唐太宗贞观十九年（乙巳，645）

春季，正月，韦挺由于没有事先去巡视漕渠，使运送大米的六百多条船只在卢思台旁边搁浅不能前进，犯了罪被戴上刑具押送到洛阳。二十八日，把韦挺从官员名簿上除名，由将作少监李道裕代替他。崔仁师也连坐免官。

沧州刺史席辩犯贪污罪，二月初二日，唐太宗诏令朝集使前往视察而杀死他。

二月十二日，唐太宗亲自统率各路大军从洛阳出发，任命特进萧瑀为洛阳皇宫留守。十七日，唐太宗下诏："朕从定州发兵后，应该由皇太子监理国家政事。"开府仪同三司致仕尉迟敬德上书说："陛下亲自征伐辽东，皇太子在定州，长安、洛阳两处心腹之地就很空虚，恐怕发生像杨玄感那样的变乱。而且高丽是边陲的小国，不足以惊动皇上的大驾，希望陛下派次要部队征伐，指定日期就可消灭。"唐太宗不听从。任命尉迟敬德为左一马军总管，让他随行出征。

二月十九日，唐太宗下诏为殷商的太师比干追加谥号为"忠烈"，让有关部门为比干的坟墓培土整修，春秋两季用猪羊进行祭祀，又命附近五户人家专门为比干的墓洒扫保护。

唐太宗离开京城时，命令房玄龄根据具体情况临机处理政务，不必向皇帝上奏请示。此时有人到房玄龄留守的官衙声称有人进行密谋，房玄龄问密谋的人在哪里，回答说："你就是。"房玄龄让驿站紧急传送告密的人到唐太宗的行宫。唐太宗听留守有表章送来告密的人，非常恼怒，让人手持长刀立于帐前而后见到告密人，问告密人告的是谁，回答说："房玄龄。"唐太宗说："果然不出所料。"喝令把告密人腰斩。又亲自发出玺书责备房玄龄不能自信，称："再有类似的事情，你可以独自处决。"

二月二十五日，唐太宗到达邺县，亲自撰文祭奠魏太祖，文章说："面临危机处置事变，料想敌情设置奇兵，作为一位将领的智慧有余，作为帝王的才能则不足。"

这个月，李世勣的部队到达幽州。

三月初八日，唐太宗的车驾到达定州。十八日，唐太宗对身边的大臣说："辽东本来是中原王朝的土地，隋朝四次出兵都不能夺回来，如今朕率兵东征，想为中原的子弟报父兄的仇，为高丽百姓雪国王被杀的耻辱。而且四方已大为平定，只有此处没有平定，所以趁朕还没有衰老，用士大夫们的余力来夺取失地。朕自洛阳出发以来，只吃肉食，就连春天的蔬菜也不吃，这是担心会给百姓带来烦扰的缘故。"唐太宗看见有病的士兵，就召到御榻前加以慰问，交给州县进行治疗，士兵们莫不感动。有人的姓名不在东征部队的名册之中，自愿用私人的装备跟随军队，动辄上千人，都说："我们不求得到皇上的封爵赏赐，只愿到辽东为陛下拼死作战。"唐太宗不答应他们的要求。

唐太宗将要出发，太子李治一连悲伤哭泣了几天，唐太宗说："如今留下你镇守京城，又让出众的贤才辅佐你，想让天下认识你的风采。治理国家最重要的，在于任用贤才摒弃无能小人，赏赐善人惩罚恶人，大公无私，你应当努力去做这些，悲伤哭泣干什么？”命开府仪同三司高士廉兼任太子太傅，与刘洎、马周、少詹事张行成、右庶子高季辅一同执掌朝廷机要事务，来辅助太子。长孙无忌、岑文本与吏部尚书杨师道跟随唐太宗出行。三月二十四日，唐太宗的车驾从定州出发，唐太宗亲自佩带了弓箭，亲手在马鞍后面系好雨衣。命长孙无忌摄行侍中职务，杨师道摄行中书令。

【原文】

李世勣军发柳城①，多张形势，若出怀远镇②者，而潜师北趣甬道③，出高丽不意。夏，四月戊戌朔④，世勣自通定⑤济辽水，至玄菟⑥。高丽大骇⑦，城邑皆闭门自守。壬寅⑧，辽东道副大总管江夏王道宗将兵数千至新城⑨，折冲都尉曹三良引十馀骑直压城门，城中惊扰，无敢出者。营州都督张俭将胡兵⑩为前锋，进渡辽水，趋建安城⑪，破高丽兵，斩首数千级。

太子引高士廉同榻视事，又令更为士廉设案，士廉固辞。

丁未⑫，车驾发幽州。上悉以军中资粮、器械、簿书委岑文本，文本夙夜勤力，躬自料配，筹⑬、笔不去手，精神耗竭，言辞举措，颇异平日。上见而忧之，谓左右曰：“文本与我同行，恐不与我同返。”是日，遇暴疾而薨。其夕，上闻严鼓⑭声，曰：“文本殒没，所不忍闻，命撤之。”时右庶子许敬宗在定州，与高士廉等同知机要，文本薨，上召敬宗，以本官检校中书侍郎。

壬子⑮，李世勣、江夏王道宗攻高丽盖牟城⑯。丁巳⑰，车驾至北平。癸亥⑱，李世勣等拔盖牟城，获二万馀口，粮十馀万石。

张亮帅舟师自东莱⑲渡海，袭卑沙城⑳，其城四面悬绝，惟西门可上。程名振引兵夜至，副总管王文度㉑先登，五月己巳㉒，拔之，获男女八千口。分遣总管丘孝忠㉓等曜兵于鸭绿水㉔。

李世勣进至辽东城㉕下。庚午㉖，车驾至辽泽㉗，泥淖二百馀里，人马不可通，将作大匠阎立德布土作桥，军不留行。壬申㉘，渡泽东。乙亥㉙，高丽步骑四万救辽东，江夏王道宗将四千骑逆击之，军中皆以为众寡悬绝，不若深沟高垒以俟车驾之至。道宗曰：“贼恃众，有轻我心，远来疲顿，击之必败。且吾属为前军，当清道以待乘舆，乃更以贼遗君父乎！”李世勣以为然。果毅都尉马文举曰：“不遇勍敌[30]，何以显壮士！”策马趋敌，所向皆靡[31]，众心稍安。既合战，行军总管张君乂[32]退走，唐兵不利，道宗收散卒，登高而望，见高丽陈乱，与骁骑数十冲之，左右出入，李世勣引兵助之，高丽大败，斩首千馀级。

丁丑[33]，车驾渡辽水，撤桥，以坚士卒之心，军于马首山[34]，劳赐江夏王道宗，超拜马文举中郎将，斩张君乂。上自将数百骑至辽东城下，见士卒负土填堑，上分其尤重者，于马上持之，从官争负土致城下。李世勣攻辽东城，昼夜不息，旬有二日[35]，上引精兵会之，围其城数百重，鼓噪声震天地。甲申[36]，南风急，上遣锐卒登冲竿[37]之末，爇[38]其西南楼，火延烧城中，因麾将士登城，高丽力战不能敌，遂克之，所杀万馀人，得胜兵万馀人，男女四万口，以其城为辽州。

乙未[39]，进军白岩城[40]。丙申[41]，右卫大将军李思摩中弩矢，上亲为之吮血，将士闻之，莫不感动。乌骨城[42]遣兵万馀为白岩声援，将军契苾何力以劲骑八百击之，何力挺身陷陈，槊中其腰，尚辇奉御[43]薛万备[44]单骑往救之，拔何力于万众之中而还。何力气益愤，束疮而战，从骑奋击，遂破高丽兵，追奔数十里，斩首千馀级，会暝[45]而罢。万备，万彻之弟也。

（以上为第十二段，写征东唐军，初战告捷，攻破辽东城。）

【注释】

①柳城：县名。县治在今辽宁朝阳市。　②怀远镇：在今辽宁沈阳市辽中区附近。③甬道：两旁有墙的驰道或通道。此处甬道为隋炀帝征高丽时所建。　④戊戌朔：四月一日。　⑤通定：城镇名。在今辽宁新民市西北辽河西岸。　⑥玄菟：郡名，治所原在今朝鲜咸宁南道咸兴，后两迁至今辽宁沈阳市东。　⑦大骇：大惊惶恐。　⑧壬寅：四月五日。　⑨新城：今辽宁抚顺市。　⑩胡兵：此当为营州都督所押领的靺鞨、奚等东胡兵。　⑪建安城：在今辽宁盖州市东北青石关。　⑫丁未：四月初十日。　⑬筹：用来记数和计算的竹制用具。　⑭严鼓：急鼓，疾击之鼓。　⑮壬子：四月十五日。　⑯盖牟城：在今辽宁抚顺市北郊。　⑰丁巳：四月二十日。　⑱癸亥：四月二十六日。　⑲东莱：州名。治所在今山东莱州市。　⑳卑沙城：又作“卑奢城”。在今辽宁大连市金州区东大黑山。　㉑王文度：唐初大将。曾参加征讨西突厥、高丽、百济等重大军事活动。

官至熊津都督，驻守百济。事迹见《旧唐书》卷八十三《苏定方传》、卷八十四《刘仁轨传》、卷一百九十九上《百济传》，《新唐书》卷一百零八《刘仁轨传》、卷一百一十一《苏定方传》、卷二百一十五下《突厥传》下、卷二百二十《百济传》。　㉒己巳：五月初二日。　㉓丘孝忠：丘和子。官至卫尉卿、广州都督、安南公。事迹见《元和姓纂》卷五《十八尤》。　㉔鸭绿水：今中朝界河鸭绿江。　㉕辽东城：隋辽东郡治所。在今辽宁辽阳市老城区。　㉖庚午：五月初三日。　㉗辽泽：即辽河。　㉘壬申：五月初五日。　㉙乙亥：五月初八日。　㉚勍敌：强敌。"勍"通"劲"。　㉛靡：倒下，溃败。　㉜张君乂（？—645）：唐初将领。事迹见《旧唐书》卷九十二《魏元忠传》，《新唐书》卷二《太宗本纪》等、卷二百二十《高丽传》。　㉝丁丑：五月初十日。　㉞马首山：即今辽宁辽阳市西南首山（又称手山）。　㉟有二日：一旬（十天）又两天，即十二日。　㊱甲申：五月十七日。　㊲冲竿：攻城登城工具。　㊳爇（ruò）：点燃。　㊴乙未：五月二十八日。　㊵白岩城：又作白崖城。即今辽宁辽阳市东燕州城。　㊶丙申：五月二十九日。　㊷乌骨城：高丽城池，在今辽宁凤城市东南凤凰山上。　㊸尚辇奉御：官名。殿中省尚辇局长官，掌朝会、祭祀时的舆辇、伞扇陈设。　㊹薛万备：唐初将领。京兆咸阳（今陕西咸阳市）人。官至左卫将军。传见《旧唐书》卷六十九。　㊺暝：日暮，夜晚。

【译文】

李世勣的部队从柳城出发，大张声势，好像要从怀远镇出兵，但秘密派部队向北直趋甬道，出其不意进攻高丽。夏季四月初一日，李世勣从通定渡过辽水，到达玄菟。高丽人大为惊骇，城邑都关闭城门防守。初五日，辽东道副大总管江夏王李道宗领兵数千人到达新城，折冲都尉曹三良带领十多个骑兵直接涌向城门，城中的人惊恐，没有人敢出城应战。营州都督张俭率领胡族部队为前锋，渡过辽水，直趋建安城，打败高丽兵，斩首数千人。

太子李治把高士廉拉到自己的坐榻上一同处理政事，又令人另为高士廉设立书案，高士廉坚决推辞。

四月初十日，唐太宗车驾从幽州出发。唐太宗把军中的物资粮草、器械、文书簿录等全都委派给岑文本管理，岑文本早晚勤奋工作，亲自料理调配，计算用的筹码、书写用的笔从不离手，心力耗竭，言谈举止颇与往日不同。唐太宗看见后十分担忧，对身边的人说："文本与我同行，恐怕不能与我一同返回。"当天，岑文本得暴病去世。这天夜里，唐太宗听到急促的鼓声，说："文本去世，这是我不忍心听见的，快命人撤掉。”当时右庶子许敬宗正在定州，与高士廉等人共同掌管机要事务，岑文本去世后，唐太宗招来许敬宗，以本官检校中书侍郎。

四月十五日，李世勣、江夏王李道宗攻打高丽盖牟城。二十日，唐太宗的车驾到达北平城。二十六日，李世勣等人攻下盖牟城，俘虏两万多人，获得粮食十多万石。

张亮率领水师从东莱渡海，袭击卑沙城，此城四面悬崖与外界隔绝，只有西门可以上去。程名振率领士兵夜间到达，副总管王文度首先登上城墙，五月初二日，攻下卑沙城，俘获男女八千人。唐太宗分派总管丘孝忠等人在鸭绿江炫耀兵力。

李世勣的部队进军到辽东城下。五月初三日，唐太宗的车驾到达辽泽，前面是二百多里的沼泽地，人马不得通行，将作大匠阎立德垫土架桥，军队继续前进并未停留。初五日，渡过辽泽向东进军。初八日，高丽的步兵、骑兵四万人救援辽东，江夏王李道宗率领四千名骑兵迎击，军中士兵都认为敌我众寡悬殊，不如挖深壕沟加高壁垒坚守，等候唐太宗的车驾到来。李道宗说：“敌人仗着人马众多，心中就会轻视我们，他们远道赶来十分疲惫，现在攻击他们必会打败他们。而且我们作为前锋部队，正应当清除道路上的障碍来等待皇上车驾的到来，怎能再把敌人留给皇上！”李世勣认为说得对。果毅都尉马文举说：“不遇上强劲的敌手，如何能显示出壮士的威猛！”于是驱马冲向敌军，所向披靡，士兵的心情才稍稍安定下来。等到与高丽部队交锋之后，行军总管张君乂后退，唐朝军队作战不利，李道宗收容打散的士兵，登上高处观望，看见高丽军的阵形混乱，就与几十名骁勇骑兵冲击敌阵，从左方冲进从右方冲出，从右方冲进从左方冲出，李世勣领兵助战，高丽兵大败，斩杀一千多人。

五月初十日，唐太宗的车驾渡过辽水，拆毁桥梁，以此来坚定士兵们的决心，唐军驻扎在马首山，唐太宗慰劳赏赐江夏王李道宗，越级提拔马文举为中郎将，处斩后退的张君乂。唐太宗亲率数百骑兵来到辽东城下，看见士兵们背土填壕沟，唐太宗分出最重的，在马上拿着，随从的官员都争先恐后背土送到城下。李世勣的部队攻打辽东城，昼夜不停，过了十二天，唐太宗又带领精兵与李世勣会合，辽东城包围了多达数百层，擂鼓呐喊的声音震天动地。十七日，南风刮得很急，唐太宗派精锐士兵登上冲城长竿的顶端，放火烧辽东城的西南角楼，火势蔓延烧到城内，于是指挥将士们登上城墙，高丽兵竭力奋战但抵抗不住，唐军于是攻克辽东城，杀死一万多人，俘获高丽兵一万多人，男女四万人，把城的名称改为辽州。

五月二十八日，唐军进军白岩城。二十九日，右卫大将军李思摩被箭射中，唐太宗亲自为他吸出瘀血，将士们听说后，没有不受感动的。乌骨城派一万多名士兵作为白岩城的声援，将军契苾何力派八百名强劲骑兵攻击乌骨城的部队，契苾何力奋勇挺身冲锋陷阵，被长矛刺中了腰部，尚辇奉御薛万备单枪匹马前去救援，在万人丛中救出契苾何力回到唐军阵内。契苾何力的士气更为激愤，包扎了伤口又去拼杀，跟从的骑兵奋勇出击，于是打败高丽兵，追击逃兵几十里，杀死一千多人，直到天黑才停止。薛万备是薛万徹的弟弟。

【评析】

唐太宗废立太子

唐太宗共有十四个儿子，他最喜欢的有两个，一是魏王李泰，二是吴王李恪。长孙皇后是唐太宗嫡妻，生有三个儿子，即太子李承乾、魏王李泰、晋王李治。吴王李恪是杨妃所生，是庶子，排行第三。魏王李泰排行第四，晋王李治排行第九。李恪是李泰、李治的兄长。

李承乾是唐太宗嫡长子，因生于承乾殿而得名。唐太宗即位后，李承乾就被立为皇太子，时年八岁。李承乾聪明能干，唐太宗十分喜欢，每次行幸，常令太子监国，可是年长成人后，李承乾沉迷于声色逸乐，亲近群小，慢待师尊，唐太宗担心他不能做继承人，转而亲近魏王李泰，待遇胜于太子，煽起了魏王李泰的夺嫡野心。双方明争暗斗，愈演愈烈。唐太宗暖昧不明，太子深感大祸临头，于是铤而走险，筹划发动宫廷政变，武力夺权。事情败露，李承乾被废为庶人，党羽大臣侯君集、汉王李元昌皆伏诛。由于李承乾与李泰的矛盾激化，已到水火不容的地步，如果李泰继位，李承乾性命难保。想当年玄武门之变，不仅太子李建成丧身，李建成的儿子也被一一问斩。唐太宗想起这一幕就心惊胆战，眼看悲剧就要降临到自己的儿子们身上，他无法忍受了。唐太宗与褚遂良谈起来就涕泪交流。来济对唐太宗说："陛下不失为慈父，太子得尽天年，则善矣！"出于无奈，唐太宗只好对李承乾和李泰采取两弃的态度，李承乾被废为庶人，李泰被贬出京，改封为顺阳王，徙居均州的郧乡县。

谁来做太子呢？又有两个人选难住了唐太宗。唐太宗第二子李宽早死，第三子吴王李恪最年长，唐太宗认为他长得像自己，英武有才能，想立为太子。可是李恪为庶出，唐太宗还有一个嫡子李治，是第九子，十分仁孝，但性格懦弱，唐太宗担心他守不住家业。可是唐太宗对长孙皇后思念不已，感情上割不断。在李恪与李治二子之间选一，唐太宗拿不定主意，他找来长孙无忌商量，希望长孙无忌不要有私心，清楚地对长孙无忌说："李恪不是你的亲外甥，希望你不要偏心。"唐太宗是多么希望长孙无忌支持李恪，这样政权就可以平稳过渡。长孙无忌恰恰有忌，他猜忌李恪的贤能，喜欢自己亲外甥李治的懦弱，正好大权独揽。长孙无忌不支持李恪，唐太宗只好违心地立李治。唐太宗对臣下说："泰立，承乾、晋王皆不存；晋王立，泰共承乾可无恙也。"（《旧唐书·濮王泰传》）

唐太宗废立太子之事，笼罩了玄武门之变武力政变夺权的阴影，留下了一个坏榜样。长孙皇后识大体，是唐太宗的贤内助，可惜没有教育好太子。唐太宗违背封建宗法制度，宠爱魏王李泰，诱发了他的夺嫡之心，不是一个好父亲。既然认为李恪"类我"，唐太宗就应乾纲独断，立李恪为太子，不应与长孙无忌商量。长孙无忌妒能，与李恪结下恩怨，在高宗即位后借房遗爱谋反案，无辜株连李恪而杀之，到头来长孙无忌却被自己一手扶持的亲外甥皇帝李治逼杀。因此《旧唐书·太宗诸子传》史臣评论说："太宗诸子，吴王恪、濮王泰最贤，皆以才高辩悟，为长孙无忌忌嫉，离间父子，遽为豺狼，而无忌破家，非阴祸之报欤？"报应之说，无可为证，但权谋巧诈，祸人者必遭人祸，这是必然的规律。长孙无忌的下场也是咎由自取。

卷第一百九十八　唐纪十四

唐太宗贞观十九年至二十二年（645—648）

【起旃蒙大荒落（乙巳，645）六月，尽著雍涒滩（戊申，648）三月，凡二年有奇】

【大事提要】

本卷记事起唐太宗贞观十九年（645）六月，讫贞观二十三年（648）三月，凡两年又十个月。此时期唐太宗步入晚年，四夷归服，“贞观之治”达于鼎盛。贞观二十年，唐军大败薛延陀，唐太宗亲临灵州刻石颂功。但使唐太宗心有不甘者，是亲征高丽，无功而返。此后，唐太宗念念不忘伐高丽，直到辞世也未能实现第二次亲征，偏将出征，只获得小胜，高丽始终未能臣服。唐太宗晚年有猜忌之心，因小过而贬黜萧瑀、房玄龄，刘洎因失言而被赐死，刑部尚书张亮因有人告密谋反而被诛，可以说是唐太宗之过。

【原文】

太宗文武大圣大广孝皇帝下之上

贞观十九年（乙巳，645）

六月丁酉[①]，李世勣攻白岩城西南，上临其西北。城主孙代音[②]潜遣腹心[③]请降，临城，投刀钺为信[④]，且曰：“奴愿降，城中有不从者。”上以唐帜[⑤]与其使，曰：“必降者，宜建之城上。”代音建帜，城中人以为唐兵已登城，皆从之。

上之克辽东也，白岩城请降，既而中悔。上怒其反覆，令军中曰：“得城当悉以人物赏战士。”李世勣见上将受其降，帅甲士数十人请曰：“士卒所以争冒矢石[⑥]，不顾其死者，贪虏获[⑦]耳。今城垂拔，奈何更受其降，孤[⑧]战士之心！”上下马谢曰：“将军言是也。然纵兵杀人而虏其妻孥[⑨]，朕所不忍。将军麾下有功者，朕以库物赏之，庶因将军赎此一城。”世勣乃退。得城中男女万馀口，上临水设幄[10]受其降，仍赐之食，八十以上赐帛有差[11]。他城之兵在白岩者悉慰谕，给粮仗[12]，任其所之[13]。

先是，辽东城长史为部下所杀，其省事[14]奉妻[15]子奔白岩。上怜其有义，赐帛五匹，为长史造灵舆[16]，归之平壤。以白岩城为岩州，以孙代音为刺史。

契苾何力疮重，上自为傅[17]药，推求得刺何力者高突勃，付何力使自杀之。何力奏称："彼为其主冒白刃[18]刺臣，乃忠勇之士也，与之初不相识，非有怨雠。"遂舍之。

初，莫离支遣加尸城[19]七百人戍盖牟城，李世勣尽虏之，其人请从军自效，上曰："汝家皆在加尸，汝为我战，莫离支必杀汝妻子，得一人之力而灭一家，吾不忍也。"戊戌[20]，皆廪[21]赐遣之。

己亥[22]，以盖牟城为盖州[23]。

丁未[24]，车驾发辽东，丙辰[25]，至安市城[26]，进兵攻之。丁巳[27]，高丽北部耨萨延寿、惠真[28]帅高丽、靺鞨兵十五万救安市。上谓侍臣曰："今为延寿策有三：引兵直前，连安市城为垒[29]，据高山之险，食城中之粟，纵靺鞨掠吾牛马，攻之不可猝下，欲归则泥潦为阻，坐困吾军，上策也；拔城中之众，与之宵遁[30]，中策也；不度智能，来与吾战，下策也。卿曹观之，必出下策，成擒在吾目中矣！"

高丽有对卢[31]，年老习事，谓延寿曰："秦王内芟[32]群雄，外服戎狄，独立为帝，此命世[33]之材，今举海内之众而来，不可敌也。为吾计者，莫若顿兵不战，旷日持久，分遣奇兵断其运道，粮食既尽，求战不得，欲归无路，乃可胜也。"延寿不从，引军直进，去安市城四十里。上犹恐其低徊[34]不至，命左卫大将军阿史那社尔将突厥千骑以诱之，兵始交而伪走。高丽相谓曰："易与耳！"竞进乘之，至安市城东南八里，依山而陈。

上悉召诸将问计，长孙无忌对曰："臣闻临敌将战，必先观士卒之情。臣适行经诸营，见士卒闻高丽至，皆拔刀结旆[35]，喜形于色，此必胜之兵也。陛下未冠[36]，身亲行阵，凡出奇制胜，皆上禀圣谋，诸将奉成算而已。今日之事。乞陛下指踪[37]!"上笑曰："诸公以此见让，朕当为诸公商度。"乃与无忌等从数百骑乘高望之，观山川形势，可以伏兵及出入之所。高丽、靺鞨合兵为陈，长四十里。江夏王道宗曰：“高丽倾国以拒王师，平壤之守必弱，愿假臣精卒五千，覆其本根，则数十万之众可不战而降。”上不应。遣使给延寿曰：“我以尔国强臣弑其主，故来问罪，至于交战，非吾本心。入尔境，刍粟[38]不给，故取尔数城，俟尔国修臣礼，则所失必复矣。”延寿信之，不复设备。

上夜召文武计事，命李世勣将步骑万五千陈于西岭，长孙无忌将精兵万一千为奇兵[39]，自山北出于狭谷以冲其后。上自将步骑四千，挟鼓角[40]，偃旗帜[41]，登北山上，敕诸军闻鼓角齐出奋击。因命有司张受降幕于朝堂之侧。戊午[42]，延寿等独见李世勣布陈，勒兵欲战。上望见无忌军尘起，命作鼓角，举旗帜，诸军鼓噪并进，延寿等大惧，欲分兵御之，而其陈已乱。会有雷电，龙门人薛仁贵[43]著奇服，大呼陷陈，所向无敌。高丽兵披靡，大军乘之，高丽兵大溃，斩首二万馀级。上望见仁贵，召拜游击将军[44]。仁贵，安都[45]之六世孙，名礼，以字行。

延寿等将馀众依山自固，上命诸军围之，长孙无忌悉撤桥梁，断其归路。己未[46]，延寿、惠真帅其众三万六千八百人请降，入军门，膝行而前，拜伏请命。上语之曰：“东夷少年，跳梁海曲[47]，至于摧坚决胜，故当不及老人，自今复敢与天子战乎？”皆伏地不能对。上简耨萨以下酋长三千五百人，授以戎秩，迁之内地，馀皆纵之，使还平壤。皆双举手以颡顿地[48]，欢呼闻数十里外。收靺鞨三千三百人，悉坑之，获马五万匹，牛五万头，铁甲万领，他器械称是。高丽举国大骇，后黄城、银城[49]皆自拔遁去，数百里无复人烟。

（以上为第一段，写唐军在安市城下大破高丽援军。）

【注释】

①丁酉：六月初一日。　②孙代音：《旧唐书·高丽传》作“孙伐音”。　③腹心：心腹，亲信。　④信：信物，取信于人的凭据。　⑤帜：旗帜。　⑥矢石：箭和礌（léi）石，守城武器。　⑦虏获：战利品，俘虏和缴获物资。　⑧孤：寒。　⑨妻孥：妻子儿女。　⑩幄：篷帐。　⑪有差：各有差别。　⑫仗：兵器。　⑬之：往，去。　⑭省事：吏职，属吏。　⑮奉妻：章校，“妻”上有“其”字。　⑯灵舆：灵车，丧车。　⑰傅：通“敷”。　⑱白刃：刀锋。　⑲加尸城：又作“嘉尸城”。在今朝鲜平壤市西南。　⑳戊戌：六月初二日。　㉑廪：公家发给的粮食。　㉒己亥：六月初

三日。 ㉓盖州：又作盖牟州，治所在今辽宁盖州市。 ㉔丁未：六月十一日。 ㉕丙辰：六月二十日。 ㉖安市城：今辽宁海城市东南营城子。 ㉗丁巳：六月二十一日。 ㉘耨萨延寿、惠真：耨萨，高丽官名，相当于唐朝都督。高丽大城置耨萨一。延寿、惠真，均姓高，二人分别任高丽北、南部耨萨。 ㉙垒：军营四周所筑堡寨。 ㉚宵遁：夜逃。 ㉛对卢：高丽官名。大对卢相当于一品官。 ㉜芟（shān）：削除。 ㉝命世：闻名于世。 ㉞低徊：亦作“低回”。迂回曲折。 ㉟旆（pèi）：古代旗末状如燕尾的垂旒，亦泛指旌旗。 ㊱未冠：未成年。古代男子年二十加冠，故未冠谓未成年的男子。 ㊲踪：谓野兽留下的踪迹。比喻对敌如打猎，先得掌握敌人的行踪。 ㊳刍粟：粮草。 ㊴奇兵：指出奇制胜的军队。 ㊵鼓角：古代军中用以报时、警众或发号施令的鼓和号角。 ㊶偃（yǎn）旗帜：放倒军旗。 ㊷戊午：六月二十二日。 ㊸薛仁贵（614—683）：唐名将。名礼，字仁贵。绛州龙门（今山西河津市西）人，贫穷农民。应募从军后，以战功累擢右领军郎将、右威卫大将军兼安东都护，封平阳郡公。传见《旧唐书》卷八十三、《新唐书》卷一百一十一。 ㊹游击将军：官名。从五品下武散官。 ㊺安都：北魏时名将薛安都，以骁勇闻。封河东郡公。传见《魏书》卷六十一、《北史》卷三十九。 ㊻己未：六月二十三日。 ㊼跳梁海曲：跋扈于海边。跳梁，比喻跋扈状。海曲，海隅。 ㊽以颡顿地：叩首，以额触地。 ㊾后黄城、银城：高丽所置城池。据《读史方舆纪要》卷三十七：后黄城（盖州）在卫（今辽宁盖州市）东。后黄城、银城均为高丽东境城，与安市城相近。

【译文】

太宗文武大圣大广孝皇帝下之上

唐太宗贞观十九年（乙巳，645）

六月初一日，李世勣攻打白岩城的西南角，唐太宗率军亲自攻打城的西北角。城主孙代音暗中派遣心腹请求投降，约唐兵来到城下，投刀斧为信号，而且说：“本人愿意投降，但城中有不听从的。”唐太宗把唐朝的旗帜交与来使，说：“一定要投降的，可以把这面旗竖在城墙上。”孙代音如约竖起唐朝的旗帜，城中的人以为唐朝军队已经登上城墙，于是都跟从孙代音投降。

唐太宗攻克辽东城后，白岩城守军请求投降，之后又反悔。唐太宗恼怒他们的反复无常，下令军中说：“得到这座城后，就把城中的人口及财物全都赏赐给士兵。”李世勣见唐太宗将要接受对方投降，带领几十名身穿铠甲的士兵请战说：“士兵们之所以争先冒着飞矢流石的袭击，不顾生死，正是贪图俘获城中的男女和财物。如今城池即将攻下，为什么又接受他们的投降？辜负了士兵的心愿！”唐太宗下马答谢李世勣说：“将军所言极是。然而放纵士兵杀人而俘虏他们的妻子儿女，朕实在不忍心。将军手下有功的将士，朕会用府库里的物资赏赐他们，这样就可以从将军手中赎下这一座城。”李世勣于是退下。唐军共得到城中男女一万多人，唐太宗在河边设立帐篷接受对方的投降，仍然赐给他们食物，对八十岁以上的老人还赏赐数量不等的绢帛。其他城堡的士兵驻扎在白岩城的，都予以抚慰，供给粮草，听任他们前去想去的地方。

在此之前，辽东城的长史被部下杀死，他的手下省事护送长史的妻子儿女投奔白岩城。唐太宗怜悯省事有忠义气节，赐给他五匹帛，又为长史造灵车，把他的尸体送回平壤。把白岩城改名为岩州，任命孙代音为刺史。

契苾何力伤势严重，唐太宗亲自为他敷药，并找出刺伤契苾何力的人叫高突勃，把高突勃交给契苾何力，让契苾何力自己杀死他。契苾何力上奏说：“他为了他的君主冒着白刃刺中我，此乃忠诚勇猛之人，我与他原来并不相识，没有怨仇。”于是把高突勃放掉了。

起初，莫离支征派加尸城的七百人戍守盖牟城，李世勣把他们全部俘获，他们请求跟从唐军效力，唐太宗说：“你们的家都在加尸城，你们为我作战，莫离支必然要杀掉你们的妻子儿女，得到一人的帮助却毁灭了他的一家，朕不忍心这样做。”六月初二日，七百人都给予赏赐并遣送回去。

六月初三日，把盖牟城改名为盖州。

六月十一日，唐太宗车驾从辽东出发，二十日，到达安市城下，进兵攻城。二十一日，高丽北部耨萨酋长高延寿、高惠真率领高丽兵、靺鞨兵十五万人援救安市。唐太宗对身边的大臣说：“如今高延寿有三种策略：带领兵马直向前进，与安市城连为堡垒，占据高山的险要地形，坐吃城内的粮食，放出靺鞨的骑兵抢掠我们的牛马，让我们不能很快攻下，想退兵后面又有泥沼阻隔，坐等我军困窘，这是上策；他率城中的军民，与军民乘夜逃遁，这是中策；不估量自己的智慧与能力，来与我军交战，这是下策。你们看着，他们必然出此下策，在我们的眼皮底下成为俘虏。”

高丽有一位担任对卢官的人，年纪大，熟悉史事，对高延寿说：“秦王李世民在国内铲平各路英豪，对外降服四方的戎狄，只靠自己的力量成为皇帝，这是上天数百年才降生的人才，如今倾尽天下的军队而来，我们不是他的敌手。为我们考虑，不如按兵不出城作战，旷日持久，分别派遣奇兵截断他们的运粮通道，等他们粮食吃光，求战又不成，想回去又无路可走，才可以取胜。”高延寿不听，领兵直向前进，走到离安市城四十里处。唐太宗仍然担心他们徘徊犹豫不来到安市，命左卫大将军阿史那社尔率一千多名突厥骑兵去引诱他们，双方士兵刚一交战突厥兵就假装败退。高丽士兵说：“他们很容易对付啊！”竞相上前乘势进军，到了安市城东南八里的地方，靠着山布下阵形。

唐太宗召集全体将领询问破敌的计谋，长孙无忌回答说：“臣听说面对敌军将要战斗时，一定要先观察士兵的情绪。臣刚才经过各处营房，看见士兵们听说高丽兵到了，都拔出刀枪扎好军旗，喜形于色，这是必胜的部队。陛下年轻的时候，亲自参加军队作战，当年大唐凡是出奇制胜的仗，都是陛下向高祖禀报了计谋，众位将领只管按照既定的谋略行事而已。今天这一仗，乞求陛下指示！”唐太宗笑着说：“诸位把这件事谦让与朕，朕当为你们商量安排。”于是和长孙无忌等人带领几百名骑兵登高眺望，观察山峰和河流的地形，看好可以埋伏兵力以及进出的地点。高丽、靺鞨合兵构成战阵，长四十里。江夏王李道宗说：“高丽倾尽全国的兵力来抵抗大唐的王师，平壤的守军必定虚弱，希望借给我五千名精兵，捣毁他们的老巢，这几十万兵马可以不用作战就能降服了。”唐太宗没有回答。（唐太宗）派出使者欺骗高延寿说：“我因为你们国的强臣杀死你们的国王，所以前来兴师问罪，至于两军交战，不是我的本意。但进入你们的境内，粮草供应不及，所以才攻取几座城池，等到你们国家重修为臣的礼节，你们国家失去的几座城就一定归还给你们。”高延寿相信了唐太宗的话，就不再设置防备。

唐太宗当夜召集文武大臣商议战事，命令李世勣率领一万五千名步骑兵在西岭布阵，长孙无忌率领一万一千名精锐士兵作为奇兵，从山的北面穿越峡谷攻击高丽军队的背后。唐太宗亲自带领四千名步骑兵，挟带战鼓和号角，放倒旗帜，登上北山上面，敕令各路军队听见鼓声和号角声一齐出兵奋勇攻击。又命有关部门在朝堂一侧张起接受投降的帷幕。六月二十二日，高延寿等人看到只有李世勣的部队布阵，就部署士兵准备迎战。唐太宗望见长孙无忌的部队尘土飞扬，就下令擂起战鼓吹响号角，把旗帜全部举起来，各路兵马击鼓呐喊一同进攻，高延寿等大为恐惧，想分兵抵御唐军，然而高丽军的阵形已经混乱。正赶上雷电交加，龙门人薛仁贵身穿奇异服装，大声呼喊着攻陷敌阵，所向无敌。高丽士兵望风逃窜，唐朝大军乘胜追击，高丽兵大溃败，斩首两万多人。唐太宗看见薛仁贵，召见他拜为游击将军。薛仁贵是薛安都的六世孙，名礼，人们都称呼他的字。

高延寿等人带领残余士兵依山固守，唐太宗命令各路兵马合围，长孙无忌把所有桥梁拆毁，断绝了他的逃路。六月二十三日，高延寿、高惠真率领部下三万六千八百人请求投降，进入唐军的营门，跪在地上用膝盖前行，伏地磕头请求饶命。唐太宗对他们说："东夷的少年，可以在海隅横行，至于摧毁坚固堡垒决胜于疆场，应当不如老人，自今以后还敢与大唐天子作战吗？"高延寿等人都趴伏在地上不能回答。唐太宗挑出耨萨以下的酋长三千五百人，授给他们军队的官级，把他们迁居到内地，其余的人全都释放，让他们返回平壤。众人都举起双手以额头撞地，欢呼声传到几十里之外。收捕三千三百名靺鞨人，全部活埋，俘获战马五万匹，牛五万头，一万套铁甲，各种器械也都有如此之多。高丽全国大为惊恐，后黄城、银城人都逃走，几百里内不再有人烟。

【原文】

上驿书报太子，仍与高士廉等书曰："朕为将如此，何如？"更名所幸山曰驻跸山①。

秋，七月辛未②，上徙营安市城东岭。己卯③，诏标识战死者尸，俟军还与之俱归。戊子④，以高延寿为鸿胪卿，高惠真为司农卿。

张亮军过建安城⑤下，壁垒未固，士卒多出樵牧，高丽兵奄至⑥，军中骇扰。亮素怯，踞胡床，直视不言，将士见之，更以为勇。总管张金树⑦等鸣鼓勒兵击高丽，破之。

八月甲辰⑧，候骑获莫离支谍者高竹离，反接⑨诣军门，上召见，解缚问曰："何瘦之甚？"对曰："窃道间行⑩，不食数日矣。"命赐之食，谓曰："尔为谍，宜速反⑪命。为我寄语莫离支：欲知军中消息，可遣人径诣吾所，何必间行辛苦也！"竹离徒跣⑫，上赐屩⑬而遣之。

丙午⑭，徙营于安市城南。上在辽外，凡置营，但明斥候⑮，不为堑垒⑯，虽逼其城，高丽终不敢出为寇抄，军士单行野宿如中国⑰焉。

（以上为第二段，写唐太宗自信，纵遣敌人间牒，心理胜敌。）

【注释】

①驻跸山：本名六山。即太宗曾驻跸过的今辽宁辽阳市西南首山、北镇市西北医巫闾山、海城市西南平顶山和南山。　②辛未：七月初五日。　③己卯：七月十三日。　④戊子：七月二十二日。　⑤建安城：在今辽宁盖州市东北青石关。　⑥奄至：突然到来。　⑦张金树：原为高开道部将，武德七年杀开道降唐，擢北燕州都督。事迹见《旧

唐书》卷一《高祖本纪》、卷五十五《高开道传》、卷六十九《张亮传》,《新唐书》卷八十六《高开道传》、卷九十四《张亮传》。 ⑧甲辰：八月初八日。 ⑨反接：双手反绑。 ⑩间行：从小道走。 ⑪反：通“返”。 ⑫徒跣（xiǎn）：赤脚步行。 ⑬屩（jué）：草鞋。 ⑭丙午：八月初十日。 ⑮斥候：侦察，亦指侦察士兵。 ⑯堑垒：营地工事。即战壕和堡垒。 ⑰中国：中原。此指唐境。

【译文】

唐太宗用驿马送书信通报太子李治，又写信给高士廉等人说：“朕作为带兵的将领取得如此战功，怎么样？”把自己驻扎的山改名为驻骅山。

秋季，七月初五日，唐太宗迁移营帐到安市城东的山岭。七月十三日，唐太宗诏令为战死的将士尸首做出标识，等到回师返朝时把他们一同带回。七月二十二日，任命高延寿为鸿胪寺卿，高惠真为司农寺卿。

张亮的部队经过建安城下，城的壁垒尚未修建坚固，士兵大多出城打柴放牧，高丽兵突然来到，军中惊骇发生扰乱。张亮平时就胆小，蹲坐在胡床上，眼睛直视前方说不出话来，将士们见此情景，反以为张亮勇敢。总管张金树等人敲鼓聚集兵马反击高丽兵，击退了来敌。

八月初八日，侦察的骑兵抓住了莫离支的间谍高竹离，反绑着他押送到军营，唐太宗召见他，松绑后问道：“你怎么瘦得这样厉害？”回答说：“偷偷地走小道，已经有几天没有饭吃了。”唐太宗命人赐给他食物，对他说：“你作为间谍，应当迅速回去复命。你替我带话给莫离支：想知道我军中的消息，可以派人直接来到我们营地，何必偷偷摸摸走小路如此辛苦！”高竹离光着脚，唐太宗赐给他草鞋让他回去。

八月初十日，唐朝军队把营帐迁到安市城南。唐太宗在辽东一带，凡是设置军营，只派出巡逻兵，不挖壕沟修建壁垒，即使逼近高丽人的城堡，高丽军队最终也不敢出兵骚扰，唐朝士兵单人出行以及在野外露宿如同在中原一样。

【原文】

上之①伐高丽也，薛延陀遣使入贡，上谓之曰：“语尔可汗，今我父子东征高丽，汝能为寇，宜亟②来！”真珠可汗惶恐，遣使致谢，且请发兵助军，上不许。及高丽败于驻骅山，莫离支使靺鞨说真珠，啖以厚利，真珠慑服不敢动。九月壬申③，真珠卒，上为之发哀。

初，真珠请以其庶长子曳莽为突利失可汗，居东方，统杂种[④]；嫡子拔灼为肆叶护可汗，居西方，统薛延陀。诏许之，皆以礼册命。曳莽性躁扰[⑤]，轻用兵，与拔灼不协[⑥]。真珠卒，来会丧。既葬，曳莽恐拔灼图己，先还所部，拔灼追袭杀之，自立为颉利俱利薛沙多弥可汗。

上之克白岩也，谓李世勣曰："吾闻安市城险而兵精，其城主材勇，莫离支之乱，城守不服，莫离支击之不能下，因而与之。建安兵弱而粮少，若出其不意，攻之必克。公可先攻建安，建安下，则安市在吾腹中，此兵法所谓'城有所不攻[⑦]'者也。"对曰："建安在南，安市在北，吾军粮皆在辽东，今逾安市而攻建安，若贼断吾运道，将若之何？不如先攻安市，安市下，则鼓行而取建安耳。"上曰："以公为将，安得不用公策，勿误吾事！"世勣遂攻安市。

安市人望见上旗盖[⑧]，辄乘城鼓噪，上怒，世勣请克城之日，男女皆坑之，安市人闻之，益坚守，攻久不下。高延寿、高惠真请于上曰："奴既委身大国，不敢不献其诚，欲天子早成大功，奴得与妻子相见。安市人顾惜其家，人自为战，未易猝拔。今奴以高丽十馀万众，望旗沮溃[⑨]，国人胆破，乌骨城耨萨老耄[⑩]，不能坚守，移兵临之，朝至夕克。其馀当道小城，必望风奔溃。然后收其资粮，鼓行[⑪]而前，平壤必不守矣。"群臣亦言："张亮兵在沙城[⑫]，召之信宿可至，乘高丽凶惧，并力拔乌骨城，渡鸭绿水，直取平壤，在此举矣。"上将从之，独长孙无忌以为："天子亲征，异于诸将，不可乘危徼幸[⑬]。今建安、新城之虏，众犹十万，若向乌骨，皆蹑吾后，不如先破安市，取建安，然后长驱而进，此万全之策也。"上乃止。

诸军急攻安市，上闻城中鸡彘声，谓李世勣曰："围城积久，城中烟火日微，今鸡彘甚喧，此必飨士[⑭]，欲夜出袭我，宜严兵备之。"是夜，高丽数百人缒城而下。上闻之，自至城下，召兵急击，斩首数十级，高丽退走。

江夏王道宗督众筑土山于城东南隅，浸逼其城，城中亦增高其城以拒之。士卒分番交战，日六七合，冲车炮石[⑮]，坏其楼堞，城中随立木栅以塞其缺。道宗伤足，上亲为之针[⑯]。筑山昼夜不息，凡六旬，用功五十万，山顶去城数丈，下临城中，道宗使果毅傅伏爱[⑰]将兵屯山顶以备敌。山颓，压城，城崩。会伏爱私离所部，高丽数百人从城缺出战，遂夺据土山，堑而守之。上怒，斩伏爱以徇，命诸将攻之，三日不能克。道宗徒跣诣旗下请罪，上曰："汝罪当死，但朕以汉武杀王恢⑱，不如秦穆用孟明⑲，且有破盖牟、辽东之功，故特赦汝耳。"

上以辽左早寒，草枯水冻，士马难久留，且粮食将尽，癸未⑳，敕班师。先拔辽、盖二州户口渡辽，乃耀兵于安市城下而旋，城中皆屏迹不出。城主登城拜辞，上嘉其固守，赐缣㉑百匹，以励事君。命李世勣、江夏王道宗将步骑四万为殿。

乙酉㉒，至辽东。丙戌㉓，渡辽水。辽泽泥潦，车马不通，命长孙无忌将万人，剪草填道，水深处以车为梁，上自系薪于马鞘㉔以助役。冬，十月丙申朔㉕，上至蒲沟驻马，督填道诸军渡渤错水㉖，暴风雪，士卒沾湿多死者，敕然㉗火于道以待之。

凡征高丽，拔玄菟、横山、盖牟、磨米、辽东、白岩、卑沙、麦谷、银山、后黄十城㉘，徙辽、盖、岩三州㉙户口入中国者七万人。新城、建安、驻跸三大战，斩首四万馀级，战士死者几二千人，战马死者什七、八。上以不能成功，深悔之，叹曰："魏徵若在，不使我有是行也！"命驰驿祀徵以少牢，复立所制碑，召其妻子诣行在，劳㉚赐之。

丙午㉛，至营州。诏辽东战亡士卒骸骨并集柳城东南，命有司设太牢，上自作文以祭之，临哭尽哀。其父母闻之，曰："吾儿死而天子哭之，死何所恨！"上谓薛仁贵曰："朕诸将皆老，思得新进骁勇者将之，无如卿者，朕不喜得辽东，喜得卿也。"

（以上为第三段，写唐军受困于安市城下，无功退军。）

【注释】

①上之：章校，"之"下有"将"字。 ②亟：急，快。 ③壬申：九月初七日。 ④杂种：谓铁勒诸部居薛延陀东部者。 ⑤躁扰：急躁不能容人。 ⑥不协：不和。 ⑦城有所不攻：语见《孙子兵法》。此指太宗活用《孙子兵法》中的攻城策略，即避强击弱，最后达到各个击破的军事目的。 ⑧旗盖：旗与伞。 ⑨沮溃：败逃溃散。 ⑩老耄（mào）：八十、九十岁的人称"耄"，老耄，老迈之人。 ⑪鼓行：大张旗鼓地进军。 ⑫沙城：即卑沙城。 ⑬徼幸：企图以意外成功免去不幸。 ⑭飨士：以酒食款待士卒。 ⑮冲车炮石：冲车，用以冲击敌城的战车。炮石，石炮所抛射出的石

块。　⑯针：针炙，针刺。　⑰傅伏爱（？—645）：事迹并见《旧唐书》卷六十《李道宗传》、卷一百九十九上《高丽传》,《新唐书》卷七十八《李道宗传》、卷二百二十《高丽传》。　⑱王恢：西汉武帝时大臣。曾力主出兵匈奴，帝以恢为将军讨之。因恢未能主动出击，帝欲诛恢，恢闻之自杀。事迹见《史记》卷一百零八《韩长孺传》等。⑲秦穆用孟明：春秋时，秦国大将孟明东伐，为晋军所败。秦穆公复重用孟明，遂称霸西戎。　⑳癸未：九月十八日。　㉑缣（jiān）：双丝织成的细绢。　㉒乙酉：九月二十日。　㉓丙戌：九月二十一日。　㉔马鞘：马鞍头。　㉕丙申朔：十月初一日。㉖渤错水：与蒲沟并在辽泽中。　㉗然：通“燃”。　㉘横山、后黄等十城：横山，在今辽宁辽阳市东。磨米、麦谷等城，亦当距今辽阳市不远。　㉙辽、盖、岩三州：辽州，太宗以辽东城置，治所在今辽宁辽阳市。盖州，治所在今辽宁盖州市。岩州，太宗以白岩城置，治所在今辽宁辽阳市东燕州城。　㉚劳：慰劳。　㉛丙午：十月十一日。

【译文】

唐太宗将要讨伐高丽时，正好薛延陀派使者到朝中进献贡品，唐太宗对来使说：“告诉你们的可汗，如今我们父子去东征高丽，你们想来侵犯，就要立刻来！”真珠可汗极为恐慌，派出使者表示谢罪，并且请求派薛延陀的士兵协助唐军，唐太宗没有允许。等到高丽军队在驻骅山战败，莫离支派靺鞨人游说真珠可汗，用丰厚的利益引诱他，真珠可汗慑服于大唐不敢有所举动。九月初七日，真珠可汗死去，唐太宗为他致哀。

起初，真珠可汗请求让他的庶长子曳莽当突利失可汗，居住在东方，统率各个不同的部族；让他的嫡子拔灼当肆叶护可汗，居住在西方，统领薛延陀本部。唐太宗下诏允许这个请求，都按照礼仪予以册封。曳莽性情暴躁，爱好轻易用兵，与拔灼不和。真珠可汗死后，二人来参加丧礼。安葬了真珠可汗之后，曳莽担心拔灼图谋害己，就提前返回本部，拔灼追击并杀死了曳莽，自立为颉利俱利薛沙多弥可汗。

唐太宗领兵攻克白岩城后，对李世勣说：“我听说安市的城墙险要而且士兵精良，他们的城主有才能而且勇敢，莫离支作乱时，城主不服，莫离支攻击他不能攻下，于是就把安市城交给他。建安城的兵力弱而且粮食少，如果出其不意地进攻，必然能够攻克。你可带兵先攻建安，建安城攻下后，安市就在我们的腹中了，这正是孙子兵法中所说的‘城有所不攻’的道理。”李世勣回答说：“建安在南面，安市在北面，我方军粮都在辽东，如今越过安市去攻建安，假如敌人切断我军的运粮通道，那将怎么办？不如先攻安市，攻下安市，就可以击鼓行军攻下建安。”唐太宗说：“让你做将领，怎能不用你的策略？不要延误了我的大事！”李世勣于是进攻安市。

安市人望见唐太宗的旗帜伞盖，就登上城墙敲鼓呐喊，唐太宗发怒，李世勣请求在攻下城池的当天把城中男女全部活埋，安市人听说后更加顽强守城，唐军久攻不下。高延寿、高惠真向唐太宗请求道：“我们既然委身于大唐帝国，就不敢不献上自己的忠诚，希望天子早日完成大功，我们也能与妻儿老小相见。安市人顾惜自己的家庭，人人各自为战，不容易很快攻克。如今我等带领高丽兵十多万人，望见旌旗即遭溃败，高丽人都吓破了胆，乌骨城的首领耨萨年老，不能坚守城池，如果唐军转移军队临近该城，早晨到达晚上就可攻克。其余处于路途上的小城，必定望风逃奔溃散。然后收聚他们的物资粮草，一鼓作气，平壤必定不能守住。”众位大臣也都说：“张亮的部队在沙城，召集他们两夜就可到达，趁着高丽人惊恐，合力攻下乌骨城，渡过鸭绿江，直取平壤，就在这一次的行动了。”唐太宗准备听从这个意见，只有长孙无忌认为：“天子亲自征战，与一般将领统兵不同，不可以冒着危险侥幸取胜。如今建安、新城的敌兵还有十万人，如果移师乌骨城，他们都会追踪袭击我军的背后，不如先攻下安市，再夺取建安，然后长驱推进，这是万全之策。”唐太宗于是停止移师乌骨的计划。

各路大军紧急攻打安市城，唐太宗听见城中鸡和猪的叫声，对李世勣说：“围城的时间很久了，城中的炊烟日渐稀少，如今鸡和猪叫得厉害，这一定是在犒劳士兵，想夜间出来偷袭我们，应当严加防范。”当夜，高丽兵数百人用绳索吊出城下。唐太宗听说后，亲自到了城下，召集士兵急行围攻，杀死几十人，其余高丽兵逃回城中。

江夏王李道宗率领部下在城东南角筑起土山，渐渐逼近城墙，城里也增高城墙来抵抗城外的攻击。士兵们轮番交战，每天有六七个回合，唐军用冲车和掷石的炮击毁了城上垛墙，城中随即立起木栅栏堵塞住缺口。李道宗脚部受伤，唐太宗亲自为他针灸。唐军昼夜不停地修筑土山，总共用了六十天，用去人工五十万人次，土山顶部离城墙最高处有几丈高，可以俯瞰城中，李道宗让果毅都尉傅伏爱领兵驻守在土山顶上防备高丽兵。土山坍毁，压到城墙上，城墙崩塌，正好这时傅伏爱私自离开自己的部队，几百名高丽士兵从城墙缺口处出来迎战，于是夺取占据了土山，挖沟堑进行防守。唐太宗大怒，斩了傅伏爱在军中示众，命令众位将领攻城，攻了三天未能攻下。李道宗光着脚到唐太宗的大旗下请罪，唐太宗说："以你的罪过应当处死，但是朕想到汉武帝杀死大将王恢，不如秦穆公重用孟明，并且你有攻破盖牟、辽东的战功，所以特赦你不死。"

唐太宗认为辽东地区寒冷天气来得早，草木干枯河水结冰，士兵马匹难以久留，而且粮食快要吃光，九月十八日，发布敕令班师还朝。先让已经攻下的辽东、盖牟二城的百姓全部渡过辽水，然后在安市城下炫耀兵力随后凯旋，城中的人都藏身不出。城主登上城楼答礼与唐军告辞，唐太宗称赞他能够坚守城池，赐给城主绸缎一百匹，来鼓励他侍奉高丽国王。命令李世勣与江夏王李道宗率领步骑兵四万人殿后。

九月二十日，唐军到达辽东城。二十一日，渡过辽水。辽泽一带道路泥泞，车马不能通行，唐太宗命长孙无忌率领一万人，割草填平道路，水深的地方用车做桥梁，唐太宗亲自把薪柴拴在马鞍后面帮助铺路。冬季十月初一日，唐太宗到达蒲沟停止行军，督促填铺道路的各路军队渡过渤错水，赶上天降暴风雪，士兵们衣服打湿了，很多人冻死，唐太宗敕令在道上点燃火堆来等候他们。

此次征伐高丽，总共攻克玄菟、横山、盖牟、磨米、辽东、白岩、卑沙、麦谷、银山、后黄十座城，迁徙辽州、盖州、岩州的户口进入中原共有七万人。新城、建安、驻骅三次大战役，斩首高丽兵四万多人，唐朝将士战死近两千人，战马死了十分之七八。唐太宗认为未能最后取胜，深自懊悔，感叹说："如果魏徵还在，不会让我有这次出兵！"于是命人乘驿马飞驰，用猪羊祭祀魏徵，重新竖立唐太宗撰文书写的石碑，招来魏徵的妻子儿女到唐太宗的行宫，亲自慰问赏赐。

十月十一日，唐军回到营州。唐太宗下诏令把在辽东阵亡的士兵尸骨一并汇集在柳城东南，命令有关部门摆设牛羊猪进行祭祀，唐太宗亲自撰写文章祭奠亡灵，并亲临灵堂痛哭，极尽悲哀。死者的父母们听说后说："我们的儿子死了，皇上亲自为他们哭灵，死了还有什么遗憾！"唐太宗对薛仁贵说："朕手下的各位将领都已经老了，想得到新出现的骁勇善战的人统率军队，没有能像你一样的人了，朕不因为得到辽东而高兴，高兴的是得到了你。"

【原文】

丙辰[①]，上闻太子奉迎将至，从飞骑三千人驰入临渝关[②]，道逢太子。上之发定州也，指所御褐袍谓太子曰："俟见汝，乃易此袍耳。"在辽左，虽盛暑流汗，弗之易[③]。及秋，穿败，左右请易之，上曰："军士衣多弊，吾独御新衣，可乎？”至是，太子进新衣，乃易之。

诸军所虏高丽民万四千口，先集幽州，将以赏军士，上愍其父子夫妇离散，命有司平其直，悉以钱布赎为民，欢呼之声，三日不息。十一月辛未④，车驾至幽州，高丽民迎于城东，拜舞呼号，宛转于地，尘埃弥望。

庚辰⑤，过易州⑥境，司马陈元璹使民于地室蓄火种蔬而进之。上恶其谄⑦，免元璹官。

丙戌⑧，车驾至定州。

丁亥⑨，吏部尚书杨师道坐所署用多非其才，左迁工部尚书。

壬辰⑩，车驾发定州。十二月辛丑⑪，上病痈⑫，御步辇⑬而行。戊申⑭，至并州，太子为上吮痈，扶辇步从者数日。辛亥⑮，上疾瘳⑯，百官皆贺。

上之征高丽也，使右领军大将军执失思力将突厥屯夏州之北以备薛延陀。薛延陀多弥可汗既立，以上出征未还，引兵寇河南，上遣左武候中郎将长安田仁会⑰与思力合兵击之。思力羸形伪退，诱之深入，及夏州之境，整陈以待之。薛延陀大败，追奔六百馀里，耀威碛北而还。多弥复发兵寇夏州，己未⑱，敕礼部尚书江夏王道宗，发朔、并、汾、箕⑲、岚、代、忻、蔚、云⑳九州兵镇朔州，右卫大将军代州都督薛万徹，左骁卫大将军阿史那社尔，发胜、夏、银、绥、丹、延、鄜、坊㉑、石、隰十州兵镇胜州，胜州都督宋君明，左武候将军薛孤吴㉒，发灵㉓、原、宁、盐㉔、庆五州兵镇灵州；又令执失思力发灵、胜二州突厥兵，与道宗等相应。薛延陀至塞下，知有备，不敢进。

（以上为第四段，写薛延陀犯边，知唐有备，至塞下而返。）

【注释】

①丙辰：十月二十一日。 ②临渝关：又作临榆关、临闾关。即今河北秦皇岛市抚宁。一说今山海关。 ③弗之易：不更换它。弗，不；易，更换。 ④辛未：十一月初七日。 ⑤庚辰：十一月十六日。 ⑥易州：州名。治所在今河北易县。 ⑦谄：奉承，谄媚。 ⑧丙戌：十一月二十二日。 ⑨丁亥：十一月二十三日。 ⑩壬辰：十一月二十八日。 ⑪辛丑：十二月初七日。 ⑫痈（yōng）：皮肤和皮下组织化脓性炎症。 ⑬步辇：类似轿子的代步工具。 ⑭戊申：十二月十四日。 ⑮辛亥：十二月

十七日。 ⑯瘳：病愈。 ⑰田仁会（602—679）：唐初将领。雍州长安（今陕西西安市）人。累擢胜州都督、右金吾将军、太常正卿等职。传见《旧唐书》卷一百八十五上、《新唐书》卷一百九十七。 ⑱己未：十二月二十五日。 ⑲箕：州名。箕州治所在今山西左权县。 ⑳云：州名。云州治所在今山西大同市。 ㉑银、绥、丹、延、鄜、坊：州名。银州治所在今陕西榆林市横山区东党岔。绥州治所在今陕西绥德县。丹州治所在今陕西宜川县。延州治所在今陕西延安市北。鄜州治所在今陕西富县。坊州治所在今陕西黄陵县西南。 ㉒薛孤吴：唐初大将。《旧唐书》又作"萨孤吴仁"或"薛孤吴仁"。薛孤，原为少数民族复姓。吴仁颇有战功，官至左武候大将军。事迹见《旧唐书》卷二十七《礼仪志》,《新唐书》卷二百一十五下《突厥传下》、卷二百一十七下《回鹘传下》附《薛延陀传》、卷二百二十一上《吐谷浑传》。 ㉓灵：州名。灵州治所在今宁夏灵武市西南。 ㉔盐：州名。盐州治所在今陕西定边县。

【译文】

十月二十一日，唐太宗听说太子将要赶来迎接大军，就带领飞骑兵三千人奔驰进入临渝关，途中与太子相逢。唐太宗从定州出发时，曾指着身上穿的褐色战袍对太子说："等到再见到你，才换下此身战袍。"在辽东的时候，即使盛夏酷暑汗流浃背，（唐太宗）也不换下战袍。到了秋天，战袍已经穿破，身边的人请求换掉战袍，唐太宗说："战士们的衣服大多都破旧了，我单独穿新衣服，可以吗？"到此时，太子献上新衣，唐太宗才换下旧战袍。

各路军马俘虏的高丽百姓有一万四千多人，首先集中在幽州，准备用来奖赏给将士们，唐太宗怜悯他们父子、夫妻离散，命令有关官门算出他们的价格，全用朝廷府库的钱、布赎为平民，欢呼之声，三天不绝。十一月初七日，唐太宗车驾到达幽州，高丽百姓在城东欢迎，手舞足蹈，跪下磕头，跳舞呼号，辗转于地，尘埃遮住了眼睛所能望到的地方。

十一月十六日，唐太宗经过易州境内，易州司马陈元琇让当地百姓在地下室蓄火提高温度来种蔬菜，此时进献给唐太宗。唐太宗讨厌他的谄媚，罢免了陈元琇的官职。

十一月二十二日，唐太宗车驾到达定州。

十一月二十三日，吏部尚书杨师道因任用官吏大多不称职而获罪，降职为工部尚书。

十一月二十八日，唐太宗车驾从定州出发。十二月初七日，唐太宗身上长了痈疮，坐上轿子行进。十二月十四日，到达并州，太子李治为唐太宗吸吮痈疮的毒脓，扶着轿子步行了好几天。十二月十七日，唐太宗的痈疮好转，文武百官全都祝贺。

唐太宗征伐高丽时，让右领军大将军执失思力统领突厥兵驻扎在夏州以北，防备薛延陀的侵犯。薛延陀多弥可汗即位以后，看到唐太宗出征高丽没有返回，就领兵侵犯黄河以南，唐太宗派左武候中郎将长安人田仁会与执失思力合兵攻击多弥可汗。思力装出兵力弱小的样子假装后退，诱敌深入，到了夏州境内，摆好阵势等待薛延陀。薛延陀大败，唐军追赶逃兵六百多里，在沙漠以北炫耀兵力之后凯旋。多弥可汗再次发兵进犯夏州，十二月二十五日，唐太宗敕令礼部尚书、江夏王李道宗，征发朔州、并州、汾州、箕州、岚州、代州、忻州、蔚州、云州共九州兵马镇守朔州，派右卫大将军代州都督薛万徹、左骁卫大将军阿史那社尔，征发胜州、夏州、银州、绥州、丹州、延州、鄜州、坊州、石州、隰州共十州兵马镇守胜州，又命胜州都督宋君明、左武候将军薛孤吴，征发灵州、原州、宁州、盐州、庆州共五州兵马镇守灵州；又令执失思力征发灵州、胜州的突厥兵，与李道宗等人相互呼应。薛延陀兵到了塞下，知道唐军已有防备，不敢进犯。

【原文】

初，上留侍中刘洎辅皇太子于定州，仍兼左庶子、检校民部尚书，总吏、礼、户部三尚书事。上将行，谓洎曰：“我今远征，尔辅太子，安危所寄，宜深识我意。”对曰：“愿陛下无忧，大臣有罪者，臣谨即行诛。”上以其言妄发，颇怪之，戒曰：“卿性疏[①]而太健，必以此败，深宜慎之！”及上不豫[②]，洎从内出，色甚悲惧，谓同列曰：“疾势如此，圣躬可忧！”或谮于上曰：“洎言国家事不足忧，但当辅幼主行伊、霍故事，大臣有异志者诛之，自定矣。”上以为然，庚申[③]，下诏称：“洎与人窃议，窥窬[④]万一，谋执朝衡[⑤]，自处伊、霍，猜忌大臣，皆欲夷戮。宜赐自尽，免其妻孥。”

中书令马周摄吏部尚书，以四时选[⑥]为劳，请复以十一月选，至三月毕，从之。

是岁，右亲卫中郎将[⑦]裴行方[⑧]讨茂州叛羌黄郎弄[⑨]，大破之，穷其馀党，西至乞习山[⑩]，临弱水[⑪]而归。

（以上为第五段，写侍中刘洎因失言被赐死。）

【注释】

①疏：粗疏，不周密。　②不豫：旧称帝王有病。　③庚申：十二月二十六日。④窥窬：窥伺可乘之隙。　⑤朝衡：朝廷大权。　⑥四时选：指朝廷于春、夏、秋、冬四季铨选人才，量才授官。　⑦右亲卫中郎将：武官名。亲卫府长官，掌宿卫宫禁。⑧裴行方：唐初将领。解县（今山西运城解州镇）人。字德备。官至右卫将军。事迹见《旧唐书》卷六十九《薛万徹传》、《新唐书》卷九十四《薛万均传》附《薛万徹传》。⑨黄郎弄：茂州（今四川茂县）羌酋。　⑩乞习山：疑即今川西邛崃山。　⑪弱水：今川西大金川。

【译文】

起初，唐太宗留下侍中刘洎在定州辅佐太子，仍然兼任左庶子、检校民部尚书，总管吏部、礼部、户部的尚书事。唐太宗将要出发，对刘洎说："朕如今远征，你辅佐太子，国家的安危都寄托在你身上，望你深深体会朕的心意。"刘洎回答说："望陛下不要担忧，大臣有罪的，我就当即诛杀。"唐太宗认为他的话妄自发出，颇为奇怪，就告诫他说："你的性情疏阔又太刚直，必会因此而遭祸，应当深为慎重行事。"等到唐太宗生了病，刘洎从内室出来，面容非常悲哀恐惧，对同僚说："病情这样严重，皇上的身体值得担忧。"有人对唐太宗进谗言说："刘洎说国家的大事不足担忧，只应当辅助年幼的君主来做伊尹、霍光当年的事，大臣当中有二心的就诛杀了他，自然就会安定了。"唐太宗认为是这样，十二月二十六日，唐太宗下诏称："刘洎与人私下议论，觊觎朕有万一，阴谋执掌朝政，把自己比作伊尹、霍光，猜忌大臣，想把他们全部杀戮。应该赐他自尽，赦免他的妻子儿女。"

中书令马周代理吏部尚书，认为一年四季都要选拔官吏过于劳累，请求恢复从十一月选择官吏，到次年三月完毕，唐太宗听从了这个意见。

这一年，右亲卫中郎将裴行方讨伐茂州反叛的羌族人黄郎弄，把叛羌打得大败，穷追他们的余党，向西一直追到乞习山，临近弱水而后返回。

【原文】

二十年（丙午，646）

春，正月辛未[①]，夏州都督乔师望、右领军大将军执失思力等击薛延陀，大破之，虏获二千馀人。多弥可汗轻骑遁去，部内骚然矣。

丁丑[②]，遣大理卿孙伏伽等二十二人以六条[③]巡察四方，刺史、县令以下多所贬黜，其人诣阙称冤者，前后相属[④]。上令褚遂良类状以闻，上亲临决，以能进擢[⑤]者二十人，以罪死者七人，流[⑥]以下除免者数百千人。

二月乙未[⑦]，上发并州。三月己巳[⑧]，车驾还京师。上谓李靖曰："吾以天下之众困于小夷，何也？"靖曰："此道宗所解。"上顾问江夏王道宗，具陈在驻跸时乘虚取平壤之言。上怅然[⑨]曰："当时匆匆，吾不忆也。"

上疾未全平，欲专保养，庚午[⑩]，诏军国机务并委皇太子处决。于是太子间日听政于东宫，既罢，则入侍药膳[⑪]，不离左右。上命太子暂出游观，太子辞不愿出，上乃置别院于寝殿侧，使太子居之。褚遂良请遣太子旬日一还东宫，与师傅讲道义，从之。

上尝幸未央宫，辟仗[⑫]已过，忽于草中见一人带横刀[⑬]，诘之，曰："闻辟仗至，惧不敢出，辟仗者不见，遂伏不敢动。"上遽引还，顾谓太子："兹事行之，则数人当死，汝于后速纵遣之。"又尝乘腰舆[⑭]，有三卫[⑮]误拂御衣，其人惧，色变。上曰："此间无御史，吾不汝罪[⑯]也。"

陕人常德玄告刑部尚书张亮养假子[⑰]五百人，与术士公孙常语，云"名应图谶[⑱]"，又问术士程公颖曰："吾臂有龙鳞起，欲举大事，可乎？"上命马周等按其事，亮辞不服。上曰："亮有假子五百人，养此辈何为？正欲反耳！"命百官议其狱，皆言亮反，当诛。独将作少匠李道裕言："亮反形未具，罪不当死。"上遣长孙无忌、房玄龄就狱与亮诀曰："法者天下之平，与公共之。公自不谨，与凶人往还，陷入于法，今将奈何！公好去。"己丑[⑲]，亮与公颖俱斩西市[⑳]，籍没其家。

岁馀，刑部侍郎缺，上命执政妙择其人，拟数人，皆不称旨，既而曰："朕得其人矣。往者李道裕议张亮狱云'反形未具'，此言当矣，朕虽不从，至今悔之。"遂以道裕为刑部侍郎。

闰月癸巳朔[㉑]，日有食之。

戊戌[㉒]，罢辽州都督府及岩州。

夏，四月甲子[23]，太子太保萧瑀解太保，仍同中书门下三品。

五月甲寅[24]，高丽王藏及莫离支盖金遣使谢罪，并献二美女，上还之。金，即苏文也。

（以上为第六段，写刑部尚书张亮被人诬告谋反而被唐太宗枉杀。）

【注释】

①辛未：一月八日。 ②丁丑：一月十四日。 ③六条：借用汉武帝向全国十三个监察区分遣刺史时的“六条问事”。 ④相属（zhǔ）：相继不断。 ⑤进擢：晋升。 ⑥流：即五刑之一的流刑，放逐罪人至边远地区服劳役。 ⑦乙未：二月二日。 ⑧己巳：三月七日。 ⑨怅然：懊恼恍惚状。 ⑩庚午：三月八日。 ⑪药膳：药物及膳食,用药物配制的膳食。 ⑫辟仗：指卫士在驾前清道，禁止行人，以为天子开道。 ⑬横刀：以皮带系刀并横置于腋下。 ⑭腰舆：舆车的一种，类似轿子，因抬时举高齐腰而得名。 ⑮三卫：武官署名。府兵制下的内府亲卫、勋卫、翊卫府称“三卫”，掌宿卫宫禁。 ⑯汝罪：罪汝，即不怪罪你。 ⑰假子：养子，义儿。 ⑱图谶：即“谶书”。一种预言符命、吉凶的迷信书。图，图书。谶（chèn），预言，预兆。 ⑲己丑：三月二十七日。 ⑳西市：唐长安的商贸中心，在今陕西西安市西南。 ㉑癸巳朔：闰三月初一日。 ㉒戊戌：闰三月初六日。 ㉓甲子：四月初三日。 ㉔甲寅：五月二十三日。

【译文】

唐太宗贞观二十年（丙午，646）

春季，正月初八日，夏州都督乔师望、右领军大将军执失思力等人进攻薛延陀，大败敌军，俘虏两千多人。多弥可汗乘轻骑逃走，薛延陀内部发生了骚乱。

正月十四日，唐太宗派大理寺卿孙伏伽等二十二人根据考察官员的六条诏书巡察全国各地，刺史、县令以下的官吏多被罢职贬官，这些人到宫门前喊冤的前后不断。唐太宗令褚遂良按类写明情况上呈，唐太宗亲自裁决，确定其中有才能可以提拔的有二十人，论罪当死的七人，流放以下免除官职的有成百上千人。

二月初二日，唐太宗从并州出发。三月初七日，唐太宗车驾回到京城长安。唐太宗对李靖说：“我倾尽全国兵力却受困于小小的高丽，这是什么缘故？”李靖说：“这一点李道宗能够解释。”唐太宗回头问江夏王李道宗，李道宗详细陈述在驻跸山时曾提出的乘机攻取平壤的话。唐太宗怅然若失，说：“当时匆匆忙忙，我记不起来了。”

唐太宗的病并未痊愈，想专心休养，三月初八日，诏令朝中军国大事一并委托皇太子李治处理。于是太子每隔一日就在东宫处理政务，处理完毕，就进入皇宫侍候唐太宗服药用饭，不离左右。唐太宗命令太子暂时出外游玩，太子推辞不愿出宫，唐太宗就在寝殿旁设置别院，让太子居住。褚遂良请求派遣太子每十天回东宫一次，与太师太傅讲论道义，唐太宗听从。

唐太宗曾游幸未央宫，清理道上行人的卫士和仪仗已经走过去了，忽然在草丛里看见一人带着横刀，质问此人，回答说："听见清道的卫士来到，心里害怕不敢出来，清道的卫士没有看见我，于是就趴着不敢动。"唐太宗马上回到宫中，对太子说："这件事追查起来，当有几名卫士要被处死，你从后面立即把此人放走。"唐太宗又曾乘坐轿子，有属于三卫的某个人失手拂到了唐太宗的衣服，那人十分害怕，脸色都变了。唐太宗说："这里没有御史，我不治你的罪。"

陕州人常德玄告发刑部尚书张亮豢养义子五百人，曾对术士公孙常说："我的名字正与图谶相应。"又问术士程公颖："我的手臂上长了龙鳞，想做大事，可以吗？"唐太宗命令马周等人调查此事，张亮矢口否认不服。唐太宗说："张亮养有义子五百人，养这些人做什么？是要谋反罢了！"命文武百官议定他的罪行，众人都说张亮是要谋反，应当处死。唯独将作少匠李道裕说："张亮谋反的证据还不具备，罪不当死。"唐太宗派长孙无忌、房玄龄到狱中与张亮诀别，说："法律是天下的天平，朕与你共同遵守。你自己不谨慎，与恶人往来，身陷法网，如今怎么办才好？你好好地去吧。"三月二十七日，张亮与程公颖都在西市被处斩，并抄没了家产。

一年多后，刑部侍郎空缺，唐太宗命宰相们好好挑选人选，拟定了几个人选，都不合乎唐太宗的心意，之后唐太宗说："朕得到这个人了。以前李道裕在议论张亮的案子时说'谋反的证据还不具备'，这话说得对，朕虽然没有听从，至今仍在后悔。"于是任命李道裕为刑部侍郎。

闰三月初一日，发生日食。

闰三月初六日，罢除辽州都督府及岩州建置。

夏季，四月初三日，解除萧瑀太子太保的职务，仍然为同中书门下三品。

五月二十三日，高丽国王高藏以及莫离支盖金派使者前来谢罪，并献两个美女，唐太宗把美女送回去。盖金就是盖苏文。

【原文】

六月丁卯[①]，西突厥乙毗射匮可汗遣使入贡，且请婚。上许之，且使割龟兹、于阗、疏勒、朱俱波、葱岭[②]五国以为聘礼。

薛延陀多弥可汗，性褊急，猜忌无恩，废弃父时贵臣，专用己所亲昵，国人不附。多弥多所诛杀，人不自安。回纥酋长吐迷度[③]与仆骨、同罗共击之，多弥大败。乙亥[④]，召以江夏王道宗、左卫大将军阿史那社尔为瀚海安抚大使，又遣右领卫大将军执失思力将突厥兵，右骁卫大将军契苾何力将凉州及胡兵，代州都督薛万徹、营州都督张俭各将所部兵，分道并进，以击薛延陀。

上遣校尉宇文法诣乌罗护[⑤]、靺鞨，遇薛延陀阿波设之兵于东境。法帅靺鞨击破之。薛延陀国中惊扰，曰："唐兵至矣！"诸部大乱。多弥引数千骑奔阿史德时健[⑥]部落，回纥攻而杀之，并其宗族殆尽，遂据其地。诸俟斤互相攻击，争遣使来归命[⑦]。

薛延陀馀众西走，犹七万馀口，共立真珠可汗兄子咄摩支[⑧]为伊特勿失可汗，归其故地。寻去可汗之号，遣使奉表，请居郁督军山之北。使兵部尚书崔敦礼就安集之。

敕勒九姓[⑨]酋长，以其部落素服薛延陀种，闻咄摩支来，皆恐惧，朝议恐其为碛北之患，乃更遣李世勣与九姓敕勒共图之。上戒世勣曰："降则抚之，叛则讨之。"己丑[⑩]，上手诏，以"薛延陀破灭，其敕勒诸部，或来降附，或未归服，今不乘机，恐贻后悔，朕当自诣灵州招抚。其去岁征辽东兵，皆不调发。"时太子当从行，少詹事张行成上疏，以为："皇太子从幸灵州，不若使之监国，接对百寮[⑪]，明习庶政[⑫]，既为京师重镇，且示四方盛德。宜割私爱，俯从公道。"上以为忠，进位银青光禄大夫。

李世勣至郁督军山，其酋长梯真[⑬]达官帅众来降。薛延陀咄摩支南奔荒谷，世勣遣通事舍人萧嗣业[⑭]往招慰，咄摩支诣嗣业降。其部落犹持两端，世勣纵兵追击，前后斩五千馀级，虏男女三万馀人。秋，七月，咄摩支至京师，拜右武卫大将军。

八月甲子[⑮]，立皇孙忠[⑯]为陈王。

己巳[⑰]，上行幸灵州。

江夏王道宗兵既渡碛，遇薛延陀阿波达官众数万拒战，道宗击破之，斩首千馀级，追奔二百里。道宗与薛万徹各遣使招谕敕勒诸部，其酋长皆喜，顿首请入朝。庚午[18]，车驾至浮阳[19]。回纥、拔野古、同罗、仆骨、多滥葛、思结、阿跌、契苾、跌结、浑、斛薛[20]等十一姓各遣使入贡，称："薛延陀不事大国，暴虐无道，不能与奴等为主，自取败死，部落鸟散，不知所之。奴等各有分地[21]，不从薛延陀去，归命天子。愿赐哀怜，乞置官司[22]，养育奴等。"上大喜。辛未[23]，诏回纥等使者宴乐，颁赉[24]拜官，赐其酋长玺书[25]，遣右领军中郎将安永寿[26]报使。

壬申[27]，上幸汉故甘泉宫[28]，诏以"戎、狄与天地俱生，上皇并列，流殃构祸，乃自运初[29]。朕聊命偏师，遂擒颉利；始弘庙略[30]，已灭延陀。铁勒百馀万户，散处北溟[31]，远遣使人，委身内属，请同编列，并为州郡。混元[32]以降，殊未前闻，宜备礼告庙[33]，仍颁示普天[34]。"

庚辰[35]，至泾州。丙戌[36]，逾陇山[37]，至西瓦亭[38]，观马牧。九月，上至灵州，敕勒诸部俟斤遣使相继诣灵州者数千人，咸云："愿得天至尊为奴等天可汗，子子孙孙常为天至尊奴，死无所恨。"甲辰[39]，上为诗序其事曰："雪耻酬百王，除凶报千古。"公卿请勒石[40]于灵州，从之。

（以上为第七段，写唐军大破薛延陀，唐太宗亲赴灵州安抚余众，并刻石颂功。）

【注释】

①丁卯：六月七日。　②于阗、疏勒、朱俱波、葱岭：西域国名。于阗国在今新疆和田一带。疏勒国在今新疆喀什地区。朱俱波在今新疆叶城一带。葱岭国在今帕米尔高原。　③吐迷度（？—648）：回纥酋长。降唐后拜怀化大将军兼瀚海都督，后为其侄所杀。　④乙亥：六月十五日。　⑤乌罗护：民族名。一称乌罗浑，北魏时称乌罗侯。游牧于今嫩江西部地区。　⑥阿史德时健：东突厥阿史德部酋长。阿史德部于东突厥破亡后徙居云中（今内蒙古托克托县东北）。　⑦归命：内附并接受朝命。　⑧咄摩支：事迹见《旧唐书》卷一百九十九下《铁勒传》、《新唐书》卷二百一十七下《回鹘传下》附《薛延陀传》。　⑨敕勒九姓：即漠北九姓铁勒。九姓为回纥、仆骨、浑、拔野古、同罗、思结、契苾、拔悉密、葛逻禄等九大铁勒部落。姓，谓以姓氏为部落称号。　⑩己丑：六月二十九日。　⑪百寮：朝中百官。"寮"通"僚"。　⑫庶政：各种政事。　⑬梯真：延陀部酋长。姓延陀，名梯真。梯真于高宗显庆中官至左武候将军。　⑭萧嗣业：炀帝

萧皇后侄孙。贞观九年降唐，官至单于都护府长史。传见《旧唐书》卷六十三、《新唐书》卷一百零一。 ⑮甲子：八月五日。 ⑯忠：高宗李治长子李忠（643—664），字正本。永徽三年立为太子。显庆元年（656）废为梁王。麟德元年（664）赐死。传见《旧唐书》卷八十六、《新唐书》卷八十一。 ⑰己巳：八月十日。 ⑱庚午：八月十一日。 ⑲浮阳：《旧唐书》卷三作“泾阳”（泾阳县治在今陕西泾阳县）。 ⑳多滥葛、思结、阿跌、契苾、跌结、浑、斛薛：铁勒部族名。多滥葛分布于今蒙古国乌兰巴托北。思结多分布于今蒙古国杭爱山东南一带。阿跌分布于今蒙古国色楞格省哈拉河与鄂尔浑河下游一带。契苾分布于今蒙古国杭爱山东。跌结，又称“奚结”，分布于今俄罗斯契科伊河以东地区。浑，分布于今蒙古国土拉河东。斛薛在多滥葛北。 ㉑分地：世袭领地。 ㉒官司：政府机构。 ㉓辛未：八月十二日。 ㉔颁赉：颁发赏赐。 ㉕玺书：诏书。 ㉖安永寿：武德功臣安修仁子，凉州胡人出身。官至右领军将军。事迹见《新唐书》卷七十五下《宰相世系五下》。 ㉗壬申：八月十三日。 ㉘甘泉宫：又名林光宫、云阳宫。秦置。在今陕西淳化县西北甘泉山上。 ㉙运初：谓大唐兴运之初。 ㉚庙略：谓帝王或朝廷在庙堂之上所规划的与军国大事攸关的谋略。 ㉛北溟：亦作“北冥”。古人想象中的北方最远的大海。 ㉜混元：开天辟地之初。 ㉝告庙：帝王或诸侯出巡或遇有大事，须向祖庙祭告，称“告庙”。 ㉞普天：普天之下。 ㉟庚辰：八月二十一日。 ㊱丙戌：八月二十七日。 ㊲陇山：山名。即今陕西、甘肃间的陇山。 ㊳西瓦亭：唐原州七关之一。在今宁夏隆德县西北。 ㊴甲辰：九月十五日。 ㊵勒石：“勒之金石”的略称。即刻石树碑以颂功。

【译文】

六月初七日，西突厥乙毗射匮可汗派使者到唐朝进献贡品，并且请求通婚，唐太宗答应他的请求，并且让他割让龟兹、于阗、疏勒、朱俱波、葱岭五国作为聘礼。

薛延陀多弥可汗性情偏狭急躁，对臣下猜忌而没有恩赐，废掉了父亲在位时的贵族大臣，专门重用自己亲信的人，国中百姓不归附他。多弥诛杀了很多人，人们惶惶不安。回纥酋长吐迷度与仆骨、同罗一同来进攻他，多弥大败。六月十五日，唐太宗下诏任命江夏王李道宗、左卫大将军阿史那社尔为瀚海安抚大使，又派右领卫大将军执失思力统率突厥兵，右骁卫大将军契苾何力统领凉州以及胡族兵，代州都督薛万徹、营州都督张俭各统率本部兵马，分兵多路齐头并进，进攻薛延陀。

唐太宗派校尉宇文法到乌罗护、靺鞨，在薛延陀东部边境遇上薛延陀阿波设的兵马，宇文法统率靺鞨兵击败阿波设。薛延陀国内惊扰震动，说："唐朝大兵到了！"各部落大乱。多弥带领几千名骑兵投奔阿史德时健部落，回纥进攻该部落杀死多弥，包括他的宗族也几乎全被杀光，于是占据了他的地盘。薛延陀的各个部落首领相互攻击，争相派使者前来唐朝表示归顺。

薛延陀残余部队向西溃逃，还有七万多人，他们共同拥立真珠可汗哥哥的儿子咄摩支为伊特勿失可汗，回到他们的故地。不久又去掉了可汗称号，派使者上表，请求居住在郁督军山之北。唐太宗让兵部尚书崔敦礼前去安置他们。

敕勒人九个姓氏的酋长，率领他们的部落一直归附薛延陀部落，听说咄摩支要来郁督军山北面居住，都非常害怕。唐朝大臣议论时担心咄摩支会成为漠北的祸患，于是另派李世勣与九姓敕勒共同计划消灭咄摩支。唐太宗告诫李世勣说："咄摩支如果投降就安抚他们，如果反叛就讨伐他们。"六月二十九日，唐太宗亲笔书写诏令，认为："薛延陀被消灭后，其下的各个部落，有的前来归降，有的并未归顺，如今若不乘机采取行动，恐怕将来会后悔，朕应当亲自去灵州招抚他们。那些去年参加出征辽东的士兵，此次都不征发。"

当时太子应当跟随唐太宗一同出行，少詹事张行成上奏，认为："皇太子跟随陛下巡幸灵州，不如让他监理国事，接见应对百官，熟习各种政务，既可安定京师重镇，又可向四方显示太子的圣德。陛下应当割舍私情，依从天下的大公之道。"唐太宗认为张行成忠诚，晋升为银青光禄大夫。

李世勣到了郁督军山，薛延陀的酋长梯真达官率领兵众前来降附。薛延陀咄摩支向南投奔荒山之中，李世勣派出通事舍人萧嗣业前去招抚安慰，咄摩支向萧嗣业投降。他的部落还犹豫不定，李世勣带兵追击，前后杀死五千多人，俘虏男女三万多人。秋季七月，咄摩支到达京城，官拜右武卫大将军。

八月初五日，唐太宗立皇孙李忠为陈王。

八月初十日，唐太宗行幸灵州。

江夏王李道宗的兵马既已穿过沙漠，遇见薛延陀阿波达官的兵众数万人进行抵抗，李道宗击败他们，斩首一千多人，追击逃跑的薛延陀人二百里。李道宗与薛万徹各自派遣使者招抚敕勒各部，他们的酋长都十分高兴，向使者磕头请求入京朝见。八月十一日，唐太宗车驾到达浮阳。回纥、拔野古、同罗、仆骨、多滥葛、思结、阿跌、契苾、跌结、浑、斛薛十一姓部落各自派使者入朝进贡，都说："薛延陀不侍奉大国，暴虐无道，不能为我们做主人，自取灭亡，各部落作鸟兽散，不知何去何从。我们各有自己的地盘，不跟薛延陀逃走，归顺大唐天子。希望赐哀怜给我们，乞请设置官衙，养育我们。”唐太宗大为高兴。十二日，唐太宗诏令宴请回纥等族使者，赏赐物品，封拜官职，把皇帝的玺书赐给各个酋长，派右领军中郎将安永寿到各部落传达旨意。

八月十三日，唐太宗行幸汉代的原甘泉宫，颁布诏令：“戎、狄等族与天地一同生存，与上古帝王伏羲并列称雄，流传祸殃制造祸端，是从大唐兴国之初开始的。朕随意任命了偏师进击，就生擒了颉利；刚刚施展朝廷的谋略，已经灭掉了薛延陀。铁勒族一百多万户，分散居住在遥远的北方，不远万里派遣使者，要求委身归附于内地，请求同样编入朝廷的户籍之内，与内地一同改置州郡。开天辟地以来，这是前所未闻的，应当预备礼仪上告祖庙，并且颁示于普天之下。”

八月二十一日，唐太宗车驾到达泾州。二十七日，穿越陇山，到达西瓦亭，观看牧马。九月，唐太宗到达灵州，敕勒各部落首领相继派使者到灵州拜谒唐太宗，多达几千人，都说：“非常希望上天至尊皇帝做我们的天可汗，我们子子孙孙长久做上天至尊皇帝的奴隶，至死也没有遗恨。”九月十五日，唐太宗亲自作诗记叙此事说：“雪耻酬百王，除凶报千古。”公卿大臣们请求在灵州刻碑记事，唐太宗依从。

【原文】

特进同中书门下三品宋公萧瑀，性狷介[①]，与同寮多不合，尝言于上曰：“房玄龄与中书门下众臣，朋党不忠，执权胶固[②]，陛下不详知，但未反耳。”上曰：“卿言得无太甚！人君选贤才以为股肱心膂，当推诚任之。人不可以求备，必舍其所短，取其所长。朕虽不能聪明，何至顿迷臧否[③]，乃至于是！”瑀内不自得，既数忤旨[④]，上亦衔[⑤]之，但以其忠直居多，未忍废也。

上尝谓张亮曰：“卿既事佛，何不出家？”瑀因自请出家。上曰：“亦知公雅好桑门[⑥]，今不违公意。”瑀须臾复进曰：“臣适思之，不能出家。”上以瑀对群臣发言反覆，尤不能平，会称足疾不朝，或至朝堂而不入见。上知瑀意终怏怏，冬，十月，手诏数其罪曰：“朕于佛教，非意所遵。求其道者未验福于将来，修其教者翻受辜于既往。至若梁武穷心于释氏，简文锐意于法门，倾帑藏以给僧祇[⑦]，殚人力以供塔庙。及乎三淮[⑧]沸浪，五岭[⑨]腾烟，假馀息于熊蹯[⑩]，引残魂于雀鷇[⑪]，子孙覆亡而不暇，社稷俄顷而为墟，报施之征，何其谬也！瑀践覆车之馀轨，袭亡国之遗风。弃公就私，未明隐显之际；身俗口道，莫辨邪正之心。修累叶之殃源，祈一躬[12]之福本，上以违忤君主，下则扇习浮华。自请出家，寻复违异。一回一惑[13]，在乎瞬息之间；自可自否，变于帷扆之所[14]。乖[15]栋梁之体，岂具瞻[16]之量乎？朕隐忍至今，瑀全无悛改[17]。可商州刺史，仍除其封[18]。”

上自高丽还，盖苏文益骄恣，虽遣使奉表，其言率皆诡诞，又待唐使者倨慢，常窥伺边隙。屡敕令勿攻新罗，而侵陵不止。壬申[19]，诏勿受其朝贡，更议讨之。

丙戌[20]，车驾还京师。

冬，十月己丑[21]，上以幸灵州往还，冒寒疲顿，欲于岁前专事保摄。十一月己丑[22]，诏祭祀、表疏、胡客、兵马、宿卫[23]，行鱼契[24]给驿、授五品以上官及除解[25]、决死罪皆以闻，馀并取皇太子处分。

十二月己丑[26]，群臣累请封禅，从之。诏造羽卫[27]送洛阳宫。

戊寅[28]，回纥俟利发吐迷度、仆骨俟利发歌滥拔延、多滥葛俟斤末、拔野古俟利发屈利失、同罗俟利发时健啜、思结酋长乌碎及浑、斛薛、奚结、阿跌、契苾、白霫[29]酋长，皆来朝。庚辰[30]，上赐宴于芳兰殿[31]，命有司□□□□[32]，每五日一会。

癸未[33]，上谓长孙无忌等曰：“今日吾生日，世俗皆为乐，在朕翻成伤感。今君临天下，富有四海，而承欢膝下，永不可得，此子路所以有负米之恨[34]也。《诗》云：‘哀哀父母，生我劬劳[35]。’奈何以劬劳之日更为宴乐乎？”因泣数行下，左右皆悲。

房玄龄尝以微谴归第，褚遂良上疏，以为：“玄龄自义旗之始翼赞圣功，武德之季冒死决策，贞观之初选贤立政，人臣之勤，玄龄为最。自非有罪在不赦，搢绅[36]同尤，不可遐弃[37]。陛下若以其衰老，亦当讽谕使之致仕，退之以礼，不可以浅鲜之过[38]，弃数十年之勋旧[39]。”上遽召出之。顷之，玄龄复避位还家。久之，上幸芙蓉园[40]，玄龄敕子弟汛扫门庭，曰：“乘舆且至！”有顷，上果幸其第，因载玄龄还宫。

（以上为第八段，写唐太宗晚年猜忌心重，因小过而谴谪旧时元老大臣萧瑀、房玄龄等人。）

【注释】

①狷介：洁身自好，不肯同流合污。　②胶固：巩固，结合紧密。　③臧否：好坏，得失。　④忤旨：违逆圣旨。　⑤衔：衔怒，怀怒。　⑥桑门："沙门"异译。出家的佛教徒的总称。　⑦僧祇：梵语"阿僧祇耶"（即大众）的略称。　⑧三淮：即淮水三河地区，在今江苏西部。淮水经此入大运河。　⑨五岭：即湘、赣与桂粤交界处的越城、都庞、萌渚、骑田、大庾五岭的总称。"三淮沸浪""五岭腾烟"，谓佞佛的梁武帝招致"侯景之乱"和岭南萧勃、元兰之乱。　⑩熊蹯：熊掌。公元前626年，楚成王欲废太子商臣，商臣发动兵变，围成王于宫，成王请食熊掌而死，用以拖延时间，商臣不许，成王自缢而死。　⑪雀鷇（kòu）：雏雀，待哺的幼雀。公元前295年，赵武灵王游沙丘，公子章作乱，赵惠王发兵平叛，公子章兵败投武灵王，武灵王开门接纳，赵惠王将李兑兵围沙丘，武灵王乏食，靠打天上的飞鸟和捉老鼠为食，被困三个月后饿死。熊蹯、雀鷇，指楚成王、赵武灵王末年不得善终的故事。太宗借以喻梁武帝饿死于台城。　⑫一躬：一身。　⑬一回一惑：回、惑，反复，迷乱。　⑭帷扆之所：朝堂，天子接见群臣的地方。⑮乖：违逆。　⑯具瞻：为众人所瞻仰。　⑰悛改：悔改过错。　⑱封：封爵。　⑲壬申：十月十四日。　⑳丙戌：十月二十八日。　㉑十月己丑：应为十一月己丑，即十一月初一日。　㉒己丑：章校，"己丑"作"乙丑"。即十二月初一日。　㉓祭祀、表疏、胡客、兵马、宿卫：祭祀，祀神祭祖；表疏，上奏天子的表章；胡客，蕃人、蕃国使臣；兵马，用于征讨；宿卫，番上宿卫的将士。　㉔鱼契：即鱼符和木契，唐朝授予臣下的信物。　㉕除解：拜官授职和解除官职。　㉖己丑：十二月无"己丑"，疑为"乙丑"误。㉗羽卫：天子的仪仗。　㉘戊寅：十二月二十日。　㉙白霫：铁勒部族之一。分布于今图拉河东北一带。铁勒诸部酋长歌滥拔延等事迹并见《新唐书》卷二百一十七下《回鹘传》下附《仆骨传》。　㉚庚辰：十二月二十二日。　㉛芳兰殿：疑为"紫兰殿"之误。紫兰殿在大明宫玄武殿西南。　㉜命有司□□□□：章校，"司"下空格为"厚加给待"四字。　㉝癸未：十二月二十五日。　㉞此子路所以有负米之恨：语出《孔子家语》。子路，鲁国卞（今山东泗水东南）人。孔丘弟子，出身贫苦，从百里外背米以奉双亲。父母死后，子路贵显，积粟至万钟，但他并不快活，因为再无机会负米承欢于二老膝下。　㉟劬（qú）劳：劳累，养育子女的劳苦。"哀哀父母，生我劬劳"，出自《诗·小雅·蓼莪》。　㊱搢绅：亦作"缙绅"，即官宦。　㊲遐弃：疏远遗弃。　㊳浅鲜之过：小而少的过错。　㊴勋归：功臣故旧。　㊵芙蓉园：位于曲江池东。在今陕西西安市东南。

【译文】

特进同中书门下三品宋公萧瑀，性情耿介狷狂，与同僚们大多都不相合，曾对唐太宗说："房玄龄与中书、门下省的众位大臣私结朋党对皇上不忠，操持权柄固执己见，陛下不知道详情，只是还没有谋反罢了。"唐太宗说："你是不是讲得过分了！君王选择贤才作为股肱心腹之人，应当推诚置腹委以重任。人不可以求全责备，应当舍弃其短处，取其所长。朕虽然不能做到耳聪目明无所不知，但也不至于不能识别人物的好坏到这个地步。"萧瑀内不自在，既已多次忤犯圣意，唐太宗也有些不满，只是认为他忠诚直率之处居多，不忍心废他不用。

唐太宗曾对张亮说："你既然敬事佛祖，为什么不出家呢？"萧瑀于是请求出家做和尚。唐太宗说："朕也知道你素来喜好佛门，现在不违背你的意思。"过了一会儿萧瑀进言说："我刚刚考虑过了，不能出家。"唐太宗认为萧瑀当着大臣们讲话反复无常，更觉得不平，正好这时萧瑀声称有脚病不能上朝，或者到了朝堂而不进去觐见唐太宗。唐太宗知道他始终怏怏不快，冬季十月，亲笔书写诏令数落他的罪过，说："朕对于佛教，无意遵从。追求佛道的人未能验证福禄于将来，学习它的教理的人反而在过去受尽苦罪。至于像梁武帝那样把全部心思放在佛教上，像梁简文帝那样坚决出家到佛门，倾尽国家的府库储藏供给僧寺，耗尽人力用来修筑塔庙。等到了造成三淮掀起大浪，五岭升起狼烟，最终像楚成王临死时想靠煮熊掌来拖延时间，像赵武灵王最终没有食物只能掏鸟窝里的幼鸟来充饥，子孙全都灭亡而无暇顾及，江山社稷顷刻间化为废墟，佛教所说的因果报应的征兆，是何等荒谬！萧瑀重蹈前人的覆辙，承袭亡国之人的遗风。抛弃天下的公义来顺从个人的私情，不懂得显耀和隐逸之间的道理；身在俗世却口诵佛语，不能分辨邪恶与正义。想靠佛教修去累世的孽源，祈求自己一人的福根，对上违犯君王，对下则是煽动浮华风气。自己请求出家，不久又改了主意。反反复复迷惑无主，都在瞬息之间，自己先要这样，自己又要反悔，就在天子与群臣议政的地方。这与作为国家栋梁的身份完全违背，难道是胸怀万物的宏大度量吗？朕一直隐忍到今天，萧瑀全无悔改之意。把他降为商州刺史，免除他其他的封爵。"

唐太宗从高丽班师还朝后，盖苏文更加骄横、恣意妄为，虽然也曾派使者上表，但言辞大都怪诞诡诈，而且对待唐朝的使者态度傲慢，经常窥伺边界的入侵机会。唐太宗多次发出敕令让他不要进攻新罗，但他不停止侵犯凌辱。十月十四日，唐太宗下诏令不接受高丽的朝贡，另外商议讨伐高丽之事。

十月二十八日，唐太宗车驾回到京城。

冬，十一月初一日，唐太宗因行幸灵州的路途往返，冒着严寒且旅途疲劳，想在年前专心保养身体。十二月初一日，诏令凡是祭祀之事、大臣所上表疏、四方异族朝贡的客人、军队的征调、皇宫的宿卫，向驿站发放铜鱼符、任命五品以上官员以及拜官解职、处决死罪等事，都要上奏皇帝知悉，其余事务一并交由皇太子处理。

十二月己丑，众大臣不断请求举行封禅礼，唐太宗依从大家的请求。诏令制作封禅仪仗送到洛阳宫中。

十二月二十日，回纥的俟利发吐迷度、仆骨的俟利发歌滥拔延、多滥葛的俟斤末、拔野古的俟利发屈利失、同罗的俟利发时健啜、思结的酋长乌碎以及浑、斛薛、奚结、阿跌、契苾、白霫的酋长，都进京朝见。二十二日，唐太宗在芳兰殿赐给他们酒宴，命令有关部门优厚招待，每五天举行一次宴会。

十二月二十五日，唐太宗对长孙无忌等人说："今日是朕的生日，世俗人们都在这天欢宴作乐，而对朕来说反而让我伤感。如今君临天下，富有四海之内，可是儿子们围在膝下让父母欢乐，却永远得不到了，这就是子路之所以在双亲死后产生了无法再为他们背米的遗恨的原因。《诗经》说：'可怜父母，生我的时候多么辛劳。'为什么还要在父母辛劳的日子里饮宴作乐呢？"说完眼泪流下数行，身边的人都很悲哀。

房玄龄曾被唐太宗谴责，命他停职回家休息，褚遂良上奏，认为："房玄龄从高祖举起义旗反隋时就有协助辅佐的大功，武德九年又冒着死亡的危险帮助陛下定下重大决策，贞观初年为朝廷选拔贤才建立国家政治机构，大臣的辛勤，玄龄可以为最。如果不是犯了十恶不赦之罪，士大夫全都仇恨他，就不可远远抛弃而不用。陛下如果认为他已老迈无用，也应当暗示他让他提出退休，以礼节让他退休，不可以因为小小的过失就抛弃了几十年的功勋旧臣。"唐太宗急忙把房玄龄从家中召回。过了不久，房玄龄又避开职位回到家中。过了很久，唐太宗巡幸芙蓉园，房玄龄命家中的子弟立即洒扫门庭，说："皇上的乘辇就要到了。"不久，唐太宗果然临幸他的宅第，于是让房玄龄上车一同返回宫中。

【原文】

二十一年（丁未，647）

春，正月，开府仪同三司申文献公高士廉疾笃。辛卯①，上幸其第，流涕与诀。壬辰②，薨。上将往哭之，房玄龄以上疾新愈，固谏，上曰："高公非徒君臣，兼以故旧姻戚，岂得闻其丧不往哭乎？公勿复言！"帅左右自兴安门③出，长孙无忌在士廉丧所，闻上将至，辍哭，迎谏于马首曰："陛下饵金石④，于方不得临丧，奈何不为宗庙苍生自重？且臣舅临终遗言，深不欲以北首、夷衾⑤，辄屈銮驾。"上不听。无忌中道伏卧，流涕固谏，上乃还入东苑⑥，南望而哭，涕下如雨。及柩出横桥⑦，上登长安故城⑧西北楼，望之恸哭。

丙申⑨，诏以回纥部为瀚海府⑩，仆骨为金微府⑪，多滥葛为燕然府⑫，拔野古为幽陵府⑬，同罗为龟林府⑭，思结为卢山府⑮，浑为皋兰州⑯，斛薛为高阙州⑰，奚结为鸡鹿州⑱，阿跌为鸡田州⑲，契苾为榆溪州⑳，思结别部为蹛林州㉑，白霫为寘颜州㉒。各以其酋长为都督、刺史，各赐金银缯帛及锦袍。敕勒大喜，捧戴欢呼拜舞，宛转尘中。及还，上御天成殿宴，设十部乐而遣之。诸酋长奏称："臣等既为唐民，往来天至尊所，如诣父母，请于回纥以南、突厥以北开一道，谓之参天可汗道㉓，置六十八驿，各有马及酒肉以供过使，岁贡貂皮以充租赋，仍请能属文人，使为表疏。"上皆许之。于是北荒悉平，然回纥吐迷度已私自称可汗，官号皆如突厥故事。

丁酉㉔，诏以明年仲春有事泰山，禅社首㉕；馀并依十五年议。

二月丁丑㉖，太子释奠㉗于国学。

（以上为第九段，写北方各少数民族接受唐官称号，示天下各族为一家。唐太宗平等对待的民族政策获得成功。）

【注释】

①辛卯：正月初四日。　②壬辰：正月初五日。　③兴安门：大明宫南面共五门，次西称兴安门，位于大明宫的西南隅。　④金石：指道士以金液和丹砂炼制的所谓长生不老之药。　⑤北首、夷衾：北首谓人死后的尸体以头朝北放置，夷衾指以包被殓尸。⑥东苑：西京三内苑之一。在大明宫的东南隅，南北二里，东西占地一坊。　⑦横桥：又称"渭桥""中渭桥""横门桥""石柱桥"，秦始皇建。在今陕西咸阳市东北渭河上。

⑧长安故城：即汉长安城。在今陕西西安市西北渭河南岸。 ⑨丙申：正月初九日。⑩瀚海府：治所在今蒙古国哈尔和林附近。 ⑪金微府：治所在今蒙古国肯特省一带。⑫燕然府：治所在今蒙古国乌兰巴托附近。 ⑬幽陵府：治所在今蒙古国东方省一带。⑭龟林府：治所在今蒙古国色楞格省。 ⑮卢山府：治所在今蒙古国杭爱省南部地带。⑯皋兰州：在今蒙古图拉河东岸一带，后侨治凉州（今甘肃武威市）。 ⑰高阙州：疑为高阙塞（今内蒙古乌拉特中后联合旗西南）。 ⑱鸡鹿州：在今俄罗斯希洛克河以南地带，后侨治于今宁夏境。 ⑲鸡田州：在今蒙古国乌兰巴托西北，后侨治于今宁夏境。⑳榆溪州：初在今蒙古乌兰巴托南，后侨治今甘肃河西走廊。 ㉑蹛（dài）林州：初在今蒙古国境，后侨治凉州境。 ㉒寘颜州：在今内蒙古贝尔湖南、大兴安岭西。 ㉓参天可汗道：此道约自今河套地区北行至瀚海都督府以北地带。这条贯通大漠南北的道路在后来发展为中受降城（在今内蒙古包头市西南黄河北岸）入回纥道，为“入四夷”的七条大道之一。 ㉔丁酉：正月初十日。 ㉕社首：山名。在今山东泰安市西南。 ㉖丁丑：二月二十日。 ㉗释奠：古代学校祭奠先师先圣的一种典礼。

【译文】

唐太宗贞观二十一年（丁未，647）

春季，正月，开府仪同三司申文献公高士廉病情加重，初四日，唐太宗亲临他的家中，流着泪与他告别。初五日，高士廉去世。唐太宗想前往高宅哭灵，房玄龄认为唐太宗的病刚好，坚持劝阻，唐太宗说：“高公与我不但是君臣关系，还兼有故旧姻亲的关系，岂有听说他的丧事而不前去哭灵的呢？你不必再多说了！”说完带领身边的人从兴安门出宫，长孙无忌正在高士廉的灵堂，听说唐太宗将要到来，停止哭泣，出门迎着太宗乘坐的御马劝谏说：“陛下正在吃药，按照药方不能参加别人的丧事，为什么不为宗庙社稷考虑而自珍自重呢？而且臣的舅舅临终有遗言，非常不愿意为安放自己的尸体、穿丧衣等事让陛下屈驾前来。”唐太宗不听他的劝告。长孙无忌横卧在道路中间，流着眼泪坚决地谏阻，唐太宗这才返回东苑，望着南面痛哭，泪如雨下。等到灵柩出了横桥，唐太宗登上长安旧城的西北角楼，遥望恸哭。

正月初九日，唐太宗诏令以回纥部为瀚海府，仆骨为金微府，多滥葛为燕然府，拔野古为幽陵府，同罗为龟林府，思结部为卢山府，浑为皋兰州，斛薛为高阙州，奚结为鸡鹿州，阿跌为鸡田州，契苾为榆溪州，思结的另一部为蹛林州，白霫为寘颜州。各以他们的酋长为州府的都督和刺史，各赐予金银绢帛以及锦袍。敕勒族人大为高兴，捧戴着赐物欢呼下拜跳舞，人们在掀起的尘土之中欢呼。等到各部落酋长要返回本部时，唐太宗亲临天成殿摆下酒宴，演奏十部乐，而后送他们回去。各部族酋长上奏说："臣等既为大唐的臣民，往来到上天至尊的京城皇宫，就如同前来拜望父母一样，请求在回纥以南与突厥以北地区开辟一条通道，称为参天可汗道，设置六十八个驿站，各自设置马匹及酒肉以供过路人使用，我们每年进贡貂皮充作租赋，仍然延请能做文章的人，让他们撰写表章奏疏。"唐太宗全都同意他们的请求。从此以后北部边疆全部安定，但是只有回纥吐迷度已经私下自称可汗，官号皆与过去的突厥相同。

正月初十日，唐太宗诏令明年仲春之月将要到泰山行封禅礼，在社首山封禅；其余事项都按照贞观十五年议定的办理。

二月二十日，皇太子李治到国子学举行释奠礼。

【原文】

上将复伐高丽，朝议以为："高丽依山为城，攻之不可猝拔。前大驾亲征，国人不得耕种，所克之城，悉收其谷，继以旱灾，民太半乏食。今若数遣偏帅，更迭扰其疆埸，使彼疲于奔命，释耒[①]入堡，数年之间，千里萧条，则人心自离，鸭绿之北，可不战而取矣。"上从之。三月，以左武卫大将军牛进达[②]为青丘道行军大总管，右武候将军李海岸[③]副之，发兵万馀人，乘楼船[④]自莱州泛海而入。又以太子詹事李世勣为辽东道行军大总管，右武卫将军孙贰朗[⑤]等副之，将兵三千人，因营州都督府兵自新城道入。两军皆选习水善战者配之。

辛卯[⑥]，上曰："朕于戎、狄，所以能取古人所不能取，臣古人所不能臣者，皆顺众人之所欲故也。昔禹帅九州[⑦]之民，凿山槎[⑧]木，疏百川注之海，其劳甚矣，而民不怨者，因人之心，顺地之势，与民同利故也。"

是月，上得风疾[⑨]，苦京师盛暑，夏，四月乙丑[⑩]，命修终南山太和废宫为翠微宫[⑪]。

丙寅[⑫]，置燕然都护府[⑬]，统瀚海等六都督、皋兰等七州，以扬州都督府司马李素立[⑭]为之。素立抚以恩信，夷落怀之，共率马牛为献，素立唯受其酒一杯，馀悉还之。

五月戊子[⑮]，上幸翠微宫。冀州进士张昌龄[⑯]献《翠微宫颂》，上爱其文，命于通事舍人里供奉。

初，昌龄与进士王公治⑰皆善属文，名振京师，考功员外郎⑱王师旦⑲知贡举，黜之，举朝莫晓其故。及奏第，上怪无二人名，诘之。师旦对曰："二人虽有辞华，然其体轻薄，终不成令器⑳。若置之高第，恐后进效之，伤陛下雅道㉑。"上善其言。

壬辰㉒，诏百司依旧启事皇太子。

庚辰㉓，上御翠微殿㉔，问侍臣曰："自古帝王虽平定中夏，不能服戎、狄。朕才不逮古人而成功过之，自不谕其故，诸公各率意以实言之。"群臣皆称："陛下功德如天地，万物不得而名言。"上曰："不然。朕所以能及此者，止由五事耳。自古帝王多疾㉕胜己者，朕见人之善，若己有之；人之行能㉖，不能兼备，朕常弃其所短，取其所长；人主往往进贤则欲置诸怀，退不肖则欲推诸壑，朕见贤者则敬之，不肖者则怜之，贤不肖各得其所；人主多恶正直，阴诛显戮，无代无之，朕践阼㉗以来，正直之士，比肩于朝，未尝黜责一人；自古皆贵中华，贱夷、狄，朕独爱之如一，故其种落皆依朕如父母。此五者，朕所以成今日之功也。"顾谓褚遂良曰："公尝为史官，如朕言，得其实乎？"对曰："陛下盛德不可胜载，独以此五者自与，盖谦谦㉘之志耳。"

李世勣军既渡辽，历南苏等㉙数城，高丽多背城拒战，世勣击破其兵，焚其罗郭㉚而还。

（以上为第十段，写唐太宗自信，他治国超越前世君主有五长：一渴求贤才，二用人之长，三各任其能，四亲近直臣，五夷汉一家。）

【注释】

①耒（lěi）：古代翻土农具耒耜的柄，此处指代农具。　②牛进达：唐初功臣。早年先后隶于瓦岗军和王世充。降唐后累擢将军、大将军，封琅邪郡公。事迹见《旧唐书》卷六十八《秦叔宝传》、卷一百九十六上《吐蕃传上》、一百九十九上《高丽传》，《新唐书》卷一百九十一《忠义传上》等。　③李海岸：《册府元龟·外臣部》等作"李海崖"。唐初将领。曾参与征讨高丽、龟兹等。事迹见《新唐书》卷一百一十《阿史那社尔传》、卷二百二十《高丽传》、卷二百二十一上《龟兹传》。　④楼船：古代有楼的战船。　⑤孙贰朗：唐初将领。事迹见《新唐书》卷二百二十。　⑥辛卯：三月五日。⑦九州：指上古我国中原的九个区域。据《尚书·禹贡》载，九州为冀州、兖州、青州、徐州、扬州、荆州、豫州、梁州、雍州。　⑧槎（chá）：斫。　⑨风疾：中医学病

症名，即痹（bì）病。 ⑩乙丑：四月九日。 ⑪翠微宫：故址在今陕西西安市南五十里终南山中。 ⑫丙寅：四月十日。 ⑬燕然都护府：治所在今内蒙古乌拉特中后旗西南，后移治今蒙古哈拉和林附近，改名瀚海都护府。 ⑭李素立：唐初良吏。赵州高邑（今河北高邑县）人。累擢侍御史、绵州和蒲州刺史、太仆和鸿胪卿等职，封高邑县侯。永徽初卒。传见《旧唐书》卷一百八十五上、《新唐书》卷一百九十七。 ⑮戊子：五月初三日。 ⑯张昌龄（？—666）：唐初文学家。冀州南宫（今河北南宫市西北）人。官至北门修撰。有文集二十卷。传见《旧唐书》卷一百九十上、《新唐书》卷二百零一。⑰王公治：严校："治"改"瑾"。按：王公谨本名公治，因避高宗讳改。事迹见《新唐书》卷四十四《选举志》上、二百零一《张昌龄传》。 ⑱考功员外郎：吏部考功司长官之一。掌地方官考核和科举考试。 ⑲王师旦：事迹见《新唐书》卷四十四《选举志上》、卷二百零一《张昌龄传》。 ⑳令器：犹言美材。 ㉑雅道：正道。 ㉒壬辰：五月初七日。 ㉓庚辰：五月无"庚辰"，据《旧唐书·太宗纪》，为"戊子"（五月三日）之误。 ㉔翠微殿：翠微宫正殿。 ㉕疾：通"嫉"。妒忌。 ㉖行能：品行和能力。㉗践阼：帝王登基。 ㉘谦谦：谦逊。 ㉙南苏：在今辽宁抚顺市东苏子河与浑河合流处。 ㉚罗郭：即罗城（大城）和郭城（外域）。

【译文】

唐太宗准备再次讨伐高丽，朝臣们议论认为："高丽靠着山修筑城堡，攻击这种城堡不能短时间内攻克。上次大驾亲征，国中百姓不能耕种庄稼，所攻克的城，全部没收了他们的粮食，加上发生了旱灾，百姓有一大半缺乏粮食。如今若是多次派出偏师，轮番骚扰高丽的疆域，让高丽疲于奔命，放下农具进入城堡，几年之内，就会使他们国内千里萧条，人心自然就会离异，鸭绿江以北地区，可以不用作战就轻易取得了。"唐太宗听从了他们的建议。三月，任命左武卫大将军牛进达为青丘道行军大总管，右武候将军李海岸为他的副手，征发一万多兵力，乘着楼船从莱州航海进入高丽境内。又任命太子詹事李世勣为辽东道行军大总管，右武卫将军孙贰朗等人为他的副手，领兵三千人，加上营州都督府的兵众从新城道进入高丽。两支军队都选拔了熟习水性、善于水战的士兵分配到其部队中。

三月初五日，唐太宗说："朕对于北方戎、狄所以能够取得古人所不能取得的胜利，做到了古人不能使之臣服的戎狄之人臣服于大唐，都是因为顺应了众人愿望。从前大禹率领九州的百姓，开凿山岭砍伐树木，疏导众多河流入大海，他们够疲劳的了，然而百姓并无怨言，就是因为他顺应了民心，顺应了地势，与民同利。”

这个月，唐太宗受了风寒，觉得京城的炎热酷暑太苦，夏季，四月初九日，命人修缮终南山废弃的太和宫为翠微宫。

四月初十日，唐政府设置了燕然都护府，统辖瀚海等六地的都督府和皋兰等七个州，任命扬州都督府司马李素立为都护。李素立用恩惠和信用安抚当地民众，各族的部落都对他顺服，都进献牛马，李素立只接受一杯酒，其余一概退还。

五月初三日，唐太宗临幸翠微宫。冀州进士张昌龄进献《翠微宫颂》，唐太宗喜欢他的文章，命他在通事舍人那里供奉做事。

起初，张昌龄与进士王公治都擅长做文章，名声震动了京城，考功员外郎王师旦掌管贡举官员的事务，废黜他们不予录用，全朝廷的官员都不明白是何缘故。等到上奏给唐太宗进士及第的名单，唐太宗奇怪没有这二人的名字，就质问王师旦。王师旦回答说：“二人虽然文辞华丽，然而其文体轻薄，终究不能成大器。如果把他们放在进士等级里，恐怕后来的人都来效仿，有伤陛下的雅正之道。”唐太宗认为他的话说得好。

五月初七日，唐太宗诏令文武百官依旧向皇太子上奏呈报政事。

庚辰，唐太宗亲临翠微殿，问身边的大臣：“自古以来帝王虽然能够平定中原，却不能制服北方的戎、狄。朕的才能远远不如古代帝王而取得的成功却超过了他们，我自己不明说其中的原因，你们各自当直率地说出来。”众大臣都说：“陛下的功德如同天地一样广大，万物不能用言词说出来。”唐太宗说：“不是这样。朕所以能做到这一点，只是因为五件事情：自古以来帝王大多嫉妒能力超过自己的，朕看见别人的长处，就如同自己有这种长处一样；人的品行与能力不能兼备，朕对人常常避开他的短处，用他的长处；君王往往在引进有才能的人时就喜欢得想把他放在自己怀里，在摒弃无能之辈时就讨厌得恨不能把他推进深渊，朕看见有才能的人非常敬重他，遇见无能无行的人就可怜他，这样就使有才能的和没有才能的人都能各得其所；君王大多讨厌大臣的贞正直率，于是这种大臣要么是暗的诛杀，要么是明的杀戮，没有一个朝代没有这种情况，朕自即位以来，正直的大臣在朝中成群结队，比肩接踵，未曾贬黜斥责过一个正直的大臣；自古以来的帝王都重视中原，贱视夷、狄，唯独朕爱护他们完全相同，所以他们各个种族部落都依赖朕像（依赖）他们的父母一样。这五件事，是朕成就今日功勋的原因。”又对褚遂良等人说：“你曾做过史官，像朕的这番话，符合实际情况吗？”褚遂良回答说：“陛下的盛德不可胜载，只说自己有这五点，是陛下心里太谦虚了。”

李世勣的部队渡过辽水之后，途经南苏等几座城，高丽兵多靠着城墙进行抵抗，李世勣击败他们的军队，焚烧了他们的外城然后回师。

【原文】

六月癸亥[①]，以司徒长孙无忌领扬州都督，实不之任。

丁丑[②]，诏以“隋末丧乱，边民多为戎、狄所掠，今铁勒归化，宜遣使诣燕然等州，与都督相知，访求没落之人，赎以货财，给粮递还本贯。其室韦[③]、乌罗护、靺鞨三部人为薛延陀所掠者，亦令赎还。”

癸未[④]，以司农卿李纬[⑤]为户部[⑥]尚书。时房玄龄留守京师，有自京师来者，上问：“玄龄何言？”对曰：“玄龄闻李纬拜尚书，但云李纬美髭鬓。”帝遽改除纬洛州刺史。

秋，七月，牛进达、李海岸入高丽境，凡百馀战，无不捷，攻石城[⑦]，拔之。进至积利城[⑧]下，高丽兵万馀人出战，海岸击破之，斩首二千级。

上以翠微宫险隘，不能容百官，庚子[⑨]，诏更营玉华宫[⑩]于宜春[⑪]之凤皇谷。庚戌[⑫]，车驾还宫。

八月壬戌[⑬]，诏以薛延陀新降，土功屡兴，加以河北水灾，停明年封禅。

辛未[⑭]，骨利干[⑮]遣使入贡。丙戌[⑯]，以骨利干为玄阙州[⑰]，拜其俟斤为刺史。骨利干于铁勒诸部为最远，昼长夜短，日没后，天色正曛[⑱]，煮羊脾[⑲]适熟，日已复出矣。

己丑[⑳]，齐州人段志冲上封事，请上致政[㉑]于皇太子。太子闻之，忧形于色，发言流涕。长孙无忌等请诛志冲。上手诏曰：“五岳陵霄[㉒]，四海亘地[㉓]，纳污藏疾，无损高深。志冲欲以匹夫解位天子，朕若有罪，是其直也；若其无罪，是其狂也。譬如尺雾障天，不亏于大；寸云点日，何损于明！”

丁酉[㉔]，立皇子明[㉕]为曹王。明母杨氏[㉖]，巢剌王之妃也，有宠于上，文德皇后之崩也，欲立为皇后。魏徵谏曰：“陛下方比德唐、虞，奈何以辰嬴[27]自累？”乃止。寻以明继元吉后。

戊戌[28]，敕宋州刺史王波利等发江南十二州工人造大船数百艘，欲以征高丽。

冬，十月庚辰[29]，奴刺[30]啜匐俟友帅其所部万馀人内附。

十一月，突厥车鼻可汗[31]遣使入贡。车鼻名斛勃，本突厥同族，世为小可汗。颉利之败，突厥馀众欲奉以为大可汗，时薛延陀方强，车鼻不敢当，帅其众归之。或说薛延陀："车鼻贵种，有勇略，为众所附，恐为后患，不如杀之。"车鼻知之，逃去。薛延陀遣数千骑追之，车鼻勒兵与战，大破之，乃建牙于金山之北，自称乙注车鼻可汗，突厥馀众稍稍[32]归之，数年间胜兵三万人，时出抄掠薛延陀。及薛延陀败，车鼻势益张，遣其子沙钵罗特勒[33]入见，又请身自入朝。诏遣将军郭广敬[34]征之。车鼻特为好言，初无来意，竟不至。

癸卯[35]，徙顺阳王泰为濮王。

壬子[36]，上疾愈，三日一视朝。

十二月壬申[37]，西赵[38]酋长赵磨帅万馀户内附，以其地为明州[39]。

龟兹王伐叠[40]卒，弟诃黎布失毕立，浸[41]失臣礼，侵渔邻国。上怒，戊寅[42]，诏使持节[43]昆丘道行军大总管左骁卫大将军阿史那社尔、副大总管右骁卫大将军契苾何力、安西都护郭孝恪等将兵击之，仍命铁勒十三州、突厥、吐蕃、吐谷浑连兵进讨。

高丽王使其子莫离支任武[44]入谢罪，上许之。

（以上为第十一段，写四夷归服，仍有兵事，东伐高丽，西讨龟兹。）

【注释】

①癸亥：六月初八日。 ②丁丑：六月二十二日。 ③室韦：民族名。又作"失韦"。分布于今嫩江流域和黑龙江北岸地区。 ④癸未：六月二十八日。 ⑤李纬：常山（今河北正定县）人。官至太子詹事。事迹见《旧唐书》卷六十六《房玄龄传》、《新唐书》卷九十六《房玄龄传》。 ⑥户部：严校："户"改"民"。 ⑦石城：在今辽宁庄河市西北。 ⑧积利城：在今辽宁瓦房店市境。 ⑨庚子：七月十六日。 ⑩玉华宫：在今陕西铜川市东北玉华，下文凤皇谷亦位于此。 ⑪宜春：严校："春"改"君"。按，宜君县治在今陕西宜君县西南。 ⑫庚戌：七月二十六日。 ⑬壬戌：八月初八日。 ⑭辛未：八月十七日。 ⑮骨利干：铁勒诸部之一，分布于今贝加尔湖以北地区。

⑯丙戌：九月初三日。 ⑰玄阙州：骨利干部落所在地，治所今地不详。 ⑱曛（xūn）：落日余光。 ⑲羊脾：羊的脾脏。 ⑳己丑：九月五日。 ㉑致政：交还政权。 ㉒五岳陵霄：五岳指中岳嵩山、西岳华山、东岳泰山、北岳恒山、南岳衡山。陵霄，又作“凌霄”，即直冲云霄。 ㉓四海亘地：四海，泛指中国四周的海疆；亘地，周绕陆地。 ㉔丁酉：九月十四日。 ㉕皇子明：太宗第十四子李明，封为曹王。高宗时，历官都督、刺史，后贬黔州，自杀。传见《旧唐书》卷七十六、《新唐书》卷八十。 ㉖杨氏：本李元吉妃，元吉死，太宗纳之。事迹见《旧唐书·曹王明传》。 ㉗辰嬴：春秋时秦穆公女，先后嫁晋国二君。 ㉘戊戌：九月十五日。 ㉙庚辰：十月二十七日。 ㉚奴剌：部族名。居于吐谷浑、党项羌之间。 ㉛车鼻可汗：姓阿史那，名斛勃，东突厥突利部小可汗。颉利败，辗转窜金山（今阿尔泰山）以北，自称乙注车鼻可汗。永徽元年（650）为唐擒获，拜左武卫将军。传见《旧唐书·突厥传》。 ㉜稍稍：渐渐。 ㉝沙钵罗特勒：据《旧唐书·突厥传》上应为“沙钵罗特勤”。 ㉞郭广敬：唐初大将。华阴人。官至左威卫大将军。事迹见《旧唐书》卷一百九十四上《突厥传上》、《新唐书》卷七十四上《宰相世系四上》。 ㉟癸卯：十一月二十一日。 ㊱壬子：十一月三十日。 ㊲壬申：十二月二十日。 ㊳西赵：民族名。即西赵蛮。分布于今贵州东部。以其酋姓赵得名。 ㊴明州：羁縻州名。治所在今贵州思南以南地区。 ㊵伐叠：姓白，世袭龟兹王。与其弟诃黎布失毕事迹并见《旧唐书》卷一百九十八《龟兹传》、《新唐书》卷二百二十二上《龟兹传》。 ㊶浸：渐渐。 ㊷戊寅：十二月二十六日。 ㊸使持节：加官名。魏晋以后，地方军政长官加“使持节”的，拥有诛杀地方中下级官吏的大权。 ㊹任武：即高任武。事迹见《新唐书》卷二百二十《高丽传》。

【译文】

六月初八日，任命司徒长孙无忌兼领扬州都督，实际上并不到扬州赴任。

六月二十二日，唐太宗下诏称：“隋朝末年发生动乱亡国，边境居民大多被北方戎狄劫掠而去，如今铁勒也已归顺了我大唐，应当派使者到燕然等州，通知当地的都督，访求流落到戎狄的百姓，用财物赎回，供给粮食让他们回到原籍。其中室韦、乌罗护、靺鞨三部族的百姓被薛延陀掠去的，也下令把他们赎回。”

六月二十八日，任命司农寺卿李纬为户部尚书。当时房玄龄留守京城，有人从京城前来，唐太宗问他：“房玄龄说了什么话？”回答说：“玄龄听说陛下拜李纬为户部尚书，只是说李纬是个美髯公。”唐太宗即刻改任李纬为洛州刺史。

秋季，七月，牛进达、李海岸的部队进入高丽境内，大小经历一百多次战斗，战无不胜，又攻打石城，拔下此城。进军到积利城下，高丽士兵一万多人出城迎战，李海岸击败他们，杀死两千多人。

唐太宗认为翠微宫地势险要狭窄，不能容纳百官，七月十六日，诏令在宜春县的凤凰谷另建玉华宫。二十六日，唐太宗车驾回到皇宫。

八月初八日，诏令因为薛延陀新近投降，屡次兴建土木，加上河北地区发生水灾，停止明年去泰山封禅。

八月十七日，骨利干派使者前来进贡。九月初三日，唐朝廷把骨利干改为玄阙州，封拜他的俟斤为州的刺史。骨利干在铁勒各部落中地方最为遥远，白天的时间长，夜晚的时间短，太阳落山后，天色还是亮的，刚把羊脾煮熟，太阳又从地平线上出来了。

九月初五日，齐州人段志冲上书议事，请求唐太宗把朝政交由皇太子处理。太子听说后，忧虑的表情出现在脸上，说话时也流出眼泪。长孙无忌等人请求处死段志冲。唐太宗亲笔书写诏令说："五岳高上云霄和银河，四海延亘横穿大地，五岳和四海容纳各种有污垢的东西，无损于它们的高和深。段志冲想以匹夫的身份让朕解除皇位，朕如果有罪过，他就是正直的；如果没有罪过，也只说明他是狂妄的。好比一尺长的云雾遮住天空，不会亏损了天的广大；一寸云彩在太阳上是一个小点，哪里有损于太阳的光明！"

九月十四日，立皇子李明为曹王。李明的母亲杨氏，原先是巢刺王李元吉的妃子，受唐太宗的宠爱，文德皇后死后，唐太宗想立她为皇后。魏徵曾劝谏说："陛下正在用自己的德行与唐尧、虞舜相比，为什么反倒效法春秋晋文公娶了晋国太子圉的妻子辰嬴来使自己的名声受到损害呢？"唐太宗于是放弃立杨氏为皇后，不久又以李明继承李元吉的香火。

九月十五日，唐太宗敕令宋州刺史王波利等人征发江南十二州的工匠修造大船几百艘，准备用这些大船征伐高丽。

冬季，十月二十七日，奴刺部落的啜匐俟友率领所部一万多人归附朝廷。

十一月，突厥车鼻可汗派使者进京献上贡品。车鼻的名字叫斛勃，本来与突厥同族，世世代代为小可汗。颉利可汗败亡后，突厥剩余的百姓想奉他做大可汗，当时薛延陀正值强盛时期，车鼻不敢担任大可汗，率领部众归附薛延陀。有人对薛延陀说："车鼻是贵族血统，有勇有谋，为众人所依附，恐怕会成为后患，不如杀掉他。"车鼻知道后，急忙逃走。薛延陀派数千骑兵追赶他，车鼻部署兵马与追兵作战，大败薛延陀兵，在金山之北建立牙帐，自称乙注车鼻可汗，突厥剩余的百姓渐渐都来归附于他，几年之间拥有可以作战的士兵三万人，时常出兵掠夺薛延陀。等到薛延陀败亡，车鼻的势力更加强大，派他的儿子沙钵罗特勒入朝觐见唐太宗，又请求允许自己入朝。唐太宗下诏派将军郭广敬前去征召他入朝。车鼻只是说好听的话，本来没有入朝的意思，最终也没有来。

十一月二十一日，改封顺阳王李泰为濮王。

十一月三十日，唐太宗病愈，三天上朝一次。

十二月二十日，西赵蛮族的酋长赵磨率领一万多户归附唐朝，唐朝把他的地区改为明州。

龟兹国王伐叠死后，他的弟弟诃黎布失毕即位，逐渐失去臣属国的礼节，侵扰邻近国家。唐太宗大怒，十二月二十六日，诏令使持节的昆丘道行军大总管左骁卫大将军阿史那社尔、副大总管右骁卫大将军契苾何力、安西都护郭孝恪等人领兵进攻龟兹，又命令铁勒族十三州、突厥、吐蕃、吐谷浑合兵进军讨伐。

高丽王让他的儿子莫离支任武入朝谢罪，唐太宗允许。

【原文】

二十二年（戊申，648）

春，正月己丑[①]，上作《帝范》十二篇以赐太子，曰《君体》《建亲》《求贤》《审官》《纳谏》《去谗》《戒盈》《崇俭》《赏罚》《务农》《阅武》《崇文》；且曰："修身治国，备在其中。一旦不讳[②]，更无所言矣。"又曰："汝当更求古之哲王[③]以为师，如吾，不足法[④]也。夫取法于上，仅得其中；取法于中，不免为下。吾居位已来，不善多矣，锦绣珠玉不绝于前，宫室台榭屡有兴作，犬马鹰隼无远不致，行游四方，供顿烦劳，此皆吾之深过，勿以为是而法之。顾我弘济苍生，其益多；肇造区夏[⑤]，其功大。益多损少，故人不怨；功大过微，故业不堕。然比之尽美尽善，固多愧矣。汝无我之功勤而承我之富贵，竭力为善，则国家仅安；骄惰奢纵，则一身不保。且成迟败速者，国也；失易得难者，位也。可不惜哉！可不慎哉！"

中书令兼右庶子马周病，上亲为调药，使太子临问。庚寅[⑥]，薨。

戊戌[⑦]，上幸骊山温汤。

己亥[⑧]，以中舍人崔仁师为中书侍郎，参知机务。

新罗王金善德[⑨]卒，以善德妹真德为柱国，封乐浪郡王，遣使册命。

（以上为第十二段，写唐太宗作《帝范》以训导太子。）

【注释】

①己丑：正月初八日。 ②不讳：死的婉辞。 ③哲王：才能见识超众的君王。 ④法：效法。 ⑤肇造区夏：肇造，创建；区夏，中国，谓创建大唐帝国。 ⑥庚寅：正月初九日。 ⑦戊戌：正月十七日。 ⑧己亥：一月十八日。 ⑨金善德：新罗女王。631年至647年在位。卒，妹真德袭王，647年至654年在位。二女王事迹见《旧唐书》卷一百九十九上《新罗传》、《新唐书》卷二百二十《新罗传》。

【译文】

唐太宗贞观二十二年（戊申，648）

春季，正月初八日，唐太宗写成《帝范》十二篇赐给太子，十二篇的名称是《君体》《建亲》《求贤》《审官》《纳谏》《去谗》《戒盈》《崇俭》《赏罚》《务农》《阅武》《崇文》，并且说："修身治国的道理，全都写在十二篇之中了。我一旦逝去，再没有话可说了。"又说："你应当另外寻求古代圣哲帝王的言行作为自己的老师，像我这样的，是不足你效法的。效法上等的，只能得到中等的；效法中等的，不免成为下等的。我即位以来，不善的事有很多了，锦绣珠玉不断出现在眼前，又不停地修筑宫室台榭，好的犬马鹰隼无论多远也要罗致找来，游幸四方各地，给地方造成供给接待上的麻烦和辛劳，这些都是我的大过失，千万不要认为做得对而去效法。但我普济苍生，给百姓的好处很多；创建大唐帝国，这个功劳很大。给天下带来的好处多而损害少，所以百姓没有怨言；功劳大而过失小，所以王业没有堕毁，但是与尽善尽美相比，本来就有很多惭愧了。你没有我的功劳勤苦而承继我的富贵，竭尽力量做善事，则国家只能获得安定；如果骄傲懒惰奢侈放纵，自身就会无法保住。而且成功来得慢，败亡却来得快，这是指国家而言；失去容易得到就困难，这是指皇位。能不珍惜吗？能不谨慎吗！"

中书令兼右庶子马周得病，唐太宗亲自为他调制药物，又让太子前去探望和询问病情。初九日，马周去世。

正月十七日，唐太宗巡幸骊山温泉。

正月十八日，任命中书舍人崔仁师为中书侍郎，参知机务。

新罗王金善德去世，任命金善德的妹妹金真德为柱国，封为乐浪郡王，并派使者前去册封。

【原文】

丙午[1]，诏以右武卫大将军薛万徹为青丘道行军大总管，右卫将军裴行方副之，将兵三万余人及楼船战舰自莱州泛海以击高丽。

长孙无忌检校中书令、知尚书、门下省事。

戊申[2]，上还宫。

结骨[3]自古未通中国，闻铁勒诸部皆服，二月，其俟利发失钵屈阿栈[4]入朝。其国人皆长大，赤发绿睛，有黑发者以为不祥。上宴之于天[5]成殿，谓侍臣曰："昔渭桥斩三突厥首，自谓功多，今斯人在席，更不以为怪邪！"失钵屈阿栈请除一官，"执笏[6]而归，诚百世之幸。"戊午[7]，以结骨为坚昆都督府[8]，以失钵屈阿栈为右屯卫大将军、坚昆都督，隶燕然都护。又以阿史德时健[9]俟斤部落置祁连州[10]，隶营州[11]都督。

是时四夷大小君长争遣使入献见[12]，道路不绝，每元正[13]朝贺，常数百千人。辛酉[14]，上引见诸胡使者。谓侍臣曰："汉武帝穷兵三十馀年，疲弊中国，所获无几。岂如今日绥[15]之以德，使穷发[16]之地尽为编户乎？"

上营玉华宫，务令俭约，惟所居殿覆以瓦，馀皆茅茨[17]；然备设太子宫、百司，苞山络野[18]，所费已巨亿计。乙亥[19]，上行幸玉华宫；己卯[20]，畋于华原[21]。

中书侍郎崔仁师坐有伏阁自诉[22]者，仁师不奏，除名[23]，流连州[24]。

三月己丑[25]，分瀚海都督俱罗勃部[26]置烛龙州[27]。

甲午[28]，上谓侍臣曰："朕少长兵间，颇能料敌；今昆丘行师，处月、处密二部及龟兹用事者羯猎颠、那利[29]每怀首鼠，必先授首，弩失毕[30]其次也。"

庚子[31]，隋萧后卒，诏复其位号，谥曰愍；使三品护葬，备卤簿仪卫[32]，送至江都，与炀帝合葬。

充容长城徐惠[33]以上东征高丽，西讨龟兹，翠微、玉华，营缮相继，又服玩颇华靡，上疏谏，其略曰："以有尽之农功，填无穷之巨浪；图未获之他众，丧已成之我军。昔秦皇并吞六国，反速危亡之基，晋武奄有三方[34]，翻成覆败之业；岂非矜功恃大，弃德轻邦，图利忘危，肆情纵欲之所致乎？是知地广非常安之术，人劳乃易乱之源也。"又曰："虽复茅茨示约，犹兴木石之疲[35]，和雇[36]取人，不无烦扰之弊。”又曰：“珍玩伎巧，乃丧国之斧斤；珠玉锦绣，寔[37]迷心之鸩毒。”又曰：“作法于俭，犹恐其奢；作法于奢，何以制后[38]？”上善其言，甚礼重之。

（以上为第十四段，写隋炀帝萧后卒，诏令与炀帝合葬。唐太宗后宫徐惠亦进直言。）

【注释】

①丙午：正月二十五日。　②戊申：正月二十七日。　③结骨：铁勒诸部之一。又称“坚昆”“居勿”“纥骨”“黠戛斯”“纥扢斯”。主要分布在今叶尼塞河上游地区，为柯尔克孜族和吉尔吉斯先民。　④失钵屈阿栈：结骨酋长。事迹见《新唐书》卷二百一十七下《回鹘传下》附《坚昆传》。　⑤天：张校作“大”。　⑥笏（hù）：即朝笏，又称手板。臣朝见君时手中所执狭长的板子，以为指画或记事之用。　⑦戊午：二月七日。　⑧坚昆都督府：羁縻府。辖今俄罗斯叶尼塞河上游一带。　⑨阿史德时健：东突厥阿史德部酋长。　⑩祁连州：羁縻州。隶灵州都督府。　⑪营州：章校，“营”作“灵”。　⑫入献见：入朝贡献并朝觐天子。　⑬元正：正月初一日。　⑭辛酉：二月十日。　⑮绥：安抚。　⑯穷发：不毛之地。　⑰茅茨：以芦苇、茅草覆盖的屋顶。　⑱苞山络野：圈围和美化山野。“苞”通“包”。　⑲乙亥：二月二十四日。　⑳己卯：二月二十八日。　㉑华原：县名。县治在今陕西铜川市耀州区。　㉒伏阁自诉：俯伏阁门自行陈诉，一般指亲自上诉冤情。　㉓除名：除去名籍，取消原有的资格、地位。　㉔连州：州名。治所在今广东连州市。　㉕己丑：三月初九日。　㉖俱罗勃部：铁勒诸部之一。分布于今石勒喀河上游北岸地带。　㉗烛龙州：羁縻州名。在今俄罗斯赤塔市东北部。　㉘甲午：三月十四日。　㉙羯猎颠、那利：龟兹将相。事迹见《旧唐书》卷一百九十八《龟兹传》、《新唐书》卷二百二十一上《龟兹传》。　㉚弩失毕：即西突厥十姓部落中的五弩失毕部。　㉛庚子：三月二十日。　㉜卤簿仪卫：帝王、大臣外出时充当前导和后从的仪仗队。　㉝徐惠（627—650）：太宗充容（即九嫔之一）。湖州长城县人。被太宗纳为才人后，累迁婕妤、充容。以好学、敢于谏诤著称，卒赠贤妃。传见《旧唐书》卷五十一、《新唐书》卷七十六。　㉞奄有三方：指晋武帝统一国家结束三国鼎立的局面。　㉟木石之疲：因大兴土木工程而使百姓疲敝。　㊱和雇：指官府出资雇用工匠，实际上是半强制征用。　㊲寔：“实”的异体字。　㊳制后：以制度、成法遗留后人。

【译文】

正月二十五日，唐太宗下诏任命右武卫大将军薛万彻为青丘道行军大总管，右卫将军裴行方作为他的副总管，领兵三万多人以及楼船战舰，从莱州航海进攻高丽。

任命长孙无忌为检校中书令，掌管尚书省、门下省的事宜。

正月二十七日，唐太宗回到宫中。

结骨自古以来未与中原王朝有过来往，听说铁勒各部落都已归服唐朝，二月，结骨的俟利发失钵屈阿栈来到长安朝见。结骨国人身材都很高大，红头发绿眼睛，有黑头发的就认为不吉祥。唐太宗在天成殿宴请失钵屈阿栈，对身边的大臣说："当年武德九年我在渭桥斩杀三名突厥人的首领，自以为功劳大，如今这个人也在席上，更不会认为奇怪了吧！"失钵屈阿栈请求封他一个官职，并说："手执官笏归国，实在是百代的荣幸。"二月初七日，以结骨所在地为坚昆都督府，任命失钵屈阿栈为右屯卫大将军、坚昆都督，隶属于燕然都护。又在阿史德时健俟斤部落所在地设置祁连州，隶属于营州都督。

当时四方夷人的大小君主酋长争先恐后派使者进贡朝见，在路上连续不断，每年正月初一日前来朝贺的人数，经常是成百上千。二月初十日，唐太宗召见各个胡族的使者，对身边的大臣们说："汉武帝穷尽兵力作战三十多年，使中原人力物力极为疲弊，所获无几。哪里像今日用柔德使远方的部族归服，让极远的穷发之地全都成为朝廷的编户齐民呢？"

唐太宗营造玉华宫，命令务必节俭，只对自己居住的殿宇用瓦覆盖，其余都用茅茨做房顶；然后设了太子宫、百官衙署，这些宫衙修得满山遍野，耗费的银两已经非常多，数以亿计。二月二十四日，唐太宗行幸玉华宫；二十八日，在华原围猎。

中书侍郎崔仁师因有人趴在皇宫门前上诉，没有上奏给唐太宗，从官员的名籍中被除名，被流放到连州。

三月初九日，唐朝廷把瀚海都督之下的俱罗勃部设置为烛龙州。

三月十四日，唐太宗对身边的大臣说："朕从小到大都在军队中，颇能预料敌人的意图；如今昆丘道出兵作战，处月、处密两个部落以及龟兹的执政者羯猎颠、那利经常首鼠两端不断犹豫，一定会先被消灭，接着就是弩失毕了。"

三月二十日，隋朝的萧皇后去世，诏令恢复她的皇后称号，议谥号为愍；按三品官员的等级下葬，配备了仪仗等用具，护送到江都，与隋炀帝合葬。

皇宫中的女官充容长城县人徐惠，认为唐太宗东征高丽，西讨龟兹，又相继营造翠微宫、玉华宫，而且服装和器玩颇为华丽奢靡，就上疏劝谏，大略说："陛下以有限的农业收成，去填充无穷无尽的如同巨浪一样的欲望；想得到那些还未获得的他国部众，损失了已经成军的我朝军队。从前秦始皇吞并六国，反而加速形成了国家危亡的基础，晋武帝占有了三方的国家，反而造成了国家覆败的事业；难道不是自恃有功自恃强大、放弃德行轻视国家、贪图利益忘记危险、放肆心志放纵欲望所造成的吗？由此可知地域宽广并不是长久安定的方法，百姓劳苦才是容易动乱的根源。"又说："虽然修建殿宇盖上茅草以示俭约，却还是大兴土木使民劳累，名义是出钱雇人，实际对百姓不无烦扰的弊端。"又说："各种珍贵器玩和奇技淫巧，乃是丧失国家的武器；珠宝绸缎，实是迷乱心灵的毒药。"又说："制定法令要求节俭，还会担心民风变得奢侈；如果制定的法令本身就主张奢侈，怎么可能遗留给后人呢？"唐太宗认为她的话说得好，对她非常有礼和尊重。

【评析】

唐太宗论

唐太宗是一位伟大的英武圣哲之君，一生战功赫赫，而本卷所载伐高丽之役，无功而返，无疑是唐太宗的最大遗憾，也是他晚年一次重大的决策失误。

唐太宗是一代英主，是拥有雄才大略的君主之一。在隋末丧乱中，唐太宗以慧眼卓识和雄韬武略，辅佐其父唐高祖建立了唐朝。晋阳起兵，胆略超群，东征西讨，战功显赫，伐灭薛举、薛仁果父子，抗击刘武周，歼灭王世充、窦建德，镇压刘黑闼复辟夏王政权，这些重大战役，不仅是唐太宗直接指挥，而且身临战阵，亲冒矢石，既是战将，又是统帅，在隋唐之际是第一流的军事家，无人能望其项背。唐太宗即位后又励精图治，开一代贞观治世，是一位杰出的政治家。

"贞观之治"最突出的特点是重视民生。这表现在两个方面：一是轻徭薄赋，劝课农桑，改善了民众的生活。唐太宗强调礼仪、狩猎、营造等政府活动安排在农闲之时，使农民不违农时，正常生产。唐太宗诏令各州县设置义仓，以备凶年。又设置专门机构，制定律法，积极兴修和管理水利设施，为农业生产创造良好条件。贞观年间，农业生产得到迅速恢复，人民安居乐业，粮价由每斗米一匹绢跌到四五钱。二是缓刑律。唐太宗主张"以宽仁治天下，而于刑法尤慎"（《新唐书·刑法志》）。唐太宗在《武德律》的基础上，命房玄龄等人制定了《唐律》，集历代法律之大成。奠定了我国封建时代刑律的典范。唐太宗强调依法办案，任用宽平吏为法官，严禁重刑逼供，对死刑尤为重视，规定执行死刑要大臣共议覆按，“二日五覆奏”，并上报皇帝批准。贞观四年，全国判死刑仅二十九人，无一人冤死。

唐太宗认为，为政之要，一是选贤任能，二是虚己纳谏。唐太宗说：“为官择人，不可造次，用一君子，则君子皆至；用一小人，则小人竞相矣。”因此唐太宗任人唯贤，“内举不避亲，外举不避仇”。在他的大臣中，有皇亲高士廉、窦轨、长孙无忌；有原来的仇敌，如隋将屈突通、刘武周大将尉迟敬德，李建成部属魏徵、薛万徹。此外，关陇贵族李靖、于志宁、韦挺，出身寒微的马周、刘绚，农民起义军首领李世勣、秦叔宝、程知节，少数民族将领阿史那社尔、契苾何力。贞观年间人才济济。在用贤才的同时，唐太宗淘汰冗吏。贞观元年，中央职官两千余人，精减后仅留有六百四十三人，办事效率反而大大提高。唐太宗虚己纳谏，开创贞观年间开明的政治局面，这既是“贞观之治”的原因，也是“贞观之治”的重要内容。

步入晚年的唐太宗，奢纵矜夸，早年的勤俭谦恭，渐不克终。贞观初，唐太宗“躬行节俭”，到了后期却大兴土木，不许人进谏，造成徭役繁重，许多百姓逃亡，有的甚至砍断手脚避役。但其最大的决策失误是兵伐高丽，即使讨伐，也不应亲征。由于唐太宗亲征顿兵于坚城安市之下，失去了出奇兵趁虚袭击平壤的时机，因此无功而返。由于高丽是农业国，与中国俗同，战守以池地为阵地，唐军远出，兵少不能取胜，兵多后勤供应不足。唐初户口经过“贞观之治”，到永徽初才三百八十万户，不及隋开皇年间之半，所以大规模征高丽是失策的。由于隋炀帝三伐高丽不胜，唐太宗心中较劲，结果无功而返，造成他终生的遗恨。此外，唐太宗晚年猜忌，以虚有的谋反罪诛杀张亮，以失言赐死刘洎，因小过贬黜萧瑀、房玄龄，以民间传言枉杀李君羡，都是过失。但这些比起唐太宗的伟大成就，仍是小疵。

卷第一百九十九　唐纪十五

唐太宗贞观二十二年至唐高宗永徽六年（648—655）

【起著雍涒滩（戊申，648）四月，尽旃蒙单阏（乙卯，655）九月，凡七年有奇】

【大事提要】

本卷记事起唐太宗贞观二十二年（648）四月，讫唐高宗永徽六年（655）九月，凡七年。此时期的惊天大事是唐太宗辞世，唐高宗即位。唐太宗“贞观之治”，四夷归服，盛极一时，但直到晚年，高丽仍未臣服，是唐太宗的一大遗憾。唐太宗晚年猜忌心尤重，因民间《秘记》传言“唐三世之后，女主武王代有天下”，而欲杀尽后宫，虽被李淳风谏止，而大臣李君羡却因小名为“五娘”而被枉杀。高宗继位，初始勤政爱民，缓刑狱，优礼大臣，长孙无忌、褚遂良受唐太宗遗命，同心辅政，君臣和洽，百姓阜安，有贞观之遗风。可惜好景不长，王皇后嫉妒萧淑妃得宠，引纳在感业寺为尼的武则天蓄发入宫以分萧淑妃之宠。武氏机巧善媚，入宫不久被立为武昭仪，野心勃勃，谋夺皇后之位，扼杀亲生女以嫁祸王皇后，内赂宫中嫔妃为耳目，外结大臣李义府、许敬宗、崔义玄、袁公瑜为党羽，用以对抗顾命大臣长孙无忌、褚遂良为首的官僚集团。柳奭、褚遂良相继被贬黜。长孙无忌已危如累卵，山雨欲来风满楼，唐朝政治将因武氏主政而发生大变化。

【原文】

太宗文武大圣大广孝皇帝下之下

贞观二十二年（戊申，648）

夏，四月丁巳[①]，右武候将军梁建方[②]击松外蛮[③]，破之。

初，巂州都督刘伯英[④]上言：“松外诸蛮暂[⑤]降复叛，请出师讨之，以通西洱[⑥]、天竺之道。”敕建方发巴蜀十三州[⑦]兵讨之。蛮酋双舍[⑧]帅众拒战，建方击败之，杀获千馀人。群蛮震慑，亡窜山谷。建方分遣使者谕以利害，皆来归附，前后至者七十部，户十万九千三百，建方署其酋长蒙和[⑨]等为县令，各统所部，莫不感悦。因遣使诣西洱河，其帅杨盛[⑩]大骇，具船将遁，使者晓谕以威信，盛遂请降。其地有杨、李、赵、董等数十姓，各据一州，大者六百，小者二三百户，无大君长，不相统壹，语虽小讹，其生业、风俗，大略与中国同，自云本皆华人，其所异者以十二月为岁首。

己未[⑪]，契丹辱纥主曲据[⑫]帅众内附，以其地置玄州[⑬]，以曲据为刺史，隶营州都督府。

甲子[⑭]，乌胡镇将古神感[⑮]将兵浮海击高丽，遇高丽步骑五千，战于易山[⑯]，破之。其夜，高丽万馀人袭神感船，神感设伏，又破之而还。

初，西突厥乙毗咄陆可汗以阿史那贺鲁[⑰]为叶护，居多逻斯水[⑱]，在西州北千五百里，统处月、处密、始苏、歌逻禄、失毕[⑲]五姓之众。乙毗咄陆奔吐火罗[⑳]，乙毗射匮可汗遣兵迫逐之，部落亡散。乙亥[㉑]，贺鲁帅其馀众数千帐内属，诏处之于庭州莫贺城[㉒]，拜左骁卫将军。贺鲁闻唐兵讨龟兹，请为乡导[㉓]，仍从数十骑入朝。上以为昆丘道行军总管，厚宴赐而遣之。

五月庚子[㉔]，右卫率长史王玄策[㉕]击帝那伏帝王阿罗那顺[㉖]，大破之。

初，中天竺王尸罗逸多[㉗]兵最强，四天竺[㉘]皆臣之，玄策奉使至天竺，诸国皆遣使入贡。会尸罗逸多卒，国中大乱，其臣阿罗那顺自立，发胡兵攻玄策，玄策帅从者三十人与战，力不敌，悉为所擒，阿罗那顺尽掠诸国贡物。玄策脱身宵遁，抵吐蕃西境，以书征邻国兵，吐蕃遣精锐千二百人，泥婆国[㉙]遣七千馀骑赴之。玄策与其副蒋师仁帅二国之兵进至中天竺所居茶馎和罗城[㉚]，连战三日，大破之，斩首三千馀级，赴水溺死者且万人。阿罗那顺弃城走，更收馀众，还与师仁战。又破之，擒阿罗那顺。馀众奉其妃及王子，阻乾陀卫江[㉛]，师仁进击之，众溃，获其妃及王子，虏男女万二千人。于是天竺响震，城邑聚落降者五百八十馀所，俘阿罗那顺以归。以玄策为朝散大夫[㉜]。

六月乙丑[㉝]，以白霫部为居延州[㉞]。

癸酉[㉟]，特进宋公萧瑀卒，太常议谥曰“德[㊱]”，尚书议谥曰“肃[㊲]”。

上曰："谥者，行之迹，当得其实，可谥曰贞褊[38]公。"子锐[39]嗣，尚上女襄城公主。上欲为之营第，公主固辞，曰："妇事舅姑[40]，当朝夕侍侧，若居别第，所阙多矣。"上乃命即瑀第而营之。

上以高丽困弊，议以明年发三十万众，一举灭之，或以为大军东征，须备经岁[41]之粮，非畜乘所能载，宜具舟舰为水运。隋末剑南独无寇盗，属者[42]辽东之役，剑南复不预及，其百姓富庶，宜使之造舟舰。上从之。秋，七月，遣右领左右府长史[43]强伟于剑南道伐木造舟舰，大者或长百尺，其广半之。别遣使行水道，自巫峡[44]抵江、扬[45]，趣莱州。

庚寅[46]，西突厥相屈利啜请帅所部从讨龟兹。

（以上为第一段，写唐太宗晚年，边境仍有兵事，东北讨高丽，巴蜀兵伐西南夷，唐使征兵附属国伐中天竺等。）

【注释】

①丁巳：四月初七日。　②梁建方：唐初大将，曾参与征讨王世充、蛮獠、西突厥、高丽等，因功官至诸卫大将军。事迹见《旧唐书》卷三《太宗本纪》等，《新唐书》卷八十九《尉迟敬德传》、卷二百二十二下《南蛮传下》等。　③松外蛮：唐西南民族之一。今白族先民。分布于云南永胜、华坪一带。　④　刘伯英：唐初大将。官至左骁卫、右骁卫大将军。事迹见《旧唐书》卷四《高宗本纪上》、卷一百八十六上《来子珣传》等，《新唐书》卷三《高宗本纪》等。　⑤蹔："暂"的异体字。　⑥西洱：即西洱河，今云南西部洱海。据《新唐书·地理志七》下，自西洱河地区的羊苴咩城（今大理市）西行分数路均可至天竺（古印度）。　⑦巴蜀十三州：益（治今四川成都市）、眉（治今四川眉山市）、荣（治今四川荣县）、梓（治今四川三台县）、利（治今四川广元市）、绵（治今四川绵阳市东）、遂（治今四川遂宁市）、巴（治今四川巴中市巴州区）、泸（治今四川泸州市）、渠（治今四川渠县）、达（治今四川达州市达川市）、集（治今南江县）、渝（治今重庆市）等州。　⑧双舍：松外蛮酋帅。事迹见《新唐书》卷二百二十二下《南蛮传下》等。　⑨蒙和：松外蛮首领。事迹见《新唐书》卷二百二十二下《南蛮传下》。　⑩杨盛：西洱河蛮首领。事迹见《新唐书》卷二百二十二下《南蛮传下》。⑪己未：四月初九日。　⑫曲据：契丹大辱纥主（即大首领）。曲据又作"李去闾"，隋文帝时内附，至是再次内属。事迹见《旧唐书》卷三十九《地理志二》、《新唐书》卷二百一十九《契丹传》。　⑬玄州：羁縻州。据《旧唐书·地理志二》载，隋开皇初置玄州，初隶营州，后侨治范阳县（今河北涿州）鲁泊村。　⑭甲子：四月十四日。

⑮乌胡：又作“乌湖”。在今渤海湾中隍城岛上。古神感，事迹见《新唐书》卷二百二十《高丽传》。 ⑯易山：《新唐书》卷二百二十作“曷山”。 ⑰阿史那贺鲁（？—659）：西突厥酋长。事迹见《旧唐书》卷一百九十四下、《新唐书》卷二百一十五下《突厥传下》。 ⑱多逻斯水：又作“多逻斯川”“都罗斯河”“曳咥河”，即今新疆额尔齐斯河。 ⑲姑苏、歌逻禄、失毕：西突厥部落。姑苏，《旧唐书》《新唐书》均作“姑苏”；歌逻禄，居于今新疆准噶尔盆地；失毕，即“弩失毕”的略称。 ⑳吐火罗：中亚古国，地在今阿富汗北部。 ㉑乙亥：四月二十五日。 ㉒庭州莫贺城：庭州，治所在今新疆吉木萨尔县北破城子；莫贺城在今新疆阜康市东。 ㉓乡导：即向导，带路人。“乡”通“向”。 ㉔庚子：五月二十日。 ㉕王玄策：唐初派赴印度的使者。自贞观十七年（643）至龙朔元年（661）曾五次出使印度。著有《中天竺国行记》。 ㉖帝那伏帝王阿罗那顺：中天竺国王。《旧唐书》《新唐书》作“那伏帝阿罗那顺”。其与王玄策事迹并见《旧唐书》卷一百九十八、《新唐书》卷二百二十一上。 ㉗尸罗逸多：又称“戒日王”，自称“摩伽陀王”，中印度国王。事迹见《旧唐书》卷一九十八、《新唐书》卷二百二十一上《天竺传》。 ㉘四天竺：指中天竺之外的南、北、东、西天竺国。天竺，古印度。 ㉙泥婆国：今尼泊尔。时泥婆罗国臣隶于吐蕃。 ㉚茶镈和罗城：中天竺都城，在今尼泊尔南部。 ㉛乾陀卫江：即今印度恒河。 ㉜朝散大夫：唐代从五品下文散官。 ㉝乙丑：六月十六日。 ㉞居延州：在今内蒙古巴林左旗东北一带。 ㉟癸酉：六月二十四日。 ㊱德：《唐会要·谥法上》载，“刚塞简廉曰德”。 ㊲肃：《唐会要·谥法上》载，“刚德克就曰肃，执心决断曰肃”。 ㊳贞褊：太宗以萧瑀性多猜忌，有失其真，遂据实谥曰“贞褊”。“直道不挠曰贞”，“心隘政急曰褊”。 ㊴子锐：萧瑀嗣子萧锐，尚太宗长女襄城公主，任太常卿。传见《旧唐书》卷六十三。公主传见《新唐书》卷八十三。 ㊵舅姑：公婆。 ㊶经岁：一年，全年。 ㊷属者：近时。 ㊸右领左右府长史：官名。掌左右千牛府内务。 ㊹巫峡：长江三峡之一。西起重庆巫山县，东至湖北巴东县。 ㊺江、扬：即江州（治所在今江西九江市）和扬州（治所在今江苏扬州市）。 ㊻庚寅：七月十一日。

【译文】

太宗文武大圣大广孝皇帝下之下

唐太宗贞观二十二年（戊申，648）

夏季，四月初七日，右武候将军梁建方击败松外的蛮族。

起初，嶲州都督刘伯英上书说：“松外的各部蛮族暂时降附后再次叛乱，请求出兵讨伐，以打通前往西洱、天竺的道路。”唐太宗敕令梁建方征发巴蜀地区十三个州的兵马前去讨伐。松外的蛮族酋长双舍率众抵抗，梁建方把他击败，杀死俘获一千多人。各部蛮族受到震慑，逃跑流窜到山谷之中。梁建方分别派出使者向他们说明利害关系，他们又都来归附，前后有七十个部落，十万九千三百户，梁建方委任他们的酋长蒙和等人担任县令，各自统率本部，他们都感激喜悦。梁建方于是派出使者前往西洱河，当地的首领杨盛大为恐慌，准备好船只准备逃跑，使者告诉他们大唐军队的威严与信用，杨盛于是请求投降。这个地区有杨、李、赵、董等几十个姓，各自据守一州，大的有六百户，小的有二三百户，没有大的君主，互不统属，语言虽然有小的差异，但其物产、风俗习惯大略与中原相同，自称本来都是汉人，所不同的是以十二月为一年的第一个月。

四月初九日，契丹的辱纥主曲据率领部众归附唐朝，唐朝在其居住地设置玄州，任命曲据为刺史，隶属营州都督府。

四月十四日，乌胡镇守将古神感领兵渡海进攻高丽，与高丽五千名步骑兵遭遇，在易山激战，打败了高丽兵。当天夜里，高丽一万多名士兵偷袭古神感的船只，古神感设下埋伏，再次把高丽兵打得大败，然后回师。

起初，西突厥乙毗咄陆可汗任命阿史那贺鲁为叶护，居住在多逻斯河畔，在西州以北一千五百多里的地方，统辖处月、处密、始苏、歌逻禄、失毕五个姓氏的民众。乙毗咄陆投奔吐火罗时，乙毗射匮可汗派兵追击，咄陆的部落散亡。四月二十五日，阿史那贺鲁率领其残余部众几千帐到内地归附唐朝，唐太宗降诏让他们居住在庭州莫贺城，阿史那贺鲁官拜左骁卫将军。阿史那贺鲁听说唐朝讨伐龟兹，请求做向导，于是率领几十名骑兵入京朝见。唐太宗任命他为昆丘道行军总管，盛宴款待，厚加赏赐，让他回去。

五月二十日，右卫率长史王玄策袭击帝那伏帝王阿罗那顺，大败其军。

起初，中天竺国王尸罗逸多兵力最强，东、西、南、北四部天竺都臣服于他，王玄策奉使节到天竺，各国都派使者进献贡品。恰巧尸罗逸多去世，国内大乱，他的大臣阿罗那顺自立为王，征发胡族兵进攻王玄策，王玄策率领随从三十人与他们激战，抵御不住，全都被他擒获，阿罗那顺把各国的贡品掠夺干净。王玄策脱逃出来趁夜逃跑，到达吐蕃西部边境，用朝廷文书征召邻国的兵马，吐蕃派精兵一千二百人，泥婆国派七千多名骑兵赶来。王玄策与副使蒋师仁率领两国的兵马进军到中天竺所居住的茶镈和罗城，连续作战三天，大败天竺兵，杀死三千多人，掉到河中溺死者将近一万人。阿罗那顺弃城逃走，重新纠集残余力量，回来与蒋师仁作战，蒋师仁又把他打败，并生擒了阿罗那顺。剩余的天竺人拥戴阿罗那顺的妃子及王子，在乾陀卫江阻截唐军，蒋师仁进军攻击，天竺兵众溃败，俘获了妃子及王子，其余被俘的男女一万两千人。于是天竺国内大受震动，共有五百八十多个城邑和部落投降，王玄策等人带着俘虏阿罗那顺班师回朝。朝廷任命王玄策为朝散大夫。

六月十六日，唐朝以白霫部落所在地为居延州。

六月二十日，特进宋公萧瑀去世，太常寺议定他的谥号为“德”，尚书省议定他的谥号为“肃”。唐太宗说：“谥号是为了标明人的行迹，应当符合实际，可加谥号为贞褊公。”萧瑀的儿子萧锐承袭其父的食邑爵位，娶了唐太宗女儿襄城公主为妻。唐太宗想为他营建宅第，公主坚决推辞，说：“媳妇侍奉公婆，应当早晚都在身边，假如居住在别处，必然会有较多的缺失。”唐太宗于是命令就在萧瑀的原住所为他们营建新居。

唐太宗认为高丽已经穷困凋敝，议定明年征发三十万兵力，一举灭掉它。有人认为大军东征，必须储备一年的粮食，不是牲畜所能运载的，应当准备舟船水运。隋朝末年只有剑南地区没有寇盗与兵乱，近来辽东之战，剑南又没有参与，当地百姓生活富庶，应当让他们修造舟船。唐太宗听从这个建议。秋季七月，派右领左右府长史强伟在剑南道伐木造舟船，大船有的长一百尺，宽五十尺。造好后另派使者驾船走水路，从巫峡直抵江州、扬州，再驶往莱州。

七月十一日，西突厥丞相屈利啜请求率领本部跟从唐军讨伐龟兹。

【原文】

初，左武卫将军武连县公武安李君羡[①]直玄武门，时太白屡昼见，太史占云：“女主昌。”民间又传《秘记》云：“唐三世之后，女主武王代有天下。”上恶之。会与诸武臣宴宫中，行酒令[②]，使各言小名。君羡自言名五娘，上愕然，因笑曰：“何物女子，乃尔勇健！”又以君羡官称封邑皆有“武”字，深恶之，后出为华州刺史。有布衣员道信，自言能绝粒[③]，晓佛法，君羡深敬信之，数相从，屏人语。御史奏君羡与妖人交通，谋不轨。壬辰[④]，君羡坐诛，籍没其家。

上密问太史令李淳风：“《秘记》所云，信有之乎？”对曰：“臣仰稽天象[⑤]，俯察历数[⑥]，其人已在陛下宫中，为亲属，自今不过三十年，当王天下，杀唐子孙殆[⑦]尽，其兆[⑧]既成矣。”上曰：“疑似者尽杀之，何如？”对曰：“天之所命，人不能违也。王者不死，徒多杀无辜。且自今以往三十年，其人已老，庶几颇有慈心，为祸或浅。今借使⑨得而杀之，天或生壮者肆其怨毒，恐陛下子孙，无遗类矣！”上乃止。

（以上为第二段，写唐太宗听信谶语而枉杀李君羡。）

【注释】

①李君羡（？—648）：唐初将领。初为王世充骠骑，投唐后，颇有军功。后被太宗借口诛杀。武则天称帝后为其昭雪。传见《旧唐书》卷六十九、《新唐书》卷九十四。②酒令：宴会中佐饮助兴的游戏。 ③绝粒：道家修行者修炼方法的一种。即摒除火食，不进米谷。 ④壬辰：七月十三日。 ⑤天象：天文气象的各种现象。 ⑥历数：帝王继承的次第。 ⑦殆：几乎。 ⑧兆：预兆，征候或迹象。 ⑨借使：假如，假使。

【译文】

起初，左武卫将军武连县公武安人李君羡率兵在玄武门担任宿卫，当时太白星多次在白天出现，太史占卜说：“女主将兴盛。”民间又传说一本书叫《秘记》，里面说：“唐朝三代之后，女君主武王取代李氏统治天下。”唐太宗听后非常厌恶。正赶上唐太宗在宫中与众位武将饮宴，行酒令，让每个人各讲小名。李君羡自称小名为五娘，唐太宗非常惊讶，于是笑着说：“什么样的女子，竟然这样勇健！”又因为李君羡的官衔、封爵、籍贯都有一个“武”字，于是唐太宗非常厌恶他，随后让他离开京城出任华州刺史。有个平民叫员道信，自称能够不吃东西，通晓佛法，李君羡非常敬重并相信他，多次与他在一起，避开别人说话。御史上奏说李君羡勾结妖人，图谋不轨。七月十三日，李君羡因此事被定罪处斩，全家被抄。

唐太宗秘密地问太史令李淳风：“《秘记》所说的，真有其事吗？”回答说：“我仰首观察天象，俯首观察历数，这个人已在陛下宫中了，是陛下的亲属，从今往后不过三十年，这个人当作天下的君王，并把大唐皇室的子孙几乎全部杀光，其征兆已经形成了。”唐太宗说：“凡是怀疑相似的人全部杀死，怎么样？”李淳风回答说：“上天托命的人，凡人不能违抗。要称王的人不会死，反而白白地杀死无辜。而且自今以后三十年，这个人也已经老了，到那时也许颇有慈善心肠了，造成的祸害可能不会太深。如今即使找到此人把他杀死，上天或许降生更加强壮的人肆行他的怨恨与狠毒，恐怕陛下的子孙就没有能留下来的了。”唐太宗于是停止追究这件事。

【原文】

司空梁文昭公房玄龄留守京师，疾笃，上征赴玉华宫，肩舆入殿，至御座侧乃下，相对流涕，因留宫下，闻其小愈则喜形于色；加剧则忧悴[①]。玄龄谓诸子曰："吾受主上厚恩，今天下无事，唯东征未已，群臣莫敢谏，吾知而不言，死有馀责。"乃上表谏，以为："《老子》曰：'知足不辱，知止不殆[②]。'陛下功名威德亦可足矣，拓地开疆亦可止矣，且陛下每决一重囚，必令三复五奏，进素膳，止音乐者，重人命也。今驱无罪之士卒，委之锋刃之下，使肝脑涂地[③]，独不足愍乎？向使高丽违失臣节，诛之可也；侵扰百姓，灭之可也；他日能为中国患，除之可也。今无此三条而坐烦中国，内为前代雪耻，外为新罗报雠，岂非所存者小，所损者大乎？愿陛下许高丽自新，焚陵波之船，罢应募之众，自然华、夷庆赖，远肃迩[④]安。臣旦夕入地，傥蒙录此哀鸣，死且不朽！"玄龄子遗爱[⑤]尚上女高阳公主，上谓公主曰："彼病笃如此，尚能忧我国家。"上自临视，握手与诀，悲不自胜。癸卯[⑥]，薨。

柳芳[⑦]曰：玄龄佐太宗定天下，及终相位，凡三十二年，天下号为贤相；然无迹可寻，德亦至矣。故太宗定祸乱而房、杜[⑧]不言功，王、魏[⑨]善谏诤而房、杜让其贤，英、卫[⑩]善将兵而房、杜行其道，理致太平，善归人主。为唐宗臣[⑪]，宜哉！

（以上为第三段，写房玄龄临终仍忧劳国家。）

【注释】

①忧悴：忧愁。　②知足不辱，知止不殆：语见《老子》第四十四章。谓自知满足，安于所遇，则不会取辱于人；懂得适可而止，不作过分要求，则不会陷入险境。　③肝脑涂地：形容惨死。　④迩（ěr）：近。　⑤遗爱：玄龄次子房遗爱。尚太宗女高阳公主（？—653）。永徽中，遗爱与公主谋反，被赐死。遗爱传见《旧唐书》卷六十六、《新唐书》卷九十六。高阳公主传见《新唐书》卷八十三。　⑥癸卯：七月二十四日。　⑦柳芳：肃宗朝史官。河东（今山西永济）人。与吴兢等合撰《国史》一百三十

卷，又别撰《唐历》四十卷。传见《旧唐书》卷一百四十九、《新唐书》卷一百三十二。⑧杜：贞观宰相杜如诲。 ⑨王、魏：贞观宰相王珪和魏徵。 ⑩英、卫：英国公李世勣和卫国公李靖。 ⑪宗臣：为人所景仰的名臣。

【译文】

司空梁文昭公房玄龄留守在京城，病情加重，唐太宗征召他到玉华宫，乘坐轿子进入殿内，到唐太宗御座旁边才下轿，与唐太宗相对流泪，于是太宗把房玄龄留在宫中，听说病情好转就喜形于色；病情加重就忧虑憔悴。房玄龄对他的儿子们说："我蒙受皇上的厚恩，如今天下无事，只有东征高丽一事没有停止，众位大臣都不敢劝谏，我明知其不对而不说话，是死有余辜。"于是上表劝谏，认为："《老子》说：'知道满足就不会遭到屈辱，知道适可而止就不会遇到危险。'陛下的功名威德也可以满足了，开拓疆土也可以适可而止了，而且陛下每次判决一个死刑犯人，一定要三次复议五次上奏，为此而吃素食，停止音乐，这是重视人的性命啊。如今驱使无罪的士卒，把他们送到刀口之下，让他们肝脑涂地，他们就单单不足以怜悯吗？假使当初高丽有失臣属的礼节，诛罚他们是可以的；假若高丽侵扰中原的老百姓，灭掉他们也是可以的；以后会成为中原的祸患，除掉他们也是可以的。如今没有这三条原因而让中原的百姓坐受烦扰，对内要为前代雪耻，对外要为新罗报仇，岂不是所得到的很少，所损失的很大吗？希望陛下容许高丽悔过自新，焚毁准备渡海的船只，让应募的兵众回家，自然华夏、东夷就会庆贺有了依靠，远方清静近处安宁。臣旦夕之间就要入地了，倘若承蒙陛下采纳将死者的哀鸣，死了也会不朽！"房玄龄的儿子房遗爱娶了唐太宗的女儿高阳公主为妻，唐太宗对公主说："他病得这么厉害，还能为国家担忧。"唐太宗亲自去探视，握着房玄龄的手与他告别，悲痛得不能自已。七月二十四日，房玄龄去世。

柳芳评论说：房玄龄辅佐唐太宗平定天下，最后死在宰相的位置上，一共三十二年，天下人称之为贤相；然而没有多少事迹可以考察，道德也达到至高境界。所以唐太宗平定祸乱而房玄龄、杜如晦二人不说自己有功，王珪、魏徵善于谏诤而房玄龄、杜如晦二人辞让贤能的名声，英公李世勣、卫公李靖善于领兵作战，而房玄龄、杜如晦二人实行他们的道义，按道来使国家太平，把功劳归之君主。房玄龄作为有唐一代的宗臣，是很适宜的。

【原文】

八月，己酉朔[①]，日有食之。

丁丑[②]，敕越州都督府[③]及婺、洪[④]等州造海船及双舫[⑤]千一百艘。

辛未[⑥]，遣左领军大将军执失思力出金山道击薛延陀馀寇。

九月庚辰[⑦]，昆丘道行军大总管阿史那社尔击处月、处密，破之，馀众悉降。

癸未[⑧]，薛万彻等伐高丽还。万彻在军中，使气陵物，裴行方[⑨]奏其怨望，坐除名，流象州[⑩]。

己丑[⑪]，新罗奏为百济所攻，破其十三城。

己亥[⑫]，以黄门侍郎褚遂良为中书令。

强伟等发民造船，役及山獠，雅、邛、眉三州[⑬]獠反。壬寅[⑭]，遣茂州都督张士贵、右卫将军梁建方发陇右、峡中[⑮]兵二万馀人以击之。蜀人苦造船之役，或乞输直雇潭州[⑯]人造船，上许之。州县督迫严急，民至卖田宅、鬻子女不能供，谷价踊贵，剑外[⑰]骚然。上闻之，遣司农少卿长孙知人[⑱]驰驿往视之。知人奏称："蜀人脆弱，不耐劳剧。大船一艘，庸绢[⑲]二千二百三十六匹。山谷已伐之木，挽曳未毕，复征船庸，二事并集，民不能堪，宜加存养。"上乃敕潭州船庸皆从官给。

冬，十月癸丑[⑳]，车驾还京师。

（以上为第四段，写蜀民困于造船之役。）

【注释】

①己酉朔：八月一日。　②丁丑：八月二十九日。　③越州都督府：治所在今浙江绍兴市。　④婺、洪：州名。婺州治所在今浙江金华市，洪州治所在今江西南昌市。⑤双舫：双船体船只，即两个并列的瘦长船体，在上部合成整体的船。其结构复杂，但稳定性好。　⑥辛未：八月二十三日。　⑦庚辰：九月二日。　⑧癸未：九月五日。⑨裴行方：唐初将领。绛州闻喜（今山西闻喜县东北东镇）人。字德备。历官左卫将军、检校幽州都督，袭封怀义平公。事迹见《旧唐书》卷六十九《薛万徹传》、《新唐书》卷九十四等。　⑩象州：州名。治所在今广西象州县东北。　⑪己丑：九月十一日。⑫己亥：九月二十一日。　⑬雅、邛、眉三州：雅州治所在今四川雅安市西。邛州治所在今四川邛崃市。眉州治所在今四川眉山市。　⑭壬寅：九月二十四日。　⑮峡中：疑为"峡州"，治所在今湖北宜昌市。　⑯潭州：州名。治所在今湖南长沙市。　⑰剑外：

今四川剑南关以南地区。 ⑱长孙知人：长孙无忌堂弟，《新唐书》卷一百零五作“长孙知仁”。高宗初年，以渝州刺史贬翼州司马。 ⑲庸绢：唐赋役的一种。即代替力役的赋税。据武德七年规定：人丁每年服劳役二十日，不服役的每日折纳绢三尺。 ⑳癸丑：十月初六日。

【译文】

八月初一日，发生日食。

八月二十九日，敕令越州都督府以及婺州、洪州等地修造海船及双舫船一千一百艘。

八月二十三日，派遣左领军大将军执失思力从金山道出兵进攻薛延陀残余势力。

九月初二日，昆丘道行军大总管阿史那社尔进攻处月、处密，把他们击败，余众全部投降。

九月初五日，薛万彻等人征伐高丽返回朝廷。薛万彻在军中放纵意气而欺凌他人，裴行方上奏报告人们都有怨言，因而（万彻）被从官员名籍中除名，流放到象州。

九月十一日，新罗向朝廷上奏称受到百济的进攻，攻克了十三座城。

九月二十一日，任命黄门侍郎褚遂良为中书令。

强伟等人征发百姓造船，山獠人也被派作劳役，雅州、邛州、眉州三地獠民造反。九月二十四日，朝廷派茂州都督张士贵、右卫将军梁建方征发陇右、峡中的士兵两万多人进攻獠民。蜀人对造船的劳役觉得太苦，有人请求出钱雇用潭州人造船，唐太宗允许。州县官吏督促过急，百姓甚至卖掉田地宅院、卖儿卖女也无法交足劳役的雇值，粮价猛涨，剑外地区发生骚动。唐太宗听说后，派司农寺少卿长孙知人乘驿站快马奔驰前往视察。长孙知人上奏说：“蜀人身体虚弱，承受不了剧烈劳动。大船一艘，雇人的价钱要绢两千两百三十六匹。山谷之中已经砍伐的树木，还没有全部拉运出来，又征造船的雇庸钱，两件事加在一起，百姓承受不了，应当加以存恤养护。”唐太宗于是敕令雇潭州人造船的庸钱全由朝廷付给。

冬季，十月初六日，唐太宗车驾回到京城。

【原文】

回纥吐迷度兄子乌纥蒸[①]其叔母。乌纥与俱陆莫贺达官俱罗勃，皆突厥车鼻可汗之婿也，相与谋杀吐迷度以归车鼻。乌纥夜引十馀骑袭吐迷度，杀之。燕然副都护元礼臣[②]使人诱乌纥，许奏以为瀚海都督，乌纥轻骑诣礼臣谢，礼臣执而斩之，以闻。上恐回纥部落离散，遣兵部尚书崔敦礼往安抚之。久之，俱罗勃入见，上留之不遣。

阿史那社尔既破处月、处密，引兵自焉耆之西趋龟兹北境，分兵为五道，出其不意，焉耆王薛婆阿那支弃城奔龟兹，保其东境。社尔遣兵追击，擒而斩之，立其从父弟先那准[③]为焉耆王，使修职贡。龟兹大震，守将多弃城走。社尔进屯碛口[④]，去其都城[⑤]三百里，遣伊州刺史韩威帅千馀骑为前锋，右骁卫将军曹继叔[⑥]次之，至多褐城[⑦]，龟兹王诃利布失毕、其相那利、羯猎颠帅众五万拒战。锋刃甫接，威引兵伪遁，龟兹悉众追之，行三十里，与继叔军合，龟兹惧，将却，继叔乘之，龟兹大败，逐北八十里。

甲戌[⑧]，以回纥吐迷度子前左屯卫大将军婆闰[⑨]为左骁卫大将军、大俟利发、瀚海都督。

十一月庚子[⑩]，契丹帅窟哥、奚帅可度者[⑪]并帅所部内属。以契丹部为松漠府[⑫]，以窟哥为都督，又以其别帅达稽等部为峭落等九州[⑬]，各以其辱纥主为刺史。以奚部为饶乐府[⑭]，以可度者为都督，又以其别帅阿会等部为弱水等五州[⑮]，亦各以其辱纥主为刺史。辛丑[⑯]，置东夷校尉[⑰]官于营州[⑱]。

十二月庚午[⑲]，太子为文德皇后作大慈恩寺[⑳]成。

龟兹王布失毕既败，走保都城，阿史那社尔进军逼之，布失毕轻骑西走。社尔拔其城，使安西都护郭孝恪守之。沙州刺史苏海政[㉑]、尚辇奉御薛万备帅精骑追布失毕，行六百里，布失毕窘急，保拨换城[㉒]，社尔进军攻之四旬，闰月丁丑[㉓]，拔之，擒布失毕及羯猎颠。那利脱身走，潜引西突厥之众并其国兵万馀人，袭击孝恪。孝恪营于城外，龟兹人或告之，孝恪不以为意。那利奄至，孝恪帅所部千馀人将入城，那利之众已登城矣，城中降胡与之相应，共击孝恪，矢刃如雨，孝恪不能敌，将复出，死于西门。城中大扰，仓部郎中[㉔]崔义超召募得二百人，卫军资财物，与龟兹战于城中，曹继叔、韩威亦营于城外，自城西北隅击之。那利经宿乃退，斩首三千馀级，城中始定。后旬馀日，那利复引山北㉕龟兹万馀人趣都城，继叔逆击，大破之，斩首八千级。那利单骑走，龟兹人执之，以诣军门。

阿史那社尔前后破其大城五，遣左卫郎将权祇甫㉖诣诸城，开示㉗祸福，皆相帅请降，凡得七百馀城，虏男女数万口。社尔乃召其父老，宣国威灵，谕以伐罪之意，立其王之弟叶护㉘为王，龟兹人大喜。西域震骇，西突厥、于阗、安国争馈驼马军粮，社尔勒石纪功而还。

戊寅㉙，以昆丘道行军总管、左骁卫将军阿史那贺鲁为泥伏沙钵罗叶护，赐以鼓纛，使招讨西突厥之未服者。

癸未㉚，新罗相金春秋及其子文王㉛入见。春秋，真德之弟也。上以春秋为特进，文王为左武卫将军。春秋请改章服㉜从中国，内出冬服赐之。

（以上为第五段，写唐军平定龟兹，西域平静。东夷契丹归服。）

【注释】

①蒸：通“烝”。与母辈通奸。达官俱罗勃，《旧唐书》《新唐书》均作“达干俱罗勃”。乌纥与达官俱罗勃事迹见《旧唐书》卷一百九十五《回纥传》、《新唐书》卷二百一十七上《回鹘传上》。　②元礼臣：唐初边将。事迹见《旧唐书》卷一百九十五《回纥传》、《新唐书》卷二百一十七《回鹘传上》。　③先那准：焉耆王薛婆阿那支堂弟。事迹并见《旧唐书》卷一百九十八《焉耆传》。据《新唐书》卷二百二十一上，阿史那社尔斩阿那支，“立突骑支弟婆伽利为王”。　④碛口：《旧唐书·龟兹传》作“碛石”。　⑤都城：指龟兹王都伊逻卢城（今新疆库车）。　⑥曹继叔：唐将领。曾参与对高丽、龟兹、后突厥等的征讨。事迹见《旧唐书》卷一百九十八《龟兹传》、《新唐书》卷二百二十二下《南蛮传下》等。　⑦多褐城：在龟兹（今新疆库车县）东。⑧甲戌：十月二十七日。　⑨婆闰：回纥酋长。高宗时曾参与平阿史那贺鲁之叛和征讨高丽等战争。官至右卫大将军。事迹见《旧唐书》卷一百九十八《龟兹传》、《新唐书》卷二百二十一《龟兹传》。　⑩庚子：十一月二十三日。　⑪窟哥、可度者：“两蕃”酋长。窟哥内属后赐姓李氏，封无极县男，官至左监门大将军。可度者赐姓李氏，封楼烦县公，官至右监门大将军。二人事迹见《旧唐书·北狄传》。　⑫松漠府：羁縻府名。治所在今内蒙古巴林右旗南。　⑬峭落等九州：羁縻州名。据胡注，峭落州，达稽部置；

无逢州，独活部置；羽陵州，芬问部置；白连州，突便部置；徒何州，芮奚部置；万丹州，坠斤部置；疋黎、赤山二州，伏部置。隶于松漠府的契丹八部九州，散布于今辽河上游地带。　⑭饶乐府：羁縻府名。治所在今内蒙古宁城县境。　⑮弱水等五州：羁縻州名。弱水州，阿会部置；祁黎州，处和部置；洛瓌州，奥失部置；太鲁州，度稽部置；渴野州，元俟折部置。　⑯辛丑：十一月二十四日。　⑰东夷校尉：官名。掌押奚、契丹、靺鞨、高丽等，相当于后来的安东都护。　⑱营州：州治在今辽宁朝阳市。　⑲庚午：十二月二十四日。　⑳大慈恩寺：本隋无漏寺，经太子李治倡议改建，更名慈恩寺。寺在今陕西西安市城南。　㉑苏海政：唐初大将。曾参与太宗、高宗时对高丽、龟兹、西突厥等的征讨，官至𣲖海道行军大总管。事迹见《旧唐书》卷一百九十四下《突厥传下》、《新唐书》卷二百一十五下《突厥传下》等。　㉒拨换城：又名威戎城，即今新疆阿克苏市。　㉓丁丑：闰十二月一日。　㉔仓部郎中：官名。户部仓部司长官，掌天下仓储之政令。　㉕山北：即白山之北，白山又名阿羯田山，即今天山。　㉖权祇甫：唐初边将。事迹见《新唐书》卷一百一十《阿史那社尔传》。　㉗开示：开导，启发。　㉘叶护：龟兹王诃黎布失毕弟之官号，或系王弟以官称为名。龟兹王室姓白氏。　㉙戊寅：闰十二月二日。　㉚癸未：闰十二月七日。　㉛金春秋、金文王：事迹并见《旧唐书》卷一百九十九上、《新唐书》卷二百二十《新罗传》。　㉜章服：古代官员礼服。服上分别绣以日、月、星、辰、龙、蟒、鸟、兽等图文，作为官员等级的标志。

【译文】

回纥吐迷度哥哥的儿子乌纥与他的婶婶通奸。乌纥与俱陆莫贺的达官俱罗勃，都是突厥车鼻可汗的女婿，二人互相谋划杀掉吐迷度归附车鼻。乌纥乘夜带领十多个骑兵袭击吐迷度，把他杀死。燕然副都护元礼臣派人诱降乌纥，答应为他上奏请唐太宗封他为瀚海都督，乌纥率轻骑兵到元礼臣处致谢，元礼臣把他抓起来杀死，上报朝廷。唐太宗担心回纥各部落分散，派兵部尚书崔敦礼前往安抚。过了很久，俱罗勃入京拜见唐太宗，唐太宗把他留下，不让他回去。

阿史那社尔打败处月、处密后，领兵从焉耆的西面直抵龟兹北部边境，分兵五路，出其不意进行攻击，焉耆国王薛婆阿那支弃城投奔龟兹，守住他的东部边境。阿史那社尔派兵追击，生擒并杀掉他，立他的堂弟先那准为焉耆王，让他继续向唐朝称臣进贡。龟兹大为震动，守城将士大多弃城逃走。阿史那社尔进驻碛口，离龟兹都城三百里，派伊州刺史韩威率领一千多骑兵为前锋，右骁卫将军曹继叔紧随其后。到了多褐城，龟兹国王诃利布失毕、丞相那利、羯猎颠率领五万兵众抵抗。短兵相接，韩威率军假装逃走，龟兹兵全部出动进行追击，追了三十里，韩威与曹继叔的军队会合。龟兹兵害怕，想退却，曹继叔乘机发动攻击，龟兹大败，追击逃兵八十里。

十月二十七日，唐朝任命回纥吐迷度的儿子前任左屯卫大将军婆闰为左骁卫大将军、大俟利发、瀚海都督。

十一月二十三日，契丹将领窟哥、奚族将领可度者一同率领本部归附唐朝。唐朝廷把契丹本部改为松漠府，任命窟哥为都督，又把他的其他将领达稽等部分为峭落等九个州，各自任命他们的首领为刺史。把奚族的本部改为饶乐府，任命可度者为都督，又任命他的其他将领阿会等部为弱水等五个州，也各自任命他们部族的首领为刺史。十一月二十四日，在营州设置东夷校尉官。

十二月二十四日，太子李治为文德皇后建造的大慈恩寺竣工。

龟兹国王布失毕兵败后，退保都城，阿史那社尔进军逼近，布失毕率领轻骑向西逃走。阿史那社尔攻下龟兹的都城，让安西都护郭孝恪守卫此城。沙州刺史苏海政、尚辇奉御薛万备率领精锐骑兵追击布失毕，行军六百里，布失毕处境窘迫，在拨换城进行防守，阿史那社尔进军攻城四十天，闰十二月初一日，攻陷城池，生擒布失毕以及羯猎颠。那利只身逃走，暗中勾引西突厥的兵力与本国兵力合并起来共一万多人，袭击郭孝恪。郭孝恪在城外安营扎寨，有龟兹人告诉他那利即将赶来，郭孝恪不以为意。那利忽然赶到，郭孝恪率领本部一千多人将要进入城里，那利的兵众已经登上城墙，城内投降的胡兵与那利里应外合，共同夹击郭孝恪，刀箭如雨一样，郭孝恪抵挡不住，想再次冲出，死在城西门。城中大为扰乱，仓部郎中崔义超招募到二百人，保卫军需财物，与龟兹兵在城中激战，曹继叔、韩威也在城外扎营，从城西北角进攻龟兹。经过一夜激战，那利撤退，唐军杀死龟兹兵三千多人，城中才安定下来。十多天之后，那利又带领山北的龟兹一万多人逼近都城，曹继叔反击，把他打败，杀死八千人。那利一个人骑马逃走，龟兹人把他抓住，送到军门。

阿史那社尔前后攻下龟兹的大城五座，派左卫郎将权祇甫到各个城中，用祸福利害开导他们，各城相继请求投降，共得七百多个城，俘虏男女几万人。阿史那社尔于是召集他们的父老，宣示国家的威严神灵，告诉他们朝廷征伐有罪的用意，立龟兹国王的弟弟叶护为国王，龟兹人非常高兴。西域地区的人震惊害怕，西突厥、于阗、安国争相赠送骆驼马匹和军粮，阿史那社尔刻石碑纪功，而后班师回朝。

闰十二月初二日，唐朝任命昆丘道行军总管、左骁卫将军阿史那贺鲁为泥伏沙钵罗叶护，赐给大鼓和大旗，让他招抚讨伐西突厥没有归服的部落。

闰十二月初七日，新罗国丞相金春秋与他的儿子金文王来到唐朝拜见唐太宗。金春秋是金真德的弟弟。唐太宗封金春秋为特进，金文王为左武卫将军。金春秋请求按照唐朝的规定改变新罗官员的礼服，唐太宗拿出冬服赐给他。

【原文】

二十三年（己酉，649）

春，正月辛亥[①]，龟兹王布失毕及其相那利等至京师，上责让而释之，以布失毕为左武卫中郎将[②]。

西南徒莫祇[③]等蛮内附，以其地为傍、望、览、丘四州[④]，隶朗州[⑤]都督府。

上以突厥车鼻可汗不入朝，遣右骁卫郎将高侃[⑥]发回纥、仆骨等兵袭击之。兵入其境，诸部落相继来降。拔悉密吐屯肥罗察[⑦]降，以其地置新黎州[⑧]。

二月丙戌[⑨]，置瑶池都督府[⑩]，隶安西都护。戊子[⑪]，以左卫将军阿史那贺鲁为瑶池都督。

三月丙辰[⑫]，置丰州都督府[⑬]，使燕然都护李素立兼都督。

去冬旱，至是始雨。辛酉[⑭]，上力疾至显道门[⑮]外，赦天下。丁卯[⑯]，敕太子于金液门[⑰]听政。

夏，四月乙亥[⑱]，上行幸翠微宫。

上谓太子曰："李世勣才智有馀，然汝与之无恩，恐不能怀服。我今黜之，若其即行，俟我死，汝于后用为仆射，亲任之；若徘徊顾望，当杀之耳。"五月戊午[⑲]，以同中书门下三品李世勣为叠州[⑳]都督。世勣受诏，不至家而去。

辛酉[㉑]，开府仪同三司卫景武公李靖薨。

上苦利[㉒]增剧，太子昼夜不离侧，或累日不食，发有变白者。上泣曰："汝能孝爱如此，吾死何恨！"丁卯[㉓]，疾笃，召长孙无忌入含风殿[㉔]。上卧，引手扪[㉕]无忌颐[㉖]，无忌哭，悲不自胜。上竟不得有所言，因令无忌出。己巳[㉗]，复召无忌及褚遂良入卧内，谓之曰："朕今悉以后事付公辈。太子仁孝，公辈所知，善辅导之！"谓太子曰："无忌、遂良在，汝勿忧天下！”又谓遂良曰：“无忌尽忠于我，我有天下，多其力也，我死，勿令谗人间㉘之。”仍令遂良草遗诏。有顷，上崩。

太子拥无忌颈，号恸将绝，无忌揽涕，请处分众事以安内外，太子哀号不已，无忌曰：“主上以宗庙社稷付殿下，岂得效匹夫唯哭泣乎？”乃秘不发丧。庚午㉙，无忌等请太子先还，飞骑、劲兵及旧将皆从。辛未㉚，太子入京城。大行㉛御马舆，侍卫如平日，继太子而至，顿于两仪殿㉜。以太子左庶子于志宁为侍中，少詹事张行成兼侍中，以检校刑部尚书、右庶子、兼吏部侍郎高季辅兼中书令。壬申㉝，发丧太极殿，宣遗诏，太子即位。军国大事，不可停阙；平常细务，委之有司。诸王为都督、刺史者，并听奔丧，濮王泰不在来限。罢辽东之役及诸土木之功。四夷之人入仕于朝及来朝贡者数百人，闻丧皆恸哭，剪发、剺面、割耳㉞，流血洒地。

六月甲戌朔㉟，高宗即位，赦天下。

丁丑㊱，以叠州都督李勣㊲为特进、检校洛州刺史、洛阳宫留守。

先是，太宗二名，令天下不连言者勿避。至是，始改官名犯先帝讳者。

（以上为第六段，写唐太宗逝世，高宗即位。）

【注释】

①辛亥：正月初六日。　②左武卫中郎将：据胡注等，“左武卫”下应有“翊卫”二字。左武卫翊卫中郎将为左武卫翊卫中郎将府长官，正四品下，掌宿卫宫禁。　③徒莫祇：民族名。今彝族先民，分布于今云南楚雄地区。　④傍、望、览、丘四州：羁縻州名。傍州在今云南双柏；望州在今云南禄丰；览州在今云南禄丰、牟定间；丘州在今云南南华县境。　⑤朗州：当作“郎州”，贞观八年（625），以南宁州改名。治所在今云南曲靖市西。　⑥高侃：唐初大将。渤海蓨人。高宗时官至安东都护，封平原郡公。卒，陪葬昭陵。见岑仲勉《唐史余沈》卷一。　⑦拔悉密：民族名，亦名拔悉弥、弊剌。铁勒诸部之一。分布于今新疆吉木萨尔以北地带，后迁于今鄂尔浑河流域。唐后期其族并入回纥。吐屯，突厥号“御史”为吐屯。肥罗察，拔悉密酋帅达官。　⑧新黎州：羁縻州名。州境在今蒙古唐努山以南地区。　⑨丙戌：二月十一日。　⑩瑶池都督府：羁縻府名。治所在今中亚巴尔喀什湖一带。　⑪戊子：二月十三日。　⑫丙辰：三月十二日。　⑬丰州都督府：治所在今内蒙古五原县西南黄河北岸。　⑭辛酉：三月十七日。

⑮显道门：为通内宫（此指大内）诸门之一。 ⑯丁卯：三月二十三日。 ⑰金液门：亦为通内宫诸门之一。 ⑱乙亥：四月初一日。 ⑲戊午：五月十五日。 ⑳叠州：州名。治所在今甘肃迭部县。 ㉑辛酉：五月十八日。 ㉒利：通“痢”。 ㉓丁卯：五月二十四日。 ㉔含风殿：在翠微宫。 ㉕扪（mén）：抚摸。 ㉖颐（yí）：脸颊，腮。 ㉗己巳：五月二十六日。 ㉘间：离间。 ㉙庚午：五月二十七日。 ㉚辛未：五月二十八日。 ㉛大行：新崩天子之称。 ㉜两仪殿：隋称中华殿，在太极宫朱明门北，内朝所在。 ㉝壬申：五月二十九日。 ㉞剪发、剺面、割耳：古代西北民族风俗，尊长死，用剪发、剺面（即割面流血）、割耳来表示对已故者的忠诚和哀思。 ㉟甲戌朔：六月初一日。 ㊱丁丑：六月初四日。 ㊲李勣：即李世勣。因避太宗讳去“世”字。

【译文】

唐太宗贞观二十三年（己酉，649）

春季，正月初六日，龟兹国王布失毕及丞相那利等人被押到京城，唐太宗责备了他们的过失后，释放了他们，任命布失毕为左武卫中郎将。

西南地区徒莫祗等蛮族归附朝廷，以他们的辖地设置傍州、望州、览州、丘州，隶属朗州都督府。

唐太宗因突厥车鼻可汗不来朝见，派右骁卫郎将高侃征发回纥、仆骨等部兵马袭击突厥。军队进入突厥境内，各部落相继前来投降。拔悉密的吐屯肥罗察投降，唐朝在他的地区设置新黎州。

二月十一日，唐朝设置瑶池都督府，隶属安西都护。十三日，任命左卫将军阿史那贺鲁为瑶池都督。

三月十二日，唐朝设置丰州都督府，由燕然都护李素立兼任都督。

上一年冬季大旱，到此时才下雨。三月十七日，唐太宗力撑着病体来到显道门外，大赦天下。三月二十三日，唐太宗敕令太子李治在金液门听政。

夏季，四月初一日，唐太宗行幸翠微宫。

唐太宗对太子说：“李世勣才智有余，然而你对他没有恩德，恐怕不能敬服你。我现在把他降职，假如他即刻就赴任，等我死了，你以后重用他为仆射，亲近并信任他；如果他徘徊观望不去赴任，就应当杀掉他。”五月十五日，任命同中书门下三品李世勣为叠州都督。李世勣接受诏令后，没有回家就立即去上任。

五月十八日，开府仪同三司卫景武公李靖去世。

唐太宗的痢疾病情加重，太子李治昼夜不离身边，有时一连几日不进食，头发有的已经变白。唐太宗哭泣着说："你能如此孝顺敬爱我，我死了还有什么遗憾！"五月二十四日，唐太宗病重，召长孙无忌到含风殿。唐太宗躺在床上，伸出手抚摸长孙无忌的脸颊，长孙无忌痛哭，悲伤得不能控制。唐太宗最终不能说出话来，于是令长孙无忌出宫。五月二十六日，又召长孙无忌与褚遂良进入卧室内，对他们说："朕如今把后事全都托付给你们。太子仁义孝敬，是你们所知道的，望你们善加辅佐教导！"对太子说："有无忌、遂良在，你不用为天下担忧！"又对褚遂良说："无忌对我竭尽忠诚，我能拥有天下，大多是靠他的助力，我死之后，不要让小人进谗言离间你们。"又令褚遂良草拟遗诏。过了一会，唐太宗驾崩。

太子李治抱着长孙无忌的脖子，号啕痛哭得几乎气绝，长孙无忌擦去眼泪，请求太子处理众事以使朝廷内外安宁，太子哀号不止，长孙无忌说："皇上把宗庙社稷交付给殿下，怎么能效法一个匹夫只知道哭泣呢？"于是守住秘密不发布唐太宗去世的消息。五月二十七日，长孙无忌等人请太子先返回皇宫，飞骑、精悍步兵及旧属将领全都跟随。五月二十八日，太子进入京城。已经去世的天子所用的车马，侍卫仪仗如同平时一样，跟随太子到达京城，安顿在两仪殿。任命太子左庶子于志宁为侍中，少詹事张行成兼任侍中，任命检校刑部尚书、右庶子、兼吏部侍郎高季辅兼任中书令。五月二十九日，在太极殿发丧，宣布唐太宗的遗诏，太子即皇帝位。军国大事，不可停下不办；日常琐细事务，委托给有关官署。诸王在外担任都督、刺史的，都准许他们前来奔丧，只有濮王李泰不在准许前来奔丧的范围内。停止辽东的征战及各项土木工程。四夷各部族在朝做官及来朝进贡的几百人，听说唐太宗去世都悲伤恸哭，剪头发、用刀划脸、割耳朵，流血满地。

六月初一日，唐高宗李治即位，大赦天下。

六月初四日，任命叠州都督李勣为特进、检校洛州刺史、洛阳宫留守。

在此之前，命令天下，唐太宗的名字"世民"二字不连写时不用避讳，此时，开始更改犯了先帝名讳的官名。

【原文】

癸未[①]，以长孙无忌为太尉，兼检校中书令，知尚书、门下二省事。无忌固辞知尚书省事，帝许之，仍令以太尉同中书门下三品。癸巳[②]，以李勣为开府仪同三司、同中书门下三品。

阿史那社尔之破龟兹也，行军长史薛万备请因兵威说于阗王伏阇信[③]入朝，社尔从之。秋，七月己酉[④]，伏阇信随万备入朝，诏入谒梓宫[⑤]。

八月癸酉[⑥]，夜，地震，晋州[⑦]尤甚，压杀五千馀人。

庚寅[⑧]，葬文皇帝于昭陵，庙号太宗。阿史那社尔、契苾何力请杀身殉葬，上遣人谕以先旨不许。蛮夷君长为先帝所擒服者颉利等十四人，皆琢石为其像，刻名列于北司马门[⑨]内。

丁酉[⑩]，礼部尚书许敬宗奏弘农府君[⑪]庙应毁，请藏主于西夹室[⑫]，从之。

九月乙卯[⑬]，以李勣为左仆射。

冬，十月，以突厥诸部置舍利等五州[⑭]隶云中都督府，苏农等六州[⑮]隶定襄都督府。

乙亥[⑯]，上问大理卿唐临系囚之数，对曰："见囚五十馀人，唯二人应死。"上悦。上尝录系囚，前卿所处者多号呼称冤，临所处者独无言。上怪问其故。囚曰："唐卿所处，本自无冤。"上叹息良久，曰："治狱者不当如是邪？"

上以吐蕃赞普弄赞为驸马都尉[⑰]，封西海郡王。赞普致书于长孙无忌等云："天子初即位，臣下有不忠者，当勒兵赴国讨除之。"

十二月，诏濮王泰开府[⑱]置僚属，车服珍膳，特加优异。

（以上为第七段，写唐高宗初即位，优礼大臣，轻刑狱，四夷安。）

【注释】

①癸未：六月初十日。　②癸巳：六月二十日。　③伏阇信：姓尉迟。事迹见《旧唐书》卷一百九十八《于阗传》、《新唐书》卷二百二十一上《于阗传》。　④己酉：七月初六日。　⑤梓宫：皇帝所用的棺椁。　⑥癸酉：八月初一日。　⑦晋州：州名。治所在今山西临汾市西南。　⑧庚寅：八月十八日。　⑨北司马门：在昭陵九峻山的北坡。昭陵祭坛即在北司马门内。近年文物工作者清理祭坛，发现有蕃酋雕像残块及刻名。⑩丁酉：八月二十五日。　⑪弘农府君：即魏弘农太守李重耳，高宗七世祖。　⑫夹室：太庙有东、西夹室夹太室两旁，故称夹室。　⑬乙卯：九月十三日。　⑭舍利等五州：羁縻州。五州，以舍利吐利部置舍利州，以阿史那部置阿史那州，以绰部置绰州，以突厥别部置思壁、白登二州。　⑮苏农等六州：以阿史德部置阿德州，以执失部置执失州，以苏农部置苏农州，以歌滥拔延部置拔延州，以郁射部置郁射州，以多地艺失部

置艺失州。 ⑯乙亥：十月初四日。 ⑰驸马都尉：魏晋以后的帝婿称号，简称驸马，非实官。 ⑱开府：指建立府署，自选僚属。

【译文】

六月初十日，任命长孙无忌为太尉，兼检校中书令，掌管尚书、门下二省事务。长孙无忌坚持辞退掌管尚书省的事务，唐高宗允许，又命他为太尉同中书门下三品。二十日，任命李勣为开府仪同三司、同中书门下三品。

阿史那社尔打败龟兹后，行军长史薛万备请求借着军威劝说于阗国王伏阇信入京朝见，阿史那社尔听从了他的意见。秋季七月初六日，伏阇信随薛万备入京朝见，唐高宗下诏让他谒见唐太宗的灵柩。

八月初一日，夜，发生地震，晋州震情尤其严重，倒塌房屋压死五千多人。

八月十八日，把唐太宗皇帝安葬在昭陵，庙号太宗。阿史那社尔、契苾何力请求自杀殉葬，唐高宗派人向他们宣布先帝遗旨不允许殉葬。各部族的君主首领被唐太宗擒服的如颉利等十四人，都雕刻他们的石像，刻上姓名排列在北司马门内。

八月二十五日，礼部尚书许敬宗奏请应毁掉弘农府君庙，请把供奉的神主藏在太庙的西夹室，唐高宗听从。

九月十三日，任命李勣为尚书左仆射。

冬季，十月，在突厥各部设置舍利等五州，隶属云中都督府，设置苏农等六州，隶属定襄都督府。

十月初四日，唐高宗询问大理寺卿唐临狱中关押的囚犯数目，回答说："现在关押了五十多人，只有二人应当处死。"唐高宗听后十分高兴。唐高宗曾亲自讯问在押的犯人，前任大理寺卿处置过的犯人大多呼喊冤枉，只有唐临处理的犯人没有说话。唐高宗感到奇怪而问他们是何原因。犯人们说："唐卿所判处的，本来就没有冤枉。"唐高宗感叹很久，说道："治理刑狱的官员不应当如此吗？"

唐高宗任命吐蕃赞普弃宗弄赞为驸马都尉，封为西海郡王。赞普寄信给长孙无忌等人说："天子刚刚即位，大臣有不忠诚的，理当率兵开赴国内讨伐除灭他。"

十二月，唐高宗颁布诏令允许濮王李泰开设府署设置僚属，车马服饰与珍宝膳食等，特加优惠供给。

【原文】

高宗天皇大圣大弘孝皇帝[①]上之上

永徽元年（庚戌，650）

春，正月辛丑朔[②]，改元[③]。

丙午[④]，立妃王氏为皇后[⑤]，后，思政[⑥]之孙也，以后父仁祐[⑦]为特进、魏国公。

己未[⑧]，以张行成为侍中。

辛酉[⑨]，上召朝集使，谓曰："朕初即位，事有不便于百姓者悉宜陈，不尽者更封奏[⑩]。"自是日引刺史十人入阁，问以百姓疾苦，及其政治[⑪]。

有洛阳人李弘泰诬告长孙无忌谋反，上命立斩之。无忌与褚遂良同心辅政，上亦尊礼二人，恭己以听之，故永徽之政，百姓阜安，有贞观之遗风。

太宗女衡山公主[⑫]应适长孙氏，有司以为服既公除，欲以今秋成婚。于志宁上言："汉文立制，本为天下百姓。公主服本斩衰[⑬]，纵使服随例除，岂可情随例改，请俟三年丧毕成婚。"上从之。

二月辛卯[⑭]，立皇子孝[⑮]为许王，上金[⑯]为杞王，素节[⑰]为雍王。

夏，五月壬戌[⑱]，吐蕃赞普弄赞卒，其嫡子早死，立其孙为赞普。赞普幼弱，政事皆决于国相禄东赞。禄东赞性明达严重，行兵有法，吐蕃所以强大，威服氐、羌，皆其谋也。

六月，高侃击突厥，至阿息山[⑲]。车鼻可汗召诸部兵皆不赴，与数百骑遁去。侃帅精骑追至金山，擒之以归，其众皆降。

初，阿史那社尔虏龟兹王布失毕，立其弟为王。唐兵既还，其酋长争立，更相攻击。秋，八月壬午[⑳]，诏复以布失毕为龟兹王，遣归国，抚其众。

九月庚子[㉑]，高侃执车鼻可汗至京师，释之，拜左武卫将军，处其馀于众郁督军山，置狼山都督府[㉒]以统之。以高侃为卫将军[㉓]。于是突厥尽为封内之臣，分置单于、瀚海[㉔]二都护府。单于领狼山、云中、桑乾[㉕]三都督，苏农等一十四州[㉖]；瀚海领瀚海、金徽、新黎等七都督[㉗]，仙萼等八州[㉘]。各以其酋长为刺史、都督。

癸亥[㉙]，上出畋，遇雨，问谏议大夫昌乐谷那律[㉚]曰："油衣若为则不漏？”对曰：“以瓦为心，必不漏。”上悦，为之罢猎。

李勣固求解职，冬，十月戊辰[31]，解勣左仆射，以开府仪同三司、同中书门下三品。

己未[32]，监察御史阳武韦思谦[33]劾奏中书令褚遂良抑买[34]中书译语人[35]地。大理少卿张睿册以为准估[36]无罪。思谦奏曰：“估价之设，备国家所须，臣下交易，岂得准估为定！睿册舞文，附下罔上，罪当诛。”是日，左迁遂良为同州刺史，睿册循州刺史。思谦名仁约，以字行。

十二月庚午[37]，梓州都督谢万岁、兖州都督谢法兴[38]与黔州都督李孟尝[39]讨琰州[40]叛獠。万岁、法兴入洞招慰，为獠所杀。

（以上为第八段，写唐高宗勤政亲民，严格制御大臣，褚遂良贱买人地而被贬职。）

【注释】

①高宗天皇大圣大弘孝皇帝：唐朝第三代皇帝李治（628—683）。字为善，乳名雉奴，太宗第九子。649年至683年在位。 ②辛丑朔：正月初一日。 ③元：新君始年。 ④丙午：正月初六日。 ⑤（王）皇后（？—655）：并州祁（今山西祁县东南祁城）人。永徽六年废为庶人，不久被武后残杀。传见《旧唐书》卷五十一、《新唐书》卷七十六。 ⑥思政：北朝大臣王思政。历官北魏、西魏、北周、北齐，至都官尚书、仪同三司。传见《周书》第十八、《北史》卷六十二。 ⑦仁祐：王皇后之父王仁祐，本罗山县令，因女册为后而贵显，早卒。事迹见《旧唐书·王皇后传》。 ⑧己未：正月十九日。 ⑨辛酉：正月二十一日。 ⑩封奏：密封的奏折。 ⑪政治：政迹。 ⑫衡山公主：据《旧唐书》卷一百八十三、《新唐书》卷八十三，疑为新城公主。太宗曾以衡山公主许嫁魏徵长子叔玉，后停婚改嫁长孙氏（疑即长孙无忌侄子长孙诠）。事迹见《旧唐书》卷七十一《魏徵传》、卷七十八《于志宁传》,《新唐书》卷八十三《诸帝公主传》等。 ⑬斩衰：丧礼五服中最重的一种。凡丧服，上衣称衰，斩衰即用最粗的生麻布制作的丧服，衣旁及下边均不缝边。 ⑭辛卯：二月二十二日。 ⑮孝（？—664）：高宗第二子李孝。历任并州都督、遂州刺史。 ⑯上金（？—689）：高宗第三子李上金。历任益州大都督等职，后为酷吏诬，自缢死。 ⑰素节：高宗第四子李素节。历任雍州牧、岐州刺史等职。载初元年（690），被武则天缢杀。李孝等传见《旧唐书》卷八十六、《新唐书》卷八十一。 ⑱壬戌：五月二十四日。 ⑲阿息山：疑在蒙古国境，当距金山（今阿尔泰山）不远。 ⑳壬午：八月十六日。 ㉑庚子：九月四日。

㉒狼山都督府：羁縻府名。在今阿尔泰山北麓。 ㉓卫将军：唐无卫将军，“卫”字上当有脱字。据《唐会要》卷二十一，高侃官至左武卫将军，疑“卫”字上脱“左武”二字。㉔单于、瀚海：据岑仲勉《突厥集史》“单于”应改作“瀚海”，“瀚海”应改作“燕然”。㉕桑乾：据《新唐书》卷四十三下，龙朔三年（663）分定襄置桑乾都督府，侨治朔方（今陕西靖边县东北白城子）。此之“桑乾”疑为“定襄”之讹。 ㉖苏农等一十四州：《新唐书》卷二百一十五上作“苏农二十四州”。 ㉗瀚海、金徽、新黎等七都督：以突厥和铁勒诸部所置瀚海、金徽、新黎、幽陵、龟林、坚昆、燕然（或卢山）为七羁縻都督府。“徽”作“微”。 ㉘仙萼等八州：以突厥和铁勒所置仙萼、浚稽、余吾、稽落、居延，寘颜、榆溪、浑河、烛龙为八羁縻州。 ㉙癸亥：九月二十七日。 ㉚谷那律：唐初经学家。魏州昌乐（今河南南乐县）人。累擢国子博士、谏议大夫、弘文馆学士。传见《旧唐书》卷一百八十九上、《新唐书》卷一百九十八。 ㉛戊辰：十月初三日。㉜己未：十月初四日。 ㉝韦思谦（？—689）：高宗、武则天时大臣。本名仁约，字思谏，因音类则天父名讳，故以字称。郑州阳武（今河南原阳县）人。历官尚书左丞、御史大夫、宗正卿。则天临朝，赐爵博昌县男，并入阁拜相。思谦刚正不阿，为时誉所称。传见《旧唐书》卷八十八、《新唐书》卷一百一十六。 ㉞抑买：贱买。 ㉟译语人：中书省翻译人员。 ㊱准估：符合官估价标准。 ㊲庚午：十二月初五日。 ㊳梓州都督谢万岁、兖州都督谢法兴：“梓州”当作“牂州”，治所在今贵州黄平县西北。“兖州”当作“充州”，治所在今贵州石阡县西南。谢万岁、谢法兴，分别为牂州、充州的蛮夷酋长。 ㊴李孟尝：唐初功臣。赵州人，官封至右威卫大将军、汉东郡公。传见《新唐书》卷八十八。 ㊵琰州：治所在今贵州镇宁布依族苗族自治县南。

【译文】

高宗天皇大圣大弘孝皇帝上之上

唐高宗永徽元年（庚戌，650）

春季，正月初一日，改年号为永徽。

正月初六日，唐高宗立妃子王氏为皇后。皇后是王思政的孙女。封皇后的父亲王仁祐为特进、魏国公。

正月十九日，任命张行成为侍中。

正月二十一日，唐高宗召见各地的朝集使，对他们说：“朕刚刚即位，有对百姓不利的事情你们全都应该上奏陈述，陈述未尽的再次上书启奏。”从此每天带十名刺史进入处理政事的阁中，询问民间百姓的疾苦，以及从政治国的措施。

有一个洛阳人李弘泰诬告长孙无忌谋反，唐高宗命令即刻处斩诬告者。长孙无忌与褚遂良齐心协力辅佐唐高宗治理国政，唐高宗也尊重礼遇二人，谦恭地听从二人的意见，故而永徽年间的政治，百姓富庶安宁，有贞观年间的遗风。

唐太宗的女儿衡山公主此时应当办理嫁给长孙氏的婚仪，有关官员认为为唐太宗服丧的丧服已经脱下，想让公主在当年秋季成婚。于志宁上书说："汉文帝立下制度不必穿丧服三年，本来是为了天下的百姓。公主的丧服本应是粗麻布的丧服，纵使丧服援照汉代旧例已经脱下，哀痛的心情怎么可以随着旧例而改变呢？请待三年服丧期满后再成婚。"唐高宗听从这一建议。

二月二十二日，立皇子李孝为许王，李上金为杞王，李素节为雍王。

夏季，五月二十四日，吐蕃赞普弃宗弄赞去世，他的嫡长子早已死去，就立他的孙子为赞普。新任赞普年幼懦弱，政事都由吐蕃的丞相禄东赞裁决。禄东赞性情通达而且严肃稳重，带兵有方，吐蕃之所以强盛壮大，威震慑服氐、羌等族，都是靠他的谋略。

六月，高侃袭击突厥，到达阿息山。突厥车鼻可汗征召各部兵马但都不赴命，只率领几百名骑兵逃走。高侃率领精锐骑兵追到金山，生擒车鼻可汗然后返回，其手下的兵众纷纷投降。

起初，阿史那社尔俘虏了龟兹国王布失毕，立他的弟弟为国王。唐朝军队返回之后，各部落酋长争夺王位，相互攻击。秋季八月十六日，唐高宗颁布诏令以布失毕为龟兹国王，派遣他回国，安抚民众。

九月初四日，高侃把车鼻可汗押送到京城，释放了他，拜官左武卫将军，把突厥剩余民众安置在郁督军山，并设置狼山都督府以统率他们。任命高侃为卫将军。从此突厥人全部成为大唐封疆之内的臣民，分别设置了单于、瀚海两个都护府。单于都护府统领狼山、云中、桑乾三个都督府，苏农等十四个州；瀚海都护府管辖瀚海、金徽、新黎等七个都督府，仙萼等八个州。各自任命其部落酋长为刺史、都督。

九月二十七日，唐高宗出城游猎，遇上大雨，问谏议大夫昌乐人谷那律："遮雨的油衣怎么样才能不漏水？"回答说："用瓦片做的，肯定不会漏。"唐高宗听后高兴，为此停止打猎。

李勣执意请求辞职，冬季十月初三日，解除李勣的尚书左仆射职务，仍任开府仪同三司、同中书门下三品。

十月初四日，监察御史、阳武人韦思谦上奏疏弹劾中书令褚遂良压价购买中书省翻译人员的土地。大理寺少卿张睿册认为是依照估定价格购买而没有罪。韦思谦上奏说："估定价格的设置，是为国家需要时加以征收而准备的，臣下之间的交易，怎么能够按照估定价格为准呢？睿册利用文字舞弊，附和臣下而欺罔皇上，他的罪行应当处死。"这一天，把褚遂良降职为同州刺史，张睿册降职为遁州刺史。韦思谦，名仁约，人们习惯称呼他的字。

十二月初五日，梓州都督谢万岁、兖州都督谢法兴与黔州都督李孟尝合兵讨伐琰州反叛的獠民，谢万岁、谢法兴二人进入獠民的山洞招抚他们，被獠民杀死。

【原文】

二年（辛亥，651）

春，正月乙巳[①]，以黄门侍郎宇文节[②]、中书侍郎柳奭[②]并同中书门下三品。奭，亨[④]之兄子，王皇后之舅也。

左骁卫将军、瑶池都督阿史那贺鲁招集离散，庐帐渐盛，闻太宗崩，谋袭取西、庭二州。庭州刺史骆弘义[⑤]知其谋，表言之，上遣通事舍人桥宝明驰往慰抚。宝明说贺鲁，令长子咥运[⑥]入宿卫，授右骁卫中郎将，寻复遣归。咥运乃说其父拥众西走，击破乙毗射匮可汗[⑦]，并其众，建牙于双河及千泉[⑧]，自号沙钵罗可汗，咄陆五啜、努失毕五俟斤[⑨]皆归之，胜兵数十万，与乙毗咄陆可汗[⑩]连兵，处月、处密及西域诸国多附之。以咥运为莫贺咄叶护。

焉耆王婆伽利卒，国人表请复立故王突骑支。夏，四月，诏加突骑支右武卫将军，遣还国。

金州刺史滕王元婴[⑪]骄奢纵逸，居亮阴中，畋游无节，数夜开城门，劳扰百姓，或引弹弹人，或埋人雪中以戏笑。上赐书切让之，且曰："取适[⑫]之方，亦应多绪，晋灵[⑬]荒君，何足为则？朕以王至亲，不能[⑭]致王于法，今书王下上考[⑮]以愧王心。"

元婴与蒋王恽[⑯]皆好聚敛，上尝赐诸王帛各五百段，独不及二王，敕曰："滕叔、蒋兄自能经纪[⑰]，不须赐物，给麻两车以为钱贯。"二王大惭。

秋，七月，西突厥沙钵罗可汗寇庭州，攻陷金岭城及蒲类县[⑱]，杀略数千人。诏左武候[⑲]大将军梁建方、右骁卫大将军契苾何力为弓月道[⑳]

行军总管，右骁卫将军高德逸[21]、右武候[22]将军薛孤吴仁[23]为副，发秦、成、岐、雍府兵三万人及回纥五万骑以讨之。

癸巳[24]，诏诸礼官学士议明堂[25]制度，以高祖配五天帝[26]。太宗配五人帝[27]。

八月己巳[28]，以于志宁为左仆射，张行成为右仆射，高季辅为侍中。志宁、行成仍同中书门下三品。

己卯[29]，郎州白水蛮[30]反，寇麻州[31]，遣左领军将军赵孝祖[32]等发兵讨之。

九月癸巳[33]，废玉华宫为佛寺。戊戌[34]，更命九成宫为万年宫。

庚戌[35]，左武候引驾[36]卢文操逾墙盗左藏[37]物，上以引驾职在纠绳[38]，乃自为盗，命诛之。谏议大夫萧钧[39]谏曰："文操情实难原，然法不至死。"上乃免文操死，顾侍臣曰："此真谏议也！"

闰月，长孙无忌等上所删定律令式[40]。甲戌[41]，诏颁之四方。

上谓宰相曰："闻所在官司，行事犹互观颜面[42]，多不尽公。"长孙无忌对曰："此岂敢言无，然肆情曲法，实亦不敢。至于小小收取人情，恐陛下尚不能免。"无忌以元舅辅政，凡有所言，上无不嘉纳。

冬，十有一月辛酉[43]，上祀南郊[44]。

癸酉[45]，诏："自今京官及外州有献鹰隼及犬马者，罪之。"

戊寅[46]，特浪[47]羌酋董悉奉求、辟惠羌酋卜檐莫各帅种落万馀户诣茂州内附。

窦州、义州蛮[48]酋李宝诚等反，桂州都督刘伯英讨平之。

郎州道总管赵孝祖讨白水蛮，蛮酋秃磨蒲及俭弥于帅众据险拒战，孝祖皆击斩之。会大雪，蛮饥冻，死亡略尽。孝祖奏言："贞观中讨昆州乌蛮[49]，始开青蛉、弄栋[50]为州县。弄栋之西有小勃弄、大勃弄[51]二川，恒扇诱弄栋，欲使之反。其勃弄以西与黄瓜、叶榆[52]、西洱河相接，人众殷实，多于蜀川，无大酋长，好结雠怨，今因破白水之兵，请随便西讨，抚而安之。"敕许之。

十二月，壬子[53]，处月朱邪孤注[54]杀招慰使单道惠[55]，与突厥贺鲁相结。

是岁，百济遣使入贡，上戒之，使勿与新罗、高丽相攻，"不然，吾将发兵讨汝矣”。

（以上为第九段，写西突厥及西南蛮夷因唐衰而叛离。）

【注释】

①乙巳：正月十一日。　②宇文节：高宗时宰相。字大礼，京兆万年人，封平昌县公。事迹见《旧唐书》卷一百零五《宇文融传》、《新唐书》卷一百三十四《宇文融传》等。　③柳奭（shì）：高宗时中书令。蒲州解（今山西运城市解州镇）人。后被高宗贬诛。传见《旧唐书》卷七十七《柳亨传》、《新唐书》卷一百一十二《柳泽传》。④亨：即柳亨，柳奭之叔。原为隋末县长，入唐后历事三帝，官至太常卿、岐州刺史，封寿陵县男。传见《旧唐书》卷七十七《柳亨传》。　⑤骆弘义：事迹见《新唐书》卷二百一十五下《突厥传下》。　⑥咥运：事迹见《旧唐书》卷一百九十四下《突厥传下》、《新唐书》卷二百一十五下《突厥传下》。　⑦乙毗射匮可汗：西突厥弩失毕部请唐册立为可汗，642年至651年在位。　⑧双河及千泉：西突厥牙帐所在地。双河在今新疆博尔塔拉河流域。千泉在今中亚吉尔吉斯山北麓。　⑨咄陆五啜、努失毕五俟斤：即西突厥五咄陆部和五弩失毕部的十大首领官称。“努”，他书均作“弩”。　⑩乙毗咄陆可汗：西突厥东部可汗。638年至653年在位。　⑪元婴：李渊第二十二子李元婴。官至开府仪同三司、梁州都督。传见《旧唐书》卷六十四《李元婴传》、《新唐书》卷七十九《李元婴传》。　⑫适：畅快。　⑬晋灵：即春秋时晋国君灵公，公元前620至前607年在位。为政暴虐厚敛，并曾站高处以弹丸击人取乐。　⑭不能：张校：“能”作“忍”。　⑮下上考：唐朝对官员实行严格的考课制度，以鉴定官员的为政优劣。其考第由“上上”到“下下”共分九等。“爱憎任情，处断乖理”者为“下上考”，列于考第第七等。　⑯蒋王恽（？—675）：太宗第七子李恽。传见《旧唐书》卷七十六、《新唐书》卷八十。　⑰经纪：经营料理。此处讥元婴等聚敛民财。　⑱金岭城及蒲类县：金岭城在今新疆博格达山一带，蒲类县治约当今新疆奇台县东南老奇台。　⑲左武候：严校：“候”改“卫”。　⑳弓月道：弓月城（今新疆霍城县西北）一带的行军路线。㉑高德逸：事迹见《新唐书》卷二百一十五下《突厥传下》。　㉒右武候：“候”，据《新唐书》卷二百一十五下《突厥传下》，应作“卫”。　㉓薛孤吴仁：严校“薛”改“萨”。㉔癸巳：七月二日。　㉕明堂：天子宣明政教的地方。　㉖五天帝：神话中的五位天帝，即东方青帝、南方赤帝、中央黄帝、西方白帝、北方黑帝。　㉗五人帝：传说中的上古五位帝王。一说为东方帝太昊、西方帝少昊、南方帝炎帝、北方帝颛顼、中央帝黄帝。　㉘己巳：八月初八日。　㉙己卯：八月十八日。　㉚郎州白水蛮：分布于今云

南武定县一带的彝族先民部落。 ㉛麻州：州名。治所在今云南宣威市境。 ㉜赵孝祖：事迹见《旧唐书》卷四《高宗本纪上》、《新唐书》卷一百二十二下《南蛮传下》。㉝癸巳：九月初三日。 ㉞戊戌：九月初八日。 ㉟庚戌：九月二十日。 ㊱左武候引驾：宫中和京城巡逻治安人员。 ㊲左藏：国家财货总库之一，即储藏钱帛、杂彩、上供中央的赋调等物资的国库。 ㊳纠绳：纠察矫正。 ㊴萧钧：萧瑀兄子。博学有才望，官至太子率更令兼崇贤馆学士。显庆中卒。撰《韵旨》二十卷、文集三十卷。传见《旧唐书》卷六十三《萧瑀传》、《新唐书》卷一百零一《萧瑀传》。 ㊵律令式：唐代法律的表现形式。律，唐代法典。《唐律》十二篇，共五百条。令，皇帝命令。式，有关官署文件程式的规定。 ㊶甲戌：闰九月十四日。 ㊷互观颜面：谓彼此以看人情、面子行事。 ㊸辛酉：十一月初二日。 ㊹祀南郊：即“郊祀”，在南郊天坛祭天。㊺癸酉：十一月十四日。 ㊻戊寅：十一月十九日。 ㊼特浪、辟惠羌：生羌部落名。分布于四川阿坝藏族羌族自治州以南山地。唐于该地置蓬鲁等三十二羁縻州，隶茂州都督府（治所在今四川茂县）。 ㊽窦州、义州蛮：分布于窦州（治所在今广东信宜市西南镇隆）、义州（治所在今广西岑溪市东）的獠族部落。 ㊾昆州乌蛮：分布于昆州（治今云南昆明西郊马街附近）的乌蛮（今彝族先民）部落。 ㊿青蛉、弄栋：县城名。青蛉县治在今云南大姚县。弄栋城在今云南姚安县北。 51小勃弄、大勃弄：川名。在今云南弥渡县境。 52黄瓜、叶榆：地名。黄瓜当在今云南弥度县和大理县之间，疑为“阳瓜”州（今云南巍山县北）之讹；叶榆，今云南大理市北喜洲。 53壬子：十二月二十四日。 54朱邪孤注（？—652）：西突厥处月部酋长。事迹见《新唐书》卷二百一十五下《突厥传下》。 55单道惠：事迹见《新唐书》卷三《高宗本纪》、卷一百一十《契苾何力传》。

【译文】

唐高宗永徽二年（辛亥，651）

春季，正月十一日，唐朝任命黄门侍郎宇文节、中书侍郎柳奭二人并为同中书门下三品。柳奭是柳亨哥哥的儿子、王皇后的舅舅。

左骁卫将军、瑶池都督阿史那贺鲁招集当地离散的百姓，民众的帐篷渐渐多了起来，听说唐太宗驾崩，就谋划偷袭攻取西州、庭州。庭州刺史骆弘义得悉他的计谋，上表向朝廷报告，唐高宗派通事舍人桥宝明骑快马前往安抚。桥宝明劝说阿史那贺鲁，让他的长子咥运到朝中担任皇宫宿卫，授官为右骁卫中郎将，不久朝廷又把他遣送回去。咥运于是劝说他父亲率领部下往西走，打败乙毗射匮可汗，兼并他的部众，在双河及千泉建立牙帐，自称沙钵罗可汗，咄陆五啜、努失毕的五个俟斤都归顺他，拥有可以作战的强兵几十万人，又与乙毗咄陆可汗的军队联合，处月、处密以及西域各国都依附于他们。任命咥运为莫贺咄叶护。

焉耆国王婆伽利去世，本国人上表请求重新拥立原来的国王突骑支。夏季四月，唐高宗下诏加封突骑支为右武卫将军，遣送他回国。

金州刺史滕王李元婴骄奢淫逸，在为唐太宗守丧期间无节制地游猎，多次在夜间打开城门，惊扰百姓，有时用弹弓弹人，有时把人埋在雪里来取笑。唐高宗寄书信对他深加责备，并且说："取乐的办法应当有多种，像晋灵公那样荒唐的君主，怎么值得作为榜样呢？朕与你是最亲的亲人，不忍心把你绳之以法，如今把你的考课等级定为下等之上，以此来使你的心里觉得惭愧。"

李元婴与蒋王李恽都喜好收敛财物，唐高宗曾经赐给众王每人五百段绢帛，唯独没有赐给滕王、蒋王，敕令上说："滕王皇叔、蒋王皇兄自己能够经营聚敛，不用赏赐财物，只给两车麻用来穿钱。"二王大为羞愧。

秋季，七月，西突厥沙钵罗可汗进犯庭州，攻陷金岭城以及蒲类县，杀死抢夺几千人。唐高宗下诏任命左武候大将军梁建方、右骁卫大将军契苾何力为弓月道行军总管，右骁卫将军高德逸、右武候将军薛孤吴仁为副总管，征发秦州、成州、岐州、雍州的兵士三万人以及回纥五万名骑兵讨伐突厥。

七月初二日，唐高宗下诏令各位礼仪官、学士商议朝廷的明堂制度，以高祖皇帝配享五位天帝。唐太宗皇帝配享五位人帝。

八月初八日，任命于志宁为尚书左仆射，张行成为右仆射，高季辅为侍中。于志宁、张行成仍为同中书门下三品。

八月十八日，郎州白水蛮族人反叛，进犯麻州，朝廷派遣左领军将军赵孝祖等人发兵讨伐。

九月初三日，废掉玉华宫，改为佛寺。初八日，把九成宫改名为万年宫。

九月二十日，左武候引驾卢文操越过宫墙偷盗国库左仓库的物资，唐高宗认为引驾的职责在于昼夜巡视纠查违失，却监守自盗，下令把卢文操处死。谏议大夫萧钧劝谏说："卢文操犯罪情形实在难以原谅，然而依法不至于判死罪。"唐高宗于是赦免卢文操死罪，对身边侍臣说："这才是真正的谏议大夫呀！"

闰九月，长孙无忌等人进呈删改修订的律令式。十四日，唐高宗下诏把律令式颁行全国。

唐高宗对宰相们说："听说你们所在的官署，官员们行事还要互相观察脸色，大多不能秉公办理。”长孙无忌回答说：“这些怎么能敢说没有呢？然而徇情枉法，也实在不敢。至于说稍稍地考虑一下人情因素，恐怕陛下也不能避免。”长孙无忌以元舅身份辅佐朝政，凡有所建言，唐高宗无不赞许采纳。

冬季，十一月初二日，唐高宗到南郊祭祀。

十一月十四日，唐高宗颁布诏令：“今后朝中官员及外州有进献鹰隼及狗马者，一律定罪。”

十一月十九日，特浪羌族酋长董悉奉求、辟惠羌族酋长卜檐莫各自率领本部落一万多户到茂州归附唐朝。

窦州、义州蛮族酋长李宝诚等人谋反，桂州都督刘伯英讨伐平定他们。

郎州道总管赵孝祖讨伐白水蛮族人，蛮族的酋长秃磨蒲和俭弥于率领兵众占据险要进行抵抗，赵孝祖把他们都杀死。正赶上天降大雪，蛮族人又饥又寒，大多数人都死了。赵孝祖上奏说：“贞观年间讨伐昆州的乌蛮，开始开辟青蛉、弄栋为州县。弄栋西面有小勃弄、大勃弄两条河流，此地的蛮族一直煽动引诱弄栋，想让弄栋反叛朝廷。勃弄以西与黄瓜、叶榆、西洱河交接，百姓富足，超过蜀川地区，没有大的酋长，喜好结下仇怨，如今正好借着攻破白水蛮族的兵力，请求顺便向西讨伐，安抚这些地区。”唐高宗下令听从他的建议。

十二月二十四日，处月部落的朱邪孤注杀死唐朝的招慰使单道惠，与突厥阿史那贺鲁相联合。

这一年，百济国派使者入京进献贡品，唐高宗告诫来使，让百济不要与新罗、高丽相互攻伐，“不然的话，我大唐将要征发大军讨伐你们了”。

【原文】

三年（壬子，652）

春，正月己未朔[1]，吐谷浑、新罗、高丽、百济并遣使入贡。

癸亥[2]，梁建方、契苾何力等大破处月朱邪孤注于牢山[3]。孤注夜遁，建方使副总管高德逸轻骑追之，行五百馀里，生擒孤注，斩首九千级。军还，御史劾奏梁建方兵力足以追讨，而逗留不进；高德逸敕令市马，自取骏者。上以建方等有功，释不问。大理卿李道裕奏言：“德逸所取之马，筋力异常，请实中厩[4]。”上谓侍臣曰：“道裕法官，进马非其本职，妄希我意。岂朕行事不为臣下所信邪！朕方自咎，故不复黜道裕耳。”

己巳[5]，以同州刺史褚遂良为吏部尚书、同中书门下三品。

丙子[6]，上飨太庙。丁亥[7]，飨先农[8]，躬耕藉田[9]。

二月甲寅[10]，上御安福门[11]楼，观百戏[12]。乙卯[13]，上谓侍臣曰："昨登楼，欲以观人情及风俗奢俭，非为声乐。朕闻胡人善为击鞠之戏[14]，尝一观之。昨初升楼，即有群胡击鞠，意谓朕笃好之也。帝王所为，岂宜容易。朕已焚此鞠，冀杜胡人窥望之情，亦因以为诫。"

三月辛巳[15]，以宇文节为侍中，柳奭为中书令，以兵部侍郎三原韩瑗[16]守黄门侍郎、同中书门下三品。

夏，四月，赵孝祖大破西南蛮，斩小勃弄酋长殁盛，擒大勃弄酋长杨承颠。自馀皆屯聚保险，大者有众数万，小者数千人，孝祖皆破降之，西南蛮遂定。

甲午[17]，澧州刺史彭思王元则[18]薨。

六月戊申[19]，遣兵部尚书崔敦礼等将并、汾步骑万人往茂州[20]。发薛延陀馀众渡河，置祁连州[21]以处之。

秋，七月丁巳[22]，立陈王忠[23]为皇太子，赦天下。王皇后无子，柳奭为后谋，以忠母刘氏微贱，劝后立忠为太子，冀其亲己，外则讽长孙无忌等使请于上。上从之。乙丑[24]，以于志宁兼太子少师，张行成兼少傅，高季辅兼少保。

丁丑[25]，上问户部尚书高履行[26]："去年进户多少？"履行奏："去年进户总一十五万。"因问隋代及今日见户，履行奏："隋开皇中，户八百七十万，即今户三百八十万。"履行，士廉之子也。

九月，守中书侍郎来济[27]同中书门下三品。

冬，十一月庚寅[28]，弘化长公主自吐谷浑来朝。

癸巳[29]，濮[30]王泰薨于均州[31]。

散骑常侍房遗爱尚太宗女高阳公主，公主骄恣甚，房玄龄薨，公主教遗爱与兄遗直[32]异财[33]，既而反谮遗直。遗直自言，太宗深责让主，由是宠衰，主怏怏不悦。会御史劾盗，得浮屠辩机宝枕，云主所赐。主与辩机私通，饷遗亿计，更以二女子侍遗爱。太宗怒，腰斩辩机，杀奴婢十馀人，主益怨望，太宗崩，无戚容。上即位，主又令遗爱与遗直更相讼，遗爱坐出为房州[34]刺史，遗直为隰州[35]刺史。又，浮屠智勖等数人私侍主，主使掖庭令[36]陈玄运伺宫省机祥[37]。

先是，驸马都尉薛万徹坐事除名，徙宁州刺史，入朝，与遗爱款昵，对遗爱有怨望语，且曰："今虽病足，坐置京师，鼠辈犹不敢动。"因与遗爱谋，"若国家有变，当奏司徒荆王元景㊳为主。"元景女适遗爱弟遗则㊴，由是与遗爱往来。元景尝自言，梦手把日月。驸马都尉柴令武㊵，绍之子也，尚巴陵公主㊶，除卫州刺史，托以主疾留京师求医，因与遗爱谋议相结。高阳公主谋黜遗直，夺其封爵，使人诬告遗直无礼于己。遗直亦言遗爱及主罪，云："罪盈恶稔，恐累臣私门。"上令长孙无忌鞫之，更获遗爱及主反状。

司空、安州都督吴王恪母，隋炀帝女也。恪有文武才，太宗常以为类己，欲立为太子，无忌固争而止，由是与无忌相恶。恪名望素高，为物情所向，无忌深忌之，欲因事诛恪以绝众望。遗爱知之，因言与恪同谋，冀如纥干承基得免死。

（以上为第十段，写永徽初唐三百八十万户，不及隋开皇之半，可见一场浩劫之惨烈。房遗爱与其妇高阳公主因私欲而狂悖，一场谋反大案悄然孕育。）

【注释】

①己未朔：正月初一日。 ②癸亥：正月初五日。 ③牢山：亦名賭蒲，在今蒙古国杭爱山西南。 ④中厩：御马厩。 ⑤己巳：正月十一日。 ⑥丙子：正月十八日。 ⑦丁亥：正月二十九日。 ⑧先农：神农。 ⑨藉田：天子亲耕之田。 ⑩甲寅：二月二十七日。 ⑪安福门：长安皇城西面二门，北称安福门，南谓顺义门。 ⑫百戏：乐舞杂技表演的总称。 ⑬乙卯：二月二十八日。 ⑭击鞠之戏：马球运动。 ⑮辛巳：三月二十四日。 ⑯韩瑗（606—659）：雍州三原（今陕西三原县）人。永徽四年（653）至显庆二年（657）宰相，后贬为振州刺史。传见《旧唐书》卷八十、《新唐书》卷一百零五。 ⑰甲午：四月七日。 ⑱元则（？—652）：李渊第十二子李元则。传见《旧唐书》卷六十四、《新唐书》卷七十九。 ⑲戊申：六月二十二日。 ⑳茂州：当置于薛延陀故地。具体方位待考。 ㉑祁连州：据《唐会要》卷七十三等，贞观二十三年置祁连州，隶灵州都督府（治今宁夏灵武西南），永徽元年废。永徽三年的祁连州，应为复置。 ㉒丁巳：七月二日。 ㉓陈王忠（643—664）：高宗长子李忠，字正本，原封陈王。既立为太子，复于显庆元年废为梁王，并终被赐死。传见《旧唐书》卷八十六、《新唐书》卷八十一。 ㉔乙丑：七月十日。 ㉕丁丑：七月二十二日。 ㉖高履行：高士廉长子。尚太宗女东阳公主，袭封申国公。传见《旧唐书》卷六十五、《新唐书》卷

九十五。 ㉗来济（610—662）：高宗时宰相。传见《旧唐书》卷八十、《新唐书》卷一百零五。 ㉘庚寅：十一月二十七日。 ㉙癸巳：十一月三十日。 ㉚濮：章校，“濮”下有“恭”字。 ㉛均州：州名。治所在今湖北丹江口市西北。 ㉜遗直：房玄龄长子房遗直。永徽初为礼部尚书、汴州刺史。后因弟房遗爱谋反，除名为庶人。传见《旧唐书》卷六十六、《新唐书》卷九十六。 ㉝异财：分家析产。 ㉞房州：州治在今湖北房县。 ㉟隰州：州治在今山西隰县。 ㊱掖庭令：即内侍省掖庭局长官。由太监充任，从七品下，掌宫禁女工之事。 ㊲禨祥：吉凶先兆。 ㊳元景：李渊第三子李元景。传见《旧唐书》卷六十四、《新唐书》卷七十九。 ㊴遗则：房玄龄第三子房遗则，官朝散大夫。事迹见《旧唐书》卷六十六、《新唐书》卷九十六《房玄龄传》。 ㊵柴令武（？—653）：平阳公主与柴绍的次子。累官太仆少卿、卫州刺史，封襄阳郡公。传见《旧唐书》卷五十八、《新唐书》卷九十。 ㊶巴陵公主（？—653）：太宗女。传见《新唐书》卷八十三。

【译文】

唐高宗永徽三年（壬子，652）

春季，正月初一日，吐谷浑、新罗、高丽、百济都派来使者到朝廷进献贡品。

正月初五日，梁建方、契苾何力等人在牢山大败处月朱邪孤注的军队。孤注乘夜间逃跑，梁建方派副总管高德逸率领轻骑追赶，追了五百多里路，生擒孤注，杀死九千人。军队撤回，御史弹劾梁建方的兵力足以追击，却逗留不继续前进；高德逸下令买马，自己选取好马。唐高宗认为梁建方等人有功，放下不予问罪。大理寺卿李道裕上奏说：“高德逸所取的马匹，筋骨力量异于一般的马，请求充实皇家马厩。”唐高宗对身边的大臣说：“李道裕本是一个执法官，进马的事不在他本来的职权范围，却妄自迎合朕的心意。难道朕做事不能得到臣下的信任吗？朕正在自责，所以不再罢黜李道裕了。”

正月十一日，任命同州刺史褚遂良为吏部尚书、同中书门下三品。

正月十八日，唐高宗到太庙献上供品进行祭祀。二十九日，到先农祠献祭品进行祭祀，并亲身耕田，举行藉田礼。

二月二十七日，唐高宗亲临安福门城楼，观看百戏杂技。二十八日，唐高宗对身边的大臣说：“昨日登上城楼，想观察风俗民情的奢侈与节俭，并非为了声乐之娱。朕听说西域胡人擅长击鞠的游戏，曾经看过一次。昨日刚刚登上城楼，就有一群胡人击鞠，好像以为朕特别喜欢击鞠。帝王的所作所为，岂能那么随意轻率。朕已经焚烧了这个鞠，希望杜绝胡人窥探帝王喜好的想法，也由此引以为戒。”

三月二十四日，任命宇文节为侍中，柳奭为中书令，任命兵部侍郎三原人韩瑗代理黄门侍郎、同中书门下三品。

夏季，四月，赵孝祖大败西南蛮族，杀死小勃弄酋长殁盛，生擒大勃弄酋长杨承颠。其他屯聚兵马自保的蛮族部落，大的有数万人，小的有几千人，赵孝祖把他们全都击败降伏，西南蛮族的叛乱于是平定。

四月初七日，澧州刺史彭思王李元则去世。

六月二十二日，唐高宗派兵部尚书崔敦礼等人统率并州、汾州的步骑兵一万人前往茂州。征发薛延陀剩余民众渡过黄河，设置祁连州安置他们。

秋季，七月初二日，唐高宗立陈王李忠为皇太子，大赦天下。王皇后没有生儿子，柳奭为皇后谋划，认为李忠的生母刘氏出身微贱，劝说王皇后立李忠为太子，希望他能亲近自己，对外则暗示长孙无忌等人，让他们向唐高宗请求立李忠，唐高宗听从了他们的意见。初十日，任命于志宁兼任太子少师，张行成兼任太子少傅，高季辅兼任太子少保。

七月二十二日，唐高宗问户部尚书高履行：“去年增加了多少户？”高履行奏报：“去年增加总计十五万户。”于是询问隋朝与今日的现有户数，高履行奏报：“隋朝开皇年间，有八百七十万户，现在有三百八十万户。”高履行是高士廉的儿子。

九月，任命代理中书侍郎来济为同中书门下三品。

冬季，十一月二十七日，弘化长公主从吐谷浑回来朝见。

十一月三十，濮王李泰在均州去世。

散骑常侍房遗爱娶唐太宗的女儿高阳公主为妻，公主十分骄横、恣意妄为，房玄龄死后，公主教唆房遗爱和他的兄长房遗直分财产，过后又反过来诬陷房遗直。房遗直自我申辩，唐太宗对公主深加责备，由此失去太宗的宠爱，公主闷闷不乐。恰巧此时御史弹劾盗窃案，搜到僧人辩机的宝枕，辩机说是公主赐给他的。公主与辩机私通，送他的财物数以亿万计，又让两个女人侍候房遗爱。唐太宗得知后大怒，下令腰斩辩机，杀死奴婢十多人，公主更加怨恨，唐太宗驾崩时，公主脸上没有悲戚的神色。唐高宗即位后，公主又让房遗爱与房遗直相互诉讼，房遗爱因此获罪被降职为房州刺史，房遗直获罪被降职为隰州刺史。另外，僧人智勖等几人私下侍奉公主，公主让掖庭令陈玄运窥探皇宫与中书省内的吉凶消息。

在此之前，驸马都尉薛万徹获罪被除去官员的名籍，降职为宁州刺史，他来京城，与房遗爱十分亲近，对房遗爱说自己对朝廷有怨恨的话，并且说："我如今有脚病，安坐在京城，那些鼠辈还不敢轻举妄动。"于是又与房遗爱谋划，"假如国家有变化，应当尊奉司徒荆王李元景为君主"。李元景的女儿嫁给房遗爱的弟弟房遗则，因此李元景与房遗爱往来密切。李元景曾自称，梦中用手握住太阳月亮。驸马都尉柴令武是柴绍的儿子，娶了唐太宗的女儿巴陵公主为妻，官拜卫州刺史，托词公主有病留在京城求医，于是与房遗爱相互串通谋划。高阳公主想废黜房遗直，夺去他的封爵，于是让人诬告房遗直对自己无礼。房遗直也说出房遗爱与公主的罪状，并说："他们恶贯满盈，恐怕会牵累到臣的家门。"唐高宗令长孙无忌进行审问，又获得房遗爱与公主谋反的证据。

司空、安州都督、吴王李恪的母亲，是隋炀帝的女儿。李恪有文武才能，唐太宗常常觉得他像自己，想立他为太子，长孙无忌极力争辩才作罢，由此李恪与长孙无忌关系恶化。李恪的名望一向很高，为人心所向，长孙无忌非常忌恨他，想找借口诛灭李恪以断绝众人的愿望。房遗爱知道此事后，说自己与李恪是同谋，希望能像当年纥干承基密告太子谋反那样免于死罪。

【原文】

四年（癸丑，653）

春，二月甲申[①]，诏遗爱、万徹、令武皆斩，元景、恪、高阳、巴陵公主并赐自尽。上泣谓侍臣曰："荆王，朕之叔父，吴王，朕兄，欲丐其死，可乎？"兵部尚书崔敦礼以为不可，乃杀之。万徹临刑大言曰："薛万徹大健儿，留为国家效死力，岂不佳，乃坐房遗爱杀之乎？"吴王恪且死，骂曰："长孙无忌窃弄威权，构害良善，宗社有灵，当族灭不久！"

乙酉[②]，侍中兼太子詹事宇文节，特进、太常卿江夏王道宗，左骁卫大将军驸马都尉执失思力并坐与房遗爱交通[③]，流岭表。节与遗爱亲善，及遗爱下狱，节颇左右[④]之。江夏王道宗素与长孙无忌、褚遂良不协，故皆得罪。戊子[⑤]，废恪母弟蜀王愔[⑥]为庶人，置巴州，房遣直贬春州铜陵[⑦]尉，万徹弟万备流交州。罢房玄龄配飨[⑧]。

开府仪同三司李为司空。

初，林邑王范头利卒，子真龙立，大臣伽独弑之，尽灭范氏。伽独自立，国人弗从，乃立头利之婿婆罗门为王。国人咸思范氏，复罢婆罗门，立头利之女为王。女不能治国，有诸葛地者，头利之姑子也，父为头利所杀，南奔真腊⑨，大臣可伦翁定遣使迎而立之，妻以女王，众然后定。夏，四月戊子⑩，遣使入贡。

（以上为第十一段，写长孙无忌借房遗爱谋反案枉杀吴王李恪。林邑王遣使入贡。）

【注释】

①甲申：二月初二日。 ②乙酉：二月初三日。 ③交通：往来。 ④左右：相助。 ⑤戊子：二月初六日。 ⑥蜀王愔（？—667）：太宗第六子李愔，封蜀王。传见《旧唐书》卷七十六、《新唐书》卷八十。 ⑦春州铜陵：春州治所在今广东阳春市，铜陵县治在今广东阳春市东北。 ⑧配飨：古代专指帝王宗庙及孔庙的袝祀，后通指所有祠庙中的袝祭。此谓房玄龄袝祀于太庙。 ⑨真腊：国名。今柬埔寨。 ⑩戊子：四月初七日。

【译文】

唐高宗永徽四年（癸丑，653）

春季，二月初二日，高宗诏令将房遗爱、薛万徹、柴令武处斩，李元景、李恪、高阳公主、巴陵公主都赐其自尽。高宗流着泪对身边大臣说："荆王是朕的叔父，吴王是朕的兄长，想求他们不死，可以吗？"兵部尚书崔敦礼认为不可，于是将他们处死。薛万徹临刑时大声言道："薛万徹也算是个豪杰，留着为国效力而死，岂不是更好？只因为受房遗爱牵连而犯罪就杀掉他吗？"吴王李恪临死时大骂道："长孙无忌擅弄威权，陷害忠良，假如宗庙有灵，会在不久后灭他一族。"

初三日，侍中兼太子詹事宇文节，特进、太常寺卿江夏王李道宗，左骁卫大将军、驸马都尉执失思力，均因与房遗爱来往而获罪，流放到岭表。宇文节与房遗爱关系密切，等到房遗爱被关在狱中，宇文节大力为他开罪辩护。江夏王李道宗平时即与长孙无忌、褚遂良不和，故而都获罪。初六日，将与李恪同母的弟弟蜀王李愔废为平民，安置在巴州，房遗直贬为春州铜陵尉，薛万徹的弟弟万备流放交州。罢除房玄龄在太宗庙陪从受祭的殊荣。

改任开府仪同三司李勣为司空。

起初，林邑国王范头利去世，他的儿子真龙即位，大臣伽独杀死真龙，将范氏宗族斩尽杀绝。伽独自立为国王，国人不从命，于是立头利的女婿婆罗门为国王。国内百姓都思念范氏一家，又罢免婆罗门，立头利的女儿为国王。他的女儿不能治理国政，有个名叫诸葛地的，是头利姑母的儿子，父亲被头利杀死后，向南逃亡真腊，大臣可伦翁定派使者将他迎回来立为国王，让女王嫁给他，由此百姓才稳定下来。夏季，四月初七日，林邑派使者入朝进贡。

【原文】

秋，九月壬戌①，右仆射北平定公张行成薨。甲戌②，以褚遂良为右仆射，同中书门下三品如故，仍知选事③。

冬，十月庚子④，上幸骊山温汤；乙巳⑤，还宫。

初，睦州女子陈硕真⑥以妖言惑众，与妹夫章叔胤举兵反，自称文佳皇帝，以叔胤为仆射。甲子夜，叔胤帅众攻桐庐⑦，陷之。硕真撞钟焚香，引兵二千攻陷睦州及於潜⑧，进攻歙州，不克，敕扬州刺史房仁裕⑨发兵讨之。硕真遣其党童文宝将四千人寇婺州⑩，刺史崔义玄⑪发兵拒之。民间讹言硕真有神，犯其兵者必灭族，士众凶惧。司功参军⑫崔玄籍⑬曰："起兵仗顺，犹且无成，况凭妖妄，其能久乎？"义玄以玄籍为前锋，自将州兵继之，至下淮戍⑭，遇贼，与战。左右以楯⑮蔽义玄，义玄曰："刺史避箭，人谁致死！"命撤之。于是士卒齐奋，贼众大溃，斩首数千级。听其馀众归首⑯，进至睦州境，降者万计。十一月庚戌⑰，房仁裕军合，获硕真、叔胤，斩之，馀党悉平。义玄以功拜御史大夫。

癸丑⑱，以兵部尚书崔敦礼为侍中。

十二月庚子⑲，侍中蓨宪公高季辅薨。

是岁，西突厥乙毗咄陆可汗卒，其子颉苾达度设号真珠叶护，始与沙钵罗可汗有隙，与五弩失毕共击沙钵罗，破之，斩首千馀级。

（以上为第十二段，写睦州民变为婺州刺史崔义玄讨灭。）

【注释】

①壬戌：九月十三日。 ②甲戌：九月二十五日。 ③选事：铨选官员的事权。 ④庚子：十月二十二日。 ⑤乙巳：十月二十七日。 ⑥陈硕真（？—653）：浙江农

民军女领袖。睦州（今浙江建德市）人。事迹见《旧唐书》卷七十七《崔义玄传》等。⑦桐庐：县名。县治在今浙江桐庐县。 ⑧於潜：县名。县治在今浙江临安县西于潜。⑨房仁裕：据《旧唐书》卷四，时仁裕任扬州都督府长史。龙朔中（661—663），官至司卫正卿。 ⑩婺州：州名。治所在今浙江金华市。 ⑪崔义玄（586—656）：高宗时大臣。贝州武城（今山东武城县西北）人。在镇压陈硕真起义后，曾协助高宗立武后。传见《旧唐书》卷七十七、《新唐书》卷一百零九。 ⑫司功参军：州刺史属官，为六曹参军事之一，从七品下。 ⑬崔玄籍：郑州荥阳人。官至利州刺史。事迹见《旧唐书》卷七十七《崔义玄传》、《新唐书》卷七十二下《宰相世系下二》。 ⑭下淮戍：在今浙江桐庐县东北。 ⑮楯：同"盾"。即藤牌，防身挡箭武器。 ⑯归首：投案自首。 ⑰庚戌：十一月初二日。 ⑱癸丑：十一月初五日。 ⑲庚子：十二月二十三日。

【译文】

秋季，九月十三日，尚书右仆射北平定公张行成去世。二十五日，任命褚遂良为尚书右仆射，仍为同中书门下三品，并掌管选举官吏事务。

冬季，十月二十二日，唐高宗巡幸骊山温泉；二十七日，回到宫中。

起初，睦州女子陈硕真用妖术妄语蛊惑民众，与妹夫章叔胤起兵造反，自称文佳皇帝，任命章叔胤为仆射。十月甲子夜里，章叔胤率领众人攻打桐庐，攻陷了此城。陈硕真撞钟烧香，领兵两千人攻陷睦州和於潜县，又进攻歙州，未能攻下，唐高宗下令扬州刺史房仁裕征调军队讨伐。陈硕真派他的同党童文宝带领四千人进犯婺州，刺史崔义玄征调兵力抵御。民间谣传陈硕真有神灵，触犯她军队的人必定会被消灭整个家族，于是官军的士兵们惊慌恐惧。司功参军崔玄籍说："起兵依靠正道，尚且不一定能成功，何况凭借妖术，她能长久吗？"崔义玄任命崔玄籍为前锋，自己率领本州兵马随后，到达下淮戍，遇见陈硕真的部队，与他们作战。崔义玄身边的卫士用盾牌掩护他，崔义玄说："刺史躲避箭矢，其他人谁还会拼死作战！"命令撤去盾牌。于是士兵们一齐奋战，陈硕真的军队大败溃逃，斩杀了几千人。听任陈硕真的剩余部队投降自首，进军到睦州境内，投降的人数以万计。十一月初二日，房仁裕的军队赶到会合，抓获了陈硕真、章叔胤，把他们斩首，余党全部平定。崔义玄因战功官拜御史大夫。

十一月初五日，任命兵部尚书崔敦礼为侍中。

十二月二十三日，侍中蓨宪公高季辅去世。

这一年，西突厥乙毗咄陆可汗去世，他的儿子颉苾达度设自号真珠叶护，开始与沙钵罗可汗有仇隙，与五个弩失毕一起进攻沙钵罗，大败沙钵罗，杀死一千多人。

【原文】

五年（甲寅，654）

春，正月壬戌[1]，羌酋冻就[2]内附，以其地置剑州[3]。

三月戊午[4]，上行幸万年宫[5]。

庚申[6]，加赠武德功臣屈突通等十三人官。

初，王皇后无子，萧淑妃[7]有宠，王后疾之。上之为太子也，入侍太宗，见才人武氏而悦之。太宗崩，武氏随众感业寺[8]为尼。忌日，上诣寺行香，见之，武氏泣，上亦泣。王后闻之，阴令武氏长发，劝上内之后宫，欲以间淑妃之宠。武氏巧慧，多权数，初入宫，卑辞屈体以事后。后爱之，数称其美于上。未几大幸，拜为昭仪[9]，后及淑妃宠皆衰，更相与共谮之，上皆不纳。昭仪欲追赠其父而无名，故托以褒赏功臣[10]，而武士彟预焉[11]。

乙丑[12]，上幸凤泉汤[13]。乙巳[14]，还万年宫。

夏，四月，大食发兵击波斯[15]，杀波斯王伊嗣侯，伊嗣侯[16]之子卑路斯奔吐火罗。大食兵去，吐火罗发兵立卑路斯为波斯王而还。

闰月丙子[17]，以处月部置金满州[18]。

丁丑[19]，夜，大雨，山水涨溢，冲玄武门，宿卫士皆散走。右领军郎将薛仁贵曰："安有宿卫之士，天子有急而敢畏死乎？"乃登门桄[20]大呼以警宫内。上遽出乘高，俄而水入寝殿，水溺卫士及麟游[21]居人，死者三千馀人。

壬辰[22]，新罗女王金真德卒，诏立其弟春秋为新罗王。

六月丙午[23]，恒州大水，呼沱[24]溢，漂溺五千三百家。

中书令柳奭以王皇后宠衰，内不自安，请解政事。癸亥[25]，罢为吏部尚书。

秋，七月[26]丁酉[27]，车驾至京师。

戊戌[28]，上谓五品以上曰："顷在先帝左右，见五品以上论事，或仗下面陈，或退上封事，终日不绝。岂今日独无事邪，何公等皆不言也？"

冬，十月，雇雍州四万一千人筑长安外郭，三旬而毕。癸丑[29]，雍州参军薛景宣上封事，言：“汉惠帝[30]城长安，寻晏驾。今复城之，必有大咎[31]。”于志宁等以景宣言涉不顺，请诛之。上曰：“景宣虽狂妄，若因上封事得罪，恐绝言路。”遂赦之。

高丽遣其将安固将高丽、靺鞨兵击契丹，松漠都督李窟哥御之，大败高丽于新城。

是岁大稔，洛州粟米斗两钱半，粳米斗十一钱。

王皇后、萧淑妃与武昭仪更相谮诉，上不信后、淑妃之语，独信昭仪。后不能曲事上左右，母魏国夫人柳氏及舅中书令柳奭入见六宫[32]，又不为礼。武昭仪伺后所不敬者，必倾心与相结，所得赏赐分与之。由是后及淑妃动静，昭仪必知之，皆以闻于上。

后宠虽衰，然上未有意废也。会昭仪生女，后怜而弄之，后出，昭仪潜扼杀之，覆之以被。上至，昭仪阳欢笑，发被观之，女已死矣，即惊啼。问左右，左右皆曰：“皇后适来此。”上大怒曰：“后杀吾女！”昭仪因泣数其罪。后无以自明，上由是有废立之志。又畏大臣不从，乃与昭仪幸太尉长孙无忌第，酣饮极欢，席上拜无忌宠姬子三人皆为朝散大夫[33]，仍载金宝缯锦十车以赐无忌。上因从容言皇后无子以讽无忌，无忌对以他语，竟不顺旨，上及昭仪皆不悦而罢。昭仪又令母杨氏[34]诣无忌第，屡有祈请，无忌终不许。礼部尚书许敬宗亦数劝无忌，无忌厉色折之。

（以上为第十三段，写王皇后引纳武则天入宫以分萧淑妃之宠，武氏入宫谋皇后之位。王皇后引狼入室，非始料所及。）

【注释】

①壬戌：正月十五日。　②冻就：特浪生羌卜楼部大首领。事迹见《新唐书》卷二百二十一上《党项传》。　③剑州：以特浪生羌卜楼部所置羁縻州。治所在今四川阿坝藏族羌族自治州南境。　④戊午：三月十二日。　⑤万年宫：永徽二年（651）以九成宫改名。在今陕西麟游县西。　⑥庚申：三月十四日。　⑦萧淑妃（？—655）：高宗妃，后废并被武后残杀。传见《旧唐书》卷五十一。淑妃：正一品妃嫔称号之一。⑧感业寺：即济度尼寺。在唐长安城安业坊东南隅。　⑨昭仪：正二品妃嫔称号之一。⑩功臣：十二行本：“臣”下有“遍赠屈突通等”六字。　⑪武士彟预焉：元从功臣武士彟也在追赠褒功之列。预，预名，备数其中。　⑫乙丑：三月十九日。　⑬凤泉汤：

温泉名。在今陕西眉县东。 ⑭乙巳：章校，“乙”作“己”。己巳,三月二十三日。译文从之。 ⑮大食、波斯：国名。唐称阿拉伯帝国为“大食”。波斯即今伊朗。 ⑯伊嗣侯：波斯萨桑王朝末主。其子卑路斯后来投唐，授波斯都督府都督，咸亨中（670—674）入朝，擢右武卫将军，后终老长安。事迹见《新唐书》卷二百二十一下《波斯传》。 ⑰丙子：闰五月初二日。 ⑱金满州：羁縻州。治所在今新疆吉木萨尔县北。 ⑲丁丑：闰五月初三日。 ⑳桄（guàng）：横木。 ㉑麟游：县名。县治在今陕西麟游县。 ㉒壬辰：闰五月十八日。 ㉓丙午：六月初二日。 ㉔呼沱：水名。即今滹沱河改道前的旧流。 ㉕癸亥：六月十九日。 ㉖七月：章校，“七”作“九”。 ㉗丁酉：九月二十四日。 ㉘戊戌：九月二十五日。 ㉙癸丑：十月十一日。 ㉚汉惠帝：汉高祖刘邦长子。名盈。公元前195至前188年在位。 ㉛大咎：大灾巨祸。 ㉜六宫：皇后的寝宫，也指皇后。 ㉝朝散大夫：文散官名之一。从五品下。 ㉞杨氏：武士彟继娶夫人，武则天生母。累封代国、荣国夫人。卒，以“太后”礼葬咸阳北原上，墓称顺陵。事迹见《新唐书》卷七十六《则天武皇后传》、卷二百零六《武士彟传》等。

【译文】

唐高宗永徽五年（甲寅，654）

春季，正月十五日，羌族酋长冻就归附朝廷，把他的所在地设置为剑州。

三月十二日，唐高宗行幸万年宫。

三月十四日，对武德年间的功臣屈突通等十三人追加官爵。

起初，王皇后没有生儿子，萧淑妃得到唐高宗的宠幸，王皇后嫉妒她。唐高宗做太子的时候，进入皇宫侍奉唐太宗，看到太宗的才人武氏就喜欢上她。唐太宗驾崩后，武氏随着众位妃嫔到感业寺当尼姑。到了唐太宗的忌日，唐高宗到感业寺行香拜佛，见到了武氏，武氏哭泣，唐高宗也哭泣。王皇后听说后，暗中让武氏蓄起头发，劝说唐高宗把武氏收入后宫，想利用武氏来离间唐高宗对萧淑妃的宠爱。武氏机敏聪慧，多有权术，刚进宫时，用谦卑的言辞和屈从的礼节来侍奉王皇后。王皇后十分喜欢她，多次在唐高宗面前称赞她的美貌。不久武氏大受唐高宗的宠幸，拜为昭仪，对王皇后与萧淑妃的宠爱都冷淡下来了，两个人又一同向唐高宗说武氏的坏话，唐高宗都不相信和采纳。武昭仪想让唐高宗给他的父亲追赠官爵但没有什么名义，于是就假托褒奖武德年间的功臣让自己的父亲武士彟列入其中。

三月十九日，唐高宗巡幸凤泉汤。二十三日，回到万年宫。

夏季，四月，大食国出兵进攻波斯国，杀死波斯国王伊嗣侯，伊嗣侯的儿子卑路斯投奔吐火罗。大食军队退去，吐火罗派兵护送卑路斯回到国中立为波斯国王然后撤兵。

闰五月初二日，唐朝在处月部设置金满州。

闰五月初三日，夜里，天下大雨，山洪满溢上涨，大水冲到玄武门前，宿卫的士兵都四散逃走。右领军郎将薛仁贵说："哪里有宿卫皇宫的士兵，在天子有难的时候而敢怕死的？"于是登上门框大声呼喊以警示皇宫里的人。唐高宗急忙出来，在宫内登上高处，一会儿大水冲进了寝殿，大水淹没了卫士及麟游县的居民，死了三千多人。

闰五月十八日，新罗女王金真德去世，唐高宗下诏立她的弟弟金春秋为新罗国王。

六月初二日，恒州发大水，呼沱河水上涨，淹没了五千三百家。

中书令柳奭看到王皇后失去唐高宗的宠爱，内心觉得不安稳，请求解除相职。六月十九日，罢黜柳奭的中书令，降职任吏部尚书。

秋季，九月二十四日，唐高宗车驾回到京城。

九月二十五日，唐高宗对五品以上官员说："以前在先帝身边，看见五品以上官员议论政事，有的在仪仗卫士的下面当面向皇上陈述，有的退朝后上书奏事，整天不断。难道今天却无事可奏了吗？为什么你们都不向我言事了呢？"

冬季，十月，朝廷雇用雍州四万一千人修筑长安外城，三十天后竣工。十一日，雍州参军薛景宣上书言事，说："汉惠帝修筑长安城，不久死去，如今又要修城，一定会有大的灾祸。"于志宁等人认为薛景宣的言辞涉及大逆不顺，请求把他诛杀。唐高宗说："薛景宣虽然言辞狂妄，但是如果因为上书言事而获罪，恐怕会断绝了大臣向上提出建议的通路。"于是赦免了薛景宣。

高丽国派将领安固统率高丽、靺鞨军队攻击契丹。松漠都督李窟哥率兵抵抗，在新城大败高丽军队。

这一年获得了大丰收，洛州的粟米一斗才值两钱半，粳米一斗十一钱。

王皇后、萧淑妃与武昭仪之间相互诬告诽谤，唐高宗不相信王皇后、萧淑妃的话，只信任武昭仪。王皇后不会曲意侍奉唐高宗身边的人，她的母亲魏国夫人柳氏及舅舅中书令柳奭进宫见到六宫妃嫔，又不向她们致以礼敬。武昭仪窥探到王皇后不予礼敬的人，就倾心与之交结，自己得到的赏赐也分给她们。因此，王皇后与萧淑妃的一举一动武氏都能知道，全都告诉唐高宗。

唐高宗对王皇后的宠爱虽然已经没有了，但唐高宗并没有废黜皇后的意思。正巧此时武昭仪生下一个女孩，王皇后怜爱她并逗她玩，王皇后走出去后，武氏暗中扼死女孩，又盖上被子。唐高宗来了，武氏假装欢笑，打开被子来看孩子，女婴已经死了，武氏当即惊愕待哭啼。唐高宗问身边的人，身边的人都说："皇后刚刚来过这里。"唐高宗勃然大怒，说："皇后杀了我的女儿！"武昭仪借机哭泣着数落王皇后的罪过。王皇后无法为自己辩白，唐高宗从此有了废黜皇后另立武昭仪为后的打算，又害怕大臣们不同意，于是就和武氏一道临幸太尉长孙无忌的宅第，宴饮到极为欢乐的时候，在酒席上拜长孙无忌宠爱的姬妾的三个儿子都为朝散大夫，又命人装载十车的金银财宝、锦缎丝绸赐给长孙无忌。唐高宗于是从容地说王皇后没有生儿子来暗示长孙无忌，长孙无忌用其他的话来回答，最终也没有顺从唐高宗的旨意，唐高宗与武氏都在不高兴中结束了酒宴。武昭仪又让自己的母亲杨氏到长孙无忌的宅第，多次请求，长孙无忌最终没有答应。礼部尚书许敬宗也多次劝说长孙无忌，长孙无忌用严厉的脸色斥责他。

【原文】

六年（乙卯，655）

春，正月壬申朔①，上谒昭陵，甲戌②，还宫。

己丑③，嶲州道行军总管曹继叔破胡丛、显养、车鲁等蛮④于斜山⑤，拔十馀城。

庚寅⑥，立皇子弘为代王，贤⑦为潞王。

高丽与百济、靺鞨连兵，侵新罗北境，取三十三城，新罗王春秋遣使求援。二月乙丑⑧，遣营州都督程名振、左卫中郎将苏定方⑨发兵击高丽。

夏，五月壬午⑩，名振等渡辽水，高丽见其兵少，开门渡贵端水⑪逆战，名振等奋击，大破之，杀获千馀人，焚其外郭及村落而还。

癸未⑫，以右屯卫大将军程知节为葱山⑬道行军大总管，以讨西突厥沙钵罗可汗。

壬辰⑭，以韩瑗为侍中，来济为中书令。

六月，武昭仪诬王后与其母魏国夫人柳氏为厌胜⑮，敕禁后母柳氏不得入宫。秋，七月戊寅⑯，贬吏部尚书柳奭为遂州⑰刺史。奭行至扶风，岐州长史于承素希旨⑱奏奭漏泄禁中语，复贬荣州⑲刺史。

唐因隋制，后宫有贵妃、淑妃、德妃、贤妃皆视一品。上欲特置宸妃，以武昭仪为之，韩瑗、来济谏，以为故事无之，乃止。

中书舍人饶阳李义府[20]为长孙无忌所恶，左迁壁州[21]司马。敕未至门下，义府密知之，问计于中书舍人幽州王德俭[22]，德俭曰："上欲立武昭仪为后，犹豫未决者，直恐宰臣异议耳。君能建策立之，则转祸为福矣。"义府然之，是日，代德俭直宿，叩阁上表，请废皇后王氏，立武昭仪，以厌兆庶之心。上悦，召见，与语，赐珠一斗，留居旧职。昭仪又密遣使劳勉之，寻超拜中书侍郎。于是卫尉卿许敬宗、御史大夫崔义玄、中丞袁公瑜[23]皆潜布腹心于武昭仪矣。

乙酉[24]，以侍中崔敦礼为中书令。

八月，尚药奉御蒋孝璋[25]员外特置，仍同正员。员外同正[26]自孝璋始。

长安令裴行俭[27]闻将立武昭仪为后，以国家之祸必自此始，与长孙无忌、褚遂良私议其事。袁公瑜闻之，以告昭仪母杨氏，行俭坐左迁西州都督府长史。行俭，仁基之子也。

九月戊辰[28]，以许敬宗为礼部尚书。

上一日退朝，召长孙无忌、李勣、于志宁、褚遂良入内殿。遂良曰："今日之召，多为中宫[29]，上意既决，逆之必死。太尉元舅，司空功臣，不可使上有杀元舅及功臣之名。遂良起于草茅，无汗马之劳，致位至此，且受顾托，不以死争之，何以下见先帝？"勣称疾不入。无忌等至内殿，上顾谓无忌曰："皇后无子，武昭仪有子，今欲立昭仪为后，何如？"遂良对曰："皇后名家，先帝为陛下所娶。先帝临崩，执陛下手谓臣曰：'朕佳儿佳妇，今以付卿。'此陛下所闻，言犹在耳。皇后未闻有过，岂可轻废？臣不敢曲从陛下，上违先帝之命！"上不悦而罢。明日又言之，遂良曰："陛下必欲易皇后，伏请妙择天下令族[30]，何必武氏。武氏经事先帝，众所具知，天下耳目，安可蔽也。万代之后，谓陛下为如何？愿留三思！臣今忤陛下，罪当死。"因置笏于殿阶，解巾叩头流血曰："还陛下笏，乞放归田里。"上大怒，命引出。昭仪在帘中大言曰："何不扑杀此獠[31]!"无忌曰："遂良受先朝顾命，有罪不可加刑。"于志宁不敢言。

韩瑗因间奏事，涕泣极谏，上不纳。明日又谏，悲不自胜，上命引出。瑗又上疏谏曰："匹夫匹妇，犹相选择，况天子乎？皇后母仪万国，善恶由之，故嫫母[32]辅佐黄帝，妲己[33]倾覆殷王，《诗》云：‘赫赫宗周[34]，褒姒[35]灭之。’每览前古，常兴叹息，不谓今日尘黩圣代[36]。作而不法，后嗣何观？愿陛下详之，无为后人所笑！使臣[37]有以益国，菹醢[38]之戮，臣之分也！昔吴王不用子胥[39]之言而麋鹿游于姑苏。臣恐海内失望，棘荆生于阙庭，宗庙不血食[40]，期有日矣！”来济上表谏曰：“王者立后，上法乾坤，必择礼教名家，幽闲令淑，副四海之望，称神祇之意。是故周文造舟以迎太姒[41]，而兴《关雎》[42]之化，百姓蒙祚；孝成[43]纵欲，以婢为后，使皇统亡绝，神稷倾沦。有周之隆既如彼，大汉之祸又如此，惟陛下详察！”上皆不纳。

他日，李勣入见，上问之曰：“朕欲立武昭仪为后，遂良固执以为不可。遂良既顾命[44]大臣，事当且已[45]乎？”对曰：“此陛下家事，何必更问外人？”上意遂决。许敬宗宣言于朝曰：“田舍翁[46]多收十斛麦，尚欲易妇[47]，况天子欲立后，何豫诸人事而妄生异议乎！”昭仪令左右以闻。庚午[48]，贬遂良为潭州[49]都督。

（以上为第十四段，写唐高宗决意立武则天为皇后，吏部尚书柳奭、顾命大臣尚书右仆射褚遂良次第遭贬。）

【注释】

①壬申朔：正月初一日。　②甲戌：正月初三日。　③己丑：正月十八日。　④胡丛、显养、车鲁等蛮：分布于今四川会理市一带的蛮羌部落，当为今彝族、羌族或白族先民。　⑤斜山：在今四川会理市西。　⑥庚寅：正月十九日。　⑦贤：高宗第六子李贤（654或655—684）。即章怀太子，字明允，被武则天贬逐杀害。李弘、李贤传见《旧唐书》卷八十六、《新唐书》卷八十。　⑧乙丑：二月二十五日。　⑨苏定方（592—667）：唐初大将，冀州武邑（今河北武邑县）人。早年参加窦建德、刘黑闼农民军。归唐后，在征讨东西突厥、百济中立功。官至左武卫大将军，封邢国公。传见《旧唐书》卷八十三、《新唐书》卷一百一十一。　⑩壬午：五月十三日。　⑪贵端水：即今辽宁浑河。　⑫癸未：五月十四日。　⑬葱山：即葱岭。今帕米尔高原与喀喇昆仑山脉的总称，历代为中西交通要道。　⑭壬辰：五月二十三日。　⑮厌胜：方士巫术之一种，谓能以诅咒制服人或物。　⑯戊寅：七月十日。　⑰遂州：州名。治所在今四川遂宁市。　⑱希旨：迎合、阿奉圣旨。　⑲荣州：州名。治所在今四川荣县。　⑳李义府（614—666）：唐大臣。瀛州饶阳人。因协赞立武后功，官至宰相。为人奸诈，时称“人猫”。后

被斥贬，卒。传见《旧唐书》卷八十二、《新唐书》卷二百二十三上。 ㉑壁州：州名。治所在今四川通江县。 ㉒王德俭：李义府甥。字守节，临沂（今山东临沂）人。官至御史中丞，封归仁县男。事见《旧唐书·李义府传》等。 ㉓袁公瑜：因翊赞武后功，累官大理正、御史中丞。事迹见《旧唐书》卷六十五《长孙无忌传》、《新唐书》卷二百二十三上《李义府传》等。 ㉔乙酉：七月二十七日。 ㉕尚药奉御：官名。殿中省尚药局长官，掌御药配制和诊治。蒋孝璋事迹见《旧唐书》卷四《高宗本纪上》。㉖员外同正：员外，本指正额以外的官，加"同正"，则谓此类定额以外的官亦为正官。㉗裴行俭（619—682）：高宗时名将。绛州闻喜（今山西闻喜县）人。才兼文武，屡建军功，官至右卫大将军，封闻喜县公。传见《旧唐书》卷八十四、《新唐书》卷一百零八。 ㉘戊辰：九月初一日。 ㉙中宫：皇后居处，亦作皇后代称。 ㉚妙择天下令族：由全国名门望族中精选。令族,名门望族。 ㉛獠：骂人词语，谓野蛮凶恶之人。㉜嫫母：相传为黄帝次妃，貌丑而德备，佐黄帝而有天下。 ㉝妲己：殷纣王妃。旧史称纣王宠妲己而亡国。殷王，即殷纣王帝辛，商代亡国之君。 ㉞赫赫宗周：谓繁荣昌盛的西周。 ㉟褒姒：周幽王妃。旧史称幽王宠褒姒而招致国破身亡。 ㊱尘黩圣代：使"圣世"遭受污染。 ㊲使臣：张校："臣"下脱"言"字。 ㊳葅醢（zū hǎi）：把人剁成肉酱的酷刑。 ㊴子胥（？—前484）：春秋时吴国大夫。名员，字子胥。曾屡谏吴王夫差并终被吴王杀害。 ㊵血食：谓以牲牢祭祀先人、神祇。 ㊶太姒：周文王妃。㊷《关雎》：《诗经》首篇，抒写爱情的作品。 ㊸孝成：即西汉成帝刘骜。公元前33至前7年在位。 ㊹顾命：君王临终之命。 ㊺已：终结。 ㊻田舍翁：乡巴佬。㊼易妇：更换原妻。 ㊽庚午：九月初三日。 ㊾潭州：州名。治所在今湖南长沙市。

【译文】

唐高宗永徽六年（乙卯，655）

春季，正月初一日，唐高宗到昭陵谒拜，初三日，回到宫中。

正月十八日，嶲州道行军总管曹继叔在斜山一带打败胡丛、显养、车鲁等蛮族，攻克十余座城。

正月十九日，立皇子李弘为代王，李贤为潞王。

高丽与百济、靺鞨联合兵力，侵犯新罗北部边境，夺取三十三座城，新罗国王金春秋派使者到唐朝请求援助。二月二十五日，唐朝派营州都督程名振、左卫中郎将苏定方征发军队进攻高丽。

夏季，五月十三日，程名振等人渡过辽水，高丽看见唐军兵力少，打开城门渡过贵端水迎战，程名振等人奋勇攻击，大败高丽兵，杀死及俘虏一千多人，焚烧了高丽人的外城及村庄，而后返回。

五月十四日，任命右屯卫大将军程知节为葱山道行军大总管，讨伐西突厥沙钵罗可汗。

五月二十三日，任命韩瑗为侍中，来济为中书令。

六月，武昭仪诬陷王皇后和她的母亲魏国夫人柳氏让巫婆使用厌胜的巫术，唐高宗敕令禁止皇后的母亲柳氏进入宫内。秋季七月初十日，把吏部尚书柳奭贬为遂州刺史。柳奭走到扶风县，岐州长史于承素揣摩皇上的心意上奏称柳奭泄漏宫禁中的秘密，又被贬为荣州刺史。

唐朝因袭隋朝的制度，后宫有贵妃、淑妃、德妃、贤妃，都是正一品。唐高宗想特别设置宸妃，让武昭仪当宸妃，韩瑗、来济谏阻，认为以前的旧例中没有这种等级和名称，于是作罢。

中书舍人饶阳人李义府被长孙无忌厌恶，降职为壁州司马。敕令还未到门下省，李义府已经暗中得知，就向中书舍人幽州人王德俭询问计策，王德俭说:“唐高宗想立武昭仪为皇后，所以还在犹豫不决，只是担心宰相们有异议。你如果能提出建议立武氏为后，就会转祸为福了。”李义府认为他说得对，这一天，他代替王德俭值班，叩宫内的朝堂门向唐高宗上表，请求废掉皇后王氏，立武昭仪为后，以满足黎民百姓的愿望。唐高宗十分高兴，亲自召见李义府，与他谈话，赐给珍珠一斗，留下他官复原职。武氏又暗中派人慰劳勉励他，不久破格提拔为中书侍郎。在这个时候，卫尉卿许敬宗、御史大夫崔义玄、御史中丞袁公瑜都暗中向武昭仪表达了自己的效忠之心。

七月二十七日，任命侍中崔敦礼为中书令。

八月，尚药局奉御蒋孝璋作为定员之外的特置官员，品级与正式的定员相同。定员之外的官员与属于定员的正式官职的级别相同，从蒋孝璋开始。

长安县令裴行俭听说将要立武昭仪为皇后，认为国家的祸患必定从此开始，就与长孙无忌、褚遂良私下议论此事。袁公瑜听说后，把这一情况告诉了武昭仪的母亲杨氏，裴行俭因此获罪而被贬为西州都督府长史。裴行俭是裴仁基的儿子。

九月初一日，任命许敬宗为礼部尚书。

有一天唐高宗退朝后，召见长孙无忌、李勣、于志宁、褚遂良进入内殿。褚遂良说：“今天皇上召见，多半是为了后宫的事，皇上的主意已经定了，违抗他必死。太尉是皇上的元舅，司空是功臣，不能让皇上有杀死元舅与功臣的名声。褚遂良起自平民，没有汗马功劳，官位到了今日这个地步，而且接受了先帝的嘱托，不以死相争，如何到地下去见先帝？”李勣称病没有进入内殿。长孙无忌等人到了内殿，唐高宗对长孙无忌说：“皇后没有生儿子，武昭仪生了儿子，如今想立武昭仪为皇后，怎么样？”褚遂良回答说：“皇后出身名家，是先帝为陛下娶的。先帝临死的时候，拉着陛下的手对我说：‘朕的好儿子好媳妇，如今就交付给你了。’这些话都是陛下亲耳听到的，言犹在耳。未听说皇后有什么过错，怎么能够轻易废掉呢？我不敢曲意顺从陛下，对上违背先帝的遗命！”唐高宗不高兴，只好作罢。第二天又言及此事，褚遂良说：“陛下一定要更换皇后，我请求遴选全国的世家望族，何必非武氏不可。武氏曾经侍奉过先帝，这是众所周知的，天下人的耳目，怎么能遮掩呢？千秋万代之后，人们会说陛下是什么呢？愿陛下三思而后行！我今日违逆陛下，罪该处死。”说完把朝笏放在大殿的台阶上，解下头巾磕头直到血流满面，说：“还给陛下朝笏，乞求放我回归老家。”唐高宗大怒，命人把他带出去。武昭仪在帘内大声说：“何不扑杀了这个獠子？”长孙无忌说：“褚遂良是先朝顾命大臣，有罪也不可以加刑。”于志宁不敢说话。

韩瑗找个时机上奏，流着泪极力劝谏，唐高宗不予采纳。第二天又劝谏，悲伤得不能控制住自己，唐高宗命人把他带出去。韩瑗又上疏劝谏说：“老百姓的夫妇，还要相互选择，何况天子呢？皇后是天下万国妇女的仪范，善恶由她决定，所以嫫母辅佐黄帝，妲己倾覆了殷王，《诗经》说：‘赫赫强盛的宗周，一个褒姒就让它灭亡。’每次观览前朝的史事，常会发出感慨，没想到今天有尘垢玷污了圣明的朝代。做事不合乎法度，后世会如何看呢？希望陛下详细考虑，不要让后人讥笑！假使臣的话有益于国家，即使被剁成肉酱，也是臣死得其所！当年吴王不听伍子胥的话，结果吴国都城姑苏被攻破而成为麋鹿出没的地方。臣担心海内的人都会因此而失望，使宫廷长出荆棘，宗庙不能继续享受祭祀，这样的日子为期不远了！”来济上表劝谏说：“君主册立皇后，应该向上依据天地，必须选择合乎礼教的名门家族，要为人幽雅娴静、贤淑美好，符合四海人们的期望，合乎神灵的心意。所以说周文王造船迎接太姒，于是产生了《关雎》诗篇的教化，百姓得以承受他的福祚；汉成帝放纵欲望，以婢女为皇后，使皇统断绝，社稷倾覆沦亡。周代的隆盛既如文王那样，汉代的祸患又像成帝这样，希望陛下用心详细体察！”唐高宗对这些谏言都不予采纳。

又一天，李勣进宫见唐高宗，唐高宗问他：“朕想立武昭仪为皇后，褚遂良坚决认为不可以。褚遂良既是顾命大臣，事情是不是就应该暂且停止呢？”李勣回答说：“这是陛下家里的事，何必去问外人呢？”唐高宗的主意于是定了下来。许敬宗在朝中扬言说：“庄稼老汉多收了十斛麦子，还想换个老婆，何况天子想立皇后，人们又何必管那么多事而妄生异议呢？”武昭仪让身边的人把此话讲给唐高宗听。九月初三日，把褚遂良贬为潭州都督。

【评析】

武则天再度入宫，王皇后引狼入室。武则天并非名字，而是武则天临终时给自己拟的谥号“则天大圣皇后”，于是“武则天”成了通称的名字。武则天的原名历史缺载，贞观十一年，十四岁的武则天入宫，唐太宗封她为才人并口赐名字为武媚，人称武媚娘。天授元年（690），武则天造了一批新字，给自己取名“曌”，意为“明空为照”。武则天、武媚娘、武曌，这就是中国古代唯一一位女皇、唐高宗皇后的称谓姓名。唐初承隋制，后宫皇后之下妃嫔定员一百三十人。有贵妃、淑妃、昭容、昭媛、修仪、修容、修媛、充仪、充容、充媛各一人，为九嫔，正二品；婕妤九人，正三品；美人九人，正四品；才人九人，正五品；宝林二十七人，正六品；御女二十七人，正七品；采女二十七人，正八品；八品以下宫女无定员。武则天在太宗朝，直到贞观二十三年太宗逝世，长达十二年没有升迁，一直是正五品的才人，也没有生育，表明她未受宠幸，备受冷落。贞观十七年，唐太宗废太子李承乾，立李治为太子，李治时年十六岁，比武则天年小四岁。李治仁厚懦弱，没有人生经验。野心勃勃而长期遭受冷落的武则天把目光落到了高宗李治身上。贞观二十二、二十三年，唐太宗因病重，李治入宫侍候，此时武则天抓住时机，运用她的全部热情，展示她天赋的美貌和灵巧的手腕，很快俘虏了这位多情的储君。在唐太宗病榻之侧，武则天与高宗之间发生了说不明的暧昧。这一幕被李治的太子妃，即后来的王皇后看在眼里。

高宗王皇后是北魏尚书左仆射王思政的孙女，出身名门，漂亮、贤淑，唐太宗非常喜欢，李治为晋王时就入王府为晋王妃。后李治被立为太子，王皇后为太子妃，李治即位，册立为皇后。唐太宗临终，亲自将李治、王氏嘱托给辅政大臣长孙无忌与褚遂良，要保护好这对“佳儿佳妇”。所以长孙无忌等大臣遵循太宗遗言，竭诚保护王皇后。

可惜王皇后为了与萧淑妃争宠，犯了一个致命错误。按制度，凡被唐太宗幸御过的嫔妃，都要为大行皇帝守节终生，出宫到感业寺为尼。永徽元年五月二十六日，唐太宗逝世一周年的忌日，唐高宗李治前往感业寺焚香祭悼，碰到了武则天，两人怀旧情，都流了眼泪。王皇后得知消息，不但没有采取措施来阻止两人旧情的发展，反而来促成，一方面让武则天蓄发，另一方面到李治那里煽风点火，劝李治正式纳其入宫中。王皇后想利用武则天来分萧淑妃的专宠，万万没有想到武则天非同凡响，入宫不久就迷倒了李治。李治封武则天为昭仪，正二品，接着就要提升她为正一品，列了一个名号叫“宸妃”。这时王皇后醒悟，觉察到真正的敌人是武则天，反过来与萧淑妃联手说武昭仪的不是，可是高宗始终不听，王皇后与萧淑妃的悲剧就不可避免了。

武则天与李治两人能做出乱伦之事，想一想就是一个不安分的人，王皇后为了一时之怒，不计后果，引狼入室，算是作茧自缚，搬起石头砸了自己的脚。王皇后因嫉妒招来杀身之祸，发人深思，供人鉴戒。

附录　人物新传

唐高祖李渊传

在隋唐嬗代之际，义军四起，豪杰辈出，问鼎中原者前赴后继。在众多英雄中，李渊以其远见卓识、文韬武略，力拔头筹，亡隋兴唐，成为李唐王朝开国之主。建立唐朝后，他又多方除弊兴利，开创新局，为“贞观之治”奠定了基业，故而成为历史上有能力的君主之一。

一、晋阳起兵反隋

李渊身为隋臣，而心怀“济世之略，有经纶天下之心”。由于同隋皇室的特殊关系和职务之便，他对炀帝的烝淫无度、穷奢极欲、猜忌臣下、任意杀戮以及隋朝政刑弛紊、贿赂公行、民怨沸腾等情形了如指掌；尤其是他已经觉察到隋王朝的末日即将来到了。为此，早在炀帝第二次征辽时（613），他就曾与宇文士及在涿郡“夜中密论时事”。大业十三年，李渊向裴寂谈及此事时说，宇文士及“与我言天下事，至今已六七年矣，公辈皆在其后”（《旧唐书·宇文士及传》）。以李渊之意，早在六七年前，他同宇文士及密论时事时就已料到隋朝的末日即将来临。

大业九年，杨玄感起兵黎阳，天下大乱的形势进一步明朗。大业十一年，国内盛传“李氏当为天子”的谣言，有人借机劝炀帝尽诛海内所有李姓之人。右骁卫大将军李浑、将作监李敏等，就因左卫率宇文述的诬陷而遭到杀害。同年，李渊奉命前往山西、河东镇压农民起义，副将夏侯端对李渊说：“主上猜忍，尤忌诸李，金才既死，公不思变通，必为之次也。”李渊听后，以为时机不成熟，只是“心然之”，而外不露声色。大业十二年十二月，北方突厥利用中原大乱，加剧了对边地的寇掠。同月，炀帝命李渊为太原留守，以防突厥。但由于李渊姓应图谶，不得不防，所以又委任自己的心腹虎贲郎将王威和虎牙郎将高君雅为副，施以监视。这种情况迫使李渊不得不处处小心、时时提防。当时，鹰扬府司马许世绪劝李渊说：“公姓在图箓，名应歌谣；握五郡之兵，当四战之地，举事则帝业可成，端居则亡不旋踵；惟公图之。”武士彠和唐宪、唐俭兄弟等也接连劝李渊举兵。李渊只表示“吾将思之”，仍未采取行动。

足智多谋的李渊，在当时迟迟不起兵，是由于他对形势有着清醒认识。在他看来，就全国形势而言，起兵条件业已成熟，但就晋阳而言，起兵条件尚未完全具备。其中主要是：兵少，且未集中，难以成大事；炀帝的心腹王威、高君雅未除，兵权未集中，稍有不慎会坏事；李建成、李元吉护家在河东，柴绍（李渊之婿）在长安，核心力量尚属单薄，故“迁延未发”。

为确保晋阳起兵的成功，李渊抓紧时机，采取有效措施，在短时间内，使以上有碍于起兵的三个条件一一成熟。大业十三年五月，晋阳令刘文静、晋阳宫监裴寂等，一再劝李渊及早起兵，并陈述“先发制人，后发制于人”的道理。至此，李渊确信人心可用，于是断然命令刘文静诈为炀帝“敕书”，征太原、西河、雁门、马邑民，年二十以上五十以下悉为兵。恰逢这时刘武周在突厥的支持下攻占隋汾阳宫，对太原等地构成了新的威胁。这一新情况的出现，正好为李渊集中兵权、集中兵力，除掉王威和高君雅提供了极好的机会。

经过周密计划，李渊便召集诸将说：“刘武周占据汾阳宫，我等罪当族灭，如何是好！”王威、高君雅因不明真相，听后莫不恐惧，于是连忙拜请李渊拿出计策。李渊看到王、高二人已入圈套，因而接着说道：“国家用兵，皆须禀报皇上节度。可是，如今贼在数百里内的汾阳，皇上远在三千里外的江都，加之道路险要，途中亦有他贼所据，我等兵少将寡，必死无疑！现在已经进退维谷，如何办才好？”王威等回答说奏报皇上已来不及了。眼下“要在平贼，专之可也”。“专之可也”的话，正是李渊所希望的。所以王威此话一出，李渊表面上装作不得已而从的样子说：“既然这样，那就得集中兵力！”紧接着，李渊令李世民、刘文静等募兵，旬日间集中兵力近万人。但当兵力一集中，王威、高君雅等又怀疑李渊“有异志”，所以极力设法阻止起兵，并以去“晋祠祈雨”为由，准备抢先对李渊等发难。李渊得到密报，将计就计，决定乘机除掉心腹之患。五月甲子旦，李渊佯装与王威、高君雅在府中“共坐视事”，使刘文静引开阳府司马刘政会人立庭中，说有密状要报。李渊故意用目光示意王威“取状视之”。刘政会不给，并说：“所告乃副留守事，惟唐公得视之。”李渊佯装吃惊的样子，说：“怎么会有这种事？”李渊看了密状说：“王威、高君雅‘潜引突厥入寇。’”王威一听，立刻觉察到这是一个计谋，所以气得甩了甩衣袖大骂道：“此乃反者欲杀我耳！”正值此时，刘文静等一齐行动，立即执送王、高二人入狱，不久又处死二人。接着，李渊迅速平定了支持王、高二人的兵变，就这样，李渊亲自率领的晋阳起兵初获成功。与此同时，李渊又密召李建成、李元吉和柴绍赶赴晋阳，核心力量因此得以加强，为破灭群雄、建立李唐王朝在组织上、军事上创造了条件。

二、创建李唐王朝

晋阳起兵初获成功之后，李渊并未匆忙率兵南下关中创建政权，而是深谋远虑，慎重行事。

当时，雄踞北方的突厥，同刘武周等相互勾结，这成了李渊南下关中的后顾之忧。李渊为解除突厥的牵制，及时调整了同突厥的关系。大业十三年六月，根据刘文静“资其（指突厥）士马以益兵势”（《资治通鉴》卷一百八十四）的建议，李渊以“卑辞厚礼”与始毕可汗联合。始毕可汗表示：“我当不避盛暑，以兵马助之。”李渊部将因而也主张引突厥兵马助己。而李渊虽同突厥联合，但他所考虑的却较他人深远。他说：“胡骑入中国，生民之大蠹也。”正因这样，所以他联结突厥，只是想借以阻止突厥与刘武周共为自己北边之患。而为防后患，他并不打算借突厥兵来灭隋，由于李渊的坚持，经使臣多次往来交涉，最后达成了“若入长安，民众土地入唐公，金玉缯帛归突厥”的协议。这样一来，在一定程度上解除了李渊南下关中的后顾之忧。

李渊若南下关中，途中必经西河郡（治今山西汾阳市）。西河郡虽北接太原郡，但郡丞高德儒等拒不听从李渊之命。李渊认为，大事成功与否，完全取决于能否平定西河郡。因此，就派李建成、李世民和温大有等率军击西河。出征中，李建成、李世民等与士卒同甘共苦，作战时身先士卒，而士卒亦秋毫无犯，结果往返仅九天时间，就斩了高德儒，平定了西河郡，为南下关中扫除了一大障碍。至此，李渊认为“横行天下”的条件已经成熟，“遂定入关之计”（《资治通鉴》卷一百八十四）。

在李渊起兵之前，李密等早已起义于瓦岗寨了。至李渊起兵晋阳时，李密的农民起义军已发展成为称雄洛阳以东地区的强大势力。当时，李渊清楚地意识到，要争天下，唯有李密是自己的主要对手。于是，李渊为了迷惑对方，便写信给李密。李密接信，“自恃兵强，欲为盟主”，且要求李渊率步骑数千去河内，“面结盟约”。李渊为能先入关中，夺取天下，故又写信，以卑辞“骄其志”说：“天生蒸民，必有司牧，当今为牧，非子而谁？老夫年逾知命（意即五十多岁了）……复封于唐，斯荣足矣！”李渊以此计诱使李密全力同东都越王杨侗等鹬蚌相争，而自己则坐收渔人之利。

李渊在晋阳起兵前后，还以“尊隋”为策略，极力掩饰自己的真正意图，从而起到了化险为夷、化阻力为助力的显著作用。晋阳起兵时，李渊故意说调动军队须报请皇上节度，王威、高君雅二人信以为真，因此劝说李渊“专兵”。在调整同突厥的关系时，李渊声称“大举义兵，远迎主上，复与突厥和亲，如开皇之时”。此举使始毕可汗担心李渊迎回炀帝，自己反遭讨伐，故明确表示支持李渊“自为天子”。在卑辞迷惑李密时，声称“志在尊隋”，结果李密以为“天下不足定矣”。特别是起兵之初，裴寂等按李渊的授意提出尊隋炀帝“为太上皇，立代王为帝，以安隋室”的主张，南下时又“谕以尊立代王之意”，这一举措的实施，无疑博得了拥隋吏民对李渊的支持。李渊在制作旗帜时，废弃隋朝的红色旗，改用“绛白”旗，取“绛”色，以示不绝于隋；取“白”色（突厥的旗帜色为白），寓意尊崇突厥。旗帜如此改易，客观上既迷惑了突厥，又迷惑了拥隋吏民。

大业十三年七月，李渊为安定后方，委任李元吉为太原太守，留守晋阳宫，军政大权一一委之，并开仓赈济贫民，以安人心。

在一切准备就绪之后，李渊于大业十三年七月，亲率甲士三万之众，誓师晋阳，进发关中。途中攻克了霍邑，斩了宋老生；攻占永丰仓，补给了军粮急需。其间隋朝吏民纷纷归降，李渊之弟李神通、李渊之女（柴绍之妻）起兵关中以应李渊。十一月，正当李密与王世充大战于洛阳之际，李渊率兵攻陷长安，迎立代王杨侑为皇帝，遥尊炀帝为太上皇。义宁二年三月，宇文化及弑炀帝于江都；五月，杨侑禅位，李渊即皇帝位于太极殿，大赦天下，改元武德。李唐王朝正式建立。

三、为贞观治世奠基

唐朝建立之初，所面临的形势仍然十分严峻。各地农民起义，“大则跨州连郡，称帝称王，小则千百为群，攻城剽邑”；各地官吏乘衅割据，“强弱相凌”。短短数年的战乱，造成了“流血成川泽，死人如乱麻，炊者不及析骸，食者不遑易子。茫茫九土，并为麋鹿之场，悸悸黔黎，俱为蛇豕之饵”的悲惨局面。经济的破坏亦为世所少见。直至贞观年间（627—649），中原大地仍是“灌莽巨泽，苍茫千里，人烟断绝，鸡犬不闻，道路萧条”（《旧唐书·魏徵传》），华夏大地，难以找到一块乐土。

李渊面对百废待兴的局面，采取一系列有效措施，使社会日趋安定，经济不断发展。

关中是四塞以为固的战略要地，李渊定都关中后，为创造统一全国的条件，及时采取措施，稳定关中局势。入关之初，李渊对关中士庶以礼相待，招揽了大批治国人才；一一罢除炀帝的行宫园苑，并将宫女放还亲属；武德元年，诏告“义师所行之处，给复三年”；武德四年、七年和九年，三次大赦天下；又为隋炀帝父子所杀害的原太常卿高颎、上柱国贺若弼、司隶大夫薛道衡、刑部尚书宇文弢、左翊卫将军董纯、右骁卫大将李金才等一一平反昭雪，追加谥号；受迫害官吏的子孙，因牵连被流放者，一律放还乡里。此举大得民心。

李渊入关和唐朝建立，虽然标志着军事斗争已取得很大胜利，但割据各地的各种地方势力的武装，仍是李渊的劲敌。隋恭帝义宁元年，李渊命李世民为元帅进击寇掠扶风的薛举，大破之，并追击至陇坂；遣赵郡公孝恭招慰山南，所至皆下；遣刘文静等率军追击屈突通至阌乡，使其不得西入潼关；遣云阳令詹俊、武功县正李仲衮徇巴蜀亦下之。义宁二年，命李建成为东讨元帅，李世民为副，总兵七万，徇地东都，仅三月余班师长安。武德元年，李世民率军击降薛仁杲，陇右遂平。武德二年闰二月，李密旧将徐世勣以黎阳之众及河南十郡降唐；四月，李轨为其尚书安兴贵执降，河西遂平；九月，杜伏威遣使降。四年五月，王世充举东都降，至此河南平。五年七月，冯盎以南越之地来降，岭表悉定；十二月，李建成破刘黑闼于魏州，山东亦平。至武德九年，原隋朝版图，复归统一。

唐朝建立之后，李渊还逐步调整了同周围少数民族的关系。武德二年七月，西突厥叶护可汗、高昌王麴伯雅遣使前来朝贡；六年八月，吐谷浑内附；七年正月，封高丽高武为辽东郡王，百济王扶馀璋为带方郡王，新罗王金真平为乐浪郡王，唐同周边各族关系都有了改善。

李渊为了稳定社会秩序，一直重视律令的修订和施行。武德元年五月，李渊命相国府长史裴寂等修律令；六月，诏废隋《大业律令》，颁新格；九月，亲自察看囚徒罪行材料，发现有不实者多所赦免；十一月，“诏颁五十三条格，以约法缓刑”。武德七年，“颁行新律令”。武德八年二月，又亲自察看囚徒材料，多所原宥。唐初实行法制，以减缓刑罚为主要特征，这同样对稳定社会秩序起到了积极作用。

唐初还采取多种措施以恢复和发展社会经济。武德元年九月，诏置社仓和常平监，在丰年储粮，灾年赈济，防止劳动力流失，抑止兼并之风；武德四年，废五铢钱，铸行开元通宝，便利了商品经济发展；武德七年，颁行均田制，以“世业”“口分”分授农民，这一措施既把农业劳动者固着在土地上，又为王朝创造了征收赋役的条件；武德九年，颁诏整顿寺观，钦定寺观每州只保留一所，对不堪供养的僧、尼、道士等，一律罢遣，各还乡里，以增加劳动人手。

武德九年唐高祖逊位为太上皇，贞观九年病逝，享年七十一岁，谥曰“大武”。

唐太宗李世民传

一、尚武喜文　少怀壮志

隋开皇十八年十二月二十二日，李世民生于“武功之别馆”。四岁那年，一位看相的说他是“龙凤之姿，天日之表，年将二十，必能济世安民矣”（《旧唐书·太宗本纪上》），故而起名世民。

李世民的曾祖父李虎，西魏时官至太尉，因辅助宇文泰建立北周有功，名列八柱国，封唐国公。父李渊，年幼时袭唐国公，又是隋文帝独孤皇后的姨侄，历任刺史、太守、殿内少监、卫尉少卿等职。李世民的母亲窦氏，是隋神武公窦毅的女儿，其先祖源于西北少数民族讫豆陵氏。李世民就生长在这样一个关陇贵族的家庭中。由于李氏世代为将，并与西北少数民族关系密切，李世民深受尚武之风的影响，自幼喜爱骑射阵战，性情刚烈，骁勇剽悍。母亲窦氏是一个有很好文化修养的人，擅长书法，而且“工为篇章规诫，文有雅体”,(《新唐书·后妃传》)世民幼年受其母的教诲和熏陶，对其一生也有深刻影响。

大业九年（613），李世民十六岁，与长孙氏结婚。长孙氏先世源于北魏皇族，世民岳父长孙晟任右骁卫将军，是位智勇双全的人物，在对突厥的战争中屡建奇功，他十分赏识李世民，认为他日后必成大器，故而将女儿嫁给他。

李世民生长在这样的环境中，培养了良好的军事、政治素质，怀有远大志向，“玄鉴深远，临机果断，不拘小节，时人莫能测也”（《旧唐书·太宗本纪上》）。

二、晋阳起兵　胆略超群

大业十一年（615），李渊被任命为山西河东黜陟讨捕大使，前往镇压农民起义。大业十三年，又升为太原留守兼晋阳宫监。太原是北方军事重镇，兵源充足，库藏殷实，“食支十年”，还有大量的布帛、军械，因而李渊“私喜此行，以为天授”。（《大唐创业起居注》卷一）。当时，隋王朝在农民起义的打击下已分崩离析，朝不保夕，李世民看清了这个形势，便劝说李渊：“今主上无道，百姓困穷，晋阳城外皆为战场。大人若守小节，下有寇盗，上有严刑，危亡无日。不若顺民心，兴义兵，转祸为福，此天授之时也。”（《资治通鉴》卷一百八十三）李渊对李世民的建议十分赏识，他们一起制定了密谋反隋的策略，一方面暂时按兵不动，寻找最有利的时机，一方面暗中积聚力量，为起兵做好充分的准备。李世民“倾城赈施，卑身下士，逮乎鬻缯博徒，监门厮养，一技可称，一艺可取，与之抗礼，未尝亡倦。故得士庶之心，无不至者”（《大唐创业起居注》卷一）。在身边聚集了一大批可用之材。

大业十三年三月，马邑人刘武周起兵，与突厥联军向太原进逼。李世民看到这是可乘之机，便力劝李渊当机立断，李渊以为然，便以讨伐刘武周为名，命李世民等人招募兵士，“远近赴集，旬日间近万人”，很快建立起一支自己的武装力量。

李氏父子的行动引起了奉隋炀帝之命监视李渊的太原副留守王威、高君雅的怀疑，便策划在晋祠召集祈雨会，伺机诱捕李渊。这一密谋被人泄露给李渊，李渊父子果断地决定抢先下手处置了他们。与此同时，李世民带领军队控制城中要冲，迅速地占领了太原。

六月，李渊传檄诸州，自称义兵。西河郡拒不服从，李世民率军讨伐。李世民轻骑疾进，一举攻克西河，俘斩郡丞高德儒。这次战役，从出兵到凯旋，总共只用了九天时间，可谓旗开得胜。于是李渊在太原设大将军府，建三军，以李世民为敦煌公，右领军大都督，统帅右三军。

七月，李渊留四子元吉守太原，自己与长子建成、次子世民带三万大军向长安进发，准备夺取长安。隋朝派虎牙郎将宋老生率三万精兵据守霍邑（今山西霍州市），大军被阻于城北五十余里的贾胡堡。时逢阴雨连绵，粮草运输困难，又有传言说突厥要乘虚进攻太原，李渊召集众人商议对策，裴寂主张退兵回救太原，李世民则坚决反对，李渊却采纳了裴寂的意见，下令班师。看到这种情况，李世民不禁在帐外大声悲泣，李渊惊问其故，世民说："还则众散于前，而敌乘于后，死亡须臾，所以悲耳。"（《新唐书・太宗本纪》）李渊猛然醒悟。时左军已先返，急命世民追赶。半夜，世民在山谷中迷路，乃弃马步行，翻山越岭，终于追上左军，一同返回前线。

八月，天气转晴，大军进逼霍邑。李世民带领数骑至城下，举鞭指挥，似要围城。宋老生被激怒，率军出城。交战中，李世民一马当先，率轻骑直插敌阵，将隋军冲为两截，使其首尾不能相顾，溃不成军，遂于乱军中斩宋老生，攻克霍邑。

九月，大军渡黄河，进入关中。李世民率军占领长安以西地区，收编了许多小股反隋武装，部众很快发展到十三万。十一月，攻克长安。李渊立十三岁的隋代王杨侑为傀儡皇帝，自任大丞相，封唐王，以李世民为京兆尹，封秦公。第二年二月，隋炀帝在江都被杀。五月，杨侑禅位，李渊登基，正式建立唐王朝，任命李世民为尚书令，封秦王。

从太原起兵到长安建国，李世民都发挥了极为突出的作用。晋阳"首义"，李世民是重要的决策者和执行者，表现了"聪明勇决，识量过人"的才智。挺进关中，李世民则是重要的军事统帅。西河首捷，霍邑大胜，显示了他超群的胆识和杰出的军事才能。

三、东征西讨　战功显赫

唐王朝建立之初，辖区仅限于关中与山西，四周强敌环立，形势还很险恶，从武德元年到武德七年，唐王朝进行了六次大战役，终于削平群雄。李世民指挥赢得了四次战役的重大胜利，为唐王朝统一全国建立了赫赫战功。

第一次战役是讨伐薛举、薛仁杲父子。

大业十三年十二月，唐军刚占领长安，割据陇右的军阀薛举率军十万来争夺关中，兵锋已达渭水之滨。李世民领兵抗击，将薛举击败，逐出关中。武德元年六月，薛举又包围任州，前锋到达岐州。唐王朝命李世民为西讨元帅，率八总管兵迎战，双方相持于高墌城。李世民患疟疾，由刘文静、殷开山代理指挥。刘、殷轻率出战，大败，士卒死伤过半，残军退回长安。八月，薛举病死，薛仁杲又倾力进攻泾州，李世民再次奉命讨伐。到达高墌后，坚壁不战，养精蓄锐，相持了六十余天。最后薛军粮草不继，军心不稳，李世民乃下令出击。双方会战于浅水原，正在相持不下之时，李世民亲率骑兵从原北冲下，腹背夹攻，将薛军击溃，又率二千轻骑，穷追不舍，一直冲到高墌城下。薛仁杲尚有精兵万余人，但军心动摇，不敢迎战，退入城中。入夜，各路唐军继至，将城团团包围。薛仁杲见大势已去，于次日开城投降。经过这次战役，唐军夺取了陇右之地，解除了后顾之忧，得以全力东向，取得了具有更大战略意义的胜利。

第二次战役是抗击刘武周。

武德二年，割据晋北的刘武周在突厥的支持下向太原进攻，唐军接连失利。九月，齐王李元吉放弃太原逃奔长安。李渊惊惶失措，打算“弃河东之地，谨守关西”。而李世民坚决反对，上表说：“太原，王业所基，国之根本；河东殷实，京邑所资。若举而弃之，臣窃愤恨。愿假精兵三万，必能平殄武周，克复汾、晋”（《资治通鉴》卷一百八十七）。李渊采纳了李世民的意见，命其挂帅出征。十一月，大军渡过黄河，屯于柏壁，与刘武周大将宋金刚对峙，李世民采取“坚营蓄锐，以挫其锋”的战术，主力按兵不动，只派出偏师去阻截敌军粮道，乘隙进行骚扰袭击。经过长达五个月的相持，敌军粮食困乏，士气衰落，宋金刚被迫撤退，李世民乘机穷追猛打，一昼夜行军二百里，追至雀鼠谷，一日八战，俘斩万人。士卒都已饥乏，李世民与士卒同甘苦，二日不食，三天不解甲，鼓舞了士气，终于在介休彻底击溃敌军。宋金刚落荒而逃，尉迟敬德率余部八千人投降。刘武周听到消息，慌忙弃太原北投突厥，晋、汾之地全部被唐军收复。这一战，李世民巩固了唐朝在山西的根据地，解除了长安侧翼的威胁。

第三次战役是歼灭王世充、窦建德。

驻守洛阳的隋朝将领王世充在击败李密的瓦岗军后势力强大，于武德二年四月称帝，又趁刘武周南下的机会夺取了唐在河南的部分地区。武德三年七月，唐朝收复太原后，决定向东发展，消灭王世充。乃命李世民为帅，领兵五万东征。唐军分路夹击，取得一系列胜利，最后将洛阳包围。但洛阳城池坚固，守兵众多，唐军久攻不下，双方相持了八个月。王世充固守孤城，粮食渐尽，于是向窦建德求救。

窦建德占有河北、山东之地，兵马众多，本欲坐观二虎相争，又怕王世充被灭，唇亡齿寒，于是亲率十万大军援助王世充。武德四年三月，进至汜水。面对两个强敌，李世民认真分析形势，果断地做出部署，留一部分兵力围困洛阳，自己带精兵赶往武牢关阻击窦建德。双方相持月余，李世民见窦建德倚仗兵多，急于决战，遂布下诱兵之计。五月一日，下令将战马渡到黄河北岸放牧，伪装粮草已尽。窦建德果然中计，第二天命令全军出击，列阵二十余里。李世民坚壁不出，时至中午，见窦军饥渴倦怠，阵脚动摇，河北的战马也已调回，乃下令出战，以骑兵猛冲猛打，窦军全线崩溃，窦建德本人也被俘虏。王世充闻讯惊恐万分，感到已走投无路，只得投降。这次战役，李世民一举消灭两个强敌，使唐王朝基本控制了整个北方，而且据有中原这个兵家必争之地，在军事上、政治上都取得了绝对优势，这是统一战争中的一场决定性胜利。

第四次战役是镇压刘黑闼。

窦建德失败后，将士散居乡里。不久，又拥戴刘黑闼为首，起兵为窦建德报仇，很快占领了河北大片地区。武德四年十二月，李世民奉命再次东征，一路节节胜利，进至洺水，与刘黑闼夹岸相持。武德五年三月，刘黑闼渡河与唐军决战，李世民先令士兵在上游堵塞河水，两军交锋后，亲率骑兵冲击，刘军难以支持，渡河后撤，这时唐军突然放水，刘军被淹死数千人，全军溃散，刘黑闼率二百余骑投奔突厥。

在统一战争中，李世民表现了杰出的军事才能和勇毅果决的豪迈气概，建立了卓著的功勋，同时也为自己树立了赫赫声威。

四、喋血宫门夺取帝位

武德七年，唐王朝基本统一全国，统治已趋于巩固。外忧已平，内患又生，统治集团内部争夺权力的斗争逐渐激烈，矛盾的焦点就是皇位继承问题。

武德元年，李渊已立长子建成为太子。但建成没有参加晋阳首义，在统一战争中又经常留在长安，辅佐李渊处理政务，独当一面的机会较少。而李世民与父亲一起策动，之后一直东征西讨，屡建奇功，声威很高。秦王府也聚集一批人才，武有尉迟敬德、秦叔宝、程知节、侯君集等猛将，文有房玄龄、杜如晦等“十八学士”，形成了一个强有力的集团。建成知道，李世民在王位继承上对自己是一个极大的威胁，于是同齐王元吉结成一党，共同对付李世民。双方明争暗斗，势同水火。

对于儿子们之间的矛盾，李渊也是清楚的。他为了维护嫡长子继承制，不允许世民取代建成，同时又在三子之间搞平衡，以防骨肉相残。但这些做法反而使局势更加复杂。建成和世民都在暗中活动，拉拢朝廷大臣、后宫嫔妃以及地方官员，极力壮大自己的势力。李世民收买了建成手下防卫宫城玄武门的将领何常、敬君弘，而建成也想收买世民手下的尉迟敬德等人，却未成功。

到武德九年，双方的斗争已到了你死我活的地步。建成与元吉几次企图谋害李世民，李世民也在暗中密谋政变。五月，突厥入塞侵边，建成提议由元吉挂帅，元吉又要求调秦王府主要将领随军出征，企图瓦解秦王府的势力，李世民得知这一阴谋，感到形势严峻，便召集部下商议，众人都主张先发制人，除掉建成。李世民下定决心，立即部署兵马。

六月三日夜，李世民、尉迟敬德等率兵进入玄武门，设下埋伏。次日晨，建成、元吉骑马进玄武门入朝，行至临湖殿，突然发现有伏兵，便掉转马头逃出宫门，李世民引兵追赶，一箭射死建成，元吉也被尉迟敬德射死。东宫军队两千余人赶来，何常、敬君弘死守玄武门，东宫军队久攻不下，又转而去攻打秦王府。这时，尉迟敬德骑马赶到，以长枪挑着建成、元吉的首级示众，东宫、齐府的将士见大势已去，便纷纷投降了。李世民控制了局势后，便派尉迟敬德去见李渊。李渊见事已至此，只得下令诸军听从李世民的处置，这就是历史上有名的“玄武门之变”。不久，李渊下诏立李世民为皇太子，“事无大小，悉委皇太子决断，然后奏闻”。八月，李渊传位，李世民正式登极，第二年正月，改元贞观。

李世民发动玄武门之变，杀死兄、弟，逼迫父亲让位，暴露了封建专制政治的残酷无情，但我们也无须以封建伦理纲常去过于苛责他。建成虽非庸碌之辈，但才能远比不上世民。“秦王功盖天下，中外归心”，由他继位，在当时是顺应人心的。同时，李世民取代李建成，以功继位，也是对嫡长子继承制的一次革命。

五、兴利除弊　励精图治

唐太宗李世民继位后，认真吸取隋朝短命而亡的教训，广泛听取臣下的意见，采取一系列积极的措施，兴利除弊，力求由大乱达到大治。

唐太宗看到隋末丧乱，人民流离失所，生产破坏，统治凋敝，因此把恢复和发展生产作为当务之急。他下令在全国范围内认真推行均田制，鼓励流民在地广人稀之处开荒定居，使农民和土地结合起来。为了提高农民的积极性，他推行轻徭薄赋的政策，减免受灾地区的赋税，并且限制滥征劳役。他多次派遣官员巡视州县情况，劝课农桑。强调政府礼仪、狩猎、营造等活动安排在农闲之时进行，使农民不违农时，正常生产。他下令在各州县设置义仓，贮备粮食，救灾救荒。他还设置专门机构，制定专门的法律，积极兴修和管理水利设施，为农业生产创造了良好的条件。这样，数年之后，生产得到迅速的恢复和发展，粮价由每斗米一匹绢跌到四五钱。

针对隋朝刑法严酷的弊端，唐太宗主张“以宽仁治天下，而于刑法尤慎”（《新唐书·刑法志》），在《武德律》的基础上制定了《唐律》。《唐律》集历代法律之大成，审慎周详，奠定了我国封建刑法的规范。太宗不仅重视立法，而且强调依法办事。他比较注意约束自己，不随意以言代法，尊重司法机关的相对权力。他注意选挑清正耿直的人担任法官，褒奖敢于坚持法律而与他当面争论的官员，对于徇私枉法者则严加惩处。他强调审讯要注意证据，禁止严刑逼供。对于死刑尤为慎重，规定判处死刑要由大臣共同议定，并上报皇帝审核，“二日五覆奏”，以纠正冤假错案。据说，到贞观四年，全国判死刑的仅有二十九人。由于太宗注重明法执法，所以贞观年间形成“守法”之风，“官吏多自清谨”，社会秩序也比较安定。

唐太宗深知“以武功定天下，终当以文德绥海内”的道理，因而大力提倡儒家正统思想作为其治国的根本。他设立弘文馆，精选儒学之士，参与议定朝政。组织人力搜集和整理经籍图书，编撰《五经正义》，制定《大唐新礼》，修订《大唐雅乐》。他还设立史馆，编撰国史、实录、起居注，并且修成《晋书》《北齐书》等八部正史，开创了官修正史的先例。太宗十分重视学校教育，在中央设国子监，地方设州、县学，教师多为“天下名儒”，教学内容以儒家经典为主，还有律学、书学、算学等专门学科。学生除贵族、官僚子弟外，还有大量庶族地主和平民子弟。另外，边远少数民族以及日本、高丽、新罗、百济等国也纷纷派遣子弟来唐留学。贞观五年，国子监有生员三千二百六十人，留学生八千余人。学校教育之盛，自古未有。

为了更广泛地选拔人才，唐太宗在隋朝的基础上进一步健全和完善了科举制度。

六、选贤任能 虚己纳谏

唐太宗认为“为政之要，惟在得人”（《贞观政要》卷七），“为官择人，不可造次，用一君子，则君子皆至；用一小人，则小人竟进矣，”（《资治通鉴》卷一百九十四）。因而，他千方百计地网罗贤才。太宗用人的特点是任人唯贤，“内举不避亲，外举不避仇”。在他的大臣中，有亲戚高士廉、窦轨、长孙无忌；有原来的仇敌，如隋将屈突通，刘武周大将尉迟敬德，李建成的部下魏徵、薛万徹，有关陇贵族李靖、于志宁、韦挺；有出身寒素的马周、刘绚，有农民起义军将领李世勣、秦叔宝、程知节，有少数民族将领阿史那社尔、契苾何力，有奴仆出身的马三宝、钱九陇等。他对于臣下能舍短取长，委任责成，使他们人尽其才，有效地行使职权。贞观元年，中央职官两千余人，精减后仅有六百四十三人，办事效率反而大大提高。尤其值得重视的是，唐太宗对臣下能“洞然不疑”，推心待士，对诽谤、诬陷大臣者“以谗人之罪罪之”，因而大臣对他也能尽忠尽责。历代开国帝王往往诛杀功臣，而唐太宗却能“保全功臣”，除张亮、侯君集涉及“谋反”被诛外，其他功臣皆受到信任和重用，得以善终，这一点是难能可贵的。

唐太宗勇于纳谏，在历代帝王中是非常突出的。他总结隋亡的一个原因就是“臣下钳口”，皇帝“不闻其过”。因此，他特别注意倡导臣下直言忠谏，即使言辞激烈，也不加以怒责。由于他“恐人不言，导之使谏”，一再劝导臣下，“人欲自照，必须明镜，主欲知过，必藉忠臣。……公等每看事有不利于人，必须极言规谏”（《贞观政要》卷二），并且给敢于诤谏者以重赏。这样，犯颜直言，面折廷争风行一时，上至宰相御史，下至州县官吏，甚至后宫嫔妃，都有人勇于直言诤谏。谏臣中最突出的要算魏徵。魏徵性情亢直，知无不言。贞观初的几年里，所陈谏的多达两百余事，深得太宗赏识。魏徵死后，太宗悲痛地说，“今魏徵殂逝，遂亡一镜矣”。

为了从制度上保证广开言路，唐大宗进一步健全封驳制度，在兼听博采的基础上慎重决策，重要政务“皆委百司商量，宰相筹画，于事稳便，方可奏行”（《贞观政要》卷一）。同时，选拔忠正耿直之士为谏官，提高谏官的地位。宰相入阁议事，皆命谏官参与，随时提出意见。

唐太宗选贤任能，虚己纳谏，使贞观年间出现了比较开明的政治局面，这不仅是“贞观之治”的原因，也是“贞观之治”的重要内容。他所提倡的“君臣上下，各尽至公，共相切磋，以成治道”（《贞观政要》卷二）是封建时代政治思想的精华。

七、征抚相济　排除边患

唐初，北方的突厥和西边的吐谷浑是两大强敌。唐太宗即位后，积极储蓄军资，训练士卒，以便征讨。贞观三年十一月，李靖、李世勣征东突厥，俘颉利可汗，统一了大漠南北。贞观八年，李靖平服吐谷浑。贞观十三年，侯君集平定了受西突厥控制的高昌割据政权。贞观十八年平焉耆。贞观二十三年，平龟兹，基本完成了对西域的统一，重新打通了“丝绸之路”，对东西方文化交流有重大意义。

八、晚年奢纵　渐不克终

到贞观后期，唐太宗渐渐为自己的文治武功所陶醉，开始在许多方面发生变化。贞观十二年，魏徵上《谏太宗十思疏》，指出太宗“渐不克终”的十种表现，引起太宗的警惕。但到晚年，这些缺点又滋长起来。

最突出的问题是逐渐骄奢纵欲。贞观初年，太宗注意“躬行节俭”，营造宫室时尚能接受大臣的批评，不过于劳民伤财。但到后期，却接连大兴土木，修建宫室园囿，而且不许任何人提意见。这样一来，势必加重了人民的负担，为躲避繁重的徭役，许多百姓逃亡，有的甚至砍断自己的手脚。马周曾上疏说：“供官徭役，道路相继，兄去弟还，首尾不绝，远者往来五六千里，春秋冬夏，略无休时。”太宗不肯改正。

在用人和纳谏方面，太宗晚年也不如以前，喜听阿谀奉承之词，谏诤之风也就日益衰微了。魏徵死后，太宗怀疑他曾结党营私，又听说他曾将上疏进谏的底稿给别人看，一怒之下解除了将公主嫁给魏徵之子的婚约，又毁了御撰的魏徵墓碑。贞观十九年，太宗听信谗言，杀死忠直敢言的宰相刘洎。此后，朝堂上很少有人再敢于直言，太宗被臣下的歌功颂德所包围。

太宗贞观后期不如前期，但治国大政尚无显著变化，经济生产继续发展，社会秩序稳定，吏治清平，整个国家还是兴旺发达的趋势，这就为以后的“永徽之治”和开元盛世奠定了基础。贞观二十二年，太宗曾有一番自我评价：“吾居位已来，不善多矣，锦绣珠玉不绝于前，宫室台榭屡有兴修，犬马鹰隼无远不致，行游四方，供顿烦劳，此皆吾之深过，勿以为是而法之。顾我弘济苍生，其益多；肇造区夏，其功大。益多损少，故人不怨；功大过微，故业不堕；然比之尽美尽善，固多愧矣。”（《资治通鉴》卷一百九十八）这确是颇有自知之明的坦率中肯之言。

太宗晚年伐高丽失败，朝中又发生废立太子的党争，使他情绪消沉，健康不佳，逐渐听信方士的妄言，沉溺于长生不老的迷信之中，开始服食丹药。贞观二十三年五月，太宗不听大臣的劝告，服食天竺僧炼制的丹药，中毒得暴疾而亡，享年五十二岁，死后葬于昭陵。

长孙无忌传

一、辅佐秦王　筹略政务

长孙无忌与秦王李世民自幼相结，无忌之妹又为李世民之妻，故此，无忌为李世民心腹智囊。无忌佐李世民夺嫡登基，又辅政“贞观之治”，在兴唐事业中做出了不可磨灭的贡献。

在封建社会，嫡长子继承是天经地义的。李渊长子李建成由李渊确立为太子，在建唐过程中也立有功劳，又未有失德之行，深得李渊信任。秦王李世民征战四方，甚得人和，声誉贯天下，不甘为人臣。但嫡庶已分，他要通过正常途径是无缘成为九五之尊的，只能通过非常之变来夺取。唐高祖武德九年的玄武门之变，长孙无忌为谋划中坚。

玄武门之变后，李世民由秦王而为皇太子，两个月后便登上了皇帝宝座。次年改元贞观，唐王朝开启了“贞观之治”新纪元。唐太宗按功行赏发动政变的主要人物，长孙无忌“以功第一”，升为吏部尚书，并进封齐国公。后来唐太宗追忆此事，还抚然叹息说，“所与共艰难，赖无忌以免”，并为之作《威凤赋》。唐太宗临死时还对褚遂良说：“我有天下，无忌力也。”（《新唐书·长孙无忌传》）

隋唐之际，北方突厥强盛，是一大边患。西方的吐谷浑和吐蕃也时常扰边。

唐太宗在军事征剿的同时，采用比较开明的羁縻政策，获得了安边的效果。在周边民族地区，唐设羁縻府、州、县，由中央任命少数民族上层人士担任官员，贡赋基本自行支配，内部事务也按原来的传统习俗处理。这种特殊的行政建置，既使少数民族有一定限度的“自治”，又保证了中央对这些地区的统治。

为了加强同少数民族地区的联系，太宗采取了“和柔”政策，先后以皇妹衡阳公主妻突厥处罗可汗之子阿史那社尔、以弘化公主妻吐谷浑诺曷钵可汗、以文成公主妻吐蕃赞普弃宗弄赞。此外，还将宗室女嫁给一些在中央供职的少数民族贵族将领。通过联姻这种特殊的政治行为，有利于消除民族隔阂，加强经济文化交流，在历史上起了进步作用。尤其是文成公主进藏，被传为千古佳话。

太宗先世与少数民族关系密切，他本人对少数民族了解较多，歧视、猜忌的心理较少，因而对少数民族能够采取“绥之以德”的方针，注意缓和民族矛盾，因而取得了少数民族的好感，被尊为“天可汗”。

唐太宗对周边民族的怀柔政策，得力于长孙无忌的谋划。

长孙无忌与太宗是布衣之交，又是功臣元勋，再加上他是当朝皇后的兄长，在文武大臣中地位最高。即使如此，他还是能做到严于律己，不贪图高位。当唐太宗决定由长孙无忌任左武候大将军、吏部尚书、尚书右仆射时，按他的资历和才能，应该说是受之无愧。对此长孙无忌“自惧贵且亢”，坚决辞去尚书右仆射之职，只接受了开府仪同三司之职。开府仪同三司虽为一品，但只是散官。长孙无忌不居功擅权，他带的这个头，对贞观年间的政风影响颇大。

贞观十一年唐太宗问萧瑀，何以能长保天下。萧瑀答以推行封建之制，如周之封诸侯。这是一个倒退的错误主张，但却为唐太宗赞赏。六月，唐太宗下诏让长孙无忌等十四位功臣任刺史，并令其子孙世袭。太宗认为，“刺史，古诸侯，虽名不同，而监统一也”。其中长孙无忌被任命为赵州刺史，并为赵国公。长孙无忌不便直谏，他于是故意“谬出怨言”，以激怒皇帝。接着他又委婉地说：“群臣披荆棘，事陛下。今四海混一，诚不愿违远左右，而使世牧外州，与迁徙等。”（《新唐书·长孙无忌传》）他将不愿做刺史巧妙地与重内官轻外职联系在一起。在文武大臣中，功勋盖世的长孙无忌都无意世袭刺史，至于其他人，当然只好作罢。太宗的主张受到了有力的抵制，他只好接受长孙无忌的建议而收回成命。如果唐太宗裂土封疆，这一错误主张得以施行，必然会重演汉代吴楚“七国之乱”和西晋“八王之乱”的悲剧，社会安定就会遭到严重破坏，中央权力一定会受到削弱。

二、太宗遗诏　无忌辅政

在专制制度下，太子的选立是至关重要的，因为这关系到"家天下"能否维持下去。唐太宗是历史上著名的君主，但也免不了在太子废立上举棋不定，掀起了一次又一次的风波。在太子废立、辅佐新皇帝等活动中，长孙无忌都因其特殊的身份而发挥着特殊的作用。

唐太宗共有十四个儿子，其中长孙皇后所生的是长子李承乾、四子李泰和九子李治。贞观年间骇人听闻的太子废立角逐，就在这三者之间展开了。

武德九年八月，李世民作为玄武门之变的胜利者而登上了皇帝宝座，十月他就下诏立年仅八岁的嫡长子李承乾为太子。太子年少却"性聪敏"，深得太宗的欢心。随着他深居九重，养尊处优，成年后生活上"好声色，慢游无度"（《旧唐书·恒山王承乾传》），政治上"不循法度"（《旧唐书·孔颖达传》）。这样，长孙无忌在唐太宗面前便提出了李承乾能否继位的尖锐问题。就在李承乾失宠的同时，唐太宗对魏王李泰的宠爱却与日俱增。对此，李泰真有点急不可耐，他紧锣密鼓地采取行动以取代太子。但是，李承乾也并没有放弃活动，他甚至想起了其父皇李世民夺得皇位的拿手戏——发动宫廷政变。这时唐太宗还没有明确表态，大臣们很难摸透皇帝的真正意图；而宫闱内部的斗争犹如捉迷藏，谁也不能摸清事态发展的真实趋向，结局对于每一方来说都是一个未知数。为了先发制人，立于不败之地，李承乾加紧策划宫廷政变。但到贞观十七年四月，此事就已完全败露，太宗只好把李承乾废为庶人，处斩了其他参与宫廷政变的人。一场由太子李承乾策划的未遂政变就这样夭折了。

太子李承乾被废为庶人，对于李泰来说是梦寐以求的事。然而他万万没有想到，父皇却由此改变了立他为太子的打算。因为李承乾与李泰之间的矛盾已经到了水火不相容的地步，若由李泰继承皇位，李承乾的性命也难保全。这正是太宗内心痛苦之处，难怪他对褚遂良谈论此事时涕泗交下。玄武门之变时，唐太宗不仅杀兄戮弟，而且处死了建成、元吉的诸子十人。这幕惨剧对于太宗来说记忆犹新，他深知若这次立太子之事处理不当，必然会重演喋血宫门的事件，并且会祸及皇子皇孙。唐太宗对臣下说，"泰立，承乾、晋王皆不存；晋王立，泰共承乾可无恙也"（《旧唐书·濮王泰传》）。出于无奈，唐太宗只好对李承乾与李泰采取两弃的态度，最后决定改立第九子李治为太子。

一天，唐太宗召见罢文武大臣，留下长孙无忌、房玄龄和李世勣三人。太宗说："我的三个亲生儿子原来都是如此，我还有什么要说呢？"话音一落，太宗便躺在胡床上，抽出佩刀要自刺。长孙无忌等惊惧万分，争先恐后地前去扶抱，并从太宗手里夺回佩刀。长孙无忌问皇帝有何心事，他说，"'我欲立晋王'。无忌曰：'谨奉诏。有异议者，臣请斩之。'太宗谓晋王曰：'汝舅许汝，宜拜谢'。晋王因下拜"（《旧唐书·长孙无忌传》）。由此可见，太宗择嗣未定、犹豫不决的矛盾心理多么复杂，同时他将皇储看得如此重要。至于说他一改当朝天子的风度而在大臣面前自寻短见的表演，主要是为了在这一问题上得到长孙无忌、房玄龄、李世勣的支持。晋王李治就这样戏剧性地被立为太子。为了防止前太子李承乾的悲剧重演，唐太宗还特意任长孙无忌为太子太师、同中书门下三品，除处理朝政外，还具体负责对太子的培养。

贞观二十三年五月，五十二岁的一代英主唐太宗溘然长逝。唐太宗生前最关心的是李唐天下的安危，而这最关键的是即将代替自己的太子。太宗在弥留之际，将长孙无忌召到卧榻前，君臣悲不自胜，竟到了难以言语的程度。第二天，长孙无忌与褚遂良前来受遗诏。唐太宗讲了三件事：一是对长孙无忌、褚遂良说，"朕今悉以后事付公辈。太子仁孝，公辈所知，善辅导之"，要求长孙无忌、褚遂良辅佐李治，并以他二人为顾命大臣；二是对太子李治说，"无忌、遂良在，汝勿忧天下"（《资治通鉴》卷一百九十九），要让太子执政后相信依靠长孙无忌和褚遂良；三是对褚遂良说："我有天下，无忌力也。尔辅政，勿令谗毁者害之。"（《新唐书·长孙无忌传》）就是要对长孙无忌做特殊保护，以保证关陇集团的核心力量。褚遂良遵旨起草遗诏，遗诏写成，太宗便与世长辞了。

对于父皇的去世，太子李治悲不欲生。长孙无忌见状说："现在国家安危系于你一身，应立即准备即位。"于是对外秘不发丧，在长孙无忌的主持下，太子李治即位，这就是唐高宗。

三、取精用宏　疏议唐律

长孙无忌是我国古代著名的法律专家，《唐律疏议》就是在他的主持下完成的。《唐律疏议》不仅丰富了唐代的法律内容，而且对以后的历史影响深远，其影响远远超出了国界。

李渊建唐后，立即让刘文静等人"因开皇律令而损益之"，制定了《武德律》。据《唐六典》记载，《武德律》基本上是抄袭隋文帝时的《开皇律》而成，其间虽有所损益，但改进不大。李世民夺取皇位后，命令长孙无忌等着手起草《贞观律》。长孙无忌在制定新法律时，是根据唐太宗“务在宽简”（《贞观政要》卷八）的精神来从事的，所以能做到“意在宽平”（《大唐新语》卷一）。唐太宗以史为镜，吸取了隋文帝“不悦儒术，专尚刑名”、隋炀帝“法令滋章，教绝四维”的反面教训，提出了“威惠并驰，刚柔两用”的政治统治原则。由长孙无忌主持制定、修改的《贞观律》，就是唐太宗这一统治原则的法律体现。

长孙无忌主持制定的《贞观律》，尽管沿用《武德律》中的十二个篇名，但在内容上却有比较大的变化。《贞观律》删去了武德以来的敕格三千余件，“定留七百条，以为格十八卷，留本司施行”（《旧唐书·刑法志》）。长孙无忌等人“更定律、令、格、式，讫太宗世，用之无所变改”（《新唐书 · 刑法志》）。长孙无忌为修定唐律中的律、令、格、式起了重要作用。“律以正刑定罪，令以设范立制，格以禁违止邪，式以轨物程事”（《唐六典》卷六）。封建法律已经相当规范化了，这反映了封建法律已达到了成熟阶段。

高宗即位，令长孙无忌根据形势变化的需要主持修改《贞观律》，这就是今天还能看到的《永徽律》。《永徽律》只是对《贞观律》做了一些调整，基本保持了《贞观律》的原貌。长孙无忌等人的贡献，主要在于解决了律文在执行过程中产生的解释无凭、“触涂睽误”，以及科举考试科目之一——明法科考生的答案标准。永徽三年高宗曾下诏：“律学未有定疏，每年所举明法遂无准凭。宜广召解律人条义疏奏闻，仍使中书门下监定。”（《册府元龟》卷六百一十二）这就是对《永徽律》作以疏议的缘由，即由中央王朝对法律条文作权威性的解释，以作为执行法律条文和明法考生答题的依据。

为了使对法律条文的解释带有绝对权威，高宗让长孙无忌亲自组织李世勣、于志宁、唐临、段宝玄、刘燕客、贾敏行等人组成庞大的阵容，专门从事了一年多的工作。全书共三十卷，以律文为经，按照《永徽律》十二篇的顺序，对五百零二条律文逐条逐句作了诠释，并且附带设置问答，辨析疑难。永徽四年十月，经过长孙无忌的精心组织与以他为首的法学专家的共同努力，该书全部完成，并由高宗下令在全国范围内实施。从此以后，对法律的解释权归属中央，并使“疏议”与法律正文有了同样的法律效力。由于这次的组织者长孙无忌具有非凡的法律才学、制定法律的经验与卓越见识，在《唐律疏议》中，除了按体例解释律文外，还根据唐代以前的封建法律理论，叙述其渊源，发挥其微义，补充其欠缺，大大丰富了律文的内容，并且确实增加了唐律的实用性，“自是断狱者皆引疏分析之”(《旧唐书·刑法志》)。这样,《唐律疏议》的实践结果远远超出了长孙无忌等编撰者原来的目的，它不仅是唐律的权威注释本，而且成了与唐律并行的唐代的国家法典之一。

总之，长孙无忌在组织编纂《唐律疏议》时取精用宏，完善和丰富了封建法律，这对于巩固专制主义中央集权具有重要意义，同时它对于官吏在执行过程中的徇私舞弊也有一定的限制。《唐律疏议》与六世纪前期东罗马帝国所编纂的《罗马法大全》东西遥相辉映，成为人类法律史上的杰作。

四、女主得志　国舅贬逐

唐高宗即位后，长孙无忌悉心辅政，以天下安危自任。高宗对于这位开国元勋、舅父、顾命大臣也是十分尊重和放心的，能做到言必听计必从。君臣间的同心协力治政，使得永徽之初政通人和，正如史书上说的，“无忌与遂良悉心奉国，以天下安危自任，故永徽之政有贞观风”。但好景不长，由于武则天的崛起，打破了元老功臣辅政的宁静政治局面，一场激烈的斗争围绕皇后的废立而展开。

高宗即位不久就有废黜王皇后而改立武则天的想法，但遭到了文武大臣的普遍反对。十分精明的武则天意识到问题的关键是要打通长孙无忌的关节。她曾陪同皇帝一道屈尊拜访国舅，封官、厚赏无所不用。高宗再三向这位国舅爷陈述理由：皇后无嗣，武昭仪有子，不孝之罪莫过于无嗣，应行废立之事。对此，长孙无忌采取回避的态度，答非所问，不时将话题引开。高宗、武则天怏怏而去。长孙无忌反对废立皇后的理由有三个：一是王皇后由太宗做主成的婚，先帝有遗命：“朕佳儿佳妇，今以付卿。”以受托孤的元臣身份的长孙无忌，只能是断然反对易皇后；二是改立武则天为皇后，对于高宗来说名不正言不顺。武则天本是太宗的才人，而从辈分来说将先帝的才人立为自己的皇后，必然会贻笑后世，褚遂良甚至当着高宗和武则天的面说：“武氏经事先帝，众所具知，天下耳目，安可蔽也。”三是唐代前期社会十分看重门望，“陛下必欲易皇后，伏请妙择天下令族，何必武氏”。这是望族遗老的普遍看法，也是阻止立武则天为皇后的最有力的理由。

尽管如此，武则天还是对长孙无忌抱着一线希望，她后来又让其生母杨氏到长孙无忌府上“屡有祈请”，虽然到了低三下四的程度，但还是没有打动这位国舅爷的心。武则天又派心腹许敬宗前去说情。对自不量力的许氏，长孙无忌就毫不客气地“厉色折之”了。

武则天再三争取长孙无忌支持的努力没有奏效，这时她才如梦方醒，以自己的经历和门第，是不可能得到望族遗老们的支持的。于是她改变了斗争策略，下决心将与长孙无忌为代表的世族集团的决斗提到议事日程上来。

高宗立武则天为皇后的决心早已下定，而以长孙无忌为代表的大臣则死不让步，双方陷入了僵局。在这种情况下，兵权在握的李世勣的态度对于双方都显得很重要。那么，李世勣是如何想的呢？早在高宗、武则天与长孙无忌、褚遂良摊牌时，本来就与长孙无忌有矛盾的李世勣对此不感兴趣，称病打道回府了。在双方僵持不下时，高宗征求李世勣的意见，李世勣说：“此陛下家事，何必更问外人！”（《资治通鉴》卷一百九十九）。这种貌似中立的态度使高宗吃下了定心丸，“上意遂决”，高宗决意要我行我素了。

永徽六年九月，褚遂良因坚决反对废王皇后，被贬为潭州都督，长孙无忌集团的失败已成定局，武则天向皇后宝座大大迈进了一步。十月，高宗下诏废黜王皇后，莫须有的罪名是历史上惯用的“谋行鸩毒”。其后不过六天时间，太宗便下诏立武则天为皇后。在举行册封皇后礼时，高宗干脆请来司空李世勣主持盛典。太宗立高宗为太子、高宗登位的大典，都是由德高望重的长孙无忌主持的，而册封武后的仪式不许长孙无忌参加，这是武后集团要彻底击败关陇集团的一个信号。

武则天被堂而皇之地立为皇后，这对于高宗来说可谓如愿以偿，但对于武则天来说目的远远没有达到，她盯住的是至高无上的皇帝宝座。由于她执着于这一目的，不得不进一步将自己置身政治斗争的旋涡中心。武则天清醒地认识到，褚遂良被贬并没有从根本上改变勋戚贵族把持朝政的格局，这是她走向权力金字塔顶的最大障碍。于是她先发制人，一场用铁腕手段清洗以长孙无忌为代表的先帝贵族集团的斗争开始了。

武则天要撼倒长孙无忌这棵大树并非易事，单凭他跟随太宗南征北战、策划玄武门之变，成为开国元勋、顾命大臣、皇亲国舅，就使武则天十分棘手。但是武则天也有除掉长孙无忌的有利因素，这就是高宗并不甘心受制于太宗老臣，他有摆脱长孙无忌集团控挟的欲望。武则天终于找到了与高宗的共同点。武则天在这场斗争中很讲究策略，在她收拾长孙无忌之前，先向其集团的另外几个关键人物下手。

显庆二年，满面春风的皇后武则天授意许敬宗、李义府首先向韩瑗、来济发难，以报他们当初曾面折廷争阻止武则天进封之仇。许、李诬奏韩瑗、来济与褚遂良共同图谋不轨，他们在安排褚遂良由潭州都督改任桂州都督时，企图里应外合，因桂州历来是兵家用武之地。高宗也不问青红皂白，遂将韩、来二人贬逐到振州、合州（治今重庆合川区）为刺史，并且“终身不听朝觐”。因此，受案的牵连，褚遂良又被贬逐到更远的爱州。褚遂良经不起如此打击，心情沮丧，第二年就死于爱州。

褚遂良、韩瑗、来济等人的被清洗，意味着已剪除了长孙无忌的主要羽翼。显庆四年（659）春，许敬宗秉承武后之意，精心虚构了一桩朋党案，捕风捉影地把长孙无忌牵扯进去了。

事情的原委是：高宗曾下令许敬宗审讯太子洗马韦季方和监察御史李巢等官员的朋党事件。在逼供过程中，韦季方难以忍受皮肉之苦，自杀未遂。许敬宗就此进一步借题发挥，说韦氏他们与长孙无忌谋反，因事情败露而畏罪自杀。对此，高宗不屑一顾，他不会相信自己的舅父会谋反的。许敬宗却说：长孙无忌与先帝共同打天下，又曾当宰相达三十年之久，在文武大臣中很有威望，百姓对他很敬畏。长孙无忌是很有感召力的人物，如果他知道了谋反一事已败露，必然会起来行事，这对国家是很危险的。高宗还是不相信会真有其事，只是顺口说让许敬宗重新调查吧。第二天，许氏干脆编造出了韦季方的供词：“韩瑗尝语无忌云，‘柳奭、褚遂良劝立梁王为太子，今梁王既废，上亦疑公，故出高履行于外’。自此无忌忧恐，渐为自安之计。后见长孙祥又出，韩瑗得罪，日夜与季方等谋反。”（《资治通鉴》卷二百）将长孙无忌要谋反的原因及过程编造得活灵活现。尽管如此，高宗还是有所顾虑：“我决不忍处分与罪，后代良史道我不能和其亲戚，使至于此。”高宗虽然感到这有碍于亲戚情面，但实际上已经将长孙无忌谋反一事默认了。许敬宗见状后乘机发起攻势，用“当断不断，反受其乱，大机之事，间不容发”之类的刺激语言，要求皇帝立即对长孙无忌下手，切不可犹豫不决。在这种情况下，高宗狠下心削免长孙无忌的官爵，流放到黔州，并立即发兵遣送。因为这一案而受株连的还有长孙无忌的从弟长孙知仁、族弟长孙恩、儿子驸马都尉长孙冲、族子驸马都尉长孙铨、长孙祥等二十余人。

高宗对于长孙无忌一案已经以“谋反罪”定了性，但长孙氏毕竟不是一般的罪犯，为了表示对这位开国大臣、国舅大人的优遇，特准许按一品官供给饮食：每天白米二升，油五升，炭十斤；每月羊二十只，猪肉六十斤，鱼三十条，酒九斗。

同年七月，许敬宗暗中派遣同党袁公瑜前往黔州，逼令长孙无忌自缢而死。这样，以长孙无忌为代表的望族遗老集团被武则天集团彻底摧毁了，“自是政归中宫”，武则天成了实际的皇帝。

魏徵传

一、投笔从戎　归附唐朝

义宁元年，武阳郡丞元宝藏起兵响应李密反隋，将魏政召来典掌书记。李密每次读到元宝藏的上疏，总是十分赞赏，后知是出于魏徵之手，便立即命人将魏徵召到军中，任命他为元帅府文学参军。魏徵曾十次向李密献计，表现了他的“奇谋深策”，但终不被李密采纳。

武德元年九月，李密率瓦岗军准备在偃师与王世充决战，魏徵知道后十分忧虑，便劝说长史郑颋：“魏公（李密时为魏国公）虽然新近打了胜仗，但骁将锐卒阵亡的很多，战士们都非常疲惫，无心再战。世充目前军中正缺粮，志在死战。因此，现在与世充战难以取胜，不如深沟高垒抗拒之，不出几十天，世充粮尽，必然会撤兵，到那时，再乘机出兵追击，定然会获得全胜。”对此，郑颋却不以为然，认为这是“老生常谈”，不予理睬。后李密轻率出战，果然大败，不得已向唐朝投降，魏徵也跟随到了长安。

魏徵归唐后，很长时间未被任用，便向朝廷请求到河南、河北地区去招降瓦岗军旧部。李渊同意，并授予秘书丞之职。魏徵赶到黎阳，劝说徐世勣，使他归顺了唐朝，并运送黎阳仓的粮食供应唐军。武德二年十月，窦建德攻占黎阳，俘获魏徵，任命为起居舍人。武德四年，李世民攻败窦建德，魏徵又归于唐朝。

二、先事建成　后辅秦王

魏徵回到长安，太子李建成久闻其名，将他召到东宫，委以官职，并引为亲信。魏徵在太子建成手下做官，积极为太子出谋划策，以对付秦王李世民。

当时，太子李建成与秦王李世民的矛盾日益尖锐。李世民屡建战功，声望日隆，对太子的地位构成严重威胁。魏徵看到这种形势，便常常劝李建成及早采取措施，以除后患。武德五年十一月，刘黑闼在河北起兵反唐，魏徵认为这是建成创立军功、巩固地位的好机会，便献策说："秦王功劳极大，天下人心归向，您常年居住于东宫，无大功可以镇服众人。刘黑闼只是些败亡之余，兵不满一万，物资粮食都很缺乏，此时如以大军压境，打垮刘军如摧枯拉朽般容易。所以，您应乘此良机，亲自率大军出击，既可建功立名，又能结纳山东豪杰，这样一来，您太子的地位也就平安稳固了。"建成接受了他的建议，向李渊请求挂帅出征，很快平定了刘黑闼，并且根据魏徵的谋划，在河北延揽人才，积极培植地方势力。

武德九年六月，李世民发动玄武门之变，杀死太子建成和齐王元吉。东宫、齐府党羽纷纷逃亡，而魏徵却十分镇静。李世民把魏徵召来责问道："你为什么要离间我们弟兄呢？"魏徵从容回答道："太子若听我的话，绝不会有今日之祸。"李世民本来就知道魏徵的才能，又见他临危不惧，更加器重他，便立即赦免他，封为詹事主簿，不久又提拔为谏议大夫。

李世民刚即位的时候，河北很不安定，因为李建成在那里的势力很大。唐太宗就派魏徵前去安抚，允许他有权根据实际情况自行灵活处理问题。魏徵到了磁州，看到李建成和李元吉手下的官员各一名，正被押往京师长安。魏徵对自己的副手说："我们出发的时候，朝廷已经宣布赦免李建成和李元吉手下的官员。现在他们手下的人却又被押往长安。这样河北的人一定不相信朝廷，我们去也无法安抚。"于是他做主把这两个官员放了。河北的人看到朝廷赦免建成党羽的话是真的，消除了顾虑，那里很快安定了。唐太宗知道此事后十分高兴，对魏徵更加信任。

三、纵论政理　以成治道

唐太宗即位之初，全国虽已统一，但多年战乱，人民流离失所，田园荒芜，经济萧条，百废待兴。究竟应采取什么方针来治理国家，大臣们众说纷纭，太宗虽有励精图治的雄心，但也感到困难重重，对唐初实现"致治"缺乏信心，不禁发出"今大乱之后，其难治乎"的慨叹。唯独魏徵却满怀信心地认为大乱之后可以大治，他说："长期处于安定环境中的百姓容易养成骄横安逸的习性，骄横安逸则难以教化；经过丧乱的百姓饱尝了忧愁和痛苦，饱尝忧愁和痛苦的百姓则容易接受教化。譬如饥饿的人对食物的要求容易满足，口渴的人对水的要求也容易满足。如果现在让圣贤学者施行教化，上下同心协力，百姓自然会纷起响应，这样用不了多长时间，天下就会实现大治。”可是，大臣封德彝却不以为然，他引证历史，说什么夏、商、周三代以后，人心渐渐地浇薄，所以秦朝专用法律，汉朝杂用霸道，它们是想教化而不能，不是能教化而不想，甚至当着唐太宗的面厉声指责：“魏徵书生，不识时务，若信其虚论，必败乱国家。”魏徵也不客气，他援古引今，考之史籍，反复说明乱后致“太平”的诸多事例，强调：“如果说三代以后的百姓人心越来越浇薄，不如从前纯朴，那么，发展到今天，百姓早应都变成了鬼魅，怎么还能得到百姓而谈什么教化？”驳得封德彝哑口无言。魏徵对大乱之后人心思治的历史趋势的精辟分析，使太宗深为赏识，太宗毅然摈弃了封德彝的陈腐论调，采纳了魏徵的建议，做出了“大治”天下的决策。

此后，太宗对魏徵越来越器重和信任，常常把他引入卧室内长谈，并封为秘书监，得以参与朝政。魏徵也非常高兴遇到了知己之主，便尽力施展自己的才能，知无不言，提出了许多重要的施政方略。他主张以静抚民，休养生息，躬行节俭，爱惜民力；提醒太宗“兼听则明，偏信则暗”，应广开言路，听取臣下的意见；对少数民族问题，他认为应“偃武修文，中国既安，四夷自服”。短短几年内，魏徵就提出了两百余条建议，大多为太宗所采纳。

由于太宗与魏徵等群臣励精图治，到贞观四年，社会经济得到恢复发展，“华夏安宁，远戎宾服”，已初步出现了大治的局面。太宗对此十分高兴，不禁想起魏徵的远见卓识，对群臣赞扬道：“使我遂至于此，皆魏徵之力也。”这时封德彝已死，故而太宗又说：“惜不令封德彝见之。”

四、犯颜正谏　一代良臣

魏徵自贞观之初参与朝政，一直是决策集团的重要成员。为报答太宗不念“昔仇”，委以要职的知遇之恩，他竭尽全力为朝廷效力，对朝政的得失，总是知无不言，言无不尽，哪怕引起太宗的恼怒，也决不逢迎谄谀，因而成为贞观时期以至中国历史上最著名的谏诤之臣之一。

武德九年八月，唐太宗诏免关东赋税一年。“老幼相欢，或歌且舞。”不久又变卦，使百姓大失所望。正在宣慰山东的魏徵立即上书，指出：“您刚即大位，百姓欢欣称颂您的恩德，在这种情况下，初次发令便随意改变，使百姓产生怀疑和对您的不信任，即使是国家处于危难关头都不能这样干，何况现在是太平的时候，更没有必要朝令暮改。给您出这种主意的人只是看到了给国家增加一点点收入，却没有想到这样做的结果会在道德信义上带来极大的损失。”魏徵的尖锐批评深深触动了太宗。

同年十二月，唐太宗接受宰相封德彝的意见，下令中男（十六岁以上、十八岁以下者）虽不到当兵年龄，但个儿大、身体壮的，也可以点他们为兵。魏徵坚持认为不可，引得太宗大发脾气，他仍从容地说：“竭泽而渔，虽暂时有鱼吃，但以后就无鱼可捕；毁林打猎，虽一时可得不少猎物，但将来永远打不到野兽了。如果叫中男都去当兵，那么租调徭役由谁去负担呢？况且兵不在多，全在统率得当，何必拿年幼的人去凑数呢？而且，陛下经常说‘我以诚信待天下’。可是，您当皇帝没有多久，已经几次失信于民了。”接着他指出：“您即位时下诏说，过去欠国家的税物，一律免除。陛下是由秦王升为天子的，欠秦王府的税物，理应予以免除。但是，现在却仍然在催交。这是一。您的诏书还说，‘关中免两年租调，关外免一年徭役’。有人已经在把百姓交纳的租调散还给他们了，您又下诏书说，‘已经服役、已经交纳过租调的，从明年开始免除’。这是二。现在不仅不免除，又要点兵，这是以诚待天下吗？”唐太宗高兴地说：“原来我以为您太固执，不通达政事，现在听您议论国家大体，真是精到透辟，我的过错深了！”他不仅接受了魏徵的意见，并且奖给他一个金瓮。

贞观三年，濮州刺史庞相寿因贪污被解职，此人原是秦王府旧部，便向李世民求情。李世民心一软，准备让他复职。魏徵知道后谏曰：“秦王左右，中外甚多，恐人人恃恩私，足使为善者惧。”（《资治通鉴》卷一百九十三），李世民认为魏徵所言甚为有理，便对庞相寿安慰一番，打发他回家去了。

贞观八年十二月，唐太宗得悉隋朝通事舍人郑仁基有一个“容色绝殊，当时莫及”的年轻貌美的女儿，动了占有之心，于是下诏聘郑女作为充华女官。魏徵闻知郑女曾被许配书生陆爽，如果强聘入宫，无异于拆散郑女的美好姻缘。他乘册封使者未行之机马上进谏，具告原委。唐太宗得知，十分难堪，只得下诏自责，命令停发册使，收回成命。然而房玄龄等大臣揣测唐太宗意犹未尽，于是上疏迎合，借口“大礼既行，不可中止”。陆爽在官方压力下，只得违背心愿上表否认这个婚约。唐太宗居然又动起脑筋来，他故意询问魏徵：“陆爽为什么自言无有婚约？”魏徵回答道：“因为您虽然公开答应放掉她，但暗中会报复加害于他，所以不得不这样做。”太宗认为魏徵之言甚有道理，终于未聘郑氏之女。

这一年，中牟县丞皇甫德参上书，对朝政提出批评，认为“修洛阳宫，劳人；收地租，厚敛；俗好高髻，盖宫中所化”。太宗大怒，对大臣们说：“德参欲国家不役一人，不收斗租，宫人皆无发，乃可其意邪？”要以诽谤罪处治他。魏徵谏曰：“贾谊当汉文帝时上书，云：‘可为哭者一，可为流涕者二。’自古上书不激切，不能动人主之心，所谓狂夫之言，圣人择焉，唯陛下裁察！”（《资治通鉴》卷一百九十四）。太宗被魏徵之言所触动，说：“朕罪斯人，则谁敢复言？”于是不再怪罪皇甫德参。一次，唐太宗外出巡游，驻在洛阳显仁宫，因为供奉稍差，便对供奉官员大加斥责。魏徵谏道：“陛下因为供奉不好而斥责官员，开了这个风气，以后恐怕要弄到民不聊生。以前隋炀帝出巡时，让各地比着进献精美食品，并据此给予赏罚，闹得天下大乱，众叛亲离，这是您亲眼看到的，为什么还要学这一套呢？”唐太宗听后马上说：“不是您，我听不到这样的话。”

贞观六年，文武官员再次请唐太宗封禅，就是到泰山去祭告天地，表示不负上天之所望，国家治理得不错。魏徵反对封禅，他说唐太宗“功劳虽高，但还不到百姓感恩的地步，虽然连年丰收，但仓库仍然空虚，现在天下只是粗定稍安，怎么能向天地报告功业成就呢？兴师动众，远行千里去封禅，必然闹得财竭民劳。要是再遇到水旱风雨之灾，那时后悔就来不及了。”经魏徵这么一分析，封禅之议才算停止。

到贞观后期，天下大治，国力强盛，太宗渐生骄怠纵奢之心。对此，魏徵连连上疏予以劝诫。贞观十一年，他四次上《论时政疏》，批评太宗“虽有善始之勤，未睹克终之美”。贞观十三年他又上著名的《谏太宗十思疏》，专门论述太宗不能善始善终，政治不如贞观初年。这封奏疏一共列出十个方面，指出唐太宗说得比圣人还好，做得却不如中等君主；奢侈纵欲，随便派百姓服劳役；疏远君子，亲近小人；用人随自己的好恶，不能举贤任能；心傲志满，喜欢游乐，不专心治国，等等。太宗看后被深深触动，惭愧地对魏徵说：“朕今闻过矣，愿改之，以终善道。”并把这篇上疏抄写于屏风之上，常常观看，引以为戒。

由于魏徵敢于直谏，凡是他认为不对的事都要提出批评，太宗也摸透了他的脾气。一次，有人进贡一只鹞，太宗很是喜爱，架在臂上把玩，正巧魏徵进来奏事，太宗怕他见到又要提出批评，便赶紧把鹞藏到怀中。其实魏徵已经看在眼里，就故意唠唠叨叨地说个没完。太宗始终不敢把鹞取出来，结果鹞子被闷死在怀中。

魏徵在朝堂上常常对太宗的旨意持不同见解，据理力争，义正词严，弄得太宗下不了台。一次，太宗退朝回到后廷，气呼呼地骂道："会须杀此田舍翁。"长孙皇后问他对谁发怒，太宗说："魏徵每廷辱我。"皇后听罢便回房换上朝服，恭恭敬敬立于庭中。太宗一见十分吃惊，忙问为何如此，皇后答道："妾闻主明臣直，今魏徵直，由陛下明之故也。妾敢不贺。"听皇后这么一说，太宗也就转忧为喜了。

贞观十七年正月，魏徵因病逝世，终年六十四岁。太宗命九品以上官员百人都参加葬礼，并命以一品官的仪仗送葬。魏徵妻子裴氏说："徵平生俭素，今葬以一品羽仗，非亡者之志。"坚辞不受，以布车载灵柩而葬。送葬时，太宗登上宫城西楼，痛哭不已。他十分怀念魏徵，对侍臣说："人以铜为镜，可以正衣冠；以古为镜，可以见兴替；以人为镜，可以知得失。魏徵没，朕亡一镜矣！"（《资治通鉴》卷一百九十六）他颁布诏令，号召臣僚们以魏徵为榜样，做到直言无隐。后来，太宗特地登上凌烟阁，默默地对着魏徵的遗像，情不自禁地作了一首诗："劲条逢霜摧美质，台星失位夭良臣。唯当掩泣云台上，空对余形无复人。"

房玄龄传

一、创业功臣

房玄龄自幼博览经史，十八岁举进士，进入官场。年轻时的房玄龄已具有惊人的政治洞察力。隋文帝时，"天下宁晏"，"国祚方永"，社会表面上呈现一片太平、繁荣的景象，而当时，房玄龄随父去长安，则以其深邃的政治眼光洞察到隋王朝潜伏着的严重危机。他对父亲房彦谦说：隋文帝本无功德，仅以谎言蛊惑百姓，又不能妥善处置皇位继承问题，而是"混诸嫡庶"，以致其诸子互相倾轧，竞相崇尚淫侈，这样势必导致内部互相诛灭，无法保全家国，"今虽清平，其亡可翘足而待"。房彦谦听后，"惊而异之"，颇为感慨。隋吏部侍郎高孝基素称知人，一次他见到房玄龄赞许地说："仆阅人多矣，未见如此郎者。必成伟器，但恨不睹其耸壑凌霄耳。"（《旧唐书·房玄龄传》）

大业十三年，李渊率兵入关，李世民所部攻打渭北，当时对隋王朝的灭亡已有预见的房玄龄，认为大展宏图的机会到来了，于是特地赶到李世民的军门请求效力。李世民对房玄龄一见如故，谈得十分投机，随即任命他为渭北道行军记室参军。房玄龄因幸"遇知己，罄竭心力，知无不为"。在削平群雄的战争中，每次打了胜仗，别人都争相抢夺珍玩，而房玄龄则留心收揽人才，致之幕府，并暗自深结当时的谋臣猛将，让他们为李世民"尽其死力"（《旧唐书·房玄龄传》）。此后十多年间，房玄龄跟随李世民平定薛举父子及王世充、李密，征服突厥，讨伐刘武周，屡建战功，勋劳卓著，深得李渊和李世民的赏识。李渊曾对人说，房玄龄识多见广，足堪委任。每为我儿陈事，颇能领会心意，虽远在"千里之外，犹对面语耳"。这说明李渊对房玄龄的忠心和智计都是称许的。

随着群雄的削平和统一大业的完成，太子李建成与李世民之间的"嫌隙已成，祸机将发"。作为李世民心腹与谋士的房玄龄，自然被李建成所忌恨，并多次遭到诽谤。当时，房玄龄深知时势严峻，担心"变端一作，大乱必兴，非直祸及府朝，正恐倾危社稷"，"家国沦亡，身名俱灭"（《旧唐书·房玄龄传》）。为此，他同长孙无忌等密谋，决定策动李世民当机立断，先发制人，诛灭建成、元吉一伙，夺取政权。久有异志的李世民得知此谋，立即召见房玄龄商议。房玄龄乘机怂恿说："大王功盖天地，当承大业；今日忧危，乃天赞也，愿大王勿疑。"劝他及早行动。再说，因李建成早就知道秦王府中有智略之士，"可惮者独房玄龄、杜如晦耳"（《资治通鉴》卷一百九十一），所以一再谮之于高祖李渊，房、杜二人遂被逐出秦王府。

武德九年，李建成以为加害李世民的时机已经成熟，于是决定发难。正值形势极度危急时，李世民密召房玄龄与杜如晦化装成道士，潜入秦王府，加紧谋划克敌制胜的良策。六月四日，李世民在房玄龄、长孙无忌、杜如晦、尉迟敬德等人支持下，发动"玄武门之变"，一举杀掉了太子李建成和齐王李元吉，取得了这场斗争的胜利。接着，他们又威逼高祖李渊，将李世民立为太子。高祖被迫下诏曰："军国庶事，无大小悉委太子处决，然后闻奏。"（《资治通鉴》卷一百九十一）显然，在"玄武门之变"中，李世民能够夺取最高统治地位，确有房玄龄的一份功劳。

"玄武门之变"后，李世民曾嘉奖功臣，房玄龄被任命为太子右庶子，不久又升任中书令。贞观元年，李世民面定功臣爵邑，房玄龄被列为"第一"，晋爵邢国公，赐封一千三百户。太宗此举，引起了皇从父淮安王李神通的不满，他说："义旗初起，臣率兵先至。今房玄龄、杜如晦等刀笔之吏，功居第一，臣窃不服。"太宗解释说："今计勋行赏，玄龄等有筹谋帷幄、定社稷之功，所以汉之萧何，虽无汗马，指踪推毂，故得功居第一。"（《旧唐书·房玄龄传》）当初，将军丘师利等也咸自矜其功，或说三道四，或指天画地，及见李神通在太宗面前理屈词穷，愧谢认输，因而说："陛下以至公行赏，不私其亲，吾属何可妄诉？"从此，再也不敢与房玄龄等争功了。

二、守业忠臣

房玄龄擅长经国为政之术，忠于职守，向来政绩卓著，是有唐一代屈指可数的贤相忠臣。他的业绩，在历史上一直受到人们的称赞。

唐初，很多士大夫因战乱而不乐仕进，以至王朝人才缺乏，官职多不得人。后来，唐朝政府仿照隋朝的做法，诏令各州举荐人才，结果赴选者又多达七千余人。这些人鱼龙混杂、良莠不齐，其中有怀真才实学者，而更多的还是一些不学无术的纨绔子弟，若给这些人全部授予官职，岂不太滥?！房玄龄担任中书令要职之后，总是尽心竭力地为唐太宗搜访贤才。这一次，他为了选好人才，忠实地遵照唐太宗"致治之本，惟在于审。量才授职，务省官员"的选官宗旨和重德才不重门第的用人标准，仅从各州荐举名单中挑选了六百四十三人，授予官职，入选者不足赴选人数的十分之一，以此深得太宗赞许。

房玄龄在贞观年间（627—649），任相长达十五年之久，深得太宗信任和器重，一直被视为股肱之臣。贞观十六年，房玄龄"抗表陈让"，请求辞去仆射之职，太宗虽肯定其行动可嘉，但又惜才，不肯批准他的请求，并且还说公被"国家久相任使，一朝忽无良相，如失两手"。贞观十七年，太宗亲征辽东，为了安定后方，又命房玄龄为京城留守，军戎器械，战士粮廪，均委令负责办理。同时，太宗还下手诏说："公当萧何之任，朕无西顾之忧矣。"房玄龄为了使征辽战争取得胜利，曾一再上书太宗，务请"敌不可轻，尤宜诫慎"（《旧唐书·房玄龄传》）。以上几个方面，处处表现出房玄龄的忠臣、贤相本色。

房玄龄作为太宗的心腹之臣，虽然在一些重大问题上竭力支持太宗，然而他从不违心地迎合太宗的一切旨意。贞观二十二年，太宗准备再次讨伐高丽，当时身患重病的房玄龄得知这一情况，深感不安，他竟不顾病情的不断加剧，为关系着国家胜败、荣辱的大事操劳。他曾对儿子们说："当今天下清谧，咸得其宜，唯欲东讨高丽，方为国害。吾知而不言，可谓衔恨入地。”于是上疏太宗，劝谏说：“详观古今，为中国患害，无过突厥……向使高丽违失臣节，而陛下诛之可也；侵扰百姓，而陛下灭之可也；久长能为中国患，而陛下除之可也。有一于此，虽日杀万夫，不足为愧。今无此三条，坐烦中国，内为旧主雪怨，外为新罗报仇，岂非所存者小，所损者大？”（《贞观政要》卷九）在这里，对来自外部的威胁以及对这一威胁所应采取的重大措施，房玄龄表达了同太宗迥然不同的看法，其意显然是说，太宗征高丽实属师出无名。可是，太宗执意东讨，故未采纳房玄龄的谏言，结果讨伐高丽之举遭到惨败。从这里不难看出房玄龄的忠君思想所具有的纯真无邪的特点和正义性。

房玄龄的重要贡献和忠臣本色，曾受到当时人们和后世学者的称赞。贞观元年，太宗称赞房玄龄说：“（房）玄龄从我定天下，冒百死，遇一生”，“有决胜帷幄，定社稷功”（《新唐书·房杜传》）。贞观二年，唐谏议大夫王珪认为，“孜孜奉国，知无不为，臣不如玄龄”（《贞观政要》卷三）。贞观十七年，太宗为表彰有功之臣，下诏将房玄龄等二十四个功臣的肖像画于长安凌烟阁。贞观二十年，褚遂良在上疏中认为：“玄龄自义旗之始翼赞圣功，武德之季冒死决策，贞观之初选贤立政，人臣之勤，玄龄为最。”（《资治通鉴》卷一百九八）其功勋可与“吕望之扶周武，伊尹之佐成汤，萧何关中，王导江外”（《旧唐书·房玄龄传》）相匹。这是太宗臣僚给予房玄龄的最高评价。《旧唐书》史论在论及房玄龄时说：“若以往哲方之，房（玄龄）则管仲、子产也。”南宋人王应麟独具慧眼，看出了房玄龄的功绩同“贞观之治”之间的重要关系。他说：“贤臣久于位，则其道行。房乔以之成贞观之治。”（《困学纪闻》卷十四）总之，房玄龄为官从政，极尽心力，事事都显示出其忠诚的政治责任心。

三、修史良臣

房玄龄和唐朝的开创者李渊、李世民父子以及一大批开国功臣，曾目睹了隋王朝在农民起义打击下崩溃的全过程，亲自参与了推翻隋王朝的重要斗争，对隋王朝短促而亡无不记忆犹新。在唐初的数十年间，他们认为，多识前古可鉴将来，“以古为镜，可以知兴替”。在这些认识的基础上，为了王朝的巩固，他们便以极大努力，采取编撰史书等方式，总结和记取了治国的经验与教训。房玄龄是当时实际参加编撰史书的重要人物之一，他们总结历史经验，主要做了以下几件事。

（一）修订、阐释古代经典。贞观初，唐政府“悉兴文教”，太宗下诏中书令房玄龄、秘书监魏徵等礼官学士修订旧礼，定著《吉礼》六十一篇，《宾礼》四篇，《军礼》二十篇，《嘉礼》四十二篇，《凶礼》六篇，《国恤》五篇，总计一百三十八篇，分为一百卷。贞观四年，太宗“以经籍去圣久远，文字多讹谬”先诏颜师古考定《五经》，后又诏尚书左仆射房玄龄召集名儒，重新加以详议，多有建树。对这一成果，太宗“称善者久之”（《贞观政要》卷七）。贞观十一年，房玄龄等进所修《五礼》，太宗“诏所司行用之”（《旧唐书·太宗本纪下》）。这些情况，一方面表明唐初统治者以儒家思想为其主要的统治思想，另一方面表明房玄龄等人对儒学的研习具有博大精深之功。

（二）编撰西晋以来各朝史书。贞观三年，在高祖时编撰前代史书的基础上，太宗又敕修北周、齐、梁、陈、隋各朝史书，尚书左仆射房玄龄“总监诸代史”（《旧唐书·令狐德棻传》）。贞观十一年，以上各史逐一完成，房玄龄与魏徵联名上奏，太宗下诏“藏于秘阁”（《旧唐书·太宗本纪下》）。贞观十七年，房玄龄又与中书侍郎褚遂良“受诏重撰《晋书》”，书成，凡一百三十卷，“诏藏于秘府”（《旧唐书·房玄龄传》）。就以上各史书内容看，房玄龄等编撰史书，完全在于总结治国的历史经验教训，防止唐王朝重蹈以前各代灭亡的覆辙。

（三）编撰唐朝国史和帝王实录等史书。贞观初，房玄龄奉诏“监修国史”。贞观十四年，又奉诏“删略国史为编年体，撰高祖、太宗《实录》各二十卷，表上之”。贞观十六年，房玄龄“依旧监修国史”（《旧唐书·房玄龄传》）。贞观十七年，房玄龄仍“监修国史如故”，“寻以撰高祖、太宗实录成，降玺书褒美”（《旧唐书·房玄龄传》）。贞观十六年，房玄龄和魏徵、高士廉等，奉诏汇集文学之士，同撰《文思博要》一千二百卷，书成，太宗“锡赉甚优”（《旧唐书·高士廉传》《旧唐书·房玄龄传》）。当然，这部分史书为褒太宗、贬高祖，曾进行过大量篡改。“玄武门之变”前的史事，经篡改多有不实，其中就有房玄龄的责任。同时，这部分史书也保存了一些可供研究唐初历史的资料，为后世史家所采用。

房玄龄与唐前期其他文人学士所撰史书，最能体现他们修史以总结历史经验宗旨者，莫过于《隋书》，而“以隋为鉴，则存亡治乱可得而知”，就是他们修史的基本出发点和主要目的。若从《隋书》各卷末“史论”看，房玄龄等人所总结的历史经验和教训，主要有以下几个方面。

（1）强调治国应遵循“帝王之道”。《隋书》“史论”说，“一人失德，四海土崩”，“一人失其道，故亿兆罹其毒”。在房玄龄等人看来，由于隋炀帝背弃“帝王之道”，致使隋王朝短促而亡。这虽然是一种以封建帝王为中心的英雄史观，但对唐朝统治者来说，无疑是可供借鉴的历史经验，是重要的“帝王之道”。他们认为，帝王应该重德、行道，否则就会如同炀帝一样，遭到杀身亡国之祸。

（2）指出“废嫡立庶”必将“覆族倾宗”。隋初，文帝长子杨勇曾被立为皇太子，军国政事及尚书所奏死罪的审定，均令他参加决定。杨勇颇好学，擅长辞赋，性宽仁和厚，无矫饰之行，他所奏徙民实边等事，文帝多予纳用，足以看出是一位颇具才干的经国为政之才。但文帝和独狐皇后以杨勇的小过失，竟废杨勇立杨广，不仅破坏了传统的嫡长子继承制，而且废良立莠，导致了“覆族倾宗”“宗社沦陷”的严重后果。房玄龄也说，隋文帝“混诸嫡庶……不足保全家国”。“史论”的作者们还特别告诫说：“后之有国有家者，可不深戒哉！”

（3）确认隋朝因“恃富强”而亡。《隋书》的作者认为，炀帝即位之后，以“地广三代，威震八纮，单于顿颡，越裳重译。赤仄之泉，流溢于都内，红腐之粟，委积于塞下”，便“负其富强之资，思逞无厌之欲”，“骄怒之兵屡动，土木之功不息，频出朔方，三驾辽左”，致使“社稷颠陨”，“宇宙崩离，生灵涂炭，丧身灭国”（《隋书·炀帝纪下》）。他们还认为，“隋之得失存亡，大较与秦相类”，也是以恃强而亡。《隋书》的作者还从典章制度、对外关系、抑制外戚和宗室等方面总结了经验与教训。

李靖传

李靖，自幼才略过人，精熟兵法。高祖时，他参与灭萧铣、破辅公祏之战，独出奇计妙策，立下赫赫战功。太宗继位后，又不惧远征艰辛，以超人的胆略，率兵深入茫茫大漠，败突厥，击吐谷浑，为扫除唐王朝边患再创殊勋。他秉性沉静敦厚，处世严谨；政治上具有卓识，能功成身退，主动辞职。高祖誉之曰“当世名将”，太宗称他为“一代楷模”。他的兵书在宋代被钦定为经典，至今仍受人称道。

一、才志服李渊

李靖祖父李崇义，后魏时官至殷州刺史，封永康公。父李诠，隋朝赵郡守。李靖身材伟岸，容貌不凡，少有文武才略，胸怀大志，他常对亲友说："大丈夫若遇主逢时，必当立功立事，以取富贵"（《旧唐书·李靖传》，下引本传不注）。其舅韩擒虎，号为名将，每与他谈论兵法，无不称道，曾抚其头说："可与论孙（子）、吴（子）之术者，惟斯人矣。"他成年出仕，初为长安县功曹，后任驾部员外郎。当时，左仆射杨素、吏部尚书牛弘等高官都十分喜爱他。杨素曾抚其坐榻对李靖说："卿终当坐此。"认为他日后必居高位。

隋末，各州郡纷纷拥兵反隋自立。于是，李渊起兵，攻入长安。李靖时任马邑郡丞，因故滞留京师，被抓获。他曾得罪李渊，因而将被斩首。临刑时，他大声呼叫，说："公起义兵，本为天下除暴乱，不欲就大事，而以私怨斩壮士乎！"李渊佩服其胆气和谈吐。李世民早闻李靖才名，恳请父亲宽宥。李靖因而获赦不死，随即，被李世民召入幕府任事。

武德二年，李靖随李世民征讨王世充，因功任开府。当时，萧铣自称梁王，据江陵，李渊派李靖前去安抚。李靖轻骑至金州。金州有"蛮贼数万，屯聚山谷"。唐将王瑗数次进剿，均遭失败。李靖便与王瑗设谋攻打，多次击败"蛮贼"，俘获甚众。进入硖州，李靖为萧铣军队所阻，被迫停留多日。李渊为此大怒，暗中令硖州都督许绍将他杀害。许绍爱惜李靖才华，为之请命。李靖又一次幸免于死。时逢开州"蛮首"冉肇则反叛，率众寇掠夔州，赵郡王李孝恭与战失利，李渊令李靖征讨。李靖率兵八百，袭破其营，然后于险要处设伏，临阵斩冉肇则，俘获其众五千余人。李渊闻报，大喜，对公卿说："朕闻使功不如使过，李靖果展其效。"于是降旨慰劳李靖说："卿竭诚尽力，功效特彰。远览至诚，极以嘉赏，勿忧富贵也。"同时，以手谕告诉他："既往不咎，旧事吾久忘之矣。"李靖以自己的才智和功绩，消除了李渊对他的宿怨。自此，他效忠李唐王朝，为之南征北战。

二、奇谋破萧铣

在隋末割据军阀中，萧铣势力东至今江西九江，西至长江三峡，南尽越南河内，北据汉水，聚众达四十万人。他称王后又称帝，以江陵为都，是唐王朝实现天下统一的障碍。武德四年元月，李靖献上破萧铣十策，李渊从其议，令赵郡王李孝恭造舟舰，习水战，以伐萧铣。李孝恭不谙战事，李渊便以李靖为行军总管，兼孝恭长史，委以伐萧军事指挥大权。习战之期，李靖建议孝恭招揽巴、蜀各部族酋长子弟，量才授任，置于身边，对外以示重用，实则将其作为人质，以控制巴、蜀。孝恭依计而行。

是年九月，孝恭、李靖统十二总管，拟由夔州顺江东下，击萧铣。当时秋雨滂沱，江水暴涨，三峡险塞，萧铣断定唐军不会行动，遂罢兵不加设防。唐军诸将也请求暂缓发兵，以待江水消退。而李靖却说："兵贵神速，机不可失。今兵始集，铣尚未知，若乘水涨之势，倏忽至城下，所谓疾雷不及掩耳，此兵家上策。纵彼知我，仓卒征兵，无以应敌，此必成擒也。"孝恭从其议。唐军两千艘战舰东下，顺利抵达夷陵，连克荆门、宜都两城，初战告捷。

唐军骤然而至，萧铣部将文士弘率精兵数万屯清江（今清江水，长江支流，于宜都汇入）迎战。孝恭欲出击，李靖劝谏说："士弘，铣之健将，士卒骁勇，今新失荆门，尽兵出战，此是救败之师，恐不可当也。宜且泊南岸，勿与争锋，待其气衰，然后奋击，破之必矣。"孝恭不听，留李靖守营，自率将士与文士弘交战。唐军果然战败，奔逃于南岸。士弘军士见唐军物资遍地，纷纷弃舟上岸抢掠。敌军散乱，人人负重，李靖当机立断，纵兵出击。敌军大败，被杀及溺死者近万人，损失战舰三百余艘。文士弘召集士众再战，又被击败，只得退入江北。李靖便乘胜率轻兵五千为先锋，直抵江陵。

萧铣闻唐军至，文士弘战败，急令征兵对敌。果如李靖所言，萧铣已罢兵务农，兵士均散布在江南、岭南，一时难以会集，他只得困守孤城。李靖攻克江陵外围水城，获舟舰甚多。他将所获舟舰弃于江中，任其漂流而去。诸将大惑不解，说："破敌所获，当借其用，奈何弃以资敌？"李靖回答说："萧铣之地，南出岭表，东距洞庭，吾悬军深入，若攻城未拔，援军四集，吾表里受敌，进退不获，虽有舟楫，将安用之？今弃舟舰，使塞江而下，援兵见之，必谓江陵已破，未敢轻进，往来觇伺，动淹旬月，吾取之必矣。"果如李靖所料，萧铣援军见江中舟舰，有的狐疑不前，有的则以为萧铣已败，便举众降唐（引文均见《资治通鉴》卷一百八十九》）。

江陵被围，援军不至，萧铣只得投降。李靖率军入城，号令严明，秋毫无犯，城中安堵。入城之初，诸将认为，抗击唐军而死的萧铣部将罪大恶极，应查抄其家产，以赏唐军有功将士。李靖力排众议，说："王者之师，宜使义声先路。彼为其主斗死，乃忠臣也，岂可同叛逆之科籍其家乎！"（《资治通鉴》卷一百八十九）他对孝恭指出："今新定荆（州）、郢（州），宜弘宽大，以慰远近之心，降而籍之，恐非救焚拯溺之义。但恐自此以南城镇，各坚守不下，非计之善。"这番话，令孝恭及众将折服。江、汉一带的萧铣部属，闻唐军宽宏大量，纷纷归降。

萧铣国破，李靖因功授上柱国，封永康县公。接着，又受命为检校荆州刺史，秉承高祖旨意，安抚岭南部族，拜官授职。他到桂州，遣人分道进行招抚，当地各大首领均遣子弟来谒见。李靖以高祖名义，一一授予官爵。他在岭南共招抚九十六州，六十余万户。李靖平定岭南，李渊特别下诏慰劳他，并授予岭南道巡抚大使、检校桂州总管之职。

三、妙计败公祏

辅公祏本是隋末农民起义首领，后随杜伏威降唐，被任为淮南道行台尚书仆射，封舒国公。武德六年，他据丹阳反唐，并称帝，建国号宋。次年，李渊以李孝恭为元帅，李靖为副帅，率军征讨，李世勣、任瓌、张镇州、黄君汉等七位总管均受其指挥。辅公祏闻讯，遣部将冯惠亮率舟师三万屯当涂，陈正通、徐绍宗领步骑两万屯庐江。宋军筑城营垒达十里，并以铁链横镇大江，以拒唐军。

唐军至舒州，李孝恭召集诸将商议军事，诸将皆云："惠亮、正通并握强兵，为不战之计，城栅既固，卒不可攻。请直指丹阳，掩其巢穴，丹阳既破，惠亮自降。"孝恭称是，独李靖不以为然。他说："公祏精锐，虽在水陆二军，然其自统之兵，亦皆劲勇。惠亮等城栅尚不可攻，公祏既保石头（城），岂应易拔？若我师至丹阳，留停旬月，进则公祏未平，退则惠亮为患，此便腹背受敌，恐非万全之计。惠亮、正通皆是百战馀贼，必不惮于野战，止为公祏立计，令其持重，但欲不战以老我师。今若攻其城栅，乃是出其不意，灭贼之机，惟在此举。"孝恭深以为是。李靖乃率黄君汉等先击冯惠亮，苦战破之，冯惠亮败走。李靖率轻兵先至丹阳。辅公祏见唐军到，恐惧万分，弃城逃走，至吴郡，与冯惠亮、陈正通等相继被擒，宋国破灭。

李渊于宋国置东南道行台，拜李靖为行台兵部尚书，并赐锦缎、奴婢、马匹各若干。不久，行台废，李靖被任为检校扬州大都督府长史。江南遭兵乱，民不聊生，李靖奉命镇抚，政绩卓著，吴、楚获安。

李靖以出类拔萃的见识，屡献奇谋妙略，连克二强敌，李渊对之赞叹不已，说："李靖是萧铣、辅公祏膏肓，古之名将韩（信）、白（起）、卫（青）、霍（去病），岂能及也！"

四、轻骑灭突厥

东突厥颉利可汗（620—630年为汗）时时寇扰中原，是唐王朝北部边境一大祸患。李靖率兵灭东突厥，为他戎马一生再添光华。

武德八年、九年，李靖任安州大都督，多次抵御突厥。李世民继位（627年），他升任刑部尚书，贞观二年，又兼任检校中书令，贞观三年，转为兵部尚书。当时，突厥诸部内争，有的降唐，有的受封。颉利可汗力弱势单，请降于唐，太宗以其反复无常而不允。

贞观三年十一月，太宗以李靖、李世勣、柴绍、薛万徹四个总管，合众十万人，由李靖指挥，分道击突厥。次年正月，李靖以精骑三千，从马邑急进，出其不意，直趋恶阳岭，威逼定襄城。颉利可汗不意唐军猝至，大惊，对左右说："唐兵若不倾国而来，靖岂敢孤军而至。"其众以为唐朝大军已到，一日数惊。李靖得知突厥内部惊恐，便遣间谍潜入，离间颉利可汗的心腹。颉利所亲近的康苏密以及隋王朝的萧后、隋炀帝之孙杨正道来降。突厥内部分裂，李靖发动攻势，颉利可汗大败，只身脱逃。李靖因功被封代国公，获锦缎、名马、宝器等赏赐之物。太宗对他说，"卿以三千轻骑深入虏庭，克服定襄，威震北狄，古今所未有"。

定襄失据后，颉利可汗退保铁山，余众尚存数万人。颉利惧为唐灭，便遣使入朝，请求举国内附，并亲自赴长安称臣。太宗遣鸿胪卿唐俭等去慰抚，又诏李靖将兵迎接颉利来京。颉利虽表面请求朝谨，而心怀二意，欲待草青马肥时逃入漠北，重整旗鼓。李靖知其意，与李世勣商议说："颉利虽败，其众犹盛，若走度碛北，保依九姓，道阻且远，追之难及。今诏使至彼，虏必自宽。若选精骑一万，赍二十日粮往袭之，不战可擒矣。"（《资治通鉴》卷一百九十三）将军张公谨执异议，说："诏书已许其降，使者在彼，奈何击之！"（《资治通鉴》卷一百九十三）李靖说："此兵机也，时不可失，韩信所以破齐也。如唐俭等辈，何足可惜。"于是催军疾进。颉利可汗见唐俭等使臣至，以为请降成功，毫无戒备。当李靖军逼近其牙帐（在今蒙古国乌兰巴托西）七里时，他才发觉，惊惶中乘快马与数人遁逃。突厥失其首领，在唐军的打击下一败涂地。李靖斩首万余人，俘男女十余万，获牲畜数十万，并杀颉利之妻，擒其子。颉利在西逃途中亦被擒。李靖的胜利，使唐王朝的疆域从阴山向北扩大至大漠。

太宗闻李靖又击败颉利，大喜，对侍臣说："朕闻主忧臣辱，主辱臣死。往者国家草创，太上皇以百姓之故，称臣于突厥，朕未尝不痛心疾首，志灭匈奴，坐不安席，食不甘味。今者暂动偏师，无往不捷，单于款塞，耻其雪乎！"他为能雪耻和消除边患，喜不自禁，于是大赦天下。

李靖灭突厥功高，受到御史大夫萧瑀妒忌。他诬告李靖治军不严，破颉利牙帐后，任将士抢掠可汗珍宝，要求法办。太宗下诏特许，不予追究。当李靖朝见太宗时，太宗又对他加以斥责。李靖没有辩解，叩头称罪。最后，太宗对李靖说："隋将史万岁破达头可汗，有功不赏，以罪致戮。朕则不然，当赦公之罪，录公之勋。"于是，下诏加官左光禄大夫，赐绢千匹。不久，太宗得知实情，对李靖说："前有人谗公，今朕意已悟，公勿以为怀。"又赐绢两千匹，拜尚书右仆射。李靖建功受诬，有冤不伸，其性情沉静憨厚。他为朝臣后，每与宰辅议论时政，一副忠厚老实之状，似不能言语。

五、晚年击吐浑

贞观八年，李靖以足疾请求致仕，言辞恳切。太宗遣使传旨说："朕观自古已来，身居富贵，能知止者甚少。不问愚智，莫能自知，才虽不堪，强欲居职，纵有疾病，犹自勉强。公能识达大体，深足可嘉，朕今非直成雅志，欲以公为一代楷模。"太宗盛赞李靖不强居高位，识大体之举，准允辞职，同时下诏，赐予诸多特权及锦缎、灵寿杖等物，以示褒奖。

不久，吐谷浑部族又入寇凉州，太宗下诏征讨。他盼顾左右，说："得李靖为将，岂非善也！"李靖是时六十四岁，辞官居家，太宗想他难以胜任征伐之劳，故而叹息。李靖得知，见房玄龄时说："靖虽年老，固堪一行。"李靖以国事为重，不惮年老远征，太宗即以他为西海道行军大总管，统领兵部尚书侯君集、刑部尚书任城王李道宗、凉州都督李大亮、右卫将军李道彦、利州刺史高甑生五位总管征讨吐谷浑。

贞观九年正月，唐军初败吐谷浑，至伏俟城。吐谷浑伏允可汗放火烧野草，然后轻兵窜入茫茫大漠。诸将以为“马无草，疲瘦，未可深入”（《资治通鉴》卷一百九十四）。而侯君集主张乘胜进击，李靖也决意深入敌境，追而歼之。于是，他分兵两路，以侯君集率南路，自率北路，进入沙漠。李靖率北路军屡破吐谷浑，经大小数十战，至且末，袭破伏允可汗牙帐，斩首数千人，获牲畜二十余万。伏允逃入突伦碛，被南路军追击，奔于阒途中，为部下所杀。吐谷浑部众立其子慕容顺为王，举国投降。李靖上奏，平定吐谷浑。

在征战中，高甑生因误军期，受李靖处罚，他便怀恨在心。战事结束，他诬告李靖谋反。太宗令法官审理，查无实据，高甑生因而被处以流放。有人以他是李世民的元老功臣，请免其罪，太宗说：“甑生违李靖节度，又诬其反，此而可宽，法将安施？且国家自起晋阳，功臣多矣，若甑生获免，则人人犯法，安可复禁乎？”（《资治通鉴》卷一百九十四）此事之后，李靖闭门自守，杜绝宾客，即便是亲戚也不轻易接见。

贞观十七年，太宗下诏，画二十四位功臣的肖像于凌烟阁，李靖列于其中。十八年，太宗亲往李靖住所，询问其身体状况，封卫国公。是年，太宗将伐辽东，召李靖入阁，赐坐御殿，对他说：“公南平吴会，北清沙漠，西定慕容，唯东有高丽未服，公意如何？”李靖回答说：“臣往者凭藉天威，薄展微效，今残年朽骨，唯拟此行。”李靖此时已七十四岁，年老体弱，而壮志犹存，但太宗于心不忍，未同意他挂帅出征的请求。五年后，李靖老死家中，享年七十九岁。死后，陪葬昭陵，谥曰“景武”。

六、兵书传后世

李靖是我国古代著名的军事家，他不仅善用奇谋妙略，能征善战，战功卓著，而且有著述传世。据《宋史·艺文志》记载，他有兵书七部：《阴符机》一卷、《韬钤秘术》一卷、《韬钤秘要》一卷、《韬钤秘录》五卷、《卫国公手记》一卷、《六军镜》三卷、《兵钤新书》一卷、《弓诀》一卷。遗憾的是，这些书在宋神宗时已“世无全书”（《宋史·兵志九》），今天更不可得见。现仅存一部，名《李卫公问对》，系从《通典》中辑出。

《李卫公问对》，又称《李靖问对》《唐太宗李卫公问对》，是李靖与唐太宗多次讨论作战和训练的谈话记录。（学术界有人认为该书非李靖所著）宋元丰三年（1080），被钦定为《武经七书》之一，列为兵书之经典，成为宋代及以后朝代培养军事人才和武举考试的最重要教材之一，至今仍是人们学习古代兵法的基本著作。

《李卫公问对》分上、中、下三卷，内容丰富，重点论述了攻防原则以及阵法训练，兵力分配、奇正虚实等问题，讨论了军事指挥艺术。书中论及的不少问题，都是从历代一些具体事例和他亲历的战例出发，有独到的见解，令人信服。

例如，关于攻防原则，该书提出著名的“攻是守之机，守是攻之策，同归乎胜而已”的论断。关于奇正相变之术，该书认为，奇正是方阵队形变换的战术，是关于兵力使用的指挥问题，并把奇正同虚实、示形、分合紧密结合起来阐述，探讨了其内在联系。关于阵法训练，该书提出了由伍法—队法—阵法的训练程序，首创“六花阵”，这些都是前所未有的。

秦琼传

一、特殊待遇

秦琼还是隋将来护兒手下的一名兵卒时，他的母亲丧亡，来护兒派遣手下的人前去吊唁。军中的官员为此感到很奇怪，对来护兒说道：“平时军中死亡的士卒不计其数，将军从未过问，为什么秦琼丧母将军偏要派人去吊唁呢？”来护兒回答：“秦琼并非等闲之辈，英武勇敢，胆识超人，是战场上的勇夫，这样的人，怎能让他屈才一辈子处于低三下四的地位？”就这样，秦琼受到了来护兒的优厚待遇，为来护兒格外卖力。

二、火烧卢营

隋大业十年（614），秦琼跟从隋将张须陁与卢明月交战于下邳州。卢明月拥众十余万人，而张须陁只统率万人左右，力量悬殊。张须陁部只好在距卢部六七里的地方安营扎寨，隐蔽起来，未敢采取进攻。时间一长，粮饷殆尽。张须陁意欲退却，便对部下说：“我想让部队暂时撤退，卢明月见我退却，必然来追击，待他的大部队外出之时，营内必定空虚，此时，若以千人前去偷袭，定能成功。只是任务艰巨，不知谁人愿去？”一贯以勇猛著称的秦琼愿与罗士信前往。于是，张须陁将此重任交与他二人，让他们率领千余人埋伏在芦苇丛中，而他自己则率其余部将迅速隐退。卢明月得知张须陁退却，立即率兵追击。秦琼与罗士信立即驰马前往卢明月的大本营进击。到了卢营，栅门紧闭，他二人跃上城楼，拔下卢营的旗帜，砍杀数十人。卢营因此大乱。秦琼、罗士信连斩关内外兵卒无数，并且放火焚烧卢营帐三十余座，火光冲天。当卢明月返回大本营时，已是一片火海，兵卒死伤不计其数，卢部损失惨重。这时，张须陁率部返回，乘胜出击，卢明月只得率领数百骑兵大败而逃，卢部其余部将全部被俘。这一战，秦琼以异常的勇猛挫败了卢明月的进攻。后来，秦琼又与瓦岗起义军孙宣雅部队交战于海曲（今江苏东海县南），秦琼作为先头部队统帅，以锐不可当的气势一举击败了孙宣雅，立下战功。于是，他的勇猛远近驰名。朝廷嘉奖他，擢升他为建节尉。

三、坦荡胸怀

隋大业十三年，秦琼跟随张须陁与瓦岗军将领李密在荥阳交战，张须陁兵败被杀。朝廷派裴仁基接替张须陁的职务。后来，裴仁基投降李密，李密知道秦琼勇武，为得到秦琼而高兴，便让他在手下做骠骑，待他宽厚诚恳。秦琼见李密厚待他，也愿为李密尽力。后来，李密投降了朝廷。唐武德元年，李密与宇文化及在黎阳童山大战，李密中了流矢坠下马来，昏迷不醒。部将见首领落马，纷纷散逃。这时，宇文化及追兵已至，独有秦琼一人在李密身旁捍卫，杀退了宇文化及的追兵，使李密免遭杀戮。事后，秦琼又与散逃的士卒一起，共同奋战，打退了宇文化及的部队。在关键时刻，秦琼奋不顾身保护李密的性命，以临危不惧的气概挽回了败局。

武德二年，李密失败，秦琼又归附王世充，王世充让他做龙骧大将军，让秦琼的另一个好朋友程知节做将军。王世充对他们也很有礼，但是，秦琼看出了王世充狡诈，气量浅狭，不是成就大事之人，便与程知节等人商议离开王世充。他对王世充说：“感谢你对我们特殊的礼遇厚待，但你生性多疑，喜信小人之言，此处非我们托身之所，请让我们辞去你这里的职务。”王世充不敢逼迫他们留下，只好任其离去。这事表现出秦琼忠义正直、不与小人为伍的善良本质。

四、效死不渝

李渊建唐后，秦琼等人到秦王府做事。秦王李世民早就知晓秦琼的名气，十分高兴，让他们坐镇长春宫，秦琼为马军总管，程知节为左三统军，待他们格外优厚。秦琼大战美良川，击败尉迟敬德，战功显赫。唐高祖派人送来黄金瓶慰劳秦琼，秦琼觉得受之有愧。高祖对秦琼说："你不顾家中妻子，远来投奔于我，立下汗马功劳，要是我的肉能对你有用，我愿割下来赐给你，何况这些金银珠宝！"高祖的一番话，使秦琼不胜感激，他决心拼出全身精力，也要保卫唐朝的大业。后来，高祖又授予秦琼为秦王右三统军。秦琼击败宋金刚于介休。高祖因秦琼的功勋，赏赐他黄金百斤、彩丝六千段，并授予他上柱国的官职。

在征讨王世充、窦建德、刘黑闼的战斗中，秦琼始终为前锋，率领精锐骑士与敌鏖战，奋勇拼杀，战果累累，高祖不断奖赏他黄金、彩缎，并且封他为翼国公。

在跟随秦王李世民的南征北战中，秦琼始终是李世民身边的一员骁将。每次战斗中，当敌阵中的精锐士卒在李世民面前走来走去炫耀之时，往往惹得他大怒。李世民便命秦琼前去打击敌人的嚣张气焰。此时的秦琼，像一匹猛虎，单身跃马，以万夫莫当之勇，轻而易举便使敌人倒在他的马前。唐太宗转怒为喜，愈加赏识秦琼。

"玄武门之变"以后，秦琼被封为左武卫大将军，享受食邑七百户。此时，秦琼已经到了非常显赫的地位。但由于多年征战，数次受伤，身体每况愈下，经常生病，于贞观十二年病逝。唐太宗赠他为徐州都督，陪葬昭陵。太宗特令在他的墓前雕刻石人石马，以表彰秦琼一生的丰功伟绩。贞观十三年，改封秦琼为胡国公。贞观十七年，唐太宗命画家将秦琼等二十四位功臣的肖像画于凌烟阁。唐高宗永徽六年（655），高宗李治派人去凌烟阁致祭名臣画像的七人中，也有秦琼。可见，秦琼是唐朝一位功劳颇大的开国之臣。

尉迟敬德传

杜甫《丹青引赠曹将军霸》写道："褒公鄂公毛发动，英姿飒爽来酣战。"诗人意在歌颂曹霸画艺的高超绝伦，对比之间却涉及了唐朝开国时期的两位"凌烟功臣"。其中的褒公指段志玄，鄂公则指尉迟敬德，二人均为著名将领，后者比前者勋绩更卓著。

一、义归李唐　勇冠三军

唐高祖武德二年，刘武周在突厥支持下挥师南下，进攻李唐政权。尉迟敬德命随大将宋金刚沿汾水进军，攻陷了晋州和浍州。接着，尉迟敬德又率部深入夏县，增援吕崇茂所部，打败并俘虏了唐永安王李孝基及其部将独孤怀恩、唐俭等人，威逼晋西南。当年十一月，李世民率兵抵达龙门，渡过黄河，集结柏壁，与宋金刚主力对峙。相持五个月，宋金刚援尽粮绝，被迫北逃。李世民乘胜追击到介休城下，大败宋金刚；宋金刚与刘武周见大势已去，逃奔突厥，后被突厥所杀。尉迟敬德与寻相收其余部，据守介休。李世民派任城王李道宗和宇文士及进城晓以大义，尉迟敬德才和寻相举城归降，时值武德三年四月。归降后，李世民大喜，即委任尉迟敬德为右一府统军，率领其旧部八千多人，与诸营相参。同年七月，即随军东进洛阳，征讨王世充。

不久，寻相等多叛去。唐营诸将怀疑尉迟敬德也将叛逃，便将他拘禁起来，行台左仆射屈突通、尚书殷开山都向李世民进言："敬德新近才归降，内心还没有真正依附。他这个人一向骁勇非凡，而今把他拘禁了，必然生怨心，留下他恐怕会成为后患，不如早点把他杀掉。"李世民说："我的看法与你们不一样。要是想叛逃，敬德难道会在寻相之后吗？"他马上下令释放尉迟敬德，并引入卧室内，赐以金宝，抚慰道："大丈夫之间讲究的是以意气相期，不要对一点小猜疑介意。我不听信谗言而害忠良，这种心意望你体谅。如果你打算离我而去，此金就算是资助，略表你我之间一时共事之情吧。"尉迟敬德极为感动，从此成了李世民的心腹将领之一。

那时候，李唐大军已紧逼洛阳，与王世充的军队相对峙。武德四年二月辛巳，李世民带领五百精骑到北邙山，登上魏宣武帝景陵去瞭望敌阵。不料王世充率领步骑万余人突然而至，将其团团围困住。王部骁将单雄信挺槊直逼李世民，情势十分危急。幸好尉迟敬德及时赶到，跃马大呼，将单雄信横刺下马，王部军兵才稍稍退缩。尉迟敬德护卫着李世民冲出重围，随后又率骑兵冲入敌阵厮杀，往来如出入无人之境。既而屈突通引大兵增援，王世充大败，仅得以身免。唐军杀死对方一千余人，俘获敌冠军大将军陈智略及排䂎兵六千人，取得了重大胜利。回营后，李世民感慨地对尉迟敬德说："当众人都说你必叛的时候，多亏上天给我以启示，认定你不会那样做，现在都应验了。为什么这样迅速呢！"当即赏赐金银一箧，自是以后恩遇日隆。

武德四年三月，唐军围困洛阳进入第八个月，河北窦建德率军前来救援王世充，窦军十余万，号称三十万，进抵成皋东原，并在汜水边的板渚设立行辕指挥战事。李世民让李元吉率屈突通等继续围攻洛阳，自己带徐世勣、秦叔宝、尉迟敬德等到武牢（即虎牢关）迎战窦建德。甲申，李世民亲率五百骁骑，东出武牢二十余里去观察窦方军营。一路上布置下三处伏兵，最后只有他和尉迟敬德领四名骑兵前进到距窦营三里多处。他对尉迟敬德说："我拿着弓箭，你执槊相随，就是有百万之众也奈何不了我们！"果然，遇上对方的巡逻兵之后，李世民一面大呼"我秦王也"，一面引弓射死了一员敌将。窦营中五六千骑追出，李世民叫随从者先退，自己和尉迟敬德殿后，且战且退，诱敌入伏。追兵被李世民射死好几个，被尉迟敬德杀死十几个，始终不敢逼近。直至引入伏击圈，杀敌三百多个，俘其骁将殷秋、石瓒而还。

双方相持了一个多月，终于在汜水岸边列阵决战。当时王世充兄子王琬作为使者在窦军中，骑着隋炀帝所御骢马，铠甲鲜明，巡回于阵前以夸众。李世民赞道："他骑的真是匹良马呀！"尉迟敬德立即要去夺过来。李世民说："岂能为一匹马伤害猛士？"不许。尉迟敬德不从，带着高甑生、梁建方三骑直入敌阵，生擒了王琬，引其马以归，敌方无人敢来阻挡。第二天，李唐大军全部出击，擂鼓猛进，窦建德部下死伤五六万人，窦建德被俘。随之王世充也只好投降，唐军进入洛阳，时在武德四年四月。

其后，尉迟敬德又随军征讨刘黑闼，打败徐圆朗，骁勇善战，屡建大功，受封秦王府左二副护军。

二、心如山岳　功建玄武

尉迟敬德连年征战，不仅勇冠三军，而且以善解避矟见称。他往往单骑冲入敌阵，敌军长矟四面八方不断刺来，终不能伤及，有时还夺过对手的矟，将对方刺死。这样出入重围，竟然往返无碍。李元吉也擅长马上使矟，想同尉迟敬德一较高下，便叫尉迟敬德和他去掉矟刃，用矟竿相刺，较量较量。尉迟敬德说：“纵使有矟刃，也不能伤我。请齐王殿下使用有刃的矟，我用去刃的矟来比试。”结果，李元吉终究未能刺着他。李世民问：“夺矟与避矟，哪一样更难？”尉迟敬德答道：“夺矟难。”李世民又叫他夺李元吉的矟。李元吉跃马执矟，一心想刺中他，却在转瞬之间被尉迟敬德三夺其矟。李元吉叹异之余，甚以为耻，记在心上。

武德五年以后，太子李建成、齐王李元吉与秦王李世民之间的权力之争日益加剧。李建成、李元吉想除掉李世民，把尉迟敬德等人视为心腹之患。他们最初企图收买尉迟敬德，私下送去一封信，表示“希望得到长者眷顾，结成布衣之交，恳请得到所望”。同时赠以一车金银器物。尉迟敬德当即谢绝道：“我出身贫贱，在隋末天下大乱之际，无处投身，长沦逆境，本来罪不容诛。感谢秦王惠以生命，又让我在藩邸效力，我自应当以身图报。对殿下来说，我没有尺寸之功，实在不敢谬当重赐。倘若私下答应了殿下，便是有二心，如此徇私利忘忠义，于殿下又有什么用？”李建成大怒，必欲除之而后快。

此事发生后，尉迟敬德当即报告了李世民。李世民称赞道：“公之素心犹如山岳一般嵚崎磊落，纵然是积金至斗，岂能够易？”还给他出主意：“以后送来的东西，最好都收下，不要顾虑。若不然，恐怕难以自安。何况收了东西，知彼阴计，还更有利于想对策。”果不出所料，李建成、李元吉收买未成，就改变手段，派壮士来行刺。但尉迟敬德已有心理准备，夜里重门大开，安然而卧。刺客几次进入了他的庭院，都畏惧他的武勇，不敢入门行刺。

两计不成，又生三计。李建成、李元吉诬告尉迟敬德谋反，想假李渊之手除掉这颗眼中钉。李渊不察，下诏将尉迟敬德收监讯验，有可能判死罪。李世民固谏，才得以获释。这样，尉迟敬德自然更坚定不移地站在李世民一边。

武德九年六月，突厥入侵，入塞南攻。李建成抓住时机，抢先向李渊建议，由李元吉代李世民督诸军北征，并调秦王府中骁将尉迟敬德、程知节、段志玄、秦叔宝等随之出征。李渊一口应允。李建成于是找来李元吉，秘密商议："如今你得到了秦王府中的骁将精兵，拥众数万人。待出征时，我约秦王一起在昆明池为你饯行，你可以派壮士把他拉杀于幕下，然后我们就上奏说他暴卒，主上不会不相信的。我再派人进说，促使主上将国事授予我。那时候，尉迟敬德等人都在你的掌握之中，尽可全部坑杀，还有谁敢不服！"一场大屠杀，已在酝酿中。

值此紧要关头，太子率更丞王晊向李世民密告了这一阴谋。李世民赶忙找长孙无忌、尉迟敬德等商量对策。大家一致劝李世民先发制人。李世民却担心骨肉相残，会给人留下话柄，颇犹豫不决。尉迟敬德急得大嚷道："就人情而言，谁舍得死？现在我们这些人以死侍奉大王，乃是天授啊！眼看就要大祸临头了，大王却还这样平心静气不以为忧，纵然是不爱惜自己的生命，也应该以社稷为重嘛！如果大王不接受这个意见，我情愿窜身草泽，也不能再留在大王身边，捆着手让人杀头了！"长孙无忌也说："不听敬德之言，大事就完了。敬德要离去，我也跟他走，不能够继续侍奉大王了。"李世民不让他们走，但仍坚持："我的话也不能完全否定，你们再商议一下吧。"尉迟敬德亦不退让，进一步说道："大王如此处事有疑，不能称为智；临难不决，不能称为勇。况且大王平时畜养的勇士八百余人，在外者现已入宫，擐甲执兵，事势已成，大王想不动手办得到吗？"此后又经过与张公瑾、房玄龄、杜如晦等秦王府文武臣僚的反复计议，终于促使李世民打定了主意。

第二天，李世民便让太史令傅奕密奏李渊，放出了"太白见秦分，秦王当有天下"的舆论。他又密奏李建成、李元吉与尹德妃、张婕妤淫乱，并且"今欲杀臣，似为世充、建德报仇"，弄得李渊将信将疑。李渊便传旨，令李建成、李元吉次日早朝，由诸大臣公断曲直。

六月四日一早，李世民已率尉迟敬德、侯君集等九人设伏于玄武门之内。张婕妤窃知此状，急派人转告李建成，李建成即召李元吉共谋之。元吉提出"托疾不朝，以观形势"。建成主张"与弟入参，自问消息"。两人行至临湖殿，发觉大事不妙，掉回马头欲回宫去，但已来不及。李世民骑马追至，叫他们停住。李元吉连射三箭，仓皇中都拉不满弓，未射中。李世民还射，李建成当即中箭而亡。此刻，尉迟敬德带着七十骑赶到。左右射中了李元吉坐骑，李元吉坠马，弃马往树林中跑。李世民纵马疾追，衣服被树枝挂住，也坠下马来，一时起不来。李元吉乘势跳过来，压在李世民身上，夺去弓，想扼死李世民。尉迟敬德跃马而至，大声喝止，李元吉吓得急忙往武德殿奔逃。尉迟敬德引弓便射，将李元吉一箭射死了。

玄武门内的伏击刚成功，太子东宫翊卫车骑将军冯翊、冯立等闻讯，率领东宫和齐王府的精兵两千余人赶来反击，形势又陡然紧张了。张公瑾等拼死拒守，保住门不得破。来攻的副护军薛万徹等见久攻不入，转而攻打秦王府。尉迟敬德用长矟挑着李建成、李元吉的人头冲出玄武门，向来攻的兵将高声宣布：“奉皇上敕令，已经杀了太子和齐王！”东宫和齐王府兵将才散去。李世民随即令尉迟敬德去海池舟上面见李渊。李渊惊问：“今天的乱子是谁挑起的？你来要干什么？”尉迟敬德回答道：“秦王因为太子和齐王作乱，已举兵诛之。唯恐陛下不安，所以派遣我来宿卫。”李渊见事已至此，无可奈何，只好叫尉迟敬德去传达手敕，令诸军兵都受秦王节制，于是内外始定。

玄武门之变之后，李世民原本打算将李建成、李元吉党羽百余家从坐籍没。尉迟敬德说：“为恶者不过两人，已经杀掉了。如果穷追支党，决非取安之策。”李世民接受了他的意见，使许多人免遭株连。及至论功，尉迟敬德和长孙无忌为第一，各赐绢万匹，齐王府财币、器物及府邸全赐给尉迟敬德。七月，尉迟敬德又升任右武候大将军，封吴国公，实封千三百户。

三、凌烟图形　药石全身

武德九年八月，李渊退位为太上皇，李世民即帝位，是为太宗。次年改元贞观。

太宗即位初，突厥一面遣使求和，一面又出兵高陵，欲袭长安。尉迟敬德受命任泾州道行军总管，与入侵者在泾阳相遇。他平素爱护士卒，所得赏赐多分给士卒，因而深得军心。他临战既有勇，又有谋，只以轻骑迎战，一举而大破之，斩首千余级，俘获突厥俟斤（官名）阿史德乌没啜。既而李世民亲临渭水，与突厥颉利可汗隔水对话，责其负约。次日，双方订盟于渭水便桥上，突厥兵方退去。

贞观年间，天下业已平定。从马上得天下的唐太宗李世民，为图长治久安，逐步把精力转向营建一个以长孙无忌为代表的、以关陇贵族官僚为主要支柱的上层统治核心，寒族文官武将渐次不受重视。尉迟敬德为人憨直，又自负战功卓著，每见长孙无忌、房玄龄、杜如晦等人短长，必要面折廷争，因而与其他人日趋不和。这就势不可免地会受到冷落、排挤。贞观三年，出为襄州都督。对东突厥的战争一直进行到贞观四年，却再也没有起用他。

贞观六年九月，李世民在庆善宫设宴，其间赋诗作乐，“功成庆善乐”“破阵乐”“九功舞”等皆得奏于庭。尉迟敬德赴宴，席次有班在其上者，他极瞧不起，愤然质问：“你们有什么功，敢坐在我上首？”任城王李道宗恰好坐在他的下方，便劝他不要吵。尉迟敬德正无处出气，闻言勃然大怒，挥拳就打，几乎把李道宗的眼睛打瞎。李世民见状，非常不高兴，宣布罢宴。宴罢后，李世民即召见尉迟敬德责备道：“朕读汉代史书，时常感叹于高祖时候的功臣少有全者。今天目睹了你的所作所为，才知道韩信、彭越招致杀身之祸，并不是高祖的过失。要明白，国家的纲纪，靠的就是赏罚分明，非分之恩是不能再三得到的。你要好好约束自己，以免今后悔之莫及！”这些包藏着杀机的训诫，无异于当头棒喝，尉迟敬德深感从此以后必须小心谨慎，才能全身远祸了。

贞观八年，尉迟敬德累迁同州刺史。贞观十一年，封功臣为世袭刺史，尉迟敬德又改任宣州刺史，改封为鄂国公。其后，历任鄘、夏二州都督。直到贞观十七年二月抗表乞骸骨，方就第，授开府仪同三司，令朝朔望。同月李世民下诏，令在凌烟阁画功臣像以资表彰，尉迟敬德与长孙无忌等二十四人共享了这一殊荣。

致仕前，尉迟敬德曾经受到两次考验。第一次，李世民故意问他：“有人说你想造反，是什么缘故？”尉迟敬德回答道：“臣想造反是实！臣跟随陛下征伐四方，身经百战，而今留下来的，全都是锋镝之余。天下既已平定了，就该变得怀疑臣要反了吧！”边说边解衣投地，露出了遍体伤疤。李世民见状，难过得哭了，忙说：“卿快穿上衣服，朕不会怀疑你。随便说一说，何必介意！”另一次，李世民又试探道：“朕打算把一个女儿嫁给你，你意如何？”尉迟敬德立即叩头辞谢道：“臣的结发妻虽然粗野浅陋，但与臣共贫贱已经多年了。尽管臣没有读过多少书，却听说过古人是讲究富不易妻的，所以这件事非臣所期望。”李世民不便太勉强，只好作罢。尉迟敬德处在这种猜疑、试探的氛围中，心情肯定不愉快。不过，在小心谨慎的同时，他仍然坚持住了不卑不屈的品格。

致仕后，他也一如既往地关心着李唐王朝的兴衰成败。贞观十九年，李世民不听群臣劝阻，执意亲自率军征伐高丽。尉迟敬德上书说：“陛下亲征辽东，太子远在定州，长安、洛阳心腹空虚，恐怕会发生杨玄感之变那类事情（隋大业九年，礼部尚书杨玄感起兵反隋）。何况高丽不过是一个边隅小夷，用不着陛下亲征，只消派一偏师，就指日可胜了。”但李世民不仅不听，还命令已致仕的尉迟敬德担任左一马军总管，随军出征。结果，从二月出兵到九月班师，虽然攻下了十几座城池，掳获了七万多人，但唐军的损失也很惨重，单是战马就死掉十之七八。李世民后悔不已，感叹道："要是魏徵活着，一定不要朕进行这场战争了。"这种感叹实际上是对自己刚愎自用的辩解，尉迟敬德等人就曾劝阻过他。

高宗显庆三年（658），尉迟敬德与世长辞，享年七十四岁。高宗为之举哀，废朝三日，令京官五品以上及朝集使赴第凭吊，册赠司徒、并州都督，谥曰"忠武"，给班剑、羽葆，鼓吹，陪葬昭陵，备极殊荣。

程知节传

一、少年骁勇　屡换门庭

隋炀帝大业年间（605—618），在全国范围内爆发了声势浩大的农民大起义，其中山东地区由王薄领导的长白山起义军，河南地区以翟让、李密为首的瓦岗起义军，河北地区以窦建德为领袖的农民起义军，江淮由杜伏威、辅公祏为代表的起义军，规模最大，成为全国反隋力量的主力军。在各族人民起义的沉重打击下，隋王朝的统治摇摇欲坠，各地地主也十分恐慌，纷纷组织私人武装来应付农民军的燎原之势。

程知节小时候就以骁勇过人、善用马矟而闻名乡里，面对日益发展的农民起义军，济州东阿的地主共同推举程知节"聚徒数百，共保乡里"（《旧唐书·程知节传》），以对付农民起义军的进攻。由此可见，程知节年少时是地主私人武装的小头目，为保护当地世族地主的势力而尽力。

随着农民起义的不断发展，世族地主的势力进一步受到了致命打击，农民军"得隋官及士族子弟，皆杀之"（《资治通鉴》卷一百八十三）。在这种情况下，程知节已难能继续做到"共保乡里"了。于是，程知节改换门庭，参加了由李密领导的瓦岗军。由于程知节骁勇非凡，加上他有带兵打仗的经历和才干，所以当他来到李密麾下，立即就得到重视，不断被提拔重用，后来成为李密的内军骠骑。当时，李密在军队中严格挑选勇力过常、体魄雄健且有特殊本领的八千人，分属四骠骑，担任起义军主要首领的安全保卫工作，号称"内军"。李密曾自诩道，“此八千人可当百万”。程知节当时就是四骠骑之一，甚得李密恩遇，是他的主要心腹。程知节为壮大瓦岗起义军做出了巨大贡献。

一次，李密领导的瓦岗军与隋朝将军王世充率领的官军在北邙山相遇，双方展开了殊死决战。在这次战役中，程知节率领内马军，与李密一同驻守在北邙山上，大将单雄信带领外马军，扎营于偃师城北。王世充率领的官军包围了单雄信的兵营，情况万分危急。在万不得已的形势下，李密只好派遣程知节和裴行俨前去解围。裴行俨先行出发，不幸在途中被流矢击中而坠地。程知节立即前去营救裴行俨。由于官军数量太多，程知节被团团围住，但他还是勇敢地救起裴行俨迅速撤回。王世充的部队紧追不舍，刺槊而来，程知节回过身来折断槊，并斩获了前来的追赶者。就这样，在万敌包围之中他和裴行俨都幸免于难。在这次战役中程知节表现出的骁勇备受后人的讴歌。

大业十四年，王世充击败了以李密为领袖的瓦岗农民起义军，程知节也成了王世充的俘虏。由于程知节以勇猛无双而闻名，王世充对他十分器重，“接遇甚厚”。但程知节却看不起王世充，他通过以前战场中的交锋和现在的正面接触，深知王世充不是成大事者。他曾对秦琼说，“王世充此人器度浅狭，言过其实，并且还十分迷信，只不过是一位巫师老妪而已，根本谈不上什么拨乱反正之主”。当王世充的军队与李渊父子的唐军相遇于九曲（今河南信阳市南）时，程知节与秦琼交换眼色后，共同向王世充行作揖礼，并说：“承蒙您的宽容与盛情接待，我们本想为您效力，但您生性多疑，周围又全是煽情惑众的小人，这不是我们所依托的地方，现在我们不得不向您告辞。”说罢，程知节与秦琼挥鞭直奔唐军，不失时机地选择了与王世充决裂而走奔唐军的道路。

二、尽心事唐　武功卓著

程知节投唐后，因其骁勇，受到秦王李世民的重用，引为心腹，把他安排在秦王府，任秦王府左三统军，成了李世民主要的军事将领之一。在征战中，他“每陈先登”，身先士卒，作战十分勇敢，为巩固唐王朝立下了汗马功劳。武德四年，窦建德率领的农民起义军前来与唐军大决战，这使唐朝举国上下十分恐慌，立即派秦王李世民亲自率领精锐部队前去阻止，两军相遇于武牢关，隔河相峙达数月之久。窦建德部下凌敬建议放弃武牢，渡过黄河。但窦建德没有接受这一正确的意见，而是全力向虎牢进攻，这给李世民以可乘之机。由于窦建德的兵力分散，加上有轻敌麻痹之意，竟被唐军所击溃。在这场官军与农民起义军的战争中，程知节表现得十分出色，著名农民起义领袖窦建德，就是由他亲手擒获的。身为阶下囚的窦建德被押送到洛阳城下示众，负隅顽抗的隋朝大将王世充看到这一情况，已经感到末日到了，只好打开城门投降，唐王朝由此就将山东地区全部统一了。而让王世充归降一事，也是由程知节一手精心安排并具体负责实施的。由于程知节归唐时间不久就建立了擒窦建德、降王世充这样的殊勋，朝廷就让他兼领左一马军总管，并因功而封宿国公。

武德七年，秦王李世民与太子李建成之间的矛盾已经相当尖锐了。矛盾冲突，必然会将秦王府的将领也牵涉进去。程知节是李世民的得力心腹，再加上他是举朝最勇猛的战将之一，这引起了太子的嫉妒，想将其除掉而加重自己的砝码。为了尽快除去程知节这一眼中钉，太子李建成多次在高祖面前陈述他的短处，高祖最后轻信一面之词而调他出任康州刺史。程知节知道，自己出任康州刺史，对于秦王府来说是釜底抽薪。他对李世民说：“大王，您的手臂已经全被太子剪除了，看来您本身也难保全多久了。我这次宁愿冒违旨之罪也不前去康州，希望您能尽快采取措施，以保全自己。”在李世民的全力交涉下，高祖最后还是收回成命，准许程知节仍在秦王府内效力。武德九年六月四日，发生了对唐朝历史影响深远的“玄武门之变”。在这场由秦王李世民为夺取皇位而发动的杀兄戮弟、进逼父皇让位的宫廷政变中，程知节起了很大的作用。他奉李世民之命，率兵讨伐太子李建成、齐王李元吉。由于程知节在这场政变中表现突出，如愿以偿的李世民事后拜他为太子右卫率，晋升为右武卫大将军，并授实封七百户。后来，程知节还历任泸州都督、左领军大将军等职，并与长孙无忌等十四人代袭刺史，改封卢国公，授普州刺史。

唐高宗即位以后，程知节升任左屯卫大将军，并从事了十分艰辛的征讨西突厥之役。从唐太宗开始，就多次与雄踞于中亚与今新疆一带的西突厥进行战争，在这些战争中，虽然唐军取得的胜利比较多，但远远没有达到将其彻底瓦解的预期目的。高宗时，西突厥的势力仍比较强大，这影响了天可汗的余威，高宗不得不屡次派兵前去攻打。显庆二年（657），高宗授程知节为葱山道行军大总管，让他亲自率兵前去征服西突厥贺鲁部族。唐军在程知节的率领下，从国都长安出发，经过河西走廊，风餐露宿，长途跋涉，克服行军路上遇到的难以想象的困难，终于到达今新疆地区。唐军驻扎在怛笃城，以休整并观察贺鲁部的情况。恰巧在这时，属于西突厥统辖的数千家人开门出降，欢迎唐军的到来。对此，作为唐军大将的程知节没有审时度势，进行适当的慰劳和安置，竟然惨无人道地屠城，然后离去。正在观望中的贺鲁部落听到这一消息后十分震惊，立即远遁而去。对此，程知节无可奈何，孤军最忌久留，只好率部怏怏而归。这次远征，对于唐军来说，虽然没有遇到与强大对手的正面交锋，但由于往来长途行军，兵马损失还是惨重的，尤其是他无辜屠城，失去了征服西突厥贺鲁部落的机会，这是他一生中的最大悲剧。高宗一怒之下，将他做了免官的处理。

程知节西征的失利，意味着他一生戎马生涯的结束。不久，高宗念他是前朝功臣，又授他为岐州刺史。但这不为一个久卧沙场的老将军所向往，程知节无意赴任，而是“表请乞骸骨”，高宗批准了他的退休请求。麟德二年（665），这位在家闲居了八年之久的老将军寿终正寝了。程知节去世后，享受了陪葬昭陵的殊誉。